Le droit constitutionnel de la Ve République

Logiques Juridiques

Collection dirigée par Gérard Marcou

Le droit n'est pas seulement un savoir, il est d'abord un ensemble de rapports et pratiques que l'on rencontre dans presque toutes les formes de sociétés. C'est pourquoi il a toujours donné lieu à la fois à une littérature de juristes professionnels, produisant le savoir juridique, et à une littérature sur le droit, produite par des philosophes, des sociologues ou des économistes notamment.

Parce que le domaine du droit s'étend sans cesse et rend de plus en plus souvent nécessaire le recours au savoir juridique spécialisé, même dans des matières où il n'avait jadis qu'une importance secondaire, les ouvrages juridiques à caractère professionnel ou pédagogique dominent l'édition, et ils tendent à réduire la recherche en droit à sa seule dimension positive. À l'inverse de cette tendance, la collection « Logiques juridiques » des éditions L'Harmattan est ouverte à toutes les approches du droit. Tout en publiant aussi des ouvrages à vocation professionnelle ou pédagogique, elle se fixe avant tout pour but de contribuer à la publication et à la diffusion des recherches en droit, ainsi qu'au dialogue scientifique sur le droit. Comme son nom l'indique, elle se veut plurielle.

Dernières parutions

Sabrine Maya BOUYAHIA, *La proximité en droit international privé de la famille,* 2015.

Caroline LECLERC, *Le renouvellement de l'office du juge administratif français*, 2015.

Franck LUDWICZAK, *Les procédures alternatives aux poursuites : une autre justice pénale*, 2015.

Jean-Pierre FOFÉ DJOFIA MALEWA, *L'Administration de la preuve devant la Cour pénale internationale. Règles procédurales et méthodologiques*, 2015.

Elena-Alina OPREA, *Droit de l'Union européenne et lois de police*, 2015.

Daniel LEVY, *Les abus de l'arbitrage commercial international*, 2015.

Boris BARRAUD, *L'État. Entre fait et droit*, 2015.

Panagiota PERRAKI, *La protection de la vie personnelle du salarié en droit comparé et européen. Étude comparative des droits français, hellénique, britannique et européen*, 2015.

Michel LASCOMBE
Gilles TOULEMONDE

Le droit constitutionnel de la Ve République

L'HARMATTAN

5-7, rue de l'École-Polytechnique ; 75005 Paris

www.harmattan.fr
diffusion.harmattan@wanadoo.fr
harmattan1@wanadoo.fr

ISBN : 978-2-343-07916-5
EAN : 9782343079165

AVERTISSEMENT

L'ouvrage que vous allez lire est le résultat d'enseignements de droit constitutionnel dispensés tant en première année de Licence en droit à l'Université de Lille 2 qu'à l'IEP de Lille.

Pour rester à la portée d'étudiants qui, pour la plupart, abordent pour la première fois un enseignement juridique, l'ouvrage suit une progression permettant au lecteur d'appréhender l'ensemble de la matière en partant des éléments les plus simples et souvent les plus connus pour, au fur et à mesure, se compliquer des pratiques, interprétations, coutumes et jurisprudences que près de soixante années d'application de la Constitution de 1958 n'ont pas manqué d'apporter. La nouvelle édition, écrite à quatre mains, tient compte des développements les plus récents de la matière (transparence ; déontologie ; jurisprudence QPC).

Commençant logiquement par l'étude du Président de la République puis du Gouvernement et du Parlement, l'ouvrage envisage aussi les questions relatives à l'équilibre des pouvoirs dans la Constitution et aux équilibres au sein des pouvoirs eux-mêmes. Chaque fois, la disposition constitutionnelle étudiée est replacée dans son contexte historique. Les dispositions identiques des anciennes constitutions françaises sont donc analysées au coup par coup, pour que l'étudiant puisse bien voir dans l'étude de l'histoire constitutionnelle française la raison d'être des règles actuelles de notre système politique.

Ainsi, et malgré son titre, l'ouvrage embrasse la totalité du programme de première année : tant les constitutions anciennes que l'actuel texte constitutionnel. Les notions théoriques indispensables au juriste sont également étudiées chaque fois que la nécessité s'en fait sentir. De la sorte, en lisant l'ouvrage patiemment, étape par étape, le lecteur pourra franchir les difficultés de la matière, surtout s'il prend soin de se reporter chaque fois aux développements complémentaires qui sont indiqués par les renvois ou en caractères plus petits.

L'ouvrage n'est pas un traité de droit constitutionnel mais une initiation à cette discipline, une promenade dans notre Constitution et ses arcanes ; sachez parcourir ce texte en goûtant tous ses aspects, en la lisant une première fois pour ensuite l'affiner par une nouvelle lecture qui, loin d'être répétitive, vous apportera les bases que tout citoyen devrait vouloir connaître.

Les développements historiques sur les périodes antérieures à 1958 contenus dans l'ouvrage sont indiqués par la lettre « H » placée dans la marge.

Des compléments d'information plus détaillés sur la V° République sont présentés en petits caractères lorsque cela semble indispensable.

BIBLIOGRAPHIE GENERALE

(Les ouvrages signalés dans les bibliographies sont à consulter dans leur édition la plus récente sauf indication contraire)

MANUELS DE DROIT CONSTITUTIONNEL : Ph. ARDANT et B. MATHIEU : *Institutions politiques et droit constitutionnel*, LGDJ. - Ph. ARDANT, S.-L. FORMERY et C. BESNOIT-LUCY : *Les institutions de la V° République, Les fondamentaux*, Hachette supérieur. – D. BARANGER : Le droit constitutionnel, Que-sais-je ?, PUF. - G. CARCASSONNE : *La constitution*, Points, Seuil. – D. CHAGNOLLAUD : *Droit constitutionnel contemporain*, Cours, Dalloz. - B. CHANTEBOUT : *Droit constitutionnel*, Sirey. – R. DEBBASCH : *Droit constitutionnel*, LexisNexis. – M.-A. COHENDET : *Droit constitutionnel*, Moncrestien. – V. CONSTANTINESCO et S. PIERRE-CAPS : *Droit constitutionnel*, Thémis, PUF. - O. DUHAMEL : *Droit constitutionnel et institutions politiques*, Seuil. - J. GICQUEL et J.E. GICQUEL : *Droit constitutionnel et institutions politiques*, Domat, LGDJ. - F. HAMON et M. TROPER : *Manuel de droit constitutionnel et institutions politiques*, LGDJ. – J.-P. JACQUÉ : *Droit constitutionnel et institutions politiques*, Mémento Dalloz. – P. PACTET et F. MÉLIN-SOUCRAMANIEN : *Institutions politiques, droit constitutionnel*, Sirey. - H. PORTELLI : *Droit constitutionnel*, HyperCours, Dalloz. – F. ROUVILLOIS : *Droit constitutionnel*, Flamarion. – P. TÜRK : « Les institutions de la Ve République » et « Principes fondamentaux de droit constitutionnel », Gualino. - XXX : *La Constitution de la V° République, Réflexions pour un cinquantenaire*, Doc. Fran. 2008. – « La V° République », *Pouvoirs n° 126, 2008.*

TEXTES ET DOCUMENTS : - P. AVRIL et J. GICQUEL : *Lexique de droit constitutionnel*, Que-sais-je ?, PUF. - L. FAVOREU et L. PHILIP : *Les grandes décisions du Conseil constitutionnel*, Dalloz. - F. MÉLIN-SOUCRAMANIEN : *Les constitutions de la France de 1789 à la IV° République*, Dalloz. - S. RIALS : *Textes constitutionnels français*, Que sais-je ? PUF – M. de VILLIERS et A. LE DIVELLEC, *Dictionnaire de droit constitutionnel*, Sirey.

VIE POLITIQUE : - D. AMSON : *La vie politique sous la V° République*, Mises au point, Ellipses. - J. CHAPSAL : *La vie politique en France (1940-1958)*, Thémis PUF. – J.-J. CHEVALLIER, G. CARCASSONNE et O. DUHAMEL, *Histoire de la V° République*, Dalloz. - Y. MENY : *Le système politique français*, Clefs, Montchrestien. - P. MIQUEL : *La III° République*, Fayard 1989. - J.-L. QUERMONNE et D. CHAGNOLLAUD : *La V° République*, Flammarion.- R. REMOND : *La vie politique en France*, A. Colin, 1965 et 69, rééd. 86.

BIOGRAPHIES et MEMOIRES : - E. BALLADUR : *Le pouvoir ne se partage pas*, Fayard, 2009 - J. CHABAN-DELMAS : *Mémoires pour demain*, Flammarion 1997 - J. CHIRAC : *Chaque pas doit être un but (mémoires 1)*, NiL 2009 - M. DEBRE : *Trois Républiques pour une France (mémoires)*, Albin Michel 1988-1993, 4 vol. - Ch. De GAULLE : *Mémoires d'espoir*, Plon, 2 vol. 1970. - V. GISCARD d'ESTAING : *Le pouvoir et la Vie*, Cie 12, 2 vol. 1988, 1991. - J. LACOUTURE : *De Gaulle*, Seuil, 3 vol. 1986. – A. PEYREFITTE : *C'était De Gaulle*, Fayard (3 vol.) 2000 - G. POMPIDOU : *Le Nœud gordien*, Plon 1974. - *Pour rétablir une vérité*, Flammarion 1982. - E. ROUSSELLE : *Georges Pompidou*, Lattes, 1984.

REVUES : - POUVOIRS : revue trimestrielle publiée depuis 1977 qui contient une "chronique constitutionnelle française". - REVUE DU DROIT PUBLIC ET DE LA SCIENCE POLITIQUE EN FRANCE ET A L'ETRANGER (RDP) : revue bimestrielle paraissant depuis 1885. - REVUE FRANCAISE DE DROIT CONSTITUTIONNEL (RFD const.) : revue trimestrielle publiée depuis 1990 qui contient une chronique : "La pratique institutionnelle française".

CODE : - Le « Code Constitutionnel » des éditions Dalloz comprend une « Constitution annotée » article par article, y compris le préambule et les textes auxquels il fait référence (Déclaration de 1789, Préambule de 1946, Charte de l'environnement). Il s'agit là d'un outil de travail précieux et complet qui plus est, mis à jour électroniquement.

CONSEIL CONSTITUIONNEL : - Les décisions du Conseil constitutionnel peuvent être consultées sur le site Internet du Conseil constitutionnel : http://www.conseil-constitutionnel.fr/. Pour cette raison, les références au *Journal Officiel* ne sont plus mentionnées.

LOIS et DECRETS : - Les lois et décrets mentionnés dans l'ouvrage sont consultables sur le site de légifrance : www.legifrance.gouv.fr/initRechTexte.do. Pour cette raison, les références au *Journal Officiel* ne sont plus mentionnées.

PLAN GENERAL DE L'OUVRAGE

Liste des encadrés

Liste des définitions

Abréviations

AJDA	*Actualité Juridique Droit Administratif*
Bull.	*Bulletin de la Cour de Cassation*
C. élect.	Code électoral
CEDH	Cour européenne des droits de l'Homme
CESE	Conseil économique, sociale et environnemental
CJCE	Cour de justice des communautés européennes
CJR	Cour de Justice de la République
CJUE	Cour de justice de l'Union européenne
CNCCFP	Commission nationale des comptes de campagne et des financements politiques.
COM	Collectivité d'Outre-mer
Conv. EDH	Convention européenne des drtois de l'Homme
CSM	Conseil Supérieur de la Magistrature
D	Décret
DDHC	Déclaration des droits de l'homme et du citoyen de 1789
DROM	Département/Région d'Outre-mer
GAJA	*Grands arrêts de la jurisprudence administrative* (Dalloz)
HATVP	Haute Autorité pour la Transparence de la Vie Publique
IGBAN	Instruction général du bureau de l'Assemblée nationale
IGBS	Instruction général du bureau du Sénat
L	Loi
Lebon	*Recueil des décisions du Conseil d'Etat (Recueil Lebon)*
LC	Loi constitutionnelle
LF	Loi de finances
LFR	Loi de finances rectificative
LFSS	Loi de financement de la sécurité sociale
LO	Loi organique
LPA	*Les Petites Affiches*
Ord.	Ordonnance
QPC	Question prioritaire de constitutionnalité
RDP.	*Revue du Droit Public et de la Science Politique*
RAN	Règlement de l'Assemblée nationale
RC	Règlement du Congrès
Rev. adm.	*La Revue Administrative*
RFD adm.	*Revue Française de Droit Administratif*
RFD Const.	*Revue Française de Droit Constitutionnel*
RJC	*Recueil de Jurisprudence Constitutionnelle*
RS	Règlement du Sénat

INTRODUCTION

BIBLIOGRAPHIE : - D. AMSON : Histoire constitutionnelle française, Précis, Dalloz, 2010. — J. BARTHELEMY et P. DUEZ : *Traité de droit constitutionnel*, Dalloz, 1933 (réédit. Economica 1985). – B. BENOIT, M. BOYER et G. VERGNON, *Histoire politique de la France depuis 1940*, Optimum, Ellipses. – P. BODINEAU et M. VERPEAUX : *Histoire constitutionnelle de la France*, Que-sais-je ? PUF. – P. BOUJU et H. DUBOIS : *La III° République*, Que-sais-je ? PUF. – P. CAUCHY : *La IV° République*, Que-sais-je ? PUF. - J.-J. CHEVALLIER : Histoire des institutions et des régimes politiques de la France de 1789 à nos jours, Dalloz. L. DUGUIT et autres : *Les constitutions et les principales lois politiques de la France depuis 1789*, LGDJ, 1952. - L. DUGUIT : *Traité de droit constitutionnel*, Fontemoing, 1911, 2 tomes. - A. ESMEIN : *Eléments de droit constitutionnel*, Larose, 1896. - M. HAURIOU : *Précis de droit constitutionnel*, Sirey 1929, Réédition du CNRS, 1965. - P. ISOART et Ch. BIDEGARAY (sous la direction de) : *Des Républiques françaises*, Economica 1988. - J. LAFERRIERE : *Manuel de droit constitutionnel*, Paris, 1947. – M. MORABITO, *Histoire constitutionnelle de la France de 1789 à nos jours*, LGDJ. - A. de LAUBADERE : *Droit constitutionnel et institutions politiques*, Les cours du Droit 1955/1956 - R. PINTO : *Eléments de droit constitutionnel*, Morel et Corduant, 1952. - M. PRELOT : *Institutions politiques et droit constitutionnel*, Dalloz 1957. . – F. ROUVILLOIS : *Les origines de la V° République*, Que-sais-je ? PUF. – G. TOULEMONDE : *Institutions plitiques comparées*, Ellipses - G. VEDEL : *Droit constitutionnel*, Sirey 1949, réédition 1984. – C. VERNEUIL : *Histoire politique de la France 1914-2007*, Optimum, Ellipses.

Le régime politique actuellement en vigueur en France est communément appelé la **V° République.** Cette appellation, apparemment claire, est cependant difficile à justifier. En effet, il ne s'agit ni de la cinquième constitution républicaine ni de la cinquième fois que la République est proclamée depuis 1789. Un rapide survol historique va nous aider à comprendre cela en replaçant chronologiquement les différents régimes que la France a connus (I).

Née en 1958, la V° République est désormais le régime français le plus long après la III° République (1875-1940). Cependant, il reste peu de choses aujourd'hui de la constitution telle qu'elle fut rédigée il y a plus d'un demi-siècle. De manière cursive à nouveau, nous en présenterons l'évolution historique (II).

I. De la Révolution à la V° République

On peut distinguer deux grandes étapes dans l'histoire moderne des régimes politiques français. Dans un premier temps alternent des régimes monarchiques et républicains (A), avant que ne soit lancée la quête du régime républicain idéal (B).

A. Vers l'installation définitive de la République : 1789-1870

La Révolution française de 1789 n'a pas eu pour effet, comme on le croit souvent, de mettre fin au système monarchique. Au contraire, nombreux étaient ceux des révolutionnaires qui souhaitaient par la révolution stabiliser la monarchie.

La première constitution écrite de notre pays, celle du **3 sept. 1791**, mettait donc en place une monarchie constitutionnelle. Louis XVI devenait le premier monarque constitutionnel français et continuait donc de régner sous un régime nouveau, très différent de celui de la monarchie absolue en place jusqu'alors. La Constitution qui conservait l'institution monarchique organisait aussi l'élection de représentants de la Nation dans le cadre d'une assemblée. En fait, et selon les souhaits des révolutionnaires, qui reprenaient ici les idées des philosophes, le pouvoir, jusque-là concentré entre les mains du Roi, était réparti entre différents organes.

La séparation des pouvoirs

C'est généralement à travers Montesquieu qu'est appréhendée la théorie de la séparation des pouvoirs. On se doit pourtant d'indiquer qu'elle fut développée avant lui par John Locke qui publie en 1690 son *Traité sur le Gouvernement civil.* Pour cet auteur anglais, il existe trois pouvoirs : législatif, exécutif et fédératif, ce dernier étant en fait le pouvoir de conduire la politique étrangère. Pourtant, c'est dans *L'esprit des lois*, publié en 1748, et en particulier dans le passage que Montesquieu consacre à l'étude de la "Constitution d'Angleterre" que la formalisation la plus connue de cette séparation sera faite.

Le philosophe français, dont on doit savoir qu'il était un ardent défenseur de la monarchie, voit dans le régime britannique du début du XVIII° siècle, un moyen idéal de renforcer le système monarchique en France. Ce qui intéresse Montesquieu dans le système anglais, c'est que les lois sont le fruit de la conjonction des trois éléments composant la Nation : le peuple, représenté par la chambre des Communes, la noblesse, représentée par la chambre des Lords, et le Roi. En effet, tel qu'il fonctionnait alors, le système britannique ne permettait l'entrée en vigueur d'une loi que si elle était adoptée par les deux assemblées, dotées à l'époque des mêmes pouvoirs, et acceptée par le Roi qui pouvait, dans l'hypothèse où la loi ne lui conviendrait pas, y opposer son veto. Il résulte de ces principes, à titre de conséquence technique, que le pouvoir jusqu'alors détenu par le monarque absolu, doit être divisé en trois "puissances" qui s'équilibrent. La faculté de faire la loi détenue par la "puissance" législative, le pouvoir chargé de l'exécuter ou "puissance" exécutive et le pouvoir de juger ou "puissance" judiciaire.

En fait, et c'est souvent ce qui a été négligé, Montesquieu nous décrit un régime très voisin du régime de séparation stricte des pouvoirs (cf. infra) alors que déjà, le système britannique est en train de changer. Au moment où Montesquieu publie son ouvrage, le dernier usage du veto remonte à 1707 sous la Reine Anne, et un Premier ministre britannique a été renversé par le Parlement : Walpole en 1742 ; après cette date, le monarque perd ce pouvoir et le régime évolue progressivement vers la séparation souple des pouvoirs, c'est-à-dire vers le régime parlementaire. En 1782, par l'utilisation de la dissolution pour régler un différend entre le Gouvernement et les chambres, le système parlementaire est presque définitivement installé.

On ne retiendra en France que le principe de séparation des pouvoirs. Encore sera-t-il aménagé puisque jamais le pouvoir judiciaire n'obtiendra réellement d'être séparé des autres. En effet, si l'on se méfie en France de l'exécutif et du pouvoir royal, on se méfie encore plus des cours de justice qui sont depuis plusieurs années l'élément le plus réactionnaire de la société française. Dès lors, si notre système politique connaît bien la séparation entre le législatif et l'exécutif, notre système juridictionnel est lui tout entier basé sur l'idée qu'il faut protéger le politique des empiétements des juges. Ceci a des conséquences sur notre organisation de la justice et sur le statut de nos magistrats.

Le système dit de la « séparation des pouvoirs » (né en Grande-Bretagne d'une évolution séculaire) était imposé en France lors de cette crise politique majeure de 1789. Le pouvoir ainsi divisé l'était entre le **législatif** à qui était confié la tâche de faire les lois (c'est-à-dire de créer le droit) et l'**exécutif** chargé de les mettre en vigueur en édictant les textes complémentaires nécessaires et en mettant en place l'administration chargée de leur application. Cependant, la répartition exacte des tâches entre le Roi chargé de l'exécutif et le Parlement élu au suffrage censitaire chargé du législatif restait peu claire. Par le droit de veto, le monarque pouvait empêcher l'entrée en vigueur du texte et participait donc ainsi au pouvoir législatif. Cette solution était envisageable puisqu'elle avait déjà été pratiquée avec succès en Grande-Bretagne jusqu'au XVIIIème siècle et instituée aux Etats-Unis d'Amérique par la Constitution de Philadelphie du 18 juin 1787, toujours en vigueur aujourd'hui. Du reste, puisque dans ce dernier cas, et pour la première fois, un Président remplaçait le monarque, on prit l'habitude de qualifier ce type de régime de "régime présidentiel" et ce quelle que soit l'exacte nature du Chef de l'Etat. C'est de là que vient la définition toujours valable aujourd'hui :

Un régime présidentiel est un régime de séparation des pouvoirs dans lequel le législatif est confié à un Parlement composé d'une ou plusieurs chambres et l'exécutif à un Chef de l'Etat qui gouverne au moyen de ministres individuellement responsables uniquement devant lui. Le Chef de l'Etat dispose d'un droit de veto définitif ou suspensif pour s'opposer à l'entrée en vigueur des actes législatifs mais ne peut prononcer la dissolution de l'une quelconque des Assemblées composant le Parlement.

Le régime présidentiel américain

Les Etats-Unis d'Amérique disposent de la constitution écrite la plus ancienne du monde. Elle fut adoptée le 17 sept. 1787 à Philadelphie ; 26 amendements sont venus la compléter depuis lors. Cette constitution institue en fait l'un des rares régimes présidentiels qui soient en vigueur de par le monde.

Le **Président** des Etats-Unis dispose seul du pouvoir exécutif. Il est élu pour quatre ans renouvelables une seule fois, au suffrage universel indirect : les citoyens américains élisent des "grands électeurs" qui élisent à leur tour le Président. Ces grands électeurs sont tenus de voter pour le candidat pour lequel ils se sont engagés [mandat impératif]. En même temps que lui est élu le Vice-président qui achèvera le mandat au cas où le Président ne pourrait le terminer (ainsi, le Vice-Président Johnson remplaça le Président Kennedy assassiné). Le Président est assisté d'un "cabinet" composé de 10 à 20 "Secrétaires" qu'il nomme et révoque. Pourtant, si la révocation de ces Secrétaires est libre (ils ne sont individuellement responsables que devant le Président), leur nomination est soumise à l'accord du Sénat. Les Secrétaires ne forment pas un Gouvernement ; le Président écoute leur avis mais prend lui-même les décisions.

Le pouvoir législatif est confié au **Congrès**. Celui-ci est composé de la **Chambre des Représentants** forte de 435 membres élus pour deux ans au suffrage universel direct et du **Sénat** composé de 2 Sénateurs par Etat (donc 100 membres) élus de la même manière pour 6 ans et renouvelables par tiers tous les deux ans.

Dans ce régime de séparation des pouvoirs, il n'y a pas de responsabilité politique de l'exécutif devant le législatif et donc pas de dissolution possible de ce dernier. Il n'existe en fait qu'une responsabilité pénale du Président et du vice-président devant le Congrès, sous la forme de la procédure d'"*impeachment*". Celle-ci, organisée par la Constitution, est mise en œuvre par la Chambre des représentants à la majorité simple, alors qu'il revient au Sénat de prononcer la destitution à la majorité des 2/3. Cette procédure n'est jamais allée jusqu'à son terme. En 1974, le Président Richard Nixon démissionnait par crainte justement qu'elle ne fût mise en œuvre contre lui dans le scandale dit du "Watergate". Avant lui, la procédure avait été mise en œuvre sans succès à l'encontre du Président Andrew Johnston en 1868. Plus récemment, en 1998, la procédure a également été déclenchée à l'encontre du Président Bill Clinton qui devait être acquitté des chefs d'inculpation par le Sénat. Ainsi, la séparation organique apparaît comme relativement stricte. Le Président des Etats-Unis, sauf en matière budgétaire (domaine dans lequel il peut présenter une initiative), ne dispose pas de l'initiative des lois ; en revanche, il peut opposer son veto aux lois votées par le Congrès. En fait, ce veto est surmontable si les assemblées revotent le texte chacune à la majorité des 2/3.

Enfin, il existe une **Cour suprême** qui est à la fois le degré supérieur des juridictions du pays mais aussi un juge constitutionnel.

Dès lors, un régime présidentiel suppose pourtant, pour fonctionner correctement, que l'exécutif soit totalement indépendant du législatif et en particulier que le Chef de l'exécutif, en 1791 le Roi, puisse choisir et renvoyer ses collaborateurs ou ministres comme il l'entend. Or, dans cette Constitution, les ministres du Roi restaient soumis au Parlement qui exerçait sur eux un contrôle pouvant conduire le Roi à devoir changer de ministre. En particulier, il était prévu que les ministres doivent contresigner le veto royal. Ils étaient ainsi mis dans une situation impossible : signer le veto les rendait coupables aux yeux du Parlement qui alors n'avait de cesse de les voir quitter le Gouvernement ; refuser de signer les rendait coupables aux yeux du Roi qui les révoquait. Une crise de cette nature devait conduire en 1792 à une situation insurrectionnelle nouvelle. La Constitution ayant montré ses lacunes, dans l'impossibilité de la réviser, on décidait d'en changer et, mettant sur le compte du Roi cet échec, on proclamait pour la première fois la République.

La nouvelle constitution devait donc être républicaine. Elle le fut. Mais les circonstances voulurent qu'elle ne soit jamais appliquée. En effet, adoptée le **24 juin 1793**, c'est-à-dire au moment même où toute l'Europe se dresse contre la France républicaine, la Constitution est mise entre parenthèses jusqu'à la paix. Mais la paix venue, on l'estima trop complexe et elle fut remplacée en 1795. En fait, elle prévoyait, après l'échec de la séparation des pouvoirs du régime précédent, une confusion des pouvoirs au profit d'une assemblée élue au suffrage universel : un “régime d'assemblée” ou “régime conventionnel” du nom de l'assemblée constituante qui l'établit : la Convention.

En réalité, les mécanismes institués en 1793 avaient fonctionné tacitement jusqu'en 1795, conduisant en définitive à la dictature des Comités et par-delà de Robespierre. Ses adversaires devaient donc préférer un autre régime. Rejetant à nouveau la confusion des pouvoirs, ils en revinrent à un régime de séparation qu'ils organisèrent dans la Constitution du **22 août 1795** (5 Fructidor an III). Le législatif était confié à un Parlement composé, pour la première fois en France, de deux chambres (bicaméral), tandis que l'exécutif était confié à 5 "Directeurs" d'où le nom de ce régime : "le Directoire". On évitait ainsi d'avoir à substituer à l'ancien monarque un Chef de l'exécutif unique. Cette deuxième constitution de la première République fut appliquée 5 ans. Elle montra elle aussi rapidement ses faiblesses. En particulier, la séparation des pouvoirs poussée à l'extrême devait conduire à une lutte permanente entre eux, lutte qui trouvait souvent sa conclusion dans un coup d'Etat d'un des pouvoirs contre l'autre. C'est du reste un coup d'Etat qui emportait le régime en 1799 (18 Brumaire an VIII).

Sans que ce coup d'Etat mette formellement fin à la République, les institutions nouvelles qui en sortaient laissaient peu de place à la démocratie et concentraient les pouvoirs entre les mains d'un homme : Bonaparte. Seul le référendum pouvait encore rappeler quelques idéaux révolutionnaires malgré son caractère largement plébiscitaire ; pour le reste, la Constitution du **13 déc. 1799** (22 Frimaire an VIII), mettant en place le Consulat, rétablissait en fait le pouvoir personnel qu'un Parlement de quatre chambres ne pouvait contrebalancer. L'Empire était au bout du chemin, donnant à Napoléon les moyens de rétablir une stabilité juridique et politique que la Révolution avait fait oublier.

La chute de l'Empire ramenait la Royauté et avec elle une nouvelle constitution monarchique. La "Charte" du **4 juin 1814** n'était point aussi claire que les Constitutions antérieures. Du moins laissait-elle plusieurs interprétations possibles : libérale, laissant jouer la séparation des pouvoirs avec des ministres du Roi responsables devant le Parlement élu au suffrage censitaire comme l'appliqua sagement Louis XVIII ; autoritaire, concentrant tous les pouvoirs dans les mains du monarque sans que celui-ci tînt compte des volontés des électeurs, comme Charles X en fit maladroitement l'usage, conduisant en 1830 à une nouvelle révolution.

Tout ceci ouvrit la voie, avec le règne de Louis-Philippe, à l'un des premiers régimes stables que la France ait connus. La nouvelle Constitution, la "Charte" du **14 août 1830**, reprenait le principe de la séparation des pouvoirs. Mais loin de la rendre trop stricte, elle faisait en sorte que, par des moyens de pression réciproques d'un pouvoir sur l'autre, l'ensemble put fonctionner de manière équilibrée. Ainsi, le Parlement pouvait renverser le Gouvernement responsable devant lui ; le monarque pouvait prononcer la dissolution du Parlement. Ce régime, déjà progressivement mis en œuvre en Grande-Bretagne depuis la fin du XVIIIème siècle, porte le nom de "régime parlementaire".

Un régime parlementaire est un régime de séparation des pouvoirs dans lequel le législatif est confié à un Parlement composé d'une ou plusieurs chambres et l'exécutif confié à un Chef de l'Etat et à un Gouvernement ayant à sa tête un Chef de Gouvernement. Dans ce régime, le Gouvernement gouverne mais est collectivement responsable devant l'une et/ou l'autre chambre du Parlement qui peut le renverser. En conséquence, le Chef de l'Etat (éventuellement à la demande du Chef du gouvernement) a le droit de prononcer la dissolution de la chambre élue par le peuple (chambre basse).

La Grande-Bretagne, archétype du régime parlementaire

La Grande-Bretagne a été le premier pays au monde à pratiquer le régime parlementaire. Celui-ci a véritablement pris corps à la fin du XVIII° siècle et trouvé son plein essor au XIX° siècle, durant l'ère Victorienne. Actuellement, le système britannique reste parlementaire dans sa conception et ce bien qu'aucune constitution écrite ne précise l'organisation et le fonctionnement des institutions qui restent en fait essentiellement coutumiers.

La Reine règne mais ne gouverne pas, laissant ce soin au Premier ministre nommé par elle. Mais la Reine n'a aucun choix. A la suite des élections législatives, selon les principes en vigueur, elle nomme systématiquement le leader du parti majoritaire à la Chambre des Communes. Mieux encore, si le parti au pouvoir décide, lors d'un congrès, de changer de leader ou si le Premier ministre en place démissionne, la Reine attend la désignation par le parti de son nouveau leader pour le nommer Premier ministre (c'est ainsi que J. Callaghan succéda à H. Wilson en 1976, J. Major à M. Thatcher en 1990 et G. Brown à T. Blair en 2007). C'est le Premier ministre et son "cabinet", c'est-à-dire son Gouvernement, qui détiennent le pouvoir exécutif.

Le pouvoir législatif est confié au Parlement. Celui-ci est bicaméral. Il est composé de la **Chambre des Communes**, composée de 650 députés élus au suffrage direct à un tour, et de la **Chambre des Lords,** chambre haute qui autrefois représentait la noblesse et était composée essentiellement de membres héréditaires. Depuis la réforme de 1999 (House of Lord Act 11 nov. 1999), les Lords héréditaires n'y siègent plus (sauf, à titre provisoire, 92 d'entre eux) ; seuls les Lords viagers (créés en 1958) et les Lords spirituels (représentant l'Eglise anglicane) y siègent. De plus, il faut noter que cette chambre n'a plus guère de pouvoir politique (veto suspensif d'une session parlementaire pour les textes autres que financiers). Enfin en 2005 (entrée en vigueur en 2009), les Lords *of appeal in ordinary* (formant l'équivalent de notre cour de Cassation) sont séparés de la Chambre des Lords ; une Cour suprême du Royaume-Uni est créée.

Selon les principes du régime parlementaire, le Premier ministre et son cabinet sont responsables devant la Chambre des Communes. Si le Gouvernement est rarement renversé (le dernier exemple est celui du Gouvernement Callaghan renversé le 28 mars 1979 par une motion de censure, ce qui ne s'était plus produit depuis 1924), c'est qu'il dispose dans cette assemblée d'une majorité stable. Cela n'empêche pas la chambre d'exercer sur le Gouvernement un contrôle l'obligeant souvent à accepter des compromis exigés par la majorité. En contrepartie de cette responsabilité, la Chambre des Communes est dissoute si elle renverse le gouvernement et ne parvient pas à accorder sa confiance à un nouveau Gouvernement sous 14 jours ou si les deux tiers des parlementaires sont favorables à une dissolution (434 députés sur 650). Ces nouveaux principes, issus d'une réforme de 2011, devraient mettre fin à la pratique qui consistait pour le Premier ministre à pouvoir demander une dissolution de la Chambre pour conforter sa majorité. En effet, contrairement à la mise en cause de la responsabilité gouvernementale, la dissolution était souvent prononcée (voir encadré p. 137). Depuis 1945, rares étaient les chambres des Communes restées en place pour la durée normale de 5 ans.

Malgré l'importance du rôle du Premier ministre en Grande-Bretagne, bien que sa désignation soit en fait la conséquence automatique du résultat électoral et que les électeurs se déterminent donc à voter pour l'un ou l'autre parti en sachant que son chef deviendra en fait Premier ministre, l'existence de la responsabilité gouvernementale et de son corollaire, la dissolution, continuent de faire des institutions britanniques un régime parlementaire.

Le régime de la Charte de 1830 organisant une dualité de responsabilité en maintenant, en plus de la responsabilité collective des ministres devant le Parlement, leur responsabilité individuelle devant le Roi, était donc un “régime parlementaire dualiste”[1]. Appliquée convenablement à ses débuts, cette Charte péchait néanmoins encore par un défaut majeur : le suffrage censitaire. Incapable de se démocratiser par un abaissement progressif du cens, le régime devait s'écrouler dans une nouvelle révolution en 1848.

C'était alors, et pour la deuxième fois, la proclamation de la République. Une nouvelle Constitution entra en vigueur le **4 nov. 1848** ; ses grandes lignes étaient copiées sur la Constitution des Etats-Unis d'Amérique et organisaient donc un régime présidentiel. La copie était du reste assez fidèle puisque, pour la première fois en France, un Président de la République était institué, élu pour quatre ans au suffrage universel direct, ce qui constitue la différence majeure avec le système américain. Quant au Parlement, il n'était en France, compte tenu du

[1] On trouve aussi parfois l'appellation de « régime parlementaire orléaniste » puisque, avec cette Charte, c'est la branche des Orléans de la famille régnante qui monte sur le trône. On parle aussi de la “Monarchie de Juillet” puisque c'est durant ce mois que le nouveau régime fut mis en place.

caractère unitaire de l'Etat, constitué que d'une seule chambre[1]. Les deux pouvoirs étaient strictement séparés : les ministres uniquement responsables devant le Président qui ne pouvait dissoudre le Parlement. L'élection présidentielle eut lieu le 10 déc. 1848 ; elle devait porter à la Présidence de la République Louis Napoléon Bonaparte, neveu de l'Empereur et qui, animé des mêmes ambitions que son oncle, souhaita rapidement rétablir la dignité impériale. A la suite du coup d'Etat de déc. 1851, il mit en œuvre une nouvelle constitution (**14 janv. 1852**) qui, si elle prévoyait encore l'existence d'un Président de la République, n'était pas réellement républicaine mais un simple préalable au changement de régime qui intervint le 7 nov. 1852.

Comme le Premier Empire, le régime de 1852 est en fait une concentration des pouvoirs entre les mains du Chef de l'Etat. Cependant, Napoléon III comprit vite qu'il était nécessaire, pour que le régime survive, qu'il se démocratise. Usant, lui aussi, du référendum plébiscitaire, il parvint, par touches successives, à modifier le régime et à revenir progressivement à la séparation des pouvoirs. Le Parlement, d'abord muselé, vit ses droits augmenter au point qu'en 1870 il fut possible d'envisager une refonte de la Constitution de l'Empire pour le transformer en un régime parlementaire dualiste. La Constitution du **21 mai 1870** (dite "Constitution Ollivier", du nom du chef du Gouvernement de l'époque qui la prépara), qui réalisait cette transformation, ne devait pourtant pas rester en vigueur très longtemps. Lancé dans une guerre qu'il perdait, Napoléon III dut abdiquer après la défaite de Sedan et, le **4 sept. 1870**, la République fut proclamée pour la troisième fois. Depuis lors elle ne devait plus cesser d'être en vigueur en France.

<u>B. A la recherche du régime républicain idéal : 1870-1958</u>

La naissance de la Troisième République devait être difficile. En fait, la Constitution ne fut adoptée, après une période de Gouvernement provisoire, qu'en **1875** sous la forme de trois lois constitutionnelles distinctes instituant un régime parlementaire. Elles prévoyaient un Parlement bicaméral constitué d'une Chambre des députés élue directement par le peuple au suffrage universel et d'un Sénat élu au suffrage indirect ; elle mettait en place un Président de la République, élu cette fois par le Parlement. L'équilibre des pouvoirs était assuré par des moyens de pression réciproques : les ministres étaient responsables devant ce Parlement dont la Chambre des députés pouvait être dissoute par le Président. Si le régime était donc indubitablement parlementaire, était-il dualiste (comme tous les régimes parlementaires français jusqu'ici) ou non ? Autrement dit existait-il une deuxième responsabilité des ministres devant le Président de la République, ou bien la responsabilité devant le Parlement était-elle unique, ce qui conduirait, par opposition, à parler de régime parlementaire moniste ? La réponse à cette question devait être donnée par une **crise** politique de première importance **qui se déroula en 1877** : les lois constitutionnelles seraient appliquées de manière moniste.

L'importance constitutionnelle de cette crise mérite qu'on en fasse ici une rapide étude. Les événements qui conduisent à la crise sont connus ainsi que leur contexte ; contentons-nous de rappeler que l'Assemblée nationale élue en 1870 après la proclamation de la République est en majorité monarchiste et qu'elle porte donc à la Présidence de la République un partisan de la Restauration, le Maréchal de Mac Mahon. Pourtant, les espoirs de rétablissement de la royauté s'éloignent au fur et à mesure que les années passent et que la querelle entre les différents prétendants au trône s'éternise. En 1877, il semble être plus que temps de maintenir ce qui, dans les lois constitutionnelles peut encore permettre ce rêve ; or de plus en plus le Parlement, et surtout la Chambre des Députés majoritairement républicai-

[1] Dans un Etat fédéral (comme les USA) il existe deux chambres, l'une représentant le peuple, l'autre les différents Etats membres de la Fédération. Cf. p. 118.

ne élue en 1876, s'émancipe et le Chef du Gouvernement (dénommé alors Président du Conseil) s'affirme comme la principale force de l'exécutif. Le Maréchal de Mac Mahon, conseillé par les derniers représentants de l'aristocratie, veut maintenir à la Présidence de la République le minimum de pouvoir acceptable pour qu'un monarque puisse éventuellement lui succéder. Or, à l'époque, on conçoit difficilement qu'une monarchie parlementaire ne soit point dualiste. Il convenait donc d'affirmer que le Chef du Gouvernement, responsable devant le Parlement, l'était aussi devant le Chef de l'Etat qui conservait ainsi la prééminence politique. Profitant d'un débat parlementaire durant lequel le Chef du Gouvernement, Jules Simon, avait dû concéder certains éléments auxquels le Président de la République était opposé, ce dernier obtint, le **16 mai 1877**, la démission du Président du Conseil. Le nouveau Président du Conseil nommé par le Président de la République, le duc de Broglie, ne parvint pas à obtenir la confiance de la Chambre des députés. Une crise est donc ouverte entre le Chef de l'Etat monarchiste, partisan d'un régime dualiste, et le Parlement de plus en plus républicain, partisan d'un régime moniste. Pour dénouer la crise et donc choisir le type de régime, le Président de la République sera contraint d'en appeler au peuple en prononçant la dissolution de la Chambre. La nouvelle majorité qui sortira des urnes sera favorable au monisme ; le Président de la République, après une tentative de résistance, acceptera donc de nommer un Président du Conseil ayant la seule confiance du Parlement et sur lequel il n'a donc plus aucune prise. Enfin, en 1879 le Maréchal de Mac Mahon démissionna et son successeur, Jules Grévy rassura les chambres en déclarant dans un message au Parlement connu dans l'histoire sous le nom de "Constitution Grévy" que le nouveau Président de la République se rangeait désormais à une lecture moniste des lois constitutionnelles :

« Soumis avec sincérité à la grande loi du régime parlementaire, je n'entrerai jamais en lutte contre la volonté nationale exprimée par ses organes constitutionnels. »

Le Président de la République voyait donc, dans la pratique, son rôle politique réduit. La réalité du pouvoir exécutif passait entre les mains du Président du Conseil. Dans les domaines dont les lois constitutionnelles lui attribuaient la compétence, le Président de la République continuait de signer les décisions mais ne les prenait plus en fait. Le Président du Conseil effectuait le choix politique et soumettait les décisions au Président de la République ; il authentifiait que ce dernier agissait bien avec son accord et celui du Gouvernement en contresignant les décisions. Le contreseing qui, selon les dispositions constitutionnelles, devait obligatoirement accompagner tous les actes présidentiels, permettait en fait que le Chef du Gouvernement assume la réalité du pouvoir. N'étant plus responsable devant le Président de la République, il n'était plus possible pour celui-ci d'exiger quoi que ce soit du Président du Conseil ; il fallait en revanche que ce dernier en assure la paternité devant le Parlement, il devait donc décider et le Président de la République se limiter à signer.

Qui plus est, la dissolution devait être discréditée par l'usage qui en fut fait alors et qui apparut à beaucoup comme anti-républicain. Si cette crise n'a eu, au début de la III° République, que peu de conséquences sur la stabilité du régime, l'impossibilité d'utiliser la dissolution devait, après la Première Guerre mondiale, conduire à une rupture de l'équilibre : le Parlement renversait les gouvernements de plus en plus souvent (tous les sept mois en moyenne) sans courir lui-même aucun risque.

L'instabilité sous les III° et IV° Républiques

On a beaucoup glosé sur la question de l'instabilité sous les III° et IV° Républiques et il convient donc de rétablir quelques vérités.

Il faut tout d'abord relativiser la question dans le temps. Le tableau contenant la liste des gouvernements annexée à cet ouvrage montre à l'évidence que, jusqu'à la Première Guerre mondiale, l'instabilité était faible. Nombreux sont les gouvernements qui parviennent à rester en fonction durant plus d'un an et parfois même deux ans. L'instabilité se développe à partir de 1920.

Il faut ensuite indiquer qu'il s'agit d'une instabilité gouvernementale et non d'une instabilité ministérielle. On veut dire par là que si les gouvernements changent souvent, les ministres qui les composent restent généralement les mêmes. Un "noyau dur" de ministres, généralement détenteurs des postes les plus importants (y compris celui de la présidence du Conseil) reste en fonction par delà les crises gouvernementales. Ainsi, sur les 631 ministres de la III° République, 35 se partagent 25 % des postes ministériels et participent chacun à plus de 10 gouvernements. Sous la IV° République, le constat est le même : sur les 227 ministres, 23 se partagent 33 % des postes et sont ministres dans au moins 9 gouvernements. En dehors des ministres éphémères, il existe donc une catégorie de personnalités qui, par-delà les crises, gouvernent sur de longues périodes, qui plus est en conservant généralement le même portefeuille. Ainsi, sous la III° République, A. Briand fut-il ministre des Affaires étrangères pendant plus de 8 années consécutives (1925-1932) tandis que de 1945 à 1954 ce même ministère sera partagé entre G. Bidault et R. Schuman.

Il n'en reste pas moins que les gouvernements sont nombreux au cours de ces deux Républiques : plus d'une centaine sous la III° ; plus de vingt sous la IV°. Plus grave, la durée des crises, c'est-à-dire des périodes pendant lesquelles le Gouvernement démissionnaire expédie les affaires courantes (cf. p. 472) en attendant la nomination de son successeur, est de plus en plus longue (de quelques jours au départ, à quelques semaines à la fin de la IV° République). La situation paraissait donc très fâcheuse et la France non gouvernée.

Quelles étaient les causes de cette instabilité ? Parmi les nombreux phénomènes qui la justifiaient, on doit incontestablement placer la disgrâce dans laquelle la dissolution était tombée à la suite de la crise de 1877. Les parlementaires pouvaient, sans risque réel, renverser les gouvernements ; il n'existait plus de riposte possible de l'exécutif et l'équilibre des moyens de pression réciproques d'un des pouvoirs sur l'autre était rompu. Mais à cette cause majeure s'ajoutaient bien d'autres éléments : un multipartisme important qui interdisait la constitution d'une majorité parlementaire stable, l'existence de mécanismes de contrôle parlementaire (en particulier la question de confiance) entraînant trop facilement la chute du Gouvernement, mais aussi une ambiance générale du système politique de l'époque.

Est-ce à dire, comme on le prétend parfois, que les III° et IV° Républiques se sont transformées d'un régime parlementaire en un régime d'assemblée ? Non. D'abord parce que la notion même de régime d'assemblée est aux antipodes. Il s'agit d'un régime dans lequel un conseil dit "exécutif", sans pouvoir réel, est aux ordres du Parlement qui détermine et conduit la politique. Il n'y a pas de raison, dans un tel régime, pour que le conseil exécutif pose la question de confiance sur sa politique puisqu'il n'en a pas. Par ailleurs, l'instabilité ministérielle ne conduisait pas à ce que les parlements des III° et IV° Républiques gouvernent à la place des gouvernements. Ils en étaient bien incapables puisqu'il n'y avait pas de majorité pour le faire. Sous ces Républiques, le législatif a essentiellement développé sa fonction de contrôle, mais ceci se fait au détriment de sa fonction législative. En effet, le Parlement, puisqu'il est lui-même paralysé, prend peu à peu l'habitude de déléguer ses pouvoirs au Gouvernement qui se trouve ainsi autorisé à faire les lois et à les exécuter. Et c'est là que l'on retrouve l'importance des "noyaux durs" dont nous parlions tout à l'heure. Bien que souvent renversés, les gouvernements parvenaient à mener une politique cohérente par le fait qu'ils étaient presque toujours composés des mêmes principaux ministres. Ils parvenaient à gouverner malgré le contrôle parlementaire incessant.

L'instabilité gouvernementale devenait une plaie du régime que nul ne parvint à enrayer[1], au point que l'anti-parlementarisme se développa. Bien que le régime ait atteint une longévité exceptionnelle (65 ans), il disparaîtra sans vraiment qu'on le regrette lors de la débâcle de 1940.

Un régime intermédiaire (le Gouvernement de Vichy, juillet 1940-août 1944), réactionnaire et autoritaire, lui succéda pour un temps durant l'occupation nazie.

[1] Diverses tentatives de renforcement de l'exécutif pour rendre le régime plus stable et plus efficace furent assimilées à des actes destinés à favoriser le rétablissement d'un pouvoir personnel. Les personnalités qui tentèrent ces redressements furent en général contraintes de quitter le pouvoir (ainsi le Président A. Millerand en 1924).

Le "Gouvernement de Vichy"

La débâcle de l'armée française en juin 1940 devait emporter la III° République. Depuis le 16 juin 1940, alors que les pouvoirs publics étaient déjà repliés à Bordeaux, c'est le Maréchal Philippe Pétain qui est Chef du Gouvernement ; il n'a jamais fait mystère de son hostilité au régime parlementaire et s'entoure de ministres nettement extrémistes. Le Parlement est saisi dans le courant de juillet, alors qu'il est installé à Vichy avec le Gouvernement, d'un projet de révision des lois constitutionnelles de 1875. Il adoptera le 10 juill. cette révision par laquelle le Maréchal Pétain est autorisé à rédiger une "nouvelle constitution de l'Etat Français". Ce texte, adopté par 569 voix contre 80 et promulgué par le Président Albert Lebrun (ce fut du reste le dernier texte qu'il promulgua), abroge en fait la constitution antérieure (cf. p. 363) mais ne fixe que peu de contraintes au constituant : "la constitution qui "devra garantir les droits du Travail, de la Famille et de la Patrie" sera soumise à l'approbation de la Nation, sans que l'on sache s'il s'agit d'exiger un référendum ou une approbation parlementaire.

A partir de cette loi, le Maréchal Pétain promulgue, dès le 11 juill., trois actes constitutionnels mettant définitivement fin au régime antérieur. Le premier met fin aux fonctions du Président de la République, le second fixe les pouvoirs du nouveau "Chef de l'Etat", le Maréchal Pétain, et le troisième renvoie la Chambre des députés et le Sénat qui sont ajournés jusqu'à nouvel ordre.

D'autres actes constitutionnels suivront qui viendront compléter les premiers, mais jamais le Régime de Vichy ne fit adopter de "constitution" par la Nation. Un projet fut élaboré en 1943 (annoncé le 12 nov.) mais ne fut jamais mis en vigueur.

Le régime ainsi créé fut en fait, dès le départ, une dictature du Chef de l'Etat puis, à partir d'avr. 1942, de Pierre Laval. Sous ce régime furent adoptés divers textes d'exception d'inspiration fasciste, raciste et xénophobe. Ainsi peut-on rappeler : le "statut des juifs" (acte dit loi du 3 oct. 1940) leur interdisant l'accès des principales fonctions administratives y compris l'enseignement, avant de leur interdire l'exercice des professions médicales et paramédicales (26 déc. 1941) et de tout commerce (2 nov. 1941), d'exiger que soit indiqué la mention "juif" sur les cartes d'identité (11 déc. 1942) ; l'interdiction des syndicats et la confiscation de leurs biens (acte dit loi du 9 nov. 1940) ; la création de juridictions d'exception [acte constitutionnel n° 5 ; acte dit loi du 30 juill. 1940 (création de la cour de Riom) ; acte dit loi du 14 août 1941 (création des "sections spéciales" et mise en place d'un mécanisme de rétroactivité de la loi pénale). Ce dernier texte constitue sans doute "l'un des sommets du déshonneur et de l'insulte aux traditions juridiques françaises"[1].

Pendant ce temps, un "Gouvernement Provisoire de la République Française" sous l'autorité du Général Charles De Gaulle était installé à Londres. C'est de là que fut menée, avec les alliés, la libération du territoire. Ce Gouvernement s'installa ensuite à Alger, puis enfin à Paris en août 1944. C'est lui qui réalisa la transition vers la IV° République.

A la Libération, à la suite du référendum d'oct. 1945, les Français avaient déclaré ne pas souhaiter que les lois constitutionnelles de 1875 fussent rétablies. Une nouvelle constitution, rédigée par une assemblée constituante, fut adoptée par référendum[2] le **13 oct. 1946,** mettant fin au Gouvernement provisoire qui dirigeait la France depuis août 1944.

La Quatrième République (comme l'on dit, bien qu'il n'y eût point nécessité de la proclamer à nouveau) devait, selon ses concepteurs, éviter les défauts de sa devancière. En particulier, un mécanisme constitutionnel complexe devait assurer la stabilité gouvernementale en liant la dissolution à la fréquence des crises ministérielles. Hélas, l'espoir fut vain. Très vite, l'instabilité réapparut, la durée moyenne de survie des gouvernements ne dépassant pas, cette fois, six mois. Quant aux règles constitutionnelles, elles ne fonctionnèrent pas correctement tant du fait de leur inadéquation que de la volonté des hommes politiques de l'époque. Quelques tentatives de redressement échouèrent et le régime, plus discrédité encore que le précédent, sombra du fait de la question algérienne. Une nouvelle Constitution devait être rédigée ; promulguée le **4 oct. 1958**, elle consacrait la Cinquième République.

---

[1] On peut trouver ces différents textes commentés dans *Les lois de Vichy* de D. Rémy, Ed. Romillat, 1992.

[2] La gestation de ce nouveau régime fut, là encore, difficile puisqu'un premier projet de constitution (daté du 19 avr. 1946), rédigé par une première assemblée constituante, fut d'abord refusé par le peuple lors du référendum du 5 mai 1946. Une seconde assemblée constituante dut être élue pour établir la nouvelle rédaction.

La crise du 13 mai 1958

Si la dégradation progressive de la IV° République et l'instabilité ministérielle constante furent les causes profondes qui sont à l'origine de la crise de mai 1958, c'est, comme souvent, un événement particulier qui en fut le déclencheur final. L'aviation française bombarda par erreur un village tunisien durant les opérations dites de "maintien de l'ordre" en Algérie. Devant la pression internationale, le Gouvernement Félix Gaillard alors en place accepta une médiation anglo-américaine pour régler le différend avec la Tunisie. Il ne devait pas résister aux critiques qui lui furent faites par les milieux politiques français d'avoir ainsi laissé l'étranger s'impliquer dans la situation intérieure et démissionnait le 15 avr. 1958.

Après de longues consultations, après le refus de Georges Bidault et de René Pleven de constituer un Gouvernement, le Président de la République parvint à confier cette tâche à Pierre Pflimlin, chef de file des démocrates-chrétiens du MRP. Le nouveau Gouvernement obtenait l'investiture le 13 mai 1958, quelques heures après que se soit déclenchée à Alger une insurrection. Le nouveau Gouvernement se trouva rapidement dans une situation difficile puisque les insurgés d'Alger firent très vite appel au Général De Gaulle.

Celui-ci, resté jusqu'alors dans une prudente réserve, finira par indiquer le 15 mai qu'il se "tient prêt à assumer les pouvoirs de la République", ce qu'il confirme dans une conférence de presse le 19. Il reste cependant attaché à ne revenir au pouvoir que légalement. Tandis que la Corse passe à l'insurrection, des négociations sont entreprises entre le Gouvernement, diverses personnalités politiques dont le Président de la République et De Gaulle. Après un ultime entretien avec Pflimlin, De Gaulle publie, le 27, un communiqué par lequel il affirme qu'il a "entamé hier le processus régulier nécessaire à l'établissement d'un Gouvernement républicain". Bien qu'obtenant la confiance dans la nuit, le Gouvernement Pflimlin démissionne le 28 au matin sur un prétexte et le Président de la République René Coty fait appel "au plus illustre des Français", menaçant de démissionner à son tour si De Gaulle n'est pas investi. De Gaulle constitue alors un Gouvernement d'union nationale où sont représentés les grands partis politiques avec chacun un ministre d'Etat (Pierre Pflimlin pour le MRP, Guy Mollet pour les socialistes, Louis Jacquinot pour les indépendants et Félix Houphouet-Boigny qui représente la France d'Outre-mer). Ce Gouvernement est investi le 1er juin et obtient le 3 juin le vote de deux lois : l'une de pleins pouvoirs pour six mois, l'autre l'autorisant à préparer une nouvelle constitution.

Le passage de la IV° à la V° République posait en premier lieu un problème technique. Pour qu'un minimum de continuité soit maintenu lors de la rédaction de la nouvelle Constitution, on voulut faire apparaître le nouveau régime comme issu du précédent. Pour cela, il fallait tout d'abord réviser la Constitution de 1946 et en particulier son mode de révision. Le 3 juin 1958, le Parlement de la IV° République adopta donc une loi qui, par dérogation aux dispositions de l'art. 90 de la Constitution de 1946, autorisait le Gouvernement du dernier Président du Conseil de la IV° République, Charles De Gaulle, à réviser ladite Constitution par la rédaction d'un texte entièrement nouveau.

Une technique assez voisine avait été utilisée le 10 juill. 1940. Le pouvoir constituant avait été confié, sans limite, au Gouvernement du Maréchal Pétain par le Parlement de la III° République qui s'était ainsi sabordé. On sait quelle utilisation le régime de Vichy fit du pouvoir qui lui avait ainsi été confié. Pour éviter de tomber dans ces errements, la **loi constitutionnelle du 3 juin 1958** fixait au Gouvernement des principes à respecter à la fois quant au régime mis en place et à la méthode d'élaboration des nouvelles institutions.

- Les principes relatifs au régime qui devait être celui de la V° République sont au nombre de cinq. Elles imposaient que le régime soit démocratique, seul le suffrage universel pouvant être la source du pouvoir, et qu'il s'agisse d'un régime parlementaire. En effet, la LC du 3 juin exigeait que les pouvoirs exécutif et législatif soient effectivement séparés et que le Gouvernement soit responsable devant le Parlement, éléments qui fixent, entre tous, les bases du parlementarisme. Enfin, l'autorité judiciaire devait être indépendante pour garantir le respect des libertés et la Constitution devait organiser les rapports entre la République et les peuples qui lui étaient alors associés.

- Quant à la procédure suivie, elle devait faire intervenir un Comité Consultatif Constitutionnel composé de 26 parlementaires et de 13 personnalités extérieures dont quelques juristes et professeurs de droit constitutionnel. Le Président du Conseil et le ministre de la

Justice pouvaient assister aux séances ou s'y faire représenter. Le travail de ce Comité Consultatif fut fructueux et conduisit le Conseil des ministres à modifier certaines dispositions du projet. Le nouveau texte fut alors présenté au Conseil d'Etat saisi pour avis ; Michel Debré fit le 27 août 1958, devant ce Conseil, un discours remarqué. Enfin, le peuple, à qui le projet définitif fut présenté par Charles De Gaulle lors d'un discours prononcé le 4 sept. 1958, devait approuver la nouvelle constitution lors du référendum du 28 sept. 1958 par 82,6 % des suffrages exprimés (métropole et colonies).

Cette procédure permettait de fructueux travaux préparatoires qui sont maintenant publiés[1]. Ces travaux permettent souvent de mieux comprendre certains des mécanismes mis en place et éclairent ainsi la plupart des articles sur les volontés de leurs rédacteurs et donc des constituants.

Parmi les principaux rédacteurs de la Constitution de 1958, on doit citer bien sûr le Général De Gaulle. Celui-ci avait déjà, dans un discours prononcé à **Bayeux le 16 juin 1946**, esquissé ce qui, selon lui, était la meilleure constitution pour la France. Il avait aussi dans quelques ouvrages célèbres, publiés sous la III° République (*Le fil de l'Epée* ; *Vers l'armée de métier*) et dans ses *Mémoires de guerre*, montré quelles étaient les lignes de force de sa pensée politique. Mais, à vrai dire, les idées constitutionnelles de Charles De Gaulle se nourrissaient surtout des travaux dans ce domaine de Michel Debré.

Michel Debré, choisi comme ministre de la Justice, garde des Sceaux par Charles De Gaulle dans ce dernier Gouvernement, avait en effet, depuis plusieurs années déjà, travaillé sur des projets de constitution ; chaque fois il avait fait part de ses réflexions à Charles De Gaulle qui en faisait le commentaire critique. Tout naturellement, c'est lui qui fut en charge du groupe de travail sur les nouvelles institutions et assura la lourde tâche de mener cette entreprise à bien, en particulier dans ses aspects techniques.

L'influence de ces deux personnalités sur le texte constitutionnel de 1958 n'est pas mince. Michel Debré, partisan résolu d'un régime parlementaire rénové, et Charles De Gaulle, converti au parlementarisme plus par raison que par conviction, mais soucieux avant tout de la place de l'exécutif et en particulier du Chef de l'Etat, devaient parvenir à rédiger une constitution répondant aux caractéristiques contenues dans la loi du 3 juin 1958, mais aussi à l'impératif essentiel de stabilité. Le résumé de ces caractéristiques se trouve parfaitement défini dans ces phrases du discours prononcé par Michel Debré devant le Conseil d'Etat le 27 août 1958 :

"Pas de régime conventionnel, pas de régime présidentiel : la voie devant nous est étroite, c'est celle du régime parlementaire. A la confusion des pouvoirs dans une seule assemblée, à la stricte séparation des pouvoirs avec priorité au Chef de l'Etat, il convient de préférer la collaboration des pouvoirs. Un Chef de l'Etat et un Parlement séparés, encadrant un Gouvernement issu du premier et responsable devant le second, entre eux un partage des attributions donnant à chacun une égale importance dans la marche de l'Etat et assurant les moyens de résoudre les conflits qui sont, dans tout système démocratique, la rançon de la liberté".

---

[1] D. Maus (sous la direction de) : *Documents pour servir à l'histoire de l'élaboration de la Constitution du 4 octobre 1958* ; Doc. Franç., 4 vol. 1990/2002. Voir également G. Mollet : *Quinze ans après*, A. Michel, 1973 ; J.-L. Debré : *La Constitution de la V° République*, PUF, 1975 ; M. Debré : *Mémoires*, Tome 2, A. Michel, 1988 ; P. Pflimlin : *Mémoire d'un Européen*, Fayard, 1991.

Ainsi, cette Constitution, la dix-septième de la France depuis 1789[1], était en fait la dixième constitution de forme républicaine dans un pays où la République avait été proclamée trois fois. Elle devait, pour avoir une meilleure chance de succès, relever trois défis difficiles : assurer la stabilité gouvernementale ; réaliser un équilibre des pouvoirs satisfaisant pour une démocratie ; assurer une stabilité constitutionnelle et donc sa longévité propre. Il semble qu'elle soit parvenue à remplir ces missions alors même que, à sa naissance, on pouvait craindre l'inverse tant le régime était contesté et qu'il semblait conçu seulement pour répondre aux circonstances du moment : régler le conflit algérien. C'est qu'en fait, petit à petit, des révisions constitutionnelles sont venues transformer le texte d'origine. C'est cette évolution qu'il faut rapidement décrire maintenant.

II. Rapide histoire de la V° République.

De l'édifice imaginé par les constituants de 1958, il reste somme toute assez peu de choses. En effet, 24 révisions sont intervenues depuis 1958 (la dernière date du 23 juillet 2008), affectant plus des deux tiers des articles d'origine. Selon nos calculs, seuls 30 des 92 articles originels sont restés inchangés dans leur rédaction. 16 articles ont été supprimés et 30 ajoutés (dont certains sont venus remplacer des dispositions préalablement supprimées). L'article 34 C.[2] a été modifié 4 fois, 8 articles ont été modifiés 3 fois (art. 1, 6, 7, 39, 68, 88-1, 88-2 et 88-4 C.), 14 articles l'ont été 2 fois (art. 2, 3, 4, 11, 13, 28, 48, 49, 61, 65, 73, 74, 88-3 et 88-5 C.), conduisant au total à 140 modifications, suppressions ou ajouts.

Certaines de ces révisions ont été d'une importance considérable. D'abord par leur ampleur : la révision de 1995 a ajouté, supprimé ou modifié 28 dispositions, celle de 2003, 16 et enfin, celle de juillet 2008, 48. Mais par delà l'ampleur, des révisions ont profondément modifié l'économie originelle du texte : 1962, 1974, 1995, 2000, et juillet 2008. On dira quel est le résultat de ces principales évolutions.

A. L'affirmation du rôle prédominant du Président de la République

En 1958, la Constitution ne semblait pas devoir durer. D'aucuns imaginaient que, une fois la question algérienne réglée, il serait possible d'en revenir aux délices de la IV° République. Le retour de De Gaulle aux affaires est vécu comme nécessaire mais surtout comme une parenthèse qui se refermera avec le retour de la paix civile. De Gaulle l'a du reste bien compris et, dès l'indépendance de l'Algérie acquise, il devait proposer une révision constitutionnelle destinée à asseoir non seulement son autorité mais surtout les institutions : l'élection du Président de la République au suffrage universel direct. Devenant l'élu du peuple, le chef de l'Etat trouve dans l'élection une légitimité à nulle autre pareille. De Gaulle n'en avait pas eu besoin en 1958 pour obtenir son premier mandat ; elle lui parut nécessaire pour se faire réélire et pour ses successeurs qui, d'évidence, ne bénéficieraient pas de son charisme.

Cette révision a marqué profondément le régime. Dès lors que le Président est élu directement par les citoyens, il devient le personnage clef de l'exécutif. C'est sa politique qui est mise en œuvre, le Premier ministre change de rôle ; le Président de la République de-

[1] Tous les décomptes n'arrivent pas au même résultat : voici comment nous établissons le nôtre : 3 sept. 1791 ; 24 juin 1793 ; 5 fructidor an III ; 22 frimaire an VIII ; 14 thermidor an X ; 28 floréal an XII ; 4 juin 1814 ; 22 avr. 1815 ; 14 août 1830 ; 4 nov. 1848 11 janv. 1852 ; 7 nov. 1852 ; 21 mars 1870 ; lois constitutionnelles de1875 ; Actes constitutionnels de Vichy (1940-1942) ; 27 oct. 1945 ; 4 oct. 1958. S'ajoutent de nombreux projets de Constitution : projet girondin de févr. 1793, Constitution sénatoriale du 6 avr. 1814 (ou Constitution des rentes), projet de Constitution du gouvernement de Révolution nationale de nov. 1943, projet de Constitution du 19 avr. 1946 rejeté par référendum.

[2] Art. 34 de la Constitution. L'abréviation 'C.' renvoie aux dispositions de la Constitution de 1958.

vient, à sa place, le chef de l'exécutif. L'article 20 al. 1 C. (qui pourtant n'a pas été modifié depuis 1958) n'est plus guère qu'une incantation : il devient évident que c'est le chef de l'Etat qui « détermine la politique de la Nation » en fonction des orientations plus au moins affirmées lors de la campagne présidentielle.

Pourtant, il est indispensable, pour qu'il en soit ainsi, que le Président de la République dispose d'une majorité parlementaire. Le pouvoir législatif faisant la loi, le programme présidentiel doit être aussi celui de la majorité de l'Assemblée nationale[1]. Or, il existe un décalage entre le mandat présidentiel (7 ans) et le mandat des députés (5 ans). Chaque Président de la République connait donc des élections législatives pendant son septennat. L'usure du pouvoir jouant son rôle, les chances de gagner ces élections intermandats sont plus faibles que celles de remporter les législatives dans la foulée de la présidentielle. Par trois fois (F. Mitterrand en 1986 et 1993 et J. Chirac en 1997) les Présidents en fonction ne parvenaient pas à obtenir qu'une majorité de députés les soutenant ne soit élue. Il en a découlé une « cohabitation » entre un Président et une majorité parlementaire hostile. Or le même article 20 al. 3 C. dispose que le Gouvernement « est responsable devant le Parlement » comme il est logique en régime parlementaire. Dès lors, le Président de la République DOIT choisir un Premier ministre ayant le soutien de l'Assemblée Nationale. Le premier al. de l'art. 20 C. retrouve alors toute sa pertinence. En période de cohabitation, le Premier ministre « détermine la politique de la Nation » et redevient donc le chef de l'exécutif, comme il devrait l'être selon la lettre de la Constitution.

Il va de soi que les Présidents de la République n'aiment pas ces situations (même s'ils s'en sont en général bien accommodés). Pour les réduire (mais non les faire disparaître, nous y reviendrons), il fallait faire en sorte que les mandats présidentiel et parlementaires coïncident. C'est l'apport essentiel de la révision de 2000 mettant en place le quinquennat. Le Président de la République et les députés sont élus pour la même durée. De plus pour s'assurer de la cohérence des résultats, l'élection présidentielle précède les élections législatives, assurant l'« effet d'entraînement » nécessaire à ce que le Président soit sûr de disposer d'une majorité de députés favorable à sa politique.

La combinaison de l'élection du Président de la République au suffrage universel direct et de la concordance de la durée des mandats modifie donc, de manière sensible (et durable ?) l'équilibre des pouvoirs au sein de l'exécutif. Le Premier ministre n'est plus que le « collaborateur » du Président ; il conduit la politique que le président détermine. L'art. 20 C. n'est plus qu'une incantation. Certes, le premier ministre est choisi dans la majorité parlementaire (régime parlementaire), mais, parce que les élections se succèdent à bref délai, cette majorité parlementaire est aussi la majorité présidentielle. Et comme le Président est élu directement par le peuple, le Premier ministre s'efface naturellement devant celui qui détient la légitimité électorale.

Sauf les rares hypothèses de cohabitation (qui, comme on vient de l'expliquer, sont encore plus rares désormais), le pouvoir exécutif est en fait exercé par le Président de la République. Et comme, à l'Assemblée Nationale, les députés favorables au Président sont les plus nombreux, le régime semble 'pencher' dangereusement.

- D'abord en faveur du Président de la République. Le Premier ministre exécute ce que le Président décide. Le Premier ministre n'a pas de réalité propre, il est un 'commis' aux ordres de l'Elysée.

- Ensuite, en faveur de l'exécutif. Le pouvoir législatif et en particulier l'Assemblée Nationale semble n'avoir d'autre raison d'être que de satisfaire les volontés présidentielles. Toute velléité de sa part est vite analysée comme une rebuffade, toute critique des idées

---

[1] Le Sénat n'a pas le pouvoir de renverser le Gouvernement et peut être écarté du processus législatif si c'est nécessaire (cf. p. 121).

présidentielles est vécue comme une contestation, toute initiative est ressentie comme une volonté d'indépendance. La majorité doit être disciplinée et obéir. Elle n'est plus que le 'traducteur' en terme législatif, de la volonté de l'exécutif ; la séparation de pouvoir n'est plus qu'une illusion.

- Enfin, en faveur de la majorité présidentielle. L'opposition, lorsqu'elle joue son rôle et conteste, est nécessairement conservatrice puisqu'elle s'oppose aux réformes souhaitée par le Président. Mieux, elle va à l'encontre de la volonté populaire affirmée par la majorité de ceux qui ont élu le Président de la République. Elle a nécessairement tort puisqu'elle a perdu à la fois la présidentielle et les législatives qui en sont le reflet. Toute velléité de sa part est vite analysée comme un déni du suffrage universel, toute contestation de la volonté majoritaire vécue comme une tentative de révolte, toute initiative nécessairement vouée aux gémonies.

Or, dès lors que la contestation du chef et l'exercice de l'opposition ne sont plus possibles, la démocratie est menacée. Pour pallier cette difficulté, les détenteurs du pouvoir suprême (les Présidents de la République) ont évidemment voulu montrer leur attachement aux valeurs démocratiques en souhaitant la naissance ou le développement de contre-pouvoirs.

B. Le renforcement des contre-pouvoirs.

C'est V. Giscard d'Estaing qui, le premier, comprit la nécessité de mettre en place des règles de droit assurant un minimum de contestation possible au pouvoir présidentiel.

Par la révision de 1974, il était possible à 60 députés ou 60 sénateurs de saisir le Conseil constitutionnel pour qu'il se prononce sur la conformité d'une loi à la Constitution. Evidemment, il ne s'agissait pas ici de s'intéresser aux seules règles procédurales mais, comme l'y autorisait le Conseil constitutionnel depuis 1971, de s'assurer que la loi nouvelle n'était pas contraire aux libertés fondamentales telles qu'elles sont définies par la déclaration des droits de l'homme et du citoyen de 1789 et d'autres règles auxquelles le Conseil avait accordé valeur constitutionnelle.

Les parlementaires et plus largement le pouvoir législatif devenaient les garants des droits fondamentaux des citoyens et le fait que la saisine du Conseil soit possible par un nombre faible de députés ou de sénateurs donnait un premier pouvoir fort à l'opposition.

En 1995, le fonctionnement du Parlement était amélioré. Par une meilleure organisation de son temps de travail, le pouvoir législatif devait pouvoir améliorer la qualité des lois et assurer un meilleur contrôle de l'exécutif. Des réformes plus marginales avaient du reste augmenté quelque peu les pouvoirs du Parlement que ce soit en matière européenne (1992 et 1998) ou en matière de finances sociales (1996).

Enfin, dans la même veine, la révision de juillet 2008 reformait à nouveau la procédure d'adoption des lois et les capacités de contrôle parlementaire sur l'exécutif dans le but évident de rétablir un certain équilibre des pouvoirs que l'élection au suffrage universel direct du Président de la République et le quinquennat avaient malmené.

De même, le rôle des citoyens a été renforcé. Il le fut d'abord par l'élargissement du champ d'application du référendum (1995) et par la possibilité de mettre en œuvre des référendums souhaités par les parlementaires et le peuple (juillet 2008). Il le fut encore par la possibilité donnée à chacun de pouvoir contester, par une « Question Prioritaire de Constitutionnalité » (QPC ; cf. p. 438 et s.) la constitutionnalité d'une loi devant un juge (juillet 2008). Si l'on a pu croire que cette possibilité donnée aux justiciables n'aurait qu'un impact mineur sur le fonctionnement de notre système politique, il faut maintenant se rendre à l'évidence : il s'agit sans doute, au même titre que la révision de 1974 élargissant la possibilité de saisine *a priori*, d'une modification fondamentale. Non seulement les justiciables se sont emparés de cette procédure et n'hésitent pas à soulever l'inconstitutionnalité de nombreuses dispositions législatives, mais le Conseil constitutionnel lui-même a, par des abrogations remarquées, souligné l'urgence qu'il y avait à mettre en place ce mécanisme de contrôle *a posteriori*.

Néanmoins, si le texte constitutionnel n'a cessé d'accroître les contre-pouvoirs de l'exécutif, force est de constater que cette évolution s'est trouvée freinée ou voire contrariée par une double réalité. D'une part, comme nous l'avons montré, la puissance de la présidence de la République est augmentée parallèlement à celle du législatif et d'autre part, le phénomène majoritaire rend illusoire tout exercice par le Parlement de ses prérogatives si l'opposition n'est pas mise effectivement en mesure de les exercer seule.

Le quinquennat et l'inversion du calendrier ont, comme on l'a dit, renforcé le Président dans la mesure où il est pratiquement certain d'obtenir, dans les semaines qui suivent son élection, une majorité en sa faveur à l'Assemblée. Mais il y a aussi dans ce phénomène un abaissement naturel du pouvoir législatif. La majorité, élue pour mettre en œuvre le pouvoir présidentiel, se trouve en porte à faux pour contester celui-ci. Elle risque de nuire à ce qui fut la raison de son élection et, à l'avenir, les députés frondeurs ne recevront plus le label présidentiel qui les a fait élire. Les parlementaires de la majorité n'ont donc aucun intérêt à utiliser les pouvoirs de contrôle et d'initiative que la Constitution leur attribue. Ce devrait être le rôle aussi éminent qu'indispensable en démocratie de l'opposition. Hélas, trop souvent les révisions (exception faite sans doute de 1974) n'ont pas permis que les nouveaux pouvoirs du législatif puissent être mis en œuvre par la seule opposition comme ils peuvent l'être en Grande Bretagne ou aux Etats-Unis d'Amérique par exemple.

Cette réalité explique sans doute qu'il soit encore aujourd'hui impossible d'affirmer que la V° République soit installée pour longtemps dans le paysage institutionnel français. La preuve en est que chaque élection présidentielle est l'occasion de contester nombre de ses dispositions et que d'aucuns aspirent à voir naître une VI° République. C'est qu'en fait, des trois défis qui étaient à relever en 1958, deux n'ont pas encore été gagnés. La V° République cherche encore à assurer l'équilibre des pouvoirs (II° Partie) et la stabilité constitutionnelle (III° Partie). Seule la stabilité gouvernementale semble acquise (I° Partie) mais à quel prix ?

C'est donc en étudiant comment chacun de ces trois défis a été ou devrait encore être gagné que nous allons examiner les institutions actuelles de la France.

PREMIERE PARTIE
DE LA
STABILITE GOUVERNEMENTALE

Réaliser la stabilité gouvernementale fut donc le premier défi que devait relever la nouvelle République. Et il paraissait d'autant plus difficile de gagner ce pari que, depuis 1919, toutes les tentatives avaient échoué. Qui plus est, dans les pays étrangers où des constitutions proches des nôtres étaient en vigueur, l'instabilité régnait aussi ; c'était le cas par exemple en Italie et en Belgique.

Pour avoir quelque chance de succès, il fallait mener le combat sur deux fronts, contrairement à ce que l'on avait fait jusqu'ici. Il fallait tout à la fois que l'exécutif soit renforcé et que le législatif pût être domestiqué. En effet, si cette préoccupation de stabilité était déjà présente dans l'esprit des constituants en 1946, ils ne parvinrent pas à trouver les formules constitutionnelles adéquates pour concrétiser leur projet. Limitant leurs interventions seulement aux techniques relatives à la mise en jeu de la responsabilité du Gouvernement, tentant simplement de rationaliser l'action parlementaire sans rénover l'exécutif, ils laissaient en fait le travail incomplet, permettant que l'instabilité réapparaisse rapidement. C'est donc à la réalisation conjointe des deux objectifs que les constituants de 1958 devaient s'atteler.

Titre I : La renaissance de l'exécutif

La renaissance de l'exécutif est en effet une préoccupation constante depuis le début du XXème siècle. La crise de 1877 avait réduit l'importance de la Présidence de la République au profit de la Présidence du Conseil ; l'instabilité ministérielle avait ensuite achevé d'abaisser le dernier bastion solide de l'exécutif. On sait que cette faiblesse, déjà ressentie par le Président Jean Casimir-Perier en 1895 devait conduire le Président Alexandre Millerand à proposer de revenir à un exécutif plus fort. Dans un discours qu'il prononce à Evreux le 14 oct. 1923, il proposait en effet :

> "Que le pouvoir législatif se contente de légiférer et de contrôler ; ... que, soumis (à son) contrôle, le pouvoir exécutif administre et gouverne. Par des retouches mesurées apportées à notre Constitution dans les formes qu'elle a elle-même prévues, on l'adapterait aux besoins généralement ressentis de donner au Gouvernement plus de stabilité".

Cette position novatrice sous la III° République devait faire naître une crise majeure entre la Présidence de la République et le Gouvernement, soucieux de ne pas s'attirer l'hostilité du Parlement en cautionnant cette idée. Les adversaires du Président Millerand ayant remporté les élections législatives de 1924, ils parvinrent à contraindre celui-ci à démissionner le 11 juin.

Mais cette idée de renaissance nécessaire de l'exécutif trouva d'autres promoteurs. Ainsi, le 24 sept. 1934, Gaston Doumergue, ancien Président de la République, déclarait alors qu'il était Président du Conseil :

> "Donnons aux gouvernements l'autorité dont ils ont tant besoin en attribuant d'abord à leurs Chefs, par quelques mots insérés dans la Constitution, la qualité de Premier ministre qu'il doit avoir. Permettons

ensuite à celui-ci, en cas de désaccord du Gouvernement avec la majorité de la Chambre d'en appeler immédiatement au pays...".

Même Léon Blum se rangea à cette solution, proposant à son retour de captivité en 1945 que la Constitution que l'on envisageait de rédiger pour la future IV° République mette en place un régime présidentiel. Sous la Constitution de 1946 justement, et alors que le système revenait aux errements anciens, certains souhaitaient cette renaissance tels Pierre Mendès-France et Edgar Faure. Ce dernier tenta du reste une opération de redressement en 1955 (cf. p. 83 et 136) qui lui valut une longue période de disgrâce. Malgré toutes ces propositions et tentatives, l'idée d'un redressement de l'exécutif et en son sein de la Présidence de la République reste surtout l'apanage des gaullistes, qu'il s'agisse du Général De Gaulle lui-même ou de Michel Debré. On ne doit donc pas s'étonner que les constituants de 1958 attachent une importance particulière à cette question. Ils la traiteront aussi bien par l'affirmation d'un pouvoir présidentiel nouveau (Chapitre I) que par le renforcement du pouvoir gouvernemental (Chapitre II).

CHAPITRE I

L'AFFIRMATION D'UN POUVOIR PRESIDENTIEL

BIBLIOGRAPHIE : - M. DUVERGER : *La monarchie républicaine*, Laffont, 1974. - A. DANSETTE : *Histoire des Présidents de la République*, Paris, 1960. – O. DUHAMEL, *Histoire des présidentielles*, Seuil, 2008. - B. LACROIX et J. LAGROYE : *Le Président de la République*, FNSP1992. - J. MASSOT : *Chef de l'Etat et chef du Gouvernement*, Doc. fran, 2008. - "Qui gouverne la France ?", *Pouvoirs n° 68*. – « La candidature à la présidentielle », *Pouvoirs n° 138*.

Web : http://www.elysee.fr/accueil/

L'importance du Président de la République depuis 1958 est une des innovations essentielles. Elle se marque tout d'abord par le fait que lui est consacré le second titre[1] de la nouvelle Constitution.

L'affirmation de ce nouveau pouvoir se fera aussi bien par la rénovation du statut du Président de la République (I) que par l'accroissement de ses pouvoirs (II)

I. UN STATUT PRESIDENTIEL RENOVE

Le Président de la République est élu pour cinq ans ; c'est ce que l'on appelle le quinquennat. Cette durée prévue à l'**art. 6 C.**, est issue de la modification constitutionnelle du 2 oct. 2000. Avant cette date trois autres durées avaient été essayées.

Tout d'abord, lorsque la fonction présidentielle fut instituée pour la première fois, par la Constitution de 1848 (II° République), le Chef de l'Etat était élu pour quatre ans (art. 45). Il s'agissait là de copier les institutions américaines qui servaient de modèle aux constituants de l'époque. Ensuite, Louis Napoléon Bonaparte fit son coup d'Etat en 1851, il instaura un mandat présidentiel décennal éphémère avant de rétablir l'Empire. Enfin, lorsque la République fut définitivement proclamée le 4 sept. 1870, la question de la durée du mandat du Président de la République ne fut pas immédiatement posée. Il faut dire qu'au départ il n'était pas sûr que la République perdure. Du reste, Monsieur Thiers, élu le 17 févr. 1871 "Chef du Pouvoir exécutif", ne portait que ce titre et non celui de "Président de la République" qui ne lui sera attribué que le 31 août 1871 par une loi connue sous le nom de "constitution Rivet"[2].

La question de la durée du mandat présidentiel ne redeviendra d'actualité qu'en 1873. Alors que le débat pour la rédaction de la Constitution s'enlisait, une loi du 20 nov. 1873 (dite "loi du septennat") fut proposée fixant à sept ans la durée du mandat présidentiel. Il n'y a guère de raisons[3] justifiant ce choix de sept années qui fut repris tel quel dans le texte définitif des lois constitutionnelles (art. 2 de la loi du 25 févr. 1875). La Constitution de 1946 conservera cette durée (art. 29) qui ne fit pas non plus l'objet de discussions en 1958.

Elle restera la durée du mandat présidentiel jusqu'à la révision de 2000 ; le Président de la République est maintenant élu pour cinq ans. C'est sans doute là l'élément le plus novateur (nous reviendrons sur cette question : cf. p. 299 et 315) du statut présidentiel même s'il fut présenté, en 2000, comme une simple concession à la modernité. Ce n'est pourtant

---

[1] Le titre premier est consacré à la Souveraineté. On rappellera que dans la Constitution de la IV° République, c'est seulement le titre cinq qui était consacré au Président de la République.

[2] Durant cette période, le terme de "constitution" est souvent attribué à de simples lois ou à des interventions d'orateur. Il ne s'agit pas de "Constitution" au sens juridique. Par exemple, la "constitution de Broglie" est en fait la loi du 13 mars 1873 relative au droit de message du Président de la République et la "constitution Grévy" est en fait un message adressé au Parlement le 6 févr. 1879 (cf. p. 27).

[3] Du moins n'y a-t-il pas de raison juridique ou même objective. On affirme parfois qu'il correspondait à l'espérance de vie accordée par les médecins à l'un des deux prétendants se disputant le trône royal (le Comte de Chambord) ou encore à la date de la majorité du Prince Impérial …

pas la seule modification du statut présidentiel par rapport à ce qu'il était sous les Républiques antérieures.

En effet, la Constitution de 1958 innove tant en ce qui concerne l'entrée en fonction (§1), la cessation de fonction (§2) que le rôle dévolu au Président de la République (§3).

La présidence de la République, le Palais de l'Elysée et autres résidences présidentielles

La faiblesse de la dotation financière de la Présidence de la République a longtemps résulté du fait qu'une grande partie de ses dépenses de fonctionnement (et en particulier de personnel) étaient prises en charge par d'autres ministères (en particulier le ministère de la Défense qui met à la disposition de l'Elysée du personnel pour assurer le service intérieur). Ainsi les dotations qui apparaissent au budget de l'Etat ne reflétaient pas du tout l'importance des dépenses réelles générées par la Présidence. Pour assurer la transparence, il a été décidé de procéder à une réintégration progressive des dépenses ainsi payées par d'autres ministères. Le budget de la Présidence, du moins dans sa traduction budgétaire, s'est donc accru sensiblement depuis l'élection de J. Chirac. Cet accroissement ne fut longtemps qu'une apparence ; il est aujourd'hui une réalité dans certains domaines (déplacements, frais de personnel), traduction du rôle de plus en plus essentiel que joue l'Elysée dans la vie démocratique du pays. Et, si le « train de vie » de l'Elysée reste relativement modeste, représentant en 2015 une dépense d'environ 100 m d'€ (soit, 0,034 % du total des charges budget général de l'Etat : 296 M d'€ en LFI) dont 67,5 m d'€ de frais de personnel. (Sur le personnel attaché à la présidence et les services de l'Elysée, cf. p. 300), il fait désormais l'objet de critiques par la Cour des comptes qui en assure le contrôle depuis 2008.

Le palais de l'Elysée, hôtel particulier construit en 1720 pour le Comte d'Evreux, fut occupé ensuite par Madame de Pompadour. Affecté par la suite à la réception des Ambassadeurs extraordinaires séjournant à Paris sous Louis XV et Louis XVI, il fut ensuite occupé par la Duchesse de Bourbon avant d'être loué pour l'organisation de fêtes (il prendra alors le nom de Palais de l'Elysée) et occupé par appartements (Alfred de Vigny y habita avec ses parents dans sa jeunesse). En 1805, il est acquis par Murat qui l'occupa avant de devenir Roi de Naples, il fut ensuite utilisé par Napoléon Ier ; celui-ci y abdiqua. Retournant à la Couronne de France en 1816, il devint à partir de 1830 la résidence officielle des hôtes étrangers. Affecté à la Présidence de la République par l'Assemblée nationale le 12 décembre 1848, Louis Napoléon Bonaparte s'y installera dès le 20 décembre. Napoléon III entreprit d'importants travaux qui furent terminés en 1867 pour l'exposition universelle. L'Empereur y accueillera les souverains étrangers venus à cette manifestation. C'est en 1874 que Mac Mahon s'y installa, faisant ainsi définitivement de ce palais la demeure officielle des Présidents de la République.

Situé entre la Rue du Faubourg Saint-Honoré et les Champs-Elysées, le palais est composé d'un corps de bâtiment donnant à l'arrière sur des jardins et à l'avant sur une cour d'honneur qu'encadrent des communs. Même souvent réaménagée, la distribution des lieux reste assez mal commode dans un bâtiment relativement ancien dans sa conception. Le rez-de-chaussée est affecté aux réceptions et conseils, le premier étage, aux bureaux et services. Le Président, lorsqu'il y réside, dispose d'appartements privés qu'il aménage à son goût, faisant parfois appel à des architectes contemporains. L'état du Palais était néanmoins assez mauvais et une rénovation s'est imposée (V. p. 19 du rapport 2008 de la Cour des comptes). Elle a été réalisée pour 15,6 M€ d'investissements imputés sur le budget du ministère de la Culture (V. p. 5 du rapport 2010 de la Cour des comptes). Depuis 1972, l'hôtel de Marigny, propriété de l'Etat et voisin de l'Elysée, sert de résidence d'accueil pour les hôtes étrangers de la France.

Est également affecté à la présidence de la République le Fort de Brégançon qui, situé sur la commune de Bormes-les-Mimosas, se dresse sur un piton rocheux de 35 mètres d'altitude. Il fut, pendant de longs siècles, séparé de quelques brasses de la côte méditerranéenne. Le 25 août 1964, le Général de Gaulle, venu présider les cérémonies du 20ème anniversaire du débarquement allié en Provence, séjourna à Brégançon, hâtivement aménagé pour la circonstance. Par arrêté du 5 janvier 1968, le Fort fut affecté à titre définitif au ministère des Affaires culturelles pour servir de résidence officielle. Pierre-Jean Guth, architecte de la Marine nationale, grand prix de Rome, transforma le Fort en une résidence agréable tout en respectant ce qui restait de la vieille forteresse. Depuis cette date, les différents Présidents de la République y font régulièrement des séjours de vacances, souvent en famille, à l'exception de F. Hollande. Il est ouvert à la visite depuis juin 2014.

Alors que le Pavillon de La Lanterne, propriété contigüe au parc du Château de Versailles, est traditionnellement mis à la disposition du Premier ministre, il a été souvent occupé depuis 2007 par N. Sarkozy ; F. Hollande en a conservé l'usage. La Lanterne ne fait pourtant pas partie des résidences présidentielles comme en atteste le rapport de la Cour des comptes précité (p. 18 du rapport 2008 préc.). Il était toujours géré par le Premier minstre, une convention liant l'Elysée et Matignon (AN Q n° 108574) pour un remboursement du coût. A l'inverse, le domaine de Souzy-la-Briche était laissé à la disposition du Premier ministre, là encore sans changer d'affectation ; il reste une résidence présidentielle. « La Lanterne » est un pavillon de chasse édifié en 1787 par le Prince de Poix, capitaine des chasses et gouverneur de Versailles. Il a été aliéné à la Révolution puis racheté par Louis XVIII en 1818. Occupé par A. Malraux de 1962 à 1969, sa rénovation et sa décoration datent de cette époque. Depuis des aménagements ont été réalisés par M. Rocard (piscine, tennis).

D'autres résidences ou domaines ont un temps étaient affectés à la Présidence. Il s'agissait tout d'abord du château de Rambouillet, résidence d'été des présidents de la République depuis Félix Faure. Emile Loubet, Armand Fallières et Raymond Poincaré y offriront des chasses à nombre de dignitaires, princes et chefs d'Etat étrangers. La tradition se poursuit sous Alexandre Millerand, Paul Doumer, Albert Lebrun. René Coty passa de nombreux week-ends au château. Sous la V° République, le Général de Gaulle y donna de nombreuses fêtes et réceptions et Valéry Giscard d'Estaing y réunit en novembre 1975 les six chefs des Etats les plus industrialisés pour la première réunion du "G7". A l'initiative de François Mitterrand, l'Etat a procédé à la rénovation du jardin français, au sud-est du château. Le château fut encore le cadre de certains sommets bilatéraux : du 6 février au 23 février 1999, le château de Rambouillet a accueilli les négociations sur le Kosovo. On trouvait également le domaine de Souzy-la-Briche, sans réel intérêt historique. Mis à la disposition du Premier ministre, par N. Sarkozy, en « échange » du Pavillon de « La Lanterne » (V. supra), il n'est plus utilisé. Dans l'impossibilité de pouvoir le vendre (les conditions du legs l'interdisent), il a été rendu au service des domaines qui l'ont mis en location. Il s'agissait enfin du domaine de Marly-le-Roi, essentiellement composé d'un vaste parc désormais rattaché à l'Etatblissement public du château de Verseilles.

Pour l'anecdote, on indiquera que la Cour d'appel d'Aix-en-Provence s'est, le 3 juill. 2014, opposé au dépôt de la marque « Palais de l'Elysée » pour une gamme de jouets, décorations de Noël, appareils de gymnastique, nourriture, boissons, etc., au motif que « indubitablement associé dans l'esprit du consommateur au Président de la République », elle génèrerait un trouble à l'ordre public du fait du risque de confusion, renforcé tant en raison de la variété des produits envisagés par le dépôt et de la similitude de la calligraphie du signe litigieux avec l'en tête de la Présidence de la République.

§1. L'entrée en fonction du Président de la République

C'est à ce propos qu'est intervenue une des modifications les plus importantes de la Constitution. En effet, au mécanisme originel de 1958 (A) fut substitué en 1962 l'élection du Président de la République au suffrage universel direct (B).

A. Le mécanisme originel

L'innovation principale apportée en 1958 au statut du Président de la République touche en effet au mode de désignation.

Contrairement aux dispositions en vigueur sous les deux Républiques précédentes, le Président de la République n'est plus élu par les parlementaires. Il s'agissait pourtant là d'un élément symbolique. Lorsqu'en 1875 à l'Assemblée nationale, Républicains et Monarchistes se partageaient sur cette question et par delà, plus largement encore, sur la nature du régime politique lui-même, un amendement au projet de LC fut présenté par H. Wallon. Ce texte qui, adopté le 30 janv. 1875 à une voix de majorité, fonda définitivement la République, disposait :

"Le Président de la République est élu à la majorité absolue des suffrages par le Sénat et la Chambre des députés réunis en Assemblée nationale. Il est nommé pour sept ans. Il est rééligible".

Chaque fois que l'occasion se présentait, les parlementaires des deux Chambres se réunissaient donc à Versailles, pour procéder ensemble à l'élection du Président de la République. Mais, si cette cérémonie était le symbole même de la République, elle devint aussi, peu à peu, le symbole de son dysfonctionnement. Il suffit de rappeler le mot de Clemenceau : "Je vote pour le plus bête" ou l'élection difficile, en 1953, du second Président de la IV° République, enfin acquise au 13ème tour de scrutin, pour porter à la magistrature suprême René Coty.

Cette solution, inféodant le Président de la République aux Chambres et donc aux partis politiques, le constituant de 1958 n'en veut pas. De Gaulle le dit dès 1946 à Bayeux :

"C'est donc du Chef de l'Etat, placé au-dessus des partis, élu par un collège qui englobe le Parlement, mais beaucoup plus large et composé de manière à faire de lui le Président de l'Union française en même temps que celui de la République que doit procéder le pouvoir exécutif".

Les Présidents de la République			
II° République			
Louis-Napoléon Bonaparte	10 déc. 1848	7 nov. 1852	Coup d'Etat[1]
Gouvernement provisoire			
Adolphe Thiers	17 févr. 1871[2]	24 mai 1873	Démission
III° République			
P. de Mac-Mahon	24 mai 1873[3]	30 janv. 1879	Démission
Jules Grévy	30 janv. 1879	30 janv. 1886	Fin du mandat
Jules Grévy	30 janv. 1886	3 déc. 1887	Démission
Sadi Carnot	3 déc. 1887	25 juin 1894	Assassiné
Jean Casimir-Perier	27 juin 1894	15 janv. 1895	Démission
Félix Faure	15 janv. 1895	16 févr. 1899	Décès
Emile Loubet	16 févr. 1899	18 févr. 1906	Fin du mandat
Armand Fallières	18 févr. 1906	18 févr. 1913	Fin du mandat
Raymond Poincaré	18 févr. 1913	18 févr. 1920	Fin du mandat
Paul Deschanel	18 févr. 1920	20 sept. 1920	Démission
Alexandre Millerand	20 sept. 1920	11 juin 1924	Démission
Gaston Doumergue	11 juin 1924	13 juin 1931	Fin du mandat
Paul Doumer	13 juin 1931	6 mai 1932	Assassiné
Albert Lebrun	10 mai 1932	10 mai 1939	Fin du mandat
Albert Lebrun	10 mai 1939	10 juill. 1940	Départ forcé
IV° République			
Vincent Auriol	16 janv. 1947	23 déc. 1953	Fin du mandat
René Coty	23 déc. 1953	8 janv. 1959	V° Rép.
V° République			
Charles De Gaulle	8 janv. 1959	8 janv. 1966	Fin du mandat
Charles De Gaulle	8 janv. 1966	28 avr. 1969	Démission
Alain Poher	*28 avr. 1969*	*19 juin 1969*	*Intérim*
Georges Pompidou	19 juin 1969	2 avr. 1974	Décès
Alain Poher	*2 avr. 1974*	*24 mai 1974*	*Intérim*
Valéry Giscard d'Estaing	24 mai 1974	21 mai 1981	Fin du mandat
François Mitterrand	21 mai 1981	21 mai 1988	Fin du mandat
François Mitterrand	21 mai 1988	17 mai 1995	Fin du mandat
Jacques Chirac	17 mai 1995	16 mai 2002	Fin de mandat
Jacques Chirac	16 mai 2002	16 mai 2007	Fin de mandat
Nicolas Sarkozy	16 mai 2007	15 mai 2012	Fin de mandat
François Hollande	15 mai 2012		

Une solution de ce type fut retenue en 1958. Le Président de la République était élu par un collège comprenant, outre les parlementaires, les conseillers généraux, les élus des Assemblées des TOM et des représentants des communes, soit quelque 81.700 grands électeurs. Le 21 déc. 1958, c'est selon cette procédure que fut élu le premier Président de la V° République : Charles De Gaulle (62.394 voix) devant G. Marrane, Sénateur communiste (10.355 voix) et A. Chatelet, candidat de la gauche non communiste (6.721 voix).

Ce mécanisme quelque peu bâtard, s'il garantissait l'indépendance du Président de la République, n'assurait en rien sa prééminence. Si le charisme que le Général De Gaulle tenait de l'histoire lui permettait de jouer le rôle premier qu'il souhaitait, ses successeurs n'en disposeraient pas ; il fallait trouver un autre moyen[4]. Le Général De Gaulle se résolut donc à

[1] Le coup d'Etat a lieu le 2 déc. 1851. Avant le rétablissement de l'Empire (7 nov.1852), il aboutit à l'instauration d'une République avec un président élu pour 10 ans.

[2] Avec le titre de "Chef du Pouvoir exécutif". Le titre de "Président de la République" lui sera accordé par la loi du 31 août 1871 dite "constitution Rivet" ; cf. supra.

[3] Le Maréchal de Mac Mahon est élu avant que les lois constitutionnelles de 1875 ne soient adoptées. Il restera en fonction après leur entrée en vigueur.

[4] C'est exactement là la raison que donnait en 1962 le Général De Gaulle pour justifier cette révision : « Mais si (le mode de scrutin de 1958) ne pouvait plus qu'aucun autre fixer une responsabilité à l'égard de la France, la question

proposer une modification de la Constitution qui fut adoptée par référendum le 28 oct. 1962, l'élection au suffrage universel direct donnant en quelque sorte l'onction populaire au Président de la République.

B. L'élection au suffrage universel direct

Acquise dès 1962 par référendum, cette modification de la Constitution ne s'appliquera pour la première fois qu'en déc. 1965, lorsque s'acheva le premier mandat de Charles De Gaulle.

Ce n'est pas la première fois qu'un Président de la République française sera élu au suffrage universel direct. Il en avait déjà été ainsi en 1848[1] et l'on sait que le résultat en fut l'élection de Louis Napoléon Bonaparte[2], ce qui conduisit, en fait, à la déformation du régime et à sa disparition prématurée. Aussi, nombreux étaient ceux qui, alors, voyaient dans ce mécanisme un moyen d'instauration du pouvoir personnel (F. Mitterrand, *Le coup d'état permanent*, Plon, 1964). Pourtant, bien que critiqué alors par tous les partis politiques à l'exception des gaullistes, le principe de l'élection directe n'est plus guère contesté de nos jours et paraît même un élément essentiel de notre démocratie. Hormis quelques améliorations techniques apportées en 1976, les règles gouvernant cette élection n'ont guère changé (1). Neuf élections ont jusqu'à présent eu lieu selon ce mécanisme (2).

1. Les règles de mise en œuvre de l'élection au suffrage direct

Si aucun incident de parcours ne vient gêner le déroulement des opérations (b), le Conseil constitutionnel proclamera, après en avoir contrôlé la validité (c), les résultats de l'élection qui se déroule au scrutin majoritaire (a). C'est la loi organique du 6 nov. 1962 modifiée qui fixe les dispositions applicables en la matière.

a) Le mode de scrutin

L'élection d'un nouveau Président a lieu 20 jours au moins et 35 jours au plus avant l'expiration du mandat du Président en exercice[3] (art. 7 al. 3 C.) . S'agissant de pourvoir un seul poste, il ne peut être fait application que du scrutin majoritaire : le candidat recueillant le plus grand nombre de voix est élu. Reste donc à connaître le nombre de tours. L'élection du Président de la République a lieu au scrutin majoritaire à deux tours. Conformément à l'**art. 7 al. 1 C.**, pour être élu au premier tour, il faut donc qu'un des candidats obtienne la majorité absolue, soit 50 % des suffrages exprimés plus un. Si aucun candidat ne parvient à réaliser ce score, on procède alors à un second tour où seuls peuvent se présenter les deux candidats arrivés en tête au premier tour[4]. Est élu celui des deux qui obtient le plus de voix. Dans tous les cas donc, le Président est élu par plus de 50 % des suffrages exprimés.

---

serait très différente pour ceux qui, n'ayant pas nécessairement reçu des événements la même marque nationale, viendront après moi tour à tour prendre le poste que j'occupe à présent. Ceux-là, pour qu'ils soient entièrement en mesure et complètement allégés de porter la charge suprême (...), il faudra qu'ils en reçoivent directement mission de l'ensemble de citoyens » (Alloc. du 20 sept. 1962).

[1] Il s'agissait alors, rappelons-le, du suffrage universel masculin (cf. p. 209).

[2] L.-N. Bonarpate obtient 74,2 % des suffrages contre 19,5 à son suivant immédiat, le Général Cavaignac. Rappelons qu'étaient également candidats à cette élection présidentielle : Ledru-Rolin (5 %), Raspail (0,5 %), Larmartine (0,2 %) et le Général Changarnier.

[3] Contrairement aux élections législatives (cf. p. 83 ou 231), la date de l'élection présidentielle varie donc en fonction de la date de l'entrée en fonction du Président et des éventuels intérims.

[4] Si l'un de ces deux candidats se désiste, c'est alors le troisième qui est opposé au candidat restant en lice.

Formalités électorales et campagne présidentielle

Les formalités électorales sont à vrai dire simples et peu nombreuses, permettant très largement à quiconque d'être candidat.

On doit bien entendu tout d'abord être éligible, c'est-à-dire ne pas avoir perdu ses droits civiques à la suite d'une sanction juridictionnelle (Cons. const. 74-26 PDR, 21 avr. 1974, *Roustan*). Il faut ensuite répondre aux conditions fixées par les textes : être français et électeur, c'est-à-dire être âgé de plus de 18 ans (avant la loi organique du 14 avril 2011, il fallait être âgé au minimum de 23 ans).

Il convient ensuite que chaque candidat soit "présenté" par 500 "parrains". Il peut s'agir de parlementaires, de parlementaires européens de nationalité française élus sur le territoire français, de conseillers régionaux, de conseillers départementaux, de conseillers de Paris, de maires d'arrondissement de Lyon et Marseille, de membres des assemblées des collectivités d'outre-mer ou de Corse, de maires, de maires délégués des communes associées, de présidents des organes délibérants des communautés urbaines, des communautés d'agglomération ou des communautés de communes ou de membres de l'Assemblée des Français de l'étranger (cf. p. 229). Un élu ne peut parrainer qu'un seul candidat et n'apporter à ce dernier qu'un seul parrainage, même s'il cumule différents mandats. Il convient aussi que ces "parrains" soient répartis dans trente départements ou collectivités d'outre-mer au moins sans que 10 % puissent être les élus d'un même département ou collectivité. Ces dispositions contenues à l'art. 3 de la LO n° 62-1292 du 6 nov. 1962 visent à éviter la multiplication des candidatures et en particulier de candidatures "fantaisistes" (12 candidats en 1974, dont certains (G. Héraud) ne recueillent pas plus de 0,07 % des suffrages exprimés ; 16 candidats en 2002).

A chaque élection présidentielle le fait que certains candidats potentiels ne parviennent pas à recueillir les signatures nécessaires conduit à s'interroger sur la pertinence de cette obligation. Ainsi, D. de Villepin, ancien Premier ministre, n'y est pas parvenu en 2012. C'est le plus souvent le Front National qui soulève ce problème même si, jusqu'à présent, son candidat réussit généralement à remplir cette formalité. On estime parfois que le terme de « parrainage » généralement utilisé laissant entendre que le « parrain » apporte son soutien politique au candidat qu'il parraine, conduit nombre d'élus à refuser leur signature. En réalité, chaque élu habilité à « présenter » un candidat le fait à titre individuel et personnel, et de façon totalement autonome, sans que cette « présentation » vaille approbation du candidat ou de son programme. Ainsi, le Conseil constitutionnel a estimé que ces dispositions n'étaient pas contraires aux droits et libertés garantis par la Constitution dès lors que la présentation de candidats par les citoyens élus habilités ne saurait être assimilée à l'expression d'un suffrage (Cons. const. 2012-233 QPC § 7, 21 févr. 2012, *Marine Le Pen*). Mais dans ses observations sur l'élection présidentielle de 2012 (Cons. const. 2012-155 PDR, 21 juin 2012, *Obs. sur l'élection présidentielle des 22 avr. et 6 mai 2012*), il note aussi que l'actuel dispositif de présentation ne réserve pas l'accès au premier tour de scrutin aux seuls candidats qui bénéficient d'un minimum de représentativité dans la vie politique française, même si, à de rares exceptions près, les candidats sont maintenant issus de partis politiques[1].

Les présentations doivent être faites sur un formulaire adressé par les préfets aux "parrains" potentiels et renvoyé au Conseil constitutionnel au moins 18 jours avant le premier tour. Les noms des "parrains" de chaque candidat sont publiés dans la limite de cinq cent, par tirage au sort. Contesté par une candidate à l'élection de 2012, le Conseil constitutionnel a considéré que ce mécanisme n'était pas contraire au principe d'égalité même si la probabilité pour les « parrains » de voir leur nom et leur qualité publiés varie en fonction du nombre de présentations dont les candidats ont fait l'objet (Cons. const. 2012-233 QPC § 9, 21 févr. 2012, *Marine Le Pen*). Pourtant, le Conseil constitutionnel souhaite que le système soit revu. Il l'indique dans ses observations relatives à l'élection présidentielle de 2012.

Le Conseil constitutionnel est chargé de vérifier la validité du consentement des "parrains" et plus généralement le respect de toutes les conditions de validité des candidatures. Il dresse, sans indiquer les motifs des éventuels rejets, la liste des candidats qui est publiée au *Journal Officiel* au plus tard le 16ème jour avant le premier tour. Les personnes qui ne figurent pas sur la liste, à condition d'avoir été effectivement présentées (Cons. const. 88-50 PDR, 22 mars 1988, *Germes* ; Cons. const. 2007-135 PDR, 22 mars 2007, *Nekkaz*) ou un candidat qui estimerait qu'un autre candidat n'aurait pas dû être retenu (Cons. const. 69-18 PDR, 17 mai 1969, *Ducatel c/ Krivine*), peuvent contester la liste établie devant le Conseil constitutionnel qui rendra alors une décision en la forme juridictionnelle (Cons. const. 81-43 PDR, 11 avr. 1981, *Fouquet*).

Par ailleurs, les candidats figurant sur la liste doivent déposer auprès du Conseil constitutionnel, sous enveloppe scellée, une déclaration sur l'honneur indiquant la situation de leur patrimoine conforme à l'article LO 135-1 C. élect. et l'engagement, en cas d'élection, de déposer deux mois au plus tôt et un mois au plus tard avant l'expiration du mandat ou, en cas de démission, dans un délai d'un mois après celle-ci, une nouvelle déclaration conforme à ces dispositions qui sera publiée au *Journal officiel* dans les huit jours de son dépôt. Si, jusqu'à présent, seule la déclaration du Président de la République élu est publiée (voir par ex. la déclaration de F. Hollande : *JO 11 mai 2012*), elles

[1] La Commission Jospin (V. p. 388) a proposé de substituer à ce système un mécanisme de « parrainage citoyen », 150000 électeurs pouvant porter une candidature. Cette proposition n'a reçu qu'un faible écho tant chez les politiques que dans les médias.

sont désormais toutes transmises à la Haute Autorité pour la transparence de la vie publique (HATVP. cf. p. 217), qui les rend publiques au moins quinze jours avant le premier tour de scrutin, dans les limites définies au III de l'article LO 135-2 C. élect. La déclaration de situation patrimoniale remise à l'issue des fonctions est transmise à la HATVP.

Les règles en matière de campagne électorale sont nombreuses et variées. Elles ont toutes pour but de placer, dans la mesure du possible, tous les candidats sur un pied d'égalité. Une commission nationale de contrôle de la campagne électorale a du reste été prévue par le décret n° 2001-213 du 8 mars 2001. Présidée par le Vice-président du Conseil d'Etat, elle est composée de 5 membres (art. 13) et a pour mission de veiller au strict respect de cette condition d'égalité.

Il y a tout d'abord une réglementation très stricte de la campagne officielle. Chaque candidat dispose de la possibilité de faire connaître sa candidature grâce aux panneaux électoraux mis en place dans toutes les communes et grâce à des professions de foi envoyées à chaque électeur. Les frais afférant à ces moyens de propagande sont pris en charge par l'Etat. La campagne officielle dure 15 jours pour le premier tour et 8 pour le second et s'achève obligatoirement à minuit le vendredi précédant le jour du vote. Le temps d'antenne sur le service public de la radio et de la télévision est exactement le même pour tous, soit en principe deux heures à moins que le nombre trop élevé des candidats oblige le Conseil Supérieur de l'Audiovisuel (CSA) à réduire cette durée. C'est aussi le CSA qui est chargé de veiller au respect de l'égalité dans les programmes des chaînes ou radio privées. Il est, en revanche, beaucoup plus difficile de réglementer la partie non officielle de la campagne. Pourtant, un plafond de 16.8 millions d'Euros de dépenses de campagne par candidat a été mis en place, plafond porté à 22,5 millions pour ceux des candidats en lice au second tour (L. n° 2011-1977 du 28 déc. 2011). Les candidats ne peuvent recueillir ces fonds que par l'intermédiaire d'un mandataire nommément désigné, personne physique ou association. Par ailleurs, et pour s'assurer malgré tout que l'argent ne devienne pas le moteur unique de l'élection, une somme de 4,75 % du plafond des dépenses de campagne est remboursée à chaque candidat, somme portée à 47,5 % du plafond pour ceux ayant obtenu au moins 5 % des suffrages exprimés. Une avance de 153.000 €, à valoir sur ce remboursement, est attribuée à chaque candidat au début de la campagne. Pour prouver que le plafond n'a pas été dépassé, les candidats doivent fournir leurs comptes[1] à la Commission nationale des comptes de campagne et des financements politiques (CNCCFP) (LO 62-1292 du 6 nov. 1962 mod.). Les candidats qui ne déposent pas leurs comptes, les déposent tardivement ou dont les comptes sont rejetés ne peuvent bénéficier du remboursement de leurs dépenses. En revanche, si les irrégularités commises ne conduisent pas au rejet du compte, la Commission peut réduire le montant du remboursement forfaitaire en fonction du nombre et de la gravité de ces irrégularités. Les décisions de la Commission peuvent faire l'objet d'un recours de plein contentieux devant le Conseil constitutionnel. Enfin, dans tous les cas où un dépassement du plafond des dépenses électorales est constaté, qu'il conduise ou non à un rejet du compte, le candidat est tenu de verser au Trésor public, une somme égale au montant du dépassement. Contrairement à la situation des candidats pour les élections législatives, aucune inéligibilité ne peut être prononcée ; ainsi le candidat élu n'est pas démissionnaire d'office, quand bien même son compte serait rejeté.

N. Sarkozy a ainsi vu son compte de campagne pour 2012 rejeté par la CNCCFP Il a fait appel de cette décision devant le Conseil constitutionnel. Lors d'une délibération, à laquelle n'ont pris part aucun des anciens Présidents de la République, le Conseil a confirmé le rejet du compte de campagne en établissant le dépassement du plafond de dépenses à 466.118 €, privant ainsi N. Sarkozy du remboursement de 47,5% du plafond de dépenses, soit près de 11 millions d'€. En revanche, considérant qu'il ne lui appartenait pas d'accroître la sanction dans la mesure où il était saisi par le candidat sanctionné, le Conseil n'a pas réformé le montant du reversement à effectuer au Trésor public décidé par la CNCCFP (363.615 €). Un appel aux dons lancé par le candidat est possible pour assurer le remboursement des pénalités, même si l'opération est réalisée par le parti (8 sept. 2015, non-lieu à poursuite).

b) Les incidents de parcours

Non prise en compte par les textes originels, c'est à la suite d'une déclaration faite le 25 mai 1974 par le Conseil constitutionnel que la question du décès éventuel d'un candidat durant la campagne électorale devait être organisée. Une LC fut adoptée le 18 juin 1976 qui ajouta 5 alinéas sur ce sujet à l'art. 7. C. Il y est prévu que si l'une des personnes, ayant fait connaître moins de 30 jours avant la date limite du dépôt des candidatures son intention de se présenter, décède ou se trouve empêchée dans les 7 jours précédant cette date, le Conseil constitutionnel peut reporter l'élection. En revanche, le report est obligatoire si pareille situation touche l'un des candidats admis à se présenter au premier tour. Enfin, si c'est l'un

[1] L'ensemble des documents qui justifient les écritures figurant dans le compte de campagne d'un candidat à l'élection présidentielle et permettent à la CNCCFP de s'assurer de sa régularité qui sont produits ou reçus étant dépourvus de tout caractère juridictionnel, il s'agit de documents administratifs communicables (CE, ass. 25 mars 2015, *CNCCFP, req. n° 382083 §5 : AJDA 2015. 981*).

des candidats arrivés en tête au premier tour ou l'un des candidats au second tour qui décède ou se trouve empêché, le Conseil constitutionnel doit alors déclarer qu'il convient de refaire l'intégralité des opérations électorales, premier tour compris. L'application de ces dispositions conduit éventuellement à prolonger d'autant le mandat du Président en exercice ou l'intérim.

c) Contrôle de l'élection et proclamation des résultats

C'est au Conseil constitutionnel qu'il appartient, tant à l'issue du premier que du second tour, de proclamer le résultat des élections (art. 58 C.). A ce stade, le Conseil constitutionnel tient compte de toutes les observations qu'il a pu recueillir sur les éventuelles irrégularités commises dans certains bureaux de vote et peut ne pas tenir compte des résultats de certains d'entre eux (voir la proclamation 2012-154 PDR du 12 mai 2012 relative au second tour de l'élection présidentielle).

Il doit, en toute hypothèse, avant de procéder à cette proclamation, se prononcer sur les réclamations éventuelles qui lui sont présentées (cf. p. 410).

2. Les élections intervenues depuis 1962

Sept présidents ont été élus au suffrage universel direct en neuf élections.

Le premier, Charles De Gaulle (**55,2 ;** 44,6)[1], se succéda à lui-même en 1965 par les élections des 5 et 19 déc. Opposé à 5 autres candidats au premier tour, le Général De Gaulle, qui avait refusé de faire campagne, fut mis en ballottage malgré une large avance sur son suivant immédiat, François Mitterrand (**44,8** ; 31,7), candidat unique de la gauche. Ce ballottage constitua avec le score de J. Lecanuet candidat centriste (15,6 %) la principale surprise d'un scrutin dont chacun prévoyait qu'il devait aboutir à l'élection du Président sortant. Etaient également candidats Jean-Louis Tixier-Vignancour (5,2) pour l'extrême droite et deux "individuels" Pierre Marcilhacy et Marcel Barbu (1 % environ chacun).

Le deuxième, Georges Pompidou, (**58,2** ; 44,5), ancien Premier ministre de Charles De Gaulle, a été élu le 15 juin 1969 contre Alain Poher (**41,8** ; 23,3), Président de la République par intérim à la suite de la démission de Charles De Gaulle. Au premier tour, le 1er juin, 7 candidats étaient en lice. La gauche traditionnelle, divisée, présentait deux candidats, Gaston Defferre (5) pour les socialistes et Jacques Duclos (21,3) pour le parti communiste. Ce dernier devançait largement le candidat socialiste mais n'était malgré tout que troisième ce qui l'empêcha de participer au second tour, bien qu'il ait demandé sans succès à A. Poher de se retirer pour que les électeurs n'aient pas un choix réduit à deux candidats de centre droit. Etaient également candidats Michel Rocard (3,6) pour le PSU, Alain Krivine pour la Ligue Communiste Révolutionnaire et Louis Ducatel, "individuel" (environ 1 % chacun).

Le troisième, Valéry Giscard d'Estaing (**50,8** ; 32,6), chef de file des Républicains Indépendants et ministre des Finances sous Georges Pompidou, a été élu le 19 mai 1974 contre François Mitterrand (**49,2** ; 43,2). Au premier tour, le 5 mai, 12 candidats s'étaient partagé les voix des électeurs. Parmi eux, il faut noter la présence de Jacques Chaban-Delmas (15,1), représentant les gaullistes ou du moins une partie d'entre eux puisque certains ministres gaullistes (tel Jacques Chirac) soutinrent, dès le premier tour, Valéry Giscard d'Estaing. Etaient également candidats Jean Royer (3,2), candidat de la droite moraliste, Arlette Laguillier (2,3) de Lutte Ouvrière, René Dumont (1,3) écologiste et enfin, Jean-Marie

---

[1] Résultat en pourcentage des suffrages exprimés ; le deuxième tour est en gras.

Le Pen, Emile Muller, Alain Krivine, Bertrand Renouvin, Jean-Claude Sebag et Guy Heraud (chacun moins de 1 %).

Le quatrième, François Mitterrand[1], (**51,8** ; 25,8), premier secrétaire du parti socialiste, fut élu le 10 mai 1981 contre Valéry Giscard d'Estaing (**48,2** ; 28,3) qui se représentait. 10 candidats s'étaient présentés au premier tour et en particulier Jacques Chirac (18), ancien Premier ministre de Valéry Giscard d'Estaing, pour les gaullistes (RPR), Georges Marchais (15,3) pour le Parti Communiste et Brice Lalonde (3,9) pour les écologistes. Etaient également candidats Arlette Laguillier (2,3) candidate de Lutte ouvrière, Michel Crépeau (2,2) pour les Radicaux de Gauche, Michel Debré, Marie-France Garaud et Hugette Bouchardeau (1 % environ chacun). François Mitterrand (**54** ; 34,1) fut réélu le 8 mai 1988, cette fois-ci contre Jacques Chirac (**46** ; 19,9), alors à nouveau Premier ministre. Au premier tour, 9 candidats étaient présents dont Raymond Barre (16,5), ancien Premier ministre de Valéry Giscard d'Estaing, Jean-Marie Le Pen (14,4) pour le Front National, André Lajoinie (6,8) pour le Parti Communiste et Antoine Waechter (3,8) pour les écologistes. Etaient également candidats Pierre Juquin (2,1) pour les communistes réformateurs, Arlette Laguillier (2) et Pierre Boussel (0,4) candidat d'extrême gauche.

Le cinquième, Jacques Chirac, président du RPR, maire de Paris et ancien Premier ministre, (**52,6** ; 20,8), fut élu le 7 mai 1995 contre Lionel Jospin (**47,4** ; 23,3), candidat du parti socialiste. 9 candidats étaient présents au premier tour : E. Balladur, Premier ministre RPR en fonction à cette date (18,6), R. Hue (8,6) pour le Parti Communiste, J.-M. Le Pen (15) pour le Front National, Ph. de Villiers (4,7) candidat réactionnaire de l'ordre moral, A. Laguillier (5,3), D. Voynet (3,3) pour les écologistes et J. Cheminade (0,3) « individuel ». Jacques Chirac (**82,2** ; 19,9) fut réélu le 5 mai 2002, cette fois contre Jean-Marie Le Pen (**17,8** ; 16) candidat d'extrême droite. Lionel Jospin (Premier ministre socialiste en fonction à cette date) avait été éliminé dès le premier tour (15,4). 16 candidats s'étaient présentés à ce premier tour parmi lesquels, François Bayrou (6,5) UDF, Arlette Laguiller (5,4), Jean-Pierre Chevènement (5,1) pour le Mouvement des Citoyens (candidat « souverainiste ») et Noël Mamère (5) pour les Verts. Etaient également présents : Olivier Besancenot (4) pour la Ligue Communiste Révolutionnaire, Jean Saint-Josse (4) pour les « chasseurs », Alain Madelin (3,7) de Démocratie Libérale, Robert Hue (3,2) du Parti communiste, Bruno Mégret (2,2) autre candidat d'extrême droite, Christiane Taubira (2,2) pour les Radicaux de gauche, Corinne Lepage (1,8) écologiste indépendante de droite, Christine Boutin (1,1) candidate « de la famille » et Daniel Gluckstein (0,4) pour le Parti des travailleurs (extrême gauche). Cette élection devait faire de Jacques Chirac le Président de la République le mieux élu puisqu'il dépassait le résultat de Louis Napoléon Bonaparte en 1848 (cf. p. 43).

Le sixième, Nicolas Sarkozy président de l'UMP et ministre de l'Intérieur (**53,1**, 31,2), a été élu le 6 mai 2007 contre Ségolène Royal (**46,9**, 25,9), candidate du parti socialiste. 10 autres candidats étaient présents au premier tour : F. Bayrou, président de l'UDF et ancien ministre de l'Education (18,6) et J.-M. Le Pen pour le Front national (10,4) ont franchi le seuil de 5 % des suffrages ; il s'agit là d'un des effets de l'élection précédente : le « vote utile ». Par ordre décroissant on trouve encore comme candidat au premier tour : O. Besancenot (4,1) pour la Ligue Communiste Révolutionnaire, Philippe de Villiers (2,2), pour le Mouvement pour la France, M.-G. Buffet (1,9) pour le Parti Communiste, D. Voynet (1,6) pour les Verts, A. Larguiller (1,3), pour Lutte Ouvrière, J. Bové (1,3), pour les « altermondialistes », F. Nihous (1,1) pour les « chasseurs » et G. Schivardi (0,3) pour le Parti des Travailleurs.

---

[1] En réponse à une question parlementaire, le ministre de l'Intérieur a estimé le coût pour l'Etat d'une élection présidentielle à 312.468.696 F en 1981, 750.568.916 F en 1988 et 875.504.522 F en 1995 (*Pouvoirs* n° 97 p. 157).

Le septième, François Hollande (**51,7**, 28,6), député, candidat du parti socialiste dont il fut le Premier secrétaire de 1997 à 2008, a été élu le 6 mai 2012 contre Nicolas Sarkozy (**48,3**, 27,2) qui se représentait. 8 autres candidats étaient présents au premier tour : M. Le Pen pour le Front national (17,9), J.-L. Mélenchon pour le Front de gauche (11,1) et F. Bayrou, président du MoDem (9,1) ont franchi le seuil de 5 % des suffrages. Par ordre décroissant on trouve encore comme candidat au premier tour : E. Joly (2,3) pour Europe Ecologie Les Verts, N. Dupont-Aignan (1,8) pour Debout la République, P. Poutou (1,1) pour le Nouveau Parti Anticapitaliste, N. Arthaud (0,6), pour Lutte Ouvrière, et J. Cheminade (0,2) pour Solidarité et Progrès.

§2. La cessation de fonction du Président de la République

On peut imaginer deux cas de cessation de fonction du Président de la République selon que celle-ci sera temporaire ou définitive. S'y ajoute l'hypothèse particulière de la suppléance.

A. L'interruption temporaire de fonction : la suppléance

Il s'agit des cas dans lesquels le Président de la République est momentanément dans l'impossibilité d'exercer ses fonctions. On peut concevoir ou bien qu'il est en déplacement, ou bien que, souffrant, il doive durant un certain temps prendre du repos. En fait, dans ce cas, le Président va organiser lui-même la suppléance compte tenu de la durée de l'interruption qu'il envisage. La Constitution ne prévoit cependant que deux hypothèses de **suppléance**. L'art. 21 C. dispose en son alinéa 3 que le Premier ministre supplée, le cas échéant, le Président de la République à la présidence des conseils et comités supérieurs de la défense nationale. Le même article prévoit encore (*in fine*) que le Premier ministre peut présider le Conseil des ministres sur un ordre du jour préalablement déterminé, sur délégation expresse et à titre exceptionnel. On ne compte jusqu'alors que six applications de cette disposition (22 avr. et 30 sept. 64 ; 14 févr.73 ; 16 sept. 92 ; 20 juill. 94 ; 7 sept. 2005). Pour les autres fonctions ou pouvoirs, rien n'est mis en place et l'on ne sait pas qui peut les assumer ou s'il convient d'attendre que le Président de la République exerce à nouveau ses responsabilités. En fait, la Constitution n'autorise pas le Président de la République, sauf les deux cas susmentionnés, à se faire remplacer temporairement à son initiative.

B. La cessation provisoire de fonction : l'intérim provisoire

Il est ensuite possible d'envisager que le Président de la République soit provisoirement empêché d'exercer ses fonctions et qu'il n'ait pu lui-même organiser la suppléance. Il est donc à supposer ici que cette cessation n'est pas volontaire de la part du Président, qu'elle est la conséquence, par exemple, d'une séquestration, d'une disparition, d'un accident de santé ou du prolongement fâcheux d'une intervention chirurgicale programmée mais plus périlleuse que prévue. L'empêchement qui touche le Président reste cependant provisoire et l'on a lieu de croire qu'une fois libéré, retrouvé ou rétabli, il reprendra son mandat. On peut cependant retenir aussi l'hypothèse où, sachant que la durée de son inactivité serait longue, rendant la suppléance inadéquate, le Président ait souhaité que la procédure prévue à l'art. 7 al. 4 C. soit mise en œuvre par le Gouvernement.

En effet, les dispositions constitutionnelles laissent au Gouvernement le soin de saisir le Conseil constitutionnel d'un éventuel empêchement du Président de la République. Le Conseil d'Etat s'estime incompétent pour contrôler le fait que le Gouvernement saisisse ou non le Conseil constitutionnel de cette question (CE 8 sept. 2005, *Hoffer : Lebon T. 792*). Une fois saisi, le Conseil constate l'empêchement à la majorité absolue. C'est donc à lui que revient la charge de décider si le Président est ou non en état d'exercer ses fonctions. La Constitution n'assigne pour ce faire aucun délai au Conseil qui reste donc maître de la décision sous tous ses aspects. Si l'empêchement est constaté, un intérim est déclenché ; il est exercé par le Président du Sénat.

La nouvelle Constitution rompt ici encore avec ses devancières. Sous la III° République, c'est le Conseil des ministres qui exerçait temporairement les fonctions du Président de la République ; sous la IV° République, cette tâche est confiée au Président de l'Assemblée nationale. Dans les deux cas, ces dispositions n'avaient qu'un intérêt relatif, puisque le Président de la République étant élu par le Parlement, il était possible de pourvoir très rapidement le poste qui ne restait vacant que quelques jours au plus. L'élection au suffrage direct, qui demande nécessairement plus de temps, donne plus d'intérêt à la question.

Depuis 1958, l'intérim est assuré en vertu de l'art. 7 al. 4 C., par le Président du Sénat. Cette formule présentait, avant la réforme électorale de 1962, une certaine logique. Le Président du Sénat, élu par les Sénateurs, se trouve être, somme toute, élu indirectement par le même collège que celui qui alors désignait le Président de la République[1]. Depuis que le Président de la République est élu au suffrage direct, il y a quelque curiosité à ce que l'intérim soit assuré par le Président d'une assemblée élue au suffrage indirect[2]. Si le Président du Sénat est lui-même empêché, il est prévu au même article que l'intérim est alors assuré par le Gouvernement.

Outre les difficultés évidentes quant à la mise en œuvre de l'intérim (la saisine du Conseil par le Gouvernement pourrait dans certains cas apparaître comme un coup de force contre le Président de la République), il faut constater que l'art. 7 al. 4 C. est muet sur la durée éventuelle de celui-ci. Rien dans le texte ne le limite dans le temps et le Président du Sénat pourrait ainsi rester en fonction plusieurs semaines voire plusieurs mois ...

Or, durant cette période, les pouvoirs du Président intérimaire ne sont pas aussi étendus que ceux du titulaire normal de la charge. En effet, il ne peut recourir ni au référendum (art. 11 C.) ni à la dissolution (art. 12 C.). Ces limitations visent essentiellement à empêcher que le Président du Sénat profite de l'intérim pour s'emparer du pouvoir. En dehors de ces articles expressément énumérés, le Président intérimaire dispose de la plénitude des pouvoirs présidentiels[3]. En particulier (contrairement à ce que l'on croit souvent), il peut mettre en œuvre les pouvoirs exceptionnels prévus à l'art. 16 C. et utiliser les prérogatives que lui confie le décret de 1996 relatif à l'usage de l'arme atomique (cf. p. 295 et 324).

C. La cessation définitive de fonction

1. La passation des pouvoirs

Il va de soi que le mandat du Président de la République s'achève cinq ans jour pour jour après sa prise de fonction. Il est alors remplacé par le nouvel élu. La question se pose ici du caractère renouvelable du mandat.

Dans ce domaine, la Constitution de 1848 avait, contrairement aux dispositions à l'époque en vigueur aux USA, interdit au Président de briguer deux mandats successifs (art. 45). Cette

[1] En effet, si l'on regroupait l'ensemble des grands électeurs chargés dans les départements de procéder à l'élection des Sénateurs, on obtenait à quelques nuances près le même collège que celui qui était chargé de l'élection du Président de la République.

[2] En 1962, cette curiosité avait été perçue mais on n'a pas voulu opérer de changement heurtant le Sénat, déjà hostile à la révision.

[3] Le Président Poher devait, par exemple, profiter de son second intérim pour ratifier la Convention Européenne des Droits de l'Homme.

disposition qui contrariait les ambitions de Louis Napoléon Bonaparte devait le pousser, après qu'il eut échoué à exiger sa suppression, au coup d'Etat de 1851 qui mettait fin à la II° République[1]. Quant à la IV° République, elle n'autorisait curieusement qu'un seul renouvellement du mandat présidentiel qui était alors de sept ans (art. 29).

Dans un premier temps, la Constitution du 4 oct. 1958 revient aux dispositions de la III° République : le mandat présidentiel est indéfiniment renouvelable qu'il s'agisse, comme par le passé du mandat de sept ans[2] ou, du quinquennat. La révision de juillet 2008 devait en revanche limiter à deux mandats successifs l'exercice de la fonction présidentielle. Une telle disposition (dont on ne mesure pas encore clairement les effets en particulier sur les relations avec le Premier ministre) est évidemment contournable. En France déjà, c'est parce qu'il ne pouvait pas se représenter et que l'Assemblée nationale a refusé de modifier cette règle constitutionnelle que Louis Napoléon Bonaparte a procédé au coup d'Etat de 1851. Sans tomber dans cet excès, on peut mentionner encore la situation russe quasi caricaturale ; V. Poutine, après avoir accompli deux mandats présidentiels successifs de 2000 à 2008, est devenu le Premier ministre du Président D. Medvedev qu'il a contribué à faire élire, ne pouvant plus se représenter lui-même. En 2012, néanmoins, il est réélu à la présidence de la Fédération de Russie. Enfin, il va de soi que ce qu'une révision a établi, une autre peut le défaire. Nombreux sont les Chefs d'Etat qui ont fait réviser de telles dispositions constitutionnelles pour pouvoir se représenter alors que la Constitution le leur interdisait (par ex. Azerbaïdjan et Venezuela en 2009 ; Algérie et Cameroun en 2008 ; Ouganda et Tchad en 2005 ; Congo en 2015). Ne peut-on imaginer même qu'un Président terminant avec une bonne popularité un second mandat, ne fasse procéder à la suppression de cette disposition en utilisant la voix référendaire qui serait alors quasiment plébiscitaire.

Dans l'hypothèse où le Président ne se succède pas à lui-même, la passation des pouvoirs a lieu au cours d'une cérémonie protocolaire, comme ce fut le cas en 1981, 1995, 2007 et 2012. L'élection intervenant avant la fin du mandat du Président sortant, il est une période de quelques jours durant lesquels ce dernier détient encore le pouvoir alors que son successeur élu s'organise sans pour autant gouverner. Si le Conseil constitutionnel se contente de fixer la date ultime à laquelle l'ancien Président doit sortir de charge [la date ultime fut retenue pour la passation entre J. Chirac et N. Sarkozy, (16 mai 2007) ; on en fut très proche pour celle entre N. Sarkozy et F. Hollande (15 mai 2012)], rien n'interdit aux deux personnes, une fois les résultats officiellement proclamés, de fixer une autre date pour que cette période soit réduite au minimum (comme ce fut le cas entre le V. Giscard d'Estaing et F. Mitterrand et entre F. Mitterrand et J Chirac).

Dans d'autres cas, le Président se succédant à lui-même, il n'y a pas vraiment passation de pouvoirs mais néanmoins changement de mandat lors d'une cérémonie par essence plus simple (ce fut le cas en 1965, 1988 et 2002).

En dehors de ces cas où le mandat s'achève à son terme normal, il est possible d'envisager une fin prématurée ouvrant alors une période d'intérim de transition en attendant qu'un nouveau Président de la République soit élu.

---

[1] Le caractère renouvelable du mandat est dès lors souvent présenté comme une précaution permettant d'éviter qu'un Président de la République souhaitant exercer un second mandat n'en soit réduit au coup d'Etat comme l'avait été Louis Napoléon en 1851.

[2] F. Mitterrand est le seul Président à avoir réalisé deux septennats successifs ; d'autres présidents ont été réélus pour un second septennat mais n'ont pas pu le mener à son terme (cf. notre encadré p. 42). J. Chirac est réélu, mais pour un quinquennat.

2. L'intérim de transition

Contrairement à l'hypothèse de l'intérim provisoire, la Constitution est plus précise à la fois sur les conditions de mise en œuvre (a) et l'exercice (b) de l'intérim de transition.

a) Les conditions de mise en œuvre de l'intérim de transition

La Constitution envisage deux hypothèses de fins prématurées des fonctions présidentielles : la vacance et l'empêchement définitif d'exercer ses fonctions[1]. La vacance résulte, même si la Constitution ne l'indique pas, du décès ou de la démission du Président en fonction. Reste que rien n'indique si elle doit être constatée ni par qui. Dans les deux cas survenus jusqu'alors (le 28 avr. 1969, Charles De Gaulle démissionnait après le résultat négatif du référendum organisé la veille. Le 2 avr. 1974, Georges Pompidou décédait), le Conseil constitutionnel a constaté la vacance par une déclaration qui, en même temps, ouvrait la période d'intérim et le délai pour l'élection d'un nouveau Président. En revanche, la Constitution prévoit bien qu'il appartient au Conseil constitutionnel de déclarer l'empêchement définitif. Mais en dehors de cette précision, l'art. 7 al. 5 C. n'indique pas si le Conseil agit de sa propre initiative ou, comme dans le cas de l'empêchement provisoire, à la demande du Gouvernement. Par ailleurs, aucune majorité n'est expressément définie pour cette déclaration. Enfin, la notion même d'empêchement définitif reste floue. On est ici réduit aux conjectures même si l'on peut raisonnablement envisager que la perte de tout espoir relatif au caractère temporaire de l'empêchement (coma profond, annonce de l'exécution par les preneurs d'otages, impossibilité de retrouver trace du disparu) permette au Conseil d'agir. On peut aussi voir dans cette notion un moyen de remplacer le Président de la République au cas où son état de santé —physique ou mentale— ne lui permettrait plus de jouir de toutes les facultés qu'il faut pour mener à bien sa tâche. On se rappellera l'exemple affligeant donné en 1920 par le Président Deschanel dont une dépression mit en péril la raison. Il fallut développer des trésors d'imagination pour l'inciter à démissionner, et l'on peut supposer que, dans une telle situation, le Conseil constitutionnel prononcerait le caractère définitif de l'empêchement. Reste l'hypothèse tirée de l'application de l'art. 68 C. L'intérim de transition serait sans doute déclenché si la Haute Cour prononçait la destitution du Président de la République pour manquement à ses devoirs manifestement incompatible avec l'exercice de son mandat. Pourtant, il est vraisemblable que l'on n'en arrive pas à ces extrémités, le Président de la République suivant sans doute l'exemple du Président américain R. Nixon, démissionnant en 1974 dès l'instant même de son inculpation ; mais force est de constater que la Constitution reste muette sur la marche à suivre[2].

b) L'exercice de l'intérim de transition

Lors des deux applications de cette disposition, c'est A. Poher qui assura l'intérim. La vacance ou la déclaration de l'empêchement définitif ouvre ou prolonge d'autant l'intérim du Président du Sénat (ou du Gouvernement). Cette fois une durée maximale est fixée puisque l'élection présidentielle doit, dans ces hypothèses, avoir lieu dans un délai de 20 jours au moins et 35 jours au plus. La Constitution envisage pourtant que l'intérim de transition puisse se prolonger dans deux cas. Tout d'abord, comme nous l'avons dit, il se prolonge naturellement si le Conseil est amené à reporter l'élection du Président suite au décès d'un candidat

---

[1] Les régimes antérieurs avaient préféré une formule plus large en parlant de « toute autre cause ». (art. 7, loi du 25/02/1875 ; art. 41, 1946).

[2] On peut imaginer du reste que la mise en examen du Président conduise le Gouvernement à demander au Conseil constitutionnel de constater l'empêchement provisoire, celui-ci déclarant l'empêchement définitif dans le cas d'une condamnation du Chef de l'Etat.

(cf. p. 45). Ensuite, l'art. 7 al. 5 C prévoit lui-même que l'élection n'a pas lieu en cas de force majeure, sans du reste qu'une explication sur le sens de cette expression soit ici donnée. Dans ce dernier cas l'élection pourrait être reportée sine die et l'on mesure le danger qui pourrait résulter d'une application contestable d'une telle possibilité.

Durant cette période de transition le Président intérimaire dispose des mêmes pouvoirs limités que précédemment. Mais, de surcroît, en vertu des dispositions du dernier alinéa de l'art. 7 C., un certain nombre de dispositions de la Constitution sont en quelque sorte gelées, ce qui n'est pas le cas dans l'hypothèse de l'intérim provisoire. Il s'agit de l'art. 89 C. relatif à la révision constitutionnelle et des art. 49 C. et 50 C. relatifs à la responsabilité du Gouvernement devant le Parlement. Il s'agit ici non point seulement d'interdire que ces dispositions soient mises en œuvre durant cette période mais également d'arrêter des procédures entamées avant la vacance ou la déclaration du caractère définitif de l'empêchement.

§3. Le rôle du Président de la République

Dernier élément du statut présidentiel, le rôle du Président de la V° République est aussi envisagé de manière nouvelle. Défini à l'art. 5 C. (le premier du titre consacré au Président), le rôle est en fait celui d'un arbitre dont la responsabilité politique est limitée (A). Pour exercer ce rôle, le Président de la République est chargé de la présidence d'un certain nombre de conseils et est représenté par certains hauts personnages (B).

A. Un arbitre à la responsabilité limitée

La question de la responsabilité du Président de la République a souvent été posée. En effet, le Président de la République jouant un rôle politique de plus en plus important, on concevait mal que l'on continue d'affirmer son irresponsabilité politique et son simple rôle d'arbitrage même s'il est vrai qu'il faille distinguer l'arbitrage politique de l'arbitrage au sens sportif (3.). Après une révision constitutionnelle intervenue en 2007, le Président de la République a perdu l'irresponsabilité politique traditionnelle des chefs d'Etat (1.) sans pour autant qu'une véritable responsabilité effective ait été organisée (2.).

1. La traditionnelle irresponsabilité politique des chefs d'Etat

L'irresponsabilité du Chef de l'Etat est une tradition de tous les régimes politiques, qu'ils soient monarchistes ou républicains, démocratiques ou autoritaires, présidentiels ou parlementaires, tous l'affirment.

H

Ainsi la première de nos Constitutions (1791) disposait (art. 2, sect. 1, chap. II) : "La personne du Roi est inviolable et sacrée".

Les textes postérieurs allèrent tous dans le même sens. Dès lors, l'**art. 68 C.**, dans sa réaction originelle de 1958, s'inscrivit dans cette tradition : l'irresponsabilité politique du Chef de l'Etat ne laissait de place que pour une responsabilité exceptionnelle aux accents pénaux évidents (« mise en accusation ») longtemps limitée[1] à la seule **haute trahison** (laquelle était même constitutive d'un « crime » dans la Constitution de 1848), qui permettait d'engager sa responsabilité dans l'exercice de ses fonctions devant une juridiction nationale particulière : la Haute Cour de Justice (nouvelle trace de pénalisation de cette responsabilité).

La notion de « haute trahison » était en réalité difficile à cerner ; elle n'était pas définie dans le code pénal. Si on la comprenait bien dans un contexte historique (prévarication, intelligence avec l'ennemi), elle restait relativement imprécise dans le droit contemporain. Incontestablement, s'ajoutaient à ces hypothèses classiques, les manquements graves que pouvait commettre un Chef d'Etat dans l'exercice de sa charge (violation des règles constitutionnelles et en particulier non respect, dans les délais impar-

[1] Jusqu'à la révision de juillet 2008 (cf. infra, le point suivant).

tis, d'une compétence liée comme par exemple en matière de promulgation). C'est cette solution, classiquement admise par toutes les constitutions, qui était, dans un premier temps, reprise par les constituants de 1958, alors même que, dans l'histoire française, ce type de disposition n'avait pas eu l'occasion de fonctionner à l'encontre d'un Président de la République.

Classique aussi était le fait que la haute trahison du Chef de l'Etat soit jugée par un organe parlementaire. Il en était déjà ainsi sous la III° République. L'art. 12 de la loi du 16 juill. 1875 confiait au Sénat le soin de juger le Président de la République après que la Chambre des députés l'eut mis en accusation. Si la mise en accusation appartient encore à la chambre basse sous la IV° République (art. 42), le soin de juger le Président est confié, du fait de l'abaissement des pouvoirs de la seconde chambre, à une "Haute Cour" élue par l'Assemblée nationale en son sein.

Dans une ancienne rédaction (il s'agissait alors de l'art. 68 C.) la Const. prévoyait qu'il appartenait aux deux assemblées, par un vote identique, de déclencher les poursuites et qu'ensuite une « Haute Cour de Justice[1] », composée de douze Députés et de douze Sénateurs élus par chaque assemblée (ancien art. 67 C.), jugeait.

Mais la question restait entière s'agissant des infractions à sanctionner et de la nature de l'immunité ainsi accordée au Président de la République : privilège de juridiction selon le Conseil constitutionnel (Cons. const. 98-408 DC, 22 janv. 1999, Cour pénale internationale et « communiqué de presse[2] » du 10 oct. 2000) ; immunité absolue mais temporaire selon la Cour de cassation (Cass. plén. 10 oct. 2001, *Breisacher* : *Bull. n° 11*). Une polémique sur cette question, née du fait des éventuelles infractions commises par J. Chirac alors qu'il était Maire de Paris devait conduire le Président réélu en 2002 à nommer une commission de juristes (présidée par P. Avril) afin de lui proposer une réforme du statut présidentiel. La révision constitutionnelle ne devait intervenir qu'à la fin du mandat présidentiel, en 2007.

Sur la question de l'immunité mise en place, et plus particulièrement pour ce qui concerne les infractions commises avant l'entrée en fonction ou une fois en fonction mais sans lien avec celle-ci, la nouvelle rédaction de la Constitution tranche en faveur de l'immunité absolue temporaire. Simplement la prescription s'attachant aux éventuelles infractions est suspendue pendant la durée du mandat (art. 67 al. 2 C.) et les poursuites ne peuvent être reprises que dans le mois suivant la fin de celui-ci (art. 67 al. 3 C.). Durant ses fonctions, le Président ne peut donc pas être poursuivi ni même entendu comme témoin. En revanche, une fois le délai d'un mois écoulé après la fin de son mandat, le Président peut être entendu et/ou poursuivi. Ainsi, J. Chirac a-t-il été entendu comme témoin assisté, dans le courant du mois de juillet 2007, au sujet d'affaires concernant ses fonctions de Maire de Paris, avant d'être renvoyé en correctionnelle le 30 octobre 2009. Un accord sur le volet civil de cette affaire est intervenu durant l'été 2010 entre d'une part la Mairie de Paris et d'autre part le RPR et J. Chirac. Sur le plan pénal, J. Chirac a été condamné le 15 déc. 2011, par le tribunal correctionnel de Paris, à deux ans de prison avec sursis pour détournement de fonds publics, abus de confiance et prise illégale d'intérêt dans une affaire relative à des emplois fictifs. Compte tenu de son état de santé, il n'a pas fait appel de cette condamnation qui est devenue définitive. De la même façon, les bureaux de N. Sarkozy ont été perquisitionnés le 3 juillet 2012, soit un mois et demi après la fin de son mandat, avant que l'ancien Président ne soit mis en examen par le juge Gentil le 21 mars 2013 dans l'affaire Bettencourt, avant de bénéficier d'un non-lieu pour insuffisance de charges le 7 oct. 2013. Depuis, d'autres « affaires » ont conduit les juges à entendre ou mettre en examen l'ancien Président[3].

---

[1] Cette institution fera l'objet d'autres développements puisque son fonctionnement a posé problème en particulier pour les ministres (cf. p. 150).

[2] Procédé éminemment contestable, le Conseil n'ayant pas la possibilité de donner des « interprétations », fut-ce de ses propres décisions.

[3] On peut mentionner par ex. : le 3 oct. 2013, la cour d'appel de Paris autorisait une enquête pour déterminer si Nicolas Sarkozy s'est rendu complice d'une violation du secret de l'instruction en marge du volet financier de l'affaire

Cette immunité absolue temporaire pose pourtant un problème. En effet, s'il n'est pas possible d'engager durant la durée des fonctions une action contre le Président de la République pour quelque cause que ce soit, ce dernier peut, en revanche, saisir les tribunaux d'affaires le concernant. Il en découle incontestablement une inégalité entre les parties. Ainsi, si l'on se place en matière civile, il est possible au Président de la République de demander le divorce pour faute de son conjoint. En revanche, le conjoint du Président ne peut demander le divorce pour faute du Président. De même, le Président pourrait-il entreprendre une action en contestation de paternité alors qu'un de ses enfants ne pourrait pas entreprendre une action en reconnaissance de paternité. De même encore, le Président de la République peut-il demander la réparation d'un dommage y compris d'un dommage moral (atteinte à son image) sans qu'il soit possible à la personne poursuivie de mener une action reconventionnelle en montrant que c'est elle qui a subi le dommage du fait du Président et non l'inverse.

De nombreuses procédures ont du reste été entreprises par le Président Sarkozy : plainte contre Ryanair en 2008 pour l'utilisation d'une photo dans une campagne publicitaire[1] ; plainte pour faux, usage de faux et recel après la publication d'un SMS qui lui était prétendument attribué (la painte a été retirée après que le Président ait reçu les excuses du journaliste) ; demande d'interdiction de la commercialisation d'une « poupée vaudou » à son effigie[2] ; plainte pour dénonciation calomnieuse après la publication des « carnets » d'un ancien directeur des renseignements généraux. Mais c'est la plainte contre l'auteur d'une escroquerie bancaire avec demande de dommage intérêt qui permet de régler la question. Dans un premier temps, le tribunal de Nanterre conclut à la recevabilité de la constitution de partie civile de N. Sarkozy, mais décide de surseoir à statuer jusqu'à l'expiration du délai d'un mois après la fin du mandat présidentiel sur les demandes de réparation (un euro symbolique au titre de son préjudice moral ainsi que 1.500 € pour frais de défense) présentées par le chef de l'Etat, en faisant valoir que le statut particulier du président de la République soulève une difficulté quant à l'application du principe fondamental de l'égalité des armes tel qu'il est consacré par l'art. 6 Conv. EDH. La Cour d'appel de Versailles, le 8 janv. 2010, a infirmé cette solution en estimant que le statut particulier du Chef de l'État n'a pas eu pour effet que chacune des parties ne puisse, tout au long des procédures engagées, présenter ses propres armes et discuter celles de son adversaire. Le procès équitable a donc été garanti non seulement par l'équilibre entre les parties, mais aussi par l'effectivité du débat contradictoire. Dès lors, il n'est pas possible de « contester le pouvoir d'agir du Président de la République comme un citoyen ordinaire » et « à supposer que l'organisation judiciaire française et la Conv. EDH soient incompatibles, seule la réforme de la Constitution serait en mesure de résoudre cette contradiction ». Ce que confirme la Cour de cassation qui juge que le Président de la République, en sa qualité de victime, est recevable à exercer les droits de la partie civile pendant la durée de son mandat, la seule nomination des juges par le Président de la République ne créant pas pour autant une dépendance à son égard dès lors qu'une fois nommés, ceux-ci, inamovibles, ne reçoivent ni pressions ni instructions dans l'exercice de leurs fonctions juridictionnelles. (Crim. 15 juin 2012, n° 10-85.678)[3].

On le voit, loin d'avoir simplifié la situation juridique du Président pour les actes commis en dehors de ses fonctions (soit qu'ils soient antérieurs à l'entrée en fonction soit qu'ils soient sans lien avec elle), la révision de 2007 conduit à un casse tête juridique encore plus grand[4].

Le reste des dispositions de cette réforme (art. 68 C.), très inspirées par les conclusions de la commission Avril, n'en sont pas moins ambigües. Si la LO (n° 2014-1392) d'application ne levait pas vraiment l'ambiguïté, le Conseil constitutionnel a lui, clairement, tranché l'un des points en débat : la nouvelle responsabilité ainsi mise en place est une responsabilité politique limitée mais certaine, du Président de la République devant le Parlement (Cons. const. 2014-703 DC §5, 19 nov. 2014, LO portant application de l'art. 68 C.).

« Karachi » ; le 7 mai 2015, la même cour d'appel a validé les « écoutes » dans l'affaire « Paul Bismuth » pour laquelle l'ancien Président reste mis en examen.

[1] Le TGI de Paris (5 févr. 2008) a condamné la compagnie aérienne à verser 1 € au Président de la République et 60.000 € à son épouse pour dommage patrimonial et moral.

[2] Débouté de cette demande (29 oct. 2008), le Président a fait appel. La Cour de Paris a jugé (28 nov. 2008) que la poupée constituait bien une « atteinte à la dignité du chef de l'Etat » mais a néanmoins autorisé sa commercialisation sous condition de la mention de la condamnation (V. dans le texte, ci dessous).

[3] Dans cette affaire une QPC (cf. p. 438) avait été soulevée sur ce point par les avocats du prévenu. Mais, dans un arrêt du 10 novembre 2010, la Cour de cassation a refusé de renvoyer la QPC au Conseil constitutionnel au motif que la question soulevée n'était ni sérieuse, ni nouvelle

[4] F. Hollande avait indiqué sa volonté de revoir encore ces dispositions ; la Commission Jospin, invitée à rechercher « s'il y a lieu de faire évoluer (ce) statut juridictionnel », a proposé de mettre fin à l'inviolabilité civile et pénale qui protège le Président. Néanmoins, elle préconisait des gardes-fous contre les mises en cause abusives du Président de la République. Un projet de révision déposé le 14 mars 2013 sur le bureau de l'Assemblée nationale s'en tient à mettre fin à l'inviolabilité du Président en matière civile. Une commission des requêtes, semblable à celle existant dans le cadre de la responsabilité pénale des membres du Gouvernement, devrait autoriser les poursuites.

Le Président de la République fut longtemps protégé contre les offenses. Le délit d'offense au chef de l'Etat était défini par l'art. 26 de la loi du 29 juill. 1881 sur la liberté de la presse ; il était puni d'un maximum de 45.000 € d'amende. Alors que les présidents Giscard d'Estaing, Mitterrand et Chirac n'avaient plus fait application de ce texte, N. Sarkozy y eut recours à plusieurs reprises. Ce délit est désormais supprimé (L. n° 2013-711 du 5 août 2013), la France ayant été condamnée par la CEDH du fait de la mise en œuvre de cette législation (CEDH 14 mars 2013, *Eon c/ France*) [1].

2. Sur la responsabilité politique limitée du Président de la République

L'art. 67 C., dans sa rédaction issue de la révision constitutionnelle du 19 févr. 2007, affirme toujours que le Président de la République n'est pas responsable des actes accomplis en cette qualité. On trouve ici la justification du refus opposé par J. Chirac d'être entendu comme témoin dans l'affaire dite « Clearsteam » qui a pris naissance durant son mandat. Déjà, F. Mitterrand devait voir dans cette irresponsabilité un principe tellement fort qu'il intervint en août 1984, en tant que « gardien de la Constitution », pour préciser que l'ancien Président Giscard d'Estaing n'avait pas à déférer à une convocation lui enjoignant de se présenter devant une commission d'enquête parlementaire à propos de faits survenus durant son mandat[2].

Mais par delà cette confirmation de l'irresponsabilité traditionnelle du Chef de l'Etat, l'art. 67 C. prévoit pourtant deux exceptions.

La première concerne les crimes internationaux. Cette nouvelle hypothèse de responsabilité pénale du Président avait été ajoutée à la traditionnelle « haute trahison » par la révision de 8 juillet 1999 (cf. p. 381). Elle renvoie aux crimes internationalement définis (crime de génocide, crime contre l'humanité, crime de guerre et crime d'agression) susceptibles de conduire le Président de la République, en vertu de l'**art. 53-2 C.**, devant la Cour Pénale Internationale créée par le traité du 18 juill. 1998.

La seconde se substitue au crime de « haute trahison » et prévoit, en vertu du nouvel art. 68 C. que le Président de la République peut être destitué « en cas de manquement à ses devoirs manifestement incompatible avec l'exercice de son mandat ».

C'est évidemment cette dernière hypothèse qui conduit à s'interroger sur la nature de la responsabilité ainsi organisée. Si l'on imagine bien que la commission d'un crime de sang par le Président de la République constituerait un exemple de « manquement manifestement incompatible avec l'exercice de son mandat » (exemple toujours envisagé avec humour par la doctrine qui s'amuse à imaginer que le Président assassine son conjoint), la question reste posée dans d'autres cas : refus de promulguer une loi, mise en œuvre de l'art. 16 C. sans que les conditions prévues pour la justifier ne soient réunies, etc.

A dire vrai on n'est guère plus avancé que lorsqu'on donnait à la notion de « haute trahison » un sens étendu à ceci près que la notion de « manquement » est nettement plus large que celle de « crime » et que l'exercice de la charge s'entend à coup sûr de l'action du Président dans l'exercice de ses fonctions. Il semble donc bien que, maintenant, ce qui n'était

---

[1] Ainsi, le Tribunal de Laval a condamné (TGI Laval, 6 nov. 2008 : *D. 2008. 3133, note Dreyer*) à 30 € d'amende avec sursis un manifestant qui avait brandi une pancarte « Casse-toi pauvre con »[1] au passage du Président de la République ; la Cour d'appel d'Angers a confirmé la peine le 24 mars 2009 et la Cour de cassation a refusé d'admettre le pourvoi 27 oct. 2009. De même, une condamnation à 35 heures de travaux d'intérêt général a été prononcée par le TGI de Bobigny le 25 juin 2010 à l'égard d'un manifestant ayant prononcé des paroles insultantes (proches de celles utilisées dans les vestiaires de l'équipe de France de foot) à l'égard du Chef de l'Etat lors d'un de ses déplacements. Dans un affaire plus originale, le Président de la République a obtenu que la poupée vaudou à son éffigie ne puisse être vendue qu'avec la mention sur fond rouge, en lettres noires de 3 mm de hauteur : « Il a été jugé que l'incitation du lecteur à piquer la poupée jointe à l'ouvrage avec les aiguilles fournies dans le coffret, action qui sous-tend l'idée d'un mal physique, serait-il symbolique, constitue une atteinte à la dignité de la personne M. S. » sous le titre lui même en caractères gras de 5 mm : « Injonction Judiciaire » (Paris, 28 nov. 2008). Enfin, dans une autre affaire l'opposant à la Sté Ryanair, le Président de la République a obtenu un Euro de dommage et intérêt pour atteinte à son image. Cette société avait utilisé une photo du Président et de sa future épouse dans le cadre d'une campagne publicitaire (TGI Paris, 5 févr. 2008).

[2] La même situation s'est reproduite en 1998. Le Président V. Giscard d'Estaing a rappelé le principe constitutionnel de l'irresponsabilité lui interdisant de venir s'expliquer devant une commission parlementaire (RFD const. 1999. 90)

qu'une interprétation doctrinale (la « haute trahison » entendue dans un sens large), ait désormais une réalité plus consistante : un Président qui viendrait à ouvertement violer des dispositions constitutionnelles commettrait sans doute un « manquement » au sens du nouvel article 68 C. On peut voir là une forme de responsabilité politique du Chef de l'Etat même si on comprend bien que celle-ci ne peut être que particulièrement ténue ; le manquement doit être particulièrement grave pour pouvoir être sanctionné. Il va de soi, par exemple, que le simple fait de ne pas tenir des promesses de campagne, de refuser de signer les ordonnances ou de convoquer le Parlement en session extraordinaire ne relève pas de cette catégorie. Il est donc difficile de dire, encore aujourd'hui, ce qui précisément relève du « manquement ».

Reste en tous les cas une certitude, la responsabilité ainsi envisagée est une responsabilité politique et non plus pénale comme elle avait pu être imaginée par le passé. Il en résulte, pour reprendre la formulation de la Commission « Avril » de 2007, que, même au plan de la procédure, il convenait de rompre « avec la mauvaise pratique par laquelle des procédures en réalité politiques tentent de parodier les procédures judiciaires, au besoin en créant des juridictions d'exception ». Le Conseil constitutionnel en a très logiquement déduit que la Haute Cour, instituée à la suite de la suppression de la Haute Cour de justice, ne constitue pas une juridiction chargée de juger le Président de la République pour des infractions commises par lui en cette qualité, mais une assemblée parlementaire (Cons. const. 2014-703 DC §5, 19 nov. 2014, LO portant application de l'art. 68 C.).

Mise en œuvre de la responsabilité présidentielle

Si, malgré ces limites, un manquement était commis, la procédure prévue pour le sanctionner est, selon les termes de la LO n° 2014-1392 du 24 nov. 2014, la suivante.

1. Résolution tendant à la réunion de la haute Cour

La proposition de résolution tendant à la réunion du Parlement constitué en « Haute Cour » doit être motivée, justifier des motifs susceptibles de caractériser un manquement et signée par au moins un dixième des membres de l'assemblée devant laquelle elle est déposée. Elle est communiquée sans délai par le Président de cette assemblée au Président de la République et au Premier ministre.

Si le bureau de l'assemblée concernée constate que les conditions ci-dessus sont réunies, la proposition de résolution est transmise à la Commission des lois constitutionnelles qui peut l'examiner et conclure à son adoption ou à son rejet. Quelle que soit l'attitude de la commission, la proposition de résolution est alors inscrite à l'ordre du jour de l'assemblée dans les conditions de droit commun prévues à l'article 48 de la Constitution. A défaut d'inscription dans un délai de treize jours suivant la conclusion de la Commission, la proposition est caduque (Cons. const. 19 nov. 2014, n° 2014-703 DC §15, LO portant application de l'art. 68 C.).

La proposition ayant été adoptée par la première assemblée, elle est transmise immédiatement à la seconde assemblée. La Commission compétente doit ici l'examiner et conclure à son rejet ou à son adoption. Ensuite, l'inscription à l'ordre du jour de la résolution intervient de droit le treizième jour suivant sa transmission et le vote le quinzième jour. Lorsque la clôture de la session fait obstacle à l'inscription à l'ordre du jour et au vote dans les délais indiqués, l'inscription à l'ordre du jour intervient au plus tard le premier jour de la session ordinaire suivante.

Aucun amendement n'est recevable quelque soit le stade de la procédure. La résolution est adoptée par chacune des deux assemblées à la majorité des deux tiers des membres, seuls les votes favorables étant recensés. Indépendamment des hypothèses pouvant aboutir à l'irrecevabilité ou à la caducité de la proposition de résolution, le rejet de la résolution par l'une des assemblées met fin à la procédure. Il n'y a donc qu'une seule lecture dans chaque assemblée.

2. Procédure devant la Haute Cour

Si la proposition est adoptée, le Bureau de la Haute Cour se réunit aussitôt et prend les dispositions nécessaires pour organiser matériellement les travaux de la Haute Cour. Il n'a cependant pas la possibilité de fixer des règles encadrant le déroulement de ses travaux ; celles-ci le seront par le règlement de la Haute Cour, soumis, en tant que règlement d'une assemblée parlementaire, au contrôle obligatoire du Conseil constitutionnel (Cons. const. 19 nov. 2014, n° 2014-703 DC §25, LO portant application de l'art. 68 C.)

a) La commission de la Haute Cour

Une commission composée de six vice-présidents de chacune des deux assemblées est chargée de recueillir toute information nécessaire à l'accomplissement de la mission de la Haute Cour. Elle peut se réunir dès que la proposition de résolution tendant à la réunion de la Haute Cour a été adoptée par chacune des assemblées, sans qu'il soit obligatoirement besoin pour cela de réunir ni le Bureau de la Haute Cour ni, a fortiori, la Haute Cour elle-même.

Elle dispose des prérogatives des commissions d'enquête (cf. p. 143) : contrôle sur pièces et sur place, audition sous serment de toute personne dont la commission juge « l'audition utile », demande d'enquêtes à la Cour des comptes. La commission peut, s'il le demande, entendre le Président de la République, son représentant ou la personne qui l'assiste. Pour ces auditions, la Commission ne peut pas utiliser les prérogatives des commissions d'enquête ni réduire leur temps de parole (Cons. const. 19 nov. 2014, n° 2014-703 DC §33, LO portant application de l'art. 68 C.). La seule limite est l'obligation faite à la commission de rendre son rapport dans un délai de 15 jours. Ce rapport est communiqué aux membres de la Haute Cour, au Président de la République et au Premier ministre. Il est obligatoirement rendu public (par exception aux règles relatives aux commissions d'enquête). La Commission peut, au delà de ce délai, selon des modalités fixées par le règlement de la Haute Cour, recueillir d'autres informations nécessaires à l'accomplissement de sa mission par la Haute Cour (Cons. const. 19 nov. 2014, n° 2014-703 DC §35, LO portant application de l'art. 68 C.)

b) Les débats devant la Haute Cour

Il conviendra, avant que le débat devant la Haute Cour puisse s'ouvrir que celle-ci ait, au préalable, adopté son règlement (Cons. const. 19 nov. 2014, n° 2014-703 DC §41, LO portant application de l'art. 68 C.). Les débats devant la Haute Cour sont publics. Seuls peuvent prendre la parole les membres de la Haute Cour et le Président de la République. Le temps de parole pourra être limité par le règlement de la Haute Cour (Cons. const. 19 nov. 2014, n° 2014-703 DC §37, LO portant application de l'art. 68 C.) mais, en tout état de cause, le Président peut prendre ou reprendre la parole en dernier. Le Président de la République peut se faire assister ou représenter par une personne de son choix.

La Haute Cour, présidée par le Président de l'Assemblée Nationale, statue, à la majorité des 2/3, à bulletins secrets, sur la destitution du Président. Les modalités d'annonce et de déroulement du scrutin étant d'une importance capitale dès lors que le présent article prévoit que les délégations de vote sont interdites et que seuls sont recensés les votes favorables à la destitution du Président de la République, elles doivent, en l'absence de disposition dans la loi organique, être organisées par le règlement de la Haute Cour. La Haute Cour est dessaisie si elle n'a pas statué dans le délai d'un mois à compter de l'adoption, par la seconde assemblée, de la proposition aux fins de la réunion de la Haute Cour. Cette contrainte ne permettait pourtant pas au législateur organique d'interdire que les débats devant la Haute Cour durent plus de quarante-huit heures (Cons. const. 19 nov. 2014, n° 2014-703 DC §4, LO portant application de l'art. 68 C.)

Si, dans le délai d'un mois la destitution est prononcée, elle est d'effet immédiat. On ne peut que regretter le choix d'une telle majorité qualifiée pour prononcer la destitution. En effet, quelle pourrait être l'autorité d'un Président de la République à l'encontre duquel une destitution aurait recueilli 60 % des suffrages mais qui pourrait rester en place dès lors que la majorité des 2/3 n'est pas atteinte ?

Reste une dernière inconnue. L'art. 68 C. ne prévoit pas la situation qui naîtrait de sa mise en œuvre. Pendant toute la période d'instruction et de jugement, quelle serait la situation du Président ? Certes, la présomption d'innocence doit être respectée et tant qu'il n'est pas destitué, il peut continuer d'exercer son mandat. Cependant, il ne fait pas de doute que son autorité s'en trouverait atteinte.

Enfin, il convient de s'interroger sur la façon dont les dispositions de l'art. 68 C. pourraient être interprétées dès lors que le Président de la République peut s'adresser directement au Parlement (cf. p. 89) ? La tentation de mettre en œuvre ces dispositions lorsque le « bilan » présidentiel ne sera pas conforme aux annonces faites lors de ce discours ne risque-t-elle pas, à terme, de faire naître une responsabilité plus directe du Chef de l'Etat.

3. L'arbitrage présidentiel

Irresponsable politiquement, le Président de la République n'en assure pas moins une fonction d'arbitrage dont les éléments sont définis à l'art. **5 C**. Nous retenons ce terme au sens le plus large ; et même s'il n'est expressément utilisé dans cet article que pour l'un seulement des rôles dévolus au Président de la République, il nous semble possible de l'étendre aux autres. Au total l'arbitrage présidentiel s'organise autour de trois axes.

Tout d'abord il appartient au Président de la République de veiller au respect de la Constitution. Si cette affirmation semblait, dans les premières années d'application de la Constitution relever du principe, on s'aperçoit qu'elle tend à conférer au Président de la République un rôle éminent d'arbitrage lorsqu'il s'agit d'interpréter le texte constitutionnel ou même de garantir le respect des décisions rendues par le Conseil constitutionnel. C'est là, en effet, comme nous aurons l'occasion de l'examiner, une des variantes de l'activité présidentielle en fonction de la situation politique qui s'offre à lui[1].

Ensuite, il assure le bon fonctionnement des pouvoirs publics. C'est ici que le constituant utilise le mot "arbitrage". En effet, il appartiendra au Chef de l'Etat de faire en sorte que les éventuelles divergences d'opinion entre les divers pouvoirs n'entraînent pas un blocage institutionnel ou la domination d'un pouvoir par l'autre.

Enfin, il lui appartient de garantir l'indépendance de la Nation, l'intégrité du territoire et le respect des traités signés par la France. Là encore il s'agit bien de faire en sorte que nul parti, nulle faction, nul pouvoir ne puisse porter atteinte au rang et à l'indépendance internationale de la France. Il s'agira encore, le plus souvent, d'arbitrer entre deux politiques étrangères, deux attitudes face aux événements internationaux.

Un dernier rôle important est attribué au Président de la République par l'**art. 64 C.** : il est le garant de l'indépendance de l'autorité judiciaire. Il est, pour ce faire assister du Conseil Supérieur de la Magistrature à qui il peut demander des avis (art. 65 al. 8 C.).

L'indépendance de l'autorité judiciaire et le Conseil Supérieur de la Magistrature (CSM)

La V° République ne consacre pas le "judiciaire" comme un troisième "pouvoir" mais comme une simple "autorité". En fait, il faut se souvenir que, lorsque naît en France la séparation des pouvoirs, il s'agit plus de protéger les gouvernants du pouvoir très grand des juges que de protéger la justice des abus du Gouvernement. L'indépendance de la justice, toujours affirmée, n'est donc pas aussi développée chez nous qu'elle peut l'être dans d'autres régimes démocratiques ; il faudra attendre le début du XX° siècle (décret du 18 août 1906) pour qu'un premier tableau d'avancement soit mis en place. L'indépendance de l'autorité judiciaire, principe constitutionnel auquel veille le Conseil constitutionnel (Cons. const. 98-396 DC, 18 févr. 1998, Recrutement exceptionnel de magistrats) ne vaut en tout cas que pour les magistrats du siège et non pour le parquet, soumis aux ordres du Garde des Sceaux, ministre de la Justice.

C'est en 1946 qu'est créé pour la première fois un "Conseil Supérieur de la Magistrature", organe constitutionnel chargé de la carrière des magistrats du siège et ayant une large compétence.

L'institution fut reprise sous la V° République dans le titre VIII de la Constitution et jusqu'à la révision de juillet 2008, présidée par le Président de la République. On notera cependant que le développement d'affaires mettant en cause des hommes politiques et les interventions répétées du ministre de la Justice sur les magistrats dans ce type d'affaires ont posé de manière cruciale la question de l'indépendance réelle de la magistrature à l'égard du pouvoir politique en général et de l'exécutif en particulier. Certains, considérant que la garantie de l'indépendance des magistrats passe nécessairement par une réforme du Conseil Supérieur de la Magistrature, une première révision est intervenue le 27 juill. 1993, modifiant le rôle et la composition de cet organe. Insatisfaisante à bien des égards, la révision de 1993 était critiquée. Une autre révision s'imposait donc. Une tentative de révision échoua en 2000 (cf. p. 390) et ce n'est donc qu'en juill. 2008 que la composition du Conseil fut entièrement revue tout en maintenant l'existence, acquise dès 1993, de deux formations selon que le Conseil intervient pour les magistrats du siège ou du parquet. S'y ajoute une formation plénière.

- La formation compétente pour les magistrats du siège est présidée par le Premier président de la Cour de cassation. Elle est composée de cinq magistrats du siège et un du parquet, qui sont élus, d'un conseiller d'Etat, d'un avocat et de six personnalités qualifiées n'appartenant ni au Parlement ni à l'ordre judiciaire et nommées respectivement par le Président de la République, le Président de l'Assemblée nationale et le Président du Sénat à raison de deux personnalités chacun. Les personnalités nommées par le Président de la République le sont conformément à la procédure mise en place à l'al. 5 de l'article 13 C. ; celles nommées par les présidents de chaque assemblée le sont après avis de la commission permanente compétente de l'assemblée intéressée. Le garde des sceaux peut participer à ses séances.

Elle fait des propositions sur les nominations des hauts magistrats (membres de la Cour de cassation, premier président des cours d'appel et présidents de tribunal de grande instance). Les autres magistrats sont nommés sur son avis conforme.

Lorsqu'elle statue comme conseil de discipline des magistrats du siège, la formation s'augmente du magistrat du siège appartenant à la formation du parquet et le garde des sceaux ne peut participer. Les décisions qu'elle prend

[1] En particulier en période de cohabitation. Cf. p. 313.

dans ce cadre sanctionnent "tout manquement par un magistrat au devoir de son état, à l'honneur, à la délicatesse ou à la dignité" et ne sont susceptibles que d'un pourvoi en cassation devant le Conseil d'Etat (CE ass., 12 juill. 1969, *L'Etang* : Lebon 388).

- La formation compétente pour les magistrats du parquet est composée comme la précédente, simplement les proportions de magistrats élus du siège et du parquet sont inversées et elle est présidée par le procureur général près la Cour de cassation. Elle n'a qu'un pouvoir consultatif et donne donc son avis sur les nominations de ces magistrats et sur les sanctions disciplinaires qui peuvent les frapper. Pour donner ces avis disciplinaires, la formation s'augmente du magistrat du parquet appartenant à la formation du siège et le ministre de la justice ne peut participer. S'agissant des nominations, la pratique observée montre que le Gouvernement suit, le plus souvent, l'avis du Conseil. L'autonomie du Parquet reste néanmoins un sujet de discussion comme en attestent les réactions à la volonté affichée un temps par le Président Sarkozy de lui confier l'instruction des affaires pénales. C'est du reste également ce qui ressort de la jurisprudence de la CEDH (CEDH, gr. ch., 29 mars 2010, *Medvedyev c/ France*).

- La formation plénière comprend, outre les personnalités qualifiées, le conseiller d'Etat et l'avocat membre du Conseil, trois des cinq magistrats du siège de la formation du siège et trois des cinq magistrats du parquet de la formation du parquet. Le ministre de la justice peut également siéger. Elle est présidée par le Premier président de la Cour de cassation que peut suppléer le procureur général près cette Cour. Elle est compétente pour répondre aux demandes d'avis que le Président de la République formule au titre de son rôle de garant de l'indépendance de l'autorité judicaire (art. 64 C.), sur toute question relative à la déontologie des magistrats et sur les questions relatives au fonctionnement de la justice dont le saisit le ministre de la justice.

La révision de 2008 a par ailleurs, suite au scandale de l'affaire d'Outreau, permis à tout justiciable qui estime qu'à l'occasion d'une procédure judiciaire le concernant le comportement adopté par un magistrat dans l'exercice de ses fonctions est susceptible de recevoir une qualification disciplinaire de saisir le Conseil Supérieur de la Magistrature (art. 50-3 Ord. n° 58-1270 du 22 déc. 1958). Cette saisine ne constitue pas une cause de récusation du magistrat. Du reste, la plainte qui ne peut être présentée après l'expiration d'un délai d'un an suivant une décision irrévocable mettant fin à la procédure, ne peut, en l'état actuel du texte et bien que le Conseil constitutionnel ait estimé qu'aucune exigence constitutionnelle n'interdit que la plainte d'un justiciable susceptible d'entraîner une procédure disciplinaire à l'encontre d'un magistrat puisse être déclarée recevable alors même que ce dernier ou le parquet auquel il appartient demeure saisi de la procédure à l'occasion de laquelle la plainte est déposée (Cons. const. 2010-611 DC §21, 19 juill. 2010, LO relative à l'art. 65 C.), être dirigée contre un magistrat qui demeure saisi de la procédure. Le CSM s'est prononcé pour la première fois en application de cette procédure le 28 janv. 2014 (CSM statuant comme conseil de discipline des magistrats du parquet, 28 janv. 2015, n° P077).

Le 14 mars 2013, le Président de la République a déposé un projet de loi constitutionnelle portant réforme du CSM sur le bureau de l'Assemblée nationale. Celui-ci proposait de modifier la composition du CSM et de renforcer son rôle afin de garantir au mieux l'indépendance de la justice et des magistrats en permettant, d'une part, que le CSM se saisisse d'office des questions relatives à l'indépendance de l'autorité judiciaire et à la déontologie des magistrats et, d'autre part, que la formation du CSM compétente à l'égard des magistrats du siège fasse des propositions pour les nominations des hauts magistrats du siège, les autres ne pouvant plus être nommés qu'après son avis conforme.

Si le Président de la République a souhaité l'adoption de ce projet avant la fin de l'année 2015, l'opposition entre l'Assemblée nationale et le Sénat a empêché le vote d'un texte en termes identiques, préalable nécessaire à l'adoption de la révision constitutionnelle. Le Gouvernement a annoncé l'abandon de la procédure le 5 juill. 2013.

Le rôle d'arbitre du président de la République est cependant de plus en plus contesté. Une première brèche a été ouverte s'agissant de la prise en compte du temps de parole présidentiel à la télévision. En effet, en raison de la place qui, conformément à la tradition républicaine, est celle du Chef de l'Etat dans l'organisation constitutionnelle des pouvoirs publics et des missions qui lui sont conférées notamment par l'art. 5 C., il était admis que le Président de la République ne s'exprimait pas au nom d'un parti ou d'un groupement politique. Dès lors son temps de parole dans les médias audiovisuels n'avait pas à être pris en compte à ce titre (CE 13 mai 2005, *Hoffer*, req. n° 279259 : *Lebon 200*). Pourtant, la multiplication des interventions présidentielles depuis 2007 (cf. p. 301) rendait cette interprétation impossible à soutenir sans y apporter une nuance. Le juge a donc modifié sa jurisprudence et estime désormais qu'il ne résulte pas de cette affirmation traditionnelle, compte tenu du rôle assumé par le Président de la République depuis 1958 dans la définition des orientations politiques de la Nation, que ses interventions et celles de ses collaborateurs puissent être regardées comme étrangères, par principe et sans aucune distinction selon leur contenu et leur contexte, au débat politique national. Par conséquent, l'appréciation de l'équilibre à rechercher entre les courants d'opinion politiques oblige à prendre en compte certaines de ces interventions dans l'appréciation du respect du pluralisme politique par les médias audiovisuels (CE ass., 8 avr. 2009, *Hollande et Mathus*, req. n° 311136 : *Lebon 140, concl. de Salins*).

Il faut encore dire que le quinquennat de N. Sarkozy a, plus qu'un autre, mis à mal ce rôle d'arbitre. Présenté comme « hyper-président », N. Sarkozy a toujours largement privilégié les relations avec le parti qu'il a dirigé avant d'accéder à la présidence. Certes, ses prédécesseurs le firent également ; mais les apparences étaient cependant préservées. Si des rencontres avec les dirigeants ou les élus du parti avaient lieu, elles étaient moins formalisées. On en veut pour preuve cette habitude, particulièrement contestable, qui consistait à réunir régulièrement à l'Elysée les parlementaires de la majorité et plus spécialement les parlementaires UMP (cf. p. 301). On notera en particulier que le Président avait indiqué aux parlementaires Nouveau Centre (2 juin 2011) les dangers qu'ils pourraient courir s'ils « participent à un primaire contre lui » à l'élection présidentielle. Bien que le Président actuel ait, durant sa campagne, indiqué qu'il serait un « Président normal », il intervient de toute évidence dans le choix de la politique à mener et dans la vie partisane et parlementaire (cf. p. 303) et admet lui aussi que le Président joue désormais un rôle politique central (cf. p. 299).

B. Présidences de conseils

Pour assurer ce triple rôle d'arbitrage, il convenait que le Président de la République puisse être informé de toutes les décisions, de toutes les prises de positions, qu'il puisse également influencer celles-ci, voire imposer son point de vue. Les constituants placèrent donc le Président de la République à tous les lieux stratégiques que la Constitution met en place, en lui attribuant certaines présidences.

La Constitution de 1958 réalise dans ce domaine de nombreux changements d'importance, tout en reprenant certaines positions classiques des constitutions antérieures. Mais même dans ce dernier cas, la rénovation du rôle de la Présidence de la République devait transformer l'importance de ces positions.

1. La présidence du Conseil des ministres

De manière tout à fait classique, le Président de la République préside, en vertu de l'**art. 9 C.**, le Conseil des ministres.

H

Certes, on ne retrouve pas une telle disposition dans les constitutions à caractère présidentiel[1] comme sous la II° République. L'existence d'un Conseil des ministres (et donc d'une solidarité ministérielle) est en effet un trait caractéristique des régimes parlementaires : la politique doit être définie en commun puisque les ministres sont solidairement responsables devant le Parlement. C'est traditionnellement le Chef de l'Etat qui préside le Conseil des ministres. Il en était ainsi dès la Constitution impériale de 1870 et sous les III° et IV° Républiques[2]. Pourtant, dans ces derniers cas, l'importance de la disposition était tout à fait accessoire.

En effet, le Président de la République n'exerçait qu'une présidence de principe, laissant les ministres et le Chef du Gouvernement décider des options politiques, en général arrêtées préalablement dans le cadre d'un « conseil de cabinet », sans intervenir. Si cette attitude réservée était déjà de mise sous la III° République, elle devait être institutionnalisée en 1946 puisque l'art. 32 ramenait son rôle à celui d'un simple secrétaire-greffier :

---

[1] On trouve même dans ce type de constitution des dispositions interdisant aux ministres de se réunir en Conseil. (art. 151 de la Constitution de l'An III).

[2] Qui plus est, une ambiguïté existait dans le vocabulaire de l'époque ; en effet le Chef du Gouvernement prenait alors le titre de "Président du Conseil" sans que l'on sût vraiment de quel "Conseil" il s'agissait puisqu'il ne présidait pas le "Conseil des ministres". Cf. p. 93.

« Le Président de la République préside le Conseil des ministres. Il fait établir et conserve les procès-verbaux de séances ».

La situation a bien changé depuis. Le Président de la République participe aux travaux du Conseil des ministres, parfois même il influence directement les décisions prises. Du reste, l'ordre du jour du Conseil est le plus souvent arrêté d'un commun accord entre les services de Matignon et de la Présidence ; cependant, en cas de conflit, c'est l'Elysée qui l'emporte (cf. p. 322). Le Conseil des ministres est donc devenu un lieu privilégié où s'exerce le rôle d'arbitrage du Président de la République, arbitrage qui dans certains cas le conduit à arrêter lui-même la décision (cf. 304).

Le Conseil des Ministres

Le fonctionnement interne et l'importance constitutionnelle[1] du Conseil des ministres restent difficiles à connaître, les réunions de cette instance n'étant pas publiques. C'est le Président de la République qui, en vertu de l'art. 9 C., préside le Conseil ; sauf les cas exceptionnels où il est absent, le Chef de l'Etat assiste donc aux réunions. Il en est de même du Premier ministre. Participent encore au Conseil, les ministres. A leur propos, la question se pose de savoir si tous les membres du Gouvernement, c'est-à-dire les secrétaires d'Etat, les ministres délégués aussi bien que les ministres en titre, siègent à tous les conseils (cf. l'encadré sur les membres du Gouvernement p. 104).

Participent également au Conseil des ministres quelques personnes non membres du Gouvernement. Il s'agit le plus souvent du secrétaire général de l'Elysée et du secrétaire général du Gouvernement auxquels s'ajoute parfois un conseiller du Président de la République. Ces personnes siègent à une petite table à part et non à la table principale du Conseil qui est dressée au centre de la pièce.

Les Conseils se tiennent, à l'Elysée, le mercredi à moins que l'emploi du temps du Chef de l'Etat, du fait de ses voyages officiels ou de congés (en août en particulier), n'oblige à le reporter. Ils se tenaient traditionnelement dans le salon "Murat". Sous la présidence de F. Hollande ils se tiennent parfois dans le salon « des aides de camps » voire dans le salon « des ambassadeurs » dès lors que le nombre de ministres applelé à siéger est réduit. Ses salons n'ayant pas que ce seul usage, les tables sont montées et démontées chaque semaine. Les membres du Conseil prennent place autour de la table selon un ordre parfaitement réglé. Le Président de la République et le Premier ministre se font face au centre de la table et les ministres sont ensuite installés selon l'ordre protocolaire de la liste de publication du Gouvernement. Les ministres d'Etat siègent donc de part et d'autre du Président de la République et du Premier ministre. Quant aux ministres, ils changent de place selon le nombre des présents ou, comme on voudra, le nombre des absents. Il y a donc chaque semaine un plan de table différent, disposé dans divers endroits, pour permettre à chaque ministre de trouver facilement sa place qui est en outre marquée d'un carton à son nom. Jusqu'à présent chacun s'exprime sans micro et il est d'usage que les ministres ne prennent pas de notes au cours de la réunion sur les propos tenus au Conseil. On notera que certains conseils des ministres sont « décentralisés » et se tiennent donc en province (sous la présidence de V. Giscard d'Estaing : Lyon en 1974, Evry en 1975 et Lille en 1976 ; sous la présidence de N. Sarkozy : Strasbourg le 7 sept. 2007 ; Ajaccio le 31 oct. 2007 ; Lyon le 2 févr. 2009). Par ailleurs, depuis 2003, se tiennent également, à raison d'une fois par an environ, des conseils des ministres franco-allemand réunissant les ministres des gouvernements des deux états, alternativement dans l'un ou l'autre pays ; le seizième a eu lieu à Paris le 19 févr. 2014[2].

L'ordre du jour du Conseil des ministres est fixé par le Président de la République, sur proposition du Premier ministre. Il peut donc, théoriquement s'opposer à l'inscription d'un texte à l'examen du Conseil, surtout en période de cohabitation. Jusqu'ici le Président n'a pas usé de ce pouvoir d'opposition sauf à retarder l'inscription d'une ou deux semaines (comme par exemple au sujet du projet de loi relatif à la Corse : *Le Monde* 15 févr. 2001).

L'ordre du jour du Conseil se divise en quatre parties. La première partie, dite "A", est consacrée à l'étude des projets de loi. Le ministre le plus concerné lit le texte définitif tel qu'il a été élaboré par ses services ou par les

[1] En période de cohabitation, le Conseil des ministres perd beaucoup de son importance. Ainsi lors de la troisième cohabitation (1997-2001) L. Jospin avait-il demandé à ses ministres d'y intervenir le moins possible, rappelant que le Conseil ne devait pas être un lieu de débat, la politique se faisant à Matignon et non à l'Elysée.

[2] 17e : Berlin, 31 mars 2015 ; 16e : Paris, 19 fév. 2014 ; 15e : Berlin, 22 janv. 2013 ; 14e : Paris, 6 févr. 2012 ; 13e : Fribourg, 10 déc. 2010 ; 12e : Paris : 4 févr. 2010 ; 11e : Berlin, 11 mars 2009 ; 10e : Paris, 24 nov. 2008 ; 9e : Straubing, 9 juin 2008 ; 8e : Berlin, 12 nov. 2007 ; 7e : Paris, 12 oct. 2006 ; 6e : Berlin, 14 mars 2006 ; 5e : Paris, 26 avr. 2005 ; 4e : Berlin, 26 oct. 2004 ; 3e : Paris, 13 mai 2004 ; 2e : Berlin, 18 sept. 2003 ; 1er : Paris, 22 janv. 2003 à l'occasion du quarantième anniversaire du traité de l'Elysée signé entre la France et la RFA par De Gaulle et Adenauer.

services des différents ministères dont la matière relève, et arrêté par le chef du Gouvernement. Il va de soi que dans un certain nombre de cas (sauf en période de cohabitation), l'Elysée a aussi imprimé sa marque au texte.

La deuxième partie, dite "B", est consacrée aux nominations. Chaque ministre donne le nom des hautes personnalités nommées relevant de ses compétences. On indique aussi les mouvements diplomatiques et les promotions dans l'ordre de la légion d'honneur.

La partie "C" est consacrée aux communications des ministres sur les développements futurs de leur action. On y entend aussi chaque semaine une communication du ministre des Affaires étrangères sur les événements internationaux de la semaine. Pour éviter que ces différentes interventions ne soient trop longues, le temps de parole est limité (en général 10 minutes[1]) et les ministres s'expriment sans notes. Par ailleurs, les ministres sont invités à déposer leurs téléphones portables à l'entrée pour éviter de se disperser pendant la réunion. Les réunions du Conseil des ministres font l'objet d'un compte rendu[2].

Durant le mandat de N. Sarkozy, une quatrième partie, dite "D", consacrée à un sujet sur lequel les ministres débattent (secrètement ; seul l'objet du débat étant mentionné dans le communiqué de presse) et peuvent exprimer leur opinion, a été, un temps, ajoutée. Elle réapparait de manière sporadique sous le mandat de F. Hollande.

L'intervention du Conseil des ministres est rendue obligatoire par la Constitution pour certains décrets et pour les ordonnances (art. 13 al. 1 C.), pour certaines nominations (art. 13 al. 3 et 4), pour l'établissement de l'état de siège[3] (art. 36 C.), la délibération sur les projets de loi (art. 39 C.) et sur l'engagement de responsabilité (art. 49 al. 1 et 3 C.). Elle est aussi rendue obligatoire par certaines lois pour prendre certaines mesures comme par exemple la dissolution des conseils municipaux (art. L. 2121- 6, L. 3121-5, L. 4132-3 CGCT) ou déclarer l'état d'urgence (Loi n° 55-385 du 3 avr. 1955, mod.).

Rappelons encore que le Premier ministre peut suppléer le Président de la République et présider à sa place le Conseil des ministres sur un ordre du jour déterminé (cf. p. 48).

2. Les autres présidences

Le Président de la République préside également de nombreux autres conseils et en particulier, en vertu de l'**art. 15 C.**, les conseils et comités supérieurs de la défense nationale et plus particulièrement du Conseil de défense et de sécurité nationale (art. L. 1121-1 C. défense). Il s'agit là de son rôle en tant que chef des armées, dont nous verrons qu'il n'est pas sans importance sur la nature même des pouvoirs que le Président de la République peut exercer dans ce domaine (cf. p. 295, 296 et 324). C'est dans ce cadre encore, que l'art. L. 2312-2 C. défense lui confie le soin de nommer trois membres (dont le président) de la commission consultative du secret de la défense nationale.

---

[1] On notera pourtant qu'en période de cohabitation, la partie « C » est allongée pour que le Conseil dure au moins 30 minutes, laissant ainsi croire qu'il conserve une certaine utilité.

[2] De manière inhabituelle, l'intervention du Président de la République par laquelle il a rappelé les ministres à la solidarité ministérielle (2 oct. 2013) a été enregistrée.

[3] En plus du régime de crise de l'art. 16 C., le présent art. prévoit que l'état de siège est décrété en Conseil des ministres. C'est le seul exemple constitutionnel d'une décision qui doit être prise par un tel décret présidentiel (cf. p. 322). Le décret précise le territoire auquel il s'applique et détermine sa durée d'application. L'état de siège ne peut être déclaré qu'en cas de péril imminent résultant d'une guerre étrangère ou d'une insurrection armée (art. L. 2121-1 C. défense). Il a pour effet de transférer à l'autorité militaire les pouvoirs dont l'autorité civile était investie pour le maintien de l'ordre et la police (art. L. 2121-2 C. défense). De plus, dans les territoires décrétés en état de siège en cas de péril imminent résultant d'une guerre étrangère, les juridictions militaires peuvent être saisies quelle que soit la qualité des auteurs d'infractions jusqu'alors de la compétence des juridictions pénales (art. L. 2121-3 C. défense). Elles continuent à connaître des infractions dont elles avaient été saisies même une fois l'état de siège levé (art. L. 2121-6 C. défense). L'autorité militaire est par ailleurs investie de compétences exceptionnelles et peut faire des perquisitions domiciliaires de jour et de nuit, éloigner toute personne ayant fait l'objet d'une condamnation devenue définitive pour crime ou délit et les individus qui n'ont pas leur domicile dans les lieux soumis à l'état de siège, ordonner la remise des armes et munitions, et procéder à leur recherche et à leur enlèvement et interdire les publications et les réunions qu'elle juge de nature à menacer l'ordre public (art. L. 2121-7 C. défense). En effet, pendant l'état de siège, l'ensemble des droits garantis par la Constitution continue de s'exercer, lorsque leur jouissance n'est pas suspendue en vertu des articles précédents (art. L. 2121-8 C. défense). La seule garantie offerte par la Constitution contre tout abus est donc l'intervention obligatoire du Parlement pour la prolongation de l'état de siège au-delà de 12 jours. L'état de siège n'a jamais été décrété sous la V° République. Notons que l'état de siège ne modifie pas la répartition des compétences constitutionnelles contrairement à ce qui ce passe lors de la mise en œuvre de l'art. 16 C. (cf. p. 86).

II. DES POUVOIRS PRESIDENTIELS ACCRUS

La rénovation du statut du Président de la République que nous venons de décrire est un premier élément permettant l'émergence d'un véritable pouvoir présidentiel au sein de l'exécutif dont les constituants souhaitent réaliser la renaissance. Grâce à elle, il sera possible de doter le Président de la République des pouvoirs nécessaires pour qu'il puisse remplir effectivement le rôle que la Constitution lui assigne.

Certes, les Présidents des III° et IV° Républiques disposaient de pouvoirs. En particulier, la lecture des lois constitutionnelles de 1875 laisse apparaître un nombre important de pouvoirs attribués au Président de la République. Las, comme nous l'avons montré, la crise de 1877, en orientant l'interprétation de ces lois constitutionnelles dans un sens moniste, transférait en fait les pouvoirs constitutionnels du Président de la République vers le Chef du Gouvernement qui les exerçait alors lui-même et en assumait la responsabilité devant le Parlement (cf. p. 26). Certes, officiellement, le Président de la République signait l'acte, mais il n'en était pas le véritable auteur ; le contreseing apposé par le Président du Conseil montrait en fait qu'il avait lui-même conçu l'acte, le Président de la République n'osant plus, au fur et à mesure des années, refuser de signer les textes présentés par le Chef du Gouvernement.

La Constitution de 1958 reprend bien sûr le mécanisme du contreseing. Nombre des pouvoirs du Président de la République sont contresignés et donc exercés par lui avec l'accord du Premier ministre qui en assure la responsabilité devant le Parlement et qui a donc au moins participé à leur élaboration. Ces pouvoirs contresignés classiques sont pourtant dans l'actuelle Constitution plus nombreux et plus importants que par le passé (§1). Mais pour éviter justement le détournement né sous la III° République, la Constitution dote en plus le Président de la République de pouvoirs sans contreseing, exercés par lui seul, en toute indépendance. Ces pouvoirs sont essentiellement destinés à lui permettre de remplir le rôle que la Constitution lui a attribué sans avoir à rechercher l'accord du Premier ministre (§2).

§1. L'extension des pouvoirs classiques contresignés

Cette extension des pouvoirs contresignés du Président de la République se marque certes par leur importance. Elle se marque aussi par un certain nombre de pratiques que nous aurons l'occasion de développer plus tard et qui ont permis au Président de la République de garder la maîtrise complète de son action dans ce domaine (cf. p. 395).

Par principe, tous les actes (au sens d'acte juridique) du Président sont contresignés, sauf ceux dont l'**art. 19 C.** contient la liste. Les personnes qui contresignent sont, dans tous les cas, le Premier ministre et, le cas échéant, les ministres responsables[1]. L'utilisation de l'adjectif "responsables" montre bien qu'il s'agit ici de la mise en place d'un contreseing comme on en connaît dans les régimes parlementaires, c'est-à-dire destiné à faire passer la responsabilité de l'acte de la tête du Président de la République irresponsable, sur celle du Premier ministre et plus largement du Gouvernement dont les membres sont responsables collectivement devant le Parlement. Etudions ces pouvoirs dans l'ordre et tels qu'ils sont prévus par la Constitution.

A. La nomination des membres du Gouvernement

Il s'agit tout d'abord à l'**art. 8 al. 2 C.** de nommer les membres du Gouvernement autres que le Premier ministre (c'est-à-dire les ministres et secrétaires d'Etat) et de mettre fin à

[1] Voir l'interprétation de cette notion dans la jurisprudence du Conseil d'Etat p. 469.

leurs fonctions[1]. Selon la lettre du texte constitutionnel, le Premier ministre propose au Président de la République à la fois l'organisation générale du Gouvernement qu'il souhaite voir mis en place et les noms de chacun des titulaires des différents postes ministériels. Le Président de la République examine cette proposition et décrète les nominations si elles lui agréent. Le décret présidentiel est contresigné du Premier ministre.

Notons que le décret de nomintaion des membres du Gouvernement est insusceptible de recours devant le juge (CE 16 sept. 2005, *Hoffer, req. n° 282171 : AJDA 2005. 2237*).

La question posée ici est de savoir qui, du Premier ministre ou du Président de la République, parvient à imposer ses vues et donc ses « hommes » à l'autre. Il semble à tout le moins que la situation diffère selon les circonstances. En général pourtant, le Président parvient à imposer certains noms, voire tous, au Premier ministre, le nombre des portefeuilles concernés dépendant pour beaucoup de la personnalité des deux hommes mais aussi de l'évolution du régime. Si dans les premiers temps, seuls quelques postes ministériels étaient ainsi imposés au Premier ministre, c'est non seulement que celui-ci avait une personnalité forte, mais également que l'on avait encore le souvenir des Républiques antérieures durant lesquelles il appartenait au seul chef du Gouvernement (le Président du Conseil comme on disait alors. cf. p. 94) de choisir les ministres. On rapporte par exemple que la nomination de Pierre Messmer au ministère des Armées en 1960 fut ainsi directement décidée par Charles De Gaulle. Avec le temps, le souvenir s'effaçant et le rôle du Président de la République gagnant en puissance du fait de son élection directe par le peuple, la composition du gouvernement est de plus en plus l'affaire du Président[2]. Ainsi ne fait-il pas de doute que c'est N. Sarkozy qui, durant son quinquennat, a déterminé la composition des différents Gouvernements.

Le problème est le même s'agissant des « révocations » de ministres ou de secrétaires d'Etat : l'art. 8 prévoit que, proposées par le Premier ministre qui contresignera l'acte, elles sont entérinées par le Président de la République.

Parfois c'est le Premier ministre qui, de sa propre initiative, propose au Président de la République le départ d'un ministre. On peut, en matière de révocation demandée et obtenue par le Premier ministre, citer les cas de J.-J. Servan-Schreiber en 1974, de L. Schwartzenberg en 1988, de D. Batho en 2013.

Pourtant, désormais, il ne fait pas de doute que le Président peut obtenir facilement le départ d'un ministre. Cette responsabilité individuelle des ministres a été clairement évoquée par le Président Sarkozy. Il avait clairement indiqué, en 2008, que les ministres qui n'auraient pas, dans leur département ministériel, des résultats suffisants, seraient sanctionnés ; la mise en œuvre de ce principe n'a pourtant pas été très visible. Le plus souvent, les ministres qui n'ont plus la confiance du Président quittent « volontairement » le Gouvernement en apprenant la nomination de leur successeur lors d'un remaniement ministériel. On sait par exemple que ce fut le cas, lors du remaniement de juin 2009 de C. Boutin et de B. Laporte. Le départ programmé, du fait de son élection au Parlement européen, de R. Dati du ministère de la justice relève également, on le sait, de la volonté présidentielle. Mais il va de soi que, au cas où les pressions ne parviendraient pas à ce résultat, le Président obtiendrait du Premier ministre une demande de révocation. L'influence du Président sur les ministres fut très nette sous le quinquennat de N. Sarkozy. Ainsi celui-ci a-t-il rappelé, lors du Conseil des ministres du 23 mars 2011, qu' « un ministre n'est pas un homme politique comme les autres, il est tenu à un devoir de solidarité dans l'expression collective, surtout en période électorale. Un

[1] De la pratique, on déduit qu'il lui appartient, dans les mêmes conditions, de charger une personnalité d'un intérim ministériel en cas d'empêchement prolongé du ministre titulaire (cas de J.-P. Chevènement dont l'intérim a été assuré par J.-J. Queyranne durant le 4° trimestre 1998).

[2] Voir cependant la situation en période de cohabitation p. 330.

ministre n'a pas à avoir de position personnelle lorsqu'une ligne a été définie ». Cette formule n'est pas sans rappeler celle, mainte fois reprise, de J.-P. Chevènement : « un ministre, ça ferme sa gueule ; si ça veut l'ouvrir, ça démissionne » (22 mars 1983). Lors de la formation du Gouvernement Ayrault en 2012, les membres du Gouvernement ont eu à signer[1] une « Charte de déontologie » rappelant ce principe de solidarité :

> « Chaque membre du Gouvernement a le droit de s'exprimer dans le respect de la confidentialité qui s'attache aux délibérations du Gouvernement sur tout sujet, y compris les sujets extérieurs à ses attributions.
> Une fois que la décision est prise, au besoin après arbitrage du chef du Gouvernement, c'est le principe de solidarité qui s'applique. L'expression, directe ou indirecte, de désaccords ne peut qu'affaiblir le Gouvernement et susciter le scepticisme des citoyens à l'égard de la crédibilité de l'action publique ».

Cette Charte n'a pas empêché certains membres du Gouvernement de critiquer ouvertement des choix collectifs (A. Montebourg notamment). Un seul semble avoir été sanctionné par sa révocation à la demande du Premier ministre : D. Batho, ministre de l'Ecologie, du développement durable et de l'énergie, le 2 juillet 2013. En effet, la solidarité ministérielle a souvent été mise à mal par les ministres des Gouvernements Ayrault II et Valls I. J.-M. Ayrault, à l'exception notable de D. Batho purement et simplement révoquée par le Président de la République à la demande du Premier ministre, se contentait le plus souvent d'admonestations et de rappels à l'obligation de solidarité (parmi de nombreux exemples : désaccord entre P. Moscovici et A. Montebourg à propos de l'entreprise « Dalymotion » en mai 2013 ; opposition entre C. Duflot et V. Peillon d'une part et M. Valls d'autre part en août et sept. 2013 à propos des Roms, repartie de plus belle avec L. Fabius et M. Valls à propos de l'imigration en décembre 2013 ; Intervention d'A. Montebourg favorable à l'exploitation du gaz de schiste le 11 juill. 2013). M. Valls, devenu Premier ministre, a montré une plus grande fermeté en ne renouvellant pas, à l'occasion de la démission du Gouvernement provoquée par une nouvelle intervention d'A. Montebourg, les ministres trop critiques à propos de la politique gouvernementale.

B. La promulgation des lois

Le deuxième pouvoir contresigné du Président de la République est prévu à l'**art. 10 al. 1er C**. Il s'agit de la promulgation des lois.

La promulgation est l'acte par lequel le Président de la République atteste l'existence de la loi et donne ordre aux autorités publiques de l'observer et de la faire observer. En outre la promulgation donne sa date à la loi dont le Président a vérifié qu'elle était bien conforme au texte voté par le Parlement.

La promulgation est depuis toujours une prérogative du Chef de l'exécutif soumise, dans les régimes parlementaires, au contreseing. C'est une compétence liée[2] que le Président de la République doit exercer dans le délai maximum[3] de 15 jours à compter de l'arrivée du texte au Secrétariat Général du Gouvernement. Ce délai est toutefois suspendu dans le cas où le Conseil constitutionnel est saisi de la constitutionnalité de la loi (cf. p. 431)[4]. La promulgation

[1] Si la « Charte » semble toujours d'actualité (V. la démission de F. Rebsamen), il ne semble pas qu'elle soit encore soumise à la signature des membres du Gouvernement.

[2] Sur cette notion, sa distinction d'avec un pouvoir discrétionnaire et son importance dans la Constitution actuelle cf. p. 395.

[3] Il s'agit bien d'un délai maximum. Le Président peut (sous réserve de la « convention » permettant la saisine du Conseil constitutionnel : cf. p. 430) promulguer « sur le champ ».

[4] Le délai reprend pour le temps restant à courrir une fois la décision du Conseil rendue. Pourtant le plus souvent la loi est promulguée le lendemain, parfois même le jour même de la décision (par ex. s'agissant de la loi « Mariage pour tous »).

est régie par le décret du 19 mai 1959 (modifié par le décret du 8 mars 1990) ; elle est effectuée par un décret présidentiel contresigné, rédigé selon différentes formules dont nous donnons plus loin des exemples (cf. p. 124). Elle est en général faite « à Paris » mais peut aussi l'être dans d'autres lieux ; ainsi J. Chirac a-t-il promulgué des lois « à Eugénie-les-Bains » et d'autres à Saint-Paul de la Réunion) ; il a également signé le décret (3 sept. 1998) chargeant d'un intérim ministériel (cf. note n° 1 p. 64) à « Kiev » (Ukraine) et le décret (26 août 1995) modifiant la composition du Gouvernement au « Fort de Brégançon ». De même, il a convoqué le Parlement en session extraordinaire par un décret signé à « Kananaskis » (Canada) le 27 juin 2002 et prononcé la clôture d'une session extraordinaire le 25 juillet 2003 à Nouméa et le 30 juillet 2004 à Saint-Paul de la Réunion. De même N. Sarkozy procède-t-il le 1er août 2008 à la promulgation de lois (et à la convocation d'une session extraordinaire du Parlement) au Lavandou, où il se trouve en vacances (précisément au Cap Nègre) et la loi de finances pour 2009 à « Itacaré » (Brésil) où il était en villégiature. François Mitterrand déjà avait déjà signé le décret (26 décembre 1992) de nomination d'un ministre à « l'ambassade de France à Ankara ». De même encore, le décret mettant fin aux fonctions du Gouvernement Valls 1 du 25 août 2014 a été signé à l'île de Sein (aucune indication sur son lieu de réalisation n'est mentionnée au *Journal officiel* s'agissant du décret portant nomination de Manuel Valls comme Premier ministre, pourtant en date du même jour).

D'une manière contestable, J. Chirac a, le 31 mars 2006, fait savoir que, s'il promulguait la loi sur l'égalité des chances comprenant le « contrat première embauche », il demandait, dans le même temps au gouvernement de prendre toutes les dispositions nécessaires pour qu'en pratique aucun contrat ne puisse être signé avant que ladite loi ne soit modifiée selon les principes qu'il indiquait dans la même intervention. Le Président de la République demandait donc en fait que la loi ne soit pas obéie, ce qui constitue, à n'en point douter, une violation des principes constitutionnels s'attachant à la promulgation[1].

La promulgation valant ordre à toutes les autorités et à tous les services compétents de la publier sans délai, il n'est dès lors pas possible d'instituer une formalité préalable à la publication des lois (Cons. const. 2001-448 DC §64, 19 juin 2001, LOLF). La promulgation est souvent confondue à tort avec la publication (cf. p. 471 et s.) qui, seule, rend le texte opposable et donc applicable. Cependant, la loi ne peut être publiée que si elle est promulguée : la promulgation est donc une "opération juridique qui est nécessaire à la perfection de la loi".

La publication des lois promulguées est faite au *Journal Officiel* (cf. p. 472).

C. La demande de nouvelle délibération des lois

Le troisième pouvoir contresigné du Président de la République est prévu à l'**art. 10 al. 2 C**. Le Président de la République peut demander au Parlement une seconde délibération de l'acte législatif avant l'expiration du délai de promulgation que nous venons de voir. En promulguant, le Président indique qu'il n'a pas l'intention de faire usage de ce pouvoir.

Si le Président demande cette seconde délibération, le Parlement est obligé de délibérer à nouveau sur le texte, délibération qui peut bien sûr conduire à ce que le texte soit réadopté dans les mêmes termes. La demande du Président de la République est contresignée.

H

La disposition, elle aussi traditionnelle dans les constitutions françaises depuis la Constitution de 1848 (art. 58), fut maintenue dans le texte de l'actuelle Constitution sans la moindre diffi-

---

[1] On aurait pu imaginer que le Président demande une seconde délibération de la loi mais le Premier ministre avait clairement fait savoir qu'il y était hostile. Or, comme nous le verrons (cf. p. 66) ce pouvoir du Président est soumis au contreseing du Premier ministre.

culté. Largement utilisée (12 fois) sous la IV° République (art. 36 al. 2) en particulier par V. Auriol pour remédier à des imperfections techniques, elle l'avait été également à deux reprises pour lui permettre de faire respecter des dispositions constitutionnelles apparemment violées.

Les usages faits de cette disposition sous la V° République sont nettement moins nombreux. La première utilisation remonte au 13 juill. 1983 ; elle permettait au Président de la République d'éviter d'avoir à promulguer un texte qui n'était plus nécessaire du fait d'un changement de circonstances[1]. Le Parlement n'inscrivit jamais cette nouvelle délibération à son ordre du jour et le texte devint donc lettre morte. La deuxième utilisation fut plus contestée et obligea le Conseil constitutionnel à préciser l'étendue exacte des pouvoirs présidentiels dans ce domaine. Le Conseil ne subordonne l'exercice de ce pouvoir qu'à l'obtention du contreseing ministériel. Il admet que le Président puisse demander une seconde délibération pour permettre au Parlement de discuter à nouveau d'une loi dont certains articles ont été déclarés contraires à la Constitution mais séparables du reste du texte[2] (Cons. const. 85-197 DC, §15, 23 août 1985, Nouvelle-Calédonie II) (cf. p. 450), estimant par là même que les termes « nouvelle lecture » de l'art. 23 de l'ord. du 7 nov. 1958 ont la même signification que ceux de « nouvelle délibération » de l'art. 10 C. Du reste, la troisième utilisation faite de l'art. 10 C. se calquait sur la précédente en demandant, le 4 avr. 2003 une nouvelle délibération d'un article de loi déclaré contraire à la Constitution par le Conseil constitutionnel (Cons. const. 2003-468 DC, 3 avr. 2003, Elections des conseillers régionaux et des parlementaires européens).

D. Le pouvoir réglementaire du Président de la République

Conformément à l'**alinéa 1** de l'**art. 13 C**., le Président de la République signe les ordonnances et les décrets délibérés en Conseil des ministres. Il s'agit du texte attribuant au Président de la République un pouvoir réglementaire. Pour ce qui concerne les ordonnances, nous préférons remettre à plus tard nos développements (cf. p. 272 et 328), alors que nous pouvons dire ici quelques mots des décrets délibérés en Conseil des ministres. Il s'agit là d'une catégorie nouvelle d'actes réglementaires introduite par la Constitution de 1958. Certains de ces décrets sont expressément prévus par la Constitution, d'autres le sont dans des lois organiques, d'autres enfin dans des lois ordinaires. Dans ce cas, l'acte émane formellement du Président de la République, mais contresigné par le Premier ministre, il va de soi que ces décrets ont son accord plein et entier. A ces catégories traditionnelles, la pratique a ajouté certains décrets pour lesquels la formalité de la délibération en Conseil des ministres n'était pas utile ; le juge a modifié leur régime juridique en 1992[3].

E. Le pouvoir de nomination du Président de la République

1. Situation générale

Le même **art. 13** attribue par son **alinéa 2** au Président de la République le pouvoir de nommer à des emplois civils et militaires. Il partage ce pouvoir avec le Premier ministre (cf. p. 113) qui, conformément à l'art. 21 al. 1, a ce même pouvoir "sous réserve des dispositions de l'art. 13". La compétence du Président de la République dans ce domaine concerne bien sûr les emplois supérieurs de la fonction publique et en particulier les fonctionnaires

[1] Il s'agissait d'une loi sur la mise en place d'une exposition universelle adoptée au moment où la France retirait sa candidature à l'organisation de cette manifestation.

[2] Le plus souvent pourtant, le Premier ministre dépose un nouveau projet de loi visant à compléter le texte amputé par la décision du Conseil constitutionnel. Ce fut le cas par exemple pour la loi « favorisant la diffusion et la protection de la création sur internet » (L. 2009-669 du 12 juin 2009) dite 'Hadopi', complétée par le projet de loi relatif à la protection pénale de la propriété littéraire et artistique sur internet déposé le 24 juin 2009, suite à la décision du Conseil (Cons. const. 2009-580 DC, 10 juin 2009, Loi favorisant la diffusion et la protection de la création sur internet).

[3] Pour plus de développements sur ces décrets et leur régime juridique, cf. infra p. 322 et 470.

expressément cités à l'**alinéa 3** de l'art. 13 C. Cette liste est intangible, sauf à réviser la Constitution. Parmi ces emplois, un certain nombre d'entre eux sont dits « à la décision du Gouvernement » (art. 25 de la loi n° 84-16 du 11 janv. 1984 ; D. n° 85-779 du 24 juill. 1985). Il s'agit d'emplois pour lesquels peuvent être nommés des fonctionnaires ou des non fonctionnaires (dans ce cas, cette nomination n'entraine pas titularisation), qui peuvent être ensuite révoqués sans conditions particulières. Le Conseil d'Etat n'en assure pas moins un contrôle, au moins lorsqu'il s'agit de nommer des fonctionnaires (CE, ass., 6 déc. 1996, *Sté Lambda* : *Lebon 466*). Par ailleurs, le Conseil constitutionnel a jugé que si « la disposition précitée réserve au Gouvernement un large pouvoir d'appréciation pour la nomination aux emplois supérieurs dans la fonction publique, dont les titulaires sont étroitement associés à la mise en œuvre de sa politique, elle ne lui permet pas de procéder à ces nominations en méconnaissant les dispositions de l'art. 6 DDHC, en vertu desquelles son choix doit être fait en prenant en considération les capacités requises pour l'exercice des attributions afférentes à l'emploi » (Cons. const. 2010-94 QPC § 4, 28 janvier 2011, *Robert C.*).

L'art. 13 prévoit par ailleurs qu'une loi organique détermine d'autres emplois dont les titulaires sont nommés en Conseil des ministres et donc par décret du Président de la République. Cette loi organique (prise sous forme d'ordonnance n° 58-1136 du 28 nov. 1958) fait cependant interdiction au Président de la République de déléguer au Premier ministre ce pouvoir de nomination, réduisant ainsi à néant les dispositions de la dernière phrase de l'art. 13 **alinéa 4** C. Enfin d'autres textes peuvent ajouter d'autres nominations comme par exemple celle des membres du Conseil Economique, Social et Environnemental (art. 14, D. n°84-558 du 4 juill. 1984 mod.). Pour toutes ces nominations cependant, le contreseing du Premier ministre étant indispensable, il est nécessaire qu'un accord se fasse entre les deux hommes, surtout pendant les cohabitations, sur la personnalité qu'ils souhaitent voir occuper tel ou tel poste.

Pour les nominations autres que celles prévues à l'al. 3, l'intervention du Président de la République pouvait sembler lui donner un pouvoir excessif. En particulier était souvent critiqué le fait que ces nominations étaient souvent de convenance, permettant de trouver, à des personnalités politiques sur le déclin, battues aux élections ou ayant perdu un poste de responsabilité, un 'placard doré' sans nécessairement tenir compte de leurs compétences et des besoins de l'organisme ainsi doté.

2. Les emplois importants pour la garantie des droits et libertés ou la vie économique et sociale de la Nation.

La révision de juillet 2008 mettait en place un contrôle parlementaire sur certaines nominations présidentielles.

a) Emplois visés

Outre les membres du Conseil constitutionnel (art. 56 C.), le Défenseur des droits (art. 71-1 C. ; cf. p. 385) et les personnalités qualifiées du Conseil Supérieur de la Magistrature (art. 66 Const. 58)[1] (cf. encadré p. 58), c'est une loi organique qui détermine les emplois concernés (LO n° 2010-837 du 23 juill. 2010). Sont également soumis à cette disposition la présidence de la Commission prévue à l'art. 25 const. (art. LO 567-9 C. élect. ; Cons. const. 2008-572 DC §11, 8 janv. 2009, LO portant application de l'art. 25 C.) (cf. p. 356), la présidence de la HATVP (art. 8, LO n° 2013-906 ; Cons. const. 2013-675 DC §11, 9 oct. 2013, LO relative à la transparence de la vie publique) et la présidence de la commission nationale de contrôle des techniques de renseignement (LO n° 2015-911, 24 juill. 2015 ; Cons. const. 2015-714 DC §4, 30 juill. 2015, LO relative à la nomination du Président de la commission nationale de contrôle des techniques de renseignement). Très curieusement, s'y ajoute enco-

---

[1] Ces textes précisent que les nominations des membres de ces conseils par les présidents des assemblées « sout soumises au seul avis de la commission permanente compétente de l'assemblée concernée ».

re la présidence de l'INA, ajoutée à la liste des nominations ainsi opérées sans que le législateur organique n'intervienne (art. 15, l. 2013-1028, 15 nov. 2013).

L'avis des commissions permanentes est parfois obligatoire pour certaines nominations faites par le Président de la République sans référence à l'art. 13 C. La loi prévoit alors cet avis. C'est le cas, par ex., pour la nomination du Contrôleur général des lieux de privation de liberté (L. n° 2007-1545 du 30 oct. 2007).

b) Procédure

Désormais, selon l'art. 13 **aliéna 5** C., le Président de la République ne peut procéder à ces nominations si les commissions permanentes compétentes des assemblées parlementaires s'y opposent. Pour ce faire, il faut qu'elles rejettent la candidature proposée par le Président par un vote négatif des 3/5 des suffrages exprimés. Ce résultat s'apprécie en additionnant les votes négatifs des deux commissions qui siègent séparément. Il faut faire ici deux remarques.

D'abord, les nominations ne sont pas, comme cela est dit parfois (y compris par N. Sarkozy lui-même : interview télévisée du 5 févr. 2009), subordonnées à l'accord des commissions parlementaires. Elles doivent non pas y être favorables, mais ne pas s'y opposer. Et elles ne peuvent s'y opposer qu'à la majorité des 3/5, résultat évidemment impossible à atteindre dès lors que la majorité présidentielle favorable au président est nécessairement majoritaire au moins à la Commission compétente de l'Assemblée nationale. Il faudrait donc que l'opposition présidentielle soit très largement majoritaire au Sénat pour qu'un tel vote puisse être acquis.

Les commissions peuvent prendre leurs décisions après avoir entendu la personnalité dont la nomination est proposée. Sauf dispositions législatives expresses[1], c'est au règlement des assemblées (art. 29-1 RAN et art. 29 bis RS) de déterminer comment se déroule cette audition. Le règlement de l'Assemblée a pris le parti de réaliser ces auditions publiquement sous réserve qu'il soit nécessaire de préserver le secret professionnel ou le secret de la défense nationale. En revanche, le règlement du Sénat laisse à chaque commission toute liberté pour mettre en œuvre la procédure qu'elle souhaite, même si l'audition publique sera sans doute le principe le plus fréquent (Cons. const. 2009-582 DC §11, 25 juin 2009, Règlement du Sénat XXXIV).

Mais, somme toute, cela n'a pas vraiment d'importance. Dès lors que, pour pouvoir exprimer leur avis les commissions auditionnent le candidat présenté par le Président et que, sauf si la loi l'interdit (par. ex. Cons. const. 2009-581 DC §6, 25 juin 2009, Règlement de l'AN XXXIV), cette audition peut être publique, il va de soi que le but recherché est atteint. Le Président de la République ne peut proposer que des personnalités qui pourront franchir l'obstacle de l'audition publique sans se ridiculiser et donc tenir compte de leurs compétences pour soumettre leur nom aux commissions parlementaires.

3. Le cas des ambassadeurs et envoyés extraordinaires

Les dispositions de l'art. 13 C. ne sont pas les seules qui permettent au Président de la République de procéder à des nominations de hauts fonctionnaires sous réserve de l'accord du Premier ministre exprimé par le contreseing. En effet, conformément aux dispositions de l'**art. 14 C.**, il appartient au Président de la République de nommer les ambassadeurs et les envoyés extraordinaires représentant la France auprès des autres Etats de la planète. Cette nomination prenant la forme de ce que l'on appelle des "lettres de créances" ; on dit que le Président de la République accrédite les ambassadeurs. Bien sûr le Président de la République peut également procéder au rappel de ses représentants dans les mêmes

[1] En effet, la loi ou la loi organique, selon le cas, pourrait prévoir elle-même la publicité de l'audition ou l'interdire.

formes. Cette disposition de la Constitution doit pourtant être prise au sens strict. Les représentants de la France auprès des Etats étrangers qui n'auraient pas le rang d'ambassadeur ou d'envoyé extraordinaire sont accrédités par le ministre des Affaires étrangères non auprès du Chef de l'Etat, mais du ministre de Affaires étrangères du pays d'accueil.

F. Le droit de grâce

Ce sont ensuite les dispositions de l'**art. 17 C.** qui doivent être étudiées. Cet article confère au Président de la République le droit d'accorder des grâces individuelles, c'est-à-dire une mesure de clémence qui a pour effet de soustraire un condamné à l'application de la peine qu'il aurait dû subir. Nombreux sont ceux qui pensent que cette disposition n'a plus de raison de jouer depuis l'abolition de la peine de mort. Cela est faux. Le Président de la République peut gracier n'importe quelle condamnation pénale (y compris des travaux d'intérêt général) et non uniquement la peine capitale. Le Président de la République prononce ainsi plusieurs grâces chaque année.

Jusqu'à la révision de juillet 2008, la possibilité d'accorder des grâces collectives était ouverte. A l'occasion, par exemple, de la fête nationale ou des fêtes de fin d'année, le Président de la République permettait ainsi à de nombreux détenus, généralement libérables dans les semaines ou les mois à venir, de retrouver la liberté. Même si les personnes qui pouvaient bénéficier de cette clémence étaient de moins en moins nombreuses par une définition de plus en plus stricte des délits ou des crimes exclus de cette clémence, cette utilisation de la grâce, dont le but essentiel était de réguler l'importance de la population carcérale (on a parlé de 'gestion hôtelière'), était critiquée. Elle n'est désormais plus possible. En revanche, il est toujours possible d'accorder le même jour plusieurs grâces individuelles comme ce fut le cas en décembre 2008 pour une quarantaine de détenus « méritants ».

Il convient de faire ici une mention particulière au sujet du contreseing. Si celui-ci est obligatoire, comme le rappelle l'art R. 133-2 C. pénal, les différents Premiers ministres, estimant que le droit de grâce fait partie des pouvoirs présidentiels par essence, ont toujours contresigné ces décisions sans que ce contreseing ait ici une quelconque portée politique. La grâce est en effet, par essence même, l'acte de conscience d'un homme, même si l'abolition de la peine de mort lui a fait perdre une grande partie de sa gravité. On rapporte pourtant qu'E. Balladur n'aurait pas contresigné une grâce présidentielle dans les dernières semaines de la seconde cohabitation. Aucune explication n'est pourtant donnée sur cet incident qui peut résulter plus d'un « cafouillage » dû au désordre des derniers jours de cohabitation que constituer un acte volontaire du Premier ministre. Dans ce dernier cas, il s'agirait d'un exemple unique, sans doute contraire à la tradition républicaine si ce n'est à une coutume constitutionnelle.

La grâce présidentielle ne doit pas être confondue avec l'amnistie qui permet au Parlement, par le vote d'une loi (d'amnistie) de faire disparaître des condamnations. Il était de tradition que le Parlement vote de telles lois après des législatives ou une présidentielle. Outre cette différence d'origine, les deux procédures ne portent pas sur les mêmes éléments et n'ont pas le même effet.

La grâce ne vaut que pour des peines pénales. L'amnistie peut concerner des condamnations pénales mais aussi disciplinaires et professionnelles, voire des déchéances ou des incapacités. L'amnistie peut toucher toutes les personnes concernées par un type d'infraction ou de peine mais aussi, sur autorisation du législateur, être prononcée à titre individuel par décret du Président de la République (L. n° 2002-1062 du 6 août 2002).

La grâce laisse subsister la condamnation qui figure toujours au casier judiciaire ; seule la peine est affectée et n'est pas exécutée en tout ou partie (art. 133-7 C. pén.). Les victimes des faits commis par la personne graciée peuvent donc toujours prétendre à réparation puisque la condamnation existe toujours (art. 133-8 C. pén.). L'amnistie en revanche fait disparaître la condamnation prononcée (art. 133-9 C. pén.) qui disparaît du casier judiciaire. Du reste, il est interdit à toute personne qui aurait connaissance de condamnations amnistiées d'en rappeler l'existence sous quelque forme que ce soit (art. 133-11 C. pén.).

Les amnisties se font d'autant plus rares (la dernière a été adoptée en 2002) que certaines de ces lois étaient surtout destinées aux parlementaires eux-mêmes ou plus largement aux politiques et à leurs soutiens pour des faits de financement illicites.

G. La convocation et cloture des sessions extraordinaires du Parlement

On trouve ensuite un autre pouvoir présidentiel contresigné à l'**art. 30 C**. Cet article confie au Président de la République le soin d'ouvrir et de clore par décret les sessions extraordinaires du Parlement. Il s'agit là d'une disposition qui a fait l'objet de difficultés d'application comme nous aurons l'occasion de le montrer (cf. p. 396) mais qui, malgré une révision en 1995 destinée à limiter le nombre des sessions extraordinaires, n'a rien perdu de son actualité. Chaque année, de manière presque automatique, une session ordinaire vient prolonger en juillet la session parlementaire qui normalement s'achève fin juin tandis qu'une autre précède en septembre cette même session qui commence normalement début octobre (cf. p. 134).

H. La ratification des traités

Viennent ensuite, dans l'ordre des articles de la Constitution, les dispositions de l'**art. 52 C**. Conformément à cette disposition, le Président de la République négocie et ratifie les traités[1]. Il va de soi que cette formulation est loin de refléter la réalité. Il n'est pas question d'envisager ici que le Président de la République se charge directement des négociations des traités internationaux ; les exceptions dans ce domaine sont rares et s'il est traditionnel de citer comme exemple la négociation personnelle du traité franco-allemand entre le Général De Gaulle et le Chancelier Adenauer, on doit à la vérité de dire que, même dans ce cas, une large part du travail a été réalisée par des collaborateurs des deux hommes d'Etat. En revanche, la ratification d'un traité est bien une compétence traditionnelle du Chef de l'exécutif, compétence qu'attestent aussi bien l'histoire constitutionnelle que la pratique internationale.

On notera cependant que la ratification par le Chef de l'Etat des traités dont la liste est contenue à l'art. 53 C. n'est possible que si le Parlement l'y a autorisé. Dans ces cas, l'action présidentielle est subordonnée à l'accord parlementaire ; il est pourtant possible que le peuple donne directement cette approbation par l'intermédiaire d'un référendum[2]. Une fois cette autorisation obtenue, le Président de la République n'est cependant pas obligé de ratifier. A l'inverse, le Conseil d'Etat a jugé que dans l'hypothèse où l'autorisation parlementaire était nécessaire, la ratification du traité sans l'obtention préalable de cette autorisation n'est pas régulière (CE 18 déc. 1998, *SARL parc d'activité de Blotzeim : Lebon 483 ;* Cass. civ. 1e, 29 mai 2001, *Assoc. pour la sécurité et la navigation aérienne en Afrique et à Madagascar : RGDIP 2001. 1033.*). En tout état de cause, qu'il s'agisse des traités énumérés à l'art. 53 C. ou non, le contreseing du Premier ministre (et du ministre des Affaires étrangères) est indispensable.

I. L'organisation de référendum ne relevant pas de l'art. 11 C.

Si le Président de la République dispose d'un pouvoir sans contreseing pour la mise en œuvre du référendum législatif (cf. p. 76 et s.), il dispose également de pouvoirs contresignés en matière référendaire. C'est le cas des référendums organisés selon la procédure de l'art. **72-4 al.2 C.** (cf. p. 349) pour consulter les électeurs sur une question relative à la création (art. 73 al. 7 C.), à la transformation (art. 72-4 al. 1 C.), à l'organisation, aux compétences ou au régime législatif (art. 72-4 al. 2 C) d'une collectivité territoriale située outre-mer.

De même, il est prévu, à l'art. **88-5 C.** que le Président de la République organise un référendum pour obtenir l'autorisation de ratifier les traités permettant à un nouvel Etat d'adhérer à l'Union européenne. Ce pouvoir contresigné n'est mis en œuvre que si le Parlement n'autorise pas lui-même le Président à ratifier, selon la procédure particulière prévue à l'al. 2 de cet article (cf. p. 201).

---

[1] Ce terme a en droit français un sens précis et plus étroit que celui généralement retenu en droit international. La pratique française limite l'utilisation du terme "traité" aux seuls actes internationaux soumis pour leur entrée en vigueur à la procédure de ratification. La ratification est l'acte le plus solennel par lequel un Etat exprime son consentement à être lié par un traité. Elle se distingue en particulier de la signature qui, s'agissant des traités, n'entraîne pour l'Etat aucune obligation juridique d'avoir à appliquer l'acte qui, du reste, ne le lie pas.

[2] Cf. infra p. 80, l'application pour le traité de Maastricht.

J. La révision constitutionnelle

On trouve enfin un dernier pouvoir présidentiel dans le cadre de l'**art. 89 C.**, article relatif à la révision. Le Président de la République peut proposer une révision constitutionnelle et dispose donc dans ce domaine d'un droit d'initiative qu'il partage avec les parlementaires. De même dans ce cadre peut-il choisir la procédure d'adoption d'une révision constitutionnelle ayant son origine dans un projet de loi. Là encore, il s'agit de dispositions particulièrement complexes dont nous préférons réserver l'étude (cf. p. 372 et s.).

On le constate, le Président de la République dispose de pouvoirs contresignés importants. En fait nous montrerons qu'ils sont peut-être encore plus importants que leur simple énumération ne le laisse supposer (cf. p. 324 et s. et 395 et s.). Mais, bien plus encore que le développement des traditionnels pouvoirs contresignés du Président de la République, l'affirmation d'un pouvoir présidentiel renforcé et nouveau est marquée dans la Constitution de 1958, par la mise en place de pouvoirs non contresignés qui constituent l'une des principales innovations de ce texte.

§2. L'apparition des pouvoirs non contresignés

Selon les bases mêmes du régime parlementaire, tous les actes du Président de la République sont contresignés. C'est du reste le sens précis des dispositions de la dernière phrase de l'art. 3 de la loi du 25 févr. 1875 : "Chacun des actes du Président de la République doit être contresigné par un ministre".

Nous savons que c'est là la rançon de l'irresponsabilité politique du Président de la République et que la crise de 1877 (cf. p. 26) a conduit à faire de ce mécanisme le moyen effectif de l'exercice du pouvoir par le Chef du Gouvernement. Aussi l'**art. 19 C.** de 1958 marque-t-il une véritable révolution dans l'organisation même des pouvoirs dans un régime de ce type. En fait, il s'agit de traduire dans la réalité de l'exercice du pouvoir le rôle que les constituants ont entendu donner au Chef de l'Etat. Faisant de lui un arbitre, un gardien de la Constitution et un garant de l'indépendance de la Nation, ils ont voulu lui donner les moyens réels de remplir ces fonctions. Il y a donc un lien très étroit entre les pouvoirs sans contreseing du Président de la République et le rôle que lui confie le texte constitutionnel. C'est grâce à eux que le Président de la République pourra effectivement être ce que l'on a voulu qu'il soit. Il conviendra donc d'étudier ces différents pouvoirs en les rapprochant à chaque fois des différents rôles que nous avons définis comme étant ceux du Chef de l'Etat (cf. p. 55).

A. En tant que gardien de la Constitution

Pour permettre au Président de la République de remplir sa tâche de gardien de la Constitution, trois pouvoirs sans contreseing lui sont donnés.

Tout d'abord, il lui appartient de nommer un tiers des membres du Conseil constitutionnel, organe juridictionnel chargé de veiller au respect de la loi fondamentale. L'**art. 56 C.** prévoit en effet que les membres de ce Conseil sont nommés, un tiers par le Président de la République, un tiers par le Président du Sénat et un tiers par le Président de l'Assemblée nationale. Qui plus est, c'est au Président de la République de désigner, parmi les membres du Conseil, celui d'entre eux qui le présidera. Ainsi, en participant à la mise en place de l'organe chargé par excellence de préserver la Constitution contre toute violation, le Président de la République remplit bien le rôle que le texte de 1958 lui assigne[1]. Mais cela serait bien sûr insuffisant si le Président de la République ne pouvait lui-même saisir le Conseil constitutionnel pour lui donner à connaître d'une violation supposée.

L'**art. 61 al. 2 C.** autorise donc le Président de la République à soumettre au Conseil constitutionnel les lois qui lui paraissent violer la loi fondamentale. Ce pouvoir, que le Président de la République partage avec d'autres (cf. p. 431), il ne l'a en fait jamais exercé jusqu'en 2015. F. Hollande a en effet saisi le Conseil constitutionnel de la loi « relative au renseignement »[2] (Cons. const. 2015-713 DC, 23 juill. 2015, Loi relative au renseignement).

En revanche, le Président de la République a déjà saisi le Conseil constitutionnel en vertu de **l'art. 54 C.** relatif au contrôle de la constitutionnalité des engagements internationaux (traités ou autres accords) avant leur ratification. En effet, alors même que les dispositions de cet article ont rarement été mises en œuvre (12 fois), le Président de la République est l'auteur de 10 saisines dont 2 conjointes avec le Premier Ministre (sur le fonctionnement de cet art. cf. p. 417).

Voilà quels sont les articles permettant au Président de la République de veiller au respect de la Constitution comme le lui commande l'art. 5 C. Il doit également, en vertu du même article, assurer le bon fonctionnement des pouvoirs publics.

B. En tant que gardien du bon fonctionnement des pouvoirs publics

Ce sont ici trois articles encore qu'il convient d'évoquer, chacun s'appliquant théoriquement dans des situations différentes.

1. Le référendum législatif

On peut imaginer tout d'abord que le dysfonctionnement des pouvoirs publics trouve sa source dans un conflit opposant le Gouvernement et le Parlement sur un objet particulier, en fait sur un projet de loi[3] à discuter ou en discussion. Dans ce cas, il est possible au Président de la République de faire trancher le différend directement par le peuple en soumettant le texte au référendum, comme le prévoit l'**art. 11 C**. Le peuple ayant approuvé ou rejeté le texte, la cause du mauvais fonctionnement des pouvoirs publics se trouverait supprimée.

Indiquons d'emblée qu'il s'agit là d'une analyse purement théorique ; l'usage fait de cet article montrera combien il a été sollicité pour servir à de toutes autres fins. Nous verrons donc successivement les modalités de mise en œuvre (c), le « domaine » (d) et les applications (e) de cet article.

A titre préliminaire, il convient de préciser que l'art. 11 C. n'est pas le seul à traiter de la question du référendum ou de la consultation du peuple. On retrouve des dispositions sur ce sujet aux art. 3 C., 53 C., 60 C., 72-1 C., 72-4 C., 73 C., 76 C., 77 C., 88-5 C. et 89 C. Ceci nous oblige à distinguer les différents types de référendums possibles (b), tous n'étant pas nécessairement législatifs, mais ayant pour objet de faire approuver par le peuple un texte contenant des dispositions générales et impersonnelles, ce qui permet la distinction d'avec le plébiscite largement utilisé en France au XIX° siècle (a).

---

[1] Dans ce cadre, le Président Hollande s'est fait aussi le défenseur du Conseil qui « doit être pleinement respecté » Il a indiqué (entretien du 14 juill. 2013) qu'il « n'accepterai(t) jamais une mise en cause du Conseil constitutionnel » qui « prend des décisions qui s'imposent à tous » (Tunis, le 5 juill. 2013 ; à propos de le remise en cause de la décision relative aux comptes de campagne de N. Sarkozy).

[2] Il s'agit d'une saisine conjointe. En effet, le Conseil a été saisi de la même loi, le même jour, par le Président du Sénat et 60 députés.

[3] C'est-à-dire sur un texte d'origine gouvernementale et non parlementaire ; ceux-ci sont appelés "propositions de loi" : cf. p. 154.

a) Les origines du référendum en France

La Constitution de 1958 est en fait la première à faire explicitement référence au référendum. Jusque-là en effet, même si l'appel au peuple est envisagé par certaines constitutions, il l'est beaucoup plus sous la forme du plébiscite. La distinction entre les deux formes de votations est, en théorie du moins, assez simple à faire. Par le référendum on demande au peuple d'approuver ou de rejeter un texte, par le plébiscite un homme politique demande au peuple d'approuver ou de désapprouver sa politique et donc, par-delà celle-ci, de l'approuver ou de le désapprouver lui-même. Dans ce dernier cas, il s'agit pour la personne qui pose la question de s'assurer qu'elle dispose toujours de la confiance populaire, et sinon, de démissionner ; c'est donc en fait l'homme qui est en cause et non le texte objet de la question. Le référendum n'a pas cet aspect personnel ; si le texte est rejeté, aucune conclusion incidente sur l'accord entre le peuple et l'auteur de la question ne peut être tirée. On résumera donc la différence en disant que le référendum pose une question sur un texte, le plébiscite pose une question sur un homme.

H

Les exemples de plébiscite sont nombreux dans l'histoire constitutionnelle française. On peut en particulier citer ceux réalisés par Napoléon Bonaparte sous le Consulat ou l'Empire et par Napoléon III. La Constitution du 14 janv. 1852 est du reste la première à prévoir ouvertement cet appel au peuple en son art. 5 :

"Le Président de la République est responsable devant le Peuple français, auquel il a toujours le droit de faire appel".

En fait, durant tout le XIX° siècle, le plébiscite fut la seule technique de participation directe du peuple à la vie politique en dehors des élections législatives ou présidentielle (1848)[1].

Officiellement, le premier référendum en France eut lieu en 1793. Le peuple approuva la Constitution du 24 juin 1793 par 1.801.918 "oui" contre 11.610 "non". On doit pourtant faire sur ce scrutin plusieurs remarques. Tout d'abord, le nombre des abstentions est impressionnant ; moins de deux millions d'électeurs se sont prononcés sur un corps électoral de plus de sept millions de citoyens. Ensuite, les opérations électorales eurent lieu en "assemblée primaire", c'est-à-dire lors de réunions de citoyens où l'on se prononçait à main levée. L'absence de vote secret explique sans doute, compte tenu de la situation de l'époque, la faible participation et le faible nombre de "non". Enfin, pour beaucoup des assemblées primaires on ne connaît que le résultat final, "approbation du projet", sans qu'il y ait un décompte précis des voix. Tous ces éléments laissent à penser que ce référendum ne présente pas les caractères démocratiques suffisants pour pouvoir être retenu comme un précédent valable. Il s'agissait plutôt d'un plébiscite en faveur des auteurs de la Constitution. Un autre référendum eut lieu en 1795. Il s'agissait d'approuver la Constitution de l'An III et le « Décret des deux tiers »[2]. Là encore on doit émettre des doutes sur le caractère démocratique de cette consultation qui s'est déroulée selon les mêmes principes que celle de 1793. Le résultat officiel est du reste assez voisin : 1 057 390 "oui" et 49 978 "non".

C'est donc pour la première fois le 21 oct. 1945 qu'un véritable référendum fut organisé. On demandait au peuple s'il souhaitait abroger ou non les institutions de la III° République et, si oui, s'il approuvait l'organisation provisoire des pouvoirs publics qu'on lui proposait en attendant le vote de la nouvelle Constitution. L'existence de deux questions obligeait chaque Français à fournir deux réponses. Le oui l'emportait deux fois : la III° République disparut donc et une Assemblée Constituante élue le même jour rédigea une nouvelle Constitution.

---

[1] L'utilisation systématique du plébiscite sous le Consulat et les deux Empires conduisit à faire qualifier ces régimes de "césarisme démocratique". En effet, l'installation d'un dictateur cumulant tous les pouvoirs était "démocratiquement" acceptée par le peuple. Nous mettons ce terme entre guillemets car le caractère démocratique des plébiscites était à tout le moins sujet à caution. Sous le I° Empire, les citoyens inscrivaient "oui" ou "non" en face de leur nom sur les listes électorales…

[2] Ce décret, présenté par le député Baudin des Ardennes réserve les deux tiers des sièges au Conseil des Anciens et au Conseil des Cinq-Cents à des membres de la Convention, soit 500 des 750 élus.

L'approbation de ce texte constitutionnel fut l'objet du deuxième référendum organisé. Le 5 mai 1946, pour la première fois de son histoire, le Peuple français répondait "non" à la question qui lui était posée, rejetant du même coup le projet de Constitution laborieusement préparé par la première assemblée constituante. Une seconde constituante prépara un second projet adopté par le référendum du 13 oct. 1946 : la IV° République était née.

Le quatrième référendum approuva la Constitution de 1958. Conformément aux dispositions de la LC du 3 juin 1958, le peuple devait en effet entériner les travaux constitutionnels du Gouvernement De Gaulle (cf. p. 30). Il le fit le 28 sept. 1958 à une majorité de 82,6 %[1].

b) Les différents référendums envisageables

Il est fait mention dans la Constitution d'un procédé de consultation du peuple (sans nécessairement mention du terme « référendum » que seuls les articles 3, 11, 60, 61, 72-1, 88-5 et 89 C. utilisent) dans 12 articles différents en plus du préambule. Deux textes, tout d'abord, fixent les principes généraux de cette procédure. L'art. 3 C. affirme que le référendum est un moyen d'expression de la volonté du peuple, l'art. 60 C. qu'il appartient au Conseil constitutionnel de veiller à la régularité des opérations de référendum et d'en proclamer les résultats (cf. p. 408). Sont ensuite distingués six types de référendums ou consultation du peuple.

Le premier type découle du principe de libre détermination des peuples et se décline en trois catégories distinctes. Aux art. 53 C. et 77 C., le référendum d'*autodétermination* qui vise à obtenir le consentement des populations dont les territoires seraient rattachés ou détachés de la France (cf. p. 351 et 408) ; à l'art. 76 C., la consultation relative au statut de la Nouvelle-Calédonie (cf. p. 352) et enfin, à l'al. 2 du préambule de 1958, la consultation des populations d'outre-mer intéressées sur l'évolution statutaire de leur collectivité territoriale à l'intérieur de la République[2], encore que cette dernière hypothèse devrait logiquement disparaître avec la mise en place des référendums consultatifs des articles issus de la révision constitutionnelle du 28 mars 2003.

Le deuxième type, prévu à l'art. 89 C., envisage l'approbation par le peuple d'une révision constitutionnelle (cf. p. 372 et s.). On parlera dans ce cas de *référendum constituant* ;

Ces deux types sont classiques et ont déjà été mis en pratique sous les régimes antérieurs, même si les constitutions ne les prévoyaient pas expressément.

S'y ajoutent les deux types de référendum locaux issus de la révision constitutionnelle du 28 mars 2003. Le premier prévoit la consultation, sans caractère décisionnel, des électeurs des collectivités territoriales sur des questions statutaires ou d'organisation de ces collectivités[3] (art. 72-1.al. 3 C., 72-4 C. et 73 al. 7 C) ; le second (art. 72-1 al. 2 C), la possibilité pour une assemblée délibérante d'une collectivité territoriale, de soumettre aux électeurs de cette collectivité les projets de délibération ou d'acte relevant de sa compétence pour qu'ils en décident.

---

[1] Chiffres de « Métropole et Colonies ». Ce référendum relatif à la V° République eut lieu sous la IV° République. Seuls le Parti Communiste et quelques rares personnalités (comme par exemple F. Mitterrand) appelèrent à voter "non".

[2] Cette disposition fut utilisée pour consulter la population mahoraise en 2000 : cf. p. 349.

[3] Certains de ces référendums, dont la procédure est calquée sur celle de l'art. 11 C. (cf p 76), font intervenir le Président de la République et auraient donc pu se rattacher à son rôle de garant de l'intégrité du territoire. Dans ce cas, leur mise en œuvre aurait logiquement dû être dispensée du contreseing. Tel n'est pas le cas. Il semble donc qu'il ne soit pas possible de les rattacher à cet aspect du rôle présidentiel. Reste que l'intervention du Chef de l'Etat peut difficilement avoir une autre justification ! Le constituant de 2003 a sans doute jugé qu'il lui était difficile de créer un nouveau pouvoir non contresigné.

Le cinquième type de référendum est prévu à l'art. 88-5 C. Destiné à permettre l'entrée dans l'Union européenne d'un nouvel état membre (cf. p. 71), il n'a jamais été mis en œuvre.

Le dernier type, nouveau celui-là aussi, mais mis en place dès l'origine de la Constitution en 1958, est prévu à l'art. 11 C. Il consiste à faire approuver une loi ou à autoriser la ratification d'un traité ; s'agissant ici de suppléer le Parlement dans sa fonction législative, on parle de *référendum législatif*[1]. C'est la mise en œuvre de ce référendum, et de lui seul, qui est dispensée du contreseing.

c) Les modalités de mise en œuvre de l'article 11 C.

Il s'agit d'un pouvoir du Président de la République. Pourtant, celui-ci ne peut agir ici de sa propre initiative.

Dans l'hypothèse traditionnelle prévue depuis 1958, la proposition de mettre en œuvre l'art. 11 C. doit lui être faite par des organes institutionnels. Ces propositions doivent être publiées au *Journal Officiel* (α). Mais il est désormais possible que le Président de la République agisse suite à une proposition émanant à la fois de parlementaires et de citoyens (β).

α. L'organisation du référendum législatif à l'initiative d'organes institutionnels

Les organes institutionnels qui peuvent proposer au Président de la République la mise en œuvre d'un référendum législatif sont soit le Gouvernement, soit les deux assemblées composant le Parlement.

Dans le premier cas, la proposition du Gouvernement doit obligatoirement être exprimée durant l'une des sessions du Parlement. Cette disposition a pour but de permettre aux députés de faire jouer la responsabilité du Gouvernement s'ils estiment cette proposition abusive. C'est du reste ce qui se produira en 1962 comme l'indique le texte de la motion de censure déposée à l'époque :

« Considérant que le Président de la République n'a pu agir que sur la «proposition» du Gouvernement ; Censure le Gouvernement ... ».

Depuis la révision de 1995, le Gouvernement doit faire devant chaque assemblée une déclaration suivie d'un débat. Aucun vote ne peut intervenir après ce débat, qui doit permettre aux électeurs, éclairés par la discussion au Parlement, de mieux opérer leur choix.

Quant à la proposition conjointe des deux assemblées, elle s'exprime par le vote par l'une et l'autre chambre d'une motion tendant à proposer au Président de la République de soumettre au référendum un projet de loi. Une telle motion a été adoptée le 5 juill. 1984 par le Sénat mais rejetée par l'Assemblée nationale le 6 juill.[2]. Ce fut encore le cas en 1985[3], 1997[4] et 2014[5] ; là encore, l'Assemblée nationale refusa d'adopter une motion identique. On note encore le refus par l'Assemblée le 6 oct. 2010, d'adopter la motion déposée par l'opposition, pour soumettre au référendum le projet de loi relatif à la réfome des retraites ou le 31 janv. 2013 celle déposée sur le projet relatif au « mariage pour tous ». Cette disposition n'a donc jamais trouvé à s'appliquer.

---

[1] Sur le référendum législatif permettant la ratification d'un traité par lequel un nouvel Etat adhère à l'Union cf. p. 201.

[2] Il s'agissait de soumettre au référendum le projet de loi "Savary" sur l'enseignement libre (*JO Sénat 5 juill. 1984*).

[3] Il s'agissait de faire soumettre au référendum (motion du 5 juill. 1984) le projet de loi relatif à l'instauration de la proportionnelle aux législatives (*JO Sénat 19 juin 1985*). Elle fut rejetée par l'Assemblée le 6. Préalablement (le 24 avr. 1985), l'opposition de l'Assemblée nationale avait déposé une motion dans ce sens, sur le même texte. Elle avait été rejetée par cette assemblée.

[4] Il s'agissait de soumettre au référendum le projet de loi relatif à la nationalité (*JO Sénat 18 déc. 1997*).

[5] Il s'agissait de soumettre au référendum le projet de loi portant délimitation des régions (séance du 2 juill. 2014).

La proposition faite, le Président de la République est libre de la suivre ou non. L'utilisation du verbe « peut » montre suffisamment qu'il dispose ici d'un pouvoir discrétionnaire. C'est donc en définitive lui qui décide et ce, rappelons-le, sans avoir à obtenir un quelconque accord puisque le pouvoir est dispensé du contreseing.

Dans ce cadre, le Conseil constitutionnel n'est pas compétent pour juger la constitutionnalité de la question posée que ce soit dans le cadre du contrôle *a priori* [Cons. const. 62-20 DC, 6 nov. 1962, Loi référendaire ; Cons. const. 92-313 DC, 23 sept. 1992, Maastricht III (cf. p. 408), ou dans le cadre du contrôle *a postériori* (Cons. const. 2014-392 QPC §8, 25 avr. 2014, Province *Sud de Nouvelle-Calédonie*) c'est-à-dire de la QPC.

La solution est différente si le référendum est proposé par des parlementaires et des citoyens

β. L'organisation du référendum législatif à l'initiative de parlementaires et de citoyens (initiative partagée)

La révision de juillet 2008 devait apporter au référendum législatif une modification importante. Pourtant, le choix retenu par le constituant ne répond pas vraiment aux souhaits de nombreux Français qui souhaitaient qu'il soit possible aux citoyens de déclencher une procédure référendaire. Ce référendum, dit d'"*initiative populaire*' existe dans d'autre pays (en particulier dans la Confédération Helvétique) et permet, par une pétition signée d'un minimum d'électeurs, d'obtenir qu'une consultation référendaire soit organisée sur un sujet quelconque. Ce n'est pas ce type de référendum qui est mis en place ici même si cet aspect de la révision de 2008 est souvent présenté, à tort, comme introduisant le référendum d'initiative populaire. Du reste, le Conseil constitutionnel le confirme en affirmant que « le constituant a entendu, ..., rendre possible, à l'initiative d'un cinquième des membres du Parlement, l'organisation d'un référendum ». L'initiative est donc bien celle de parlementaires et non de citoyens qui viennent seulement à l'appui de cette initiative.

La proposition de loi (ou de loi organique) doit être présentée par 1/5 des parlementaires ; ce cinquième est calculé sur le nombre des sièges effectivement pourvus à la date d'enregistrement de la saisine par le Conseil constitutionnel qui s'assure que ce nombre est atteint. Il s'assure également que son objet respecte les conditions posées aux 3e et 6e al. de l'art. 11 C, les délais qui y sont mentionnés étant calculés à la date d'enregistrement de la saisine par le Conseil constitutionnel, et qu'aucune disposition de la proposition de loi n'est contraire à la Constitution y compris s'agissant de son art. 40 C. Le Conseil statue par une décision motivée, qui est publiée au *Journal officiel*. Si le Conseil déclare que la proposition est contraire à la Constitution, la procédure est interrompue. Dans le cas contraire, le Conseil précise dans sa décision le nombre de soutiens qu'il convient de recueillir ; le processus de recueil des soutiens des électeurs ne peut plus être interrompu. Il est mis en œuvre, sous forme électronique et sous le contrôle du Conseil[1], par le ministre de l'Intérieur qui, à l'issue de la procédure de recueil (qui dure neuf mois ; elle est suspendue en cas de dissolution), transmet au Conseil le nombre et la liste des soutiens. Le Conseil constitutionnel déclare si la proposition de loi a obtenu le soutien d'au moins un dixième des électeurs inscrits sur les listes électorales.

Une fois ces conditions remplies, l'organisation du référendum n'est pas pour autant acquise. En effet, le principe fixé par l'al. 5 de l'art. 11 C est celui d'un examen par les assemblées parlementaires dans les 6 mois, délai suspendu entre deux sessions ordianires et en cas de dissolution.

---

[1] Le Conseil constitutionnel examine et tranche définitivement toutes les réclamations. Il peut être saisi par tout électeur durant la période de recueil des soutiens ou dans un délai de dix jours suivant sa clôture. Les réclamations sont examinées par une formation composée de trois membres désignés pour cinq ans par le Conseil constitutionnel, sur proposition de son président, parmi les magistrats de l'ordre judiciaire ou les membres des juridictions administratives, y compris honoraires. Cette formation est actuellement présidée par J. Massot (Cons. const. 27 nov. 2014, 2014-132 ORGA).

C'est seulement dans le cas d'absence d'examen de la proposition par les deux assemblées que le référendum est de droit. Il faut déduire de ces dispositions que si les deux assemblées peuvent conjointement faire obstacle au référendum, il suffit que l'une d'elles n'examine pas la proposition pour contraindre à son organisation. En effet, dans ce cas le Président de la République est tenu d'organiser le référendum ; il n'a pas le choix. Il en résulte que l'une des deux assemblées doit pouvoir adopter une motion de renvoi en commission pour lui permettre d'indiquer, une fois le texte inscrit à l'ordre du jour, qu'elle ne souhaite pas l'examiner (Cons. const. 2014-705 DC §52, 11 déc. 2014, Règlement de l'AN XXXV).

Malgré cette compétence liée imposée au Président de la République, on comprend que l'organisation d'un tel référendum sera rare. En effet, d'une part les conditions de recevabilité de la présentation ne sont pas simples à remplir, d'autre part, il est plus que probable que les assemblées inscrivent la proposition à leur ordre du jour, fut-ce pour la rejeter rapidement (surtout si elle émane de l'opposition) et éviter ainsi le référendum.

Dans tous ces cas, le Conseil constitutionnel, qui veille à la régularité des opérations référendaires, en proclame les résultats].

d) Le « domaine » référendaire

Les propositions faites à l'initiative d'organes institutionnels ne peuvent porter que sur des projets de loi. Autrement dit, les deux assemblées composant le Parlement ne peuvent inviter le Président de la République à organiser un référendum que sur un texte d'origine gouvernementale.

Les propositions de loi (d'origine parlementaire) ne peuvent être soumises au référendum que si elles sont présentées par 1/5 des parlementaires appuyés par 1/10 des électeurs inscrits.

Encore faut-il, dans l'un et l'autre cas, que le texte porte sur les objets limitativement énumérés à l'art. 11 C. C'est ici qu'est intervenue l'importante réforme de 1995 complétée en juillet 2008.

Jusqu'en 1995, seuls des projets de loi relatifs à l'organisation des pouvoirs publics, portant approbation d'un accord de Communauté[1] ou autorisant la ratification d'un traité non contraire à la Constitution mais ayant des incidences sur le fonctionnement des institutions pouvaient être soumis au référendum.

Ce caractère particulièrement limité des domaines ainsi ouverts au référendum devait conduire F. Mitterrand à proposer en 1984 une révision de l'art. 11 C. permettant de soumettre au référendum les projets de loi « *concernant les garanties fondamentales des libertés publiques* ». Ce projet de révision ne devait pas être adopté (cf. p. 389), alors même qu'il était repris par les travaux du "comité Vedel" (cf. p. 378 et 389); le champ d'application du référendum restait donc particulièrement étroit. L'idée d'un élargissement du champ référendaire était reprise par J. Chirac qui avait indiqué, lors de la campagne présidentielle, vouloir mettre en œuvre un référendum sur l'éducation. La LC du 4 août 1995 ajoutait donc à la liste des matières pouvant ainsi être soumises au peuple les projets de loi portant

« sur des réformes relatives à la politique économique ou sociale de la Nation et aux services publics qui y concourent ».

Le champ du référendum devait encore être élargi lors de la révision de juillet 2008. Soucieux de tenir compte de la préoccupation environnementale que la révision de févr. 2005

---

[1] Supprimée en 1995 en même temps que les autres dispositions relatives à la Communauté, cette possibilité n'a jamais été mise en œuvre. Il est vrai que, Avant même la révision de 1995 la "Communauté" n'avait plus d'existence de facto (cf. p. 391). Attention, cette "Communauté" n'a rien à voir avec la Communauté Européenne. Il s'agissait d'un "commonwealth" à la française nous liant à nos anciennes colonies.

avait déjà consacrée par l'ajout au préambule d'une « charte de l'environnement » et la modification de l'art. 34 C. confiant ce domaine à la compétence du législateur, le constituant de 2008 ajoutait désormais ce sujet à la formule introduite en 1995 qui devenait donc :

« sur des réformes relatives à la politique économique, sociale ou environnementale de la Nation et aux services publics qui y concourent ».

S'agissant de l'initiative des parlementaires et des citoyens, des exclusions viennent s'ajouter, limitant encore le champ d'application du texte.

D'une part, il n'est pas possible que la proposition de loi présentée puisse avoir pour objet l'abrogation d'une disposition législative adoptée depuis moins d'un an. Là encore, le Conseil constitutionnel s'assure du respect de cette interdiction. D'autre part, aucune nouvelle proposition de référendum ne peut porter sur le même sujet qu'une demande rejetée par référendum depuis moins de deux ans. Cette disposition n'est pas sans poser quelques problèmes d'interprétation. D'une part il conviendra de déterminer précisément ce que l'on entend par « même sujet ». S'agit-il d'une identité de texte ou d'une identité de domaine ? D'autre part, qui assure le contrôle de cette interdiction ? Enfin, on notera que si la proposition est examinée mais rejetée par les assemblées, il est alors possible de représenter exactement la même demande avant l'expiration de ce délai.

Malgré ces élargissements successifs, force est néanmoins de constater qu'aucun référendum portant sur les questions introduites depuis 1995 n'a encore été organisé.

e) Les applications de l'article 11 C.

L'art. 11 C. a été appliqué 8 fois depuis 1958. Après une utilisation relativement fréquente en particulier sous la première présidence de Charles De Gaulle, il a été nettement moins souvent utilisé par la suite. Les risques induits par sa mise en œuvre et le caractère réduit de son champ d'application sont sans doute à l'origine de cette relative désaffection.

Charles De Gaulle utilisa l'art. 11 à quatre reprises[1]. Pour les deux premières applications [8 janv. 1961 (75.2 % de oui) et 8 avr. 1962 (90.7 % de oui)], il s'agissait de faire approuver par le peuple la politique algérienne du Président de la République. C'est en grande partie du fait de la crise algérienne devenue une véritable guerre civile que le Général De Gaulle fut investi en 1958. Revenu au pouvoir sur le quiproquo, voulu ou non, du maintien des départements algériens dans l'unité française, il était nécessaire que, résolu enfin à accorder l'indépendance, le Chef de l'Etat prît la précaution de s'assurer du soutien des Français pour cette politique. Les deux utilisations suivantes eurent pour objet la révision constitutionnelle. Par le référendum du 28 oct. 1962 (62,2 % de oui) fut mise en place l'élection du Président de la République au suffrage universel direct ; par le référendum du 27 avr. 1969 (**53,1 % de non**) était proposée la réforme du Sénat dans le cadre d'une nouvelle décentralisation. Pour ces deux réformes dans lesquelles le Chef de l'Etat voyait le moyen d'assurer la pérennité de la Constitution, il convenait aussi que le peuple, ayant approuvé originellement la Constitution, en approuve les modifications. S'il devait accepter la première, il rejetait la seconde.

La mise en œuvre de ces référendums par Charles De Gaulle nous conduit nécessairement à faire quelques réflexions.

Tout d'abord il n'est pas certain que l'utilisation de l'art. 11 C. ait été dans les deux premières utilisations d'une parfaite constitutionnalité. Si en 1961 on peut encore se rattacher à l'organisation des pouvoirs publics que le Président de la République est autorisé à

---

[1] Une cinquième mise en œuvre de l'art. 11 C. fut tentée en 1968 pour mettre fin à la crise (décret du 27 mai 1968). Devant l'inefficacité de la mesure pour enrayer les troubles estudiantins et sociaux, le projet fut renvoyé *sine die* (décret du 30 mai 1968).

mettre en place de lui-même par des actes ultérieurs de sa seule initiative[1], la constitutionnalité du second est encore moins nette. S'agissant en fait de l'accession à l'indépendance d'une partie du territoire national, l'utilisation de l'art. 53 C. (cf. p. 351) eût sans conteste été plus conforme à l'esprit du texte. Des raisons techniques firent préférer l'art. 11 C. du fait, en particulier, que l'on souhaitait faire participer aux opérations référendaires l'ensemble de la population nationale et non uniquement le corps électoral algérien hostile à l'indépendance. Quant aux utilisations pour la révision constitutionnelle, il est pratiquement hors de doute qu'elles sont contraires à la Constitution (cf. p. 391). Le référendum constituant est, nous l'avons vu, prévu à l'art. 89 C., seul article de la loi fondamentale qui se trouve dans le titre consacré à la révision.

On doit encore signaler que le Président de la République s'embarrassait alors fort peu des questions de forme. Jamais, en réalité, l'initiative présidentielle ne fut précédée d'une proposition gouvernementale. En fait, dans tous les cas, pour respecter les formes, la proposition gouvernementale intervient mais après que le Président de la République a fait part de ses intentions. Ici, le Président de la République va bien au-delà de ce que le constituant a voulu, interprétant l'art. 11 C. comme un pouvoir presque personnel et sans partage, alors qu'il n'est en principe qu'un pouvoir discrétionnaire[2].

La déformation de l'intention du constituant va du reste encore plus loin et l'on doit discuter ici de la nature même de la question posée et donc de la nature de l'opération référendaire proprement dite. Il est en effet particulièrement difficile (pour l'ensemble des référendums gaullistes d'ailleurs) de distinguer ici entre référendum et plébiscite. Certes, la question posée n'a pas directement trait au Général De Gaulle mais celui-ci indiquait lors de chaque votation que de l'importance des « oui » dépendrait son maintien aux affaires. Du reste, en 1969, le Président de la République tire les conséquences de la victoire du « non » en démissionnant, ouvrant ainsi le premier intérim de la V° République.

La limite entre référendum et plébiscite dans la pratique du Général De Gaulle est très ténue. Bien que posant une question sur l'approbation d'un texte, il engage aussi son nom et son avenir politique. C'est du reste peut-être une des raisons justifiant le deuxième "non" référendaire ; les Français ont plus rejeté l'homme que le projet qu'il présentait tirant ainsi parti du caractère plébiscitaire de l'opération.

C'est au Président Pompidou que revient l'initiative de la cinquième mise en œuvre de l'art. 11 C. Destiné à faire autoriser la ratification par le Président de la République du traité d'adhésion de la Grande-Bretagne et d'autres pays aux Communautés Européennes, le référendum du 5 avr. 1972 (67,7 % de oui) fut en fait un demi échec. Par-delà le but officiellement déclaré, le Président de la République voyait dans cette procédure un moyen de faire éclater l'union de la gauche naissante autour de ce que l'on appelait alors le "programme commun de Gouvernement"[3]. Aussi l'objet réel du référendum passa-t-il largement au second plan et une grande partie de l'électorat s'abstint-il de participer au vote (39 % d'abstentions). Le projet de loi fut adopté, mais le succès présidentiel était en fait très amoindri. Le Président de la République ayant pris soin de ne pas donner à l'opération un caractère plébiscitaire quelconque, les conséquences politiques de cet échec relatif furent limitées. C'est en fait la procédure de référendum elle-même qui s'en trouvait affaiblie. Qui plus est, il était encore possible ici de critiquer la constitutionnalité de l'usage référendaire puisque le traité dont on demandait au peuple d'autoriser la ratification n'avait aucune incidence sur le fonctionnement des institutions, condition nécessaire pour que l'art. 11 C. puisse trouver application.

La sixième application [6 nov. 1988 (79,9 % de oui)] ne fut pas non plus un véritable succès, loin s'en faut. Si, dans l'espèce, aucune contestation sur la constitutionnalité de l'application n'est venue entacher cet usage, la participation fut, là encore, particulièrement faible. Il s'agissait, sur proposition du Gouvernement (dont il n'était pas possible cette fois de douter de la sincérité), de soumettre au référendum un projet de loi relatif à l'organisation, pour les dix années à venir, des pouvoirs publics en Nouvelle Calédonie. Celui-ci fut adopté avec le taux record d'abstention de 63 %. Là encore, comme dans le cas précédent, c'est la procédure du référendum elle-même qui se trouvait mise en cause. Pourtant ce référendum, sans aucun caractère plébiscitaire, semble écarter définitivement ce risque.

La septième application (20 sept. 1992), concernant un sujet d'importance capitale, devait, en revanche, conduire 70 % des électeurs aux urnes et redonner à l'institution du

[1] Le Président de la République fut autorisé, par la loi référendaire, à agir par voie d'ordonnances ; nous en reparlerons en étudiant cette catégorie d'acte juridique. Cf. infra p. 278 et 468.

[2] Sur cette notion et la distinction d'avec la compétence liée cf. p. 395.

[3] Stratégie qui échoua, voir résultats des élections de 1973 p. 238.

référendum un nouvel attrait. Ce référendum a autorisé le Président de la République à ratifier le traité sur l'Union Européenne, signé à Maastricht le 7 févr. 1992, à une majorité de 51 % de oui. Comme en 1988, l'utilisation de l'art. 11 C. fut conforme à la Constitution puisque le traité en cause, sans être contraire à celle-ci (depuis qu'elle a été révisée)[1], aura des incidences, à terme, sur le fonctionnement des institutions. En annonçant cette consultation, le Président de la République a bien pris garde de ne pas lui donner un caractère plébiscitaire, confirmant ainsi la tendance déjà sensible lors du référendum de 1988.

La dernière application (29 mai 2005) a, à nouveau, concerné la construction européenne. Il s'agissait pour le peuple d'autoriser la ratification du traité établissant une Constitution pour l'Europe. Annoncé par le Président Chirac lors de son intervention du 14 juill. 2004 alors même que ni le Premier ministre ni les assemblées de manière conjointe, ne lui avaient encore fait la proposition de soumettre au référendum le projet de loi autorisant la ratification de ce traité, ce référendum a, lui aussi, généré une forte participation (69,5 % des électeurs inscrits). Mais à l'inverse du précédent, il a conduit à la **victoire du « non » (54,6 %)** et a donc empêché que ce traité puisse être ratifié. Il faut dire que ce référendum a été en partie mal perçu par les électeurs. D'une part, il y avait incontestablement une ambiguïté sur la question posée [il s'agissait bien d'autoriser la ratification d'un traité et non d'adopter une Constitution (cf. p. 361)], d'autre part, la politique intérieure du gouvernement était également l'enjeu du scrutin. Reste que le résultat négatif de ce référendum n'a pas eu pour conséquence d'entraîner la démission du Président de la République (ce que celui-ci avait d'ailleurs indiqué) ; il est ainsi mis un terme à la théorie de la responsabilité du Président de la République devant le peuple (cf. p. 316). Reste un résultat sans appel et la démonstration très nette que les partis politiques représentés au Parlement, majoritairement favorables au « oui », ne parviennent pas nécessairement à représenter les aspirations de l'opinion.

Institution gaullienne par excellence, le référendum, malgré les révisions successives n'a plus le même intérêt que par le passé. Il ne peut plus être le moyen permettant au Président de la République de réaffirmer sa légitimité populaire. D'abord parce que le quinquennat ayant rapproché les échéances électorales, le divorce entre un président et le peuple se marquera surtout par sa non réélection. Ensuite et surtout parce que son caractère plébiscitaire n'est plus d'actualité. D'une part, il est difficile d'imaginer qu'un Président mette en balance son mandat pour obtenir un vote positif. D'autre part, le peuple ne répond pas nécessairement à la question qu'on lui pose et il ne répond pas nécessairement « oui ». L'échec du référendum de 2005 marque certainement, de ce point de vue, un retournement qui devrait rendre le référendum de l'art. 11 C. rare. Y-a-t-il donc un avenir pour le référendum, du moins pour celui de l'art. 11 C. ? On peut raisonnablement en douter. Ni l'élargissement du domaine dans lequel il peut intervenir, ni le pseudo référendum d'initiative populaire mis en place en 2008 ne semblent devoir permettre un développement de cette pratique[2]. Il faudrait donc imaginer, comme en 1962, que le Président de la République veuille réaliser une réforme (et surtout une réforme constitutionnelle) à laquelle les parlementaires, qu'ils soient de la majorité ou de l'opposition, sont majoritairement hostiles mais qui serait souhaitée par le peuple (interdiction du cumul des mandats électoraux par exemple). Le référendum sera donc l'arme du Président, allié au peuple contre le pouvoir législatif et constituant, dans des cas extrêmes et nécessairement rares. Nous sommes donc là face à

---

[1] La Constitution a été révisée par la loi constitutionnelle du 25 juin 1992. Le Conseil constitutionnel, saisi en vertu de l'art. 54 C., avait indiqué que la ratification du traité supposait qu'on la révisât (Cf. p. 417).

[2] Lors des campagnes présidentielles, les candidats indiquent souvent leur volonté d'utiliser le référendum (V. cependant la prise de position inverse de N. Sarkozy lors de la campagne de 2007). L'expérience tend à prouver que cet engagement est rapidement oublié.

un pouvoir plus virtuel que réel. On peut désormais se demander s'il n'en est pas de même du droit de dissolution.

2. La dissolution

On peut encore imaginer que le dysfonctionnement des pouvoirs publics trouve son origine dans un conflit général opposant le Gouvernement et le Parlement, ce dernier renversant systématiquement les gouvernements, conduisant ainsi à une instabilité gouvernementale comme on en a connu sous les III° et IV° Républiques (cf. p. 28). Le Président de la République pourrait demander au peuple de trancher le différend en prononçant la dissolution. Ainsi Charles De Gaulle dans le discours de Bayeux déclare-t-il :

> "Au Chef de l'Etat l'attribution de servir d'arbitre au dessus des contingences politiques, (...), dans les moments de grande confusion, en invitant le pays à faire connaître, par des élections, sa décision souveraine".

C'est à l'**art. 12 C.** que ce droit est prévu dans la Constitution de 1958. Il s'agit là, et contrairement au référendum, d'un élément classique des régimes parlementaires, contrepartie traditionnelle à la responsabilité du Gouvernement devant le Parlement. Il permet au Chef de l'Etat de mettre fin prématurément aux pouvoirs d'une assemblée, soit de l'assemblée élue, soit, dans l'hypothèse où les deux assemblées du Parlement le seraient, de celle élue au suffrage universel direct. Avant d'étudier le fonctionnement de cet article (b) et les mises en œuvre qui en ont été faites (c), il convient de retracer ses origines historiques (a).

a) Les origines de la dissolution

H

Apparue pour la première fois dans la Charte de 1814[1] (Art. 50), la dissolution était en fait à l'époque une prérogative confiée au Roi pour mieux asseoir son pouvoir. Telle que la Charte était rédigée, la dissolution y semblait plus un moyen de lutter contre une Chambre hostile à la politique royale qu'un élément de résolution des conflits entre Gouvernement et Parlement. Certes, l'application quasi parlementaire que fit de la Charte le Roi Louis XVIII justifiait bien la mise en place de ce mécanisme. En revanche, son successeur, Charles X, devait appliquer cette Constitution comme un régime de confusion des pouvoirs au profit de l'exécutif et utiliser la dissolution comme une arme destinée à contraindre le Parlement. C'est du reste notamment du fait d'une utilisation abusive de la dissolution que se déclencha la révolution de 1830 qui mit fin au régime. Le Roi avait prononcé la dissolution de la Chambre puis, mécontent des résultats des élections, prononça à nouveau la dissolution de l'assemblée qui, à peine élue, n'avait pas eu le temps de se réunir. Le Roi dut s'enfuir et une nouvelle constitution fut adoptée (la Charte de 1830). Plus parlementaire que le précédent, ce nouveau texte prévoyait également la dissolution qui fut ici pratiquée sans trop de difficulté. Disparue de la Constitution de 1848 puisque inconcevable dans le régime présidentiel que la II° République adoptait, la dissolution revient avec le second Empire, d'abord comme moyen de pouvoir de l'Empereur puis, lorsque l'Empire se libéralisa et devint parlementaire, comme mécanisme logique de ce type de régime.

Avec le retour de la République en 1875, la dissolution devait changer de nature. Jusqu'alors pouvoir discrétionnaire des monarques, sa mise en œuvre pour la première fois dans un régime républicain lui faisait perdre ce caractère. Il fallait pour que le Président de la République puisse l'exercer qu'il obtienne l'avis favorable du Sénat (art. 5 de la loi du 25 févr. 1875). Cette procédure ne fut utilisée qu'une seule fois sous la III° République lors de la crise du 16 mai 1877, usage qui devait discréditer le mécanisme aux yeux des républicains (cf. p. 26).

La IV° République devait tenter de remettre la dissolution à l'honneur. Là encore, le pouvoir mis en place ne pouvait être discrétionnaire. Mieux, pour éviter que la dissolution ne soit utilisée à d'autres fins que celle de lutter contre l'instabilité gouvernementale engendrée par de fréquentes mises en œuvre de la responsabilité du Gouvernement, la Constitution de 1946 liait l'usage de la dissolution aux crises

---

[1] L'art. 55-5° du Sénatus-Consulte du 4 août 1804 donnait au Sénat le droit de dissoudre le corps législatif et le Tribunat. Cette curieuse disposition n'a pas été appliquée et ne se retrouve pas dans la Constitution de l'an XII. Le Tribunat disparut bien en 1807 mais à la suite d'une révision par le Sénatus-Consulte du 19 août.

politiques. Il fallait, pour que le Conseil des ministres pût décider de dissoudre l'Assemblée nationale, que deux crises ministérielles se soient produites, dans les conditions prévues par la Constitution, à moins de 18 mois et à plus de 15 jours d'intervalle (art. 51 et 45). Il n'était pourtant pas possible de dissoudre dans les 18 mois suivant des élections législatives. En fait, malgré une grande instabilité gouvernementale, cette disposition n'eut l'occasion de jouer qu'une seule fois. En effet, l'Assemblée nationale, par un jeu subtil de dosage des votes, s'arrangeait toujours pour que les gouvernements démissionnent sans y être constitutionnellement obligés (cf. p. 182). Ce n'est qu'en 1955 que, profitant des circonstances, le Président du Conseil E. Faure trouvant les conditions constitutionnelles réunies, décida la dissolution qui fut prononcée par le Président de la République. Ressenti comme une véritable atteinte à la souveraineté parlementaire, l'usage de la dissolution condamnait pour longtemps son auteur. Si effectivement le Gouvernement suivant (Guy Mollet) connut une exceptionnelle longévité, cette tentative n'en sauva pas pour autant la IV° République qui ne tarda pas à sombrer à nouveau dans l'instabilité ; la dissolution n'avait pas eu l'effet dissuasif escompté car chacun s'accordait à penser qu'elle ne jouerait plus.

b) Le mécanisme de la dissolution depuis 1958

C'est dans ce contexte que furent préparées les dispositions de l'actuelle Constitution. Ses auteurs rétablirent le caractère discrétionnaire que ce pouvoir avait connu autrefois et donc en firent un acte présidentiel non soumis au contreseing. Par ailleurs, les formalités générales de mise en œuvre sont particulièrement légères. La Constitution prévoit simplement que le Président de la République consulte le Premier ministre et les Présidents des deux Assemblées. L'avis de ces personnalités n'a guère d'importance ; le Président de la République peut, nonobstant leur avis défavorable, prononcer la dissolution. Du reste, en 1981, 1988 et 1997, le Président de l'Assemblée nationale a donné un avis défavorable avant que ne soient prononcées ces dissolutions.

Quelques limites sont apportées à ce pouvoir. D'une part, les élections législatives pour le remplacement de l'Assemblée nationale dissoute (ou élections législatives anticipées) doivent avoir lieu au plus tard 40 jours après la dissolution. L'Assemblée ainsi élue sera renouvelée pour le 3e mardi du mois de juin[1] de la cinquième année et ne restera donc pas nécessairement en place durant cinq années pleines (art. L.O. 121 C. élect.). D'autre part, il est tout une série de cas dans lesquels la dissolution est interdite. Tout d'abord, tenant compte des leçons du passé et de l'expérience malheureuse du règne de Charles X, la Constitution fait interdiction de prononcer la dissolution pendant l'année qui suit des élections législatives anticipées. Ainsi deux dissolutions ne peuvent se suivre ; l'Assemblée élue à la suite d'une dissolution est assurée au moins de rester en place un an. Ensuite, et pour éviter que l'on puisse se servir de la dissolution dans des moments déjà troublés par ailleurs, son usage est interdit durant la mise en œuvre des pouvoirs exceptionnels de l'art. 16 (cf. p. 86) ainsi que durant l'intérim présidentiel (cf. p. 48 et s.). Enfin, l'Assemblée élue après une dissolution se réunit de plein droit le deuxième jeudi qui suit son élection. Si l'on ne se situe pas durant la session ordinaire, cette session dure au moins 15 jours[2].

c) Les différentes dissolutions

Depuis 1958, le Président de la République a prononcé cinq fois la dissolution de l'Assemblée nationale.

---

[1] Jusqu'à l'intervention de la LO n° 2001-419 du 15 mai 2001 modifiant la date d'expiration des pouvoirs de l'Assemblée nationale, celle-ci était élue jusqu'en mars de la cinquième année. En 2002, cela aurait conduit à ce que les élections législatives précédassent l'élection présidentielle. Le législateur a donc prorogé la durée de cette législature en modifiant définitivement la date d'expiration des pouvoirs des Assemblées élues après une dissolution. Le Conseil constitutionnel a estimé ce changement conforme à la Constitution (Cons. const. 2001-444 DC §4, 9 mai 2001, Loi organique modifiant la date d'expiration des pouvoirs de l'AN).

[2] Dans le cas où la session de plein droit a lieu en même temps que la session ordinaire, les deux sessions se confondent. Pourtant il sera nécessaire de prolonger la session ordinaire d'une session de plein droit de quelques jours pour respecter le délai de 15 jours (V. par ex. la situation après la dissolution de 1988 ; la session est prolongée jusqu'au 7 juillet).

La première hypothèse entre parfaitement dans le cadre énoncé : un conflit majeur s'était ouvert à l'automne 1962 entre le Gouvernement "Pompidou" (mais plus largement l'exécutif) et le Parlement au sujet du projet de référendum sur l'élection directe du Président de la République. L'Assemblée nationale adopta une motion de censure et le Gouvernement fut renversé. Le Président de la République prononça le 9 oct. 1962 la dissolution de l'Assemblée permettant aux électeurs de trancher le conflit. Une majorité favorable au Gouvernement (et donc aussi au Président de la République) fut élue et De Gaulle nomma à nouveau G. Pompidou comme Premier ministre[1].

La situation en 1968, lors de la deuxième utilisation de l'art. 12 C., est quelque peu différente. Le Gouvernement n'est pas mis en difficulté par le Parlement (où il dispose d'une majorité faible mais suffisante) mais par les troubles estudiantins et sociaux d'alors connus sous le nom d' « événements de mai ». L'annonce d'un référendum n'ayant pu parvenir à calmer les esprits, le Président de la République décida le 30 mai 1968 de dissoudre l'Assemblée nationale. Là encore, les partisans du Président de la République l'emportèrent largement.

Ensuite, par deux fois, après l'élection d'un Président de la République d'une tendance opposée à celle de la majorité parlementaire, la dissolution fut prononcée pour tenter de trouver à l'Assemblée nationale l'appui nécessaire à la nomination d'un Gouvernement conforme aux vues du Président de la République. Si, après la dissolution du 22 mai 1981, les électeurs donnèrent bien la majorité absolue aux députés socialistes, soutenant la politique du Président de la République, ce phénomène ne se reproduisit pas après la dissolution du 14 mai 1988. Seule une "majorité relative" soutient l'action des gouvernements nommés par le Président Mitterrand.

On le voit, dans ces dernières hypothèses, il s'agit pour le Président de la République de tenter d'obtenir l'adéquation entre le programme qu'il compte faire mettre en œuvre par le Gouvernement et la majorité parlementaire. Mais il n'y a pas eu précisément de crise, de fonctionnement anormal des pouvoirs publics. C'est du reste l'opinion défendue par deux fois par le Président de l'Assemblée nationale pour justifier son avis défavorable à la dissolution ; il aurait préféré que le Président de la République attendît que le Gouvernement soit renversé pour dissoudre. En fait, dans les deux cas, la crise était latente : élu sur un programme que combat la majorité des députés, le Président de la République ne peut que nommer un Gouvernement dont les membres et en particulier le Premier ministre sont choisis dans l'opposition parlementaire. Ce Gouvernement n'a, dès lors, aucune chance d'obtenir la confiance ou de gouverner librement. Le Président de la République ne fait, en fait, par la dissolution, que prévenir la crise à venir.

Dans ces quatre cas, le Président de la République attend des élections anticipées qu'elles lui donnent une majorité ou qu'elles la confirment. Jusqu'à présent, les Présidents de la République se sont toujours trouvés renforcés par les résultats électoraux. Doit-on en déduire que la dissolution est une "question de confiance" posée au peuple par le Président de la République (cf. p. 316) et qu'en cas d'échec il doive se considérer comme désavoué ? Il ne semble pas.

En effet, le 21 avr. 1997, le Président Chirac dissout un an avant le terme normal de la législature élue en 1993. Il pense ainsi éviter une nouvelle cohabitation en profitant des sondages apparemment favorables à sa majorité et donc maintenir l'adéquation entre les deux majorités. C'est l'inverse qui se produira (cf. p. 241) et le Président n'en tirera d'autres conséquences que de devoir appeler un Premier ministre issu de la nouvelle majorité (cf. p. 330).

---

[1] Cette crise de 1962 mérite aussi une autre lecture : cf. p. 311 et 319.

Reste que le droit de dissolution sera sans doute de moins en moins mis en œuvre. En effet, la quasi concomitance des élections législatives et présidentielle et la concordance de la durée de ces deux mandats doivent normalement conduire à ce que l'Assemblée nationale élue pour soutenir le Président de la République reste normalement en place durant tout son mandat (cf. p. 315). La disparition des élections inter mandat apporte de ce point de vue une sécurité maximale au Président qui n'a plus de raison de craindre un changement de majorité et donc d'anticiper les élections (comme en 1997). On peut seulement imaginer que, les circonstances faisant disparaître la concomitance, il soit nécessaire de la rétablir par une dissolution. Ce pourrait être le cas si un Président de la République opposé à la majorité parlementaire devait être élu à la suite d'une vacance de la présidence de la République. Sans être impossible, cette hypothèse n'en restera pas moins exceptionnelle. Ce pourrait être encore le cas si un Président nouvellement élu à une très faible majorité devait se trouver 6 semaines plus tard face à une Assemblée nationale où l'opposition présidentielle serait majoritaire, ouvrant ainsi une cohabitation. Là encore la situation serait exceptionnelle. Mais surtout, il est peu probable que la dissolution soit, du moins dans les premiers mois, une solution permettant de régler la crise. Le Président attendra donc et ne l'utilisera que s'il est sûr que ses partisans l'emportent (cf. p. 316). Comme le référendum, ce pouvoir sans contreseing du Président de la République apparaît donc lui aussi devenir plus virtuel que réel.

Un troisième pouvoir permet au Président de la République d'assurer le bon fonctionnement des pouvoirs publics lorsque la crise est encore plus délicate, plus grave : **l'art. 16 C.** La mise en œuvre de cette disposition constitutionnelle a cependant aussi un autre objectif poursuivi simultanément permettant au Président de la République de remplir le troisième aspect de son rôle.

C. En tant que garant de l'indépendance nationale, de l'intégrité du territoire et du respect des traités

Pour cette dernière hypothèse, les dispositions constitutionnelles sont tout à fait spéciales. Il s'agit en effet pour le Président de la République de répondre à ce qu'il est convenu d'appeler des "circonstances exceptionnelles". La Constitution prévoit donc dans ce cas la mise en œuvre de dispositions spéciales qui écartent temporairement les règles normales du jeu politique. C'est **l'art. 16 C.** qui prévoit ces règles (3), ainsi que les conditions strictes qui doivent être réunies pour qu'elles puissent être mises en œuvre (2) ; son application a pourtant montré ses imperfections (4). Il convient, avant d'étudier cet article, d'en chercher les origines (1).

1. Les origines de l'article 16 C.

Il y a en deux types d'origine à l'art. 16 C., les unes factuelles, les autres textuelles.

Cet article découle tout d'abord de constatations historiques : en cas de crise grave, les pouvoirs publics ne disposaient d'aucun moyen particulier et spécifique leur permettant de prendre rapidement les dispositions urgentes que l'ampleur de la crise justifiait. C'est à cela que fait allusion Charles De Gaulle dans le discours de Bayeux lorsqu'il déclare :

"Au Chef de l'Etat, s'il devait arriver que la patrie fût en péril, le devoir d'être le garant de l'indépendance nationale et des traités conclus par la France".

Le Général De Gaulle garde ici en mémoire les événements de juin 1940 qui conduisirent à la déliquescence de l'Etat faute d'avoir trouvé, au sommet de celui-ci, les moyens nécessaires pour agir efficacement. En fait, on peut raisonnablement douter que l'existence de dispositions équivalentes à l'art. 16 eussent évité l'appel au Maréchal Pétain et la demande d'armistice. Toujours est-il que le Général De Gaulle souhaite que la Constitution contienne, pour ces situations d'extrême gravité, un texte utilisable et qu'il est sans nul doute dans ce cas l'inspirateur direct et principal de cette disposition qui relève aussi de la conception "gaullienne" de l'Etat et du rôle du Chef qui l'incarne.

H

On trouve les modèles qui ont pu inspirer l'art. 16 C. dans des Constitutions françaises et étrangères (en particulier l'art. 48 de la Constitution allemande de 1919 dite "Constitution de Weimar").

On doit reconnaître que les précédents de l'art. 16 C. n'incitent guère à l'optimisme. Ainsi, l'art. 14 de la Charte de 1814 qui, dans une interprétation extensive, semble permettre au Roi d'agir par voie d'ordonnances lorsque la sûreté de l'Etat l'impose, est justement celui sur lequel Charles X s'appuya pour réaliser le coup d'Etat de 1830 qui devait emporter le régime. On peut aussi trouver, dans la "loi Tréveneuc" adoptée par l'Assemblée nationale le 15 févr. 1872, une disposition permettant de résoudre des situations d'urgence, mais sous la forme législative et non constitutionnelle.

2. Les conditions de mise en œuvre de l'article 16 C.

Les dispositions de l'art. 16 C. sont, dans ce domaine, très strictes. Il convient pour qu'il puisse être mis en œuvre que des conditions particulières soient réunies. Il s'agit de deux conditions cumulatives.

La première condition est que le fonctionnement régulier des pouvoirs publics constitutionnels soit interrompu ; la seconde peut résulter de quatre situations alternatives. Une menace grave et immédiate doit peser sur les institutions de la République ou sur l'indépendance de la Nation ou sur l'intégrité du territoire ou bien sur l'exécution des engagements internationaux consentis par la France. Si ces circonstances sont réunies, le Président de la République peut mettre en œuvre l'art. 16 C. Il s'agit donc là d'un pouvoir discrétionnaire qu'il exerce sans contreseing. Cependant, il doit respecter un certain nombre de formes. Il doit consulter le Premier ministre et les Présidents des Assemblées parlementaires. Mais cette consultation a ici la même portée que celle prévue pour la mise en œuvre de la dissolution et à laquelle le Président de la République peut passer outre. Il doit encore consulter le Conseil constitutionnel. Cette disposition est certainement plus importante que la précédente et constitue, dans l'état actuel des choses, la principale garantie contre une mise en œuvre abusive de cet article. En effet, conformément aux dispositions de l'art. 53 de l'ord. du 7 nov. 1958 portant loi organique sur le Conseil constitutionnel, l'avis donné par celui-ci avant l'application de l'art. 16 C. est motivé et publié. Il paraît donc difficile au Président de la République de déclencher cet article au cas où le Conseil estimerait que les conditions de sa mise en œuvre ne sont pas réunies. On aurait tôt fait de voir le Parlement, l'opposition et l'opinion publique s'emparer de ce que certains ne manqueraient pas d'assimiler à un « manquement (aux devoirs du Président) manifestement incompatible à l'exercice de son mandat (cf. p. 55). Enfin, dernière formalité prévue par l'art. 16 C., le Président doit informer la Nation, par un message, de la décision qu'il a prise et qui a pour effet de lui confier provisoirement des pouvoirs exceptionnels.

3. Les effets de la mise en œuvre de l'article 16 C.

La mise en œuvre de l'art. 16 C. a tout d'abord deux effets techniques. Le Parlement se trouve *ipso facto* réuni de plein droit et l'Assemblée nationale ne peut être dissoute. L'art. 12 C. est donc inopérant en période exceptionnelle.

Par ailleurs, l'art. 16 C. a pour objet de confier au Président de la République le soin de prendre les mesures qu'impose la situation. Il doit, dans les décisions qu'il prend, faire en sorte de rétablir au plus tôt le fonctionnement régulier des pouvoirs publics et l'ordre constitutionnel normal, bref faire en sorte que la situation exceptionnelle dure le moins longtemps possible. Les mesures présidentielles sont soumises à l'avis du Conseil constitutionnel, avis qui, dans ce cas, reste secret. Les actes du Président de la République sont qualifiés de décisions et pris sans contreseing.

Quelle est la nature juridique de ces décisions ? On doit d'abord noter que le Chef de l'Etat dispose dans ce cadre d'une large compétence transcendant la séparation des pouvoirs. Il pourra donc prendre aussi bien des actes qui, en période normale, seraient des lois (compétence du Parlement) que des règlements (compétence du Gouvernement) (cf. p. 468).

4. L'application de l'article 16 C. en 1961

A vrai dire, il semblait bien que cet article ait été fait pour ne jamais avoir à s'appliquer. Il est d'autant plus curieux qu'il ait pu l'être dès la troisième année d'application de la Constitution. Les circonstances, il faut le dire, étaient graves. A la suite de l'annonce de l'autodétermination en Algérie, des généraux déclenchèrent un putsch à Alger et séquestrèrent le représentant du Gouvernement. Ainsi étaient réunies les conditions constitutionnelles de mise en œuvre de l'art. 16 : les pouvoirs publics constitutionnels étaient interrompus et l'intégrité du territoire menacée ; c'est du reste un avis favorable que donna le Conseil constitutionnel le 23 avr. 1961, jour du déclenchement de l'article par Charles De Gaulle qui prononça un discours radiotélévisé et fit parvenir un message au Parlement. En vertu des pouvoirs spéciaux, le Président de la République prendra 22 décisions entre le 23 avr. et le 29 sept. En effet, alors même que dès le 25 avr. les généraux rebelles avaient déposé les armes, le Président maintint l'art. 16 C. en application durant plus de 5 mois.

De cette expérience purent être mises en évidence au moins trois lacunes de l'article dont l'une a été corrigée par la révision de juillet 2008.

- Tout d'abord, si des précautions ont été prises pour éviter un déclenchement abusif de l'article, il n'existait aucun moyen de contrôler la pertinence de son maintien en vigueur une fois qu'il était en application. Cette lacune de la Constitution était souvent le prétexte à des propositions de suppression de la disposition comme ce fut le cas par exemple en 1993 (cf. infra p. 389). Le problème est maintenant réglé au plan juridique.

En effet, désormais, après 30 jours d'exercice des pouvoirs exceptionnels, le Conseil constitutionnel peut être saisi par le Président de l'Assemblée nationale ou le Président du Sénat, 60 députés ou 60 sénateurs aux fins d'examiner si les conditions permettant le recours à cette disposition sont toujours remplies. Mais cette première protection est immédiatement suivie d'une seconde qui s'édifie après 60 jours d'exercice. A partir de ce délai et à tout moment, le Conseil constitutionnel lui-même peut s'autosaisir de la question. Dans un cas comme dans l'autre, il se prononce par une décision qui, comme celle consécutive à la mise en œuvre de l'article 16 C., est publiée. Le Conseil doit toujours statuer dans les délais les plus brefs. Il nous semble que ces dispositions retirent le venin essentiel de l'article 16 C. Certes, jamais un texte, simple rempart de papier, n'empêchera qu'il soit fait un usage abusif de ses dispositions, jamais une règle n'empêchera que la force l'emporte sur le droit, jamais une constitution n'arrêtera un dictateur. Mais encore faut-il que la règle constitutionnelle et démocratique elle-même ne favorise pas les ennemis de la démocratie. Les deux précautions que contient désormais l'article 16 C. suffisent à assurer qu'il en soit fait, par un homme honnête, un usage normal, et cela suffit. Pourtant, il reste encore deux lacunes béantes que l'application de l'article 16 C. en 1961 ont révélé.

- En effet, la question du rôle exact du Parlement durant l'application de l'art. 16 C. reste entière. Réuni de plein droit, légifère-t-il normalement ? Doit-il contrôler les décisions présidentielles ? Peut-il censurer le Gouvernement ? Ces questions se sont posées dès les premiers jours de la réunion du Parlement, en fait dès le 23 avr., date d'entrée en vigueur de l'art. 16 C. En effet, le Parlement s'apprêtait à ouvrir sa seconde session ordinaire le 25 avr., conformément aux dispositions de l'art. 28 C. (ancienne rédaction ; cf. p. 133) : sessions ordinaires et de plein droit se déroulaient donc simultanément. La Constitution ne prévoyant rien quant au rôle du Parlement pendant la durée de fonctionnement de l'art. 16 C., le Président de la République profita de son message annonçant la mise en œuvre de l'article pour donner son interprétation :

"Dans les circonstances actuelles, je considère que la mise en œuvre de l'article 16 ne saurait modifier les activités du Parlement : exercice du pouvoir législatif et contrôle. De ce fait, les rapports du Gouvernement et du Parlement doivent fonctionner dans les conditions normales pour autant qu'il ne s'agisse pas de mesures prises ou à prendre en vertu de l'article 16".

Ainsi donc le Parlement pourrait normalement s'occuper de tout sauf de l'art. 16 C. qui reste, selon cette interprétation, de la seule compétence du Président de la République sans qu'il puisse y avoir en la matière le moindre contrôle. Aussi n'ayant plus rien à débattre, le Parlement s'ajourne le 22 juill. 1961, lors même qu'il est constitutionnellement en session de plein droit. C'est du reste cela qui permet aux parlementaires de revenir siéger en sept. pour discuter de l'agriculture. Le Président de la République fait alors une autre interprétation de la Constitution. Estimant que le Parlement siège en vertu de l'art. 16 C., Charles De Gaulle indique dans une lettre du 31 août qu'il ne peut, durant cette session de plein droit, voter un texte sur les autres domaines :

"A moins d'un motif tenant à des circonstances dangereuses pour la patrie et pour la République, (...), il serait injustifié de légiférer en dehors des sessions (ordinaires)".

Le Parlement, interdit des matières de l'art. 16 C. par la première interprétation, se voit donc désormais interdire les autres domaines ordinaires de sa compétence. Certains parlementaires, estimant qu'il y a là abus, indiquent leur intention de déposer une motion de censure ; le Président de l'Assemblée nationale, après avoir sollicité l'avis du Conseil constitutionnel qui se déclarait incompétent (Cons. const. 61-1 AUTR, 14 sept. 1961) indique dans sa décision du 19 sept. 1961 qu'une telle motion est irrecevable puisque, le Parlement ne pouvant voter des lois, le Gouvernement est privé de la possibilité d'user des dispositions de l'art. 49 al. 3 C. lui permettant d'engager sa responsabilité sur le vote d'un texte. Le Parlement était donc, durant la session de plein droit ouverte en vertu de l'art. 16 C., dans l'impossibilité de légiférer ou de contrôler, c'est-à-dire d'exercer ses pouvoirs. La motion ne serait recevable que dès l'instant où, la session ordinaire s'ouvrant, le Gouvernement retrouverait ce droit. Or, selon l'art. 28 C. (ancienne rédaction), une session ordinaire allait s'ouvrir le premier mardi d'oct.[1]. Fort opportunément, le Président de la République décidait de mettre fin à l'art. 16 C., le 29 sept. 1961 ; l'affaire était, pour cette fois, tranchée. Il va de soi que l'incertitude sur ces questions reste pourtant préoccupante et qu'il conviendrait que la Constitution traite clairement du rôle et des pouvoirs respectifs des différents pouvoirs constitutionnels durant cette période. On ne peut dès lors que regretter que la révision de juillet 2008 n'ait pas réglé la question.

- Enfin, la dernière question qui se pose traditionnellement à propos de l'art. 16 C. n'est pas conditionnée par l'application de 1961 mais par certains scénarios catastrophes. Certes, on pourrait écarter cette hypothèse si l'art. 16 C. n'était pas fait justement pour les circonstances exceptionnelles. Que se passerait-il s'il était mis en œuvre au lendemain d'une dissolution de l'Assemblée nationale ? Il n'y a pas, à vrai dire, de réponse satisfaisante à donner dans ce cas. Certes, la "loi Tréveneuc" prévoit que si l'Assemblée nationale est dans l'impossibilité de se réunir (ce qui est le cas si elle est dissoute) les conseils généraux se réunissent afin de pourvoir «d'urgence au maintien de la tranquillité publique et de l'ordre légal ». D'aucuns voient dans ce texte (qui est toujours en vigueur même s'il fut un temps imaginé de l'abroger) la solution du problème. Les Conseils généraux, dans le cas qui nous occupe, se substitueraient à l'Assemblée nationale jusqu'au renouvellement de celle-ci. Pourtant, si sur le plan juridique cette solution est acceptable, on reconnaîtra qu'elle est plus difficile à mettre en œuvre sur le plan pratique. Il y a donc là une autre lacune du texte ; il conviendrait de la combler par une révision constitutionnelle en réglant du même coup la question des pouvoirs respectifs du chef de l'Etat et du Parlement.

Il convient encore de donner au sujet de l'art 16 C. deux précisions. Contrairement à ce que l'on croit généralement, les pouvoirs spéciaux peuvent être mis en œuvre par le Président intérimaire ; rien dans la Constitution ne l'interdit et il paraît logique qu'une telle solution soit retenue pour que puisse être assurée la continuité du fonctionnement des pouvoirs publics constitutionnels. Enfin, il ne semble pas non plus que la mise en œuvre de l'art. 16 C. interdise expressément que soit entreprise ou poursuivie une révision constitutionnelle, même si le Conseil constitutionnel a affirmé le contraire (cf. p. 375).

D. Les autres pouvoirs non contresignés

En dehors de ces pouvoirs, chacun spécifiquement attaché à l'un des éléments du rôle du Président de la République, existent encore deux pouvoirs que celui-ci peut mettre en œuvre sans le contreseing ministériel.

1. Les messages présidentiels

La possibilité pour le Président de la République d'adresser des messages au Parlement peut en fait être rattachée à toutes les situations que nous venons d'envisager. Ces messages permettent au Président de la République de faire connaître les dispositions qu'il prend. En effet, conformément à l'**art. 18 C.**, le Président de la République peut faire lire des messages qu'il adresse aux deux chambres du Parlement. La lecture du message est faite le plus souvent par le Premier ministre devant l'Assemblée nationale et par un ministre (le ministre chargé des relations avec le Parlement) devant le Sénat. Parfois ce sont les présidents des assemblées qui lisent le message. Il s'agit là d'un droit classique qui a toujours été attribué au Chef de l'Etat. Classique aussi est le principe selon lequel le Président de la République ne vient pas en personne lire les messages qu'il adresse au Parlement.

H

Conforme au principe de la séparation des pouvoirs, cette précaution trouve aussi son origine dans le souvenir de Monsieur Thiers, Président de la République qui, par son art oratoire consommé, parvenait à obtenir de l'Assemblée nationale tout ce qu'il souhaitait. Par la loi du 13 mars 1873, les parlementaires adoptèrent une procédure qui empêcha matériellement Monsieur Thiers de venir, à tout moment, présenter ses vues à l'Assemblée, procédure si complexe qu'elle prendra le

[11] Nous sommes avant la révision intervenue en 1963 qui a changé la date de début des sessions (cf. p. 133).

nom de "**cérémonial chinois**". Le Président de la République démissionna dès le mois de mai, l'Assemblée nationale élisant alors le Maréchal de Mac-Mahon.

Les **lois constitutionnelles de 1875** prévoyaient le droit de message et le soumettaient, comme tous les actes présidentiels, au contreseing ministériel. Outre les messages traditionnels envoyés par les Présidents de la République en remerciement de leur élection par le Congrès, le droit de message eut l'occasion de servir aussi dans deux des crises importantes de la III° République.

Le Maréchal de Mac-Mahon l'utilisa durant la crise de 1877 pour informer le Parlement de la dissolution de la Chambre des députés ; c'est également par un message que son successeur, Jules Grévy, fera part, après la crise, de son intention de ne jamais entrer en conflit avec le Parlement et donc de se limiter pour l'essentiel à un rôle protocolaire dans le cadre d'une lecture moniste des lois constitutionnelles de 1875 (cf. p. 26).

Le Président Millerand fera, lui aussi, parvenir au Parlement un message lors de sa démission après la crise qu'avait provoquée son discours d'Evreux par lequel il souhaitait redonner à l'exécutif les moyens de gouverner (cf. p. 37). Il dut d'ailleurs nommer un Président du Conseil (F. François-Marsal) qui contresigna ce message et vint le lire au Parlement. Le Gouvernement François-Marsal, ainsi mis en place, démissionna quatre jours plus tard à la suite de l'élection du nouveau Président de la République.

Sous la **IV° République**, le droit de message présidentiel est maintenu. Après que le projet de Constitution d'avr. 1946 eut tenté de le limiter, le texte constitutionnel définitif fut sur ce point d'une grande simplicité. En fait, c'est surtout par l'usage qu'en fit le Président Coty en 1958 que ce droit de message joua un rôle important. Au plus fort de la crise de mai, le Président de la République indiqua dans un message au Parlement qu'il démissionnerait si le Général De Gaulle n'était pas investi Président du Conseil par le Parlement. Malgré cela le message du Président Coty était contresigné par le Président du Conseil encore en poste, Pierre Pflimlin.

Cette utilisation du droit de message devait servir aux Constituants de 1958 pour en rendre l'usage par le Président de la République encore plus simple et le dispenser du contreseing. Les assemblées ne siégeant pas en permanence sous la V° République, il est prévu que le Parlement soit réuni spécialement pour entendre le message présidentiel qui, en tout état de cause, ne donne lieu à aucun débat (survivance là encore du "cérémonial chinois").

Les utilisations du droit de message furent relativement nombreuses. Ainsi, Charles De Gaulle fit parvenir au Parlement le 23 avr. 1961 un message lui indiquant la mise en œuvre de l'art. 16 et le rôle qu'il estimait devoir être celui du Parlement durant la période exceptionnelle. On peut rapprocher de ce message celui adressé par le Président Mitterrand le 16 janv. 1991 à la veille de la "guerre du Golfe". Charles De Gaulle annonçait encore de la sorte le 20 mars 1962 la signature des accords d'Evian. Par ailleurs, les Présidents utilisent aussi la technique du message pour annoncer les référendums. Ce fut le 2 oct. 1962 l'annonce du référendum relatif à l'élection au suffrage universel direct du Président de la République, le 5 avr. 1972 celle du référendum sur l'élargissement de la CEE et le 26 oct. 1988 celui sur le statut de la Nouvelle-Calédonie. Pour le reste, le droit de message est essentiellement utilisé par les Présidents de la République lors de leur prise de fonction (Ch. De Gaulle le 15 janv. 1959 ; G. Pompidou le 25 juin 1969 ; V. Giscard d'Estaing le 30 mai 1974 ; F. Mitterrand le 8 juill. 1981) ou pour saluer un Parlement nouvellement élu (Ch. De Gaulle le 11 déc. 1962 ; G. Pompidou le 3 avr. 1973 ; F. Mitterrand le 8 juill. 1981 et le 8 avr. 1986 ; J. Chirac le 19 mai 1995 et le 2 juill. 2002[1]). Parmi ceux-ci, le message adressé au Parlement par F. Mitterrand le 8 avr. 1986 à la suite de la victoire d'une majorité contraire à ses vues aux élections législatives, présente une importance particulière. Dans ce texte, le Président de la République indique clairement qu'il se range au principe de l'alternance et a fait donc appel à un Premier ministre choisi dans la nouvelle majorité parlementaire. Il y fait aussi une analyse de ce que sont et demeurent les pouvoirs du Président de la République même dans ce cas (cf. p. 324 et s.). On notera que la technique n'a été réemployée ni en 1993 ni en 1997 lors des autres cohabitations.

N. Sarkozy qui souhaitait pouvoir s'adresser lui-même directement aux parlementaires (affirmant : « Je rendrai compte régulièrement de mon action devant les Français et devant le Parlement »), n'a pas manqué de fustiger le caractère archaïque de cette procédure. Si la révision de juillet 2008 à ajouté une nouvelle procédure pour que le Président de la République puisse s'adresser directement au Parlement celle-ci reste particulièrement lourde. D'abord, c'est au Parlement réuni en Congrès (cf. p. 373) que le Président peut

---

[1] On notera que, compte tenu de la concomitance de l'élection présidentielle avec les élections législatives, il s'agit également du premier message d'un Président nouvellement élu.

s'adresser. Il faut donc que les deux assemblées, dûment convoquées par un décret présidentiel non contresigné[1], soient réunies ensemble à Versailles[2]. Une fois le discours prononcé, c'est hors la présence du Président que s'ouvre, de droit à la demande du bureau ou d'un président de groupe, un débat au Congrès. Chaque groupe dispose d'un bref temps de parole (10 minutes) pour l'orateur qu'il désigne (art. 23 al. 3 RC) ; un représentant des non-inscrits dispose du même temps de parole. Mais le débat ne se conclut pas par un vote. On le voit, le solennel le dispute à l'efficacité. Ceci explique sans doute que d'autre part N. Sarkozy ait attendu presque un an (22 juin 2009) après la révision pour mettre en œuvre cette disposition et que ce soit, à ce jour, la seule utilisation.

Il est vrai que cette possibilité offerte au Président de la République n'est pas sans risque. En effet, si aucun vote ne peut intervenir à Versailles, rien n'interdit aux députés de l'opposition de déposer, une fois revenus au Palais Bourbon, une motion de censure contre le Gouvernement en indiquant que celui-ci est censuré parce qu'il va mettre en œuvre la politique annoncée par le Président au Congrès, politique que l'opposition réprouve. On le voit, même si une telle motion [qui ne serait pas sans rappeler le texte de celle de 1962 (cf. p. 76)] n'a aucune chance d'aboutir, son utilisation systématique ne manquerait pas d'interroger sur l'existence possible d'une responsabilité du Président de la République devant le Parlement. A terme, et compte tenu justement que le Président souhaite « rendre compte de son action devant le Parlement » le risque n'est pas nul. C'est en tous les cas une question qui se posera nécessairement dès lors que l'irresponsabilité politique du Président de la république semble difficilement compatible avec l'importance qu'il joue dans la détermination des choix politiques de la Nation (cf. p. 304).

2. La nomination du Premier ministre

Reste encore une disposition constitutionnelle dont l'usage par le Président de la République est dispensé du contreseing. Il s'agit de la nomination du Premier ministre prévue à l'**art. 8 al. 1er C**.

Sous l'empire des Constitutions précédentes, la nomination par le Chef de l'Etat d'un nouveau Chef de Gouvernement était soumise au contreseing de son prédécesseur puisque tous les actes présidentiels, sans aucune exception, étaient soumis au contreseing. Pourtant il est apparu que cette obligation était purement formelle et sans justification juridique ou politique particulière. En effet, le mécanisme du contreseing permet, rappelons-le, de faire endosser par un ministre responsable les actes du Chef de l'Etat politiquement irresponsable. Or, en l'espèce, le contreseing étant celui d'un ministre démissionnaire, celui-ci n'est plus responsable devant le Parlement. Quelle est donc l'utilité du contreseing dans ce cas puisque de toute façon il n'y a pas transfert de responsabilité ?

C'est sans doute pour cette raison que le contreseing fut abandonné sous la V° République. Mais cet abandon présente en plus un autre aspect. En effet, si, sous les Républiques précédentes, le choix du Chef du Gouvernement par le Président de la République faisait l'objet d'une approbation parlementaire sous la forme de l'investiture, celle-ci a disparu sous la V° République et le pouvoir discrétionnaire du Président de la République dans le choix des Premiers ministres s'en trouve indubitablement renforcé (cf. p. 97). Pourtant, ce n'est pas parce que ce pouvoir est dispensé du contreseing que le Président de la Républi-

---

[1] Curieusement, ce décret présidentiel fixait également l'ordre du jour du Congrès (et notamment prévoyait la modification de son règlement) contrairement au principe de l'autonomie des assemblées. Il s'agit là d'une extension anormale des prérogatives présidentielles calquée, à tort, sur la convocation du Parlement en session extraordinaire (cf. p. 134).

[2] Il est certainement significatif de noter que, pour « faciliter la prise d'images de l'intervention présidentielle », le bureau du Congrès (qui est celui de l'Assemblée nationale : cf. p. 373) a siégé durant celle-ci en formation *ad hoc* réduite à quelques membres. Le bureau a ensuite siégé à nouveau au complet pour les internvetions des groupes parlementaires.

que peut désigner le Premier ministre comme bon lui semble, en particulier lors des périodes de cohabitation (cf. p. 313).

Notons que le décret de nomination du Premier ministre est insusceptible de recours devant le juge (CE 16 sept. 2005, *Hoffer, req. n° 282171 : AJDA 2005. 2237*).

Ainsi, qu'il s'agisse de l'apparition de pouvoirs nouveaux non soumis au contreseing ministériel ou des pouvoirs contresignés traditionnels qui se sont largement développés, c'est l'ensemble de la compétence présidentielle qui se trouve élargie. Des pouvoirs plus nombreux et susceptibles d'être mis en œuvre plus facilement par un Président de la République dont le statut nouveau en fait l'élu direct du peuple, il n'en fallait pas plus pour faire du Président de la République, selon les termes mêmes employés par Michel Debré devant le Conseil d'Etat en 1958, la "clef de voûte des institutions". La renaissance de l'exécutif était ainsi très largement le fait d'un renforcement de la Présidence. Les constituants ne devaient pas pour autant négliger le Chef du Gouvernement qui trouve aussi dans les dispositions constitutionnelles confirmation du rôle éminent du Gouvernement qu'il dirige.

CHAPITRE II

LA CONFIRMATION D'UN POUVOIR GOUVERNEMENTAL

BIBLIOGRAPHIE : - Ph. ARDANT : *Le premier ministre en France*, Clefs, Montchrestien, 1998. - J. CABANNES : *Le personnel gouvernemental sous la V° République*, LGDJ, 1990. - J. FOURNIER : *Le travail gouvernemental*, Dalloz, 1987. - M. LASCOMBE : "Le Premier ministre, clef de voûte des institutions", *RDP 1981 p.105*. - J. MASSOT : *Chef de l'Etat et chef de Gouvernement*, Doc. Fran. 2008. - S. RIALS : *Le premier ministre* ; Que sais-je ? PUF. - O. SCHRAMECK : *Dans l'ombre de la République, Les cabinets ministériels*, Dalloz, 2006. - S. NAK-IN : *Les ministres de la V° République française*, LGDJ, 1990. - XXX : *De Gaulle et ses premiers ministres*, Plon, 1990. - XXX : *Le travail gouvernemental*, Doc. Fran. 1996, 2vol. - "Qui gouverne la France", *Pouvoirs n° 68*. – « Le Premier ministre », *Pouvoirs n° 83, 1997.*

Web : http://www.gouvernement.fr/fr/

Contrairement à ce qu'aurait pu laisser supposer le très important développement consacré à la Présidence de la République, les Constituants de 1958 n'ont pas entendu laisser le Gouvernement dans un rôle secondaire. C'est l'ensemble de l'exécutif qui devait être renforcé et le Gouvernement l'a donc été lui aussi par la confirmation d'acquis antérieurs à la nouvelle Constitution.

Parmi ceux-ci, la mise en place définitive d'un véritable Chef de Gouvernement n'est pas la moins importante. Le Premier ministre est bien plus qu'un simple Président du Conseil des Républiques antérieures et, malgré un effacement de plus en plus marqué au fil du temps, il n'en continue pas moins de rester, tant par le rôle qu'il joue que par les pouvoirs dont lui-même et le Gouvernement disposent, un rouage essentiel au sein de l'exécutif. Evidemment, et nous le montrerons, l'importance de ce rôle dépend pour beaucoup de la configuration politique et de la volonté du Premier ministre lui-même. Pourtant, même dans les cas où il apparait comme un simple collaborateur du Président de la République, son action reste de première importance.

I. UN VERITABLE CHEF DE GOUVERNEMENT

Le changement qui intervient avec l'entrée en vigueur de la Constitution de 1958 est plus large qu'un simple changement du titre attribué au Chef du Gouvernement (§1). En devenant Premier ministre, l'ancien Président du Conseil voit son statut se modifier, tant dans la façon dont il accède au pouvoir et le quitte (§2) que dans le rôle qui lui est confié (§3).

§1. Du "Président du Conseil" au "Premier ministre"

La première modification qui affecte le statut du Chef du Gouvernement sous la V° République est donc le titre qu'il porte désormais : la désignation traditionnelle de "Président du Conseil" est abandonnée au profit de celle de "Premier ministre". L'utilisation de la formule "Président du Conseil" était pourtant fort ancienne et, après être devenue habituelle par la pratique, elle était entrée dans notre droit.

Le premier Chef de Gouvernement à porter le titre de Président du Conseil fut le duc de Richelieu, sous le règne de Louis XVIII. Il était bien considéré par le Roi comme le chef des ministres, comme le Chef du Gouvernement. Il n'y a rien d'étonnant à voir la fonction de Chef de Gouvernement apparaître en France sous la Restauration. L'existence d'un Chef de Gouvernement, lien entre le Chef de l'Etat irresponsable et le Parlement, est le fait même des régimes parlementaires. Or, sous le règne de Louis XVIII du moins, la Charte de 1814 fut appliquée dans une interprétation parlementaire. La fonction de Président du Conseil connut encore une grande importance sous le règne de Louis-Philippe durant lequel Guizot occupa le poste pendant près de huit années consécutives. Disparue avec le régime présidentiel de la deuxième République, remise à l'honneur avec la libéralisation du Second Empire, la fonction disparut à nouveau de 1870 à 1876, c'est-à-dire jusqu'à l'entrée en vigueur des lois constitutionnelles de 1875.

Pourtant, on ne trouve nulle mention du Président du Conseil dans les textes instituant la **III° République**. Néanmoins, dès les débuts de l'application de ces lois, le Président de la République désigne un Président du Conseil que l'on considère normalement comme le Chef du Gouvernement alors même que cette fonction n'est pas prévue dans les textes. Ainsi, le *Journal Officiel* du 10 mars 1876 porte-t-il nomination de Dufaure comme Président du Conseil.

Pourquoi avoir choisi cette expression alors qu'en Grande-Bretagne, berceau du parlementarisme, le titulaire de ce poste est dénommé "Premier ministre" ? La chose est d'autant plus curieuse que les Constitutions confient le plus souvent au Chef de l'Etat le soin de présider le Conseil des ministres. On n'a guère d'explication plus sûre que d'admettre que c'est parce que le Chef du Gouvernement présidait des réunions ministérielles importantes tenues hors de la présence du Chef de l'Etat et que l'on dénomme "Conseils de cabinet". Préparatoires au Conseil des ministres proprement dit, les réunions de Conseil de cabinet permettaient au Gouvernement d'arrêter la politique qui y serait présentée sans autre débat en vertu du principe de solidarité ministérielle ; le Président de la République n'avait pas à connaître des éventuelles divergences entre ministres. Le "Président du Conseil" serait donc le "Président du Conseil de cabinet".

En fait, à l'époque, il était fréquent que le Président du Conseil cumule ce poste avec un portefeuille ministériel. Si cette formule n'est en aucun cas une obligation, elle est pourtant commode puisqu'elle permet de lui donner les moyens d'exercer sa tâche. En effet, la présidence du Conseil n'existant pas officiellement, il n'y a ni locaux, ni personnel, ni budget mis à sa disposition. Ainsi, Poincaré, Président du Conseil sans portefeuille en 1928/1929, se plaignait-il d'être obligé de demander aux différents ministres de lui donner des fournitures de bureau tirées de leur dotation pour faire fonctionner ses services. La grande majorité des Présidents du Conseil furent donc chargés d'un ministère qui, le plus souvent, était les Affaires étrangères ou l'Intérieur.

Il fallut attendre 1934 pour qu'une première réforme vienne améliorer les choses. Par une série de textes promulgués le 24 déc. 1934, furent créés des services rattachés directement à la Présidence du Conseil et deux chapitres budgétaires spécifiques. Le même jour, le Parlement approuvait la convention permettant à l'Etat d'acheter l'hôtel Matignon où l'on fixa le siège de la Présidence du Conseil. Mais, si le Chef du Gouvernement disposait ainsi des moyens de fonctionner, il n'existait toujours pas constitutionnellement.

Les services de la Présidence du Conseil et l'Hôtel Matignon

Le premier texte qui devait permettre la mise en place de services spécifiques à la Présidence du Conseil fut l'art. 23 de la loi de finances du 24 déc. 1934. Il y était prévu que le ministre chargé de la présidence du conseil (selon la formulation de l'époque puisque le Chef du Gouvernement cumulait cette fonction avec un portefeuille ministériel) a sous sa direction :

- Les services administratifs de la présidence du Conseil ;
- La Direction générale des services d'Alsace et de Lorraine ;
- Le secrétariat général du conseil supérieur de la défense nationale ;
- Le conseil national économique ;
- Les services de la statistique générale de la France.

Ensuite, une deuxième loi du même jour crée un poste de sous-secrétaire d'Etat à la présidence du Conseil et ouvrait les crédits nécessaires aux traitements du président du conseil, des ministres d'Etat, du sous-secrétaire d'Etat à la présidence du Conseil et du personnel de la présidence du Conseil ainsi qu'au paiement des indemnités et allocations diverses au personnel de la présidence du Conseil pour un montant global de 23.255 F. Enfin, une troisième loi approuvait la convention passée le 24 nov. 1934 entre l'Etat et l'office des biens et intérêts privés, relative à la renonciation au profit de l'Etat des droits que l'office détient sur l'hôtel Matignon et au règlement des travaux nécessaires à l'installation des services de la présidence du Conseil.

Débutée en 1722 la construction d'un Hôtel dans la rue de Varennes, rue destinée à relier Saint Germain des Près au futur Hôtel des Invalides, devait ruiner son initiateur, Charles-Louis de Montmorency Luxembourg, prince de Tingry et Maréchal de France, qui le vendit au comte de Matignon. Celui-ci offrit l'Hôtel, achevé en 1725, à son fils, le duc de Valentinois. Après bien des péripéties l'Hôtel devait une première fois servir de résidence officielle en 1848 lorsque le Général Cavaignac, durant le gouvernement provisoire, s'y installa. Mais en fin de compte l'Elysée lui fut préféré comme résidence des Présidents de la République.

En 1932, Gaston Doumergue fit classer l'Hôtel, menacé de démolition, et décida d'y installer la présidence du Conseil. L'architecte Bigot ayant opéré les aménagements nécessaires, Pierre Etienne Flandin (du reste Président du Conseil sans portefeuille) fut le premier à l'occuper en 1935. Un an plus tard y était signé entre Léon Blum et les grévistes du printemps 1936 les "accords de Matignon" instituant la semaine de quarante heures et les congés payés.

Durant la seconde guerre mondiale, le bâtiment ne fut plus utilisé, le Gouvernement étant transféré à Vichy. Le 25 août le général De Gaulle réunit le "Conseil provisoire de la République" dans l'Hôtel Matignon libéré le 21 août 1944, par les résistants Yvon Morandat et sa compagne. Tous les présidents du Conseil de la IV° République imitèrent Ch. De Gaulle et en 1958, le changement de République ne modifia que le nom du locataire de Matignon qui, de président du Conseil, devint Premier ministre.

C'est en fait pour la première fois dans la Constitution de la **IV° République** que la fonction de Président du Conseil apparaît expressément. La solution choisie est en fait curieuse puisque la Constitution parle du "Président du Conseil des ministres" alors que, nous l'avons vu, cette tâche ne fait pas partie des attributions du Chef du Gouvernement mais de celles du Président de la République. En fait, avec la constitutionnalisation de la fonction, la situation du Président du Conseil change. Alors que sous la III° République presque tous les Présidents du Conseil étaient en même temps détenteurs d'un portefeuille ministériel, sous la IV° République le principe s'inverse et la plupart choisissent de ne pas cumuler leur fonction de Chef du Gouvernement avec un portefeuille. S'ils le font, c'est alors dans un but purement politique : montrer l'importance qu'ils attachent à ce ministère et aux affaires qui en dépendent. Ainsi P. Mendès-France cumula-t-il les fonctions de Président du Conseil avec celles de ministre des Affaires étrangères pour régler dans les meilleures conditions la question de l'Indochine et négocier les accords de Genève en 1954. Au-delà de cette modification technique permettant enfin au Président du Conseil d'exercer pleinement ses fonctions de Chef du Gouvernement, la Constitution va lui attribuer expressément nombre de pouvoirs qu'il avait exercés sous la République antérieure uniquement du fait de l'effacement du Président de la République et du contreseing. L'existence constitutionnelle se double donc d'une existence fonctionnelle qui n'était jusqu'alors qu'implicite.

Soucieuse de se démarquer des Républiques antérieures, mais aussi de montrer le nouveau rôle du Chef de Gouvernement, la **V° République** choisira d'en faire le Premier ministre. Ce changement n'est cependant pas le seul à affecter le statut du Chef du Gouvernement lors de l'entrée en vigueur de la nouvelle Constitution.

§2. Entrée en fonction et cessation de fonction du Premier ministre

Le plan ne présentera ici aucune originalité et traitera successivement de ces deux aspects du statut du Premier ministre.

A. La nomination du Premier ministre

Les règles présidant à l'entrée en fonction du Premier ministre ont elles aussi évolué. Si formellement, depuis la III° République, le Chef du Gouvernement était déjà nommé par un décret du Président de la République, ce décret n'a pas la même signification sous la V° République que précédemment. Tout d'abord, ce décret n'est pas soumis au contreseing ministériel ; il s'agit désormais d'un pouvoir du Président de la République. Nous avons expliqué les raisons logiques qui ont présidé à cette modification (cf. p. 90). Mais il faut également faire part des autres modifications qui conduisent à changer totalement la nature de l'acte de nomination. S'il y avait, sous les Républiques précédentes, une large imbrication de la nomination et de l'investiture, le lien entre ces procédures a disparu depuis 1958.

1. La procédure sous les Républiques antérieures

H

Pour ce qui est de la **III° République**, plusieurs remarques doivent être faites. Tout d'abord, le Président du Conseil n'étant pas prévu par les lois constitutionnelles, il va de soi qu'il n'existe en fait aucune procédure de nomination. Pourtant, le Président du Conseil étant ministre (même si c'est parfois sans portefeuille), il convient normalement de se référer aux règles relatives à la nomination des ministres. Or, les lois constitutionnelles étaient muettes sur ce point mais, en vertu de l'art. 3 de la loi du 25 févr. 1875, le Président de la République nommant "à tous les emplois civils et militaires", on doit conclure qu'il appartenait au Président de la République de nommer les ministres par décret. Son choix était en principe libre. En fait, le Président de la République se contentait de désigner le Président du Conseil et entérinait ensuite la composition du Gouvernement, telle que le Président du Conseil l'avait arrêtée. Seul donc, le choix du Président du Conseil restait un pouvoir propre du Président de la République. Pourtant, celui-ci ne peut plus après les événements de 1877 agir discrétionnairement et nommer à la présidence du Conseil la personnalité qui lui convient. Il doit en effet choisir comme Président du Conseil un homme dont on peut raisonnablement espérer qu'il parviendra à former un Gouvernement qui pourra obtenir la confiance de la majorité parlementaire. Pour s'assurer qu'il a bien cette confiance, le Gouvernement devra se présenter devant le Parlement et y exposer son programme politique pour y être investi.

L'investiture est un vote du Parlement qui indique que celui-ci accorde au Gouvernement sa confiance pour mener une politique.

Aussi, et quand bien même le décret de nomination du Président du Conseil était antérieur à son investiture par le Parlement, le Président de la République attendait-il, avant de procéder à la nomination, qu'une personnalité ait pris les contacts nécessaires permettant de croire que le Gouvernement qu'elle allait constituer serait investi. Le Président de la République consultait donc préalablement diverses personnalités, les interrogeant sur leurs appuis, jugeant de leurs chances de parvenir à former un Gouvernement qui puisse être investi. Il retenait l'une des personnalités consultées qui elle-même commençait des consultations. Celles-ci consistaient essentiellement à obtenir l'assurance d'un vote favorable de tel ou tel parti politique en échange de la présence au Gouvernement de quelques représentants de ce parti. Les noms de ces personnalités et les portefeuilles qui leur étaient attribués faisaient l'objet d'âpres négociations et étaient sans doute plus importants pour obtenir l'investiture que le programme du Gouvernement lui-même. Lorsqu'à l'issue de ces consultations, la personnalité pressentie confirmait au Président de la République que l'investiture était possible, il la nommait. Ainsi, sans que l'investiture fût un préalable constitutionnel à la nomination du Gouvernement, l'assurance de l'obtenir était devenue un préalable pratique.

Sous la **IV° République**, la Constitution va organiser une procédure précise pour la nomination du Président du Conseil, procédure qui fera l'objet d'une modification en 1954.

Après les consultations d'usage, il appartient au Président de la République de désigner un Président du Conseil. Celui-ci se présente alors à l'Assemblée nationale, y expose son programme et demande à l'Assemblée de l'approuver par un vote de confiance. Ensuite seulement, le Président du Conseil forme son cabinet dont les membres sont nommés par décret du Président de la République. L'investiture était donc devenue constitutionnellement le préalable nécessaire à la nomination du Président du Conseil. L'idée qui préside à la mise en place de ce mécanisme consiste à éviter que l'Assemblée nationale n'accorde sa confiance plus en fonction de la distribution des portefeuilles ministériels et du "dosage" politique qui s'ensuit qu'en fonction du programme. Ne connaissant pas la future composition du Gouvernement, l'Assemblée doit donc bien ici se prononcer seulement sur la confiance qu'elle accorde au Président du Conseil pour réaliser le programme qu'il présente.

Pourtant ce mécanisme qui devait rompre avec les habitudes de la III° République fut violé dès le départ. Le premier Président du Conseil, Paul Ramadier, après avoir été investi par l'Assemblée nationale, constitua son Gouvernement mais jugea opportun de redemander un vote de confiance sur la composition de celui-ci. Ainsi naquit la procédure de la double investiture : la première, celle du Président du Conseil sur le programme politique, la seconde celle du Gouvernement tout entier sur le dosage et la représentation des partis.

En 1954, on profita d'une réforme constitutionnelle pour ne maintenir que la seconde investiture ; l'investiture collective remplaça l'investiture personnelle. Le Président du Conseil ne se présentait plus devant l'Assemblée qu'une fois la composition de son Gouvernement connue ; on revenait aux pratiques d'antan...

2. La situation sous la V° République

Le mécanisme sous la **V° République** est très différent. Il appartient au Président de la République de nommer le Premier ministre (art. 8 al. 1er C.), nomination qui intervient sans qu'il y ait nécessité d'obtenir une investiture préalable ou postérieure. Il n'existe donc plus de lien juridique entre la nomination du Premier ministre et un quelconque vote parlementaire. Du reste, la nomination du Premier ministre et, plus largement, du Gouvernement est d'effet immédiat (Cons. const. 2000-26 REF, 6 sept. 2000, *Hauchemaille* ; Cons. const. 2002-19 ELEC, 22 mai 2002, *Hauchemaille et Assoc. Déclic*). Le Président de la République semble donc disposer d'un choix totalement libre. Du reste, J. Chirac déclarait lors d'une conférence de presse le 29 avr. 2004 : « La nomination du Premier ministre est un privilège du chef de l'Etat, un privilège que je ne veux pas laisser entamer ».

Pourtant, la Constitution de 1958 étant, comme ses devancières, de nature parlementaire, le Gouvernement doit avoir la confiance du Parlement ; le Président de la République devra tenir compte de cette donnée lors de son choix. Dans ces conditions, trois hypothèses sont envisageables.

Ou bien une coalition de partis dispose d'une majorité à l'Assemblée nationale et le Président de la République s'en accommode : soit il est lui-même issu d'un des partis de cette majorité (V. Giscard d'Estaing en 1974 qui nomme J. Chirac comme Premier ministre ; J. Chirac en 1995 qui nomme A. Juppé) ; soit, les élections législatives venant d'avoir lieu, il est obligé de tenir compte du vote des électeurs même s'il a donné la majorité aux partis qui le combattent, conduisant à une « cohabitation » (cf. p. 313 et s.) (F. Mitterrand qui nomme J. Chirac en 1986 et E. Balladur en 1993 ; J. Chirac qui nomme L. Jospin en 1997).

Ou bien, le Président de la République venant d'être élu est issu d'un parti ne disposant pas de la majorité à l'Assemblée. Il nomme alors un Premier ministre choisi dans l'opposition parlementaire et prononce immédiatement la dissolution, à moins que les élections législatives ne soient déjà programmées à bref délai comme c'est le cas depuis la mise en place du quinquennat (voir le cas en 2002 de la nomination du Gouvernement Raffarin I). Ainsi, le Premier ministre n'a-t-il point besoin de disposer de la confiance de l'Assemblée puisque celle-ci est dissoute et ne peut donc le renverser (cas des gouvernements Mauroy I, Rocard I et Raffarin I). Les élections législatives suivantes, soit ramèneront la situation précédente (cas de F. Mitterrand en 1981 qui put confirmer P. Mauroy et de J. Chirac en 2002 qui put confirmer J.-P. Raffarin), soit conduiront à la troisième hypothèse (cas de F. Mitterrand en 1988 qui put confirmer M. Rocard).

La troisième hypothèse envisage le cas où aucun parti ou coalition ne disposerait d'une majorité à l'Assemblée nationale. Dans ce cas le Président de la République nomme un Premier ministre issu du parti ou de la coalition la plus importante de l'Assemblée, l'essentiel étant que cette personnalité n'ait pas contre elle une majorité de députés (cf. p. 293) (gouvernements Rocard II en 1988, Cresson en 1991 et Bérégovoy en 1992).

Dans ces hypothèses, le Premier ministre n'est pas tenu d'obtenir de l'Assemblée nationale un vote d'investiture préalable qui n'est pas prévu par la Constitution. Il entre en fonction et exerce la plénitude de ses pouvoirs dès sa nomination par le Chef de l'Etat. D'aucuns estiment pourtant que les dispositions de l'**al. 1er de l'art. 49 C.** font obligation au Premier ministre de demander à l'Assemblée nationale d'approuver son programme, non point préalablement, mais du moins dès la formation du nouveau Gouvernement. Une large controverse est née à ce sujet.

Il ne semble pas faire de doute que l'analyse précise du texte conduise à considérer l'approbation du programme comme ayant un caractère obligatoire. En effet, les termes mêmes de l'al. 1er de l'art. 49 C. sont clairs. L'utilisation de l'expression "engage" par opposition à "peut engager" contenue à l'al. 3 ou de "a la faculté de demander" contenue à l'al. 4, montre bien qu'il ne s'agit pas pour le Premier ministre d'une simple faculté mais d'une obligation. Il ne fait pas de doute non plus que cette obligation porte sur le "programme" du Gouvernement puisque l'adverbe "éventuellement" ne s'applique qu'aux déclarations de politique générale. Or, quand un Gouvernement doit-il faire connaître son programme si ce n'est au moment où il va le mettre en œuvre, juste à son entrée en fonction, avant qu'il ne commence à l'appliquer ? Mais, dès lors qu'aucun délai n'est imposé par l'art. 49 al. 1er C., le Premier ministre dispose donc de la faculté de choisir le moment[1] le plus opportun pour demander ce vote de confiance sur son programme[2]. Dès lors, il peut en fait ne jamais le demander.

Et en effet, la pratique montre que nombreux sont les Premiers ministres qui s'en sont dispensés, soit qu'ils aient préféré se limiter à une simple déclaration de politique générale, soit qu'ils aient, pour certains, purement et simplement renoncé totalement à l'usage de l'art. 49 al. 1er C. En effet, si les deux premiers gouvernements de la V° République se sont conformés à la lettre de la Constitution, le troisième déjà se contente de l'approbation d'une déclaration de politique générale, le quatrième déclarant qu'il ne demandera aucun vote. Ensuite, les gouvernements successifs choisirent parmi les différentes options même si l'on doit noter que, souvent, un vote intervint, fût-ce sur une déclaration[3]. En tous les cas, la mise en œuvre de l'al. 1er de l'art. 49 C. ne se justifie que lorsqu'un nouveau Gouvernement est constitué ; elle n'a pas de raison d'être lorsque le Gouvernement est simplement remanié. Ainsi, si F. Fillon demande bien l'approbation d'une déclaration de politique générale lors de la nomination de son Gouvernement en 2007 (3 juill. 2007) et en 2010 (24 nov. 2010) après avoir démissionné et été renommé un jour plus tard, il n'en demande pas lors des remaniements de janvier et juin 2009, alors même que ce dernier est particulièrement vaste.

B. La cessation de fonction

Tout comme pour le Président de la République, la cessation des fonctions du Premier ministre peut être temporaire ou définitive.

1. La cessation temporaire de fonction : l'intérim

Lorsque le Premier ministre est temporairement empêché d'exercer ses fonctions, s'ouvre une période qualifiée ici d'intérim et non de suppléance ; cet intérim est ouvert et organisé par décret. L'empêchement temporaire peut trouver son origine soit dans une maladie soit, et ce fut jusqu'à présent le seul cas, dans un déplacement à l'étranger qui éloigne le Premier ministre et l'empêche réellement d'être en mesure d'exercer pleinement ses fonctions.

En fait, on doit noter que la Constitution est muette sur la question de l'intérim du Premier ministre. Utilisée depuis 1967, c'est en particulier avec Michel Rocard que cette pratique

---

[1] On retrouve la même possibilité de « choix du moment » pour le Président de la République : cf. p. 395.

[2] Le « Comité Vedel » a bien noté cette lacune et a donc proposé de modifier la rédaction de la Constitution en rendant obligatoire l'usage de l'art. C.49 al. 1 dans les deux mois suivant l'entrée en fonction d'un Gouvernement ; il nous semble que cette proposition n'est pas sans danger (cf. p. 390).

[3] On notera l'attitude de R. Barre qui, lors de la formation de son premier Gouvernement, invita l'opposition à déposer une motion de censure, combinant de façon inattendue les al. 1 et 3 de l'art. 49 C.

s'est développée[1], amenant du reste le Conseil constitutionnel à se prononcer sur les pouvoirs exacts de l'intérimaire. L'intérim est en général exercé par le ministre placé le premier dans l'ordre protocolaire.

La question se pose de savoir si, durant l'intérim et dans le silence du décret organisant l'intérim), le ministre qui en est chargé dispose de toutes les prérogatives et de tous les pouvoirs du Premier ministre ou s'il doit se limiter à l'expédition des affaires courantes. Le Conseil constitutionnel, par sa décision du 29 déc. 1989 (Cons. const. 89-268 DC §8, 29 déc. 1989, LF pour 1990), devait se prononcer sur cette question à l'occasion d'une utilisation de l'art. 49 al. 3 C. C'est en effet le ministre de l'Education nationale, Premier ministre par intérim, qui engagea la responsabilité du Gouvernement devant l'Assemblée nationale pour le vote d'une loi. Le pouvait-il, ou cette prérogative était-elle, du fait de son importance, de la seule compétence du véritable titulaire de la fonction ? Le Conseil fut d'avis que le Premier ministre par intérim pouvait effectivement décider d'engager la responsabilité du Gouvernement même en l'absence du Premier ministre.

Reste que la situation de 1989 et la décision du Conseil constitutionnel ne permettent pas de conclure définitivement. En effet, la mise en oeuvre de l'art. 49 al. 3 C., suppose que le Premier ministre demande préalablement au Conseil des ministres de délibérer sur l'opportunité d'engager ou non la responsabilité du Gouvernement. Dans le cas d'espèce, le ministre de l'Education nationale n'avait pas eu à demander cette délibération ; il a exécuté une décision préalablement délibérée à la demande du Premier ministre titulaire. Le Conseil constitutionnel ne s'est donc pas expressément prononcé sur la question de savoir si le Premier ministre par intérim peut demander au Conseil des ministres l'autorisation d'engager la responsabilité du Gouvernement. On peut du reste élargir la question et s'interroger sur la possibilité pour l'intérimaire de proposer une révision de la Constitution ou demander la convocation du Parlement en session extraordinaire.

2. La cessation définitive de fonction

La cessation définitive de fonction du Premier ministre n'est constitutionnellement prévue que par démission[2]. Rien n'est dit dans la Constitution sur le décès du Premier ministre ou sur l'apparition d'un empêchement définitif. Il est pourtant logique de considérer que, dans ces cas comme dans le cadre de la démission, le Premier ministre ne pouvant plus exercer ses fonctions, le Gouvernement tout entier est démissionnaire. En tout cas, il existe deux types de démission possible selon que celle-ci est spontanée ou provoquée.

Il va de soi qu'un Premier ministre qui ne souhaite plus poursuivre sa tâche peut présenter au Président de la République la démission du Gouvernement. C'est là indubitablement un pouvoir discrétionnaire du Premier ministre qui n'a pas obligation d'en avertir les membres de son Gouvernement même si l'on suppose que la courtoisie l'invite à le faire. Il y a eu, en fait, assez peu de démissions volontaires sous la V° République. La seule qui puisse réellement être considérée comme telle est la démission de J. Chirac en 1976. Pour les autres démissions, il nous semble qu'elles ont toutes été provoquées[3].

La Constitution ne prévoit en fait qu'un cas dans lequel le Premier ministre est obligé de remettre au Président de la République la démission de son Gouvernement. C'est, à l'art. 50 C., l'hypothèse dans laquelle l'Assemblée nationale refuserait sa confiance par un vote.

---

[1] A notre connaissance, le dernier interim du Premier ministre a été assuré par S. Veil lors du déplacement d'E. Balladur au Japon en avril 1994 (D. 6 avr. 1994).

[2] Les différentes causes de cessation de fonction de Gouvernement sont présentées dans un tableau en annexe.

[3] Il est possible que le Premier ministre veuille démissionner pour pourvoir plus aisément modifier la composition de son Gouvernement (cf. p. 101). Dans ce cas, il a la volonté de continuer à gouverner et non de quitter le pouvoir.

Ce cas ne s'est produit qu'une seule fois, le 28 nov. 1962, à la suite de l'adoption, le 5 oct., d'une motion de censure[1]. Mais, s'il y a là une hypothèse constitutionnelle obligeant le Gouvernement à présenter sa démission, il n'est pas possible d'en déduire qu'il s'agit de la seule hypothèse constitutionnellement admise et qu'une démission présentée en dehors de ce cas serait contraire à la Constitution (Cons. const. 2002-19 ELEC, 22 mai 2002, *Hauchemaille et Assoc. Déclic*). Le Président peut toujours, en dehors de l'application de l'art. 50 C., accepter la démission du Gouvernement présentée par le Premier ministre. Du reste, il est des cas où cette démission présente un caractère obligatoire en dehors même des dispositions constitutionnelles.

On peut s'interroger sur l'existence d'une obligation implicite de démissionner lorsque le Premier ministre, poursuivi devant la Cour de Justice de la République (cf. p. 150), serait reconnu coupable d'un des crimes ou délits que cet organe juge. Pour l'instant cette hypothèse est restée lettre morte.

En revanche, il est deux autres cas dans lesquels le Premier ministre doit remettre la démission de son Gouvernement. Bien que non prévues par la Constitution, ces hypothèses sont une coutume (cf. p. 394) du régime parlementaire tellement suivie qu'il est impensable qu'un Premier ministre ne s'y plie pas. Le Premier ministre remet au Président de la République la démission de son Gouvernement à la suite de chaque élection présidentielle ou des élémections législatives générales. C'est du reste le cas le plus fréquent de démission des gouvernements sous la V° République comme cela l'avait été sous la III° République. Cette démission est remise même si la majorité parlementaire soutenant le Premier ministre remporte les élections, même s'il est dans les intentions du Président de la République de reconduire le Premier ministre[2] (Pompidou en 1967 ; Messmer en 1973).

Reste enfin la question la plus débattue : le Premier ministre est-il tenu de démissionner à la demande du Président de la République ? La Constitution ne le prévoit pas. En effet, la rédaction même de l'art. 8 al. 1er C. est sur ce point sans ambiguïté ; le Président de la République ne peut mettre fin aux fonctions du Premier ministre que sur présentation par celui-ci de la démission de son Gouvernement. Bref, le Premier ministre n'est pas responsable devant le Président de la République. Du reste, dès les travaux préparatoires, le Général De Gaulle soutenait cette interprétation. Interrogé par P. Reynaud, Président du Comité Consultatif Constitutionnel, sur le point de savoir si le Président de la République peut révoquer le Premier ministre, il répondit :

« Non, car s'il en était ainsi, il (le Premier ministre) ne pourrait pas gouverner".

Il semblait donc clairement établi que la nouvelle Constitution fût moniste comme ses devancières et comme la tradition l'exigeait depuis la crise du 16 mai 1877 (cf. p. 26). Pourtant, le premier Premier ministre de la V° République, M. Debré, devait démissionner à la demande du Président de la République, le 14 avr. 1962, comme le firent par la suite d'autres Premiers ministres (J. Chaban-Delmas en 1972 ; P. Mauroy en 1983 ; M. Rocard en 1991 ; E. Cresson en 1992 ; F. Fillon en 2010, J.-M Ayrault en 2014). Cette pratique est maintenant admise sous réserve bien sûr que le Premier ministre veuille bien déférer à la demande présidentielle. Le Général De Gaulle lui-même revint sur l'interprétation qu'il avait défendue lors de la préparation de la Constitution en déclarant dans sa conférence de presse du 31 janv. 1964 :

---

[1] Pendant cette période séparant la remise de la démission du gouvernement et son acceptation, celui-ci a expédié les affaires courantes.

[2] Il n'y est bien sûr pas obligé. Ainsi en 1968 le Général De Gaulle nomma-t-il M. Couve de Murville en remplacement de G. Pompidou qui venait pourtant de remporter brillamment les législatives.

"Le Président, qui choisit le Premier ministre (...), a la faculté de le changer (...) parce qu'il ne l'approuverait plus".

Ainsi, lorsque le Premier ministre désire rester fidèle au Président de la République qui l'a nommé, il accepte de démissionner à la demande de celui-ci. C'est même, il faut bien être réaliste, la situation la plus fréquente en dehors des démissions consécutives à des élections, présidentielles ou législatives, loin devant les démissions volontaires et les crises gouvernementales provoquées par le Parlement. En fait, en dehors des périodes de cohabitation (cf. p. 320) le Premier ministre est bien responsable devant le Chef de l'Etat, ce qui ne manque pas d'avoir des incidences sur la réalité du régime politique de la V° République (cf. p. 307).

Reste enfin un dernier cas dans lequel le Premier ministre démissionne, soit qu'il le souhaite lui-même soit qu'il y soit invité. C'est lorsqu'il apparaît nécessaire de procéder à un important (en nombre de ministres concernés ou du fait de leur stature politique) remaniement ministériel qui sera, en quelque sorte, facilité par la démission du Premier ministre et donc de tous les ministres en même temps que lui. C'est le cas lors du passage du Gouvernement Juppé I à Juppé II en nov. 1995 (départ de huit des douze femmes membres du Gouvernement) et du passage du Gouvernement Valls I à Valls II en août 2014 [volonté d'obtenir le départ des ministres critiquant la politique du Gouvernement (A. Montebourg et B. Hamon) et donc du Président de la République][1].

§3. Le rôle du Premier ministre

Le rôle du Premier ministre est fixé à l'art. 21 C. Il dirige l'action du Gouvernement ; à ce titre, il dispose à la fois d'un certain pouvoir dans le choix des ministres composant le Gouvernement (A) et d'un rôle d'arbitrage entre eux dans le but d'assurer la cohésion du Gouvernement (B). Il aura aussi pour fonction d'agir au nom du Gouvernement et d'exercer pour lui le rôle dévolu par la Constitution au Gouvernement : déterminer et conduire la politique de la Nation. En fait, le Premier ministre est le véritable Chef du Gouvernement (C).

A. Le choix des membres du Gouvernement

Le rôle du Premier ministre dans le choix des membres du Gouvernement, (ministres et secrétaires d'Etat), est important (art. 8 al. 2 C.). Il propose au Président de la République à la fois l'organisation générale du Gouvernement qu'il souhaite voir mis en place et les noms de chacun des titulaires des portefeuilles. Il propose également les départs qu'il souhaite. Le Président de la République examine ces propositions puis décrète les nominations et révocations si elles lui agréent. Le décret présidentiel est contresigné par le Premier ministre.

Pour ce qui est de l'organisation interne du Gouvernement, il n'y a en cette matière aucune règle. La Constitution impose seulement qu'il y ait un ministre de la Justice, puisqu'il peut participer aux séances des formations du Conseil Supérieur de la Magistrature (art. 65 C.). Pour le reste le nombre des portefeuilles ministériels [pour se limiter aux Gouvernements les plus récents : plus d'une quarantaine de membres pour « Juppé I », 31 pour « Juppé II », 26 pour « Jospin », 38 pour « Raffarin II », 43 pour « Raffarin III », 31 pour « de Villepin », 32 pour « Fillon II » (avant les remaniements de juin 2009 à partir desquels le gouvernement comptera 38 membres), 30 pour « Fillon III », 38 pour « Ayrault II », 33 pour « Valls II »], la nature du portefeuille (ministère d'Etat, ministère, ministère délégué ou secré-

---

[1] En revanche, l'important remaniement ministériel intervenu le 30 mai 1968 s'est opéré sans que Pompidou présente la démission du Gouvernement ; il n'y a donc pas eu de Gouvernement « Pompidou V ». Il n'y a pas eu non plus de Gouvernement « Jospin II » le 27 mars 2000 même si le *Journal officiel* publie, à cette occasion, un décret qui vient récapituler la composition du Gouvernement à l'issue du remaniement dont il a été l'objet le même jour.

tariat d'Etat) et la compétence accordée sont généralement le résultat de dosages politiques ou de considérations empiriques qui conduisent parfois à la plus parfaite incohérence. On se souvient par ex. du démembrement éphémère du ministère des Affaires sociales dans le Gouvernement Juppé I de mai 1995 (3 départements : Travail, dialogue social et participation ; Santé publique et assurance maladie ; Solidarité entre les générations). Cette structure était si peu viable qu'elle sera supprimée dès nov. 1995 dans le Gouvernement Juppé II. Il arrive encore que les appellations ministérielles cèdent aux effets de mode autant qu'au besoin de trouver des postes pour certains titulaires. On se souvient du ministère du Temps libre en 1981, du secrétariat d'Etat au Développement de la région capitale ou encore du secrétariat d'Etat aux Ainés dans le gouvernement Fillon II et du ministère du Redressement productif dans les gouvernements Ayrault I et II. Enfin, il arrive parfois que des départements ministériels ne survivent pas au départ de leur titulaire : par ex. personne ne remplace F. Giroud au Secrétariat d'Etat à la Condition féminine en 1976 ou H. Tazieff au Secrétariat d'État à la Prévention des risques technologiques et naturels majeurs en 1986 ou T. Repentin au ministère délégué chargé de la Formation professionnelle et de l'apprentissage en 2013.

Restent encore d'autres préoccupations à prendre en compte. C'est tout d'abord le subtil dosage de la représentation des partis composant la majorité, en particulier lorsque celle-ci est composite comme par ex. dans le Gouvernement Jospin (18 membres du PS, 3 PCF, 3 Radicaux, 1 Mouvement des Citoyens, 1 « Verts ») ; de même, dans le gouvernement Fillon II (composition d'origine), trouve-t-on 3 ministres du « Nouveau Centre », second parti composant la majorité parlementaire et présidentielle. Enfin, dans le gouvernement Ayrault II on compte 32 PS, 2 PRG et 2 EELV et 1 divers gauche ; avec la nomination de M. Valls, il n'y a plus de ministre EELV.

C'est ensuite, la question de « l'ouverture » qui peut également se poser. Ainsi en 1988, le Gouvernement de M. Rocard contient-il des ministres issus des partis de l'ancienne majorité parlementaire (6 centristes UDF et apparentés) de même que les gouvernements de F. Fillon (3 personnalités du PS et 3 personnes relativement proches de ce parti).

C'est ensuite l'équilibre géographique permettant d'assurer une représentation de toutes les régions de France qui entre aussi en ligne de compte.

S'y ajoute une volonté plus ou moins affirmée de faire appel à des ministres issus de « la société civile », selon l'expression souvent utilisée, c'est-à-dire à des non parlementaires [dans le Gouvernement Fillon II (composition d'origine), Mesdames Lagarde (Economie et finances), Dati (Justice : cette dernière, nommée à la veille de la campagne présidentielle porte parole de N. Sarkozy, a effectué une partie de sa carrière en cabinet mais n'est pas élue) et Amara (Politique de la ville) et Messieurs Hirsch (Solidarités actives) et Laporte (Jeunesse et sports) ; il est également possible d'y ajouter Madame Albanel (Culture) même si celle-ci a fait une carrière d'élue locale]. Dans le gouvernement Ayrault, seule Y. Benguigui (francophonie) répond à ce critère même si, elle aussi, a été élue locale. Le choix de membres de la société civile ne va cependant pas sans difficulté. Ainsi aucun des ministres de la « société civile » (MM. Mer, Ferry et Aillagon) du Gouvernement Raffarin II ne sera reconduit dans le Gouvernement Raffarin III.

Depuis quelques années, le Premier ministre se préoccupe aussi de la parité hommes/femmes au sein du Gouvernement. Si un temps le Gouvernement le plus féminisé fut « Juppé I » (28.6 %), on se souvient de l'éviction de 8 femmes sur 12 lors de la mise en place du Gouvernement « Juppé II ». La parité (si l'on ne tient pas compte du Premier ministre lui-même) est atteinte avec la nomination des gouvernements Ayrault et Valls mais une seule femme se trouve à la tête d'un ministère régalien (Justice). Le Gouvernement Jospin comprenait lui 30,7 % de femmes, Raffarin II (10/38), 26.3 % de femmes ; Raffarin III (10/43), 23.2 % ; Villepin, 19,3 %). Dans le gouvernement Fillon II (composition d'origine), elles étaient 11/32 soit 34,3 % et détiennaient trois ministère régaliens : Justice, Economie et

Intérieur. Le Gouvernement Fillon III (composition d'origine) comportait encore 11/30 femmes dont 2 à des ministères régaliens (Affaires étrangères et Economie).

De manière encore plus récente, un soin tout particulier est mis à ce que l'on appelle « la représentation des minorités visibles » ou encore de la « diversité ». Les figures emblématiques de l'attention portée à cette question ont été évidemment Mmes Dati, Amara et Yade (Fillon I et II, R. Dati démission en juin 2009) puis N. Bera (entrée dans Fillon II en juin 2009) et J. Bougrab dans le Gouvernement Fillon III. On notera pourtant que le Gouvernement de M. Debré comportait à l'origine un secrétariat d'Etat aux affaires sociales en Algérie, confié à Mme Nafissa Sid Cara. Par la suite, M. Kofi Yamgnane est nommé secrétaire d'État chargé des affaires sociales et de l'intégration dans les gouvernements Cresson et Bérégovoy. Cette tendance se poursuit tout naturellement avec les gouvernements suivants et ne semble plus, ce qui est une bonne chose, susciter de commentaires, le Premier ministre, Manuel Valls, lui-même étant devenu français par naturalisation à l'âge de 20 ans, en 1982.

On notera qu'avec le Gouvernement Jospin, est apparue une pratique selon laquelle les membres du Gouvernement ne peuvent pas cumuler leur fonction ministérielle avec une fonction exécutive locale. Plus ou moins maintenu mais avec des dérogations (en particulier pour N. Sarkozy) sous les gouvernements Raffarin et Villepin, ce principe fut abandonné avec les gouvernements Fillon. Il est repris avec les gouvernements Ayrault et Valls dans le cadre de la « Charte de déontologie (cf. « encadré » infra) et a conduit F. Rebsamen à démissionner (sept. 2015) du ministère du Travail pour redevenir Maire de Dijon. Il en résulte parfois des anticipations (C. Delga qui a souhaité quitter le gouvernement pour mener la campagne des régionales en Languedoc-Roussillon-Midi-Pyrénées).

Par ailleurs, un échec aux élections législatives oblige souvent le ministre concerné à démissionner ou interdit qu'il soit reconduit dans ses fonctions. On se souvient, pour prendre un seul exemple, de la situation de A. Juppé, ministre d'Etat du gouvernement Fillon I. J. M. Ayrault devait également affirmer ce principe dès la formation de son premier gouvernement le 16 mai 2012 : « Il y a l'esprit de responsabilité, c'est-à-dire que tout ministre qui se présente aux législatives et qui ne sera pas élu ne pourra pas rester au gouvernement ». Cette situation ne manque pas d'être paradoxale dans la mesure où (on l'indique ici, on le développera par ailleurs : cf. p. 128), les fonctions de ministre sont incompatibles avec un mandat parlementaire. Dès lors, pour rester ou devenir ministre, un député (ou un sénateur) doit renoncer à son mandat. N'est-il pas dans ces conditions curieux qu'un candidat battu aux élections législatives doive renoncer à ses fonctions ministérielles ou ne pas pouvoir accéder à de telles fonctions[1] ?

Quant au choix des titulaires des portefeuilles, nous avons montré qu'en réalité le rôle du Président de la République dans cette matière était loin d'être négligeable même s'il est atténué en période de cohabitation (cf. p. 63 et p. 324). Pourtant, le Premier ministre se trouve là face à un élément essentiel qui conditionne pour beaucoup la véritable maîtrise qu'il peut avoir sur le Gouvernement qu'il est censé diriger. De l'importance de ce que lui impose le Président de la République va dépendre le rôle réel qu'il pourra jouer en particulier lorsqu'il lui appartiendra d'arbitrer les conflits entre ministres. C'est sans doute dans le rôle joué par le Premier ministre dans la composition du Gouvernement que l'on peut le plus facilement déduire si le Chef du Gouvernement est destiné à jouer un rôle par la suite. C'est à l'Elysée que le 'casting' gouvernemental est préparé, le Premier ministre jouant pour l'essentiel les utilités. Il est d'ailleurs très juste de parler de 'casting'. Compte tenu du rôle de plus en plus marginal joué par les ministres par rapport aux conseillers élyséens, les membres du gouver-

[1] Ainsi, il semble, selon les rumeurs, qu'un secrétariat d'Etat était promis en 2007 à A. Klarsfeld s'il avait remporté la législative du XII° arrondissement de Paris.

nement ont plus d'utilité par l'affichage médiatique qu'ils permettent que par les décisions qu'ils prennent. On dira, sans doute de manière excessive que le 'beau gouvernement' l'emporte désormais sur le 'bon gouvernement'.

Reste ensuite au Ministre nommé pour ses qualités médiatiques, à ne pas décevoir. B. Laporte, éphémère secrétaire d'Etat à la jeunesse et aux sports avant d'être limité à ce seul dernier domaine, en a fait l'amère expérience.

Les catégories de membres du Gouvernement et probilté ministérielle

1. Les catégories de membres du Gouvernement

La Constitution du 4 oct. 1958 connaît les ministres, mentionnés aux art. 19 C., 21 C. et 22 C., et les "membres du Gouvernement" mentionnés aux art. 8 C. et 23 C. Ceci implique qu'il puisse y avoir des membres du Gouvernement qui ne soient pas ministres. Mais rien n'indique alors le titre qu'ils portent. L'art. 8 indique comment ils sont nommés et l'art. 23 C. prévoit l'existence d'incompatibilités. Les art. 19 C. et 22 C. prévoient les contreseings que les ministres doivent apposer et l'art. 21 C. la délégation que le Premier ministre peut leur consentir. Pour le reste, elle n'a pas organisé de hiérarchie entre eux ni même de distinctions entre les titres qu'ils peuvent porter, à l'exception du ministre de la Justice dont l'existence est constitutionnelle (art. 65 C.). C'est donc à l'habitude que l'on doit l'existence de sept catégories distinctes de membres du Gouvernement, sept catégories qui ne sont du reste pas toujours présentes dans tous les gouvernements. La hiérarchie (et donc la préséance) entre ces catégories se concrétise dans la liste des membres du Gouvernement telle qu'elle est publiée au *Journal Officiel* et annoncée par l'Elysée.

— les ministres d'Etat : ils sont chargés d'un département ministériel ou, comme l'on dit souvent, d'un "portefeuille". Ils ont préséance sur les autres membres du Gouvernement. Ce titre, fort ancien puisque déjà utilisé sous l'ancien régime, fut, au début de la V° République, attribué aux anciens chefs de Gouvernement redevenus ministres et à des personnalités importantes que l'on voulait ainsi honorer. Si cette utilisation est encore de mise, on attribue maintenant ce titre plus souvent, conformément à la tradition des Républiques antérieures, aux chefs de partis ou de courants politiques qui participent au Gouvernement. Le titre reste donc essentiellement honorifique et ne confère à son titulaire aucune autre prérogative sur les ministres. Plus rarement il est accordé à un ministre dont on souhaite marquer l'importance politique (N. Sarkozy dans les Gouvernements Raffarin III et de Villepin).

— les ministres : ils sont à la tête d'un département ministériel et constituent la catégorie la plus nombreuse des gouvernements. Il s'agit en fait de la catégorie normale.

— les ministres délégués : ils peuvent être délégués auprès du Premier ministre ou d'un ministre. Dans ce cas ils exercent les attributions que leur confère celui auprès de qui ils exercent leur fonction. Cela permet, dans les départements ministériels importants, de confier certains secteurs à des personnalités politiques. Sous certains gouvernements, les ministres délégués ne participaient pas au Conseil des ministres. Depuis 1986, leur participation est devenue systématique mais non automatique, c'est pourquoi cette précision est donnée lors de la formation des gouvernements.

— les ministres auprès du Premier ministre (ou d'un ministre) sans qu'il soit précisé qu'ils sont « délégués ». Utilisée pour la première fois lors de la nomination de P. Devedjian chargé auprès du Premier ministre de la mise en œuvre du plan de relance, ce qui pouvait se comprendre compte tenu des attributions de ce qui s'apparentait en fait un vice-Premier ministre (D. du 5 déc. 2008) elle a été étendue lors du remaniement du 23 juin 2009 sans autre logique à d'autres portefeuilles que ce soit auprès du même Premier ministre ou d'un ministre et s'est encore généralisée sous le Gouvernement Fillon III.

— les secrétaires d'Etat : il s'agit avant tout d'un titre généralement donné aux personnes qui accèdent à des fonctions gouvernementales pour la première fois, même s'il ne s'agit pas là d'une étape obligée de la carrière politique. Ils sont placés sous l'autorité d'un ou de plusieurs ministres ou du Premier ministre mais, à la différence des ministres délégués, ne sont pas entièrement libres dans le secteur qui leur est confié. Sauf exception (Juppé I et en particulier sous les différents gouvernements Raffarin et pour quelques secrétaires d'Etat des gouvernements Fillon), ils n'assistent au Conseil des ministres que lorsque des questions relevant de leur compétence y sont traitées et leur contreseing n'est pas indispensable même lorsque l'acte touche à leur domaine d'attribution (CE 3 déc. 1980, *Synd. nat. de l'enseignement supérieur : Lebon 454*). Les Gouvernements Ayrault I et II ne comportent pas de secrétaires d'Etat.

— les secrétaires d'Etat autonomes : née pour la première fois en 1974 sous le septennat de V. Giscard d'Estaing, cette catégorie a disparu entre 1981 et 1986 puis à nouveau depuis le Gouvernement Bérégovoy d'avr. 1992. Ils gèrent un département ministériel, à l'instar d'un ministre, mais n'assistent au Conseil des ministres que lorsque des affaires de leur compétence y sont évoquées. A l'inverse des secrétaires d'Etat, les secrétaires d'Etat autonomes sont assimilés à des ministres pour ce qui est du contreseing ministériel prévu à l'art. 22 C. (CE 21 janv. 1977, *Peron-Magnan : Lebon 30*).

— à cette liste traditionnelle il convient d'ajouter la création, dans les gouvernements Fillon I et II du poste de « Haut commissaire » attribué à M. Hirsch. Lui aussi, comme les secrétaires d'Etat, participait aux réunions du

Conseil des ministres lorsqu'y étaient traitées des affaires relevant de sa compétence du moins jusqu'au moment où il est devenu « en outre » haut commissaire à la jeunesse. Au titre de ces compétences à la jeunesse, il participait à tous les conseils des ministres. Cette appellation (« Haut commissaire »), si elle est rare, n'est pourtant pas nouvelle, elle non plus. Par exemple le Gouvernement Queuille en 1949 comportait un Haut commissaire au ravitaillement (C. Brasart).

2. Entrée en fonction et cessation de fonction des membres du Gouvernement

Ni le Premier ministre, ni le Gouvernement n'ont à attendre, pour entrer en fonction, une manifestation quelconque de la part du Parlement ou même de l'Assemblée nationale. Il n'y a pas d'investiture sous la V° République (*V. comm. ss. Const. 58, art.* 49). L'entrée en fonction avec la totalité des pouvoirs dont ils sont dotés se fait dès la signature du décret de nomination par le Président de la République (Cons. const. 2000-26 REF, 6 sept 2000, *Hauchemaille : JO 9 sept., p. 14164.* CE 29 janv. 1965, *Mollaret : Lebon 61*). Pour l'instant, l'entrée en fonction des ministres, exception faite du ministre de la Défense pour qui est assurée une vérification quant au respect de ses obligations relatives aux services national, n'est soumise à aucun contrôle préalable. La HATVP souhaite que la situation fiscale des ministres soit, à l'avenir, vérifiée préalablement à leur nomination (Rapport, 7 janv. 2015 p. 25).

En application du principe de solidarité ministérielle, la démission du Premier ministre entraine celle du Gouvernement dans son entier ; à partir de là le Gouvernement expédie les affaires courantes (cf. p. 472). En fait, c'est la démission du Gouvernement que le Premier ministre remet au Président de la République (art. 8 C. et 50 C.). Outre cette cessation collective de fonctions des membres du Gouvernement, les fonctions des membres du Gouvernement autres que le Premier ministre, peuvent cesser individuellement. En dehors des hypothèses classiques de démission, de décès ou de santé, ils cessent d'exercer leur fonction lorsqu'ils sont remplacés. C'est ce que l'on appelle un « remaniement » quel que soit l'importance de celui-ci. Ainsi le Gouvernement Pompidou IV (5 avr. 1967 – 10 juill. 1968) est-il presque entièrement remanié le 31 mai 1968[1]. Les raisons justifiant le remplacement d'un membre du Gouvernement peuvent être très différentes : impopularité (C. Sauter et C. Allègre en mars 2000), inefficacité (B. Laporte en 2009), perte de la confiance placée en eux (C. Boutin en 2009), échec électoral (X. Darcos en 2010), scandale touchant le ministre de près ou de loin [K. Arif en 2015 ; dans ce cas, le ministre peut être fermement invité à démissionner et n'est parfois même pas remplacé (A. Joyandet et C. Blanc en 2010)], cette dernière hypothèse pouvant opportunément se combiner avec des raisons de santé (G. Fioraso en 2015). Reste encore l'hypothèse du ministre dont les options politiques s'opposent à la politique générale suivie par le Gouvernement. Dans ce cas, si celui-ci ne présente pas spontanément sa démission (E. Cresson en 1990 ; J.-P. Chevènement en 1991 et en 2000), le ministre peut être fermement « invité à démissionner » (A. Madelin en 1995). Dans les cas extrêmes, il est possible au Président de la République, sur proposition du Premier ministre de révoquer un ministre[2].

3. Probité des membres du Gouvernement

La responsabilité des ministres est une question largement débattue. En plus de la responsabilité collective devant le Parlement découlant directement du caractère parlementaire de la V° République, il est possible d'envisager une responsabilité individuelle. Celle-ci peut être pénale ; pour l'essentielle elle s'exerce devant la Cour de Justice de la République (cf. p. 150). Ensuite, on l'a vu (cf. p. 64), les ministres peuvent être révoqué par le Président de la République à la demande du Premier ministre. Enfin, les ministres semblent avoir une responsabilité devant les électeurs dans la mesure où ils seraient candidats à des élections parlementaires (cf. supra).

Mais en dehors de ces hypothèses, rien ne vient préciser ce qu'il est possible à un ministre de faire ou de dire et ce qui est interdit. Le statut des ministres reste largement soumis aux aléas de la conjoncture, voire fonction de la stature du ministre concerné. Telle situation admise sous un gouvernement ne le sera pas par le suivant. Ainsi, rien ne fixe la situation d'un ministre mis en examen. S'il fut un temps où les ministres mis en examen, devant quelque juridiction que ce soit, démissionnaient de leur fonction [B. Tapie en 1992 (il redeviendra ministre une fois le non lieu prononcé) ; A. Carignon, G. Longuet et M. Roussin en 1994 ; D. Strauss-Kahn en 1999 (contra S. Royal en 1999) ; J. Donnedieu de Vabres et P. Bédier, ministres du Gouvernement Raffarin I non repris dans Raffarin II], cette « tradition » n'était pas systématique. Il semble que désormais dès lors que le suffrage universel valide l'homme, celui-ci est en quelque sorte absous. Ainsi, A. Santini, mis en examen en 2006, a-t-il été nommé secrétaire d'Etat en 2007 dans le Gouvernement Fillon II après avoir été réélu député des Hauts-de-Seine. A l'inverse, K. Arif démissione du Gouvernement Valls II à la suite de l'ouverture d'une simple enquête préliminaire portant sur des attributions de marchés publics, sans encore avoir été mis en examen. Mieux encore, la situation des ministres condamnés est encore plus curieuse[3]. Ainsi, J. Donnedieu de Vabres, bien que condamné à une amende de 15.000 € par le tribunal correctionnel de Paris pour blanchiment et infraction à la législation sur le financement des partis politiques, a été nommé ministre de la Culture dans le Gouvernement Raffarin III.

Mieux encore, B. Hortefeux est resté ministre après avoir été condamné deux fois à quelques mois d'intervalle [4 juin 2010 pour injures raciales (il sera relaxé en appel du fait du manque d'intérêt à agir du MRAP en

---

[1] En revanche, la démission du Premier ministre qui n'est que le prétexte à un remaniement complet constitue bien un changement de Gouvernement (cf. supra).

[2] Cf. p. 64.

[3] La situation de J.-M. Ayrault, Premier ministre, est différente, dès lors qu'il a été réhabilité de la condamnation prononcée en 1997 à son encontre.

l'espèce) ; 17 déc. 2010 pour atteinte à la présomption d'innocence]. De même encore, A. Montebourg, condamné par deux fois (pour ses propos envers des dirigeants de société et pour atteinte à la présomption d'innocence de J.-N. Guérini) est-il demeuré au sein du Gouvernement Ayrault. Ces condamnations sont une première sous la V° République ; jusqu'alors seuls des anciens ou des futurs ministres avaient fait l'objet de condamnations.

Comment expliquer que l'on doive quitter le Gouvernement alors qu'on est présumé innocent et que l'on puisse y siéger lorsqu'on a été déclaré coupable ?

« L'affaire Cahuzac » qui conduit à la démission du ministre peu de jours avant sa mise en examen pour « blanchiment de fraude fiscale », par son côté exceptionnel (compte en Suisse détenu par le ministre du Budget chargé de lutter contre la fraude fiscale ; dénégations du ministre devant la représentation nationale) devait amener le législateur, sans traiter la question que l'on vient d'évoquer, à intervenir pour tenter de garantir la probité des ministres et plus largement, des parlementaires et autres titulaires d'emplois publics importants. Les membres du Gouvernement (y compris le Premier ministre) sont, comme les parlementaires (cf. p. 215), soumis à l'obligation de déposer auprès de la HATVP (cf. p. 217), dans les deux mois qui suivent leur nomination, une déclaration de situation patrimoniale, remise au seul président de la HATVP, et une déclaration d'intérêts, remise tant au président de la HATVP qu'au Premier ministre (L. n° 2013-907 du 11 oct. 2013, art. 4). La déclaration de situation patrimoniale doit être exhaustive, exacte et sincère ; elle concerne la totalité des biens propres ainsi que, le cas échéant, ceux de la communauté ou les biens indivis. Les membres du Gouvernement doivent, dans les mêmes conditions, déposer une déclaration d'intérêt faisant apparaître les intérêts détenus à la date de la nomination et dans les cinq années précédant cette date[1]. Cette déclaration sera réitérée en cas de modification des attributions d'un membre du Gouvernement. Toute modification substantielle affectant l'une ou l'autre de ces déclarations doit être déclarée dans le délai d'un mois, à la HATVP. S'il s'agit d'une modification substantielle des intérêts détenus, la déclaration est également faite au Premier ministre. Ces deux déclarations (et non la seule déclaration patrimoniale) sont renouvelées dans les deux mois suivant la cessation de fonction d'un membre du Gouvernement, sauf en cas de décès. Le contenu de ces déclarations est fixé au même article de la même loi. La déclaration patrimoniale est transmise à l'administration fiscale qui fournit à la HATVP, dans les trente jours suivant cette transmission, tous les éléments lui permettant d'apprécier l'exhaustivité, l'exactitude et la sincérité de la déclaration de situation patrimoniale, notamment les avis d'imposition de l'intéressé à l'impôt sur le revenu et, le cas échéant, à l'impôt de solidarité sur la fortune. Dans un délai de trois mois suivant la réception de ces éléments, la HATVP rend publiques la déclaration de situation patrimoniale et la déclaration d'intérêts. Elle peut assortir cette publication de toute appréciation qu'elle estime utile quant à l'exhaustivité, à l'exactitude (ainsi, M. Le Guen a-t-il, en 2014, réévalué son patrimoine après que la HATVP ait fait une observation) et à la sincérité (cf. la décision du 31 mars 2014, relative à Y. Benguigui[2] qui ne sera pas reconduite dans le Gouvernement Valls I) de l'une et l'autre déclaration, après avoir mis l'intéressé à même de présenter ses observations. Les électeurs peuvent adresser à la HATVP toute observation écrite relative à ces déclarations de situation patrimoniale et à ces déclarations d'intérêts. Si ces dispositions portent incontestablement atteinte à la vie privée, celle-ci doit être considérée eu égard, d'une part, au statut et à la situation particulière des membres du Gouvernement et, d'autre part, aux pouvoirs qu'ils exercent tant dans l'exercice du pouvoir réglementaire que dans la détermination et la conduite de la politique de la Nation. Dès lors, l'atteinte ainsi portée au droit au respect de la vie privée des membres du Gouvernement ne revêt pas un caractère disproportionné au regard de l'objectif visant à renforcer les garanties de probité et d'intégrité de ces personnes, de prévention des conflits d'intérêts et de lutte contre ceux-ci (Cons. const. 9 oct. 2013, n° 2013-676 DC §17, Loi relative à la transparence de la vie publique). En revanche, le constituant n'ayant pas habilité le législateur à compléter le régime des incompatibilités des membres du Gouvernement, la HATVP ne saurait ordonner à un ministre (le Premier ministre n'est pas concerné par ces dispositions) de quitter ses fonctions ou lui adresser une injonction qu'il ne pourrait satisfaire qu'en démissionnant (Cons. const. 9 oct. 2013, n° 2013-676 DC §58 et 62, Loi relative à la transparence de la vie publique). Par ailleurs, le législateur a entériné ce qui n'était jusqu'alors qu'une pratique : tout membre du Gouvernement, à compter de sa nomination, fait l'objet d'une procédure de vérification de sa situation fiscale (...) au regard de l'impôt sur le revenu et, le cas échéant, de l'ISF. Cette procédure est placée sous le contrôle de la HATVP (art. 9, L. n° 2013-907 du 11 oct. 2013).

Les ministres des gouvernements Ayrault se sont engagés à respecter une « charte de déontologie » (http://www.elysee.fr) qui n'est pas sans rappeler celle mise en œuvre pour les députés (cf. p. 218). Ainsi, sont-ils invités à s'abstenir de donner suite à toute invitation pour un séjour privé qui émanerait d'un gouvernement étranger ou de personnes physiques ou morales dont l'activité est en relation avec leur département ministériel. Ils remettent au service des domaines, soit immédiatement, soit à l'issue de leurs fonctions, les cadeaux d'une valeur supérieure

[1] Il n'y a pas lieu de prévoir que cette déclaration doive contenir (à l'inverse de celle des parlementaires) la liste des activités professionnelles ou d'intérêt général, même non rémunérées, que le membre du Gouvernement envisagent de conserver, celui-ci devant se consacrer entièrement à sa fonction (art. 23 C.).

[2] La HATVP « estime qu'il existe, au regard des différents éléments dont elle a connaissance, un doute sérieux quant à l'exhaustivité, l'exactitude et la sincérité des déclarations qu'elle a déposées en 2012, 2013 et 2014 » et porte les faits à la connaissance du procureur de la République. Le Tribunal correctionnel de Paris a prononcé, le 23 sept. 2015, une relaxe partielle.

à 150 euros. La « charte » précise encore, ce qui semble aller de soi, que seules les dépenses directement liées à l'exercice des fonctions sont prises en charge par l'Etat. Les ministres disposant d'un logement de fonction doivent déclarer l'avantage en nature correspondant.

Enfin la « charte » rappelle que les membres du Gouvernement consacrent tout leur temps à l'exercice de leurs fonctions ministérielles. Ils doivent, de ce fait, renoncer aux mandats exécutifs locaux qu'ils peuvent détenir. Cette question du « cumul » est actuellement centrale.

B. L'arbitrage du Premier ministre

Le rôle d'arbitre joué par le Premier ministre n'a aucun rapport avec celui confié au Président de la République. Ici, le Premier ministre doit essentiellement régler les conflits de compétence entre les différents membres du Gouvernement. Il doit aussi règler les cas dans lesquels les intérêts des ministères s'opposent dans le cadre même de la politique gouvernementale. Parfois la querelle n'est pas (ou pas exclusivement) d'ordre financier[1]. Le plus souvent pourtant l'opposition se fera avec le ministère du Budget, hostile à un accroissement de dépenses que le ministre en charge du dossier juge indispensables. Il peut encore s'agir de la création ou de l'augmentation d'un impôt que le ministre (de l'Environnement, comme ce fut souvent le cas) juge indispensable à sa politique mais que le ministre des Finances juge inopportun en période de baisse des impôts. Il va de soi que très souvent les difficultés apparaissent à l'occasion de l'élaboration du budget, lorsque les ministres font connaître leur souhait de dépenses pour l'année à venir. Toutes les demandes ne pouvant pas être satisfaites, il appartient normalement au Premier ministre de procéder chaque année aux arbitrages nécessaires.

Il faut bien reconnaitre que le Premier ministre peine parfois à jouer ce rôle. Le fait que bien des décisions soient inspirées par la volonté présidentielle conduit souvent à ce que les arbitrages soient rendus par l'Elysée. S'ils ne le sont pas toujours directement par le Président de la République, les arbitrages sont le plus souvent l'affaire des conseillers de la Présidence (cf. p. 300) qui jouent fréquemment le rôle de contrôleur ministériel. Ce sont eux qui départageront les ministres en cas en conflit entre eux, au besoin en désavouant publiquement l'un des membres du Gouvernement. Matignon perd là encore un élément essentiel qui faisait sa puissance. Jusqu'alors, le Premier ministre était le seul (parfois avec le ministre des Finances) à être informé de tout ce qui se passait dans les différents départements ministériels. Ceci est de moins en moins vrai. L'Elysée est plus souvent mieux informé que le Premier ministre qui lui-même parfois est corrigé par l'entourage présidentiel.

C. Le Premier ministre, chef du gouvernement

Mais cette fonction essentielle d'arbitrage, le Premier ministre ne peut l'exercer (lorsqu'il l'exerce) que parce qu'il est le Chef du Gouvernement. C'est là le rôle essentiel que lui confie la Constitution ; ainsi si politiquement le Chef du Gouvernement est parfois le Président de la République, c'est toujours juridiquement le Premier ministre qui exerce cette fonction. En tant que tel, il est en effet chargé de faire régner la cohésion ministérielle, les ministres étant, dans un régime parlementaire, solidaires entre eux. De même, en cas de crise nécessitant une décision mettant en jeu plusieurs départements ministériels, le Premier ministre peut réunir des « réunions de ministres »[2] au cours desquelles les mesures nécessaires sont arrêtées[3].

---

[1] On se souvient de la mise au point du Premier ministre en août 2010 à propos des « salles de shoot » souhaitées par la ministre de la Santé, R. Bachelot. Elles ne sont « ni utiles, ni souhaitables ».

[2] Ce type de réunion se pratique également en période de cohabitation (cf. p. 322).

[3] C'est selon cette procéure que fut réglée la crise des « bonnets rouges » en 2013 par l'abandon de l'écotaxe (16 et 29 oct.).

Ainsi appartient-il au Premier ministre seul d'engager la responsabilité du Gouvernement devant l'Assemblée nationale. Alors que, sous la III° République, il était possible à n'importe quel ministre de mettre ainsi en jeu l'existence même du Gouvernement, y compris même en l'absence de tout accord du Président du Conseil, ce rôle est devenu l'apanage du seul Chef du Gouvernement depuis 1946. Sous la V° République, cette décision doit, qui plus est, être prise en Conseil des ministres pour que l'ensemble du Gouvernement soit informé du risque pris. La délibération du Conseil des ministres est requise, qu'il s'agisse de mettre en œuvre les al. 1 ou 3 de l'art. 49 C. Cependant, durant l'intérim du Premier ministre, à condition que le Conseil des ministres ait statué préalablement en présence du Premier ministre en titre, le Premier ministre intérimaire peut engager la responsabilité du Gouvernement sur un texte en utilisant l'art. 49 al. 3 C. (cf. p. 177). Il va de soi en revanche que le Premier ministre intérimaire ne pourrait pas faire usage de l'art. 49 al. 1 C. Le Conseil constitutionnel, lorsque des parlementaires soulèvent l'inexistence de la délibération du Conseil des ministres, vérifie en contrôlant sur un relevé de décisions dudit Conseil (Cons. const. 95-370 DC §7, 30 déc. 1995, Plan Juppé ; Cons. Const. 2004-503 DC §5, 12 août 2004, Libertés et responsabilités locales).

Si le Premier ministre arbitre parfois entre les différentes politiques possibles, s'il peut ainsi mettre en jeu l'existence même du Gouvernement, c'est parce qu'il appartient au Gouvernement, en vertu de l'art. 20 C. « de déterminer et de conduire la politique de la Nation ». Il n'est pas possible que le Parlement adopte une loi dont les dispositions méconnaîtraient ce principe constitutionnel fixé à l'art. 20 C. (Cons. const. 93-324 DC §§7 et s., 3 août 1993, Banque de France). C'est le Premier ministre qui en fait, après l'avis des ministres, **détermine et conduit la politique**, puisque c'est lui, en fait, qui agit au nom du Gouvernement qu'il dirige. Pour ce faire, il va exercer certains pouvoirs que la Constitution lui confie personnellement. Mais il exerce aussi les pouvoirs du Gouvernement parce qu'il en est le Chef. Les art. 20 C. et 21 C. doivent donc se lire dans ce sens et assurent en fait le transfert des pouvoirs du Gouvernement au Premier ministre.

II. LES POUVOIRS DU PREMIER MINISTRE

Comme pour le Président de la République, les pouvoirs dont la Constitution dote le Premier ministre sont destinés à lui permettre de remplir le rôle qui lui est assigné. En l'espèce, nous l'avons vu, le Premier ministre doit en principe, en tant que Chef du Gouvernement, déterminer et conduire la politique de la Nation. Deux catégories de pouvoirs en résulteront.

§1. Les pouvoirs permettant au Premier ministre de déterminer la politique de la Nation

Déterminer la politique d'une Nation c'est à la fois fixer les grandes orientations politiques choisies par le pays et disposer des moyens de traduire ces grands principes en règles de conduite applicables.

A. Le Premier ministre fixe les grandes orientations

C'est sans doute dans ce domaine que la pratique constitutionnelle s'éloigne le plus du contenu même de la Constitution. Nous montrerons comment le Président de la République a en fait accaparé dans de multiples circonstances le pouvoir de choisir les grandes orientations de la politique nationale. Pourtant, il ne dispose en principe d'aucun pouvoir lui permettant réellement d'agir de la sorte. Juridiquement, il peut simplement indiquer ses souhaits lors de ses interventions, messages, discours et autres conférences de presse. Parmi les discours qui peuvent permettre au Président de faire connaître les orientations qu'il souhaite, il faut désormais citer le discours au Congrès prévu à l'al. 2 de l'art. 18 C. Mais les souhaits du Président pourraient rester lettres mortes si le Premier ministre n'acceptait pas d'en être le relais. Nous aurons l'occasion de revenir sur cette ambiguïté (cf. p. 305 et s.). Plaçons-nous ici dans le strict cadre du texte constitutionnel lui-même, l'enrichissement par la pratique étant étudié par la suite.

La Constitution donne au Premier ministre deux occasions de faire connaître au Parlement la politique qu'il entend suivre, deux mécanismes réglés par le même **art. 49 C**. Dans un régime parlementaire, il est logique que ce soit aux assemblées que soient expliquées les orientations choisies par le Gouvernement pour qu'elles puissent ou non lui accorder leur confiance afin de mener à bien cette politique.

Or donc, il est prévu sous la V° République que le Gouvernement puisse demander à l'Assemblée nationale de se prononcer sur son programme et, éventuellement, sur la politique générale qu'il entend suivre.

Nous avons déjà envisagé l'art. 49 al. 1 C. sous l'angle de l'investiture (cf. p. 97). Nous avons montré que le texte supposait que le Gouvernement fasse approuver son programme aussitôt son entrée en fonction, mais nous avons également montré que la pratique n'avait pas toujours respecté ce principe. Il était pourtant logique que l'Assemblée puisse se prononcer sur les orientations choisies avant même qu'elles ne soient mises en œuvre. Certains gouvernements l'ont fait, d'autres pas. En tout cas, si l'art. 49 al. 1 C. était conçu pour fonctionner à l'entrée en fonction des gouvernements, rien n'empêche qu'il puisse l'être à d'autres occasions, au fur et à mesure que le programme ou les orientations politiques du Gouvernement changent.

Ainsi est-il envisageable que le Gouvernement fasse approuver de temps à autre son programme ou sa politique générale, qu'elle soit envisagée de manière globale ou qu'il s'agisse d'un aspect particulier de celle-ci. Du reste, si les gouvernements ont parfois refusé d'utiliser l'art. 49 al. 1 C. comme un mécanisme voisin de l'investiture, ils l'ont utilisé presque tous dans d'autres circonstances. M. Debré, J. Chaban-Delmas, P. Mauroy, J. Chirac et E. Balladur notamment devaient, tandis qu'ils étaient à Matignon depuis déjà quelque temps, demander un tel vote à l'Assemblée nationale parfois à plusieurs reprises. Il est du reste possible que cet article soit aussi utilisé non plus sur la politique générale du Gouvernement mais sur un aspect particulier de celle-ci (par ex. Mauroy, programme énergétique le 7 oct. 1991 ; Juppé, réforme de la sécurité sociale le 15 nov. 1996). Ainsi, certains premiers ministres ont-ils, durant l'exercice de leur fonction, engagé la responsabilité de leur gouvernement uniquement sur sa politique étrangère (par ex. Rocard le 16 janv. 1991 ; Fillon le 17 mars 2009).

Bien que d'une moindre portée, puisque sans risque pour le Gouvernement, une procédure du même type est prévue devant le Sénat (art. 49 al. 4 C.). Elle ne fut en fait que tardivement utilisée puisque c'est pour la première fois en 1975 que J. Chirac l'a mise en œuvre (cf. p. 121 et s.). En réalité, jusqu'à cette période, le Sénat était généralement hostile aux gouvernements en place et ceux-ci ne jugeaient pas utile d'aller solliciter un vote dont ils savaient à l'avance qu'il leur serait défavorable même (et peut-être surtout) si cela était sans conséquence puisque le Sénat ne peut renverser le Gouvernement.

Si l'utilisation de ces dispositions permet de tracer les grandes lignes de la politique que le Premier ministre et son Gouvernement désirent suivre, il convient ensuite de traduire ces principes dans la réalité, d'en affiner les dispositions pour que cette politique puisse devenir concrète, ce qui, là encore, relève de la détermination.

B. La détermination ponctuelle de la politique

Pour ce faire, le Premier ministre est doté d'un pouvoir essentiel : l'initiative des lois. En effet, en vertu de l'**art. 39 C.**, il partage avec les parlementaires le pouvoir de proposer des textes au vote du Parlement.

Les textes émanant du Premier ministre sont désignés sous l'appellation de « projets de loi » (cf. p. 154). C'est là bien sûr un pouvoir fondamental[1] qu'il utilise selon les besoins de sa politique, le Parlement ne pouvant lui enjoindre de l'utiliser de telle ou telle manière (Cons. const. 78-102 DC, 17 janv. 1979, Adaptation du VII° plan) ou dans un délai déterminé (Cons. const. 2000-428 DC, 4 mai 2000, Consultation de la population de Mayotte). C'est ainsi que ce qui n'est encore que vastes orientations peut commencer à prendre corps, que la politique qui n'était jusqu'alors que contours se détermine dans le détail, permettant ainsi qu'elle soit appliquée concrètement.

La Constitution de 1958 devait en outre apporter un certain nombre d'améliorations aux pouvoirs du Premier ministre dans ce domaine. En particulier, la possibilité lui est maintenant donnée de déposer des amendements au nom du Gouvernement[2] (art 44 al. 1 C.). Ce pouvoir l'autorise là encore, lorsque les parlementaires prennent eux-mêmes l'initiative d'un texte, à proposer qu'il soit modifié pour mieux correspondre aux orientations définies par le Gouvernement.

Enfin, il est encore donné au Premier ministre qui agit parfois au nom du Gouvernement de déterminer les détails de sa politique par deux procédés : les ordonnances (cf. p. 272) et les règlements autonomes (cf. p. 322 et s.).

§2. Les pouvoirs permettant au Premier ministre de conduire la politique de la Nation

La politique une fois déterminée dans ses grandes lignes et ses détails, il reste à la mettre en œuvre, à assurer l'entrée en vigueur des dispositions qui ont été préalablement adoptées. C'est là le rôle traditionnel de l'exécutif et plus particulièrement du Gouvernement qui est en effet chargé de l'exécution des lois[3]. C'est encore, même lorsque le rôle du Président de la République est prépondérant, la tâche essentielle mais ô combien ingrate du Premier ministre. C'est par l'édiction de règlements que cette exécution de lois sera assurée : c'est le pouvoir réglementaire (A). Mais, avoir la possibilité de prendre ainsi les règlements d'application des lois ne suffit pas, il faut également pouvoir les faire appliquer et donc dispo-

---

[1] On notera que le Président de la République en est dépourvu ce qui constitue pour lui, nous le verrons, un gros handicap. Cf. p. 321.

[2] Cf. la définition de ce terme p. 157.

[3] Le parlement exerce désormais un contrôle sur cette exécution (cf. p. 147).

ser du personnel suffisant pour assurer la mise en œuvre pratique des lois et des règlements qui les complètent (B).

A. Le pouvoir réglementaire d'application des lois

Les règlements sont des actes généraux et impersonnels pris par l'exécutif soit spontanément (règlements autonomes dont nous renvoyons l'étude à plus tard) soit pour l'application des lois (règlements dérivés, qui sont l'objet de ce point). La légalité des règlements est contrôlée par le Conseil d'Etat (cf. p. 467 et s.).

Ce pouvoir est à l'évidence une prérogative de l'exécutif dans les régimes de séparation des pouvoirs[1]. Sous la III° République, l'art. 3 de la LC du 25 févr. 1875 avait attribué ce pouvoir au Président de la République. Pourtant, à la suite de la crise de 1877, le Président du Conseil devait l'exercer effectivement grâce au contreseing, le Président de la République ayant dû céder de facto, une partie de ses prérogatives (cf. p. 26). Sous la IV° République, la Constitution (art. 47) confie donc officiellement ce droit au Chef du Gouvernement. Il en est de même sous la V° République : le pouvoir réglementaire d'application des lois est confié au Premier ministre. Le texte de l'**art. 21 C.** dispose en effet : "Il (le Premier ministre) assure l'exécution des lois". C'est ce que nous étudierons ici[2].

Les règlements d'application des lois pris par le Premier ministre peuvent se présenter[3] sous la forme de « décret simple », c'est-à-dire pris par le Premier ministre sans formalité ou de « décret en Conseil d'Etat » c'est-à-dire pris par le Premier ministre après avis des sections administratives de ce Conseil (cf. p. 461).

Il s'agit en fait de prendre les mesures ponctuelles nécessaires permettant aux lois, forcément plus générales, d'entrer en vigueur, sauf si celles-ci sont d'application directe, c'est-à-dire ne nécessitent pas de règlements d'application[4].

Dans la plupart des cas, les lois prévoient elles-mêmes l'existence de tels règlements d'application. Des formules comme : « Les présentes dispositions seront précisées par décret ... » ou encore : « Un décret précisera les conditions dans lesquelles le présent article ... » se rencontrent souvent[5]. Elles autorisent l'exécutif à prendre le ou les actes réglementaires nécessaires (CE 20 nov. 1953, *Féd. nat. déportés : Lebon 511*), et par la suite à les modifier (CE 30 mars 1960, *Comptoir agricole et commercial : Lebon 237*). Quand bien même la loi ne prévoirait pas l'existence de tels décrets, il est possible au pouvoir exécutif de mettre spontanément en œuvre son pouvoir réglementaire d'application (CE 28 juin 1918, *Heyriès : Lebon 651*).

Le pouvoir que détient ici le Premier ministre est loin d'être négligeable. En effet, une loi reste lettre morte tant que ses décrets d'application ne sont pas pris ; le Premier ministre peut donc retarder, voire empêcher, l'entrée en vigueur de la loi. Certes le Parlement a tou-

---

[1] Si le législateur méconnaît ce pouvoir et donc les dispositions de l'art. C. 21, il viole la constitution (Cons. const. 78-95 DC §9, 27 juill. 1978, Enseignement professionnel agricole).

[2] Il faut noter que dans certaines hypothèses, le Parlement confie au Président de la République le soin d'exécuter la loi sous la forme de « décret en Conseil des ministres » (cf. p. 322). De même encore le Parlement peut-il, dès lors qu'il s'agit de mesures limitées tant dans leur champ d'application que dans leur contenu (Cons. const. 88-248 DC §15, 17 janv. 1989, CSA. Cons. const. 2008-571 DC §8, 11 déc. 2008, LFSS), confier à une autorité administrative indépendante le pouvoir de prendre les mesures d'application.

[3] Il a existé par le passé une catégorie particulière de règlements d'application des lois, les "règlements d'administration publique". Remplacés en 1980 par des décrets en Conseil d'Etat, ils n'ont pas encore tous disparu, c'est pourquoi nous indiquons cette ancienne appellation.

[4] Si les mesures d'application ne sont pas indispensables pour l'entrée en vigueur de la loi, celle-ci entre en vigueur, normalement (TA Dijon, 11 juill. 2006. *Assoc. « Cercle vert international » : AJDA 2006. 2183, note Boissy*).

[5] Le Conseil constitutionnel estime que le législateur peut renvoyer à l'autorité réglementaire le soin de pourvoir à la mise en œuvre d'un principe fondamental du droit du travail qui ressortit normalement à sa compétence sous réserve que le pouvoir réglementaire ne dénature pas ce principe (Cons. const. 77-92 DC §4, 18 janv. 1978, Contre-visite médicale).

jours la possibilité théorique de renverser un Gouvernement qui agirait de la sorte mais force est de constater qu'il ne le fait pas et qu'il reste en fait très dépourvu face à l'inaction du Premier ministre. C'est donc le juge qui parfois sanctionne cette attitude[1]. Ainsi, le refus de prendre les décrets d'application est annulé par le juge et peut ouvrir droit à indemnité (CE 10 mars 1967, *Sté « Les ardoisières d'Angers » : Lebon 116*). Mais les refus sont rares et ce sont plus souvent des retards qui sont constatés.

Il n'en reste pas moins que la question de l'effectivité de l'entrée en vigueur de la loi se pose[2] et ce d'autant plus que le nombre de lois adoptées chaque année par le Parlement croît ainsi d'ailleurs que la « densité » législative de chacune d'elle[3]. Des lois plus nombreuses et plus longues génèrent donc nécessairement l'obligation de prendre un nombre plus important de décrets d'application, l'administration ayant du mal à suivre ce rythme. Les assemblées ont certes mis en place divers moyens pour contrôler l'application des lois (cf. p. 147) et les projets de loi doivent, dans leur étude d'impact (cf. p. 155) comporter un développement relatif aux mesures rélgementaires qu'ils induisent ; on peut néanmoins s'interroger sur l'efficacité de ces techniques et constater que le retard dans l'entrée en vigueur des lois, même s'il se résorbe, reste un problème.

Applicabilité au 30 septembre des lois promulguées hors conventions internationales (statistiques du Sénat)

Année Du 2 oct. au 30 septembre	**Lois promulguées** hors convetions internationales	**Application directe**	**Application totale/partielle**	**Innapplicables**	**% de règlements pris / % attendu**
2002/2003	55	13	7/10	25	
2003/2004	40	9	3/13	15	14
2004/2005	48	15	3/13	17	16
2005/2006	45	13	3/17	12	30
2006/2007	45	14	3/18	10	32
2007/2008	56	19	7/16	14	24
2008/2009	38	11	4/13	10	27
2009/2010	59	24	3/19	13	20
2010/2011	48	15	7/21	5	64
2011/2012	57	16	11/23	7	66
2012/2013	50	20	12/13	5	64
2013/2014	66	27	11/24	4	55

Pour tenter de faire pression sur l'exécutif, le législateur prévoit souvent que ces décrets d'application doivent être pris dans un délai fixé. Même dans ce cas, le Gouvernement peut, sans que cela soit considéré par le juge comme un excès de pouvoir, ne pas les édicter dans ce délai qui n'a pas un caractère impératif (CE 20 oct. 1950, *Cne de Saint-Eugène :*

[1] L'obligation de prendre les décrets d'application s'analyse en une obligation de modifier les actes réglementaires anciens qui ne permettent pas d'assurer la pleine application de la loi nouvelle (CE 28 juin 2002, *Villemain : Rec. CE 229*).

[2] Dans sa circulaire du 29 févr. 2008 (*JO 7 mars, p. 4233*), le Premier ministre indique que la non application de la loi pose un triple problème « de démocratie, de sécurité juridique et de responsabilité politique ».

[3] J.-L. Debré, Président du Conseil constitutionnel indiquait : « Est-il normal d'adopter des lois qui font 169 (en fait 149 dans la version du *Journal officiel*) pages (L. n° 2014-366 du 24 mars 2014 pour l'accès au logement et un urbanisme rénové) ? … Plus de sept mois après le vote de cette loi, sur les 190 décrets ou arrêtés nécessaires à son application, seulement 6 ont été publiés. N'y at-til pas là un véritable problème qui touche à la crédibilité de la loi ? » *Le Point*, 16 nov. 2014. On ajoutera que, depuis, cette loi a été modifiée (Loi Pinel et loi Macron) et que sa mise en œuvre a largement été reportée. De même avait-il indiqué lors des vœux du Conseil de janvier 2014 : « Le Conseil constitutionnel a aujourd'hui à connaître des lois aussi longues qu'imparfaitement travaillées. Il fait face à des dispositions incohérentes et mal coordonnées. Il examine des textes gonflés d'amendements non soumis à l'analyse du Conseil d'Etat » (Pouvoirs n° 150 p. 139). Cette diatribe lui avait valu la réplique du Président de la Commission des lois de l'Assemblée : « C'est étonnant, presque un peu discourtois (…). Je ne trouve pas que nous travaillons mal, ni que nous légiférions à la légère ».

Lebon 511) ; il suffit que les décrets soient pris dans un « délai raisonnable » (CE 27 nov. 1964, *Dame Vve Renard : Lebon 590*), notion particulièrement floue. Si les décrets d'application ne sont pas pris dans ce « délai raisonnable », le Conseil d'Etat peut y contraindre le Gouvernement en le condamnant à une astreinte (CE 11 mars 1994, *Soulat : Lebon 115*, notons qu'en l'espèce, le retard persistant, l'astreinte sera liquidée : CE 6 janv. 1995, *Soulat : AJDA 1995. 157*). Enfin, la loi du 8 févr. 1995 autorise maintenant le juge administratif à donner des injonctions à l'administration. Dès lors, lorsque le juge annule un refus de prendre des décrets d'application, il peut assortir sa décision d'une injonction de les prendre (CE 26 juill. 1996, *Assoc. Lyonnaise de protection des locataires : RFD adm. 1996. 768*), accompagnée, au besoin, d'une astreinte.

B. La direction de l'administration civile et militaire

Le Premier ministre doit enfin disposer de l'administration qui lui permettra de mettre en œuvre la politique choisie.

La Constitution en fait donc le chef de l'administration civile. Pour ce faire, elle lui confère le pouvoir de nommer aux emplois civils. Pourtant cette disposition a une portée très limitée. En effet, ou bien en vertu de l'art. 13 C. et de l'Ord. n° 58-1136 du 28 nov. 1958, c'est le Président de la République qui nomme les hauts fonctionnaires, ou bien des dispositions législatives, par souci de simplification, attribuent dans les autres cas ce pouvoir directement aux ministres. En fait, ce sont beaucoup plus les dispositions de l'art. 20 C., confiant l'administration au Gouvernement, qui jouent un rôle ici, puisque le Premier ministre dirigeant l'action du Gouvernement bénéficie, par transfert, de cette direction. Certes, le Premier ministre n'est pas le supérieur hiérarchique des autres ministres qui disposent, chacun pour ce qui le concerne, des services de leur département qui sont "mis à leur disposition". Pourtant, le Premier ministre donne, en cette matière, des instructions générales valables pour l'ensemble des services des différents ministères, y compris pour ce qui est de leur composition et de leur organisation. Pour ce faire, une Direction générale de l'administration et de la fonction publique reste le plus souvent rattachée au Premier ministre ou à un ministre de la Fonction publique très étroitement lié à lui (ministère délégué ou secrétariat d'Etat auprès du Premier ministre).

Pour ce qui est des dispositions relatives aux forces armées, elles empruntent les mêmes termes que celles relatives à l'administration civile, illustrant le principe républicain fondamental de subordination de l'armée au pouvoir civil. Pourtant, dans ce domaine, comme nous le montrerons (cf. p. 295 et 324), la prééminence de la Présidence de la République est telle que le Premier ministre joue incontestablement dans cette matière un rôle second.

§3. Les autres pouvoirs du Premier ministre

Le Premier ministre dispose encore d'autres pouvoirs, nombreux mais moins fondamentaux, soit qu'il les exerce parce qu'ils lui sont attribués à lui-même soit qu'il le fasse en tant que Chef du Gouvernement. L'un de ces pouvoirs essentiels est bien entendu l'usage du contreseing que le Premier ministre doit apposer sur les actes du Président de la République qui n'en sont pas dispensés. C'est là une arme essentielle qui lui permet en fait de contrôler largement l'action du Chef de l'Etat dans certaines occasions. Il ne s'agit pourtant pas là du seul lien entre les deux pôles de l'exécutif. Ainsi, le Premier ministre est appelé, en vertu de la Constitution, à donner un certain nombre d'avis sur des décisions prises par le Président de la République. Ainsi est-il consulté, en vertu de l'art. 12 C. lorsque le Président décide de recourir à la dissolution, en vertu de l'art. 16 C. lorsqu'est envisagé l'usage des pouvoirs exceptionnels. Par ailleurs, il appartient au Premier ministre de proposer au Président de la

République l'utilisation de certaines procédures comme le référendum (art. 11 C.) ou la révision de la Constitution (art. 89 C.). Dans tous ces cas, le pouvoir du Chef du Gouvernement sera souvent fonction des rapports qu'il entretient avec le Chef de l'Etat qui, dans certains cas, pourra lui demander de bien vouloir faire cette proposition (cf. p. 79).

Il appartient aussi au Premier ministre, en application des art. 54 C. et 61 C. de la Constitution, de saisir le Conseil constitutionnel. On notera que le Premier ministre, comme le Président de la République du reste, utilise peu cette faculté. Par ailleurs, il appartient au Premier ministre de saisir aussi le Conseil pour qu'il contrôle les lois organiques ; dans ce cas, il doit obligatoirement procéder à la saisine. Enfin, l'art. 12 de la LO 2004-192 du 27 févr. 2004 portant statut de la Polynésie française (cf. p. 344) a étendu au Premier ministre la possibilité de saisir le Conseil constitutionnel pour demander le déclassement d'une disposition législative qui serait intervenue dans l'une des compétences de cette COM.

Mais la plupart des autres pouvoirs du Premier ministre sont relatifs à la procédure législative. En effet, sous la V° République, l'action du Parlement est largement dominée, voire domestiquée, par la volonté du Premier ministre ou du Gouvernement, dont les décisions sont mises en œuvre par le Premier ministre.

Titre II : La domestication du Parlement

En dehors de la renaissance de l'exécutif, le second élément clef de la réussite constitutionnelle en 1958 devait toucher le Parlement. Les critiques essentielles faites aux constitutions antérieures portaient justement sur le rôle joué par l'institution parlementaire dans la déformation voire la dégradation des institutions. Ainsi, la III° République voit-elle dans les années trente se déchaîner contre elle un antiparlementarisme d'autant plus à la mode que le spectacle donné par le fonctionnement des assemblées est incontestablement désastreux.

Pourtant, le principe même de la démocratie représentative implique la mise en place d'un Parlement dont le rôle est ici d'autant plus nécessaire que le régime imposé par la LC du 3 juin 1958 doit être, comme les précédents, parlementaire. Restait donc à s'assurer que le Parlement de la nouvelle République ne tomberait pas dans les travers de ses devanciers. Restait à faire en sorte que l'exécutif ait, sur le Parlement, plus de prise que dans les Républiques antérieures. La rationalisation du parlementarisme, déjà entreprise en 1946 sans réel succès, devait donc être poursuivie, amplifiée, systématisée, au point de devenir l'une des pierres angulaires du nouveau régime.

Il n'est du reste pas sans intérêt de noter que, les années ayant passé, cette rationalisation du parlementarisme est maintenant contestée dans certains de ses aspects. La révision constitutionnelle de 1995 a du reste été présentée comme gommant pour partie les excès des règles originelles. D'avoir été, peut-être, trop réussie, la rationalisation du parlementarisme est maintenant, pour certains, un handicap au développement harmonieux de la pratique constitutionnelle. Sans doute faut-il voir l'origine des critiques actuellement formulées en ce sens dans l'effet de cette rationalisation : la domestication du Parlement.

En effet, si telle n'était point à l'origine la volonté du constituant, il a été mis tant de fougue à la mise en œuvre de la rationalisation que le Parlement s'en est trouvé totalement domestiqué. Le Parlement est maintenant si bien au service de l'exécutif qu'il semble plus obéir que légiférer et contrôler. Menée sur deux plans, elle est le résultat autant de la mise en œuvre de moyens techniques, de mécanismes juridiques, de procédures (Chapitre II) que de réformes plus directement politiques (Chapitre I).

CHAPITRE I

LA DOMESTICATION POLITIQUE DU PARLEMENT

BIBLIOGRAPHIE : - M. ABELES, *Un ethnologue à l'Assemblée*, O. Jacob, 2001. - P. AVRIL, J. GICQUEL et J.-E. GICQUEL : *Droit parlementaire*, Domat, LGDJ. – J.-L. DEBRE : *Qu'est-ce que l'Assemblée nationale*, L'archipel, 2006. – J. GARRIGUES : *Histoire du Parlement de 1789 à nos jours*, Colin, 2007. - D. MAUS, *Le Parlement sous la V° République*, Que sais-je ? PUF. — *Pouvoirs n° 146* : Le renouveau du Parlement.

Web. - Voyez les documents des pages : http://www2.assemblee-nationale.fr/decouvrir-l-assemblee/role-et-pouvoirs-de-l-assemblee-nationale et http://www.senat.fr/role/index.html.

Nous touchons sans doute ici à l'un des aspects les moins connus de la rationalisation du parlementarisme. Il est pourtant non négligeable et n'a pas manqué d'être efficace en éradiquant certains des éléments les plus critiquables des Républiques antérieures. L'activité du constituant s'est déployée ici dans deux directions distinctes. D'une part, il a voulu par quelques règles simples réduire la souveraineté du Parlement (I) ; d'autre part, il a voulu que soit enfin possible la mise en œuvre du contrepoids, naturel en régime parlementaire, à la responsabilité du Gouvernement devant le Parlement : la dissolution (II).

I. L'ABAISSEMENT DE LA SOUVERAINETE PARLEMENTAIRE

L'idée même de souveraineté parlementaire doit normalement choquer. Dans les mécanismes traditionnels mis en place depuis la disparition de la souveraineté de droit divin, on connaît traditionnellement deux souverains : le peuple ou la Nation, conduisant respectivement à un régime de souveraineté populaire ou nationale (cf. p. 205 et s.). Estimer que le Parlement puisse être souverain, c'est admettre en fait qu'il puisse confisquer pour lui-même ce qui appartient au peuple ou à la Nation. Certes, on voit bien le raisonnement mené. Réserve faite des cas exceptionnels de démocratie directe, les régimes démocratiques supposent pour fonctionner un Parlement mandaté par le peuple ou représentant la Nation. Par confusion, par osmose, le Parlement finit par croire qu'il est le peuple ou la Nation et donc qu'il est lui-même le souverain, oubliant son rôle second de mandataire ou de représentant du souverain. En fait, et plus prosaïquement, les parlementaires étant alors les seuls élus, ils se croient investis du pouvoir, de tout le pouvoir et ont tendance à abuser de cette onction élective, dont ils pensent qu'elle les rend plus dignes de décider que l'exécutif. Sans entrer dans les détails de cette interprétation, déformant le rôle d'origine, nous montrerons les conséquences souvent néfastes de cette attitude dans l'étude des différents points qui suivront. Reste que le constituant de 1958 a voulu, en fait, remettre le Parlement à sa vraie place, celle d'un représentant de la Nation et non celle d'un souverain. Pour cela il va s'attaquer tant à des éléments fondamentaux du parlementarisme français qu'à des mécanismes d'apparence plus secondaire mais qui se révéleront importants.

§1. La mise en place d'un bicamérisme imparfait

Bien qu'apparemment traditionnel dans nos constitutions, le bicamérisme n'a pas toujours été de mise (A). Il présente, sous la V° République, des aspects particuliers (B).

A. Les origines du bicamérisme français

Instaurer une constitution bicamérale est souvent la conséquence de l'organisation de l'Etat lui-même. Diverses hypothèses dans lesquelles le bicamérisme s'impose peuvent ainsi être mises en évidence (1). On notera pourtant que ces hypothèses n'ont pas de raison de s'appliquer en France où le bicamérisme prend donc un aspect particulier (2).

1. Les hypothèses théoriques

Le nombre de chambres composant le Parlement français n'a pas toujours été de deux. Du reste, il faut bien le reconnaître, le bicamérisme ne se justifiait pas à l'origine. En effet, on conçoit en général qu'un Parlement soit composé de deux chambres dans deux hypothèses. Ou bien, résultat d'une longue évolution historique, les chambres représentent l'une la noblesse et l'autre les roturiers. Ou bien, l'Etat étant composé d'un groupement d'Etats se fédérant pour réaliser ensemble certaines politiques, l'une des chambres représente ces Etats fédérés, l'autre le peuple.

La première hypothèse est évidemment la plus ancienne. Dans les régimes monarchiques, la chambre de la noblesse apparaît tout d'abord, les nobles souhaitant contrôler peu ou prou le pouvoir royal, en particulier les prélèvements fiscaux et l'utilisation faite de l'argent ainsi prélevé autoritairement. C'est ainsi que naquit au XII° siècle en Grande-Bretagne, berceau de la démocratie moderne, le "Magnum Concilium" qui devint par la suite la Chambre des Lords. Puis, au fil des luttes successives, au fur et à mesure de la montée du principe démocratique, la noblesse perd ce monopole et les roturiers sont à leur tour représentés dans une assemblée distincte qu'ils élisent mais qui dispose de pouvoirs réduits ; elle les accroîtra par des conquêtes successives. C'est le schéma suivi là encore en Grande-Bretagne, le Parlement s'augmentant au XIII° siècle du "Commun Concilium" qui devint la Chambre des Communes. De cette origine historique vient la tradition de qualifier la chambre élue par le peuple "Chambre basse" et l'autre "Chambre haute".

La seconde hypothèse relève de la logique même de l'Etat fédéral.

Un Etat fédéral est un Etat dont la constitution prévoit l'existence d'Etats fédérés dotés chacun d'une constitution. La constitution fédérale répartit les compétences entre la Fédération et les Etats la composant. En principe la Fédération dispose au minimum de la compétence en matière de défense, de diplomatie et de monnaie. Sont par exemple des Fédérations les Etats suivants : USA ; Suisse ; RFA ; Canada ; Australie ; Brésil ; Nigeria ; Inde…

Pour que soient représentés à la fois le peuple de toute la Fédération et les différents Etats la composant, la constitution fédérale prévoit l'existence de deux assemblées, l'une élue directement par le peuple (Chambre des représentants aux USA ; Bundestag en RFA), l'autre représentant les Etats dont les membres sont élus dans chacun des Etats (Sénat aux USA ; Bundesrat en RFA). Dans cette assemblée, il est fait en sorte que les Etats membres de la Fédération soient représentés le plus également possible (égalité parfaite aux USA : deux Sénateurs par Etat (cf. p. 23) ; pondération en RFA : de 3 à 6 représentants par Etat).

2. La solution française

H

En France, aucune de ces deux origines ne peut être valablement invoquée. Pays unitaire, la France indivisible n'a pas à faire entendre ses composantes. Quant à la représentation de la noblesse, elle ne trouve pas sa place en 1789, date à laquelle on affirme justement dans la déclaration des Droits de l'Homme et du Citoyen (art. 1) l'égalité des hommes sans distinction de naissance. Du reste, la Révolution s'opérera par la réunion en une "Assemblée nationale" des trois "Ordres" composant jusqu'alors les "Etats Généraux" : Noblesse, Clergé et Tiers Etat. Quant à la Constitution qui sera rédigée par cette Assemblée nationale (3 sept. 1791), elle sera également monocamérale : le Parlement y est composé du seul "Corps Législatif". Il en ira de même de la Constitution du 24 juin

1793, première constitution républicaine (An I) rédigée par l'assemblée unique qu'est la "Convention nationale". Ainsi aux origines de notre histoire constitutionnelle ne trouve-t-on pas le bicamérisme.

Ce n'est qu'avec le "Directoire" (Constitution du 22 août 1795 ; An III) que le Parlement français est pour la première fois composé de deux chambres. La raison essentielle qui conduit à ce choix vient de la terreur qu'avait fait régner la Convention, cumulant tous les pouvoirs et ayant conduit à la dictature. De la même façon que l'on veut diviser l'exécutif pour éviter les dangers que fait courir un Chef d'Etat trop puissant en créant un "Directoire" de cinq membres, on veut éviter les dangers d'un Parlement hégémonique en créant deux assemblées : dans les deux cas diviser pour éviter la dictature. Mais il n'est évidemment pas question de faire disparaître le principe d'égalité des hommes ou d'indivisibilité de la République. Les deux assemblées seront donc élues exactement de la même manière et pour la même durée et disposeront de pouvoirs similaires. La Nation élira 750 représentants et d'abord les 250 membres de la chambre haute ; ils doivent avoir plus de quarante ans, être mariés ou veufs et ils forment une assemblée que l'on appellera le "Conseil des Anciens". Les 500 autres représentants à élire composeront l'autre chambre logiquement dénommée "Conseil des cinq cents".

Par la suite, le bicamérisme sera prépondérant. Si l'on exclut le Consulat et le l'Empire, période durant laquelle on a voulu réduire le Parlement et la fonction législative en la répartissant entre trois, voire quatre assemblées domestiquées, le bicamérisme fut normalement réintroduit avec la Restauration. Les deux Chartes, reprenant le modèle britannique, mirent en place une chambre élue par le peuple au suffrage censitaire (Chambre des Députés) et une chambre de la noblesse (Chambre des Pairs). En revanche, la II° République revint à la tradition révolutionnaire du monocamérisme. Le Second Empire connut à nouveau une période d'abaissement du Parlement avant de consacrer le bicamérisme au fur et à mesure de sa libéralisation.

A la chute de l'Empire, la question du nombre de chambres composant le Parlement revint à l'ordre du jour, au point même d'être un élément essentiel du compromis d'où sortirent les lois constitutionnelles de 1875. A l'Assemblée nationale, chambre unique chargée de rédiger la nouvelle constitution, les monarchistes, favorables au bicamérisme, étaient majoritaires mais divisés. Deux prétendants se disputaient le futur trône sans qu'une solution rapide semblât envisageable. La République fut provisoirement admise par les monarchistes tandis que les républicains consentaient à la mise en place d'une seconde chambre prête à accueillir la noblesse en cas de restauration prochaine : le "Sénat". Encore fallait-il trouver une formule justifiant l'existence des deux chambres. On trouva une solution dans un mode d'élection différent. La "Chambre des Députés" sera élue au suffrage universel direct ; l'essentiel des sénateurs le sera au suffrage indirect alors que 75 seront nommés à vie. La République s'affirmant peu à peu, il sera possible de remettre en cause l'existence de ces sénateurs viagers qui, dans une révision intervenue en 1884, seront supprimés. Leurs sièges seront, au fur et à mesure qu'ils seront vacants, répartis dans les départements les plus peuplés pour être pourvus par élection.

Quant au rôle confié à cette seconde chambre, il est, sous la III° République tout à fait considérable. En fait, elle dispose des mêmes pouvoirs que la Chambre des Députés, élue au suffrage universel direct et mieux encore elle participe à la procédure de dissolution de celle-ci.

Du point de vue du pouvoir législatif proprement dit, c'est-à-dire du vote des lois, le Sénat dispose de pouvoirs identiques. Il doit adopter les textes dans les mêmes termes que la Chambre des Députés et, tant que cela n'est pas obtenu, la navette entre les deux assemblées se poursuit indéfiniment. De même, le Sénat contrôle le Gouvernement selon des procédures identiques à celles utilisées devant la Chambre (cf. p. 153 et 182). Certains juristes se sont interrogés sur la logique d'un tel contrôle. Tirant argument de l'impossibilité de dissoudre le Sénat, ils estimaient que cette assemblée ne pouvait dès lors renverser le Gouvernement. Pourtant les lois constitutionnelles de 1875 sont, sur ce point, parfaitement claires. L'art. 6 de la loi du 25 févr. 1875 dispose en effet : "Les ministres sont solidairement responsables devant les chambres de la politique générale du Gouvernement". Ainsi, et de manière parfaitement constitutionnelle, le Sénat participait-il à l'investiture des gouvernements et pouvait-il les renverser soit de sa propre initiative, soit en refusant la confiance sollicitée.

Encore l'égal de la Chambre des Députés, le Sénat participait, réuni avec elle dans une seule chambre dénommée "Assemblée nationale", à l'élection du Président de la République et à la procédure de révision.

Enfin, le Sénat, qui ne pouvait lui-même être dissous, était obligatoirement consulté sur l'opportunité d'une dissolution de la Chambre des Députés. Son avis favorable était indispensable pour que le Président de la République puisse prononcer cette dissolution, ce qui marque l'importance attribuée à cette assemblée par les constituants de 1875.

La discussion sur la nécessité d'une seconde chambre rejaillira en 1945 lors de la rédaction de la Constitution de la IV° République. C'est qu'en effet le rôle du Sénat de la III° République avait été contesté. On lui reprochait en particulier d'être conservateur, d'avoir souvent rejeté des propositions de loi présentées par des gouvernements de gauche ou mieux encore d'avoir systématiquement renversé ces derniers. En fait, s'il est vrai que le Sénat a joué un rôle non négligeable pour que les partis politiques centristes gardent le pouvoir, le dysfonctionnement du Parlement sous la III° République ne doit pas lui être imputé totalement. Il n'a renversé que 10 gouvernements et parmi ceux-ci aussi bien un Gouvernement présidé par Pierre Laval que le Gouvernement de "Front Populaire" présidé par Léon Blum. Par ailleurs, il a permis d'éviter que de nombreux textes, mal préparés, votés à la hâte par la Chambre des Députés et par conséquent difficilement applicables, ne fussent définitivement adoptés. Mais il est vrai aussi que son rôle dans la crise de 1877 et en particulier l'avis favorable qu'il avait donné pour la dissolution de la Chambre des Députés par le Président Mac Mahon restaient présents dans la mémoire des républicains qui critiquaient aussi son mode d'élection, favorisant avant tout les notables centristes des campagnes : le Sénat n'apparaissait pas comme une assemblée progressiste, ce qu'il n'était d'ailleurs pas. On se souvient en particulier de son hostilité pour accorder le droit de vote aux femmes.

Les parlementaires de gauche (SFIO et communistes), majoritaires à l'Assemblée constituante élue en 1945, gardaient donc un mauvais souvenir de cette institution et étaient dès lors hostiles au bicamérisme. En revanche, les démocrates-chrétiens du M.R.P., centristes dans l'âme, y étaient favorables.

La seconde constituante dut tenir compte de cet élément et finit par se ranger à une solution hybride d'une seconde chambre aux pouvoirs largement diminués : le "Conseil de la République" élu encore au suffrage indirect. Celui-ci ne pouvait pas renverser les gouvernements qui n'étaient pas responsables devant lui et ne disposait en matière législative que d'une faculté d'empêcher à condition de rejeter le texte à la majorité absolue. L'Assemblée nationale pouvait pourtant parvenir à surmonter cet obstacle par un vote acquis à la même majorité. Une révision de 1954 rendit au Conseil de la République une partie des pouvoirs de l'ancien Sénat mais seulement dans le domaine législatif en rétablissant une navette limitée à cent jours.

La question de l'existence d'une seconde chambre apparaît pourtant comme réglée sur deux points au moins : son existence est indispensable ; son élection se fait au suffrage indirect. C'est à partir de ces bases que les constituants de 1958 appréhenderont la question.

Le premier projet de constitution qui fut présenté aux Français en mai 1946 était donc monocaméral et l'essentiel de la campagne référendaire sur la constitution fut consacré à ce point.

Le général De Gaulle, encore influent, étant lui-même hostile au monocamérisme, le projet fut rejeté par une majorité de Français[1].

B. Le bicamérisme sous la V° République

La question de l'organisation et des pouvoirs du Parlement sous la V° République sera réglée par la reprise des principes traditionnels que nous venons d'énoncer tout en maintenant un mécanisme inégalitaire qui, sans être aussi marqué que celui mis en place en 1946, laisse malgré tout le Sénat dans une position de large infériorité par rapport à l'Assemblée nationale.

[1] L'existence d'une seule chambre n'est pas la seule raison de l'échec du référendum du 5 mai 1946 mais y contribua largement.

1. L'affirmation des principes traditionnels du bicamérisme

L'art. 24 C. est donc, comme nous venons de le montrer, le pur produit de l'évolution historique dans le domaine de la conception du Parlement dans les systèmes constitutionnels de la France, Etat unitaire.

Il contient d'abord l'indication du principe bicaméral : "Le Parlement comprend l'Assemblée nationale et le Sénat". Il poursuit en précisant que, si l'Assemblée nationale est élue au suffrage direct et comprend un maximum de 577 députés, le Sénat, lui, est élu au suffrage indirect et comprend un maximum de 348 sénateurs. Qui plus est, une mission spécifique lui est assignée : représenter les collectivités territoriales de la République. De cette mission découlera logiquement la composition de son collège électoral (cf. p. 228 et s.).

2. Le caractère inégalitaire du bicamérisme

En dehors de la révision constitutionnelle, du vote des lois organiques relatives au Sénat lui-même et de la loi organique relative au vote et à l'éligibilité des citoyens de l'Union résidant en France (art. 88-3 C.) (cf. p. 195) le Sénat ne dispose pas des mêmes pouvoirs que l'Assemblée nationale. Le caractère inégalitaire du bicamérisme dans la Constitution de 1958 se marque tout autant dans le rôle législatif du Sénat (a) que dans les contrôles qu'il peut mener vis-à-vis du Gouvernement (b).

a) L'inégalité dans le contrôle parlementaire

Nous avons noté que si le Sénat de la III° République disposait en matière de contrôle parlementaire des mêmes pouvoirs que la Chambre des Députés et pouvait donc renverser le Gouvernement, jamais le Conseil de la République ne disposa d'un tel pouvoir. Néanmoins, certains gouvernements de la IV° République, alors que la Constitution de 1946 ne le prévoyait pas, voulurent obtenir du Conseil de la République une approbation des grandes orientations de leur politique. C'est en quelque sorte la constitutionnalisation de ce mécanisme que la V° République réalisa.

En effet, si l'art. 20 C. indique que le Gouvernement est responsable devant le Parlement, il est aussitôt corrigé par la formule « dans les conditions et suivant les procédures prévues aux art. 49 et 50 ». Le Conseil constitutionnel devait interpréter cette disposition comme instaurant une exclusivité, la responsabilité du Gouvernement ne s'exerce que dans les conditions prévues à ces art. (Cons. const. 59-2 DC §9, 17 juin 1959, Règlement de l'AN I). C'est donc à ces articles qu'il convient de se référer. Or, l'art. 49 al. 4 prévoit simplement que « Le Premier ministre a la faculté de demander au Sénat l'approbation d'une déclaration de politique générale ».

On notera qu'il s'agit ici d'une simple faculté et qu'il n'est dès lors pas question de s'interroger sur l'existence éventuelle d'une investiture du Gouvernement par le Sénat. Contrairement aux pratiques de la III° République, mais conformément à celles de la IV°, le Sénat n'intervient pas dans la formation des gouvernements. Il n'a pas à en approuver a priori la composition ou la politique. Le Premier ministre dispose certes de la faculté de lui demander un vote mais les termes ici sont clairs : cette faculté se limite à l'approbation d'une simple déclaration de politique générale et non à celle d'un programme. Les difficultés d'interprétation de l'art. 49 al. 1 C. ne se retrouvent pas ici.

On suppose bien sûr que les Premiers ministres n'utiliseront cette faculté que dans la mesure où ils sont sûrs d'obtenir un vote favorable du Sénat alors que dans les autres cas ils s'abstiendront d'y recourir. De toute façon, le risque est inexistant. Dans l'hypothèse même où le Sénat viendrait à émettre un vote négatif, celui-ci n'a aucun effet sur l'avenir du Gouvernement qui reste en place (même si, bien sûr, il ne sortirait pas grandi de l'épreuve). L'art. 50 C., en effet, n'assortit le vote sénatorial d'aucune sanction.

Les Premiers ministres ont du reste fait un usage très parcimonieux de la faculté mise en place à l'art. 49 al. 4 C. En fait, et durant toute la période durant laquelle le Sénat était dans l'opposition au début de la V° République (1958-1969) ou observait une neutralité critique (1969-1974), les Premiers ministres n'ont jamais rien demandé au Sénat. Il fallut attendre le septennat de V. Giscard d'Estaing pour voir un Premier ministre (J. Chirac) user pour la première fois de cette faculté, le 10 juin 1975. Son successeur, R. Barre, fit de même profitant de ce que la majorité du Sénat était favorable au Gouvernement. Bien sûr, dès l'arrivée au pouvoir de F. Mitterrand cet usage fut abandonné du fait de l'hostilité du Sénat au Parti socialiste alors que, profitant de la cohabitation, J. Chirac le reprit dès le 15 avr. 1986, lors de la première cohabitation ainsi qu'E. Balladur durant la seconde. Enfin, A. Juppé, J.-P. Raffarin, D. de Villepin et F. Fillon l'utilisèrent également lors de la nomination de leurs Gouvernements. Dans ces cas, un vote est organisé après la lecture devant le Sénat de la déclaration de politique générale que le Gouvernement demande à l'Assemblée nationale d'approuver en vertu de l'al. 1er de l'art. 49 C. Désormais, les Gouvernements (Fillon : 24 nov. 2010 ; Ayrault II : 3 juill. 2012 ; Valls I. : 8 avr. 2014 ; Valls II : 16 sept. 2014) font simplement lire devant le Sénat cette déclaration sans que cette lecture soit suivie d'une mise en œuvre de l'al. 4 du même art. Il s'agit là d'un élément de pure courtoisie n'ayant aucune incidence politique.

Notons enfin que, alors même qu'ils disposaient d'une majorité au Sénat, les Gouvernements Ayrault II et Valls I n'ont pas utilisé cet alinéa après la constitution de leur second Gouvernement. Ils ont préféré l'organisation d'un débat (4 juill. 2012 ; 9 avr. 2014) ne débouchant pas sur un vote conformément à l'art. 50-1 C. (cf. p. 146). Le Gouvernement Valls II n'a même pas utilisé cette possibilté.

Il n'est en fait jusqu'à présent que Michel Rocard pour avoir tenté d'obtenir, alors même que le Sénat lui était hostile, un vote favorable de la haute assemblée. Il l'obtint en effet le 20 nov. 1989 sur la politique de la France à l'égard des pays d'Europe de l'Est. Pourtant dans des circonstances particulières comme celles par exemple de la "Guerre du Golfe", obtenir un vote favorable du Sénat n'est pas sans importance pour marquer l'unité de la France lors d'une crise exceptionnelle et l'on eût sans doute mal compris que le Sénat ne fût pas associé à la politique alors menée. Ceci conduisit le Gouvernement Rocard à solliciter et à obtenir à nouveau un vote du Sénat le 16 janv. 1991. En revanche, il faut noter que, en l'absence de majorité sénatoriale certaine[1], la déclaration de politique générale relative à la réintégration de la France dans l'OTAN (F. Fillon, 17 mars 2009) a simplement été lue au Sénat sans être suivie d'un débat et d'un vote.

Le fait que ce vote soit sans conséquence politique lui retire une grande part de sa portée. Le Sénat n'a plus la possibilité de renverser un Gouvernement et ne participe donc plus au contrôle de censure du Gouvernement qui en fait n'est responsable que devant l'Assemblée nationale. Cette disposition n'est pas sans conséquence, en particulier sur les possibilités de l'alternance politique qui est ainsi facilitée. Il suffit en effet qu'une majorité se dessine à l'Assemblée nationale pour qu'un Gouvernement ait la possibilité de gouverner ; peu importe que le Sénat soit ou non dans l'opposition. C'est ici un des éléments essentiels de la Constitution. Que la majorité change à l'Assemblée nationale et c'est le Parlement tout

---

[1] Cf. note n° 2 p. 124.

entier qui se trouve en fait avoir changé de majorité. L'alternance est donc possible dès cet instant, assurant ainsi le respect des principes démocratiques puisque l'Assemblée nationale seule est élue au suffrage universel direct.

Qui plus est, la possibilité donnée à un Gouvernement de gouverner sans le Sénat est d'autant plus réelle que l'inégalité entre les deux chambres dans le cadre du contrôle parlementaire se double d'une inégalité dans la procédure législative.

b) L'inégalité dans la procédure législative

On indiquera tout d'abord qu'il existe un mécanisme de priorité applicable pour chaque assemblée. En premier lieu, et en conséquence du principe du consentement du peuple à l'impôt, les projets de loi à caractère financier –loi de finances ou de financement de la sécurité sociale– (cf. p. 192) sont prioritairement déposés sur le bureau de l'Assemblée nationale. Depuis la révision constitutionnelle du 28 mars 2003, les projets de loi ayant pour principal objet l'organisation des collectivités territoriales sont soumis en priorité au Sénat (cf. p. 154 et 228 et s. pour la mission de représentation confiée au Sénat).

En dehors de ces priorités, sur le plan de la procédure législative, la Constitution de 1958 a choisi une formule à mi-chemin entre les dispositions constitutionnelles en vigueur sous la III° République et celles de la Constitution de 1946.

Le principe, fixé à l'art. 45 al. 1 C. est celui de la navette entre les deux chambres jusqu'à l'adoption d'un texte identique. Mais, outre le fait qu'un mécanisme soit mis en place pour essayer d'accélérer l'élaboration de ce texte, des dispositions sont prévues pour éviter un blocage du système et une navette indéfinie[1].

α. Le mécanisme de recherche d'un compromis entre les chambres

L'art. 45 al. 2 C. prévoit en effet que, si un désaccord persiste entre les assemblées après deux lectures par chacune d'elles (ou une seule en cas de procédure accélérée : cf. p. 179), il est possible au Premier ministre ou aux présidents des assemblées agissant conjointement mais uniquement si le texte en discussion est issu d'une proposition de loi, de provoquer la réunion d'une Commission Mixte Paritaire (CMP). Cette commission est composée, comme son nom l'indique, d'un nombre égal de députés et de sénateurs. Il y a 7 titulaires par assemblée (art. 111 RAN et art. 12 RS) et 7 suppléants destinés à garantir le maintien de la parité. Les membres sont désignés selon un mécanisme complexe qui n'assure pas toujours la représentation de l'opposition parlementaire même si, en principe, la CMP doit refléter les rapports de force existant dans les assemblées. La composition de la délégation du Sénat a cependant été modifiée par le Président Larcher et comporte désormais 4 sénateurs de la majorité et trois de l'opposition.

La CMP est chargée de proposer un texte acceptable par les deux chambres sur les dispositions qui n'ont pu être adoptées dans les mêmes termes durant les deux premières lectures ce que l'on appelle les « dispositions restant en discussion ». Ce texte est ensuite soumis aux deux assemblées qui, on l'espère, le voteront rapidement, les amendements[2] sur le texte proposé par la CMP n'étant recevables que si le Gouvernement en est d'accord (art. 45 al. 3 C.). Il s'agit là en fait d'un mécanisme préventif destiné à éviter un conflit durable entre les chambres composant le Parlement. Le bilan de ce système est du reste relativement positif du moins jusqu'en 1981.

---

[1] Une information statistique précieuse a été donnée par le rapport d'onformation n° 128, 2010 : au 30 sept. 2010, sur les 3203 lois adoptées depuis le début de la V° République, 66,72 % ont été adoptées au terme de la navette, 22,17 % à l'issue d'une CMP et 11,11 % par l'Assemblée nationale statuant seule.

[2] Sur la question des autres amendements, cf. infra la « théorie de l'entonnoir p. 165.

En général en effet, lorsqu'une CMP est constituée, l'accord des deux assemblées, sur le texte qu'elle propose, est obtenu assez facilement[1]. Bien entendu, La CMP parvient à trouver le texte de compromis plus facilement lorsque le Sénat soutient le Gouvernement (1969-1981 ; 1986-1987 ; 1993-1997 ; 2002-2011[2] ; 2012-2014[3]) ; ainsi sous la XIIIe législature et avant le changement de majorité sénatoriale en sept. 2011, 2 CMP seulement n'aboutirent pas. Sous la XIVe législature, la CMP parvient à un accord dans près des deux tiers des cas (2012-2013 : 18/30 ; 2013-2014 : 27/38). Dans les autres hypothèses, ce succès tourne néanmoins autour de 50 % (1962-1968), 30 % (1988-1993), 25 % (1981-1985) et 33 % (1997-2002). Ainsi, à partir du changement de majorité sénatoriale en 2011 et jusqu'en déc. 2011, 6 des 7 CMP convoquées n'aboutirent pas ; de même à partir du nouveau basculement de septembre 2014, 15[4] des 27 CMP n'ont pas abouti. Restent donc quelques cas dans lesquelles le mécanisme de la CMP ne permet pas de réduire les divergences entre les chambres. Dans ce cas, plutôt que de laisser la navette se poursuivre indéfiniment, la Constitution a prévu que le vote du texte par une seule des assemblées suffisait. La logique du mécanisme démocratique imposait que ce droit fût accordé à l'Assemblée nationale, seule élue au suffrage universel direct.

β. Le dernier mot à l'Assemblée nationale

Si la CMP échoue dans la recherche d'un texte acceptable par les deux assemblées ou si le texte qu'elle propose n'est pas adopté, il est alors possible au Gouvernement de passer outre et de demander, en vertu de l'al. 4 de l'art. 45 C., à l'Assemblée nationale de voter seule et définitivement le texte. Dans cette hypothèse, le Sénat est exclu de la procédure législative au moment du vote décisif et, dès lors, son opposition peut être surmontée. Ainsi l'obstination du Sénat à vouloir modifier un texte législatif auquel sont attachés et le Gouvernement et l'Assemblée nationale n'est en fait qu'un combat perdu d'avance. Le Sénat ne peut empêcher le Gouvernement d'obtenir le vote des projets de loi auxquels il tient et donc ne peut empêcher le Gouvernement de gouverner tant que l'Assemblée nationale le soutient. Le recours à cette formule est bien sûr inversement proportionnel au succès de la CMP. Elle fut donc particulièrement utilisée de 1962 à 1968 et plus encore de 1981 à 1985 et de 1988 à 1993. Elle l'a encore été de septembre 2011 à juin 2012 et depuis septembre 2014, lorsque le Sénat a été à nouveau dans l'opposition.

Procédure d'adoption des textes (hors conventions)				
Année	Navette	CMP	Dernier mot	Total
2010/2011	39	27	0	66
2011/2012	15	8	14	37
2012/2013	26	18	9	53
2013/2014	27	27	12	66
2014/2015	15	12	14	42

[1] En fait, seuls quatre textes proposés par la CMP ont été rejetés par l'Assemblée nationale : sur les objecteurs de conscience en 1963, sur la Nouvelle-Calédonie le 13 déc. 1977, sur la démocratisation du secteur public le 21 déc. 1983 et plus récemment le texte « Hadopi » (protection et création sur internet) le 9 avr. 2009. Dans ce dernier cas, c'est l'absentéisme des députés de la majorité qui est à l'origine de ce que le Président du groupe UMP a qualifié de « loupé ».

[2] A partir du renouvellement partiel de 2011, l'opposition devient majoritaire au Sénat. Notons par ailleurs que depuis le renouvellement de 2008, l'UMP ne disposait plus au Sénat de la majorité absolue. Ainsi, le 1er avr. 2009, un amendement a été adopté au Sénat par 182 voix (gauche plus centriste contre 155 (UMP) alors que le Gouvernement avait clairement indiqué qu'il n'y était pas favorable. La CMP (cf. p. 123) devait retenir cet amendement obligeant le ministre à se résigner.

[3] A partir du renouvellement partiel de 2014, l'opposition devient majoritaire au Sénat. Le Sénat bascule à nouveau à droite.

[4] Dont une convention internationale.

On peut aisément savoir si le Gouvernement a eu recours ou non aux dispositions de l'art. 45 al. 4 C. en lisant au *Journal Officiel* la formule de promulgation des lois qui varie selon le cas. La formule

« L'Assemblée nationale et le Sénat ont délibéré,
L'Assemblée nationale et le Sénat ont adopté ; ... »

indique que les chambres sont parvenues à un accord sur le même texte alors que

« L'Assemblée nationale et le Sénat ont délibéré,
L'Assemblée nationale a adopté ; ... »

indique au contraire qu'il fallut avoir recours aux dispositions constitutionnelles permettant d'écarter le Sénat.

Lorsque l'Assemblée nationale est saisie par le Gouvernement d'une demande tendant à ce qu'elle statue définitivement, les dispositions du 1er al. de l'art. 42 C., selon lesquelles la discussion des projets et des propositions de loi porte, en séance, sur le texte adopté par la commission, ne sont pas applicables (Cons. const. 2015-715 DC §17, 5 août 2015, Croissance, l'activité et l'égalité des chances économique). Le texte discuté n'est du reste pas nécessairement le même selon que l'échec est dû à l'impossibilité pour la CMP de trouver un compromis ou à un désaccord persistant entre les assemblées. Dans le premier cas, l'Assemblée nationale se prononce sur le dernier texte adopté par elle modifié, le cas échéant, par un ou plusieurs amendements adoptés par le Sénat tant en commission (dès lors qu'il n'ont pas été supprimés en séance) qu'en séance plénière (Cons. const. 2014-709 DC §12 à 14, 15 janv. 2015, Délimitation des régions). Dans le second cas, elle se prononce au choix sur ce texte ou sur celui élaboré par la CMP. Par conséquent, il ressort de l'ensemble de cette jurisprudence que, si la lecture définitive ne prive ni les députés ni le Gouvernement de toute faculté de déposer des amendements en vue de leur adoption, la singularité de cette ultime étape de la procédure d'adoption de la loi est clairement affirmée : il s'agit d'aboutir à un texte définitif, en limitant la discussion aux seules questions en suspens.

On ajoutera que, depuis la révision de juill. 2008, il est prévu, dans le cadre de l'art. 35 C., qu'en cas de désaccord entre le Sénat et l'Assemblée nationale sur l'autorisation de prolonger au-delà de quatre mois une opération extérieure de nos forces armées, le Gouvernement peut demander à l'Assemblée nationale de décider en dernier ressort, possibilité qui, jusqu'à présent, n'a pas été mise en œuvre.

On le voit, la Constitution met bien en place un bicamérisme imparfait dans lequel le Sénat est largement amoindri pour éviter qu'il ne puisse, par une opposition systématique, faire échec à la politique d'un Gouvernement soutenu par l'assemblée élue au suffrage direct[1]. Et quand bien même ce n'est ici qu'une seule des chambres du Parlement qui est ainsi limitée dans ses prérogatives, à travers elle c'est bien l'institution parlementaire tout entière qui s'en trouve amoindrie. Du reste, les autres mécanismes qu'il nous faut maintenant étudier montreront que la volonté du constituant était bien d'abaisser la souveraineté parlementaire de manière globale.

§2. La mise en place d'un contrôle électoral indépendant

Une des préoccupations principales du constituant de 1958 sera d'empêcher les assemblées nouvelles de pouvoir contrôler elles-mêmes l'élection de leurs membres.

C'était pourtant là une tradition fort ancienne connue sous l'appellation de « vérification des mandats » ou « vérification des pouvoirs »[2]. Lors des premières séances parlementaires suivant une élection, les assemblées procédaient à l'examen des contestations électorales et se prononçaient elles-mêmes sur la régularité des élections de leurs membres. Il n'existait donc pas de juge électoral ; les assemblées assuraient elles-mêmes ce rôle, partant du principe que confier cette fonction à un juge serait porter atteinte à la souveraineté des assemblées. Ainsi l'art. 8 de la Constitu-

[1] Force est pourtant de constater que lorsque les majorités de l'Assemblée nationale et du Sénat sont identiques, le « dernier mot » est rarement mis en œuvre au point que le Président du Sénat, Ch. Poncelet, a pu dire en 2004 qu'il « avait disparu », dès lors, poursuit-il, « les deux assemblées sont désormais placées sur un pied d'égalité ».

[2] Il s'agit là d'une survivance d'un mécanisme mis en place dans le cadre des "Etats Généraux" sous l'ancien régime où les députés étaient effectivement des mandataires de leur ordre et devaient présenter les titres en vertu desquels ils prétendaient siéger.

tion de 1946 disposait : « Chacune des deux assemblées est juge de l'éligibilité de ses membres et de la régularité de leur élection »[1].

On imagine les abus auxquels cela pouvait conduire : la majorité des parlementaires pouvait se liguer contre un parti ou un groupe minoritaire et décimer ses élus en les invalidant ; en fait la majorité nouvellement élue étant dans ce cadre à la fois juge et partie, elle avait tendance à favoriser ses amis et à éliminer ses ennemis.

En principe, l'assemblée dispose dans ce cadre de trois possibilités. Ou bien elle valide l'élection, ou elle l'invalide, obligeant alors à la refaire. Mais il était possible aussi que l'Assemblée déclarât élu un autre candidat que le candidat proclamé. Cette possibilité n'était ouverte théoriquement que dans l'hypothèse d'une simple erreur matérielle mais put parfois être utilisée dans d'autres circonstances. Qui plus est, il n'était pas rare qu'un élu invalidé ne puisse se représenter, des poursuites pénales étant entamées contre lui ; il était parfois condamné à une peine le rendant inéligible. Bref cette technique permettait aux assemblées de recomposer le paysage politique et de se débarrasser des élus gênants ou trop contestataires puisqu'elles se comportaient en cette matière plus souvent comme un organe politique que comme une juridiction. Les assemblées étaient souveraines dans le domaine de leur propre recrutement. Ainsi, en 1956, furent élus 53 députés poujadistes, c'est-à-dire antiparlementaires ; après vérification des mandats, l'Assemblée nationale en invalida 11[2].

Pour éviter que se reproduisent des situations de ce type, le constituant de 1958 a retiré aux assemblées ce pouvoir traditionnel. Désormais, en vertu de l'art. 59 C., le contrôle des élections parlementaires à portée nationale (législatives ou sénatoriales) sera assuré par une juridiction : le Conseil constitutionnel, organe nouveau créé par la Constitution qui, en plus de ses fonctions de juge de la constitutionnalité des lois, est aussi juge électoral (cf. p. 410). Et, si l'on a pu s'interroger au départ sur la véritable indépendance du Conseil dans ce domaine, la solution choisie, par les avantages qu'elle présente sur le système antérieur, s'imposa rapidement. Plus personne aujourd'hui n'imagine revenir au mécanisme ancien. Les assemblées ont perdu là un des pouvoirs essentiels que le principe de la souveraineté parlementaire leur attribuait logiquement. Elles devaient du reste perdre un autre pouvoir découlant de cette souveraineté : la maîtrise de leur règlement. Dans ce cadre, le Conseil constitutionnel a vu son contrôle étendu au respect des règles relatives au financement des campagnes électorales. Cette compétence lui permet éventuellement de déclarer inéligibles certains candidats ayant violé ces règles. Là encore, nul ne songe à contester cet nouveauté.

§3. La mise en place d'un contrôle sur le règlement des chambres

Dans ce domaine aussi, la compétence des assemblées parlementaires était traditionnelle et sans limite.

Trouvant son origine dans la résolution adoptée par l'Assemblée nationale le 29 juill. 1789, le principe de l'adoption par les chambres d'un règlement intérieur obligatoire est admis par la quasi-totalité des régimes depuis cette date, exception faite du Consulat et des deux Empires. Les lois constitutionnelles de 1875 y font une allusion à l'art. 5 de la loi du 16 juill. 1875 de même que la Constitution de 1946 dans la rédaction originelle de son art. 20. C'est dire si ce principe était entré dans les mœurs et si les possibilités offertes aux chambres dans cette matière étaient larges, du fait même des questions traitées par ces actes internes. Du reste, certaines dispositions des règlements actuels sont la copie exacte des dispositions des règlements antérieurs.

---

[1] Voir également l'art. 10 de la loi du 16 juill. 1875.

[2] Les assemblées parlementaires n'hésitaient pas, à l'époque, à « réformer » le résultat de l'élection, c'est-à-dire à proclamer élu le candidat battu. Pour la première fois en 2015 (Cons. const. 2015-4902 S, 12 févr. 2015), le Conseil constitutionnel procèdera de même. Il avait jusque là fait preuve de réserve en n'usant pas de ce pouvoir.

Les règlements des chambres contiennent les règles relatives au fonctionnement interne de celles-ci en particulier pour la procédure applicable à leurs travaux et la discipline de leurs membres (cf. p. 249). Contrairement à ce que l'on pourrait penser, ils sont, dès lors, d'une grande importance, importance qui s'accroît lorsque les dispositions constitutionnelles dans ces domaines sont peu nombreuses. Deux questions essentielles se posent à leur sujet : quelle est leur nature juridique et de quel degré de liberté les assemblées disposent-elles lors de leur élaboration ?

A. La valeur juridique du règlement

Bien que votés par les chambres, les règlements des assemblées ne sont pas des lois. En effet, ils sont valables chacun pour la chambre qu'ils concernent et ne sont donc pas adoptés selon la procédure législative : le règlement de l'Assemblée nationale est adopté par celle-ci, celui du Sénat par le Sénat[1]. Les dispositions qu'ils contiennent ne produisent des effets que dans l'ordre intérieur de chaque chambre ; ils ne sont pas promulgués par le Président de la République. Il s'agit en fait de résolutions dont l'initiative appartient exclusivement aux parlementaires. Ils sont juridiquement obligatoires, mais ne sont opposables que dans le cadre de l'assemblée concernée, c'est-à-dire à ses membres et à son personnel mais aussi aux personnes qui se trouvent dans ses locaux (ministres et public).

Les règlements ne font donc pas partie des normes constitutionnelles de référence, autrement dit, ils n'ont pas par eux-mêmes valeur constitutionnelle (Cons. const. 80-117 DC §3, 22 juill. 1980, Contrôle des matières nucléaires ; Cons. const. 80-127 DC §3, 19 janv. 1981, Sécurité et liberté ; Cons. const. 90-274 DC §4, 29 mai 1990, Droit au logement ; Cons. const. 93-334 DC §3, 20 janv. 1994, Peine incompressible ; Cons. const. 99-419 DC §7, 9 nov. 1999, PACS). Il n'est donc pas possible de demander au Conseil constitutionnel de déclarer contraire à la Constitution une loi qui aurait été adoptée en méconnaissance des dispositions du règlement d'une des chambres.

Les règlements des assemblées doivent néanmoins être respectés. C'est au Président de chacune des chambres qu'appartient le soin d'y veiller. Les parlementaires peuvent l'y inviter s'ils estiment qu'il faillit à sa tâche. En effet, au cas où un parlementaire estime que le règlement n'est pas respecté, il lui est possible de demander la parole pour un "rappel au règlement" ; il obtient immédiatement le droit de s'exprimer pour une durée de deux minutes (art. 58 al. 4 RAN) ou deux minutes et demie (art. 36 al. 3 RS), le Président décidant, éventuellement après avoir consulté le Bureau, d'admettre ou de rejeter le rappel. Ce droit de rappel au règlement a été jugé suffisamment important pour que le Conseil constitutionnel (Cons. const. 2009-581 DC §26, 25 juin 2009, Règlement de l'AN XXXIV) estime que la durée des rappels au règlement ne saurait être décomptée, dans le cadre du « temps législatif programmé » (cf. p. 177) du temps de parole du groupe dès lors qu'il s'agit, pour le député, d'invoquer en cours de débat, à travers le règlement, le respect de dispositions constitutionnelles.

B. Le degré de liberté des assemblées dans l'élaboration de leur règlement

Quant à la liberté de l'assemblée dans l'élaboration des dispositions de son règlement elle était, avant la V° République, pratiquement totale.

Hormis les rares points fixés par la Constitution, les assemblées souveraines pouvaient le rédiger comme elles le souhaitaient, profitant des lacunes constitutionnelles pour les combler et des imprécisions pour éventuellement tourner la Constitution et l'interpréter dans un sens favorable au Parlement. Ainsi, par exemple, les règles relatives à la procédure de vérification des pouvoirs, à la procédure législative (en particulier aux votes et aux prises de parole), au contrôle du

[1] Le Congrès a également un règlement qu'il adopte (cf. p. 373).

Gouvernement, à la police de l'assemblée et aux sanctions disciplinaires qui peuvent être prononcées à l'encontre des membres de la chambre sont contenues dans le règlement.

Sous la III° République, les dispositions constitutionnelles étant particulièrement succinctes, c'est au règlement que revint la tâche d'organiser les procédures de contrôle du Gouvernement telles que les questions parlementaires ou l'interpellation (cf. p. 153).

Sous la IV° République, le Conseil de la République profita de son règlement pour regagner en partie l'importance que la Constitution lui avait ôtée. Enfin, les dispositions du règlement peuvent aussi être utilisées par la majorité de la chambre pour limiter les pouvoirs de l'opposition. Ce fut le cas, par exemple, du règlement de l'Assemblée nationale de la IV° République qui fut souvent modifié en 1947 et 1948 pour entraver l'action de la forte minorité communiste.

Dans ces conditions, il était normal que les constituants de 1958 se préoccupassent aussi des règlements. En particulier, ils devaient veiller à ce que, par l'intermédiaire de ceux-ci, les chambres ne viennent pas contredire ou mettre à mal les dispositions constitutionnelles qui enfermaient leurs pouvoirs dans des procédures strictes. Aussi fut-il décidé de limiter le pouvoir des chambres dans ce domaine en soumettant leur règlement à un contrôle *a priori* faisant fi, là encore, du principe traditionnel de la souveraineté des élus du peuple.

C'est ainsi qu'il est prévu à l'art. 61 al. 1 C. que le règlement des assemblées[1] est obligatoirement soumis au Conseil constitutionnel qui apprécie sa conformité par rapport à la Constitution (en fait aux normes constitutionnelles de référence : cf. p. 424 et s.) et peut donc s'opposer à l'entrée en vigueur de certaines dispositions jugées contraires à celle-ci. Là encore les ambitions des constituants ont été atteintes même si, dans certains domaines, les assemblées ont gardé une marge de manœuvre non négligeable. En effet, si le Conseil constitutionnel fait en sorte que les règlements des assemblées « respectent les prérogatives du gouvernement », il veille aussi à la préservation des « droits des membres de l'assemblée concernée, et notamment, l'exercice effectif du droit d'amendement » (Cons. const. 90-278 DC §7, 7 nov. 1990, Règlement du Sénat). Cette jurisprudence conduira le Conseil à exiger le respect strict de la lettre des dispositions constitutionnelles appliquées par le règlement alors qu'il admettra, lorsque le règlement ne fait pas directement application d'une disposition constitutionnelle, une plus grande liberté de rédaction. C'est ainsi qu'il appartient au règlement de chaque chambre de fixer les conditions dans lesquelles se constituent les groupes politiques (cf. p. 255) et en particulier le nombre minimum de membres permettant la constitution d'un groupe. La liberté laissée aux assemblées dans cette matière leur permettrait éventuellement de marginaliser complètement ou au contraire de favoriser certains partis assez faiblement représentés. Enfin, les assemblées sont malgré tout parvenues à imposer par leur règlement des interprétations extensives de certaines dispositions constitutionnelles. Le Conseil constitutionnel s'est jusqu'alors prononcé 38 fois sur le règlement de l'Assemblée nationale, 37 fois sur celui du Sénat et 3 fois sur celui du Congrès.

§4. La mise en place de l'incompatibilité des fonctions ministérielle et parlementaire.

Une autre des difficultés connues par les Républiques antérieures devait faire l'objet de l'attention des constituants de 1958 : la compatibilité des fonctions parlementaire et ministérielle.

En fait, l'histoire constitutionnelle française montre sur ce point une moins grande unité que sur les questions précédentes. Les constitutions révolutionnaires interdisent clairement le cumul de ces fonctions (par ex. art. 2, sect. IV, ch. II, titre III de la Constitution du 3 sept. 1791), cumul qui sera toléré sous le Consulat et l'Empire avant d'être expressément prévu dans les Chartes. L'incompatibilité est à nouveau de rigueur sous la II° République et les débuts du Second Empire puis la compatibilité est consacrée par les lois constitutionnelles de 1875 et reprise par la Constitution de

[1] Cette disposition s'applique aux règlements de l'AN et du Sénat et aussi à celui du "Congrès" (Cf. p. 373).

1946. Il était donc possible, sous les III° et IV° Républiques d'être à la fois ministre et parlementaire. En fait il était même très rare que les ministres ne fussent point députés ou sénateurs. Un ministre restait membre du Parlement et participait donc au vote des textes présentés par le Gouvernement auquel il appartenait.

Le reproche essentiel fait au cumul possible de ces fonctions tenait dans le fait qu'il favorisait l'instabilité des gouvernements. En effet, un ministre démissionnaire ou membre d'un Gouvernement renversé restait parlementaire ; il continuait donc de participer à la vie du Parlement, aux commissions chargées d'étudier les projets de loi présentés par le nouveau Gouvernement, au débat et au vote sur ceux-ci. Il va de soi que cette situation présentait de nombreux avantages. L'ancien ministre n'était pas sans emploi et surtout n'avait pas à se présenter devant les électeurs pour retrouver son siège ; il pouvait facilement critiquer son successeur par la connaissance qu'il avait des dossiers ; il n'avait de cesse de lui reprendre le poste qui avait été le sien. Les conséquences d'une crise ministérielle étaient donc limitées pour les membres des gouvernements qui ne craignaient pas vraiment d'être renversés et qui profitaient des pouvoirs du Parlement souverain pour préparer la crise gouvernementale suivante.

La V° République devait mettre en œuvre une solution de compromis qui a récemment été assouplie.

En établissant, à l'art. 23 C., l'incompatibilité des fonctions ministérielles et parlementaires, les constituants de 1958 cherchaient donc toujours à assurer la stabilité gouvernementale en limitant encore la souveraineté du Parlement et de ses membres. Les ministres craignaient plus qu'avant les crises ministérielles qui les privent de leur portefeuille sans leur permettre de retrouver le siège de parlementaire auquel ils avaient dû renoncer pour devenir ministre et qui est, depuis lors, occupé par le suppléant élu en même temps qu'eux. Ce dernier, en effet, était destiné à remplacer l'élu, de manière définitive (Cons. const. 77-80/81 DC, 5 juill. 1977, Remplacement des députés et des sénateurs), en cas de décès, d'acceptation des fonctions de membre du Conseil constitutionnel ou de prolongation au-delà de six mois d'une mission confiée par le Gouvernement (cf. p. 245) et d'accession à des fonctions ministérielles. Les anciens ministres devaient donc, s'ils souhaitaient revenir au Parlement, obtenir d'abord de leur suppléant qu'il démissionne et ensuite briguer un nouveau mandat devant les électeurs, deux obstacles qui rendaient leur retour aléatoire[1]. Pourtant, compte tenu de l'efficacité des autres moyens mis en œuvre par la Constitution pour assurer la stabilité des gouvernements, l'affirmation de l'incompatibilité des fonctions parlementaire et ministérielle n'a pas eu l'utilité que l'on pouvait attendre.

La révision de juillet 2008 devait donc supprimer le caractère définitif de ce remplacement[2]. Désormais les anciens ministres[3] anciens parlementaires retrouvent leur siège de parlementaire automatiquement (Cons. const. 2008-572 DC §8, 8 janv. 2009, LO portant application de l'art. 25 C.) un mois après la cessation de leurs fonctions ministérielles (al. 2 de l'art. LO 176 C. élect.). En effet, le Conseil constitutionnel, tirant argument de la lettre du nouvel art. 25 C. prévoyant dans ce cas un « remplacement temporaire » a refusé que les anciens ministres puissent renoncer à ce remplacement et laisser leur suppléant terminer le mandat. Leur retour au Parlement est donc obligatoire après un mois. Le jour de ce retour, si l'ancien ministre le souhaite, il peut démissionner de son siège, ouvrant ainsi une élection partielle. C'est le choix qu'a fait C. Boutin en juill. 2009 ou J. Cahuzac en avr. 2013. Les autres anciens ministres ont fait le choix d'un retour au Parlement. Reste à indiquer que la

---

[1] Il était pourtant dans la tradition que les suppléants des anciens ministres acceptent de démissionner de leur siège, provoquant ainsi une élection partielle.

[2] Une tentative de réforme avait déjà été présentée en 1974 par le Président Giscard d'Estaing mais ne put être adoptée et fut donc abandonnée.

[3] Il peut également s'agir d'un ancien Premier ministre. Ainsi J.-M. Ayrault est redevenu parlementaire en mai 2014.

position du suppléant des ministres devient particulièrement instable dès lors que le ministre qu'il remplace peut ainsi alterner entre son mandat et sa fonction[1].

L'incompatibilité ne joue donc plus désormais que durant l'exercice des fonctions ministérielles. Elle prend effet au bout d'un mois après la nomination. Ce n'est qu'après ce délai que le parlementaire devenu ministre est remplacé à l'assemblée dont il est issu par son suppléant. Pourtant, durant ce mois, il ne peut pas, en principe, prendre part à des votes, ce qui n'est pas sans poser des problèmes lorsque la majorité parlementaire est étroite. Ensuite, un mois après la fin des fonctions ministérielles[2], le parlementaire retrouve son siège ; son suppléant retourne donc à l'anonymat.

Le fait que les anciens ministres redeviennent parlementaires va inconstestablement avoir un effet sur la stabilité des fonctions ministérielles. En effet, cela va permettre de développer encore plus la responsabilité individuelle des ministres (en particulier en leur imposant une « obligation de réussite » ; cf. p. 64). La sanction de l'échec ministériel n'est plus double puisqu'elle ne l'oblige plus à revenir devant les électeurs pour retrouver son mandat parlementaire. Dès lors on peut suppposer que les ministres accepteront plus facilement leur départ du gouvernement. De plus, il est politiquement préférable que le ministre « démissionné » n'obtienne pas de ses électeurs un « satisfecit » lors d'une élection partielle. Ce nouvel aménagement peut aussi engendrer des accrocs plus nombreux que par le passé au principe de solidarité gouvernementale, les ministres n'ayant plus à craindre les effets de leur révocation du Gouvernement dès lors qu'ils retrouvent leur mandat parlementaire. C'est ainsi que D. Batho, révoquée après avoir critiquée le futur « budget » de son département ministériel, a pu retrouver son siège de députée. Pourtant, l'application de ces dispositions nouvelles devait révéler un effet inattendu. Le suppléant, parlementaire temporaire évincé de son siège, peut s'être révélé un excellent élément. Comment alors le récompenser ?

Enfin, l'aménagement de l'incompatibilité paraît d'autant plus nécessaire qu'il y a, à tout le moins une curiosité à exiger le départ du gouvernement de ministres qui ont été battus aux élections législatives (Voir le cas de A. Juppé lors des législatives de juin 2007) alors même que, s'ils étaient élus, ils ne pourraient remplir leur mandat pendant la durée de leurs fonctions ministérielles.

§5. L'aménagement du régime des sessions

Un des derniers éléments permettant aux assemblées de régner en maître dans les régimes politiques anciens était le régime des sessions parlementaires (B). On doit, avant d'analyser ce point, bien montrer comment se décompose le rythme de travail du Parlement (A).

A. La décomposition du temps de travail parlementaire

On distingue quatre ensembles d'importance inégale : les législatures, les sessions, les semaines et jours de séances et les séances.

Une législature est le temps qui s'écoule pour une assemblée entre deux renouvellements, c'est-à-dire entre deux élections.

---

[1] Ainsi, P. Gruny, la suppléante de X. Bertrand siége à l'Assemblée de juin 2007 à février 2009, date à laquelle X. Bertrand est redevenu député. X. Bertrand fut rappelé au Gouvernement en novembre 2010 ; sa suppléante l'a remplacé à nouveau à partir de décembre jusqu'au terme de la législature. De même, F. Delaunay, suppléante d'A. Vidalies, siège à l'Assemblée, du 22 juill. 2012 au 30 avr. 2014, en remplacement du titulaire du siège, ministre des Gouvernements Ayrault I et II. Elle quitte l'Assemblée quand A. Vidalies n'est pas reconduit dans le Gouvernement Valls I puis retrouve son siège le 27 sept. 2014, au retour d'A. Vidalies dans le Gouvernement Valls II.

[2] Ainsi, s'agissant de Th. Thévenoud nommé le 26 août 2014, secrétaire d'Etat au Commerce extérieur, il a démissionné de ces fonctions le 4 sept., soit après moins d'un mois et a donc pu continuer de siéger sans que l'incompatibilité l'ait frappé.

Le terme ne s'applique sous la V° République qu'à l'Assemblée nationale, seule assemblée qui soit renouvelée totalement à chaque élection. Ainsi de 1958 à 2012 avons-nous connu treize législatures. La quatorzième a commencé à l'issue des élections législatives de juin 2012. Il n'existe pas de terme équivalent utilisable pour le Sénat et l'on devra employer une périphrase : "période séparant deux renouvellements triennaux".

Une session est constituée par la période de temps pendant laquelle les assemblées sont effectivement réunies et exercent les pouvoirs qui leur sont confiés par la Constitution. Ces périodes constituent un seul bloc. Il y a donc plusieurs sessions par législature ou entre deux renouvellements triennaux ; il est même possible qu'il y ait plusieurs sessions par an.

Le terme sera ici le même pour les deux assemblées et il est généralement prévu que leurs sessions aient lieu simultanément[1].

La session se compose de semaines de séances, elles-mêmes composées de jours de séance. Il est possible en effet, d'envisager que le Parlement puisse siéger tous les jours durant la session ou certains jours seulement. Les jours où le Parlement siège sont des jours de séance.

L'expression est, ici encore, la même pour les deux assemblées même si celles-ci n'ont pas forcément leurs jours de séances en même temps ; en effet, les semaines durant lesquelles les assemblées siègent et les jours et heures qu'elles retiennent dans les semaines ainsi déterminées sont laissés à la maîtrise des règlements (art. 28 C. ; art. 50 al. 6 RAN ; art. 32 bis al. 1 RS). Pourtant, une concertation est organisée pour éviter que le travail parlementaire ne soit perturbé. C'est ainsi que les assemblées décident ensemble des semaines de suspension de leurs travaux et qu'elles ont retenu la semaine de trois jours, les mardis, mercredi et jeudi (art. 50 al. 1 RAN ; art. 32 al 2 RS). Les jours de séance sont ceux au cours desquels une séance a été ouverte (art. 49-1 al. 1 RAN ; art. 32 bis al. 2 RS).

Une séance est constituée par la période de temps pendant laquelle les parlementaires sont réunis tous ensemble sans interruption au cours d'une journée. Ainsi y a-t-il dans chaque jour place pour une ou plusieurs séances, généralement une ou deux l'après-midi et parfois une la nuit.

Là encore le terme s'applique aux deux assemblées. L'Assemblée tient en principe trois séances par jour (le matin de 9 heures 30 à 13 heures, l'après-midi de 15 à 20 heures et de 21 heures 30 à 1 heure le lendemain en soirée : art. 50 al. 4 RAN) sauf le mercredi, jour où il n'y a pas en principe de séance le matin (art. 50 al. 1 RAN). Le Sénat n'en tient qu'une avec une interruption pour le déjeuner (de 9 heures 30 à 20 heures avec une pause entre 13 h et 15 ou 16 heures)[2]. Il n'y a pas de séance le mercredi matin réservé aux commissions (art. 50 al 3 RAN et art.14 RS). Il est pourtant admis dans les deux assemblées qu'il soit possible de prolonger la séance au delà de ces horaires (art. 50 al. 5 RAN ; Art. 32 al. 3 RS). Le « jour de séance » ne peut toutefois pas se prolonger au delà de l'heure d'ouverture de la séance du matin, auquel cas s'ouvrirait en fait un « nouveau jour de séance » (art. 49-1 al. 1 RAN).

Les séances des assemblées sont en principe publiques ; seul le Président de la République ne peut y assister en vertu du principe de séparation des pouvoirs. La publicité des séances est assurée tout d'abord par la présence du public pendant que le débat a lieu. Pour

---

[1] Encore faut-il noter qu'en cas de dissolution de l'AN, il est possible que le Sénat continue de siéger.

[2] Cette différence entre l'AN et le Sénat a eu une influence sur le fonctionnement de la séance réservée aux assemblées (niche parlementaire) jusqu'en 2008. En effet, alors qu'au Sénat cela conduisait à réserver une journée complète à un ordre du jour d'origine législative, à l'Assemblée, la durée n'était que de quelques heures.

ce faire des tribunes sont réservées au public dans l'un et l'autre hémicycles. Ensuite la publicité est assurée par la présence de journalistes accrédités dits "journalistes parlementaires" qui suivent les débats et en relatent le contenu par voie de presse ou par voie radiotélévisée. Par ailleurs, une « chaîne parlementaire »[1] (sur le câble et le satellite), créée par la loi du 30 déc. 1999, diffuse, à parité du temps d'antenne, les travaux des deux assemblées y compris les questions au Gouvernement (cf. p. 142) ; de plus la séance des questions au Gouvernement du mercredi après-midi à l'Assemblée nationale est retransmise en direct sur la télévision publique (France 3). Enfin, il est établi chaque jour, sous l'autorité des secrétaires de chacune des chambres, un compte rendu officiel des débats, compte rendu in extenso dont le texte est ensuite publié au *Journal Officiel* dans l'édition des débats ; il existe une édition pour le Sénat et une pour l'Assemblée nationale. Il peut, dans certaines circonstances, être dérogé à ce principe de publicité. Il est prévu que les séances puissent avoir lieu à huis clos, c'est-à-dire en « comité secret » selon les termes de la Constitution (art. 33 C.). Cette possibilité est ouverte à la demande du Premier ministre ou d'un dixième des membres de l'assemblée concernée. En outre, une assemblée peut décider, par un vote spécial et après s'être constituée en comité secret, de ne pas autoriser la publication de tout ou partie du rapport d'une commission d'enquête (cf. p. 143). La publication du compte-rendu des séances en comité secret peut néanmoins être décidée (art. 51 al. 1 RAN ; art. 32 al 7 RS).

B. Le régime des sessions

H

Selon un principe révolutionnaire, il était admis que le Parlement siège en permanence (par ex. art. 1er, ch. 1er, titre III de la Constitution du 3 sept. 1791) ; dans cette hypothèse, il y avait une seule session durant chaque législature. Les sessions parlementaires, implicitement admises sous le Consulat, apparaissent dans la Charte de 1814 (art. 25) sans pour autant que soient définis ni leur durée, ni leur nombre. La permanence du Parlement est réaffirmée sous la II° République ; le Second Empire établissant pour la première fois, dans les premiers temps du moins, un régime précis d'une session parlementaire de 3 mois chaque année. On voit, dès lors, que l'existence de sessions parlementaires est intimement liée à la nature monarchiste du régime ; au Chef de l'Etat appartenait le pouvoir d'ouvrir et de clore les sessions, le Parlement ne pouvant valablement siéger qu'avec l'accord de l'exécutif. Aussi, en 1875, la question se posa-t-elle de la mise en place d'un régime de session.

L'art. 1er de la loi du 16 juill. 1875 mettait en place un compromis entre les deux systèmes en organisant une session annuelle de plein droit s'ouvrant sans convocation le second mardi de janvier pour une durée minimale de 5 mois. Au-delà de cette durée, le Président de la République pouvait prononcer la clôture puis convoquer les chambres en session extraordinaire s'il en était besoin (art. 2, même loi).

Sous la IV° République, c'est dans un premier temps une quasi-permanence du Parlement qui est mise en place. Puis, avec la révision de 1954, on rétablit un mécanisme de session dont la durée minimale est portée à 7 mois (art. 9). C'est au Président du Conseil qu'il appartient, au-delà de ce délai, de clore la session. C'est encore lui mais également une majorité de députés qui peuvent convoquer une session extraordinaire ; ce pouvoir est aussi confié au bureau de l'Assemblée (art. 12). En fait, et quel que soit le contenu des textes constitutionnels instituant un mécanisme de session, la pratique fut bien éloignée de ce principe : la session était quasiment permanente, puisque la clôture n'était que rarement prononcée. Simplement les chambres, en accord avec le Gouvernement, fixaient leurs vacances d'été ou de Pâques. Cette permanence pratique permettait aussi la permanence du contrôle parlementaire et multipliait bien sûr les dangers pour le Gouvernement.

La nouvelle constitution voulut donc rompre avec cette tradition. Cette rupture, particulièrement nette dans l'organisation primitive des sessions est cependant moins nette depuis la révision de 1995.

[1] Pour respecter la séparation des pouvoirs, cette chaîne n'est pas soumise au contrôle du CSA et de la Cour des comptes.

Que ce soit avant ou après 1995, la Constitution de 1958 établit un régime des sessions complexe, distinguant en fait quatre types, l'essentiel étant constitué par une session ordinaire de neuf mois.

1. La session ordinaire unique

La session ordinaire est constituée, depuis 1995, selon l'**art. 28 C.**, d'une session unique qui s'ouvre le premier jour ouvrable d'octobre et se termine le dernier jour ouvrable de juin de l'année suivante. La mise en place de cette session unique répond, dans l'esprit du constituant de 1995, à un souci de renforcer les pouvoirs du Parlement en lui permettant de réaliser son travail législatif en toute quiétude et son travail de contrôle sur l'essentiel de l'année.

En effet, jusque-là, l'art. 28 C. mettait en place deux sessions ordinaires. La première session s'ouvrait le 2 oct. et était donc qualifiée souvent de "session d'automne" ; consacrée pour l'essentiel à la discussion et au vote du budget, elle était appelée aussi parfois "session budgétaire". La seconde s'ouvrait le 2 avr. et était donc souvent dénommée session de printemps. L'une et l'autre étaient limitées dans le temps : 80 jours pour la session budgétaire, 90 jours pour la session de printemps. C'est du moins le mécanisme qui fut en vigueur de 1963 à 1995 puisqu'une révision était intervenue sur ce point en 1963[1]. A plusieurs reprises, des Présidents de l'Assemblée nationale avaient jugé ce régime trop strict et la durée des sessions trop courte pour permettre un travail parlementaire sérieux et constructif. Mais le but recherché par le constituant était atteint ; le Parlement n'exerçait pas un contrôle quotidien sur le Gouvernement, laissant à celui-ci le répit nécessaire pour bien gouverner. Il est vrai, pourtant, que les séances de nuit se multipliaient durant les sessions ordinaires et qu'il était de plus en plus fréquent que le Président de la République doive réunir le Parlement en session extraordinaire pour épuiser le programme législatif prévu. Mais cela était essentiellement de la faute du Gouvernement qui, plutôt que d'alimenter le Parlement en projets de loi tout au long de l'année, attendait le début de chaque session pour déposer son lot de textes à adopter. Dès lors, presque en "roue libre" au début de chaque session ordinaire, les parlementaires se trouvaient débordés dans les derniers jours.

Le constituant de 1995 a essayé de concilier les deux objectifs d'efficacité tant parlementaire que gouvernementale. Si le Parlement se réunit maintenant durant 9 mois de suite, semblant ainsi revenir au mécanisme des Républiques antérieures, il est prévu que le nombre de jours de séances que chaque assemblée peut tenir au cours de la session ordinaire ne peut excéder 120 (soit sur une quarantaine de semaines en neuf mois compte tenu d'une moyenne de 3 jours par semaine). Si l'on se réfère à la situation précédente (111 jours en 1990), au cours des deux sessions ordinaires, les parlementaires siégeant 4 jours et demi par semaine sur 26 semaines, le nombre de jours de séance a augmenté, en particulier dans les dernières années.

Année	Nombre de jours	Nombre d'heure
2007/2008	112	919 h. 50
2008/2009	154	1317 h. 40
2009/2010	132	1098 h. 30
2010/2011	125	970 h. 45
2011/2012	78+23	559 h. 35+178 h. 35
2012/2013	155	1382 h. 40
2013/2014	142	1181 h. 50
2014/2015	150	1191 h. 55

Par ailleurs, la réforme rend pour partie aux assemblées la maîtrise de leur emploi du temps puisque ce sont elles qui fixent, par leur règlement, les jours et heures des séances et les semaines durant lesquelles elles siègent (art. 28 al. 4 C.). Il est donc possible à chaque assemblée de se ménager des "pauses" durant la session à l'occasion des vacances de Noël ou de Pâques et ce sans l'accord du Gouvernement (sous les réserves examinées ci-

[1] Les dates de début et la durée des sessions n'étaient pas exactement les mêmes avant 1963 : la première débutait le 1er mardi d'octobre et prenait fin le 3e vendredi de décembre ; la seconde ouvrait le dernier mardi d'avril pour s'achever au plus tard trois mois après.

dessous) contrairement aux usages de la IV° République par exemple. Tant que la limite de 120 jours n'est pas atteinte, il est possible que les assemblées siègent d'autres jours que ceux prévus par le règlement. Ces séances supplémentaires sont de droit à la demande du Gouvernement (art. 50 al. 2 RAN). La réforme devait aussi permettre d'éviter le recours aux séances de nuit un temps supprimées mais rétablies dès 1998 jusqu'à une heure du matin avec possibilité de prolongation, pour achever une discussion en cours, à la demande de la Conférence des Présidents, de la commission ou du Gouvernement. Il en résulte un accroissement sensible du nombre d'heures de séance chaque jour [V. tableau p. précédente et comp. chiffres pour l'Assemblée nationale : 1990, 849 heures ; 2000, 956 heures]. En revanche les assemblées ne siègent plus en séance publique les mercredis matins, en principe réservés au travail de commission (art. 50 al. 3 RAN ; art. 23 bis al. 3). En fait, le Gouvernement conserve une grande latitude dans la détermination des jours et heures de séances.

En effet, si le nombre de jours de séances s'avère trop faible, ou durant les périodes pendant lesquelles les assemblées ont décidé de suspendre leurs travaux (Cons. const. 95-366 DC §12, 8 nov. 1995, Règlement de l'AN), le Premier ministre, après consultation du Président de l'assemblée concernée, ou la majorité des membres de chaque assemblée, peut décider la tenue de jours supplémentaires de séances. De plus, des séances supplémentaires de plein droit sont réunies pour permettre aux assemblées de demander la suspension des poursuites ou de la détention d'un de leurs membres en vertu de l'art. 26 al. 4 C. (cf. p. 250) ou pour permettre la mise en œuvre des moyens de contrôle sur le Gouvernement prévus à l'art. 49 C. (art. 51 C.) ce qui peut, dans ce dernier cas conduire à reporter la date de clôture des sessions ordinaires ou extraordinaires.

Cette réforme semblait devoir rendre pratiquement sans objet les autres types de sessions prévus par la Constitution et en particulier les sessions extraordinaires. On constate qu'il n'en est rien ; des sessions extraordinaires sont convoquées chaque année pour permettre la résorption d'un ordre du jour particulièrement chargé. La réforme ne semble donc pas avoir atteint le résultat escompté. Le fait est que les textes soumis au Parlement, s'ils ne sont pas plus nombreux, sont de plus en plus longs, parfois plusieurs centaines d'articles (dont beaucoup pourraient être pris sous la forme réglementaire mais qui sont inclus dans la loi pour les raisons que nous expliquerons ci-dessous : cf. p. 284), conduisant, selon un principe logique et en dehors de toute obstruction parlementaire, à l'augmentation du nombre des amendements. Si l'obstruction parlementaire s'y ajoute, on atteint alors des sommets (cf. p. 190). Cette situation, a été dénoncée par le Président de l'Assemblée à la fin de la session extraordinaire de 2004[1], et par le Président du Sénat qui affirmait que « la session unique est en train de devenir la session permanente ». La révision de juillet 2008 n'a pas plus modifié cette conception des travaux parlementaires : depuis 2007, le Parlement a été réuni en session extraordinaire aux mois de juillet et septembre de chaque année.

2. Les autres sessions

En dehors de la période de session ordinaire, c'est-à-dire en juillet, août et septembre, le Parlement n'est pas en session à moins qu'il ne soit convoqué par le Président de la République pour des sessions extraordinaires, soit à la demande du Premier ministre, soit à la demande de la majorité des députés. Jusqu'à l'instauration de la session unique, 60 sessions extraordinaires ont été convoquées (dont une seule à la demande de la majorité de l'Assemblée nationale en 1979 : cf. p. 396). Mais c'est en particulier à partir de la 7e législatu-

[1] Le conduisant à proposer de revenir à la situation antérieure à 1995, c'est-à-dire aux deux sessions annuelles !

re (1981-1986) que leur fréquence s'est accrue (de 1958 à 1981 : 18 sessions ex. : 7e lég. : 17 sessions ex. ; 8e lég. : 4 sessions ex. ; 9e lég. : 13 sessions ex. ; 10e lég. : 8 sessions ex.).

L'intérêt des sessions extraordinaires aurait dû singulièrement diminuer avec la révision de 1995. Non seulement la session unique assurait un travail continu du Parlement, mais surtout l'inconvénient majeur du régime juridique des sessions extraordinaires était surmonté. Pouvoir contresigné, la convocation en session extraordinaire n'en est pas moins une prérogative du Président de la République, qui dispose ici d'une réelle faculté d'empêcher soit en refusant de convoquer soit en ne retenant qu'une part de l'ordre du jour souhaité par le demandeur de la session. Le Premier ministre pouvait s'en trouver gêné (cf. p. 396). La révision de 1995 supprime pratiquement cet inconvénient en permettant au Premier ministre seul de décider de jours supplémentaires de séance durant la session ordinaire, la consultation du Président de l'assemblée concernée étant une simple formalité.

S'il est vrai que seules deux sessions extraordinaires furent convoquées sous la 11e législature[1], toutes les sessions ordinaires de la 12e législature furent suivies ou précédées d'une session extraordinaire (5 au total). Comme on vient de le dire, sous les XIIIe et XIVe législatures, le Parlement se réunit en session extraordinaire chaque année durant les premières semaines de juillet et en septembre. On n'est donc pas loin d'être revenu au principe de la session permanente, même si le Parlement ne siège pas de la fin juillet à la mi septembre et durant les vacances de Noël, février et Pâques[2].

La session extraordinaire est ouverte sur un ordre du jour déterminé[3]. Le Président de la République dispose, là encore, d'un pouvoir lui permettant de supprimer des textes de l'ordre du jour qui lui est proposé (cf. p. 397). Si la session extraordinaire est convoquée à la demande de la majorité des députés, elle se termine dès que l'ordre du jour est épuisé ou au plus tard douze jours à compter de sa réunion. Seul le Premier ministre peut demander la convocation d'une nouvelle session extraordinaire dans le mois qui suit le décret de clôture pris par le Président de la République. Il résulte de cet ordre du jour particulier que, durant les sessions extraordinaires, l'alternance des semaines (cf. p. 141) ne joue pas. En revanche, il doit y avoir, pendant ces sessions au moins une séance hebdomadaire de questions (cf. p. 141 ; art. 48 al. 6 C.).

Par ailleurs, la Constitution prévoit l'existence de sessions de plein droit en cas de mise en œuvre de l'art. 16 C. (cf. p. 86) ou de l'art. 12 C. (cf. p. 83) et de sessions spéciales[4] lorsqu'il est nécessaire de réunir le Parlement pour qu'il entende un message présidentiel lu en vertu de l'art. 18 C. (cf. p. 88).

Même si la session ordinaire couvre maintenant une grande partie de l'année, ce retour aux pratiques des républiques antérieures ne présente plus les mêmes inconvénients dès lors que, comme on le verra (cf. p. 133), la responsabilité du Gouvernement devant le Parlement ne joue plus guère. L'ensemble des dispositions ci-dessus analysées constitue la base ayant permis d'assurer l'abaissement du Parlement par rapport à la puissance qu'il détenait sous les Républiques antérieures. S'y ajoute qu'il est possible maintenant de réduire la durée des législatures grâce à l'usage facilité de la dissolution et, partant, d'entamer d'autant plus la souveraineté parlementaire.

---

[1] Pour permettre à l'Assemblée nouvellement élue (1997) de commencer ses travaux dès le mois de septembre et de les prolonger en juillet de l'année suivante.

[2] Il est également traditionnel que le Parlement ne siège pas pendant les périodes électorales. Ceci est vrai tant des élections législatives et présidentielle que des élections locales (municipales, cantonales ou régionales)

[3] Cet ordre du jour peut être modifié dans les mêmes formes que celles présidant à son édiction (le D. 12 juin 2015 porte convocation ; il est modifié successivement par les D. du 7 et du 13 juill. 2015).

[4] Statistiquement ces deux types de sessions font l'objet d'un décompte global.

II. LA DISSOLUTION FACILITEE

En effet, l'atteinte principale portée à la puissance politique du Parlement vient incontestablement de la restauration du droit de dissolution[1].

H

Condamné par les républicains à la suite de l'usage malheureux qu'en fit Mac Mahon en 1877, le droit de dissolution n'était plus utilisé sous la III° République. Il ne le fut qu'une fois sous la IV°, dans des circonstances qui, là encore, soulevèrent la réprobation d'une partie non négligeable des députés. En fait, depuis 1877, les députés ne craignaient plus la dissolution et, de ce fait, le contrepoids qu'elle représentait à la mise en cause de la responsabilité du Gouvernement devant le Parlement n'existait plus. Les députés n'hésitaient pas à renverser les gouvernements, sûrs qu'ils étaient de ne pas risquer le choc en retour de la dissolution, de ne pas être obligés de se représenter devant les électeurs.

On comprend alors la surprise et la fureur qui s'empara des députés en déc. 1955 lorsque Edgar Faure obtint du Président de la République la dissolution de l'Assemblée nationale. Malgré les précautions généralement prises par les députés pour ne pas renverser les gouvernements à la majorité constitutionnelle, en particulier lorsqu'un précédent Gouvernement l'avait été, le Gouvernement Faure se voit refuser la confiance à la majorité absolue comme elle l'avait été 11 mois plus tôt au Gouvernement Mendès-France. Les conditions constitutionnelles de la dissolution étaient donc remplies ; elle est prononcée malgré les protestations de nombre de parlementaires et de ministres qui estiment curieusement que, si la lettre de la Constitution est ainsi respectée, son esprit est violé. Cette décision sera fatale à Edgar Faure qui ne sera plus appelé à la Présidence du conseil.

En fait cette dissolution était d'autant plus inattendue que les conditions de mise en œuvre de ce mécanisme étaient difficiles à réunir.

Il fallait donc que le constituant de 1958 en facilite l'usage pour lui redonner son caractère dissuasif. Il faut que les parlementaires puissent penser que la dissolution suivra inexorablement la chute du Gouvernement pour qu'ils hésitent à voter la censure ou à refuser la confiance. Pour cela, il n'est pas nécessaire que dissolution et crise ministérielle soient liées comme sous la IV° République ; il suffit que la dissolution puisse être prononcée presque à tout moment[2], sans que le Chef du Gouvernement ait à intervenir. Le constituant fera donc de la dissolution un pouvoir discrétionnaire du Président de la République, dispensé du contreseing. Enfin, l'usage de ce droit montrera que le risque encouru par les parlementaires n'est pas seulement théorique. La première crise ministérielle de la V° République sera suivie de la dissolution immédiate de l'Assemblée nationale, ne laissant plus aucun doute quant à la volonté d'utiliser ce droit dans cette hypothèse. Ensuite, l'usage répété de la dissolution, même dans d'autres circonstances (cf. p. 83), en la banalisant aux yeux de l'opinion publique, contribuera à rendre la menace sur les députés plus forte car plus crédible encore. La dissolution redevient donc l'épée de Damoclès placée au-dessus de l'Assemblée nationale et limitera très largement les risques de crise gouvernementale. Ainsi, ce mécanisme, par la menace qu'il représentait, a contribué au début de la V° République à assurer la stabilité gouvernementale et à diminuer le rôle politique de l'Assemblée nationale, seule vraie menace pour les gouvernements depuis que le Sénat n'est plus en mesure de les renverser.

La dissolution prend un autre aspect. Pouvoir sans contreseing, elle devenait, en dehors des limitations expressément prévues par les art. 12 C., 7 C. et 16 C., un pouvoir discrétionnaire du Président de la République qu'il peut réellement mettre en œuvre seul. Ainsi pouvait naître une véritable dissolution de convenance, un peu comme elle se pratiquait alors en Grande-Bretagne : une dissolution anticipée tactique (appelée souvent, mais désormais de manière inexacte, dissolution à l'anglaise).

---

[1] Sur les origines historiques de la dissolution et l'analyse de ce pouvoir vu de l'exécutif, voir p. 82 et s.

[2] Sur les limites à la dissolution voir nos développements p. 83.

La dissolution en Grande-Bretagne

Depuis 1945, rares étaient les Chambres des Communes restées en place pour la durée normale de 5 ans. La dissolution constituait un élément essentiel du système constitutionnel britannique. A la dissolution traditionnelle du régime parlementaire utilisée par un gouvernement en conflit avec la Chambre (suite à un vote de défiance comme en 1979) s'étaient peu à peu ajoutés d'autres usages. La dissolution-question de confiance était posée par un Premier ministre nommé à la suite de la démission de son prédécesseur et qui souhaite s'assurer qu'il dispose bien d'une majorité dans le pays. Utilisée par Eden en 1955, elle ne l'a plus été depuis alors que Macmillan (1957), Home (1963), Callaghan (1976), Major (1990) et Brown (2007) ont été nommés au cours d'une législature. La dissolution/référendum qui permettait de trancher un conflit social (Heath en févr. 1974) ou lorsqu'un problème important divise le pays ou le parti majoritaire (Baldwin en 1923).

Enfin, avec l'amélioration de qualité des enquêtes d'opinion, était apparue la dissolution de convenance. Le Premier ministre en poste choisissait la période la plus favorable pour organiser une élection et éviter ainsi la victoire de l'opposition lors de la prochaine consultation. En général, la dissolution était anticipée d'un an. Le succès de cette dissolution préventive, même s'il était souvent au rendez-vous, n'était pas toujours assuré. Ainsi, Mme Thatcher avait réussi ce pari en 1983 et 1987, comme l'avait fait avant elle H. Wilson en 1966. J. Major y réussit aussi en 1992, alors que les sondages ne lui étaient pas favorables ; il faut dire que la dissolution n'avait été prononcée alors que trois mois avant la fin normale de la législature. Dans ces cas, le Premier ministre gardait une majorité confortable aux Communes. En revanche, la majorité qu'obtenait H. Wilson en oct. 1974 était extrêmement réduite. Enfin, Le même H. Wilson avait perdu la majorité après la dissolution de 1970, l'opposition ayant réussi à retourner l'opinion publique lors de la campagne électorale alors que les instituts de sondage pronostiquaient jusque là la victoire du Premier ministre.

Une réforme constitutionnelle rend désormais impossible ces dissolutions de convenance. En effet, depuis le Parliament Act du 15 septembre 2011, la législature est invariablement fixée à 5 ans. La dissolution ne peut plus intervenir que, d'une part, si la Chambre des Communes renverse le Gouvernement et ne parvient pas à en investir un nouveau durant 14 jours, d'autre part, si les deux tiers des députés (soit 438 sur 650) se prononcent en faveur de la dissolution. Sauf à imaginer que la majorité soutenant le Premier ministre soit particulièrement importante, il faut donc qu'une partie de l'opposition soit favorable à la dissolution. On peut donc supposer que les dissolutions de convenance (à l'anglaise) n'existeront plus.

La dissolution est alors destinée à éviter une défaite future. Grâce aux sondages, le Président de la République peut choisir le moment le plus propice pour organiser la consultation et ainsi « voler » la victoire annoncée de l'opposition parlementaire. Tel est exactement le cas de la dissolution prononcée par le Président Chirac le 21 avr. 1997. La similitude avec l'ancienne pratique britannique est parfaite (risque de perdre les élections à leur échéance normale, sondages favorables, dissolution prononcée un an avant l'échéance). Le résultat rejoint celui de H. Wilson en 1970 puisque la majorité parlementaire n'est pas reconduite. Il y a pourtant, avec les régimes parlementaires traditionnels, une différence essentielle. Arme du Gouvernement dans le système anglais (même si elle est formellement prononcée par le monarque), la dissolution est, en France, entre les mains du Président de la République. Dans l'hypothèse d'une dissolution de convenance, le Président se trouve donc en première ligne pour défendre son initiative et intervient dans la campagne. Un échec le touche donc personnellement (cf. p. 318). Cette hypothèse reste pourtant marginale et la dissolution constitue surtout un moyen de pression de l'exécutif.

Mais le droit de dissolution, même facilité, n'est utile que dans la mesure où le Gouvernement risque de ne pas disposer d'une majorité parlementaire qui le soutienne. En France, la disparition des majorités de coalition ou de circonstances comme on les connaissait sous les Républiques antérieures a pratiquement fait disparaître les risques de crises gouvernementales pendant une législature. Ne restait plus que la question de la concordance entre majorité présidentielle et majorité parlementaire que le quinquennat et le nouveau calendrier électoral assurent désormais presque systématiquement. La dissolution ne pourrait plus donc jouer que dans le cas d'une crise sociétale comme en mai 1968, de rupture dans la continuité calendaire à la suite d'un changement de la date de l'élection présidentielle ou de rébellion peu probable d'une majorité frondeuse. Mais il est vrai que, quel que soit le régime parlementaire envisagé (y compris en Grande-Bretagne), les dissolutions se font de plus en plus rares.

Ainsi, par un abaissement de son pouvoir souverain, par la possibilité de prononcer facilement la dissolution de la chambre basse, le Parlement a perdu sous la V° République une large part des pouvoirs qui étaient les siens sous les Républiques précédentes. Il n'est plus en mesure de menacer continuellement les gouvernements et de paralyser leur action par des crises successives. Il n'est plus en mesure d'agir à sa guise et d'affirmer sa primauté dans tous les domaines en profitant de l'aura que l'élection lui confiait.

Mais cette domestication politique de la représentation nationale n'est pas apparue suffisante aux constituants de 1958 ; ils ont tenu à la doubler d'une domestication technique.

CHAPITRE II

LA DOMESTICATION TECHNIQUE DU PARLEMENT

BIBLIOGRAPHIE : -Voir, outre les ouvrages mentionnés au chapitre précédent : J.-P. CAMBY et P. SERVENT : *Le travail parlementaire sous la V° République*, Clefs, Montchrestien, 2011. – P. TÜRK : *Les commissions parlementaires permanentes et le renouveau du Parlement sous la V° République*, Dalloz, 2005. – « La responsabilité des gouvernants », *Pouvoirs n° 92, 2000.*

Le Parlement n'ayant plus, du fait des contraintes politiques qui lui ont été imposées, sa superbe d'antan, le phénomène majoritaire assurant qu'une majorité se dégage en son sein et l'Assemblée nationale craignant en cas de rébellion de devoir chercher dans un retour prématuré aux urnes une nouvelle légitimité, il pouvait encore, par un usage systématique mais excessif de son pouvoir de contrôle et de ses compétences législatives, empêcher les gouvernements de gouverner. En effet, selon les dispositions de l'art. 24 C.[1], le Parlement vote la loi et contrôle l'action du Gouvernement. Les constituants de 1958 voulurent cependant faire en sorte que même dans le cadre de son fonctionnement normal, le Parlement ne puisse entraver, plus qu'il n'est nécessaire au respect des principes démocratiques, la mission des gouvernements. Il convenait donc d'enfermer tout à la fois le contrôle parlementaire (I) et la procédure législative (II) dans des règles précises permettant là encore de domestiquer l'institution parlementaire. Des procédures spécifiques furent donc prévues. Elles devaient à la fois permettre au Parlement d'assurer sa mission de contrôle et de législateur tout en l'empêchant d'en profiter pour porter atteinte au pouvoir de l'exécutif. C'est donc une rationalisation du fonctionnement du Parlement qui était ici recherchée et qui fut mise en place. Le succès de cette rationalisation fut tel que le Parlement finit par apparaître comme une simple chambre d'enregistrement des volontés de l'exécutif et, en période de concordance, des volontés du Président de la République relayées par le Premier ministre. La domestication technique était devenue si forte qu'elle contribuait à la paralysie de l'institution. Certes, elle n'en était pas la seule cause ; le phénomène majoritaire (encore lui) et la frilosité[2] des parlementaires de la majorité n'étaient pas sans lien avec cette atonie du pouvoir législatif. Pour pallier ce manque d'entrain, il a été tenté d'apporter aux dispositions originelles des correctifs permettant au Parlement de continuer à jouer un rôle. Il n'est pas certain que cela aboutisse et limite les effets des chaînes que les constituants de 1958 avaient posées. Les chaînes sont moins lourdes et peut-être consenties, elles n'en sont pas moins efficaces.

I. LA RATIONALISATION DU CONTROLE PARLEMENTAIRE

Il est de la compétence normale du Parlement dans un régime parlementaire de contrôler le Gouvernement. Dès que l'on évoque la question du contrôle parlementaire, vient à l'esprit la faculté pour le Parlement de renverser le Gouvernement par différents moyens. C'est ce que l'on appelle le contrôle de censure (§2.). Mais ce n'est là en fait qu'un des aspects du contrôle parlementaire. Il peut s'agir pour le Parlement de rechercher des informations, de se renseigner

---

[1] L'indication précise du rôle constitutionnel du Parlement ne date que de la révision de juillet 2008. Jusque là, son pouvoir de contrôle se déduisait de l'art. 20 C. (situé dans le titre IV relatif au Gouvernement) et son pouvoir législatif de l'art. 34 C. (situé dans le titre V relatif aux rapports entre le Parlement et le Gouvernement). Nulle part, le rôle du Parlement n'était défini, en tous les cas pas dans le titre IV relatif au Parlement.

[2] Certains n'hésiteront pas à dire qu'il s'agit là d'un euphémisme. Les parlementaires de la majorité, inquiets de déplaire au Prince et de ne plus recevoir de lui l'onction qui permet d'être élu, n'ont pas en fait le courage de s'opposer à lui quand bien même il se tromperait ; la frilosité pourrait donc parfois être de la couardise voire de la lâcheté.

sur la politique menée par le Gouvernement, sans pour autant que cela aboutisse à la mise en jeu de sa responsabilité. Il s'agit là du contrôle d'investigation (§1.).

La fonction de contrôle des Parlements est essentielle dans les démocraties modernes et supplante de plus en plus la fonction législative. Force est pourtant de constater que le Parlement français ne s'oriente pas dans cette voie. Si le phénomène majoritaire joue un rôle incontestable dans la frilosité des parlementaires de la majorité à contrôler l'action du Gouvernement, il faut aussi remarquer qu'une tendance se développe qui reporte sur des autorités administratives indépendantes (ou des autorités publiques indépendantes[1]) certains des contrôles que le Parlement pourrait fort bien réaliser. Or, ce désaisissement est souvent accepté par le Parlement lui-même qui vote les lois créant ces autorités sans protester du fait que son pouvoir de contrôle se réduit d'autant. Ceci est d'autant plus vrai que lesdites autorités ont naturellement tendance à vouloir accroître le pouvoir que la loi leur attribue.

§1. Le contrôle d'investigation

Les possibilités offertes au Parlement pour obtenir des informations sur la politique du Gouvernement peuvent se regrouper en cinq catégories. Ou bien les parlementaires vont interroger le Gouvernement et tenter d'obtenir de lui des réponses (A), ou bien ils vont constituer des commissions chargées d'obtenir les informations dont ils souhaitent disposer (B) ou bien encore vont-ils tenter d'obtenir des informations à l'occasion d'un débat que le Gouvernement doit ou peut mettre en œuvre (C). Enfin, les Parlementaires essaient également de savoir si les lois qu'ils adoptent sont effectivement appliquées (D) et si les politiques qu'ils votent sont efficaces (E).

A. Les questions parlementaires

Il existe deux types traditionnels de questions parlementaires : les questions écrites (1) et les questions orales (2).

Années	Assemblée nationale		
	Questions écrites	Questions Orales	Questions au Gouvernement
2002/2003	21814	432	771
2003/2004	22090	405	744
2004/2005	26812	388	659
2005/2006	30867	408	688
2006/2007	26167	197	436
2007/2008	26164	357	662
2008/2009	27990	414	907
2009/2010	29860	366	929
2010/2011	29237	368	1105
2011/2012	13956	186	530
2012/2013	32964	375	1020
2013/2014	26906	353	993
2014/2015	24180		1044

1. Les questions écrites

Les questions écrites, qui doivent avoir un caractère général et non nominatif, sont posées par écrit par les parlementaires aux ministres et secrétaires d'Etat. Ces derniers y répondent par écrit (d'où le nom de ce type de questions) à moins qu'ils ne justifient que l'intérêt public ne leur permet pas de répondre. Les ministres doivent répondre dans le délai normal de deux mois (art. 135 al 6 RAN) ou d'un mois qui peut être prolongé d'un mois sup-

[1] A la différence des premières, les secondes sont dotées de la personnalité morale.

plémentaire si le ministre a des difficultés à recueillir les éléments de la réponse (art. 75 al. 2 RS). Plusieurs milliers de questions sont ainsi posées chaque année (Voir tableau ci-dessus), dans la limite, à l'Assemblée nationale d'un plafond par député (52 questions écrites pour la session 2015/2016) fixé par la Conférence des Présidents (art. 135 al. 2 RAN). Le texte de la question et celui de la réponse sont reproduits au *Journal Officiel*. Dans la pratique, les délais sont souvent dépassés.

Différents procédés ont été mis en œuvre pour tenter de remédier à ces dépassements. Outre la publication en tête de chaque fascicule hebdomadaire du *Journal officiel* de la liste des questions publiées deux mois auparavant et demeurées sans réponse, l'indication au *Journal officiel*, sous l'en-tête du ministre compétent, des questions n'ayant pas reçu réponse depuis plus de trois mois et dont l'auteur demande le renouvellement et la publication deux fois par an au *Journal officiel* des statistiques de réponses par ministère, l'Assemblée nationale a mis en place une procédure dite des « questions signalées » : chaque semaine, au cours de la session, les présidents de groupe politique (cf. p. 259) choisissent parmi les questions écrites demeurées sans réponse au-delà des délais réglementaires (soit deux mois), un petit nombre de questions (25 choisies selon une grille de répartition proportionnelle) qui sont « signalées » dans le *Journal officiel* (736 du 1er oct. 2010 au 30 juin 2011). Parfois, pourtant, la mauvaise volonté du Gouvernement se prolonge et il faut recourir à un rappel au règlement (14 nov. 2011, R. Dosière). Ces questions font l'objet d'une réponse écrite du ministre dans les dix jours (art. 135 al. 7 RAN). Au Sénat ces questions peuvent alors être transformées en questions orales et prennent rang au rôle à la date de conversion (art. 75 al. 3 RS).

La lecture des questions écrites laisse pourtant dubitatif quant à leur véritable intérêt. Il est rare en effet que le sujet abordé par le parlementaire dans ce cadre lui permette effectivement d'exercer un contrôle sur l'activité du Gouvernement. Il s'agit plus pour l'auteur de la question de s'informer sur l'état de la législation ou de la réglementation ou d'attirer l'attention d'un ministre sur tel ou tel problème. Certes, il n'est pas possible d'évoquer dans la question des situations individuelles puisqu'elles ne doivent contenir aucune imputation d'ordre personnel à l'égard de tiers nommément désignés (art. 135 al. 2 RAN ; art. 74 al. 2 RS) ; mais il n'en reste pas moins que les parlementaires utilisent aussi les questions pour alerter le ministre sur la situation de sa circonscription ou de tel groupe d'électeur.

2. Les questions orales

A l'inverse, les questions orales répondent sans doute plus à la mission de contrôle. Ce sont des questions auxquelles les ministres répondent oralement devant les parlementaires réunis en séance publique.

L'art. 48 al. 6 C. n'autorisait à l'origine (c'était alors l'al. 2) qu'une seule séance de questions par semaine (à l'origine le vendredi après-midi ; maintenant le mardi matin, à l'AN, le mardi au Sénat). Le Conseil constitutionnel (Cons. const. 63-25 DC, 21 janv. 1963, Règlement de l'AN) ayant donné une interprétation particulièrement stricte de cette disposition, il n'avait pas été possible de l'aménager par l'intermédiaire des règlements pour multiplier le nombre de séances consacrées aux questions. La révision de 1995 faisait disparaître cette limite (le nouveau texte dispose : « Une séance hebdomadaire au moins ... ») qui avait déjà été franchie par un accord tacite entre les parlementaires et le Gouvernement (cf. infra : les questions au Gouvernement). Enfin, la révision de juillet 2008 devait étendre les dispositions de l'art. 48 al. 6 C. aux sessions extraordinaires[1].

A l'Assemblée nationale (art. 133 RAN), c'est la Conférence des présidents qui fixe la ou les séances hebdomadaires de questions y compris pendant les sessions extraordinaires. Dans une semaine, l'opposition et la majorité ont le droit au même nombre de questions. La première question est de droit attribuée à un groupe d'opposition ou minoritaire (ou à un député n'appartenant à aucun groupe). Chaque groupe politique pose au moins une question à chaque séance. La Conférence des présidents fixe encore les conditions dans lesquelles les députés n'appartenant à aucun groupe peuvent eux aussi poser des questions orales. Au

[1] La rédaction de cet alinéa prévoyant qu'une séance *au moins* doit avoir lieu chaque semaine, il n'y a bien qu'une seule séance chaque semaine pendant ces sessions extraordinaires.

Sénat c'est, sauf décision contraire de la Conférence des présidents, la matinée du mardi qui est consacrée à ces questions (art. 77 RS).

Aux questions orales traditionnelles présentant peu d'intérêt (a) est venue s'ajouter une procédure qui a donné à ces questions un nouvel attrait : la procédure des questions au Gouvernement (b). Enfin d'autres types de questions sont progressivement apparus (c).

a) La procédure traditionnelle des questions orales

Il n'existe plus de questions orales avec débat à l'Assemblée nationale ; seules subsistent les questions sans débat (Statistiques : V. tableau ci-dessus). Au Sénat même si les questions orales avec débat sont expressément prévues par le règlement (art. 79 à 83 RS), elles n'y sont plus guère pratiquées non plus[1] (2 en 2013/2014 ; 2 en 2014/2015), les questions orales sans débat étant de loin les plus nombreuses (302 en 2013/2014 ; 279 en 2014/2015).

Dans cette procédure, l'auteur de la question fait connaître sa question la veille de la séance (celle-ci est le plus souvent organisée les mardi et jeudi matin à l'Assemblée pendant la semaine de contrôle). En séance il lit sa question, un ministre lui répond. Au début de la V° République, le Gouvernement avait pris l'habitude de répondre avec un retard tel que la question ne présentait plus d'intérêt lorsqu'elle était fixée à l'ordre du jour. Par ailleurs, un seul ministre répondant pour tous ses collègues en lisant un texte préparé par leurs services, les réponses n'étaient pas toujours pertinentes. Si les choses se sont améliorées, les contraintes d'agenda font que c'est malgré tout rarement le ministre concerné qui répond. Ces questions (et les réponses) restent donc bien moins intéressantes que les nouvelles questions au Gouvernement.

b) Les questions au Gouvernement

Pour pallier ce désintérêt et malgré, à l'époque, la contrainte constitutionnelle, un accord est intervenu avec le Gouvernement dès 1974 pour que des questions liées à l'actualité[2] puissent être posées à l'Assemblée Nationale (étendu au Sénat en 1982). A partir de cette date, selon des modalités diverses, tous les Gouvernements se sont pliés, lors même que la Constitution ne les y obligeait pas, à cette pratique qui tendait à devenir coutume (cf. p. 394). La révision de 1995 (cf. p. 380), en supprimant la limite d'une séance hebdomadaire consacrée aux questions, retirait à celle-ci son caractère contra-constitutionnel. Elles sont organisées par l'art. 133 RAN qui en plus des principes décrits ci-dessus prévoit que la première question est toujours posée soit par un groupe d'opposition, soit par un groupe minoritaire (qui peut donc appartenir à la majorité ; cf. infra p. 257), l'instruction générale du Bureau de l'Assemblée nationale (art. 15-II IGBAN) prévoyant que ces questions ont un caractère spontané et ne doivent être ni déposées, ni notifiées, ni publiées. Le règlement du Sénat les traite à l'art. 75 bis.

Même s'il appartient à la Conférence des Présidents de fixer les séances hebdomadaires c'est le plus souvent la tranche de 15 heures à 16 heures des mardi et mercredi qui est donc traditionnellement réservée à l'Assemblée[3] (alternativement le mardi de 16 h 45 à 17 h 30 et le jeudi de 15 à 16 heures au Sénat) à ces questions, appelées « <u>questions au Gouvernement</u> »[4]. Les modalités de ces questions sont en fait le résultat d'un compromis

---

[1] En 1990 ont été introduites des questions orales avec débats sur des sujets européens. Elles sont quasi supprimées depuis 2009. Le Sénat n'en a ainsi accueilli qu'une seule en 2010 et plus depuis.

[2] Les questions au Gouvernement sont parfois aussi appelées « questions d'actualité ».

[3] Le fait que la télévision publique retransmette ces séances fait que l'absentéisme y est faible (cf. p. 186).

[4] Dans le cadre de la semaine réservée au contrôle, la Conférence des présidents de l'Assemblée nationale a décidé de l'organisation d'une nouvelle procédure de « questions adressées à un ministre ». Le Conseil constitutionnel a estimé que, le Gouvernement étant représenté par celui de ses membres que le Premier ministre désigne, ces questions ne

entre l'Assemblée (Conférence des Présidents) et le Gouvernement. Fixées en principe au début de la législature, rien n'empêche cependant de les modifier. C'est en général le Président de l'Assemblée qui indique les modalités retenues et tente de les faire respecter. Depuis 1993 et plus encore depuis la révision de 1995, on peut retenir les grands principes suivants : les questions ne sont pas posées par avance ; seule la liste des ministres interrogés est communiquée au Gouvernement. Le temps de parole est réparti au prorata des groupes mais inclut le temps de réponse des ministres. Pour remédier aux difficultés qui pouvaient en résulter, il est prévu depuis 1993 que le temps de chaque intervenant (député ou ministre) soit limité. Il est ainsi limité à deux minutes trente au Sénat et à deux minutes à l'Assemblée sauf pour le Premier ministre. Ce qui permet qu'une vingtaine de questions soit posée par séance (Statistiques : V. tableau ci-dessus). Ce temps de parole permet au Sénateur qui ne l'a pas épuisé de disposer d'un droit de réplique qui n'existe pas à l'Assemblée.

A l'Assemblée nationale, la première question au Gouvernement de chaque séance est posée par un député membre d'un groupe d'opposition ou minoritaire.

B. Les enquêtes

Pour pouvoir procéder à des investigations, il est possible aux assemblées de créer des commissions d'enquête (1) ou de confier aux commissions législatives des prérogatives d'enquête (2).

1. Les commissions d'enquête

C'est avec la révision de juillet 2008 que les commissions d'enquête font leur apparition dans la Constitution (art. 51-2 C). Jusque là, seules des dispositions de valeur législative sans fondement constitutionnel les organisaient (ord. 58-1100 du 17 nov. 1958 relative au fonctionnement des assemblées parlementaires). C'est, conformément aux dispositions de l'art. 51-2 C. toujours, la loi qui fixe l'organisation et le fonctionnement des commissions d'enquête ainsi que les règles de recueil des informations ; le règlement des assemblées fixe les conditions de leur création. Le Conseil constitutionnel veille au respect de cette répartition. Il a donc estimé que la détermination des modalités selon lesquelles les personnes entendues par une commission d'enquête sont admises à prendre connaissance du compte rendu de leur audition et à faire part de leurs observations relevant des règles d'organisation, ne pouvaient pas être prévues par le règlement de l'Assemblée[1] (Cons. const. 2009-581 DC §§51 à 53, 25 juin 2009, Règlement de l'AN XXXIV).

Les commissions d'enquête sont créées par le vote d'une résolution (art. 141-1 RAN et 11 al. 1 RS).

Pour tenir compte des exigences de l'article 51-1 C. qui obligent les règlements des assemblées à reconnaître des droits spécifiques aux groupes d'opposition ainsi qu'aux groupes minoritaires, chaque président de groupe d'opposition ou de groupe minoritaire peut demander, une fois par session ordinaire, qu'un débat sur une proposition de résolution tendant à la création d'une commission d'enquête soit inscrit d'office dans le cadre de la semaine de contrôle (art. 141 al. 2 RAN). Chaque groupe d'opposition (ou minoritaire) peut donc espérer[2] la création de quatre commissions d'enquête par législature (les dispositions ci-dessus ne s'appliquent pas à la session ordinaire précédant des élections législatives).

---

pouvaient être prévues par le RAN (Cons. const. 11 déc. 2014, n°2014-705 DC §13). Comme avant la tentative d'inscription ainsi censurée, ces questions se pratiquent néanmoins (9 séances en 2014/2015).

[1] Cette décision est d'autant plus intéressante que les dispositions en question étaient présentes dans l'ancien règlement de l'Assemblée et que, à l'époque où les commissions d'enquêtes n'étaient pas prévues par la Constitution, elles avaient été jugées conformes à la Constitution. On trouve ici un bel exemple de changement de circonstances de droit.

[2] Un groupe ne peut présenter une nouvelle demande de création d'une commission d'enquête que si la précédente commission obtenue par lui a terminé ses travaux (art. 141 al. 3 RAN).

Au Sénat, tous les groupes, sans distinction, ayant le droit d'obtenir la création d'une commission d'enquête (ou d'une mission d'information) par année parlementaire (art. 6 bis RS), aucune priorité n'est accordée aux groupes d'opposition ou minoritaires.

La composition des commissions d'enquête doit dans la mesure du possible être le reflet de la composition de l'assemblée elle-même (art. 143 al. 1 RAN ; art. 11 al 2 RS). A l'Assemblée, le bureau lui aussi doit reproduire la configuration politique de l'assemblée (art. 143 al. 1 RAN). Pour garantir les droits de l'opposition, la fonction de président ou de rapporteur revient de droit à un parlementaire appartenant à un groupe d'opposition (art. 143 al. 2 RAN ; art. 6 bis al. 4 RS). A l'Assemblée, lorsque la commission d'enquête est créée à la demande d'un groupe d'opposition ou d'un groupe minoritaire, la fonction de président ou de rapporteur revient obligatoirement à un membre du groupe à l'origine de la demande (art. 143 al. 3 RAN).

Les commissions d'enquête sont destinées à rechercher des éléments d'information sur des faits précis ou à examiner la gestion de certains services publics ou entreprises nationales. Composées de membres élus au scrutin proportionnel, les commissions disposent d'un délai de six mois pour rendre leurs conclusions à l'assemblée qui les a désignées. Elles sont dotées de larges pouvoirs leur permettant d'obtenir tout renseignement ou document à l'exception de ceux ayant un caractère secret lié à la défense nationale et à la sécurité de l'Etat[1]. Elles peuvent en particulier procéder à des enquêtes sur pièces et sur place, à des auditions dont le compte rendu peut être rendu public ou mieux, qui se déroulent en public, voire être télévisées. Les propos tenus ou les écrits produits devant ces commissions ne donnent lieu à aucune action en diffamation, injure ou outrage[2]. Elles peuvent, dans les mêmes limites, exiger d'entendre tous ceux qu'elles jugent utiles, au besoin en les y contraignant[3] (sauf, cependant, le Président de la République ou les anciens Présidents : cf. p. 55).

Pourtant, en raison de l'indépendance de l'autorité judiciaire, si une procédure judiciaire est engagée sur le même thème, les commissions ne pourront être créées, ni poursuivre leurs travaux ; si une procédure judiciaire est engagée sur un thème voisin, elles ne pourront pas connaître des faits qui en font l'objet (art. 6 Ord. n° 58-1100 du 17 nov. 1958).

Une commission d'enquête ne peut pas être créée si elle a le même objet qu'une commission d'enquête ou une mission d'information (cf. ci-dessous) créée depuis moins de 12 mois.

Sous la V° République, il a été constitué 50 commissions d'enquête au Sénat et 85 à l'Assemblée nationale (jusqu'en juin 2015).

Les commissions établissent un rapport et l'adoptent. Ces rapports peuvent donner lieu à un débat, y compris à la demande d'un Groupe. En cas de refus d'adoption, le rapport ne peut être publié et il est interdit sous peine de sanctions pénales de faire état de son contenu[4]. Le rapport adopté qu'elles remettent est en principe publié au *Journal Officiel*, et peut être transmis au procureur de la République en vue des suites pénales qu'il peut supposer en raison des faits révélés (Voir le rapport du 18 juin 2003 sur la disparition d'Air Lib). Cependant l'assemblée peut décider de le conserver secret en tout ou partie, après un débat et un vote en comité secret (art. 6-IV Ord. n° 58-1100 du 17 nov. 1958 ; cf. p. 131).

La commission peut cependant décider l'application du secret à ses travaux et auditions. En tous cas, les documents non publics (lié à la défense nationale et à la sécurité de

---

[1] Il faut noter que le Premier ministre a estimé que « les documents de travail internes au gouvernement » ne leur étaient pas communicables : voir *Pouvoirs n° 86 p. 191*.

[2] Cette protection résulte de l'art. 41 de la L. du 29 juill. 1881 sur la liberté de la presse dans sa rédaction issue de la loi n° 2008-1187 du 14 nov. 2008. Un doute était en effet permis après un arrêt de la Cour de cassation du 23 nov. 2004 soumettant les personnes appelées à témoigner au droit commun de la diffamation (Cass civ. 1e 24 nov. 2008, n° 02-13293).

[3] Le Président de la Commission d'enquête peut saisir le procureur de la République pour que celui-ci fasse intervenir les gendarmes pour contraindre les personnes à déférer à la convocation (*Pouvoirs* n° 87 p. 187).

[4] Ce fut le cas, en déc. 2012, du rapport de la commission d'enquête chargée d'étudier les mécanismes de financement des organisations syndicales d'employeurs et de salariés.

l'Etat) déposés devant une commission d'enquête et les travaux et auditions de celle-ci lorsqu'elle a décidé l'application du secret y sont soumis durant 30 ans (art. 6 Ord. n° 58-1100 du 17 nov. 1958) et ce, même s'il s'agit de les communiquer à la Cour de Justice de la République. La violation du secret des débats et travaux peut donner lieu à des poursuites pénales (art. 226-13 C. pén.) ainsi qu'à des sanctions disciplinaires si ces violations sont le fait d'un parlementaire. Un sénateur violant le secret pendant les travaux de la commission peut en être exclu et ne pourra plus participer à une telle commission pendant la durée de son mandat (art 100 RS). Un député commettant la même infraction ne peut plus être désigné membre d'une commission d'enquête constituée durant la même législature (art. 142 RAN).

2. Les prérogatives d'enquête et de contrôle des commissions législatives

Outre les prérogatives de contrôle dont disposent certaines commissions parlementaires permanentes en vertu de certaines dispositions législatives spéciales[1], on notera que les commissions législatives, permanentes ou spéciales (cf. p. 158), peuvent demander à l'assemblée à laquelle elles appartiennent de leur conférer, pour une mission déterminée, les prérogatives des commissions d'enquête (art. 5 ter Ord. 58-1100). Cette possibilité ne leur est donnée que pour une durée ne pouvant excéder six mois sans que cela puisse cependant avoir pour effet de prolonger les travaux d'une commission spéciale au delà de la durée normale de ses pouvoirs (Cons. const. 96-381 DC, §4, 14 oct. 1996, Règlement du Sénat)[2]. Cette disposition n'a pas, à ce jour, fait l'objet d'application à l'Assemblée nationale.

3. Les missions d'information

Les commissions permanentes ou spéciales peuvent également assurer l'information de leur assemblée en vue d'exercer leur contrôle sur la politique du Gouvernement[3] en créant des missions d'information. Ces missions, qui peuvent être communes à plusieurs commissions permanentes[4] (art. 145 al. 2 RAN), sont de plus en plus fréquentes et tendent à supplanter les commissions d'enquête alors même que leurs pouvoirs sont moins importants. La souplesse de leur réglementation semble ici un gage de bon fonctionnement et d'efficacité. Parmi les dernières missions d'information créées on mentionnera celles mises en place sur « les immigrés âgés » (20 nov. 2012) ou sur la « prescription en matière pénale » (10 déc. 2014). Le Conseil constitutionnel a subordonné la constitutionnalité de ce procédé au respect du caractère temporaire de ces missions qui doivent par ailleurs n'avoir qu'un rôle d'information (Cons. const. 2003-470 DC §22, 9 avr. 2003, Règlement de l'AN XXX).

A l'Assemblée nationale, ces missions sont créées sans véritable formalité. Au Sénat la création est, plus solennellement, décidée en séance publique après avis du bureau (art. 21 al 1 et 3 RS). Leur composition doit refléter la configuration politique de l'Assemblée ; si elle ne comprend que deux membres, l'un doit appartenir à un groupe d'opposition. Là encore la fonction de président ou de rapporteur revient de droit, à moins qu'il ne s'agisse de la même personne, à un député de l'opposition (art. 145 al. RAN).

Les missions d'information ainsi créées utilisent des techniques d'investigation voisines de celles employées par les commissions d'enquête mais, à la différence de celles-ci, peuvent rester en fonction plus de six mois, ce qui leur permet de réaliser un contrôle approfondi. Le rapport qu'elles réalisent peut donner lieu à un débat sans vote ou à une séance de

---

[1] Ainsi, par ex. les commissions de l'Assemblée nationale et du Sénat chargées de la défense et des forces armées suivent et contrôlent l'application de la programmation militaire (art. 7, L. n° 2013-1168 du 18 déc. 2013). Ces dernières ont donc procédé à un contrôle sur pièces et sur place à la direction du Budget en juin 2014 et en ont conclu qu'il manquerait 1,5 Md € de ressources exceptionnelles pour la mission « Défense » en 2015.

[2] Le Conseil constitutionnel a utilisé ici la technique de la « réserve d'interprétation » cf. p. 455.

[3] Sur la question de l'application de la législation cf. p. 147.

[4] La Conférence des Présidents de l'AN peut, sur proposition du Président de l'Assemble, également en créer (art. 145 al. 4 RAN).

questions (art. 145 al. 6 RAN) à l'Assemblée. Au Sénat, la publication est le principe sauf décision contraire du bureau (art. 21 RS al. 4).

Comme pour les commissions d'enquête, les débats et travaux sont secrets et il n'est pas possible qu'un juge en obtienne communication ; il y aurait alors interférence dans la mission de contrôle reconnue au Parlement par l'art. 24 C.

C. Les débats et autres déclarations du Gouvernement

Outre le débat que le Gouvernement est tenu d'organiser lorsqu'il souhaite que le Président de la République soumette au référendum un projet de loi (art. 11 C), trois autres dispositions constitutionnelles permettent au Gouvernement de faire une déclaration qui peut ou doit, selon le cas être suivie d'un débat voire d'un vote.

1. En application de l'art. 50-1 C.

La possibilité que des débats aient lieu avec le Gouvernement mais sans conduire à la mise en jeu de sa responsabilité se faisait ressentir. Un temps, les anciennes dispositions de l'art. 48 al. 3 C. permirent, par une interprétation originale, d'utiliser la séance mensuelle réservée « à l'ordre du jour fixé par chaque assemblée » (cf. p. 168), dite « fenêtre ou niche parlementaire » pour inscrire un débat sur une question à laquelle l'une ou l'autre chambre souhaitait que le Gouvernement vienne lui donner des explications. La révision de juillet 2008 constitutionnalisait de tels débats à l'art. 50-1 C.

Ces débats sont organisés sur une déclaration du Gouvernement faite à sa demande[1] ou à celle d'un groupe politique[2] y compris de l'opposition. Il est possible que le Parlement soit convoqué spécialement à cet effet[3]. A l'Assemblée nationale, la Conférence des présidents fixe le temps global attribué aux groupes et aux députés n'appartenant à aucun groupe. Le temps imparti aux groupes est attribué pour moitié aux groupes d'opposition. Il est ensuite réparti entre les groupes d'opposition, d'une part, et les autres groupes, d'autre part, en proportion de leur importance numérique. Chaque groupe dispose d'un temps minimum de dix minutes (art. 132 al. 2 RAN). Le Gouvernement prend la parole le dernier pour répondre aux orateurs qui sont intervenus (art. 132 al. 4 RAN). A l'issue de ce débat, un vote peut avoir lieu si le Gouvernement le décide ; au besoin, des explications de votes peuvent être présentées (art. 132 al. 5 RAN). Au Sénat, le débat s'organise conformément aux règles relatives au débat général (cf. infra p. 174). Simplement, si la déclaration est faite à la demande d'un groupe politique, le président du groupe, auteur de la demande, ou son représentant intervient après le Gouvernement. Si le Gouvernement demande un vote, aucune explication de vote n'est admise (art. 39 al. 3 bis et 4 RS). Il semble que, si ces débats sont demandés par le Gouvernement, ils doivent se tenir pendant les deux semaines qui lui sont réservées (art. 48 al. 2 C.). En revanche, rien n'est prévu si ces débats ont lieu à l'initiative d'un groupe politique.

On indiquera que, s'agissant de la « crise grecque », une première déclaration suivie d'un débat a eu lieu à l'Assemblée nationale et au Sénat le 8 juill. 2015 et une seconde déclaration, suivie cette fois d'un vote a eu lieu une semaine plus tard (15 juill.). De même, une déclaration suivie d'un débat a été organisée au Parlement lors de la session extraordinaire de septembre 2015 ; il a été ajouté à l'ordre du jour de cette session par un décret du 11 sept. 2015.

---

[1] Même si la plupart des débats demandés par le Gouvernement dans ce cadre sont organisées durant des semaines dont il maîtrise l'ordre du jour dès lors que ces débats ne disposent pas d'une priorité, ce n'est pas une obligation. Ainsi, le débat et le vote sur le programme de stabilité de la France 2013-2017 a eu lieu le 9 avr. 2013 au cours d'une semaine de contrôle.

[2] Les deux débats demandés par un groupe sous la XIVe législature ont été organisés l'un au cours d'une semaine de l'Assemblée (cadre financier pluriannuel 2014-2020 le 19 février 2013), l'autre au cours d'une semaine de contrôle (immigration professionnelle et étudiante, 9 avril et 21 mai 2013).

[3] C'est ainsi qu'un débat a été organisé sur la situation en Syrie lors de la session extraordinaire du Parlement du 4 sept. 2013. C'était même le seul point à l'ordre du jour de cette session extraordinaire.

De manière originale, J.-M. Ayrault (pour son second Gouvernement) et M. Valls (pour son premier Gouvernement) ont utilisé cet article (et non l'art. 49 al 4 ; cf. p. 122) lors de leur première intervention devant le Sénat après la constitution de ces gouvernements (4 juill. 2012).

2. En application de l'art. 72-4 C.

Lorsqu'une consultation de la population d'outre-mer sur le changement de statut territorial est organisée sur proposition du Gouvernement, celui-ci fait, devant chaque assemblée, une déclaration suivie d'un débat. Ce débat est organisé, à l'Assemblée, selon les mêmes règles[1] que celles applicables pour l'art. 50-1 C. (art. 125 al. RAN).

3. En application de l'art. 35 C., l'information sur l'intervention des forces armées à l'étranger

Depuis la révision de 2008, il est prévu que le Gouvernement informe le Parlement de son intention de faire intervenir les forces armées à l'étranger. Cette information doit avoir lieu au plus tard 3 jours après le début de l'intervention[2]. Elle précise les objectifs poursuivis et peut donner lieu à un débat qui n'est pas suivi d'un vote. Ce fut le cas, par exemple, le 10 déc. 2013 pour l'intervention en Centrafrique et le 24 sept. 2014 pour l'intervention en Irak (Daesh). De même, des débats sont organisés pour l'application des articles 35 al. 3 C. et 36 C. (prolongation des opérations extérieures des forces armées ; prorogation de l'état de siège). Dans ces deux cas, le Parlement doit se prononcer par un vote pour autoriser la prolongation ou la prorogation. A l'Assemblée nationale, la procédure en est fixée à l'art. 125 RAN.

Parralèllement, une pratique s'est instituée selon laquelle le Premier ministre reçoit les Présidents des assemblées, des groupes parlementaires et des commissions permanentes concernées au lendemain d'une décision d'intervention extérieure des forces armées prise par le Président de la République ou d'un événement important se produisant durant cette intervention.

D. Le contrôle de l'exécution des lois votées

L'exécution des lois relève de la compétence de l'exécutif mais celui-ci ne met pas toujours la promptitude nécessaire à prendre les décrets d'application nécessaires à l'entrée en vigueur rapide des lois votées (cf. p. 111). Le Parlement a donc voulu contrôler l'efficacité de l'action gouvernementale dans ce domaine pour s'assurer qu'il n'abuse pas de ses prérogatives pour mettre en échec la volonté du législateur. S'agissant de contrôler l'exécution de telle loi particulière, les parlementaires disposent de la possibilité de poser une question au ministre concerné. Mais là encore, le contrôle reste trop exceptionnel pour être efficace[3].

Ce sont les commissions permanentes qui ont été chargées de réaliser le suivi général de l'application des lois (art. 145-7 RAN ; art. 22 al. 1 RS).

A l'assemblée, à l'issue d'un délai de six mois suivant l'entrée en vigueur d'une loi dont la mise en œuvre nécessite la publication de textes de nature réglementaire, deux députés, dont l'un appartient à un groupe d'opposition et parmi lesquels figure de droit le député qui en a été le rapporteur, présentent à la commission compétente un rapport sur la mise en application de cette loi. Ce rapport fait état des textes réglementaires publiés et des circulai-

[1] Sont également organisés selon ces règles, les débats relatifs à l'engagement de la responsabilité du Gouvernement en vertu de l'art. 49 al. 1 C. et aux motions de censure (art. 49 al 2 et 3 C.) ; voir respectivement les art. 152 et 154 RAN.

[2] Lorsque le Parlement ne siège pas, cette information est donnée lors de la plus prochaine session (par ex. s'agissant des survols de la Syrie débutés le 8 sept. 2015, l'information du Parlement a eu lieu le 15 sept.).

[3] On notera ce paradoxe : alors que le Gouvernement dispose de moyens constitutionnels pour obtenir rapidement le vote des textes conformes à ses vues, le Parlement ne dispose d'aucun moyen pour imposer au Gouvernement de prendre rapidement les mesures d'application. En fait le Gouvernement dispose d'un véritable veto lui permettant de choisir le moment opportun pour l'entrée en vigueur des lois voire, en cas de changement de majorité, pour ne pas mettre en vigueur une loi adoptée sous la précédente législature.

res édictées pour la mise en œuvre de ladite loi, ainsi que de ses dispositions qui n'auraient pas fait l'objet des textes d'application nécessaires. Dans ce cas, la commission entend ses rapporteurs à l'issue d'un nouveau délai de six mois (art. 145-7 al. 1 RAN). Comme le rapport des missions d'information, ces rapports sur la mise en application des lois peuvent donner lieu, en séance publique, à un débat sans vote ou à une séance de questions (art. 145-7 al. 1 RAN). Ces rapports ne doivent pas être assimilés à une injonction au Gouvernement (Cons. const. 2004-493 DC, 26 févr. 2004, Règlement de l'AN XXXI).

Au Sénat, le secrétariat de chaque commission établit tous les ans un bilan complet de ce suivi. Ce bilan est présenté à la commission par son président. Les commissions peuvent ensuite débattre des moyens d'améliorer l'application des lois concernées. Le bilan annuel est ensuite diffusé dans le bulletin des commissions, dans Info Sénat et sur internet[1].

La technique des « missions d'information » peut également être utilisée pour réaliser ce contrôle (art. 145 al. 2 RAN).

Des dispositions particulières sont prévues pour le contrôle de l'exécution des lois de finances et de financements de la sécurité sociale (sur ces lois : cf. p. 192).

D'une part, dans ces domaines, le Parlement (comme le Gouvernement d'ailleurs) est assisté par la Cour des comptes (art. 47-2 C.). Celle-ci contribue à l'information du Parlement par les rapports qu'elle émet dans ce cadre : La « Certification des comptes de l'Etat » (art. 58 5° LOLF), le « Rapport sur les résultats et la gestion budgétaire pour l'Etat » qui analyse l'exécution des lois de finances dans tous ses aspects, y compris l'exécution des crédits par mission et par programme dans la logique de performance prévue par la LOLF et le « Rapport sur la situation et les perspectives des finances publiques » qui servira de base au débat d'orientation budgétaire. S'y ajoutent bien sûr les rapports publics qui sont également communiqués au Parlement.

D'autre part, dans ces matières, la commission des finances[2] en matière budgétaire et la commission des affaires sociales s'agissant de la loi de financement de la sécurité sociale (par l'intermédiaire de leur rapporteur) jouent un rôle particulier. Elles sont les destinataires privilégiés de tous les travaux de la Cour des comptes (art. 146 RAN) ; la commission des finances suit et contrôle l'exécution des lois de finances et procède à l'évaluation de toute question relative aux finances publiques (art. 22 al. 2 RS). Les rapporteurs spéciaux de la Commission peuvent établir des rapports d'information qui peuvent donner lieu, en séance publique, à un débat sans vote ou à une séance de questions.

E. L'évaluation des politiques publiques

L'art. 24 al 1 C. dispose désormais que, en plus des missions de législateur et de contrôle de l'action du Gouvernement, le Parlement est chargé de l'évaluation des politiques publiques. La détermination de ce rôle nouveau ne va pas sans poser quelques difficultés. Cette évaluation n'étant pas une compétence exclusive du Parlement, on peut sans doute contester qu'il s'agisse une technique de contrôle du Parlement sur le Gouvernement. En effet, si l'on se réfère aux dispositions de l'art. 47-2 C., la Cour des comptes, auxiliaire du Parlement en matière de contrôle de l'action du Gouvernement, est auxiliaire du Parlement et du Gouvernement dans l'évaluation des politiques publiques.

Pourtant, ce rôle n'est pas véritablement distinct de celui de contrôle de l'action du Gouvernement et constitue, selon nous, pour le Parlement une nouvelle forme de contrôle d'investigation. Du reste l'évaluation des politiques publiques est essentiellement traitée durant la même semaine que le contrôle parlementaire (art. 48 al 4 C.) et l'étude des techniques choi-

---

[1] Le Président de la délégation du Bureau en charge du travail parlementaire, du contrôle et des études réalise désormais une synthèse du travail des commissions dans cette matière.

[2] A l'Assemblée nationale, il s'agit de la commission des finances, de l'économie générale et du contrôle budgétaire.

sies pour la mise en œuvre des dispositions de l'art. 24 C. montrera que cette interprétation est sans doute celle retenue par les assemblées. Ainsi, à l'Assemblée nationale, la question est-elle traitée dans la première partie (intitulée : Information, évaluation et contrôle) du titre III du RAN intitulé « Contrôle parlementaire ». Si le Conseil constitutionnel (Cons. const. 2009-581 DC §§58 et 61, 25 juin 2009, Règlement de l'AN XXXIV) a nettement distingué le contrôle et l'évaluation et affirmé que l'évaluation des politiques publiques ne constituait qu' « un simple rôle d'information contribuant à permettre à l'Assemblée nationale d'exercer son contrôle sur la politique du Gouvernement »[1], il semble qu'il faille en fait considérer que le mot « contrôle » soit pris ici dans un sens étroit n'incluant pas le contrôle d'investigation dont le rôle est justement de « permettre à l'Assemblée nationale d'exercer son contrôle sur la politique du Gouvernement ».

L'Assemblée nationale a choisi de confier l'évaluation des politiques publiques à un organe *ad hoc* : le « comité d'évaluation et de contrôle des politiques publiques » (cf. p. 262). Celui-ci est composé (art. 146-2 RAN) outre le Président de l'Assemblée, de 36 membres désignés, au début de la législature et pour la durée de celle-ci, à la proportionnelle des groupes et assurant une représentation équilibrée des commissions permanentes.

Le comité réalise des travaux d'évaluation[2] portant sur des politiques publiques dont le champ dépasse le domaine de compétence d'une seule commission permanente[3] sous réserve des compétences exclusives des commissions chargées des finances et des affaires sociales (Cons. const. 2009-581 DC §59, 25 juin 2009, Règlement de l'AN XXXIV). Il agit de sa propre initiative ou à la demande d'une commission permanente (art. 146-3 al 1 RAN). Il arrête, chaque année, le programme de ses travaux. Chaque groupe peut obtenir de droit, une fois par session ordinaire, qu'un rapport d'évaluation soit réalisé par le comité.

Chaque sujet est traité par deux co-rapporteurs, dont un de l'opposition. Le Comité peut également faire appel à des concours extérieurs. La Cour des comptes étant en matière d'évaluation des politiques publiques, l'assistant du Gouvernement et du Parlement (art. 47-2 C.), elle peut porter assistance au Comité. Les modalités de cette assistance doivent être fixées par la loi et non par le règlement des assemblées (Cons. const. 2009-581 DC §60, 25 juin 2009, Règlement de l'AN XXXIV). C'est l'objet de la loi n° 2011-140 du 3 févr. 2011 tendant à renforcer les moyens du Parlement en matière de contrôle de l'action du Gouvernement et d'évaluation des politiques publiques ajoutant au Code des juridictions financières les art. L. 111-3-1 et L. 132-5.

Les rapports et les recommandations du comité sont transmis au Gouvernement mais ne constituent pas une injonction à son égard (Cons. const. 2009-581 DC §62, 25 juin 2009, Règlement de l'AN XXXIV). Ils sont publiés avec, en annexe, si le Comité le décide (ce qui a toujours été le cas jusqu'à présent), le rapport d'évaluation de la Cour des comptes. Les réponses des ministres sont attendues dans les trois mois et discutées pendant la semaine de contrôle (art. 146-3 al 7 RAN). À l'issue d'un délai de six mois suivant la publication du rapport, les rapporteurs présentent au Comité un rapport de suivi[4] sur la mise en œuvre de

---

[1] Il en résulte que les rapports du Comité ne peuvent donner lieu à un débat et la présence des responsables administratifs des politiques publiques ne peut être imposée lors de cette présentation.

[2] Sous la XIIIe législature le Comité a réalisé 11 rapports. La synthèse des travaux du Comité sous cette législature a été établie par son président le 30 mars 2012 (Doc n° 4485). Jusqu'à présent 8 rapports ont été réalisés sous la XIVe législature.

[3] On doit déduire de cette formulation que les politiques publiques entrant dans le domaine d'une seule commission permanente sont évaluées par celle-ci. La forme de cette évaluation n'est pas précisée. Il peut s'agir sans doute de missions d'information. Il est du reste prévu que les conclusions des rapports des missions d'information sont communiqués au comité (art. 146-4 RAN).

[4] La présentation d'un rapport de suivi n'est cependant pas systématique. 5 rapports de suivi sur les rapports de la XIIIe législature ont été présentés sous cette même législature. La XIVe législature acontinué ce travail en présentant des rapport de suivi de rapport fait sous la législature précédente. Au total, 5 rapports de suivi ont jusqu'à présent été présentés sous la XIVe législature.

ses conclusions (art. 146-3 al 8 RAN). Ce rapport est également transmis au Premier ministre et aux ministres.

Le Comité joue un rôle également dans le cadre de l'évaluation des projets de loi. Il peut être saisi pour donner son avis sur les documents qui rendent compte de l'étude d'impact, joints à un projet de loi déposé par le Gouvernement. La demande doit émaner du président de la commission à laquelle le projet a été renvoyé au fond ou du Président de l'Assemblée. L'avis du Comité est communiqué dans les plus brefs délais à la commission concernée et à la Conférence des présidents.

Le Comité peut se faire présenter les recommandations des missions d'information qui lui sont du reste communiquées. De façon à assurer la meilleure coordination des travaux de la semaine mensuelle consacrée au contrôle et à l'évaluation, le Comité peut faire toute proposition utile à la Conférence des Présidents concernant son ordre du jour : il peut, en particulier, proposer l'organisation, en séance publique, de débats sans vote ou de séances de questions portant sur les conclusions de ses rapports ou de ceux des missions d'information, ou de tout autre sujet de contrôle ou d'évaluation, par exemple les rapports de la Cour des comptes portant sur des thèmes particuliers.

Au Sénat, ce sont les commissions permanentes qui sont chargées de cette évaluation (art. 22 al. 1 RS). Il est évidemment possible que des missions d'information soient créées pour ce faire.

L'importance de plus en plus grande donnée au contrôle d'investigation et l'ajout aux compétences traditionnelles du Parlement de la mission d'évaluation et de contrôle des politiques publiques sont en fait le révélateur d'une diminution progressive de l'importance du contrôle de censure.

§2. Le contrôle de censure

La responsabilité politique devant le Parlement est le trait essentiel des régimes parlementaires. Elle est venue doubler la responsabilité pénale qui, si elle n'a pas totalement disparu, reste marginale au point, d'ailleurs, de poser certains problèmes de mise en œuvre.

La responsabilité pénale des ministres devant la Cour de Justice de la République

La responsabilité pénale des ministres a toujours été admise et ce avant même l'apparition de la responsabilité politique. Pourtant, force est de constater que, si l'on excepte la période du Gouvernement de Vichy et de la Libération, le mécanisme eut rarement l'occasion de fonctionner contre des ministres, des chefs de Gouvernement (exception faite de Pierre Laval) et des chefs d'Etat (exception faite de Philippe Pétain).

Si l'on retient la période des républiques parlementaires, c'est-à-dire depuis 1875, ce sont quatre ministres ou anciens ministres qui ont été traduits devant la "Haute Cour" (selon l'expression d'alors), tous sous la III° République. On doit pourtant faire entre ces différents cas une distinction. La Haute Cour connaissait à l'époque non seulement des crimes et délits commis par les ministres dans l'exercice de leur fonction mais également des crimes contre la sûreté de l'Etat, qu'ils aient été commis ou non par un ministre. C'est ainsi que furent déférés en Haute Cour Déroulède et Cachin qui n'étaient pas ministres (pour ce dernier d'ailleurs la Haute Cour se déclara incompétente). C'est encore pour atteinte à la sûreté de l'Etat que furent traduits devant elle deux anciens ministres : le général Boulanger, ancien ministre de la Guerre, qui était accusé d'avoir tenté "un complot pour changer la forme du Gouvernement" et qui, ayant quitté la France, sera condamné en 1889 par contumace à la déportation, et Joseph Caillaux, plusieurs fois ministre qui était accusé de défaitisme et fut condamné en 1919 à trois ans de prison pour avoir "échangé des correspondances avec l'ennemi...".

La procédure sous les lois constitutionnelles de 1875 prévoyait qu'il appartenait à la Chambre des Députés de déclencher la procédure et au Sénat, érigé en Haute Cour, de juger. Cette procédure entièrement parlementaire fut mise en œuvre, outre les cas précédents, deux fois contre des anciens ministres pour des crimes ou délits commis dans l'exercice de leur fonction, seul titre de compétence demeurant désormais pour la Cour de Justice de la République.

La première a concerné Jean-Louis Malvy, ministre de l'Intérieur de 1914 à 1917. Elle a été déclenchée par

Malvy lui-même qui souhaitait se laver des accusations de pacifisme portées contre lui par G. Clemenceau. La seconde a concerné Raoul Peret et certains de ses collègues impliqués dans l'un des nombreux scandales financiers de la fin de la III° République. Peret, ministre de la Justice, avait fait pression sur le magistrat instructeur pour que le banquier Oustric, dont il était l'avocat, ne soit point inculpé.

Que sont devenus ces deux hommes politiques ?

Peret fut acquitté, en 1931, faute de preuves suffisantes ; la décision fut adoptée à une très forte majorité : 207 voix contre 55. Sa carrière fut brisée ; il n'obtint plus de ministère, lui qui avait été ministre 14 fois en 13 ans. Malvy, s'il fut lavé de l'accusation de trahison, fut, en 1918, déclaré coupable de forfaiture et condamné à cinq ans de bannissement (101 voix contre 21 et 60 abstentions). Amnistié en 1924, sa carrière se poursuivit, il fut réélu député, nommé à nouveau ministre de l'Intérieur et donna son nom à la loi maintenant le Concordat en Alsace-Lorraine...

La procédure mise en place sous la V° République, jusqu'en 1993, faisait appel pour l'essentiel au Parlement, tant pour sa mise en œuvre que par la composition de l'organe de jugement : la Haute Cour de Justice composée à parité de députés et de sénateurs. Elle n'a jamais joué jusqu'au bout. Par deux fois pourtant les deux assemblées ont voté une résolution de mise en accusation à la majorité absolue : en 1987 contre Ch. Nucci, ancien ministre de la Coopération, accusé de faux en écritures publiques et privées ; en 1992, contre L. Fabius, ancien Premier ministre, G. Dufoix et E. Hervé, anciens ministres de la Santé, pour non-assistance à personne en danger. Dans le premier cas, une loi d'amnistie vint opportunément soustraire l'ancien ministre à ses juges ; dans le second cas, la Commission d'instruction estima que les faits étaient prescrits. Ces deux affaires relancèrent le débat sur la pertinence d'une procédure d'exception pour les ministres et conduisirent à l'adoption de la LC du 27 juill. 1993 créant la Cour de Justice de la République (CJR) (art. 68-1 C. et C. 68-2). La LO n° 93-1252 du 23 nov. 1993 complète le dispositif.

1. Procédure et compétence

Il appartient aux victimes de porter plainte devant une commission des requêtes (composée de 7 magistrats désignés pour 5 ans — 3 magistrats du siège de la Cour de cassation, 2 conseillers d'Etat et 2 conseillers-maîtres à la Cour des comptes) qui examine s'il y a lieu de saisir la Cour et qualifie les faits. Le procureur général près la Cour de cassation peut également directement saisir la Cour sur avis conforme de la même Commission. La Commission des requêtes est donc juge de l'opportunité des poursuites. Elle peut ainsi classer l'affaire et dans ce cas rend une décision motivée comme ce fut le cas le 16 juin 2000 pour une plainte liée à l'accident de Tchernobyl. Sinon la commission renvoie devant la Cour.

La Cour ainsi saisie, composée de six députés et six sénateurs élus par chaque assemblée dans son sein au scrutin majoritaire et de trois magistrats du siège de la Cour de cassation (dont l'un préside), juge les ministres après que l'instruction ait été réalisée par une commission d'instruction composée de 3 magistrats du siège de la Cour de cassation. Cette commission peut, elle-même, rendre une décision de non-lieu en particulier pour incompétence. En effet, la Cour n'est compétente que pour les faits commis par les ministres dans l'exercice de leurs fonctions, c'est-à-dire ceux qui ont un rapport direct avec la conduite des affaires de l'Etat (Cass. Crim. 26 juin 1995, *A. Carignon : Bull. n° 235 p. 646* ; 16 févr. 2000, *R. Dumas : Bull. n° 72 p. 199*). Pour les actes qui en sont détachables [actes de la vie privée, en lien avec des mandats électifs locaux ou simplement commis à l'occasion des fonctions (Cass. Crim. 13 déc. 2000, *J. Toubon : Bull. n° 375 p. 1143*)], les juridictions de droit commun restent compétentes (Trib. Corr. de Lyon, 20 avr. 1995, M. Noir). A l'inverse, le renvoi des ministres devant la CJR ne fait pas obstacle à la poursuite d'une procédure devant la Cour des comptes dans le cadre d'une procédure de « gestion de fait » (CE 6 janv.1995, *Nucci : Lebon 7*).

Les arrêts rendus par la CJR sont susceptibles d'un pourvoi en cassation (art. 33, LO n° 93-1252 du 23 nov. 1993).

2. Mise en œuvre pratique

a) C'est selon cette procédure que, MM. Hervé et Fabius et Mme Dufoix ont été mis en examen (sept. 1994) sous la qualification criminelle de "complicité d'empoisonnement" par la Commission d'instruction après que la Commission des requêtes eût déclaré recevables les plaintes de plusieurs hémophiles (affaire dite du « sang contaminé »). Après quatre années de procédure, la Commission d'instruction a décidé du renvoi des trois ministres devant la Cour de Justice de la République sous l'inculpation d'homicide involontaire (17 juill. 1998). Celle-ci a relaxé L. Fabius et G. Dufoix mais a estimé que E. Hervé avait « commis une faute d'imprudence ou de négligence et un manquement à une obligation de sécurité et de prudence » ; elle l'a cependant dispensé de peine (CJR 9 mars 1999 : *RDP 1999. 39 et s.*).

b) En revanche, S. Royal, poursuivie pour diffamation, a été relaxée (CJR 16 mai 2000). Le pourvoi en cassation entrepris après cette relaxe a été repoussé (Cass. Crim. 12 juill. 2000, *Jeanjean : Bull. n° 258 p. 758*).

c) A également été mis en examen (nov. 1994) pour abus de confiance, falsification de chèque, détournement de fonds, etc., M. Gillibert, ancien Secrétaire d'Etat chargé des Handicapés. Son procès qui devait s'ouvrir en avril 2004 (soit presque dix ans plus tard !) a été reporté compte tenu de l'état de santé du prévenu ; il a enfin eu lieu et a débouché (CJR 7 juill. 2004) sur la condamnation de M. Gillibert à une peine de 3 ans de prison avec sursis et 20.000 € d'amende. Il s'agit de la première hypothèse de condamnation d'un ancien membre du gouvernement par cette Cour.

d) La Cour de cassation ayant considéré que le renvoi de C. Pasqua devant la Cour de Justice de la République (Cass. Plén. 17 juill. 2009, n° 09-82-680) était régulier, le procès a eu lieu en avril 2010. L'ancien ministre a été condamné à un an de prison avec sursis pour complicité d'abus de bien sociaux et de recel (CJR 30 avr. 2010). La Cour de cassation a rejeté le pourvoi entrepris contre cet arrêt (Cass., ass. plén., 23 juill. 2010, n° 10-85.505).

3. Analyse critique

A l'occasion de l'affaire du « sang contaminé », plusieurs critiques ont été faites sur le fonctionnement voire la composition de la Cour de Justice de la République (voir les différentes contributions aux numéros 1 et 2 de la RDP de 1999) au point que certains envisagent de procéder à une nouvelle révision de la Constitution qui en améliorerait le fonctionnement. Par ailleurs, on notera qu'à l'audience du 13 avril 2004 (report de l'affaire Gillibert), un député, mis en examen devant une autre juridiction, a siégé lors même qu'il était invité à se déporter par ses collègues ! Enfin, un des juges (député) a été mis en examen en 1999 pour violation du secret du délibéré. Toutes ces remarques montrent que l'institution mise en place par la révision constitutionnelle de 1993 est encore perfectible. La Commission Jospin a proposé la suppression de la CJR et la soumission des ministres, y compris pour les actes relevant de leurs fonctions, aux juridictions ordinaires. Toutefois, un inévitable filtre, semblable à celui existant avec la commission des requêtes actuelle, demeurerait. Un projet de LC (n°816) a été déposé en ce sens sur le bureau de l'Assemblée nationale le 14 mars 2013, mais, faute d'un consensus politique suffisant, il semble pour l'heure « enterré ».

Nous avons déjà dit que, selon les dispositions combinées des art. 20 C., 49 C. et 50 C., le Gouvernement n'est en fait, sous la V° République, responsable politiquement que devant l'Assemblée nationale. Les techniques permettant la mise en jeu de cette responsabilité sont décrites à l'art. 49 C. et plus précisément dans les trois premiers alinéas de cet article, chacun prévoyant une procédure particulière.

A. La mise en jeu de la responsabilité du Gouvernement

L'art. 49 al. 1 C. a déjà fait de notre part l'objet d'une analyse lorsque nous nous sommes posé la question de savoir s'il existait sous la V° République une procédure d'investiture du Gouvernement (cf. p. 97). La réponse négative à cette question oblige donc à considérer ces dispositions comme mettant en place une technique de contrôle du Gouvernement parmi d'autres.

Il s'agit ici, à l'initiative du Gouvernement, de vérifier que celui-ci dispose bien de la confiance de l'Assemblée nationale. En ce sens, la procédure de l'art. 49 al. 1 C. n'est pas sans rappeler celle de la question de confiance (cf. p. 182) sous les Républiques antérieures. Pourtant, ici la confiance est demandée sur l'ensemble de la politique ou sur un large aspect de celle-ci (par ex. sur la réforme de la protection sociale par le Gouvernement Juppé II en nov. 1995) et non sur un point particulier faisant l'objet d'un texte précis. Dans ce cas, ce sont les dispositions de l'al. 3 du même art. 49 C. auxquelles on aura recours (cf. p. 177).

On doit pourtant noter l'usage particulier fait de cet article par M. Rocard lors du déclenchement de la "guerre du Golfe" en 1991. Le Gouvernement fit usage de l'art. 49 al. 1 C. sur cet aspect particulier de sa politique étrangère en précisant que les députés votant pour ne seraient pas présumés soutenir la politique générale du Gouvernement. Dans ces conditions, le Gouvernement obtint un vote favorable alors qu'il n'avait pas, comme on le sait, de majorité absolue à l'Assemblée.

B. La motion de censure

La motion de censure est un moyen donné aux parlementaires pour que, à leur initiative, ils puissent faire savoir au Gouvernement que celui-ci n'a plus leur confiance. Prévue à l'art. 49 al. 2 C., elle n'est pas une véritable nouveauté ; cette technique était déjà connue dans la Constitution de 1946. En revanche, elle n'existait pas en tant que telle sous la III° République.

Sous celle-ci, en effet, les lois constitutionnelles n'ayant prévu aucun mécanisme de mise en œuvre de la responsabilité gouvernementale simplement énoncée comme un principe à l'art. 6 de la loi du 25 févr. 1875, ce sont les règlements des deux assemblées qui organisèrent ces procédures. Ils en conçurent deux dont les parlementaires pouvaient avoir l'initiative.

Il s'agit en premier lieu de l'interpellation. C'est une procédure par laquelle un parlementaire met le Gouvernement en demeure de s'expliquer soit sur un acte déterminé, soit sur la politique générale. Le Gouvernement ne peut refuser de s'expliquer. Un débat s'ensuit qui se termine par un vote par lequel la chambre indique si le Gouvernement garde sa confiance.
Il s'agit ensuite de l'ordre du jour de défiance. Des parlementaires déposent un ordre du jour dit "ordre du jour de défiance" différent de celui que souhaite le Gouvernement. Après des explications de vote, la chambre se prononce et choisit l'ordre du jour qu'elle va examiner. Si c'est celui déposé par les parlementaires, le Gouvernement est renversé.

Sous la IV° République, ces deux techniques anciennes disparaissent au profit de la motion de censure dont le mécanisme est décrit à l'art. 50 de la Constitution. On pourra se contenter ici de cette simple indication. En effet, bien que des motions de censure aient été déposées sous la IV° République, aucune d'entre elles ne fut discutée et aucun Gouvernement ne devait donc être renversé par cette technique.

Sous la **V° République**, la procédure de la motion de censure est très précisément décrite par la Constitution ; elle est plus strictement encadrée que sous la IV° République. En effet, la Constitution de 1958 met en place un véritable mécanisme de recevabilité : il est nécessaire, pour que la motion soit valablement déposée, qu'un dixième au moins des membres composant l'Assemblée nationale l'ait signée (actuellement 58 députés). Une fois la motion déposée, elle est discutée et mise aux voix après un délai de réflexion de 48 heures. La motion est adoptée si la majorité absolue des députés vote en sa faveur (en ne comptabilisant que les votes favorables à la motion) ; dans ce cas le Gouvernement est renversé.

Pourtant les parlementaires n'ont pas un droit illimité au dépôt de motion de censure. Chacun d'eux ne peut en déposer que trois au cours de la session ordinaire et une au cours de chaque session extraordinaire. Ces règles, issues de la révision de 1995, tiennent compte de la modification du régime des sessions. Avant cela, les parlementaires ne pouvaient déposer qu'une motion par session, qu'elle soit ordinaire ou extraordinaire, mais seules les motions non adoptées étaient comptabilisées.

On indiquera que, sur plus de 50 motions déposées depuis 1958, une seule motion de censure a été adoptée sous la V° République ; elle a conduit à renverser le Gouvernement Pompidou I, le 2 oct. 1962 (cf. p. 76).

C. L'engagement de responsabilité sur un texte

Cette technique prévue à l'art. 49 al. 3 C. s'apparente plus à un moyen de la procédure législative permettant d'obtenir l'adoption forcée d'un texte qu'à un simple moyen de contrôle du Gouvernement. Certes, la conséquence de sa mise en œuvre peut être la chute du Gouvernement, mais les circonstances sont tellement liées au vote des lois que nous préférons en renvoyer l'étude à la section suivante.

Selon les dispositions de l'art. 51 C., la session ordinaire et les sessions extraordinaires sont, au besoin, prolongées le temps nécessaire à l'application des dispositions de l'art. 49 C.

Reste à noter que toutes ces dispositions ont effectivement été efficaces. Un seul Gouvernement a été renversé par le Parlement sous la V° République : le Gouvernement Pompidou I (cf. ci-dessus). Les crises gouvernementales ne sont donc plus le fait du Parlement et l'instabilité s'en trouve réduite. Reste à faire en sorte que le Parlement n'empêche pas le Gouvernement de gouverner en refusant de voter les textes ou en les modifiant tellement qu'ils deviennent impossibles à mettre en œuvre. C'est l'objectif que s'est fixé le constituant en rationalisant la procédure législative.

II. LA RATIONALISATION DES PROCEDURES LEGISLATIVES

La rationalisation des procédures législatives touche aussi bien la procédure ordinaire normalement utilisée pour l'adoption des lois (§1) que les procédures spéciales (§2) prévues notamment pour les lois organiques et les lois financières. Bien qu'il ne s'agisse pas à proprement parler d'une procédure législative, on étudiera enfin, l'adoption par les assemblées de résolutions dans le cadre de l'art. 88-4 C. (§3).

§1. La procédure législative ordinaire[1]

L'idée essentielle qui anime le constituant de 1958 est de faire en sorte que les projets de loi soient votés mais surtout qu'ils le soient dans la version la plus proche possible de celle que le Gouvernement souhaite. Il fallait donc faire en sorte que les projets de loi ne soient guère modifiés par le Parlement, que leur intégrité, par rapport à leur contenu d'origine, soit respectée le mieux possible. Le Parlement était donc conçu dans un premier temps bien plus comme une chambre d'enregistrement des volontés de l'exécutif (et donc en période de concordance, du Président de la République) que comme un lieu de réflexion et de conception. Comme en matière de domestication politique, les mécanismes mis en place en 1958 ont donné des résultats supérieurs aux attentes des constituants.

Il devenait donc urgent de rendre au Parlement un peu des compétences qu'il avait perdues. La révision de juillet 2008 est présentée avec cet affichage. Il n'est pas certain pourtant que les choses évoluent considérablement, à moins que l'exécutif lui-même n'y consente. Les concessions faites au pouvoir législatif restent mineures et ne changent pas le rapport de force avec l'exécutif. En revanche, la réforme qui devait, en revalorisant le rôle de l'opposition, redonner des couleurs au Parlement semble avoir été faite essentiellement pour la majorité parlementaire dont on se doute qu'elle n'est pas la plus prompte à vouloir faire tort à l'exécutif. Certes, dans cette réforme en trompe-l'œil, s'il est difficile encore de savoir ce qui a vraiment changé, on peut au moins être certain qui si le Gouvernement veut un texte, il peut l'obtenir vite (C) sans que son projet de loi ou la proposition qu'il accepte ne subisse trop de modifications (B). Les textes ainsi soumis à la discussion doivent être déposés sur le bureau des assemblées (A).

On appelle "projet de loi" un texte dont l'initiative revient au Premier ministre et que celui-ci soumet au Parlement pour le faire adopter ; on appelle "proposition de loi" un texte dont l'initiative revient à un ou plusieurs parlementaires qui le proposent au Parlement pour le faire adopter. En effet, en vertu de l'art. 39 C., l'initiative des lois est partagée entre le Premier ministre et les parlementaires. Une fois adoptés, les projets ou propositions sont promulgués et deviennent des "lois".

A. Dépôt des projets et propositions de loi.

1. Dépôt des projets de loi

En principe (art. 39 C.), les projets de loi sont indifféremment déposés par le Gouvernement devant l'une ou l'autre assemblée ; on dit qu'ils sont déposés « sur le bureau » de l'Assemblée nationale ou du Sénat. Cependant, hormis le cas classique des projets de loi à

[1] Nous réservons les développements concernant la procédure de révision constitutionnelle à notre troisième partie.

caractère financier (cf. p. 192) traditionnellement déposés sur le bureau de l'Assemblée nationale, la Constitution prévoit depuis la révision du 28 mars 2003 que les projets ayant pour principal objet l'organisation[1] des collectivités territoriales sont déposés sur le bureau du Sénat (priorité induite par la mission de représentation confiée au Sénat : cf. p. 228). Dans ces deux cas, il s'agit d'une priorité accordée à l'assemblée concernée qui examine le texte en premier. Cependant, s'agissant du droit d'amendement, la priorité en matière financière fait interdiction au Gouvernement de déposer des amendements entièrement nouveaux devant le Sénat (Cons. const. 76-73 DC §2, 28 déc. 1976, LF pour 1977 ; Cons. const. 93-320 DC §10, 21 juin 1993, LFR pour 1993). A l'inverse, compte tenu de la rédaction de l'ajout fait par la révision de 2003 à l'art. 39 C. (qui précise « sans préjudice du premier alinéa de l'article 44 »), il n'est pas interdit au Gouvernement de déposer un amendement entièrement nouveau pour la première fois devant l'Assemblée nationale s'agissant des textes prioritairement étudiés par le Sénat.

Depuis la révision de juillet 2008, les projets de loi, sans être soumis à des conditions de recevabilité, voient leur inscription à l'ordre du jour subordonnée (art. 39 al. 4 C.) au respect de conditions fixées par une loi organique[2]. En fait, il s'agit d'exiger que les projets de loi[3] fassent désormais l'objet d'une étude d'impact. Les documents rendant compte de cette étude, joints aux projets de lois dès leur transmission au Conseil d'Etat (cf. p. 460) doivent être déposés sur le bureau de la première assemblée saisie en même temps que le projet de loi lui-même. Ils définissent les objectifs poursuivis par le projet, recensent les options possibles en dehors de l'intervention de règles de droit nouvelles et exposent les motifs du recours à une nouvelle législation. La loi organique précise en outre que ces documents doivent exposer ces éléments « avec précision ». Une étude d'impact peut être commune à plusieurs projets de loi ayant un objet analogue (Cons. const. 2010-603 DC §5, 11 févr. 2010, Concomitance des renouvellements des conseils généraux et des conseils régionaux).

La Conférence des présidents de l'assemblée sur le bureau de laquelle est déposé le projet de loi doit certifier, dans le délai de 10 jours, que ces règles sont bien respectées. En cas de désaccord entre la Conférence des présidents et le Gouvernement, le Président de l'assemblée ou le Premier ministre peut saisir le Conseil constitutionnel (décisions référencées « FNR » : cf. tableau p. 419) pour qu'il statue par une décision motivée et notifiée aux présidents des assemblées et au Premier ministre, publiée au *Journal officiel*. Dès qu'il est saisi, le Conseil constitutionnel avise le Premier ministre et les présidents des assemblées (art. 26-1 ord. n° 58-1067 du 7 nov. 1958). Il ne peut, dans ce cadre, statuer que sur la seule question de savoir si la présentation du projet de loi a respecté les conditions fixées par la LO et ne saurait se prononcer sur la conformité des dispositions contenues dans ce projet à d'autres règles constitutionnelles (Cons. const. 2014-12 FNR, 1er juill. 2014, Délimitation des régions).

L'existence de cette procédure spécifique n'empêche pas le Conseil constitutionnel de contrôler la méconnaissance des exigences relatives aux études d'impact dans le cadre du contrôle *a priori*. Cependant, la recevabilité d'une telle saisine est soumise au « préalable parlementaire » qui impose que la Conférence des présidents de l'assemblée devant laquelle le projet a été déposé ait été saisie de cette question selon la procédure prévue au présent article (Cons. const. 2015-718 DC §4, 13 août 2015, Transition énergétique). Notons que, dans ce cadre, le Conseil estime que, dès lors que l'étude d'impact accompagne bien le projet de loi et qu'il ne ressort pas manifestement de son contenu qu'elle ne respecterait pas

[1] Cette priorité n'a pas à s'appliquer dès lors que le projet de loi (ou de loi organique) concernerait les collectivités territoriales en dehors des questions relatives à leur organisation (Cons. const. 2003-478 DC §2, 30 juill. 2003, LO relative à l'expérimentation par les collectivités territoriales).

[2] LO n° 2009-403, 15 avr. 2009.

[3] Et non les amendements émanant du Gouvernement (Cons. const. 2010-618 DC §8, 9 déc. 2010, Loi de réforme des collectivités territoriales)

les exigences minimales prévues par la loi organique, les exigences de l'art. 8 de cette loi sont remplies (Cons. const. 2013-667 DC §4, 16 mai 2013, Election des conseillers départementaux).

Ces dispositions trouvent cependant des limites.

Il s'agit tout d'abord des projets de loi d'habilitation autorisant le gouvernement à agir par voie d'ordonnances. Seule une partie des documents exigés pour les projets de lois ordinaires doivent être joints. Par ailleurs, les dispositions de l'art. 39 al. 3 C. ne peuvent être interprétées comme imposant au Gouvernement de faire connaître au Parlement la teneur des ordonnances qu'il entend prendre (Cons. const. 2009-579 DC §21, 9 avr. 2009, LO relative à l'application des art. 34-1, 39 et 44 C.).

Ensuite, les projets de loi de finances ou de financement (cf. p. 192), doivent eux être accompagnés non des documents définis pour les projets de lois ordinaires mais de ceux que prévoient les lois organiques relatives à chacun d'eux (LOLF et LOLFSS). L'une et l'autre de ces lois organiques ont du reste été modifiées pour tenir compte de la révision de juillet 2008.

Ensuite encore, les projets de loi autorisant la ratification d'un traité doivent être accompagnés de documents spécifiques énumérés l'art. 11 al. 3 de la LO 2009-403. Il peut éventuellement s'agir des réserves interprétatives au traité que la France exprimera, sans d'ailleurs que cette communication ait une quelconque conséquence[1].

Enfin, les projets de révision constitutionnelle (cf. p. 372), les projets de loi de programmation (art. 34 al. 20 C.) et les projets prorogeant des états de crise ne sont pas soumis à l'obligation d'être accompagnés d'une étude d'impact.

2. Dépôt des propositions de loi

Les propositions de loi émanant des députés sont déposées devant l'Assemblée nationale, celles émanant des sénateurs devant le Sénat. Elles sont, elles aussi, soumises à des conditions de recevabilité. En principe, elles ne peuvent pas intervenir dans un domaine qui n'est pas de la compétence du législateur (art. 41 C. ; cf. p. 278) et ne doivent conduire ni à une diminution des recettes ni à une augmentation de la dépense (art. 40 C.)[2]. Ces conditions étant très voisines de celles appliquées aux amendements, nous les étudierons avec elles (cf. 162).

Par ailleurs, le Conseil d'Etat peut désormais être appelé à donner son avis sur les propositions de loi (art. 39 al. 5 C. ; cf. p. 462). Le Président de l'assemblée concernée peut saisir le Conseil d'Etat d'une demande d'avis[3] avant que la proposition ne soit examinée en commission. L'auteur de la proposition, averti de cette intention, peut néanmoins s'opposer à cette transmission dans un délai de 5 jours francs (art. 4 bis Ord. n° 58-1100).

B. La garantie de l'intégrité des textes souhaités par le Gouvernement

Pour la mise en œuvre de son programme ou du programme présidentiel, le Gouvernement peut évidemment déposer des projets de loi dans les conditions que nous venons de voir. Il peut aussi, et cela n'est pas rare, faire déposer une proposition de loi par un parlementaire de la majorité (par ex. la proposition de loi n° 1641 AN XIII du 5 mai 2009 renforçant la

---

[1] Le Conseil constitutionnel estime en effet que la disposition prévoyant que les réserves ou déclarations interprétatives exprimées par la France à un traité doivent être jointes au projet de loi autorisant la ratification dudit traité ne porte pas atteinte à la liberté du pouvoir exécutif, à l'occasion de la ratification, de déposer des réserves, de renoncer à des réserves qu'il avait envisagé de déposer et dont il avait informé le Parlement ou, après la ratification, de lever des réserves qu'il aurait auparavant formulées (Cons. const. 2009-579 DC §25, 9 avr. 2009, LO relative à l'application des art. 34-1, 39 et 44 C.), ce qui retire pratiquement tout intérêt à la disposition.

[2] Voir nos remarques p. 171.

[3] Sur les modalités de mise en œuvre de cette disposition par le Conseil d'Etat cf. p. 461.

lutte contre les violences de groupes[1] ou la proposition de loi n° 1685 AN XIII du 19 mai 2009 sur le travail le dimanche). Cette proposition, véritable faux-nez d'un projet, est en fait dictée par le Gouvernement qui souhaite, ou bien éviter les obstacles que peuvent présenter l'obligation de l'étude d'impact et le passage en Conseil d'Etat, ou bien pouvoir affirmer qu'il n'est pas à l'origine du texte[2]. Qu'il s'agisse de projets ou de propositions téléguidées, le Gouvernement dispose de nombreux moyens pour en assurer l'adoption dans la rédaction qu'il souhaite.

Deux obstacles principaux pouvaient se lever sous les Républiques précédentes pour contribuer à la modification du sens ou de la portée d'un texte d'origine gouvernementale. D'une part, le travail réalisé par les commissions parlementaires conduisait à ce que le texte examiné en séance plénière soit déjà fort différent de celui proposé par le Gouvernement ; ensuite, lors de la séance plénière elle-même, d'autres modifications pouvaient être apportées par les possibilités d'amendement dont disposaient les parlementaires.

Sur ces deux aspects les constituants de 1958 apportaient des innovations considérables. D'abord, ils interdiront aux commissions parlementaires de modifier les projets de lois. Simplement, les commissions pourront explimer leur avis sur le texte dans un rapport et y proposer des modifications. Mais ces modifications ne devenaient définitives qu'une fois adoptées en séance plénière. Le Gouvernement avait ainsi la faculté de s'opposer à la modification en s'appuyant sur sa majorité. Ensuite, ils limiteront considérablement le droit d'amendement des parlementaires.

La révision de juillet 2008 rend aux commissions le droit de modifier les projets de lois. Mais ces modifications peuvent n'être que temporaires et sont de toute façon subordonnées pour l'essentiel à l'accord du Gouvernement et de la majorité parlementaire (1). Et, comme la révision ne revient que partiellement sur les limitations au droit d'amendement des parlementaires (2), les projets de lois ou les propositions acceptées par le Gouvernement doivent pouvoir être adoptés sans trop de modifications.

On appelle "amendement" une proposition de modification présentée soit par le Gouvernement soit par un ou plusieurs parlementaires visant à apporter un changement à un projet ou à une proposition de loi à l'étude.

1. Le rôle des commissions parlementaires

Avant d'être débattus par l'ensemble des députés ou des sénateurs en "séance plénière", les textes sont étudiés en commission. Composées d'un nombre réduit de parlementaires, les commissions peuvent réaliser une étude plus approfondie des textes et donc le travail le plus efficace. Mais la Constitution de 1958 ne laisse pas aux commissions parlementaires toutes les libertés dont elles disposaient par le passé. Elle en limite le nombre (a) et en encadre les travaux (b)

a) Le nombre des commissions parlementaires

Sous la III° République, le nombre des commissions avait été, dans un premier temps, illimité. De ce fait, il était possible de confier chaque texte à une commission particulière. Deux conséquences en découlaient : d'une part, les parlementaires intéressés par le sujet abordé par le projet de loi pouvaient constituer une commission ; d'autre part, la commission ainsi constituée connaissait bien la matière traitée par le texte et pouvait donc en faire un examen très précis, d'autant plus précis qu'elle avait un nombre limité de textes à étudier. Le ministre concerné par le texte trouvait

[1] Cette proposition est due à C. Estrosi, devenu ministre quelques jours plus tard.

[2] C'est ainsi que l'augmentation de la TVA décidée en 1995 au début du septennat de J. Chirac trouve son origine dans une proposition de loi ; cela permettait au Gouvernement d'A. Juppé de dire que cette augmentation n'était pas de son fait.

donc en face de lui des interlocuteurs capables de contester les dispositions du texte : chaque ministère était ainsi "marqué", au sens sportif de ce terme, par une commission. Qui plus est, les anciens ministres restant membres du Parlement, ils étaient souvent membres, voire présidents, des commissions qui examinaient les textes de leurs successeurs[1] ; ils pouvaient ainsi aisément les mettre en difficulté. Bref, la multiplication des commissions permettant leur spécialisation, les textes du Gouvernement étaient étudiés avec une sévérité particulière. La situation n'avait guère changé lors de la mise en place de commissions permanentes spécialisées. En effet, au nombre de 16 à la Chambre des Députés de la III° République (à partir de 1902), puis de 19 à l'Assemblée nationale de la IV° République, elles continuaient de correspondre, en fait, aux départements ministériels.

Si l'art. 43 C. prévoit toujours la possibilité de créer des commissions spéciales mises en place pour chaque texte[2], le principe[3] est désormais qu'un texte soit examiné par l'une des commissions permanentes.

La création d'une commission spéciale ne se faisant qu'à la demande du Gouvernement ou de la majorité des parlementaires composant l'assemblée concernée, il va de soi que ces commissions seront rares comme elles l'ont été depuis de nombreuses années[4]. Leurs pouvoirs prennent fin lorsque le Parlement s'est définitivement prononcé sur le texte qui a suscité leur création ou lorsque celui-ci a été retiré.

En principe le texte est donc envoyé pour examen à une commission permanente. En effet, la Constitution prévoit qu'il existe dans chaque assemblée des commissions permanentes au nombre maximum de huit. Ce chiffre résulte de la révision de juillet 2008. Jusque là, la limite était fixée à six commissions permanentes. Si l'Assemblée nationale a immédiatement profité de cette augmentation pour constituer huit commissions permanentes (art. 36 RAN[5]), le Sénat ne s'est doté que d'une septième commission permanente (art. 7 RS[6]) et ce tardivement (résolution du 19 déc. 2011).

Chaque député ou sénateur étant obligatoirement membre d'une commission permanente et d'une seule, elles sont composées d'un maximum de 73 députés (art. 36 al. 19 RAN) et, actuellement[7], de 39 à 57 sénateurs (art. 7 RS).

A l'Assemblée (art. 37 al. 1 RAN), la composition des commissions est en principe fixée en début de législature et chaque année suivante au début de la session ordinaire (sauf celle précédant le renouvellement de l'Assemblée). En réalité, la composition change peu chaque année si ce n'est du fait d'élection partielle ou de changement dans la composition des groupes. Au Sénat la composition est faite après chaque renouvellemnet triennal (art. 7 al 1 RS).

A l'Assemblée, chaque groupe dispose dans chaque commission d'un nombre de sièges proportionnel à son importance numérique par rapport à l'effectif des membres de l'assemblée (art. 37 al. 2 RAN). Les sièges restant vacants sont attribués aux députés non

---

[1] Une telle situation se produira peut-être à nouveau dès lors que les anciens ministres anciens parlementaires retrouvent maintenant leur siège de parlementaire (art. 25 al. C. ; cf. p. 129).

[2] Depuis 1997, seule une quinzaine textes ont été examinés par des commissions spéciales. Les plus récentes ont été constituée en déc. 2014 pour le projet de loi pour la croissance et l'activité (dit « projet Macron ») tant à l'Assemblée nationale qu'au Sénat. La création d'une commission spéciale peut aussi être la solution pour régler un problème de compétence entre deux commissions permanentes (Conflit entre la commission des affaires économiques et celle du développement durable pour le projet de loi relatif à la « transition énergétique » : 9 sept. 2014).

[3] Avant la révision de juillet 2008, les choses n'étaient pas différentes dans la pratique. Simplement la rédaction de la Constitution laissait entendre que le renvoi des textes en commission spéciale restait le principe.

[4] Les commissions spéciales furent encore fréquentes au début de la V° République (15 sous la 1ère législature) ; il n'y en eut que 4 sous les 12e et 13e législatures et, jusqu'à présent, 5 sous la 14e législature.

[5] Affaires culturelles et éducation ; Affaires économiques ; Affaires étrangères ; Affaires sociales ; Défense nationale et forces armées ; Développement durable et aménagement du territoire ; Finances, économie générale et contrôle budgétaire ; Lois constitutionnelles, législation et administration générale de la République.

[6] Affaires économiques ; Affaires étrangères, de la défense et des forces armées ; Affaires sociales ; Culture, de l'éducation et de la communication ; Développement durable, des infrastructures, de l'équipement et de l'aménagement du territoire (qui devient Aménagement du territoire et développement durable à compter du prochain renouvellement – sept. 2017) ; Finances ; Lois constitutionnelles, de législation, du suffrage universel, du Règlement et d'administration générale

[7] A compter du prochain renouvellement (sept. 2017) les commissions comprendront 49 Sénateurs sauf les commissions des affaires économiques et des affaires sociales qui en comprendront 51.

inscrits (art. 37 al. 3 RAN). C'est ensuite au groupe de réaliser la répartition en son sein. Au Sénat, c'est à l'issue d'une réunion regroupant les présidents des groupes et le délégué de la réunion administrative des non inscrits qu'une proposition de répartition, établie selon la règle de la proportionnalité, est faite au Président (art. 8 al. 1 RS). Si cette proposition ne reçoit pas d'opposition, elle est mise en œuvre (art. 8 al. 9 RS). Si une opposition fondée sur le non respect de la proportionnalité est retenue, on procède à une nouvelle répartition (art. 8 al. 6 RS). Si une opposition faite sur un autre fondement est retenue, un ou des votes au scrutin plurinominal ont lieu (art. 8 al. 8 RS).

En fait, le nombre des parlementaires qui participent activement à leurs travaux est généralement réduit[1].

Ces commissions restent peu spécialisées. Leurs compétences respectives sont déterminées par le règlement de chaque assemblée[2] et c'est en fonction de cette répartition que le choix de la commission saisie au fond est opéré[3]. Ceci n'empêche pas qu'une ou plusieurs autres commissions permanentes se saisissent pour avis de tout ou partie du texte. Du fait de la généralité de leur compétence, ces commissions sont moins à même de réaliser une étude précise des nombreux textes qui leur sont soumis ; les risques pour le Gouvernement de se heurter à une âpre opposition sont donc limités. Ces risques sont encore réduits par le fait que ces commissions permanentes sont composées proportionnellement à l'assemblée elle-même et que, à l'Assemblée nationale du moins, le Gouvernement y trouve plus de députés qui lui sont favorables que d'opposants.

Ainsi empêchées d'être des spécialistes des matières qu'elles étudient, les commissions restent soumises aux volontés de l'exécutif.

La complexité croissante des textes examinés par les asssemblées conduit de plus en plus souvent à ce que, en plus de la commission saisie au fond, une ou plusieurs autres commissions permanentes soient saisies « pour avis »[4]. Dans ce cas, ces dernières doivent se réunir avant la commission saisie au fond (art. 87 al. 3 RAN).

b) Des commissions largement soumises à l'exécutif

Les pouvoirs des commissions parlementaires sous les constitutions antérieures étaient importants. En effet, elles avaient la possibilité de modifier le texte qui leur était soumis. Ainsi le projet de loi qui sortait des travaux de la commission n'avait parfois plus qu'un très lointain rapport avec celui que le Gouvernement avait déposé.

Comme nous l'avons dit, au début de la V° République, les commissions de la première assemblée saisie n'avaient que la possibilité de rédiger un rapport sur le projet de loi qu'elles étudiaient, la discussion des projets de loi devant porter, en séance plénière, sur le texte présenté par le Gouvernement. La seconde assemblée saisie examinait le texte tel qu'il avait été adopté par la première. En revanche, s'agissant des propositions de loi, les commissions de l'une ou l'autre assemblée avaient tout le loisir de les modifier.

Si l'interdiction de modifier le texte gouvernemental est toujours vraie pour les projets de lois de finances ou de financement de la sécurité sociale (cf. p. 192) et les projets de révision constitutionnelle (cf. p. 372) (art. 42 al. 2 C.), l'art. 42 al. 1 C. a aligné la procédure suivie pour les autres projets de loi (projets de loi ordinaire ou de loi organique) sur celle des propositions de loi. Les commissions ont la possibilité de modifier le projet, la proposition ou le texte transmis et c'est le texte éventuellement modifié, tel qu'il est issu de la commission, qui est étudié en séance plénière. L'importance du rôle des commissions s'est donc accrue. Toutefois, lorsque l'Assemblée nationale est saisie par le Gouvernement d'une demande tendant à ce qu'elle statue définitivement, en application du dernier al. de l'art. 45 C., ce n'est

---

[1] Cf. également l'encadré sur l'assiduité des parlementaires p. 186.

[2] La détermination de l'appellation des commissions permanentes est laissée au choix de l'assemblée concernée qui la fixe dans son règlement ; elle détermine librement le champ de leurs compétences, la Constitution étant muette sur ces deux questions (Cons. const. 2002-462 DC, 10 oct. 2002, Règlement de l'AN XXIX).

[3] Pour les spécificités relatives aux LF, cf. p. 192.

[4] Ainsi en a-t-il été en 2015 s'agissant de la loi relative au dialogue social et à l'emploi (fond : Affaires sociales ; « pour avis » : Finances, Culture) et, s'agissant de la loi « NOTRe » (fond : Lois ; « pour avis » Développement durable, Culture, Affaire sociales, Affaires économiques, Finances).

pas le texte adopté par la commission qui est discuté (V. p. 124 ; Cons. const. 5 août 2015, n° 2015-715 DC §17, Croissance, l'activité et l'égalité des chances économique).

Il fallait donc faire en sorte que les commissions puissent disposer du temps nécessaire à cette étude. L'art. 43 al. 3 C. prévoit donc que la première assemblée saisie dispose de six semaines entre le dépôt du projet ou de la proposition de loi et le moment où le texte sera examiné en séance plénière. L'autre assemblée dispose, elle, de quatre semaines pour examiner le texte adopté par la première assemblée.

Ceci permet donc aux commissions d'examiner les amendements déposés par les parlementaires. En effet, le droit d'amendement s'exerce, selon les dispositions de l'art. 44 C, tant en séance qu'en commission.

Les règles relatives à l'exercice du droit d'amendement en commission sont fixées par les règlements des assemblées. Nous en donnons ici les règles simplifiées pour l'Assemblée nationale[1].

Sous réserve des principes généraux gouvernant la recevabilité des amendements (cf. p. 162), tous les députés, qu'ils soient ou non membres de la commission peuvent déposer des amendements devant la commission permanente saisie au fond. Le dépôt de ces amendements doit, en principe, intervenir au plus tard à 17 heures le troisième jour ouvrable précédant celui de l'examen du texte. Le président de la commission doit néanmoins fixer un autre délai si l'exigence de clarté et de sincérité du débat parlementaire l'impose pour garantir l'exercice effectif du droit d'amendement[2] (Cons. const. 2009-581 DC §35, 25 juin 2009, Règlement de l'AN XXXIV). Les amendements du Gouvernement, du président ou du rapporteur de la commission et, le cas échéant, des commissions saisies pour avis, ne sont pas soumis à ce délai (art. 86 al. 5 RAN). S'ils en déposent, un nouveau délai s'ouvre pour que les députés puissent déposer des amendements sur ce même sujet (art. 99 RAN). Le droit de sous amender n'est pas enfermé dans ces limites (Cons. const. 2009-581 DC §35, 25 juin 2009, Règlement de l'AN XXXIV).

Le débat en commission est organisé par le bureau. A l'assemblée nationale, celui-ci peut prévoir la publicité des travaux de la commission (art. 46 al. 1 RAN) ; au Sénat, c'est la commission elle même qui en décide (art. 16 al. 8 RS). Participent aux débats de la commission, outre ses membres, les auteurs d'amendement qui n'en sont pas membres, les rapporteurs des commissions saisies pour avis et le Gouvernement (art. 45 al. 1 RAn et 18 al. 1 RS). Toutefois, le Gouvernement n'est pas présent au moment des votes portant sur les projets de loi de finances, de financement de la sécurité sociale et de révision de la Const dès lors que le texte discuté en séance n'est pas celui de la commission (art. 117-1 RAN et 18 al. 1 RS).

La commission vote à main levée ou par scrutin. Le scrutin est de droit lorsqu'il est demandé par le dixième au moins des membres d'une commission (art. 44 al. 2 RAN) ou par 5 membres (art. 20 al. 3 RS) ; il est rarement demandé. Le président de la commission n'a pas voix prépondérante ; en cas de partage, la disposition mise aux voix n'est pas adoptée (art. 44 al. 4 RAN ; art. 20 al. 5 RS). La vérification du quorum (majorité des commissaires) est de droit si le tiers des membres présents le demande. Si le vote ne peut avoir lieu faute de quorum, il a lieu valablement quelque soit le nombre des présents à la séance suivante qui ne peut se tenir avant un minimum de 15 minutes (art. 43 RAN) ou de 1 heure (art. 20 al. 2 et 4 RS). Il en résulte que la vérification est rarement demandée.

L'incompatibilité financière (art. 40 C : cf. p. 163) des modifications apportées par les commissions aux textes dont elles sont saisies peut à tout moment être soulevée par le Gouvernement ou par tout député. L'irrecevabilité est appréciée par le président ou le rapporteur général de la commission des finances (art. 89 al. 4 RAN).

Les travaux de la commission font, en principe, l'objet, à l'issue de chaque réunion, d'un compte rendu intégral au Sénat (art. 16 al. 9 RS). A l'Assemblée, ce compte rendu n'est

---

[1] Ces questions relèvent plus d'un cours de droit parlementaire que de droit constitutionnel

[2] Sur cette notion cf. p. 186.

pas exhaustif mais doit, selon une réserve d'interprétation (sur cette notion cf. p. 455) formulée par le Conseil constitutionnel, rendre compte suffisamment de l'examen des projets et propositions de loi pour répondre à l'exigence de clarté et de sincérité du débat parlementaire (cf. p. 186) (Cons. const. 2009-581 DC §12, 25 juin 2009, Règlement de l'AN XXXIV). Enfin, un rapport conclut à l'adoption, au rejet ou à la modification du texte dont la commission avait été initialement saisie. Il comporte un tableau comparatif qui fait état de ces éventuelles modifications. En annexe sont insérés les amendements soumis à la commission. Le texte d'ensemble adopté par la commission est publié séparément (art. 86 al. 3 et 4 RAN).

Il fallait encore tirer les conséquences des nouvelles dispositions de l'art. 42 al. 1 C. en ce qui concerne les dispositions de l'art. 40 C. (recevabilité financière : cf. p. 163). Strictement, ces dispositions ne s'appliquent qu'aux « propositions et amendements formulés par les membres du Parlement ». Il faut désormais considérer que le « texte adopté par la commission », au sens de l'art. 42 al. 1 C., qui résulte de la modification par amendement du « projet » de loi initial du Gouvernement, est une « proposition » au sens de l'art. 40 C. Une autre interprétation aurait rendu sans effet ces dispositions. Le Conseil constitutionnel (Cons. const. 2009-581 DC §§38 et 39, 25 juin 2009, Règlement de l'AN XXXIV) a donc validé les dispositions de l'art. 89 al. 4 RAN permettant que le Gouvernement ou un député soulève à tout moment l'irrecevabilité financière des modifications apportées par la commission à un projet de loi.

Il devait procéder à la même extension s'agissant de la recevabilité de l'art. 41 C. (recevabilité du domaine de la loi (cf. p. 162) (Cons. const. 2009-582 DC §26, 25 juin 2009, Règlement du Sénat XXXIV)

Mais ces règles nouvelles ne devraient pas changer grand-chose sur le fond. D'abord, la présence du Gouvernement lors des débats en commission, y compris ceux sur les amendements et leur vote, est garantie ainsi que lors du vote final du texte sur lequel portera la discussion en séance plénière (Cons. const. 2009-579 DC §36, 9 avr. 2009, LO relative à l'application des art. 34-1, 39 et 44 C. ; Cons. const. 2009-582 DC §10, 25 juin 2009, Règlement du Sénat XXXIV)[1]. Elle lui permet d'exposer les raisons de son opposition. Il lui est donc possible de s'assurer que sa majorité le suivra sur ces rejets, surtout si les amendements émanent de l'opposition. Mais, de toute façon, si un amendement que le Gouvernement ne souhaite pas était adopté, il lui serait facile de trouver un compromis ou de déposer un amendement en sens contraire.

En effet, alors que, sous les Républiques antérieures, le droit d'amendement était réservé aux seuls parlementaires[2], le Gouvernement en dispose depuis 1958 (art. 44 al. 1 C.). L'usage de ce droit est simple à mettre en œuvre puisque les amendements du Gouvernement ne sont soumis ni au Conseil des ministres, ni au Conseil d'Etat (Cons. const. 94-357 DC, 25 janv. 1995, DDOS). Ce droit d'amendement peut bien entendu être utilisé lors de l'examen des propositions de loi pour faire en sorte qu'elles correspondent mieux aux volontés du Gouvernement.

Le droit d'amendement du Gouvernement est bien entendu moins limité que celui des parlementaires (cf. p. 162). De plus, le Gouvernement dispose d'une autre facilité lui permettant de surmonter les difficultés que pourrait rencontrer son projet ; il peut déposer des « lettres rectificatives » qui relèvent de l'usage du droit d'initiative du Gouvernement (art.

---

[1] Une circulaire du Premier ministre datée du 15 avr. 2009 (*JO 16 avr. p. 6546*) invite les ministres à « participer pleinement à cette étape essentielle de la procédure législative ».

[2] Il convenait donc que les amendements souhaités par le Gouvernement soient déposés par un parlementaire le soutenant. Il est vrai que la compatibilité de la fonction ministérielle et du mandat parlementaire permettait aux ministres de déposer des amendements en tant que parlementaires.

39 C.) et non de son droit d'amendement (art. 44 al. 1 C.) (Cons. const. 90-285 DC, 28 déc. 1990, CSG ; Cons. const. 2000-433 DC §3, 27 juill. 2000, Liberté de communication)[1].

Ce nouveau rôle des commissions a conduit J.-F. Copé, en tant que Président du groupe majoritaire à l'Assemblée, à y voir un élément lui permettant d'asseoir l'importance de ce groupe dans le fonctionnement constitutionnel. Selon lui, il faut désormais parler de « coproduction législative », formule qui illustre bien la part croissante que prend le groupe majoritaire dans l'élaboration de la loi. On serait donc loin du temps des « députés godillots », formule qui, en son temps, voulait montrer que la majorité parlementaire votait les lois sans rechigner, critiquer ou amender. Il est vrai que, avec le temps de réflexion et la qualité du travail en petit groupe, il est envisageable que des parlementaires parviennent à emporter la conviction de leurs collègues contre l'avis du Gouvernement. On note pourtant que, sous la XIVe législature, les députés socialistes « frondeurs » n'ont pas pu empêcher le vote de certains textes auxquels ils s'opposaient, le gouvernement pouvant utiliser bien d'autres armes.

De plus rapellons que les commissions françaises, à l'inverse de certaines de leurs homologues dans des pays européens, n'adoptent pas le texte ; le passage en séance plénière est encore nécessaire. Il y a donc pour le Gouvernement une véritable séance de rattrapage ; ce qu'il n'a pas obtenu au stade de la commission, il peut espérer l'avoir en séance plénière (cf. p. 176).

2. La limitation du droit d'amendement des parlementaires

Les limitations au droit d'amendement parlementaire sont fixées pour l'essentiel par la Constitution elle-même (a). A ces règles constitutionnelles sont pourtant venues s'ajouter des limitations jurisprudentielles (b).

a) Les limitations prévues par la Constitution

Il est possible depuis septembre 2009 (art. 98-1 RAN) que les amendements fassent, du moins à l'Assemblée nationale, l'objet d'une évaluation préalable. Celle-ci peut être demandée par le président ou le rapporteur de la commission saisie ou par l'auteur de l'amendement si le président de la commission en est d'accord. Mais cette possibilité ne constitue en rien une condition de recevabilité dès lors que le défaut de réalisation de l'évaluation ne peut faire obstacle à la discussion de l'amendement.

En revanche, des dispositions constitutionnelles encadrent le droit d'amendement des parlementaires. Elles limitent aussi bien le domaine (α) dans lequel il est possible de les proposer que leur portée éventuelle (β). Enfin les amendements ne peuvent pas être déposés par les parlementaires à n'importe quel moment (γ).

α) La limitation du domaine des amendements parlementaires

Plus largement que les amendements parlementaires, c'est tout le domaine de la loi (cf. p. 271 et s.), c'est-à-dire la compétence du Parlement, qui est limité par l'art. 34 C. Cet article énumère les matières sur lesquelles le Parlement peut normalement délibérer, c'est-à-dire les matières qui sont de sa compétence[2]. Les parlementaires peuvent proposer des lois dans ces matières ; dès lors ils peuvent aussi déposer des amendements.

---

[1] Ainsi les lettres rectificatives n'ont pas à respecter les limites du droit d'amendement mais en revanche doivent être soumises au Conseil des ministres, au Conseil d'Etat et ensuite à toute la procédure normalement suivie par les projets de loi (envoi en commission, rédaction d'un rapport, etc.) (Cons. const. 78-100 DC, 29 déc. 1978, LFR pour 1978).

[2] Il faut cependant s'assurer que certaines de ces matières n'ont pas été provisoirement transférées (en vertu de l'art. 38 C.) au Gouvernement. Dans ce cas, le Parlement n'est plus compétent tant que dure le transfert ; cf. p. 272 et s.

A l'inverse, si un amendement parlementaire[1] contient une disposition qui n'est pas normalement de la compétence du Parlement, le Gouvernement ou le Président de l'assemblée saisie peut, en vertu de l'**art. 41 C.**, s'opposer à son examen. On notera que le fait d'opposer l'irrecevabilité à un amendement n'est pour le Gouvernement qu'une faculté. S'il juge que l'amendement, bien que déposé dans un domaine qui n'est pas de la compétence parlementaire, présente néanmoins un intérêt, il peut laisser faire et ne pas invoquer l'irrecevabilité (cf. p. 284). Depuis la révision constitutionnelle de juillet 2008, ce laxisme gouvernemental peut être contrecarré par le Président de l'assemblée saisie qui peut lui aussi opposer l'irrecevabilité. On montrera qu'il est possible de douter de l'efficacité de ce mécanisme (cf. p. 286).

Si le Gouvernement oppose l'irrecevabilité, il appartient au Président de l'assemblée concernée de vérifier si, effectivement, l'amendement est déposé hors des compétences parlementaires. Dans l'hypothèse où il y aurait divergence d'appréciation sur la recevabilité d'un amendement entre le Gouvernement et le Président, c'est le Conseil constitutionnel qui, saisi par le Premier ministre ou le Président de l'assemblée concernée, tranchera, comme le prévoit l'al. 2 de l'art. 41 C. (décisions référencées « FNR » : V. tableau p. 419).

β) La limitation de la portée des amendements parlementaires

Une autre limitation du droit d'amendement (et plus généralement d'initiative[2]) parlementaire est contenue à l'**art. 40 C**. Cet article interdit les amendements qui auraient pour conséquence l'augmentation d'une charge (dépense) ou une diminution des ressources (recettes)[3]. De cette façon, il est impossible aux parlementaires de profiter de l'examen d'un projet de loi ordinaire pour hypothéquer la loi de finances[4] en portant atteinte à l'équilibre (ou plus souvent au déficit maximum) budgétaire fixé. On notera que, dans le cadre de cet article (et contrairement à l'art. 41 C. étudié juste avant), le choix n'est pas donné d'opposer ou non l'irrecevabilité qui présente ici un caractère absolu : les amendements sont obligatoirement irrecevables s'ils ne répondent pas aux conditions, qu'ils émanent de la majorité ou de l'opposition. Leur constitutionnalité doit donc être examinée de manière systématique (Cons. const. 2006-544 DC §§12 et 13, 14 déc. 2006, LFSS pour 2007), au moment de leur dépôt (Cons. const. 2005-519 DC §28, 29 juill. 2005, LOLFSS ; Cons. const. 2009-582 DC §§19, 20 et 25, 25 juin 2009, Règlement du Sénat XXXIV) par l'autorité chargée d'exercer ce contrôle dans chaque assemblée (Cons. const. 78-94 DC §§4, 14 juin 1978, Règlement du Sénat). A l'Assemblée (art. 89 RAN), l'examen est réalisé par le président de la commission ou le bureau de celle-ci pour les amendements déposés en commission, par le Président de l'Assemblée nationale pour les autres amendements. Ces autorités peuvent éventuellement consulter le Président ou le rapporteur général de la commission des finances. De plus, à tout moment le Gouvernement ou un député peut soulever l'irrecevabilité d'un amendement ; dans ce cas, c'est le Président ou le rapporteur général de la commission des finances qui statue. Au Sénat, c'est la commission des finances (ou des affaires sociales) ou le président de la commission saisie au fond qui assure ce contrôle selon le cas (art. 45 al. 4 et 6 RS).

On notera que, dans ce cadre, aucune procédure de règlement n'est prévue par la Constitution dans l'hypothèse où il y aurait divergence sur la recevabilité d'un amendement.

---

[1] Formellement, l'irrecevabilité prévue au présent art. s'applique aussi aux amendements du Gouvernement. On suppose qu'il ne va pas opposer l'irrecevailité à ses propres amendements. Le fait que depuis 2008 le Président de l'assemblée saisie puisse lui aussi opposer cette irrecevabilité est pensée comme devant s'appliquer dans ce cas. Hélas, il est peu probable qu'il en soit ainsi (cf. p. 286).

[2] L'irrecevabilité de l'art. 40 C. est en effet appliquée aux propositions de loi (cf. p. 156). Voir les conséquences sur le droit d'initiative des parlementaires p. 171. Elle est aussi désormais appliquée au texte adopté par la commission lorsqu'elle étudie un projet de loi (art. 42 al. 1 C.) (cf. p. 161).

[3] On notera que l'usage du pluriel dans le cadre des ressources permet d'envisager que la diminution d'une ressource soit compensée par l'augmentation d'une autre.

[4] Voir la procédure spéciale aux lois de finances p. 192.

Le Conseil constitutionnel ne peut être immédiatement saisi ; il conviendra d'attendre que la loi soit adoptée pour pouvoir alors procéder à une saisine en vertu des dispositions de l'art. 61 al. 2 C. (cf. p. 430 et s.). Il faut cependant, pour pouvoir soulever l'irrecevabilité dans le cadre de cette procédure, avoir préalablement soulevé l'irrecevabilité en vertu de l'art. 40 C. devant l'assemblée parlementaire concernée[1] (Cons. const. 77-82 DC §4, 20 juill. 1977, Coopération intercommunale ; Cons. const. 93-329 DC §§4 et 5, 13 janv. 1994, Révision de la loi Falloux ; Cons. const. 99-419 DC §12, 9 nov. 1999, PACS). Une simple discussion sur cette irrecevabilité sans qu'une contestation réelle quant au contenu soit intervenue, est insuffisante (Cons. const. 2003-476 DC §4, 24 juill. 2003, LO relative au Sénat).

γ) Le rejet des amendements déposés en séance plénière et le vote bloqué

Enfin, pour éviter d'avoir à lutter de manière incessante contre des amendements déposés à la hâte lors du débat en séance plénière, le Gouvernement peut s'opposer à leur examen en vertu de l'art. 44 al. 2 C[2]. Il s'agit là d'une simple faculté offerte au Gouvernement qui peut bien entendu y renoncer. Dans ce cas, le moment auquel les amendements sont déposés importe peu (Cons. const. 92-316 DC §7, 20 janv. 1993, Prévention de la corruption). L'avantage offert au Gouvernement est de pouvoir obliger les parlementaires à déposer leurs amendements tant que le texte est encore devant la commission, ce qui permet à celle-ci de les étudier, éventuellement de les rejeter et, sinon, au Gouvernement de préparer une éventuelle riposte.

Si le Gouvernement ne s'y oppose pas, les amendements déposés en séance sont soumis, comme ceux déposés en commission, à une condition de recevabilité dans le temps. Ils doivent (art. 99 RAN) être déposés avant 17 heures le troisième jour ouvrable précédant la discussion du texte. Le Conseil constitutionnel a, sur ce délai, réitéré les mêmes réserves que pour les amendements déposés en commission (cf. p. 160). Il appartient donc, à la conférence des présidents de modifier ce délai pour garantir l'exercice effectif du droit d'amendement. (Cons. const. 2009-581 DC §44, 25 juin 2009, Règlement de l'AN XXXIV).

Mais c'est aussi par l'usage du « vote bloqué » prévu à l'art. 44 al. 3 C. que le Gouvernement peut parvenir à limiter l'étendue des modifications apportées par les amendements parlementaires. Il peut en effet demander à tout moment[3] à l'assemblée concernée (y compris le Sénat) de se prononcer par un seul vote sur tout ou partie d'un texte en ne retenant que les amendements qu'il a proposés ou les amendements dont il n'est pas l'auteur mais qu'il a acceptés. A l'inverse, il peut refuser toute modification de son texte par quelque amendement que ce soit. Ceci permet au Gouvernement, dans l'hypothèse où, du fait de l'adoption d'un nombre trop important d'amendements, son texte serait trop malmené, de rétablir sa cohérence et de soumettre la chambre à un véritable chantage : tout le texte tel que le Gouvernement le souhaite, ou rien. Les rejets sont en fait extrêmement rares. La technique du vote bloqué permet ainsi au Gouvernement d'obtenir par une procédure ne mettant pas en jeu sa responsabilité un résultat analogue à celui qui ne pouvait être obtenu, sous les Républiques précédentes, que par l'utilisation de la question de confiance (Cons. const. 59-5 DC §2, 15 janv. 1960, Règlement de l'AN) (cf. p. 182). Le Conseil constitutionnel s'assure sim-

[1] Si le conseil est saisi de la question par les parlementaires, cette obligation d'examen préalable de l'irrecevabilité n'est évidemment opposable qu'aux parlementaires de l'assemblée dont l'amendement émane. Si l'amendement émane de l'Ass. nat., elle ne peut donc pas être opposée aux sénateurs (Cons. const. 98-404 DC §21, Loi de financement de la Sécurité sociale pour 1999). Le Conseil constitutionnel a encore précisé (Cons. const. 2015-720 DC §6, 13 Août 2015, Dialogue social et emploi) qu'aucune exigence constitutionnelle n'impose l'examen préalable systématique des amendements en commission lors de la lecture définitive du texte à l'Assemblée.

[2] Cette procédure est également applicable aux sous-amendements (Cons. const. 86-206 DC §3 et 4, 3 juin 1986).

[3] Même si parfois le Gouvernement annonce son intention de recourir à cette procédure assez tôt, c'est le plus souvent au moment du vote qu'il l'indique. Dans tous les cas, le Gouvernement conserve la faculté de renoncer au vote bloqué lorsque le vote aura réellement lieu.

plement que l'usage du vote bloqué ne porte pas atteinte au principe de clarté et de sincérité du débat parlementaire (Cons. const. 2010-603 DC §9, 11 févr. 2010, Concomitance des renouvellements des conseils généraux et des conseils régionaux).

Session ou année (en gras)	Nombre de demandes de vote bloqué	
	AN	S (année civile)
2007-**2008**	0	2
2008-**2009**	9	2
2009-**2010**	21	1
2010-**2011**	20	0
2011-**2012**	14	2
2012-**2013**	1	3
2013-**2014**	1	5

Pourtant cette procédure n'est guère utilisée régulièrement[1]. Elle est surtout utilisée après une demande de deuxième délibération sur le vote de la 2e partie de la loi de finances ou pour obtenir le rejet, sans même que les différents articles soient examinés séparément, des propositions de loi déposées par les groupes d'opposition[2]. Il y a plusieurs raisons à ce relatif désintérêt.

D'une part, lorsque l'Assemblée est très hostile au texte, l'utilisation de l'art. 49 al. 3 C. est plus efficace. En effet, le recours au vote bloqué n'empêche pas que le débat ait lieu normalement sur les amendements et les articles en question (art. 96 RAN). Seul le vote intervient à la fin de la discussion (V. par ex. la mise en œuvre du vote bloqué pour la réforme des retraites au Sénat en oct. 2010). Le 49 al. 3 C. interrompt, lui, le débat définitivement ; le vote sur l'éventuelle motion de censure (cf. p. 184) intervient rapidement, au plus tard le troisième jour de séance suivant l'expiration du délai constitutionnel de 48 heures (art. 154 al. RAN).

D'autre part, au Sénat ou si l'Assemblée n'est pas trop hostile au texte, la 'réserve' c'est-à-dire le report de l'examen de certains amendements ou articles (art. 95, al. 4 et 5 RAN ; cf. p. 177) et la demande de seconde délibération, c'est-à-dire de revenir, dans le cadre de la même lecture, sur les votes émis au cours de l'examen des articles (art. 101 RAN ; cf. p. 177) aboutissent en fait à un résultat presque équivalent.

Pourtant, dans l'hypothèse où les commissions modifieraient par trop les projets de lois et où leur retour à un texte acceptable par le Gouvernement serait difficile à obtenir en séance plénière par ces deux derniers procédés, le vote bloqué peut trouver son utilité.

δ) la théorie de « l'entonnoir »

La procédure bicamérale ne laisse subsister en navette que les dispositions qui n'ont pas été adoptées dans les mêmes termes par les deux assemblées (cf. p. 123), c'est-à-dire les « dispositions restant en discussion ». La question se posait de savoir si, après la réunion de la CMP, il était possible de présenter des amendements à des dispositions précédemment adoptées en termes identiques. Le Conseil constitutionnel, un temps laxiste dans

[1] Les utilisations ont été fréquentes entre 1963 et 1967 (jusqu'à 26 recours à cette procédure) ou entre 1986 et 1993 (jusqu'à 33 utilisations).

[2] Il en va de même parfois des propositions émanant du parti minoritaire de la majorité (14 avr. 2011). Pour que la proposition de l'opposition soit examinée et adoptée, il faut qu'elle soit vraiment « consensuelle » ; par ex. : proposition sur l'habitat indigne outre-mer (26 janv. 2011).

l'interprétation du pouvoir d'amendement du Gouvernement dans ce cas de figure [Cons. const. 81-136 DC §§8 et s., 31 déc. 1981, 3° LFR pour 1981 (pour des amendements déposés par le Gouvernement après échec de la CMP) ; Cons. const. 86-221 DC §5, 29 déc. 1986, LF pour 1987 (pour des amendements déposés par le Gouvernement même en cas de succès de la CMP)], a fini par en revenir à la lettre du texte de l'art. 45 al. 3 C.

A partir de 1998 (Cons. const. 98-402 DC §3, 25 juin 1998, Loi portant diverses dispositions d'ordre économique et financier), le Conseil a estimé qu'aucune modification ne saurait être apportée au texte soumis à la délibération des assemblées après ou au cours de la réunion de la CMP à moins que ce ne soit en relation directe avec une disposition restant en discussion ou pour assurer la coordination avec d'autres textes en cours d'examen (Cons. const. 98-403 DC §51, 29 juill. 1998, Lutte contre les exclusions ; Cons. const. 2004-501 DC §24 et s., 5 août 2004, Service public de l'électricité et du gaz ; Cons. const. 2009-578 DC §30, 18 mars 2009, Loi de mobilisation pour le logement et la lutte contre l'exclusion). Il estime par ailleurs que dès lors qu'un amendement du Gouvernement introduit, après le passage en CMP, des dispositions n'ayant qu'un lien très ténu avec le texte, celles-ci, compte tenu de leur portée et de leur ampleur, doivent être considérées comme nouvelles (Cons. const. 2001-453 DC §37, 18 déc. 2001, LFSS pour 2002). Il est cependant possible que la CMP, « chargée de proposer un texte sur les dispositions restant en discussion », introduise, pour ce faire, elle-même une disposition nouvelle dans le texte qui lui est soumis (Cons. const. 2009-578 DC §29, 18 mars 2009, Mobilisation pour le logement et la lutte contre l'exclusion).

Par une interprétation extensive de ces dispositions de l'art. 45 C., le Conseil constitutionnel a appliqué les mêmes principes aux amendements déposés après la première lecture dans chaque assemblée. Ainsi, seuls sont recevables durant la deuxième lecture et les éventuelles lectures suivantes, les amendements ayant un lien avec une mesure qui n'a pas encore été adoptée en termes identiques lors d'une des lectures précédentes (Cons. const. 2005-532 DC §26 et 27, 19 janv. 2006, Lutte contre le terrorisme ; Cons. const. 2007-553 DC §31 et s., 3 mars 2007, Prévention de la délinquence).

Ne sont admises que de rares exceptions à ces principes. Sont recevables, après la réunion de la CMP ou lors des lectures suivant la première, des amendements qui, bien que sans relation directe avec une mesure restant en discussion, sont dictés par la nécessité de respecter la Constitution (Cons. const. 2000-430 DC, 29 juin 2000, Egal accès aux mandats électoraux en Nouvelle Calédonie), d'assurer la coordination avec d'autres textes en cours d'examen au Parlement ou de corriger une erreur matérielle.

b) La limitation ajoutée par la jurisprudence

Le domaine a fait l'objet de précisions de la part du juge constitutionnel.

Dans un premier temps, le juge a exigé que les amendements apportés en première lecture aient un lien direct avec le texte soumis au Parlement (Cons. const. 89-256 DC §§5 et s., 25 juill. 1989, TGV nord). Il s'agissait d'interdire les « cavaliers législatifs », c'est-à-dire de profiter du débat sur une question pour traiter subrepticement d'un autre problème. Cela a été le cas, par exemple, dans une loi relative au service public de l'électricité, d'un amendement, déposé par le Gouvernement, modifiant la limite d'âge des présidents des conseils d'administration des établissements publics de l'Etat (Cons. const. 2004-501 DC §20 et s., 5 août 2004, Service public de l'électricité et du gaz). Bien que le Conseil ait considérablement assoupli sa jurisprudence en estimant qu'il suffisait que l'amendement ne soit pas dépourvu de tout lien avec le texte en discussion (Cons. const. 2001-445 DC §48, 19 juin 2001, Statut de la magistrature XVIII) et donc que la matière à laquelle l'amendement se rapporte ait été traitée dans le texte tel qu'il a été, à l'origine, déposé au Parlement (Cons. const. 2004-502 DC §9, 5 août 2004, Soutien à la consommation et à l'investissement), cette jurisprudence était mal reçue par les parlementaires et peut-être même par le Gouvernement. Le constituant de juillet 2008 est donc intervenu dans ce domaine. L'art. 45 al. 1er C. prévoit désormais que tout amendement est recevable, en première lecture, dès lors qu'il présente un lien, même indirect, avec le texte déposé ou transmis. On le constate, les termes retenus par le constituant sont voisins de ceux utilisés par le Conseil mais inversent les facteurs. En effet, là où le juge constitutionnel donne une définition des amendements irrecevables, le texte constitutionnel instaure un principe de recevabilité en définissant les amendements recevables. Le Conseil a donc été amené à assouplir encore sa jurisprudence en estimant que l'amendement n'est pas recevable s'il ne présente pas de lien avec le texte en discussion. Ce contrôle, qui peut être mis en œuvre d'office (Cons. const. 2014-693 DC, 25 mars 2014 §29, Géolocalisation)[1], permet néanmoins parfois de purger le texte d'un grand nombre des ajouts réalisés par le législateur (Cons. const. 2011-640 DC, 4 août 2011, Modifications à la loi « patients, santé et territoires »). Ainsi, dans le cadre de la loi « Macron », le Conseil a censuré plusieurs dispositions ajoutées par amendement durant le débat alors même que l'objet initial de la loi était particulièrement large (Cons. const. 2015-715 DC, 5 août 2015, Croissance, l'activité et l'égalité des chances économique). On doit en fait indiquer qu'il y a dans ce cadre un véritable détournement de procédure. Pour ne pas froisser les parlementaires de la majorité, en particulier s'ils sont « frondeurs », le Gouvernement laisse adopter des amendements sans lien avec le texte, laissant au Conseil constitutionnel le soin de relever d'office leur inconstitutionnalité. Le Conseil est donc « encombré » par ces cas d'inconstitutionnalité et doit ici jouer un rôle qui n'est pas normalement le sien : rétablir la cohérence d'un texte que le Parlement a malmené pendant que le Gouvernement fermait les yeux[2].

Le juge a un temps contrôlé la portée des amendements quant à l'importance des modifications proposées. Le Conseil constitutionnel estimait en effet, qu'il n'est pas possible qu'un seul amendement modifie un nombre important de dispositions (Cons. const. 86-221 DC §5, 29 déc. 1986, LF pour 1987 ; Cons. const. 88-251 DC §4, 12 janv. 1989, Centre national de la fonction publique territoriale), seuls les projets ou les propositions de loi pouvant avoir une telle portée.

Cette jurisprudence (qui avait été inaugurée pour les amendements du Gouvernement : Cons. const. 86-225 DC §11, 23 janv. 1987, Amendement Seguin) est maintenant abandonnée, (Cons. const. 2001-445 DC §51, 19 juin 2001, Statut de la magistrature XVIII). Le Conseil indique clairement que les amendements sont recevables quel que soit le nombre et la portée des modifications apportées au texte en discussion (Cons. const. 2001-455 DC §5, 12 janv. 2002, Loi de modernisation sociale ; Cons. const. 2003-472 DC §3, 26 juin 2003, Urbanisme et habitat ; Cons. const. 2003-479 DC §5, 30 juill. 2003, Sécurité financière ; Cons. const. 2003-481 DC, 30 juill. 2003, Activités physiques et sportives) et que les parlementaires ne peuvent pas se prévaloir de l'ampleur d'un amendement pour en critiquer la constitutionnalité (Cons. const. 2001-450 DC §29, 11 juill. 2001, Diverses dispositions d'ordre social, éducatif et culturel).

Ainsi les amendements parlementaires représentent pour le Gouvernement un danger limité et ce d'autant plus que les autres règles de la procédure législative ordinaire lui donnent encore des avantages en lui assurant que le travail parlementaire sera efficace.

C. La garantie de l'efficacité du travail parlementaire

Le Gouvernement ayant l'assurance que les textes discutés par le Parlement seront très largement conformes à ses vœux, reste encore à en obtenir le vote. Pour ce faire, il était nécessaire que le Gouvernement puisse intervenir dans la procédure législative. En effet, jusqu'en 1958, le Parlement dominait entièrement cette matière, ce qui lui permettait encore d'empêcher que les textes du Gouvernement soient adoptés.

Tout est fait maintenant pour que l'issue du travail parlementaire soit favorable aux projets gouvernementaux.

---

[1] A l'inverse, on notera que le Conseil ne sanctionne pas le fait que des amendements qui n'étaient pas sans lien avec le texte aient été écartés à tort (Cons. const. 93-334 DC §6, 20 janv. 1994, Peine incompressible).

[2] On consultera par ex. la décision Cons. const. 2015-719 DC, 13 août 2015, Adaptation de la procédure pénale dans laquelle 27 art. sur 39 ont été déclarés contraires à la Constitution du fait de leur absence de lien, même indirect, avec le texte.

1. La maîtrise de l'ordre du jour

La première nécessité est que le texte vienne effectivement en discussion. Pour cela il est nécessaire qu'il soit inscrit à l'ordre du jour.

Jusqu'en 1958, selon la logique du principe de souveraineté parlementaire, les assemblées fixaient librement leur ordre du jour. L'inscription à l'ordre du jour pouvait même être, comme sous la III° République, l'occasion de mettre en cause la responsabilité du Gouvernement, obligeant celui-ci à se retirer dans l'hypothèse où l'assemblée adopterait un ordre du jour n'ayant pas son accord (cf. p. 153).

Tirant les enseignements des pratiques antérieures et pour permettre le respect de l'art. 20 C. selon lequel « le Gouvernement détermine et conduit la politique de la Nation », la V° République a fait en sorte que les projets de loi puissent être inscrits à l'ordre du jour et étudiés.

Pendant longtemps, l'ordre du jour des assemblées a été sous la totale maîtrise du Gouvernement. L'ancien art. 48 al. 1 C. prévoyait que l'ordre du jour contenait prioritairement les textes que le Gouvernement souhaite voir étudier (ordre du jour prioritaire) ; s'il restait de la place, et seulement dans ce cas, les assemblées retrouvaient la maîtrise de l'ordre du jour et pouvaient y inscrire leurs textes (ordre du jour complémentaire). Au fur et à mesure des années l'ordre du jour complémentaire fut réduit comme peau de chagrin.

Aussi en 1995, le constituant créait-il une 'super priorité' d'une séance par mois réservée à un jordre du jour fixé par chaque assemblée (« fenêtre » ou « niche parlementaire »). Trop 'étroite' cette « fenêtre » ne fut qu'un pis-aller et ne permit pas l'adoption d'un nombre substantiellement plus important de propositions de loi[1] que par le passé. En fait, seule la majorité parlementaire pouvait nourrir certaines espérances, et encore sous réserve de ne pas faire preuve de hardiesse excessive, dès lors que, pour obtenir l'inscription à l'ordre du jour de la seconde assemblée, l'intervention du Gouvernement était nécessaire. Parfois même les propositions de loi de la majorité n'étaient en fait que des projets de loi déguisés et le député, auteur de la proposition, le faux-nez du Gouvernement.

L'ordre du jour des assemblées est, depuis la révision de 2008, partagé pour leur permettre de remplir l'ensemble du rôle que la Constitution leur assigne (a) et tout en laissant encore une large maîtrise de la fixation du calendrier au Gouvernement (b).

a) Le partage inégalitaire de l'ordre du jour

Le nouvel art. 48 C. organise ce que nous pourrions appeler un mécanisme de semaines alternées sur quatre semaines (α). Cependant, ce principe d'alternance connait des limites (β), faisant ainsi la part belle au Gouvernement.

α. Les quatre semaines alternées

Dans le cadre des sessions ordinaires, le travail parlementaire est désormais réparti en quatre semaines dont trois ont une affectation prioritaire. Rappelons pourtant, s'il en est besoin, que 'semaine' au sens parlementaire se réduit, le plus souvent, aux trois journées que sont les mardi, mercredi et jeudi (art. 50 RAN ; art. 32 RS).

- Deux semaines de séances sur quatre sont réservées par priorité à l'examen des textes et aux débats dont le Gouvernement demande l'inscription. La priorité du Gouvernement s'étend au delà de l'édiction de la simple liste des textes qu'il souhaite voir étudiés. Il choisit également l'ordre de cet examen et les séances au cours desquels il aura lieu (Cons. const. 2009-581 DC §19, 25 juin 2009, Règlement de l'AN XXXIV). Enfin, le Gouvernement peut, même après la réunion de la Conférence des présidents (cf. p. 259), modifier à sa guise ses priorités ; l'assemblée est informée de ces modifications (art. 48 al. 11 RAN ; art. 29 al. 7 et 8

[1] Plus nombreuses sous la XI° législature, les lois issues de proposition [1997/2002 : 222 lois adoptées (hors celles autorisant l'approbation d'un traité), 81 issues de propositions (soit 36,5 %)] sont à nouveau en repli sous la XII° (24,6 %). La XIII° marque une légère amélioration (29,7 %) : voir le tableau p. 200. Il faut ajouter que l'obstacle principal qui limite l'initiative parlementaire est en fait l'art. 40 C. (cf. p. 171).

RS). En effet, le Conseil Constitutionnel estime que les informations que donne ainsi le Gouvernement ne font pas obstacle aux prérogatives qu'il tient de l'art. 48 al 1er C. Ces informations ne sont qu'indicatives et ne sauraient lier le Gouvernement dans l'exercice de ses prérogatives (Cons. const. 95-366 DC §5, 8 nov. 1995, Règlement de l'AN XXV ; Cons. const. 95-368 DC §8, 15 déc. 1995, Règlement du Sénat XXVII ; Cons. const. 2009-581 DC §18, 25 juin 2009, Règlement de l'AN XXXIV ; Cons. const. 2009-582 DC §22, 25 juin 2009, Règlement du Sénat XXXIV).

- Une semaine de séances sur quatre est réservée par priorité au contrôle de l'action du Gouvernement et à l'évaluation des politiques publiques. C'est là une des nouveautés les plus importantes introduites par la révision de 2008. Il est vrai que, dès lors que l'art. 24 C. définissait clairement le rôle du Parlement et précisait, qu'en plus de son pouvoir de législateur, il devait contrôler le Gouvernement et évaluer les politiques publiques, il était indispensable de ménager le temps nécessaire pour ce faire. Pourtant deux remarques doivent être faites ici.

* D'une part, le contrôle de l'action du Gouvernement est possible en dehors de cette semaine. D'autres dispositions constitutionnelles ont 'priorité sur cette priorité'.

- D'abord, comme nous l'avons dit, une séance par semaine au moins est réservée aux questions des parlementaires et aux réponses du Gouvernement (art. 48 al. 6 C.).

- Ensuite, la responsabilité du Gouvernement peut être mise en jeu à tout moment pendant les sessions parlementaires, que ce soit à l'initiative du Gouvernement (art. 49 al. 1 et 3 C.) ou de parlementaires (art. 49 al. 2 C.). La volonté du Premier ministre s'agissant de l'alinéa 1 et des délais fixés aux alinéas 2 et 3 de cet article conduisent nécessairement à ce que ce contrôle de censure puisse avoir lieu en dehors de la semaine de contrôle. Du reste, qu'il s'agisse des questions (cf. p. 141) ou du contrôle de censure, il s'exerce y compris pendant les sessions extraordinaires qui, elles, ne sont pas soumises à l'alternance des semaines.

- Enfin, lorsqu'un débat est souhaité par le Gouvernement en vertu des dispositions de l'art. 50-1 C., il a lieu pendant les semaines réservées au Gouvernement, comme nous venons de le dire. Certes, ces débats ne constituent pas nécessairement et à proprement parler un moyen de contrôle. Ils ne sont pas un contrôle de censure puisque la responsabilité du Gouvernement ne peut être engagée. Pourtant, destinés à informer le Parlement, ils peuvent, même lorsqu'ils sont demandés par le Gouvernement, apparaître aussi comme un moyen d'investigation ou d'évaluation.

En fait cette semaine sera surtout utilisée pour étudier les rapports des commissions d'enquête, des missions d'information, étudier les rapports de la Cour des comptes et auditionner les personnalités qui peuvent aider les parlementaires à parfaire leur contrôle ou leur évaluation. L'intérêt pour ces séances et plus généralement pour la semaine de contrôle ne semble pas très vif. Du reste, ces séances se tiennent dans la Salle Lamartine, parfois encore appelée « petit hémicycle » (cf. encadré p. 231) dont la capacité (100 places) semble suffisante pour accueillir les parlementaires qui devraient y participer. Mais il est vrai que la conception de cette salle facilite le dialogue.

* D'autre part, l'affectation de cette semaine au « contrôle » n'est qu'une priorité et non une exclusivité (Cons. const. 2013-677 DC §4, 14 nov. 2013, LO relative à l'indépendance de l'audiovisuel public). Il est hélas possible que cette semaine puisse être utilisée pour d'autres activités. Ainsi, à l'Assemblée nationale, les séances de nuit de cette semaine de contrôle restent consacrées à un ordre du jour législatif (et se déroulent dans l'hémicycle principal montrant encore qu'on peut y espérer plus de monde et donc le désintérêt pour le contrôle).

Ceci permet au Gouvernement de disposer de plus de plages horaires encore pour inscrire les textes qu'il n'inscrit pas dans les semaines qui lui sont réservées.

Semaines réservées au contrôle de l'action du Gouvernement et à l'évaluation des pol. publiques (art. 48 al. 4 C.)[1]								
Année	Nbre seances	Nbre d' heures	Total textes examinés	Priorité du Gvt (art. 48 al. 3)		Hors priorité		
				Projet	Prop.	Projet	Prop.	résolution
2008/09[2]	22	80 h. 45	4	0	0	2	2	0
2009/10	39	141 h. 10	20	3	0	8	7	2
2010/11	44	164 h. 00	17	4	2	3	2	3
2011/12	19	71 h 50	25	8	5	0	7	5
2012/13	43	141 h 10	7	2	0	2	0	3
2013/14	35	115 h 35	19	2	0	9	4	4

- La question de la quatrième semaine reste non réglée par la Constitution. Il semble que l'interprétation la plus communément admise soit de considérer que cette semaine est une « semaine parlementaire » dont l'ordre du jour serait réservé à l'assemblée elle-même, une sorte de « fenêtre parlementaire » élargie. C'est de toute évidence l'interprétation retenue par le Sénat. En effet, l'art. 29 bis al. 2 RS prévoit que les semaines de séances sont réparties « entre le Sénat et le Gouvernement ». Les dispositions de l'art. 48 RAN sont moins nettes mais vont pourtant dans le sens d'une même interprétation, ce que confirment les premières applications pratiques. En effet, lorsque du retard est pris pour l'examen d'un projet de loi, obligeant à empiéter sur cette semaine, une « rétrocession » est faite dans l'une des semaines gouvernementales (12 mai 2009 pour l'examen de la résolution modifiant le règlement de l'Assemblée).
Cette interprétation trouve incontestablement son origine dans les travaux du « comité Balladur » (cf. p. 384) qui proposait que cette quatrième semaine soit « réservée à la discussion des projets et des propositions de loi ». Il n'y a rien de tel dans la rédaction définitive de l'art. 48 C. et donc aucune raison pour que cette semaine soit 'législative' et encore moins 'parlementaire'.

Semaines de l'Assemblée nationale (ordre du jour fixé par l'Assemblée nationale : art. 48 al. 3 C.)[3]								
Année	Nbre seances	Nbre d' heures	Total textes examinés	Priorité du Gvt (art. 48 al. 3)		Hors priorité		
				Projet	Prop.	Projet	Prop.	résolution
2008/09[4]	20	71 h. 45	10	1	0	2	7	0
2009/10	30	115 h. 30	23	1	0	5	16	1
2010/11	19	74 h. 20	25	1	0	1	18	2
2011/12	17	65 h. 05	8	3	0	0	5	0
2012/13	49	210 h. 10	24	0	0	14	7	3
2013/14	36	146 h. 30	28	0	0	12	12	4

Dès lors, on peut aussi considérer cette semaine comme laissée « en jachère » pour qu'y soient inscrits, certes, des propositions de loi mais aussi des projets et tout ce qui n'était pas

[1] Hors jours de séance réservés à un ordre du jour arrêté à l'initiative d'un groupe d'opposition ou minoritaire (art. 48 al.5 C. ; cf. infra).
[2] Période du 1er mars au 30 sept. 2009. La révision constitutionnelle est applicable à partir du 1er mars 2009.
[3] Hors jours de séance réservés à un ordre du jour arrêté à l'initiative d'un groupe d'opposition ou minoritaire (art. 48 al.5 C.).
[4] Période du 1er mars au 30 sept. 2009. La révision constitutionnelle est applicable à partir du 1er mars 2009.

parvenu à trouver sa place dans les trois autres semaines prioritaires. En particulier, c'est à cette semaine que peuvent être affectés certains textes qui disposent d'une priorité par nature (cf. p. 172). L'existence de cette possibilité d'inscription prioritaire réduit d'autant la maîtrise de cette quatrième semaine par les assemblées. Néanmoins, pour l'instant, le caractère parlementaire de cette semaine semble néanmoins respecté.

En toute hypothèse, la mise en œuvre de cette semaine se heurte à deux difficultés.
La première, c'est la difficulté devant laquelle se trouvent les parlementaires ou les groupes politiques à présenter des propositions de loi. En effet, ou bien celles-ci portent sur un sujet important et elles seront nécessairement denses et donc impossibles à examiner durant la semaine en question [qui ne fait en réalité que trois jours (cf. p. 131) desquels il faut encore ôter les séances de questions et le mercredi matin généralement réservé au travaux de commission (art. 50 al 3 RAN et art.14 RS)]. Ou bien elles seront brèves et limitées à un aspect particulier et ne présentent alors qu'un intérêt limité. De plus, les parlementaires ne disposent pas d'une administration capable de les aider dans la rédaction de propositions de loi. La capacité de production des propositions de loi par les groupes est donc relativement faible. Et s'il est possible que les groupes appartenant à la majorité aient plus de facilité dans la préparation de propositions de loi, il faut bien admettre que le Gouvernement ne tient guère à ce que cette « production » se développe[1] sauf à ce que les propositions de loi soient en fait des « projets de loi » avançant masqués comme c'est souvent le cas de celles émanant de la majorité parlementaire.
La seconde difficulté tient à la recevabilité des propositions de loi. En effet, l'art. 40 C. constitue l'obstacle le plus important au fonctionnement de la semaine parlementaire. La recevabilité financière étant un mécanisme mis en œuvre automatiquement (cf. p. 163), il n'est pas rare que des propositions de loi ou certaines de leurs dispositions soient déclarées irrecevables, qu'elles émanent de l'opposition ou de la majorité. Car on comprend bien que l'essentiel des propositions de loi formulées conduit sinon à une diminution des ressources, du moins à une augmentation de dépense[2], sauf à rester dans le cadre des principes. Parfois, pour limiter le caractère « couperet » de cette irrecevabilité, un débat sur la question en séance plénière est organisé (par ex. le 22 janv. 1997), mais il ne change rien au fond ; il a simplement un caractère pédagogique.

- Notons enfin que, une fois par mois, un **jour de séance est réservé aux groupes d'opposition** et aux groupes minoritaires (cf. p. 257). Cette 'super priorité' s'exerce pendant la « semaine parlementaire » lorsqu'elle existe. Mais, dès lors qu'elle l'emporte sur celle des textes prioritaires par nature, cette super priorité s'applique même lorsque la « semaine parlementaire » disparait (par ex. période budgétaire). Ces séances sont réparties au début de chaque session ordinaire en proportion des groupes, (art. 48 al. 9 RAN ; art. 29 bis RS). Chacun des groupes concernés doit pouvoir, à l'Assemblée nationale, disposer au moins de trois séances par session ordinaire. C'est désormais ce jour réservé qui est qualifié de « niche ».
Il faut signaler que le Gouvernement a pris l'habitude, en particulier sous la XIIIe législature, de demander le vote bloqué (cf.p. 164) sur ces propositions de lois de l'opposition conduisant à limiter l'examen des différents articles proposés, ceci afin de permettre aux parlementaires de la majorité de ne pas être présents lors de cette journée. De même, les députés de la

[1] Ainsi F. Fillon indiquait-il le 22 oct. 2008 « On est encore dans un système politique où c'est le Gouvernement qui fait des propositions et engage le débat avec le Parlement. Et c'est dans cet ordre que les choses doivent se passer » (*Le Figaro* 23 oct. 2008).

[2] Ainsi, par exemple, une proposition de loi communiste « tendant à limiter les licenciements » a été amputée de 4 de ses 9 articles en vertu de l'art. 40 C.

majorité utilisent toutes les armes à leur disposition pour faire en sorte que les propositions de loi de l'opposition ne soient pas examinées ou n'aboutissent pas. Ainsi, sur 3 propositions de loi inscrites à la « niche » de l'UMP le 5 déc. 2013, l'une a fait l'objet d'un rejet préalable et une autre, d'un renvoi en commission (sur ces techniques cf. p. 188). Quant à la troisième, si elle a été discutée, tous ses articles ont été rejetés.

Jours de séance réservés à un ordre du jour arrêté à l'initiative d'un groupe d'opposition ou minoritaire (art. 48 al. 5 C.)						
Année	Nbre seances	Nbre d' heures	Total textes examinés	Projets	Propositions	Résolutions
2008/09[1]	6	27 h. 20	10	1	8	1
2009/10	18	64 h. 50	28	0	22	6
2010/11	18	60 h. 35	27	0	25	2
2011/12	11	38 h. 35	22	0	19	3
2012/13	21	88 H. 25	32	2	19	1
2013/14	14	49 H. 50	22	0	21	1

β. Les limites au principe de l'alternance des semaines

La première limite à l'application du principe de l'alternance des semaines a déjà été indiquée. L'alternance ne s'applique pas pendant les sessions extraordinaires. En effet, l'ordre du jour de ces sessions est fixé dans le décret du Président de la République (art. 29 C.) convoquant le Parlement (cf. p. 134). Il va de soi que l'exécutif peut voir là un intérêt nouveau de ces sessions. Il peut y disposer de tout le temps disponible exception faite des séances de questions (art. 48 al. 6 C.) qui y trouvent maintenant leur place.

Mais la limite essentielle est beaucoup plus large et pourrait bien réduire à pratiquement rien le principe. En effet, le Gouvernement n'a pas à utiliser ses deux semaines prioritaires pour certains textes dont la priorité est constitutionnellement garantie (art. 48 al. 3 C.).

Il en est ainsi en particulier des lois de finances, des lois de financement de la sécurité sociale (cf. p. 192). Leur priorité est absolue. Autrement dit, elle s'applique non seulement à la semaine parlementaire mais également à la semaine de contrôle qui cède le pas devant la priorité de ces textes. Il faut déduire que, pendant la période budgétaire (octobre à décembre), l'alternance des semaines ne jouera pas. Il est vrai qu'il y a une certaine logique à cette exception puisque l'examen de ces textes est enfermé dans des délais très stricts (cf. p. 193). La priorité est ici totale et ne cède que face à la journée mensuelle réservée aux groupes d'opposition ou aux groupes minoritaires et à la séance hebdomadaire de questions.

Une priorité est également accordée à d'autres textes mais elle est moins absolue dès lors qu'elle ne peut pas jouer dans la semaine de contrôle. En dehors des textes relatifs aux états de crise (notion d'ailleurs assez floue[2]) et des autorisations contenues à l'art. 35 C. qui susciteront peu d'application, cette priorité relative s'applique aux textes transmis par l'autre assemblée depuis plus de six semaines. Au bout de ce délai, ces textes deviendront prioritaires par nature et il sera possible au Gouvernement de demander leur inscription dans

[1] Période du 1er mars au 30 sept. 2009. La révision constitutionnelle est applicable à partir du 1er mars 2009.

[2] On suppose qu'il s'agit essentiellement de la prolongation de l'état de siège (art. 36 C.) mais également des projets de loi relatifs à l'état d'urgence. J.-L. Warsmann indiquait du reste : « *le sens peu explicite de cette expression* » [Rapport (n° 892) sur le projet de loi constitutionnelle (n°820) de modernisation des institutions de la Vème République, 15 mai 2008, p. 377]. On avoue mal comprendre comment ces textes ne sont pas « plus prioritaires » encore et puissent attendre que la semaine de contrôle soit terminée. Il suffit pour s'en convaincre de redonner le calendrier de l'année 2005 : un décret du 8 nov. 2005 proclame l'état d'urgence sur l'ensemble du territoire ; sa prorogation pour trois mois intervient par une loi du 18 nov. 2005 (projet de loi enregistré à la Présidence de l'AN le 14 ; examen en commission le 15. Le projet fut délibéré en séance ce même jour. Le Sénat l'examina et l'adopta le 16 et le texte fut promulgué le 18. Comment aurait-on fait si l'aternance des semaines avait existé à l'époque et que cette semaine soit justement la « semaine de contrôle » ?

la semaine parlementaire. Le Gouvernement a donc intérêt, pour augmenter son quota prioritaire, à ne pas les inscrire dans ses semaines dès lors qu'ils ne sont guère urgents[1] dégageant ainsi autant de temps dans le calendrier.

b. La fixation du calendrier.

Sauf pour les semaines réservées au Gouvernement, les assemblées fixent désormais leur ordre du jour (art. 48 al. 1 RAN ; Art. 29 bis al 1er RS) sauf pour ce qui concerne les sessions extraordinaires où il est fixé par le Président de la République (art. 29 al. 1er C.). En pratique, ce calendrier est déterminé ['réglé' selon la formule utilisée au Sénat (art. 29 RS)] par la Conférence des présidents (cf. p. 259) puis adopté par l'assemblée. C'est même elle qui fixe directement la ou les séances hebdomadaires de questions dans la mesure où celles-ci sont de droit en vertu des dispositions constitutionnelles (art. 48 al. 6 C. ; art. 133 RAN). Pourtant le rôle du Gouvernement dans la détermination de l'ordre du jour reste prépondérant.

En effet, celui-ci est représenté au sein de la conférence (art. 47 al. 6 RAN ; art. 29 al. 3 RS), ce qui lui permet de faire connaître ses volontés et surtout de les modifier, même si en principe il doit informer les assemblées à l'avance (art. 48 al. 2 et 4 RAN). Ainsi, à l'Assemblée nationale, le Gouvernement doit-il indiquer avant l'ouverture de la session ou lors de sa nomination les semaines qu'il souhaite se réserver. La Conférence établit alors un calendrier indicatif de l'alternance par séquences de 8 semaines. S'agissant de l'organisation des semaines gouvernementales, la Conférence des présidents joue ici le rôle d'un simple organe d'enregistrement des volontés du Gouvernement (l'art. 29 bis al. 6 RS indique du reste que, dans ce cas, la Conférence des présidents « prend acte des demandes d'inscription par priorité présentées par le Gouvernement »).

En ce qui concerne les autres semaines la Conférence, dans les limites indiquées cidessus, dispose d'un véritable pouvoir de proposition. A l'Assemblé nationale, elle établit, au commencement de chaque séquence de huit semaines, une répartition indicative des différentes priorités prévues par la Constitution en matière d'ordre du jour (art. 48 al. 3 RAN). Ensuite, chaque semaine, elle établit un calendrier à horizon glissant sur 4 semaines. Elle fixe les séances réservées aux questions et arrête l'ordre du jour de celle réservée aux groupes d'opposition et aux groupes minoritaires. Pourtant, là encore, le Gouvernement pourra intervenir.

D'abord, en dehors même des textes financiers, il pourra demander l'inscription prioritaire de textes adoptés par l'autre assemblée depuis plus de six semaines dans la semaine parlementaire.

Ensuite, si ces semaines connaissent une priorité, rien n'interdit au Gouvernement de faire savoir qu'il voudrait que tel projet soit inscrit à leur ordre du jour. La Conférence des présidents étant majoritairement composée de membres de la majorité parlementaire (du moins à l'Assemblée nationale ; la majorité sénatoriale peut lui être opposée), il est envisageable qu'elle inscrive l'examen de ces projets de loi dans la semaine parlementaire et la « bouche » entièrement (exception faite du jour mensuel lorsqu'il est réservé à l'opposition). Il est possible aussi, comme on l'a vu, qu'elle utilise la semaine de contrôle mais, dans ce cas, seulement s'il y reste de la place. On trouvera donc durant cette semaine aussi bien des « séances de contrôle » que des « séances législatives ».

2. La maîtrise du débat parlementaire

L'inscription à l'ordre du jour acquise, il reste encore à maîtriser le débat. Celui-ci peut se dérouler selon trois procédures distinctes. En effet, la procédure traditionnelle, même

[1] Une remarque doit encore être faite sur ce point. Serait-il admissible que, ayant demandé la procédure accélérée (cf. p. 179) le gouvernement attende ensuite le délai de six semaines avant de demander l'inscription du texte en jachère ?

encadrée (a), paraissant parfois trop lente compte tenu de l'obstruction pratiquée par l'opposition, une procédure encadrée dans un temps législatif programmé (b) a été mise en place à l'issue de la révision constitutionnelle de juillet 2008. La même révision constitutionnelle organisait encore une procédure accélérée déclenchée à l'initiative du Gouvernement (c). S'ajoute à ces procédures une procédure simplifiée (d). Dans tous les cas, ces procédures se concluent par un vote sur l'ensemble du texte (e). L'ensemble est désormais soumis à une contrainte. En effet, le Conseil constitutionnel estime que la validité du débat parlementaire est subordonnée à sa clarté et à sa sincérité (f).

a) La procédure classique

Deux étapes essentielles jalonnent la procédure d'adoption des textes. Après une phase de présentation dans le cadre du débat général (α), il est procédé à un examen article par article (β). Au cours de cette dernière étape, la régularité de l'examen du texte peut cependant être rompue (γ).

α. Le débat général

Durant la première étape de la discussion consacrée à un débat général (ou encore « discussion générale ») sur le texte en discussion, le Gouvernement dispose de peu de prérogatives. La discussion s'engage par l'audition du Gouvernement puis par la présentation du rapport de la commission saisie au fond[1] et, s'il y a lieu, du ou des rapporteurs pour avis. Eventuellement, un membre du Conseil Economique, Social et Environnemental est entendu après les rapporteurs (cf. p. 226). Enfin, les parlementaires inscrits interviennent. Ici, les parlementaires disposent de possibilités d'action importantes et nous verrons qu'ils profitent souvent de cette phase pour gêner le Gouvernement[2] voire, en particulier devant le Sénat, pour rejeter le texte sans même l'avoir étudié (cf. p. 186).

Pourtant, même à ce stade, les interventions interminables de certains parlementaires peuvent être limitées. A l'Assemblée, d'une part, il est toujours possible au Président de séance d'inviter un orateur à conclure (art. 54 al. 5 RAN) ; de plus, il lui est possible de clore[3] la discussion lorsque deux députés d'avis contraire sont intervenus (art. 57 al. 1 RAN). D'autre part, la Conférence des présidents fixe, au début de la législature, la durée de la discussion générale des textes inscrits (art. 49 al. 2 RAN). Cette durée est répartie entre les groupes politiques par le Président de façon à garantir à chacun d'eux un temps minimum identique puis un temps supplémentaire proportionnel à l'importance du groupe. Il appartient alors à chaque président de groupe d'indiquer au président l'ordre et la durée des interventions des orateurs du groupe qui seront inscrits. Les députés n'appartenant à aucun groupe disposent d'un temps global proportionnel à leur nombre.

Mutatis mutandis, les mêmes règles s'appliquent au Sénat (art. 36 RS sur le temps de parole ; art. 38 RS sur la clôture ; art. 29 ter al. 3 RS sur la durée globale du débat général qui, à défaut de décision de la Conférence des présidents, est limité à 1 heure).

β. Le débat article par article

En revanche, par la suite, les possibilités offertes au Gouvernement sont beaucoup plus larges. Il peut tout d'abord faire en sorte que la seconde phase, le débat article par article, soit rapide[4] mais aussi sans surprise.

---

[1] Pour la discussion des propositions la parole est d'abord donnée en premier lieu au rapporteur.

[2] La même procédure peut-être utilisée pour aider le Gouvernement. V. p. 186 l'utilisation « à rebours ».

[3] Cette clôture peut aussi être demandée par un député ; après qu'un orateur défavorable à la clôture soit intervenu, l'Ass. se prononce par un vote (art. 57 al. 2 RAN).

[4] Les mêmes possibilités qu'au stade du débat général peuvent être mises en œuvre : invitation à un député à conclure ; clôture de la discussion auprès que deux orateurs d'avis contraire se soient prononcés sur un art. ; durée globale (cf. supra).

Ceci est possible grâce à la faculté déjà mentionnée de s'opposer à ce stade à tout amendement qui n'aurait pas été déposé en commission ou d'utiliser le vote bloqué (cf. p. 164). Sans intervention du Gouvernement, il est procédé à un débat et à un vote sur chaque amendement[1] et sur chaque article[2] dans l'ordre[3].

Les votes au Parlement

Le vote est un des instants privilégiés de la procédure législative. Nous avons vu que les chambres sont appelées à voter à de nombreuses occasions, sur les amendements, sur les articles, sur l'ensemble des textes, sur des motions, des résolutions, des exceptions, etc. Ces votes interviennent en général à la suite de débats et peuvent, sauf s'il s'agit d'amendements[4], être précédés d'explications de vote. Chaque groupe politique dispose alors de cinq minutes à l'Assemblée (art. 54 al. 3 RAN) et de deux minutes et demie au Sénat (art. 42 al. 8 et 15 RS) pour s'expliquer. Le quorum est réuni lorsque la majorité absolue des membres de la chambre est présente dans l'enceinte du Palais. Cependant, selon les dispositions des règlements (art. 61 RAN et 51 RS), les votes sont valables quel que soit le nombre de votants tant qu'une demande de vérification du quorum n'a pas été demandée (cf. p. 187).

Sauf pour ce qui est des nominations, et notamment pour l'élection du président, les votes n'ont pas lieu au scrutin secret. Ceci permet à chaque citoyen de savoir dans quel sens s'est prononcé tel ou tel parlementaire.

En principe, le vote a lieu à **main levée** (art. 64 RAN). Dans ce cas, le Président de séance constate et proclame le résultat par estimation. En cas de doute, c'est-à-dire si les nombres de mains levées pour le "oui" et le "non" sont très proches, le Président peut demander un vote par "**assis-debout**". Le dénombrement des voix est ainsi plus facile. Dans ces cas, il n'est évidemment pas possible de connaître le sens du vote de chaque parlementaire et celui-ci n'est donc pas publié au *Journal Officiel*. Dans l'hypothèse où un doute persiste, un autre vote est de droit : le scrutin public ordinaire.

Le **scrutin public ordinaire**, outre l'hypothèse d'un doute, est de droit sur décision du Président, à la demande du Gouvernement, à la demande d'un président de groupe politique ou de la commission chargée de l'étude du texte. Il peut également être décidé en Conférence des présidents (art. 45-1 RAN). A l'Assemblée nationale, ce vote est électronique (art. 66 al. 2 RAN)[5]. Chaque député dispose sur son pupitre d'un clavier de trois touches : "P" : pour ; "C" : contre ; "A" : abstention. Ce clavier est activé par une clé dont chaque député est détenteur pour assurer le caractère personnel du vote. Si le député a une délégation, son vote est automatiquement doublé[6]. L'ordinateur enregistre immédiatement les résultats qui sont annoncés par le Président et affichés sur des panneaux lumineux situés dans l'hémicycle. Une liste alphabétique des votes est également établie, affichée et publiée au *Journal Officiel*. Au Sénat, l'on procède au vote avec des bulletins de couleur marqués du nom de chaque Sénateur : blanc "oui", bleu : "non", rouge : "abstention"[7] (art. 56 RS). Les bulletins sont remis aux secrétaires qui se trouvent à l'entrée de chacun des couloirs (droit pour les « oui », gauche pour les « non », centre pour les « abstentions »). Le scrutin est qualifié de public parce que la liste de ceux qui se sont prononcés « pour » ou « contre », de ceux qui se sont abstenus volontairement et de ceux qui n'ont pas pris part au vote est publiée en annexe au compte rendu officiel de la séance et figure donc au *Journal officiel*.

Ce sont ces modes de vote qui ont longtemps donné lieu au détournement du principe fixé à l'**art. 27 C**. Selon ce texte, le vote des parlementaires est personnel, nul ne pouvant théoriquement voter pour un autre sauf s'il en a reçu délégation. Nul ne peut recevoir plus d'une délégation. Ce principe a longtemps été totalement bafoué, soit qu'un député détenant les clefs des pupitres des collègues appartenant au même parti, soit qu'un sénateur détenant les bulletins nominatifs, vote pour les absents. Saisi de cette question, et alors qu'il aurait pu en profiter pour mettre fin à ces pratiques inconstitutionnelles et favorisant l'absentéisme, le Conseil constitutionnel n'a pas cru bon de stigmatiser cette attitude. Il a en effet estimé que l'adoption d'un texte par un nombre de suffrages supérieur au

[1] L'auteur de l'amendement et un député d'avis contraire disposent chacun de 2 minutes pour s'exprimer. Au Sénat seul l'auteur de l'amendement dispose de deux minutes et demie. Dans les deux assemblées, le Gouvernement (sans limite de temps) et la (ou les) commission(s) saisie(s) (pour la même durée) s'expriment ensuite sur l'amendement.

[2] Sur les articles, il est en principe possible que chaque parlementaire intervienne pour une durée limitée à deux minutes à l'Assemblée et deux minutes trente au Sénat.

[3] Sauf dans l'hypothèse où la « réserve » est demandée, c'est-à-dire que le vote est repoussé à un stade ultérieur du débat.

[4] S'agissant des motions de procédure, cf. p. 188.

[5] En cas de défaillance du système on revient au vote classique par bulletins nominatifs : bleu pour l'adoption ; rouge, contre ; blanc, abstention.

[6] Jusqu'en 1993, un représentant par groupe politique votait pour les autres membres du groupe lorsqu'ils étaient absents ; le Conseil constitutionnel n'avait pas sanctionné cet usage (Cons. const. 86-225 DC §4, 23 janv. 1987, Amendement Seguin). L'introduction du vote électronique a permis de revenir à la lettre des dispositions organiques : un député ne peut recevoir qu'une procuration (Ord. n° 58-1066 du 7 nov. 1958).

[7] On notera que les couleurs n'ont pas la même signification selon des assemblées !

nombre de députés présents et de délégations qu'ils détenaient (et excédant les limites de l'art. 27 C.), n'était pas entachée de nullité, à moins qu'il ne soit établi que, si les députés réputés votants s'étaient effectivement exprimés, ils auraient été suffisamment nombreux pour que le résultat soit inverse (Cons. const. 86-225 DC §4, 23 janv. 1987, Amendement Seguin). Mieux, il a renouvelé cette même solution récemment (Cons. const. 2010-624 DC §9, 20 janv. 2011, Réforme de la présentation devant les cour d'appel). La mise en place du vote électronique à l'Assemblée y a assuré un meilleur respect des dispositions de l'art. 27 C. Par ailleurs, la liste des députés ayant délégué leur droit de vote est désormais publiée au *Journal officiel*. Au Sénat, il n'en est rien, la pratique des « boitiers » (nom donné au parlementaire détenant dans une boite les bulletins de tous les membres du groupe) est toujours en vigueur.

Le vote par **scrutin public à la tribune** est de droit lorsque la Constitution prévoit que la décision est prise à une majorité qualifiée. Il a lieu par bulletins dans les deux assemblées. C'est le cas à l'Assemblée nationale pour les motions de censure, les votes de confiance, l'adoption définitive des lois organiques et lorsque l'Assemblée nationale est appelée à statuer en dernier ressort. C'est le cas au Sénat sur l'approbation d'une déclaration de politique générale demandée par le Gouvernement en vertu de l'art. 49 al. 4 C. C'est le cas, encore, devant les deux chambres pour le vote des mises en accusation devant la Haute Cour. C'est le cas, enfin, au Congrès pour le vote de la révision constitutionnelle (art. 89 C.) et par conséquent, l'adoption d'un traité relatif à l'adhésion d'un nouvel Etat à l'Union européenne (art. 88-5 al. 3 C.). Dans ces hypothèses, les députés introduisent dans une urne électronique un bulletin blanc (Pour), bleu (Contre) ou rouge (Abs.). Chaque bulletin est doté d'un code barres dont la lecture permet d'identifier le député et le sens de son vote. Les sénateurs montent à la tribune à l'appel de leur nom et déposent dans une première urne un bulletin marqué à leur nom et, dans une seconde, une bille qui permettra de contrôler le nombre des votants. A l'assemblée nationale, ce scrutin peut avoir lieu dans des salles voisines de la salle des séances. Dans ce cas, les députés sont répartis par bureaux de vote équipés d'urnes en réseau informatique dans lesquelles ils déposent le bulletin à code barres correspondant à leur position de vote.

Sauf dispositions contraires contenues soit dans la Constitution, soit dans le règlement des assemblées, l'adoption est obtenue si la majorité des suffrages exprimés s'est portée en faveur du texte. Dès lors, on doit estimer qu'en cas de partage des voix, le texte est rejeté. .

Ici encore le Gouvernement peut faire usage de son droit d'amendement pour adapter le texte selon l'évolution du débat et les souhaits de sa majorité éventuellement par l'ajout d'articles additionnels. L'usage de ce droit d'amendement est d'autant plus efficace qu'il n'est pas enfermé dans les limites qui s'appliquent aux amendements parlementaires. Le Gouvernement ne va pas utiliser contre lui-même l'irrecevabilité de l'art. 41 C. (cf. p. 162) et soulever le fait que l'amendement n'a pas été soumis à la commission (art. 44 al. 2 C.). Quant à l'irrecevabilité financière, elle ne s'applique pas aux amendements du Gouvernement (art. 40 C. cf p. 163). En revanche, les amendements du Gouvernement doivent donc avoir un lien avec le texte (Cons. const. 85-198 DC §§2 et s., 13 déc. 1985, Amendement Tour Eiffel et art. 45 al. 1 C. ; cf. p. 166) et, s'ils sont déposés après la réunion de la CMP ou au cours des lectures suivant la première, répondre aux conditions de recevabilité fixées par le Conseil constitutionnel et désormais par l'art. 45 al. 1 C. (cf. p. 166).

C'est dans ce cadre que le Gouvernement pourra désormais tenter de renverser les modifications apportées au texte par la commission, lui donnant en quelque sorte une seconde chance en tentant d'obtenir de l'Assemblée plénière ce qu'il n'a pas pu obtenir en commission. Et le Gouvernement peut échouer. Ainsi, le 7 juill. 2010, a été rejeté en séance plénière un amendement du Gouvernement visant à rétablir une disposition que la majorité avait déjà supprimé en commission [Pj de loi n° 446 (Sénat) relatif à la démocratie sociale].

Mais cette seconde chance peut aussi être celle des parlementaires qui n'ont pas réussi à convaincre la commission. En effet, le rejet d'un amendement par la commission n'interdit pas au parlementaire de soutenir devant l'assemblée plénière. Du reste, compte tenu de l'importance nouvelle du travail en commission, le débat parlementaire devrait surtout se focaliser sur les dispositions les moins consensuelles, soit que le Gouvernement n'approuve pas le résultat obtenu en commission, soit que l'opposition insiste pour qu'un amendement rejeté soit adopté. Le travail en séance plénière devrait donc être allégé.

γ) Le mécanisme de la réserve, de la priorité et de la seconde délibération

Deux procédures sont encore à la disposition du Gouvernement pour assurer l'adoption du texte comme il le désire.

D'une part, il est possible au Gouvernement de demander la « **réserve** », c'est-à-dire de reporter le débat sur tel article à plus tard ou la « **priorité** », c'est-à-dire de modifier l'ordre d'examen des articles en en avançant certains (art. 95 al. 4 RAN ; art. 44 al. 6 RS). Théoriquement prévue pour permettre la discussion sur une disposition liée à une disposition ultérieure du même texte, en même temps que celle-ci, pour garantir la cohérence du débat, la réserve est plus souvent mise en œuvre par le Gouvernement[1] (pour qui elle est de droit à l'Assemblée) lorsqu'il apparait que l'adoption de tel article serait difficile ; le débat et le vote peuvent ainsi avoir lieu à un moment plus favorable. Surtout pratiquée en matière budgétaire, cette technique permet de pallier l'absentéisme des parlementaires de la majorité lorsqu'ils sont moins nombreux que l'opposition.

D'autre part, après l'adoption du dernier article, l'assemblée peut décider de procéder à une **seconde délibération** totale ou partielle du texte (art. 101 RAN ; art. 43 RS). Celle-ci permet en principe de réviser le texte pour en assurer l'unité en coordonnant ses différentes dispositions. En fait, cette procédure a surtout pour objet de permettre au Gouvernement[2] (pour qui elle est de droit et qui logiquement l'utilise à titre exclusif dans les denières années : 6 demandes sur 6 en 2010/2011 ; 3 sur 3 en 2011/2012 ; 6 sur 6 en 2012/2013 ; 10 sur 10 en 2013/2014 ; le Sénat statue mais seul le Gouvernement peut la demander ou l'accepter) de revenir sur des formulations dont il n'a pas pu, au préalable, empêcher l'adoption. Ainsi, si des amendements que le Gouvernement ne souhaitait pas ont néanmoins été adoptés, il peut, par cette seconde délibération, revenir au texte primitif. L'inverse est également vrai. Si des dispositions auxquelles le Gouvernement est attaché ont été supprimées[3] sans que le Gouvernement puisse s'y opposer, la demande de seconde délibération permet de les rétablir. Evidemment cette seconde délibération peut se combiner avec une demande de vote bloqué (cf. p. 171).

b) La procédure du « temps législatif programmé »[4]

L'obstruction parlementaire est sans doute l'arme la plus efficace des parlementaires pour s'opposer aux volontés du Gouvernement (cf. p. 190). Soucieux d'éviter que par des manœuvres souvent qualifiées de « dérisoires » ou interprétées comme relevant de la « politique politicienne » et prouvant que l'opposition ne « sait rien proposer mais seulement s'opposer », la loi organique n° 2009-403[5] et le règlement de l'Assemblée nationale prévoient désormais une procédure dite « du temps législatif programmé » que ses détracteurs appellent parfois « procédure de la guillotine ». Le Conseil constitutionnel a, dans les deux cas, estimé cette procédure conforme à la Constitution (Cons. const. 2009-579 DC §§40 à 42, 9 avr. 2009, LO relative à l'application des art. 34-1, 39 et 44 C. ; Cons. const. 2009-581 DC §§22 à 27, 25 juin 2009, Règlement de l'AN XXXIV). Il a cependant, dans sa décision du 25 juin 2009, émis deux réserves d'interprétation (sur cette notion, cf. p. 455). D'une part (§25),

---

[1] Elle peut être demandée aussi par la commission pour qui elle est de droit dans les deux assemblées (sauf opposition du Gouvernement au Sénat). Dans le cas d'une demande de réserve demandée par un parlementaire, le Sénat ou, à l'AN, le président, décident.

[2] Elle peut être demandée aussi par la commission à l'Ass. nat. pour qui elle est également de droit.

[3] La seconde délibération permet aussi de contrecarrer la mauvaise volonté de députés de la majorité qui voudraient manifester leur mécontentement. Ainsi, ils peuvent (volonairement ou « par erreur ») rejeter ue disposition dans un premier temps et s'abstenir lors de la seconde délibération permettant son rétablissement comme ce fut le cas, par ex., en oct. et nov. 2013.

[4] On parle parfois de « crédit-temps ».

[5] Art. 17 LO n° 2009-403 du 15 avr. 2009.

la durée maximale d'examen d'un texte doit permettre le respect des exigences de clarté et de sincérité du débat parlementaire (cf. p. 186). D'autre part (§26), la durée des rappels au règlement ne saurait être décomptée du temps de parole dès lors qu'il s'agit, pour le député, d'invoquer en cours de débat, à travers le règlement, le respect de dispositions constitutionnelles.

Dans ce cadre (art. 49 al. 5 RAN), la Conférence des présidents va fixer une durée globale, non pas seulement pour le débat général mais pour l'ensemble du débat (débat général et débat article par article). Dans ce délai, qui constitue un maximum[1], outre un temps de parole accordé aux députés n'appartenant à aucun groupe[2], chaque groupe parlementaire se voit attribué un délai minimum, plus important pour les groupes d'opposition. Le reste du temps est réparti en deux blocs entre les groupes d'opposition (60 %) et les autres groupes (majorité et groupes minoritaires). Dans ces deux blocs, la répartition se fait en proportion des groupes. Au final chaque groupe (et les non-inscrits) dispose d'un temps de parole qu'il utilise comme il le souhaite tout au long de la procédure (débat général et discussion article par article) mais qui constitue un maximum au-delà duquel, les membres du groupe n'ont plus droit à la parole (art. 55 al. 3 RAN). Si des amendements présentés par les députés de ce groupe sont encore à examiner, ils sont mis aux voix sans débat, ceci faisant aussi (et peut-être surtout) du temps législatif programmé un moyen efficace de lutte contre l'obstruction parlementaire (cf. p. 190). De même, une fois le temps d'un groupe épuisé, son président ne peut plus demander le vote par scrutin public. Il n'est que si le Gouvernement ou la commission dépose hors délai un amendement ou un article additionnel qu'un temps supplémentaire est attribué à chaque groupe et aux non-inscrits (art. 55 al. 6 RAN).

Quatre limites à la mise en œuvre de cette procédure sont prévues.

D'abord, un président de groupe peut obtenir, de droit, que le temps législatif programmé soit égal à 30 heures, durée minimale que la Conférence des présidents a fixé dans sa séance du 30 juin 2009 (art. 49 al. 9 RAN).

Ensuite, une fois par session, un président de groupe peut obtenir, de droit, un allongement exceptionnel de cette durée dans une limite maximale fixée par la Conférence des présidents (art. 49 al. 10 RAN). Tel a été le cas pour l'examen de la proposition relative au travail du dimanche.

Ensuite encore, les lois de finances et de financement (cf. p. 192) ne peuvent pas être examinées selon cette procédure (art. 119 al. 1 et 121-1 RAN).

Enfin, si un président de groupe s'y oppose, la Conférence ne peut fixer la durée maximale de l'examen de l'ensemble d'un texte lorsque la discussion en première lecture intervient moins de six semaines après son dépôt ou moins de quatre semaines après sa transmission (art. 49 al. 11 RAN), c'est-à-dire en dehors des délais prévus à l'art. 42 al. 3 C. Ceci vise les projets relatifs aux états de crise[3] et les textes pour lesquels le Gouvernement décide, suffisamment tôt, d'engager la procédure accélérée (cf. infra) dès lors que, dans ce cas, les délais prévus pour l'examen du texte par les commissions ne s'appliquent plus (art. 42 al. 4 C.). Ce dernier point est capital et nous renvoyons ci-dessous pour en connaître.

Malgré ces exceptions, la procédure reste draconienne. Elle peut conduire à l'épuisement anticipé des temps de parole très largement avant que toutes les dispositions du texte en discussion ne soient examinées (comme ce fut le cas pour le projet de loi dit « Macron » en 2015). Elle a du reste fait l'objet d'une fronde parlementaire importante lors de l'adoption du règlement de l'Assemblée.

---

[1] La conférence des présidents peut néanmoins l'augmenter si elle constate que la durée fixée est insuffisante (art. 49 al. 12 RAN).

[2] Ce temps est globalement proportionnel au nombre de non-inscrits.

[3] Les projets de loi de finances et de financement de la sécurité sociale sont à nouveau concernés par cette disposition mais, déjà explicitement exclus par des dispositions spécifiques (cf. supra), nous ne les rementionons pas.

Le Conseil constitutionnel s'assure du respect de ces principes et en particulier du respect des exigences de clarté et de sincérité du débat parlementaire sous la forme d'un contrôle minimum (Cons. const. 2011-631 DC §6, 9 juin 2011, Immigration, intégration et nationalité) et des droits reconnus aux groupes d'opposition par l'art. 51 Const. (Cons. const. 2013-669 §7, 17 mai 2013, Mariage des couples de même sexe).

Session	Nombre de textes examinés avec temps législatif programmé
2010/11	10
2011/12	2
2012/13	5
2013/14	10

Mutatis mutandis, les mêmes règles s'appliquent au Sénat dans le cadre de la procédure prévue aux al. 1 et 2 de l'art. 29 ter.

c) La procédure accélérée

La révision de juillet 2008 introduit dans la Constitution une nouvelle procédure qui peut être engagée par le Gouvernement pour l'examen des projets de loi ou des propositions qu'il retient : la procédure accélérée (art. 45 al. 2 C.). Cependant, le recours à cette procédure n'est pas de droit. Il est possible en effet que les Conférences des présidents des deux assemblées s'y opposent conjointement. Une procédure d'information d'une assemblée par l'autre est donc mise en place (art. 102 RAN ; art. 29 al. 6 RS) et la procédure accélérée ne sera pas engagée si les deux Conférences s'y sont opposées avant la clôture de la discussion générale. Compte tenu du fait que la Conférence des présidents de l'Assemblée nationale est majoritairement composée de députés de la majorité, on imagine mal comment elle pourrait s'opposer à ce souhait du Gouvernement. Il faut donc croire que, dès lors que le Gouvernement la mettra en œuvre cette procédure sera systématiquement appliquée[1].

Le Conseil constitutionnel a estimé que les dispositions constitutionnelles ne pouvaient contraindre le Gouvernement à décider d'engager la procédure accélérée au moment de son dépôt ; il peut en décider à tout moment dès lors que les deux Conférences des présidents sont en mesure, avant le début de l'examen du texte en première lecture, de s'y opposer conjointement. L'engagement par le Gouvernement de la procédure accélérée se fait, à l'Assemblée nationale, par une communication adressée au Président de l'Assemblée, jusqu'à la veille de la Conférence des présidents précédant l'ouverture du débat en première lecture : art. 102 al. 1 RAN. Au Sénat, il se fait « en principe, lors du dépôt du projet de loi » (art. 24 bis RS).

L'engagement de la procédure accélérée a plusieurs effets, tous destinés à faire en sorte que l'adoption du texte intervienne dans des délais plus brefs qu'avec les autres procédures.

Tout d'abord, les délais d'examen laissés aux commissions pour étudier le texte sur lequel la procédure a été engagée ne s'appliquent pas (art 42 al. 4 C.). Si le Gouvernement souhaite que les commissions ne puissent pas disposer du temps d'examen normalement prévu par la Constitution, il fera connaître sa volonté avant qu'elles se réunissent. Sinon, seuls les autres effets de la procédure accélérée s'appliqueront.

Comme nous l'avons dit ci-dessus, ce point est capital dès lors qu'on le lie avec le mécanisme de la procédure du temps législatif programmé (cf. p. 177). Si le Gouvernement met en œuvre la procédure accélérée suffisamment tôt pour éviter que les commissions disposent d'un long délai d'examen, il semble alors possible qu'un président de groupe puisse s'opposer (sans condition) à l'application du temps législatif programmé.

[1] Indiquons pourtant que, en juin 2014, après que la Conférence des présidents du Sénat se soit opposée à la mise en œuvre de la procédure accélérée sans avoir été suivie par celle de l'Assemblée, le Gouvernement a accepé de ne réunir la CMP qu'après deux lectures du texte concerné.

Ensuite, si le texte auquel s'applique la procédure accélérée n'est pas adopté dans les mêmes termes par les deux assemblées lors de la première lecture, le Gouvernement peut immédiatement réunir la CMP pour qu'elle recherche un compromis sur les dispositions restant en discussion (cf. p. 123 ; art. 45 al. 2 C.). C'est du reste surtout pour éviter la deuxième lecture que la procédure est utilisée. Le Gouvernement, le plus souvent, laissera donc aux commissions le temps d'examen prévu à l'art. 42 C.

Enfin, le délai pour demander la constitution d'une commission spéciale (art. 31 al. 1 RAN) et le délai de mise à disposition électronique du texte adopté par la commission (art. 86 al. 4 RAN) sont réduits.

Ainsi, le Gouvernement se trouve face à une alternative.

Soit il engage la procédure accélérée dès le dépôt du texte, ce qui a pour conséquence de supprimer les délais d'examen accordés aux commissions (cf. supra et p. 177). Dans ce cas, la procédure est incontestablement, pour le Gouvernement, un moyen de revenir sur les avancées constitutionnelles contenues dans la révision de juillet 2008 en lui permettant de s'assurer de l'adoption d'un texte non modifé ou avec les modification que le Gouvernement a consenties. Mais il est alors impossible, à l'Assemblée nationale, d'accélérer l'adoption du texte par la mise en place du temps législatif programmé.

Soit il engage la procédure accélérée juste avant l'examen en séance plénière, juste à la fin de l'examen en commission et dans ce cas la procédure du temps législatif programmé est applicable et permet d'accélérer l'adoption mais la commission a eu bien le temps d'examiner et de modifier le projet.

On notera que si la procédure accélérée tend à devenir de plus en plus fréquente[1] et est de fait, la « procédure normale » d'examen des textes, c'est surtout pour pouvoir réunir la CMP dès après la première lecture et non pour refuser aux commissions le temps normal pour mener les travaux.

Session	Nombre des textes examinés en procédure accelérée		
	Total	Projets	Propositions
2009/10	22	20	2
2010/11	21	14	7
2011/12	26	16	10
2012/13	45	34	11
2013/14	52	37	15
2014/15	42	35	7

d) La procédure simplifiée

Le Parlement est souvent saisi par le Gouvernement de textes qui présentent un intérêt plus technique que politique. Compte tenu du temps dont dispose le législateur (cf. p. 133) l'Assemblée s'est dotée depuis 2009[2] (art. 103 et s. RAN), pour l'examen de ce type de textes, d'une « procédure d'examen simplifiée ». Lorsque le texte soumis à la procédure d'examen simplifiée ne fait l'objet d'aucun amendement, le Président met directement aux voix l'ensemble du texte, sauf décision contraire de la Conférence des présidents (art. 106 RAN). Lorsque le texte soumis à la procédure d'examen simplifiée fait l'objet

[1] Le Président de l'AN déplore cet usage trop fréquent rappelant qu'elle a été demandée 115 fois entre 2012 ert 2014.

[2] Une procédure simplifiée spécifique (ancien art. 107 RAN) existait également pour l'adoption des lois autorisant la ratification de traité (cf. p. 197). Ces projets de lois peuvent désormais être soumis à la procédure simplifiée normale.

d'amendements, le Président met en œuvre, sans qu'il y ait préalablement de débat général, une discussion abrégée des articles ; ceux sur lesquels il n'est pas présenté d'amendements ne sont ni appelés, ni mis aux voix ; les amendements et les articles auxquels ils se rapportent sont seuls discutés étant observé qu'il n'y a pas d'intervention sur les articles (art. 107 RAN). Quelles que soient les limitations de temps de paroles mises en œuvre par les règlements des Assemblées, elles ne s'appliquent pas au Gouvernement.

Procédure d'examen simplifiée des art. 103 RAN et s.			
Années	Demandes	Oppositions	Textes adoptés
2009/10	49	2	47
2010/11	24	2	22
2011/12	29	1	28
2012/13	24	1	23
2013/14	30	0	30

Les règles d'application de cette procédure garantissent le respect des droits d'expression des députés, notamment de ceux qui appartiennent à l'opposition. En effet, si la procédure peut être engagée à la demande du Président de l'Assemblée, du Gouvernement, du président de la commission saisie au fond ou du président d'un groupe, un droit d'opposition est ouvert à ces mêmes autorités (à l'exception du Président) jusqu'à la veille de la discussion. Si ce droit est exercé, le texte est examiné suivant la procédure de droit commun. Il en va de même si le Gouvernement dépose un amendement postérieurement à l'expiration du délai d'opposition.

Au Sénat, est désormais prévue une procédure d'« examen en commission » (art. 47 ter RS) qui, avec l'accord des groupes en conférence des présidents[1], supprime le droit d'amendement en séance au bénéficie du seul examen des amendements en commission. Celle-ci a été mise en œuvre pour la première fois en octobre 2015.

e) L'adoption de l'ensemble du texte : l'article 49 al. 3 C. et les autres

Enfin, une fois le débat article par article terminé, le texte n'est définitivement adopté qu'après un <u>vote sur l'ensemble</u> du texte (art. 95 al. 6 RAN). En effet, même si tous les articles composant le texte ont été adoptés, il est concevable que l'ensemble ainsi obtenu par des votes successifs ne plaise plus à la majorité des parlementaires. Pour s'assurer que le texte est bien souhaité par la majorité, on procède alors à un dernier scrutin sur l'ensemble. Avant le vote sur l'ensemble du texte, des <u>explications de vote</u> (cf. p. 175) sont de droit. Il faut noter que, en général, les règles qui limitent l'expression des parlementaires ne s'appliquent pas au vote d'ensemble et aux explications de vote. Ainsi, le temps consacré à une explication (5 minutes par député) de vote personnel n'est pas décompté du temps législatif programmé[2] (cf. p. 177 ; art. 49 al 13 RAN). De même, il est encore possible qu'un président de groupe dont le temps de parole est épuisé dans le cadre du temps législatif programmé, puisse demander un scrutin public sur l'ensemble du texte (art. 55 al. 5 RAN). De même encore, la clôture ne s'applique pas aux explications de vote sur l'ensemble (art. 57 al. 1 RAN).

C'est ce vote sur l'ensemble du texte qui avalisera l'accord d'une des assemblées et il convient qu'il soit répété dans l'autre assemblée sans que rien ne soit changé au texte pour

---

[1] Cette procédure n'est pas possible en cas en cas d'opposition du Gouvernement, du président de la commission saisie au fond ou du président d'un groupe.

[2] Le 15 sept. 2010, le groupe socialiste a déposé plus de 160 demandes d'explications de vote « personnelles » contraignant le Président de l'Assemblée à suspendre la séance.

que ce dernier soit définitivement adopté. Si le moindre changement est apporté par la seconde chambre, la navette se poursuit, du moins en théorie, comme nous l'avons montré (cf. p. 123). Pourtant, pour éviter de voir le projet s'enliser dans une navette sans fin, l'exécutif dispose de divers moyens. On sait, en effet, que le Gouvernement peut limiter la navette en tentant de trouver un compromis entre les chambres puis en demandant à l'Assemblée nationale de statuer définitivement lorsque cela est possible (cf. p. 124). On comprend que l'important soit, dès lors, d'obtenir, à toutes les lectures, de l'Assemblée nationale un vote sur l'ensemble du texte positif ; le vote négatif du Sénat pouvant être surmonté.

C'est ici que peut être utilisée par le Gouvernement la technique prévue à l'**art. 49 al. 3 C.**[1] : l'engagement de responsabilité sur un texte. Selon cette disposition, lorsque le Gouvernement souhaite qu'un texte soit voté alors que l'Assemblée nationale n'y est pas très favorable, il engage sa responsabilité sur ce texte, posant en quelque sorte la "question de confiance sur le texte". C'est ici un chantage à la démission (mais aussi à la dissolution) qui est fait à l'Assemblée. Ou bien l'Assemblée renverse le Gouvernement avec le risque que cela comporte pour elle en retour, ou bien elle admet le texte proposé.

H

Cette technique du chantage existait déjà sous les Républiques antérieures : elle était appelée, justement, la "question de confiance". En fait, la question de confiance était plus souvent nécessaire sous les Républiques antérieures qu'il n'est nécessaire actuellement de faire usage de l'art. 49 al. 3 C. En effet, le Gouvernement devait souvent recourir au chantage à la démission pour préserver l'intégrité d'un texte contre les modifications excessives qui lui étaient apportées par voie d'amendement. C'est maintenant le « vote bloqué » prévu à l'art. 44 al. 3 C. (cf. p. 164) qui remplit cette fonction. Plus fréquente, la question de confiance était aussi moins efficace puisque souvent les gouvernements n'obtenaient pas la confiance et devaient démissionner.

La question de confiance sous la III° et la IV° République

La Constitution du 27 oct. 1946 organisait déjà, dans son art. 49, la procédure de la question de confiance. Celle-ci ne pouvait être posée que par le Président du Conseil, après délibération du Conseil des ministres, le vote à l'Assemblée nationale ne pouvant intervenir qu'un jour franc après que la confiance eut été demandée, celle-ci n'étant refusée qu'à la majorité absolue des députés. Ces dispositions tranchaient par rapport aux mécanismes de la III° République. D'abord, elles étaient contenues dans la Constitution, ensuite elles semblaient précises. Avant, en effet, les principes de la question de confiance étaient définis dans le seul règlement des chambres et pouvaient se résumer par la formule suivante : la confiance peut être demandée par n'importe qui, n'importe quand, sur n'importe quoi, devant n'importe quelle chambre et votée sans délai. Si l'on put encore poser la question de confiance sur n'importe quoi, la Constitution tenta d'enrayer les autres abus en plaçant un certain nombre de verrous à son usage.

Le mécanisme mis en place par les constituants en I946 était donc censé éviter que la question de confiance ne soit posée sans cesse comme cela avait été le cas sous la III° République. On croyait tenir ici le secret de la stabilité ministérielle en rendant plus difficile la mise en œuvre de ce mécanisme fondamental du régime parlementaire. Les résultats, on le sait, n'ont pas été encourageants : l'instabilité ministérielle était encore plus forte que sous la III° République (un Gouvernement en moyenne tous les 7 mois contre un tous les 7 mois et demi sous la III°). Les verrous posés à l'art. 49 devaient sauter les uns après les autres et les engagements de responsabilité se multiplier.

Pour éviter que la confiance fût demandée n'importe quand, il fut prévu une délibération du Conseil des ministres au cours de laquelle celui-ci devait autoriser le Président du Conseil à poser la question de confiance. Ce mécanisme devait être rapidement dénaturé. Certains Présidents du Conseil, violant ouvertement la Constitution, n'hésitèrent pas à poser la question de confiance sans aucune délibération préalable du Conseil des ministres. D'autres étaient autorisés, une fois pour toutes, dans des termes vagues et des formules souvent laconiques, à engager la responsabilité du Gouvernement sur divers sujets quand ils le jugeraient bon. Ce détournement de procédure, véritable « blanc-seing » en la matière, rendait la disposition constitutionnelle nulle d'effet.

Pour éviter que le vote ait lieu immédiatement, un "délai de réflexion" était mis en place. Il devait lui aussi connaître des aménagements qui aboutiront enfin à la révision de 1954 pour passer d'un jour franc à 24 heures. De plus, l'interprétation faite du texte constitutionnel qui prévalut à l'Assemblée vidait en fait de son sens le délai de réflexion : si le vote et les explications de vote étaient bien reportés à la fin du délai, les partis politiques prenaient

[1] La technique de l'art. 49 C. al. 3 peut également être utilisée sur une partie de texte mais c'est essentiellement dans le cadre du vote d'ensemble qu'elle présente un intérêt majeur.

position dès le dépôt de la question de confiance. Dans l'impossibilité le plus souvent de se déjuger, les partis gardaient la même position jusqu'au vote; les jeux étaient, dès l'instant, déjà faits. Certes, le délai permit parfois d'éviter des crises, mais réduit qu'il était par des techniques telles que le dépôt de la question de confiance sur des articles non encore appelés en discussion par le Président de l'Assemblée, ou le vote fixé à zéro heure le lendemain du jour franc, il restera d'une efficacité limitée.

Quant à la majorité constitutionnelle exigée pour rendre obligatoire le départ du cabinet, on sait son inutilité (voir l'exemple chiffré proposé ci-dessous). Les ministères, mis en minorité à la majorité relative, démissionnaient malgré tout car leur action était devenue politiquement impossible soit du fait de la défection d'une partie de leur majorité, soit parce qu'ils étaient privés d'un texte qu'ils considéraient si fondamental qu'ils avaient engagé leur responsabilité pour tenter de le faire adopter.

Enfin, seule l'Assemblée nationale avait, sous la IV° République, la possibilité de renverser le Gouvernement et donc celui-ci n'avait à poser la confiance que devant elle. La seconde chambre ne pouvait plus comme le Sénat d'antan (9 fois sous la III° République dont 6 fois à la suite du rejet d'une question de confiance) causer la chute des ministères. Si cet élément tint bon, ce fut en fait plus le fruit du hasard que des volontés des hommes politiques. Dès 1948, un Gouvernement demanda la confiance au Conseil de la République qui heureusement l'accorda.

Seul restait donc en place du mécanisme original prévu par les constituants, la limitation au seul Président du Conseil de l'usage de la question de confiance. Il n'était plus possible, comme sous la III° République, qu'un ministre posât lui-même la question de confiance, ce qui avait abouti à l'époque à faire renverser un Gouvernement sans même que le président du Conseil fût prévenu.

Cependant, même ainsi déformé, c'était encore le mécanisme de l'art. 49 de la Constitution de 1946 qui était mis en œuvre. Or, la pratique s'était également instituée de poser la "pseudo-question de confiance" ; le Président du Conseil indiquait que si le texte proposé était rejeté par l'Assemblée (ou un autre texte adopté), le Gouvernement ne pourrait plus poursuivre sa tâche. Plus question ici de l'art. 49 de la Constitution de 1946, le Gouvernement, par la voix du Président du Conseil, ne posait pas "formellement" la question de confiance mais la posait tout de même, précisant qu'il se retirerait faute d'obtenir un vote favorable. Ce mécanisme s'ajoutant aux autres multipliait les crises ministérielles, sans permettre la mise en œuvre de la dissolution prévue alors à l'art. 51.

Lorsque la question de confiance était posée, la chambre votait. Le vote avait lieu sur le texte et, en fonction du résultat, le Gouvernement était renversé ou non.

Sous la III° République, le rejet du texte à la majorité simple entraînait la chute du Gouvernement. Le risque de dissolution étant nul (celle-ci n'était pas appliquée), la question de confiance fut à l'origine de nombreuses crises gouvernementales.

Sous la IV° République, et malgré une tentative pour rendre l'utilisation de ce mécanisme moins risquée, le résultat fut tout aussi désastreux. Certes la Constitution prévoyait que le Gouvernement n'était obligé de démissionner que si une majorité absolue de députés se prononçait contre le texte. Mais dans l'hypothèse où une majorité simple rejetait le texte, la situation était proprement ahurissante. Le Gouvernement, qui venait d'expliquer l'importance qu'il attachait à ce que ce texte soit adopté, au point d'estimer devoir jouer sur cette adoption son maintien au pouvoir, n'était pas obligé de démissionner mais n'obtenait pas le vote du texte. Autrement dit, la situation étant contraire à ses vœux, le Gouvernement quittait volontairement la direction des affaires du pays, n'ouvrant pas une crise constitutionnelle comptant pour la mise en œuvre de la dissolution ; les députés étaient tranquilles.

Si l'on veut par un exemple chiffré résumer les deux situations, on obtient avec une assemblée de 500 membres, donc une majorité absolue de 251 voix, les situations suivantes :

	OUI	NON	ABS
III° RÉPUBLIQUE	99	100	301
Le texte est rejeté et le Gouvernement est obligé de démissionner			
IV° RÉPUBLIQUE, principe constitutionnel	200	251	49
Le texte est rejeté et le Gouvernement est obligé de démissionner			
IV° RÉPUBLIQUE, pratique courante	99	100	301
Le texte est rejeté mais le Gouvernement peut rester en place ; il démissionne volontairement puisqu'il vient de faire campagne sur l'impossibilité dans laquelle il serait de continuer à gouverner si le texte était rejeté.			

On remarque que sous la III° République et dans la seconde hypothèse envisagée sous la IV°, les abstentionnistes s'allient de facto avec les opposants, provoquant ainsi la chute du Gouvernement par le fait qu'ils ne le soutiennent pas.

La Constitution de 1958 va tenter de rendre à ce mécanisme sa cohérence et son efficacité. Le sort du Gouvernement et le sort du texte seront liés ; les abstentionnistes seront non plus les adversaires mais les alliés du Gouvernement.

Pour ce faire, le mécanisme de l'art. 49 al. 3 C., empruntant à la technique prévue dans la loi fondamentale de la R.F.A., combine l'ancien mécanisme de la question de confiance et celui de la motion de censure. En effet, lorsque le Premier ministre, après délibération du Conseil des ministres (cf. p. 108), au besoin réuni spécialement pour ce faire (17 févr. 2015), engage la responsabilité de son Gouvernement sur un texte (et il peut le faire à n'importe quel stade de la procédure législative), le débat parlementaire s'interrompt et l'initiative est alors laissée à l'opposition. Si celle-ci n'agit pas, si donc rien ne se passe et ce, durant 24 heures, on constate que le texte est "considéré comme adopté" sans aucun vote.

En revanche, il est possible que, durant ces 24 heures, l'opposition prenne l'initiative de déposer une motion de censure dans les conditions prévues à l'art. 49 al. 2 C., étant entendu que le fait de signer une motion de censure en réplique à la mise en œuvre par le Gouvernement de l'art. 49 al. 3 C. n'entre pas dans le décompte des motions de l'alinéa 2 (cf. p. 152). Ceux des députés qui auraient signé durant la même session une motion en vertu de l'alinéa 2 peuvent en signer autant qu'il est nécessaire dans le cadre de l'alinéa 3 ; ceux des députés qui auraient signé ces motions de l'alinéa 3 et n'auraient pas encore signé de motion dans le cadre de l'alinéa 2 peuvent donc aussi en signer une durant la même session.

Si une telle motion de censure est déposée, l'Assemblée nationale se prononcera alors, à l'issue d'un nouveau délai de 48 heures, sur la censure et non plus sur le texte, comme sous les Républiques antérieures. Les opposants au texte devront donc savoir s'ils sont également hostiles au Gouvernement et, dans ce cas, voter la motion de censure. Dans le cas contraire, ils se réfugieront dans l'abstention, ce qui revient en fait à soutenir le Gouvernement. Si la motion de censure est adoptée, le Gouvernement est renversé et le texte est donc rejeté. En revanche, si la motion de censure est rejetée, le texte est, là encore, considéré comme adopté et le Gouvernement n'est pas renversé. Le résultat recherché est bien atteint : lorsque le Gouvernement reste en place, il dispose du texte qu'il souhaitait ; le Gouvernement ne peut être renversé qu'à la majorité absolue.

On peut reprendre ici les exemples examinés précédemment :

	OUI	NON	ABS
IV° République, pratique courante	99	100	301
Le texte est rejeté mais le Gouvernement peut rester en place ; il démissionne volontairement puisqu'il vient de faire campagne sur l'impossibilité dans laquelle il serait de continuer à gouverner si le texte était rejeté. Dans cette situation, si l'on imagine que les opposants au texte adoptent tous la motion de censure, les paramètres s'inversent : ceux qui avaient voté contre le texte sont en faveur de la motion et votent donc désormais "oui". C'est ce qui se passe sous la V° République.			
V° République	100	99	301
La motion ne recueillant pas la majorité absolue de 251 voix, elle est rejetée. Le Gouvernement reste en place et le texte est considéré comme adopté.			

On remarque ici que les abstentionnistes se retrouvent du côté du Gouvernement, ce qui était aussi l'objectif recherché. Du reste, dans la pratique, seuls votent les partisans de la motion de censure, les autres ne prenant pas part au scrutin.

Le sort du texte et celui du Gouvernement étant parfaitement liés, il n'y a plus dans cette hypothèse les situations aberrantes de la IV° République.

L'efficacité de ce mécanisme est particulièrement impressionnante. De 1958 à 2015 les gouvernements ont utilisé 85 fois l'art. 49 al. 3 C. ; 44 utilisations ont conduit au dépôt d'une (ou parfois deux) motion de censure mais aucun Gouvernement n'a été renversé ; tous les textes (soit 50 lois) ont donc été adoptés dont 12 lois de finances. La dernière utilisation date de juill. 2015 (Gvt Valls II) et concernait la « loi Macron » ; l'opposition n'a pas, en lecture définitive, déposé de motion de censure alors qu'elle en avait déposé une en première et deuxième lecture.

Cette prérogative du Premier ministre n'est soumise qu'aux conditions fixées par l'al 3 (Cons. const. 12 août 2004, 2004-503 DC §4, Libertés et responsabilités locales). Ainsi, le Gouvernement peut retenir comme texte sur lequel il engage sa responsabilité le texte en cours de discussion, complété par tout amendement en discussion qu'il souhaite y adjoindre (Cons. const. 2015-715 DC §13, 5 août 2015, Croissance, l'activité et l'égalité des chances économique).

Le caractère particulièrement expéditif et attentatoire aux droits du Parlement de cette procédure en a fait la cible de nombreuses critiques. Il était donc normal que, le constituant de juillet 2008 ayant comme volonté de revaloriser les droits du Parlement, en limite l'utilisation. L'usage de l'art. 49 al. 3 n'est pas limité pour les lois de finances et de financement. En revanche, cette procédure ne peut être mise en œuvre que pour un seul autre projet ou proposition par session.

On fera ici deux remarques. D'une part, il suffit au Gouvernement de multiplier les sessions extraordinaires pour pouvoir augmenter d'autant son quota d'utilisation de l'art. 49 al. 3 C. D'autre part, l'art. 49 al. 3. est surtout utile pour un Gouvernement qui, sans avoir contre lui une majorité de députés, ne parvient pas non plus à disposer d'une majorité absolue. Dans ce cas, la limitation des utilisations risque de fragiliser un Gouvernement dans un moment où, déjà, la situation politique est difficile. On peut donc s'interroger sur la pertinence de cette limitation.

Reste maintenant à conclure sur l'efficacité des dispositions mises en œuvre par le constituant. C'est la combinaison de l'ensemble des mécanismes que nous avons analysés qui se révèle la plus redoutable pour le Parlement. Ainsi, a-t-on pu observer parfois des schémas tels que celui-ci :

Déposé sur le bureau de l'Assemblée nationale, un projet de loi pour lequel le Gouvernement a déclaré l'urgence[1], est considérablement amendé. Le Gouvernement, revenant au texte tel qu'il l'avait déposé, engage sa responsabilité en vertu de l'art. 49 al. 3 C. Le texte est adopté après le rejet de la motion de censure déposée par l'opposition. Transmis au Sénat, le texte est rejeté. Le Gouvernement demande la réunion d'une C.M.P. qui ne parvient pas à trouver un compromis. Le Gouvernement représente son texte devant l'Assemblée et y engage à nouveau sa responsabilité. Adopté sans vote, le texte est transmis au Sénat qui le rejette à nouveau. Le Gouvernement demande alors à l'Assemblée nationale de statuer définitivement et engage sa responsabilité. Le texte est définitivement adopté sans vote. Voilà donc une situation dans laquelle, malgré une opposition totale du Sénat et un mécontentement latent à l'Assemblée nationale, le Gouvernement parvient à imposer son texte, sans qu'il ait subi d'autres modifications que celles que le Gouvernement a acceptées. C'est ainsi que fut adoptée la loi de finances rectificative pour 1962 contenant les crédits pour le développement de l'arme atomique (pour un autre ex. voir p. 274).

f) L'exigence de clarté et de sincérité du débat parlementaire

Selon le Conseil constitutionnel, la loi ne peut être « l'expression de la volonté générale » (art. 6 DDHC) que dans la mesure où le processus qui conduit à son adoption, c'est-à-dire la procédure législative, respecte des qualités de clarté et de sincérité. Le vote de la loi par les représentants du peuple détenteur de la souveraineté nationale (art. 3 C.) doit donc répondre à ces exigences. La notion de sincérité des débats parlementaires est apparue en 2005 dans la jurisprudence du Conseil constitutionnel (Cons. const. 2005-512 §4, 21 avr. 2005, Avenir de l'école). Elle a été complétée rapidement par l'exigence de sincérité (Cons. const. 2005-526 DC §5, 13 oct. 2005, Règlement de l'AN). Le Conseil a fait de ces exigences le centre des décisions qu'il a rendues dans le cadre de l'examen des modifications des règlements des assemblées rendues nécessaires par la révision de juillet 2008 (Cons. const. 2009-581 DC §3, 25 juin 2009, Règlement de l'AN XXXIV ; Cons. const. 2009-582 DC §3, 25 juin 2009, Règlement du Sénat XXXIV). Cette exigence a permis au Conseil de formuler de nombreuses réserves d'interprétation[2] (cf. par ex. p. 160 à propos du compte rendu des travaux des commissions ; p. 257 pour l'expression de l'opposition) et en particulier d'estimer que si la limitation du temps de parole peut se concevoir comme un principe afin de donner aux échanges un rythme qui permette l'avancée du débat jusqu'à son terme, il doit être laissé au président de séance la faculté de permettre que chacun soit suffisamment informé et éclairé pour voter en autorisant les orateurs à s'exprimer, par exception, plus des deux minutes prévues par de nombreuses dispositions du règlement de l'Assemblée (Cons. const. 2009-581 DC §20, 25 juin 2009, Règlement de l'AN XXXIV).

3. Les moyens illusoires laissés aux parlementaires : les motions de procédure

Devant cette avalanche de possibilités données au Gouvernement pour obliger le Parlement à adopter rapidement un texte lui convenant, les parlementaires paraissent bien démunis. Ceci explique peut-être leur absentéisme légendaire.

L'assiduité des parlementaires

On s'étonne souvent de voir un nombre aussi faible de députés ou de sénateurs présents en séance plénière. L'hémicycle, hormis les séances importantes relatives à la confiance, à la censure ou aux questions au Gouverne-

[1] Procédure en vigueur à l'époque.

[2] Sur la notion de 'réserve d'interprétation' cf. p. 455.

ment (dont la retransmission télévisée assure le succès médiatique), est désespérément vide, les orateurs n'ayant souvent en face d'eux que quelques rares collègues (une quinzaine en moyenne) dont on a le sentiment qu'ils jouent le rôle de figurants.

1. Les raisons de cet absentéisme

Elles sont en réalité nombreuses. L'argument le plus souvent invoqué est le chevauchement des séances plénières avec celles de commissions où, dit-on, s'effectue le véritable travail. Pour éviter cela, les commissions se réunissent en principe le matin et les séances publiques ont lieu l'après-midi ou le soir. Trois remarques s'imposent.

- Le rythme prévu n'est pas souvent respecté et bien des séances de commissions ont lieu l'après-midi. On a fixé ce chiffre à environ 13 % des cas, ce qui reste somme toute limité.

- L'existence des séances de nuit ne facilite pas l'arrivée des parlementaires le lendemain matin ou, à l'inverse, l'envie de se présenter en commission fait déserter les séances de nuit, car s'il est bien des séances où l'absentéisme est fort, ce sont celles-là. La qualité du travail des commissions serait donc la justification principale. On peut en douter.

- En effet, l'absentéisme en commission, sans être aussi fort qu'en séance, n'en est pas moins important, et ce malgré les sanctions désormais prévues (cf. infra). Il était, selon des travaux déjà anciens mais dont on a toute raison de croire qu'ils retracent encore la réalité, de 62 % à l'Assemblée nationale et de 56 % au Sénat. Encore ces chiffres sont-ils le résultat de pointages officiels faits en début de séance, au moment où il y a le plus de présents. Nombre de parlementaires quittent les séances de commission quelques instants après leur début.

Ainsi, on le voit, la raison tenant à la qualité et à l'importance du travail en commission n'est pas valable mais sert plutôt d'alibi. On notera encore que, si les règlements des assemblées prévoient des quorums pour les séances publiques et les séances en commissions, ceux-ci sont présumés atteints s'il n'y a pas de demande de comptage. Rares dans leur mise en œuvre à l'origine, les demandes de vérification de quorum s'étaient multipliées, à l'Assemblée, dans le cadre de l'obstruction parlementaire, conduisant parfois le président de séance à lever celle-ci, plutôt que de réaliser une vérification dont le résultat est à l'avance connu, en particulier lors de séances de nuit fort tardives. Dès règles plus strictes ont donc été mises en place. A l'Assemblée, en commission ce comptage doit être demandé par le tiers des membres présents. En séance plénière, elle peut être demandée personnellement, par le président d'un groupe (art. 61 al 2 RAN) dont la majorité des membres est effectivement présente. Cette demande doit être formulée avant que le président de séance n'invite les députés à faire connaître leur sentiment. Et si par extraordinaire on en venait à constater que le quorum (c'est à dire la présence dans le Palais (et non dans l'hémicycle) de la majorité absolue des députés calculée sur le nombre de sièges effectivement pourvus) n'est pas atteint, il suffirait, pour qu'une nouvelle séance (publique ou de commission) puisse se tenir sans aucune obligation de quorum, d'attendre ... 15 minutes[1].

On invoquait encore par le passé, avant la loi de 1985, le cumul des mandats. Certes, des progrès ont été réalisés en cette matière, mais il est encore fréquent que les parlementaires aient des mandats locaux qu'il faut bien assurer. Il faut donc chercher l'importance de l'absentéisme dans les multiples activités des parlementaires et en particulier dans l'énergie qu'ils déploient pour leur circonscription : réceptions à l'extérieur, accueil de groupes d'électeurs en visite au Palais, lecture du courrier ou plus simplement encore travail dans et pour la circonscription.

En fait, les parlementaires sont rarement plus de trois jours par semaine à Paris (du mardi au jeudi[2]) et ils en profitent pour défendre les intérêts de leurs électeurs dans le but évident d'être réélus. Leur intérêt est donc bien plus d'être dans les ministères à la recherche de subventions que dans le Palais. Et s'ils sont dans le Palais, ils y travaillent plus à leurs affaires locales qu'aux affaires de l'Etat. Ceci est d'autant plus vrai que de très nombreux parlementaires ont un mandat d'élu local (selon nos estimations : 224/343 Sénateurs soit 65 % ; 500/577 députés soit 86,5 %). Selon la Commission Jospin82% des députés et 77% de sénateurs cumulaient leur mandat parlementaire avec un mandat local ; parmi ceux-ci, 45% des députés et 48% des sénateurs exercent un mandat exécutif local : maire, président de conseil régional ou président de conseil [départemental].

Il a donc fallu trouver des palliatifs. Ainsi est installé presque partout dans le Palais Bourbon (bureaux des députés, salles de réunion et autres salles) un système lumineux et sonore permettant à chaque député de suivre les événements se déroulant en séance. Il peut ainsi savoir à tout moment si sa présence y est indispensable. Quatre lampes clignotantes indiquent "Gouvernement", "scrutin", "articles" et "suspension de séance" ; deux sonneries indiquent les scrutins publics, cinq les suspensions et reprises de séance et trois les fins de séances. Mais même l'usage de ces procédés ne change pas grand-chose. La seule solution était en fait l'application stricte des dispositions relatives au vote personnel. Hélas, le Conseil constitutionnel, en donnant de ce texte une interprétation très laxiste a définitivement rendu la disposition inefficace (voir encadré sur les votes au Parlement p. 175).

Il n'y a donc rien d'étonnant à ce que le vide règne en maître dans les hémicycles. C'est ainsi que l'absence des députés de l'UMP a permis à l'opposition d'obtenir la majorité lors du vote de la loi Création et Internet. Celle-ci fut

[1] Dans le cadre de la volonté affichée d'accélérer les travaux de l'Assemblée, tous les délais induits par ce type de manœuvres ont été réduits : il était, avant 2009 de une heure pour les séances publiques et de trois heures pour les commissions !

[2] L'absentéisme du vendredi est encore plus important. C'est une des raisons qui ont conduit au rejet du PACS en 1998, l'opposition, « plus présente » ayant obtenu le vote d'une exception d'irrecevabilité.

rejetée le 9 avr. 2009 par 21 votes contre et seulement 15 votes favorables (soit 35 votants : 6,3 % du nombre de députés).

2. La mise en place d'un mécanisme de sanction

Pour lutter contre l'absentéisme, un mécanisme de sanctions a été mis en place à l'Assemblée nationale par la résolution n° 292 du 27 mai 2009, autant pour assurer la présence des députés en commission (art. 42 RAN) qu'en séance plénière (art. 159 RAN).

En commission, au-delà de deux absences mensuelles et réserve faite des réunions de commissions se tenant alors que l'Assemblée tient séance, ou de la présence au même moment du député dans une autre commission permanente, chaque absence d'un commissaire à une commission convoquée, en session ordinaire, lors de la matinée réservée aux travaux des commissions (mercredi matin : art. 50, al. 3 RAN), donne lieu à une retenue de 25 % sur le montant mensuel de son indemnité de fonction. Les questeurs sont informés des absences par les présidents des commissions permanentes. Des exceptions sont cependant prévues. Ainsi cette disposition ne s'applique pas aux membres du Bureau de l'Assemblée (à l'exception des secrétaires), aux présidents des groupes, aux députés élus dans une circonscription située hors de métropole (à l'exception de ceux qui sont élus dans une circonscription située en Europe) et lorsque l'absence est justifiée par la participation aux travaux d'une commission spéciale ou d'une assemblée internationale ou européenne (art. 38, al. 2 RAN).

En séance plénière, compte tenu des cas où la délégation de vote a été donnée, conformément à l'ord. n° 58-1066 du 7 nov. 1958, des votes sur les motions de censure et des excuses présentées sous la forme d'une déclaration écrite, motivée et adressée au Président, le fait d'avoir pris part, pendant une session, à moins des deux tiers des scrutins publics demandés par un président de groupe ou par la conférence des présidents (art. 65 al. 3 et 65-1 RAN), entraîne une retenue du tiers de l'indemnité de fonction (cf. p. 247) pour une durée égale à celle de la session. Si le même député a pris part à moins de la moitié des scrutins, cette retenue est doublée. En fait, ce mécanisme existait déjà avant 2009 (ancien art. 162 RAN) mais n'était pas appliqué, du moins selon nos informations. Il semble du reste que, malgré sa refonte en 2009, il ne le soit toujours pas.

Au Sénat, le règlement pose un principe selon lequel « les Sénateurs s'obligent à participer activement à ses travaux (art. 23 bis RS). Ce même article prévoit également des sanctions financières mais pour des cas tellement limités (commission siégeant le mercredi matin et relatives à un projet ou une proposition de loi ou de résolution ; V. al 7) qu'il semble illusoire. Enfin, dans tous les cas il est évidemment impossible de s'assurer que le parlementaire reste présent tout au long de la réunion et ne se contente pas de venir signer le registre de présence

Il y a en effet une incontestable absence de transparence sur ce point. Le site de l'Assemblée nationale ne donne aucune information sur l'application de ces articles. On ne connaît pas le nombre de députés sanctionnés et encore moins la liste de ceux qui le sont. Au mieux apprend-t-on de la part du président Accoyer que "tous les mois une trentaine de mesures financières sont prises contre des députés" (Nouvel obs. 5 juill. 2011). Cette absence d'informations précises est d'autant plus regrettable que ces dispositions visent en fait à répondre aux critiques récurrentes faites par les citoyens à l'absentéisme chronique.

S'agissant de la présence en commission, on peut estimer que les sanctions (ou la crainte des sanctions) ont porté leurs fruits, du moins dans un premier temps. La présence des députés en commission a augmenté, non seulement le mercredi matin, mais également les autres jours de la semaine, même si c'est dans une moindre proportion. Entre 2007 et 2011, les présents sont passés d'environ 23 à 49 le mercredi et de 19 à 23 le reste de la semaine. Pourtant, depuis juin 2012, si, pour les réunions du mercredi matin, la moyenne s'établit à 52 députés, en ce qui concerne toutes les autres réunions, y compris des réunions ayant lieu plus tard le mercredi, la moyenne n'est que de 20 présents. Si l'on globalise les réunions du mercredi, la moyenne est de 46. Pour les réunions du reste de la semaine, la moyenne retombe à 19,5 c'est-à-dire proche de ce qu'elle était avant l'instauration des sanctions.

Les moyens qui restent à la disposition des parlementaires pour tenter de s'opposer aux volontés du Gouvernement sont essentiellement procéduraux d'où l'appellation de « motions de procédure ». Leur efficacité est surtout importante au Sénat, du moins tant que celui-ci n'est pas écarté par l'application de l'art. 45 al. 4 C. En effet, à l'Assemblée nationale, l'art. 49 al. 3 C., utilisable à tout moment, permet de surmonter tous les obstacles ; il suffit au Gouvernement d'engager sa responsabilité dès qu'une des procédures que nous allons décrire est mise en œuvre et le débat s'arrête, coupant court à l'incident. Il va de soi que, même si l'on a vu parfois la majorité y recourir (c. infra l'utilisation « à rebours » par ex.), ce sont surtout les parlementaires de l'opposition qui utilisent ces moyens de procédure. C'est la raison pour laquelle, profitant de la réforme du règlement intervenue en 2009 consécutivement à la révision de juillet 2008, l'Assemblée nationale a réduit les possibilités qu'ils offraient.

Les parlementaires peuvent tout d'abord tenter d'écarter le texte sans même en avoir discuté. Les députés disposent pour cela de la motion de rejet préalable. Celle-ci a pour objet de faire reconnaître l'inconstitutionnalité du texte ou de faire décider qu'il n'y a pas lieu à en délibérer.

Les Sénateurs disposent pour les mêmes objets, comme c'était le cas des députés avant 2009, de deux motions distinctes : l'exception d'irrecevabilité(art. 44 al. 2 RS), dont l'objet est de faire reconnaître que le texte en discussion est contraire à une disposition constitutionnelle ; la question préalable (art. 44 al. 3 RS), dont l'objet est de faire décider soit que le Sénat s'oppose à l'ensemble du texte[1], soit qu'il n'y a pas lieu de poursuivre la délibération[2]. Les sénateurs peuvent encore adopter une motion préjudicielle ou incidente dont l'objet est de subordonner le débat à des conditions en rapport avec le texte en discussion. Dans ce cas le débat est renvoyé jusqu'à ce que les conditions fixées soient remplies (art. 44 al. 4 RS). Cependant, cette motion préjudicielle ne peut pas être utilisée au cours de la discussion des projets de loi et des propositions de loi qui ont été inscrits par priorité à l'ordre du jour sur décision du Gouvernement (art. 44 al. 7 RS).

Les parlementaires peuvent également s'estimer insuffisamment informés par le travail réalisé par la commission et demander le renvoi en commission pour un examen plus complet[3]. Ce renvoi est immédiat et ne peut être précédé d'un « débat d'orientation » afin d'éclairer la commission sur la position générale de l'assemblée comme avait souhaité l'organiser le Sénat (Cons. const. 2009-582 DC §18, 25 juin 2009, Règlement du Sénat XXXIV).

Motions de procédure déposées (adoptées)						
Année parlementaire	Sénat				AN	
	Exception d'irrecevabilité	Question préalable	Renvoi en commission	Motion préjudicielle	Rejet préalable	Renvoi en commission
2010/2011	12 (2)	19 (-)	16 (2)	- (-)	61(0)	40(0)
2011/2012	8 (-)	21 (13)	- (-)	- (-)	33(0)	21(0)
2012/2013	12 (1)	18 (2)	14 (3)	- (-)	51(1)	42(4)
2013/2014	1 (1)	6 (3)	5 (1)	- (-)	26(2)	28(1)

On notera qu'il ne peut être mis aux voix qu'une seule motion de chaque type par lecture. Le débat sur ces motions est limité. Seuls peuvent intervenir l'un des signataires de la motion [pour un maximum de 30 minutes à l'Assemblée en première lecture, 15 minutes ensuite ou dans le cadre du jour réervé à l'opposition ou aux groupes minoritaires (cf. p. 171) ; art. 91 al 5, 6 et 10 et 108 RAN — 10 minutes maximum au Sénat ; art. 44 al. 8 RS], le Gouvernement et le président ou le rapporteur de la commission saisie au fond. Au Sénat, un orateur d'avis contraire intervient également (art. 44 al. 8 RS). Dans chaque assemblée, un orateur de chaque groupe peut encore intervenir avant le vote pour deux minutes à l'Assemblée, pour deux minutes trente au Sénat.

L'adoption de l'exception d'irrecevabilité, de la question préalable ou du rejet préalable équivaut au rejet du texte. Le Sénat y a souvent recours, mais ceci n'a pas d'autre effet que de renvoyer immédiatement le texte devant l'Assemblée nationale ou la Commission Mixte Paritaire, ce qui accélère encore la procédure, pour le grand plaisir du Gouvernement. Quant au renvoi en commission, il est d'une faible efficacité. En effet, c'est le Gouvernement qui fixe le délai maximum dont dispose la commission pour ce nouvel examen si le renvoi est

[1] Une telle motion peut-être utilisée pour rejeter un projet de loi constitutionnelle : par ex. le 27 oct. 2015 s'agissant du projet de révision permettant la ratification de la « charte européenne des langues régionales ».

[2] Cf. ci-dessous l'usage particulier que le Sénat fait parfois de ce procédé : question préalable « à rebours ».

[3] Voir, avec les mêmes effets, la « motion d'ajournement » dans le cadre de la procédure autorisant la ratification des traités internationaux (cf. p. 197).

opposé soit à un projet de loi prioritaire (art. 48 al 3 C.), soit à un projet ou une proposition inscrits par le Gouvernement à l'ordre du jour de ses semaines prioritaires.

Reste donc l'obstruction systématique encore appelée la 'flibuste'[1]. Il s'agit là pourtant d'un combat d'arrière-garde qui vise essentiellement à retarder le vote définitif. Nous avons vu que l'obstruction n'était guère envisageable par le seul fait de monopoliser la parole : il est en effet toujours possible au Président de la chambre d'inviter un orateur à conclure. Il est également possible, lors de séances de nuit particulièrement longues de demander la vérification du quorum (cf. encadré p. 175 pour les conditions de mise en œuvre, plus sévères que par le passé). Mais, là encore, ce n'est qu'un retard de 15 minutes qui en découle, rendant l'opération pratiquement sans intérêt.

Quant au droit d'amendement, il est certes le corollaire de l'initiative législative et doit, à ce titre, pouvoir être exercé le plus largement possible dans les conditions prévues par la Constitution (Cons. const. 89-268 DC §21, 29 déc. 1989, LF pour 1990). En effet, le bon déroulement du débat démocratique et, partant, le bon fonctionnement des pouvoirs publics constitutionnels supposent que soit pleinement respecté le droit d'amendement conféré aux parlementaires par l'art. 44 C. (Cons. const. 2003-468 DC §4, 3 avr. 2003, Elections des conseillers régionaux et des parlementaires européens). Cependant, le bon déroulement du débat démocratique suppose aussi qu'il ne soit pas fait un usage excessif de ce droit (Cons. const. 95-370 DC §8 et s., 30 déc. 1995, Plan Juppé). Dès lors, le Conseil vérifie simplement que les restrictions faites au droit d'amendement durant la procédure d'adoption d'un texte n'ont pas, « au regard du contenu des amendements et des conditions générales du débat, revêtu un caractère substantiel susceptible d'entacher de nullité la procédure législative » (Cons. const. 93-329 DC §22, 13 janv. 1994, Révision de la loi Falloux). Ainsi, de nombreux amendements ayant été présentés en commission et en séance publique, la seule circonstance qu'aucun d'entre eux n'ait été adopté par le Sénat n'a pas vicié la procédure d'adoption de la loi (Cons. const. 93-334 DC §5, 20 janv. 1994).

On a parfois connu des textes sur lesquels un nombre considérable d'amendements ont été déposés en commission ou en séance (3827 amendements sur le projet de loi visant à transformer le statut des usines Renault en 1987 ; plus de 3800 amendements sur la loi sur les privatisations en 1993 ; 5488 sur le projet autorisant le Gouvernement à réformer la protection sociale par ordonnances en 1995 - plan Juppé ; plus de 12.800 sur le projet de loi modifiant le mode de scrutin des élections régionales et européennes ; plus de 11.100 sur la réforme des retraites en 2003, 8244 sur l'assurance maladie en 2004, pour atteindre le record absolu de plus de 137.000 sur le projet de loi relatif au secteur de l'énergie en 2006). Les textes ayant conduit au dépôt de plus de 1.000 amendements à tendance à s'accroître : on en compte 11 sous la XIIIe législature[2] et, jusqu'à présent, 21 sous la XIVe législature[3]. Pourtant, dans ces cas, le débat se trouve ralenti mais sans qu'il soit nécessairement plus beaucoup long[4] que sur d'autres textes d'égale importance[1].

---

[1] En anglais on parle aux Communes de 'filibustering' ; mais il s'agit d'un mot d'origine française.

[2] LO 34-1, 39 et 44 (2009- 4560 amendements) ; Réforme de l'hôpital (2009 - 2140) ; Grenelle de l'environnement (2008, 2110) ; Rénovation de la démocratie sociale (2008, 1906) ; Revenus du travail (2008, 1819) ; Grenelle de l'environnement II (2010, 1669) ; LFR 2011 (2011, 1585) ; Modernisation de l'économie (2008, 1578) ; Jeux d'argent en ligne (2009, 1498) ; Modernisation de l'agriculture (2010, 1385) ; Logement (2009, 1085).

[3] Sécurisation de l'emploi (2013, 5535 amendements) ; Mariage pour tous (2013, 5395) ; Croissance, activité et emploi, première lecture (2015, 3300) ; Retraites (2013, 3120) ; Transition énergétique, première lecture (2014, 2678) ; Santé (2015, 2484) ; NOTRe (L1, 2015, 2152) ; PLF 2015 (2014, 1787) ; Agriculture (L1, 2014, 1758) ; NOTRe (L2, 2015, 1640) ; Biodiversité (2015, 1574) ; Refondation de l'école (2013, 1552) ; Accès au logement (2013, 1398) ; Modernisation de l'action publique (juillet 2013, 1382) ; Agriculture (L2, 2014, 1312) ; Croissance, activité et emploi, (NL, 2015, 1229) ; Droits pour les personnes en fin de vie (2015, 1071) ; Transition énergétique (NL, 2015, 1057) ; Consommation (2013, 1044) ; Election des conseillers départementaux (2013, 1009) ; PLFSS 2015 (2014, 1007).

[4] Globalement il ne faut en moyenne que 2 jours environ pour que le Gouvernement fasse adopter ses projets de lois à l'Assemblée.

De plus, il existe depuis les origines de la V° République, des techniques pour surmonter cette obstruction, sans violer la Constitution : les irrecevabilités, le vote bloqué ou, mais devant la seule Assemblée nationale, l'engagement de la responsabilité sur un texte[2] (art. 49 al. 3 C.)[3]. Ces techniques permettent aussi de lutter contre la lenteur dans l'examen des amendements quand bien même ils ne seraient pas nombreux[4]. On ajoutera que le Gouvernement peut, de plus, mettre en œuvre cet article sur le texte, tel qu'il souhaite qu'il soit, c'est-à-dire, éventuellement, en retenant certains amendements par rapport au texte tel qu'il a été déposé ou adopté par le Sénat (Voir l'utilisation faite le 23 juill. 2004 : *Le Monde, 25 juill. p. 22*) ou au contraire en revenant sur des amendements précédemment adoptés. Cet article permet donc au Gouvernement de « réécrire » le texte comme il le souhaite, faisant fi des débats qui ont pu avoir lieu jusque là.

Il peut être également surmonté d'une manière curieuse au Sénat. A plusieurs reprises déjà, pour répliquer à l'obstruction due au dépôt par l'opposition sénatoriale d'un grand nombre d'amendements (2805 sur le projet autorisant le Gouvernement à réformer la protection sociale par ordonnances en 1995 - plan Juppé), la majorité sénatoriale a adopté une question préalable qui, en rejetant le texte avant tout débat permettait son renvoi rapide à l'Assemblée nationale sans que les amendements fussent étudiés. Cette utilisation « à rebours » ou « positive », c'est-à-dire en faveur du Gouvernement,de la question préalable n'est pas considérée par le Conseil constitutionnel comme irrégulière (Cons. const. 95-370 DC, 30 déc. 1995, Plan Juppé). En effet, non seulement il n'appartient pas au Conseil de juger les motivations des élus (Cons. const. 86-218 DC §§2 et s., 18 nov. 1986, Découpage électoral II), mais, de plus, celui-ci estime que le bon déroulement du débat démocratique suppose qu'il ne soit pas fait un usage excessif des droits de chacun, parmi lesquels, le droit d'amendement. Ainsi, face à la multiplicité de ceux-ci, l'usage « à rebours » de la question préalable n'entache pas d'inconstitutionnalité la loi déférée (Cons. const. 95-370 DC §12, 30 déc. 1995, Plan Juppé). Cette technique « à rebours » est utilisée quelle que soit la majorité au Sénat ; ainsi le parti socialiste l'a utilisée le 18 déc. 2012. Enfin, il est possible de tenter de retarder le vote en faisant remarquer que le quorum permettant de délibérer valablement n'est pas atteint (cf. p. 187).

Malgré tout, ces moyens d'obstruction étaient utilisés et ralentissaient l'adoption de certains textes. La majorité les critiquait et l'opinion publique n'y voyait qu'un jeu politicien sans intérêt, estimant que retarder n'était pas normal dès lors qu'il s'agissait de mettre en œuvre le programme présidentiel 'validé' par l'élection. Mieux, l'opinion ne voyait dans ces procédés que des techniques subalternes, utilisées parce que l'opposition était incapable de faire des propositions alternatives. C'est donc avec une déconcertante facilité que, profitant de la révision constitutionnelle de 2008, fut mise en place la procédure du temps législatif

---

[1] Depuis 1981, dix textes ont été débattus durant plus de 100 heures : Presse (1984, 166h) ; Retraites (2003, 157h) ; Assurance maladie (2004, 142h) ; Enseignement supérieur (1983, 133h) ; Energie (2006, 121h) ; Nationalisations (1981, 118h) ; Croissance et activité (2015, 111h) ; Mariage pour tous (2013, 111h) ; Hôpital (2009, 105h) ; Communication (1982, 101h).

[2] Il faut noter qu'un accord, nié par tous, est intervenu à propos des 137.000 amendements déposés sur le projet de loi sur le secteur de l'énergie. Le président de l'Assemblée nationale, s'est engagé (au nom du Gouvernement ?) à ce que l'art. 49 C. al. 3 ne soit pas utilisé si les députés de l'opposition acceptaient un examen « rapide et par bloc » des amendements qu'ils avaient déposés comme moyen d'obstruction.

[3] On indiquera quelques exemples d'utilisation de l'art. 49 al 3 C. comme moyen de lutter contre l'obstruction : loi sur les privatisations (30 janv. 1993), la loi d'habilitation du « plan Juppé » (10 déc. 1995) loi modifiant le mode de scrutin aux élections régionales et européennes (12 févr. 2003 ; Cons. const. 2003-468 DC §4, 3 avr. 2003, Elections des conseillers régionaux et des parlementaires européens) ; loi relative au transfert de compétences aux collectivités territoriales (23 juill. 2004 ; plus de 4600 amendements en seconde lecture)

[4] Ce fut le cas, par exemple pour le « plan Juppé » (77 amendements sur 5488 examinés en 4 jours) et pour la loi portant statut de France télécom (26 juin 1996) seuls 568 amendements avaient été déposés mais en 10 heures de débats il n'avait pu en être examiné que 53

programmé (cf. p. 177). Avec cette procédure, et sauf les rares possibilités laissées à l'opposition pour en limiter les effets, le temps dont dispose l'opposition est déterminé à l'avance et il ne varie pas quel que soit le nombre d'amendements déposés. Il y a donc là un moyen nouveau et efficace pour lutter contre l'obstruction.

§2. Les autres procédures législatives

Réservant pour des développements ultérieurs le cas particulier de la procédure de révision constitutionnelle (cf. p. 372), restent à étudier ici les procédures législatives spéciales aux lois de finances (LF) et aux lois de financement de la sécurité sociale (LFSS) d'une part (A) et aux lois organiques d'autre part (B). Il faudra ajouter quelques développements sur une procédure qui, sans être véritablement législative, s'en rapproche singulièrement : celle mise en place à l'art. 88-4 C. et autorisant le Parlement à adopter de nouvelles résolutions (C). Enfin, les spécificités de la procédure d'adoption des lois autorisant la ratification d'un traité (art. 53 C.) devront être signalées (D).

A. Les procédures financières

La Constitution a, dès son origine, connu une procédure législative spéciale pour l'adoption des lois de finances (LF) (procédure budgétaire ; art. 47 C.), c'est-à-dire des lois contenant les prévisions de recettes ou les autorisations de dépenses que le Gouvernement pourra réaliser durant l'année civile suivante. L'efficacité du mécanisme mis en place devait conduire le constituant à reprendre, dans le cadre de la révision du 22 févr. 1996, les grandes lignes de cette procédure pour organiser celle qu'il créait pour l'examen des lois de financement de la sécurité sociale (LFSS) (art. 47-1 C.), c'est-à-dire des lois qui déterminent les conditions générales de l'équilibre financier de la Sécurité Sociale.

Pour l'essentiel, les règles énoncées ci-dessus pour la procédure ordinaire s'appliquent aux procédures financières.

On notera cependant quelques exceptions. Ainsi, par exemple, les projets de LF et de LFSS ne sont pas soumis à l'exigence d'une étude d'impact (art. 39 al. 2 C. et art. 8 LO 2009-403). La liste des documents qui doivent les accompagner est déterminée mais par leurs lois organiques respectives[1] (cf. infra). Dans le cadre de leur examen, les commissions ne disposent pas du temps minimum prévu à l'art. 42 al. 3 C. (art. 42 al 4 C.) et ils ne sont pas éligibles à la procédure du temps législatif programmé (art. 119 al. 1 et 121-1 RAN). L'examen en séance plénière se fait sur le projet tel qu'il a été déposé par le Gouvernement et non tel qu'amendé par la commission. (art. 42 al. 2 C.). Les parlementaires disposent d'un délai plus long pour déposer leurs amendements (art. 199 RAN). Enfin, leur examen est absolument prioritaire. Il n'y a donc pas, pendant leur examen, d'alternance des semaines ; la priorité vaut non seulement par rapport à la semaine parlementaire mais également par rapport à la semaine de contrôle.

S'ajoutent encore certaines règles spécifiques, issues soit de la Constitution, soit de la LO du 1er août 2001 portant loi organique sur les lois de finances (LOLF) modifiée, soit des dispositions organiques du Code de la Sécurité sociale (LOLFSS), que nous indiquerons succinctement puisque ces questions font l'objet de développements particuliers dans le cadre du cours de Finances publiques.

Tout d'abord, les projets de LF et de LFSS doivent être obligatoirement déposés devant l'Assemblée nationale. Cette règle de priorité est la conséquence du principe traditionnel, réaffirmé par l'art 14 DDHC, du consentement du peuple à l'impôt. Par ailleurs, l'examen

---

[1] Et non par la LO n° 2009-403 applicable aux autres projets de loi (cf. p. 155).

des projets de lois de finances ne peut donner lieu à la création d'une commission spéciale (art. 39 LOLF). En effet, s'agissant des projets de LF, ils sont obligatoirement soumis au fond à la commission des finances de chaque assemblée (art. 39 LOLF). Si une telle obligation n'existe pas pour les projets de LFSS, leur examen est traditionnellement confié à la commission chargée des affaires sociales.

Ensuite, les projets de LF et de LFSS sont de droit examinés selon la procédure d'urgence (art. 40 al. 5 LOLF ; art. 111-7 al. 5 CSS). Même si les textes organiques n'ont pas fait l'objet de modification, il faut considérer que l'urgence qui y est mentionnée s'assimile à la procédure accélérée prévue à l'art. 45 al. 2 C. Le Gouvernement n'a pas à engager cette procédure, elle est de droit ; la CMP pourra donc être réunie après la première lecture dans chaque chambre.

Enfin, et par application des dispositions particulières de l'art. 47 C. consacré aux LF et de l'art. 47-1 C. consacré aux LFSS, le Parlement doit se prononcer sur ces textes dans des délais imposés. Il dispose d'un délai maximum de 70 jours pour adopter ou rejeter le projet de LF et de 50 jours pour adopter ou rejeter le projet de LFSS. Ces délais se répartissent de la manière suivante : 40 jours maximum en matière budgétaire et 20 jours en matière sociale pour l'Assemblée nationale en première lecture ; si l'Assemblée n'a pas adopté ou rejeté le projet dans ce délai, elle perd son droit de priorité. Dans ce cas le Sénat dispose d'un délai de 15 jours pour se prononcer sur le projet de budget. Restent alors 15 jours pour la CMP, les deuxième et troisième lectures.

Le Gouvernement dispose donc des moyens d'imposer ses projets financiers au Parlement. De ce fait, le Gouvernement est sûr, dans la mesure où il dépose ces projets suffisamment tôt devant l'Assemblée nationale, d'en obtenir l'adoption avant le 31 déc., évitant ainsi les inconvénients d'un vote tardif tels qu'on les connaissait sous les Républiques antérieures. Dans l'hypothèse où le Parlement ne respecterait pas les délais qui lui sont impartis, le Gouvernement ne serait pas obligé d'attendre qu'on lui attribue les crédits par douzièmes comme autrefois, il pourrait mettre en œuvre le PLF ou le PLFSS par ordonnances. En revanche, le recours aux ordonnances de l'art. 38 C. (cf. p. 272) est impossible dans ces matières (Cons. const. 95-370 DC, 30 déc. 1995, Plan Juppé). Cette possibilité de mettre en œuvre ces projets par voie d'ordonnance aurait permis de les exclure du champ d'application de l'art. 49 al. 3 C. ; il n'en a rien été. La combinaison des techniques (art. 49 al 3 C. et 45 C.) donnée en exemple plus haut (cf. p. 186) est donc toujours envisageable en matière financière. Elle a déjà été employée pour l'adoption de certaines LF.

On indiquera de surcroit que les dispositions constitutionnelles de l'art. 47 C. étant peu précises, il a été possible de les interpréter de manière extensive. En effet, si l'art. 47 C. prévoit expressément que le Sénat dispose de 15 jours si l'Assemblée nationale ne se prononce pas sous 40 jours, rien n'est dit pour le cas où elle se prononcerait dans le délai imparti. Profitant de cette lacune, une loi organique a autorisé dans cette hypothèse le Sénat à examiner le texte durant un maximum de 20 jours. Le Conseil constitutionnel n'a pas jugé cette loi contraire à la Constitution (Cons. const. 71-43 DC, 17 juin 1971, Délai imparti au Sénat) et pourtant le législateur organique n'a rien organisé de tel pour les LFSS.

Enfin, on indiquera que les lois de finances ne doivent comporter que des dispositions en rapport avec leur objet ou avec celles qui doivent ou peuvent normalement se trouver dans une LF. Sont donc interdits les « cavaliers budgétaires ». C'est du reste la jurisprudence sur ce type de dispositions sans lien avec la loi de finances qui a servi de base au developpement de celle relative aux cavaliers législatifs (cf. p. 166) et qui s'est étendue aux lois de financement. Developpée sous l'empire de l'Ord. n° 59-2 du 2 janv. 1959 relative aux LF (en vigueur jusqu'au 1er janv. 2005), cette jurisprudence devait être confortée par les dispositions de l'art. 47 de la loi organique du 1er août 2001 (LOLF, en vigueur à partir de 2005) même si le droit d'amendement des parlementaires est désormais plus large en matière financière que par le passé. En effet, la LOLF donne, dans le domaine budgétaire, une interprétation des dispositions de l'art. 40 C. qui permet aux parlementaires de déposer, durant l'examen des lois de finances, des amendements qui touchent des dépenses (charges). Nous renvoyons pour plus de détails au cours de finances publiques ou de droit budgétaire. En matière de LFSS, un mécanisme permettant aussi d'écarter les « cavaliers sociaux » (art. LO 111-3 du code de la Séc. soc.) est également prévu (Cons. const. 98-404 DC §29, 18 déc. 1998, LFSS pour 1999 ; Cons. const. 2000-437 DC §53, 19 déc. 2000, LFSS pour 2001).

B. La procédure organique

Cette procédure s'applique pour les lois dites "lois organiques". Il n'y a pas vraiment de définition idéale de ce type de lois. On peut retenir, bien que cela ne soit pas tout à fait exact, que les lois organiques viennent préciser voire compléter certaines dispositions constitutionnelles. En fait, les lois organiques sont énumérées par la Constitution au fil des différents articles et ce sont les lois ainsi qualifiées qui doivent être adoptées selon cette procédure particulière.

On doit indiquer ici que, les premières lois organiques nécessaires à l'entrée en vigueur de la Constitution ont été adoptées durant les quatre mois suivant la promulgation de la Constitution selon la procédure prévue à l'ancien art. 92 C., c'est-à-dire sous la forme d'ordonnances prises par le Gouvernement, en Conseil des ministres, après avis du Conseil d'Etat. En effet, le titre XVII de la Constitution prévoyait[1] une série de dispositions transitoires permettant de faire le lien entre les IV° et V° Républiques et de mettre en place progressivement les nouvelles institutions. Le Gouvernement était autorisé, durant cette période, à agir par voie d'ordonnances ayant force de loi. On trouvera donc de nombreuses dispositions organiques dans des "ordonnances portant loi organique". C'est le cas, par exemple, des ordonnances du 7 nov. 1958, l'une portant loi organique sur le Conseil constitutionnel, l'autre portant loi organique autorisant les parlementaires à déléguer leur vote. Ce sont donc les modifications des ordonnances portant loi organique et les LO postérieures à févr. 1959 ainsi que leurs modifications qui furent adoptées selon cette procédure. C'est donc le cas de toutes les lois organiques nouvelles rendues nécessaires par les révisions intervenues depuis 1958 et en particulier celles résultant de la révision de juillet 2008.

L'essentiel des dispositions applicables à la procédure ordinaire peut trouver application ici. Pourtant quatre particularités, contenues à l'art. 46 C., distinguent ces deux procédures.

- Si, du fait de l'engagement de la procédure accélérée, les délais prévus à l'art. 42 al. 3 C. ne sont pas respectés, un délai de 15 jours doit néanmoins obligatoirement séparer le dépôt du projet ou de la proposition de LO de son examen par le Parlement. Ce délai minimum est destiné à permettre que l'examen de ces textes importants se fasse sans précipitation.
- Ensuite, les LO, justement parce que leur importance constitutionnelle est grande, sont obligatoirement soumises au Conseil constitutionnel avant d'être promulguées (art. 61 al. 1 C.) pour que celui-ci en vérifie la constitutionnalité (Cons. const., 25 juill. 2001, n° 2001-448 DC). C'est le Premier ministre qui saisit le Conseil. Longtemps cette saisine fut considérée comme exclusive de toute autre (Cons. const. 92-305 DC §1 à 3, 21 févr. 1992, Statut de la Magistrature). Le Conseil admet désormais (Cons. const. 2009-579 DC visas, 9 avr. 2009, LO relative à l'application des art. 34-1, 39 et 44 C.) que des parlementaires puissent présenter des observations auxquelles le Gouvernement pourra répliquer.

[1] La révision de 1995 a abrogé ces dispositions qui dès lors ne sont plus reproduites

- Ensuite encore, si le Gouvernement a recours aux dispositions de l'art. 45 al. 4 C. donnant le dernier mot à l'Assemblée nationale, le texte organique n'est adopté que si la majorité absolue de l'Assemblée nationale se prononce en sa faveur (4 applications depuis 1958).
- Enfin, l'utilisation des mêmes dispositions (art. 45 al. 4 C.) n'est pas possible pour les LO relatives au Sénat. Il paraît, en effet, normal que le Sénat puisse s'opposer à des modifications qui le concerneraient directement et que l'Assemblée nationale ne puisse dès lors les lui imposer par un vote définitif. Le même principe a été retenu dans le cadre de la LC du 25 juin 1992 (art. 88-3 C.) qui prévoit l'accord obligatoire du Sénat pour l'adoption (et donc la modification) de la loi organique ayant autorisé les citoyens de l'Union résidant en France à voter et à être éligibles aux élections municipales françaises (LO 98-404 du 25 mai 1998). En effet, cette participation des citoyens de l'Union ne manquait pas d'avoir des répercussions sur la composition même du collège électoral du Sénat (cf. p. 229).

Pour ce qui est des lois organiques, l'opposition du Sénat empêche donc le Gouvernement de pouvoir porter atteinte aux prérogatives de la Haute Assemblée. Pour les autres domaines, il faut, si le Sénat est dans l'opposition, que le Gouvernement dispose d'une réelle majorité à l'Assemblée nationale. Si le Gouvernement y est minoritaire, comme les gouvernements Rocard, Cresson et Bérégovoy, il ne pourra faire modifier les lois organiques aussi facilement. Il y a là une garantie contre d'éventuelles atteintes abusives à des dispositions constitutionnellement importantes. Enfin, on indiquera que le recours aux ordonnances de l'art. 38 C. (cf. p. 272) est impossible dans les matières que la Constitution réserve aux lois organiques (Cons. const. 81-134 DC, 5 janv. 1982, Loi d'orientation sociale).

Indiquons que l'adoption selon la procédure ordinaire d'une disposition organique conduit à déclarer cette disposition contraire à la Constitution comme adoptée selon une procédure non conforme[1] (Cons. const. 99-409 DC, 15 mars 1999, Loi relative à la Nouvelle-Calédonie).

<u>C. Les résolutions et motions</u>

Les résolutions sont des actes émanant de chaque assemblée prise séparément. Dans le cadre de leur fonctionnement interne, c'est sous la forme de résolutions qu'elles adoptent leur règlement (cf. p. 127). On peut encore citer comme autre exemple de résolutions celles demandant l'interruption des poursuites ou de la détention d'un parlementaire (art. 80 al. 6 RAN)[2] (cf. p. 249 et s.) ou créant une commission d'enquête (art. 140 et s. RAN).

Les révisions de 1992 (cf. p. 377), 1999 (cf. p. 381) et 2008 ont permis aux assemblées d'adopter des résolutions dans le domaine des affaires européennes (1). La révision de juillet 2008 a par ailleurs rendu aux assemblées un droit de résolution encore plus large (2)

1. Les résolutions dans le domaine des affaires européennes

a) Les résolutions de l'article 88-4 C.

Selon les dispositions de l'article 88-4 C., les projets et propositions d'actes des communautés européennes et de l'Union européenne sont soumis, dès leur transmission au Conseil de l'Union, à l'Assemblée nationale et au Sénat par le Gouvernement.

Communiquées par le Gouvernement à chaque assemblée, ces projets ou propositions d'actes y sont examinés par la commission des affaires européennes (cf. p. 260) insti-

---

[1] Pour l'hypothèse où, à l'inverse, la loi organique contient des dispositions ordinaires cf. p. 423.

[2] Jusqu'en 1995, les assemblées devaient autoriser, par des résolutions, les poursuites contre leurs membres ou la détention de ceux-ci. Les poursuites sont maintenant libres et la détention autorisée par le bureau (cf. p. 249).

tuée dans chaque chambre par l'art. 88-4 al. 3 C[1] (art. 151-2 al. 1 RAN ; art. 73 quater RS). La commission examine tous les projets ou propositions afin de déterminer lesquels ont un enjeu important et soulèvent des difficultés. Les textes jugés d'importance mineure ne font pas l'objet de débat et peuvent être approuvés tacitement. Les autres sont débattus dans le délai d'un mois et la commission peut décider d'approuver. Elle peut également s'opposer à l'adoption en assortissant sa décision de l'adoption de conclusions exprimant le point de vue de la commission et directement transmises au Gouvernement ou de l'adoption d'une proposition de résolution qui exprimera la position de l'assemblée considérée toute entière. Les sénateurs peuvent présenter des amendements dès ce stade (art. 73 *quinquies* al. 2 RS).

Des projets de résolutions peuvent être déposés directement par les parlementaires, ils sont renvoyés à l'examen préalable de la commission des affaires européennes ; celle-ci dispose d'un mois pour déposer son rapport faute de quoi c'est la proposition initiale qui est renvoyée (art. 151-5 RAN). La commission peut aussi, on vient de le dire, prendre elle-même l'initiative d'une résolution.

Ce sont ensuite les commissions permanentes qui vont assurer, chacune pour le domaine qui la concerne, l'examen du texte émanant de la commission des affaires européennes ou la proposition initiale du parlementaire. Le rapporteur de la commission des affaires européennes participe aux travaux de la commission saisie au fond. A l'issue d'un délai maximum d'un mois, la commission compétente peut adopter une résolution prenant pour base le texte adopté par la Commission ou, à défaut, celui de la résolution qui lui a été transmise. Si, dans ce délai, la commission permanente n'a pas déposé son rapport, le texte de la commission des affaires européennes est considéré comme adopté (art. 151-6 al. 2 RAN).

Dans les quinze jours suivant la mise à disposition du texte adopté ou considéré comme adopté par la commission permanente, la Conférence des présidents, saisie par le Gouvernement, le président d'un groupe, d'une commission permanente ou de la commission des affaires européennes peut proposer d'inscrire la proposition de résolution à l'ordre du jour. Si aucune demande n'est faite ou si la Conférence des présidents la rejette ou ne statue pas dans le délai, le texte adopté ou considéré comme adopté par la commission permanente est considéré comme définitif (art. 151-7 al. 1 RAN).

Si l'Assemblée décide l'inscription, elle délibère et des amendements peuvent être présentés. Les résolutions adoptées par l'Assemblée ou considérées comme définitives sont transmises au Gouvernement et publiées au *Journal Officiel* (art. 151-7 al. 4 RAN).

La nécessité de respecter ces délais ne peut avoir pour effet de prolonger la session en cours [Cons. const. 92-315 DC, 12 janv. 1993, Application de l'art. 88-4 (Sénat)]. La résolution est publiée au *Journal Officiel*.

Les résolutions ne lient pas le Gouvernement, mais il peut néanmoins en tenir compte dans la négociation avec ses partenaires européens[2]. Durant toute cette procédure parlementaire interne, les négociations entre Etats membres de l'Union sont interrompues afin de permettre au Parlement d'examiner les projets d'actes, le Gouvernement français demandant éventuellement le report des négociations communautaires. Pour éviter cependant que cette interruption soit trop longue, les délais indiqués ci-dessus sont impératifs. Enfin, le Gouvernement fait parvenir aux commissions compétentes et à la commission des affaires européennes les informations sur les suites données aux résolutions.

---

[1] En dehors de cet examen des projets ou propositions d'actes, la commission des affaires européennes peut déposer un rapport d'information sur tout document émanant d'une institution de l'Union et conclure, là encore, au dépôt d'une proposition de résolution (art. 151-2 al. 3 RAN).

[2] Dans un cas, le ministre des Affaires Européennes a indiqué qu'il avait défendu, le 19 juin 1994, devant les organes de Bruxelles, les orientations définies par l'Assemblée nationale dans une de ses résolutions et non les instructions du Premier ministre. Il s'agit d'une attitude extrême qui en tout cas semble très largement contraire aux habitudes de la V° République dans laquelle les négociations internationales relèvent de la compétence du seul pouvoir exécutif, comme le prévoit d'ailleurs l'art. 52 C.

L'Assemblée nationale a adopté 183 résolutions européennes entre 1992 et 1999, année de sa première extension lors de la révision préalable à la ratification du traité d'Amsterdam. Ensuite ce furent 74 résolutions adoptées sous la Xe législature, 51 sous la XIe législature et 41 sous la XIIe législature. Ce nombre est resté relativement stable (48 résolutions) sous la XIIIe législature, le texte ayant depuis 2008 sa rédaction actuelle. Sous la XIVe législature, on compte actuellement 17 résolutions adoptées en 2012/13, 14 en 2013/14 et 12 en 2014/2015. Le Sénat a adopté 23 résolutions en 2012/2013, 25 en 2013/2014 et 12 en 2014/2015.

b) Les résolutions de l'art. 88-6 C.

Le traité de Lisbonne (protocole 2 annexé) ayant confié aux parlements nationaux le contrôle de la subsidiarité, il a été nécessaire de modifier à nouveau la Constitution et d'introduire une disposition relative à cette nouvelle prérogative. C'est l'objet de l'art. 88-6 C. Le mécanisme d'adoption des résolutions portant avis sur la conformité d'un acte législatif européen au principe de subsidiarité est strictement identique à celui des résolutions européennes prévues à l'art. 88-4 C. (art. 151-9 al. 1 RAN). Les délais d'examen fixés à la commission des affaires européennes et aux commissions permanentes sont cependant ramenés de un mois à quinze jours francs (art. 151-9 al. 3 RAN), afin de permettre à l'Assemblée de s'exprimer dans le délai de huit semaines fixé par le traité. Au Sénat, la procédure est fixée par l'art. 73 *octies* RS mais ne diffère guère de celle des résolutions de l'art. 88-4 C.

Lorsque l'avis conclut à la méconnaissance du principe de subsidiarité, il est transmis par le Président de l'assemblée considérée (art. 151-10 RAN ; art. 73 *octies* al. 6 RS) aux Présidents du Parlement européen, du Conseil de l'Union européenne et de la Commission européenne. Il en informe le Gouvernement qui assure la diffusion interministérielle.

Cette procédure est assortie d'une réelle portée juridique : les projets d'actes dénoncés par la moitié des parlements nationaux pourront en effet être rejetés, dès la première lecture et à la majorité 55 % des membres du Conseil de l'Union ou d'une majorité des suffrages exprimés du Parlement européen [Art. 7 §3 b) du protocole sur l'application du principe de subsidiarité et de proportionnalité].

En vigueur depuis le 1er déc. 2009, date d'entrée en vigueur du traité de Lisbonne, ce mécanisme a conduit l'Assemblée nationale à adopter trois résolutions tandis que le Sénat a, quant à lui, a adopté 18 résolutions depuis cette date.

Selon la même procédure des résolutions tendant à saisir la CJUE peuvent être adoptées. Cette saisine est de droit si elle est demandée par soixante députés ou soixante sénateurs. L'examen des propositions de résolution portant sur le même acte législatif est interrompu (art. 151-11 RAN ; art. 73 *nonies* RS).

c) Les motions de l'art. 88-7 C.

Le traité de Lisbonne a encore autorisé que le traité sur l'Union européenne et celui sur le fonctionnement de l'Union puissent être modifiés par le Conseil de l'Union lui-même dans certains cas sauf opposition, dans les six mois, des parlements nationaux (art. 48 al. 7 TUE ; art. 81 al. 3 TFUE). Une procédure a donc été mise en place à l'art. 88-7 C. pour permettre au Parlement français d'émettre son opposition. Cette opposition s'exprime sous la forme d'une motion adoptée par les deux assemblées conformément à l'art. 88-7 et aux art. 151-12 RAN ou 73 *décies* RS.

Au Sénat, chaque sénateur peut présenter une telle motion dans le délai de quatre mois. Elle est renvoyée à la Commission des affaires étrangères, de la défense et des forces armées qui rend son rapport, concluant à l'adoption ou au rejet, dans le mois. La motion est alors immédiatement discutée (sous réserve des prérogatives du Gouvernement dans la détermination de l'ordre du jour). A l'Assemblée, la motion doit être signée par un dixième des députés. Elle est renvoyée à la commission permanente compétente qui conclut dans le délai d'un mois (sauf les cas prévus à l'al. 10 de l'art.) au rejet ou à l'adoption. Elle est inscrite à la plus prochaine séance sous les mêmes réserves de priorité d'ordre du jour.

Si l'une des deux assemblées adopte la motion, elle est transmise aussitôt à l'autre assemblée qui l'examine dans les mêmes conditions. Dès lors qu'aucun amendement n'est recevable, l'adoption éventuelle par la seconde assemblée se fait en termes identiques. La motion adoptée est alors transmise aux autorités compétentes de l'Union et le Gouvernement est informé. La motion est publiée au *Journal Officiel*.

2. Les résolutions de l'article 34-1 C.

En rendant aux assemblées la possibilité de voter des résolutions, la révision constitutionnelle de juillet 2008 marque incontestablement une rupture. Si l'adoption de résolutions par les chambres n'est pas une nouveauté, l'usage qui en avait été fait sous les Républiques précédentes (mise en cause du Gouvernement, invitation à prendre telle ou telle mesure) avait conduit, dans les premiers temps de la V° République, le Conseil constitutionnel à en limiter l'objet au seul fonctionnement des assemblées lorsqu'il fut amené à contrôler la constitutionnalité du règlement de l'Assemblée nationale et du Sénat en 1959 (Cons. const. 59-2 DC, 17 juin 1959, Règlement de l'AN I. Cons. const. 59-3 DC, 24 juin 1959, Règlement du Sénat I). Le constituant de 2008 rétablit un droit général de résolution tout en limitant la portée de ces actes.

L'art. 34-1 C. autorise les assemblées à voter des résolutions et renvoie à la loi organique[1] de fixer les conditions d'exercice de ce droit. Chaque parlementaire ou, au nom d'un groupe, son président, peuvent déposer des propositions de résolution en nombre illimité. Ces propositions sont transmises au Premier ministre pour qu'il puisse s'y opposer (cf infra) avant que la proposition ne soit inscrite à l'ordre du jour.

L'inscription à l'ordre du jour est demandée par les présidents de chaque groupe. Le Premier ministre est informé de cette demande. Une proposition de résolution ne peut être inscrite à l'ordre du jour qu'après qu'un délai de six jours se soit écoulé depuis son dépôt.

Les propositions de résolutions ne sont pas renvoyées en commission (art. 136 al. 3 RAN) ; elles sont examinées et votées en séance. Elles ne peuvent faire l'objet d'aucun amendement.

La Constitution et la loi organique limitent pourtant les possibilités de résolutions. Pour éviter l'encombrement de l'ordre du jour, une proposition de résolution ayant le même objet qu'une proposition antérieure ne peut être inscrite lors de la même session ordinaire (art. 5 LO 2009-403).

De plus, comme on vient de le voir, les résolutions déposées depuis moins de six jours ne peuvent être inscrites. Ce délai est en fait prévu pour permettre au Premier ministre de faire savoir qu'il estime la proposition de résolution irrecevable. En effet, pour éviter que les résolutions actuelles ne donnent lieu aux mêmes débordements que celles des Républiques antérieures, sont irrecevables et ne peuvent être inscrites à l'ordre du jour celles dont l'adoption ou le rejet serait de nature à mettre en cause la responsabilité du Gouvernement ou qui contiendraient des injonctions à son égard. Mais ces hypothèses d'irrecevabilité ne sont pas objectives. Il ne s'agit pas que les propositions de résolution présentent réellement l'une de ces irrecevabilités mais simplement que le Gouvernement l'estime. Le Gouvernement n'a donc pas à justifier sa position et celle-ci ne peut pas être contestée. Dès lors que le Premier ministre estime, même subjectivement, que la proposition de résolution est irrecevable, elle n'est simplement pas inscrite.

[1] LO 2009-403 du 15 avr. 2009.

Du reste, le Conseil constitutionnel a veillé au parfait respect de ce droit donné au Gouvernement. Il a ainsi estimé que les propositions de résolution ne pouvaient pas être rectifiées après leur inscription à l'ordre du jour, dès lors qu'il ne serait plus possible au Gouvernement qui considérerait cet ajout comme un élément d'irrecevabilité de la proposition, de s'y opposer (Cons. const. 2009-579 DC §7, 9 avr. 2009, LO relative à l'application des art. 34-1, 39 et 44 C.).

C'est selon cette procédure qu'a été adoptée, le 11 mai 2010, à l'unanimité des députés présents, la résolution sur « l'attachement au respect des valeurs républicaines face au développement de pratiques radicales qui y portent atteinte » (voile intégral). Il faut noter que souvent un consensus se dégage. On en veut pour preuve l'adoption à l'Assemblée, le 14 juin 2011, d'une résolution présentée par le groupe socialiste en faveur de l'introduction d'une taxe sur les transactions financières en Europe (477 voix contre 2), l'adoption au Sénat, le 5 mai, d'une résolution du groupe socialiste s'opposant à la remise en cause de la tenue des sessions du Parlement européen à Strasbourg (unanimité moins une abs.) et encore l'adoption à l'Assemblée nationale, à l'unanimité, le 6 mai 2014, d'une résolution exprimant sa gratitude et sa reconnaissance pour les actes d'héroïsme et les actions militaires des alliés lors du débarquement de Normandie. D'autres résolutions ont été adoptées mais sans toujours recueillir un tel succès. Ainsi, le 31 mai 2011, la résolution sur « l'attachement au respect des principes de la laïcité » n'a pas recueilli l'accord de l'opposition. A l'inverse, la résolution réaffirmant le droit fondamental à l'IVG a été adoptée, le 26 nov. 2014, par 143 voix contre 7.

Résolutions de l'art. 34-1		
Année parlementaire	AN Déposée (adoptée)	Sénat Déposée (adoptée)
2010/2011	17 (2)	13 (4)
2011/2012	15 (3)	9 (3)
2012/2013	20 (3)	7 (3)
2013/2014	19 (4)	8 (2)
2014/2015	22 (2)	11 (2)

D. Les lois autorisant la ratification d'un traité

Il convient de distinguer désormais le cas des traités en général (1.) de celui des traités autorisant l'adhésion d'un nouveau membre à l'Union (2.).

1. La procédure générale

L'art. 53 C. dispose en effet, que certaines catégories de traités ne peuvent être ratifiées (ou approuvés) qu'en vertu d'une loi. Cette loi peut être adoptée par un référendum de l'art. 11 C. ou par le Parlement.

Il est en effet possible, en vertu de l'art. 11 C., que cette loi soit adoptée par référendum pour les traités qui, sans être contraires à la Constitution, ont des incidences sur le fonctionnement des institutions. Cette procédure a permis jusqu'alors d'autoriser le Président de la République à ratifier le traité d'adhésion de la Grande Bretagne et d'autres pays européens à la Communauté européenne (1972) et le traité de Maastricht (1992). Elle a en revanche échoué à l'autoriser, en 2005, à ratifier le « Traité établissant une Constitution pour l'Europe » (cf. p. 79 et s.).

Cependant, dans la majorité des hypothèses, l'autorisation est donnée sous la forme d'une loi parlementaire. Du reste, il s'agit là d'une proportion non négligeable des textes adoptés chaque année par le Parlement comme en témoigne le tableau ci-dessous :

Activité législative					
Légis.	Année	TOTAL	« Conventions »	Autres lois	
				Nombre (%)	Dont issues de propositions (%)
XII°	2002/2003	109	62	47 (43,1)	14 (29,7)
	2003/2004	99	44	55 (55,5)	10 (18,2)
	2004/2005	110	62	48 (43,6)	12 (25)
	2005/2006	81	36	45 (55,5)	12 (26,7)
	2006/2007	71	31	40 56,3)	10 (25)
	Total	470	235	(2,7) (50)	58 (24,6)
XIII°	2006/2007	32	26	6 (18,7)	0
	2007/2008	103	47	56 54,3)	14 (33.3)
	2008/2009	84	41	43 (51,1)	11 (25,6)
	2009/2010	112	55	67 (59,8)	22 (32,8)
	2010/2011	108	41	67 (62)	24 (35,8
	2011/2012	68	32	36 (52,9)	19 (52,7)
	Total	517	242	275 (53,1)	90 (32,7)
XIV°	2011/2012	10	6	4 (40)	1 (25)
	2012/2013	90	37	53 (58,8)	19 (35,8)
	2013/2014	100	34	66 (66)	27 (40,9)
	2014/2015	80	39	41 (51,2)	12 (29,3)

S'agissant de la procédure d'adoption des lois parlementaires autorisant la ratification d'un traité international, les spécificités concernent, d'une part, la question des études d'impact et, d'autre part, le droit d'amendement dont disposent les parlementaires.

Les documents prévus au titre de l'étude d'impact (cf. p. 155) sont ici plus limités. Les projets de loi autorisant la ratification de traités doivent être accompagnés de documents précisant les objectifs poursuivis par les traités ou accords, estimant leurs conséquences économiques, financières, sociales et environnementales, analysant leurs effets sur l'ordre juridique français et présentant l'historique des négociations, l'état des signatures et des ratifications, ainsi que, le cas échéant, les réserves ou déclarations interprétatives exprimées par la France. Le Conseil constitutionnel estime que sont ainsi visées, pour la bonne information du Parlement, les réserves exprimées avant le dépôt du projet de loi sous réserve que cette communication ne porte pas atteinte à la liberté du pouvoir exécutif, à l'occasion de la ratification d'un traité ou d'un accord, de déposer des réserves, de renoncer à des réserves qu'il avait envisagé de déposer et dont il avait informé le Parlement ou, après la ratification, de lever des réserves qu'il aurait auparavant formulées (Cons. const. 2009-579 DC §23 à 25, 9 avr. 2009, LO relative à l'application des art. 34-1, 39 et 44 C.).

Pendant longtemps les députés se sont vus interdire toute possibilité d'amendement dans cette matière, alors que les sénateurs pouvaient déposer des amendements. En fait, on comprend bien qu'il n'est pas possible aux parlementaires, dans le cadre de cette procédure, d'amender le texte même du traité dont ils ont à autoriser ou à refuser la ratification. Le traité, accord de volonté entre les parties qui l'ont négocié et signé ne peut pas faire l'objet de modifications unilatérales de la part des autorités des Etats parties. Dès lors, le droit d'amendement semblait logiquement devoir être inexistant et les dispositions du règlement du Sénat semblaient inadaptées. Elles avaient cependant été considérées, en leur temps, comme conformes à la Constitution par le Conseil constitutionnel (Cons. const. 59-3 DC, 24 juin 1959, Règlement du Sénat I). Les députés ont donc souhaité modifier leur règlement pour supprimer cette disparité des pouvoirs entre les assemblées. La modification du règlement de l'Assemblée devait donner au Conseil constitutionnel (Cons. const. 2003-470 DC §18, 9 avr. 2003, Règlement de l'AN XXX) l'occasion d'une déclaration de constitutionnalité sous réserve d'interprétation (cf. p. 455), réserve d'autant plus intéressante que le Conseil procédait dans la même décision à son extension aux dispositions du règlement sénatorial. Ce dernier est maintenant soumis à la même réserve interprétative, lors même que celle-ci n'a pas été édictée lors de son examen. Le Conseil répare donc ainsi le « laxisme », ou le silence, de sa décision antérieure en indiquant clairement les limites au droit d'amendement dont disposent les parlementaires des deux assemblées dans cette matière.

Ainsi, selon les termes même de la décision 2003-470 DC de la haute juridiction :

> « (la) suppression (de l'interdiction de déposer des amendements), comme l'absence, depuis l'origine, de toute référence aux amendements dans l'article 47 du règlement du Sénat, ne sauraient être interprétées comme accordant aux membres du Parlement compétence pour assortir de réserves, de conditions ou de déclarations interprétatives l'autorisation de ratifier un traité ou d'approuver un accord international non soumis à ratification. »

C'est en janvier 2004 que ces dispositions furent mises en œuvre pour la première fois. Outre un amendement de coordination, l'Assemblée nationale a complété, par voie d'amendement un projet de loi autorisant la ratification d'un traité en y ajoutant deux conventions qui n'y figuraient pas à l'origine. Avant cette réforme du règlement de l'Assemblée nationale, les députés indiquaient leur volonté de voir le texte modifié par le vote d'une motion d'ajournement, éventuellement motivée. Cette procédure, toujours envisageable (art. 128 RAN) a en fait les mêmes effets qu'un renvoi en commission (cf. p. 189) et n'entraîne donc pas un refus de l'autorisation de ratifier mais un report du vote à plus tard. On précisera que la procédure simplifiée est applicable pour l'adoption de ces lois à l'Assemblée[1] et qu'il existe une procédure simplfiée spécifique pour les conventions au Sénat[2].

2. Le cas particulier des traités relatifs à l'adhésion d'un état à l'Union européenne

Reste enfin le cas particulier des traités relatifs à l'adhésion d'un Etat à l'Union européenne. On sait que pour tenter d'obtenir la ratification du « Traité établissant une Constitution pour l'Europe », la révision constitutionnelle de 2005 (cf. p. 363) avait prévu qu'aucun nouvel Etat, en dehors de ceux dont la procédure d'adhésion était déjà entamée (art. 4 de la LC du 1er mars 2005 curieusement non intégré dans la Constitution)[3], ne pourrait entrer dans l'Union sans que les Français autorisent cette adhésion par référendum. Ce référendum, prévu à l'art. 88-5 C. est organisé par le Président de la République mais, à la différence de celui de l'art. 11 C., la décision présidentielle est soumise au contreseing du Premier ministre.

Ce référendum est facultatif depuis la révision de juillet 2008. Essentiellement destiné à soumettre l'entrée de la Turquie dans l'Union à l'acceptation populaire, et dans l'impossibilité de rédiger la Constitution avec cette indication nominale précise, le caractère obligatoire de ce référendum conduisait à devoir organiser une consultation pour toutes les adhésions, y compris, par exemple, celle du Monténégro, d'Andorre ou de l'Islande. Il va de soi que le risque d'abstention pour ces consultations était important. Une procédure spécifique était donc ajoutée pour permettre la ratification de tels traités sans l'intervention d'un vote populaire. Il est possible que le projet de loi autorisant la ratification d'un nouveau traité d'adhésion soit adopté par le Congrès à la majorité des 3/5 des suffrages exprimés (Sur le Congrès et son fonctionnement, voir encadré p. 373) si chaque assemblée (art. 126 RAN ; art. 73 septies RS) adopte une motion dans ce sens à la même majorité des 3/5.

---

[1] Il a existé, jusqu'en 2009, une procédure simplifiée spécifique pour ces projets de lois (ancien art. 107 RAN). Elle a aujourd'hui disparu ; la procédure simplifiée « normale » est désormais aussi applicable.

[2] Celle-ci est différente de la procédure d'« examen en commission » (cf. p. 181). Il s'agit d'une procéure de vote sans débat (art. 47 decies RS.) ; elle n'interdit cependant pas un rappel au règlement.

[3] En clair il s'agissait de ne pas soumettre au référendum les adhésions de la Roumanie, de la Bulgarie et de la Croatie.

Conclusion de la première partie

La renaissance de l'exécutif, doublée de la domestication du Parlement qu'opère la Constitution de 1958, a permis la constitution de Gouvernements stables. Les crises ministérielles ne sont plus qu'un souvenir. Certes, la composition des Gouvernements eux-mêmes varie et d'aucuns diront, non sans raison, que l'instabilité gouvernementale n'a fait que céder la place à l'instabilité ministérielle. Ainsi, le ministère du travail a-t-il connu trois titulaires en un peu plus de six mois, B. Hortefeux ayant remplacé X. Bertrand en janvier 2009 pour être à son tour remplacé par X. Darcos en juin. De même, ce même ministère, sous le quinquennat de F. Hollande a connu trois titulaires (M. Sapin : 2012/2104, F. Rebsamen : 2014/2015 ; M. El Khomri : 2015/...). Mais cela a-t-il encore une importance dans la mesure où tout est décidé au sommet de l'Etat ? Au sommet de l'Etat et pour être plus précis encore à la présidence de la République. En fait, la garantie de la stabilité ministérielle n'a-t-elle pas été atteinte au prix d'un renoncement à l'équilibre des pouvoirs que la V° République n'a jamais pu réaliser ?

DEUXIEME PARTIE

DE L'EQUILIBRE DES POUVOIRS

Si le principal défaut des III° et IV° Républiques est surmonté sous la V° République par les dispositions que nous venons d'étudier, c'est, on l'a bien compris, par un accroissement important des prérogatives et des pouvoirs attribués à l'exécutif que cela a été rendu possible. Du reste, le Parlement n'est plus dans le corps même de la Constitution que l'objet du "Titre IV" après le Président de la République et le Gouvernement. Partant de cette constatation, certains se sont légitimement interrogés sur le rôle laissé au législatif dans la Constitution de 1958. N'avait-on pas en fait transformé le Parlement en simple chambre d'enregistrement ? Que lui restait-il comme pouvoirs ? Et en son sein quel rôle pouvait encore jouer l'opposition ?

Par ailleurs, et au sein même de l'autre pouvoir, qui est effectivement le chef de l'exécutif ? L'actuelle Constitution ne confie-t-elle pas en fait la réalité du pouvoir au Président de la République qui, durant cinq ans et sans contrôle, serait le seul maître des destinées du pays ? Le Premier ministre ne serait alors que le collaborateur[1] du Président, le moyen technique lui permettant d'obtenir l'adhésion du Parlement à sa politique, puisque la séparation des pouvoirs lui interdit d'être lui-même en position d'imposer ses vues aux assemblées.

Une telle analyse de la Constitution de la V° République est souvent développée. Est-elle pour autant un exact reflet de la réalité ? Nous l'avons dit, il est hors de doute que l'exécutif et en particulier la Présidence de la République sortent renforcés du changement de Constitution opéré en 1958. Faut-il aller jusqu'à conclure que le législatif est devenu un pouvoir négligeable et que la France serait en fait sous un régime de "monarchie républicaine" dominé par un Président tout-puissant ? Il nous semble que c'est non seulement aller vite en besogne mais aussi que cela ne reflète pas nécessairement toute la réalité. Le Parlement conserve une part non négligeable des pouvoirs et son accord reste même indispensable pour que l'exécutif puisse gouverner. Le Premier ministre n'est pas devenu le simple exécutant des volontés présidentielles mais peut toujours conduire les affaires du pays et parfois même les déterminer. En ce sens, le législatif nous paraît toujours disposer d'une primauté (Titre I). Quant à l'équilibre au sein de l'exécutif, il dépend autant des textes que des circonstances et des hommes (Titre II).

---

[1] On prête (« Sud-Ouest », 22 août 2007 p. 6) à N. Sarkozy d'avoir utilisé ce terme même si, lui, s'en défend (conférence de presse du 8 janv. 2008).

Titre I : De la primauté du législatif

Si l'on s'en tient à la lecture des dispositions constitutionnelles qui lui sont consacrées, le Parlement reste sous la V° République un pouvoir important. Parmi les prérogatives essentielles qui lui sont attribuées par la Constitution on trouve, comme il est normal, le vote des lois (art. 24 C.). Dans ce domaine le Parlement dispose du reste d'un monopole ; et même si l'on a pu croire que les nouvelles dispositions constitutionnelles (en particulier les art. 34 C. et 37 C.) consacraient un abaissement de son pouvoir en cette matière, nous pourrons montrer qu'il n'en est rien, mais qu'il s'est simplement agi de mieux assurer cette fonction (Chapitre II).

Reste que la compétence législative du Parlement n'est pas le seul rôle qui lui revient dans un régime démocratique de séparation souple des pouvoirs. Le Parlement reste, sous la V° République comme sous les Républiques antérieures, le lieu où se forge la représentation du souverain, c'est-à-dire du Peuple ou de la Nation. C'est lui qui, en définitive, et quelle que soit la légitimité que peuvent avoir les autres pouvoirs, par la représentation la plus fidèle des idées qui traversent l'opinion publique, détermine quel courant politique gouvernera, et c'est lui aussi qui permet à l'opposition de faire connaître ses divergences (Chapitre I).

CHAPITRE I

LE ROLE REPRESENTATIF DU PARLEMENT SOUS LA V° REPUBLIQUE

BIBLIOGRAPHIE : - Même bibliographie que p. 117 - P. BRECHON : *La France aux urnes, soixante ans d'histoire électorale*, Doc. Fran. 2004. - M. OFFERLE : *Un homme, une voix ? Histoire du suffrage universel*, Gallimard. – M. OFFERLE : *Les partis politiques*, Que-sais-je ? PUF. - P. ROSANVALLON : *Le sacre du citoyen, histoire du suffrage universel en France*, Gallimard, 1992. - *Le Peuple introuvable : Histoire de la représentation démocratique en France*, Gallimard, 2002. – D. ROUSSEAU : *Radicaliser la démocratie*, Seuil, 2015.- "La souveraineté", *Pouvoirs n° 67*. – « L'opposition », *Pouvoirs n° 108*. – « Voter », *Pouvoirs n° 120, 2007.*

Web : http://www.senat.fr/ - http://www.assemblee-nationale.fr/

I. LE CADRE D'EXERCICE DE LA MISSION DE REPRESENTATION

Le mécanisme de représentation suppose bien sûr que soit préalablement déterminé le souverain à représenter (§1.). Il faut ensuite assurer cette représentation par des mécanismes satisfaisants qui concourent à la fois à sa qualité (§2.) mais aussi à sa transparence (§3.).

§1. Le souverain à représenter

Les régimes démocratiques sont généralement classés en deux catégories. Il y a bien sûr dans cette dichotomie un caractère très largement arbitraire mais elle nous permettra malgré tout de mieux saisir certains éléments caractérisant notre régime et notre Parlement. La distinction traditionnellement faite sépare les régimes de souveraineté populaire des régimes de souveraineté nationale.

Si, sous l'ancien régime, le monarque était le souverain, c'est qu'il était le représentant de Dieu sur terre. L'idée selon laquelle "le Roi n'a de compte à rendre qu'à Dieu" découlait normalement de cette affirmation et justifiait que la personne du Roi fut inviolable et sacrée. Dieu était le véritable souverain, représenté par le monarque, dont on disait qu'il était "souverain de droit divin". Cette conception ne pouvait pas survivre à la Révolution et aux idées philosophiques qui la sous-tendaient. Il convenait donc de trouver un autre souverain qui, ne pouvant plus émaner de la croyance en Dieu, devait être désigné par la Constitution.

L'introduction des principes démocratiques et donc du "Gouvernement du peuple, par le peuple et pour le peuple" aurait voulu qu'on accordât la souveraineté au peuple et donc que l'on mît en œuvre le principe de la "souveraineté populaire" (A). Pourtant, un autre souverain était possible : la Nation. On la préféra dans un premier temps, d'où la mise en place d'un régime de "souveraineté nationale" (B). La V° République tentera pour sa part une synthèse entre ces deux théories (C) fort différentes puisque l'une confie la souveraineté à une entité (la Nation) tandis que l'autre choisit de la confier à une réalité (le Peuple).

A. La souveraineté populaire.

Le Peuple est une réalité concrète et l'on sait, depuis Rousseau et son *Contrat social*, que, dans ces conditions, il peut s'administrer directement. Ce système politique que l'on appelle la "démocratie directe" est cependant difficile à mettre en œuvre et ne peut s'envisager que dans des structures relativement peu nombreuses, où il est possible de consulter le peuple à tout moment, de le réunir pour qu'il s'exprime. Ce mécanisme n'existe plus guère actuellement que dans deux cantons suisses (Appenzell Rhodes-Intérieures,

Glaris) où des assemblées réunissent tous les citoyens du canton (landsgemeinde[1]) pour voter les lois[2] et fixer le taux de l'impôt[3]. Faute de pouvoir faire cela à grande échelle, divers moyens permettent de continuer à donner la souveraineté au peuple mais de manière indirecte : ce sont les procédés de "démocratie semi-directe". On peut les présenter rapidement.

Le premier de ces procédés est bien sûr de donner au peuple le moyen d'élire des délégués ou "députés" (au sens ancien de ce terme : ces députés seront les mandants de leurs électeurs et d'eux seuls). Comme il s'agit de faire voter le peuple tout entier, dans sa diversité, seul est envisageable le *suffrage universel*. Dans ce cadre, *voter est un droit*, que l'on est libre d'exercer ou non. Comme il s'agit aussi de tenir compte des évolutions que peut connaître le peuple, éminemment changeant, les *élections* devront avoir lieu de manière suffisamment *fréquente et régulière*.

Les députés voteront les lois mais auront été élus sur un programme clairement défini. Leur élection vaudra donc approbation de leur programme et ils devront se tenir à celui-ci. Ils ont donc un *mandat impératif*. Dans l'hypothèse où les élus ne respecteraient pas leur mandat, ils pourraient être révoqués. La révocation d'un député est possible (on appelle cela le "*recall*" qui existe dans environ 12 Etats des Etats-Unis comme en Californie par ex.[4]) tout comme celle de l'ensemble des députés (la *dissolution populaire* qui existe dans une douzaine de cantons helvétiques) et s'analyse alors comme une dissolution de l'assemblée décidée par référendum.

Le *référendum*, justement, est un des autres procédés de la démocratie semi-directe. Il permet au peuple d'approuver directement une loi pour laquelle les députés n'auraient pas eu de mandat. Il peut donc être nécessaire pour l'adoption de certaines lois, et ce, même après que le Parlement se soit prononcé [c'est souvent le cas pour les lois constitutionnelles, comme par ex. sous la V° République (art. 89 C.) : cf. p. 372]. C'est parfois le cas pour les lois ordinaires comme dans la moitié des cantons suisses, en particulier pour les lois engageant d'importantes dépenses. Pourtant, on lui préférera souvent le mécanisme du *veto populaire*. Dans ce système, le peuple est censé approuver la loi à moins qu'une demande de référendum ne soit présentée et que ne se dégage une majorité hostile contre la loi (on trouve ce mécanisme dans de nombreux cantons suisses et au niveau fédéral). Dans ce dernier cas, la demande doit être présentée par 50.000 citoyens ou 8 cantons. Enfin, il est possible que le peuple lui-même prenne l'initiative d'une loi et demande à ce qu'elle soit proposée au vote des citoyens. Le *référendum d'initiative populaire*, que certains voudraient voir introduit en France[5], existe ainsi dans tous les cantons suisses et en matière constitutionnelle à l'échelon fédéral (il est vrai que ce domaine a, en Suisse, un sens large).

On le voit, l'étude montre l'importance de ces mécanismes en Suisse, souvent présentée comme le modèle des régimes de ce type, mais également aux Etats-Unis où l'on trouvera dans les constitutions de certains Etats veto populaire et droit d'initiative. Dans l'histoire constitutionnelle française, c'était la Constitution du 24 juin 1793 qui se rapprochait le plus de ce type puisqu'elle mettait en place un système de veto populaire. Il était apparu

---

[1] Littéralement « Assemblée du canton ». C'est la forme la plus simple et la plus ancienne de la démocratie suisse, introduite pour la première fois en 1231 dans le canton d'Uri (supprimé en 1928). Supprimé en 1997 dans le canton d'Appenzell Rhodes-Extérieures (manque de place après l'introduction du suffrage féminin), certains ont demandé son rétablissement par une 'initiative' déposée en 2008 mais rejetée par une votation le 13 juin 2010. Ce type d'assemblée est encore pratiqué dans des villes (y compris certaines grandes villes : Lucerne et Bâle par ex.).

[2] Dans le canton d'Appenzell Rhodes-Intérieures, ils élisent également leur gouvernement. Ainsi en 2010, une femme (la deuxième depuis l'introduction du suffrage féminin en 1991) a-t-elle été élue au dicastère de la santé.

[3] Il est curieux de noter que certains contestent de nos jours le caractère démocratique de ces « assemblées ». Ils estiment que, le vote n'étant pas secret, les électeurs n'osent pas se prononcer librement. L'assemblée de Glaris a pourtant rejeté l'organisation de votes à bulletin secret en mai 2009.

[4] Ainsi le Gouverneur Gray Davis (Californie) a-t-il été destitué par un vote populaire le 7 oct. 2003 par 55,4 % des suffrages. Il a été remplacé par A. Schwartzenegger (17 nov. 2003).

[5] On a vu (cf. p. 77) que la modification apportée en juill. 2008 à l'art. 11 C. ne peut pas être véritablement de référendum d'initiative populaire.

inutile de mettre en place un mécanisme de révocation compte tenu du mandat très court des députés (1 an).

B. La souveraineté nationale

Si le peuple est une réalité, la Nation reste une entité, un "être abstrait", une fiction. La Nation se distinguera du peuple par le fait qu'elle est une notion propre, différente des individus qui la composent et incluant aussi bien les individus présents que les individus passés, qui ont fait sa grandeur, et ceux à venir qui la feront.

Une entité n'ayant, par définition, aucune existence matérielle, il convient pour qu'elle puisse s'exprimer de lui accorder une enveloppe charnelle et juridique c'est-à-dire de la "représenter" par certains organes composés d'hommes : ces organes seront les représentants de la Nation. Ainsi, un régime de souveraineté nationale est-il nécessairement un "régime représentatif".

En fait, cette théorie permet de faire fi des aspirations démocratiques et l'on comprend dès lors qu'elle ait été préférée en 1789. On rapporte qu'à la formule "Vive le Peuple", certains nobles, ralliés aux idées libérales, mais non nécessairement démocrates, répondaient "Non, Vive la Nation". L'art. 3 DDHC viendra affirmer que c'est ce principe qui est retenu : « Le principe de toute souveraineté réside essentiellement dans la Nation ». Quant au régime représentatif, il est admis dès l'art. 6 DDHC : « la loi est l'expression de la volonté générale. Tous les citoyens ont droit de concourir personnellement, ou par leurs représentants, à sa formation ».

La Constitution du 3 sept. 1791 (titre III) reprendra tous ces éléments dans une formulation qui en fait presque une affirmation théorique du principe de la souveraineté nationale :

« La souveraineté est une, indivisible, inaliénable et imprescriptible. Elle appartient à la Nation ; aucun section du peuple, ni aucun individu ne peut s'en attribuer l'exercice » (art. 1er) ; « La Nation, de qui seule émanent tous les pouvoirs ne peut les exercer que par délégation. La Constitution française est représentative : les représentants de la Nation sont le Corps législatif et le Roi » (art. 2).

C'est qu'en effet le système de la souveraineté nationale n'a rien de contraire avec le système monarchique. Le Roi peut être le représentant de la Nation et le système de dévolution héréditaire de la couronne s'accorde parfaitement à l'idée de la permanence et de l'immutabilité de la Nation à travers le temps.

Si un Parlement est prévu par la Constitution, on doit malgré tout signaler que le système de souveraineté nationale n'impose pas que les membres en soient élus. Il est en effet possible qu'il s'agisse de représentants issus d'une classe privilégiée, de ce que l'on appelle une noblesse (Chambre des Lords en Grande-Bretagne). On peut aussi imaginer que ces représentants soient désignés par le monarque ou cooptés, qu'ils bénéficient de l'hérédité ou ne gardent leur mandat que de manière viagée.

On peut aussi, éventuellement, prévoir un mécanisme d'élection des représentants, mais dans ce cas on doit signaler que le système de souveraineté nationale n'a rien de contraire non plus avec le suffrage restreint comme par exemple le suffrage censitaire. Même si les électeurs sont peu nombreux, les élus sont les représentants de la Nation tout entière. Les non-électeurs se trouvent donc représentés malgré tout. De plus, tant qu'elle n'est pas représentée, tant que les représentants ne sont pas réunis, la Nation ne peut trouver à s'exprimer. C'est donc seulement lorsque l'assemblée est formée que la Nation peut exprimer une volonté. Le mandat des représentants est donc de donner corps à la Nation ; il ne saurait être limité par la volonté des électeurs. Les élus de la Nation ne sont pas les porte-parole de leurs électeurs et ne sont donc pas tenus de présenter un programme sur lequel ils seraient élus. Ils n'ont donc qu'un mandat représentatif. Du reste, voter est ici non pas un droit mais un devoir. Il faut que la Nation soit représentée et l'on ne peut donc concevoir, surtout si le suffrage est restreint, que des électeurs refusent de faire leur devoir et de désigner les représentants de la Nation. Le système de souveraineté nationale n'a donc rien de contraire avec l'instauration d'un vote obligatoire (comme actuellement en Belgique ou en France s'agissant du collège électoral sénatorial). L'abstention peut dans ce cas être pénalement sanctionnée[1] ; pour les électeurs des sénateurs, l'amende est de 100 € (art. L. 318 C ; élect.). Enfin, puisque, encore une fois, la Nation est une entité immuable, il n'est pas nécessaire que les élections soient fréquentes. On peut prévoir un système de cooptation pour remplacer des élus qui viendraient à disparaître.

Ainsi, si l'on se réfère aux régimes politiques français ayant consacré le régime de souveraineté nationale, on trouve aussi bien la Constitution du 3 sept. 1791, Constitution où les représentants de la Nation étaient un monarque héréditaire et une assemblée élue au suffrage censitaire, les chartes de 1814 et 1830 qui connaissaient en plus une seconde chambre composée de nobles dont le mandat se transmettait par hérédité, la Constitution du 4 nov. 1848 qui faisait élire au suffrage universel et son Assemblée nationale et son Président de la République, ainsi que les lois constitutionnelles de 1875 mettant en place le suffrage universel direct pour l'élection de la chambre basse et le suffrage universel indirect pour l'élection des Sénateurs et du Président de la République. La III° République présente de surcroît la particularité d'avoir évolué. Dans le texte originel, 75 sénateurs étaient nommés à vie et remplacés par un mécanisme de cooptation. Une démocratisation du système a été mise en place par la suppression de ces sénateurs et leur remplacement progressif, au fur et à mesure de la vacance des sièges, par des sénateurs élus. C'est donc par la mise en œuvre de mécanismes juridiques que la démocratie s'exprime dans les régimes de souveraineté nationale alors qu'elle découle plus naturellement du principe même de souveraineté.

En fait, si l'on veut qu'un régime de souveraineté nationale soit démocratique, il faut imposer dans la Constitution (ou par la coutume, comme en Grande-Bretagne) des mécanismes démocratiques de désignation des représentants. C'est en cela que les règles constitutionnelles jouent un rôle essentiel. Elles doivent prévoir le suffrage universel, des élections régulières des représentants ; elles doivent démocratiser le système représentatif.

On rappellera l'idée simple selon laquelle, dans les régimes de souveraineté populaire, est mis en place (à défaut d'une démocratie directe impossible dès que l'Etat est un peu grand) un mécanisme de démocratie semi-directe faisant appel à des mécanismes tels que le référendum, le veto populaire, la dissolution populaire, etc. Bref dans ces régimes, la souveraineté appartenant au peuple, il est possible de lui confier directement une part du pouvoir politique.

En revanche, dans les régimes de souveraineté nationale, la Nation restant une entité et donc, par définition, un être abstrait insusceptible d'agir ou d'émettre une opinion, il est nécessaire de la représenter avant qu'elle puisse commencer à être souveraine. Ces régimes sont donc qualifiés aussi de régimes représentatifs.

C. La synthèse tentée par la V° République

Sous la V° République et si l'on se réfère à l'**art. 3 al. 1er C.** : "La souveraineté nationale appartient au peuple qui l'exerce par ses représentants et par la voie du référendum".

On voit donc que notre Constitution tente de concilier à la fois souveraineté nationale et souveraineté populaire, prenant le principe représentatif de l'un et le référendum de l'autre. Le peuple, en dehors d'une action directe par le référendum, exerce donc la souveraineté qui

[1] En Belgique, l'électeur abstentionniste peut encourir une amende de 150 € en cas de récidive et être rayé pendant 10 ans des listes électorales et de toute promotion ou nomination dans la fonction publique durant cette période s'il s'est abstenu 4 fois en 15 ans.

appartient à la Nation par l'intermédiaire de représentants qu'il élit. Le Parlement de la V° République, choisi par le peuple, aura donc comme rôle primordial de représenter la Nation dans toutes ses composantes et toute sa variété.

§2. Les éléments concourant à la représentation du souverain

Il n'est pas question en effet d'admettre que certains membres du Parlement soient nommés, cooptés ou disposent de leur siège par simple hérédité. Il s'agit là de procédés généralement retenus par les régimes monarchistes pour la constitution des chambres aristocratiques.

Par exemple, les Sénateurs étaient, sous le Consulat, cooptés par le Sénat lui-même ; les Pairs, sous les Chartes, étaient nommés par le Roi et ensuite se transmettaient le titre par hérédité, ainsi du reste que les sénateurs sous le Second Empire. La III° République naissante devait s'interroger sur ce point. Un compromis fut trouvé par l'élection d'une partie des sénateurs et la cooptation pour d'autres. La disparition de ce type de parlementaires fut du reste le résultat de la démocratisation du régime ; les 75 sénateurs inamovibles que connaissait encore la III° République à ses origines furent supprimés par la loi du 14 août 1884, qui marque la victoire définitive des républicains. Puisque la nomination, comme les autres procédés non électifs, était rejetée, seul le mécanisme électoral pouvait être retenu.

Restait à en définir le fonctionnement en déterminant non seulement qui est électeur (A), qui peut être élu (B), quelle représentativité doivent assurer les élus (C) et comment se forme l'opinion des électeurs grâce aux partis politiques (D).

A. Le système électoral

C'est en effet qu'il existe plusieurs types de systèmes électoraux selon que toute la population ou une partie seulement est appelée aux urnes. C'est ici la distinction classique entre le suffrage universel et le suffrage restreint.

On appelle suffrage universel le système qui attribue le droit de vote à toute la population sauf à certaines catégories limitativement énumérées.

On appelle suffrage restreint le système qui attribue le droit de vote aux seules catégories que la loi définit.

En France, le premier système électoral mis en place fut restreint. La loi attribuait le droit de vote à ceux des citoyens payant un impôt équivalent à trois journées de travail. Ce minimum d'impôt à payer, appelé "cens" devait donner son nom à ce type particulier de suffrage restreint : le suffrage censitaire. La contradiction avec les dispositions des art. 1 et 6 de la Déclaration des Droits de l'Homme et du Citoyen est plus apparente que réelle. En effet, le cens pratiqué à l'époque étant faible, ce sont presque quatre millions et demi d'électeurs que l'on dénombre à cette date. Or, compte tenu des données de l'époque, on doit noter qu'il n'y avait guère plus de 6 millions d'hommes en âge de voter dans l'hypothèse où le suffrage universel aurait été retenu.

La mise en œuvre du suffrage universel, par la loi du 1er août 1792, ne fut donc pas une grande révolution. Par ailleurs, il ne fut en fait appliqué que pour l'élection de la Convention cette même année. En effet, ce mode de suffrage, confirmé par la Constitution de 1793 (An I), ne trouva pas d'occasion d'être appliqué puisqu'aucune élection législative n'eut lieu avant que la Constitution, suspendue d'application, ne soit remplacée en 1795, date à laquelle le Directoire revint au suffrage censitaire. Le Consulat et l'Empire rétablirent officiellement le suffrage universel, mais en fait il n'avait guère d'utilité que pour les référendums. En effet, les membres du Parlement étaient désignés par le Sénat sur des "listes de confiance" dont le peuple désignait les membres : il n'y avait donc pas, à proprement parler, d'élections législatives. Rétabli à la Restauration en 1814, le suffrage censitaire fut, en fait, maintenu jusqu'en 1848. Du reste, les révolutions de 1830 et 1848 trouvèrent leur origine dans une contestation de ce système. En 1830, le Roi Charles X ne voulait plus admettre la patente parmi les impôts pris en compte pour le cens, ce qui excluait des votants, déjà très peu nombreux (on compte en effet 72.000 électeurs en 1814) les commerçants et industriels qui fomentèrent la Révolution. En 1848, sous la monarchie de Juillet, la situation n'avait guère évolué, puisque l'on recense en 1845 à peine plus de 241.000 électeurs. C'est d'ailleurs à la suite du refus de Guizot d'admettre l'abaissement du cens que le régime fut renversé.

Dès le 5 mars 1848, le suffrage universel fut proclamé en France pour y rester définitivement en vigueur. Encore doit-on noter qu'il s'agira pendant très longtemps du suffrage universel masculin. Il faudra attendre l'ordonnance du 21 avr. 1944 pour que les femmes bénéficient de ce droit et puissent voter pour la première fois aux élections municipales du 29 avr. 1945.

Enfin, l'âge de la majorité civique, longtemps fixé à 21 ans, sera abaissé à 18 ans par la loi du 5 juill. 1974.

Ces dispositions ne s'appliquent pour l'essentiel qu'aux seuls Français. Les étrangers n'ont pas le droit de vote en France sauf les citoyens de l'Union résidant en France pour les élections municipales (art. 88-3 C.) et pour les élections au Parlement européen (L. n° 77-729 du 7 juill. 1977). Une loi organique a ajouté les dispositions nécessaires au code électoral. On rappellera que la mise en œuvre de ce droit était subordonnée à un vote positif du Sénat (cf. p. 195) en raison de l'influence que cette modification pouvait avoir sur la composition de son collège électoral. (cf. p. 229 et la note n° 2). En dehors de cette hypothèse, sont donc privés du droit de vote, les mineurs de moins de 18 ans, les majeurs sous tutelle ou les personnes condamnées à la privation des droits civiques.

Une seule formalité sera exigée des électeurs : l'inscription sur les listes électorales qui, bien que le vote soit facultatif, est, elle, obligatoire (art. L. 9 C. élect.). L'inscription a lieu en principe dans la commune du domicile. Un mécanisme d'inscription automatique dans la commune du domicile est mis du reste en place pour les personnes qui remplissent la condition d'âge depuis la dernière clôture définitive des listes électorales ou qui la rempliront entre la clôture définitive et la date du prochain scrutin (art. L. 11-1 C. élect.). On peut toutefois se faire inscrire dans une commune où l'on paye une contribution directe depuis plus de quatre ans (art. L. 11 C. élect.). Les Français de l'étranger s'inscrivent entre autres dans la commune de leur naissance ou de leur ancien domicile ou de celui de leurs descendants ou ascendants (art. L. 12 C. élect.).

Le suffrage universel est nécessairement instauré pour assurer la représentation du peuple ou de la Nation dans les chambres mises en place sous la nouvelle République ; l'affirmation de ce principe minimum de la démocratie est garantie dès l'**art. 24 C**.

B. Les conditions d'éligibilité

Pourtant, si, selon ce principe et dans les limites ci-dessus énoncées, tout le monde vote, les électeurs ne sont pas pour autant tous éligibles. En effet, certains Français ne peuvent prétendre à représenter leurs concitoyens : ils sont inéligibles.

L'inéligibilité est la condition des personnes à qui il est interdit d'être candidates aux élections. L'inéligibilité peut résulter du fait qu'une personne ne remplit pas les conditions prévues par la loi pour être éligible, mais elle peut également résulter d'une décision de justice et constituer alors une sanction.

La condition première pour être éligible est, bien sûr, d'être électeur dans le cadre de l'élection considérée.

Sont inéligibles les personnes que le Conseil constitutionnel a déclarées inéligibles pour infraction aux règles relatives au financement des campagnes électorales (cf. p. 220 et 413). Enfin, certaines personnes sont inéligibles dans certaines circonscriptions du fait de l'influence qu'elles y exercent ou ont pu y exercer dans le cadre des fonctions publiques qui y étaient les leurs (préfets, recteurs, magistrats, officiers exerçant un commandement territorial...). Outre ces règles applicables pour toutes les élections parlementaires, il existe des conditions spécifiques selon l'assemblée considérée en particulier quant à l'âge des candidats (18 ans à l'AN et 24 ans au Sénat[1]). Enfin, des conditions d'éligibilité particulières ont été introduites pour les citoyens de l'Union résidant en France, candidats aux élections municipales ainsi que des interdictions spéciales affectant ces ressortissants lorsqu'ils sont élus : ceux-ci ne peuvent être ni maire, ni adjoint.

C. La question de la représentativité des représentants : la parité homme/femme.

Les représentants élus doivent-ils, pour assurer la meilleure représentation possible, être d'une fidélité parfaite au souverain ? Nous avons dit que cette question ne se pose certainement pas dans le cadre du suffrage restreint (censitaire par exemple) puisque les élus comme les électeurs, bien qu'issus d'une partie réduite de la population, représentent l'ensemble de la Nation (cf. p. 207). En revanche, dans le cadre du suffrage universel, une telle question peut apparaître. Elle est surtout sensible du fait de la « masculinisation » importante des fonctions politiques. Peut-on se satisfaire, pour représenter la population, nécessairement composée d'une proportion à peu près égale d'hommes et de femmes, de ne voir siéger au Parlement que des hommes ? Or, force est de constater que la proportion de femmes dans les enceintes politiques est particulièrement faible.

La question est déjà sensible s'agissant des membres du Gouvernement. Nous avons vu que le Premier ministre est, dans ce cadre, l'artisan d'un subtil dosage politique, géographique, mais aussi « sexuel » (cf. p. 102) ; pourtant, s'agissant de nomination, elle peut se régler facilement. En matière d'élection, les choses sont plus délicates. Non seulement il faut qu'il y ait des candidates, mais encore faut-il qu'elles soient élues.

Une première tentative dans ce sens avait été entreprise dès les débuts du premier septennat de F. Mitterrand. Le législateur avait adopté une loi fixant un quota de candidat par sexe pour les élections municipales ; les listes ne pouvaient pas comporter plus de 75 % de candidats d'un même sexe. Le Conseil constitutionnel devait censurer cette disposition estimant qu'une distinction des candidats par sexe était contraire au principe d'égalité des citoyens qui s'oppose à toute division par catégories des électeurs et des éligibles (Cons. const. 82-146 DC §§5 et s., 18 nov. 1982, Quotas par sexes). Il ne pouvait donc être question d'avancer dans ce domaine sans réviser la Constitution[2].

C'est ce qui fut entrepris par le Gouvernement Jospin pour aboutir, après quelques péripéties sénatoriales, à la LC du 8 juill. 1999 (cf. p. 381) qui ajoute un nouvel alinéa à l'art. 3 C. Compte tenu de la difficulté à imposer quoi que ce soit dans ce domaine, il est prévu que la loi « favorise l'égal accès des hommes et des femmes aux mandats électoraux et fonctions électives ». En juillet 2008, le constituant étendait ce principe d'égal accès « aux responsabilités professionnelles et sociales »[3], déplaçant l'ensemble à l'art. 1er C. Les partis politiques sont chargés de la mise en œuvre de ce principe (art. 4 C.).

La solution retenue dépend principalement du mode de scrutin mis en œuvre. S'agissant des scrutins de listes (art. L. 308 C. élect.), l'écart entre les candidats de chaque sexe ne peut être supérieur à un. Lorsque ces élections se déroulent à la proportionnelle, comme c'est le cas des élections sénatoriales dans les départements élisant plus de deux sénateurs (cf. p. 229), chaque liste doit être composée en alternance par un candidat de chaque sexe selon le principe dit « cha-ba-da »[4]. De ce fait, jusqu'en 2012, la proportion de femmes au Sénat a été plus élevée qu'à l'Assemblée nationale. Pour les élections législatives, s'agissant d'un scrutin uninominal, il n'était pas possible de prévoir un mécanisme du même type. C'est donc en utilisant le principe de sanctions financières que le législateur espère encourager les partis politiques à respecter la parité. Ainsi, depuis les élections légi-

---

[1] Art. LO 127 (pour l'AN) et LO 296 (pour le Sénat) C. élect.

[2] Le Conseil constitutionnel réaffirme sa position au moment même où une révision sur ce sujet est en cours en assortissant celle-ci de la formule « en l'état » pour bien montrer qu'une révision de la Constitution lui permettra de modifier sa jurisprudence (Cons. const. 98-407 DC §12, 14 janv. 1999, Elections des conseillers régionaux).

[3] Le Conseil constitutionnel avait en effet estimé que ce principe n'avait pas à s'appliquer en dehors de la sphère politique (Cons. const. 2001-445 DC §58, 19 juin 2001, Statut de la magistrature XVIII).

[4] En évocation de la musique écrite par F. Lai pour le film de C. Lelouch « un homme, une femme », palme d'or à Cannes en 1966.

slatives de 2012, l'écart entre le nombre de candidats de chaque sexe ayant déclaré se rattacher à un parti ne doit pas dépasser 2 % du nombre total de ses candidats, sinon le montant de la première fraction de l'aide publique qui est attribuée à ce parti (cf. p. 221) est diminué d'un pourcentage égal aux trois quarts de cet écart rapporté au nombre total de ces candidats (L. n° 2007-128 du 31 janv. 2007). Ce pourcentage sera porté à 150 % lors du prochain renouvellement général de l'Assemblée nationale (L. n° 2014-873 du 4 août 2014). Le bilan, s'agissant de l'Assemblée nationale, n'a pourtant pas porté les fruits que l'on pouvait en attendre. De 62 députées sous la XI° législature (10,7 %), on est passé à 67 (11,9 %) sous la XII°, 107 (18,5 %) sous la XIII° et à 155 (28,9 %) sous la XIV°. C'est en particulier, avec le Parti socialiste que le nombre de députées s'accroit. En effet, lors des législatives de 2007, l'UMP n'avait pas fait mystère que les sanctions financières ne l'inciteraient pas à présenter plus de candidates dans des circonscriptions « gagnables », préférant obtenir des sièges quitte à y perdre (un peu, pour l'instant) sur le plan financier.

D. Les partis politiques

L'étude des partis politiques relève généralement de la science politique. Il n'est pourtant plus possible, sous la V° République, de les négliger totalement dans le cadre d'un enseignement de droit constitutionnel. En effet, si les partis politiques sont, par les "groupes" (cf. p. 255) qu'ils constituent à l'Assemblée nationale et au Sénat, un élément essentiel du fonctionnement de l'institution parlementaire, ils sont aussi, et pour la première fois, officiellement inclus dans le dispositif constitutionnel. En effet, l'**art. 4 C.** indique qu'ils « concourent à l'expression du suffrage ». Ainsi, les partis politiques sont en France constitutionnellement reconnus comme un élément d'expression de la démocratie et de représentation du peuple. Mieux, ils sont chargés de mettre en œuvre le principe de parité prévu à l'art. 1er C. dans les conditions que la loi détermine.

Enfin, la révision de juillet 2008, fait de la loi la garante de l'expression pluraliste des opinions et de la participation équitable des partis et groupements politiques à la vie démocratique (art. 4 al. 3 C.). Cet ajout présente plusieurs intérêts. D'abord, il est le fondement d'autres dispositions constitutionnelles qui vont en fait permettre de donner à l'opposition des droits qui lui étaient refusés jusque là (cf. p. 214 et 258). Ensuite, il permettra de justifier un certain nombre de revirements de jurisprudence. En effet, jusqu'alors, partant du principe de l'égalité de citoyens, il n'était pas possible de traiter leurs représentants ou leurs moyens d'expression autrement que sur un strict pied d'égalité. Il est désormais possible de faire plus pour ceux qui déclarent appartenir à l'opposition. Enfin, il permettra aussi, même si cela conduit à des situations contestables comme nous le montrerons (cf. p. 257), le respect des minorités, y compris au sein de la majorité. Pourtant, même si les partis politiques se créent librement permettant la constitution d'une infinité de partis, force est de constater que la V° République contribue à la bipolarisation de la vie politique française (1.) accordant plus de droits encore aux partis représentés au Parlement, lieu où se déterminent les notions de groupes d'opposition et de groupes minoritaires (2.).

1. L'inéluctable bipolarisation de la vie politique

La Constitution ne fixe qu'une limite à la création et au fonctionnement libre des partis politiques : ils doivent respecter les principes de la souveraineté nationale et de la démocratie. Bref, pour paraphraser une formule de Saint-Just sous la Révolution, « pas de liberté pour les partis hostiles à la liberté ». Dès lors qu'ils respectent ces principes, les partis politiques se forment et exercent leur activité librement. Ce sont en fait des associations de la loi de 1901. Ils ont la personnalité morale et peuvent ester en justice. Ils ont le droit d'acquérir à titre gratuit ou à titre onéreux des biens meubles ou immeubles ; ils peuvent effectuer tous les actes conformes à leur mission et notamment créer et administrer des journaux et des instituts de formation conformément aux dispositions des lois en vigueur (art. 7 L. 88-227).

Le nombre des partis ou groupements politiques est donc, en France, extrêmement important. En effet, à côté des grandes formations représentées au Parlement et qui, pour la plupart, disposent d'un groupe parlementaire (on utilise l'appellation de « groupe politique » : cf. p. 255), il existe une multitude de formations parfois marginales et une nébuleuse de groupuscules. Pourtant, la situation des partis politiques a fondamentalement changé par rapport aux Républiques antérieures.

Nés avec la liberté d'association (loi du 1er juill. 1901), les partis politiques étaient nombreux aussi sous la III° République. Si le "Parti radical" fut le premier parti français puisque créé dès 1901 (il apparaissait alors comme un parti progressiste), il fut rejoint dès 1905 par un Parti Socialiste dit SFIO (Section Française de l'Internationale Ouvrière) qui, en 1920, se scindait en deux, conduisant à la création du Parti Communiste Français. En dehors de ces grandes formations, les partis politiques de la III° République n'étaient que des organisations marginales, obtenant quelques députés à la Chambre. C'était en particulier le cas de formations de droite qui n'avaient pas su s'organiser en grands partis modernes comme il en existait dans les autres démocraties de l'époque. Mais les modes de scrutin et la faiblesse de l'organisation du travail parlementaire permettaient à ces groupes restreints d'exister, en particulier en monnayant leur soutien pour la constitution des gouvernements de coalition. Les "combinaisons" gouvernementales finissaient donc souvent par s'organiser autour du Parti radical qui pouvait tout à la fois trouver des appuis à gauche et à droite de par son attitude que nous qualifierions aujourd'hui de "centriste". On parlera donc souvent à cette époque de la "République Radicale". Cette multiplicité des partis représentés au Parlement (ils furent plus de 10 en 1932) était aussi une des causes de l'instabilité gouvernementale, les accords passés entre les formations résistant rarement aux crises ou à une répartition inéquitable des portefeuilles ministériels.

Sous la IV° République, le paysage politique change. L'influence et le rôle du Parti radical se restreignent et d'autres formations voient le jour. En particulier, à côté de la SFIO et du Parti Communiste, naît un parti chrétien, le MRP (Mouvement Républicain Populaire) qui fait apparaître en France une période de tripartisme. Le renvoi des ministres communistes par Ramadier en 1947 rompt avec ce phénomène ; le rôle des formations marginales reprend et, avec lui, l'instabilité. En fait, la IV° République souffre aussi de l'inexistence d'un fort parti conservateur moderne, malgré la création en 1947 d'un parti gaulliste, le RPF (Rassemblement du Peuple Français), qui disparaîtra rapidement faute de pouvoir combattre les gouvernements de la IV° République sans y participer.

C'est avec la naissance de la V° République que le paysage va complètement changer. Le retour au pouvoir de Charles De Gaulle et la mise en place de la nouvelle Constitution permettaient la création du parti que la droite moderne et modérée avait toujours cherché : l'Union pour la Nouvelle République. L'appellation de cette formation se modifiera, son gaullisme s'atténuera, mais elle restera le grand parti conservateur français sous le nom de RPR (Rassemblement Pour la République) qui se fond en 2002 dans l'UMP [Union pour un Mouvement Populaire] avant de devenir LR (Les Républicains) en 2015. Outre cet apport nouveau, la mise en place d'un scrutin majoritaire à deux tours aux législatives et plus encore l'élection au suffrage universel direct du Président de la République vont conduire à une bipolarisation de la vie politique, obligeant, puisque en toute hypothèse il ne reste que deux candidats au second tour de la présidentielle, les partis à s'allier. C'est ainsi que le Parti Socialiste, issu de la vieille SFIO, et le Parti Communiste constituèrent un temps "l'Union de la gauche". C'est ainsi que les partis centristes se regrouperont dans une "Union pour la Démocratie Française" (UDF) pour pouvoir rivaliser avec le RPR et constituer avec lui une alliance équilibrée. Pourtant l'UDF est fragile. Dès 2002, une partie des élus UDF soutiendra J. Chirac dès le premier tour de la présidentielle avant de se fondre dans l'UMP. En 2007, plus rares sont les élus UDF qui se rallient à N. Sarkozy au premier tour. Pourtant, malgré le bon score de F. Bayrou et face à sa volonté affirmée de ne pas donner de consigne de vote en faveur de N. Sarkozy pour le second, ils ne resteront qu'une poignée à ne pas se rallier au second tour au candidat de l'UMP. Ces ralliés composeront du reste un nouveau parti le « Nouveau Centre » et seront seuls à pouvoir constituer un groupe politique centriste à l'Assemblée nationale lors de la XIIIe législature. Les UDF fidèles à F. Bayrou regroupés dans le MoDem (Mouvement Démocrate) ne seront plus que quatre députés. La présidentielle de 2012 devait encore confirmer ce mouvement. Le Centre rallié à l'UMP n'est pas parvenu à présenter de candidat (J.-L. Borloo, un temps pressenti, n'a pas donné suite et H. Morin n'est pas parvenu à obtenir les soutiens nécessaires, y compris parmi les députés « Nouveau Centre ») ; F. Bayrou, arrivé seulement en cinquième position lors du premier tour de la présidentielle, ayant cette fois indiqué qu'il voterait en faveur de F. Hollande au second tour de la présidentielle, le divorse d'avec le centre droit était consomé. F. Bayrou n'est, du reste, pas parvenu à conserver son siège de député lors des législatives[1]. A l'issue de cette élection, les différents partis de centre droit se sont regroupés, à l'initiative de J.-L. Borloo, dans l'UDI (Union des démocraties indépendants) désormais présidée par J.-C. Lagarde et très clairement alliée à LR.

Ces évolutions confirment bien la bipolarisation de la vie politique. Qu'il s'agisse de l'élection présidentielle ou des élections législatives, le mode de scrutin majoritaire résume souvent le débat politique à un duel « droite » - « gauche ». En fait, se trouvent désormais pénalisés les partis qui n'ont pas de "présidentiable" ou qui ne peuvent trouver d'alliés dans l'un des deux pôles pour être représentés au Parlement. C'est cette situation qui élimine radicalement (du moins, en principe) les écologistes[2], les « centristes »[3] et le Front National de toute représentation parlementaire ; on comprend pourquoi ces mouvements sont de farouches partisans de la mise en place d'un scrutin proportionnel (cf. p. 233).

Le paysage politique paraît donc maintenant plus simple, mais aussi plus stable. Si cette bipolarisation a facilité la stabilité gouvernementale, elle a aussi rendu possible l'alternance politique réelle entre la « gauche » et la « droite », alternance en fait inconnue des Républiques antérieures.

2. Les partis politiques représentés au Parlement

Il faut admettre que les partis représentés au Parlement sont mieux traités que les autres.

D'une part, le financement public les favorise (cf. p. 221) et les mécanismes retenus pour les campagnes électorales (et référendaires) leur accordent de plus grandes possibilités d'expression en leur attribuant un temps d'antenne supérieur. Le Conseil constitutionnel estimait pourtant que ces privilèges ne portaient atteinte ni à l'égalité entre les partis ni au principe constitutionnel du pluralisme des courants d'idées et d'opinions (Cons. const. 2000-23 REF, 23 août 2000, *Larrouturou*), dès lors que les critères retenus permettaient que les différentes prises de positions soient portées à la connaissance des électeurs (Cons. const. 2000-25 REF, 6 sept. 2000, *Pasqua*). Il n'est pas certain que cette jurisprudence puisse se maintenir en l'état avec la révision de juillet 2008 qui garantit désormais l'expression pluraliste des opinions.

D'autre part, les règlements des assemblées qui, depuis la révision de juillet 2008, déterminent les droits des groupes politiques, reconnaissent des droits spécifiques aux groupes d'opposition ainsi qu'aux groupes minoritaires (art. 51-1 C.). C'est à l'Assemblée nationa-

---

[1] L'UMP a présenté un candidat contre lui en représailles de son choix « personnel » en faveur de F. Hollande ; le PS a maintenu le sien qui a été élu.

[2] Si des députés écologiques ont pu être élus dans le cadre de la XI° Législature, c'est à la suite d'une entente avec le Parti Socialiste qui a accepté que, dans certaines circonscriptions, des « verts » soient candidats uniques de la Gauche. Un accord du même ordre a été signé pour les législatives de 2012. Il leur a permis de consituter un groupe parlementaire. Le départ du parti de certains élus pourrait, en particulier au Sénat, compromettre la pérennité de ces groupes.

[3] Si le « Nouveau Centre » a pu obtenir un résultat satisfaisant en 2007, c'est essentiellement parce que l'UMP n'a pas présenté de candidats dans les circonscriptions où un ancien UDF rallié à N. Sarkozy se présentait. Il en a été de même avec nombre des députés qui constituent sous la XIVe législature le groupe « Union des démocrates et indépendants ».

le que ces dispositions sont les plus nombreuses. Le Conseil constitutionnel s'assure qu'il n'est pas porté atteinte à ces droits en vérifiant que les dispositions des règlements des assemblées en la matière ont été respectés (Cons. const. 2013-669 DC §7, 17 mai 2013, Mariage des couples de même sexe).

§3. La transparence de l'expression du souverain

Depuis les lois ordinaire et organique du 11 mars 1988 jusqu'à celle du 10 avr. 1996, en passant par les lois du 29 janvier 1993 et du 15 janvier 1995, le législateur a mis en place un dispositif tendant à assurer une certaine moralisation financière de la vie politique. Ces dispositions, qui figurent pour l'essentiel aux art. L. 52-4 et suivants du code électoral visent tout à la fois à assurer la transparence financière de la vie politique (A) et à limiter le montant des dépenses électorales (B).

A. La transparence de la vie politique

En matière de **transparence financière**, le législateur s'est orienté dans deux directions principales : assurer un contrôle de la situation financière des élus et des responsables politiques (1) et régir les modalités de financement, tant des partis politiques que des campagnes électorales (2).

1. Le contrôle de la situation financière des élus et des responsables politiques

Depuis plusieurs années, la question de la probité des responsables politiques est devenue centrale. A la suite du scandale de « l'affaire cahuzac » (2013), deux textes (LO n° 2013-906[1] et L. 2013-907 du 11 oct. 2013) ont été adoptés pour tenter de régler, de manière pérenne[2], cette question. Si la situation du Président de la République est toujours réglée par des dispositions spécifiques (art. 3-I de la loi du 6 nov. 1962 modifiée ; cf. p. 44), les nouveaux textes s'adressent autant aux membres du Gouvernement (cf. p. 104) qu'aux parlementaires. Pour s'assurer de la probité et de l'intégrité des parlementaires et prévenir les conflits d'intérêt, il est prévu que les parlementaires déposent deux déclarations auprès d'une autorité administrative indépendante : la Haute Autorité pour la transparence de la vie publique (HATVP) (a). Par ailleurs, les assemblées s'étaient déjà dotées de mécanismes de prévention des conflits d'intérêts désormais consacrés par la loi (b) et d'un mécanisme encacrant les représentations d'intérêts (c).

a) Les déclarations exigées des parlementaires

Les parlementaires doivent déposer auprès de la HATVP une déclaration exhaustive, exacte et sincère de la situation patrimoniale (dont le contenu est défini au II. de l'art. LO 135-

---

[1] S'agissant des dispositions applicables aux parlementaires, et bien que l'art. 25 C. ne comporte aucune mention de ces questions, le Conseil constitutionnel a estimé que des dispositions relatives aux conflits d'intérêts ou à la situation patrimoniale des membres du Parlement relèvent de la compétence du législateur organique en application de cet art. en rattachant ces questions au régime des incompatibilités (Cons. const. 2013-675 DC §25, 9 oct. 2013, LO relative à la transparence de la vie publique).

[2] S'il existait déjà des obligations imposées aux responsables politiques, celles-ci de toute évidence, n'avaient pas permis d'éviter ce scandale. Les principaux responsables politiques étaient soumis à l'obligation de déposer une déclaration de situation patrimoniale lors de leur entrée en fonction et une nouvelle fois après la cessation des fonctions. Outre le Président de la République, cette règle s'appliquait aux députés et sénateurs (art. LO 135-1 C. élec.), aux membres du Gouvernement (art. 1er Loi du 11 mars 1988) ainsi qu'aux Présidents des conseils régionaux et généraux et aux maires des communes de plus de 30.000 habitants (art. 2 Loi du 11 mars 1988). La loi n° 95-126 du 8 févr. 1995 a étendu cette obligation aux titulaires de certaines fonctions au sein d'établissements et entreprises publics. Le dépôt des déclarations et des éléments de variation du patrimoine s'effectue auprès de la Commission pour la transparence financière de la vie politique (sauf pour le Président de la République qui dépose auprès du Conseil constitutionnel) qui est ainsi en mesure d'apprécier l'éventuel écart frauduleux du patrimoine concerné. Le défaut de dépôt entraîne une inéligibilité d'un an pour les parlementaires (art. LO 128 C. élec.) et pour les élus locaux (art. L 195 *in fine* C. élec.) ; cependant, cette sanction ne se retrouve pas pour le Président de la République.

1 C. élect.) et une déclaration faisant apparaître les intérêts détenus à la date de leur élection et dans les cinq années précédant cette date ainsi que la liste des activités professionnelles ou d'intérêt général, même non rémunérées, que le parlementaire envisage de conserver (dont le contenu est défini au III. de l'art. LO 135-1 C. élect.). Cette dernière déclaration est en outre adressée au Bureau de l'assemblée concernée. Toute modification substantielle affectant l'une ou l'autre de ces déclarations doit être déclarée par le parlementaire et une nouvelle déclaration de situation patrimoniale doit être déposée sept mois au plus tôt et six mois au plus tard avant l'expiration du mandat. Elle récapitule les revenus perçus depuis le début du mandat et présente les évènements majeurs ayant affecté la composition du patrimoine du parlementaire depuis la précédente déclaration.

L'omission de déclarer une partie substantielle de son patrimoine ou de ses intérêts ou la remise d'une évaluation mensongère de son patrimoine fait l'objet d'une sanction pénale (emprisonnement et amende) et peut, à titre de peine complémentaire, conduire au prononcé de l'interdiction des droits civiques et l'interdiction d'exercer une fonction publique.

En application de l'article LO 135-2 C. élect., une publicité des déclarations est organisée. Les déclarations d'intérêts et d'activités font, après vérification, l'objet d'une publication par la HATVP ; les déclarations de situation patrimoniale, assorties de toute appréciation de la HATVP qu'elle estime utile quant à leur exhaustivité, leur exactitude et leur sincérité, après avoir mis le parlementaire intéressé à même de présenter ses observations, sont, aux seules fins de consultation, tenues à la disposition des électeurs inscrits sur les listes électorales. Tout électeur peut adresser à la HATVP toute observation écrite relative aux déclarations d'intérêts et d'activités et aux déclarations de situation patrimoniale. Dans les deux cas, certaines mentions contenues dans les déclarations ne peuvent être rendues publiques.

Dans tous les cas où elle a relevé, après que le parlementaire a été mis en mesure de produire ses observations, un manquement à l'une des obligations prévues ou des évolutions de patrimoine pour lesquelles elle ne dispose pas d'explications suffisantes, la HATVP transmet le dossier au parquet (art. LO 135-5 C. élect.) et saisit le bureau de l'assemblée concernée (art. LO 136-6 C. élect.).

Le Conseil constitutionnel (Cons. const. 2013-675 DC §28 et s., 9 oct. 2013, LO relative à la transparence de la vie publique) s'est attaché, à vérifier que le contenu des déclarations ainsi exigées n'était pas contraire à la Constitution au regard du motif d'intérêt général que constitue l'objectif de renforcer les garanties de probité et d'intégrité des parlementaires, de prévention des conflits d'intérêts et de lutte contre ceux-ci. Il a, d'une part, vérifié que le contenu des déclarations était constitutionnel. Il a ainsi estimé que, dans le cadre de la déclaration d'intérêts et d'activité, l'obligation de déclarer les activités professionnelles exercées par les enfants et les parents du déclarant portait une atteinte disproportionnée au respect de la vie privée (art. 2 DDH). De même, l'exigence d'avoir à indiquer les « autres liens susceptibles de faire naître un conflit d'intérêts » sans donner d'indication sur la nature de ces liens et les relations entretenues par le déclarant avec d'autres personnes qu'il conviendrait d'y mentionner était trop imprécis au regard des exigences de l'article 8 de la DDH pour que l'absence de renseignement de cette rubrique puisse être punissable. A l'inverse, est suffisamment précise, au regard du même principe de légalité des délits et des peines, la mention « autres biens » figurant au 9° du II de l'article LO 135-1 C. élect. Le législateur a entendu par là exiger que soient inclus dans la déclaration de patrimoine tous les éléments du patrimoine d'une valeur substantielle, avec en particulier les comptes courants de société et les options de souscription ou d'achat d'actions ; il appartiendra au décret en Conseil d'État prévu par le IV. du même article de fixer la valeur minimale de ces autres biens devant figurer dans la déclaration.

Il s'est assuré, d'autre part, de la constitutionnalité des règles mises en place pour assurer la publicité de ces déclarations. Il a estimé que, eu égard à la situation particulière et aux prérogatives des membres du Parlement, le législateur n'a violé aucune disposition constitutionnelle en prévoyant une publication des déclarations d'intérêts et d'activités des membres du Parlement et une publicité de leurs déclarations de situation patrimoniale sous la forme d'une consultation par les électeurs.

La Haute Autorité pour la transparence de la vie publique (HATVP)

Créée par la loi n° 2013-907 du 11 oct. 2013, la HATVP est une autorité administrative indépendante qui remplace la Commission pour la transparence financière de la vie publique.

a) Généralités

La HATVP est composée d'un président (J.L. Nadal), nommé par décret du Président de la République selon la procédure prévue par l'art. 13 C., de deux conseillers d'État, élus par le Conseil d'État, deux conseillers à la Cour de cassation, élus par la Cour, deux conseillers-maîtres à la Cour des comptes, élus par la Chambre du Conseil, deux personnalités qualifiées nommées respectivement par le président de l'Assemblée nationale et du Sénat après avis conforme de la commission permanente de l'assemblée concernée chargée des lois constitutionnelles, rendu à la majorité des trois cinquièmes des suffrages exprimés. Les six membres élus le sont selon les principes de parité. Le mandat est de six ans, non renouvelable. Le président, qui fixe l'ordre du jour et convoque la HATVP, a voix prépondérante en cas de partage égal des voix.

Elle est principalement chargée[1]

- de vérifier, contrôler et le cas échéant rendre publiques les déclarations de situation patrimoniale et les déclarations d'intérêts transmises par les parlementaires, les membres du Gouvernement, les représentants français au Parlement européen, les présidents des exécutifs locaux les plus importants, les collaborateurs du Président de la République et des présidents des assemblées parlementaires ainsi que certains titulaires de fonctions ou d'emplois publics ;
- de se prononcer sur une situation de conflit d'intérêts et, le cas échéant, sauf pour les parlementaires nationaux, de faire injonction d'y mettre fin ;
- de se prononcer sur la compatibilité d'une activité libérale ou d'une activité rémunérée au sein d'un organisme ou d'une entreprise exerçant son activité dans un secteur concurrentiel avec des fonctions gouvernementales ou des fonctions de président des exécutifs locaux les plus importants dans les trois années précédant le début de l'activité.

b. Rôle s'agissant des Parlementaires

S'agissant des parlementaires, la HATVP est investie d'un pouvoir d'examen des déclarations que les parlementaires sont obligés de déposer, d'un pouvoir d'injonction dans le cadre de cet examen et peut assortir les déclarations de toute appréciation. Elle peut encore contrôler la variation de la situation patrimoniale des députés et des sénateurs et est investie du pouvoir de leur adresser des injonctions afin qu'ils complètent leur déclaration ou apportent les explications nécessaires. Elle peut encore en cas de manquements aux obligations de déclaration ou de méconnaissance d'une injonction adressée, saisir le Bureau de l'assemblée et transmettre le dossier au parquet ; elle peut également saisir le parquet lorsque la variation de la situation patrimoniale n'est pas justifiée (art. LO 135-4 à 135-6 C. élect.). En revanche, elle ne peut enjoindre à un parlementaire de mettre fin à une situation de conflit d'intérêt.

Le Conseil constitutionnel s'est assuré que les pouvoirs ainsi attribués à la HATVP ne violaient aucune disposition constitutionnelle et en particulier ne portaient pas atteinte au principe de séparation des pouvoirs. Le Conseil constitutionnel a estimé que les pouvoirs de la HATVP n'étaient pas incompatibles avec le principe de la séparation des pouvoirs en émettant cependant une réserve s'agissant de ses pouvoirs d'injonction. Estimant que le principe de séparation des pouvoirs faisait obstacle à ce qu'une autorité administrative, même indépendante, puisse adresser à un parlementaire une injonction en lien même indirect avec l'exercice de son mandat, le Conseil devait distinguer selon que les injonctions de la HATVP étaient relatives à la déclaration patrimoniale ou à la déclaration d'intérêts et d'activités. Si dans le premier cas le pouvoir d'injonction ne porte pas atteinte au principe de séparation, il a jugé que ce principe ne saurait, dès lors que la déclaration d'intérêts et d'activités porte notamment sur les activités et liens « susceptibles de faire naître un conflit d'intérêts » avec l'exercice du mandat parlementaire, permettre que la HATVP adresse à un parlementaire une injonction dont la méconnaissance est pénalement réprimée, relative à ses intérêts ou ses activités ou portant sur la déclaration qui s'y rapporte (Cons. const. 2013-675 DC §37, 9 oct. 2013, LO relative à la transparence de la vie publique).

[1] Un règlement fixant les modalités d'organisation et de fonctionnement de la HATVP, ainsi que les procédures qu'elle met en œuvre a été publié au *Journal officiel* du 13 sept. 2015.

b) La déontologie parlementaire

Avant même l'adoption des dispositions rapportées ci-dessus, ont été mis en place, tant au Sénat (art. XX bis IGBS : définissant le conflit d'intérêt et les obligations déclaratives ; art. XX ter IGBS créant le « Comité de déontologie » et publication d'un « Guide des bonnes pratiques ») qu'à l'Assemblée nationale (mise en place d'un « code de déontologie » et d'un « Déontologue » chargé d'en assurer le respect) des mécanismes destinés à prévenir les conflits d'intérêts. Ces dispositifs ont été consacrés sur le plan législatif en 2013 (art. 4 quater, ord. n° 58-1100 du 17 nov. 1958 ajouté par la loi n° 2013-907 du 11 oct. 2013 relative à la transparence de la vie publique). Le Sénat s'est, depuis lors (25 juin 2014), doté également d'une délégation en charge des conditions d'exercice du mandat de sénateur chargée d'examiner les déclarations d'intérêts et d'activités des membres du Sénat au regard des dispositions légales relatives aux incompatibilités parlementaires (art. XX quater IGBS). Désormais, les règlements des assemblées contiennent des articles consacrés à la déontologie qui reprennent certains de ces éléments.

A peu de choses près, les règles sont les mêmes dans les deux assemblées. Ces dispositifs, fondés sur la prévention, prévoient que les parlementaires doivent déclarer les intérêts privés qui pourraient indûment influencer la façon dont ils s'acquittent des missions liées à leur mandat et les conduire à privilégier leur intérêt particulier face à l'intérêt général. Les parlementaires font également figurer dans cette déclaration les intérêts détenus par leur conjoint, leur partenaire de pacte civil de solidarité, leur concubin, leurs ascendants et leurs descendants et doivent déclarer les cadeaux, dons et avantages en nature qu'ils pourraient être amenés à recevoir, dès lors que la valeur de ces invitations, cadeaux, dons ou avantages excède un montant de 150 €. Ils doivent encore déclarer les voyages accomplis à l'invitation, totale ou partielle, d'une personne morale ou physique. On notera simplement que la loi organique reste largement en retrait par rapport aux dispositifs internes aux assemblées. En particulier, elle parle d'« activités » et non d'« intérêts » comme le font les dispositions parlementaires.

Par ailleurs, il faut admettre que le choix par l'Assemblée nationale d'un « Déontologue » extérieur (actuellement F. Melin-Soucramanien), nommé, sur proposition du président de l'Assemblée, à la majorité des 3/5 du bureau après aval d'au moins un président des groupes d'opposition (art. 80-2 RAN) semble assurer une meilleure indépendance à l'institution que celle garantie par un comité interne au Sénat fut-il composé d'un représentant de chaque groupe politique. Du reste, le statut retenu pour ce Déontologue contribue encore à garantir son indépendance (caractère non renouvelable des fonctions, fin des fonctions en cas de manquement ou d'incapacité dans les mêmes formes que sa nomination). Le Conseil constitutionnel a en outre refusé que puisse être étendues au Déontologue, par le règlement de l'Assemblée, les dispositions organiques relatives à la transparence de la vie publique (Cons. const. 11 déc. 2014, n°2014-705 DC §33).

L'article 80-4 RAN prévoit que « *lorsqu'il constate un manquement aux principes énoncés dans le code de déontologie, le déontologue en informe le député concerné ainsi que le Président de l'Assemblée nationale* ». Cela signifie clairement que le Déontologue peut de lui-même se saisir d'une situation potentiellement conflictuelle, sans attendre une saisine d'une quelconque autorité. Par ailleurs, il est permis au Déontologue, dans ce cas, de faire au député concerné toutes les recommandations nécessaires pour lui permettre de se conformer à ses obligations. Une procédure est du reste mise en place désormais permettant au député qui conteste avoir manqué à ses obligations ou estime ne pas devoir suivre les recommandations du Déontologue, de saisir le Président, qui saisit le Bureau afin que celui-ci statue, dans les deux mois, sur ce manquement. Le Bureau peut entendre le député concerné, audition qui est de droit à la demande du député et, lorsqu'il conclut à l'existence d'un manquement, peut rendre publiques ses conclusions, formuler toute recommandation destinée à faire cesser ce manquement et proposer ou prononcer une peine disciplinaire (V. ss. art. 26 Const.). Au Sénat, c'est le Bureau qui veille (art. XX quinquies IGBS) au respect des règles en matière de prévention et de traitement des conflits d'intérêts. Il en contrôle la mise en œuvre. Il recueille l'avis du Comité de déontologie parlementaire du Sénat sur les déclarations d'intérêts et d'activités, sur les déclarations de cadeaux, dons et avantages en nature et sur les déclarations d'invitations à des déplacements financés par des organismes extérieurs au Sénat, dont le Président du Sénat ou le Bureau estime qu'elles pourraient receler une situation potentielle de conflits d'intérêts. Le Bureau ou le Président saisit également le Comité de toute situation potentielle de conflit d'intérêts dont il aurait été informé. Lorsqu'il est saisi, le Comité de déontologie parlementaire en informe le membre du Sénat intéressé et lui donne la possibilité d'être entendu ou de formuler des observations écrites. Son audition, à sa demande, est de droit. Il formule un avis confidentiel, éventuellement assorti de recommandations. Si le Bureau, après avoir le cas échéant entendu le membre du Sénat concerné, conclut à une situation de conflit d'intérêts, il demande à l'intéressé de faire cesser sans délai cette situation ou de prendre les mesures recommandées par le Comité. Cet avis peut être rendu public. Le Bureau peut prononcer des sanctions disciplinaires dans les conditions définies par le RS. Le règlement prévoit du reste toutes les hypothèses dans lesquels il peut être prononcé des sanctions à l'égard des sénateurs qui n'auraient pas respecté les principes déontologiques ou les règles relatives à la prévention des conflits d'intérêts (RS art. 99 ter).

c) Les représentants d'intérêt (lobbying)

Si le lobbying est particulièrement développé au Congrès des Etats-Unis, il est très longtemps resté en France une activité marginale. Pourtant, au cours des dernières décennies, il a pris de l'ampleur obligeant les assemblées à mettre au point des dispositifs pour l'encadrer.

Dans ce domaine, l'Assemblée nationale fut la première à réagir. Le 2 juillet 2009, le Bureau de l'Assemblée a adopté des règles de transparence et d'éthique applicables à l'activité des représentants d'intérêts à l'Assemblée nationale. Ces règles, modifiées en 2013, prévoient que les représentants d'intérêts publics ou privés, peuvent, de droit, être inscrits sur un registre « spécial » en contrepartie de l'engagement de respecter une triple obligation : obligation de transparence, de publicité et de déontologie. Ces représentants d'intérêts bénéficient de badges (1 par organisme) valables une journée, ouvrant des droits d'accès au Palais Bourbon. Les représentants d'intérêts peuvent ainsi accéder à la grande rotonde et au salon de la paix (ils n'ont plus le droit d'accès à la salle des quatre colonnes ni à la salle des pas perdus).

Pour demander à figurer sur cette liste, les représentants d'intérêts doivent, conjointement avec leur employeur, remplir un formulaire donnant des informations sur leurs activités et les intérêts qu'ils défendent. Ils doivent également souscrire au code de conduite adopté par le Bureau. Le Bureau peut décider de retirer de la liste, à titre provisoire ou définitif, le représentant d'intérêts qui n'aurait pas respecté ce code.

Les noms des représentants d''intérêts admis à figurer sur cette liste, ainsi que les intérêts qu''ils représentent, sont mis en ligne sur le site Internet de l'Assemblée nationale.

Ce dispositif n'est évidemment pas exclusif des contacts que les représentants d'intérêts peuvent avoir avec les députés en dehors du Palais Bourbon ou à l'Assemblée nationale sur la base d'un rendez-vous.

Le Sénat allait dans le même sens dès le 7 oct. 2009. Le droit d''accès au Sénat est accordé, dans les conditions déterminées par les Questeurs, aux représentants des groupes d''intérêt inscrits sur un registre public et qui s''engagent à respecter un code de conduite défini par le Bureau (Chapitre XXII bis de l'Instruction générale du Bureau). L'arrêté de la Questure du 1er déc. 2010 précise que la carte d'accès (1 par organisme) est valable un an et permet à son titulaire d'assister à la séance publique depuis les tribunes réservées au public, d'assister aux réunions de commission lorsqu'elles sont ouvertes au public et d'accéder, pendant les horaires d'ouverture du Sénat, à la Salle des Conférences, Galerie des Bustes exclue. Elle permet également l'accès à tout lieu où son titulaire est invité à se rendre par un sénateur, un groupe politique ou les services du Sénat, ainsi qu'aux salles de réunion du Palais du Luxembourg et de ses dépendances, lorsqu'il y est convié par un organisme extérieur habilité à organiser une réunion dans lesdites salles.

Pour le reste les conditions d'obtention et de retrait de la carte sont sensiblement les mêmes que celles fixées pour l'Assemblée nationale. La liste des groupes d'intérêts inscrits sur le registre est consultable sur internet.

2. Le financement de la vie politique

a) Le financement des campagnes électorales

Les dispositions les plus innovantes se situent en matière de financement des campagnes électorales. En effet, si la démocratie a un coût, il importe que celui-ci soit clairement établi afin d'éviter toute forme de malversation ou de corruption. C'est la raison pour laquelle les candidats à toute élection (à l'exception des conseillers départementaux et municipaux dans les circonscriptions de moins de 9000 habitants) doivent se doter d'un mandataire financier (association de financement ou personne physique) chargé de recueillir et de gérer les fonds nécessaires.

La loi régit le volume, l'origine et l'usage des fonds recueillis. Pour les recettes, l'art. L. 52-8 C. élect. prévoit que les dons consentis par une personne physique pour le financement de la campagne d'un ou plusieurs candidats lors des mêmes élections ne peuvent excéder 4.600 €. Les personnes morales, à l'exception des partis ou groupements politiques (y compris créés pour la circonstance, prenant ainsi la forme de comités de soutien), ne peuvent participer au financement de la campagne électorale d'un candidat, ni en lui consentant des dons sous quelque forme que ce soit, ni en lui fournissant des biens, services ou autres avantages directs ou indirects à des prix inférieurs à ceux qui sont habituellement pratiqués. Tout don de plus de 150 € doit être versé soit par chèque, soit par virement, prélèvement automatique ou carte bancaire. Le montant global des dons en espèces faits au candidat ne peut excéder 20 % du montant des dépenses autorisées lorsque ce montant est supérieur ou égal à 15.000 €. Enfin, ces dons ouvrent droit à déduction fiscale dans les mêmes conditions que les dons consentis à des œuvres ou organismes d'intérêt général (art. 200 tiret 3 CGI). Toutes les opérations doivent être effectuées au moyen d'un compte bancaire ou postal dont les relevés seront annexés au compte de campagne du candidat, l'art. L. 52-12 C. élect. prévoyant que chaque candidat[1] ou tête de liste est tenu d'établir un compte de campagne retraçant, selon leur origine, l'ensemble des recettes perçues et, selon leur nature, l'ensemble des dépenses engagées ou effectuées en vue de l'élection hors celles de la campagne officielle, par lui-même ou pour son compte. Afin d'éviter toute dissimulation, il est précisé que le candidat estime et inclut, en recettes et en dépenses, les avantages directs ou indirects, les prestations de services et dons en nature dont il a bénéficié. Le compte de campagne doit être en équilibre ou excédentaire et ne peut présenter un déficit. Le 10°[2] vendredi suivant le permier tour de scrutin où l'élection a été acquise, le compte de campa-

[1] Une dispense est cependant prévue depuis la réforme du 14 avr. 2011 pour les candait ayant recueilli moins de 1 % des suffrages exprimés et n'ayant pas bénéficié de dons de personnes physique ouvrant droit à déduction fiscale.

[2] 15° vendredi pour les candidats à la députation pour représenter les Français établis hors de France (art. L. 330-9-1 C. élect.).

gne et ses annexes, présentés par un membre de l'ordre des experts-comptables, sont transmis à la CNCCFP.

La CNCCFP approuve ou, après procédure contradictoire, rejette ou réforme les comptes de campagne. Lorsque la commission a constaté que le compte de campagne n'a pas été déposé dans le délai prescrit, si le compte a été rejeté ou si, le cas échéant après réformation il fait apparaître un dépassement du plafond des dépenses électorales[1], elle saisit le juge de l'élection et éventuellement le parquet en cas d'infractions pénales. Le juge de l'élection prononce l'inéligibilité du candidat et s'il s'agit d'un candidat élu, annule l'élection (CE 6 déc. 2006, *CNCCFP*, req. n° 294513 : *Lebon T. 882 ; AJDA 2007. 262.* CE 19 juin 2009, *Mme Ollivro*, req. n° 322913 : *AJDA 2009. 1225*) lorsque le compte de campagne a été rejeté à bon droit, en cas de fraude ou de manquement d'une particulière gravité aux règles relatives au financement des campagnes électorales (art. L. 118-3 code élect.). L'inéligibilité est prononcée pour une durée maximale de trois ans et s'applique à toutes les élections mais reste sans effet sur les mandats acquis antérieurement.

Dans les limites fixées à l'art. L. 52-11-1 C. élect., le remboursement total ou partiel des dépenses retracées dans le compte de campagne n'est possible qu'après l'approbation du compte de campagne par la commission. Dans tous les cas où un dépassement du plafond des dépenses électorales a été constaté par une décision définitive, la commission fixe alors une somme égale au montant du dépassement que le candidat est tenu de verser au Trésor public, la décision ainsi prise par la Commission ne constituant pas une condamnation au sens de l'art. 7 Conv. EDH (CE 11 févr. 1998, *Galy-Dejean : Lebon 51* ; Rappr. pour l'inapplicabilité de l'art. 6 §1 dans son volet civil ou pénal : CEDH 21 oct. 1997, *Pierre Bloch c/ France : RFD adm. 1998. 999*). S'agissant de l'élection présidentielle, cette décision peut faire l'objet d'un recours de plein contentieux devant le Conseil constitutionnel (pour une application, cf. p. 44).

b) Le financement des partis et groupements politiques

α) Le financement privé

Un financement privé est évidemment possible, mais il est encadré.

D'une part, il est interdit au personnes morales y compris de droit étranger (CE 8 déc. 2000, *Parti nationaliste Basque, n° 212044 : Lebon 594*) de faire des dons aux partis politiques. Pourtant, cette interdiction ne s'applique pas aux groupements politiques eux-mêmes qui peuvent faire des dons à un autre groupement. D'autre part, les dons des personnes physiques sont plafonnés à 7500 € par personne et par parti (art. 11-4 n° 88-227du 11 mars 1988), les dons en espèce n'étant admis que jusqu'à 150 €.

C'est évidemment dans la combinaison de ces deux dispositions que se trouve la raison de la multiplication récente des « micro-partis ». Une personne physique peut ainsi consentir plusieurs dons à différents groupements qui, ensuite, les reverseront au « grand » parti auquel ils sont politiquement rattachés. Ainsi plus on crée de partis, plus il est possible d'obtenir des dons de « généreux donateurs ».

Ces dons, comme ceux faits dans le cadre des campagnes, ouvrent droit à déduction fiscale dans les mêmes conditions (art. 200 tiret 3 CGI). Simplement, ces partis doivent avoir recours à un mandataire financier pour qu'il soit possible de bénéficier des déductions fiscales.

C'est ainsi que, selon la CNCCFP, on comptait en France en 2013 (publication des comptes la plus récente) 408 partis soumis à l'obligation de déposer leurs comptes. 305 comptes ont été déposés et 298 ont été certifiés sans réserve (Avis publié en annexe au *JO 31 déc.*

---

[1] C'est le cas notamment quand la Commission constate que le montant d'une dépense déclarée est inférieur aux prix habituellement pratiqués ; dans cette hypothèse, elle évalue la différence et l'inscrit d'office dans les dépenses de campagne.

2014). On trouve aussi bien des partis à vocation purement locale (« A Strasbourg » ; « Alliance Populaire pour le Calaisis » ; « Osons Midi-Pyrénées ») que des partis destinés au soutien d'un seul candidat (« Association de soutien à l'action d'E. Woert » qui a son siège à Senlis ; « Association de soutien à l'action de N. Sarkozy » qui a son siège à Neuilly sur Seine ; « Association nationale des amis de N. Sarkozy » qui a son siège à Bruges), les deux ensemble n'étant évidemment pas incompatibles (« Union pour le Val-de-Marne – Christian Cambon »). Mais on trouve également le « Parti Bonapartiste », le « Parti Europe Démocratie Espéranto France » ou encore le « Mouvement Clérocratique »[1].

β. Le financement public

Dès lors que le financement privé des partis et des campagnes électorales fait l'objet de ces limitations, se pose inévitablement le problème du financement des partis et groupements politiques. L'aide publique directe au financement des partis politiques est régie par les art. 8 à 10 de la loi du 11 mars 1988 modifiée. Chaque année, la LF prévoit un montant de crédits affectés au financement des partis et groupements politiques (63.100.722,89 € : D. 2015-53, 23 janv. 2015) ; ce montant est divisé en deux fractions, théoriquement égales (art. 8 de la loi préc.) mais qui ne le sont plus dès lors que s'applique la réfraction due au non respect des dispositions relatives à la parité (art. 9-1 de la même loi).

- La première fraction est repartie proportionnellement au nombre de suffrages obtenus au premier tour des élections législatives dès lors que le parti ou groupement a présenté des candidats dans au moins 50 circonscriptions (ou dans une ou plusieurs collectivités territoriales relevant des articles 73 ou 74 de la Constitution ou en Nouvelle-Calédonie) lors du plus récent renouvellement de l'Assemblée nationale. Seuls les candidats ayant obtenu au moins 1% des *suffrages exprimés* sont pris en compte. La répartition est effectuée proportionnellement au nombre de *suffrages* obtenus au premier tour par chaque parti ou groupement. C'est cette première fraction qui est diminuée dès lors qu'un parti ne met pas en œuvre la *parité* homme/femme. Compte tenu de cet élément elle est de 28.765.387,89 €, répartis entre 28 partis politiques dont 13 partis ayant présentés des candidats dans au moins 50 circonscriptions pour la métropole.
- La seconde fraction (34.335.335 €) est répartie en fonction du nombre d'élus obtenu par les partis et groupements aux élections parlementaires c'est-à-dire du nombre d'élus (au total en 2015, 915, soit 571 députés et 344 sénateurs, soit 25 partis représentés au Parlement : 37524,95 € par élu)[2].

Pour les principaux partis, la répartition donne les résultats suivants :

Année 2015 (résultats électoraux 2012) en Euros pour les principaux partis			
Partis	1ère fraction	2ème fraction	Total
PS	10.024.046,06	14.859.882,69	24.883.928,75
UMP	6.090.411,53	12.420.760,53	18.511.172,06
URCID[3]	942.239,80	1.763.672,95	2.705.912,75
PCF	1.928.808,95	938.123,91	2.866.932,86
EELV	2.086.166,21	1.050.698,78	3.136.864,99
FN	4.921.595,30	150.099,83	5.071.695,13
Part Radical de Gauche	503.037,20	975.648,86	1.478.686,06

[1] En faveur du « tirage au sort ».

[2] Pour la première fois en décembre 2014, la liste nominative des députés et sénateurs avec leur rattachement a été publiée au *Journal Officiel*.

[3] Union des radicaux, centristes, indépendants et démocrates.

Le financement privé obéit à des modalités similaires au financement des campagnes électorales : recours à un mandataire financier (en son absence, les donateurs ne pourront bénéficier de déductions fiscales) et interdiction des dons des personnes morales y compris de droit étranger (CE 8 déc. 2000. *Parti nationaliste Basque : AJDA 2001. 769*).

Les partis bénéficiaires, soit d'un financement public seul, soit d'un financement privé assorti de déductions fiscales, ont l'obligation de tenir une comptabilité. Elle doit retracer tous les comptes du parti lui même ainsi que de tous les organismes, groupements ou sociétés dans lesquels le parti détient plus de la moitié du capital ou des sièges de l'organe d'administration ou exerce un pouvoir prépondérant de décision ou de gestion. Ces comptes sont arrêtés chaque année et certifiés par deux commissaires aux comptes ; ils sont déposés à la Commission qui en assure la publication au *Journal Officiel.* Si la commission constate un manquement aux obligations prévues ci-dessus, le Parti perd le droit, pour l'année suivante, au bénéfice de la répartition de l'aide publique (art. 11-7 L. 88-227). Les partis bénéficiaires de l'aide publique ne sont pas soumis au contrôle de la Cour des comptes (art. 10 al. 2 L. 88-227).

B. La limitation des dépenses de campagne

Quant à l'objectif de limitation des dépenses électorales, il est mis en œuvre par la technique du plafonnement des dépenses de campagne[1] qui varie en fonction de l'élection :

Président de la République	16.851 millions d'€ pour un candidat présent au 1er tour[2] ; 22.509 millions d'€ pour chacun des candidats présents au second tour	Art. L. 52-11 - art. 3 §. II L. 62-1292 du 6 nov. 62 mod.
Députés	38.000 € pour tout candidat plus 0.15 €. par habitant de la circonscription[3]	Art. L. 52-11 C. élect.
Sénateurs	10.000 € par candidat ou liste plus 0,02 € par habitant pour les départements élisant 3 sénateurs ou plus, 0,05 € pour élisant 2 sénateurs ou moins et 0,007 € pour les sénateurs représentants les Français de l'étranger[4].	Art. L. 308-1 C. élect.
Parlement européen	1,15 millions d'Euros par liste	Art. 19-1 L. 7 juill. 1977
Conseillers municipaux, départementaux et régionaux	En fonction du nombre d'habitants de la circonscription	Art. L. 52-11 C. élect.

On mentionnera enfin que, compte tenu de l'interdiction du financement des campagnes et des partis politiques par les personnes morales, les dépenses électorales des candidats font l'objet d'un remboursement forfaitaire (art. L. 52-11-1 C. élect.) de la part de l'Etat égal à 47,5 % de leur plafond de dépenses. Ce remboursement ne peut excéder le montant des dépenses des candidats retracées dans leur compte de campagne et il n'est pas versé aux candidats qui ont obtenu moins de 5 % des suffrages exprimés au premier tour de scrutin ni à ceux qui n'ont pas respecté les règles en matière de plafonnement, de comptes de campagne ou de déclaration de situation patrimoniale. Enfin, et pour éviter toute forme d'enrichissement sans cause, le remboursement n'intervient que pour les dépenses financées par le candidat lui-même, c'est-à-dire par apport personnel ou par l'emprunt.

[1] Ces plafonds résultent d'une actualisation triennale par décret, en fonction de l'indice du coût de la vie de l'INSEE. Cependant, cette actualisation n'a plus lieu depuis 2012 et ne sera reprise que lorsque le déficit des administrations publiques sera nul (art. L. 52-11 C. élect.).

[2] LO 2001-100 du 5 févr. 2001 et Décr. 2009-1730 du 30 décembre 2009.

[3] Décr. n° 2008-1300 du 10 déc. 2008 majore le plafond des dépenses électorales pour les élections législatives d'un coefficient de 1,26 %.

[4] Art.48, L. 2013-659 du 22 juill. 2013

II. LA COMPOSITION DU PARLEMENT

La composition du Parlement ne peut être, dans un régime démocratique, que le résultat d'une élection. Les parlementaires sont donc élus et, en toute logique, élus par le peuple. Du reste, la LC du 3 juin 1958 imposait au constituant, dans les principes qu'elle énonçait, que "seul le suffrage universel est la source du pouvoir".

En effet, comme nous l'avons déjà dit, le Parlement de la V° République est bicaméral et la représentation assurée par chaque chambre ne peut être identique. En outre, bien que le régime actuel de souveraineté nationale confie aussi bien aux députés qu'aux sénateurs le soin de représenter la Nation par des élections, l'Assemblée nationale peut prétendre assurer aussi la représentation du peuple ce que le Sénat, qui ne connaît ni le même système électoral, ni le même mode de scrutin, n'est pas en mesure de faire. Il y a donc nécessité d'étudier distinctement la composition des deux assemblées.

§1. La composition du Sénat

Aucune des raisons traditionnelles justifiant l'existence d'une seconde chambre ne pouvant trouver application ici, le bicamérisme français est le résultat de l'évolution historique et d'un compromis (cf. p. 118 et s.). L'existence de la seconde chambre étant acquise, la logique voulait, dans un Etat unitaire, qu'elle ne soit pas élue sur les mêmes bases que la chambre basse. L'accord se fit donc sur une élection au suffrage indirect. Restait à fixer le mode de scrutin (B) et à confier à la seconde chambre une mission particulière de représentation (A).

> Le Sénat et le Palais du Luxembourg[1]
>
> Le Sénat, assemblée élue au suffrage universel indirect, siège au Palais du Luxembourg. Achevé en 1624, l'édifice fut construit par l'architecte Salomon de Brosse sur un terrain acheté par Marie de Médicis au duc de Piney Luxembourg. En fait, ce Palais est traditionnellement affecté à la chambre haute depuis la loi du 3 nivôse an VIII et fut donc le siège du Sénat conservateur du Consulat et de l'Empire puis de la Chambre des Pairs, du Sénat du Second Empire et de la III° République et enfin du Conseil de la République sous la IV°. L'hémicycle où siègent les sénateurs a été construit sous la Monarchie de Juillet par Alphonse de Gisors et comprend 320 places plus les bancs des ministres et des commissions ; il est couvert par une verrière et entouré de deux étages de galeries pour le public, le corps diplomatique, les invités de marque et la presse. Le fond de l'hémicycle, derrière la tribune des orateurs, est constitué par un plateau surélevé, en cul-de-four, où se trouvent le fauteuil présidentiel et les bureaux des secrétaires. Le Président du Sénat accède à ce plateau directement par la "Galerie des bustes" où deux haies de gardes républicains lui rendent les honneurs. Dans le Palais, d'autres salles sont mises à la disposition des Sénateurs pour leurs travaux : la salle « Médicis », rénovée en 2010, se présente désormais sous la forme d'un petit hémicycle », elle permet, à l'égal de la salle « Lamartine » (cf. p. 231) de l'Assemblée nationale, de siéger en séance plénière lorsque la fréquentation est plus faible ; s'y ajouent encore une bibliothèque de 500.000 volumes, accessible aux Sénateurs, à leur collaborateurs et à quelques chercheurs privilégiés, des salles de conférences et de réunions. En outre, un restaurant, un salon de coiffure et un bar-tabac y sont installés. S'ajoutent à cet immeuble un bâtiment de bureaux situé en face du Palais et les Jardins du Luxembourg (25 hectares d'un parc superbe).
>
> Le Président du Sénat réside au Petit Luxembourg, agréable hôtel particulier qui jouxte le Palais et où résida le duc de Richelieu.

A. La représentation confiée au Sénat

Nous avons déjà montré d'abondance les origines du bicamérisme français (cf. p. 118). Lorsque le Parlement français était bicaméral (ou multicaméral), le rôle confié à la seconde chambre ne fut pas toujours le même.

[1] L'art. 2 de l'ord. du 17 nov. 1958 relative au fonctionnement des assemblées parlementaires fixe l'attribution des palais nationaux aux assemblées. Les locaux du Congrès (cf. p. 373) sont à Versailles.

Afin de tempérer les ardeurs que pouvait provoquer l'élection au suffrage universel sous le Directoire, la Chambre haute, justement dénommée « Conseil des Anciens », connut un âge d'éligibilité plus élevé (40 ans) que la Chambre basse : « Conseil des 500 » (30 ans). Cette volonté n'ayant pas totalement disparu de l'esprit du constituant, on décida en 1958 qu'il fallait être âgé d'au moins 35 ans pour être sénateur.

Par la suite, sous le Consulat et les Empires, le Sénat devait être à la fois le représentant de la noblesse nouvelle de ces régimes et un garant de la constitutionnalité des actes juridiques, même si ce rôle fut plus symbolique que réel (cf. p. 418) et s'exprima surtout lors des révisions de ces constitutions. Ensuite, la seconde chambre fut, sous les Chartes, la chambre de la noblesse, ce que les monarchistes de 1875 tentèrent de rétablir. C'est alors que lui fut confiée la mission de représenter les collectivités locales.

Confirmé par la Constitution actuelle, ce principe confie au Sénat la représentation des collectivités territoriales ; il n'a pas été modifié depuis 1958. Pourtant, il fit l'objet d'un des plus importants projets de modification constitutionnelle déposés sous la V° République. Notons que la modification ne fut pas adoptée.

1. La **tentative** de réforme de 1969

En effet, en 1969, Charles De Gaulle proposait de changer la mission du Sénat en lui confiant la représentation non seulement des collectivités territoriales mais aussi des différentes catégories socio-professionnelles. Cette réforme se basait sur une modification importante de l'organisation des collectivités territoriales (tentative de création des régions) et sur une fusion des rôles de représentation confiés au Sénat et au Conseil Economique et Social (nom que portait ce 'Conseil' à l'époque (cf. p. 226). Elle visait aussi à retirer au Sénat l'essentiel de ses pouvoirs.

a) La tentative de création d'une représentation socio-économique

Il n'y a jamais eu en France de chambre représentant les intérêts économiques ou socio-professionnels. Il s'agit là pourtant d'une idée fort ancienne dont on trouve la première manifestation institutionnelle à l'art. 33 de l'acte additionnel aux Constitutions de l'Empire de 1815. Cette disposition ne connut aucune application concrète. Plus récemment, et dans la genèse directe de l'actuelle Constitution, l'idée est reprise dans le discours de Bayeux du 16 juin 1946 non sous la forme d'une chambre spécialisée, mais d'une prise en compte des préoccupations socio-économiques au sein de la chambre haute.

Lors de la rédaction de la Constitution de 1958, l'idée contenue dans le discours de Bayeux est abandonnée au profit de la création d'un organe ayant pour mission la représentation des intérêts économiques et sociaux mais sans disposer de réels pouvoirs : le Conseil Economique et Social (cf. p. 226).

En 1969, c'est à l'idée première telle qu'elle avait été émise dans le discours de Bayeux que tente de revenir le Général De Gaulle. Le nouveau Sénat, tel qu'il était organisé par la réforme, devait garantir une double représentation. En effet, le projet de LC que refusa le peuple par le référendum du 27 avr. 1969 modifiait la composition du Sénat. Deux catégories de membres y étaient prévues : 173 sénateurs territoriaux et 146 sénateurs socio-professionnels désignés par les organisations professionnelles ou familiales. Cette réforme conduisait normalement à la disparition du Conseil Economique et Social.

Le Conseil Economique, Social et Environnemental (CESE), nouvelle appellation depuis la révision de juillet 2008 de l'ancien 'Conseil Economique et Social', reste donc, à l'heure actuelle, la seule représentation économique prévue par la Constitution mais il ne dispose que de pouvoirs restreints. Organe uniquement consultatif, il est appelé conformément aux **art. 69 C. et 70 C.** à donner son avis sur les textes en projet qui lui sont soumis ou sur des problèmes de caractère économique, social ou environnemental. S'il est consulté sur un texte soumis au Parlement, un membre du Conseil peut être désigné pour venir exposer devant les assemblées l'avis du Conseil. Simplement, la révision de juillet 2008 permet désormais de le saisir par voie de pétition[1] (art. 69 al. 3 C.). La loi organique 2010-704 du 28 juin 2010 précise les modalités d'application de cette disposition (cf. encadré ci-dessous).

[1] Il est interdit d'apporter des pétitions à la barre des deux assemblées parlementaires. Les règlements des assemblées prévoient seulement la possibilité de présenter des pétitions écrites (art. 4 Ord. 58-1100 ; art 147 et s. RAN).

Le Conseil Economique, Social et Environnemental

La première représentation des milieux socio-professionnels est mise en place, en France, sous la III° République. Par un décret du 16 janv. 1925, le Gouvernement Herriot crée le "Conseil National Economique", organe consultatif de 47 membres, chargé de donner des avis au Gouvernement. Consacré par la loi dès 1926, le Conseil voit son organisation remodelée par la loi du 19 mars 1936 qui augmentait sensiblement le nombre de ses membres, l'autorisait à donner des avis au Parlement et le divisait en sections professionnelles.

Ce n'est pourtant qu'en 1946 qu'un organe de représentation de ce type obtenait un statut constitutionnel. Le "Conseil Economique", prévu à l'art. 25 de la Constitution de la IV° République, reste comme son prédécesseur conseiller du pouvoir législatif et du Gouvernement, et devra même, dans certains cas et notamment sur les lois de plan, être obligatoirement consulté. Il obtiendra par des lois ultérieures la possibilité de se saisir lui-même et de faire des suggestions, ce qui devait lui permettre d'avoir une activité soutenue. En effet, il fut très largement boudé par l'Assemblée nationale, qui voyait en lui un organe concurrentiel, mais aussi par le Gouvernement, qui lui préférait d'autres consultants. C'est pourtant à cette époque que le Conseil Economique commença à fonctionner comme une assemblée parlementaire, disposant d'un président et d'un bureau, d'un règlement intérieur, travaillant aussi bien en commission qu'en assemblée plénière.

Très souvent, le Général De Gaulle (comme dans le discours de Bayeux) avait affirmé son intention de privilégier un organe socio-économique et l'on attendait donc de la V° République qu'elle le consacre et lui donne d'importants pouvoirs. La tradition parlementaire et les mécanismes du système électif empêchèrent d'aboutir à faire d'une telle assemblée une des chambres du Parlement. Une nouvelle démarche pour en faire une assemblée législative échouera en 1969 lors de la tentative de révision constitutionnelle (voir ci dessus). C'est donc le choix d'une assemblée consultative n'appartenant pas au pouvoir législatif qui fut retenu : le Conseil Economique et Social. La révision constitutionnelle de juillet 2008 lui ajoutait une compétence environnementale et le transformait en Conseil, Economique, Social et Environnemental (CESE).

Longtemps l'organisation, la composition et le fonctionnement du Conseil étaient restés pratiquement inchangés (LO du 27 juin 1984, modifiée par les LO des 7 nov. 1990, 30 juill. 1992, 5 avr. 2000, 21 févr. 2007 et 28 juin 2010). Le CESE reste donc, même sous la V° République, un organe consultatif à l'activité discrète, conservant, pour l'essentiel, le rôle du Conseil Economique de la IV° République. Il n'a pas le statut d'assemblée parlementaire ; ainsi son règlement intérieur est approuvé par décret (art. 15, ord. n° 58-1360 du 29 déc. 1958. cf. D. 6 sept. 1994). Pourtant, les dispositions de la LO n° 92-730 du 30 juill. 1992 tendent, en ce qui concerne le personnel et les pouvoirs de son Président, à s'approcher des règles applicables à une telle assemblée. Dans le même ordre d'idées on doit signaler que, en 1995, le Ministre des Relations avec le Parlement est venu lire devant le Conseil la déclaration de politique générale du Gouvernement Juppé I, mais c'est là une exception.

Le Conseil siège au Palais d'Iéna. Création d'Auguste Perret, ce Palais entièrement en béton était destiné à devenir le musée des travaux publics (1939). Attribué en 1954 à l'Union Française (assemblée des colonies et des territoires d'outre-mer), il abrite le Conseil depuis 1959.

1. composition et fonctionnement

Les membres du Conseil sont au maximum 233 (art. 71 C.). La composition est fixée par l'art. 7 I de l'ord. n° 58-1360 du 29 déc. 1958. Le Conseil comporte 140 membres (dont 10 personnalités qualifiées parmi lesquelles 2 représentent les entreprises publiques et 1 les activités économiques françaises à l'étranger) au titre de la vie économique et du dialogue social [représentant les salariés, les entreprises privées non agricoles, les exploitants et activités agricoles, les artisans, les professions libérales] ; 60 membres (dont 15 personnalités qualifiées) au titre de la cohésion sociale et territoriale et de la vie associative [représentant l'économie mutualiste, coopérative et solidaire non agricole, la mutualité agricole, les associations familiales, la vie associative, les activités économiques et sociales des DROM et COM, les jeunes et étudiants] ; 33 membres (dont 15 personnalités qualifiées) au titre de la protection de la nature et de l'environnement. Le contrôle sur les nominations des personnalités qualifiées est assuré par le Conseil d'Etat[1], (art. 10 de l'ord. n° 58-1360 du 29 déc. 1958 ; cf. p. 466). Les membres représentant les salariés, les entreprises, les artisans, les professions libérales et les exploitants agricoles sont désignés, pour chaque catégorie, par les organisations professionnelles les plus représentatives (art. 7 II de l'ord. n° 58-1360 du 29 déc. 1958). Les membres ainsi désignés ne sont pas les représentants de ces organismes ; ceux-ci ne peuvent donc, en cours de mandat, changer la personne désignée (CE, ass., 4 juill. 2003, *Mme Marcilhacy*, req. n° 239509 : *Lebon 310*) ; une telle éviction ouvre droit à réparation du préjudice subi (CE, 2 nov. 2005, *Mme Marcilhacy*, req. n° 263059 : *Lebon 471*).

Les membres sont répartis en sections (au nombre maximum de 9) dont la liste et les compétences sont fixées par décret. Les sections peuvent être complétées par des « personnalités associées » (au nombre maximum de huit par section) désignées par le Gouvernement à raison de leur qualité, de leur compétence ou de leur expérience dans les conditions fixées par un décret en Conseil d'Etat. Le CESE siège en section ou en assemblée plénière. Les séances des sections ne sont pas publiques ; celles de l'assemblée plénière le sont, sauf si elle en décide autre-

[1] Celui-ci n'est cependant pas compétent pour se prononcer sur les litiges relatifs à la rémunération des membres du CESE : CE 10 févr. 1997, X., req. n° 165035 : inédit.

ment. Il se réunit selon les modalités fixées par son règlement mais tient également des séances spéciales à la demande du Gouvernement, du président de l'Assemblée nationale ou du Sénat (art. 16, ord. n° 58-1360 du 29 déc. 1958). Les procès-verbaux de ses séances sont transmis sous 5 jours à la personnalité qui a pris l'initiative de le réunir. Les ministres et les parlementaires ont « entrée-parole » tant aux sections qu'à la plénière pour les affaires qui les concernent. Le droit de vote des conseillers est personnel et ne peut être délégué.

Il y a incompatibilité entre le mandat de parlementaire (y compris européen) et la qualité de membre du Conseil (art. 7-1, de l'ord. n° 58-1360 du 29 déc. 1958). Cependant, le délai d'option applicable à cette incompatibilité n'étant pas fixé, des cumuls sont parfois constatés.

Représentant les principales activités du pays, le Conseil assure leur participation à la politique économique, sociale et environnementale de la Nation.

2. Rôle

Pour ce faire, il est obligatoirement consulté (art. 70 C.), par le Premier ministre, sur les projets de loi de plan et des projets de loi de programmation à caractère économique, social ou environnemental et peut être au préalable associé à leur élaboration.

Il peut être consulté par le Gouvernement (art. 69 et 70 C.) sur les projets de loi de programmation définissant les orientations pluriannuelles des finances publiques, les autres projets de loi, d'ordonnance ou de décret et sur les propositions de loi entrant dans le champ de ses compétences. Il peut également être consulté, par le Premier ministre, le président de l'Assemblée nationale ou le président du Sénat, sur tout problème de caractère économique, social ou environnemental intéressant la République.

Il peut encore être saisi de demandes d'avis ou d'études par le Premier ministre, par le président de l'Assemblée nationale ou par le président du Sénat.

Il peut désigner un de ses membres pour exposer devant les assemblées parlementaires, lors de la discussion générale (cf. p. 174), l'avis du Conseil sur les projets et propositions dont il est saisi (art. 69 al 2 C.). Il peut enfin se saisir lui-même pour appeler l'attention du Gouvernement et du Parlement sur les réformes qui lui paraîtraient souhaitables (art. 3, ord. n° 58-1360 du 29 déc. 1958). Il contribue à l'évaluation des politiques publiques à caractère économique, social ou environnemental.

La révision de juillet 2008 a ajouté une possibilité pour les citoyens de saisir, par voie de pétition[1] le CESE sur toute question relevant de sa compétence (art. 69 al. 3 C. art. 4-1, ord. n° 58-1360 du 29 déc. 1958). La pétition est rédigée en français et établie par écrit. Elle est présentée dans les mêmes termes par au moins 500 000 personnes majeures, de nationalité française ou résidant régulièrement en France. Elle est adressée par un mandataire unique au président du Conseil économique, social et environnemental. Le bureau statue sur sa recevabilité. Le Conseil se prononce dans le délai d'un an par un avis sur les questions soulevées par les pétitions recevables et sur les suites qu'il propose d'y donner. L'avis est adressé au Premier ministre, au président de l'Assemblée nationale et au président du Sénat.

Les avis, y compris sur les pétitions, et les rapports du CESE sont publiés au *Journal Officiel* et sur le site de l'institution.

Les comptes du CESE sont soumis au contrôle de la Cour des comptes (art. 23 de l'art. n° 58-1360). Dès lors, le Président et les questeurs du CESE en tant que ses représentants et son secrétaire général en tant qu'agent sont soumis à la juridiction de la Cour de discipline budgétaire et financière (CDBF, 23 avr. 2012, n° 182-682).

Liste des présidents du Conseil

Nom	Profession	Carrière	Début de mandat	Fin de mandat
E. Roche	Journaliste	collaborateur de l'abbé Lemire et de J. Caillaux	1959	1974
G. Ventegol	Syndicaliste	secrétaire confédéral CGT-FO	1974	1987
J. Matteoli	Chef d'ent.	Ancien ministre (Barre)	1987	1999
J. Dermagne	Chef d'ent.	Vice-président du CNPF	1999	2010
J.-P. Delevoye	Chef d'ent.	Ancien ministre (Raffarin I et II) ; ancien Médiateur	2010	

[1] Le Collectif Autisme souhaitait en avril 2012 que le CESE puisse « évaluer la situation économique » de la prise en charge de cette maladie jugée « désastreuse ». Cette pétition a été portée auprès du président de l'Assemblée Nationale par le groupe d'études parlementaire sur l'autisme afin que le CESE puisse s'emparer de cette problématique majeure sans attendre que le seuil des 500 000 signatures nécessaires à la recevabilité de la pétition citoyenne soit atteint. Le Président de l'Assemblée a donc saisi le CESE de cette question. Le 15 févr. 2013, les opposants au projet de loi relatif au mariage pour tous ont déposé une pétition signée par plus de 500.000 citoyens. Toutefois, elle a été jugée irrecevable aux motifs que le CESE ne peut être saisi d'un projet de loi que par le Premier ministre. La pétition était donc mal rédigée. Notons que, saisi de cette question, le TA de Paris a, d'une part, admis que la décision par laquelle le bureau du CESE statue sur la recevabilité d'une pétition présentée sur le fondement du présent art., qui concerne les conditions d'ouverture d'un droit accordé aux citoyens et non les relations du conseil avec d'autres pouvoirs publics constitutionnels, a le caractère d'une décision administrative dont il appartient à la juridiction administrative de connaître et, dautre part, estimé que aucune disposition n'interdit que cette pétition puisse porter sur un projet de loi, y compris lorsque celui-ci est en cours d'examen par le Parlement (TA Paris, 30 juin 2014, *Brillault, req. n° 1305796/6 : AJDA 2014. 2076*). Il n'y a donc, jusqu'alors, aucune pétition dont le CESE ait été saisi.

b) La tentative d'abaissement définitif de la seconde chambre

Dans le projet de révision tel qu'il fut présenté au référendum en 1969, le nouveau Sénat voyait ses pouvoirs particulièrement réduits. En effet, la seconde chambre était confinée dans un simple rôle consultatif, qui plus est limité dans sa durée. Il était prévu que le Sénat fasse connaître son avis sur les textes sous quinzaine, voire, si le Gouvernement déclarait l'urgence, sous trois jours. Il perdait par ailleurs l'initiative des lois. En fait, le nouveau Sénat se trouvait disposer de moins de pouvoirs encore que le Conseil de la République même avant la révision de 1954, puisqu'il n'aurait disposé d'aucune possibilité d'empêcher l'adoption d'un texte.

Outre l'occasion qu'ils trouvaient de désavouer le Président De Gaulle, c'est en grande partie parce que le projet soumis au référendum retirait en fait toute utilité au Sénat que les Français le repoussèrent. On doit à ce propos faire plusieurs remarques.

Tout d'abord, on note que les Français semblent très attachés au bicamérisme. Déjà en 1946, le premier projet de Constitution présenté au peuple fut rejeté parce qu'il ne prévoyait pas de seconde chambre. Cet attachement est du reste d'autant plus curieux sous la V° République que le Sénat n'y joue, que ce soit dans le domaine législatif ou dans le contrôle du Gouvernement, qu'un rôle fort modeste et même quasiment nul. En fait, il semble bien que cet attachement à la seconde chambre, lorsqu'elle existe, soit un trait des démocraties occidentales ; ainsi, la réforme de la Chambre des Lords entreprise à la même époque en Grande-Bretagne devait, elle aussi, échouer.

Enfin, le Sénat apparaissait, en 1969, comme le seul véritable pouvoir non gaulliste de la V° République. L'UNR n'avait pas encore, du fait des renouvellements triennaux, obtenu une représentation importante à la Haute Assemblée qui, depuis 1958 et jusqu'en 1974, restait le bastion d'une certaine opposition (cf. p. 122 et l'annexe 1). L'annihilation de toute opposition paraissait donc être le but inavoué du projet de révision.

2. L'actuelle représentation assurée par le Sénat

Loin de ces tentatives de réformes, le Sénat est resté le représentant des collectivités territoriales de la République (art. 24 al. 4 C.) (a). Il assure aussi conjointement avec l'Assemblée nationale[1], la représentation des Français établis hors de France (art. 24 al. 5 C.) (b).

a) La représentation des collectivités territoriales

Selon les dispositions de l'**art. 72 C.**, « les collectivités territoriales de la République sont les communes (environ 36.700), les régions [26 dont 5 régions d'outre-mer (DROM : Guadeloupe, Réunion, Mayotte auxquelles s'ajoute encore en attendant leur transformation en collectivités à statut particulier Martinique et Guyane)], les départements [101 dont 5 départements d'Outre-mer (qui sont en même temps les régions d'outre-mer)], les collectivités à statut particulier (Paris, Corse, métropole de Lyon) les Collectivités d'outre-mer (5 COM : Saint-Martin, Saint-Barthélemy, Saint-Pierre et Miquelon, Wallis et Futuna, la Polynésie française, cette dernière ayant de surcroît un statut d'autonomie) ». A cette liste contenue dans la Constitution, il faut ajouter comme l'a précisé le Conseil constitutionnel, « les provinces de la Nouvelle-Calédonie », collectivités territoriales de la République régies par le titre XIII de la Constitution (Cons. const. 2004-500 DC §6, 29 juill. 2004, Autonomie financière des collectivités territoriales). Alors même que la Nouvelle-Calédonie, elle-même, n'est plus une collectivité territoriale (cf. p. 352), elle est néanmoins représentée au Sénat.

Si chacune de ces différentes collectivités (à l'exception des provinces de la Nouvelle-Calédonie) est représentée au Sénat, il restait pourtant à déterminer lesquelles serviraient de circonscription électorale. Pour le cas général et la Corse, c'est le département qui est retenu (328 sénateurs). Pour le reste, on compte 6 sénateurs pour les COM (2 pour la Polynésie française, 1 pour Wallis et Futuna, 1 pour Saint-Pierre et Miquelon, 1 pour Saint-Martin et 1 pour Saint-Barthélemy) qui constituent les circonscriptions électorales ; s'y ajoutent 2 sénateurs pour la Nouvelle-Calédonie. Il y a donc, au total, 336 sénateurs territoriaux.

Dans chaque circonscription électorale, l'élection ayant lieu au suffrage indirect, ce sont des élus qui vont procéder à l'élection des Sénateurs ; ils forment ce que l'on appelle un « collège électoral ». Si l'on s'en tient au cas des départements, ce collège électoral est composé des députés, des sénateurs (sortants) et des conseillers régionaux élus dans le

[1] Le Sénat assurait seul cette représentation jusqu'à la révision de juillet 2008.

département, des conseillers départementaux, de membres et éventuellement de délégués des conseils municipaux[1] dont le nombre varie en fonction de l'importance de la commune. Dans les communes de plus de 30.000 habitants, le conseil municipal élit, parmi les électeurs inscrits, un délégué supplémentaire par 800 habitants au-dessus de 30.000[2] (L. 2013-702 du 2 août 2013 relative à l'élection des sénateurs).

Enfin, pour tenir compte de l'art. 88-3 C. autorisant, après le vote d'une loi organique (LO 98-404 du 25 mai 1998), le vote et l'éligibilité des citoyens de l'Union résidant en France aux élections municipales (cf. p. 195), il a fallu adapter ce collège. C'est ainsi que les conseillers municipaux et les membres du conseil de Paris qui n'ont pas la nationalité française ne peuvent ni être membres à un titre quelconque du collège électoral sénatorial ni participer à l'élection de ce collège de délégués, de délégués supplémentaires et de suppléants[3] (art. LO 286-1 C. élect.). Ils sont remplacés au besoin dans ces fonctions par le ou les premiers non élus de la liste sur laquelle ils se sont présentés à l'élection municipale (art. LO 286-2 C. élect.).

Les représentants des communes sont donc les plus nombreux des "grands électeurs" sénatoriaux ; leur présence contribue aussi à faire en sorte que le Sénat soit essentiellement le représentant de la France rurale.

La représentation des collectivités territoriales confiée au Sénat se traduit en particulier par le fait que selon les dispositions de l'art. 39 C., les projets de loi ayant pour principal objet l'organisation des collectivités territoriales sont soumis en premier lieu au Sénat (sur le mode d'exercice de cette priorité : cf. p. 154).

b) La représentation des Français de l'étranger

Les Français de l'étranger sont représentés au Sénat par 12 sénateurs élus par un collège électoral comprenant 534 grands électeurs, c'est-à-dire 443 conseillers consulaires, 68 délégués consulaires (élus le même jour que les conseillers consulaires et dont la fonction unique est de participer à l'élection des sénateurs pour assurer une représentation en fonction de la population de la circonscription considérée), 11 députés et 12 sénateurs (sortants) représentant les Français établis hors de France (L. n° 2013-659, 22 juill. 2013 modifiée). Mais le Sénat n'a plus l'exclusivité de cette représentation, les Français de l'étranger sont également représentés à l'Assemblée Nationale depuis 2012 (cf. p. 233).

B. Les élections sénatoriales

Les sénateurs sont élus pour six ans[4] et renouvelables par moitié tous les trois ans ce qui leur confère le mandat électoral le plus long prévu par la Constitution, d'autant plus long

[1] Ces délégués sont élus à la proportionnelle dans les communes de plus de 3.500 habitants (art. 288 et 289 C. Elect).

[2] C'est cette question qui a permis au Conseil constitutionnel de préciser le rôle représentatif du Sénat. Il avait en effet été prévu d'accroître considérablement le nombre de ces délégués supplémentaires en les faisant intervenir dès l'instant que la commune envoyait l'ensemble du conseil municipal au collège sénatorial (9.000 habitants). Le conseil a estimé (Cons. const. 2000-431 DC §5, 6 juill. 2000, Election des sénateurs) que le Sénat, dans la mesure où il assure la représentation des collectivités territoriales, doit être élu par un corps électoral étant lui–même l'émanation de ces collectivités et donc essentiellement composé des membres de leurs assemblées délibérantes. Seule la nécessité de tenir compte du critère démographique (cf. p. 354) autorise l'adjonction de délégués supplémentaires. Cependant, l'abaissement du seuil de 30.000 à 9.000 habitants irait au delà de cette nécessité, les délégués supplémentaires composant alors une part substantielle voire parfois, dans certains départements, supérieure à celle des délégués des collectivités locales. Prudemment, personne n'a saisi le Conseil constitutionnel de la loi du 2 août 2013 relative à l'élection des sénateurs qui a abaissé 1.000 à 800 le seuil d'élection des délégués supplémentaires.

[3] Dans les communes dont tous les conseillers municipaux sont délégués de droit, les conseillers municipaux qui n'ont pas la nationalité française sont remplacés au collège électoral des sénateurs et lors de la désignation des délégués supplémentaires et suppléants, par les candidats français venant immédiatement après le dernier candidat élu de la liste sur laquelle ces étrangers se sont présentés à l'élection municipale (art. LO 286-2 C. élect.).

[4] Le mandat a, très longtemps, été de neuf ans. Le Sénat était alors renouvelable par tiers. Les derniers sénateurs élus pour neuf ans l'ont été en 2004.

qu'il est à l'abri de toute interruption inopinée, puisque le Sénat ne peut être dissous. Ce mode de renouvellement assure au Sénat une grande stabilité. Encore maintenant, les partis modérés (centristes) y sont plus largement représentés[1] qu'à l'Assemblée nationale. Cette stabilité est encore accrue par le fait qu'il faut être âgé de 24 ans révolus pour y être éligible (art. LO 296 C. élect.).

Ainsi convient-il, pour qu'un parti soit représenté au Sénat, qu'il dispose d'une implantation locale suffisamment ancienne et profonde[2]. Ceci explique que le Sénat soit resté très longtemps dans l'opposition au début de la V° République ; en particulier, il fallut attendre qu'une partie du centre droit se rallie au pouvoir en place à partir de 1974 pour que l'opposition systématique du Sénat cesse[3]. Cela s'est traduit par la mise en œuvre pour la première fois de l'art. 49 al. 4 C. Pourtant, au fur et à mesure des renouvellements, le nombre de sénateurs du « centre » diminue régulièrement. Enfin, après le renouvellement de 2004 et la fusion du groupe centriste UDF avec le groupe RPR dans un seul et même groupe UMP (devenu LR), l'importance du centre a considérablement diminué, introduisant pour la première fois une réelle bipolarisation de cette assemblée.

Si cette stabilité et cette obligatoire implantation locale conduisent à ce que la majorité sénatoriale varie peu, elles n'ont pas empêché qu'une majorité de gauche s'y dégage lors du renouvellement partiel de 2011. Il est vrai que, depuis plusieurs années, les partis de gauche remportaient les élections locales, rendant inévitable un tel changement. Ainsi, pour la première fois depuis 1958, le Sénat a donc été présidé par un socialiste[4], J.-P. Bel. Après les revers électoraux subis par le PS aux élections locales depuis 2012, le Sénat a de nouveau basculé lors du renouvellement partiel de sept. 2014 ; il est redevenu une assemblée de centre droit.

Quant au mode de scrutin, il est différent selon l'importance de la population du département et donc du nombre de sénateurs à élire. Les départements les mois peuplés qui élisent moins de 3 sénateurs (c'est-à-dire 1 ou 2) procèderont à une élection au scrutin uninominal majoritaire à deux tours (93 sièges contre 168 avant l'intervention de la loi du 2 août 2013 relative à l'élection des sénateurs)[5]. Les autres sénateurs territoriaux (dans les départements élisant au moins 3 sénateurs, pour un total de 243 sièges), ainsi que les 12 sénateurs représentant les Français de l'étranger, sont élus au scrutin proportionnel avec répartition des restes à la plus forte moyenne[6]. Le contentieux des élections sénatoriales est confié au Conseil constitutionnel (cf. p. 410).

L'ensemble de ces éléments donne au Sénat un caractère particulier dont on dit volontiers qu'il permet aux travaux des Sénateurs d'être plus approfondis parce que plus sereins. En fait, il est vrai que, par la durée de leur mandat, la stabilité de leur collège électoral et l'absence de dissolution, les Sénateurs n'ont pas autant que les Députés la nécessité de

---

[1] Le Sénat compte deux groupes « centristes » : Groupe Union des démocrates et indépendants-Union centriste (41 membres) et Rassemblement démocratique et social européen (13 membres) soit, au total, 15,5 % des sénateurs.

[2] Si le Sénat est la première assemblée parlementaire à avoir un groupe politique « Ecologiste » (10 membres ; groupe créé en janv. 2012, une fois entré en vigueur le règlement du Sénat abaissant le seuil de création), c'est en grande partie parce qu'un accord électoral a été conclu avec le parti socialiste.

[3] Selon la formule consacrée, le Sénat était resté, à partir de l'élection de G. Pompidou à la présidence de la République (1969), dans une « prudente neutralité ».

[4] Il faut ici éviter une erreur souvent commise. Si le Sénat connaît effectivement pour la première fois en 2011 depuis 1958 une majorité de gauche, cela ne signifie pas qu'il soit pour la première fois dans l'opposition parlementaire et/ou présidentielle. Outre la période 1958-1969/1974 (cf. supra), le Sénat fut dans l'opposition ensuite lorsque la gauche fut majoritaire à l'Assemblée nationale (1981-1986 ; 1988-1995 ; 1997-2002). Par ailleurs, il a été dans la majorité parlementaire depuis la présidentielle et les législatives de 2012 jusqu'au renouvellement de sept. 2014. Il est actuellement de nouveau dans l'opposition.

[5] Dans ces départements, candidat et suppléant sont de sexe différent (art. L. 299 C. élect.).

[6] Sur ces différents modes de scrutin cf. infra p. 233.

se préoccuper de plaire à leurs électeurs. Par ailleurs, le Sénat ne pouvant pas être dissous, il assure la continuité de la représentation nationale. En effet, s'il est traditionnel que le Sénat cesse de siéger pendant la période allant de la dissolution de l'Assemblée nationale à l'ouverture de la législature qui en découle, ses commissions, elles, se réunissent et continuent leurs auditions.

§2. La composition de l'Assemblée nationale

L'Assemblée nationale et le Palais Bourbon

L'Assemblée nationale, chambre élue au suffrage universel direct, siège au Palais Bourbon, édifice achevé en 1728 sur les plans de Gabriel, et qui était la demeure de Louise-Françoise, duchesse de Bourbon, fille légitimée de Louis XIV et de Mme de Montespan. A l'ouest, le marquis de Lassay, qui avait conseillé la duchesse dans ses choix, fit construire son hôtel particulier qui est aujourd'hui la résidence du Président de l'Assemblée et l'un des plus beaux palais nationaux. La façade actuelle du Palais fut construite en style néoclassique sous le Premier Empire. L'édifice abrita, dès 1795, le Conseil des 500 puis le Tribunat sous l'Empire, la Chambre des députés sous la Restauration et la Monarchie de Juillet (l'hémicycle actuel date de 1832 et est dû à Gilles de Joly). Ce furent ensuite toutes les assemblées élues au suffrage universel direct qui y siégèrent sauf de 1871 à 1879 (Versailles), en 1914 (bref séjour à Bordeaux) et 1940, (Tours, Bordeaux puis Vichy).

L'hémicycle est bien sûr la salle la plus connue du Palais. Chacun l'a vu à la télévision et certains l'ont déjà admiré depuis les tribunes réservées au public. De 32 mètres de diamètre, la salle des séances se présente sous la forme d'un demi-cercle qui fait face à la tribune des orateurs, surplombée, tout en haut, par le bureau du Président que l'on appelle de ce fait "le perchoir". Le tout est une composition de marbre et d'acajou, ornée de bas-reliefs représentant des scènes antiques et agrémentée d'une tapisserie des Gobelins. Le fauteuil du Président est toujours le même depuis la séance inaugurale du Conseil des Cinq-Cents, le 21 janv. 1798. Les 577 députés qui s'assoient dans les travées se répartissent traditionnellement à droite ou à gauche vu de la présidence. Cette répartition est traditionnelle depuis la séance du 28 août 1789 au cours de laquelle les députés partisans du veto s'installèrent à droite et les opposants à gauche, facilitant ainsi le décompte des voix. Au-dessus des députés, derrière une colonnade, on trouve deux étages de tribunes pour accueillir le public, les journalistes et le corps diplomatique.

Parmi les salles les plus connues, en dehors de l'hémicycle, on trouve la "salle des pas perdus" (ou Salon de la Paix) par laquelle passe, annoncé par un roulement de tambour, entre deux haies de gardes républicains, le Président de l'Assemblée lorsqu'il se rend de l'Hôtel de Lassay à l'hémicycle. On trouve également la salle des Quatre Colonnes, rendez-vous des journalistes qui veulent interroger des parlementaires. Deux salons (salon Delacroix, salon Pujol), ayant servi de lieu de travail aux députés avant que ne soient achetés les immeubles extérieurs, sont situés de part et d'autre du salon "Casimir-Perier", qui permet l'accès des ministres à l'hémicycle. Une bibliothèque aux vastes dimensions (contenant 600.000 volumes), accessible aux parlementaires, à leurs collaborateurs et à quelques chercheurs privilégiés, une "salle de conférences" servant de salon de lecture et de fumoir et diverses salles de conférences, de réunions ainsi que des bureaux pour la présidence (et vice-présidence) et les personnels chargés de l'administration du Palais (questure) complètent l'édifice. En outre, des services sont fournis aux parlementaires : un "tabac-journaux", un salon de coiffure, un bureau de poste et une buvette mis à la disposition des parlementaires dans le sein même du Palais.

L'Assemblée dispose encore d'autres bâtiments : l'immeuble « Jacques Chaban-Delmas » au 101, rue de l'Université mais également les immeubles des 233 et 235, boulevard Saint-Germain, du 32, rue Saint-Dominique, du 95, rue de l'Université, du 105, rue de l'Université et du 3, rue Aristide-Briand. Au 101 Rue de l'Université, une salle (salle Lamartine), présentant la forme d'un petit hémicycle (d'où l'appellation parfois retenue) et disposant d'une mezzanine susceptible d'accueillir le public et la presse, peut être utilisée (comme la salle « Médicis du Senat ; cf. p. 224) pour réunir des séances plénières peu fréquentées en particulier lors de la semaine de contrôle. La taille de la salle (environ 100 places) la ferait alors apparaître moins vide que l'hémicycle du Palais Bourbon.

C'est à l'Assemblée nationale qu'est confié le soin d'assurer la représentation des tendances politiques du peuple français, qu'il réside en France ou à étranger. Assekimblée élue au suffrage universel direct, elle est, en conséquence, plus "politique" que le Sénat. Elle est aussi sensiblement plus jeune que la seconde chambre, l'âge d'éligibilité y étant fixée à 18 ans (art. LO 127 C. élect.). Les majorités y changent plus rapidement puisque l'Assemblée est renouvelée d'un seul bloc (art. LO 120 C. élect.) au mois de juin de la cinquième année suivant les élections législatives (art. LO 121 C. élect.), même si celles-ci ont eut lieu à une autre date du fait d'une dissolution ; du reste de 1981 à 2002 l'alternance des majorités se réalise sans grande difficulté ; elle est même régulière à chaque renouvellement de l'Assemblée nationale. 2007 constituant de ce point de vue une exception par la confirmation de la majorité sortante.

C'est à l'Assemblée nationale en fait que va se jouer la majorité parlementaire puisqu'elle seule peut renverser le Gouvernement (cf. p. 121 et 149 et s.). La question du mode d'élection va donc ici revêtir un caractère fondamental.

A. L'importance des élections législatives

H

Depuis les débuts de la III° République, les élections législatives sont, sans conteste, le temps fort de la vie politique en France. Dans tous les cas, leur primauté par rapport aux élections sénatoriales ne fait guère de doute. Pourtant, il convient de remarquer que les résultats des élections législatives sous les III° et IV° Républiques n'avaient pas la portée actuelle. En effet, la multiplicité des partis en présence lors de ces consultations et la précarité des alliances qu'ils nouaient entre eux ne permettaient pas vraiment de dégager une majorité de Gouvernement. Très vite, les alliances électorales étaient rompues lorsqu'il s'agissait de gouverner et les gouvernements immédiatement issus des élections législatives laissaient la place à des "combinaisons" qui n'avaient que de très lointains rapports avec la volonté qui s'était manifestée lors de la consultation. Ainsi, c'est la majorité de "Front Populaire" élue en 1936 qui devait investir le Gouvernement du radical Daladier, accepter les accords de Munich, avant de confier tous les pouvoirs au Maréchal Pétain en 1940. Bref, les gouvernements ne découlaient des élections législatives qu'accidentellement et le résultat de celles-ci n'avait donc pas en fait l'importance normale qu'il aurait dû avoir. Le "centre" revenait toujours au pouvoir et toujours dans la précarité de crises gouvernementales et de remaniements incessants[1].

On pouvait craindre qu'il en soit de même sous la V° République et nombre de dispositions constitutionnelles ont été prévues pour limiter les effets de situations de ce type. Pourtant, dès que fut acquise la modification du mode d'élection du Président de la République, toute la vie politique de la V° République s'est rythmée sur cette consultation. Il semblait que l'important était de gagner les élections présidentielles. Cette analyse, sans être totalement erronée, néglige pourtant une des données fondamentales de notre régime : son caractère parlementaire.

Si gagner les élections présidentielles est un atout précieux, cela est largement insuffisant pour que le vainqueur puisse faire passer dans les faits le programme politique sur lequel il a été élu. En effet, pour faire aboutir n'importe quel texte d'une certaine importance, il faut une loi et donc un vote du Parlement. Le Président de la République serait donc paralysé s'il ne disposait pas de majorité à l'Assemblée nationale. Ainsi apparaît-il que gagner les élections présidentielles est insuffisant, ce sont les résultats des élections législatives qui déterminent quelle ligne politique sera effectivement suivie. Et comme la stabilité est maintenant bien plus assurée qu'avant, que les gouvernements disposent des moyens de gouverner même en cas de majorité faible, les élections législatives déterminent l'orientation politique du pays jusqu'au renouvellement suivant de l'Assemblée nationale.

Certes, depuis la mise en place du quinquennat, les élections législatives se déroulant dans la foulée de l'élection présidentielle, celle-ci opère un véritable effet d'entrainement assurant, selon toute vraisemblance, la victoire aux législatives des candidats se réclamant du Président qui vient d'être élu. Autrement dit, le Président a toutes les chances d'obtenir une majorité pour soutenir ses réformes pendant toute la durée du quinquennat[2]. Peu sensible en 2002 du fait de la configuration particulière du second tour de la présidentielle (Chirac contre Le Pen : cf. p. 241) cette « prime présidentielle » a évidemment joué en 2007, même

[1] Cf. p. 28, l'encadré sur l'instabilité ministérielle sous les III° et IV° Républiques.

[2] C'est cette concordance quasi automatique qui conduit à penser que la dissolution n'aura plus beaucoup de raisons de s'appliquer. Il faut envisager que la concomitance des deux élections disparaisse (changement de la date de l'élection présidentielle du fait d'une vacance de la présidence) pour que, outre le cas envisagé dans le corps du texte, la dissolution retrouve également un intérêt.

si elle n'a pas joué à plein (cf. p. 241) et en 2012. Reste le cas où le président élu le serait avec une majorité tellement faible que l'effet d'entrainement pourrait ne pas jouer pour les législatives[1] ; dans ce cas une nouvelle cohabitation s'imposerait jusqu'à ce que le Président, profitant de sondages favorables, ne prononce la dissolution.

Enfin, depuis les législatives de 2012, l'Assemblée nationale assure, en application de la révision du 23 juill. 2008, la représentation des Français de l'étranger conjointement avec le Sénat.

Cette nouveauté n'a pas manqué de poser un problème. Dans la mesure où le nombre de députés est désormais fixé *ne varietur* par la Constitution (art. 24 C. ; cf. p. 121) à 577 (ce qui est d'ores et déjà le nombre de sièges pourvus depuis 1986), la création de sièges pour la représentation des Français de l'étranger (11 sièges) a nécessairement pour conséquence de réduire d'autant le nombre de sièges « territoriaux ». De plus, il fallait aussi tenir compte de l'évolution démographique (+2 sièges à la Réunion ; +1 siège en Polynésie et à Mayotte) et institutionnelle (création des collectivités de Saint-Martin et Saint-Barthelemy : +1 siège pour elles deux) de l'outre mer. Un redécoupage des circonscriptions métropolitaines fut donc rendu nécessaire pour tenir compte de ces 16 nouveaux sièges mais aussi des évolutions démographiques enregistrées depuis la réalisation du dernier découpage (cf. p. 354)[2]. Il a été opéré par l'ordonnance n° 2009-935 du 29 juill. 2009 ratifiée par la loi n° 2010-165 du 23 févr. 2010 (Cons. const. 2010-602 DC, 18 févr. 2010, Ratification de la répartition des sièges et délimitation des circonscriptions pour l'élection des députés).

Ainsi, les élections législatives jouent un rôle important. Assurant au mieux la représentation des différentes tendances politiques du pays, elles permettent aussi de dégager la majorité d'où sera issu le Gouvernement qui « déterminera et conduira la politique de la Nation », c'est-à-dire, selon toute vraisemblance, celle définie par le Président de la République (concordance des majorités). Gagner les législatives constitue le passage obligé pour tous ceux qui veulent gouverner. Un Président nouvellement élu qui n'obtiendrait pas à l'Assemblée une majorité fidèle à ses idées ne pourrait les mettre en œuvre à moins de tenter une dissolution (cf. p. 319). Le Parlement (et en son sein l'Assemblée nationale) conserve donc sa primauté au moins dans ce cadre. On comprend dès lors l'enjeu que représente le mode de scrutin choisi pour ces élections.

B. Les élections législatives

Selon une tradition bien établie, le mode de scrutin n'est pas fixé par la Constitution ; c'est la loi qui règle ce point. Ainsi est-il envisageable de modifier le mode de scrutin de manière relativement facile en particulier si l'on dispose d'une majorité. Avant de voir quels furent les mécanismes retenus sous les différentes Républiques, examinons quels sont les différents modes de scrutin possibles.

1. Les différents modes de scrutin

Deux grands types de modes de scrutin sont envisageables : le scrutin majoritaire et la représentation proportionnelle ; s'y ajoute pour constituer des variantes la distinction entre le scrutin de liste et le scrutin uninominal.

---

[1] Il en irait de même d'un candidat ne disposant pas d'un puissant appareil partisan qui dès lors peinerait à obtenir la victoire dans la moitié des circonscriptions.

[2] Devant les difficultés prévisibles, le constituant a voulu mettre en place une commission indépendante pour le superviser et ainsi éviter les critiques (cf. p. 356).

On appelle scrutin majoritaire le mécanisme électoral qui conduit à proclamer élu le candidat ou la liste de candidats qui obtient le plus grand nombre de voix.

Il est possible de concevoir deux types de scrutin majoritaire. Ou bien on exige pour proclamer l'élection que le vainqueur obtienne la majorité absolue, c'est-à-dire la moitié des suffrages exprimés plus un, ou bien on se contentera de la seule majorité relative, c'est-à-dire du plus grand nombre de voix. Il va de soi que si seuls deux candidats (ou deux listes) sont en présence, majorité absolue et majorité relative se confondent[1]. En général, on combine les deux mécanismes en prévoyant que le scrutin se déroule en deux tours, la majorité absolue étant requise au premier, la majorité relative suffisant au second[2]. Les exemples ci-après illustrent ces calculs :

Scrutin majoritaire					
	Inscrits	Votants	A	B	C
Hyp. 1	11500	11000	5000	4000	2000
Hyp. 2	11500	11000	6000	4000	1000

Dans la première hypothèse, "A" obtient la majorité relative (la majorité absolue est de 5501 voix). Si l'élection est à un seul tour (comme en Grande-Bretagne) ou s'il s'agit des résultats du dernier tour d'une consultation à plusieurs tours, "A" remporte alors le siège si l'élection est uninominale. S'il s'agit d'un scrutin de liste, la liste "A" remporte tous les sièges à pourvoir, "B" et "C" n'ont pas d'élu. S'il s'agit des résultats du premier ou des premiers tours, il n'y a aucun élu, la majorité absolue n'étant pas atteinte.
Dans la seconde hypothèse, "A" obtient la majorité absolue. Quel que soit le nombre de tours prévu et à quelque tour que l'on se situe, "A" remporte alors le siège si l'élection est uninominale. S'il s'agit d'un scrutin de liste, la liste "A" remporte tous les sièges à pourvoir, "B" et "C" n'ont pas d'élu.

On appelle scrutin proportionnel ou représentation proportionnelle le mécanisme électoral qui attribue les sièges à pourvoir en proportion du nombre de voix obtenues par chacune des listes en présence. Il va de soi, en effet, que pour réaliser une répartition des sièges, des listes doivent être en présence. Il n'est pas possible d'utiliser ce scrutin pour un scrutin uninominal ni si un seul siège est à pourvoir.

Si dans son énoncé ce mécanisme est simple à comprendre, sa mise en œuvre est nettement plus complexe. Pour réaliser la répartition, on divisera le nombre total de suffrages exprimés par le nombre de sièges à pourvoir, obtenant ainsi le quotient électoral. Ensuite, on divise le nombre de voix obtenues par chacune des listes en présence par ce quotient électoral, ce qui permet de déterminer combien chacune des listes obtient de sièges. Il est certain que la mise en œuvre de ce mode de calcul conduit nécessairement à ce que certains sièges ne soient pas pourvus. Il convient alors de répartir les sièges restant à pourvoir ; deux solutions sont envisageables. Ou bien on attribue ces sièges aux listes qui, après division de leur nombre de voix par le quotient, ont le **plus fort reste**, ou bien on attribue fictivement un siège de plus que ceux qu'elles ont déjà obtenus à chacune des listes en présence et l'on divise le nombre de voix obtenues par chaque liste par ce nombre de sièges fictif. Dans ce cas, le siège sera attribué à la liste qui obtient **la plus forte moyenne** comme résultat de cette division. Les exemples ci-après vont illustrer ces calculs.

[1] C'est la raison pour laquelle, pour l'élection présidentielle, seuls deux candidats restant en lice au second tour, le Président est nécessairement élu à la majorité absolue.

[2] Si trois tours sont prévus comme par exemple pour l'élection par leur conseil des maires et des présidents de conseils généraux, la majorité absolue est requise aux deux premiers tours.

Scrutin proportionnel							
	Sièges	Inscrits	Votants	A	B	C	D
Rés. en voix	12	15000	12000	5000	4000	2000	1000
Le nombre de sièges à pourvoir (S) est 12. Le quotient électoral (Q) est égal aux votants (V) divisé par le nombre de siège à pouvoir soit Q = V/S ; soit Q = 1000. On divise ensuite le nombre de voix obtenu par chaque liste (v) par le quotient électoral pour obtenir le nombre sièges (s) obtenu par chaque liste soit : s = v/Q soit pour la liste « A » s = 5000/1000 = 5. Le résultat en sièges est donc le suivant :							
Rés. en sièges				5	4	2	1

Evidemment, la solution n'est pas toujours aussi simple. Le calcul peut ne pas tomber juste et dans ce cas tous les sièges ne sont pas répartis. Ainsi dans l'exemple suivant, seuls 8 des 10 sièges à pourvoir sont répartis lorsqu'on effectue les calculs comme nous venons de le faire.

Scrutin proportionnel							
	Sièges	Inscrits	Votants	A	B	C	D
Résultats en voix	10	15000	12000	5250	4100	1900	750
Il y a 10 sièges à pourvoir, le quotient électoral (Q) (cf. supra) est de 1200. Selon la formule s=v/Q, on obtient donc le résultat suivant : "A" obtient 4 sièges (soit 5250/1200 = 4,37 qui est arrondi à 4), "B" 3, "C" 1 et "D" 0. Huit sièges ont ainsi été répartis et il en reste deux							
Première répartition				4	3	1	0
Si la méthode de répartition des restes choisie par le législateur est "<u>le plus fort reste</u>", il faut calculer le reste de chaque liste selon la formule suivante : R = v-[(s)xQ]. Le premier des deux sièges est attribué à "D" qui a un reste égal à 750 ; le second à "C" qui a un reste de 700[1]. Si la méthode de répartition choisie est "<u>la plus forte moyenne</u>", on commence donc par attribuer fictivement un siège supplémentaire (ss) à chaque liste soit 5 à "A", 4 à "B", 2 à "C" et 1 à "D". On calcule ensuite la moyenne (M) de chaque liste selon la formule suivante : M=v/ss. Cela donne les moyennes suivantes : "A" : 1050 (soit 5250/5 = 1050) ; "B" : 1025 ; "C" : 950 ; "D" : 750 ; 1 siège est donc attribué à "A" qui en obtient donc 5. Il reste encore un siège à pourvoir. On procède de la même façon en ajoutant fictivement le dernier siège à pourvoir. "A" est donc crédité fictivement de 6 sièges, les autres listes étant sans changement ; on obtient alors les moyennes suivantes : "A" : 875 (soit 5250/6 = 875) ; "B" : 1025 ; "C" : 950" et "D" : 750. Le second siège est attribué à la liste "B" qui en obtient donc 4. Le résultat définitif est le suivant :							
Mode de calcul de la répartition				A	B	C	D
au plus fort reste				4	3	2	1
à la plus forte moyenne				5	4	1	0

Il ressort à l'évidence de ce tableau que le mécanisme du « plus fort reste » est favorable aux petites formations politiques qui obtiennent ainsi une représentation, alors que la « plus forte moyenne » concentre les sièges sur les listes des formations politiques les plus importantes.

Enfin, si l'on compare scrutin majoritaire et proportionnel, on doit constater que le second présente incontestablement l'avantage d'assurer une meilleure représentation de l'opinion politique du pays, mais disperse les voix entre plusieurs formations. En revanche, le système majoritaire semble plus apte à dégager des majorités au détriment de la justesse de la représentation[2]. C'est en partant de ces constatations que les gaullistes devaient se ranger parmi les partisans du scrutin majoritaire pour les législatives[3], la recherche de majorités au

[1] Cela donne en effet le calcul suivant : "A" : 4 sièges x 1200 = 4800, reste 450 ; "B" : 3 sièges x 1200 = 3600, reste 500 ; "C" : 1 siège = 1200, reste 700 ; "D" : 0 siège, reste 750.

[2] Voir par exemple les résultats du parti communiste aux élections législatives de 1958 ; cf. p. 238.

[3] Encore convient-il d'être prudent sur la réalité de ces analyses. En effet, d'autres facteurs viennent souvent apporter des distorsions à ces principes fondamentaux soit en en atténuant la portée, soit au contraire en en accentuant les défauts. Parmi ces éléments, il convient de citer par exemple le choix de la circonscription électorale dans le cadre du scrutin

Parlement étant une priorité après les difficultés connues par la IV° République. Depuis, les grands partis de gouvernement s'accommodent de ce mode de scrutin alors que, en toute logique, les petits partis sont favorables à la proportionnelle. Tant que celle-ci n'est pas mise en place, ils sont contraints, pour avoir des députés, de s'allier à un ou l'autre des deux grands partis. Ceux-ci, en échange de ce ralliement, leur concèderont des circonscriptions dans lesquelles ils ne présenteront pas de candidats sous leur propre couleur[1] ou se désisteront au second tour en faveur de leur allié. Faute d'alliance, les « petits partis » ne parviennent pas à avoir des élus (Front national) ou en ont trop peu pour constituer un groupe politique à l'Assemblée (MoDem)[2].

Pour tenter de concilier la nécessité de dégager une majorité et la représentation de toutes les tendances politiques, il serait possible d'introduire, dans le scrutin majoritaire une dose (plus ou moins importante selon ce que l'on souhaite privilégier) de proportionnelle. Pour convaincre les « petits partis » de s'allier (une dernière fois ?), la promesse d'engager une réflexion sur cette question est régulièrement faite. Elle l'a encore était lors des dernières présidentielles, en 2007 et 2012. Mais on comprend aussi que les « grands partis » n'ont aucun intérêt à tenir cette promesse.

2. L'évolution du mode de scrutin en France

Sous aucune des Constitutions précédentes, le mode de scrutin n'était fixé ; le soin était toujours laissé au législateur de régler ce problème. Ainsi la LC du 25 févr. 1875 indique-t-elle, dans son art. 1er, qu'une loi électorale fixera les conditions de l'élection des députés et la Constitution de 1946 laisse-t-elle aussi au législateur, dans son art. 6, le soin de se prononcer sur ce point.

a) Le mode de scrutin retenu depuis 1875

H

Les parlementaires ne se sont donc pas privés tout au long des deux Républiques précédentes de modifier, en fonction des considérations politiques du moment, le mode de scrutin. Ces expériences apportent au moins deux enseignements : d'une part le mode de scrutin a fréquemment changé, d'autre part, il n'est pas le seul élément permettant d'assurer la naissance de majorités stables.

Si, tout au long de la IV° République, le scrutin proportionnel avec répartition des restes à la plus forte moyenne fut de mise et ce bien que des variantes aient été introduites dans son fonctionnement en particulier par la loi du 9 mai 1951 sur les apparentements[3], la situation fut différente sous la III° République qui changea plusieurs fois de mode de scrutin. Le plus souvent, les élections eurent lieu au scrutin majoritaire uninominal à deux tours. Pourtant, ce mode de scrutin, mis en place dès 1875, n'était pas apprécié des républicains. Aussi, dès qu'ils furent suffisamment nombreux pour en changer, introduisirent-ils le scrutin majoritaire de liste à deux tours avec panachage qui fut utilisé de 1885 à 1889. Cette technique ayant permis le large succès du général Boulanger, le scrutin uninominal, favorable aux notables républicains, fut réintroduit par ceux-là mêmes qui l'avaient combattu. En 1919, on tenta une expérience de scrutin mixte de liste à un tour accordant tous les sièges à une liste si celle-ci obtenait la majorité absolue ou les répartissant entre les listes si aucune n'avait franchi ce seuil. Considéré comme complexe, ce mode de scrutin fut abandonné en 1928 au profit du scrutin uninominal ancien.

---

proportionnel et le découpage des circonscriptions dans le cadre du scrutin majoritaire et, enfin, dans toutes les hypothèses, le nombre des formations politiques en présence.

[1] C'est cette promesse qui a conduit en 2007 presque tous les parlementaires sortants de l'UDF à s'allier à N. Sarkozy dès le second tour de la présidentielle après qu'ils eussent pour beaucoup soutenu F. Bayrou au premier tour. Cette situation a abouti à la création du « Nouveau Centre ».

[2] Ceci reste vrai même si, en 2011 au Sénat et en 2012 à l'Assemblée nationale, les accords électoraux entre le PS et EELV ont abouti à une baisse du nombre minimum de membres pour pouvoir constituer un groupe parlementaire (10 au Sénat, 15 à l'Assemblée). Cet abaissement a profité aux écologistes qui ont pu constituer un groupe dans les deux assemblées parce que des accords électoraux leur réservaient des circonscriptions.

[3] Cette loi constituait en fait un véritable "tripatouillage" électoral destiné à faire en sorte que les partis centristes restent majoritaires à l'Assemblée.

En tout cas, ces expériences n'empêchèrent pas la constitution de majorités parlementaires comme le "bloc national" en 1919 et le "Cartel des Gauches" en 1924 alors que le scrutin uninominal utilisé par la suite n'empêcha pas la multiplication des partis et la dislocation des majorités. Dans tous les cas, le mode de scrutin n'est pas le seul facteur influençant la constitution de majorité. Le choix de la circonscription retenue joue aussi un rôle non négligeable.

Or donc, et de manière traditionnelle, le mode de scrutin tend à varier durant l'application d'une constitution et n'est donc pas fixé par elle pour permettre au législateur d'y apporter les modulations ou les réformes qu'il souhaite. Ceci est encore vrai sous la Constitution actuelle.

b) L'actuelle prédominance du scrutin majoritaire

L'une des innovations essentielles de la V° République est la mise en place en France du scrutin majoritaire. Il apparaît pour beaucoup comme l'une des clefs de la stabilité politique, comme l'élément ayant permis que les différents Gouvernements (et donc par leur intermédiaire les Présidents en période de concordance) disposent à l'Assemblée d'une majorité et, partant de là, des moyens de gouverner.

Si important que soit le mode de scrutin, les constituants, respectant la tradition, n'ont pas jugé utile de le constitutionnaliser. Indiquer dans la Constitution le mode de scrutin aurait rendu quasiment impossible sa modification, dans la mesure où, comme nous le montrerons, la révision constitutionnelle est inenvisageable sans l'accord du Sénat. Sans aller jusqu'à cette extrémité, il eût été possible de définir le mode de scrutin dans une loi organique, ce qui, comme nous l'avons vu, aurait rendu plus difficile sa modification et du moins l'eût interdite si le Gouvernement ne disposait pas d'une majorité absolue à l'Assemblée nationale[1]. Or le constituant a laissé à la loi ordinaire le soin de régler cette question et ce, du reste, pour l'une et l'autre assemblée ; il n'était donc pas hostile à ce que le mode de scrutin change.

En 1958, la mise en œuvre du scrutin majoritaire apparaît comme l'un des moyens essentiels pour assurer la stabilité du régime. Dès le 13 oct. 1958, une ordonnance, prise en vertu de l'ancien art. 92 C., instaure, pour l'Assemblée nationale, le scrutin uninominal majoritaire à deux tours (art. L. 123 C. élect.) dans le cadre de circonscriptions découpées dans les différents départements. Pour être élu au premier tour, il faut recueillir la majorité absolue (50 % des voix plus une). Pour assurer une bonne représentativité du candidat ainsi élu, il est précisé au même art. qu'il lui faut aussi obtenir au premier tour un nombre de voix égal à 25 % des électeurs inscrits. Pour être élu au second tour, la majorité relative (le plus grand nombre de voix) suffit. En effet, il est possible que plus de deux candidats restent en lice au second tour, seuls étant éliminés les candidats n'ayant pas recueilli 12,5 % des électeurs inscrits (art. L. 162 al. 3 C. élect.).

Ce système devait fonctionner pour élire les députés des sept premières législatures et être rétabli à partir de l'élection de la neuvième.

Pour la huitième législature (1986-1988), l'Assemblée nationale fut élue au scrutin proportionnel. Il est vrai que, dans la plupart des hypothèses, une majorité se dégageait à l'Assemblée, même lors de l'élection à la proportionnelle.

Ce n'est que lors des élections de 1988 qu'aucune majorité ne put voir le jour, or elles eurent lieu au scrutin majoritaire…

[1] Cf. p. 193 les conditions d'adoption des lois organiques.

Lors de la première législature, la majorité était composée d'une coalition de partis comprenant les gaullistes (UNR) et le centre droit[1].

1958	PC	SFIO	RAD	MRP	UNR	CNI	Divers
Voix	3882	3167	2348	2378	3604	2815	2290
en %	19 %	15,5 %	11 %	11,5 %	18 %	14 %	11 %
Sièges	10	42	34	54	194	111	20
en %	2 %	9 %	7,5 %	11,5 %	42 %	24 %	4 %

Dès la deuxième législature, élue après la dissolution de 1962, une majorité homogène naissait, constituée par les gaullistes (UNR) et les Républicains Indépendants. Pour la première fois depuis 1945, une coalition solide organisée autour d'un parti largement dominant (49,5 % des sièges) sortait des urnes.

1962	PC	SFIO	RAD	MRP	UNR	RI	CNI	Divers
Voix	3992	2319	1365	1635	5847	798	1660	713
en %	22 %	12,5 %	8 %	8 %	32 %	4,5 %	9 %	4 %
Sièges	41	65	41	36	229	20	28	5
en %	9 %	14 %	9 %	7,5 %	49,5 %	4,5 %	6 %	0,5 %

Les élections législatives de 1967 permettaient à la majorité sortante de conserver une courte avance (environ 3 sièges) ; G. Pompidou pouvait néanmoins être désigné Premier ministre une quatrième fois[2]. Pourtant, la faiblesse de cette majorité obligea le Gouvernement à faire usage de toute la panoplie des dispositions constitutionnelles lui permettant de domestiquer l'Assemblée (cf. p. 274).

1967	PC	FGDS	Centre	UNR	RI	Divers
Voix	5039	4224	2830	6892	1557	1847
en %	22 %	19 %	13 %	31 %	7 %	8 %
Sièges	73	116	40	199	43	14
en %	15 %	24 %	8 %	41 %	9 %	3 %

La dissolution de 1968, intervenant après les "événements" que l'on connaît, devait, pour la première fois dans l'histoire de la France, octroyer la majorité absolue des sièges à un seul parti politique (UDR). Le scrutin majoritaire a ici pleinement joué son rôle en amplifiant très largement la victoire de la majorité sortante et plus particulièrement du parti gaulliste. Bien que G. Pompidou fût, de toute évidence, l'artisan de cette victoire, Ch. De Gaulle préféra ne pas le désigner à nouveau à la tête du Gouvernement et lui préféra M. Couve de Murville.

1968	PC	FGDS	Centre	UDR	RI	Divers
Voix	4435	3617	2290	9667	917	1213
en %	20 %	16,5 %	10,5 %	43,5 %	4 %	5,5 %
Sièges	33	59	29	297	58	6
en %	6,5 %	12,5 %	6 %	61,5 %	12,5 %	1 %

En 1973 encore, le scrutin majoritaire devait permettre à la majorité sortante, pourtant minoritaire en voix dans le pays (38 %), de garder une majorité en sièges à l'Assemblée

[1] C'est par défection du centre droit que la motion de censure fut votée en 1962 et le Gouvernement renversé.
[2] Un troisième Gouvernement « Pompidou » avait été désigné à la suite de l'élection présidentielle de 1965.

nationale (54 %). P. Messmer, nommé Premier ministre quelques mois avant les élections législatives, pouvait donc être à nouveau désigné Chef du Gouvernement.

1973	PC	UGSD	Cent. G.	Cent. D.	UDR	RI	Divers
Voix	5064	5200	2967	950	6411	1661	1467
en %	21 %	22 %	12,5 %	4 %	27 %	7 %	6,5 %
Sièges	73	102	34	23	184	55	16
en %	15 %	21 %	7 %	5 %	37,5 %	11,5 %	3 %

Ce phénomène majoritaire se reproduisit en 1978 avec cependant un décalage moins criant entre la représentation en sièges et le nombre de voix obtenu. Là encore, le Président de la République pouvait reconduire à la tête d'un second Gouvernement, R. Barre nommé Premier ministre fin 1976, suite à la démission de J. Chirac.

1978	PC	PS	UDR	UDF	Divers
Voix	5753	7212	6623	6707	1772
en %	20,5 %	25,5 %	23,5 %	24 %	6,5 %
Sièges	86	115	153	121	16
en%	17,5 %	23,5	31 %	24,5 %	3,5 %

En 1981, lors des élections législatives suivant la dissolution prononcée par le nouveau Président de la République (F. Mitterrand), le mode de scrutin se retournait à l'avantage des partis qui, depuis 1958, étaient restés dans l'opposition. Pour la première fois, l'alternance intervenait à l'Assemblée, procurant ainsi à la gauche une majorité suffisante pour gouverner sur une longue période. F. Mitterrand pouvait donc nommer à nouveau P. Mauroy qui avait mis en place un Gouvernement de transition durant la période pendant laquelle l'Assemblée avait été dissoute. Si l'alliance avec le Parti Communiste se traduisait durant trois années par la participation de ministres communistes au Gouvernement, la rupture de cette alliance en 1984 n'était pas gênante puisque le Parti Socialiste, à lui seul, disposait de la majorité absolue. Sa victoire était nette, mais moins cependant que ne l'avait été celle de l'UDR en 1968.

1981	PC	PS	RPR	UDF	Divers
Voix	4051	9566	5233	4782	1392
en %	16 %	38,5 %	21 %	19 %	5,5 %
Sièges	44	289	83	61	11
en%	9 %	59,5	17 %	12,5 %	2 %

Les élections de 1986 sont particulières. Elles se sont en effet déroulées selon le scrutin proportionnel. Il s'agit donc d'un scrutin de liste départemental avec répartition des restes à la plus forte moyenne[1]. Ces élections parvinrent néanmoins à dégager une majorité — faible mais réelle — à l'Assemblée nationale, ce qui permit au Premier ministre J. Chirac de gouverner sans trop de difficultés. S'ouvrait à la suite de ces élections une période nouvelle en France sous la V° République connue sous le nom de "cohabitation". En effet, pour la première fois un Président de la République se trouvait face à une Assemblée nationale qui lui était résolument hostile. La preuve était apportée par les faits que les élections législatives sont bien celles qui conditionnent l'ensemble de la vie politique du pays et permettent de déterminer quelle formation politique gouverne. La majorité RPR-UDF a en charge les affai-

[1] Les résultats que nous donnons ici pour le RPR et l'UDF ne sont qu'une extrapolation. Ces partis ayant présenté des listes communes dans de nombreux départements, il n'est pas possible de savoir combien de voix chacun a recueilli, Nous avons donc arbitrairement divisé par deux le total des voix.

res du pays et c'est un Président de la République socialiste qui a fait appel à un Premier ministre issu de cette majorité. En toute logique encore, il le choisira dans le parti le plus représenté.

1986	PC	PS	RPR	UDF	FN	Divers
Voix	2664	8759	5777	5777	2794	1813
en %	10 %	32 %	21 %	21 %	10 %	6 %
Sièges	35	212	155	131	35	9
en %	6 %	37 %	27 %	23 %	6 %	1 %

Assez curieusement, le retour au scrutin majoritaire devait pour la première fois sous la V° République donner à la France une Assemblée sans majorité. Certes, le Parti Socialiste est de très loin le parti le plus important de l'Assemblée, mais il n'atteint pas la majorité absolue. Le Parti Communiste ne participant pas à la majorité, le Président de la République devra pour la première fois nommer un Premier ministre (M. Rocard qui avait déjà constitué un premier Gouvernement de transition durant la période pendant laquelle l'Assemblée était dissoute) qui dirigera un Gouvernement minoritaire. Le choix de ce Premier ministre dans les rangs du parti le plus important à l'Assemblée nationale, montre encore une fois le rôle essentiel des élections législatives. Bien que minoritaire, le Gouvernement pourra néanmoins se maintenir et faire adopter de nombreux textes grâce aux différents mécanismes de la Constitution. La Constitution montre dans cette hypothèse nouvelle une autre facette de ses ressources et de son aptitude à répondre aux situations politiques les plus variées.

1988	PC	PS	RPR	UDF	FN	Divers
Voix	2766	9169	4687	4519	2360	922
en %	11 %	37 %	19 %	18 %	10 %	4 %
Sièges	27	276	128	129	1	16
en %	5 %	48 %	22 %	22 %	0 %	3 %

La victoire de l'opposition annoncée par les sondages était au rendez-vous des élections de 1993 ; elle fut même particulièrement nette en sièges, le scrutin majoritaire amplifiant considérablement une progression, somme toute assez faible en voix, de la nouvelle majorité au premier tour. Pourtant, ajoutée à la non-représentation des écologistes et du Front national, cette progression devait suffire pour porter à l'Assemblée nationale une majorité comme on n'en avait encore jamais connu, forte de 449 sièges soit 78 %. Ce résultat ouvrait une nouvelle "cohabitation" et le Président socialiste faisait donc appel, comme en 1986, à un Premier ministre issu du parti le plus important de la majorité parlementaire : E. Balladur. La marge de manœuvre du Président Mitterrand était pourtant plus réduite encore qu'en 1986 compte tenu de la véritable déroute des députés se réclamant du Président. Le choix d'E. Balladur, s'il convenait au Président, lui était presque imposé par une campagne de presse savamment orchestrée qui, depuis plusieurs mois, annonçait cette nomination. Le nouveau Premier ministre pouvait gouverner sans problème, sauf à dominer sa majorité. Preuve était à nouveau faite de l'importance des élections législatives.

1993	PC	PS	RPR	UDF	FN	ECOLO	Divers
Voix	2336	5162	5188	4855	3159	1944	2799
en %	9 %	20,5 %	20,5 %	19 %	12,5 %	7,5 %	11 %
Sièges	24	67	242	207	0	0	37
en %	4,5 %	11 %	42 %	36 %	0 %	0 %	6,5 %

C'est le spectre d'une nouvelle cohabitation qui conduisait J. Chirac à prononcer la dissolution en 1997. Les sondages indiquant un léger tassement du Front national et la faiblesse persistante de l'opposition parlementaire, laissaient espérer une victoire de la majorité élue en 1993. Le résultat devait être rigoureusement inverse. Après un premier tour donnant une large majorité en voix aux partis de gauche, le second tour leur donnait une majorité de sièges, contraignant le Président de la République à appeler L. Jospin à la tête du Gouvernement. La troisième cohabitation s'ouvrait ainsi, à peine plus de deux ans après l'élection de J. Chirac .

1997	PC	PS et App	Div. G	VERTS	RPR	UDF	FN	Div. D
Voix	2509	6450	1337	910	4259	3723	3824	2309
en %	10 %	25,5 %	5 %	3,5 %	16,5 %	15 %	15 %	9,5%
Sièges	37	258	16	8	140	109	1	7
en %	6,5 %	45 %	2.5 %	1.5 %	24 %	19 %	0 %	1.5 %

En 2002, pour la première fois des élections législatives eurent lieu immédiatement après une élection présidentielle sans que cela fût la conséquence d'une dissolution. Cette concomitance est d'ailleurs désormais la règle compte tenu de la réduction à 5 ans du mandat présidentiel et du rythme nouveau de la législature qui s'achève, depuis la loi organique du 15 mai 2001 (cf. p. 83 et la note 1 et 232 et la note 1), normalement en juin. Le contexte de 2002 fut encore plus particulier compte tenu des 5 années de cohabitation qui venaient de se dérouler et de l'élimination au premier tour de la présidentielle du candidat socialiste (L. Jospin) conduisant au duel Chirac-Le Pen. Ce dernier facteur rendait dès lors le combat pour les législatives impossible et envoyait à l'Assemblée, presque sans coup férir, une large majorité favorable à J. Chirac. Le Président pouvait donc nommer un Premier ministre soutenant son programme : J.-P. Raffarin, déjà en place depuis l'élection présidentielle à la tête d'un Gouvernement de transition, dans l'attente des législatives. L'alternance des majorités à l'Assemblée nationale, commencée en 1981 se poursuivait dans sa régularité métronomique.

2002	Ext. G.	PC	PS et App	Div. G	VERTS	UMP	UDF	FN	Div. D
Voix	737	1210	6519	788	1142	8826	1081	2865	1186
en %	1.8	4.7 %	25,2 %	3 %	4.4 %	34.2 %	4.1 %	11.1 %	4.6%
Sièges	0	21	154	0	3	369	22	0	8
en %	0 %	3.5 %	26.7 %	0 %	0.5 %	64 %	3.8 %	0 %	1.5 %

Les élections législatives de 2007 sont donc les premières qui se déroulent selon le nouveau calendrier et dans un contexte classique d'affrontement « gauche-droite ». Elles ont permis de montrer combien la révision de 2000 sur le quinquennat avait changé les données. Tout d'abord, l'effet d'entrainement de l'élection présidentielle a joué à plein. Les résultats du premier tour des législatives le montrent amplement. Le candidat (et donc le parti) battu à la présidentielle se trouve dans une situation intenable ; indiquer qu'il souhaite gagner les législatives (et donc empêcher le Président nouvellement élu de mettre en œuvre son programme) revient en fait à contester les résultats de la présidentielle et les candidats se réclamant du Président ont vite fait de rappeler que le peuple vient de se prononcer. Il est donc difficile que le parti dont le candidat a été battu indique nettement qu'il souhaite gagner.

Or n'est-il pas curieux qu'un parti politique parte perdant dans une campagne électorale ? C'est pourtant ce qu'il est naturellement tenté de faire en expliquant qu'il faut une opposition forte au nouveau pouvoir, qu'il convient que les électeurs ne donnent pas tous les pouvoirs à un seul et même parti (donc à un seul et même homme). La situation est donc à ce point paradoxale que les élections qui vont déterminer « effectivement » la tendance politique des 5 années à venir ne sont, *de facto*, plus disputées. La majorité présidentielle explique logiquement qu'il faut que les électeurs confirment leur vote de la présidentielle et l'opposition ne peut pas souhaiter gagner au risque d'apparaître comme un « mauvais perdant ». On l'a bien vu lors des législatives de 2007. La majorité a eu beau jeu de stigmatiser le fait que les socialistes n'avaient pas d'autre programme à présenter que celui qui venait d'être rejeté par les Français ; mais comment faire un programme différent à moins d'avouer que le premier était mauvais ? Les socialistes n'ont pas su trouver les arguments pour développer une campagne justifiant qu'il faille voter pour eux ; mais que proposer si ce n'est empêcher l'application du programme que les Français viennent de choisir ? Bref, la situation est intellectuellement intenable.

Pourtant, les élections de 2007 ont également montré que le résultat n'est pas nécessairement acquis pour la majorité présidentielle. Le moindre faux pas dans la campagne électorale peut conduire les électeurs dont les convictions politiques sont fluctuantes à changer leur vote. On l'a bien vu avec l'annonce, pour le moins hasardeuse, de la mise en place d'une TVA sociale ; d'aucuns dans la majorité présidentielle elle-même ont estimé que cette annonce avait, en une semaine, fait perdre 50 sièges à la majorité. Il est vrai que l'avance du candidat UMP à la présidentielle était suffisante pour éviter tout danger. Mais on voit bien, avec cet exemple, qu'une différence plus faible, au départ, entre les deux camps aurait pu conduire à ce que la majorité présidentielle ne dispose que d'une très (trop) faible majorité parlementaire pour ne pas être à l'abri de certaines trahisons. Certes, l'ouverture d'une cohabitation est peu probable puisque l'opposition parlementaire ne souhaite pas réellement gagner, mais « peu probable » ne veut pas dire « impossible ». Il faut donc incontestablement s'interroger sur la pérennité du système électoral actuel.

2007	Ext. G.	PC	PS et App	Div. G	VERTS	Mo-Dem	NC	UMP	FN	Div. D
Voix	895	1202	6687	513	844	2019	416	11428	1223	790
en %	3.4 %	4.6 %	25,1 %	2.6 %	3.2 %	7.8 %	1.6 %	43.9 %	4.7 %	3.1 %
Sièges	0	18	205	3	4	4	20	314	0	9
en %	0 %	3.1 %	35.5 %	0.5 %	0.7 %	0.7 %	3.5 %	54.4 %	0 %	1.6 %

En 2012, le phénomène d'entrainement vécu déjà en 2007 a fonctionné sans problème, les deux tours ayant cette fois confirmé et amplifié la victoire socialiste en accordant au PS et à ses alliés (Radicaux de Gauche et « divers gauche ») une majorité absolue de députés.

Pourtant, l'UMP, au soir du second tour de la présidentielle, avait clairement fait savoir qu'elle souhaitait emporter les législatives et se disait prête à la cohabitation. L'argument justifiant son choix était que les Français n'avaient pas choisi F. Hollande mais rejeté N. Sarkozy. Ainsi, n'y avait-il pas, selon elle, de contradiction à l'apparition de deux majorités différentes ; les Français n'avaient pas marqué leur préférence pour un programme politique et au contraire souhaitaient sans doute que le programme de la droite se poursuive dans cette période de crise majeure en Europe.

Très vite, pourtant, deux obstacles sont apparus. D'une part, la droite n'ayant plus de chef naturel, il était difficile de savoir qui pourrait être le Premier ministre de cette cohabitation. Le secrétaire général du parti (J.-F. Copé) et les anciens Premiers ministres (F. Fillon et A. Juppé) prétendant chacun incarner l'avenir. D'autre part, le score particulièrement important du Front national conduisait l'UMP à un déchirement entre les partisans d'un rapprochement, au moins au plan local, et les adversaires de toute compromission ; la ligne idéologique n'était donc pas claire. En quelques jours, il est clairement apparu que la volonté de gagner les législatives se muait simplement en espoir de limiter les pertes.

En toute hypothèse, la victoire de F. Hollande était suffisamment large pour que le risque d'une cohabitation soit très faible. La question qui se posait était en fait de savoir si le nouveau Président disposerait d'une majorité socialiste ou d'une majorité de gauche et, dans ce cas, serait obligé de composer avec les autres composantes (écologistes) et surtout avec le Front de gauche. C'est la première branche de l'alternative qui devait se concrétiser.

Pourtant ces législatives faisaient aussi apparaître les limites du nouveau calendrier électoral conduisant à une séquence de presque six mois de campagne et quatre scrutins. Si l'on ajoute la « primaire socialiste » qui en octobre avait conduit à la désignation de F. Hollande comme candidat après deux tours de scrutin et une campagne électorale animée, la parenthèse électorale était de plus de 9 mois ... Les citoyens apparaissaient lassés et l'ont marqué par une abstention record (42,8 % au premier tour ; 44,6 % au second). Ce phénomène, déjà sensible en 2007 mais encore amplifié, doit nécessairement conduire à une réflexion sur l'organisation de cette séquence. Le nouveau Gouvernement ne pourra pas en faire l'économie. Cette réflexion fait du reste partie de la mission de réflexion confiée à la « Commission Jospin »[1].

2012	Ext. G.	Front de Gauche	PS et RDG	Div. G	EELV	MoDem	NC	UMP et PRV	FN et ext. D.	Div. D et autres
Voix	254	1802	8015	920	1444	604	548	7214	3572	1573
en %	1 %	6.9 %	30,9 %	3.5 %	5.6 %	2.3 %	2.1 %	27.8 %	13.8 %	6,1%
Sièges	0	10	292	22	19	2	12	202	3	15
en %	0 %	1.7 %	50.7%	3.8%	3.3 %	0.3 %	2.1 %	35 %	0.5 %	2.6 %

III. LES CONDITIONS D'EXERCICE DE LA MISSION DE REPRESENTATION

Le Parlement ayant, comme nous venons de le montrer, à assurer la représentation de la Nation, il était nécessaire de donner aux assemblées et à leurs membres les garanties nécessaires pour qu'elles puissent remplir ce rôle en toute quiétude. Pour cela, il faut assurer l'indépendance des représentants élus et permettre aux assemblées de s'administrer elles-mêmes. Le statut des parlementaires (§1.) et l'organisation des assemblées (§2.) sont conçus dans ce but.

§1. Le statut des parlementaires

Pour assurer la liberté des représentants élus de la Nation et donc leur permettre d'assumer pleinement leur rôle, les parlementaires ont de tout temps été dotés d'un statut très protecteur. Cette protection assure, d'une part, leur indépendance (et donc celle de l'Assemblée) par la mise en place d'incompatibilités (A) et des indemnités suffisantes pour les mettre à l'abri des convoitises (B) et, d'autre part, leur liberté par des immunités qui les protègent (C).

[1] Cette Commission, après avoir envisagé différentes options, se prononce en faveur du maintien du calendrier actuel et rejette l'hypothèse d'une simultanéité totale ou partielle des élections présidentielle et législatives. Cependant, elle suggère d'avancer de deux mois les échéances électorales afin de permettre à la nouvelle Assemblée élue de disposer de davantage de temps avant la fin de la session. En outre, elle recommande de réduire d'une à deux semaines l'écart entre le second tour de la présidentielle et le premier tour des législatives (proposition n°6). Rien n'a été entrepris dans ce sens.

A. Les incompatibilités parlementaires

Les incompatibilités parlementaires sont prévues à l'**art. 25 C**. Elles sont, nous l'avons dit, destinées à assurer l'indépendance du parlementaire. Chaque parlementaire voyant son indépendance garantie, c'est celle de l'Assemblée et donc de ses travaux qui est assurée. De nombreuses incompatibilités ont été mises en place (1) chacune ayant son régime juridique particulier (2).

Par incompatibilité, on entend l'impossibilité pour un élu d'exercer simultanément la charge de son mandat électif et une autre activité. La personne concernée n'est pas inéligible ; simplement elle devra, une fois élue, choisir entre les fonctions incompatibles et donc renoncer ou non au bénéfice de l'élection qu'elle vient de remporter.

1. Les différentes incompatibilités prévues

En réalité, l'art. 25 C. renvoie à une loi organique la fixation des incompatibilités applicables aux parlementaires. Plusieurs lois successives sont intervenues fixant au total trois grandes hypothèses où jouent des incompatibilités. Elles sont reprises aux art. LO 137 et s. C. élect.

a) La limitation du cumul des mandats

Il a toujours été admis que certains mandats électifs étaient incompatibles entre eux[1]. Tel était le cas des mandats de député et de sénateur (art. LO 137 C. élect.) et des mandats parlementaire et présidentiel, ce dernier cas relevant en fait de la coutume (cf. p. 394). Pour les autres cas, il fallut attendre la LO du 30 déc. 1985 modifiée depuis pour que soit fixé le principe actuel d'une limitation du mandat parlementaire avec un seul mandat local important [conseiller régional ou départemental, conseiller de Paris, conseiller à l'assemblée de Corse, maire de ville de plus de 20.000 habitants ou adjoint au maire d'une commune de plus de 100.000 habitants, conseiller municipal d'un ville de plus de 3.500 habitants (art. LO 141 et 297 C. élect.)] ou parlementaire européen (art. LO 137-1 C. élect.).

Mais la solution ainsi mise en œuvre n'a pas réellement changé les choses tant au plan de l'assiduité des parlementaires que relativement à la question du cumul des mandats (cf. p. 186). Après de nombreuses années de discussions stériles, de nouvelles incompatibilités ont enfin été définies. Elles s'appliqueront à compter du premier renouvellement, intervenant après le 31 mars 2017, de l'assemblée à laquelle appartient le parlementaire concerné, l'interdiction du cumul s'appliquera alors encore plus largement (LO n° 2014-125 du 14 févr. 2014)[2].

---

[1] L'incompatibilité entre les fonctions ministérielles et la présidence d'un parti politique, invoquée à titre de « principe » par le Président Chirac, a été appliquée à N. Sarkozy entre novembre 2004 et mai 2005. Pourtant, après avoir démissionné pour prendre la présidence de l'UMP, il a de nouveau été nommé ministre dans le Gouvernement Villepin.

[2] On doit dire qu'on reste réservé. La LO a été difficilement adoptée. Or, force est de constater que, si les électeurs sont largement opposés au cumul, les élus y sont largement favorables. Il en est même qui, s'étant engagés à ne pas cumuler alors qu'ils étaient candidats, s'empressent de revenir sur cette promesse une fois l'élection acquise. Il ne serait donc pas surprenant que l'une des premières mesures de la nouvelle assemblée élue en 2017 soit d'adopter un moratoire relativement à l'entrée en vigueur de l'interdiction. On peut, de ce point de vue, compter sur le Sénat qui, estimant que l'interdiction du cumul ne devrait pas s'appliquer aux Sénateurs, représentants des collectivités territoriales, pourait conduire à revoir très vite le texte. On ajoutera que l'intérêt du non cumul pourrait être anhilé par le choix des politiques. Si les personnalités les plus importantes des différents partis préfèrent conserver leur fonction locale et renoncent donc à être parlementaires, il est possible que les partis ne désignent comme candidat que des « apparatchiks » fidèles mais peu compétents. La règle du non cumul pourrait donc conduire à ce que les partis parviennent à « domestiquer » encore plus les parlementaires qui ne seraient plus que de simples exécutants des volontés déterminées par les appareils. Ceci sera d'autant plus vrai s'agissant du parti qui aura porté l'un des siens à la présidence de la République. Le Président souhaitera ne faire élire que des parlementaires l'ayant soutenu et sur lesquels il peut compter. Ce phénomène pourrait être amplifié si une « dose de proportionnelle » était introduite pour les élections législatives.

L'interdiction est totale s'agissant de ce qu'il est convenu d'appeler les « exécutifs locaux » (art. LO 141-1 C. élect.). Il ne sera donc plus possible de cumuler le mandat de parlementaire avec les fonctions de maire, de président et de vice président de conseil départemental ou de conseil régional. L'incompatibilité avec la fonction de maire vaut quelle que soit la population de la commune et s'étend, de surcroît, aux maires d'arrondissement et aux maires délégués. L'interdiction du cumul s'applique encore aux adjoints au maire et aux vice-présidents de conseil départemental (y compris Assemblée de Corse : Cons. const. 13 févr. 2014, n° 2014-689 DC §11) et régional mais aussi à la présidence et a la vice-présidence des EPCI. Elle s'étend encore aux fonctions de président ou de membre du bureau de l'Assemblée des Français de l'étranger ainsi que de vice-président de conseil consulaire, de même qu'à certaines fonctions exécutives non électives telles que celles de membre du gouvernement de la Polynésie française. L'interdiction vaut encore avec les fonctions de président et de vice-président des métropoles créées ou à créer.

b) L'incompatibilité avec certaines fonctions publiques

α) Les hypothèses générales

Outre l'incompatibilité des fonctions parlementaires et ministérielles (cf. p. 128), un principe général d'incompatibilité s'applique aux fonctionnaires d'Etat[1] à moins qu'ils ne soient professeurs titulaires[2] de l'enseignement supérieur (art. LO 142 C. élect.)[3]. Jusqu'à présent, ces fonctionnaires étaient immédiatement placés en situation de détachement, et bénéficiaient ainsi des règles d'avancement. Ils devront, à compter du prochain renouvellement général ou partiel de l'assemblée à laquelle ils appartiennent, être placés en position de disponibilité.

S'y ajoutent des incompatibilités spécifiques avec notamment les fonctions de Conseiller Economique, Social et Envionnemental (art. L.O. 139 C. élect.), de Conseiller Constitutionnel (art. 4 ord. 7 nov. 1958 ; art. LO 152 C. élect.[4]), de membre du Conseil Supérieur de l'Audiovisuel, de membre du Conseil du gouvernement d'un territoire d'outre-mer (art. LO 139 C. élect.) et, sauf si le parlementaire y est désigné en cette qualité (au quel cas, il ne peut percevoir à ce titre aucune rémunération, gratification ou indemnité), sont incompatibles avec le mandat parlementaire les fonctions de membre de conseil d'administration exercées dans les entreprises nationales et établissements publics nationaux, ainsi que les fonctions exercées au sein d'une autorité administrative indépendante ou d'une autorité publique indépendante (art. LO 145 C. élect.). De même, est incompatible avec le mandat parlementaire la fonction de président d'une autorité administrative indépendante ou d'une autorité publique indépendante.

β) Le cas des parlementaires en mission.

Le mandat parlementaire est incompatible avec une mission temporaire confiée par le Gouvernement qui se prolongerait au delà de six mois [art. LO 144 C. élect. ; par ex. M. Besson (UPM, Rhône), prolongé par le décret du 23 juin 2003 est remplacé dès le lendemain par son suppléant[5]. En revanche, donc, lorsque la mission n'excède pas ce délai, la compati-

[1] A titre particulier, l'incompatibilité vise les magistrats (art. LO 140 C. élec.).

[2] Cette règle s'étend aux Maîtres de Conférences titulaires (Cons. const. 2013-30 I, 19 déc. 2013, Dion). Les fonctions de professeur (ou Maître de conférences) associé ne sont assimilables à celles de professeur titulaire et sont donc incompatibles avec le mandat parlementaire (Cons. const. 2008-24/25/26 I, 14 févr. 2008, Plagnol, Moscovici et Le Maire).

[3] Ou « ministres du culte », dans les départements d'Alsace et de Moselle (L. 30 déc. 1928).

[4] L'incompatibilité n'a pas la même conséquence pour les membres nommés et les membres de droit (cf. p. 403).

[5] On notera certains détournements de procédure. Ainsi M. Bédier (député) a-t-il vu sa mission prolongée et a donc été remplacé par son suppléant juste avant que la Cour de cassation ne rejette son pouvoi contre une décision juridictionnelle le privant de ses droits civiques. Une élection partielle a ainsi pu être évitée. De même, M. Lellouche (député) a-t-

bilité reste possible. Le type de mission visé par cette disposition est désormais précisé par le décret de nomination (D. 17 juin 2015). Le Conseil d'Etat a accepté de contrôler la réalité de la mission ainsi confiée et a estimé que dès lors qu'un rapport rendu public a été remis, la mission était réelle (CE 25 sept. 1998, *Mégret : RFD adm. 1999. 355*). Il en découle que la décision de confier une mission à un parlementaire n'est pas un acte de gouvernement (cf. cette notion p. 473). On notera enfin que le parlementaire ainsi nommé ne cesse pas d'appartenir au Parlement et continue donc de bénéficier de l'inviolabilité ; toutefois, il ne peut être considéré comme irresponsable du fait du rapport qu'il rédige dans le cadre de cette mission car il ne s'agit pas d'un acte accompli par lui « dans l'exercice de ses fonctions » (Cons. const. 89-262 DC, 7 nov. 1989, Immunité des parlementaires en mission temporaire). Notons enfin que désormais, l'exercice d'une mission ne peut donner lieu au versement d'aucune rémunération, gratification ou indemnité (art. LO 144 C. élect.).

c) L'incompatibilité avec certaines fonctions privées

Si un principe général d'autorisation de cumul entre des activités privées et un mandat parlementaire est traditionnellement admis[1], il a semblé nécessaire, pour éviter des risques de collusion, d'interdire ce cumul lorsque des intérêts économiques importants sont en jeu. Ainsi y a-t-il incompatibilité du mandat de parlementaire avec les fonctions de direction de fait ou de droit des entreprises ayant un lien avec l'Etat ou les collectivités publiques soit par les travaux qu'elles effectuent ou les prestations qu'elles rendent, soit du fait des subventions ou avantages qu'elles reçoivent, des entreprises ayant exclusivement un objet financier et faisant appel à l'épargne publique ou ayant une activité immobilière (art. LO 146 C. élect.). Il ne pourra plus, s'il est avocat, plaider ou de consulter pour le compte de ces entreprises. Enfin, un parlementaire ne peut exercer une fonction de conseil qui n'était pas sienne avant le début de son mandat, à moins qu'il ne soit membre d'une profession protégée (art. LO 146-1 C. élect.).

On doit encore indiquer que, si l'exercice de la profession d'avocat reste possible pour un parlementaire, celui-ci ne pourra plus plaider, soit par lui-même, soit par l'intermédiaire d'un de ses associés, dans les cas limitativement énumérés par le C. élect. (art. LO 149 C. élect.). Par ailleurs, il ne pourra plus plaider ou de consulter pour le compte d'une entreprise nationale et d'un établissement public nationaL. A l'inverse, le mandat parlementaire est incompatible avec l'exercie de fonctions d'arbitre, de médiateur ou de conciliateur (art. LO 140 C. élect.).

2. Le régime des incompatibilités parlementaires

Dans le cas de cumul avec des mandats électifs locaux, le parlementaire dispose d'un délai de trente jours pour faire connaître son choix faute de quoi il est réputé démissionnaire du dernier mandat acquis ou renouvelé (art. LO 151 et 151-1 C. élect.). En cas de cumul de mandats parlementaires, y compris le mandat de député européen, l'élu cesse, par le fait même, d'appartenir à la première assemblée dont il était membre et n'a donc pas de choix (art. LO 137 et 137-1 C. élect.).

S'agissant des autres incompatibilités, les dispositions diffèrent selon les cas. Le parlementaire nommé au Conseil constitutionnel dispose d'un délai de huit jours pour indiquer qu'il renonce à cette nomination. S'agissant des parlementaires dont la mission est prolon-

---

il été nommé « représentant spécial de la France pour l'Afganistan et le Pakistan » le 3 mars 2009, sa situation n'étant régularisée sous la forme d'une mission parlementaire que par le décret du 10. Plus récemment, la mission confiée à M. Brottes le 19 févr. 2015 a été prolongée fort opportunément le 17 août, juste avant sa nomination à la tête de l'entreprise « RTE », évitant ainsi une législative partielle.

[1] On notera cependant avec intérêt que M. Dutreil (député) a démissioné le 16 sept. 2008 après que le président Accoyer lui a indiqué (12 sept.) que, nommé à la présidence de la filiale américaine d'une entreprise de luxe, il n'était « plus à même de remplir de façon acceptable » son mandat.

gée, l'incompatibilité débute au jour de la prolongation, même si celle-ci fait suite à quelques jours d'interruption (une mission confiée en 1981 à M. Nucci est prolongée six jours après que le Gouvernement y a mis fin).

Dans les autres cas, le parlementaire devra rapidement se mettre en règle. Pour ce faire, il doit déposer, dans un délai de deux mois, une déclaration comportant la liste des activités professionnelles ou d'intérêt général, même non rémunérées, qu'il envisage de conserver (art. L. 151-2 C. élect.). S'il n'exerce aucune activité, le parlementaire doit faire une déclaration dans ce sens. De même, il doit faire une déclaration relative à toute activité nouvelle qu'il envisage d'exercer. La déclaration est soumise à l'appréciation du bureau de l'assemblée dont il est membre. Celui-ci décide mais, en cas de doute, il est fait appel au Conseil constitutionnel qui apprécie souverainement (cf. p. 415). Une fois la décision devenue définitive, l'élu concerné dispose de 30 jours pour régulariser sa situation, faute de quoi il est déclaré démissionnaire d'office (art. LO 151-2 C. élect.) sans qu'il y ait besoin de saisir le Conseil constitutionnel à nouveau.

S'il renonce à son siège de parlementaire, il est pour l'instant procédé à une élection partielle (art. LO 178 C. élect.). Cependant, dans l'hypothèse où il s'agit de l'acceptation d'une fonction gouvernementale, d'une nomination comme membre du Conseil constitutionnel ou de la prolongation au delà de six mois d'une mission confiée par le Gouvernement, le parlementaire est remplacé par son suppléant élu en même temps que lui (art. LO 176 C. élect.). A compter du prochain renouvellement de l'assemblée parlementaire concernée intervenant après le 31 mars 2017, le remplacement par le suppléant devient le principe ; il ne sera procédé à une élection partielle que dans les hypothèses suivantes : annulation de l'élection ; démission d'office ; démission pour un autre motif qu'une incompatibilité ; déchéance prononcée par le Conseil constitutionnel.

B. Les indemnités parlementaires

Ainsi n'est-il pas rare que les parlementaires ne puissent pas conserver leur activité ou du moins l'exercer pleinement. Pour les mettre à l'abri du besoin et donc des tentations, les élus reçoivent des indemnités prévues à l'art. 25 C et fixées par l'ord. n° 58-1210 du 13 déc. 1958[1].

L'indemnité des parlementaires est alignée sur le traitement moyen des fonctionnaires de l'Etat, catégorie hors échelle, pour l'indemnité principale (5.514,68 €[2]), à laquelle s'ajoutent une indemnité de fonction et une indemnité de résidence égales respectivement au quart (1.420,03 €) et à 3 % (165,44 €) de la précédente[3]. En principe l'indemnité de fonction est « fonction de la participation du parlementaire aux travaux de l'assemblée à laquelle il appartient ». Les absences, en particulier lors des scrutins publics ou aux travaux de commission, sont sanctionnées (cf. encadré p. 186). Les peines disciplinaires peuvent également entraîner des pertes d'indemnité (cf. ci-dessous). Toutes ces indemnités sont imposables depuis 1992. Pour s'assurer que les parlementaires ne profitent pas de leur mandat pour s'enrichir, ils déposent, auprès de la HATVP, une déclaration de patrimoine au début et à la fin de leur mandat (cf. p. 215).

---

[1] Contrairement à une tradition largement répandue à l'étranger et à une croyance répandue en France, les parlementaires français ne fixent pas eux-mêmes le montant de leurs indemnités.

[2] Les chiffres ci après sont ceux de juil. 2015 ; pour les indemnités (hors indemnité de frais de mandat) il s'agit de chiffres bruts.

[3] Sur ces sommes sont prélevées : - A l'Assemblée : la cotisation double à la caisse des pensions (1 258,50 €) ; la contribution exceptionnelle de solidarité (56,80 €) ; la CSG et la CRDS (568,01 €) ; la cotisation au fonds de garantie de ressources (27,57 €). **Le salaire mensuel net avant impôt d'un député est donc de 5.189,27 €.** – Au Sénat : la cotisation double à la caisse des pensions (1049,12 €) ; la contribution exceptionnelle de solidarité (56,80 €) ; la CSG et la CRDS (568,01 €) ; la cotisation à la caisse de retraite complémentaire (37,50 €). **Le salaire mensuel net avant impôt d'un sénateur est donc de 5.388,72 €.**

A ces indemnités s'ajoutent un crédit mensuel en vue de la rémunération de collaborateurs (parfois encore appelés assistants)[1] (9.504 € à l'AN[2] ; 7.548,10 € au Sénat[3]), une indemnité représentative de frais de mandat[4] (d'un montant brut de 5.770 € à l'AN ; net après CSG et CRDS de 6.037,23 € au Sénat), destinée à payer les frais de voiture, de loyer pour la permanence, frais de réception, d'habillement, de transport, etc.

Les parlementaires disposent en outre de la franchise postale, de la gratuité des communications téléphoniques, d'une carte de libre circulation sur le réseau ferroviaire[5] en première classe et de quelques voyages annuels en avion entre Paris et leur circonscription[6]. Enfin, ils ont la possibilité d'utiliser des bureaux dans des locaux appartenant aux assemblées. Les députés peuvent également utiliser une résidence hôtelière appartenant à l'Assemblée nationale[7].

L'indemnité parlementaire peut se cumuler avec les indemnités allouées au titre d'autres mandats en particulier locaux. Cependant, le principe du plafonnement général des indemnités en cas de cumul des mandats, introduit par la LO n° 92-175 du 25 févr. 1992, encadre cette possibilité à une fois et demie le montant de l'indemnité parlementaire. De telles indemnités additionnelles sont donc actuellement plafonnées à 2.757,34 € par mois.

L'ensemble de ces dispositions assure l'indépendance des parlementaires vis-à-vis de sollicitations extérieures qui pourraient les empêcher de remplir leur tâche sans arrière-pensées. Nous sommes ici très loin du système américain des "lobbies" dont l'influence sur les votes parlementaires est considérable. Restait à garantir la liberté des parlementaires ; c'est le but des immunités qui les protègent.

Les Parlementaires disposent également de ce qu'il est convenu d'appeler la « réserve parlementaire[8] ». Il s'agit de subventions allouées par l'Etat, à la demande de Parlementaires pour la soutenir des investissements de proximité décidés par des collectivités locales et des activités menées par des associations. Un député a la possibilité de propo-

---

[1] Il revient à chaque assemblée de préciser les droits et obligations des collaborateurs parlementaires et de leurs employeurs. Néanmoins, l'art. 122-1 du D. 91-1097 du 27 nov. 1991 prévoit les interdictions qui s'appliquent aux collaborateurs parlementaires qui sont en même temps avocats ou le deviennent par la suite. Les collaborateurs parlementaires ne peuvent prétendre à la création d'un comité d'entreprise dès lors qu'il n'existe, entre eux et même au sein d'une seule assemblée, aucune unité de direction (Cass. soc. 18 févr. 2004, n° 02-60567). La tentative visant à habiliter, dans le cadre du RAN, les questeurs à déterminer et mettre en œuvre les conditions de la négociation d'un « statut » des collaborateurs parlementaires avec les organisations représentatives de ces derniers, qui sont liés par un contrat de droit privé aux députés qu'ils assistent, n'a pas pu prospérer dès lors qu'il s'agissait de dispositions qui, n'étant relatives ni à l'organisation ou au fonctionnement de l'Assemblée nationale, ni à la procédure législative, ni au contrôle de l'action du Gouvernement, ne peuvent figurer au RAN.

[2] Ce chiffre est calculé en principe pour trois assistants ; il peut toutefois, au gré du député, être versé au profit d'un nombre de personnes variant de un à cinq. Le député a la qualité d'employeur : il recrute, licencie, fixe les conditions de travail et le salaire de son personnel.

[3] Pour la rémunération de trois assistants à temps plein ou six à temps partiel. Le contrat qui lie le sénateur à son assistant est de droit privé, les critères de recrutement sont laissés à la discrétion du sénateur, seul le baccalauréat étant obligatoire. Au 1er févr. 2015, la rémunération mensuelle brute de base d'un assistant employé à temps plein se monte à 3114 €.

[4] Cette indemnité n'est pas soumise à l'impôt sur le revenu. Elle ne peut être utilisée pour financer les campagnes électorales des parlementaires (Cons. const. 2012-4715 AN, 1er mars 2013 ; art. L. 52-8-1 C. élect. ; CE 22 juill. 2015, Bénisti, n° 388442). Par ailleurs, le bureau de l'AN s'est prononcé, le 18 févr. 2015, pour l'interdiction de son utilisation en vue de l'acquisition de biens immobiliers.

[5] S'ils utilisent régulièrement le train ; dans les autres cas, l'Assemblée fournit des billets gratuits.

[6] Les députés des DROM, disposent d'un crédit équivalent à vingt-six passages en classe affaires entre Paris et la circonscription. Pour les députés de Polynésie française, Wallis et Futuna et Nouvelle-Calédonie, territoires éloignés de plus de 12 heures d'avion, le crédit est équivalent au coût de seize passages en première classe entre Paris et la circonscription. Tous disposent en outre de la possibilité de faire quatre voyages aller et retour en France métropolitaine.

[7] L'Assemblée nationale attribuait en outre, jusqu'en 2009, des prêts pour l'acquisition d'un logement ou d'un local à usage de bureau ou de permanence, soit à Paris, soit dans la circonscription. Le montant moyen des prêts consentis aux députés, d'une durée de 10 ans à 2 %, s'élevait à 76 225 €.

[8] Au Sénat, il s'agit de la « dotation d'action parlementaire ».

ser l'attribution de subventions à hauteur de 130.000 euros en moyenne, la modulation de la répartition entre les députés relevant de chaque groupe politique. Les membres du Bureau de l'Assemblée nationale disposent d'une réserve de 140.000 euros, les vice-présidents de l'Assemblée nationale, les questeurs, les présidents de groupe, les présidents de commission disposent de 260.000 euros, le Président de l'Assemblée nationale de 520.000 euros. En 2014, les députés se sont vu attribuer 80 M. d'€ de subventions ; les Sénateurs, 51,57 M. d'€. Les informations relatives à l'utilisation de cette « réserve » sont désormais publiées dans un « jaune » annexé au budget de l'Etat et sur les sites des assemblées[1]. La Cour des comptes (référé n° 71261 rendu public le 12 févr. 2015) s'est montrée critique quant à cette pratique.

C. Les immunités parlementaires

Les immunités dont bénéficient les parlementaires sont définies à l'**art. 26 C**. Elles ont pour but essentiel de garantir aux parlementaires de pouvoir exercer leur fonction sans risque par la mise en place d'un système de protection contre toute intervention extérieure dont ils pourraient être l'objet. Elles se présentent sous deux aspects : l'irresponsabilité et l'inviolabilité. Seules les dispositions relatives à l'inviolabilité des parlementaires ont fait l'objet de modifications en 1995.

L'irresponsabilité protège les parlementaires à raison des opinions[2] ou des votes qu'ils émettent dans l'exercice de leur fonction. Ils ne peuvent donc être poursuivis du fait des actes de leur activité publique. Seules les sanctions prévues par le règlement de la chambre dont ils sont membres sont applicables dans ce cas.

Les sanctions disciplinaires pouvant frapper les parlementaires

Les règlements confient aux présidents de chacune des deux assemblées le soin de maintenir l'ordre au cours des séances. Pour cela, le Président dispose d'une panoplie de sanctions qu'il peut infliger aux parlementaires qui troublent la tenue des débats. Ces sanctions sont, dans l'ordre croissant (art. 71 et s. RAN ; art. 92 RS) :

– le rappel à l'ordre, prononcé par le Président qui est en fait un avertissement.

– le rappel à l'ordre avec inscription au procès verbal, prononcé par le Président ou, à l'Assemblée nationale également par le Bureau ; cet avertissement est connu hors de l'enceinte du Palais puisque le *Journal Officiel* donnera l'information. A l'Assemblée, cette sanction est assortie de droit de la privation, pendant un mois, du quart de l'indemnité parlementaire[1].

– la censure simple prononcée par l'assemblée, par un vote par « assis et levé, sans débat. Cette sanction emporte de droit la privation, pendant un mois du tiers (Sénat) ou de la moitié (Assemblée) de l'indemnité parlementaire[2].

– la censure avec exclusion temporaire, prononcée dans les mêmes conditions que la censure simple. Elle emporte de droit privation de la même proportion de l'indemnité parlementaire mais cette fois pour deux mois. A l'Assemblée, il est possible, pour certaines infractions, de porter cette privation à six mois (art. 77 RAN). Par ailleurs, elle interdit au parlementaire de prendre part aux travaux de l'assemblée et de reparaître dans le Palais du Sénat jusqu'à l'expiration du quinzième jour de séance qui suit celui où la mesure a été prononcée. Cette interdiction est portée à trente jours dans le cas où cette sanction est prononcée pour la deuxième fois[3].

Si le règlement du Sénat indique précisément pour chacune des sanctions les attitudes ou infractions qui peuvent les engendrer mettant ainsi en place une « proportionnalité des peines », le règlement de l'Assemblée nationale permet lui, en principe, de prononcer n'importe quelle sanction pour n'importe quelle infraction. On note pourtant que, dans la pratique, à l'Assemblée comme au Sénat, le rappel à l'ordre frappe les parlementaires qui parlent sans y être autorisés. Les autres sanctions sont destinées aux infractions plus graves, sachant qu'au Sénat le rappel à l'ordre avec inscription frappe les sénateurs qui récidivent dans une prise de parole intempestive. On notera que le rappel à l'ordre ne pouvant être prononcé que par le Président de l'Assemblée nationale, il ne pourra pas venir sanctionner un manquement aux règles définies dans le code de déontologie (cf. p. 218), ce qui répond aux disposi-

---

[1] Il existe également une « réserve institutionnelle » (5,5 millons à l'Assemblée et 3 millions au Sénat) déstinée à « aider » de « grandes institutions ou juridictions ». Il s'agit en fait d'une « rallonge » à leur dotation.

[2] Ainsi, le Président de l'Assemblée nationale a-t-il indiqué qu'il « désapprouvait profondément » des propos tenus à la tribune à propos d'un membre du Conseil constitutionnel. Il estime qu'il ne lui « semble pas admissible d'abuser de cette immunité ».

tions de l'art. 4 quater de l'ord. du 17 nov. 1958 selon lequel le Bureau de chaque assemblée veille au respect des règles en matière de prévention et de traitement des conflits d'intérêts et en contrôle la mise en œuvre.

Le parlementaire à l'encontre duquel est proposé la censure ou la censure avec exclusion peut demander à être entendu. Il en va de même à l'Assemblée s'agissant du rappel à l'ordre avec inscription lorsque celui-ci est prononcé par le Président seul.

En revanche, en vertu du principe de séparation des pouvoirs, ces sanctions ne sont pas applicables lorsque des poursuites sont engagées contre un parlementaire par la justice.

Mais si l'irresponsabilité ne vaut que pour les actes de la vie publique, il faut signaler que les parlementaires n'en sont pas moins, même pour les actes privés, inviolables durant leur mandat. Incluant les simples poursuites avant 1995, l'inviolabilité ne concerne plus aujourd'hui que l'arrestation ou toute autre mesure privative ou restrictive de liberté comme par exemple le contrôle judiciaire. En effet, la création de la session unique risquait de rendre impossible le déclenchement de poursuite contre un parlementaire puisqu'il fallait pour ce faire obtenir la levée de l'immunité parlementaire par le vote d'une résolution par l'assemblée tout entière. Cette procédure, longue et parfois refusée, était admissible lorsque les sessions étaient brèves ; le déclenchement des poursuites pouvait être mis en œuvre dès la fin de la session. Si donc maintenant les poursuites sont possibles, une autre modification a encore affecté le régime des immunités. Pour permettre l'arrestation ou la mise en place de mesures restrictives de liberté contre un parlementaire, il n'est plus nécessaire d'obtenir le vote d'une résolution ; l'autorisation du bureau de l'assemblée à laquelle il appartient suffit. Ces garanties ne valent pas en cas de flagrant délit ou de condamnation définitive.

Reste que si l'assemblée le souhaite, elle peut toujours, pour la durée de la session, obtenir la suspension des poursuites, de la détention ou des autres mesures prises à l'égard d'un de ses membres. C'est une commission *ad hoc* (art. 80 RAN ; art. 105 RS) qui étudie la demande ; elle présente ses conclusions sous la forme d'une proposition de résolution inscrite d'office par la conférence des Présidents à la plus prochaine séance réservée aux questions orales à la suite des questions et réponses. Des séances supplémentaires peuvent avoir lieu de plein droit pour permettre aux assemblées de demander ces suspensions. L'assemblée statue au fond après un débat sur les conclusions de la commission.

En fait, on constate avec la réforme constitutionnelle de 1995 que l'assemblée n'a plus à autoriser les poursuites mais peut les suspendre (ce qu'elle n'a plus fait depuis 1997 ; elle a refusé, le 3 juin 2014, de suspendre les poursuites engagées à l'encontre de H. Guaino) ; que son bureau autorise la détention et que c'est elle qui peut la suspendre. Les paramètres semblent donc inversés par rapport à la situation antérieure et le pouvoir judiciaire paraît plus libre que par le passé.

C'est là d'ailleurs une des réformes les plus spectaculaires contenues dans la LC du 4 août 1995. En effet, les immunités parlementaires sont sans doute le droit essentiel qui permit aux assemblées d'affirmer leur pouvoir contre l'exécutif et les juges au cours des siècles. C'est la première fois qu'une atteinte aussi importante à ce privilège est portée. Or, dans le cadre d'un texte dont on voulait qu'il revalorise le Parlement, la chose semble curieuse. Certes, on comprend, compte tenu du développement des "affaires" dans lesquelles les parlementaires ont été impliqués, que l'on ait voulu limiter ce qui semblait être un "passe-

---

[1] Cette sanction a, par ex., été appliquée le 8 oct. 2013 à un député ayant imité le caquetage d'une poule pendant l'intervention d'une députée. Curieusement, c'est la Conférence des Présidents qui en a ainsi décidé. Elle a également été appliquée, par le Président Bartolone, le 4 juin 2014 et, par la présidente de séance, le 6 oct. 2014.

[2] Cette sanction a été appliquée le 2 févr. 1984 à des députés ayant mis en cause "le passé" du chef de l'Etat. Il semble, même si ces injures répondaient à d'autres, lancées contre leurs auteurs, que cette attitude relevait plus de la censure avec exclusion temporaire.

[3] Pour la première fois sous la V° République, cette sanction a été appliquée envers un député, M. Gremetz (23 mars 2011). Le Conseil d'Etat s'est déclaré incompétent pour en connaître (CE 28 mars 2011, *Gremetz, req. n° 347869*). Curieusement le TGI de Paris s'est, lui, déclaré compétent, mais a jugé la requête non fondée (21 sept. 2011).

droit". Reste que n'importe quel parlementaire peut maintenant être mis en examen par une plainte mal fondée ou même simplement abusive. Certes, les ministres peuvent maintenant, eux aussi, être poursuivis plus simplement que par le passé (cf. p. 150). Cependant, le mécanisme mis en place dans la procédure de responsabilité pénale devant la Cour de Justice de la République prévoit un "filtrage" des plaintes par une commission des requêtes. Rien de tel pour les parlementaires ; c'est sans doute regrettable.

Enfin, on rappellera que le Conseil constitutionnel constate la déchéance d'office de leur mandat des parlementaires condamnés ou plus généralement en situation d'inéligibilité (cf. p. 416).

Si le statut des parlementaires assure l'indépendance et la liberté d'action des membres des assemblées, il fallait également que les assemblées puissent dans leur organisation interne bénéficier d'une liberté suffisante pour qu'elles n'aient pas à dépendre des autres pouvoirs.

§2. Le statut autonome des assemblées

C'est à la fois par leur organisation (A) et leur fonctionnement (B) interne que les assemblées disposent des éléments nécessaires pour assurer l'autonomie leur permettant de remplir le rôle que la Constitution leur assigne.

A. L'organisation des assemblées

La vie des assemblées parlementaires s'organise autour de plusieurs organes d'importance inégale. Parmi les organes essentiels, on doit classer les commissions permanentes (1) dont le nombre est limitativement fixé par l'art. 43 al. 1 C. On trouve également les commissions d'enquête qui, déjà étudiées (cf. p. 143), sont simplement mentionnées. Longtemps prévues uniquement par la loi, elles le sont désormais par la Constitution.

S'agissant des autres organes, ils ont longtemps été prévus uniquement par les règlements des assemblées. En dehors des présidents des assemblées (art. 32 C.), seul le bureau de l'Assemblée nationale était mentionné dans la Constitution en tant qu'il était aussi le bureau du Congrès (art. 89 C.). Ensuite, la révision de 1995 devait prévoir l'intervention des bureaux des assemblées (2) dans le cadre de la procédure de levée de l'immunité parlementaire (art. 26 C.). La révision constitutionnelle de juillet 2008 devait corriger cet état de fait. Elle mentionnait presque tous les organes parlementaires et définissait même une partie de leurs pouvoirs. C'était le cas des commissions d'enquête (cf. supra), des groupes politiques (3), de la Conférence des présidents (4) et de la commission chargée des affaires européennes (5). Les offices et délégations parlementaires restent quant à eux créés par la loi ou le règlement des assemblées (6). Enfin, le règlement de l'Assemblée nationale a créé, pour assurer au mieux la mission d'évolution et de contrôle, un « comité » *ad hoc* (7).

1. Les commissions permanentes

Il ne s'agit pas ici de revenir sur leur rôle dans l'examen des projets ou propositions de loi (cf. p. 157 et s.) ni sur les missions d'information qu'elles peuvent réaliser (cf. p. 145). En revanche, il faut signaler le rôle qu'elles jouent désormais en matière de nominations effectuées par le Président de la République, que ce soit en vertu de l'art. 13 C. al 5 ou d'autres dispositions constitutionnelles, organiques ou législatives. Dans ce cas, les commissions permanentes compétentes des deux assemblées peuvent, éventuellement après audition du candidat présenté par le Président (cf. p. 68), s'opposer à la nomination si l'addition des votes négatifs dans chaque commission représente au moins les 3/5 des suffrages exprimés au sein des deux commissions.

De même, elles donnent également leur avis pour certaines des nominations effectuées par les présidents des assemblées (cf. p. 253). Dans ce cas, c'est évidemment la seule commission compétente de l'assemblée considérée qui peut s'opposer à la nomination à la majorité des 3/5 des suffrages exprimés[1]. Ni la détermination des commissions compétentes (Cons. const. 2008-572 DC §11, 8 janv. 2009, LO portant application de l'art. 25 C.), ni le choix par le législateur d'une audition publique des candidats n'ont un caractère organique (Cons. const. 2009-576 DC §4, 3 mars 2009, Nomination des présidents de France télévision et autres).

2. Le bureau des assemblées

Lors de la première séance de la première session suivant un renouvellement partiel ou ouvrant une nouvelle législature, les assemblées sont présidées par un "bureau d'âge" (art 1er RAN et RS) composé du doyen d'âge qui assure la présidence et des six plus jeunes élus qui l'assistent. La mission de ce bureau d'âge est de présider la chambre jusqu'à l'élection du bureau définitif ; aucun débat ne peut avoir lieu sous la présidence du président d'âge.

Le bureau des assemblées, mentionné aux art. 26 C. et 89 C., est l'organe collégial qui dirige leur vie intérieure, leurs travaux et leurs services. En particulier, c'est à lui que revient le soin d'examiner les questions relatives aux incompatibilités parlementaires et aux immunités, à la recevabilité des propositions de loi ou d'amendements et d'apprécier les variations de la situation patrimoniale des élus. Le bureau de l'Assemblée nationale est également celui du Congrès (cf. p. 373) c'est-à-dire de la réunion en une seule chambre des deux assemblées dans le cadre de la révision constitutionnelle ou de messages prononcés par le Président. Ils sont constitués de 22 membres à l'Assemblée nationale et 26 au Sénat.

a) La présidence des assemblées

Le président de chaque assemblée est élu au scrutin majoritaire à trois tours par un vote secret à la tribune, pour la durée de la législature à l'Assemblée nationale ou jusqu'au prochain renouvellement triennal au Sénat (art. 32 C). En cas d'égalité des voix au troisième tour, le plus âgé est proclamé élu (art. 9 al. 2 RAN ; art. 3 al. 6 RS). Le Conseil constitutionnel s'estime incompétent pour contrôler cette élection (Cons. const. 86-3 ELEC, 16 avr. 1986, *Yannick Piat*) qui s'effectue donc sous le seul contrôle de l'assemblée elle-même et par conséquent en toute souveraineté. L'élection ne pouvant avoir lieu qu'au scrutin majoritaire, le président de chacune des assemblées est en principe du même parti que la majorité de l'assemblée considérée, ou du moins du parti le plus important de celle-ci.

Liste des Présidents du Sénat				
	Dates		Nom du Président	Parti
1ère	1959	1968	G. MONNERVILLE	GD
2ème	1968	1992	A. POHER	UCDP
3ème	1992	1998	R. MONORY	UDF
4ème	1998	2008	C. PONCELET	RPR-UMP
5ème	2008	2011	G. LARCHER	UMP
6ème	2011	2014	J.-P. BEL	PS
7ème	2014		G. LARCHER	UMP-LR

[1] Ainsi, la nomination par C. Bartolone de F. Hourquebie au CSM n'a pas été possible du fait de l'opposition de la commission des lois (14 janv. 2015 : 16 contre ; 9 pour ; 2 abstentions).

Liste des Présidents de l'Assemblée nationale				
Législature	Dates		Nom du Président	Parti
1ère	1959	1962	J. CHABAN-DELMAS	UNR
2ème	1962	1967	J. CHABAN-DELMAS	UNR
3ème	1967	1968	J. CHABAN-DELMAS	UNR
4ème	1968	1969	J. CHABAN-DELMAS[1]	UDR
4ème	1969	1973	A. PERETTI	UDR
5ème	1973	1978	E. FAURE	ap. UDR
6ème	1978	1981	J. CHABAN-DELMAS	UDR
7ème	1981	1986	L. MERMAZ	PS
8ème	1986	1988	J. CHABAN-DELMAS	RPR
9ème	1988	1992	L. FABIUS[2]	PS
9ème	1992	1993	H. EMMANUELLI	PS
10ème	1993	1997	Ph. SEGUIN	RPR
11ème	1997	2000	L. FABIUS[3]	PS
11ème	2000	2002	R. FORNI	PS
12ème	2002	2007	J.-L. DEBRE	UMP
12ème	2007	2007	P. OLLIER[4]	UMP
13ème	2007	2012	B. ACCOYER	UMP
14ème	2012		C. BARTOLONE	PS

Chacun des présidents dispose en outre de pouvoirs que la Constitution lui attribue en propre.

D'une part, il s'agit de la nomination par chacun d'un tiers des membres du Conseil constitutionnel (cf. p. 401) (art. 56 C.), et de deux personnalités au Conseil Supérieur de la Magistrature (art. 65 C.). Ces nominations sont soumises à l'avis de la commission permanente compétente de leur assemblée qui peut s'y opposer à la majorité des 3/5 des suffrages exprimés (cf. p. 251).

D'autre part, il s'agit de la saisine du Conseil constitutionnel pour que celui-ci se prononce sur la constitutionnalité d'un traité (art. 54 C.), d'une loi (art. 61 al. 2 C.), d'un amendement ou d'une proposition de loi (art. 41 C.) ou sur la recevabilité d'un projet de loi (art. 39 al. 4 C.) ou donne son avis sur la prolongation de l'art. 16 C. (cf. p. 87). Dans ces cas, les présidents disposent d'un pouvoir discrétionnaire et sont donc libres de saisir ou non le Conseil. En outre, les présidents doivent obligatoirement communiquer au Conseil le règlement intérieur de leur assemblée pour que celui-ci en examine la constitutionnalité (art. 61 al. 1 C.). Ils peuvent également soumettre une proposition de loi pour avis au Conseil d'Etat (art. 39 al. 5 C.). Enfin, ils sont consultés lors de la mise en œuvre de la dissolution et de l'art. 16 C. (cf. p. 83 et 86).

Conjointement, les deux présidents peuvent saisir la commission mixte paritaire s'agissant des propositions de loi (art. 45 al. 2 C.).

De même, certaines lois ou lois organiques leurs confèrent des pouvoirs spécifiques comme par exemple, et de manière non exhaustive[5], la nomination, chacun, d'un membre de la Commission nationale informatique et liberté (art. 13, L. n° 78-17 du 6 janv. 1978), d'un membre du Conseil supérieur des tribunaux administratifs et cours administratives d'appel

[1] J. Chaban-Delmas devint Premier ministre après l'élection de G. Pompidou à la Présidence de la République.

[2] L. Fabius devient Premier secrétaire du Parti Socialiste.

[3] L. Fabius devient ministre des Finances.

[4] J.-L. Debré ayant été nommé à la présidence du Conseil constitutionnel en février 2007 par J. Chirac, il était nécessaire de pourvoir à son remplacement comme président de l'AN, les deux fonctions étant incompatibles. P. Ollier a donc assuré un 'intérim' dès lors que le Parlement a rapidement cessé de siéger pendant la campagne présidentielle et législative.

[5] Pour une liste complète : http://www.assemblee-nationale.fr/presidence/personnalites.asp

(art. L. 232-2 CJA), d'un membre de la Haute autorité pour la diffusion des œuvres et la protection des droits sur Internet (Hadopi) (art. L. 331-16 C. prop. intellec.). De même encore, chaque président désigne un membre de son assemblée pour siéger respective à la « Commission consultative du secret de la défense » (art. L. 2312 C. défense) et au « Comité consultatif national d'éthique pour les sciences de la vie et de la santé » (art. L. 1412-2 C.santé publ.). Par ailleurs, ils ont compétence pour désigner chacun un vice-président de la Commission de régulation de l'énergie (art. L. 132-2 C. énergie). Il appartient encore au Président de chaque assemblée de proposer au bureau une personnalité que celui-ci désignera comme PDG de chacune des deux sociétés de programme animant la « chaîne parlementaire » (art. 45-2, L. n° 86-1067 du 30 sept. 1986 mod.). Ils nomment également chacun, dans le respect d'une représentation équilibrée entre les sexes, 2 ou 3 (selon le collège considéré) personnalités qualifiées aux collèges qui assistent le Défenseur des droits (art. 13 à 15, LO n° 2011-333 du 29 mars 2011). Ils nomment encore chacun un membre de la commission indépendante(cf. p. 356) prévue à l'art. 25 al. 3 C. (art. L. 567-1 C. élect.) et de la HATVP (art. 19, L. n° 2013-907 du 11 oct. 2103) ainsi que trois membres du Conseil supérieur de l'audiovisuel (art. 2, L. n° 2013-1028 du 15 nov. 2103) mais ces nominations sont soumises à l'avis de la commission des lois électorales de l'assemblée concernée qui peut s'y opposer à la majorité des 3/5.

De même les présidents des assemblées ont la possibilité, dans le cadre de l'art. 74 C., de saisir le Conseil constitutionnel pour faire déclasser une mesure législative intervenue dans le domaine de compétence de la Polynésie française[1] (art. 12, LO n° 2004-192 du 27 févr. 2004).

Enfin, on indiquera que le Président du Sénat assure l'intérim de la Présidence de la République en cas de vacance de celle-ci (cf. p. 48 et s.) et que le Président de l'Assemblée nationale préside le Congrès lors des réunions de celui-ci (cf. p. 373).

b) Les autres membres du bureau

Le bureau de l'Assemblée nationale est théoriquement élu au scrutin majoritaire à trois tours. Il est pourtant prévu qu'il doit s'efforcer de reproduire la configuration de l'assemblée (art. 10 RAN). Dès lors, un mécanisme conventionnel a été mis en place pour atteindre cet objectif. Tous les postes sont en principe désignés par consensus, par les présidents des groupes politiques qui doivent s'efforcer de s'entendre pour les répartir au prorata de l'importance de leur groupe. L'élection n'intervient qu'au cas où un accord n'est pas possible entre les groupes. Au Sénat, aucune élection n'est organisée. Les présidents de groupes se réunissent pour établir les listes des candidats aux fonctions de vice-président, de questeur et de secrétaire selon la représentation proportionnelle des groupes au plus fort reste. La représentation proportionnelle est calculée d'abord pour les postes de vice-président et de questeur, compte tenu de l'élection du Président, puis pour l'ensemble du Bureau. Ces listes sont remises au Président de l'assemblée qui les fait afficher. Si aucune opposition n'est formulée ou si l'opposition n'est pas prise en considération par le Sénat, les listes des candidats sont ratifiées et le Président procède à la proclamation des vice-présidents, des questeurs et des secrétaires. Si l'opposition est prise en considération, les présidents des groupes se réunissent immédiatement pour établir une nouvelle liste sur laquelle il est statué dans les mêmes conditions (art. 3 RS).

Des vice-présidents (6 à l'Assemblée nationale et 8 au Sénat) suppléent le président et le remplacent avec les mêmes pouvoirs que lui, lors des différentes séances où il ne peut être présent. Des secrétaires (12 à l'Assemblée nationale et 14 au Sénat) s'assurent de la

[1] L'art. 74 C. accorde cette possibilité « notamment » aux autorités de la COM considérée (en l'espèce : Président de la Polynésie et président de l'Assemblée de la Polynésie). Cet adverbe a permis d'élargir cette compétence aux présidents des assemblées et au Premier ministre.

qualité de la rédaction du procès-verbal de séance, contrôlent les délégations de vote et constatent les votes et les résultats du scrutin. En particulier, ils constatent les résultats lorsque le scrutin a lieu, ce qui est le plus fréquent, à main levée. En cas de doute, on demande aux parlementaires de s'asseoir ou de se lever selon ce qu'ils votent.

Enfin, les trois questeurs sont chargés de l'administration intérieure des assemblées, des finances et de la gestion des personnels. Ils sont donc, là encore, les garants de l'indépendance administrative de l'assemblée vis-à-vis du Gouvernement et en particulier du ministre chargé des Finances et du ministre chargé de la Fonction publique. En effet, les assemblées sont maîtresses de leur budget et de leur administration (cf. p. 262 et s.).

Les membres des bureaux sont en fonction pour un an[1] à l'Assemblée nationale (sauf son Président) ; le renouvellement de ses membres a lieu à la séance d'ouverture de la session ordinaire. Ils sont en fonction pour trois ans au Sénat (y compris son président). Représentation et indépendance sont donc à nouveau assurées ici.

3. Les groupes politiques

La Constitution de 1958 reconnaissant l'existence des partis politiques comme concourant à l'expression du suffrage (art. 4 C.), il est normal que ceux-ci puissent disposer au Parlement d'un organe leur permettant de s'exprimer et grâce auquel ils peuvent exercer leur activité parlementaire librement.

a) Utilité et importance des groupes

Pour constituer un groupe politique, les parlementaires doivent produire une déclaration politique commune (art. 19 al. 2 RAN et art. 5 al. 2 RS) et grouper un minimum de 15[2] membres à l'Assemblée nationale (art. 19 al. 1 RAN) et 10[3] membres au Sénat (art. 5 al. 4 RS). Les groupes constituent librement leur bureau mais dispose tous d'un président et d'un seul[4]. Les parlementaires qui n'appartiennent à aucun groupe, peuvent s'apparenter (ou se rattacher) à l'un des groupes existants avec l'agrément du bureau de ce groupe (art 19 al. 7 RAN et art. 6 RS)[5]. Enfin les parlementaires qui ne sont ni membres d'un groupe ni apparentés, sont « non inscrits » (10 députés[6] ; 6 sénateurs[7]).

Ainsi y a-t-il, sous la XIV° législature[8], 6 groupes à l'Assemblée nationale [Socialiste, républicain et citoyen [SRC ; (273+14[9])] ; Les Républicains [LR (190+8)] ; Union des démocrates indépendants [UDI ; (30+0)] ; Radical, républicain, démocrates et progressiste [RRDP ; (18+0)] ; Ecologistes (18+0) ; Gauche démocrate et républicaine [GDR ; (15+0)]. Le groupe SRC y a longtemps diposéà lui seul de la majorité absolue ; ce n'est plus le cas en fin de législature (287/289).

En 2015, on compte 6 groupes au Sénat [LR (127+17) ; Socialiste et Républicain [SR ; (110+0)] ; UDI – Union Centriste [UDI-UC ; (38+3)] ; Rassemblement démocratique et

---

[1] Le bureau de l'Assemblée n'est pas renouvelé l'année précédant celle du renouvellement de l'Assemblée.

[2] On notera l'abaissement progressif, à l'Assemblée nationale, de ce nombre minimal de membres. Initialement, les groupes devaient réunir au moins 30 députés. Ce nombre fut abaissé à 20 en 1988 pour permettre au PCF de conserver un groupe alors même que le nombre total de députés était porté à 577. Il est, depuis 2009, de 15 députés.

[3] La encore, le nombre a été diminué à la suite du renouvellement de 2011 pour que puisse être créé un groupe « écologiste » ; sa création est intervenue en janv. 2012.

[4] La tentative de mise en place d'une coprésidence paritaire (mais facultative) des groupes a été jugée contraire à la Constitution dès lors que, d'une part elle aurait eut pour conséquence de créer entre eux une différence injustifiée et d'autre part qu'il résulte des dispositions de la LO relative à la mise en œuvre de l'art. 34-1 C., que les groupes n'ont qu'un président (Cons. const. 2013-664 DC, 28 févr. 2013).

[5] Les apparentés n'entrent pas dans le calcul des membres du groupe pour sa constitution. En revanche, ils sont pris en compte pour tous les autres calculs.

[6] Parmi eux les 3 députés d'extrême droite.

[7] Parmi eux les 2 sénateurs d'extrême droite.

[8] Chiffres au 7 sept. 2015.

[9] Membres du groupe + apparentés ou rattachés.

social européen [RDSE ; (13+3)] ; Communistes, républicains et citoyens [CRC ; (19+0)] ; Ecologiste (10+0)]. Même si LR reste majoritaire au Sénat, ce groupe ne dispose pas de la majorité absolue (175) qu'aucun groupe n'a atteint depuis le renouvellement de 2004.

Les groupes politiques sont l'un des éléments essentiels de la vie des deux assemblées. Il y a pourtant une distinction fondamentale entre les groupes politiques tels qu'ils sont constitués au Sénat et à l'Assemblée nationale. Du fait de l'élection directe de celle-ci, les groupes politiques y sont plus souvent des émanations des partis politiques, alors que d'autres relations peuvent jouer pour leur constitution au Sénat[1].

Tout d'abord, et bien que les parlementaires ne soient théoriquement pas soumis à un mandat impératif (art. 27 al. 1 C.), ce sont les groupes qui rythment la vie des assemblées. En particulier, ils vont jouer un rôle essentiel au moment des votes. Théoriquement, chaque député doit voter lui-même. Il est du reste libre de son vote et n'est pas, en principe, soumis à une discipline de groupe. C'est la raison pour laquelle, selon les dispositions de l'art. 27 al. 2 C., le droit de vote des parlementaires est personnel. Les possibilités de délégation de vote sont limitativement énumérées par l'ordonnance n° 58-1066 portant loi organique du 7 nov. 1958 et, en tout cas, un parlementaire ne peut recevoir plus d'une délégation. Bien sûr, si un vote a lieu à main levée ou par assis-debout, seuls les présents y participent. Dans les autres cas[2], le parlementaire absent donnera délégation au sein de son groupe. Mais le groupe, évidemment, donnera des consignes de vote[3] qui, le plus souvent, sont respectées par les membres du groupe. Rares sont les parlementaires qui s'en affranchissent, d'autant que, s'ils le font trop souvent, ils risquent des sanctions internes au groupe ou au parti[4].

Les groupes politiques jouent également un rôle primordial dans d'autres circonstances. Par exemple, ils sont à l'origine du bureau dont ils se répartissent les différents postes ; ils contrôlent les amendements déposés par leurs membres ; ils décident de l'éventuel dépôt d'une motion de censure, de la saisine du Conseil constitutionnel, leurs présidents participent à la Conférence des présidents (cf. infra). Ce sont eux aussi qui posent la question préalable ou demandent le rejet préalable, soulèvent l'exception d'irrecevabilité ou demandent le renvoi en commission. Ce sont encore les groupes qui, le plus souvent, répartissent entre leurs membres le temps de parole lors des débats.

Du reste l'importance des groupes est maintenant tout à fait admise. Déjà, depuis la loi du 11 mars 1988, les partis qui disposent d'un groupe au Parlement bénéficient du concours financier de l'Etat.

---

[1] Ainsi retrouve-t-on dans l'Union centriste des sénateurs MoDem et Nouveaux Centre.

[2] Sur les différentes procédures de vote, cf. l'encadré p. 175.

[3] Dans certaines circonstances (textes relatifs à des matières relevant de conceptions éthiques, philosophiques ou religieuses) le groupe peut laisser le libre choix à ses membres (par ex. art. 5 al. 1 des statuts du groupe UMP à l'AN : « Dans la vie parlementaire, sur toute question ayant trait à des sujets de conscience ou d'éthique, la liberté de vote et d'expression est absolue »).

[4] Ainsi, par exemple, les statuts du groupe UMP à l'AN prévoient-ils que le bureau du groupe peut prononcer des sanctions en cas de non respect des statuts qui disposent (art. 5 al. 2 et 3) : « En règle générale, les membres du Groupe et les apparentés se doivent de manifester dans leurs paroles, leurs écrits ou leurs votes leur solidarité avec les décisions de la majorité du Groupe. - Le Groupe peut décider, à la majorité absolue de ses membres et apparentés, d'instaurer une discipline de vote pour les scrutins de motion de censure et de confiance ». De même, les statuts du Parti socialiste (art. 9.6) prévoient : « Les membres du groupe socialiste au Parlement acceptent les règles internes du Parti et se conforment à sa tactique. En toutes circonstances, ils doivent respecter la règle de l'unité de vote de leur groupe. En cas d'infraction à cette règle, le Conseil national peut faire jouer les dispositions prévues à l'article 11.12. Les membres de la délégation socialiste française au parlement européen sont soumis aux mêmes dispositions ».

b) Statut des groupes politiques

Depuis des modifications de leur règlement, intervenues pour l'Assemblée nationale en 2014 (art. 20 RAN) et pour le Sénat en 2015 (art. 5 al. 4 RS), les groupes politiques des assemblées parlementaires sont constitués en association[1] présidée par le président du groupe et composée des membres du groupe et apparentés. Les groupes ont ainsi la personnalité morale et se voient contraints de respecter les dispositions de la loi de 1905, en particulier en matière de fonctionnement financier. Pour mettre en œuvre cette modification du règlement le Bureau de l'Assemblée nationale a prévu des obligations de tenue de compte particulières pour les groupes ainsi constitués : les dotations attribuées par l'Assemblée aux groupes sont exclusivement destinées aux dépenses nécessaires à leur activité, ainsi qu'à la rémunération de leurs collaborateurs ; les groupes doivent établir chaque année un bilan et un compte de résultat et seront tenus de nommer un commissaire aux comptes ; les comptes des groupes, ainsi que les rapports des commissaires aux comptes, seront publiés sur le site internet de l'Assemblée.

c) Groupes d'opposition et groupes minoritaires

Mais surtout, depuis la révision de juillet 2008, la Constitution (art. 51-1 C.) prévoit que les règlements des assemblées déterminent leurs droits et reconnaissent des droits spécifiques aux groupes d'opposition et aux groupes minoritaires.

α. Notion de Groupes d'opposition et de groupes minoritaires

Pour la mise en œuvre de ces dispositions, le règlement de l'AN prévoit désormais que la déclaration politique produite par le groupe lors de sa constitution peut mentionner l'appartenance du groupe à l'opposition (art. 19 al. 2 RAN). Cette appartenance pourra être également faite ou retirée à tout moment (art. 19 al. 3 RAN). Les groupes « LR (ex UMP) » et « UDI » se sont déclarés « groupes d'opposition ». Au Sénat, la déclaration d'appartenance à l'opposition est faite dans les sept jours suivant la création d'un groupe ainsi qu'au début de chaque session ordinaire. Elle peut être retirée ou modifiée à tout moment (art. 5 bis RS). Actuellement, le groupe SR s'est déclaré comme étant d'opposition[2].

De même, le règlement de l'AN définit les groupes minoritaires comme ceux qui ne se sont pas déclarés d'opposition à l'exception de celui d'entre eux qui compte l'effectif le plus élevé (art. 19 al. 4 RAN) comme c'est le cas actuellement des groupes « GDR », « Ecologiste » et « RRDP ». Il ne fait guère de doute, dès lors, que ces groupes peuvent appartenir à la majorité parlementaire. Il en résulte que le Conseil constitutionnel déclarera contraire à la Constitution les dispositions des règlements des assemblées qui, prévoyant indifféremment que l'expression de représentant de groupe d'opposition ou de la minorité suffit, ne garantissant pas en fait l'expression de l'opposition, violent l'exigence de clarté et de sincérité du débat parlementaire[3] (Cons. const. 2009-581 DC §29, 25 juin 2009, Règlement de l'AN XXXIV). Au Sénat, le règlement du Sénat ne donne pas de définition précise des groupes minoritaires. Tout groupe, quel que soit son effectif, peut donc se déclarer minoritaire ! Cette disposition n'a pas été jugée contraire à l'art. 51-1 C. (Cons. const. 2009-582 DC §4, 25 juin 2009, Règlement du Sénat XXXIV *; sol. implicite*). C'est sur déclaration faite dans les mêmes conditions que pour les groupes d'opposition que cette situation est enregistrée

---

[1] Le groupe parlementaire devra être déclaré auprès du préfet de police de Paris. Celui-ci aura compétence liée pour procéder à l'enregistrement de cette déclaration.

[2] En effet, depuis les élections sénatoriales de sept. 2014, le Sénat est majoritairement de droite et les socialistes sont donc dans la minorité sénatoriale même s'ils soutiennent le Gouvernement.

[3] Sur cette notion cf. p. 186.

par la présidence. Les groupes CRC, écologiste, RDSE et UDI-UC se sont déclarés comme minoritaires.

β. Droits des Groupes d'opposition et de groupes minoritaires

Les règlements des assemblées accordent des droits particuliers tant au groupes d'opposition ou minoritaires eux-même que de manière plus spécifique, à leur présidents.

▪ On indiquera tout d'abord que, dans la composition de nombreux organes parlementaires, l'opposition dispose de droits particuliers en dehors même de ceux qui lui attribuent depuis toujours la nécessité que la composition de ces organes s'efforce de reproduire la configuration politique de l'assemblée[1]. Ainsi, la parité entre l'opposition et la majorité s'impose pour les missions d'information de deux membres (art. 145 al. 3 RAN) et pour la désignation des parlementaires (art. 145-7 RAN) chargés de rapporter sur la mise en application des lois votées (cf. p. 147). De même, qu'il s'agisse des commissions d'enquête ou des missions d'information, un membre de l'opposition en est nécessairement soit le président, soit le rapporteur (art. 141 al. 2 et 145 al. 4 RAN et art. 6 bis al. 4 RS). Par ailleurs, un siège de vice président (art. 146-2 al. 10 RAN) du comité d'évaluation et de contrôle des politiques publiques (cf. p. 262) est réservé à l'opposition et un des deux rapporteurs désignés par ce comité pour une évaluation est un membre de l'opposition (art. 146-3 al. 3 RAN). Enfin, il est prévu (art. 39 al. RAN) que seul un député appartenant à un groupe s'étant déclaré d'opposition (actuellement G. Carrez, député LR) puisse être élu à la présidence[2] de la commission des finances[3].

Les groupes d'opposition ou minoritaires bénéficient d'une séance mensuelle réservée (art. 48 al. 5 C. ; cf. p. 171) pour laquelle ils font connaître les affaires qu'ils veulent voir inscrites. Ces séances sont réparties au début de chaque session ordinaire en proportion de l'importance de ces groupes (art. 48 al. 9 RAN ; art. 29 bis RS). Chacun des groupes concernés doit pouvoir, à l'Assemblée nationale, disposer au moins de trois séances par session ordinaire. Cette super priorité s'applique même lorsque la semaine parlementaire disparait (par ex. période budgétaire). Au Sénat, c'est à la Conférence des présidents de déterminer les modalités de mise en œuvre de cette journée (art. 29 bis al. 5 RS).

A l'Assemblée nationale encore, les groupes d'opposition posent obligatoirement, au cours d'une semaine, la moitié des questions orales (art. 133 al. 2 RAN). Cette règle s'applique évidemment aux questions au Gouvernement (qui ne sont qu'une catégorie de questions orales : cf. p. 142) mais pour ces questions particulières et elles seules (art. 134 al. 2 RAN), la première question de chaque séance est nécessairement posée par un groupe d'opposition ou minoritaire (art. 133 al. 3 RAN) voire un non inscrit (art. 133 al. 4 RAN).

Les groupes d'opposition disposent en général d'un temps de parole plus important, que ce soit dans le cadre des débats en « temps législatif programmé » (cf. p. 177) (art. 49 al. 6 RAN) ou dans le cadre des débats organisés sur le fondement de l'art. 50-1 C. (art. 132 al. 2 RAN) (cf. p. 146).

▪ De même, chaque président de groupe d'opposition ou de groupe minoritaire, en plus des droits dont disposent tous les présidents de groupe (cf. ci dessous), obtient de droit l'inscription d'un sujet d'évaluation ou de contrôle à l'ordre du jour de la semaine prévue à l'art. 48 al. 4 C (art. 48 al. 8 RAN). De même, encore, s'agissant des commissions d'enquête (cf. p. 143)[4], chaque président de groupe d'opposition ou de groupe minoritaire peut deman-

---

[1] Cf p. 214.

[2] Rappelons qu'un rôle, peut-être plus essentiel que celui du président, est joué, dans cette commission, par son rapporteur général (dit rapporteur général du budget) qui est, lui, un élu de la majorité (actuellement C. Eckert, député PS). Ses fonctions sont permanentes et il est membre de la conférence des présidents tout comme le président de la comission des finances

[3] Sans que son règlement l'impose, le Sénat pratique de même : Président de la commission des finances : M. André, sénatrice PS ; Rapporteur général : A. de Montgolfier, sénateur LR).

[4] Cette règle est étendue aux missons d'information (art. 145 al. 5 RAN).

der, une fois par session ordinaire, en Conférence des présidents, qu'un débat sur une proposition de résolution tendant à la création d'une telle commission soit inscrit d'office à l'ordre du jour d'une séance de la plus prochaine semaine de contrôle (art. 141 al. 2 RAN).

c) Présidence des groupes

Mais les règlements des assemblées confèrent aussi un rôle particulier aux présidents des groupes. D'abord, ils participent à la Conférence des présidents (cf. p. 259). Ensuite, ils jouent un rôle particulier à l'Assemblée nationale dans l'organisation des débats (art. 49 al. 9 et s. RAN). Ainsi peuvent-ils obtenir, de droit, que le « temps législatif programmé » (cf. p. 177) soit égal à la durée minimale fixée par la Conférence des présidents (cf. p. 178) et une fois par session obtenir un allongement exceptionnel de cette durée minimale[1]. De même, peuvent-ils s'opposer à la mise en œuvre du temps législatif programmé sur un texte soumis à la procédure accélérée, dès lors que celle-ci a été mise en œuvre suffisamment tôt pour supprimer les délais minimums d'examen par les commissions (art. 42 al. 4 C. et 49 al. 11 RAN). Ils peuvent encore, dans certaines conditions, obtenir le vote par scrutin public ordinaire (cf. p. 175), demander la vérification du quorum (cf. p. 187), etc. Enfin, les présidents de groupes d'opposition ou minoritaires disposent de droits spécifiques (cf. p. 258).

d) La situation des non inscrits

En fait, l'activité des assemblées est maintenant totalement organisée autour des groupes. Les parlementaires "non inscrits" ne jouent plus qu'un rôle marginal au Parlement. Cette constatation avait d'ailleurs conduit certains de ces "non-inscrits" de l'Assemblée nationale à constituer un groupe, hétérogène mais actif, dans le cadre de la 10° législature. De même, sous la 10° législature, les Radicaux socialistes, le Mouvement des Citoyens et les Verts formèrent-ils un groupe politique tout aussi bigarré. La mise en place d'un tel groupe n'a pas pu être réalisée sous la 12° législature qui a pourtant compté 20 députés non inscrits. Les non inscrits sont trop peu nombreux sous les 13° et 14e législatures pour parvenir à se grouper. Au Sénat, les sénateurs non inscrits forment une « réunion administrative » avec à sa tête un « délégué » qui possède les mêmes droits qu'un président de groupe en ce qui concerne la nomination des commissions et des secrétaires du Sénat (art. 6 al. 4 RS). Elle se constitue aussi en association.

4. La Conférence des présidents

Créée à partir de 1911, la Conférence des présidents proposait l'ordre du jour sur lequel la chambre se prononçait ensuite souverainement[2]. Jusqu'en juillet 2008, même si ses compétences avaient considérablement évolué, elle était restée un organe strictement parlementaire. La révision constitutionnelle de 2008 devait lui donner un nouveau statut qui en fait désormais un organisme doté de pouvoirs spécifiques reconnus par la Constitution.

La Conférence des présidents est composée du Président de l'assemblée concernée qui la préside (art. 13 al. 1 RAN et 29 RS) et des Vice-présidents de l'assemblée, des présidents des Commissions permanentes[3], des présidents des groupes politiques[4], du rapporteur général de la commission des finances (et de la commission des affaires sociales au Sénat ;

---

[1] Cette demande a été présentée pour l'examen de la proposition de loi relative au « travail du dimanche ».

[2] Ceci pouvait être l'occasion de mettre en jeu la responsabilité du Gouvernement (cf. p. 152).

[3] La présence des présidents des commissions spéciales intéressées est prévue par le règlement du Sénat. A l'Assemblée, ces présidents sont convoqués sur leur demande (il en va de même du président de la commission chargée de l'examen des demandes de suspension de la détention, des mesures privatives ou restrictives de liberté ou de la poursuite d'un député ; art. 80 RAN).

[4] Dans les votes émis au sein de la Conférence des Présidents, chaque président de groupe dispose d'un nombre de voix égal au nombre des membres de son groupe, déduction faite de ceux qui sont membres de la Conférence des présidents (art. 47 al. 3 RAN ; art. 29 al. 7 RS).

ce sera également le cas à l'Assemblée à partir de la XVe législature), du président de la commission des affaires européennes (art. 47 al. 1 RAN et 29 RS). Le Gouvernement, informé de la tenue des réunions, peut y déléguer un représentant (art. 47 al. 6 RAN ; art. 29 al. 3 RS). Le plus souvent, c'est le ministre chargé des relations avec le Parlement qui y participe.

Elle joue toujours un rôle en matière d'ordre du jour qu'elle propose. En fait, elle est informée, par le Gouvernement, des semaines que celui-ci prévoit de réserver à l'ordre du jour qu'il détermine. Ensuite, le Gouvernement indique les textes qu'il souhaite voir inscrits à cet ordre du jour mais aussi les textes prioritaires qu'il souhaite voir inscrits, au titre de l'art. 48 al. 3 C., en dehors même de ces semaines réservées. Le Gouvernement peut, en outre, modifier ses volontés après que la Conférence des présidents a établi l'ordre du jour (art. 48 al. 11 RAN ; art. 29 bis RS). Les présidents de groupes, y compris d'opposition ou minoritaires, et les présidents de commissions l'avertissent, pour les deux autres semaines, des textes qu'ils souhaitent voir inscrits. Elle établit encore l'ordre du jour des séances de questions orales et des questions au Gouvernement. Elle fixe également la date de la discussion des motions de censure, d'examen des demandes de création de commission spéciale, de commission d'enquête, des séances au cours desquelles l'assemblée doit procéder à des nominations lorsqu'il échet, etc. Elle tient une réunion hebdomadaire relative aux travaux de la semaine en cours et des trois semaines à venir (art. 48 al. 6 RAN) et son projet est soumis au vote de l'assemblée (art. 49 al. 1 RAN), du moins s'agissant de sa partie législative (hors questions et nominations). *Mutatis mutandis*, les mêmes règles s'appliquent au Sénat.

Enfin, la Conférence des présidents intervient tout au long de la procédure d'examen des textes en discussion. Elle peut, par ex., proposer un allongement de la durée des séances, voire la tenue de séances supplémentaires (art. 50 al. 5 RAN), dans les limites fixées par la Constitution (art. 28 al. 2 C).

Depuis la révision de juillet 2008, son rôle s'est considérablement élargi.

D'une part, la Constitution attribue directement des compétences aux conférences des présidents. Ainsi, la Constitution prévoit que la conférence intervienne pour s'assurer de la recevabilité des projets de loi (art. 39 al. 4 C). En effet, la conférence des présidents de la première assemblée saisie peut constater que le projet ne respecte pas les dispositions organiques qui déterminent les documents qui doivent accompagner les projets de lois (LO 2009-403 ; cf. p. 155). De même (art. 45 al. 2 C.), les conférences des présidents des deux assemblées peuvent, conjointement, s'opposer au recours à la procédure accélérée que le Gouvernement pourrait décider de mettre en œuvre sur un texte en discussion (cf. p. 179).

D'autre part, le règlement donne à la Conférence des présidents de l'Assemblée des compétences d'organisation du débat parlementaire dans le cadre de la procédure du temps législatif programmé (cf. p. 177). C'est elle qui détermine la durée minimale d'un débat en temps législatif programmé qu'un président de groupe est en droit de demander (cf. p. 178), là encore, selon des modalités que fixe la conférence (art. 49 al. 9 RAN). De même, fixe-t-elle la limite maximale d'allongement du temps législatif programmé qu'un président de groupe peut obtenir une fois par session (art. 49 al. 10 RAN).

5) La commission chargée des affaires européennes

La révision de juillet 2008 procédait par ailleurs à un ajout souhaité par les parlementaires depuis longtemps.

Pour permettre la mise en œuvre des dispositions de l'art. 88-4 C. permettant aux assemblées de faire connaître leur sentiment sur des règles de droit communautaire par des résolutions (cf. p. 195), la loi avait créé une « délégation pour l'Union européenne » (selon la terminologie en vigueur depuis la loi n° 94-476 du 10 juin 1994 mais en fait créée en 1979 sous une autre appellation (ancien art. 6 bis de l'Ord. 58-1100). La transformation de cette

« délégation » en « commission » avait été souhaitée à l'occasion de diverses révisions mais ne fut réalisée qu'en juillet 2008.

A l'Assemblée nationale, la Commission des affaires européennes est composée de 48 députés désignés pour la durée de la législature. Au Sénat, elle comprend 36 (41 au prochain renouvellement) sénateurs désignés après chaque renouvellement partiel. Sa composition doit assurer une représentation proportionnelle des groupes politiques et une représentation équilibrée des commissions permanentes (art. 151-1 al. 2 RAN ; art. 73 bis RS).

Elle est chargée de suivre les travaux conduits par les institutions européennes. Elle peut de sa propre initiative ou à la demande d'une commission permanente ou spéciale saisie au fond d'un projet ou d'une proposition de loi portant sur un domaine couvert par l'activité de l'Union européenne, formuler des observations sur toute disposition de ce projet ou de cette proposition. Ces observations peuvent être présentées soit devant la commission qui l'a saisie, soit devant l'assemblée plénière sur autorisation de la Conférence des présidents (art. 151-1-1 RAN). Par ailleurs donc, elle examine (art. 151-2 et s. RAN ; art. 73 quater RS) les projets ou propositions d'actes des communautés européennes et de l'Union européenne en application de l'art. 88-4 C. (cf. p. 195).

6. Les délégations et offices parlementaires

Il s'agit d'organes chargés d'informer les parlementaires sur des sujets particuliers à caractère technique. Ils sont en fait à mi-chemin entre les Commissions d'enquête et les Commissions permanentes. Ils ne sont pas des Commissions d'enquête du fait de leur caractère permanent et ne sont pas des Commissions législatives puisqu'ils ne doivent pas empiéter sur les compétences de ces dernières. Par ailleurs, ils ne participent pas à la procédure législative mais sont limités à une simple mission d'information, leurs avis ne pouvant pas avoir de force obligatoire (Cons. const. 82-142 DC §12, 27 juill. 1982, Réforme de la planification).

Trouvant leur origine dans la délégation pour la Radiodiffusion Télévision Française créée en 1964 (et supprimée en 1986), les délégations et offices sont créés par des lois et sont soit spécifiques à l'une ou l'autre assemblée (dans ce cas, le terme « délégation » est le plus souvent employé), soit mixtes, c'est-à-dire regroupant députés et sénateurs (on parle alors le plus souvent d'office). Après avoir connu un relatif engouement, l'évolution de la structure parlementaire après la révision de juillet 2008 a conduit à en réduire considérablement le nombre par la loi n° 2009-689 du 15 juin 2009, même si dans les dernières années, on peut à nouveau recenser la création de délégations par simple décision interne de chacune des deux assemblées et non par la loi.

En effet, la création d'une commission chargée des affaires européennes dans chaque assemblée (cf. p. 260 ; art. 88-4 al 3 C.) a rendu inutile la délégation pour l'Union européenne. De même, la mise en place par les règlements des assemblées de procédures de contrôle de la mise en œuvre des lois votées (cf. p. 147) et la création à l'Assemblée nationale d'un « comité d'évaluation et de contrôle des politiques publiques » cf. p. 262) a rendu sans intérêt l'Office parlementaire d'évaluation de la législation, commun aux deux assemblées et créé par la loi du 14 juin 1996 et l'Office parlementaire d'évaluation des politiques de santé créé par la loi du 20 déc. 2002. Enfin, la prise en compte du développement durable dans les attributions d'une commission permanente dans chaque assemblée (cf. p. 158) a rendu obsolète la délégation à l'aménagement du territoire et au développement durable du territoire créée par la loi du 25 juin 1999.

Des délégations et offices anciens, ne subsistent plus donc que, communs aux deux assemblées, l'office parlementaire pour l'évaluation des choix scientifiques et technologiques créé par la loi du 8 juill. 1983 (Art. 6 ter de l'ord. 58-1100) et la délégation parlementaire au renseignement[1] créé par la loi n° 2007-1443 du 9 oct. 2007 (art. 6 *nonies* de l'Ord. 58-1100) et, dans chaque assemblée, une délégation aux droits des femmes et à l'égalité des chances entre les hommes et les femmes créée par la loi du 12 juill. 1999 (art. 6 septies de l'Ord. 58-1100).

Il faut dire également que seuls l'Office sur les choix technologiques[2] et la délégation aux droits des femmes et à l'égalité des chances entre les hommes et les femmes[3] ont eu une activité régulière et importante[4]. Pour les autres, le bilan était très décevant. Après quelques rapports, ces délégations ou offices ne se réunissaient plus et étaient parfois même, de facto, remplacés par d'autres organes informels, avant d'être supprimés.

A ces délégations et office de création législative, il convient désormais d'ajouter, la création, par la Conférence des Présidents de l'Assemblée, le 17 juill. 2012, d'une délégation aux outre-mer. Au Sénat, on recense actuellement quatre délégations instituées par le chapitre XVII bis de l'IGBS : la délégation aux collectivités territoriales et à la décentralisation et la délégation à la prospective créées le 7 avril 2009, la délégation à l'outre-mer, créée le 16 nov. 2011 et la délégation aux entreprises, créée le 12 nov. 2014.

7. Le Comité d'évaluation et de contrôle des politiques publiques

Le règlement de l'Assemblée a institué ce « Comité » *ad hoc* pour réaliser l'évaluation des politiques publiques (cf. p. 149) qui fait partie du rôle confié par la Constitution au Parlement (art. 24 C.).

Ce comité est composé, outre du Président de l'Assemblée, qui le préside, de trente-six membres désignés, en début de législature et pour la durée de celle-ci, de manière à assurer une représentation proportionnelle des groupes politiques et une représentation équilibrée des commissions permanentes (art. 146-2 RAN), même s'il reste de toute évidence de composition majoritaire. Son bureau comprend, outre le Président de l'Assemblée, quatre vice-présidents, dont l'un au moins appartient à un groupe d'opposition, et quatre secrétaires désignés parmi ses membres.

B. Le fonctionnement des assemblées parlementaires

Traditionnelle dans notre droit public du fait de son attachement à la séparation des pouvoirs, l'autonomie se conçoit pour l'essentiel par rapport au pouvoir exécutif. Cependant, la tradition républicaine conduit aussi les assemblées à ne pas interférer dans leur fonctionnement, leurs finances et leur législation réciproque. Ainsi, par exemple, le Sénat a-t-il adopté sans modification le projet de loi relatif à la commission prévue à l'art. 25 C. sur le découpage des circonscriptions électorales (cf. p. 356).

Vis-à-vis de l'exécutif, l'autonomie qui était absolue avant 1958 reste importante avec la nouvelle Constitution surtout sur le plan financier (2). Sur le plan administratif (1), les assemblées conservent une faculté d'auto-organisation qui doit simplement être nuancée par le fait que leurs règlements sont soumis à un contrôle de constitutionnalité (cf. p. 128) et que les lois organiques régissant leur travail ont proliféré singulièrement depuis 2008.

1. L'autonomie administrative des assemblées

Les titulaires du pouvoir administratif sont le Bureau, le Président et les questeurs, c'est-à-dire des membres des assemblées élus en leur sein.

[1] Dédiée au suivi des services de renseignement, ses travaux sont couverts par le secret de la Défense nationale ; sa mission et son fonctionnement la différencient donc totalement des autres délégations.
[2] Les rapports de l'Office font l'objet d'une collection spécifique dans l'ensemble des rapports parlementaires.
[3] A la fin de la XIII° législature, la délégation de l'Assemblée a rendu 46 rapports, le dernier étant daté de mars 2012.
[4] La délégation parlementaire au renseignement rend un rapport annuel.

D'un point de vue strictement juridique, c'est le Bureau qui a tous les pouvoirs pour organiser et diriger les services. Il recrute les fonctionnaires parlementaires par voie de concours, est responsable de leur avancement et des mises à la retraite. Il nomme et met fin, sur sa demande, aux fonctions de Secrétaire Général. Il fixe par voie d'arrêtés le statut des fonctionnaires, l'organisation et le fonctionnement des services ; il complète, précise et interprète le règlement par l'Instruction générale du Bureau (IGB).

Toutefois, en raison de son importance politique, c'est le Président qui exerce l'ensemble des compétences du Bureau. Il ne le convoque que pour les décisions difficiles, les décisions quotidiennes relevant de sa seule autorité. Par exemple, le Bureau nomme seulement les Secrétaires Généraux, les autres fonctionnaires l'étant par arrêté conjoint du Président et des questeurs ou par les questeurs seuls pour les agents.

Le Président dispose, cependant, de compétences propres. Il a autorité en ce qui concerne le processus législatif, accorde la parole et la retire aux parlementaires et dispose du droit de discipline à l'égard des parlementaires et des visiteurs. Lorsque la séance n'est pas présidée par le Président de l'assemblée, ces compétences sont assurées par le vice-président qui assure la présidence de la séance. Le Président de l'assemblée assure également la sécurité extérieure de celle-ci et, pour ce faire, nomme l'officier supérieur chargé du commandement et fixe l'importance des forces militaires qui assurent cette sécurité. Il peut, en cas de besoin, recourir à des réquisitions. Bref, il est le garant de l'indépendance de l'assemblée vis-à-vis des autres pouvoirs et en particulier du pouvoir exécutif. Il dispose aussi du pouvoir de police sur l'ensemble des locaux affectés à l'assemblée considérée.

Les questeurs sont chargés de la direction des services administratifs, ceux du Sénat exerçant de surcroît le pouvoir réglementaire sur le jardin du Palais du Luxembourg (CAA Paris 10 mars 2008, *Président du Sénat c/ Apfelbaum*, n° 05PA04644 : *AJDA 2008. 1007, concl. Bachini*).

Le trait marquant de l'indépendance des chambres vis-à-vis de l'exécutif est donné par le statut particulier dont disposent les fonctionnaires parlementaires qui ne sont pas soumis au statut général de la fonction publique même si les principes généraux et les garanties offertes aux autres fonctionnaires leur sont applicables. Les concours sont organisés par les assemblées et la carrière, la retraite et les prestations sociales des fonctionnaires parlementaires prises en charges par elles. Seuls les litiges d'ordre individuel sont portés, depuis 1958, devant la juridiction administrative (CE 10 juin 1998, *Maillard* : *Lebon 220*). On doit cependant noter que la condition juridique des fonctionnaires parlementaires tend de plus en plus à s'approcher de celle des autres fonctionnaires d'Etat[1] et qu'ils peuvent bénéficier, comme ceux-ci, de l'assistance d'un avocat dans les litiges les opposants au Président de leur assemblée (CE 9 févr. 2004, *Président du Sénat* : *Lebon 61*).

Ces activités administratives parlementaires génèrent des actes administratifs semblables à ceux des administrations traditionnelles. Pourtant, du point de vue contentieux, ces actes échappent à la censure du juge administratif. Toutefois, les assemblées n'étant qu'affectataires des bâtiments mis à leur disposition, les travaux réalisés dans ces locaux ont la qualité de travaux publics de l'Etat et relèvent du juge administratif ; simplement, l'Etat est représenté dans ce cas par le Président de l'assemblée concernée. Si cette exception est traditionnelle, il faut y ajouter depuis 1958 les actions en réparation liées aux dommages de

[1] Cependant il est interdit aux fonctionnaires parlementaires et à leurs syndicats de contester directement par la voie d'un recours en excès de pouvoir la légalité des actes réglementaires organisant le statut de agents. Le Conseil constitutionnel n'y a pas vu de violation du droit au recours dès lors qu'il existe la possibilité de contester ces actes par la voie de l'exception d'illégalité (Cons. const. 2011-129 QPC, Syndicat des fonctionnaires du Sénat, 13 mai 2011).

toute nature qui relèvent aussi du juge administratif. De même, les contrats passés par les assemblées sont soumis au code des marchés publics, dans la mesure où ses dispositions ne sont pas incompatibles avec les structures et les règles de fonctionnement interne, ce qui laisse malgré tout une grande marge de manœuvre. Le Conseil d'Etat accepte pourtant de contrôler la légalité des contrats ainsi passés (CE 5 mars 1999, *Président de l'Assemblée nationale : AJDA 1999. 460*). Certaines activités (coiffeur, tabac ...) sont confiées à des concessionnaires. Enfin, en matière d'urbanisme, la loi du 2 juillet 2003 donne aux autorités compétentes du Sénat la possibilité de fixer les règles d'urbanisme régissant le jardin du Luxembourg ainsi que la possibilité de délivrer le permis de construire, en application de ces règles, sous le contrôle du juge (TA Paris, 6 oct. 2005, *Apfelbaum : AJDA 2006. 447, concl. Meslay*. CAA Paris 10 mars 2008, *Président du Sénat c/ Apfelbaum : préc.*).

L'autonomie des assemblées trouve encore sa marque dans le régime de retraite des parlementaires qui est géré par le collège des questeurs. Ainsi, le Conseil d'Etat (CE ass., 4 juill. 2003, *Papon : AJDA 2003. 1603*) s'est-il déclaré incompétent pour connaître de la demande de M. Papon, ancien député, visant au rétablissement de sa pension, dont le paiement a été suspendu suite à sa condamnation pour complicité de crime contre l'humanité. Le juge administratif estime que le régime de retraite des parlementaires « se rattache à l'exercice de la souveraineté nationale par les membres du Parlement » et que, dès lors, la décision des questeurs en cette matière ne peut donner lieu à un recours.

2. L'autonomie financière des assemblées

Aux termes de l'art. 7 de l'ordonnance n° 58-1100 du 17 nov. 1958, « chaque assemblée jouit de l'autonomie financière ». Cette indépendance financière, dont on trouve trace dès le Directoire, est classiquement justifiée par le principe de séparation des pouvoirs. On ne saurait, en effet, concevoir que le Parlement soit à la merci du pouvoir exécutif en ce qui concerne ses conditions matérielles d'existence. Cette autonomie se traduit dans la réalité par une organisation financière et comptable originale. Du reste, le Conseil constitutionnel a fondé l'une de ses décisions sur « la règle selon laquelle les pouvoirs publics constitutionnels déterminent eux-mêmes les crédits nécessaires à leur fonctionnement » et affirmé que « cette règle est en effet inhérente au principe de leur autonomie financière qui garantit la séparation des pouvoirs » (Cons. const. 2001-456 DC §47, 27 déc. 2001, LF pour 2002).

Les questeurs sont chargés de la gestion administrative et financière de chaque assemblée. Les propositions de crédits sont arrêtées chaque année, en juin, par une « commission commune » composée de trois magistrats de la Cour des comptes (dont un la préside) et des questeurs de chaque assemblée. La commission commune établit un rapport. Les propositions budgétaires sont ensuite inscrites sous forme de dotation à la mission « pouvoirs publics »[1] qui comprend également les crédits de la Présidence de la République, du Conseil constitutionnel et de la Cour de Justice de la République. Le fascicule intègre le rapport de la commission commune.

La dotation pour l'Assemblée nationale (517,9 m d'€) ne comporte aucune division, celle du Sénat est divisée en trois « actions » : Sénat (311,6 m d'€), Jardin du Luxembourg (12,0 m d'€), Musée du Luxembourg (0 d'€). La dotation pour la chaine parlementaire est divisée en deux actions : La chaine parlementaire Assemblée nationale (16,6 m d'€) et Public

[1] Les chiffres donnés sont ceux du budget 2015. La mission « pouvoirs publics » comprend environ 998 m d'€ de dotation. L'ensemble des dotations des assemblées (y compris la chaine parlementaire) représente 876,6 m d'€ soit environ 87,8 % de la mission. Ces dotations représentent moins de 0.30 % du total des charges du budget général de l'Etat en LFI (296,3 M d'€).

Sénat (18,5 m d'€). L'inscription a lieu 'pour ordre' ce qui signifie concrètement que les dotations sont adoptées sans débats en séance publique.

Il faut remarquer là un recul par rapport aux régimes précédents. En effet, sous les IIIème et IVème Républiques, les crédits faisaient l'objet d'un vote par voie de résolution en séance ordinaire.

La procédure d'adoption sous la Vème République a tendance à renforcer les pouvoirs des questeurs au sein de la Commission commune. Les débats au sein de cette Commission sont d'ailleurs, semble-t-il, très limités. En effet, il est de tradition que les crédits d'une assemblée ne soient pas discutés par l'autre.

En vertu de l'art. 7 de l'ord. du 17 nov. 1958, les propositions de crédits sont inscrites dans un fascicule « jaune » annexé à la loi de finances. Les crédits, mis à disposition des questeurs par le ministère des Finances tous les mois, sont gérés en dehors des règles traditionnelles de la comptabilité publique.

Les deux assemblées n'ont pas un régime comptable homogène : le système comptable du Sénat s'assimile à celui d'une administration centrale, alors que le système de comptabilité analytique de l'Assemblée nationale s'assimile à celui d'un établissement public. Les différentes règles sont inscrites dans un règlement interne de comptabilité, élaboré par le Bureau de chaque assemblée. Les assemblées n'étant pas correspondantes du Trésor, elles peuvent placer librement les fonds dont elles disposent. Ceci a permis aux deux assemblées de se constituer au fil des ans des « réserves financières ». L'Assemblée nationale a effectué en 1993 des reversements dans les caisses du Trésor public. Le Sénat, à l'époque, ne l'a pas fait au motif que ces fonds — placés — garantissent le régime des retraites des sénateurs. Par la suite, les assemblées ont « restitué à l'Etat » les excédents dégagés sur l'exécution de leur budget. Pourtant, compte tenu de l'affinement des prévisions et du contrôle de la Cour des comptes, ces excédents sont de plus en plus rares. Parfois même, la dotation ne couvre pas l'intégralité des besoins de l'assemblée concernée. Si les assemblées conservent provisoirement ces éventuels excédents, ils viennent, en toute hypothèse, en déduction de leur dotation de l'année suivante.

Les finances des assemblées ne sont pas justiciables du contrôle de la Cour des comptes. En effet, une « commission spéciale » chargée de procéder à la vérification et à l'apurement des comptes en fin d'exercice est élue dans chaque assemblée. A l'Assemblée (art. 16 RAN), cette commission comporte 15 membres désignés à la proportionnelle des groupes ; depuis la XIV° législature, elle est présidée par un député appartenant à un groupe de l'opposition (B. Accoyer). Au Sénat (art. 103 bis RS), elle comporte normalement 11 membres élus chaque année à l'ouverture de la sessions ordinaire et doit respecter la proportionnalité des groupes, tous les groupes devant être représentés. Après audition des questeurs, ces commissions approuvent les comptes et donnent quitus aux trésoriers des assemblées. La commission établit un rapport retraçant la gestion de l'exercice écoulé.

Les comptes des deux assemblées faisant partie du budget général de l'Etat, ils sont compris dans le champ de la certification institué par l'art. 58 de la LOLF. La Cour des comptes réalise désormais un audit en vue de la certification des comptes des assemblées ; ces rapports de certification sont rendus publics sur le site de la Cour.

CHAPITRE II

L'APPARENT AFFAIBLISSEMENT DU DOMAINE DE LA LOI

BIBLIOGRAPHIE : - R. DENOIX de SAINT-MARC : *Histoire de la loi*, Privat, 2008 - « La loi », *Pouvoirs n° 114*.

La plupart des analyses de la Constitution de 1958 faites immédiatement après son adoption insistaient largement sur l'abaissement du pouvoir législatif du Parlement. Ces analyses trouvaient leur source dans la nouvelle définition du domaine de la loi donnée par la Constitution. Il s'agissait là, par comparaison avec les constitutions précédentes, d'une nouveauté qui semblait être l'atteinte essentielle portée à la souveraineté parlementaire : la loi n'avait plus une compétence générale ; la loi ne pouvait plus tout ; elle était confinée dans un domaine strictement limité et défini par la Constitution elle-même. En contrepartie, le pouvoir réglementaire s'enflait d'autant, semblant donner au Gouvernement des possibilités nouvelles et quasi infinies dans la détermination du droit.

En fait, cette analyse primitive des dispositions constitutionnelles nouvelles paraît aujourd'hui largement erronée. La loi reste l'acte essentiel qui détermine les règles de droit applicables et le règlement lui reste très largement soumis. Nous voudrions montrer ici à la fois les raisons qui poussèrent le constituant à mettre en place un mécanisme régulateur et ce qu'était réellement ce mécanisme (I) puis étudier les modifications que la pratique et la jurisprudence lui ont fait subir au point de lui retirer, en fait, les effets pervers qu'il aurait pu présenter (II).

I. LA REMISE EN CAUSE DES PRINCIPES CLASSIQUES

Il nous faut auparavant tenter de définir ce que l'on entend par loi. Plusieurs définitions sont possibles selon que l'on s'attache aux aspects matériels ou formels.

D'un point de vue matériel, la loi est une règle de droit générale et impersonnelle. La loi dispose donc pour tous les individus placés dans la même situation juridique et non pour telle ou telle personne prise nominativement. Si l'on retient cette définition, la loi ne se distingue pas du règlement qui est lui aussi une règle de droit générale et impersonnelle.

D'un point de vue organique, la loi est un acte voté par le Parlement ou par le peuple. En effet, l'on a souvent tendance, dans le cadre d'une définition trop classique, à omettre le rôle de législateur confié au peuple par l'art. 11 C. voire par l'art. 88-5 C., rôle encore plus important depuis l'élargissement du champ du référendum. Pourtant, dans le cadre des développements qui seront les nôtres ici, c'est à la loi parlementaire que nous nous intéresserons exclusivement.

La loi parlementaire se distingue facilement du règlement, acte établi par le pouvoir exécutif. En revanche, indiquer qu'il s'agit d'un acte voté par le Parlement ne permet pas de distinguer la loi d'autres actes votés par les assemblées comme le règlement ou les résolutions. Il faut donc donner de la loi parlementaire une définition à la fois formelle et matérielle :

La loi parlementaire est une règle de droit générale et impersonnelle votée par le Parlement selon l'une des procédures législatives.

En effet, c'est selon les règles que nous avons précédemment énoncées[1] que le Parlement adopte la loi, règle générale et impersonnelle —nous utiliserons dans la suite de nos

---

[1] Voir la description de la procédure législative p. 154 et s.

développements le mot "loi" au sens de "loi parlementaire"—, chaque type de loi ayant sa procédure particulière (ordinaire, financière(s), organique).

Ce principe, rappelé à la première phrase de l'art. 24 C., est un élément traditionnel que l'on retrouve à travers la quasi-totalité des constitutions françaises.

Ainsi, dès 1791, le pouvoir de faire la loi était attribué au législatif (art. 1er, sect. 1ère, chap. III, Titre III). La LC du 25 févr. 1875, dans son art. 3, reprend la même idée et l'art. 13 de la Constitution de 1946 réaffirme ce pouvoir qu'il réserve ici à la seule Assemblée nationale.

Reste que l'affirmation de ce pouvoir législatif n'a véritablement de force que dans l'hypothèse où le législateur peut effectivement légiférer sur des domaines importants. Si l'on admettait traditionnellement que le législateur disposait d'une compétence absolue en toute matière (§1), on a voulu corriger les abus résultant de ce principe par des dispositions qui, sans porter atteinte au pouvoir législatif proprement dit, l'obligent à tout le moins à légiférer dans les domaines essentiels (§2).

§1. Principes et limites de la théorie classique

L'affirmation traditionnelle de la souveraineté parlementaire conduisit rapidement à l'engorgement du Parlement, l'obligeant petit à petit à vider le principe de son sens.

A. L'affirmation traditionnelle de la suprématie de la loi

Jusqu'en 1958, le système juridique français considérait la loi comme l'acte juridique suprême par excellence, véritable symbole de la volonté du peuple exprimée par le Parlement ; "la loi est l'expression de la volonté générale", comme l'affirme clairement l'art. 6 de la Déclaration des Droits de l'Homme et du Citoyen de 1789. Ainsi autorisé à voter l'acte juridique le plus élevé, le Parlement ne manquait pas de s'estimer souverain et de traduire cette souveraineté parlementaire dans ses autres pouvoirs : en un mot le Parlement pouvait tout faire sans mal faire. La loi était universelle (2) et supérieure à toutes les autres règles (1).

1. La supériorité de la loi

L'affirmation de la supériorité de la loi sur toutes les autres normes juridiques est traditionnelle sous les Républiques antérieures. Ce principe, tiré de la formule de J.-J. Rousseau, a été systématisé par Carré de Malberg au début du XXe siècle. Cette supériorité découlait du fait que, la loi émanant du Parlement, c'est-à-dire du pouvoir qui représente le mieux la Nation souveraine, on ne pouvait concevoir, dans une démocratie, que d'autres pouvoirs publics émettent des règles qui contredisent la volonté de la Nation. Le souverain s'exprimait par le Parlement qui le représentait, ce Parlement devenant lui-même souverain par récurrence.

La supériorité de la loi se marque par le fait qu'une nouvelle loi abroge toutes les dispositions antérieures qui lui seraient contraires et que seule une loi peut à son tour la modifier ou l'abroger.

La supériorité de la loi s'exerçait bien sûr à l'égard des autres normes de droit interne et en tout premier lieu des règlements, nécessairement subordonnés à la loi. En principe, le Gouvernement ne peut émettre de dispositions générales et impersonnelles que dans la mesure où la loi l'y a autorisé[1], c'est-à-dire en application de celle-ci. Ensuite, les dispositions de caractère réglementaire doivent être conformes à la loi : le règlement ne peut, en principe, ni la contredire, ni y déroger, ni l'aggraver ; il doit répondre à un principe de légalité, c'est-à-dire être légal, ce que le juge, et en particulier le juge administratif, est chargé de contrôler par la procédure de l'excès de pouvoir[2]. Enfin, et au contraire, la loi peut à tout moment modifier ou abroger elle-même les dispositions mises en œuvre par un règlement ou y déroger.

---

[1] Voir cependant l'évolution jurisprudentielle signalée p. 111.

[2] Ce mécanisme juridictionnel et ce principe sont étudiés en Licence 2 en droit administratif.

Cette supériorité de la loi s'exerçait également à l'égard d'une autre norme juridique interne : la Constitution. On a, à notre époque, des difficultés à comprendre que la Constitution n'ait pas toujours eu en France une valeur supérieure à la loi. Pourtant, les dispositions de la Constitution du 3 sept. 1791 ("Il n'y a point en France d'autorité supérieure à celle de la loi") étaient claires. Ainsi, de tout temps, il était admis que le Parlement pouvait adopter des textes contraires à certaines dispositions constitutionnelles. Mieux encore, les art. 92 et 93 de la Constitution de 1946 organisant un contrôle de la constitutionnalité des lois par un "Comité Constitutionnel", il était prévu que, si la loi était déclarée contraire à la Constitution, elle était renvoyée à l'Assemblée nationale pour une seconde délibération. Au cas où le Parlement maintiendrait son vote, la loi serait bien promulguée, mais après que la Constitution eut été modifiée. C'est bien marquer que la volonté du législateur l'emporte sur celle du constituant et donc que la loi prime à l'évidence la Constitution.

Reste enfin à s'interroger sur la place respective de la loi et des traités internationaux. En fait, ici, tout se passe comme si la loi et les traités avaient une force égale, et ce malgré les affirmations contenues dès 1946 à l'art. 28 de la Constitution[1]. En effet, le juge n'admettait alors la supériorité du traité que dans la mesure où il était plus récent que la loi. Dans l'hypothèse inverse, il faisait prévaloir la loi, estimant que le législateur avait agi en parfaite connaissance de cause et que le vote de la loi nouvelle contraire aux dispositions du traité émanant du Parlement souverain, il ne lui était pas possible de l'écarter. Dans cette hypothèse, la loi pouvant s'affranchir des traités, on peut encore parler de supériorité de l'acte législatif.

2. L'universalité de la loi

Si la loi était considérée sous les régimes antérieurs comme l'acte juridique le plus élevé dans la hiérarchie des normes, elle avait également un champ d'application illimité. En fait, le Parlement pouvait valablement délibérer sur n'importe quel sujet, ce qui avait pour conséquence de l'inclure ipso facto dans le domaine de la loi. Ainsi la loi, expression de la volonté générale, avait vocation à tout régir. Qu'il s'agisse des matières les plus importantes ou des questions les plus banales ou les plus techniques, le Parlement pouvait en connaître et statuer. On retrouve ici le principe de souveraineté parlementaire qui conduit nécessairement à conclure à l'universalité du domaine législatif. Comme on le disait jadis du Parlement anglais, il était possible d'admettre qu'à l'époque le Parlement pouvait tout "sauf changer un homme en femme ...".

B. L'impossible application de la théorie classique et les décrets-lois

Si le mécanisme de souveraineté parlementaire s'appliqua sans difficulté au début de la III° République, sauf quelques rares exceptions (1), il arriva que, contraint par des événements extérieurs, le Parlement soit obligé d'y consentir quelques aménagements (2).

1. Les exceptions classiquement admises

Si l'on excepte le cas des circonstances exceptionnelles[2] qui pouvaient conduire à rendre indispensable une action rapide du Gouvernement, qu'il y soit autorisé ou non par le législateur comme ce fut le cas durant la Première Guerre mondiale, il a toujours été admis, même à la plus belle période d'application du principe de suprématie de la loi, que le Gouvernement puisse intervenir par voie réglementaire pour prendre des dispositions générales et impersonnelles dans deux hypothèses.

Cette possibilité était en premier lieu admise par le juge. Ainsi, le Conseil d'Etat avait jugé légaux des actes réglementaires spontanés et autonomes pris par l'exécutif soit pour déterminer les règles applicables à l'organisation ou au fonctionnement intérieur de l'administration (CE 4 mai 1906, *Babin : Lebon 365*), soit pour décider de mesures de police dans certaines matières pour lesquelles le législateur n'était pas intervenu (CE 8 août 1919, *Labonne : Lebon 737*).

---

[1] "Les traités diplomatiques régulièrement ratifiés et publiés ayant une autorité supérieure à celle des lois ..".

[2] Par ex. : décret du 15 août 1914 modifiant la procédure de mise à la retraite d'office des généraux. Voir aussi CE 28 juin 1918, *Heyries, Lebon 651*.

Ensuite, il était traditionnel que le Parlement délègue au Gouvernement sa compétence pour prendre par actes réglementaires les dispositions qu'impose la réglementation douanière. Ici, ce sont bien sûr des considérations d'efficacité qui sont à l'origine de ce principe de délégation de pouvoir. Pour enrayer une entrée massive de produits étrangers par l'instauration de barrières tarifaires, il est indispensable d'aller vite et un débat au Parlement non seulement serait trop long mais de surcroît informerait les importateurs des mesures à venir. Ainsi, depuis la loi de délégation du 17 déc. 1814, prise après la levée du "blocus continental" qui jusque-là assurait la fermeture de nos frontières aux produits anglais, le Parlement s'est-il régulièrement dessaisi de cette matière au profit du Gouvernement.

En dehors de ces cas rares et limités, la suprématie de la loi était sans partage. Pourtant, le modèle de la délégation appliqué en matière douanière devait être repris et développé dans d'autres hypothèses.

2. Des décrets-lois aux lois-cadres

Devant la nécessité de prendre de plus en plus rapidement des mesures économiques et sociales qui, souvent, supposaient d'âpres discussions[1], les parlementaires consentirent à élargir le champ d'application des lois d'habilitation jusqu'alors essentiellement limité au domaine douanier. D'abord exceptionnel, ce procédé s'amplifia au point de devenir une des caractéristiques de la **III° République** finissante. Le principe en était simple.

Le Parlement étant souverain, il a la compétence de déterminer ses compétences et peut donc, s'il le souhaite, déléguer tout ou partie de celles-ci. Ainsi, par une loi dite "loi d'habilitation", le Parlement autorisait le Gouvernement à agir par décret dans des domaines dans lesquels il avait jusqu'alors lui-même légiféré. Les décrets pris par le Gouvernement pouvaient modifier la loi et on prit l'habitude de les dénommer "décrets-lois". Peu à peu, les lois d'habilitation devinrent plus fréquentes et plus larges, déléguant au Gouvernement des pans entiers de compétences au point qu'on finit par qualifier ces lois de "lois de pleins pouvoirs". Cette appellation était d'autant plus justifiée que le Gouvernement profitait de ces lois pour "légiférer" dans des matières qui ne faisaient pas expressément partie de la délégation[2]. Peu à peu, on parvint à ce paradoxe de voir le Parlement déléguer au Gouvernement les matières les plus fondamentales alors que les parlementaires continuaient de débattre de projets ponctuels peu importants pour l'avenir du pays.

La critique de ce système était particulièrement vive. La **IV° République** voulut donc y remédier. Aussi l'art. 13 de la Constitution de 1946 fit-il interdiction à l'Assemblée nationale de déléguer le pouvoir législatif. Mais, là encore, les événements et les habitudes anciennes eurent rapidement raison des bonnes résolutions constitutionnelles. Dès le 17 août 1948, en effet, une loi, dite "loi André Marie" du nom du Président du Conseil d'alors, permit que le législateur se prononce sur les seuls principes généraux, laissant au pouvoir exécutif le soin de fixer par décrets réglementaires les détails d'application. Ces décrets devenaient définitifs si, dans un certain délai, le Parlement ne les contestait pas. Les lois déterminant ainsi les principes et renvoyant pour le reste au règlement furent dénommées "lois-cadres".

Par ailleurs, la "loi Marie" permettait au Parlement de décider que tel ou tel domaine relevait en fait du pouvoir réglementaire, ce qui avait pour conséquence d'autoriser le Gouvernement à modifier par décret les lois déjà adoptées dans ces matières. Il s'agissait là, en fait, d'admettre qu'il pouvait exister un domaine réglementaire par nature dont il appartenait au Parlement de définir les contours. Si le Parlement légiférait à nouveau sur ces questions, il était censé avoir repris la compétence au pouvoir réglementaire qui ne pouvait plus dès lors agir dans ce domaine.

La constitutionnalité de ce mécanisme fut contestée. Le Conseil d'Etat, consulté sur cette question, devait pourtant, dans son avis du 6 févr. 1953, considérer que "le législateur peut, en principe, déterminer souverainement la compétence du pouvoir réglementaire" et "dans certaines matières ... réservées à la loi ... se borner à poser les règles essentielles en laissant au Gouvernement le soin de les compléter", légitimant ainsi l'existence d'un domaine réglementaire par nature, défini par le Parlement, et donc

[1] Il s'agissait aussi parfois de mesures impopulaires que les députés rechignaient à voter par pure démagogie.

[2] Par ex. le décret-loi du 17 juin 1938 légiférant sur les colonies de vacances est pris en vertu de la loi d'habilitation du 13 avr. 1938 relative à la défense nationale et au redressement financier…

les "lois-cadres". Le paradoxe déjà signalé pour la fin de la III° République revint et l'on vit de nouveau le Parlement s'enliser dans des débats de détails tandis que le Gouvernement restait maître des questions fondamentales.

§2. La nouvelle conception de la loi

Le constituant de 1958 devait nécessairement se préoccuper du domaine d'intervention du législateur. D'une part, il devait clairement placer la Constitution au sommet de la pyramide des normes et mettre en place un contrôle de constitutionnalité (cf. p. 428 et s.) conduisant à nier le principe de primauté de la loi ; d'autre part, il devait limiter le domaine naturel d'action du Parlement. C'est surtout ce second élément que nous étudierons ici. Tirant parti des innovations de la IV° République, mais allant bien plus loin dans leurs conséquences, le constituant devait constitutionnaliser les mécanismes de la "loi Marie" tout en inversant les données établies par elle (A). Pourtant, ce renforcement de l'importance du pouvoir réglementaire ne conduisait pas le Constituant à faire l'économie d'un mécanisme de délégation des compétences du pouvoir législatif au profit de l'exécutif (B).

A. La distinction entre la loi et le règlement

Si l'on s'en tient aux premiers commentaires faits sur la nouvelle Constitution, le mécanisme nouveau de rapport entre la loi et le règlement est appréhendé comme une véritable révolution. Pour la première fois dans l'histoire française depuis 1789, le législateur voyait les matières de son domaine d'activité limitativement énumérées par la Constitution (1) tandis qu'à l'inverse la compétence réglementaire devenait le principe (2).

1. La limitation du domaine de la loi

Conformément aux dispositions de l'**art. 34 C.** le législateur peut agir, selon les domaines, soit en profondeur et donc "fixer les règles", soit de manière plus superficielle et, comme pour les "lois-cadres", se limiter à "déterminer les principes". Pour chaque cas, l'art. 34 C. énumère limitativement les matières concernées (cf. p. 278), ces listes pouvant être augmentées et précisées par une loi organique.

En dehors des matières ainsi énumérées, le législateur ne peut théoriquement intervenir. Le Conseil constitutionnel veille du reste au respect de ce principe. Il peut déclarer contraire (du moins si le Gouvernement le souhaite cf. p. 284) à la Constitution toute loi adoptée hors du domaine de la loi (art. 61 al. 2 C.). Si un parlementaire dépose une proposition de loi (ou un amendement) dans un domaine qui n'est pas normalement celui de la loi, elle peut être déclarée irrecevable dès le stade de son dépôt par les autorités de l'assemblée dont il est membre ; s'il y a doute sur cette recevabilité, le Conseil constitutionnel statue (art. 41 C.). Le Conseil, saisi d'un texte qui comprendrait des mesures n'appartenant pas au domaine de la loi, a, un temps, pris l'habitude de les indiquer dans sa décision (Cons. const. 2005-512 §23, 21 avr. 2005, Avenir de l'école). Faute d'être saisi d'une demande sur cette question il n'estime pas que ces dispositions soient contraires à la Constitution mais, en indiquant dès ce stade qu'elles ont une nature réglementaire, il permettait qu'elles soient par la suite modifiées par un décret (cf. p. 285). Enfin, si d'aventure une loi était malgré tout adoptée hors de ces matières et promulguée sans que le Conseil ait été saisi, il sera possible d'en délégaliser les dispositions par une intervention a posteriori du Conseil constitutionnel (art. 37 al. 2 C.) (cf. p. 436).

2. La compétence de principe du règlement

Hors des domaines ainsi confiés par la Constitution à la compétence exclusive du législateur, il appartient au pouvoir exécutif de "légiférer" par acte réglementaire. Ainsi, la loi n'ayant plus qu'une compétence définie et le Parlement ne pouvant plus légiférer que dans les matières qui lui sont attribuées (compétence d'attribution), c'est au règlement qu'il appartient par principe de fixer les règles (compétence de principe). C'est ce qui ressort de l'**art. 37 al. 1 C.** :

"Les matières autres que celles qui sont du domaine de la loi ont un caractère réglementaire".

A côté des règlements d'application des lois qui, comme sous les Républiques précédentes, continuent d'exister puisqu'ils sont expressément prévus à l'art. 21 C. (cf. p. 111), et qui, découlant de la loi qu'ils précisent, sont dits "règlements dérivés", apparaît à l'art. 37 al. 1 C. une nouvelle catégorie de règlements, sans lien avec la loi, intervenant dans des domaines différents de ceux de la loi et qui sont donc dits "règlements autonomes".

Ainsi, les données de la "loi Marie" sont totalement inversées. Ce n'est plus le domaine de la loi qui est illimité mais celui du règlement ; ce n'est plus le domaine de la loi qui est protégé mais celui du règlement. La loi ne peut plus reprendre ce qui est attribué constitutionnellement au règlement mais le règlement peut reprendre ce qui a été à tort capté par le législateur. Les principes classiques sont donc totalement remis en cause. En apparence du moins, le pouvoir législatif se trouve affaibli et le pouvoir réglementaire augmenté de tout ce qui a été soustrait à la loi. Le constituant ne limitera pas là son intervention, il prévoira que, nonobstant la limitation du domaine législatif, le Gouvernement peut toujours intervenir dans des matières qui sont normalement de la compétence du Parlement.

B. L'intervention du gouvernement dans des domaines relevant normalement de la compétence du législatif

La Constitution de 1958 n'a donc pas supprimé les possibilités pour le législateur de déléguer son pouvoir législatif bien que celui-ci soit désormais limité en volume et consacré aux matières essentielles. Pour ce faire, la Constitution a créé une nouvelle catégorie d'actes : les ordonnances (1). L'usage des ordonnances sous l'actuelle Constitution n'est pas limité au seul cas de la délégation de pouvoir législatif (2).

1. Le maintien d'un mécanisme de délégation : les ordonnances de l'art. 38 C.

L'**art. 38 C.** prévoit que le Gouvernement peut demander au Parlement l'autorisation de prendre par ordonnances des mesures qui sont normalement du domaine de la loi. Une procédure de délégation est donc mise en place (a) qui, même si elle est assez rarement mise en œuvre (b), n'en débouche pas moins sur la création d'actes dont la nature juridique reste relativement ambiguë (c).

a) La procédure mise en œuvre par l'art. 38 C.

Si la procédure prévue par l'art. 38 C. oblige le Gouvernement, qui dispose seul de l'intiative pour demander la délégation (α), à respecter un certain nombre d'échéances (β), elle n'en reste pas moins un mécanisme contestable portant atteinte à des prérogatives essentielles du Parlement (γ).

α. Une initiative exclusive du Gouvernement

Si c'est le Parlement qui délègue la compétence législative, le Gouvernement peut seul lui demander l'autorisation de prendre des ordonnances (Cons. const. 2004-510 DC §27, 20 janv. 2005, Juridiction de proximité). Le Gouvernement peut agir soit en déposant un projet de loi contenant une demande dans ce sens, soit en déposant un amendement à un texte en cours d'examen (Cons. const. 2013-669 DC §78, 17 mai 2013, Mariage des couples de même sexe). Un tel amendement peut être déposé devant la seconde assemblée saisie, fût-ce immédiatement avant la réunion de la CMP (Cons. const. 2006-534 DC §8, 16 mars 2006, Retour à l'emploi). En l'absence d'initiative du Gouvernement, une disposition l'habilitant à agir par voie d'ordonnance est contraire à la Constitution. Telle est le cas si la disposition figure dès l'origine dans une proposition de loi (Cons. const. 2004-510 DC §28 et s., 20 janv. 2005, Juridiction de proximité). En présence d'initiative du Gouvernement, s'il est possible à la CMP d'élaborer un texte réduisant le champ ou la portée de l'habilitation, elle ne peut, à l'inverse, étendre le champ de cette habilitation restant en discussion (Cons. const. 2014-700 DC §9, 31 juill. 2014, Egalité réelle entre les femmes et les hommes).

β Les garanties procédurales

Le Constituant de 1958 a tout d'abord limité le champ d'application de l'art. 38. C. En effet, il s'agit bien de prendre sous forme d'ordonnances des mesures qui sont du domaine de la loi ordinaire, c'est-à-dire du domaine de l'art. 34 C. et des articles qui s'y rattachent (cf. p. 279). Le Conseil constitutionnel précise donc (Cons. const. 99-421 DC §15, 16 déc. 1999, Adoption de la partie législative de certains codes ; Cons. const. 2003-473 DC §11, 23 juin 2003, Habilitation à simplifier le droit I ; Cons. const. 2004-506 DC §3, 2 déc. 2004, Habilitation à simplifier le droit II) qu'il n'est pas possible que le Gouvernement obtienne une habilitation pour agir dans les domaines que la Constitution réserve exclusivement aux lois organiques (art. 46 C.) (Cons. const. 81-134 DC, 5 janv. 1982, Loi d'orientation sociale). Cette interdiction s'étend donc aux matières définies aux articles 74 C. (statut des COM) et 77 C. (statut de la Nouvelle-Calédonie). De même, le Conseil a précisé que l'habilitation ne pouvait jouer en matière de lois de finances (art. 47 C.) (Cons. const. 95-370 DC, 30 déc. 1995, Plan Juppé) ou de lois de financement de la sécurité sociale (art. 47-1 C.).

Ensuite, la délégation de pouvoir ainsi consentie est limitée dans le temps par la loi d'habilitation elle-même. Mais il importe peu que le Gouvernement qui prend les ordonnances soit celui qui ait obtenu l'habilitation. Sauf précisions contraires apportées par la loi d'habilitation, le Gouvernement autorisé à agir par ordonnances, est celui en fonction à la date de signature de celles-ci (CE sect. 5 mai 2006, *Schmitt*, n° 282352 : *AJDA 2006. 1362*).

Ensuite encore, le Gouvernement est tenu de déposer avant une date, elle aussi précisée dans la loi d'habilitation, un projet de loi de ratification des ordonnances. Faute de déposer ce projet, les ordonnances sont, selon l'art. 38 C., « caduques », terme dont la clarté n'est pas juridiquement précise[1]. C'est là, on en conviendra, une hypothèse d'école, le Gouvernement n'ayant aucun intérêt à ne pas remplir cette formalité. De plus, c'est bien là la seule exigence constitutionnelle ; le simple dépôt (et non l'examen par le Parlement) du projet de loi de ratification suffit à ce que les conditions fixées par l'art. 38 C. soient remplies (Cons. const. 2002-19 ELEC, 22 mai 2002, *Hauchemaille et Assoc. Déclic*).

Enfin, le Parlement, saisi du projet de loi de ratification, peut soit ratifier les ordonnances, soit les ratifier en les modifiant, soit encore refuser leur ratification. En tout cas, il garde à ce stade la maîtrise du contenu au fond des dispositions applicables.

γ. Le caractère contestable du mécanisme

On pouvait tout d'abord croire que le constituant avait entendu limiter les ordonnances aux seuls Gouvernements ayant obtenu la confiance de l'Assemblée nationale. En effet, selon les dispositions de l'art. 38 C., le Gouvernement peut recourir à cette procédure « pour l'exécution de son programme ». Cependant, le Conseil constitutionnel n'a pas estimé que cette expression renvoie à l'art. 49 al 1 C. Il est donc possible au Gouvernement de demander l'autorisation d'agir par ordonnances, quand bien même il n'aurait pas fait approuver son programme par l'Assemblée (Cons. const. 76-72 DC, 12 janv. 1977, Territoire des Afars et des Issas).

---

[1] On doit supposer que ce terme indique que les ordonnances sont sensées n'avoir jamais existé.

Mieux encore, le Conseil constitutionnel estime que le Gouvernement n'est pas obligé de faire connaître la teneur des ordonnances qu'il envisage de prendre (Cons. const. 86-207 DC §21, 25 juin 1986, Privatisations ; Cons. const. 2004-506 DC §4, 2 déc. 2004, Habilitation à simplifier le droit II ; Cons. const. 2008-573 DC §18, 8 janv. 2009, Commission prévue à l'art. 25 C. et à l'élection des députés). Mieux encore, il a précisé que la disposition de l'art. 39 C. imposant une présentation des projets de loi ne saurait, s'agissant des projets de loi d'habilitation, être interprétée comme imposant au Gouvernement de faire connaître au Parlement la teneur des ordonnances qu'il entend prendre sur le fondement de l'habilitation qu'il demande pour l'exécution de son programme (Cons. const. 2009-579 DC §21, 9 avr. 2009, LO relative à l'application des art. 34-1, 39 et 44 C.).

Il estime, encore, que la seule urgence suffit à justifier l'usage de l'art. 38 C. (Cons. const. 99-421 DC §13, 16 déc. 1999, Adoption de la partie législative de certains codes), urgence qui peut être justifiée par « l'encombrement de l'ordre du jour » (Cons. const. 2003-473 DC §5, 23 juin 2003, Habilitation à simplifier le droit I ; Cons. const. 2004-506 DC §4, 2 déc. 2004, Habilitation à simplifier le droit II). Or, on sait que l'encombrement de l'ordre du jour est surtout dû au Gouvernement lui-même. N'est-il pas curieux que le Gouvernement puisse trouver dans le choix qu'il fait lui même des projets de loi à inscrire un motif lui permettant d'utiliser les ordonnances pour ceux qu'il n'inscrit pas ?

Par ailleurs, l'usage des ordonnances constitue, à n'en point douter, une atteinte majeure au droit d'amendement des parlementaires. Pourtant le Conseil constitutionnel ne retient pas non plus cet argument. Il estime qu'il est toujours loisible aux parlementaires d'exercer ce droit au moment de la ratification des ordonnances ou de déposer, une fois la période d'habilitation terminée, une proposition de loi tendant à modifier les ordonnances (Cons. const. 99-421 DC §§19 et 20, 16 déc. 1999, Adoption de la partie législative de certains codes). Certes, mais l'on sait que les propositions de loi ont peu de chance d'aboutir. De plus, ce raisonnement peut être tenu en dehors même des lois d'habilitation. Au moment de l'étude de n'importe quel projet de loi, on peut rétorquer que, dans l'avenir, une proposition de loi pourra être déposée. Alors pourquoi ne pas purement et simplement interdire le droit d'amendement lors de la discussion des projets de lois ?

Enfin, par l'utilisation combinée des art. 45 al. 4 C. (dernier mot à l'Assemblée) et 49 al. 3 C.[1], il est possible de conduire le Parlement à se dessaisir de son pouvoir législatif sans qu'il l'ait réellement voulu. L'Assemblée peut être réputée avoir adopté le texte soit par absence de motion de censure, soit par rejet de celle-ci et le Sénat peut avoir rejeté la loi d'habilitation. C'est ainsi que la loi d'habilitation de 1967 fut adoptée par le Parlement à la suite du rejet par l'Assemblée de trois motions de censure et de deux votes négatifs du Sénat. A aucun moment l'une des deux assemblées ne s'est donc prononcée en faveur de l'habilitation ! C'est là sans doute un exemple extrême qui montre comment, par l'utilisation complète de la panoplie dont il dispose, un Gouvernement peut obtenir du Parlement ce qu'il souhaite et même que ce Parlement se dessaisisse d'une partie de son pouvoir législatif[2].

En fait, la seule garantie apportée par le Conseil constitutionnel lorsqu'il vérifie la constitutionnalité des lois d'habilitation consiste à s'assurer que l'habilitation ne saurait avoir ni pour objet, ni pour effet de dispenser le Gouvernement, dans l'exercice des pouvoirs qui lui sont conférés, de respecter les règles et principes de valeur constitutionnelle, ainsi que les normes internationales et européennes applicables (Cons. const. 2003-473 DC §10, 23 juin 2003, Habilitation à simplifier le droit I ; Cons. const. 2004-506 DC §4, 2 déc. 2004, Habilitation à simplifier le droit II). Il lui appartient donc de vérifier que la loi d'habilitation ne comporte aucune disposi-

---

[1] L'art. 49 C. al. 3 a encore été utilisé pour l'adoption de projets de loi d'habilitation sur lequel un trop grand nombre d'amendements avait été déposé (réforme de la protection sociale, Plan Juppé de 1995).

[2] Selon G. Carcassonne, P. Marcilhacy, Sénateur, avait l'habitude d'affirmer : « 38+49.3=16bis ».

tion qui permettrait de méconnaître les règles et principes de valeur constitutionnelle et de n'admettre la conformité à la Constitution de la loi d'habilitation que sous l'expresse condition qu'elle soit interprétée et appliquée dans le strict respect de la Constitution (Cons. const. 86-207 DC §15, 25 juin 1986, Privatisations ; Cons. const. 95-370 DC §28, 30 déc. 1995, Plan Juppé). Dès lors, le Conseil peut considérer que la loi d'habilitation n'est conforme à la Constitution que dans les limites et sous la réserve de l'interprétation qu'il a énoncée (Cons. const. 86-207 DC §26, 25 juin 1986, Privatisations ; Cons. const. 2003-473 DC §18 à 20, 23 juin 2003, Habilitation à simplifier le droit I).

b) L'usage fait de l'art. 38 C. sous la V° République

L'usage de la procédure de l'art. 38 C. était relativement rare pendant les quarante premières années de la V° République. Il est vrai, comme nous l'avons montré, que les dispositions de l'art. 37 C. et les moyens dont dispose le Gouvernement pour imposer le vote des lois au Parlement rendent l'usage de la délégation de pouvoir moins nécessaire. Ainsi, de 1960[1] à 1999, 34 lois d'habilitation ont été adoptées dont 8 seulement après 1986. Sur ce total, 16 concernent la mise au point de règles applicables à nos dépendances territoriales soit pour fixer les conditions de leur accession à l'indépendance, soit, au contraire, pour déterminer les statuts particuliers nécessaires à leur maintien dans la République, 5 concernent la mise en œuvre de dispositions relatives à l'application du droit communautaire[2], 2 le règlement de la crise algérienne et 1 le découpage électoral. Ce sont donc seulement 10 lois d'habilitation à caractère classique que l'on dénombre, parmi lesquelles la loi du 16 déc. 99 autorisant le Gouvernement à adopter la partie législative de certains codes.

A partir de cette date, les habilitations se sont multipliées. Il faut en effet parler désormais d'habilitation et non plus de loi d'habilitation car, dans la plupart des cas, les habilitations sont désormais consenties par le Parlement au détour d'un article contenu dans une loi[3]. Il est donc de plus en plus difficile de faire le recensement des habilitations dont le Gouvernement dispose. On en compte parfois près d'une dizaine par an conduisant à une multiplication parallèle du nombre des ordonnances.

Année	Lois d'habilitation ou contenant des habilitations	Dont outre-mer	Ordonnances publiées	Ord. expressément ratifiées
1960-1999	34	16	214	83
2000	1	0	29	0
2001	3	2	19	2
2002	5	5	12	4
2003	7	6	18	31
2004	9	6	52	62
2005	10	7	83	8
2006	9	4	24	20
2007	10	8	15	43
2008	10	13	29	9
2009	9	14	48	68

[1] La première loi d'habilitation est la L. 60-101 du 4 févr. 1960.

[2] C'est l'objet de deux des dernières lois d'habilitation : La loi 2000-517 du 15 juin 2000 est la conséquence du passage à la monnaie unique et vise à introduire la valeur en Euro dans les textes législatifs français jusqu'alors libellés en francs. La loi 2001-1 du 3 janv. 2001 autorise le Gouvernement à transposer des directives communautaires.

[3] Cette pratique était avant exceptionnelle. On citera par ex. : art. 27 L. n° 85-892 du 23 août 1985 à propos de la Nouvelle-Calédonie. Les véritables lois d'habilitation sont désormais relativement rares : par ex. L. n° 2005-846 du 26 juill. 2005 relative à des mesures d'urgence pour l'emploi.

2010	11	8	27	29
2011	8	18	41	14
2012	8	17	35	28
2013	11	10	23	23
2014	18	11	51	
Sous total 2000/2013	129	107	506	341
Total	163	145	720	424

Certes, beaucoup d'habilitations concernent l'extension à l'outre-mer des dispositions législatives adoptées pour la métropole. On devrait pourtant voir ces habilitations se réduire dans la mesure où la Constitution prévoit désormais, depuis la révision constitutionnelle de 2003, expressément la possibilité pour le Gouvernement d'agir par voie d'ordonnance, du moins s'agissant des COM et de la Nouvelle-Calédonie (cf. p. 277). Cependant, force est de constater que, sur la période 2007-2013, l'actualisation du droit applicable aux outre-mer est encore largement faite dans le cadre de l'art. 38 C. En 2012, près de la moitié des ordonnances publiées sur le fondement de cet art. ont concerné l'outre-mer.

Au surplus, parmi ces mesures d'habilitation, on compte des lois autorisant le Gouvernement à codifier par ordonnances dans un but de simplification de la législation. Conçue au départ comme une codification à droit constant, il est maintenant admis que le Gouvernement procède, au besoin, à des adaptations des textes qu'il codifie. Or, ces habilitations sont généralement très vastes tant par les domaines concernés du fait du nombre d'articles habilitant le Gouvernement (L. n° 2003-591 du 2 juill. 2003 : 32 art. ; L. n° 2004-1343 du 9 déc. 2004 : 60 art.[1]) que du nombre d'ordonnances qui en résultera (37 ord. pour la première loi et 63 pour la seconde).

Pour le reste les habilitations concernent désormais des domaines très diversifés. Le Gouvernement a ainsi été habilité à agir par ordonnances à propos du « contrat d'édition » (ord. n° 2014-1348), de la commission du contentieux du stationnement payant (ord. n° 2015-45) ou encore des règles budgétaires, financières, fiscales et comptables de la métropole d'Aix-Marseille-Provence (ord. n° 2015-50).

Il résulte de cette multiplication et de cette diversification des habilitations une difficulté de plus en plus grande à connaître exactement et l'étendue de la compétence des pouvoirs exécutif et législatif et l'état du droit lui-même. Cette remarque était d'autant plus vraie que la nature juridique des ordonnances restait, pendant longtemps, difficile à cerner.

c) La nature juridique des ordonnances de l'art. 38 C.

Il ne fait point de doute qu'émanant de l'exécutif, il s'agisse d'actes réglementaires. Elles sont donc, comme les règlements de l'art. 21 C. ou de l'art. 37 C., soumises au principe de la légalité et, dès lors, susceptibles d'être contestées devant le juge de l'excès de pouvoir (cf. p. 469). En revanche, une fois ratifiés par le Parlement, ces actes de l'exécutif subissent en quelque sorte une transformation, une « assomption » qui leur redonne la valeur législative dont ils avaient été provisoirement dépourvus (voir par ex. L. 99-1038 du 9 déc. 1999).

Pendant longtemps, la question de la ratification des ordonnances était source de complexité.

Il n'y a aucun problème s'agissant des ordonnances pour lesquelles le Parlement examine le projet de loi de ratification déposé par le Gouvernement et l'adopte, ce que l'on appelle la ratification expresse. En revanche, il était admis (Cons. const. 72-73 L §3, 29 févr.

[1] Il faut encore ajouter les deux art. d'habilitation contenus dans la L. n° 2007-1787 du 20 déc. 2007 pour la simplification du droit.

1972, Participation des salariés. V. également Cons. const. 2004-506 DC §11 et s., 2 déc. 2004, Habilitation à simplifier le droit II) que, sans examiner le projet de loi de ratification, le Parlement puisse néanmoins ratifier *tacitement* les ordonnances, soit en modifiant quelque temps plus tard certaines de leurs dispositions par le vote d'une nouvelle loi, soit en faisant référence à l'ordonnance ou à certaines de ses dispositions dans une autre loi. La révision de juillet 2008 devait mettre fin à cette possibilité de ratification tacite en prévoyant explicitement dans la Constitution que les ordonnances ne peuvent être ratifiées que de manière expresse.

La nature de l'ordonnance reste pourtant ambiguë dans l'hypothèse où, le projet de loi de ratification ayant été déposé, le Parlement n'a pas encore procédé à sa ratification expresse. Il semble que l'on puisse soutenir que l'ordonnance garde sa valeur d'acte administratif et puisse dès lors toujours être contestée devant le juge (cf p. 469).

2. Les autres catégories d'ordonnances

Enfin, il faut ajouter que l'art. 38 C. n'est pas le seul qui, dans la Constitution, prévoit la possibilité pour l'exécutif d'agir par voie d'ordonnances dans des domaines qui relèvent normalement du pouvoir législatif. Outre les ordonnances prévues à l'**art. 92 C.** (l'article a été abrogé par la révision de 1995 mais les ordonnances subsistent) par lesquelles le Gouvernement du Général De Gaulle fut, à la fin de la IV° République et au début de la V°, autorisé à mettre en place les nouvelles institutions et en particulier les lois organiques indispensables à leur fonctionnement, des ordonnances peuvent être prises par le Gouvernement.

De même, si le Parlement ne se prononce pas sur le projet de loi de finances ou de financement de la sécurité sociale dans les délais qui lui sont impartis par les art. 47 C. et C. 47-1 (cf. p. 192), ces projets peuvent être mis en œuvre par voie d'ordonnance. Le régime de ces ordonnances diffère de celui des ordonnances de l'art. 38 C. puisqu'elles n'ont pas à être soumises à la ratification parlementaire.

De même encore, l'art. 74-1 C., ajouté par la révision du 28 mars 2003, accorde au Gouvernement une habilitation permanente pour actualiser, par voie d'ordonnances, avec les adaptations nécessaires, le droit applicable dans les COM et en Nouvelle-Calédonie dans des matières qui, demeurant de la compétence de l'Etat, relèvent de la compétence législative. Ces ordonnances sont prises en Conseil des ministres après avis des assemblées délibérantes intéressées et du Conseil d'Etat. Elles entrent en vigueur dès leur publication et deviennent caduques faute d'une ratification expresse par le Parlement dans les 18 mois suivant leur publication. Il est encore délicat d'apprécier la portée de l'article 74-1 C. par rapport à l'art. 38 C., ce dernier servant encore majoritairement de fondement juridique aux ordonnances publiées et applicables dans les collectivités d'outre-mer et en Nouvelle Calédonie. À ce jour, il n'y a pas une accélération du nombre d'ordonnances publiées sur le fondement de l'art. 74-1 C.

Répartition des ordonnances relatives à l'outre-mer		
Année	Art. 38 C.	Art. 74-1 C.
2007	4	4
2008	11	2
2009	9	5
2010	6	2
2011	14	4
2012	14	3
2013	9	1
2014	11	0
Total	78	21

Enfin, on notera que le peuple peut également, en tant que titulaire du pouvoir souverain, déléguer directement à l'exécutif par référendum la possibilité d'agir par voie d'ordonnance dans ce qui serait normalement de la compétence du Parlement. Il retire ainsi provisoirement à celui-ci un pouvoir qu'il exerce en tant que représentant du peuple pour le confier à un autre de ses représentants. Ce fut en particulier le cas en 1961, le Président de la République ayant été autorisé à agir par ordonnances dans l'affaire algérienne. Le Conseil d'Etat a eu à se prononcer sur la nature particulière de ces ordonnances (cf. p. 468).

II. L'IMPORTANCE REELLE DE LA REFORME DE 1958

Les inquiétudes ressenties immédiatement après la promulgation de la Constitution devaient rapidement s'estomper. En fait et malgré ce que laissent à penser les dispositions constitutionnelles et bien que la loi elle-même ne tienne plus exactement la place que la théorie classique lui attribuait, le pouvoir législatif garde sa primauté sur l'exécutif dans la compétence d'édicter des normes juridiques (§1) au point que l'on peut y voir un retour partiel aux principes anciens (§2).

§1. Le maintien de la primauté du législatif

Il ne faudra pas attendre longtemps pour que la primauté du législatif se confirme. D'une part, le domaine de la loi, s'il n'est plus général, est centré autour des matières les plus importantes (A), d'autre part l'interprétation faite des dispositions des art. 34 C. et 37 C. par les juges constitutionnel et administratif vont conforter le rôle du législateur au point que l'on peut se demander maintenant si la distinction des deux domaines n'est pas purement et simplement abandonnée (B).

A. L'importance du domaine de la loi

Le domaine de la loi semble limité par l'art. 34 C. En fait, le pouvoir législatif est beaucoup plus étendu (1). De plus, le Conseil constitutionnel n'hésite plus à protéger le Parlement contre toute volonté de sa part de ne pas exercer son pouvoir (2) ou de l'exercer de manière insatisfaisante (3).

1. L'étendue réelle du pouvoir législatif

D'une part, le pouvoir législatif tel que l'envisage la Constitution n'est pas défini seulement à l'art. 34 C. (a). D'autre part, le législateur dispose de la faculté de pouvoir légaliser des dispositions illégales prises par le pouvoir réglementaire (b).

a) La variété des dispositions constitutionnelles définissant le domaine de la loi.

On notera dans un premier temps que l'**art. 34 C.** présente un mérite particulier par sa rédaction elle-même.

D'une part, s'il limite le domaine de la loi, il le fait en laissant au Parlement les matières les plus importantes. Ainsi, relèvent de la compétence du législateur le soin de fixer les règles essentielles du droit civil des personnes, du droit pénal, du droit fiscal ainsi que celles concernant les garanties fondamentales des libertés publiques, les garanties accordées aux fonctionnaires. De même lui appartient-il de fixer les règles concernant les régimes électoraux et les nationalisations. Enfin, la loi fixe les principes fondamentaux en matière de défense nationale, d'organisation des collectivités territoriales, d'enseignement, de droit de la propriété, de droit du travail et de la sécurité sociale ; elle fixe également les principes régissant la responsabilité civile ou commerciale.

D'autre part, le constituant n'hésite pas à compléter l'énumération contenue à cet article lorsque l'évolution de la société le rend nécessaire. Il en a été ainsi de la préservation de l'environnement introduite par la révision constitutionnelle du 1er mars 2005. De même, depuis la révision de juillet 2008, la loi fixe les règles concernant « la liberté, le pluralisme et l'indépendance des médias ». Enfin, toujours depuis 2008, la loi fixe les règles relatives « au régime électoral ... des instances représentatives des Français établis hors de France ainsi que les conditions d'exercice des mandats électoraux et des fonctions électives » des élus locaux.

Bref, on le voit, le Parlement se trouve chargé des matières essentielles régissant notre société. Ce qui lui est retiré, c'est le reste : les éléments secondaires dont il se délectait sous les Républiques antérieures et qu'il appartient maintenant, par nature, au règlement de fixer. Tout se passe en fait comme si l'art. 34 C. avait effectivement remis les choses dans leur ordre naturel en obligeant le Parlement à faire au moins l'essentiel, laissant le quotidien à l'exécutif.

Dès lors, il était normal que le législateur gardât une importance particulière et même primordiale dans le système mis en place par la Constitution de 1958, ce d'autant plus que d'autres articles de la Constitution lui donnent également des compétences (Cons. const. 65-34 L, §1, 2 juill. 1965, Retraite des marins du commerce). Là encore, le constituant n'a pas hésité à élargir le champ de compétence du Parlement au fur et à mesure des révisions. Ainsi, en dehors même des compétences que le législateur détient dans le cadre de la décentralisation (cf. p. 347) en est-il notamment[1] :

- de l'art. 1er C. précisant (depuis 1999[2]) que la loi favorise l'égal accès des femmes et des hommes aux mandats électoraux et fonctions électives ainsi que, depuis juillet 2008, aux responsabilités professionnelles et sociales ;
- de l'art. 3 C. précisant que la loi définit quels sont les électeurs ;
- de l'art. 25 al. 3 C., introduit en juillet 2008, prévoyant l'intervention de la loi pour fixer la composition et les règles d'organisation et de fonctionnement de la commission indépendante chargée de la détermination des circonscriptions électorales (cf. p. 356) ;
- de l'art. 35 C. précisant que le législateur est seul compétent pour déclarer la guerre et, depuis juillet 2008, soumettant la prolongation au-delà de quatre mois d'une opération militaire extérieure à l'accord du Parlement[3] ;
- de l'art. 36 C. autorisant le législateur à prolonger l'état de siège au-delà de douze jours[4] ;

---

[1] Pour mémoire, on indiquera aussi l'art. 70 C. qui confie à la loi la « planification » (Cons. const. 82-142 DC §1, 27 juill. 1982, Réforme de la planification).

[2] Cette disposition était alors à l'art. 3 C.

[3] Déclaration du Gouvernement, débat et vote dans les deux assemblées autorisant la prolongation des interventions armées à l'étranger : le 22 sept. 2008 (Afghanistan) ; le 28 janv. 2009 (Côte d'Ivoire, Kosovo, Liban, Tchad et Centrafrique) ; le 12 juill. 2011 (Lybie) ; le 22 avril 2013 (Mali) ; le 25 févr. 2014 (Centrafrique) ; 13 janv. 2015 (Irak) ; 15 sept. 2015 (Syrie).

[4] Il ne faut pas confondre l'état de siège (art. 36 C.) qui permet le dessaisissement des autorités civiles au profit des autorités militaires en cas de péril imminent résultant d'une guerre ou d'une insurrection et l'état d'urgence (Loi n° 55-385 du 3 avr. 1955) qui reste un régime civil applicable « soit en cas de péril imminent résultant d'atteintes graves à l'ordre public, soit en cas d'évènements présentant, par leur nature et par leur gravité, le caractère de calamité publique » comme par exemple une éruption volcanique, des inondations, un tremblement de terre, etc. Pourtant, là encore, la prolongation de l'état d'urgence au-delà de 12 jours nécessite l'intervention parlementaire. Si l'état de siège n'a jamais été mis en œuvre sous la V° République, l'état d'urgence l'a été en 1985 en Nouvelle-Calédonie (D. 85-46 du 14 janv. 1985). Le législateur l'a prolongé et la loi ainsi adoptée a été soumise au Conseil constitutionnel qui l'a déclarée conforme à la Constitution (Cons. const. 85-187 DC, 25 janv. 1985, Etat d'urgence en Nouvelle Calédonie). Il a été de nouveau déclaré en 2005 sur le territoire métropolitain (D. 2005-1387 du 8 nov. 2005) et prolongé pour trois mois par la loi n° 2005-1425 du 18 nov. 2005 qui n'a pas été soumise au Conseil constitutionnel. Le Conseil d'Etat, en revanche, a été saisi aussi bien du décret instaurant l'état d'urgence que du refus de mettre fin à l'état d'urgence. Il a, dans les deux cas, admis la recevabilité des requêtes (la décision de recourir à l'état d'urgence ne constitue donc pas un acte de gouvernement) mais les a rejetées au fond (CE référé, 14 nov. 2005, *Rolin et Hoffer (2 espèces) :* req. n° 286835 et 286837 ; AJDA 2006. 501, note Chrestia. CE référé, 9 déc. 2005, *Allouache et autres :* req. n° 287777). Ni l'état de siège, ni l'état d'urgence ne modifient la répartition des compétences constitutionnelles contrairement à ce qui ce passe lors de la mise en œuvre de l'art. 16 C.

- de l'art. 39 al. 5 C., introduit en juillet 2008, laissant à la loi le soin de déterminer les conditions dans lesquelles les propositions de loi peuvent être soumises à l'avis du Conseil d'Etat ;
- de l'art. 53 C. obligeant à l'intervention préalable du législateur pour la ratification de certains traités ;
- de l'art. 66 C. confiant à la loi la protection des libertés individuelles ;
- de l'art. 88-2 C., introduit en 2003, précisant que loi fixe les règles relatives au mandat d'arrêt européen en application des actes pris sur le fondement du Traité sur l'Union européenne.

S'ajoutent encore les dispositions des textes contenus dans le préambule de la Constitution (Déclaration de 1789, Préambule de 1946, Charte de l'environnement) qui renvoient très largement à la loi pour tout ce qui concerne la mise en œuvre des libertés publiques. Si, dans le texte de la Déclaration et du Préambule de 1946, le terme loi est plus souvent à prendre dans la signification étendue de « règle de droit », il est cependant des domaines dans lesquels il faut donner à ce terme le sens contemporain de « loi », c'est-à-dire de norme votée par le pouvoir législatif (art. 7, 8 et 9 DDHC par ex.). En revanche, il ne fait de doute que, s'agissant de la Charte de l'environnement, le terme loi est utilisé dans ce sens. Le législateur est donc compétent pour définir :

- en vertu de l'art. 3 Charte, les conditions permettant à tout personne de prévenir les atteintes à l'environnement ;
- en vertu de l'art. 4 Charte, les conditions dans lesquelles toute personne doit contribuer à la réparation des dommages qu'elle cause à l'environnement ;
- en vertu de l'art. 7 Charte, les conditions et les limites dans lesquelles toute personne a le droit d'accéder aux informations relatives à l'envionnement détenues par les autorités publiques et de participer à l'élaboration des décisions publiques ayant une incidence sur l'environnement ; ainsi, une ordonnance du 5 août 2013 met-elle en œuvre ce principe de participation du public.

b) Les validations législatives

Par ailleurs, il est un rôle du législateur excédant la compétence normale que la Constitution lui attribue mais qui montre combien le rôle du Parlement reste fondamental. Dans l'hypothèse où un acte émanant de l'exécutif serait annulé par le juge, il est possible que le législateur procède à sa « validation législative » en reprenant sous forme de loi l'acte ainsi annulé pour illégalité.

Le Conseil constitutionnel n'est pas hostile à une telle démarche puisque, comme il l'indique, seul le législateur peut le faire. En effet, il estime que, le Parlement pouvant, sauf en matière de mesures répressives plus sévères (cf. p. 424), adopter des lois rétroactives, il lui est possible d'agir de la sorte. Le Conseil subordonne cependant cette possibilité à l'existence d'un intérêt général pouvant justifier la validation (Cons. const. 85-192 DC §10, 24 juill. 1985, Elections du CSU ; Cons. const. 87-228 DC §7, 26 juin 1987, Validation de nominations de magistrats). Il n'est que dans l'hypothèse où l'acte validé serait contraire à une disposition ou un principe constitutionnel que la validation serait théoriquement impossible[1], à moins que le but d'intérêt général visé par la validation soit lui-même de valeur constitutionnelle (Cons. const. 97-390 DC §3, 19 nov. 1997, Fiscalité applicable en Polynésie française)[2].

Le Conseil constitutionnel a aussi admis que le législateur puisse procéder à des validations législatives dans une matière pour laquelle existait encore des recours pendants devant un juge (Cons. const. 80-119 DC §7, 22 juill. 1980, Validation d'actes administratifs ;

---

[1] Il est pourtant possible que la loi ne soit pas soumise au Conseil constitutionnel et puisse donc entrer en vigueur (cf. p. 428).

[2] On retrouve ici l'hypothèse de conflit entre principes constitutionnels : cf. p. 426.

Cons. const. 93-332 DC §14, 13 janv. 1994, Validation des décisions des caisses de sécurité sociale). Le juge européen a estimé que la notion de procès équitable garantie par l'art. 6 de la Convention Européenne des Droits de l'Homme s'opposait à cette pratique « sauf pour d'impérieux motifs d'intérêt général » (CEDH 28 oct. 1999, *Zielinski c/ France*, aff. 24846/94 : *LPA 8 juin 2000. 21*)[1]. Il en allait de même du respect des biens garanti par l'art. 1er du protocole additionnel n° 1 de la même Convention (CEDH 6 oct. 2005, *Draon et Maurice c/ France : AJDA 2005. 1924*).

Le Conseil constitutionnel a dès lors renforcé son contrôle. D'une part, il estime désormais que le législateur doit clairement préciser le motif d'illégalité dont il entend purger l'acte contesté, faute de quoi la loi serait contraire à l'art. 16 DDHC qui affirme le principe de séparation des pouvoirs et garantit le droit à un recours juridictionnel effectif (Cons. const. 99-422 DC §64, 21 déc. 1999, LFSS pour 2000. Cons. const. 2005-531 DC §6, 29 déc. 2005, LFR pour 2005). D'autre part, il considère qu'il faut que l'intérêt général soit « suffisant », ce qui est sans doute le pendant du terme « impérieux » retenu par la CEDH (Cons. const. 99-425 DC §§7 et s., 29 déc. 1999, LFR pour 1999 ; Cons. const. 2005-531 DC §6, 29 déc. 2005, LFR pour 2005). Dès lors que l'intérêt général n'est pas « suffisant » (comme par ex. la seule considération d'un intérêt financier eu égard aux sommes concernées), la loi de validation est contraire à la Constitution (Cons. const. 2002-458 DC §4, 7 févr. 2002, Impôt foncier sur les propriétés bâties en Polynésie. Cons. const. 2003-486 DC §13, 11 déc. 2003, LFSS pour 2004. Cons. const. 2004-509 DC §31, 13 janv. 2005 (absence d'intérêt général suffisant en l'espèce : affaire dite « des tramways »), Loi de programmation pour la cohésion sociale).

S'il subsiste une légère différence entre la jurisprudence du Conseil constitutionnel et celle de la Cour EDH, il faut garder présent à l'esprit que le contrôle de conventionalité des lois de validation est également assuré par les juridictions administratives (CE 20 juill. 2000, *Tête : Lebon 319*. Voir également : CE Avis, 16 févr. 2001, *Synd. compagnies aériennes autonomes : Lebon* 69) et judiciaires qui n'hésitent pas à écarter l'application de lois de validation contraires à la Conv. EDH. (CE 11 juill. 2001, *Préaud : RFD adm. 2001*. 1047 ; Cass. soc. 25 avr. 2001, *Assoc. « Etre enfant au Chesnay » : RFDA 2001. 1055*) et ce, même si le Conseil constitutionnel les a déclarées conformes à la Constitution (Cass. soc. 25 avr. 2001 : *préc.*). Or, le Conseil d'Etat se range à cette exigence du motif impérieux d'intérêt général et estime que, si une loi de validation non fondée sur un tel motif devait être appliquée à des instances en cours, la responsabilité de l'Etat serait engagée (CE ass., 8 févr. 2007, *Gardedieu*, req. n° 279522 : *Lebon 78*). De même, il estime que des dispositions législatives qui auraient pour objet ou pour effet de soustraire au contrôle du juge des actes administratifs contraires au droit communautaire sont incompatibles avec les exigences communautaires (CE sect., 8 avr. 2009, *Assoc. Alcaly*, req. n° 290604 : *AJDA 2009. 678*).

2. L'obligation faite au Parlement d'exercer sa compétence : la sanction de l'incompétence négative

Le juge constitutionnel veille encore à ce que le législateur respecte la compétence qui lui est ainsi donnée par la Constitution. Il estime que la Constitution lui a confié le soin de fixer des règles essentielles et qu'il ne peut, en dehors de la mise en œuvre de la procédure des ordonnances (cf. supra p. 272), se décharger de cette tâche sur le pouvoir réglementaire.

Il y a donc violation de la Constitution lorsque le législateur n'exerce pas ses compétences, lorsqu'il ne fixe pas les règles minimales précisant le cadre de l'exercice du pouvoir réglementaire ou lorsqu'il délègue sa compétence dans un cas non prévu par la Constitution

[1] L'affaire est d'autant plus intéressante que la CEDH se prononce sur la loi déclarée conforme à la Constitution par le Conseil constitutionnel dans sa décision du 13 janv. 1994 (Cons. const. 93-332 DC §14, 13 janv. 1994, Validation des décisions des caisses de sécurité sociale).

(Cons. const. 2001-454 DC §20 et 21, 17 janv. 2002, Loi relative à la Corse). Cette « incompétence négative » (Cons. const. 96-387 DC, 21 janv. 1997, Prestation autonomie) est sanctionnée par le juge (Cons. const. 67-31 DC §4, 26 janv. 1967, Inamovibilité des magistrats ; Cons. const. 98-399 DC, 5 mai 1998, Entrée et séjour des étrangers ; Cons. const. 98-405 DC, 29 déc. 1998, LF pour 1999) qui estime alors que le législateur méconnaît la compétence qu'il tient de l'art. 34 C. (a contrario : Cons. const. 2001-450 DC §26, 11 juill. 2001, Loi portant diverses dispositions d'ordre social, éducatif et culturel ; Cons. const. 2001-447 DC §21, 18 juill. 2001, Perte d'autonomie). Il peut en aller de même du législateur organique (Cons. const. 2009-579 DC §4, 9 avr. 2009, LO relative à l'application des art. 34-1, 39 et 44 C.).

Ceci est vrai en particulier lorsqu'il n'assortit pas de garanties légales des dispositions qui pourraient affecter certains principes constitutionnels (Cons. const. 93-322 DC §12, 28 juill. 1993, Etablissements universitaires dérogatoires ; Cons. const. 96-378 DC §§27 et 28, 23 juill. 1996, Réglementation des télécommunications) ou lorsqu'il abandonne au pouvoir réglementaire la détermination du champ d'application des règles qu'il pose (Cons. const. 2009-578 DC §6, 18 mars 2009, Loi de mobilisation pour le logement et la lutte contre l'exclusion). Il en va de même lorsque la loi votée n'est pas suffisamment précise (Cons. const. 2008-568 DC §15, 7 août 2008, Rénovation de la démocratie sociale et réforme du temps de travail) ou renvoie, dans une matière particulièrement sensible, à des dispositions d'une loi future (Cons. const. 2004-499 DC §12, 29 juill. 2004, Protection des personnes physiques à l'égard des traitements de données à caractère personnel).

Cette incompétence négative est du reste parfois soulevée d'office par le Conseil, attestant ainsi du rôle éminent qu'il lui accorde (Cons. const. 2000-433 DC §§59 et s., 27 juill. 2000, Liberté de communication).

3. L'exigence de précision et de clarté de la loi

Le Conseil vérifie également que les dispositions prises par le législateur soient « suffisamment précises pour répondre aux exigences de l'art. 34 C. » (Cons. const. 98-401 DC §16, 20 juin 1998, Loi relative aux « 35 heures ») en censurant des dispositions à raison de leur imprécision s'agissant de leurs effets et des pouvoirs laissés aux autorités administratives et juridictionnelles (Cons. const. 99-423 DC §8, 13 janv. 2000, Réduction du temps de travail). De même, sera contraire à la Constitution une loi dont l'imprécision porte au principe d'égalité devant la loi, une atteinte disproportionnée par rapport à l'objectif d'intérêt général (Cons. const. 2001-452 DC §7, 6 déc. 2001, Loi MURCEF). Mais la précision n'est pas encore apparue comme une garantie suffisante ; le Conseil constitutionnel exige maintenant du législateur que les lois qu'il adopte soient claires.

En effet, le Conseil constitutionnel a dégagé, dans un premier temps de l'art. 34 C. puis des art. 4, 5, 6 et 16 DDHC, une exigence de clarté de la loi (Cons. const. 83-164 DC §30, 29 déc. 1983, LF pour 1984 ; Cons. const. 2003-483 DC §41, 14 août 2003, Réforme des retraites. Cons. const. 2003-475 DC, 24 juill. 2003, Election des Sénateurs) qui, là encore, oblige le législateur (voire le législateur organique) à utiliser son pouvoir législatif de manière la plus complète et efficace possible. Souvent, cette exigence de clarté est invoquée avec le principe voisin d'« intelligibilité de la loi », qui ne trouve pas son origine dans l'art. 34 C. mais dans un objectif de valeur constitutionnelle (cf. p. 427).

Une disposition peu claire (et par trop imprécise) ou d'une complexité inutile doit être déclarée contraire à la Constitution (Cons. const. 2000-435 DC §52 et 53, 7 déc. 2000 Loi d'orientation pour l'outre-mer ; Cons. const. 2004-500 DC §15, 29 juill. 2004, Autonomie financière des collectivités territoriales), exception faite des cas dans lesquels le Conseil constitutionnel peut en donner une interprétation (cf. p. 455) permettant d'éviter l'inconstitutionnalité (Cons. const. 91-298 DC §33, 24 juill. 1991, Dispositions fiscales rétroactives ; Cons. const. 2001-455 DC §9, 12 janv. 2002, Loi de modernisation sociale).

Le Conseil s'assure notamment que la loi est suffisamment claire et qu'elle n'a donc pas reporté sur des autorités administratives ou juridictionnelles le soin de fixer des règles dont la détermination n'a été confiée par la Constitution qu'à elle seule (Cons. const. 2005-512 DC §9, 21 avr. 2005, Avenir de l'école ; Cons. const. 2005-514 DC §14, 28 avr. 2005, Registre international français), même si ces autorités conservent le pouvoir d'appréciation et, en cas de besoin, d'interprétation inhérent à l'application d'une règle de portée générale à des situations particulières (Cons. const. 2004-509 DC §25, 13 janv. 2005, Loi de programmation pour la cohésion sociale). Le Conseil profite également de ce contrôle pour déclarer contraire à la Constitution une disposition qui, outre son caractère tautologique, ne respecte pas, du fait de sa portée normative incertaine, ... l'exigence de clarté de la loi (Cons. const. 2004-500). Cette jurisprudence semble être le prélude à la sanction et donc à la disparition des « neutrons législatifs » c'est-à-dire des « lois ou dispositions vides » sans contenu normatif mais simplement déclaratoire (par ex. la loi n° 2001-70 du 29 janv. 2001 reconnaissant le génocide arménien). En effet, le Conseil estime que la loi a pour vocation d'énoncer des règles et doit par suite être revêtue d'une portée normative (Cons. const. 2005-512 DC §9 et 12, 21 avr. 2005, Avenir de l'école).

Le Conseil constitutionnel estime également que le législateur ne peut limiter le pouvoir du législateur. Ainsi, lors même qu'une disposition législative contient une disposition contraire à la Constitution qui viendrait limiter pour l'avenir le pouvoir du Parlement, le Conseil estime qu'il n'y a pas lieu de déclarer la disposition contraire à la Constitution du fait de son caractère inopérant (Cons. const. 86-208 DC §29, 2 juill. 1986, Découpage électoral I).

Primant déjà par le fait que c'est sa majorité qui détermine quel parti ou quelle coalition va effectivement gouverner, le Parlement domine également par le fait qu'il est le seul à pouvoir édicter des règles dans les domaines principaux. Du reste, l'interprétation qui sera faite des dispositions des art. 34 C. et 37 C. viendra renforcer encore la prééminence du Parlement.

B. L'interprétation des articles 34 C. et 37 C.

Tout d'abord, la distinction entre la « fixation des règles » et la « détermination des principes fondamentaux", les deux expressions utilisées par l'art. 34 C., devait rapidement s'estomper, le Conseil constitutionnel lui-même estimant qu'elle n'avait pas de raison d'être. En effet, il devait par une décision du 27 nov. 1959 (Cons. const. 59-1 L, 27 nov. 1959, RATP) indiquer que, quelle que soit la matière concernée, qu'elle soit citée dans la rubrique des "règles" ou des "principes", il était possible au pouvoir réglementaire d'intervenir sur les éléments secondaires. Le pouvoir réglementaire d'exécution des lois trouvait matière à s'appliquer même dans les domaines pour lesquels le constituant avait donné au Parlement la compétence la plus étendue : fixer les règles. De cette interprétation, on devait déduire que la répartition entre la loi et le règlement dépendait moins de la matière traitée que de l'importance de la disposition envisagée ; même s'il était appelé à fixer les règles, le législateur n'était pas compétent pour fixer les moindres détails et le pouvoir réglementaire gardait sa compétence.

Apparemment favorable au pouvoir exécutif, cette décision, prise dans le cadre de la procédure de l'art. 37 al. 2 C., devait produire des effets inverses.

En effet, le même raisonnement a été appliqué s'agissant du pouvoir réglementaire autonome ; les matières qui en relèvent ne peuvent pas être considérées comme faisant exclusivement partie de la compétence de l'exécutif : le législateur y a sa place dès lors que les points traités sont importants et relèvent par exemple de la défense des libertés.

C'est tout d'abord le Conseil d'Etat qui devait défendre ce point de vue. Dans une décision de 1967 (CE 3 févr. 1967, *Confédération gén. vignerons du midi : Lebon 55*), la Haute juridiction administrative indique que, bien « que l'interdiction du coupage relève par sa nature du domaine réglementaire en vertu de l'art. 37 C., la méconnaissance de cette règle, étant assortie de peines correctionnelles, constitue un délit ». L'art. 34 C. réservant à la loi la détermination des délits, « la suppression de l'interdiction du coupage ne pouvait résulter que d'une loi ». Ainsi ce n'est pas en fonction de la matière que se fait la répartition mais en fonction de l'importance de la disposition envisagée ; si celle-ci concerne un élément fondamental comme la création ou la suppression d'un délit, c'est au législateur qu'il appartient d'intervenir.

Le Conseil constitutionnel devait confirmer cette analyse dans une décision importante quoique fort contestée de 1973 (Cons. const. 73-80 L §11, 28 nov. 1973, Mesures privatives de liberté). Ainsi amenuisé, le règlement autonome avait par ailleurs perdu dès le début de la V° République une grande partie de son intérêt. En effet, le Conseil d'Etat, dans sa décision de 1959 (CE 26 juin 1959, *Synd. gén. ingénieurs conseils : Lebon 394*), avait estimé que, bien que ne découlant pas de la loi, les règlements autonomes étaient soumis au principe de la légalité et devaient respecter les "principes généraux du droit" (cf. p. 467), véritables dispositions non écrites à valeur supra-réglementaire que le juge crée de lui-même. Ainsi, les règlements autonomes pouvaient voir leur légalité contestée, tout comme les règlements dérivés, sur la base de ces principes. Or, seul le législateur peut, comme l'a jugé le Conseil constitutionnel dès 1969 (Cons. const. 69-55 L §5, 26 juin 1969, Protection des sites), déroger par une loi à un principe général du droit. Là encore, le pouvoir réglementaire autonome se révélait moins performant que le constituant ne l'avait sans doute imaginé.

Ce qui apparaissait comme l'une des réformes les plus novatrices de la V° République était considérablement limité par la jurisprudence ; elle devait être réduite à néant par le Conseil constitutionnel. On était revenu, pour partie, aux principes anciens quelque peu amendés et corrigés de leurs défauts les plus criants.

§2. Le retour partiel aux principes anciens

En réalité la loi est redevenue l'acte normal édictant des règles juridiques. Seul changement par rapport aux principes anciens, l'universalité de la loi ne vaut que si le Gouvernement y consent (A). Quant à sa primauté, si elle reste incontestable par rapport aux règles internes non constitutionnelles, elle a disparu face aux règles internationales (B). C'est là sans doute que la loi a perdu l'essentiel de sa souveraineté ; le retour aux principes anciens n'est donc que partiel.

A. L'universalité consentie de la loi

En fait, au fur et à mesure des années, le législateur a pu de nouveau légiférer dans tous les domaines. Ceci est possible, d'une part, parce que le Conseil constitutionnel a, en fait, vidé complètement de son sens la dichotomie des art. 34 C. et 37 C., d'autre part, parce que le Gouvernement non seulement y consent mais participe à ce mouvement.

1. L'aboutissement de la jurisprudence constitutionnelle

Déjà fort entamée par les évolutions jurisprudentielles précédemment décrites, la limitation constitutionnelle du domaine de la loi est définitivement abandonnée par le Conseil constitutionnel dans sa décision de 1982 (Cons. const. 82-143 DC §11, 30 juill. 1982, Blocage des prix) :

"... il apparaît ainsi que, par les articles 34 et 37 al. 1er, la Constitution n'a pas entendu frapper d'inconstitutionnalité une disposition de nature réglementaire contenue dans une loi".

En fait, le Conseil constitutionnel aboutit à cette conclusion (confirmée depuis par une jurisprudence constante : par ex. Cons. const. 2000-433 DC §22, 27 juill. 2000, Liberté de communication ; Cons. const. 2003-467 DC §45, 13 mars 2003, Sécurité intérieure II) par une analyse approfondie de divers articles de la Constitution et fixe par là même une limite à l'extension infinie du domaine de la loi : l'accord du Gouvernement. En effet, la lecture attentive de l'art. 41 C. oblige à une vision nouvelle du rôle exact du Conseil dans le cadre de l'art. 61 al. 2 C.

L'irrecevabilité des propositions de loi ou des amendements dans le cadre de l'art. 41 C. n'est pas automatique ; « le Gouvernement ***peut*** opposer l'irrecevabilité », nous dit l'art. 41 C. *in fine*, ce qui tend à prouver qu'il dispose ici d'un pouvoir discrétionnaire et qu'il peut aussi ne pas l'opposer. Si le Gouvernement n'oppose pas cette irrecevabilité, le Conseil, saisi dans le cadre normal de l'art. 61 al. 2 C., doit-il déclarer contraire à la Constitution la loi empiétant ainsi sur le domaine du règlement ? Jusqu'à cette décision le Conseil constitutionnel estimait que tel était son devoir (Cons. const. 64-27 DC, 18 déc. 1964, Commission de vérification), se considérant en quelque sorte comme le dernier rempart de protection du pouvoir réglementaire. En 1982, il estime que ce dernier rempart est en fait constitué par les dispositions de l'art. 37 al. 2 C. qui permet au Gouvernement de reprendre ce qu'il a temporairement concédé au Parlement.

Le domaine de la loi peut donc s'enfler à l'infini, tant que le Gouvernement y consent. Le Conseil estime même que loin de méconnaître l'étendue de sa compétence, le législateur peut assortir des dispositions de précisions dont certaines relèvent du pouvoir réglementaire et qui, au demeurant, avaient jusqu'ici été traitées comme telles (Cons. const. 2003-467 DC §45, 13 mars 2003, Sécurité intérieure II). Le Parlement dispose en fait de deux domaines législatifs :

- un domaine minimum, noyau de ses compétences, qui ne peut lui être retiré et que protège le juge administratif ;
- un domaine consenti par le Gouvernement, transféré au Parlement à titre précaire, dans lequel il peut légiférer tant que le Gouvernement l'admet.

Le Gouvernement peut soit refuser a priori que le Parlement agisse dans cette matière en opposant l'irrecevabilité d'une proposition de loi ou d'un amendement, soit laisser faire et se réapproprier la compétence lorsqu'il le juge utile, par la procédure de délégalisation de l'art. 37 al. 2 C. (cf. p. 436). Le Conseil constitutionnel a, un temps, procédé à un tri des dispositions qui, dans une loi, ont un caractère réglementaire et, sans les déclarer contraires à la Constitution, il autorisait le Gouvernement à les modifier par voie réglementaire sans avoir recours, au préalable, à la procédure de l'art. 37 al. 2 C. (Cons. const. 2005-512 DC §23, 21 avr. 2005, Avenir de l'école), rapprochant ainsi l'intervention du législateur dans le domaine réglementaire de celle du législateur organique dans le domaine législatif ordinaire (cf. p. 423). Revenant sur cette jurisprudence du fait de l'existence de la QPC, le Conseil estime désormais que les saisissants ne peuvent se prévaloir de ce que le législateur est intervenu dans le domaine réglementaire pour demander que soit déclaré son caractère réglementaire (Cons. const. 2012-649 DC §10, 15 mars 2012, Simplification des démarches administratives).

Pour cette part du domaine législatif, le Gouvernement est maître de la compétence législative. Mieux, la mise en œuvre de l'art. 41 C. résulte de la seule initiative du Gouvernement sans qu'il ait à justifier les raisons qui l'ont poussé à opposer l'irrecevabilité (Cons. const. 95-366 DC, 8 nov. 1995, Règlement de l'AN XXV).

La révision de juillet 2008 a apporté une modification à l'art. 41 C. en permettant désormais au Président de l'assemblée saisie d'opposer lui aussi l'irrecevabilité. On pourrait croire dès lors que le laxisme du Gouvernement pourrait ainsi être combattu. Pourtant, si la proposition de loi ou l'amendement émane d'un parlementaire de la majorité[1] et que le Gouvernement qui, par définition est soutenu par cette majorité, en approuve le texte, le Président de l'assemblée saisie, s'il est lui-même issu de cette majorité, aurait mauvaise grâce à s'y opposer. Reste donc le cas d'un Président d'assemblée de l'opposition, ce qui ne peut s'envisager qu'au Sénat. Dans ce cas, si le Gouvernement tient à l'amendement, il le reprendra à son compte. La disposition, faute d'application jusqu'à présent, apparait donc comme une arme peu efficace contre la multiplication de dispositions règlementaires contenues dans les lois. Il est en effet toujours possible au Gouvernement d'inclure lui-même dans les projets de lois des dispositions qui relèvent en fait du domaine du règlement. On va montrer l'intérêt qu'il peut y trouver.

2. L'intérêt de la nouvelle solution

Les avantages que peut trouver le Gouvernement dans l'autorisation tacite qu'il donne au Parlement de légiférer dans le domaine réglementaire sont au nombre de deux.

En premier lieu, et même si cela peut paraître choquant, on doit constater que, lorsque le Gouvernement dispose à l'Assemblée nationale d'une majorité, fût-elle limitée, il peut maintenant obtenir rapidement le vote d'une loi. Rapidement, c'est-à-dire plus vite parfois que s'il avait agi par un règlement. Il est possible, en effet, par tous les procédés constitutionnels bridant l'activité parlementaire, de faire voter un texte en quelques jours[2] ; l'élaboration d'un acte réglementaire, nécessitant de plus en plus de concertation avec des organismes divers (représentatifs des personnels ou des usagers) ou de consultation de ces mêmes organismes ou le respect de certaines formalités procédurales, prend nécessairement un temps relativement long. Il peut donc être de l'intérêt du Gouvernement d'utiliser la procédure parlementaire là où la procédure administrative s'avère trop longue. Certes, les commissions parlementaires disposent désormais d'un délai minimum d'examen (art. 42 al. 3 C.), mais ces délais ne sont pas applicables en cas de recours à la procédure accélérée dès le dépôt du projet. Par ailleurs, les règlements des assemblées organisent désormais des procédures permettant de lutter contre l'obstruction parlementaire (cf. p. 177). Reste donc l'obligation faite d'accompagner les projets de loi d'une étude d'impact (cf. p. 155 ; art. 39 C.) qui pourrait ralentir la production de projets de loi par le Gouvernement. Il n'est pas certain que cet inconvénient soit dirimant par rapport à l'autre avantage que présente la loi.

En effet, en second lieu, la loi présente sur le règlement un avantage non négligeable : elle est insusceptible de recours en excès de pouvoir dès l'instant qu'elle est votée (CE 20 oct. 1989, *Roujansky, RFD adm. 1989. 993*). Alors que le règlement peut toujours être contesté devant le juge pour que celui-ci examine sa légalité, y compris celle du règlement autonome qui doit être conforme aux principes généraux du droit (cf. p. 284), la loi est, elle, incontestable. Son utilisation sera donc souvent le seul moyen pour le Gouvernement de faire entrer en vigueur certaines dispositions contestables. En effet, la loi peut contrevenir aux principes généraux du droit ou à toute disposition ayant valeur législative (CE 4 oct. 1974, *Dame David : Lebon 464*). Ainsi, ou bien le Gouvernement pressent le risque et le préviendra en déposant lui-même un projet de loi alors qu'il était normalement compétent pour agir par

---

[1] C'est la seule hypothèse réaliste. Si l'amendement ou la proposition de loi émane de l'opposition, il est presque certain que le Gouvernement s'y opposera sauf à imaginer qu'il se défausse sur le Président de l'assemblée pour ne pas apparaître directement comme trop hostile à l'opposition.

[2] Ce fut le cas de la loi de finances rectificative de juillet 1962 ; cf. p. 186.

voie réglementaire dans cette matière[1], ou bien le Gouvernement, ayant vu les dispositions d'un décret annulé par le Conseil d'Etat, demande au Parlement d'adopter les mêmes dispositions sous la forme d'une loi validant le règlement et que l'on nomme de ce fait "loi de validation" (cf. p. 280 et s.).

Pourtant, si ces raisons conduisent nécessairement à montrer que la loi reste encore un acte juridiquement important, force est de constater qu'elle n'a plus de « primauté ».

B. La disparition de la primauté de la loi

Le mécanisme qui a ôté à la loi l'essentiel de sa primauté a lui aussi été progressif. C'est tout d'abord vis-à-vis des normes internes que la loi est rentrée dans le rang pour ne plus être qu'un élément de la hiérarchie des normes ; c'est aussi vis-à-vis des normes internationales et communautaires qu'elle a définitivement perdu sa première place. En particulier, il est maintenant constitutionnellement obligatoire que le droit communautaire soit transposé en droit interne.

1. La loi doit être constitutionnelle

Il est déjà apparu nettement au cours de nos développements qu'une des innovations essentielles de la Constitution est la mise en place d'un Conseil constitutionnel chargé, entre autres fonctions, de contrôler la constitutionnalité des lois. Nous aurons l'occasion de revenir sur les procédures de contrôle préventif[2] (cf. p. 431 et s.) ou par voie d'exception (cf. p. 438). L'importance de cette nouveauté est justement d'avoir clairement et définitivement placé la Constitution au sommet de la hiérarchie des normes en France. La loi n'est plus la norme suprême ; dans la mesure où son dispositif est contraire à la Constitution, elle ne peut être promulguée (en cas de contrôle dans le cadre de l'art. 61 C.) voire ne plus s'appliquer, même si elle a été promulguée (en cas de contrôle dans le cadre de l'art. 61-1 C.). En effet, selon la formule utilisée par le Conseil lui-même, la « loi votée n'exprime la volonté générale que dans le respect de la Constitution » (Cons. const. 85-197 DC §27, 23 août 1985, Nouvelle Calédonie II).

2. La loi cède le pas devant les règles internationales contraires

L'évolution des rapports entre la loi et les règles internationales fut plus lente. Pourtant divers facteurs rendaient inéluctable le changement de la jurisprudence antérieure. La Constitution ne faisait certes que reprendre ici les dispositions déjà en vigueur sous la IV° République et tout naturellement, au départ, malgré l'affirmation à **l'art. 55 C.** de la supériorité du traité sur la loi[3], les effets ne furent pas différents de ceux connus antérieurement (cf. p. 269). Le juge appliquait l'acte le plus récent et la supériorité du traité ne valait donc que vis-à-vis des lois antérieures.

Pourtant, la signature en 1957 du traité de Rome, entré en vigueur en 1958, modifiait sensiblement les données du problème. Il était expressément prévu dans ce traité créant la Communauté Economique Européenne que les actes communautaires édictés par les autorités mises en place par ce traité s'appliquaient immédiatement et disposaient d'une primauté par rapport au droit interne. La réalisation de l'intégration européenne voulue par les traités

[1] Cette technique parfois contestée est maintenant généralement admise puisque des hommes aussi politiquement opposés que Michel Debré et Michel Rocard l'ont utilisée.

[2] Ce mécanisme préventif est obligatoire pour les lois organiques, facultatif pour les lois ordinaires y compris les lois de finances et de financement.

[3] "Les traités ou accords régulièrement ratifiés ou approuvés ont, dès leur publication, une autorité supérieure à celle des lois, ..."

(et acceptée par la France avant qu'elle n'adopte la nouvelle Constitution) devait conduire à renverser la jurisprudence antérieure.

La Cour de cassation fut la première par sa décision du 24 mai 1975 (Cass. Ch. mixte, 24 mai 1975, *Sté des Cafés Jacques Vabre, Bull. 6*) à admettre la supériorité d'une règle communautaire par rapport à une loi interne postérieure ; elle étendit rapidement ce raisonnement à tous les traités internationaux. Le Conseil d'Etat ne s'est rangé à ce point de vue que plus tardivement, en 1989 (CE 20 oct. 1989, *Nicolo : Lebon 190* ; 24 sept. 1990, *Boisdet : Lebon 250*). Parmi les traités internationaux les plus souvent invoqués, il faut signaler la Convention européenne des droits de l'homme dans l'interprétation qu'en donne la Cour européenne des droits de l'homme, chargée de veiller à l'application de cette Convention[1].

Quant au Conseil constitutionnel, dans sa fonction de juge des élections (cf. p. 410), il devait lui aussi appliquer ce principe (Cons. const. 88-1082/1117 AN, 21 oct. 1988). La loi est donc maintenant, et en toute hypothèse, écartée lorsqu'elle est contraire à un traité international, ce qui donne enfin sa véritable signification à l'art. 55 C. même s'il n'existe pas, avant son entrée en vigueur, de contrôle de sa conventionalité (cf. p. 435).

Mieux encore, l'application d'une loi contraire aux dispositions d'un traité international peut engager la responsabilité de l'Etat (CE ass., 8 févr. 2007, *Gardedieu*, req. n° 279522 : *Lebon 78*).

3. La place de la loi par rapport au droit communautaire dérivé

Par une décision (Cons. const. 2004-496 DC §7, 10 juin 2004, Economie numérique) le Conseil constitutionnel a indiqué que, l'art. 88-1 C. ayant autorisé la participation de la France « aux Communautés européennes et à l'Union européenne, constituées d'Etats qui ont choisi librement, en vertu des traités qui les ont instituées, d'exercer en commun certaines de leurs compétences », la transposition en droit interne d'une directive communautaire résulte d'une exigence constitutionnelle et non plus, comme jusqu'à présent, des dispositions de l'art. 288 du traité sur le fonctionnement de l'Union européenne qui s'impose au législateur par le biais de l'art. 55 C.

Le législateur doit donc transposer la directive tant que le juge communautaire n'a pas statué sur l'éventuelle contrariété de celle-ci aux autres dispositions du droit communautaire et en particulier des Traités. Cette interprétation conduit logiquement le Conseil constitutionnel à refuser de se prononcer sur la question de la contrariété d'une directive au traité sur l'Union Européenne et renvoie au juge de droit commun (juge administratif ou judiciaire) le soin, éventuellement, d'interroger la Cour de Luxembourg sur cette question. Mais cette jurisprudence, réitérée plusieurs fois durant l'année 2004 (Cons. const. 1er juill. 2004, n° 2004-497 DC §18 Loi relative aux communications électroniques ; Cons. const. 29 juill. 2004, n° 2004-498 DC, §4, Loi relative à la bioéthique ; Cons. const. 29 juill. 2004, n° 2004-499 DC §7, Protection des personnes physiques à l'égard des traitements de données à caractère personnel), devait évoluer par la suite.

Précisons tout d'abord que cette nouvelle jurisprudence ne modifie pas la valeur supra législative des traités relatifs à la Communauté et à l'Union européenne. Autrement dit, c'est toujours dans le cadre l'art. 55 C. que ces traités ont une valeur supérieure à la loi. La présente décision n'a pas donné valeur constitutionnelle aux traités communautaires. Elle ne concerne que la question du seul droit communautaire dérivé, c'est-à-dire des règlements et des directives communautaires. Rappelons encore que si les premiers (règlements) sont, en

---

[1] On notera du reste que, pour la première fois, le Conseil constitutionnel a visé une décision de la Cour européenne des droits de l'homme dans une de ses décisions ; il fait du reste directement référence à un paragraphe de cette décision du juge international dans le §18. (Cons. const. 2004-505 DC, 19 nov. 2004, Traité établissant une Constitution pour l'Europe).

vertu des traités, obligatoires dans tous leurs éléments, les secondes (directives) ne sont obligatoires que quant au résultat qu'elles fixent, laissant les Etats membres libres de choisir les modalités permettant d'atteindre ce résultat. Ainsi est-il nécessaire que les directives soient transposées dans le droit national, du moins dans leurs principes, par des dispositions de droit interne, lois ou règlements selon le cas.

C'est ce mécanisme de transposition que vise cette jurisprudence. Le juge constitutionnel fixe pourtant des limites à cette obligation de transposition. Dans un premier temps (Cons. const. 2004-496 DC §7, 10 juin 2004, Economie numérique : *préc.*), le Conseil constitutionnel estimait que le législateur interne ne devait pas procéder à cette transposition si la directive à transposer allait à l'encontre d'une « disposition constitutionnelle expresse ». Cette formule, selon les commentateurs autorisés (c'est-à-dire appartenant au Conseil lui-même), renvoyait à des dispositions écrites spécifiques comme celles fixant les caractères de la République (art. 1er C.) ou définissant le corps électoral (art. 3 C.). Le Conseil devait cependant abandonner cette formulation et lui préférer une nouvelle limitation. La transposition n'est pas possible, désormais, si la directive va à l'encontre d'une *règle ou d'un principe inhérent à l'identité constitutionnelle de la France sans que le constituant y ait consenti* (Cons. const. 2006-540 DC §19, 27 juill. 2006, Droit d'auteur et droits voisins). Cette nouvelle rédaction n'est pas plus claire que la précédente et ouvre certainement encore plus de champ à l'interprétation. Elle n'est par ailleurs pas très heureuse. Dès lors, il n'est pas réellement possible de savoir si, dans l'avenir, le juge constitutionnel considèrera que des directives portent effectivement atteinte à ces règles ou principes.

Un autre aspect de cette jurisprudence fut plus négligé en 2004. Certes, ne pas transposer une directive constitue désormais une violation de la Constitution. Mais une telle attitude ne peut évidemment pas être sanctionnée par le Conseil constitutionnel, dès lors qu'il ne peut pas être saisi d'une telle question ! Ce n'est que dans l'hypothèse où le législateur adopterait une loi contraire à une directive à transposer que le Conseil pourrait considérer la loi comme contraire à la Constitution comme le laissait à penser implicitement la décision « économie numérique ». Certes, le Conseil refusait de contrôler la compatibilité d'une loi avec une directive que la loi n'a pas pour objet de transposer (Cons. const. 2006-535 DC §28, 30 mars 2006). Mais cette décision pouvait aussi être interprétée a contrario. La décision « Droit d'auteur » de 2006 venait valider ces interprétations en précisant que, s'il revient en principe aux autorités juridictionnelles nationales (juge judiciaire et administratif) de saisir la Cour de justice des Communautés européennes à titre préjudiciel en cas de doute sur la compatibilité de la loi et de la directive, il pourrait néanmoins déclarer non conforme à l'article 88-1 C. une disposition législative *manifestement incompatible* avec la directive qu'elle a pour objet de transposer. C'est du reste ce qu'il fit quelques mois plus tard (Cons. const. 2006-543 DC §9, 30 nov. 2006, Secteur de l'énergie).

Le Conseil d'Etat ne devait pas tarder à faire sienne cette jurisprudence et la transposer aux règlements. Il estime qu'il lui appartient, saisi d'un moyen tiré de la méconnaissance d'une disposition ou d'un principe de valeur constitutionnelle, de rechercher s'il existe une règle ou un principe général du droit communautaire qui, eu égard à sa nature et à sa portée, tel qu'il est interprété en l'état actuel de la jurisprudence du juge communautaire, garantit par son application l'effectivité du respect de la disposition ou du principe constitutionnel invoqué. Dans l'affirmative, il recherche si la directive transposée est conforme à cette règle ou à ce principe général du droit communautaire. En l'absence de difficulté sérieuse, il écarte le moyen invoqué. En cas de difficulté, il saisit la Cour de Justice des Communautés Européenne d'une question préjudicielle. S'il n'existe pas de règle ou de principe général du droit communautaire garantissant l'effectivité du respect de la disposition ou du principe constitutionnel invoqué, le juge administratif examine directement la constitutionnalité des dispositions réglementaires contestées (CE ass., 8 févr. 2007, *Sté Arcelor Atlantique et Lorraine, req. n° 287110 : GAJA 117*).

Il apparaît donc que le droit communautaire et en particulier le droit dérivé se trouve constitutionnellement mieux armé que le droit international classique. Rien d'étonnant à cette analyse puisque le Conseil constitutionnel a affirmé que le constituant en adoptant l'art. 88-1 C. a « consacré l'existence d'un ordre juridique communautaire intégré à l'ordre juridique interne et distinct de l'ordre juridique international » (Cons. const. 2004-505 DC §11, 19 nov. 2004, Traité établissant une Constitution pour l'Europe). On voit donc, là encore, que la loi se trouve soumise à l'influence de règles de droit externe qui s'imposent et peuvent conduire, par le truchement de l'art. 88-1 C. à ce qu'elle soit considérée comme contraire à la Constitution car violant les principes contenus dans ce droit communautaire dérivé. Mais on peut alors se demander comment s'articulent dans la hiérarchie des normes, dans ce nouveau système, les positions respectives des dispositions communautaires et de la Constitution ? Tranché dans le cadre communautaire[1], cette question reste entière en droit interne dès lors que la France a refusé de ratifier le Traité établissant une Constitution pour l'Europe, qui disposait dans son art. I-6 : « La Constitution et le droit adopté par les institutions de l'Union dans l'exercice des compétences qui lui sont attribuées ont la primauté sur le droit des Etats membres ».

Ainsi, le législatif reste sous la V° République un pouvoir essentiel dont le rôle est fondamental dans le système. La victoire aux législatives est le couronnement nécessaire pour qu'un courant politique gouverne ; le vote de lois par le Parlement est indispensable pour que le programme politique de cette majorité se réalise dans les faits. Dans l'un et l'autre cas, c'est le Parlement, et plus précisément l'Assemblée nationale, qui constitue le point de passage obligé dans notre régime politique. En fait, rien que de très normal dans un régime qui, rappelons-le, est un régime parlementaire.

---

[1] Le juge communautaire a lui depuis longtemps tranché la question : « *issu d'une source autonome, le droit né du traité ne peut se voir judiciairement opposer un texte interne quel qu'il soit sans perdre son caractère communautaire et sans que soit mise en cause la base juridique de la Communauté elle-même* » CJCE 15 juill. 1964, aff. 6-64, *Costa c/ ENEL : Rec. CJCE. 1194.*

Titre II : De l'équilibre au sein de l'exécutif

Si donc la Constitution n'a pas totalement confiné le législatif dans le rôle d'un pouvoir secondaire entièrement dévoué à l'exécutif, si donc le législatif contrôle le Gouvernement et évalue les politiques publiques qu'il engage, si donc c'est encore le législatif qui détermine la majorité de Gouvernement et qui vote les lois, textes essentiels dans notre système juridique, si donc l'équilibre entre le législatif et l'exécutif, sans être parfaitement respecté, n'est pas totalement rompu au détriment du premier, il n'en est pas moins vrai que la Constitution a, comme nous l'avons abondamment montré dans notre première partie, redonné à l'exécutif des pouvoirs et un rôle qu'il avait très largement perdus sous les III° et IV° Républiques. Nous avons vu aussi que ce renouveau de l'exécutif se marquait à la fois par la naissance réelle d'un pouvoir présidentiel et par la confirmation d'un pouvoir gouvernemental. S'agissant de déterminer si la Constitution parvient aussi à construire un régime équilibré, c'est maintenant au sein de l'exécutif qu'il va falloir chercher si l'équilibre existe.

En fait, la réponse à cette question n'est pas aussi simple qu'il y paraît. En effet, les rapports au sein de l'exécutif entre le Président de la République et le Premier ministre sont non seulement le résultat des dispositions constitutionnelles qui les règlent mais aussi la conséquence de la majorité qui se dégage à l'Assemblée nationale, selon qu'elle est ou non conforme à la majorité présidentielle. Il s'ajoutera à ces données, puisque nous sommes ici dans le cadre de fonctions exercées par une seule personne, le caractère des titulaires de l'une et l'autre charge.

Pour cerner totalement cette question, il conviendra donc d'étudier deux hypothèses distinctes. D'une part, il y a le cas dans lequel le Président de la République voit dominer à l'Assemblée nationale un parti politique favorable à ses vues : majorité présidentielle et majorité parlementaire s'accordent ou du moins convergent. C'est l'hypothèse la plus courante sous la V° République : c'est la “concordance” (Chapitre I). D'autre part, il y a le cas contraire où majorité présidentielle et majorité parlementaire divergent. Plus rare, cette situation que d'aucuns voudraient éradiquer, est connue sous l'appellation de “cohabitation” (Chapitre II).

CHAPITRE I

LA MONARCHIE DUALISTE :

De la concordance

Lorsque la majorité parlementaire et la majorité présidentielle s'accordent, il y a, au sommet dc l'Etat, unité d'orientation de la politique suivie. Le Président de la République choisira un Premier ministre parmi les membres de la majorité parlementaire, Premier ministre qui aura nécessairement les mêmes orientations que lui-même. Tout semble donc traduire l'harmonie ; pourtant plusieurs éléments peuvent venir perturber ce schéma idéal. On découvrira alors autant de situations que de variantes décrites (I) qui, toutes, introduiront des nuances dans la répartition et l'exercice du pouvoir au sein de l'exécutif. Pourtant l'Elysée restera toujours le centre essentiel du pouvoir, au point qu'on peut parler aisément de régime monarchique (II).

I. LES DIFFERENTES HYPOTHESES POLITIQUES POSSIBLES

A. La variante la plus importante lorsque le Président de la République et l'Assemblée nationale sont de la même majorité tient à l'Assemblée nationale elle-même. Les situations varient alors en fonction de l'existence à l'Assemblée d'une majorité présidentielle absolue ou non.

- Ainsi a-t-on connu des hypothèses où la majorité parlementaire était absolue. De 1962 à 1967, de 1968 à 1976, de 1981 à 1986, de 1995 à 1997, et depuis 2002 jusqu'en janvier 2015 (avec des majorités différentes) cette majorité absolue était large et quasiment monocolore. En revanche, de 1958 à 1962 et de 1976 à 1981, l'existence de coalitions majoritaires hétérogènes ou équilibrées entre deux partis également puissants obligeait le Gouvernement à lutter contre un Parlement souvent récalcitrant ou frondeur. Cependant, grâce aux armes que la Constitution attribue au Premier ministre, il lui était possible d'imposer ses vues, et donc celles du Président de la République, à l'Assemblée et d'obtenir néanmoins le vote des textes.

- Mais le Président de la République peut aussi se trouver dans la situation où il n'y a pas, à l'Assemblée nationale, une majorité absolue stable et nette. Ou bien aucun parti, aucune coalition n'a obtenu la majorité absolue des sièges lors des élections législatives, mais le parti ou la coalition la plus importante soutient la politique présidentielle. Le chef de l'Etat pourra alors choisir un Premier ministre dans ce parti ou cette coalition. N'ayant pas d'opposition suffisamment puissante et unie pour s'opposer au Gouvernement et le renverser, le Premier ministre pourra néanmoins gouverner, grâce à l'usage de l'art. 49 al. 3 C. Cette hypothèse est celle connue au début du second septennat de F. Mitterrand, après les législatives de 1988 (jusqu'en 1993) qui donnèrent au parti socialiste une « majorité relative ». Ou bien, même si un parti ou une coalition dispose de la majorité absolue, celle-ci est tellement faible qu'elle risque de ne pas perdurer. Ainsi, de 1967 à 1968, la majorité était très faible (à l'époque 244 sièges sur 287). On retrouve ce phénomène depuis janvier 2015 avec cependant une moindre ampleur (287 sièges sur 289).

B. La seconde variante possible vient du Sénat. Celui-ci peut, selon le cas, être dans la majorité ou dans l'opposition.

- Les hypothèses de consensus général des quatre institutions[1] sont rares. Ce fut le cas de juin 2012 à septembre 2014 comme auparavant de 2002 à 2011[2], de 1995 à 1997 et de 1974 à 1976. La situation est alors presque idyllique. En tout cas, elle permet au Premier ministre de demander au Sénat un vote sur une déclaration politique du Gouvernement (art. 49 al. 4 C.) (cf. p. 122) et de procéder à une révision facile de la Constitution par l'art. 89 C. dans sa procédure purement parlementaire (cf. p. 372). De plus, le vote des lois n'en est que plus simple ; les conflits entre les deux assemblées, nécessairement plus rares, peuvent trouver une solution dans le mécanisme de la commission mixte paritaire (cf. p. 123)[3].

- Dans l'hypothèse où le Sénat est opposé au Président de la République alors qu'une majorité présidentielle, souvent large (1962-1967 ; 1968-1974 ; 1981-1986 ; 2011-2012 ; 2014-...), parfois plus étroite, voire relative (1958-1962 ; 1967-1968 ; 1988-1993) domine l'Assemblée nationale, il n'est pourtant guère plus difficile de gouverner. Nous avons vu en effet qu'il était possible de se dispenser de l'accord du Sénat ; l'utilisation de l'art. 45 al. 4 C. permet en effet au Premier ministre de vaincre l'opposition du Sénat en demandant à l'Assemblée nationale de statuer définitivement (cf. p. 124). Des situations de ce type ne sont pas rares. Ce fut le cas, par exemple, de 1958 à 1974 bien que l'opposition sénatoriale ait commencé à fléchir à partir de l'élection de G. Pompidou à la Présidence de la République (1969). Ce fut de nouveau le cas de 1981 à 1986 et de 1988 à 1993. Ce fut encore le cas entre les élections sénatoriales de septembre 2011 et l'élection présidentielle de mai 2012. C'est le cas actuellement depuis les élections sénatoriales de septembre 2014.

A contrario, durant toutes ces périodes d'hostilité sénatoriale, il est difficile de modifier les lois organiques relatives au Sénat (art. 46 al. 4 C.) ou de réviser la Constitution (art. 89 C.)[4]. En effet, dans les deux cas, l'art. 45 al. 4 C. ne peut être utilisé et l'accord du Sénat est donc indispensable. On comprend mieux dès lors les échecs des révisions de 1984 et 1990 (cf. p. 389) et le fait que le Général De Gaulle ait dû, en 1962 et 1969, recourir à l'art. 11 C. qui permettait d'écarter le Parlement tout entier et donc le Sénat.

Dans tous ces cas, la situation du Premier ministre ne sera pas exactement la même. Plus la majorité sera faible et frondeuse, plus le Premier ministre devra faire usage des dispositions constitutionnelles lui permettant de la dominer, plus, s'il en a l'étoffe, il pourra signifier au Président de la République, que la politique présidentielle ne sera mise en œuvre que mâtinée, pour ne pas dire subordonnée, à sa propre politique. Ceci est encore plus vrai si le Sénat est dans l'opposition comme évoqué dans la première variante. Dans ces cas, même si le Premier ministre n'a pas une totale latitude d'action, il peut largement imprimer sa marque à l'action gouvernementale. Cette remarque n'est pas anodine. Elle risque, en effet, de retrouver tout son sens lorsque le Président de la République sera en fin de 'parcours' présidentiel, dans les derniers mois de son second madat consécutif (cf. p. 50).

---

[1] Elysée, Matignon, Palais Bourbon et Palais du Luxembourg.

[2] Il est même remarquable qu'un seul parti (UMP) ait détenu, pour la seule fois sous la V° République, la majorité absolue dans chacune des deux assemblées entre la création du groupe au Sénat, le 10 déc. 2002, et les élections sénatoriales du 26 sept. 2004. Ensuite, jusqu'en septembre 2011, l'UMP est resté le parti le plus important du Sénat (cf. p. 255) mais n'y disposait plus de la majorité absolue. Si, depuis cette date, l'UMP est encore le parti le plus nombreux du Sénat, il fut dans l'opposition sénatoriale jusqu'en juin 2012 avant de se retrouver dans l'opposition parlementaire.

[3] Cependant, dans le cadre de la XIVe législature, un certain nombre de CMP n'ont pas abouti en particulier s'agissant de loi de finances (LFI pour 2014 ; LFSS pour 2014 et LFR de 2013).

[4] Ainsi, N. Sarkozy ne put-il mener à bien sa révision relative à la « règle d'or » dès lors que le Sénat avait basculé dans l'opposition. De même aucune des révisions souhaitées par F. Hollande n'a, pour l'instant, abouti.

II. LA MESURE DE LA PREEMINENCE ELYSEENNE

Dans ces différentes hypothèses l'Elysée est le centre du pouvoir et, le plus souvent, les décisions s'y prennent (§1.). Pourtant, comme on vient de le dire, selon l'importance de la majorité parlementaire et, dès lors, selon le rôle que le Chef du Gouvernement doit jouer pour imposer les volontés du Président à une majorité plus réservée, le Premier ministre aura son importance (§2.).

§1. L'Elysée, centre du pouvoir

Durant toutes les périodes que nous venons de définir, c'est au Président de la République qu'appartient le véritable pouvoir d'impulsion et de décision. Pourtant, selon la personnalité des Présidents considérés, leur action doit s'analyser différemment. Si l'on a pu parler pour un temps de "domaine réservé" (A) à l'époque du Général De Gaulle, cette vision, si tant est qu'elle ait réellement existé, ne répond plus que très partiellement à la réalité, tant les compétences présidentielles sont maintenant générales et étendues (B).

A. La théorie du « domaine réservé »

La formule « domaine réservé »[1] est de J. Chaban-Delmas. Il l'employait pour parler des matières pour lesquelles le Président De Gaulle prenait lui-même les décisions, sans nécessairement que le Premier ministre soit d'accord ou même au courant. Le « domaine réservé » comprenait, à l'époque, les affaires algériennes, les affaires africaines et malgaches, les questions de défense et de diplomatie. En fait, s'il est vrai que le Général De Gaulle décidait lui-même sur ces sujets, s'il est vrai, par exemple, que Michel Debré n'était pas favorable à la politique algérienne du chef de l'Etat, il n'est pas certain qu'il s'agisse là des seuls domaines dans lesquels le Président décidait, ni que le Premier ministre n'y ait eu aucune compétence.

Pourtant, le partage des tâches surtout dans les premiers temps du premier septennat de Charles De Gaulle correspondait à peu près à cette analyse. Le Président, du fait de la gravité de la question algérienne, y consacrait l'essentiel de ses efforts. Ensuite, la nécessité de redonner à la France une place internationale que l'instabilité gouvernementale de la IV° République et les désastreux conflits coloniaux d'Indochine et d'Algérie avaient largement entamée conduisait également le Président de la République, profitant ici de l'aura acquise lors de la Seconde Guerre mondiale, à s'intéresser prioritairement à la politique extérieure (reconnaissance de la Chine populaire en 1964, discours de Phnom Penh en 1966, « *Vive le Québec libre !* » en 1967). Et, parce qu'elle conditionne aussi la grandeur du pays et la réussite de sa politique extérieure, Charles De Gaulle, dont le passé militaire et les réflexions en cette matière sont connus[2], consacra ses efforts à la politique de défense (mise en œuvre de la force de frappe nucléaire dès 1960, retrait en 1967 du commandement intégré de l'OTAN). Par les dispositions du décret du 14 janv. 1964[3], il devient en fait le seul responsable de la politique nationale de défense puisqu'il dispose seul de l'arme nucléaire.

Il était en tous les cas certain, dès l'élection à la Présidence de la République de Charles De Gaulle, que la fonction ne serait plus limitée au rôle symbolique, voire honorifi-

---

[1] Même si l'on peut contester l'expression de "domaine réservé", il faut noter qu'elle a été utilisée par le "Rapport Vedel" ce qui ne manque pas de lui donner un certain relief (cf. p. 324).

[2] Il est l'auteur de plusieurs ouvrages de réflexion sur l'armée, y compris son rôle dans la société française : *Le fil de l'épée* (1932) ; *Vers l'armée de métier* (1934) ; *La France et son armée* (1938).

[3] Le décret n° 96-520 du 12 juin 1996 (cf. p. 325), qui remplace le décret de 1964, confirme cette prédominance et la renforce. Ce décret du 12 juin 1996 est désormais abrogé et son contenu est intégré à l'art. R. 1411-5 C. défense.

que, dans lequel elle était confinée depuis Jules Grévy. Le Président allait jouer un rôle politique et par là même tenir sa place au sein de l'exécutif.

Marquée du sceau des circonstances et de la personnalité du premier Président de la V° République, l'existence d'un domaine de compétence privilégié du Chef de l'Etat trouva dans l'élection au suffrage universel direct une légitimation politique. Le Président de la République, devenu "l'homme de la Nation" selon la formule même de Charles de Gaulle dans sa conférence de presse du 31 janv. 1964, put légitimement prétendre avoir qualité pour arrêter les options principales de la politique du pays. Le Président de la République pouvait alors élargir le champ de ses activités et « déterminer la politique de la Nation » dans des domaines différents de ceux qui avaient fait partie du « domaine réservé ». Celui-ci, si tant est qu'il ait existé réellement, ne fut donc qu'une étape de transition facilitant le développement progressif d'un pouvoir présidentiel inconnu sous les Républiques précédentes.

B. L'élargissement des compétences du Président de la République

En fait, si, comme on l'a vu, il était certain dès le début de la V° République que l'exécutif aurait un caractère bicéphale, il restait à déterminer lequel du Président ou du Premier ministre serait le véritable chef de l'exécutif. L'habile répartition des tâches prévue par la Constitution elle-même, quoique attribuant les plus nobles au Chef de l'Etat, n'interdisait pas de croire que le Premier ministre continuerait de jouer un rôle éminent. Cependant, l'extension progressive du domaine d'activité du Chef de l'Etat rendue possible par une évolution de la stature présidentielle (1), réduisait à néant cette première analyse (2).

1. Les mécanismes permettant l'élargissement des pouvoirs présidentiels

Les Présidents de la République n'ont évidemment pas cessé de garder la prééminence dans le domaine des relations extérieures et de la **défense**.

Ainsi, F. Mitterrand indique-t-il en 1983 que la France fabriquera la « bombe à neutrons » en série lorsqu'il le décidera, considérant que "la pièce maîtresse de la stratégie de dissuasion en France, c'est le chef de l'Etat". Ainsi encore, durant ce qu'il est convenu d'appeler la "guerre du Golfe", le Président est-il apparu comme le centre unique de la décision ; il réunit à l'Elysée plusieurs conseils restreints et chaque jour son état-major. C'est lui encore qui, par des messages au Parlement (art. 18 C.) et des conférences de presse régulières, tint la Nation informée de l'évolution du conflit. De même encore, est-ce le Président qui a décidé, en vertu de résolutions du Conseil de Sécurité de l'ONU, l'envoi de troupes en Bosnie (14-08-92) et en Somalie (3-12-92).

J. Chirac maintient le même cap en annonçant (13 juin 1995) la reprise des essais nucléaires (interrompus par son prédécesseur en 1992) et en suggérant (3 juin 1995) la création de la Force de Réaction Rapide dans le cadre de la crise bosniaque. Il annoncera ensuite l'arrêt définitif des essais (27 janv. 1996) et la suppression de l'armée de conscription (22 févr. 1996). Cette dernière initiative marque bien l'emprise du Chef de l'Etat sur ce domaine puisque la chose a été présentée par le Président comme sa « décision », lors même que, s'agissant d'une matière législative, seule une loi pouvait intervenir ; or le Parlement ne s'était pas encore prononcé sur la question. De même annoncera-t-il le 31 mai 2002, la mise en chantier d'un second porte-avions avant que le Parlement ne le décide par le vote d'une loi de programmation militaire[1]. C'est également lui qui, en tant que Chef des armées, a décidé, le 1er mars 2004, l'envoi d'un détachement militaire en Haïti, conformément à une résolution de l'ONU. De même encore, parlant des questions financières en matière de défense, le

[1] On notera que cette décision est cependant restée lettre morte jusqu'à présent. La question du « second porte-avions » reste entière.

Président Chirac devait préciser à l'égard du ministre des Finances, N. Sarkozy : « Il n'y a pas de différend entre le ministre des Finances et moi, pour une raison simple : c'est que, notamment s'agissant de la défense, je décide, il exécute ». Enfin, après le bombardement d'une position française en Côte d'Ivoire, le Président ordonnera-t-il la destruction de l'aviation militaire de ce pays (10 nov. 2004). Mais c'est évidemment pour la position retenue lors de la guerre en Irak que J. Chirac montre nettement l'importance des choix du Président de la République (déclaration du 18 mars 2003 : « L'Irak ne représente pas aujourd'hui une menace immédiate telle qu'elle justifie une guerre immédiate »). On le sait, la France ne participera pas à la coalition.

N. Sarkozy fut également sur la même ligne. Remettant en cause l'un des principes de la politique de défense hérité de De Gaulle, c'est lui qui décide et annonce en avril 2008, la réintégration de la France dans le commandement intégré de l'OTAN pour 2009. Là encore, l'Assemblée nationale ne se prononcera sur la question que plus tard par un vote de confiance (art. 49 al. 1) le 17 mars 2009 ; le Sénat fut simplement informé (cf. p. 122). De même annonce-t-il, depuis Kaboul, le 12 juill. 2011, le retrait des troupes françaises en Afghanistan. Outre l'intervention de la France en Lybie en application d'une résolution de l'ONU, le Président Sarkozy a décidé, le 8 janv. 2001, d'une opération militaire franco-nigérienne suite à l'enlèvement de deux Français à Niamey. Celle-ci s'est hélas terminée par la mort des deux Français.

F. Hollande continue dans le même sens annonçant depuis Chicago, au sommet de l'OTAN du 21 mai 2012, le retrait anticipé des troupes françaises combattantes d'Afghanistan. Lors d'une intervention télévisée, le 11 janv. 2013, il annonce que « les forces armées françaises ont apporté, cet après-midi, leur soutien aux unités maliennes pour lutter contre ces éléments terroristes ». Il indiquera, le 19 sept. 2013, assistant à l'investiture du nouveau président malien : « lorsque le droit est bafoué, lorsque les enfants et les femmes sont massacrés, c'est là que la communauté internationale doit se lever et assurer la solidarité ». Depuis, la France est également intervenue, sur décision du Président de la République, en Centrafrique et en Irak mais n'est pas parvenu à convertir d'autres pays à la nécessité d'intervenir en Syrie. C'est encore le Président de la République qui, après avoir décidé le 13 août 2014 l'envoi d'armes aux combattants kurdes en lutte contre le groupe terroriste « Etat islamique », annoncera le 18 sept. 2014 sa décision d'engager le combat contre ce groupe sur le sol irakien avant d'annoncer le 8 sept. 2015, l'extension de ces frappes contre le même groupe au territoire de la Syrie. Enfin, il a annoncé, le 19 févr. 2015, la modernisation des composantes océanographiques et aéroportées de l'arme nucléaire.

De même, l'Elysée fera savoir en 1982 que la **politique extérieure** relève de la responsabilité du Président et qu'il lui appartient donc de parler au nom de la France. Il revient donc au Président de la République, comme l'affirme le nouveau Président en 1981, « d'exercer un pouvoir éminent, *particulièrement* dans le domaine des relations extérieures et de la défense ». Qu'on en juge par le rôle joué par le Président de la République pour définir et justifier la position de la France face à la guerre préventive déclenchée en Irak par le Président G. W. Bush en 2003. De même, la « Conférence annuelle des Ambassadeurs » devenue « Semaine des Ambassadeurs » qui, depuis 1993, réunit tous les chefs de missions diplomatiques à la fin du mois d'août, est l'occasion pour le Président de la République de donner les lignes de force de l'action extérieure de la France.

On peut encore aussi se référer aux nombreux déplacements présidentiels à l'étranger pour attester qu'il s'agit, là encore, d'un domaine où le Chef de l'Etat dispose d'une prépondérance. Le Premier ministre, quant à lui, ne se déplace guère et a même parfois été invité (A. Juppé) à ne pas multiplier ses voyages à l'étranger pour se consacrer aux affaires intérieures.

N. Sarkozy reste sur la même ligne même si le Premier ministre (F. Fillon) est plus souvent en déplacement à l'étranger que ses prédécesseurs[1]. Le Président de la République a pris à bras le corps la politique extérieure et plus particulièrement la politique européenne de la France. Dès son élection, il se rend à Berlin puis réalise rapidement une tournée des principales capitales européennes et parvient à faire signer un 'traité simplifié' (Traité de Lisbonne : 13 déc. 2007) destiné à remplacer le « Traité portant Constitution pour l'Europe » que les Français avaient refusé de ratifier (référendum du 29 mai 2005 : cf. p. 81). Il s'engage ensuite dans l'ouverture d'un dialogue avec l'Afrique et surtout avec les pays bordant la Méditerranée avec lesquels il met en place un partenariat privilégié dans le cadre de l'Union pour la Méditerranée (13 juill. 2008). Son action européenne est du reste d'autant plus marquée qu'il n'hésite pas à représenter la France, y compris dans des réunions qui se tiennent normalement au niveau des ministres. Enfin, durant la présidence française de l'Union européenne (juillet – décembre 2008), il essayera de persuader les derniers hésitants à ratifier le Traité de Lisbonne malgré le « non » des Irlandais. Ensuite, il s'engagera dans le règlement de la crise géorgienne (août 2008). Quant à la politique africaine, elle ne marque pas de réelle différence avec celle menée par le passé. Mieux encore, le discours de Dakar (26 juill. 2007) qui devait marquer un tournant a, en général, été mal reçu. Mais ce n'est là qu'un des aspects d'une présidence très « active ». Pourtant, et F. Fillon et N. Sarkozy contestèrent qu'il y eut encore un « domaine réservé » en matière diplomatique du Président de la République, mais chacun se plaçait sous un angle différent. Ainsi, le Premier ministre affirmait-il devant la conférence des ambassadeurs (28 août 2008) que « le domaine réservé n'est plus d'actualité (...) il faut considérer dorénavant le Parlement comme l'un des acteurs de notre diplomatie ». Le Président de la République, quant à lui, affirmait : « Le Premier ministre peut soulager le Président de la République dans (...) la dimension internationale de la fonction, Je ne crois pas au domaine réservé ».

La crise de l'Euro allait pourtant renforcer le rôle du Président de la République dans le domaine de la politique étrangère et plus particulièrement européenne. La multiplication des « sommets » et autres réunions « de crise » mettait le Président de la République au centre du jeu diplomatique. Du reste, et le ministre des Affaires étrangères et le ministre chargé des Affaires européennes jouaient un rôle très effacé durant le quinquennat de N. Sarkozy, exception faite, sans doute, de la période pendant laquelle A. Juppé fut en charge de ce portefeuille du moins s'agissant de la politique internationale classique et non de la politique européenne et internationale économique. Il est vrai que seul le Président de la République participe aux différents « G » qu'ils soient « 8 » ou « 20 ». De ce point de vue, rien n'a changé avec F. Hollande, même si le Président « normal » a pu sembler parfois moins impliqué que son prédécesseur dans les affaires européennes et internationales. On notera en particulier son rôle dans la recherche d'un compromis entre l'euro groupe, l'Allemagne et la France lors de la nième crise grecque de l'été 2015.

En fait, il est apparu au fil du temps, et peut-être surtout avec N. Sarkozy, que ces domaines n'étaient plus les seuls qui occupent les Présidents (comme l'indique du reste l'usage du terme "particulièrement" dans la citation sus rappelée de F. Mitterrand). L'extension de la sphère de compétence du Président de la République est possible par le fait que la Constitution elle-même lui donne les moyens d'exercer sa prédominance, soit par les dispositions qu'elle contient, soit par les interprétations ou extensions qui en sont faites (a). Par ailleurs, la Présidence devait se doter des moyens techniques lui permettant d'exercer ces compétences avec efficacité (b).

---

[1] On notera du reste que F. Fillon a accompagné le Président de la République à des conseils européens (15 oct. et 11 déc. 2008) ce qui, en dehors des périodes de cohabitation (cf. p. 326) constitue une première.

a) Les moyens constitutionnels de l'élargissement des compétences

Parmi les dispositions constitutionnelles qui ont permis au Président de la République de devenir le véritable chef de l'exécutif, il est incontestable que l'élection au suffrage direct est un élément déterminant. Si l'ancien mécanisme de l'élection par un collège n'a pas empêché le Général De Gaulle d'exercer réellement l'essentiel du pouvoir dès 1958, cela est dû, comme nous l'avons déjà montré, autant aux circonstances qu'à la personne du Chef de l'Etat elle-même.

Depuis 1962, Charles De Gaulle et ses successeurs devaient justifier par leur élection directe, la place qu'ils occupent dans la politique nationale. Certes, la réforme de 1962, prise dans son seul aspect matériel, n'est qu'une modification du mode d'élection du Président n'affectant en rien ses pouvoirs ; il n'a constitutionnellement aucun pouvoir nouveau après la révision. Mais la portée de la réforme est bien plus large. G. Pompidou l'indique d'ailleurs (discours à l'AN du 4 oct. 1962) :

« Il est bon (que chaque citoyen) se sente directement concerné par le choix du chef de l'État afin de se sentir par là associé personnellement aux grandes lignes de la politique nationale ».

Donnant au Président une plus grande légitimité, elle va l'autoriser à modifier son comportement. C'est en fait une nouvelle ambiance constitutionnelle qui naît de la réforme. Du reste, c'est dès la conférence de presse du 31 janv. 1964 que le Général De Gaulle, tirant les conséquences à la fois de la pratique des premières années et, par avance, des effets attendus du mode d'élection directe du Président de la République, donnait de la Constitution une nouvelle lecture :

« Il doit être évidemment entendu que l'autorité indivisible de l'Etat est confiée tout entière au Président par le peuple qui l'a élu, qu'il n'en existe aucune autre, ni ministérielle, ni civile, ni militaire, ni judiciaire, qui ne soit conférée ou maintenue par lui... Il lui appartient d'ajuster le domaine suprême qui lui est propre avec ceux dont il attribue la gestion à d'autres ».

Ainsi, l'élection au suffrage direct oblige les candidats à définir le programme ou les orientations qu'ils se proposent de suivre et, très logiquement, le Président élu aura comme ambition de vouloir mettre en œuvre ses promesses. Il va de soi, dès lors, qu'il nommera comme Premier ministre quelqu'un qui mettra en application les orientations définies durant la campagne présidentielle. On trouve, bien sûr, les conséquences de ce phénomène dans les relations entre le Président et le Premier ministre, relations que nous étudierons tout à l'heure. On trouve aussi la manifestation de ce phénomène dans les propos tenus par les candidats à la Présidence et ce quelle que soit leur origine politique. Ainsi peut-on rappeler les propos de G. Defferre estimant que le Président « doit être le garant de l'application de la politique définie par lui et choisie par la majorité qui l'a élu ». Ainsi, F. Mitterrand présentait-il en 1981 un « programme » constitué des « *110 propositions pour la France* » puis une « *Lettre aux Français* » en 1988 ; J. Chirac en 1995 un essai intitulé « *La France pour tous* » dont la couverture était agrémentée d'un pommier[1]. N. Sarkozy, outre les nombreux discours-programmes qu'il a prononcés durant la campagne présidentielle de 2007, a également rédigé un ouvrage « *Ensemble* » et un opuscule programatif « *Mon projet* ». Quant à F. Hollande, ce sont « *60 engagements pour la France* » qui ont été présentés aux Français lors de l'élection de 2012. La situation est d'autant plus intéressante que ces « 60 engagements » se différenciaient du programme du parti socialiste dont F. Hollande était le candidat.

L'élection au suffrage direct ne contribue donc plus à la nomination d'un arbitre mais d'un décideur qui, profitant des autres pouvoirs que la Constitution lui donne, devient en fait

[1] On sait toute l'importance de cet arbre censé représenter la redistribution des fruits de la croissance dans la campagne du futur Président ; on a parlé de « l'effet pommier ».

le véritable chef de l'exécutif. Cette réalité a encore été augmentée avec l'introduction du quinquennat. La réduction du mandat présidentiel à la même durée que la législature (et le calendrier électoral qui place les élections législatives dans la foulée de l'élection présidentielle) conduisait nécessairement à retirer à la Présidence de la République la part de distanciation par rapport au quotidien que le septennat (et les élections inter mandat) impliquait encore. La campagne présidentielle de 2007 a, du reste, montré qu'il s'agissait plus pour les Français d'élire un chef de Gouvernement qu'un Chef de l'Etat. N. Sarkozy l'annonce clairement lors du discours qu'il prononce à Epinal (12 juill. 2007) : « Oui je souhaite que le Président de la République gouverne »[1]. F. Hollande admet du reste cette incidence de la réduction de la durée du mandat présidentiel sur le fonctionnement des institutions estimant que le quinquennat a « changé bien davantage que le rythme de notre vie politique [...]. Il a modifié notre interprétation et notre pratique de la Constitution. Il implique davantage le chef de l'Etat dans l'action de l'exécutif et dans le rapport avec la majorité, au risque de la confusion, c'est pourquoi de nouvelles règles doivent être introduites pour permettre un renforcement des contre-pouvoirs »[2].

Parmi les autres dispositions constitutionnelles qui permettent au Président de la République d'augmenter la sphère réelle de ses compétences, on doit indiquer le fait qu'il préside un certain nombre de conseils et en particulier le Conseil des ministres. Certes, cette fonction était déjà celle des Présidents sous les Républiques antérieures et elle ne présentait qu'un rôle accessoire largement protocolaire puisque les décisions étaient, en toute hypothèse, prises ailleurs et avant ces réunions. Sous la V° République, et lorsque les majorités présidentielle et parlementaire s'accordent, le Président pourra profiter des Conseils des ministres pour faire connaître ses souhaits, voire ses décisions, aux membres du Gouvernement, chargés de les mettre en œuvre. C'est là aussi qu'il pourra effectuer certains arbitrages ou certains choix qu'il aura arrêtés au vu des dossiers établis par ses services.

b) Les services et moyens présidentiels

Pour pouvoir déterminer les décisions à prendre, le Président de la République est entouré de conseillers chargés de secteurs particuliers de la politique, constituant les services de la Présidence. Ces services ont été largement étoffés sous la V° République mais restent pourtant limités à une équipe restreinte d'une trentaine de personnes exerçant des tâches politiques et administratives.

En effet, un Cabinet (dirigé par le Directeur de Cabinet : T. Lataste) est chargé de la gestion des services de la présidence[3]. Ces services représentaient, en 2014, 836[4] « équivalent temps plein » qui assurent le service quotidien (courrier, secrétariat, télécommunications, restauration, réceptions, sécurité[5]) du Palais de l'Elysée et des autres résidences présidentielles (cf. p. 40). En outre, la Chef de Cabinet (I. Sima) gère l'emploi du temps du Président, s'occupe de la communication avec les médias et suit la conjoncture politique intérieure. Quant au Secrétariat Général, il suit les affaires politiques les plus importantes. Il est composé, d'un conseiller diplomatique (J. Audibert), d'une conseillère spéciale pour les

[1] Il attribue cette formule à G. Pompidou mais sans préciser quand elle aurait été prononcée. En revanche, il avait clairement indiqué dans son ouvrage programmatique « *Ensemble* » (2007) : « Il faut que le président de la République, responsable devant la nation, gouverne ». Cette volonté de N. Sarkozy de mener la politique a fait dire à J.-L. Borloo : « Sarkozy, c'est le seul qui a été obligé de passer par l'Elysée pour devenir Premier ministre », phrase ayant obtenu le prix de l'humour politique en 2008.

[2] Intervention au Conseil constitutionnel, le 3 oct. 2013 à l'occasion du 55e anniversaire de la Constitution.

[3] On parlait par le passé de la « maison civile ».

[4] Dont 671 mis à disposition par d'autres administrations.

[5] L'organisation des services est actuellement la suivante : commandement militaire ; service audiovisuel ; protocole ; intendance ; service de l'administration et de la conservation des résidences présidentielles ; service financier et du personnel ; service de la correspondance présidentielle ; service des archives et de l'information documentaire ; service des décorations ; service des télécommunications et de l'informatique ; service médical ; crèche.

affaires économiques et financières multilatérales et européennes « sherpa » (L. Boone) et de "conseillers" spécialisés chacun dans un secteur particulier. Dirigé par le Secrétaire général (J.-P Jouyet)[1] qui est directement sous l'autorité du Président, il travaille en liaison étroite avec le cabinet du Premier ministre et des ministres. Il prépare pour le Président les dossiers lui permettant d'arrêter ses décisions et en suit l'exécution par chacun des ministres. Il appartient au Président de la République de nommer ces conseillers et ce, sans contreseing (leur nombre varie donc en fonction des Présidents). Il peut ainsi choisir librement son entourage et s'assurer de la fidélité de chacun. Enfin, un Etat-major particulier (30 personnes environ : chef d'Etat-major Général B. Puga) composé de huit officiers des trois armes assiste le Président dans son rôle de chef des armées.

Grâce à l'opiniâtreté du député (app. S) R. Dosière, il fut possible de savoir quels furent exactement les moyens dont disposait le Président Sarkozy. On peut, par exemple (sous réserve évidemment des évolutions dans le temps), indiquer que 177 agents du ministère de l'Intérieur étaient mis à la disposition de l'Elysée pour un coût de 8.857.675 €. L'Intérieur contribue également à certains frais de réceptions et de voyages officiels en France, indépendamment des dépenses de fonctionnement du groupe de sécurité (AN Q 16 déc. 2008). De même, le ministère des Affaires étrangères indiquait que 30 agents ont été mis à la disposition de l'Elysée au titre de l'année 2007 et précisait sa participation aux frais de déplacement des chefs d'Etat et de gouvernements étrangers venant en France et du Président de la République se rendant en voyage officiel à l'étranger y compris à divers sommets internationaux (AN Q 2 févr. 2008). Le ministère de la Culture indiquait, lui, que 93 agents, en 2007, étaient affectés aux résidences présidentielles (y compris l'entretien) à l'exception du fort de Brégançon pris en charge par le ministère de la Défense (AN Q 31 mars 2008). De même, 419 personnes civiles relevant du ministère de la Défense ont été affectées à l'Elysée ; ce ministère a également indiqué les coûts horaires d'utilisation de la flotte aérienne de l'ETEC[2] (Escadron de transport, d'entraînement et de calibration composé de 165 personnes) dont relèvent, au sein de l'unité « alpha », les aéronefs et hélicoptères[3] utilisés, entre autre, par le Président de la République[4][5] (AN Q 21 avr. 2008). On doit encore ajouter, pour 2007 toujours, qu'un magistrat de la Cour des comptes, 19 agents du mobilier national, 5 membres du Conseil d'Etat et 5 membres du secrétariat général du Gouvernement ont été détachés auprès de la présidence de la République (AN Q 21 et 28 avr. 2008) de même qu'un agent du CSA (AN Q 19 mai 2008). Le Secrétariat d'Etat à l'outre-mer a, en outre, participé aux frais de réception et de voyage pour un déplacement du Chef de l'Etat (AN Q 14 avr. 2008). Le même député est parvenu à obtenir des précisions sur les frais de représentation du Président, les impôts locaux payés par la présidence, le coût de la réception (garden-party désormais supprimée) du 14 juillet et du site internet de l'Elysée ainsi que sur le nombre de kilomètres parcourus par les voitures présidentielles en 2006 et 2007. Continuant sa croisade, R. Dosière nous permet de savoir qu'en 2010, 1218 heures de vol ont été effectuées par l'ETEC au profit de la Présidence de la République. La facturation correspondante s'est élevée à 7,9 M euros. 5,5 M euros ont été remboursés en 2010 et 2,4 M euros en 2011. L'intégralité des sommes recouvrées par le ministère de la Défense et des anciens combattants a été affectée au budget opérationnel de programme « air ». Le nombe d'heures de vol effectuées par l'ETEC en 2010, par type d'aéronef, pour le compte de la Présidence de la République et des membres du Gouvernement est indiqué dans un tableau complet (AN Q n° 108422, XIII° Légis.).

Le budget de l'Elysée constitue une dotation rattachée à la mission « Pouvoirs publics ». Il représente en 2015, 101,6 millions d'€ soit 10,3 % de l'ensemble de la mission « Pouvoirs publics » et 0,034 % du budget général de l'Etat. Sa mise en œuvre fait désormais l'objet d'un rapport annuel du Président de la Cour des comptes.

2. L'usage par le Président de ses compétences étendues

C'est en réalité grâce à différents mécanismes que le Président de la République détermine la politique qu'il souhaite pour la France.

---

[1] Ce dernier est aidé d'un secrétaire général adjoint (B. Vallaud).

[2] Il est encore traditionnel de parler du GAEL (groupe aérien d'entraînement et de liaison) dénomination choisie lors de la création de ce groupement en 1945. L'Etec est chargé du transport des personnalités depuis la dissolution du GLAM (groupement de liaison aériennes ministérielles) en 1995.

[3] L'Etec, stationné à Villacoublay, dispose, d'une part d'un Airbus A 330-200 (acheté d'occasion à d'Air Caraïbes) réaménagé pour un coût de 259,5 millions d'€, de 2 Falcon 900 (9.431 €/h), 2 Falcon 2000 et de 2 Falcon 7X et de 7 TBM 700 ; il dispose également de 3 hélicoptères Super puma. Selon le secrétaire d'Etat aux transports, l'Airbus A330 « peut parcourir 12000 km sans escale en 14 heures et dispose des moyens de transmission satellitaires modernes et sécurisés, garantissant aux plus hautes autorités de l'Etat la continuité de l'exercice de leurs prérogatives ».

[4] Les vols présidentiels ont comme indicatif COTAM (Commandement du transport aérien militaire) 0001. Le Premier ministre a précisé que lors d'un voyage à l'étranger de l'un des deux responsables de l'exécutif (I.E. le Président ou le Premier ministre) deux avions sont toujours mobilisés, le second étant destiné à suppléer une éventuelle panne du premier et à garantir la continuité de l'exercice de leur responsabilité » (AN Q n° 100039, XIII° législature).

[5] Le transport des autorités gouvernementales est parfois également assuré par l'Escadron de transport 3/60 Esterel qui dispose de trois Airbus A310-300 et de deux Airbus A340-200.

Il peut, tout d'abord, faire connaître régulièrement celle-ci au Premier ministre (et donc au Gouvernement). Pour ce faire, des "Conseils restreints" se réunissent à l'Elysée, sous la présidence du Président et en présence de ses conseillers, du Premier ministre et des ministres intéressés. C'est au cours de ces conseils que les décisions les plus importantes des domaines principaux de la politique, sont arrêtées.

Il peut ensuite faire connaître ses volontés aux Français et, par là même, donner au Gouvernement les directives générales de la politique qu'il souhaite mettre en œuvre. Dans ce cadre, les conférences de presse des différents Présidents, tenues souvent en présence de l'ensemble du Gouvernement, ont joué un rôle non négligeable ainsi que les allocutions radiotélévisées.

C'est par ce moyen que le Général De Gaulle fit connaître nombre des décisions qu'il avait arrêtées, qu'il s'agisse de l'autodétermination du peuple algérien (4 nov. 1960) ou de l'élection du Président au suffrage direct (20 sept. 1962). C'est aussi par des conférences de presse que G. Pompidou fit connaître qu'il souhaitait que fût mis en œuvre le principe de la "participation des salariés aux fruits de l'entreprise" en particulier par son application chez Renault (conf. du 15 déc. 1969). La conférence de presse et l'allocution radiotélévisées furent re¬mises à l'honneur lors d'événements importants. Ainsi, c'est par cette voie que F. Mitterrand annonça le retrait du projet de loi sur l'école libre, son intention de réviser l'art. 11 C. relatif au réfé-rendum en 1984 (cf. p. 408) et qu'il tint l'opinion informée des décisions prises durant la "guerre du Golfe" de 1991, dès que les événements l'impo¬saient. L'institution change parfois de forme avec J. Chirac qui y a un temps substitué des "points de presse" à l'américaine, au cours desquels le Président répond debout aux questions des journalistes accrédités près la Présidence. C'est dans ce cadre qu'il annonça la reprise par la France des essais nucléaires dans le Pacifique en juin 1995. Ces conférences de presse sont maintenant plus rares si l'on excepte celles tenues à la suite des Conseils européens et des sommets internationaux [J. Chirac en a tenu 4 durant ses mandats. N. Sarkozy en a tenu également 4, mais en un quinquennat. François en tient, en moyenne, une tous les 6 mois].

La notion de conférence de presse est, en France, très différente de ce qui se déroule dans les autres démocraties occidentales. Ici, c'est le formalisme qui l'emporte sur la spontanéité. En général, elles commencent par un monologue présidentiel parfois assez long. Ainsi la conférence de presse du 14 déc. 2009 qui durait 1 h 15 en tout a-t-elle commencé par un propos liminaire de 45 minutes. Viennent ensuite seulement les questions des journalistes. Si ces questions ne sont plus, comme cela a pu être le cas par le passé, communiquées à l'avance à la présidence, il n'en reste pas moins qu'elles n'ouvrent aucun « droit de suite » à leurs auteurs, le micro leur étant retiré dès que le Président commence à répondre. Il n'est donc pas rare que le Président réponde de manière dilatoire. On se souvient par exemple de la réponse sarcastique faite à L. Joffrin (Libération) qui interrogeait le Président Sarkozy (8 janv. 2008) sur la « monarchie élective » : « Les mots ont un sens M. Joffrin. Soit c'est une monarchie, donc c'est l'hérédité, soit c'est l'élection et dans ce cas là ce n'est pas la monarchie ... ».

Les conférences de presse sont plus facilement remplacées par des entretiens avec quelques journalistes[1].

Si l'on excepte les interview donnée à l'occasion de visite de chefs d'Etat étrangers en France ou de réunions internationales (G8 ; G20) européennes (Conseils et sommets), tous les Présidents, depuis V. Giscard d'Estaing, ont fait organiser (par les principales chaînes de télévision) ce type d'entretien en présence d'un ou plusieurs journalites « vedettes ». C'est, pour l'instant, N. Sarkozy qui détient en la matière une forme de record avec en moyenne un émission par an pendant son quinquennat. Ces émissions sont l'occasion, pour le Président, de faire œuvre de pédagogie (démonstration faite sur un tableau noir par V. Giscard d'Estaing), de se mettre à la portée des téléspectateurs (F. Mitterrand indique qu'il est « chébran »), ou d'annoncer des réofme importantes (supprésion de la taxe professionnelle par N. Sarkozy). Dans le même sens, depuis F. Mitterrand, les Présidents profitent du 14 juillet pour réaliser une interview télévisée ; là encore des réformes importantes sont annoncées [(F. Mitterrand indiqua sa volonté de réviser le mode de saisine du Conseil constitutionnel (cf. p. 389) ; J. Chirac fit part, une année, de son hostilité au quinquennat puis, l'année suivante, de son accord à cette révision constitutionnelle ; il a encore annoncé dans ce cadre le référendum sur le traité établissant une Constitution pour l'Europe]. Un temps abandonné sous le quinquennat de N. Sarkozy, F. Hollande a renoué avec cette tradition.

Depuis F. Mitterrand (référendum sur le Traité de Maastricht) les Présidents ont aussi fait organiser (avec un succès mitigé : J. Chirac à l'occasion du traité établissant une Constitution pour l'Europe) des émissions au cours desquelles ils répondent en direct aux questions de quelques téléspectateurs sélectionnés.

Enfin, sous le quinquennat de N. Sarkozy, une nouvelle forme de communication est apparue. Les proches collaborateurs du Président (en particulier le secrétaire général de l'Elysée C. Guéant et le Conseiller spécial H. Guaino) s'exprimaient dans les médias comme de véritables oracles. Par leur bouche, c'est la parole présidentielle qu'il fallait entendre. Ces interventions (comme celles du Président de la République) sont désormais intégrées dans le temps de parole de la majorité lorsque leur contenu et leur contexte fait qu'elles s'intègrent dans le débat politique national et ne contribuent pas à la définition des orientations politiques de la Nation (V. infra).

---

[1] Dans l'ensemble, la communication présidentielle, en particulier lorsque des journalistes sont présents, apparaît très archaïque. Le ton est très solennel, les relances des journalistes, lorsqu'il y en a, sont convenues, les questions toujours aimables ou point qu'elles paraissent souvent « téléguidées ». En tous les cas, les journalistes ne mettent jamais le Président en difficulté, même lorsque celui-ci se trompe de manière évidente (V. entretien du 5 févr. 2009 à propos de la nomination par le Président des responsables de l'audiovisuel public et du rôle des commissions parlementaires).

Plus rares sont les participations aux journaux télévisés des différentes chaînes publiques ou privées qui permettent au Président de la République de faire connaître les choix politiques qui sont les siens. Ainsi, c'est par cette voie que J. Chirac a indiqué qu'il maintenait dans ses fonctions J.-P. Raffarin le 1er avr. 2004. F. Hollande qui avait indiqué vouloir privilégier ce type de communication, s'est effectivement rendu sur les plateaux des différentes chaînes mais a continué de recevoir, à l'Elysée, les chaînes de télévision pour des interviews plus « encadrées ».

Ce furent aussi des « directives présidentielles » qui, généralement publiées dans la presse, permettaient au Président de faire savoir quelles orientations il entend que la politique nationale prenne. Ces directives présidentielles se présentaient souvent sous forme d'une lettre adressée au Premier ministre. [C'est en particulier le Président Giscard d'Estaing qui utilisa ce procédé en faisant parvenir semestriellement une telle lettre (cf. par ex. *Le Monde* du 14 nov. 1980) à ses Premiers ministres]. J Chirac a repris l'idée et annonçait ses directives lors de discours ou de cérémonies. Dans le même ordre d'idée, c'est lors des vœux de 2012 que N. Sarkozy a indiqué sa volonté de mettre en place une « TVA sociale ».

Enfin, pour tous les Présidents de la V° République, ce sont les discours prononcés lors des voyages à l'étranger, dans des enceintes internationales (ONU, Parlement Européen) ou lors de déplacements en province qui sont l'occasion de faire connaître la politique qu'ils souhaitent. Dans les autres pays (parfois devant les Parlements des Etats visités) ou aux tribunes internationales, le Président présentera et expliquera la politique étrangère de la Nation (discours de Phnom Penh en 1969 ; discours sur les "Euromissiles" en 1983 au Bundestag ; discours sur la crise du Moyen-Orient à la Knesset en 1982). Plus rarement, mais avec une tendance de plus en plus nette depuis 2007, il y répondra à des questions de politique intérieure posées par des journalistes étrangers. En province, il indiquera les décisions qu'il préconise, soit spécifiquement pour la région qu'il traverse, soit pour le secteur économique dont cette région ou les entreprises qu'il y a visitées sont les représentantes, soit encore pour la Nation tout entière. Ainsi, les Présidents de la République ont-ils tous multiplié ces déplacements, mettant un point d'honneur à se rendre dans tous les départements et dans le plus grand nombre de pays. N. Sarkozy a combiné à la fois les déplacements en province et les cérémonies de vœux en démultipliant celles-ci.

Le Président peut également faire connaître ses choix en réalisant certains arbitrages. Lorsqu'une décision, prise conformément à ses orientations, est néanmoins sujette à diverses interprétations, il lui appartiendra de trancher parmi celles-ci pour déterminer laquelle convient d'être adoptée.

Enfin, il faut ajouter l'habitude prise, pendant le quinquennat de N. Sarkozy de réception, à l'Elysée, des parlementaires de la majorité présidentielle, voire de la seule UMP. A cette occasion, le Président indiquait ses choix, son programme et s'assurait ainsi d'une parfaite adhésion du législatif à sa politique. Il pouvait aussi inviter ces parlementaires à l'unité et leur préconiser de défendre son bilan (8 juin 2011). S'il avait annoncé une rupture sur ce point, F. Hollande, tout en réaffirmant « je ne suis pas chef d'un parti » (entretien télévisé du 15 sept. 2013), a, néanmoins, à plusieurs reprises reçu à l'Elysée, plus ou moins discrètement, d'influents parlementaires de la majorité afin d'obtenir leur soutien à l'action politique du Gouvernement. Ainsi, il a rencontré, le 16 mai 2013, les parlementaires socialistes à la maison de l'Amérique latine (et non à l'Elysée) et, le 10 juillet 2013, mais cette fois à l'Elysée, il a invité à déjeuner les principaux responsables socialistes du Sénat suite à des difficultés lors de l'adoption de certains textes (entre autre le projet de LC relatif au Conseil supérieur de la magistrature). De même, encore à l'Elysée, a-t-il, le 22 juill. 2013, reçu, à dîner cette fois, les chefs des partis composant la majorité parlementaire. Puis, en mars 2015, il a rencontré, toujours à l'Elysée, autour de la table du Conseil de ministres, les parlementaires socialistes opposés à sa politique et dits « frondeurs ».

En fait et plus généralement, c'est le "**verbe**" qui permet au Président de la République, tout au long de son mandat, de faire connaître les orientations qu'il souhaite. Le Conseil d'Etat ne s'y est pas trompé. Il déduit du rôle que le Président de la République assume depuis 1958 dans la définition des orientations politiques de la Nation que ses interventions et celles de ses collaborateurs ne peuvent plus être regardées comme étrangères, par principe et sans aucune distinction selon leur contenu et leur contexte, au débat politique national. Par conséquent, il convient de tenir compte de ces interventions pour apprécier l'équilibre à rechercher entre les courants d'opinion politiques (CE ass., 8 avr. 2009, *Hollande et Mathus*, req. n° 311136 : *Lebon 140, concl. de Salins*). Ceci n'est d'ailleurs pas sans conséquence sur les dépenses à intégrer dans le compte de campagne d'un Président se présentant à l'élection présidentielle pour obtenir un nouveau mandat des électeurs. Dans ce cas, le Conseil constitutionnel doit apprécier si l'intervention du Président présente un caractère électoral ou ne constitue que la charge classique de tout Président en exercice. Ainsi, le Conseil constitutionnel estime-t-il que « la législation relative au financement des campagnes électorales n'a ni pour objet ni pour effet de limiter les déplacements du Président de la République non plus que sa participation à des manifestations publiques s'inscrivant dans l'exercice de sa charge ; que les dépenses relatives aux manifestations auxquelles il participe n'ont à figurer au compte de campagne que s'il apparaît que celles-ci ont revêtu un caractère manifestement électoral (Cons. const. 2013-156 PDR § 18, 4 juillet 2013). Mais nous aurons l'occasion de montrer aussi que cette faculté qui lui est donnée de pouvoir librement s'exprimer est également un moyen important de son pouvoir en période de cohabitation (cf. p. 328).

L'ensemble de ces interventions du Président de la République se marque aussi dans le vocabulaire peu constitutionnel qu'il utilise lui-même. Les formules employées sont souvent « *J'ai décidé ... ; J'ai pris l'engagement ... ; J'ai annoncé ...* »[1] là où, en fait, il appartiendrait normalement au Premier ministre ou au Gouvernement de prendre la décision, de s'engager ou d'annoncer. En fait, le Président intervient non seulement au stade des orientations générales de la politique de la Nation mais aussi de certains éléments de détail, c'est-à-dire au stade de la conception de la politique. Ainsi peut-on parfois entendre dans la bouche du Président : « *J'ai demandé au ministre de ... de travailler à une réforme en profondeur ...*[2] ». Mais le Président de la République intervient aussi, désormais, au-delà, dans le cadre de la mise en œuvre concrète des mesures d'exécution comme l'atteste la participation du Président de la République à une réunion, organisée par le ministre de l'Intérieur dans les locaux de son ministère, de tous les responsables de la police nationale (2 sept. 2009). On peut parler d'un "<u>Président législateur</u>" voire d'un "<u>Président Chef du Gouvernement</u>", indiquant par là même l'importance qu'il a acquise dans le mécanisme décisionnel. Même si, formellement, il n'a pas l'initiative des lois, c'est lui qui « détermine la politique de la Nation » (cf. aussi nos analyses p. 32 et 333) et ses volontés seront présentées par le Premier ministre et entérinées par un Parlement dont les députés, élus sous son nom (majorité présidentielle), sont en fait à ses ordres (on a même parlé parfois de « godillots »). Ainsi, on sait combien N. Sarkozy s'est impliqué dans la réforme des retraites allant jusqu'à indiquer le calendrier législatif que devraient respecter les assemblées. De même, l'épisode de la déchéance de nationalité pour les naturalisés (cf. supra) est du reste particulièrement intéressant. Cette annonce phare du « discours de Grenoble », introduite dans un projet de loi, fut rejetée par le Sénat, rétablie en commission à l'Assemblée nationale entrainant le dépôt d'un amendement de suppression signé par 68 députés de la majorité. Cette « fronde » devait conduire le Président de la République à décider l'abandon de la mesure (*Le Monde* 10 mars 2011). L'amendement de suppression était alors adopté, le Gouvernement « se ralliant à la

---

[1] On trouve aussi, en particulier dans la bouche de N. Sarkozy, l'expression « *J'ai été élu pour ...* ».
[2] Discours sur la politique maritime de la France, Le Havre, 16 juill. 2009.

position de compromis prise en accord avec le Président Sarkozy ». De même, F.Hollande annonce le « pacte de compétitivité » devant un « parterre d'entrepreneurs » et le 25 oct. 2012, le « Pacte de responsabilité » le 14 janv. 2014, lors d'une conférence de presse.

Plus récemment, le Président a voulu se présenter en "Président protecteur". On relève cette tendance très fortement sous la présidence de N. Sarkozy. Il indique par exemple : « Mon premier devoir, c'est de protéger la France » (vœux pour 2011), « Aujourd'hui, la peur est revenue ... Cette peur porte un nom : c'est la peur pour la France de perdre la maîtrise de son destin ... » (Toulon, 1er déc. 2011) ou encore, face à « cette crise inouïe, mon devoir est de faire et de vous protéger » (Vœux pour 2012). De même, à la suite de l'attentat de « Charlie Hebdo », F. Hollande indique : « La vie doit continuer, car ce serait céder à la peur et au terrorisme que de changer nos habitudes, nos modes de vie. Nous devons continuer à vivre comme nous le voulons ».

Pourtant, aux termes même de la Constitution, c'est le Premier ministre qui, en tant que chef du Gouvernement, comme nous l'avons montré, détermine la politique de la Nation (art. 20 C.). Quel est donc, dans les hypothèses politiques que nous envisageons ici, le rôle exact du Premier ministre ?

§2. L'importance singulière du Premier ministre

Nommé par le Président de la République, le Premier ministre l'est d'abord pour mettre en œuvre la politique souhaitée par le chef de l'Etat. Certes, il peut, dans un certain nombre de domaines, mener des actions qui sont ses options propres. Il ne peut cependant le faire que dans la mesure où le Président n'est pas hostile à cette démarche. Ainsi, M. Debré put-il de 1958 à 1961 réaliser d'importantes réformes (école privée, statut de la fonction publique et de la magistrature, ...) ; ainsi, J. Chaban-Delmas mit-il en œuvre la politique contractuelle dans la fonction publique ; ainsi, M. Rocard régla-t-il la question de la Nouvelle-Calédonie. Pour le reste, le Premier ministre doit faire en sorte que les souhaits du Président de la République se concrétisent (A). Cette nécessaire entente entre les deux têtes de l'exécutif bicéphale conduit obligatoirement à la mise en place d'une responsabilité du Premier ministre nommé devant le Président de la République élu. Le Chef du Gouvernement sera dans ces cas à la fois responsable devant le Parlement, ce qui est naturel en régime parlementaire, mais également devant le Chef de l'Etat, orientant la Constitution vers le dualisme (B).

A. La place du Premier ministre

Les formules employées par les différents Présidents de la République et par certains de leurs Premiers ministres attestent de la relation de subordination qui existe alors entre les deux hommes.

Ainsi, Charles De Gaulle disait, dès la conférence de presse de 1964 :

"La nature, l'étendue, la durée de la tâche (du Président de la République) impliquent qu'il ne soit pas absorbé sans relâche et sans limite par la conjoncture, politique, parlementaire, économique et administrative ; au contraire c'est là le lot, aussi complexe et méritoire qu'essentiel, du Premier ministre français".

Cette interprétation des relations entre un Premier ministre et le Président qui l'a nommé devait se révéler valable pour la quasi-totalité des cas lorsque majorité présidentielle et majorité parlementaire s'accordent, ce qui, rappelons-le, est l'hypothèse en l'espèce. Jacques Chaban-Delmas devait considérer ce type de relations comme normales telles qu'elles doivent être dans une équipe où il y a un "capitaine" et un "premier coéquipier". Les Premiers ministres doivent donc admettre de rester en retrait, accepter de prendre les coups pour épargner le Président, prenant à leur charge les erreurs et lui laissant les succès. C'est ainsi que J.-P. Raffarin, a été reconduit dans ses fonctions alors même que le Président de la République estimait, après les échecs de sa majorité aux élections régionales, cantonales et européennes de 2004, que le Gouvernement n'avait pas été assez à l'écoute des Français ! Selon la formule de J.-P. Raffarin (Juill. 2004), le Premier ministre « doit être cuirassé ». Par ailleurs, il ajoutait « s'il y a une inquiétude que je n'ai pas c'est celle de la relation avec le Président de la République », « Fusible, le Premier ministre protège le Président, fidèle, il est protégé par lui ». On ne saurait mieux le prouver que par sa reconduction en 2004 malgré les échecs électoraux et, en 2005, par son départ après l'échec du référendum sur le traité établissant une Constitution pour l'Europe. Quant à N. Sarkozy, même s'il consteste avoir utilisé la formule, il voit dans le Premier ministre un simple « collaborateur ». Le Premier ministre est du reste parfois mis dans une situation délicate. On en voudra pour preuve l'annonce qu'il fait un jour (3 sept. 2009) du taux de la « taxe carbone », démentie quelques heures après par l'Elysée qui affirme que « rien n'est arrêté ». F. Hollande a voulu un Président moins présent sur les actions quotidiennes, laissant au Premier ministre le soin de les prendre en charge. Toutefois, il semble bien que l'impopularité grandissante de l'exécutif l'ait poussé à réinvestir cette politique du quotidien, comme en témoigne son activisme durant l'été 2013. Du reste, il agit désormais comme ses prédécesseurs et indique, à propos de M. Valls :

> « C'est un bon Premier ministre, il applique la politique que j'ai moi-même fixée » ... « J'ai la responsabilité de la France ... Toutes les réformes engagées, je les ai décidées moi-même. Le [Premier ministre] applique la politique que j'ai moi-même fixée pour la Nation » ;

ou encore :

> « Vous avez veillé à respecter les engagement que j'avais pris devant les Français et c'est ce que j'attends d'un Premier ministre » ;

Pourtant, le rôle du Premier ministre dans ce cadre reste irremplaçable. En effet, c'est lui qui, disposant seul de l'initiative des lois, peut déposer au Parlement les projets de loi nécessaires. Par ailleurs, il peut seul également utiliser les moyens obligeant le Parlement à voter ces textes. Sauf l'hypothèse d'une "majorité godillot", il n'est pas rare, surtout si la majorité est faible ou relative, que le Premier ministre soit obligé d'utiliser tout l'arsenal des art. 44 al. 3 C. (vote bloqué), 45 al. 2 et 4 C. (procédure accélérée et dernier mot à l'Assemblée) et 49 al. 3 C. (engagement de responsabilité sur un texte) pour obtenir le vote de textes qui ne plaisent pas nécessairement à tous les députés de la majorité, mais qui sont souhaités par le Président. On se souvient, par exemple, du vote en 1982 de la loi d'amnistie pour les généraux d'Algérie qui ne rencontrait pas l'adhésion des députés socialistes. Ainsi voit-on nettement une corrélation entre la faiblesse de la majorité et l'importance du nombre d'utilisation de ces articles. Or, seul le Premier ministre, comme nous l'avons montré, dispose des pouvoirs nécessaires pour ainsi vaincre les réticences parlementaires. Le Président doit donc nécessairement obtenir l'aide du Premier ministre dans ces hypothèses. Cette obligation déterminera son choix en faveur d'un Premier ministre rompu aux méandres parlementaires, capable de domestiquer le Parlement. Les premiers Premiers ministres d'un septennat ou d'un quinquennat seront donc souvent des parlementaires aguerris et donc souvent aussi des hommes politiques connus et parfois influents (M. Debré, G. Pompidou après 1965, J. Chaban-Delmas, J. Chirac, P. Mauroy, M. Rocard, A. Juppé, J.-P. Raffarin, F. Fillon, J.-M.

Ayrault[1]). En fait, si le Premier ministre ne détermine pas (ou peu) la politique, il doit malgré tout la conduire : des deux rôles prévus à l'art. 20 C., il reste le second.

L'entente entre les deux hommes doit aussi être parfaite puisque l'un doit accepter de s'effacer par rapport à l'autre pour mettre en œuvre les idées de l'élu. En ce sens, F. Fillon a fait figure de parangon. Mais il est vrai qu'il estimait lui-même que la fonction de Premier ministre pouvait être supprimée en France[2] et que « Le Président doit diriger le gouvernement ». L'élection conférant au Président la légitimité démocratique, on comprend que dans ce type de situation politique naisse, en plus de la responsabilité du Gouvernement devant le Parlement, une responsabilité personnelle du Premier ministre devant le Président de la République.

B. L'apparition d'une seconde responsabilité : le dualisme sous la V° République

Alors que nous avons très largement montré que le régime, tel qu'il avait été conçu à l'origine, n'envisageait que la seule responsabilité du Gouvernement devant le Parlement (cf. p. 100), l'hypothèse des concordances des majorités conduit nécessairement à faire naître une responsabilité implicite du Premier ministre devant le Président de la République

Le Président ayant choisi, par nécessité, un Premier ministre parlementaire confirmé, il ne tardera pas à apparaître que les intérêts de l'un et de l'autre divergent. Ou le Premier ministre réussit par trop bien et sa popularité porte ombrage à celle du Président, ou bien, au contraire, les échecs se multipliant, la popularité du Président en pâtit corrélativement.

De plus, pendant longtemps, le mandat présidentiel était plus long que le mandat parlementaire (1958-2000) et, dès lors, des élections législatives devaient obligatoirement avoir lieu durant le septennat. Il était donc logique que le Président veuille s'assurer une majorité favorable dans la deuxième Assemblée nationale de son mandat. Même si cette hypothèse devrait logiquement se raréfier compte tenu de la coïncidence des calendriers électoraux depuis 2002, elle n'est pas totalement impossible (cf. p. 315).

Maintenant, avec la mise en place du quinquennat, le Président, soucieux de faciliter sa réélection ou de favoriser l'élection d'un successeur appartenant à son camp, doit encore s'assurer que sa popularité n'est pas éclipsée par celle d'un Premier ministre trop populaire ou au contraire « plombée » par la désaffection frappant un Premier ministre par trop usé. De plus, apparaitra aussi une situation inédite. La révision de juillet 2008 interdisant au Président de la République de briguer un troisième mandat consécutif (art. 6 al. 2 C.) (cf. p. 50), la course à sa succession commencera au cours de son second mandat.

Pour toutes ces raisons, le Président de la République peut souhaiter changer de Premier ministre. Ce changement suppose donc, pour s'en tenir à la lettre et à l'esprit de la Constitution, que le Premier ministre présente spontanément sa démission. Cette hypothèse est exceptionnelle, à moins que le Premier ministre n'y voie un intérêt personnel pour la suite de sa carrière ou l'intérêt supérieur du pays. Ce fut le cas, en 1976, de la démission de J. Chirac.

Dans les autres cas, c'est le Président de la République qui invitera le Premier ministre à présenter cette démission. L'absence de spontanéité dans la démarche du Chef du Gouvernement donne à cette démission le caractère d'une véritable "révocation" même si le terme ne figure pas dans la Constitution. Les termes employés en 1992 par F. Mitterrand ne laissent du reste planer aucun doute :

---

[1] S'il ne disposait d'aucune expérience ministérielle lors de sa nomination aux fonctions de Premier ministre, il disposait, en revanche, d'une longue habitude de gestion des parlementaires de la nouvelle majorité, ayant présidé le groupe socialiste à l'Assemblée nationale de 1997 à 2012.

[2] F. Fillon, *La France peut supporter la vérité*, Albin Michel 2006.

« Il est vrai, à l'issue des élections cantonales et régionales, que le Gouvernement [d'Edith Cresson] ne trouvait plus les appuis dont il avait besoin. Je l'ai changé ».

Certes, le Premier ministre, en acceptant de démissionner, permet de respecter la lettre de la Constitution, mais l'esprit s'en trouve ici violé. Il apparaît dans ce cadre responsable devant le Président de la République, comme il le serait normalement dans un régime parlementaire dualiste. P. Mauroy le confirmera (en inversant du reste l'ordre des responsabilités) en 1982, en répondant à un parlementaire :

« Le Premier ministre est doublement responsable. Devant le Président de la République, bien sûr, mais aussi devant le Parlement (...). Sans le double aval du Président de la République et de l'Assemblée nationale, qui tous les deux bénéficient de la légitimité conférée par le suffrage universel, le Premier ministre ne s'estimerait pas en situation de continuer à exercer ses fonctions.

Ainsi s'expliquent les démissions de M. Debré, J. Chaban-Delmas, P. Mauroy, M. Rocard et E. Cresson et sans doute J.-P. Raffarin ainsi que J.-M. Ayrault. Du reste les lettres de démission envoyées par les Premiers ministres aux Présidents sont souvent sans ambiguïté[1]. Ainsi M. Debré écrit-il en 1962 :

« Comme il était convenu,... j'ai l'honneur, Mon Général, de vous présenter la démission du Gouvernement »,

tandis que, plus direct encore, G. Pompidou écrit en 1968 :

« Vous avez bien voulu me faire part de votre intention, au moment où va se réunir l'Assemblée nationale élue les 23 et 30 juin, de procéder à la nomination d'un nouveau Gouvernement »,

formule que reprendra presque intégralement J. Chaban-Delmas en 1972 :

« Vous m'avez fait part de votre intention de changer le Gouvernement. J'ai donc l'honneur de vous présenter la démission du Gouvernement »,

et M. Rocard le 15 mai 1991 :

« Vous avez bien voulu me faire part de votre intention de former un nouveau Gouvernement ».

Seul P. Mauroy semble indiquer dans son courrier qu'un débat a été mené et que la décision a été prise d'un commun accord :

« Comme nous en avons constaté la nécessité lors de différentes conversations que nous avons eues ces dernières semaines quant à l'avenir du Gouvernement, une phase nouvelle s'engage ».

Le choix du Président de la République ne manquera pas alors de tenir compte des raisons qui l'ont conduit à demander la démission de son premier Premier ministre.

A l'époque du septennat, la mission essentielle fixée au nouveau promu sera de gagner les prochaines législatives pour, prolongeant la concordance des majorités, permettre au Président de la République de poursuivre la mise en œuvre de son programme. Le président préférera un personnage de second plan n'ayant donc pas (encore ...) de dessin personnel, entièrement dévoué à un homme qui l'a porté à un poste qu'il n'osait pas ambitionner. En effet, s'agissant des parlementaires, l'approche des élections les conduit nécessairement à plus de prudence. Leur réélection, s'ils sont dans la majorité, n'est possible que s'ils ont le soutien du Président qu'ils auront, dès lors, à cœur de ne pas mécontenter. Il n'est donc pas nécessaire que le nouveau Premier ministre soit un parlementaire aguerri ; le Président pourra choisir un Premier ministre dans la "société civile" ou parmi des fidèles qui jusqu'alors ont fait montre de plus de dévouement et de zèle que d'initiative. Ainsi G. Pompi-

---

[1] Il semble que ces lettres, si elles existent encore, ne soient plus publiées.

dou[1] succéda-t-il à M. Debré, M. Couve de Murville à G. Pompidou, P. Messmer à J. Chaban-Delmas, R. Barre[2] à J. Chirac, L. Fabius à P. Mauroy, E. Cresson[3] à M. Rocard[4]. Le Premier ministre était récompensé de son succès électoral par le maintien dans ses fonctions (G. Pompidou en 1962, P. Messmer en 1973, R. Barre en 1978). En revanche, si le nouveau Premier ministre échouait dans cette tâche (L. Fabius en 1986, P. Bérégovoy en 1993), le Président était contraint de nommer un "troisième" Premier ministre, ouvrant ainsi une période de "cohabitation". Doit-on considérer qu'en 1997 J. Chirac aurait été mieux inspiré de changer de Premier ministre plutôt que de dissoudre ? En tout cas, on doit constater que le maintien d'A. Juppé pour mener la campagne électorale n'a pas été sans incidence sur les résultats ; l'idée qu'en cas de victoire de la majorité présidentielle, il puisse être maintenu dans ses fonctions, ne semblait pas recueillir l'assentiment de la Nation. C'est sans doute ce qui conduit le Premier ministre à annoncer (spontanément ?), entre les deux tours, son départ. C'est sans doute aussi ce qui conduit Ph. Seguin sur le devant de la scène, comme s'il était un second Premier ministre virtuel, comme s'il y avait eu changement de Premier ministre et donc nouveau chef de campagne.

Désormais, avec le quinquennat, le rôle du second Premier ministre sera différent selon qu'il s'agit du premier ou du second mandat présidentiel.

Dans le premier cas, il sera nommé pour permettre au Président de donner à son quinquennat un second souffle en vue d'assurer sa réélection. Les premiers ministres choisis le sont alors par contraste avec leur prédécesseur. Le contraste doit apparaître dans le style et dans l'action politique menée. Ce nouveau Premier ministre doit incarner le dynamisme pour montrer que le Président est à la manœuvre et prend, par la nomination d'un Premier ministre actif, toute la mesure des problèmes à résoudre. C'est dans les deux cas, ce qui fut demandé à D. de Villepin[5] et M. Valls. L'essentiel est que ce Premier ministre diffère ses ambitions. Il est choisi pour permettre, par son dynamisme et son action nouvelle, la réélection du Président en poste.

Doit-on encore estimer que N. Sarkozy aurait dû, lui aussi, changer de Premier ministre en novembre 2010 plutôt que de reconduire F. Fillon ? En tous les cas, en annonçant, en 2010, 6 mois à l'avance, son intention de changer de gouvernement, les appétits se sont aiguisés. C'est en particulier J.-L. Borloo qui a, pendant toute cette période, était insturmentalisé comme Premier ministre putatif alors que N. Sarkozy décidait, *in fine*, de reconduire F.

---

[1] Lors de son arrivée à Matignon en 1962, G. Pompidou était pratiquement inconnu en politique. Il devait profiter de la durée exceptionnelle de ses fonctions de Premier ministre pour acquérir l'assise qui lui permit à la fois de devenir un politique chevronné et un "présidentiable" sérieux.

[2] On objectera que R. Barre ne fut pas à proprement parler un Premier ministre effacé. Ceci est surtout vrai après 1978 et plus encore à l'approche des présidentielles de 1981. Le choix du Président de la République ne fut peut-être pas aussi judicieux qu'il y pouvait paraître. Il est vrai aussi que l'on ne pouvait prévoir que R. Barre développerait par la suite une stratégie personnelle.

[3] La démission du Gouvernement Cresson en 1992 ne contredit pas cette analyse, bien aucontraire. Alors même que E. Cresson ne souhaitait pas démissionner, estimant sa tâche inachevée, le Président obtint malgré tout qu'elle accepte de se sacrifier. Il faut dire qu'il semblait impossible qu'elle puisse remplir le rôle normalement confié à un "second" Premier ministre : gagner les élections législatives. Certes, la nomination de P. Bérégovoy, qui devient donc le troisième Premier ministre du second septennat de F. Mitterrand, constitue une exception au principe que nous avons énoncé. En fait, c'est pour tenter d'éviter l'apparition d'une nouvelle cohabitation, que F. Mitterrand se résout à se séparer d'E. Cresson dont la popularité ne cessait de décroître et nomme en fait un "deuxième" Premier ministre "bis". En tout cas, cette démission confirme bien que, dans l'hypothèse où le Président de la République dispose d'une majorité parlementaire (même relative), le régime est dualiste puisque le Président de la République peut se séparer du chef du Gouvernement qui apparaît ainsi responsable devant lui. C'est du reste, si l'on s'en réfère au tableau en annexe, la première fois qu'un Président demande la démission de deux Premiers ministres successifs.

[4] Le cas de M. Couve de Murville est légèrement différent puisque son arrivée à la tête du Gouvernement suit des élections législatives anticipées. Néanmoins on remarque là encore que le second Premier ministre du second septennat de Charles De Gaulle répond aux caractères généraux que nous venons de définir.

[5] Rappelons que, même si c'était peu probable, la Constitution permettait, à l'époque, au Président de se présidenter à un troisième mandat.

Fillon. Ce qui devait être un événement ou un « second souffle » est donc largement apparu comme un « pétard mouillé ». Le soutien *a minima* apporté pendant la campagne présidentielle à N. Sarkozy par J.-L. Borloo n'est, lui, certainement pas étranger à cet épisode.

Dans le second cas, il peut s'agir de préparer la succession en évitant l'alternance. La fonction peut alors servir de tremplin pour celui qui y est nommé, s'il y réussit. Mais à dire vrai, cette situation ne s'est encore jamais produite.

Le Premier ministre pourrait-il agir autrement et refuser de démissionner ? Constitutionnellement, cela ne fait aucun doute. Mais politiquement une telle attitude serait sans doute suicidaire. Le Président aurait tôt fait de faire savoir qu'il réprouve l'attitude du Premier ministre pour que la majorité parlementaire favorable au Président oblige le Premier ministre à démissionner[1]. L'apparition d'une responsabilité personnelle[2] du Premier ministre devant le Chef de l'Etat est donc la résultante logique de la concordance des majorités parlementaire et présidentielle surtout depuis l'élection directe du Président de la République.

Lorsque les majorités parlementaire et présidentielle s'accordent, la Constitution se déforme donc pour laisser au Président de la République le soin de gouverner au moyen d'un chef de Gouvernement responsable devant lui. Le Général De Gaulle avait, dès 1964, expliqué ce mécanisme :

"Le Président qui choisit le Premier ministre, qui le nomme, a la faculté de le changer, soit parce que se trouve accomplie la tâche qu'il lui destinait et qu'il veuille s'en faire une réserve en vue d'une phase ultérieure, soit parce qu'il ne l'approuverait plus ..."

Et Jacques Chaban-Delmas surenchérissait en 1970 en déclarant :

"Il ne saurait y avoir de conflit véritable entre le Président de la République et le Premier ministre car la solution s'imposerait dans ce cas qui serait de changer de Premier ministre".

F. Mitterrand montrait, dès le début de son premier septennat, que la continuité d'analyse prévalait bien en cette matière en déclarant :

"Il est entendu entre un Président de la République et un Premier ministre sous la V° République que le Premier ministre doit s'écarter le jour où c'est nécessaire".

J.-P. Raffarin ne disait pas autre chose en affirmant :

« L'entente avec le Président est à la fois un devoir et une sérénité. (Je suis) en pacte avec le Chef de l'Etat ... qui a désormais la charge de mon calendrier ». ... « Personne ne m'arrêtera sauf lui », « je resterais à Matignon tant que le Président de la République le souhaitera ... Je n'ai pas d'échéance personnelle ».

Sa démission est intervenue, à la demande du Président (qui l'avait implicitement annoncée) en mai 2005 après l'échec au référendum sur le traité établissant une Constitution pour l'Europe. Il affirmait encore, marquant nettement le caractère dualiste de la V° République hors cohabitation qu'elle est le régime dans lequel :

« le Premier ministre et le Gouvernement doivent bénéficier de la confiance de la majorité de l'Assemblée nationale, mais aussi de celle de Président de la République, élu au suffrage universel »[3].

---

[1] C'est sans doute cet argument qui a convaincu finalement E. Cresson de quitter ses fonctions.

[2] Contrairement à la responsabilité devant le Parlement qui est une responsabilité collective du Gouvernement tout entier, il s'agit bien ici d'une responsabilité personnelle du chef du Gouvernement. Le résultat technique sera pourtant le même puisque la démission du Premier ministre entraîne celle du Gouvernement.

[3] Il avait affirmé le 16 juin 2004, après l'échec de la majorité parlementaire aux élections européennes, qu'il bénéficiait de la « double confiance, celle du Président de la République et celle de la majorité parlementaire.

Plus réemment, M. Valls affirmait encore l'importance du soutien présidentiel :

« Avec le Président, nous formons un tandem. Nous gouvernons ensemble ». « Je suis là jusqu'à la fin du quinquennat comme cela a été vu avec le Président... J'irai jusqu'au bout tant que j'ai la confiance du Président de la République (et) le soutien de la majorité... ».

1962 ou la « conclusion » de la crise de 1877 ?

Comment ce dualisme peut-il logiquement se combiner avec les institutions de la V° République et l'affirmation faite en 1958 par le Général De Gaulle lui-même au Comité Consultatif Constitutionnel (cf. p. 100) qu'il était impossible au Président de révoquer le Premier ministre ?

C'est qu'en 1962 une crise politique est intervenue qui mérite de faire l'objet ici d'une nouvelle analyse. Une motion de censure était adoptée le 2 oct. 1962 contre le Gouvernement Pompidou. En fait, on se souvient que les termes de cette motion (cf. p. 76) visaient en réalité le Président de la République qui venait de proposer un référendum sur l'élection du chef de l'Etat au suffrage universel direct. Un conflit était né entre le chef de l'Etat et l'Assemblée nationale : le Président invita le peuple à le trancher en prononçant la dissolution.

Cette situation n'est pas sans rappeler la crise de 1877 qui opposa Mac Mahon à la Chambre des Députés. Mac Mahon prononça la dissolution et le peuple renvoya à la Chambre une majorité hostile au Président d'alors : c'était l'avènement, dans la pratique de la III° République, du monisme. En 1962, le peuple accorda sa confiance au Président en renvoyant à l'Assemblée nationale une majorité qui lui était favorable. C'était l'acceptation par le peuple de la pratique dualiste de la Constitution. 1962 peut donc s'analyser comme le miroir absolu de 1877.

Le régime qui résulte de cette pratique en période de concordance des majorités est bien monarchique puisqu'un seul gouverne (mono archos : Gouvernement d'un seul) et dualiste puisque deux responsabilités pèsent sur le Gouvernement et son chef : devant le Parlement (prévue par la Constitution) et devant le Chef de l'Etat (imposée par la concordance des majorités et donc la pratique). Si les majorités divergent, la solution est bien différente.

CHAPITRE II

LA DYARCHIE MONISTE

De la cohabitation

Comme on peut aisément le constater par l'étude précédente, nous avons jusqu'à présent envisagé les hypothèses les plus nombreuses, même si elles relèvent toutes de la même construction de base : la concordance (large ou étroite) des majorités présidentielle et parlementaire (ou, à tout le moins, leur non-discordance). Du reste, les exemples qui ont servi à illustrer ces hypothèses couvrent les périodes les plus larges qu'a connues la V° République, ce qui montre, à l'évidence, qu'il existe un phénomène spécifique depuis l'élection au suffrage direct du Président de la République et encore plus depuis la mise en place du quinquennat : les électeurs n'hésitent pas à donner au Président la majorité parlementaire qui lui permet effectivement de gouverner. Restent donc les cas exceptionnels que le quinquennat et la concomitance des élections présidentielle et législatives doit encore rendre plus rares, et qu'il est convenu de désigner sous l'appellation de « cohabitation » (I) conditionnant une application particulière de la Constitution (II).

I. LA COHABITATION

Les Cohabitations

La cohabitation est sans doute une notion née sous la V° République. Elle y a sa spécificité par le fait que le chef de l'Etat et le chef du Gouvernement s'y opposent par majorités interposées : majorité parlementaire à l'Assemblée nationale et majorité présidentielle, l'une et l'autre issues du suffrage universel direct. En ce sens, la révision constitutionnelle de 1962 a créé une situation nouvelle, inconnue jusqu'alors.

Pourtant, par le passé et à plusieurs reprises, certains de nos Chefs d'Etat (Monarques ou Présidents élus par le Parlement) ont dû faire appel à des chefs de Gouvernement qui n'avaient pas les mêmes options politiques qu'eux. Ils devaient faire appel à eux parce que la Chambre basse élue était composée de manière telle qu'ils ne pouvaient pas choisir le chef du Gouvernement qu'ils souhaitaient. Ces cohabitations anciennes, sans avoir les particularités que nous connaissons actuellement, sont pourtant riches d'enseignements en particulier sur la façon dont elles se déroulèrent. On peut schématiquement les distinguer en deux groupes selon qu'elles se sont déroulées sans trop de heurts ou au contraire qu'elles ont conduit au départ de l'un des deux membres de l'exécutif.

Dans le premier cas, il faut ranger la première cohabitation recensée. Elle se déroule dans les premiers temps d'application de la première de nos constitutions réellement parlementaires : la Monarchie de Juillet. C'est qu'en effet, ce type de situation suppose l'existence d'une responsabilité du Gouvernement devant le Parlement donc d'un régime parlementaire. Louis-Philippe, devenu Roi par les vertus d'une révolution, se devait de donner des gages de modernisme pour que son règne tranche avec le règne réactionnaire de Charles X. Après quelques hésitations, il fit appel à Casimir Perier, Président de la Chambre, et bien que les rapports entre les deux hommes soient restés difficiles, ils agirent l'un et l'autre dans l'intérêt du pays : de grandes réformes furent entreprises, l'un ou l'autre cédant à son tour quand il le fallait. Ce fut le décès du Chef du Gouvernement qui mit fin à cette cohabitation de 14 mois. Aussi peu ombrageuse fut la cohabitation entre Emile Ollivier et Napoléon III en 1870. L'Empereur, convaincu de la nécessité de transformer l'Empire en un régime parlementaire moderne, laissa son ministre accomplir les modifications constitutionnelles utiles (Constitution du 21 mai 1870 dite "Ollivette"). Tout alla pour le mieux jusqu'au désastre de Sedan qui emporta le régime. Dans cette même catégorie, on peut encore citer la cohabitation entre le Président Poincaré et Clémenceau que la Grande Guerre contraignit à s'allier lors même qu'ils se détestaient. La victoire de 1918 fut acquise à ce prix. Enfin, ce fut la cohabitation en 1936 entre le Président Albert Lebrun et Léon Blum, chef de file du Front populaire, qui fut renversé par le Sénat. Le Président de la République était étranger à ce départ et rappellera d'ailleurs Blum en 1938. C'est encore le Sénat qui mit fin à cette cohabitation.

Dans le second cas, c'est en général le chef de l'Etat qui fait les frais de l'hostilité entre lui et le Gouvernement. On sait que Mac Mahon, provoquant la crise de 1877 vit ses adversaires républicains gagner les élections qu'il avait provoquées en prononçant la dissolution de la Chambre. Malgré cette défaite, le Président monarchiste tenta de résister en nommant un Gouvernement dont aucun membre n'appartenait au Parlement et qui avait à sa tête le

Général de Rochebouët. Le cabinet fut renversé le jour même. Après s'être enfin soumis en nommant Dufaure, Mac-Mahon démissionna en 1879 face à la volonté du Gouvernement de limoger un certain nombre de généraux. Ce fut ensuite Jean Casimir-Perier, petit-fils de l'ancien président du Conseil de Louis-Philippe, qui ne put supporter d'être un Président de la République potiche et démissionna moins de six mois après avoir été élu. Enfin, ce fut l'affaire Millerand. Le Président de la République, dont on souhaitait sous la III° République qu'il reste dans une prudente réserve, avait ouvertement pris parti lors des élections législatives de 1924. Il souhaitait voir renaître le pouvoir présidentiel et l'avait fait savoir lors d'un discours prononcé à Evreux[1]. Toute la campagne électorale se fit sur le thème du départ du Président de la République. Ses adversaires l'emportèrent et entreprirent la "grève des ministères". Chacun refusait d'être chef du Gouvernement tant que le Président ne démissionnerait pas. Millerand tenta une dernière résistance en nommant un Président du Conseil n'ayant pas la majorité à la Chambre des députés : François-Marsal. La Chambre refusa le contact avec le Gouvernement et le Président de la République démissionna.

Reste la dernière cohabitation avant la V° République : celle entre le Président René Coty et le Général De Gaulle en 1958. Elle fut imposée par les événements et se terminera par la disparition de la IV° République et donc le départ, là encore, du Président.

A l'inverse de la situation de concordance envisagée dans le chapitre précédent, il se peut que majorité parlementaire et majorité présidentielle ne s'accordent pas. Cette situation peut résulter de deux scénarios (§1). Certains, tirant du caractère exceptionnel de ces situations des conséquences spéciales, estiment que la responsabilité présidentielle serait alors mise en jeu (§2)

§1. Les scénarios possibles

A - Ou bien, le Président de la République qui vient d'être élu n'est pas issu de la majorité parlementaire en place ni soutenu par elle. Dans ce cas, il recourra normalement à la dissolution pour tenter de faire s'accorder les majorités et revenir à l'une des situations étudiées au chapitre précédent.

Ce fut le cas en 1981 et 1988 même si, dans le second cas, le retour à la concordance des majorités ne fut pas aussi complet que dans le premier. Le Président de la République désignera donc des gouvernements de transition, confiés à un Premier ministre dont on sait déjà qu'il sera confirmé en cas de victoire de la majorité présidentielle aux législatives (P. Mauroy et M. Rocard). Ces gouvernements de transition ne sont pas pour autant dépourvus de pouvoirs. Ils disposent de la plénitude de leur compétence puisque, nous le savons, la Constitution de 1958 ne subordonne pas l'entrée en fonction des gouvernements à une quelconque investiture. Ces gouvernements pourront donc, à défaut d'obtenir le vote de lois, l'Assemblée nationale étant dissoute, gouverner par décrets dans les domaines relevant de l'art. 37 al. 1 C. ou de l'art. 21 C. Ils ne sont pas, comme les gouvernements démissionnaires, limités à la seule expédition des affaires courantes (cf. p. 472). De la même manière, lorsque F. Hollande a été élu à la présidence de la République en mai 2012, il a trouvé face à lui une Assemblée nationale majoritairement à droite. Mais il n'a pas eu à dissoudre l'Assemblée puisque, depuis la mise en place du quinquennat (2000) et la modification du calendrier électoral (2001), les élections législatives ont lieu quelques semaines après l'élection présidentielle. Dans l'attente de celles-ci, il a nommé un Gouvernement de transition (J.-M. Ayrault) qui fut reconduit une fois la victoire acquise aux législatives.

L'introduction du quinquennat rend bien entendu cette hypothèse de cohabitation plus rarement possible, du moins tant que l'élection présidentielle précédera de quelques jours les élections législatives. Mais rien, dans l'état actuel du texte constitutionnel, ne garantit que cette coïncidence perdurera : une dissolution aussi bien que la fin prématurée du mandat d'un Président de la République peuvent réintroduire une élection présidentielle durant la législature.

[1] Cf. l'extrait essentiel du discours p. 37.

On peut pourtant imaginer que ce retour à la concordance des majorités ne soit pas obtenu. Ou bien les élections législatives renvoient à l'Assemblée nationale la même majorité que celle sortante ou bien le Président est dans l'impossibilité de dissoudre, une dissolution étant intervenue depuis moins d'un an. Dans ces deux cas, on rejoint en fait l'hypothèse principale que nous envisageons maintenant.

B - Ou bien, le Président étant élu depuis quelque temps déjà, des élections législatives intervenant à leur échéance normale (1986 et 1993) ou de manière anticipée (1997) portent à l'Assemblée nationale une majorité absolue ou relative hostile aux vœux présidentiels. Là encore, le cas devrait être moins fréquent, mais pour les raisons sus évoquées, l'existence d'élections législatives inter mandat n'est pas constitutionnellement impossible. Naît alors une période de « cohabitation ».

Quinquennat et cohabitation

A diverses reprises, dans le cours du texte, nous avons évoqué l'incidence du quinquennat sur l'avenir du régime et en particulier sur la cohabitation. Nous voudrions ici revenir sur cette question de manière plus systématique en regroupant ces réflexions éparses.

Tout d'abord croire que le quinquennat évite la cohabitation est une erreur ; tout au plus, il contribue à la rendre moins fréquente. En effet, le fait que les mandats présidentiel et législatif soient de la même durée n'implique pas que le point de départ et le point d'arrivée de ces mandats soient les mêmes. Le hasard du calendrier électoral conduit certes à ce que, depuis 2002, les deux élections aient lieu de manière **presque** simultanée. On rappellera tout d'abord que l'ordre même des opérations électorales n'a été défini que par une modification le 15 mai 2001 de l'art. LO 121 du code électoral (LO n° 2001-419). Avant ce changement, les législatives de 2002 précédaient la présidentielle. Cette inversion (selon le terme employé par les adversaires de ce changement), ce rétablissement (selon celui des partisans) du calendrier a-t-il une incidence ? Sur la question de la coïncidence, aucune. Expliquons-nous.

→ Si le point de départ des deux mandats est, depuis 2002, le même, le point d'arrivée (qui détermine le futur point de départ) peut varier. L'Assemblée peut être dissoute ; le mandat présidentiel peut être écourté. Si l'une de ces hypothèses se réalise, les élections s'en trouveront décalées dans le temps jusqu'à ce qu'un nouvel événement (dissolution ou fin prématurée du mandat présidentiel) ne rétablisse éventuellement la simultanéité. C'est donc sur l'espoir qu'il n'y aura dans l'avenir ni dissolution ni événement affectant la présidence que repose le maintien du calendrier actuel.

- Certes on peut croire que les dissolutions soient moins fréquentes. C'est en cela sans doute que le nouveau calendrier est intéressant. Il vise à profiter, comme en 1981 et 1988, du phénomène d'entraînement que doit normalement produire l'élection présidentielle pour doter le Président d'une majorité parlementaire pour l'ensemble de son mandat, rendant de ce fait la dissolution inutile. On ne peut qu'acquiescer à cette analyse mais avec un bémol. Les majorités parlementaires immédiatement consécutives à une élection présidentielle ne sont pas toujours aussi importantes qu'on peut le croire (l'espérer) ; que l'on se penche sur les élections législatives de 1988 pour se souvenir que la majorité présidentielle n'était que « relative » à l'Assemblée nationale. Et dans ces cas, une dissolution n'est pas à exclure. Que l'on se souvienne qu'en 1968 le Président disposait d'une majorité (faible justement) ; des événements extérieurs l'ont contraint à dissoudre. Que l'on se souvienne qu'en 1962, la majorité finit par voler en éclats. Une élection présidentielle acquise avec une faible différence de voix peut conduire à une majorité faible voire à l'absence de majorité. Bref, la diminution des hypothèses de dissolution n'est pas la disparition de la dissolution.

- Pour le reste, s'agissant du mandat présidentiel, il n'est pas besoin d'insister pour admettre que rien ni personne ne peut en garantir la durée.

Bref, la coïncidence n'est que conjoncturelle et rien ne la garantit à long terme.

→ Qui plus est, et malgré la conjoncture, cette simultanéité n'est pas totale. Il subsiste un hiatus entre les deux élections. Pas plus de quelques jours. N'est-ce pas suffisant pour que des changements interviennent dans l'opinion. Entre les deux élections, il y aura une campagne électorale et il est toujours possible de la perdre. On renvoie ici aux élections législatives de 2007 qui virent fondre entre les deux tours la majorité espérée par N. Sarkozy à la suite d'une bévue durant la campagne (cf. p. 241). Bien des scénarios ont été imaginés pour réduire ce danger. En particulier il a été proposé d'organiser les deux élections le même jour, du moins au second tour. Cela ne change pas les choses. Qu'il y ait hiatus ou non, comment s'assurer que les deux élections soient effectivement favorables à la même majorité. On a parlé de l'effet d'entraînement de la présidentielle ; dans le cas de simultanéité des seconds tours, il ne joue pas sauf à estimer que c'est toujours le candidat arrivé en tête au premier tour qui l'emporte ; or l'élection de 1995 montre qu'il n'en est pas toujours ainsi. De plus, et dans tous les cas de figure, si l'élection présidentielle est gagnée d'une courte tête comment être sûr que cet effet joue suffisamment pour qu'une majorité de circonscriptions soit en faveur des candidats de la majorité présidentielle : 577 élections locales ne donnent pas nécessairement le même résultat qu'une élection nationale.

Bref, la concordance des résultats, même en cas de simultanéité maximale, n'est pas assurée. La correspondance des durées des mandats ne supprime pas la cohabitation, et du reste, c'est dans la logique des choses. Supprimer toute possibilité de cohabitation, c'est en fait changer de régime. En effet, si ce ne sont plus les résultats des élections législatives qui déterminent quel programme sera appliqué, nous quittons le régime parlementaire.

Le Président de la République, confronté à des circonstances politiques de cet ordre, doit en tenir compte, à moins bien sûr qu'il ne démissionne. Certains ont estimé qu'il devait en être ainsi. Concevant l'échec de la majorité présidentielle aux élections législatives comme un désaveu personnel du Président, ils considèrent que ce résultat remet en cause la légitimité acquise par l'élection présidentielle et qu'il doit donc se démettre (théorie de la majorité la plus récente). Il y aurait naissance d'une véritable responsabilité du Président de la République devant le peuple.

§2. De l'existence d'une responsabilité du Président devant le peuple

Selon les partisans de cette analyse, la responsabilité du Président devant le peuple se manifesterait lors d'élections législatives (B) ou de référendum (A).

A - Responsabilité présidentielle et référendum

Nous avons déjà eu l'occasion de parler de la responsabilité du Président dans l'hypothèse du référendum (cf. p. 80). Il est vrai que Charles De Gaulle, utilisant cette technique dans un sens très plébiscitaire, y trouvait un moyen de conforter sa politique et son pouvoir dans des périodes délicates où son autorité était mise en cause. Du reste, poussant la logique jusqu'au bout, il devait démissionner au lendemain du référendum négatif de 1969. Il semble pourtant qu'il y ait là plus une déformation tenant à la stature du personnage que la naissance d'une coutume.

Le Président Pompidou n'a pas laissé pas entendre qu'il aurait tiré les mêmes conclusions si le référendum de 1972 avait été négatif et l'on ne pouvait à l'évidence rien tirer de tel du référendum de 1988 (relatif à la Nouvelle-Calédonie). Lors du référendum de 1992 (traité de Maastricht), F. Mitterrand indiquait clairement qu'il resterait en fonction quel que soit le résultat, mettant déjà en péril la théorie de la responsabilité du Président devant le peuple.

Mais, c'est évidemment avec le référendum du 29 mai 2005 que la démonstration devait être faite que cette théorie avait vécu avec la période gaulliste. Alors même que J. Chirac s'était largement engagé pour le « oui » au référendum qu'il avait décidé d'organiser sur le traité établissant une Constitution pour l'Europe (l'annonce de ce référendum avait été faite à l'occasion du 14 juill. 2004), la nette victoire du « non » ne devait conduire le Président qu'à faire une allocution télévisée au cours de laquelle, prenant acte de ce résultat, il annonçait un changement ... de Gouvernement (démission de J.-P. Raffarin). Aucune allusion, ni pendant la campagne référendaire, ni pendant cette allocution, à une quelconque responsabilité n'a été faite, lors même que c'est largement la politique du Gouvernement, telle que l'avait définie le Président, qui avait été sanctionnée.

B - Responsabilité présidentielle et élections législatives

Deux situations sont ici envisageables selon que les élections interviennent à leur date normale (1) ou qu'elles sont anticipées (2).

1. Elections législatives intervenant à la date constitutionnelle

S'agissant de cette hypothèse, il convient de distinguer selon que ces élections ont lieu en cours de mandat présidentiel ou au début de celui-ci.

a) En cours de mandat présidentiel

Il faut tout d'abord indiquer que cette situation, logique lorsque le mandat présidentiel était plus long que le mandat parlementaire, ne devrait plus se produire. Sauf à imaginer un décalage qui naitrait du fait de circonstances imprévues (cf. encadré ci-dessus). Reste que s'il devait en être ainsi, le Président serait ramené au cas de ses prédécesseurs lorsque leur mandat était de 7 ans.

Si donc des élections législatives ont lieu en cours de mandat, c'est là le jeu normal des institutions : le Président de la République ne peut se soustraire à cette échéance et l'on comprend mal alors pourquoi sa responsabilité serait engagée. Il peut certes prendre parti durant la campagne électorale et soutenir les formations qui ont comme programme la mise en œuvre de sa politique ; cela ne conduit pas à devoir analyser ces élections comme pouvant confirmer ou infirmer le résultat des présidentielles précédentes mais simplement comme le choix par les électeurs de la politique qu'ils souhaitent voir appliquer. En effet, les deux élections sont de nature radicalement différente : l'une est le choix d'un homme, l'autre le choix d'une politique. Et il est normal, dans un régime parlementaire, que l'orientation essentielle de la politique du pays soit donnée par le résultat des élections législatives. Le général De Gaulle lui-même avait bien compris cette distinction et l'expliquait en disant que 495 (nombre de députés à l'époque) élections séparées ne peuvent remettre en cause une élection présidentielle.

Ainsi, pour pouvoir mener sa politique, le Chef de l'Etat nouvellement élu va tenter d'obtenir une majorité favorable à l'Assemblée nationale et pouvoir, grâce à elle, réaliser son programme. Ce sont donc les législatives immédiatement postérieures à l'élection présidentielle qui conditionnent la mise en œuvre effective des orientations définies par le futur Président durant sa campagne. Devrait-il, à peine élu, démissionner parce que les législatives lui sont défavorables ?

Par ailleurs, lorsque la Constitution prévoyait un mandat présidentiel sensiblement plus long que le mandat parlementaire, il y avait, quelles que soient les circonstances, des législatives durant le septennat ; nous avons montré que cela pouvait encore se produire à l'avenir. Dans ce cas, l'éloignement des deux échéances électorales pouvait justifier la remise en cause du mandat présidentiel comme certains l'ont prétendu. Pourtant, lorsque les législatives inter mandats ne reconduisent pas à l'Assemblée une majorité favorable au Président, ce sont normalement les orientations politiques de l'opposition présidentielle, victorieuse cette fois et donc devenue majorité parlementaire, qui seront appliquées sans que le Président soit pour autant obligé de démissionner. Du reste, les Présidents qui ont été ainsi confrontés à de telles élections n'ont pas fait savoir qu'ils en tireraient des conséquences quant à la durée de leur mandat. Au contraire, par deux fois, ils ont clairement indiqué qu'ils resteraient au pouvoir. Tel fut le sens de l'intervention de V. Giscard d'Estaing à Verdun sur le Doubs en 1978 :

« Vous pouvez choisir le programme commun. C'est votre droit. Mais sachez que si vous le choisissez, il sera appliqué. Le Président n'a pas, dans la Constitution, les moyens de s'y opposer. »

et de F. Mitterrand au Grand Quevilly en 1986.

« Selon les résultats, ma fonction, mes devoirs et mes droits seront les mêmes dans tous les cas ».

Ce phénomène d'élections inter mandats n'est d'ailleurs pas spécifique au régime français. On le rencontre aux Etats-Unis où les élections au Congrès ont lieu tous les deux ans alors que le Président y est élu pour quatre ans. Certes, il s'agit là d'un régime présidentiel dans lequel la séparation stricte des pouvoirs supprime le principe de responsabilité politique de l'exécutif devant le législatif. Le Président des Etats-Unis ne voit donc pas son mandat remis en cause à cette occasion. Mieux, il pourra tenter de ne pas tenir compte de ce résultat grâce à l'usage du veto. En France, le Président devra nécessairement tirer les conséquences politiques du résultat des élections législatives.

b) Elections en début de mandat

La situation serait plus délicate si, le Président venant d'être élu quelques semaines plus tôt, il ne devait pas parvenir à obtenir que ses partisans soient majoritaires (majorité absolue ou relative) à l'Assemblée nationale. Cette hypothèse, pour peu probable qu'elle soit, aurait une conséquence catastrophique pour les institutions. Le Président serait dans une situation invraisemblable s'il restait en fonction sans rien tenter. Elu sur un programme, ou du moins des promesses, il se verrait dans l'impossibilité de les mettre en œuvre. Doit-il alors considérer qu'il y a un désavoeu le concernant et démissioner ? Cela provoquerait une nouvelle élection présidentielle à laquelle d'ailleurs, il pourrait être candidat. On imagine la situation. Doit-il au contraire estimer que le résultat des législatives est aberrant et dissoudre immédiatement l'Assemblée élue ? Il pourrait même la dissoudre avant qu'elle ne se réunisse. On peut craindre pourtant que, dans ce cas, le résultat ne soit pas changé. On serait réduit au cas que nous étudierons ensuite.

On convient que les probabilités qu'une telle situation se produise sont faibles. Reste qu'elle n'est pas impossible et qu'il y a, en France, un véritable scrutin à quatre tours qui est ainsi imposé. Un Président nouvellement élu doit encore gagner les législatives.

2. Elections législatives anticipées

Si le Président de la République, en vertu de l'art. 12 C., a prononcé la dissolution de l'Assemblée nationale et ainsi provoqué des élections législatives anticipées les conséquences à tirer sur le mandat présidentiel ne seront pas les mêmes selon les raisons qui auront présidé au prononcé de cette dissolution. On peut imaginer quatre raisons qui, par ordre croissant, engagent de plus en plus la responsabilité présidentielle.

- Dans le cas où il s'agit d'un différend entre le Gouvernement et sa majorité parlementaire, cas rappelons-le qui est dans la logique du régime parlementaire, la dissolution étant la réplique logique au renversement du Gouvernement, le Président de la République, se contentant de jouer normalement son rôle d'arbitre, n'aura pas à tirer de conséquence pour lui-même du résultat des élections. Tout au plus devra-t-il en tenir compte dans le choix du nouveau Premier ministre.

- La situation est déjà plus délicate lors d'une dissolution de pure convenance. Dans cette hypothèse, le Président de la République dispose d'une majorité qui est fidèle au Gouvernement. Pourtant, craignant que les prochaines élections ne lui soient défavorables, le Président dissout en espérant, compte tenu des sondages par exemple, conserver maintenant la majorité qui pourrait lui échapper plus tard[1]. L'implication du Président de la République dans une telle hypothèse est nécessairement forte. Il aura, compte tenu des raisons qui le poussent à dissoudre, la tentation de s'impliquer fortement dans la campagne et selon le résultat, son crédit pourra s'en trouver entamé. C'est exactement l'hypothèse de 1997 (cf. p. 136).

[1] Certes, la coïncidence des calendriers électoraux devrait rendre cette hypothèse rarissime. Mais encore une fois cette coïncidence n'est pour l'instant que conjoncturelle.

L'implication du Président de la République dans la dissolution nous éloigne ici du système britannique dans lequel elle était l'arme ultime du Gouvernement. L'exemple de 1997 est sur ce plan tout à fait éclairant. A la suite du premier tour de scrutin déjà fort défavorable à la majorité sortante, le Président tente de limiter les conséquences du vote à la sphère gouvernementale. Il demande et obtient que le Premier ministre annonce que, quel que soit le résultat, il ne resterait pas en poste. Cela ne suffit pas à retourner la situation, pas plus d'ailleurs que l'apparition sur le devant de la scène d'un Premier ministre putatif en la personne de Ph. Seguin. Bien au contraire. Le second tour donne aux Français non seulement la possibilité de choisir leur Premier ministre mais surtout de désavouer le Président de la République. Pourtant, même s'il sort affaibli de cet l'échec, même si son implication fait de ces élections un revers personnel, le Président n'est pas contraint à la démission. Il devra, comme c'est dans la logique du régime parlementaire, choisir un Premier ministre dans la nouvelle majorité. Simplement, son influence à venir sera limitée du fait de ce désaveu. Sa faculté d'empêcher et son influence seront réduites d'autant, du moins dans les mois suivant immédiatement les élections (cf. p. 330).

Ces deux hypothèses sont désormais peu vraisemblables. Le Président s'impliquant très largement dans la politique et le Premier ministre ne faisant, le plus souvent, que mettre en œuvre les choix présidentiels, le premier cas ne pourrait résulter que d'une cohabitation. La concordance mise en œuvre s'agissant de la durée des mandats rend peu crédible le second cas, sauf les accidents de parcours déjà évoqués (cf. encadré ci-dessus).

- En revanche, si la dissolution vise directement à régler un conflit dans lequel le Président s'est impliqué, la solution sera différente[1]. La crise de 1962, là encore, fournit un bon exemple. On se souvient que la motion de censure déposée alors visait en fait le Président de la République. Un conflit était né entre le chef de l'Etat et l'Assemblée nationale : le Président invita le peuple à le trancher. Celui-ci accorda sa confiance au Chef de l'Etat en renvoyant à l'Assemblée nationale une majorité de parlementaires soutenant le Président de la République ; tout fut donc pour le mieux. Dans le cas inverse, les paroles de Gambetta, à propos de Mac Mahon en 1877, eussent retrouvé tout leur sens : il aurait fallu que le Président "se soumette ou se démette", qu'il perde son pouvoir ou l'abandonne. Dans ce type de situation, la responsabilité du Président de la République devant le peuple s'exprimant lors de législatives anticipées est en fait dans la logique même du conflit. Il n'en reste pas moins que se soumettre peut suffire.

- Il n'est en fait qu'une hypothèse dans laquelle on serait en droit de croire que se soumettre ne suffirait pas. Ce serait le cas d'un Président qui prononcerait la dissolution d'une assemblée dès le lendemain de l'élection de celle-ci au motif que la majorité présidentielle n'aurait pas remporté les élections organisées à la date normale[2]. S'il perd ces nouvelles élections, seule la démission semble possible.

Donc, dans tous les cas, que les élections aient lieu à l'échéance constitutionnelle ou non, dès lors qu'une majorité parlementaire hostile à la politique pour laquelle le Président de la République a été élu gagne les élections législatives, il n'est d'autre alternative à la démission que de nommer un Premier ministre issu de la majorité parlementaire ainsi dégagée. Toute

[1] On peut là encore estimer que les risques dans l'avenir sont moindres. C'est vrai. Mais dans l'hypothèse où les législatives intervenues immédiatement après les présidentielles ne donneraient au Président qu'une majorité relative et composite, la situation de 1962 pourrait se reproduire.

[2] On serait proche dans ce cas de la situation qui, en 1830, avait entraîné la chute de Charles X.

autre nomination conduirait nécessairement à la crise puisque, notre Constitution étant parlementaire, le Gouvernement est responsable devant le Parlement et précisément devant l'Assemblée nationale. En toute logique, la majorité refuserait d'entrer en contact avec un Premier ministre qui ne serait pas issu de ses rangs ou le renverserait. La crise ne pourrait trouver sa solution dans une dissolution. En effet, il y a peu de chance pour que le peuple se déjuge et la même majorité se retrouverait. Le Président de la République serait alors déjugé et son autorité très amoindrie. Il ne pourrait plus en tout cas dissoudre à nouveau l'Assemblée durant un an puisque l'art. 12 C. l'interdit et ne pourrait plus alors que composer avec la nouvelle majorité qui, forte de son double succès électoral, ne manquerait pas d'exiger la démission du Président.

La solution la plus probable, et du reste ce fut celle qui se présenta en 1986, 1993 et 1997, sera le choix par le Président d'un Premier ministre dans la majorité parlementaire dès les résultats de l'élection connus. Il le fera d'autant plus aisément que la situation qui naît ainsi ne le prive pas nécessairement de pouvoirs et encore moins d'espoirs, comme nous aurons l'occasion de le montrer.

II. LE FONCTIONNEMENT DE LA CONSTITUTION EN PERIODE DE COHABITATION

Dans le cas que nous envisageons maintenant, Matignon devient le centre essentiel du pouvoir puisque le Premier ministre n'a plus de comptes à rendre au Chef de l'Etat et peut donc mettre en œuvre directement la politique qu'il souhaite (§1). Le Président de la République n'est pourtant pas réduit au rôle protocolaire de ses prédécesseurs des III° et IV° Républiques et un véritable partage du pouvoir s'instaure entre les deux têtes de l'exécutif (§2).

§1. Matignon, centre du pouvoir

Il ne fait guère de doute, dans l'hypothèse d'une discordance des majorités, que le pouvoir change de camp. N'étant pas l'obligé du Président de la République, le Premier ministre n'a de comptes à rendre qu'à l'Assemblée nationale devant laquelle il est responsable (A) et peut, en exerçant la plénitude de ses pouvoirs, déterminer et conduire la politique de la Nation comme l'invite à le faire l'art. 20 C. (B).

A. Le caractère moniste de la Constitution

Nous avons déjà montré qu'aux termes mêmes de la Constitution et conformément à la volonté de ses auteurs, c'est un régime moniste qui est mis en place en 1958. L'existence d'une responsabilité du Premier ministre devant le Chef de l'Etat est fermement rejetée, même par le Général De Gaulle (cf. p. 100), et son existence pratique n'est que la résultante d'une déformation coutumière du régime due à la concordance des majorités. En toute logique, l'absence de concordance des majorités conduit à faire disparaître cette pratique. C'est donc à la lecture originelle de la Constitution qu'oblige à revenir ce schéma politique. Le Premier ministre n'est dès lors responsable que devant l'Assemblée nationale. Or, il y dispose d'une majorité.

L'existence de cette majorité parlementaire est la base essentielle conditionnant le fonctionnement de la Constitution dans cette hypothèse. Nous avons montré que le Président de la République était obligé de choisir le Premier ministre dans cette majorité ; il est donc par définition hostile au Président. Mais, disposant du soutien de l'Assemblée nationale, il est, une fois nommé, quasiment intouchable (on a parfois dit "indéboulonnable"). Le Président ne dispose d'aucun moyen pour obtenir de lui une démission qu'il ne voudrait pas présenter. Outre la démission vraiment volontaire, il n'y a donc de causes au départ du Premier ministre que les causes classiques en régime parlementaire : censure parlementaire (ce qui en l'espèce semble exclu) ou nouvelles élections présidentielles ou législatives. Le Président de la République devra donc composer avec cet opposant sans possibilité de le changer : le régime est redevenu moniste.

Quant au Premier ministre, disposant d'une majorité parlementaire, il pourra gouverner. Il le pourra d'autant plus facilement que, la Constitution le dotant de nombreux et importants pouvoirs, il pourra ici les utiliser au profit de sa politique et non plus, comme dans le cas précédent, au profit de celle du Président... Toutes les ressources dont il dispose dans la Constitution pour domestiquer le Parlement peuvent être mises en œuvre. Qu'il soit assuré d'une majorité dans les deux chambres et sa tâche sera facilitée. Qu'il n'ait cette majorité qu'à l'Assemblée nationale et il pourra écarter le Sénat par l'usage de l'art. 45 al. 4 C. Que la majorité à l'Assemblée soit faible ou frondeuse, et il pourra user du vote bloqué (art. 44 al. 2 C.) et de l'art. 49 al. 3 C. pour forcer la main des députés. Bref, le Premier ministre dispose de la majorité lui permettant de conduire la politique qu'il souhaite. Reste à savoir s'il peut, contrairement aux cas précédemment envisagés, réellement déterminer la politique qu'il souhaite ainsi conduire.

B. Le Premier ministre détermine réellement la politique de la Nation

Déterminer la politique de la Nation[1] suppose, nous l'avons déjà dit, d'en fixer d'abord les grandes orientations. Il le fera, dans les circonstances que nous envisageons ici, lors d'un quasi « vote d'investiture » qu'il ne manquera pas de solliciter de sa majorité. En cas de cohabitation, le Premier ministre, en effet, a tout intérêt à faire usage de l'art. 49 al. 1 C. En effet, Le Premier ministre ne peut pas, comme en période de concordance, tirer sa légitimité de sa nomination par un président de la République hostile à la politique qu'il compte suivre. Il montre au Chef de l'Etat, en demandant la confiance de l'Assemblée nationale, qu'il dispose bien de la légitimité du pouvoir grâce à la majorité parlementaire qui le soutient (c'est du reste ce que firent J. Chirac, le 9 avr. 1986, E. Balladur, le 8 avr. 1993 et L. Jospin, le 19 juin 1997). Par ailleurs, si le Sénat leur est favorable, les Premiers ministres feront également usage de l'art. 49 al. 4 et demanderont d'accorder sa confiance au Gouvernement (J. Chirac, le 15 avr. 1986 et E. Balladur, le 15 avr. 1993). Ensuite, il s'agira de traduire ces orientations générales en textes législatifs (1) ou réglementaires (2) selon la répartition fixée par les art. 34 C., 37 C. et 21 C. Là encore, le Premier ministre n'aura aucune difficulté.

1. Le Premier ministre a seul l'initiative des lois au sein de l'exécutif

Partageant l'initiative des lois avec les parlementaires, le Premier ministre est néanmoins le seul membre de l'exécutif à pouvoir présenter des projets de loi (art. 39 C.). Le Président de la République n'a pas ce pouvoir. Or, ici, il ne trouvera pas dans le Premier ministre l'intermédiaire complaisant des hypothèses de concordance. Seuls les projets conformes aux orientations politiques du Premier ministre seront discutés. D'aucuns ont prétendu que, les projets de loi étant débattus en Conseil des ministres, il appartiendrait au Président de la République de les signer et ce en vertu d'une interprétation extensive de l'art. 13 C. En fait, actes préparatoires à la loi, les projets de loi ne sont pas des "décrets délibérés en Conseil des ministres" et ne doivent donc pas être signés par le Président. Ils ne le sont d'ailleurs pas dans la pratique, mais sont accompagnés d'un décret de présentation signé du Premier ministre. Du reste, le Conseil constitutionnel a jugé que l'absence du Premier ministre lors du Conseil des ministres au cours duquel est délibéré un projet de loi était couverte par la signature, par lui, du décret de présentation, montrant bien qu'il s'agit d'une compéten-

[1] Sur les questions militaires et internationales cf. p. 324 et s.

ce du chef du Gouvernement (Cons. const. 84-179 DC §§1 à 3, 12 sept. 1984, Limite d'âge des fonctionnaires).

Reste la question de l'inscription à l'ordre du jour du Conseil des ministres. Nous avons dit que dans la plupart des cas, cet ordre du jour était négocié entre l'Elysée et Matignon. Pourtant, si le Président et le Premier ministre s'opposent sur un texte, le Président peut tenter, en refusant de l'inscrire à l'ordre du jour du Conseil, d'interdire son dépôt sous la forme d'un projet de loi. A vrai dire, il n'y a pas d'exemple dans ce sens[1]. On peut simplement rappeler que, s'agissant du projet de loi sur le statut de la Corse, le Président a refusé de l'inscrire à l'ordre du jour du Conseil du 14 févr. 2001. Le projet n'a été examiné que la semaine suivante. C'est ainsi un simple retard qui est à enregistrer. En fait, si d'aventure le Président devait persister, le Premier ministre pourrait s'en remettre à un parlementaire de la majorité pour déposer, sous forme de proposition de loi, le même texte que celui du projet. De plus, politiquement, le Président étant assez affaibli dans cette période de cohabitation, il ne se risquerait pas à refuser l'inscription à l'ordre du jour du conseil des ministres de projets emblématiques du Gouvernement.

Ainsi, rien ne s'oppose vraiment à ce que le Premier ministre dépose au Parlement les projets de loi qu'il souhaite.

Quant au Président, il n'a d'autre ressource que de demander à des parlementaires d'opposition qui lui sont favorables de déposer, sous la forme de propositions de loi, les textes qu'il souhaite. Ceci n'est pourtant qu'un expédient puisque le Premier ministre étant maître de l'ordre du jour parlementaire, il ne fera pas inscrire les propositions émanant de l'opposition. Ces propositions seront inscrites à l'ordre du jour de la journée mensuelle des groupes d'opposition ... mais ne seront pas adoptées.

Le Parlement n'adoptera que des projets du Premier ministre ou des propositions de la majorité parlementaire ayant l'accord du Premier ministre qui disposera ainsi des lois qu'il souhaite. Il lui reste à édicter les décrets nécessaires pour compléter le dispositif.

Enfin la pratique des « réunions de ministres », sorte de 'Conseil de cabinet' réunissant autour du Premier ministre tout ou partie des membres du Gouvernement permet de limiter les débats internes à la majorité lors des Conseils des ministres.

2. Le pouvoir réglementaire du Premier ministre

Ici encore, nous avons déjà dit que l'essentiel du pouvoir réglementaire était concentré entre les mains du chef du Gouvernement qui n'a donc, apparemment, aucune difficulté à donner corps à la politique qu'il promettait durant la campagne législative. Cependant, le Président de la République dispose lui aussi d'une part du pouvoir réglementaire (cf. p. 67). Reste à savoir si, dans l'hypothèse qui nous occupe, le Président de la République pourra utiliser ce pouvoir réglementaire résiduel pour contrarier les volontés du Premier ministre.

En fait, le pouvoir réglementaire du Président de la République s'exerce sous la forme de trois catégories d'actes, répondant chacune à des situations particulières. Si l'on exclut ici du raisonnement les décisions prises en vertu de l'art. 16 C. (cf. p. 86) qui n'a pas de raison de s'appliquer puisque la situation n'est en rien exceptionnelle ou qui, s'il s'applique, transfère alors tous les pouvoirs au Président, seuls nous restent donc les ordonnances et les décrets délibérés en conseil des ministres. Nous réserverons le cas des ordonnances à des développements ultérieurs et nous nous consacrerons donc ici aux décrets délibérés en conseil des ministres.

---

[1] On note pourtant que F. Mitterrand s'est opposé avec succès à l'inscription à l'ordre du jour du Conseil des ministres d'un projet de loi sur l'organisation des « primaires » (E. Balladur, Deux ans à Matignon, p. 83 en revanche voir aussi p. 189) mais le gouvernement ne tenait pas non plus à ce texte.

Les décrets délibérés en Conseil des ministres sont de deux ordres : ceux obligatoirement délibérés en Conseil des ministres et ceux pour lesquels cette formalité n'est que facultative.

En réalité, la catégorie des décrets obligatoirement soumis au Conseil des ministres est très réduite. Hormis les rares dispositions constitutionnelles (art. 36 C.) ou organiques (en particulier dans le domaine financier : art. 14 de la LOLF par exemple), l'essentiel de ces règlements est constitué par des décrets d'application des lois pour lesquels une prescription expresse du législateur a rendu cette formalité obligatoire. Le législateur peut en effet imposer que les décrets d'application des lois soient pris sous la forme de décrets en Conseil des ministres et, dans ce cas, que le Président de la République soit amené à les signer. Ne voyant qu'un handicap dans ce mécanisme, le Premier ministre peut faire pression sur la majorité parlementaire pour qu'elle ne crée plus de tels décrets, réduisant pratiquement à néant toute intervention présidentielle.

Reste la question des décrets délibérés en Conseil des ministres lorsqu'aucun texte n'oblige à cette formalité. Créés pour permettre au Président de la République de participer à la décision par évocation des matières qui, normalement, pourraient être traitées sans son intervention, cette catégorie de décrets est bien sûr gênante en période de cohabitation, puisque le Premier ministre n'a plus intérêt à une telle assomption. Jusqu'à l'intervention du Conseil d'Etat, ces décrets ne posaient pas de difficultés. Il était admis que lorsque le Président signait un décret délibéré en Conseil des ministres alors que cela n'était pas obligatoire, l'acte restait formellement un décret du Premier ministre que celui-ci pouvait donc modifier seul (CE 10 oct. 1987, *Synd. aut. enseignants de médecine : Lebon 310*).

Le Conseil d'Etat est venu modifier cette jurisprudence par une décision (CE ass., 10 sept. 1992, *Meyet : AJDA 1992 p. 643*), aussi peu explicite que justifiée, mais confirmée depuis (CE 23 mars 1994, *Cté d'ent. de la Régie Nle des usines Renault : Lebon 152* ; 27 avr. 1994, *Allamigeon et Pageaux : Lebon 191*). Le Conseil d'Etat estime que seul un décret en Conseil des ministres peut modifier un décret en Conseil des ministres pris alors qu'aucune disposition de nature constitutionnelle, organique ou législative n'imposait cette formalité.

Un tel revirement pouvait avoir des conséquences graves et risquer de rompre l'équilibre institutionnel au point de rendre sinon impossible, du moins plus conflictuelle, une éventuelle cohabitation. En effet, si l'on applique à la lettre la jurisprudence « Meyet », le Premier ministre se voit amputé d'une partie tellement importante du pouvoir réglementaire que l'alternance des politiques serait pratiquement nulle du fait de l'impossibilité de remettre en cause le passé. Il suffirait que, prévoyant une cohabitation, un Président de la République demande à son Premier ministre de tout lui donner à signer, pour que le Premier ministre suivant (donc opposé au Président) soit apparemment paralysé. Mais, s'il est vrai que cette jurisprudence ne facilite pas la situation du Premier ministre, il n'est pas vrai que le Premier ministre risque de perdre définitivement sa suprématie comme titulaire du pouvoir réglementaire. D'aucuns ont montré que, même dans ce cas extrême, le Premier ministre de cohabitation pourrait reprendre les compétences confisquées[1]. Compliquée et inutile, la jurisprudence « Meyet » était donc largement critiquée[2]. Une solution pour en atténuer les effets fut recherchée et trouvée.

Depuis lors, en effet, la plupart des décrets délibérés facultativement en conseil des ministres contiennent une disposition indiquant qu'ils peuvent « être modifiés par décret du Premier ministre », rétablissant ainsi la compétence réglementaire de celui-ci. On pouvait

---

[1] Pour une démonstration sur le peu de danger de cette jurisprudence, voir : M. Lascombe, « Les décrets délibérés en Conseil des ministres et le Rapport Vedel » - *LPA, 26 avr. 1993, p. 7.*

[2] Voir les passages consacrés à ce revirement dans le rapport « Vedel » : *JO 16 févr. 1993 p. 2537* (cf. p. 378).

certes douter de la légalité d'une telle disposition qui semblait porter atteinte à la répartition des compétences en matière de pouvoir réglementaire telle que la fixe la Constitution ; le Conseil d'Etat a pourtant admis que l'on puisse agir de la sorte (CE 9 sept. 1996, *Collas : D. 1997. 129*). Sans revenir sur sa jurisprudence, le Conseil d'Etat permettait ainsi qu'on la contourne élégamment, réservant des procédures plus complexes aux seules hypothèses des cohabitations conflictuelles.

Ainsi, les moyens dont dispose le Président de la République se trouvent très limités dès qu'une cohabitation lui est imposée lors d'élections législatives. Est-ce à dire que le Président se trouve réduit alors au rôle d'apparat que les Républiques antérieures lui avaient assigné ? Certes non ! Un rôle nouveau, mais également important, continue de lui maintenir une place particulière dans les institutions.

§2. Le rôle nouveau du Président de la République

La situation du Président de la République en cas de cohabitation n'est certes pas aussi confortable que lorsqu'il dispose d'une majorité parlementaire favorable à ses vues. Il ne peut plus gouverner comme il le souhaite et ne détermine donc plus la politique de la Nation. En est-il pour autant réduit au rôle des Présidents des Républiques précédentes, simplement chargés d'un rôle "cérémoniel" et de représentation ? Non ! Le Président de la V° République dispose de pouvoirs que ses prédécesseurs n'avaient pas, soit qu'ils résultent d'une interprétation généralement admise mais extensive de certaines dispositions constitutionnelles (A) soit qu'ils soient apparus à l'usage (B) ou qu'ils découlent de la Constitution elle-même (C).

A. Les pouvoirs maintenus à la Présidence de la République

Alors qu'on aurait pu croire que le Président de la République perdrait, en cas de cohabitation, tous les pouvoirs qui supposaient le contreseing du Premier ministre, F. Mitterrand parvint néanmoins à conserver la suprématie dans les deux domaines essentiels que constituent la politique militaire et la politique diplomatique. Le maintien de ces compétences au Chef de l'Etat est en réalité le fruit d'une lente évolution des conceptions en la matière. Ces deux sphères de compétences[1], qui sont parmi les éléments les plus importants des pouvoirs d'Etat, témoignent de sa force et de sa continuité, au point qu'un accord se fait pour admettre qu'elles soient dorénavant acquises aux seules volontés du Chef de l'Etat, garant de la continuité de l'Etat et de l'indépendance de la Nation. Du reste, la prédominance du Chef de l'Etat dans ces matières est admise par une large proportion des Français eux-mêmes. Elle a d'ailleurs été confortée par le "Comité Vedel" (cf. p. 378) qui notait :

> "Quel que soit le jugement que l'on peut porter sur les termes juridiquement discutables de "domaine réservé" il n'y a lieu, ni en ce qui concerne la conduite des relations internationales, ni en ce qui concerne la défense nationale de revenir sur une tradition trentenaire... L'articulation des pouvoirs du Président de la République et du Gouvernement conduit à l'affirmation d'une primauté du Président...".

Cela conduisit en 1986 le Président de la République à contester les ministres qui furent proposés à sa nomination comme titulaires de ces portefeuilles (MM. Léotard à la Défense et Lecanuet au Quai d'Orsay). Les titulaires de ces fonctions furent en fait choisis, certes dans la majorité parlementaire, mais d'un commun accord entre le Président (F. Mitterrand) et le Premier ministre (J. Chirac), marquant ainsi, même en période de cohabitation, que le Président de la République gardait, dans ces matières, l'essentiel de la compétence. En laissant au Président de la République la possibilité de contester le choix des ministres

---

[1] Dont on notera qu'ils sont deux éléments ayant en leur temps fait partie du "domaine réservé" (cf. p. 295). Depuis 1958, c'est donc toujours au Président de la République qu'a appartenu la décision en ces matières.

qu'il proposait, le Premier ministre admettait en effet implicitement qu'il ne disposait pas dans ces domaines du véritable pouvoir de décision. Certes, la nomination des ministres chargés de ces portefeuilles a été moins conflictuelle en 1993, comme ce fut le cas du reste dans presque tous les domaines. La faiblesse de l'opposition parlementaire socialiste et le caractère de E. Balladur ne sont sans doute pas étrangers à ce nouveau climat de la seconde cohabitation. En 1997, L. Jospin propose au Président Chirac la nomination des ministres en deux temps. Il le rencontre une première fois pour le « domaine partagé » (selon la terminologie utilisée à cette occasion), défense, affaires étrangères et affaires européennes. Ensuite, une fois l'accord obtenu sur ces portefeuilles, le Premier ministre reviendra à l'Elysée proposer la suite de son Gouvernement.

Le « domaine réservé » a-t-il encore une réalité avec la troisième cohabitation ? J. Chirac estime, le 14 juill. 1997, qu'il existe quatre domaines essentiels dans lesquels le Président de la République a le « dernier mot ». On retrouve dans cette liste les affaires extérieures et la défense mais aussi les questions européennes, l'éducation et la protection sociale. Mais à peine cette interprétation était elle donnée que le Premier ministre déclarait, lors du Conseil des ministres du 16 juill. : « il n'y a pas de domaine de la politique française où le Président de la République aurait le dernier mot ». La situation se présente donc sous des aspects sensiblement différents selon les cohabitations et les matières envisagées et il semble que l'on puisse dire que le « domaine réservé » est devenu maintenant un « domaine partagé ».

1. Les questions militaires

Pour ce qui est des questions militaires, nous savons déjà que le Chef de l'Etat est chef des armées (art. 15 C.). Il s'agit d'une disposition traditionnelle que l'on trouve déjà dans la Constitution de 1791. A ce titre, il préside les conseils de défense et dispose de compétences définies par plusieurs textes comme par exemple l'ordonnance du 7 janv. 1959 portant organisation générale de la défense, le décret du 18 juill. 1962 sur l'organisation de la défense nationale... Il faut y ajouter les effets de l'art. R. 1411-5 C. de la déf. (qui remplace le décret n° 96-520 du 12 juin 1996 relatif à la force nucléaire lui-même abrogeant le décret du 14 janv. 1964 ; cf. p. 295) qui fait de lui le seul responsable de la défense nationale par la disposition qu'il a de cette arme nucléaire essentielle. On notera que, bien que ce pouvoir soit accordé au Chef de l'Etat par un décret en Conseil des ministres, nul ne songe à remettre en cause les attributions présidentielles dans ce domaine : pour la dissuasion nucléaire, tout dépend des ordres que donne le seul Président ; toute solution obligeant à l'entente des deux hommes réduirait à néant l'idée même de la dissuasion. Le Premier ministre conserve la possibilité d'user de la force armée dont il dispose, mais uniquement, semble-t-il, au plan intérieur, à titre d'appoint des forces de police. Dès qu'il s'agira de l'employer à l'extérieur dans le cadre d'opérations très ponctuelles, un accord devra intervenir entre les deux hommes. Mais pour la politique de défense, la prépondérance du Chef de l'Etat se manifestera et ce bien que les actes résultant de ces prérogatives fassent partie des pouvoirs présidentiels soumis au contreseing.

Ainsi, lors du vote du budget militaire en 1986, le Premier ministre finit-il par se ranger aux volontés exprimées par le Président et orienter le projet de loi dans le sens voulu par l'Elysée (à propos de la dissuasion sous-marine). Le Président ayant constaté cet effort du Premier ministre, ceci permit aux députés socialistes de voter le texte avec la majorité parlementaire. L'accord sur la prééminence présidentielle ne semblait pas faire de difficulté puisque la loi de programmation militaire du 22 mai 1987 précise à propos de la force « préstratégique » que « le Président de la République décidera de son emploi en fonction de la situation ... du moment ». De même le Président décide-t-il le maintien de l'arrêt des essais nucléaires, alors qu'un désaccord majeur existe, durant la deuxième cohabitation, entre le Président et le Gouvernement sur cette question. Enfin, si l'hospitalisation du chef de l'Etat, en juill. 1994, l'empêche de pouvoir jouer son rôle plein et entier dans la crise du Rwanda, il ne manquera pas de rappeler, lors d'une réunion à Paris des ambassadeurs de France le 31 août 1994, ses prérogatives tant sur le plan militaire qu'en matière de politique étrangère. En tout cas, durant les deux premières cohabitations les conseils restreints de défense continuent de se tenir à l'Elysée sous la présidence du Chef de l'Etat.

La troisième cohabitation marque pourtant un léger infléchissement. Si l'on a vu que le choix du ministre de la Défense fut l'objet d'un accord entre le Président et le Premier ministre (cf. supra), si le Président se présente toujours comme le garant des intérêts des forces militaires tant en général que plus spécifiquement sur le plan financier (13 juill. 1997), on doit aussi constater que la question de la suppression du Service national a été traitée à partir de cette date par la nouvelle majorité qui refusa la mise en place du « rendez-vous citoyen » souhaité par le Président pour y substituer une seule journée de sensibilisation aux questions de défense[1]. Pour en finir avec cette question, c'est d'un commun accord que le Président et le Gouvernement ont suspendu dès 2001, par anticipation, les incorporations. De même, le Premier ministre n'a pas hésité à indiquer que la question de l'engagement de troupes françaises sur des théâtres extérieurs relevait en fait d'une codécision (15 sept. 1997) et c'est d'un commun accord que les deux têtes de l'exécutif avaient dépêché des troupes françaises à Brazzaville (8 juin 1997) et en Macédoine (10 déc. 1998) et ont géré le conflit du Kosovo en 98-99, objet d'une « cohabitation sans faille ». C'est encore ainsi que furent arrêtées les propositions françaises en vue d'une solution négociée en Irak en janv. 1999 et envoyés des moyens de santé au Timor oriental en septembre de la même année.

2. Les questions diplomatiques

Pour ce qui est des questions diplomatiques, il paraissait encore moins certain que le Président puisse imposer ses volontés. Certes, l'art. 52 C. al. 1 lui donne, en effet, le pouvoir de ratifier les traités, mais il s'agit là d'un pouvoir contresigné qui suppose donc l'accord du Premier ministre. Inversement le Premier ministre ne pourrait lui-même mener aucune politique étrangère sans l'accord du Président[2]. En fait, comme en matière de défense, le Premier ministre de la *première cohabitation* devait peu à peu[3] renoncer à imposer sa politique dans ce domaine. Le Président de la République, à qui l'**art. 5 C.** confie justement la mission de veiller au respect par la France des traités internationaux, conserve donc la haute main sur la politique étrangère, quelles que soient les circonstances. Cette prééminence s'est encore marquée durant la *deuxième cohabitation*, puisque le Premier ministre, E. Balladur, laissa le Président de la République représenter seul la France lors de la réunion annuelle des sept pays les plus industrialisés de Tokyo en juill. 1993 et au sommet de Copenhague en mars 1995. On notera pourtant qu'E. Balladur n'a pas manqué, non plus, de faire des déplacements à l'étranger et qu'A. Juppé, ministre des Affaires étrangères, a joui durant toute cette période d'une grande considération. Dans certaines hypothèses, rares il est vrai, compte tenu de l'affaiblissement du Chef de l'Etat du fait de sa maladie, le Premier ministre a pris certaines initiatives (Crise du Rwanda en 1994). Dans l'ensemble pourtant, les divergences ont toujours été limitées par la volonté commune des deux parties.

---

[1] Le Président et le Premier ministre ont d'ailleurs été présents chacun de leur côté à l'une de ces « journées ».

[2] Si ce n'est sous la forme d'accords en forme simplifiée comme le prévoit l'al. 2 du même art. 52 C. Ce type d'acte est peu utilisé en France où il est considéré (à tort) comme n'ayant pas la même force que le traité.

[3] Au début de la première cohabitation, J. Chirac tenta de mener une politique étrangère différente de celle de F. Mitterrand. Ceci obligea les deux membres de l'exécutif à se rendre ensemble en voyage officiel à l'étranger, ce qui ne manqua pas de poser quelques problèmes lorsqu'il fallait que la France expose sa position. Cette « opposition » semble avoir peu à peu disparu et l'on peut dire que sous la troisième cohabitation, les « autorités françaises » (selon l'expression retenue) parlent d'une seule voix.

Cela n'interdit pas que le Président et le Premier ministre, ayant une vision commune de certains problèmes internationaux, défendent les mêmes idées. Ainsi a-t-on vu J. Chirac et L. Jospin se soutenir mutuellement lors de la signature du « pacte de stabilité et de croissance » à Amsterdam, le 16 juin 1997. Il est vrai qu'en matière étrangère, comme en matière de défense, la *troisième cohabitation* conduit le plus souvent à une codécision. Ainsi le Président de la République et le ministre des Affaires étrangères ont-ils estimé, ensemble, lors à Madrid du 8 juill. 1997, que les conditions n'étaient pas remplies pour un retour de la France dans la structure militaire de l'OTAN. De même, en février 1998, le rattachement, sous la forme d'un ministère délégué, du Secrétariat d'Etat à la Coopération au Ministère des Affaires étrangères en vue de créer une seule entité chargée de l'ensemble des relations extérieures a-t-il été présenté, par l'Elysée et Matignon, comme « un parfait exercice de cohabitation ». On notera encore, parmi de nombreux autres exemples, que l'annulation de la dette des pays frappés par un cyclone, annoncée par le Président lors de sa visite en Amérique Centrale, avait été décidée « d'un commun accord » (17 nov. 1998) de même que la décision de maintenir l'embargo sur la viande britannique (11 nov. 1999). Le Premier ministre insistait encore sur son rôle international en indiquant (29 févr. 2000) devant les députés que « la politique de la nation ne se réduit pas à la politique intérieure ; elle englobe la politique extérieure »[1]. De même, les deux têtes de l'exécutif « œuvrent de concert » au plan communautaire et participent ensemble aux réunions officielles ou informelles, y compris aux conseils européens. L'entente qui a présidé à la nomination des commissaires européens en juill. 1999, s'est encore particulièrement bien fait sentir lors du sommet de Nice (déc. 2000). On a pu parler de la « fusion intellectuelle et humaine des équipes de l'Elysée et de Matignon » et « d'unité complète des ministres, du chef de l'Etat et du Premier ministre ». Du reste, le Président de la République a clairement indiqué que sa volonté, dans ce domaine, « comme celle du Premier ministre », est avant tout « l'intérêt supérieur du pays » (intervention à TF1 le 11 févr. 2002).

Enfin, il faut noter que si de nombreux déplacements à l'étranger sont effectués en commun et ce jusqu'aux derniers jours de la cohabitation (Conseil européen de Barcelone en mars 2002), le Président de la République continue de se déplacer seul dans certains cas. Quant au Premier ministre, lui aussi se déplace seul, mais en général il n'opère son déplacement dans un pays étranger qu'après que le Président s'y soit lui-même rendu.

En fait, au fur et à mesure que la cohabitation s'installe dans les mœurs politiques, elle joue en faveur du Premier ministre et du Gouvernement. La formule se banalise et l'habitude semble prise que le Premier ministre gouverne, même dans les questions qui, jusque là, semblaient devoir rester de la seule compétence du chef de l'Etat. L'échec de la dissolution de 1997 et une cohabitation de cinq ans n'ont sans doute pas été étrangères à cette montée en puissance du Premier ministre. Contraint pour presque tout de s'en remettre aux volontés du Premier ministre, le Président développera, comme tout opposant, une volonté de résistance.

B. L'apparition d'un pouvoir de résistance

Il s'agit ici d'envisager des situations dans lesquelles le Président va pouvoir profiter de pouvoirs qui lui appartiennent pour entraver l'action gouvernementale.

---

[1] Cette déclaration fait suite à un moment de tension entre J. Chirac et L. Jospin quant aux attributions respectives des deux têtes de l'exécutif en matière d'affaires étrangères. En effet, en voyage officiel en Israël, L. Jospin avait affirmé (24 fév. 2000) que la France « condamne les attaques du Hezbollah » (il était d'ailleurs accueilli, deux jours plus tard, à l'université Bir Zeit, en Palestine, par des jets de pierre). Immédiatement, J. Chirac avait fait savoir qu'il souhaitait que le Premier ministre prenne contact avec lui dès son retour en France. Ce que ne fit pas L. Jospin. Lors du Conseil des ministres du 1er mars 2000, J. Chirac devait réaffirmer que « l'intérêt de la France commande qu'elle parle d'une seule voix ».

Présidant le Conseil des ministres[1], le Chef de l'Etat est toujours au courant des décisions gouvernementales avant leur mise en œuvre et en particulier des projets de loi que le Gouvernement souhaite déposer au Parlement. Il pourra, à l'issue de chaque Conseil, faire connaître son opinion sur ces projets, dire en quoi ils lui paraissent mauvais, contraires aux intérêts du pays. Bref, le Président de la République peut continuer de s'exprimer en période de cohabitation, comme il le faisait auparavant, c'est-à-dire librement. Il n'est pas nécessaire que le Président obtienne avant ses interventions, quelles qu'elles soient, l'accord du Premier ministre ; il n'est pas nécessaire qu'un ministre soit présent lorsque le Président prend la parole pour marquer l'accord du Gouvernement comme c'était le cas sous les III° et IV° Républiques. Le « **verbe** » présidentiel est donc libre ; le Président peut s'exprimer comme bon lui semble sans contrôle et peut donc, quand il le veut, faire état de ses divergences d'appréciation par rapport à la politique choisie par le Premier ministre. En résumé, marquer sa différence. En particulier, le Président pourra ainsi faire connaître la raison des décisions qu'il prend, surtout lorsqu'elles empêchent le Premier ministre d'agir comme celui-ci l'aurait souhaité.

Il en va ainsi dans toutes les matières où l'accord du Président est indispensable pour donner corps à une décision, c'est-à-dire lorsque le Président dispose d'un pouvoir discrétionnaire ou au moins du « choix du moment » (cf. p. 395) [révision constitutionnelle : cf. p. 374 ; convocation du Parlement en session extraordinaire : cf. ci-dessous]. L'exemple des ordonnances est à ce titre tout à fait instructif. Nous savons que le Gouvernement peut, s'il le souhaite, demander au Parlement à être autorisé à agir directement dans des domaines que l'art. 34 C. réserve normalement à la seule compétence du législatif (cf. p. 272). Les actes ainsi pris par le Premier ministre sont qualifiés d'ordonnances et doivent obligatoirement être signés par le Président de la République (art. 13 C.). L'usage dans la Constitution de l'indicatif présent rend, semble-t-il, obligatoire la signature du Président qui serait donc soumis à une compétence liée en la matière. Pourtant, aucun délai ne lui étant imparti pour signer les ordonnances, on doit admettre alors que le Président peut estimer que le moment d'apposer sa signature n'est pas opportun et refuser de signer l'ordonnance. L'action gouvernementale sans être véritablement paralysée, est largement entravée. Le Premier ministre devra faire adopter sous la forme d'une loi, obligatoirement promulguée sous quinzaine par le Président, ce qu'il avait préparé sous forme d'ordonnance avec, d'une part, tous les inconvénients d'un débat parlementaire et, d'autre part, le risque d'un éventuel contrôle de constitutionnalité.

Et il en va ainsi de bon nombre de pouvoirs du Président. Si le contreseing ministériel est indispensable lorsque le Président les exerce (si le Président signe les ordonnances il conviendra que le Premier ministre contresigne), aucun contreseing n'est prévu lorsqu'il refuse de les exercer, le Premier ministre ne pouvant pas contresigner une simple inaction[2]. Il dispose donc d'une faculté d'empêcher, d'un véritable droit de veto dans certaines matières. Droit de veto qui, contrairement à celui dont disposait le Roi dans la Constitution du 3 sept. 1791, n'est pas soumis à contreseing ministériel[3].

Il en va de même des nominations qui doivent être faites par le Président de la République en vertu de l'art. 13 C. (cf. p. 67). Ici encore, le Président pourrait s'opposer à tout choix qui ne le satisferait pas, au risque d'entraver aussi le fonctionnement de l'administration. S'agissant de postes aussi importants que ceux de préfet, d'ambassadeur ou de conseil-

[1] Sur la question de la fixation de l'ordre du jour, cf. p. 322.
[2] Ainsi, le Président peut-il refuser d'organiser un référendum dans le cadre de l'art. C. 72-4 sans que le contreseing du Premier ministre soit requis. En revanche, il ne peut convoquer les électeurs sans contreseing.
[3] Cf. p. 23 les conséquences de l'existence de ce contreseing sur le fonctionnement de ce régime.

ler d'Etat, un accord entre le Président et le Premier ministre est, là encore, indispensable puisque ce pouvoir présidentiel est soumis au contreseing (Voyez par ex. les cas mentionnés dans Pouvoirs n° 86 p. 202). La révision de juillet 2008, en introduisant l'intervention des commissions parlementaires dans le processus de nomination n'a rien changé à cette réalité. Sans l'accord du Président, le Premier ministre ne peut pas imposer ses choix.

Ensuite, le Président garde la maîtrise de la convocation du Parlement en sessions extraordinaires (art. 30 C.) car, s'il ne peut que difficilement refuser sa convocation (cf. p. 396), c'est à lui qu'il revient d'en accepter l'ordre du jour. Il peut ainsi refuser que certains textes y figurent, reportant leur examen à la prochaine session ordinaire. C'est ce qui se produisit en déc. 1987 à propos de la réforme du statut des « Usines Renault » et en juill. 1993 à propos du texte modifiant la "loi Falloux". Le Conseil constitutionnel a confirmé que le Président de la République dispose dans ce domaine d'un pouvoir discrétionnaire en admettant qu'il puisse ajouter (certes à la demande du Premier ministre) de nouveaux textes à l'ordre du jour au cours même de la session. C'est admettre que le Président pouvait refuser cette modification et qu'il lui appartient donc, une fois la proposition d'ordre du jour faite, de choisir les textes qui y seront inscrits (Cons. const. 95-365 DC, 27 juill. 1995, Taxe à la Valeur Ajoutée). Certes, ce pouvoir a perdu, depuis 1995, une partie de son importance, le Premier ministre pouvant, sur simple consultation du Président de l'Assemblée concernée, décider de jours supplémentaires de séance durant la session ordinaire. Pourtant, s'il devait advenir que la réunion du Parlement durant les mois d'été fût nécessaire, le Président garderait ici un pouvoir d'empêcher important.

Enfin, le Président de la République va pouvoir encore accroître son influence par une interprétation extensive de la Constitution et de la jurisprudence du Conseil constitutionnel, ce qui lui permet de justifier d'une autre manière encore ses vetos éventuels. En effet, profitant des dispositions de l'art. 5 C. faisant de lui le gardien de la Constitution, le Président de la République estime qu'il lui appartient, éventuellement, de refuser de signer telle ou telle décision qui serait contraire à la Constitution. Le chef de l'Etat peut-il interpréter lui-même la Constitution pour établir sa conviction quant à la constitutionnalité des choix du Premier ministre ? Admettre une telle interprétation serait donner au Président un pouvoir exorbitant rendant vaine et illusoire toute cohabitation. A la fois arbitre et fixant les règles du jeu, le Président aurait tôt fait d'empêcher toute action d'un Gouvernement hostile à sa politique sous prétexte d'inconstitutionnalité. En fait, le Président doit simplement veiller au respect de l'interprétation constitutionnelle que donne le Conseil constitutionnel, seul organe auquel la Constitution a confié expressément le pouvoir de l'interpréter. Le Conseil a du reste implicitement admis que le Président puisse agir de la sorte par la jurisprudence qu'il a développée, en particulier lorsqu'il lui a été demandé de se prononcer sur la constitutionnalité des lois d'habilitation autorisant le Gouvernement à agir par ordonnances (Cons. const. 86-207 DC, 25 juin 1986, Privatisations). En disant que ces lois étaient conformes à la Constitution dans la mesure où les ordonnances qui en seraient issues présenteraient telles caractéristiques particulières, le Conseil constitutionnel impliquait que l'on procédât à une vérification des ordonnances avant leur entrée en vigueur. Or, il ne pouvait appartenir qu'au Président de la République, gardien de la Constitution et devant signer les ordonnances, de réaliser cette vérification. En cas de doute, il refuse de signer, renvoyant au Parlement pour qu'une loi soit adoptée et au Conseil constitutionnel pour qu'il tranche définitivement sur la constitutionnalité, s'il devait être saisi.

La combinaison des deux mécanismes que nous venons de décrire, augmentée de la possibilité d'expliquer son action par des communiqués, donnait en fait au Président un véritable pouvoir de résistance, lui permettant de mener contre le Gouvernement de cohabitation un combat efficace et sans risque. Pourtant, l'usage par le Président de l'ensemble des possibilités que lui donnent la tradition, la pratique et les interprétations de la Constitution, n'est réellement efficace que parce que, disposant de pouvoirs qu'il peut exercer sans contreseing, il n'est pas réduit, comme il le fut par les pratiques des Constitutions précédentes, à un simple rôle représentatif.

C - Les pouvoirs sans contreseing

Tous les pouvoirs sans contreseing du Président ne sont pas à mettre sur le même plan. Il en est qui sont d'un intérêt mineur en période de cohabitation par le fait qu'ils sont rarement utilisés (art. 56 C. : nomination d'un membre du Conseil constitutionnel). D'autres ne permettent que de s'en remettre à la sagesse d'un tiers (art. 54 C. et 61 C. : saisine du Conseil constitutionnel). Un autre encore ne peut trouver application que dans des circonstances telles qu'il doit être considéré comme inutilisable (art. 16 C. : circonstances exceptionnelles). Un autre enfin, supposant l'accord du Premier ministre ou du Parlement (art. 11 C. : référendum), ne peut être mis en œuvre d'office. Restent deux pouvoirs essentiels qui conditionnent le déroulement de la cohabitation, sa nature (art. 8 al. 1 C.) et sa durée (art. 12 C.).

En effet, il appartient au Président de choisir, en vertu de l'art. 8 al. 1 C., le Premier ministre. Certes, ce choix doit obligatoirement être fait dans les partis composant la majorité de l'Assemblée nationale. Mais le Président n'est pas pour autant obligé de choisir le chef du plus important des partis composant cette majorité, ni même l'un des chefs des partis en question. Il pourrait arrêter son choix sur un personnage de second plan, néanmoins populaire, mais dont l'opposition au Président sera moins résolue et avec qui il pourrait trouver certains terrains d'entente ; la cohabitation de 1993 (avec E. Balladur) ressemblait à ce schéma, même si le Premier ministre n'était pas réellement un personnage de second plan. Il y a entre les deux hommes une "connivence" notable. Au contraire, il pourrait choisir, pour le desservir, un adversaire résolu qui peut être un concurrent aux élections présidentielles, comme ce fut le cas de Jacques Chirac en 1986. Bref, par la maîtrise qu'il a du choix du Premier ministre, le Président peut déterminer les conditions de déroulement de la cohabitation qui s'impose à lui. On doit pourtant noter que, dans les trois cohabitations que nous avons connues, les Premiers ministres choisis furent ceux que chacun annonçait comme certains, le Président semblant en quelque sorte contraint à ces choix. Mais on peut aussi estimer que, dans les trois cas, il voyait un intérêt à choisir ces Premiers ministres et qu'en fait il n'y a eu que conjonction de son intérêt et de la rumeur. Pourtant, il est certain que la liberté du Président est inversement proportionnelle à l'importance de la majorité parlementaire. En tout cas, et quelles que soient les circonstances, il dispose aussi de la faculté de mettre fin à cette cohabitation quand bon lui semble.

Disposant de la possibilité de prononcer la dissolution de l'Assemblée nationale (art. 12 C.) à tout moment et sans autre obligation que des consultations formelles (cf. p. 83), le Président peut obliger le Premier ministre à présenter la démission de son Gouvernement, laissant le soin aux électeurs de décider si l'expérience de la cohabitation doit être poursuivie ou s'ils souhaitent redonner au Président une majorité conforme à ses vues. Laissant le Premier ministre dans le doute quant à la durée réelle dont il dispose pour mener sa politique, le Président peut exercer un véritable chantage sur le Gouvernement ; chaque décision peut, en effet, être le prétexte attendu pour s'en remettre au peuple. Il va de soi que tel n'est pas le cas si la majorité parlementaire est issue d'élections consécutives à une dissolution. Dans ce cas, durant un an, au moins, le Président est privé de cette arme et ne peut donc menacer le Gouvernement. De plus, dissoudre immédiatement après la fin du délai constitutionnel d'un an pouvant apparaître comme une atteinte à la volonté populaire, on doit penser que, à moins que le Gouvernement ait complètement échoué, le Président devra encore attendre quelques mois pour retrouver l'usage effectif du pouvoir de dissoudre. Telle est la situation issue des élections de 1997 ; telle est la raison essentielle de l'affaiblissement temporaire du Président dans ce cas.

En fait, la dissolution est surtout efficace à cause du risque qu'elle représente ; son usage ne pouvant être répété, elle ne doit être utilisée qu'à bon escient au risque de se retourner contre son auteur. Elle permet surtout au Président, par la menace qu'il peut ainsi faire planer, d'exercer les autres pouvoirs dont il dispose ou qu'il a progressivement acquis.

Au total, la situation de cohabitation conduit à un retour à la lettre de la Constitution. Le Président n'y est pas dépourvu de pouvoirs mais son rôle n'est plus de gouverner avec le Gouvernement. Il remplit ses « fonctions d'autorité et d'arbitrage en veillant au respect de la Constitution » (J. Chirac en réponse aux vœux de L. Jospin le 2 janv. 1998).

Ainsi, et quels que soient les résultats électoraux, législatifs ou présidentiels, l'équilibre des pouvoirs est assuré sous la V° République. Le Parlement y légifère, le Gouvernement y gouverne avec le Président de la République ou sous son arbitrage. La Constitution atteint, ici encore, son objectif. Grâce à ces vertus, la Constitution de 1958 ouvre une nouvelle ère de stabilité institutionnelle.

Conclusion de la deuxième partie

C'est pour que la concordance des majorités devienne la règle que d'aucuns ont souhaité introduire le quinquennat qui doit logiquement limiter les hypothèses de cohabitation. Rendre le dualisme permanent et donc permettre au Président d'imposer ses choix, tel fut, en effet, pour beaucoup le véritable moteur de leur choix en faveur de la réduction à cinq ans du mandat présidentiel. Pourtant, il n'est pas certain que cette modification ne fasse que garantir le dualisme.

En effet, même si le quinquennat ne supprime pas nécessairement les possibilités de cohabitation (cf. p. 315), il tend néanmoins à les diminuer. Cela signifie que, durant de longues périodes les majorités parlementaire et présidentielle seront identiques, la première étant, par effet d'entraînement, déterminée par la seconde. Cela revient à pérenniser ce que nous avons appelé la « monarchie dualiste » et donc, aux dires de certains, à revenir à la pratique primitive et normale de la V° République : le Premier ministre est 'officiellement' responsable devant l'Assemblée et 'pratiquement' devant le Président de la République.

Dès lors, nous l'avons montré, c'est en fait le Président de la République qui « détermine la politique de la Nation »[1] conformément au programme accepté par les électeurs lors de l'élection présidentielle. Le Premier ministre conduit cette politique en mettant en œuvre les moyens nécessaires pour qu'elle soit possible. Les parlementaires de la majorité, élus « sur le nom et le programme du Président » n'ont donc plus véritablement d'autonomie. Le Parlement risque de devenir la chambre d'enregistrement des volontés présidentielles.

La question est : « A terme, qu'en sera-t-il si cette situation perdure, si la cohabitation ne se produit jamais ? » En effet, à la différence de la période ancienne (1962-2002), le risque de perdre les élections inter mandat a disparu.

Le risque est d'abord de voir, petit à petit, le Premier ministre n'être plus que la simple courroie de transmission des volontés présidentielles. J.-P. Raffarin, en juill. 2002, disait : « Je suis là pour mettre en œuvre le projet du Chef de l'Etat » ou encore : « Il y a les orientations du Président de la République ; je les suis à la lettre ». De même, F. Fillon diait-il : « le rôle du chef du Gouvernement et le rôle des ministres, c'est de mettre en œuvre scrupuleusement le projet politique de Nicolas Sarkozy » (18 mai 2007).

Le risque est encore de voir l'Assemblée nationale, elle aussi fidèle au Président, entériner sans mot dire les volontés de celui-ci. La responsabilité du Gouvernement ne sera plus qu'une affirmation sans réalité et petit à petit disparaîtra.

Mais alors, est-on encore dans le même type de régime ?

Si rien d'autre ne change, si la responsabilité du Gouvernement devant le Parlement toujours docile et fidèle au Président ne s'exerce plus, si le Président dispose en fait de la possibilité d'imposer ses vues à un Parlement qu'il domine par l'intermédiaire d'un Premier ministre qu'il dirige, alors nous quittons le régime parlementaire mais aussi le régime de séparation des pouvoirs.

Le Président est tout autant législateur que chef de l'exécutif et seule son élection tous les cinq ans garantit le caractère démocratique de ce nouveau « césarisme ». Mais pour combien de temps ? Ne risque-t-on pas de voir des Présidents, une fois élus, se comporter en « dictateur à temps », sans aucun contrepoids réel à leur pouvoir ? Le danger est réel. J.-L. Debré, alors président de l'Assemblée nationale, l'indique : « La nouvelle donne héritée du

---

[1] Le Conseil d'Etat l'a implicitement admis en considérant qu'il convient désormais de prendre en compte les interventions du Président et de ses collaborateurs dans le décompte du temps de parole pour rechercher l'équilibre entre les courants politiques (CE sect., 8 avr. 2009, *Hollande et autres, req n° 311136*).

quinquennat et de l'inversion du calendrier électoral est à l'origine d'un renforcement du pouvoir exécutif ». C'est sans doute ce qui a motivé la volonté de renforcer les droits et les pouvoirs du Parlement pour atteindre un « nouvel équilibre institutionnel ».

Mais renforcer les droits du Parlement c'est avant tout renforcer son contrôle sur le pouvoir exécutif. L'affirmation de l'importance de ce pouvoir parlementaire, l'apparition d'un rôle d'évaluation des politiques publiques, la mise en place d'une semaine de contrôle, le renforcement des possibilités d'enquête, vont dans ce sens. Pourtant, il s'agit bien d'un « renforcement » car, pour la plupart, ces pouvoirs existaient déjà. La question est alors : « Le Parlement a des pouvoirs mais souhaite-t-il vraiment les exercer ? ». En effet, la revalorisation du rôle du Parlement dépend donc beaucoup plus du Parlement lui-même que de la révision constitutionnelle. Or, force est de constater que ce n'est pas la majorité qui exerce ces contrôles et utilise ces pouvoirs. Les électeurs ne comprendraient pas que les élus de la majorité soient aux avant-gardes de la contestation, soient ceux qui ralentissent les réformes, ceux qui critiquent les initiatives, ceux qui s'interrogent sur le bien fondé d'une décision. Non ! On attend des élus de la majorité qu'ils obéissent et soutiennent. Comment pourraient-ils contrôler et évaluer dès lors que tout contrôle ou toute évaluation aboutit nécessairement à une critique, fut-elle faible, sauf à transformer chaque parlementaire en zélateur crédule. Car le contrôle et l'évaluation est donc prioritairement l'apanage de l'opposition. On comprend alors que la révision constitutionnelle ait voulu aussi être le moteur d'un renouveau de l'opposition en la dotant d'un statut. Hélas, ce statut reste limité. Les parlementaires de la majorité, frileux, n'ont pas souhaité doter l'opposition de tous les moyens dont disposent les oppositions dans les autres pays démocratiques. L'échec de la révision constitutionnelle est peut-être tout entier inscrit dans la frilosité du règlement des assemblées (et surtout de l'Assemblée nationale) qui a voulu avant tout éviter que l'opposition puisse ralentir l'action du Gouvernement et trop souvent le mettre en difficulté.

Les prochaines années de fonctionnement de la Constitution vont donc conditionner son avenir. Entre « césarisme » et « renforcement de l'opposition pour revaloriser le Parlement », il va, un jour ou l'autre, falloir choisir. La solution relève plus des rapports entre la majorité parlementaire et le Gouvernement qu'elle soutient que des pouvoirs attribués au Parlement par la Constitution et la jurisprudence. Or, on a longtemps cru (et peut-être croit-on toujours ?) que le changement des règles constitutionnelles est la solution de tous les maux. Certes, on ne change plus de Constitution (même si certains le souhaitent) mais on révise, on la tord par une pratique parfois contraire au texte et l'on attend de la jurisprudence qu'elle apporte les garanties que ni le texte, ni les acteurs qu'il désigne ne sont capables de donner. Comme palliatif au déséquilibre des pouvoirs, on a trouvé l'instabilité constitutionnelle dans le cadre de la même Constitution.

TROISIEME PARTIE

DE LA

STABILITE CONSTITUTIONNELLE

Parmi les éléments qui caractérisent la France, son instabilité constitutionnelle est généralement raillée. L'instabilité constitutionnelle qui suit la Révolution de 1789 est classique au lendemain d'un changement brutal de régime. Il est plus curieux qu'elle se poursuive tout au long du XIXème siècle. Nos institutions évoluent donc et nous montrerons comment cette évolution est possible (Titre II). Il faut, au préalable s'intéresser au phénomène constitutionnel lui-même pour mieux comprendre ce que les Constitutions successives vont apporter comme changement dans le fonctionnement de notre système politique (Titre I).

Titre I : Le phénomène constitutionnel

La Constitution est la règle du jeu politique. C'est souvent de cette manière que l'on présente cette catégorie de textes. Pourtant le « jeu politique » est bien antérieur à la rédaction des premières Constitutions. Le phénomène constitutionnel est en effet relativement récent. Il se développe à partir du XVIIIème siècle, lorsque les philosophes vont montrer qu'il convient de fixer les règles essentielles de fonctionnement des principaux organes disposant du pouvoir politique. Ainsi, la notion de Constitution mérite elle-même une étude particulière pour en bien comprendre à la fois l'utilité et la fonction. En effet, peu à peu, au delà de la fixation des simples règles de fonctionnement des organes politiques et de la dévolution du pouvoir, les Constitutions vont apparaître comme un des moyens essentiels de préserver les droits principaux des individus contre les atteintes que pourraient y porter les détenteurs du pouvoir (chapitre II).

Mais il faut aussi déterminer dans quel cadre le phénomène constitutionnel se développe. En effet, en fonction du cadre retenu, le contenu même des Constitutions sera différent. Dictature ou démocratie n'ont pas besoin des mêmes mécanismes constitutionnels pour fonctionner. Il faut donc savoir, avant même de s'intéresser à la Constitution, dans quel contexte elle doit s'appliquer (Chapitre I).

CHAPITRE I

LE CADRE DU PHENOMENE CONSTITUTIONNEL

De nos jours, chaque Etat dispose d'une Constitution. Ceci ne veut pas simplement désigner les Etats indépendants. En effet, au sein d'un Etat fédéral, les Etats fédérés disposent eux aussi d'une Constitution pour l'organisation de leurs pouvoirs publics. L'Etat apparaît donc comme l'entité principale du développement du phénomène constitutionnel (I). Reste, ensuite, à déterminer quel Etat fait l'objet de l'étude. S'agissant de la France, nous sommes dans le cadre d'une République qui présente un certain nombre de caractéristiques issues de la Révolution et des événements historiques qui, depuis, ont forgé sa spécificité (II).

I. L'ETAT

Loin de vouloir ici entrer dans des considérations relevant de la théorie de l'Etat ou de la philosophie du droit, nous voudrions pourtant indiquer les bases nécessaires pour appréhender un phénomène fondamental pour l'existence même des Etats dans le monde occidental.

Au centre du droit constitutionnel, l'Etat, même s'il est difficilement définissable, est une réalité que tout le monde appréhende de manière intuitive. En fait, la notion d'Etat est l'une des plus complexes qui soient. On peut donner de l'Etat diverses définitions selon le plan sur lequel on se place : géographique, économique, sociologique ou historique ; on renverra par exemple à l'évolution de l'Etat-Nation au début du XVIII° siècle. D'un point de vue juridique, l'Etat est généralement présenté selon la formule de Carré de Malberg comme

"une communauté d'hommes, fixée sur un territoire propre et possédant une organisation d'où résulte pour le groupe envisagé, dans ses rapports avec ses membres, une puissance suprême d'action, de commandement et de coercition".

Bref, un Etat serait composé de trois éléments : un territoire, une population vivant sur ce territoire et consentant à un pouvoir de commandement.

Le territoire de l'Etat, généralement étudié dans le détail au cours de droit international, se compose du territoire terrestre et aérien auquel il convient d'ajouter le territoire maritime pour les Etats ayant un débouché sur les mers ou océans. L'Etat s'étend jusqu'à ses frontières, et si celles-ci sont relativement faciles à délimiter pour le territoire terrestre par accord entre les Etats limitrophes, il est plus difficile de savoir jusqu'à quelle distance en mer l'Etat s'étend. En général, et la France retient cette solution, la distance est fixée à 12 milles marins. Le territoire aérien s'étend à la colonne d'air située au dessus des territoires terrestre et maritime. Sur ce territoire, la population de l'Etat obéit aux règles édictées par les dirigeants qu'elle reconnaît. La population est composée pour l'essentiel des nationaux de l'Etat mais les étrangers qui y séjournent doivent aussi obéissance à ses règles. La question essentielle qui reste à régler est donc celle de l'autorité apte à fixer les règles en question et en particulier comment celle-ci est désignée ou admise par la population.

L'Etat apparaît donc, sur ce point au moins, comme une institution, enjeu de la lutte politique pour le pouvoir ou encore, pour certains, comme une notion artificielle, une entité destinée à justifier l'existence de rapports d'autorité. C'est donc dans le cadre de l'Etat que vont se développer les éléments du gouvernement de la société et l'on ne manque pas de définir parfois aussi l'Etat comme une « société politique organisée ». Il est donc logique que ce soit dans ce cadre que se développe le droit, moyen privilégié d'exercice de l'autorité et plus particulièrement le droit constitutionnel qui organise le pouvoir politique. Chaque Etat aura donc des institutions politiques propres et, par là même, un droit constitutionnel particulier.

Au plan juridique, l'Etat est une personne morale[1] distincte des gouvernants que son organisation constitutionnelle institue[2]. Disposant ainsi de la personnalité juridique, l'Etat est un sujet du droit. Il doit en respecter les règles, faute de quoi sa responsabilité sera engagée. Pourtant, l'Etat ne peut pas être une personne morale comme les autres (communes, départements, etc.). En effet, sa position tant dans la société internationale que dans l'ordre interne, oblige à considérer qu'il est souverain, c'est-à-dire qu'il détermine seul son organisation politique et juridique dans le cadre de sa Constitution. Ainsi, tous les Etats contemporains ont une Constitution. La souveraineté de l'Etat lui permet de choisir son organisation constitutionnelle, sans que les autres Etats (ses égaux) ou d'autres entités encore (organisations internationales) puissent en aucune manière contester ce choix (principe de l'égalité souveraine des Etats[3]). La souveraineté de l'Etat induit son indépendance et donc le principe de non ingérence dans ses affaires intérieures.

Le choix premier qui sera laissé à l'Etat sera celui de son organisation (Etat fédéral ou Etat unitaire) (cf. p. 118). C'est ensuite la forme de l'Etat qui pose problème : si le régime monarchique nous paraît archaïque, il n'en est pas de même partout. Ainsi, si l'on s'en tient aux 28 pays membres de l'Union Européenne, 7 ont conservé la forme monarchique.

II. LA REPUBLIQUE

Selon une vision par trop réductrice, la République serait le régime qui exclut toute transmission héréditaire du pouvoir[4] connue dans les régimes monarchiques. Cette analyse, qui oppose la République à la Royauté et à l'Empire, découle sans doute du fait que les trois proclamations de la République (1792, 1848, 1870) ont eu lieu après une révolution destituant un Chef d'Etat héréditaire (Louis XVI, Louis-Philippe, Napoléon III). Pourtant, il ne paraît pas possible de réduire la République à cette simple règle de dévolution du pouvoir. Cela serait à la fois trop large (il faudrait estimer que le régime de Vichy est républicain[5]) et trop étroit.

La République doit surtout s'analyser comme le régime politique qui, par delà son organisation, garantit un certain nombre de valeurs. C'est du reste dans ce sens que le Constituant de 1958 la définit en énumérant ces valeurs à l'art. 1 C.[6].

Selon les dispositions de l'art. 1 C., la France est une République indivisible, laïque, démocratique et sociale. La Constitution ne rappelle pas l'unité de la République[7] que l'on trouvait pourtant à l'art. 1er des Constitutions de 1793, 1795 et 1799 (la République française

---

[1] En fait une personne morale de droit public. En France, il existe quatre catégories de personnes morales de droit public, les collectivités territoriales, les établissements publics, les groupements d'intérêt public et l'Etat qui constitue une catégorie composée d'un seul élément.

[2] C'est la raison pour laquelles ces institutions sont aussi appelées « pouvoirs publics constitutionnels » : Chef de l'Etat, Chef du Gouvernement, Parlement, Cour suprême, etc.

[3] Ce principe, affirmé pour la première fois dans les traités de Westphalie (24 oct. 1648), garantissait la souveraineté des Etats par rapport à la papauté et leur égalité vis-à-vis du Saint Empire (principe de l'égalité souveraine des Etats).

[4] Duguit écrivait : « Quant le chef de l'Etat est héréditaire, le gouvernement est monarchique ; quand il ne l'est pas, le gouvernement est républicain. Je ne vois pas, en effet, d'autre différence … » (Traité de Droit Constitutionnel, tome 2 p. 769).

[5] Si la loi du 10 juillet 1940 donne « tous pouvoirs au *gouvernement de la République* du Maréchal Pétain », c'est aux fins de promulguer une nouvelle Constitution de « l'Etat Français » et non de la République. Selon L. Jospin, « Vichy était la négation de la France et en tout cas la négation de la République » *JO AN, 21 oct. 1997 p. 4394.*

[6] C'est encore dans ce sens que la Constitution nous semble protéger la République : cf. p. 375.

[7] C'est la Convention nationale qui, le 25 sept. 1792, proclame que « la République française est une et indivisible ». Par la suite cette formule sera parfois utilisée pour désigner la République. Ainsi, en 1848, pourra-t-on entendre « Revoilà La Une et Indivisible ».

est une et indivisible), art. II du préambule de 1848 et art. 85 de la Constitution de 1946. Il semble bien, en effet, que l'unité républicaine n'existe plus que de manière limitée (§1.) et que, même si l'indivisibilité demeure, c'est sous une forme particulière incluant le caractère décentralisé de l'organisation de la République telle que l'indique la révision constitutionnelle du 28 mars 2003 (§2.). A ces éléments traditionnels, sont venus s'ajouter, au fil du temps, des caractères nouveaux (§3.).

Hymne, Emblème, Devise.

La République a une devise : « Liberté, Egalité, Fraternité ».

Lors de la Révolution française, " Liberté, Egalité, Fraternité " fait partie des nombreuses devises invoquées. A partir de 1793, les Parisiens, rapidement imités par les habitants des autres villes, peignent sur la façade de leurs maisons les mots suivants : "unité, indivisibilité de la République ; liberté égalité ou la mort", mais ils sont bientôt invités à effacer la dernière partie de la formule trop associée à la Terreur. Comme beaucoup de symboles révolutionnaires, la devise tombe en désuétude sous l'Empire. Elle réapparaît dans le préambule de la Constitution de 1848 comme un " principe " de la République. Avec la IIIème République la devise est réinscrite sur le fronton des édifices publics à l'occasion de la célébration du 14 juillet 1880. Elle figure enfin dans la Constitution de 1946 pour qu'elle s'affirme définitivement comme devise de la République.

La Nation est constitutionnellement représentée par un hymne (La Marseillaise) et un emblème (Le drapeau tricolore), mais connaît aussi d'autres symboles.

1. L'hymne national

L'hymne national est un chant de sept couplets et un refrain composé le 25 avril 1792, à Strasbourg (chez Dietrich, maire de la ville) par un officier du Génie, Rouget de Lisle. Ecrite à l'occasion de la déclaration de guerre à l'Autriche, l'œuvre s'intitule à l'origine « Chant de guerre pour l'armée du Rhin ». Reprise par les fédérés de Marseille participant à l'insurrection des Tuileries, le 10 août 1792, son succès est tel qu'il est déclaré « chant national », le 14 juillet 1795. Interdite sous l'Empire et la Restauration, la Marseillaise est remise à l'honneur lors de la Révolution de 1830 et orchestrée par Berlioz. La III° République (1879) en fait l'hymne national et, en 1887, une « version officielle » est adoptée par le ministère de la Guerre après avis d'une commission. C'est une version amendée du travail de cette commission qui est actuellement jouée dans les cérémonies officielles. La Marseillaise est désormais obligatoirement enseignée à l'école primaire (art. L. 321-3 C. éduc).

L'art. 433-5-1 du code pénal punit le fait, au cours d'une manifestation organisée ou réglementée par les autorités publiques, d'outrager publiquement l'hymne national (ou le drapeau tricolore) de 7.500 € d'amende. Lorsqu'il est commis en réunion, cet outrage est puni de six mois d'emprisonnement et de 7.500 € d'amende. Cette disposition n'est pas contraire à la Constitution dès lors que le législateur concilie les exigences de l'ordre public et la garantie des libertés constitutionnellement protégées et qu'il assortit l'infraction d'une peine ne revêtant pas de caractère manifestement disproportionné par rapport à l'infraction (Cons. const. 2003-467 DC §99 et s., 13 mars 2003, Sécurité intérieure II). Du fait de sa reconnaissance constitutionnelle, la Marseillaise peut être enseignée et chantée dans les écoles. Ses paroles, et en particulier les vers « Qu'un sang impur abreuve nos sillons » et « Quoi, ces cohortes étrangères feraient la loi dans nos foyers ! » ne peuvent, dès lors, ni être contraires à certaines dispositions constitutionnelles, ni incompatibles avec certaines stipulations conventionnelles (CE 23 déc. 2011, *Assoc. DIH-Mouvement de protection civique, req. n° 350541*).

2. Le drapeau national

L'origine des trois couleurs du drapeau national est sans doute due à La Fayette, nommé le 15 juill. 1789 commandant en chef de la milice parisienne créée le 13 juill. Cette milice portait une cocarde bleue et rouge, anciennes couleurs de Paris. La Fayette semble avoir eu l'idée d'y ajouter le blanc du drapeau royal qui, placé au milieu, symbolisait la fusion de la France d'Ancien régime avec la France révolutionnaire[1]. Il n'en reste pas moins que le 17 juill. 1789, le maire Bailly tendit une cocarde tricolore à Louis XVI qui la plaça à son chapeau. Les cocardes tricolores furent alors fabriquées par milliers. La loi du 27 pluviôse an II (15 févr. 1794) fait du drapeau tricolore le pavillon national, en précisant, sur les recommandations du peintre David, que le bleu devait être attaché à la hampe. La constitutionnalisation du drapeau tricolore fut réalisée par la IV° République. La question du drapeau empêchera la restauration monarchique en 1871, le Comte de Chambord (légitimiste) ayant fait savoir qu'il ne renoncerait jamais au drapeau blanc. Il fallait donc attendre sa disparition pour faire monter sur le trône le Comte de Paris (orléaniste) qui lui acceptait le drapeau tricolore. Il n'en eut jamais l'occasion. La République sera mise en place avec le vote de l'amendement Wallon.

Hors les cas prévus à l'art. 433-5-1 du code pénal mentionné ci-dessus à propos de l'hymne et applicables au drapeau tricolore, est puni de 1500 € (art. R. 645-15 C. pén.) d'amende le fait, lorsqu'il est commis dans des conditions de nature à troubler l'ordre public et dans l'intention d'outrager le drapeau tricolore, de détruire celui-ci, de le

[1] Dans la cocarde française, le bleu est au centre à l'inverse des britanniques qui y placent le rouge.

détériorer ou de l'utiliser de manière dégradante, dans un lieu public ou ouvert au public. Il en est de même pour l'auteur de tels faits, même commis dans un lieu privé, de diffuser ou faire diffuser l'enregistrement des images de cet outrage. Toutefois, comme le précise le Conseil d'Etat (CE 19 juill. 2011, *Ligue des droits de l'Homme, req. n° 343430*), cette disposition, malgré sa généralité n'a pas pour objet de réprimer les actes qui reposeraient sur la volonté de communiquer, par cet acte, des idées politiques ou philosophiques ou feraient œuvre de création artistique.

3. les autres emblèmes de la Nation

Bien que la Constitution ait privilégié le drapeau tricolore comme emblème national, « Marianne » incarne aussi la République Française. Allégorie de la Liberté et de la République, les premières représentations d'une femme à bonnet phrygien apparaissent sous la Révolution de 1789, mais on ne connaît pas l'origine précise du prénom qui lui fut attribuée. Très présente dans les mairies (parfois sous les traits d'une actrice célèbre) la « Marianne » figure également sur des objets de très large diffusion comme les pièces de monnaie (centime d'Euro) ou les timbres-poste.

Le coq est, quant à lui, un emblème essentiellement républicain d'un large usage sous la Révolution. Il apparaît dès l'Antiquité sur des monnaies gauloises. Il devient symbole de la Gaule et des Gaulois à la suite d'un jeu de mots, le terme latin « Gallus » signifiant à la fois coq et gaulois. Il est sur le sceau du Directoire et figure sur le http://www.elysee.fr/lapresidence/index.php?mode=symboles. Il est également représenté sur l'une des grilles donnant accès au Palais de l'Elysée par les jardins (grille du coq). Il est surtout utilisé à l'étranger pour évoquer la France, notamment comme emblème sportif.

Les faisceaux sont constitués par l'assemblage de branches longues et fines liées autour d'une hache par des lanières ; ils sont recouverts d'un bouclier sur lequel sont gravés les initiales « RF ». Ils représentent l'union et la force des citoyens français réunis pour défendre la Liberté et la République française « une et indivisible ». En 1913, le ministère des Affaires étrangères adopte les faisceaux pour les postes diplomatiques et consulaires à l'étranger. Lorsque la salle d'Assemblée des Nations Unies fut construite à New York, chaque pays devait être représenté par un sceau. En 1953, une commission se réunit au ministère des Affaires étrangères pour définir l'emblème de la France à faire figurer dans la salle d'Assemblée des Nations-Unies à New-York. La commission adopte le projet de l'artiste Robert Louis qui s'énonce comme suit: « d'azur au faisceau de licteur posé en pal, sur deux branches de chêne et d'olivier, passées en sautoir, le tout d'or, lié par un ruban du même, chargé de la devise en lettres de sable Liberté-Egalité-Fraternité ». Le chêne symbolise la justice, l'olivier, la paix. Les faisceaux n'ont plus actuellement de caractère officiel.

Un arrêté du 8 septembre 1848 définit le sceau de la II° République, encore utilisé de nos jours. Une femme assise, effigie de la Liberté, tient de la main droite un faisceau de licteur et de la main gauche un gouvernail sur lequel figure un coq gaulois, la patte sur un globe. Une urne portant les initiales « SU » rappelle la grande innovation que fut l'adoption du suffrage universel direct en 1848. Aux pieds de la Liberté, se trouvent des attributs des beaux arts et de l'agriculture. Il porte sur l'avers (face) l'inscription « République française démocratique une et indivisible » et au revers deux formules « Au nom du peuple français » et « Egalité, Fraternité, Liberté ». La Constitution et certaines des lois constitutionnelles qui la modifient ont fait l'objet d'une mise en forme solennelle, avec sceau de cire jaune pendant sur un ruban de soie tricolore. La presse servant à établir le sceau est conservée dans le bureau du ministre de la Justice qui porte toujours le titre de « Garde des Sceaux ». Du reste, le ministère siège encore place Vendôme, où s'est installé, en 1718, le Chancelier, grand officier chargé de la garde matérielle du sceau royal. C'est la raison qui conduit encore aujourd'hui à désigner le ministère de la Justice par la formule « la Chancellerie ».

On notera enfin que, si la pose d'un drapeau symbolisant la revendication d'opinions politiques (en l'espèce « indépendantiste ») sur le fronton d'une mairie est contraire au principe de neutralité du service public (CE 27 juill. 2005, Cne de Sainte-Anne : *Lebon 347*), aucun texte de nature législative ou réglementaire ne prescrit l'utilisation des symboles républicains dans les bâtiments publics. L'usage de ces symboles n'y repose donc que sur une coutume inspirée de la tradition républicaine qui inclut également celui de la photo du Président de la République. Cette tradition étant généralement bien respectée par les maires, les textes ne prévoient pas actuellement de sanction administrative ou pénale, en cas de dérogation à cette tradition républicaine (rep. à la QE n° 48533)[1]. Le Haut conseil à l'intégration propose que des mesures plus précises soient prises (http://www.immigration.gouv.fr/IMG/pdf/RapportHCIvaleursRepq210409.pdf) pour obliger les mairies à utiliser ces symboles, mais ne parle pas de la photo présidentielle.

§1. L'hypothétique unité de la République

Affirmer l'unité de la République c'est affirmer que le droit applicable est le même partout. Or, le Conseil constitutionnel admet qu'il puisse, dans certains cas, être porté atteinte à

[1] A l'inverse, maintenir le portrait de Pétain est contraire au principe de neutralité du service public (TA Caen 26 oct. 2010, n°1000282, *Préfet du Calvados*).

cette règle (B). Longtemps limité à ce seul contenu, il faut maintenant s'interroger sur l'existence d'une composante linguistique (A).

A. L'unité linguistique

Jamais, dans les Constitutions précédentes, la question de la langue utilisée sur le territoire national n'avait fait l'objet de dispositions. Si, la tradition fait remonter l'usage du français au traité de Verdun (843), rédigé à la fois dans cette langue et en allemand, il faut attendre l'ordonnance de François Ier « sur le fait de justice », dite de Villers-Cotterêts (entre le 10 et le 15 août 1539), pour que l'usage du français soit rendu obligatoire pour tous les actes judiciaires[1]. Mais de principe constitutionnel, point, du moins avant la révision de 1992 qui ajoute à l'art. 2 C. un alinéa selon lequel « la langue de la République est le français ». Cette disposition, introduite par crainte que l'installation de nombreux étrangers en France ne conduise peu à peu à admettre l'usage de langues étrangères (et en particulier de l'anglais) dans les activités de service public, est rapidement apparue comme un facteur de régression définitive des langues régionales.

Pourtant, le Conseil constitutionnel a limité les effets de cette révision et impose simplement l'usage de la langue française aux personnes morales de droit public et aux personnes de droit privé dans l'exercice d'une mission de service public, ainsi qu'aux usagers dans leurs relations avec les administrations et services publics français[2] (Cons. const. 94-345 DC §11, 29 juill. 1994, Loi Toubon ; Cons. const. 96-373 DC §91, 9 avr. 1996, Polynésie française. Le Conseil d'Etat juge dans le même sens : CE 27 juill. 2006, Assoc. avenir de la langue française, req. n° 281629 : *Lebon 379*).

Le Conseil constitutionnel estime que cette disposition doit être conciliée avec le principe de la liberté de communication et d'expression proclamé par la DDHC. En revanche, il a jugé que cela n'interdit pas l'enseignement de langues régionales à titre facultatif (Cons. const. 96-373 DC §92, 9 avr. 1996, Polynésie française. Cons. const. 2001-454 DC §29, 17 janv. 2002, Loi relative à la Corse ; 2001-456 DC §49, 27 déc. 2001, LF pour 2002), solution qu'il retenait déjà, avant même la révision de 1992 (Cons. const. 91-290 DC §37, 9 mai 1991, Statut de la Corse), admettant même que les collectivités territoriales sont habilitées à promouvoir ces enseignements.

Mais la question du statut et de la défense des langues régionales restait entière. Le Conseil d'Etat, dans son avis du 24 sept. 1996, affirmait déjà que les dispositions de l'art. 2 C. rendent impossible, sans une révision constitutionnelle préalable, la ratification par la France de la « Charte Européenne des langues régionales ». Saisi par le Président de la République, conformément aux dispositions de l'art. 54 C. (cf. p. 417), le Conseil constitutionnel devait confirmer cette position et profitait de cette décision pour mentionner un principe constitutionnel d'unicité du peuple français (Cons. const. 99-412 DC §§5 et 10, 15 juin 1999, Charte européenne des langues régionales) déjà sous-jacent dans la décision du 9 mai 1991 « Statut de la Corse » (§§12 et 13) et pour lequel l'unité linguistique apparaît être un corollaire indispensable. La « Charte » reconnaissant un droit à l'usage d'une langue régionale tant dans la sphère privée que publique, ce dernier élément, conformément à la jurispru-

[1] Il faut se souvenir de surcroît que cette ordonnance est en fait dirigée contre l'usage du latin qui rendait les décisions de justice difficilement compréhensibles. Elle n'est pas dirigée prioritairement contre les langues autres que la langue d'oil. Du reste, à l'initiative du député François-Joseph Bouchette, l'Assemblée nationale avait décidé, le 14 janv. 1790, de « *faire publier les décrets de l'Assemblée dans tous les idiomes qu'on parle dans les différentes parties de la France* ». Le coût de ces « traductions », dénoncé par un rapport du Comité de Salut public sur les idiomes (signé de Bertrand Barère), devait conduire à y renoncer. Le décret du 2 thermidor an II obligeait l'administration française à renoncer à l'usage des langues régionales (*A compter du jour de la publication de la présente loi, nul acte public ne pourra, dans quelque partie que ce soit du territoire de la République, être écrit qu'en langue française*).

[2] En effet, cette obligation ne saurait s'imposer à une autorité qui ne relève pas de l'ordre juridique interne (Cons. const. 2006-541 DC §7, 28 sept. 2006, Brevets européens).

dence développée ci dessus, rendait la ratification impossible en l'état. Renonçant à réviser la Constitution, le Président de la République s'interdit donc de ratifier cette Charte Européenne. Il s'agit là du premier cas dans lequel la France, qui a pourtant signé ce traité, ne peut le ratifier du fait de sa contrariété à la Constitution.

La révision de juillet 2008 a-t-elle réglé cette question ? Nous ne le pensons pas. En effet, même si elle a introduit dans la Constitution un nouvel article 75-1 C. qui dispose « Les langues régionales appartiennent au patrimoine de la France », ce texte ne semble pas autoriser la ratification d'une convention internationale permettant l'usage d'une langue régionale dans le cadre des services publics.

Depuis, un projet de révision a été déposé le 31 juill. 2015. Ce projet, à l'image de l'art. 53-2 C. devait autoriser la ratification de la « Charte » dans un art. 53-3 C. Toutefois, dès lors que cet article mentionnait également la déclaration interprétative que le Gouvernement envisageait de déposer à l'occasion de la ratification, le Conseil d'Etat a donné un avis négatif sur ce projet ; selon lui, « la référence à deux textes, la Charte et la déclaration, difficilement compatibles entre eux, (...) introduirait une contradiction interne génératrice d'insécurité juridique », ce qui a justifié l'adoption, par le Sénat, le 27 oct. 2015, d'une question préalable, conduisant au rejet définitif du projet.

B. L'unité normative de la République

Le principe d'unité de la République devrait conduire logiquement à ce que les mêmes règles de droit s'appliquent sur l'ensemble du territoire national. Ceci n'est pourtant pas, en principe, une obligation constitutionnelle. On verra qu'en dehors même des possibilités de mettre en place des dispositions expérimentales (1), le droit applicable n'est pas le même selon le lieu où l'on se situe sur le territoire national du fait de la prise en compte de particularismes locaux (2), ce qui porte une atteinte *de facto* au principe d'unité normative (3).

1. La mise en place d'expérimentations

L'article 37-1 C., ajouté par la révision de 2003 autorise la loi ou le règlement à comporter, pour un objet et une durée limités, des dispositions à caractère expérimental. A ces expérimentations, décidées nationalement, s'ajoute la possibilité pour les collectivités territoriales de déroger, également à titre expérimental pour un objet et une durée limitée, dans les conditions prévues par une loi organique, aux dispositions législatives et réglementaires qui régissent l'exercice de leurs compétences. Cette possibilité d'expérimentation doit cependant être clairement prévue par la loi ou le règlement auxquels la collectivité veut déroger et leur est refusée lorsque les conditions essentielles d'exercice d'une liberté publique ou d'un droit constitutionnellement garanti sont en cause (art. 72 al. 4 C.). On notera que l'expérimentation peut être décidée par voie d'ordonnance de l'art. 38 C. (ord. n° 2014-355 du 20 mars 2014).

Sans qu'il s'agisse véritablement d'expérimentation, le Conseil d'Etat avait déjà admis que n'était pas contraire au principe d'égalité des citoyens, l'entrée en vigueur progressive d'un arrêté (CE sect., 13 oct. 1967, *Peny : Lebon 365*) ou la limitation géographique provisoire d'un texte ensuite progressivement étendu à l'ensemble du territoire (CE 21 févr. 1968, *Ordre avocats près la Cour d'appel de Paris : Lebon 123*). Il conditionnait déjà l'expérimentation à une limitation dans le temps (CE 24 juin 1993, avis sect. travaux publics n° 353605, *TGV Nord : EDCE 1993. 338*), estimant qu'était irrégulière une expérimentation pour une durée de 5 ans reconductible sans que des critères d'évolution soient précisés pour déterminer comment elle pourrait être généralisée (CAA Paris, 6 nov. 2003, *UNI : AJDA 2004. 343*). En fait, l'indication contenue à l'art. 37 C.-1 n'ajoute guère aux possibilités déjà admises par la jurisprudence dans le domaine réglementaire. En revanche, elle permet d'éviter que le principe d'égalité devant la loi puisse être invoqué devant le Conseil constitutionnel pour obtenir une déclaration d'inconstitutionnalité.

En revanche, le Conseil constitutionnel ayant estimé qu'une telle possibilité ne pouvait être accordée aux collectivités territoriales (Cons. const. 2001-454 DC §21, 17 janv. 2002, Loi relative à la Corse) l'ajout des dispositions de l'art. 72 al. 4 C. était nécessaire pour que le législateur puisse autoriser les expériences à l'initiative de ces collectivités. La loi organique n° 2003-704 du 1er août 2003 en précise les modalités d'application (art. LO 1113-1 et s. CGCT).

2. La prise en compte de particularismes locaux

a) Les principes généraux prenant en compte les particularismes locaux

La Constitution elle-même prévoit, dans son titre consacré aux collectivités territoriales, que les collectivités d'outre-mer (COM : Saint-Pierre et Miquelon, Wallis et Futuna, la Polynésie française, Saint-Barthélemy et Saint-Martin (cf. p. 349) ont une organisation particulière qui tient compte de leurs intérêts propres dans l'ensemble des intérêts de la République (art. 74 C.).

Chaque COM a son propre statut (contenu dans une loi organique adoptée après avis de l'assemblée délibérante de la collectivité concernée) qui la place sous le principe de la spécialité législative. Autrement dit, les lois et règlements ne s'appliquent dans ces collectivités que dans les conditions prévues par leur statut respectif. En toute hypothèse, les institutions de la COM sont consultées sur les projets et propositions de loi et les projets d'ordonnance ou de décret comportant des dispositions particulières à la collectivité, ainsi que sur la ratification ou l'approbation d'engagements internationaux conclus dans les matières relevant de sa compétence. Cependant, cette disposition doit s'interpréter strictement et ne concerne pas les lois organiques qui s'appliquent à l'ensemble des collectivités territoriales en métropole et outre-mer (Cons. const. 2003-478 DC §2, 30 juill. 2003, LO relative à l'expérimentation par les collectivités territoriales). Par ailleurs, ces COM peuvent intervenir dans des matières qui leur sont transférées, y compris sur des objets qui font normalement partie du domaine de la loi, ce qui exclut, à moins que la collectivité ne les ait exercés avant la révision constitutionnelle du 28 mars 2003, que les objets suivants : la nationalité, les droits civiques, les garanties des libertés publiques, l'état et la capacité des personnes, l'organisation de la justice, le droit pénal, la procédure pénale, la politique étrangère, la défense, la sécurité et l'ordre public, la monnaie, le crédit et les changes, ainsi que le droit électoral. Cette liste peut être complétée par une loi organique.

Les autres modalités de leur organisation particulière sont définies et modifiées par la loi, également après consultation. Le défaut de consultation des assemblées territoriales entraîne donc l'inconstitutionnalité de l'ensemble de la loi si elle concerne uniquement ces territoires (Cons. const. 80-122 DC, 22 juill. 1980, Extension du code de procédure pénale aux TOM) ou des seules dispositions procédant à l'extension de la loi à ces territoires dans les autres cas (Cons. const. 81-131 DC, 16 déc. 1981, Exploitation des fonds marins). Ces dispositions n'obligent pourtant pas le Parlement à interrompre la procédure législative pour soumettre à cette consultation un amendement à un projet ou proposition de loi ayant déjà fait l'objet d'une consultation de l'assemblée territoriale. Ceci serait contraire aux prérogatives du Parlement définies aux art. 40 C., 41 C. et 44 C. (Cons. const. 79-104 DC §§4 à 6, 23 mai 1979, Territoire de Nouvelle Calédonie). En revanche, un amendement qui étend aux COM un projet de loi qui, dans sa teneur initiale, ne les visait pas, doit nécessairement être soumis à la consultation des assemblées intéressées (Cons. const. 81-129 DC §6, 30 oct. 1981, Radios libres).

Par ailleurs, le régime législatif et l'organisation administrative des départements/régions d'outre-mer (DROM : cf. p. 228) peut également faire l'objet (sauf, curieusement, à la Réunion : art. 73 al. 5 C.) d'adaptations nécessitées par leur situation particulière y compris dans des matières relevant du domaine de la loi, à l'exclusion des compétences régaliennes ou mettant en cause les conditions essentielles d'exercice d'une liberté publique (art. 73 C.). Le Conseil constitutionnel contrôle que cette « situation particulière » existe bien et, sinon, il estime la loi contraire à la Constitution (Cons. const. 2004-503 DC §18, 12 août 2004, Libertés et responsabilités locales).

b) La situation de la Polynésie française[1]

L'art. 74 C. permet encore à la loi organique de doter certaines des COM d'un statut d'autonomie qui élargit encore les particularités de leur statut. Il lui permet par exemple d'adopter des mesures justifiées par les nécessités locales en faveur de sa population, en matière d'accès à l'emploi, de droit d'établissement pour l'exercice d'une activité profession-

[1] La question de la Nouvelle Calédonie sera traitée infra p. 352.

nelle ou de protection du patrimoine foncier. Il lui permet également de participer, sous le contrôle de l'État, à l'exercice des compétences qu'il conserve, dans le respect des garanties accordées sur l'ensemble du territoire national pour l'exercice des libertés publiques. Le même article prévoit encore que le Conseil d'État exerce un contrôle juridictionnel spécifique sur certaines catégories d'actes de l'assemblée délibérante de la COM autonome intervenant au titre des compétences qu'elle exerce dans le domaine de la loi. Enfin, l'assemblée délibérante de la COM autonome peut modifier une loi promulguée postérieurement à l'entrée en vigueur du statut de la collectivité, lorsque le Conseil constitutionnel, saisi notamment par les autorités de la COM[1], a constaté (décisions référencées « LOM »), selon une procédure de déclassement qui rappelle celle de l'art. 37 al. 2 C., que la loi est intervenue dans le domaine de compétence de cette collectivité.

Le premier (et jusqu'à présent le seul) statut particulier d'une COM autonome adopté conformément aux dispositions de l'art. 74 C. concerne la Polynésie française (LO n° 2004-192 et L n° 2004-193, 27 févr. 2004). Ce statut, véritable « constitution locale » commence du reste par une affirmation qui ne peut que montrer l'importance de l'autonomie ainsi accordée. Alors que la Constitution, dans son art. 72 C., dispose que les « collectivités territoriales s'administrent librement », l'art. 1er de la loi organique précise que : La Polynésie française s'administre librement et démocratiquement par ses représentants élus et par la voie du référendum ». On remarquera la grande similitude entre ces dispositions et celles de l'art. 3 C. Le Conseil constitutionnel n'a pas réagi à cette formulation. De même on remarquera un autre changement sémantique, le Président du Gouvernement devenant « Président de la Polynésie française ». Enfin, l'art. 12 de la LO ajoute aux autorités de la COM (Président de la Polynésie et président de l'Assemblée de la Polynésie) pouvant saisir le Conseil constitutionnel pour faire déclasser une mesure législative intervenue dans le domaine de compétence de la COM, le Président de l'Assemblée nationale, le Président du Sénat et le Premier ministre.

On peut en résumer rapidement les principales dispositions en indiquant que sont transférées à la COM les compétences en matière de droit civil, de droit du travail, du droit pénal, de la circulation maritime et des liaisons aériennes. Par ailleurs, le texte autorise la COM à disposer d'une représentation auprès d'un Etat ou d'un organisme international du Pacifique sans que celle-ci puisse avoir un caractère diplomatique. Enfin, la préférence locale et le droit préférentiel en matière d'emploi et de patrimoine foncier sont mis en œuvre par la loi.

Ce nombre particulièrement important de compétences et de spécificités n'est pas sans rappeler la situation de la Nouvelle-Calédonie d'autant que l'assemblée de la COM est autorisée à adopter des « lois du pays ». Cependant, ces « lois », à la différence des « lois » néo-calédoniennes, sont des actes administratifs sur lesquels le Conseil d'Etat exerce un contrôle, certes spécifique, mais néanmoins juridictionnel.

3. Une atteinte *de facto* à l'unité normative

La complexité de ce cadre conduit dès lors à une disparition de l'unité du système législatif. Les lois de la République s'appliquent, en principe dans tous les départements y compris les DROM. Il est cependant possible au législateur, sauf dans les matières énumérées par la Constitution, d'écarter l'application de certains textes ou d'adopter des lois spéciales pour ces départements. Dans les COM, le mécanisme est inverse : le pouvoir législatif est pour partie exercé par l'assemblée délibérante de la COM, sauf dans les matières énumérées par la Constitution. En toute hypothèse, des législations différentes s'appliquent en des lieux différents de la République : dans les COM (et surtout dans les COM autonomes) mais pas exclusivement. L'existence de régimes juridiques particuliers peut trouver sa justification dans des particularismes géographiques (Cons. const. 91-290 DC §23, 9 mai 1991, Statut de la Corse ; Cons. const. 94-350 DC, 20 déc. 1994, Statut fiscal de la Corse) ou des situations spécifiques des composantes de la République (droit local Alsacien-Mosellan[2] ; Cons. const. 92-305 DC §113, 21 févr. 1992, Statut de la Magistrature ; Cons. const. 2011-157 QPC §4, 5 août 2011, *Sté SOMODIA*). Elle peut aussi trouver son origine dans de simples considérations économiques (Cons. const. 94-350 DC, 20 déc. 1994, Statut fiscal de la Corse). Le Conseil constitutionnel admet du reste que la mise en place de législations différentes selon les régions soit un moyen de respecter le principe d'égalité (Cons. const. 91-291 DC §23, 6 mai 1991, Fonds de solidarité des communes). Il en est de même, des différences de traite-

---

[1] Voir les spécificités ajoutées pour la Polynésie française ci-dessous.

[2] Le Cons. const. estime pourtant que « en l'absence de traduction officielle des textes allemands, les traductions officieuses portent atteinte à l'objectif de valeur constitutionnelle d'accessibilité de la loi ». Le pouvoir réglementaire a donc entrepris de dresser la liste et de publier des traductions officielles (D. n° 2013-395, 14 mai 2013 et n° 2013-776, 27 août 2013).

ment entre les personnes résidant en Corse et celles résidant dans le reste du territoire national (Cons. const. 2001-454 DC §29, 17 janv. 2002, Loi relative à la Corse). Mais l'évolution est parfois encore plus contestable. Ainsi, le législateur a-t-il prévu en 1998 (loi non soumise au Conseil constitutionnel) que les Alsaciens-Mosellans conservent les avantages de leur retraite, même s'ils ne résident plus dans les départements de l'est (art. L. 325-1 C. Sec. Soc.).

En fait, il n'y a véritablement que dans le domaine des libertés publiques qu'une telle unité doit être préservée. Les libertés sont les mêmes sur toute l'étendue du territoire. Ainsi, le principe de libre administration des collectivités territoriales prévu à l'art. 72 C., ne saurait conduire à ce que les conditions essentielles de mise en œuvre des libertés publiques et, par suite, l'ensemble des garanties que celles-ci comportent, dépendent des décisions de collectivités territoriales et, ainsi, puissent ne pas être les mêmes sur l'ensemble du territoire de la République (Cons. const. 96-373 DC §25, 9 avr. 1996, Polynésie française ; Cons. const. 2001-454 DC §12, 17 janv. 2002, Loi relative à la Corse). Affirmé dès 1985, ce principe interdit au législateur de donner aux collectivités territoriales un pouvoir d'adaptation dans le domaine des conditions essentielles de mise en œuvre des libertés publiques (Cons. const. 84-185 DC §18, 18 janv. 1985, Loi Chevènement ; Cons. const. 2001-454 DC §29, 17 janv. 2002, Loi relative à la Corse). Réaffirmé dans le cadre de la liberté de l'enseignement (Cons. const. 93-329 DC §27, 13 janv. 1994, Révision de la loi Falloux), le principe est maintenant garanti par la Constitution à l'art. 73 al. 4 C. qui l'a, du reste, étendu à certaines autres matières fondamentales (compétences régaliennes).

Pourtant, ce principe se heurte à la réalité historique prise en compte pour les COM par la Constitution elle-même. Par des textes anciens, antérieurs à l'actuelle Constitution ou à la révision de 2003, des régimes particuliers pour l'exercice de certaines libertés avaient été mis en place pour certaines parties du territoire [comme par exemple le régime particulier de la liberté du culte en Guyane et dans les trois départements d'Alsace et de Moselle (loi du 1er juin 1924 et ord. du 15 sept. 1944 rendant obligatoire l'enseignement religieux : cf. infra le caractère laïc de la République) ou celui de la liberté d'aller et de venir dans les COM].

C. L'unité (l'unicité) du peuple français

Une dernière acception du caractère unitaire de la République peut être recherchée dans l'unité du peuple français. Invoquée par les parlementaires à l'appui de leur saisine relative au « statut de la Corse » (Cons. const. 91-290 DC §§12 et 13, 9 mai 1991, Statut de la Corse) le Conseil constitutionnel a consacré le principe constitutionnel d'unicité du peuple français dans sa décision relative aux langues régionales (Cons. const. 99-412 DC §10, 15 juin 1999). On se doit cependant de noter que, pour la haute juridiction, l'unicité (le Conseil n'utilise pas le mot « unité », ce qui n'est sans doute pas innocent) du peuple français trouve son origine dans d'autres principes que celui d'unité de la République. Depuis la révision constitutionnelle du 28 mars 2003 on doit cependant noter qu'au sein du peule français, la République reconnaît l'existence de populations d'outre-mer dans un idéal de liberté d'égalité et de fraternité (art. 72-3 C.).

C'est tout d'abord l'égalité des citoyens « sans distinction d'origine, de race et de religion » qui est mise en avant. Elle justifie l'inutilité de toute protection particulière des minorités conduisant la France lorsqu'elle a adhéré aux Nations-Unies à faire une réserve à l'art. 27 du Pacte relatif au droit des minorités, estimant que cet article n'a pas de raison de s'appliquer en France.

C'est ensuite le principe d'indivisibilité de la République qui est également invoqué. En effet, comme le note le Conseil constitutionnel (« Statut de la Corse » et « Langues régionales » *préc.* ; Cons. const. 2000-428 DC §10, 4 mai 2000, Consultation de la population de Mayotte), si la Constitution fait la distinction entre le peuple français et les peuples d'outre-mer (al. 2 du préambule) , c'est pour admettre que ceux-ci disposent du droit à l'autodétermination, justifiant ainsi l'atteinte directe au principe d'indivisibilité.

§2. Indivisibilité

Si cette indivisibilité est spécifiquement mentionnée à l'art. 2 C., elle est aussi le fondement de la notion d' « intégrité du territoire » que l'on retrouve dans trois autres dispositions constitutionnelles[1]. Le Président de la République est le garant de cette intégrité du territoire (art. 5 C.) ce qui justifie qu'il puisse, lorsqu'une menace grave et immédiate pèse sur celle-ci, mettre en œuvre les pouvoirs exceptionnels (art. 16 C.). Enfin, la révision de la Constitution est impossible lorsqu'il est porté atteinte à l'intégrité du territoire (art. 89 C.).

La notion d'indivisibilité de la République est liée à son unité. C'est parce que la République est « une » qu'elle est « indivisible ». L'indivisibilité s'analyse tout d'abord comme une unité territoriale, c'est-à-dire comme interdisant la mise en place d'une structure fédérale (A). Pourtant, elle ne fait pas obstacle à ce que certains territoires, qui font partie intégrante de la République, puissent accéder à l'indépendance (B).

A. L'interdiction du fédéralisme et l'organisation décentralisée de la République

La nécessité de découper le territoire national en unités plus petites pour faciliter l'administration du pays apparaît dès l'origine. Le découpage se fera en départements, « sections d'un même tout » selon la loi du 8 janv. 1790, puis en communes. Il s'agit donc d'un découpage administratif. A l'origine d'ailleurs, le département et la commune, circonscriptions administratives, sont un simple moyen de déconcentration de l'Etat : les Préfets, qui sont à la tête des départements, et les maires, à la tête des communes, sont des agents de l'Etat. Ce n'est qu'avec la loi du 21 mars 1831 que des organes élus viendront s'ajouter aux fonctionnaires nommés, formant peu à peu une collectivité territoriale. Les circonscriptions administratives se doubleront donc de collectivités territoriales. Mais ces collectivités ne sont pas des entités fédérées.

L'art. 72 C. dispose que « les collectivités territoriales s'administrent librement par des conseils élus et dans les conditions prévues par la loi » qui, selon l'art. 34 C., « détermine les principes fondamentaux de la libre administration des collectivités locales, de leurs compétences et de leurs ressources ». En effet, à la différence des Etats fédérés, les collectivités locales s'administrent, elles ne se gouvernent pas ; c'est la loi et non la Constitution qui détermine leurs compétences. Même les COM qui disposent de compétences particulières dans des matières relevant normalement du domaine de la loi ne les exercent qu'en vertu d'une habilitation législative ou organique (art. 74 C.). Dès lors, les transferts de compétences que le législateur a admis peuvent être retirés par lui (Cons. const. 82-155 DC §31, 30 déc. 1982, LFR pour 1982). Simple aménagement de l'organisation de la République, comme le précise l'art. 1er C. depuis la révision du 28 mars 2003, celle-ci reste indivisible ; la décentralisation se réalise dans le cadre de la loi, ce qui justifie que les collectivités territoriales, qui disposent du pouvoir réglementaire (art. 72 al. 3 C), restent soumises au contrôle du représentant de l'Etat, qui a la charge des intérêts nationaux. Leurs actes doivent, en principe, lui être transmis, pour que, par le contrôle administratif, il s'assure de leur légalité (art. 72 al. 6 C).

Il n'est évidemment pas question ici de procéder à l'étude du fonctionnement des collectivités territoriales. Cette étude relève d'une discipline spécifique même si elle trouve son

[1] L'intégrité du territoire est également protégée par le code pénal qui en fait un « intérêt fondamental de la Nation » (art. 410-1) ; on retrouve cet élément comme base des infractions punies par les art. 412-1 et s. du même code. De même, selon les dispositions de la loi du 10 janv. 1936, peuvent être dissous par décret en Conseil des ministres les groupements ou associations qui auraient pour but de porter atteinte à l'intégrité du territoire.

fondement dans la Constitution. On indiquera donc simplement les grandes lignes de cette question qui intéressent le droit constitutionnel. Il s'agit, d'une part, d'examiner les conditions de mise en œuvre de la décentralisation et, d'autre part, les conditions dans lesquelles les populations peuvent participer à l'exercice de cette décentralisation.

1. La mise en œuvre de la décentralisation

La mise en œuvre de la décentralisation est confiée, tant au législateur organique, qu'au législateur ordinaire et au Gouvernement par voie d'ordonnance.

S'agissant du législateur organique, la Constitution lui a attribué la détermination des conditions dans lesquelles :

- les collectivités territoriales ou leurs groupements peuvent, lorsque, selon le cas, la loi ou le règlement l'a prévu, déroger, à titre expérimental et pour un objet et une durée limités, aux dispositions législatives ou réglementaires qui régissent l'exercice de leurs compétences sauf lorsque sont en cause les conditions essentielles d'exercice d'une liberté publique ou d'un droit constitutionnellement garanti, (art. 72 al. 4 C) ;
- les projets de délibération ou d'acte relevant de la compétence d'une collectivité territoriale peuvent, à son initiative, être soumis, par la voie du référendum, à la décision des électeurs de cette collectivité (art. 72-1 al. 2 C) ;
- est mise en œuvre la règle selon laquelle les recettes fiscales et les autres ressources propres des collectivités territoriales représentent, pour chaque catégorie de collectivité, une part déterminante de l'ensemble de leurs ressources (art. 72-2 al. 3 C) ;
- les conditions du changement de statut d'un département/région d'outre-mer en collectivité d'outre-mer (COM), après le consentement des populations intéressées (art. 72-4 al. 1 C) ;
- la loi peut autoriser les départements/régions d'outre-mer à adapter la législation aux caractéristiques et contraintes particulières de ces collectivités (art. 73 al. 5 C) ;
- les lois et règlements sont applicables à une COM, les compétences de celle-ci, les règles d'organisation et de fonctionnement de ses institutions, le régime électoral de son assemblée délibérante et les conditions dans lesquelles ses institutions sont consultées sur les projets et propositions de loi et les projets d'ordonnance ou de décret comportant des dispositions particulières à la collectivité, ainsi que sur la ratification ou l'approbation d'engagements internationaux conclus dans les matières relevant de sa compétence (art. 74 al.2 et s. C) ;
- pour celles des COM qui sont dotées de l'autonomie, les conditions dans lesquelles (art. 74 al. 7 et s. C) :
  - le Conseil d'État exerce un contrôle juridictionnel spécifique sur certaines catégories d'actes de l'assemblée délibérante intervenant au titre des compétences qu'elle exerce dans le domaine de la loi.
  - l'assemblée délibérante peut modifier une loi promulguée postérieurement à l'entrée en vigueur du statut de la collectivité, lorsque le Conseil constitutionnel, saisi notamment par les autorités de la collectivité, a constaté que la loi était intervenue dans le domaine de compétence de cette collectivité.
  - des mesures justifiées par les nécessités locales peuvent être prises par la collectivité en faveur de sa population, en matière d'accès à l'emploi, de droit d'établissement pour l'exercice d'une activité professionnelle ou de protection du patrimoine foncier.
  - la collectivité peut participer, sous le contrôle de l'État, à l'exercice des compétences qu'il conserve, dans le respect des garanties accordées sur l'ensemble du territoire national pour l'exercice des libertés publiques.

S'agissant du législateur ordinaire, la Constitution lui a attribué :

- la création de nouvelles collectivités territoriales, la détermination des conditions de leur libre administration et de réalisation de leurs actions communes et des dérogations expérimentales possibles localement (art. 72 al. 1 C) ;
- la possibilité, dans les limites fixées par la Constitution et les conditions prévues par une loi organique, d'autoriser les collectivités territoriales à déroger, à titre expérimental et pour un objet et une durée limités, aux dispositions législatives qui régissent l'exercice de leurs compétences (art. 72. al. 4 C) ;
- la possibilité, lorsque l'exercice d'une compétence nécessite le concours de plusieurs collectivités territoriales, d'autoriser l'une d'entre elles ou un de leurs groupements à organiser les modalités de leur action commune (art. 72 al. 5 C) ;
- la détermination des conditions d'exercice du droit de pétition des électeurs et de consultation de ceux-ci pour créer une COM, modifier l'organisation ou les limites d'une collectivité (art. 72-1 C) ;
- la fixation des ressources dont les collectivités territoriales peuvent disposer librement, la possibilité de les autoriser à fixer dans les limites qu'il détermine, l'assiette et le taux de certaines impositions ; l'obligation de prévoir les ressources qui doivent accompagner toute création, extension ou transfert des ressources qui en découlent ; la mise en place des mécanismes de péréquation destinés à favoriser l'égalité entre les collectivités territoriales (art. 72-2 C) ;
- le soin de fixer le régime législatif et l'organisation particulière des terres australes et antarctiques (art. 72-3 C) ;
- la possibilité d'autoriser, dans les conditions prévues par une loi organique, les départements/régions d'outre-mer à adapter la législation aux caractéristiques et contraintes particulières de ces collectivités ; la création d'une COM se substituant à un département/région d'outre-mer (ou inversement) ou la création d'une assemblée délibérante unique pour ces deux collectivités territoriales, sous réserve de l'accord des populations (art. 73 C) ;
- le soin de fixer, après consultation de leur assemblée délibérante, les modalités d'organisation particulière d'une COM en dehors des compétences données au législateur organique (art. 74 C).

Enfin (art. 74-1 C), par ordonnance, le Gouvernement peut, avec les adaptations nécessaires, étendre dans les COM et en Nouvelle-Calédonie, les dispositions de nature législative en vigueur en métropole, dans les matières qui demeurent de la compétence de l'Etat, sous réserve que la loi n'ait pas expressément exclu cette possibilité, pour les dispositions en cause, le recours à cette procédure. Ces ordonnances sont prises en conseil des ministres après avis des assemblées délibérantes intéressées et du Conseil d'Etat. Elles entrent en vigueur dès leur publication. Elles deviennent caduques en l'absence de ratification par le Parlement dans le délai de dix-huit mois suivant cette publication.

2. La participation des populations locales à la décentralisation

La mise en place de la décentralisation devait s'accompagner d'un développement des possibilités données aux citoyens de participer à la vie locale[1]. D'une part, s'agissant de l'organisation même des collectivités territoriales, le Constituant mettait en place différentes possibilités de consultation des populations en cas de changement affectant le statut ou les limites de

---

[1] Cette participation ne va cependant pas jusqu'à imposer que les modifications des limites territoriales des collectivités soient subordonnées à la consultation préalable des populations ou des collectivités (Cons. const. 2014-709 DC §5, 15 janv. 2015, Délimitation des régions).

leur collectivité (a). Cette solution venait avantageusement remplacer le recours au référendum sur la base de l'al. 2 du Préambule de la Constitution comme cela avait été le cas pour Mayotte le 2 juill. 2000[1], même si le Conseil constitutionnel avait estimé cette procédure régulière (Cons. const. 2000-428 DC, 4 mai 2000, Consultation de la population de Mayotte). D'autre part, les citoyens sont maintenant autorisés par la Constitution à décider des règles de droit qui seront applicables localement, dans le cadre de référendums décidés par la collectivité (b). A ces possibilités ouvertes par la Constitution, le législateur a lui-même ajouté des hypothèse de « référendum locaux » permettant de recueillir l'avis des populations sur des questions les concernant (c).

a) Les référendums locaux consultatifs

On peut faire la liste des possibilités de référendums consultatifs issus de la révision constitutionnelle du 28 mars 2003 comme suit :

- créer une collectivité à statut particulier ou modifier son organisation (art. 72-1 al. 3 C) ;
- modifier les limites d'une collectivité territoriale (art. 72-1 al. 3 C) ;
- interroger les électeurs sur une question relative à l'organisation, aux compétences ou au régime législatif d'une collectivité territoriale située outre-mer (art. 72-4 al. 2 C) ;
- transformer tout ou partie d'un département/région d'outre-mer en collectivité d'outre-mer ou inversement (art. 72-4 al. 1 C) ;
- créer une collectivité se substituant à un DROM ou instituer une assemblée délibérante unique dans les départements/régions d'outre-mer (art. 73 al. 7 C).

Ces référendums sont organisés conformément à la loi qui les décide pour ceux de l'art. 72-1 al. 3 C. et pour les autres conformément aux dispositions de l'art. 72-4 al. 2 C. Ce dernier, plus ou moins calqué sur l'art. 11 C., dispose que le Président de la République, sur proposition du Gouvernement pendant la durée des sessions ou sur proposition conjointe des deux assemblées, publiées au *Journal officiel*, peut décider, par décret, de consulter les électeurs d'une collectivité territoriale située outre-mer. Lorsque la consultation porte sur un changement prévu à l'art. 72-4 al. 1 C. et est organisée sur proposition du Gouvernement, celui-ci fait, devant chaque assemblée, une déclaration qui est suivie d'un débat. Pour autant, le Président de la République ne dispose pas ici d'un pouvoir sans contreseing. S'il décide d'organiser le référendum, le Premier ministre et les ministres responsables devront contresigner sa décision. Reste que le Président peut toujours refuser de mettre en œuvre la procédure et ce, sans que le Premier ministre ait à contresigner ce refus (cf. p. 328). Le Conseil d'Etat a jugé que, s'il ne lui appartient pas d'apprécier l'opportunité de la décision du Président de la République d'organiser une telle consultation, il peut vérifier si ce décret n'est pas entaché d'un vice pouvant affecter la régularité ou la sincérité de la consultation (CE 4 déc. 2003, *Feler : RFD adm. 2004. 187*). Autrement dit, le juge admet de contrôler la question posée pour s'assurer qu'elle est sans ambiguïté.

Des référendums ont été organisés conformément à certaines de ces dispositions :

- Conformément à l'art. 72-1 al. 3 C., a été **rejeté** le 6 juill. 2003 en Corse la modification de l'actuel statut de la collectivité à statut spécial visant à fusionner en une collectivité unique les deux départements et cette collectivité.

---

[1] Par ce référendum les Mahorais décidaient d'« évoluer vers la départementalisation » ce que la loi du 11 juill. 2001 entreprît en prévoyant l'application progressive du droit commun français à Mayotte. Mayotte est désormais un DROM depuis le 31 mars 2011.

- De même, et conformément à l'art. 73 al 7 C., les électeurs de la Martinique et de la Guadeloupe ont **refusé**, le 7 déc. 2003, la création d'une assemblée se substituant au Département/région d'outre-mer.
- Conformément à l'art. 72-4 al. 1 C., les électeurs de Saint-Martin et de Saint-Barthélemy (arrondissements de la Guadeloupe), ont **accepté**, le 7 déc. 2003, la création de deux COM qu'il appartiendra au législateur de créer maintenant que l'accord des populations est acquis, mais sans qu'il y ait là, pour lui, une obligation.
- Conformément au même art. 72-4 al. 1 C., les électeurs de Mayotte ont **accepté**, le 29 mars 2009, la transformation de la COM en une collectivité unique (DROM mais dénommée « Département ») régie par l'article 73 C. Cette transformation est effective depuis le 1er janvier 2011.
- Conformément à l'art. 72-4 al. 2 C., les électeurs de la Martinique et de la Guyane ont **refusé** le 10 janv. 2010 la transformation de leur DROM en COM.
- Conformément à l'art. 73 al. 7 C., les électeurs de la Martinique et de la Guyane ont **accepté** le 24 janv. 2010 la mise en place d'une assemblée délibérante unique pour leur DROM.

Sans remettre réellement en cause le principe même de ces consultations, les mises en œuvre de 2003, dans la foulée de la révision constitutionnelle, ont montré les limites (ou les bienfaits, selon l'interprétation que l'on en donnera) de ce mécanisme. Le référendum de Corse était voulu par le Gouvernement (l'implication du Président de la République fut « minimaliste » : une simple interview dans un quotidien régional) ; les référendums en Martinique et Guadeloupe étaient voulus par les élus locaux. La population n'a pas suivi les souhaits de l'un et des autres. Que les questions fussent ambiguës et les conséquences du « oui » ou du « non » mal perçues ; que les électeurs ait été mal informés : peu importe. Le référendum doit se manier avec précaution. Dans le même ordre d'idée, on rappellera que le référendum organisé en Alsace le 7 avr. 2013[1] pour réaliser la fusion entre la Région et les deux départements la composant en une collectivité unique a, lui aussi, donné un résultat négatif.

b) Les référendums locaux décisionnels

Admis jusqu'alors sans portée décisionnelle, le référendum local (pris ici au sens strict puisqu'il est décidé localement) a gagné, avec la révision du 28 mars 2003 le caractère décisionnel. En effet, conformément à l'art. 72-1 al. 2 C., les projets de délibération ou d'acte relevant de la compétence d'une collectivité territoriale peuvent, à son initiative, être soumis à la décision de ses électeurs.

C) Les référendums locaux mis en place par le législateur

La volonté de faire participer les populations à la détermination de leur avenir a également conduit le législateur à mettre en place des possibilités de consultations référendaires.

Par ex., la loi du 16 déc. 2010, un référendum relatif à la fusion de départements et de régions a été rendu possible. Le Gouvernement ne peut prononcer ladite fusion qu'avec l'accord, à des majorités qualifiées, des populations. Ainsi, les alsaciens ayant rejeté le 7 avr. 2013, le projet de fusion des deux départements alsaciens et de la région alsace, celle-ci n'a pas été possible.

De même, la loi du 13 août 2004 autorise une consultation sans effet décisionnel des électeurs s'agissant des décisions qu'envisage de prendre la collectivité pour régler les affaires relevant de la compétence de celle-ci. C'est ainsi que le 27 sept. 2015, les habitants de Beauvais ont refusé l'armement de la police municipale.

---

[1] Ce référendum a été organisé en application de l'art. L. 4124-1 CGCT.

B. Le droit à la libre détermination des peuples

La question de savoir si le droit à la libre détermination des peuples est prévue dans le cadre de l'actuelle Constitution a pu être discutée dès lors qu'il s'agit d'un mécanisme d'autodétermination (1). L'autodétermination est réglée par l'application de l'art. 53 C. prévoyant le consentement des populations intéressées (2). Il faut cependant faire une place particulière à la situation de la Nouvelle-Calédonie (3).

1. Le principe de la libre détermination des peuples

Certes, les dispositions du préambule de la Constitution de 1946 prévoient expressément au dernier alinéa que « la France entend conduire les peuples dont elle a pris la charge à la liberté de s'administrer eux-mêmes ». Pourtant, ce principe semblait devoir ne s'appliquer qu'aux seules colonies qui ont rapidement accédé à l'indépendance. En effet, en 1958, il était prévu que les territoires ultra-marins qui répondraient « *non* » lors du référendum d'approbation de la Constitution, accédaient immédiatement à l'indépendance. Ce fût le cas de la Guinée. Les autres territoires disposaient de quatre mois pour indiquer s'ils souhaitaient devenir un DOM ou un Etat membre de la Communauté conformément aux dispositions de l'al. 2 du préambule de la Constitution. C'est cette solution que choisirent toutes les autres colonies concernées. Pour la plupart, elles accédèrent à l'indépendance après la révision de 1960 qui mit fin à la Communauté (cf. p. 391).

Les dispositions du préambule semblaient être respectées ; il ne paraissait plus y avoir de place pour l'accession à l'indépendance. Restait pourtant le cas de quatre territoires qui choisirent, en 1958, de rester, selon la terminologie en vigueur à l'époque, des territoires d'outre-mer (TOM). Pouvaient-ils encore prétendre faire valoir leur droit à l'indépendance après 1958 ? La question se posait avec d'autant plus d'acuité que les dispositions de l'art. 53 C. ne prévoyant que l'adjonction, l'échange ou la cession de territoire, semblaient supposer la préexistence de l'Etat à qui le territoire est cédé ou rattaché. C'est René Capitant qui, en 1966, propose d'assimiler cession et accession à l'indépendance pour les TOM, seuls appelés, en 1958, à faire valoir un droit à l'indépendance. Dans ce cas, l'art. 53 C. s'applique : un Territoire ne peut sortir de la République sans l'accord du législateur, mais il n'est pas possible au législateur de rejeter hors de la République un Territoire dont la population n'y consentirait pas. La Conseil constitutionnel a admis cette interprétation en estimant que

« les dispositions de cet article doivent être interprétées comme étant applicables ...dans l'hypothèse où un territoire cesserait d'appartenir à la République pour constituer un Etat indépendant » (Cons. const. 75-59 DC §2, 30 déc. 1975, Autodétermination des Comores).

et admis que les TOM ont naturellement vocation à exercer ce droit à l'autodétermination compte tenu des dispositions de l'al. 2 du préambule de 1958, estimant ainsi, comme R. Capitant, que le droit à l'autodétermination de ces territoires n'avait pas été épuisé en 1958.

2. La mise en œuvre de l'art. 53 C. et le droit à l'autodétermination

C'est donc sur la base de l'art. 53 C. que furent organisés les référendums d'accession à l'indépendance de l'Algérie (1er juill. 1961[1]), des Comores (22 déc. 1974) et de Djibouti (8 mai 1977) et ceux aboutissant au maintien dans la République Française de la

[1] Il ne faut pas confondre ce référendum d'autodétermination avec le référendum mis en œuvre le 8 janv. 1961 en vertu des dispositions de l'art. C. 11 (cf. p. 79).

Côte française des Somalis (19 mars 1967), de l'île de Mayotte[1] (8 févr. 1976) et de la Nouvelle-Calédonie (13 sept. 1987).

Reste que cet article peut aussi être utilisé pour d'autres modifications. Il peut effectivement s'agir d'échanger, d'adjoindre ou de céder du territoire à un Etat préexistant et, là encore, il faudra obtenir le consentement des populations. Déjà contenue à l'art. 27 de la Constitution de la IV° République, cette disposition est maintenant un classique. Le Conseil d'Etat a du reste eu l'occasion de juger que le référendum était bien le préalable indispensable à toute modification territoriale entraînant un transfert de population (CE 27 juin 1958, *Georger et Teivassigamany : Lebon 403*).

La formule de l'art. 53 C. est relativement obscure en ce qui concerne les personnes qui sont appelées à participer au référendum. Traditionnellement interprétés comme concernant uniquement la population amenée à entrer ou à sortir de la République [le terme "territoire" ayant, pour ce qui concerne la consultation, un sens propre et non le sens de Territoire d'Outre-Mer (Cons. const. 75-59 DC §3, 30 déc. 1975, Autodétermination des Comores)], les termes mêmes de l'article ne semblent permettre que la mise en œuvre de référendums partiels sans l'intervention de l'ensemble de la population nationale[2]. Même ainsi interprétées, les dispositions n'ont pas toujours conduit à consulter les mêmes personnes : on a admis aussi bien la simple inscription sur les listes électorales qu'ajouté une condition d'une durée minimum de résidence sur place. Enfin, on doit considérer que le référendum de l'art. 53 C. n'a pas de caractère décisionnel ; il s'agit d'une simple "consultation", préalable indispensable à l'échange, l'adjonction, la cession ou l'accession à l'indépendance, mais ne réalisant pas celle-ci. Le vote d'une loi autorisant le Président de la République à ratifier le traité international ou l'accord avec le Gouvernement provisoire du futur Etat est nécessaire.

Reste que, s'agissant de la Nouvelle-Calédonie, c'est dans un cadre particulier (et non dans le cadre de l'art. 53 C.), précédé par la mise en place d'un statut spécifique, que s'exercera le droit à l'autodétermination.

3. La situation particulière de la Nouvelle-Calédonie

Toute autre est maintenant, la situation de la Nouvelle-Calédonie. En effet, celle-ci est actuellement dotée, au terme d'un processus assez long, d'un nouveau statut dont les éléments essentiels sont contenus aux art. 76 C. et 77 C. issus de la révision de 1998. Par ailleurs, l'art. 76 C. crée une nouvelle hypothèse de référendum permettant l'approbation de l'accord de Nouméa, lui aussi partie fondamentale du processus (sur tous ces points, cf. p. 380). Enfin, une loi organique, prévue à l'art. 77 C. devait venir préciser l'ensemble (LO n° 99-209 du 19 mars 1999 modifée).

Selon les dispositions de l'art. 77 C., les transferts de compétences que le législateur organique aura admis, sont acquis de manière définitive. Ce caractère irréversible des transferts ainsi réalisés porte une atteinte considérable au principe de l'indivisibilité de la République. Ceci est d'autant plus vrai que parmi les compétences ainsi transférées, sont recensées des matières relevant normalement du domaine de la loi (art. 34 C.) qui, en l'espèce, selon les dispositions de l'accord de Nouméa de 1998, conservent ce caractère législatif (à l'inverse du cas des COM examiné plus haut). De même, un certain nombre de matières feront l'objet de « loi du pays ». Du reste, l'art. 77 C., sans parler expressément de « loi »,

---

[1] Depuis lors, les électeurs de Mayotte ont encore été consultés deux fois. La première le 2 juill. 2000 (L. n°2000-391, 9 mai 2000 – sur la base de l'al. 2 du préambule) approuvant la marche vers la départementalisation ; la seconde le 29 mars 2009 (D. n° 2009-67, 20 janv. 2009 – sur la base de l'art. 72-4 al. 2 C.) pour transformer la Com en DROM (cf. p. 350) ce qui est désormais les cas.

[2] Pourtant, l'art. 53 C. utilise la formule "les populations intéressées" et non "la population intéressée"; il aurait donc été possible d'estimer que la Nation tout entière devait être consultée en plus de la population locale. Une telle interprétation aurait notamment permis l'utilisation de cet article en 1962 pour l'accession à l'indépendance de l'Algérie.

prévoit que « certaines catégories d'actes de l'assemblée délibérante pourront être soumis, avant promulgation (terme généralement réservé à la loi), au contrôle du Conseil constitutionnel ». Voici donc une situation bien originale puisqu'elle conduit, en fait, à faire apparaître une nouvelle catégorie d'actes législatifs. En effet, la nature législative des « lois du pays » déjà affirmée par la CEDH (CEDH, 11 janv. 2005, *Py c/ France* : *RFD adm. 2006. 139*) est confirmée par le fait qu'elle peuvent, comme le prévoit expressément l'art. 107 LO n° 99-209 du 19 mars 1999, faire l'objet d'une question prioritaire de constitutionnalité (Sur la QPC, cf. p. 438 et s. ; Cons. const. 2011-205 QPC, 9 déc. 2011, *Patelise F.*). Reste à savoir quelles sont, pour ces lois, les normes de référence qui sont retenues. Dans le cadre du contrôle a priori, la constitutionnalité des lois de pays est contrôlée par rapport à un ensemble de normes constitutionnelles de références spécifique incluant les art. 76 C. et 77 C., la loi organique en découlant, les accords de Nouméa et, mais seulement dans la mesure où ils ne seraient pas contraires à ces normes spécifiques à la Nouvelle-Calédonie, les éléments des normes constitutionnelles de références (cf. p. 420) applicables sur le reste du territoire de la République. La Constitution consacre donc sans aucune ambiguïté, un principe de divisibilité de la République indépendamment de toute accession à l'indépendance puisque, même dans l'hypothèse où le référendum d'autodétermination qui interviendra à l'issue du processus de transfert de compétence se solderait par un « non », la dualité des systèmes juridiques serait maintenue[1].

Le Conseil s'est prononcé cinq fois dans ce cadre (dont une décision d'incompétence). Dans le cadre du contrôle qu'il a fait de la loi organique prévue à l'art. 77 C. (et réitéré lors du contrôle de son actualisation : Cons. const. 2013-678 DC, 14 nov. 2013, LO actualisant la LO relative à la Nouvelle-Calédonie), le Conseil a clairement montré le sens qu'il donnera à sa future jurisprudence. En effet, le Conseil indique :

> « qu'il résulte des dispositions du premier alinéa de l'article 77 de la Constitution que le contrôle du Conseil constitutionnel sur la loi organique doit s'exercer non seulement au regard de la Constitution, mais également au regard des orientations définies par l'accord de Nouméa, lequel déroge à un certain nombre de règles ou principes de valeur constitutionnelle ; que, toutefois, de telles dérogations ne sauraient intervenir que dans la mesure strictement nécessaire à la mise en œuvre de l'accord » (Cons. const. 99-410 DC §3, 15 mars 1999, LO relative à la Nouvelle-Calédonie).

Ainsi, donc, dans ce cadre, l'accord de Nouméa constitue-t-il un élément à partir duquel le contrôle des lois du pays s'opérera ; on peut dire que l'accord fait alors partie des « normes constitutionnelles de référence » (cf. p. 420). Mais, il ne vaut bien entendu que dans le cadre limité du droit applicable en Nouvelle-Calédonie. L'accord de Nouméa est, en effet, le pivot du système mis en place. Si bien que, lorsque le Conseil constitutionnel, examinant la constitutionnalité de la loi organique, donne de celle-ci une interprétation qui s'oppose à l'accord, comme il le fait dans sa décision 99-410 DC précitée (§29 et s.), une révision de la Constitution est tout de suite mise en œuvre pour contrer cette interprétation. Ce « lit de justice » (cf. p. 458) n'a toutefois abouti qu'en 2007 (cf. p. 383) compte tenu du report *sine die* de la réunion du Congrès qui devait procéder à une première révision en 2000 (cf. p. 374).

Ce statut particulier doit logiquement n'être que provisoire. En effet, l'accord de Nouméa prévoit également que les électeurs néocalédoniens doivent à nouveau être consultés (éventuellement plusieurs fois) sur « l'accès à un statut international de pleine responsabilité » du territoire. La LO n° 2015-987 du 5 août 2015 a fixé les conditions de mise en œuvre de cette consultation.

---

[1] La situation de la Polynésie (cf. p. 343), quoique différent, va également dans le sens d'une atteinte à l'indivisibilité de la République.

§3. Les autres caractères de la République

Au caractère démocratique (A) ajouté par la Constitution de 1848 sont également venus s'adjoindre, depuis la Constitution de 1946 (art. 40), les caractères laïc (B) et social (C).

A. Le caractère démocratique de la République

Si la Constitution affirme le caractère démocratique de la République, elle ne précise pas le type de démocratie qui doit s'appliquer. En 1848, lors du rétablissement du suffrage universel, c'est incontestablement sous ce seul angle que le constituant envisageait la démocratie. La LC du 3 juin 1958 imposait du reste cette solution (« Seul le suffrage universel est la source du pouvoir ») que le constituant a traduit par la reprise à l'art. 2 C. de la formule traditionnelle : « gouvernement du peuple, pour le peuple, par le peuple ».

Quant aux conditions de mise en œuvre du suffrage universel, elles sont fixées à l'art. 3 C. Il peut prendre la forme directe ou indirecte selon les prescriptions constitutionnelles fixées à l'art. 6 C. pour le Président de la République et à 24 C. pour le Parlement. Il est, en tout cas, toujours égal (a), secret (b) et pluraliste (c), caractères qui s'appliquent du reste à toutes les élections politiques.

a) Le caractère égal du vote et le découpage des circonscriptions

Le caractère égal du suffrage est garanti par le Cons. const. qui veille à son respect dans tous les cas. Ainsi a-t-il estimé que, s'agissant de l'élection du Président de la République, il n'était pas possible que la HATVP (cf. p. 217) puisse assortir la publication de la déclaration patrimoniale des candidats[1] (cf. p. 44) de « toute appréciation qu'elle estime utile quant à l'exhaustivité, à l'exactitude et à la sincérité de la déclaration » sans conduire à ce que cette HATVP intervienne dans la campagne électorale, dans les derniers jours de celle-ci, dans des conditions qui pourraient porter atteinte à l'égalité devant le suffrage (Cons. const. 2013-675 DC §8, 9 oct. 2013, LO relative à la transparence de la vie publique).

De même, l'égalité du suffrage exclut la mise en place de techniques de vote plural telles que le vote familial qui consiste à donner au chef de famille autant de suffrages que de membres de la famille. Le Conseil constitutionnel a du reste fait application de ce principe à des élections non politiques, montrant par là son importance (Cons. const. 78-101 DC §5, 17 janv. 1979, Conseils de Prud'hommes). L'égalité du suffrage interdit encore qu'un électeur puisse être inscrit plusieurs fois sur les listes électorales et dès lors voter à plusieurs reprises (art. L. 10 C. élect. et Cons. const. 91-290 DC §41, 9 mai 1991, Statut de la Corse) ou que les bases démographiques de répartition des sièges soient déterminées de manière différente selon les circonscriptions (Cons. const. 2008-573 DC §22, 8 janv. 2009, Commission prévue à l'art. 25 C. et à l'élection des députés).

Mais la notion d'égalité du suffrage peut également être le moyen de contrôler le découpage des circonscriptions électorales aussi bien dans le cadre d'élections locales (Cons. const. 85-196 DC §§16 et 17, 8 août 1985, Nouvelle Calédonie I ; Cons. const. 87-227 DC, §§4 à 6, 7 juill. 1987, Régime électoral de Marseille) que nationales (Cons. const. 86-208 DC,

[1] C'est encore pour ces raisons que le Cons. const. n'a pas autorisé la Haute Autorité à publier, si elle constate que la déclaration du Président sortant n'est pas exhaustive, exacte ou sincère ou si elle constate une évolution de situation patrimoniale pour laquelle elle ne dispose pas d'explications suffisantes, ce constat, même après avoir mis à même l'intéressé de présenter ses observations (même décision).

2 juill. 1986, Découpage électoral I) ou européennes (Cons. const. 2003-468 DC §44, 3 avr. 2003, Elections des conseillers régionaux et des parlementaires européens).

Le juge constitutionnel estime en effet que l'Assemblée nationale doit être élue sur des bases essentiellement démographiques et que, dès lors, le découpage électoral des circonscriptions d'un département créant des inégalités trop grandes, méconnaîtrait le principe de l'égalité des suffrages (Cons. const. 86-208 DC §§19 à 24, 2 juill. 1986, Découpage électoral I ; Cons. const. 86-218 DC §7, 18 nov. 1986, Découpage électoral II ; Cons. const. 2008-573 DC, 8 janv. 2009, Commission prévue à l'art. 25 C. et à l'élection des députés). Un temps, cette règle fondamentale du critère démographique était atténuée par le principe selon lequel le nombre de députés ne pouvait être inférieur à deux pour chaque département (Cons. const. 86-218 DC §22, 18 nov. 1986, Découpage électoral II). Le Conseil estime désormais que « l'importante modification de ... circonstances de droit et de fait[1] » ne justifie plus le maintien de cette atténuation (Cons. const. 2008-573 DC §23, 8 janv. 2009, Commission prévue à l'art. 25 C. et à l'élection des députés). Dans la même décision (§24), il indique par une réserve d'interprétation que, à la différence de la représentation au Sénat (cf. p. 228), aucun impératif d'intérêt général n'impose que toute collectivité d'outre-mer constitue au moins une circonscription[2]. Là encore, donc, la règle fondamentale du critère démographique doit être respectée.

De plus, le respect dû au principe de l'égalité du suffrage implique que la délimitation des circonscriptions fasse l'objet d'une révision périodique en fonction de l'évolution démographique (Cons. const. 86-208 DC §29, 2 juill. 1986, Découpage électoral I) ce que reprend l'art. L. 125 C. élect. Il appartient normalement au Gouvernement de soumettre au Parlement une loi modifiant le découpage si, à l'issue d'un recensement de la population, des déséquilibres excessifs étaient constatés. Pourtant, le fait que le législateur n'ait pas, pour les législatives de 2007, été saisi d'un tel redécoupage des circonscriptions ne vicie pas le décret de convocation des électeurs pour les élections législatives (Cons. const. 2007-23 ELEC, 3 mai 2007, *Jan*).

Il convient encore que le découpage respecte le principe de la continuité territoriale des circonscriptions (Cons. const. 86-218 DC §7, 18 nov. 1986, Découpage électoral II) et les limites communales ou cantonales, sauf s'il s'agit de tenir compte des réalités naturelles que constituent certains ensembles géographiques et des solidarités qui les unissent (Cons. const. 86-208 DC §23, 2 juill. 1986, Découpage électoral I).

Le Conseil constitutionnel estime, néanmoins, que le non respect des éléments précédents et la possibilité admise que l'écart de représentation d'une circonscription à l'autre d'un même département soit supérieur à 20 % par rapport à la population moyenne du département, peuvent, s'ils étaient cumulés, donner lieu à des délimitations arbitraires de circonscription ou aboutir à créer des situations où le principe d'égalité serait méconnu (Cons. const. 2008-573 DC §26, 8 janv. 2009, Commission prévue à l'art. 25 C. et à l'élection des députés). Dès lors, il ne pourra y être recouru que dans une mesure limitée et en s'appuyant, au cas par cas, sur des impératifs précis d'intérêt général et leur mise en œuvre devra être strictement proportionnée au but poursuivi.

En fait, c'est bien dans la voie du contrôle du « gerrymandering[3] » que s'engage le Conseil constitutionnel (qui ne fait ici que reprendre à son compte une jurisprudence déjà mise en œuvre par le Conseil d'Etat : CE ass., 18 nov. 1977, *Cne de Fontenay-sous-Bois : Lebon 448*), en disant qu'il convient que la délimitation des circonscriptions ne procède

---

[1] Le nombre des députés des départements devant être diminué par la représentation des Français de l'étranger (cf. p. 233) alors que la population de ces départements a augmenté de plus des 7.600.000 personnes depuis le découpage de 1986.

[2] Sont implicitement visées les collectivités de Saint-Barthélemy et Saint Martin.

[3] Procédé de « charcutage » ou de « dépeçage » des circonscriptions inventé par Elbridge Gerry, Sénateur du Massachusetts (1812) pour que le résultat des élections soit, à coup sûr, celui que l'on souhaite...

d'aucun arbitraire (Cons. const. 86-208 DC §24, 2 juill. 1986, Découpage électoral I), les diverses dérogations que le législateur prend en compte ne devant aboutir, surtout si on les cumule, à vider de son sens le principe de base qui reste le « critère démographique ».

La nécessité de respecter le critère démographique s'applique également au Sénat. Tout d'abord, elle justifie l'existence (même limitée : cf. p. 228) des délégués supplémentaires que les communes de plus de 30.000 habitants envoient au collège sénatorial. Ensuite, le Conseil constitutionnel a estimé que ce facteur impose au législateur de modifier la répartition par département des sièges de sénateurs pour tenir compte des évolutions de la population des collectivités territoriales dont le Sénat est l'émanation (Cons. const. 2000-431 DC §11, 6 juill. 2000, Election des sénateurs) et ce bien que le Sénat s'y soit refusé dans un premier temps. Depuis, ce respect du critère démographique a été pris en compte notamment par une augmentation du nombre des sénateurs (Cons. const. 2003-476 DC §8, 24 juill. 2003, LO relative au Sénat).

Malgré ces contrôles, les critiques faites au découpage électoral ne manquent pas. Chaque parti, mais évidemment surtout l'opposition du moment, s'estime lésé lorsque le Gouvernement procède à un redécoupage des circonscriptions. Le Constituant de 2008 a voulu faire en sorte que ces critiques puissent être moins vives d'autant que l'obligation de représenter à l'Assemblée nationale les Français de l'étranger conduisait nécessairement à rendre le nouveau découpage plus difficile encore à réaliser (cf. p. 233). Il a donc prévu (art. 25 al. 3 C.) la mise en place d'une commission indépendante chargée de donner un avis sur les projets de texte et propositions de loi délimitant les circonscriptions pour l'élection des députés et modifiant la répartition des sièges de députés et de sénateurs.

Cette commission est composée de six membres nommés pour six ans non renouvelables (art. L. 567-1 C. élect.) : un conseiller d'Etat, un conseiller à la Cour de cassation et un Conseiller à la Cour des comptes élus par leurs pairs, seuls les membres en service effectif pouvant participer à l'élection (selon une réserve d'interprétation : Cons. const. 2008-573 DC, 8 janv. 2009, Commission prévue à l'art. 25 C. et à l'élection des députés) et trois personnalités nommées (21 avr. 2009). La première l'est par le Président de la République selon la procédure prévue au dernier al de l'art. 13 C. (art. LO 567-9 C. élect.) (cf. p. 68) et préside la commission (Y. Guéna[1]). Les deux autres le sont respectivement par le Président de l'Assemblée nationale et le Président du Sénat, après avis de la commission permanente chargée des lois électorales de leur assemblée qui peut s'opposer à cette désignation à la majorité des 3/5 des suffrages exprimés[2]. Les membres de la commission sont renouvelés par moitié tous les trois ans[3].

Elle est saisie par le Premier ministre des projets d'ordonnance relevant de l'objet mentionné à l'art. 25 al. 3 C. ou par le Président de l'assemblée dont émane la proposition de loi ayant ce même objet. (art. L. 567-7 C. élect.). Elle se prononce dans un délai de deux mois par un avis publié au *Journal Officiel*. Elle a rendu pour la première fois un avis le 23 juin 2009 débouchant sur l'ordonnance n° 2009-935 du 29 juill. 2009 du ratifiée par la loi n°2010-165 du 23 févr. 2010 (Cons. const. 2010-602 DC, 18 févr. 2010, Ratification de la répartition des sièges et délimitation des circonscriptions pour l'élection des députés).

---

[1] Avis favorable du 1er avr. 2009 par 18 voix pour, 13 contre et 1 suffrage non exprimé à l'Assemblée nationale et par 18 voix pour, 2 contre et 12 suffrages non exprimés au Sénat.

[2] D. Chagnollaud (avis favorable : 17 voix pour et 2 voix contre de la commission des Lois de l'AN le 1er avr. 2009) ; B. Castagnède (avis favorable à l'unanimité des 13 suffrages exprimés de la commission des Lois du Sénat le 7 avr. 2009).

[3] Un heureux tirage au sort (prévu par l'art. 1er §2 du 13 janv. 2009) a conduit au renouvellement en 2012 des seuls magistrats et conseillers d'Etat. Pour l'heure, les personnalités nommées en 2009 par le Président de la République et les présidents des assemblées parlementaires n'ont pas été remplacées.

Le cheminement vers l'ordonnance mérite d'être indiqué[1]. Après avoir tenu vingt-trois réunions, la commission s'est prononcée d'une part sur la répartition des sièges et d'autre part sur la délimitation des circonscriptions.

Concernant la répartition des sièges, elle a accepté que soit retenue pour procéder à la répartition des sièges la méthode dite de la « tranche commencée » (admise par le Conseil constitutionnel : Cons. const. 2010-602 DC §14 : *préc.*), qui attribue un nombre de sièges correspondant à la partie entière du quotient plus un siège pour tout reste[2]. C'est celle déjà utilisée lors des précédents redécoupages. Comme elle l'a expliqué, « cette option lui est apparue comme permettant la meilleure synthèse entre une règle de calcul reposant sur des critères exclusivement démographiques et une approche tenant également compte de la réalité historique et humaine ». La commission a également approuvé que le chiffre retenu comme diviseur soit de 125 000 habitants : l'application de ce diviseur à la population de chaque département a permis d'obtenir un nombre qui, arrondi à l'entier supérieur, correspond au nombre de sièges à attribuer. La commission a donc donné un avis favorable au projet de nouvelle répartition des sièges de députés, conduisant à prévoir 11 députés pour représenter les Français de l'étranger, 10 députés correspondant aux collectivités d'outre-mer (cf. p. 343) et à la Nouvelle-Calédonie et 566 députés répartis entre les différents départements de métropole et d'outre-mer.

En matière de délimitation des circonscriptions, la commission a formulé différents types d'observation selon les départements, émettant un avis favorable au découpage proposé dans quarante-sept départements, faisant des suggestions dans dix-sept départements ou formulant des propositions (accompagnées ou non de suggestions) dans trente-six autres départements. Elle a également émis un avis favorable au découpage retenu d'une part pour les dix circonscriptions correspondant aux collectivités d'outre-mer et à la Nouvelle-Calédonie et d'autre part pour les onze circonscriptions destinées à élire des députés représentant les Français de l'étranger.

À la suite de cet avis, le Gouvernement a soumis à cette commission de nouveaux projets dans sept départements. La commission s'est à nouveau réunie le 30 juin 2009 pour se prononcer sur ces sept nouvelles propositions, et a formulé un avis favorable dans trois cas (Finistère, Pyrénées-Orientales et Vienne), défavorable dans trois autres (Loir-et-Cher, Pas-de-Calais, Val-d'Oise) et favorable sous réserve d'un découpage différent de celui proposé pour une seule circonscription dans le cas de Paris (3ème circonscription). Il semble que cet avis ne soit pas publié. La prise en compte du second avis émis par la commission a conduit à modifier à nouveau la délimitation envisagée pour les circonscriptions du Loir-et-Cher ainsi que de Paris et du Val-d'Oise.

L'avant-projet d'ordonnance a ensuite été soumis au Conseil d'État. Un certain nombre de nouvelles modifications ont été introduites par rapport au deuxième avant-projet soumis à la commission qui n'a pas été consultée sur les modifications introduites par le Gouvernement après avoir recueilli l'avis du Conseil d'État[3]. Ces modifications correspondent, indique-t-on, soit à des propositions ou suggestions formulées par la commission elle-même, soit à des propositions du Conseil d'État.

b) Le caractère secret du vote

Quant au caractère secret du vote, il garantit l'anonymat de l'électeur essentiellement par le passage dans l'isoloir (art. L. 62 C. élect.) et par l'annulation des bulletins marqués de façon à connaître le votant (art. L 66 C. élect.).

c) Le caractère pluraliste du vote

Ensuite, en affirmant, d'une part, que les partis politiques concourent à l'expression du suffrage et à la mise en œuvre du principe de parité (art. 4 al. 1 et 2 C.) et, d'autre part, que la loi garantit les expressions pluralistes des opinions et la participation équitable des partis et groupements politiques à la vie démocratique de la Nation (art. 4 al. 3 C.), la Constitution organise une démocratie politique pluraliste, aspect qui a déjà fait l'objet de longs développements (cf. p. 212). On rappellera du reste que le Conseil constitutionnel avait déjà affirmé que le pluralisme des courants d'idées et d'opinions sont indispensables à la mise en œuvre du caractère démocratique de la République (Cons. const. 2003-468 DC §12, 3 avr. 2003, Elections des conseillers régionaux et des parlementaires européens).

Le Conseil constitutionnel, dans son rôle de juge électoral (cf. p. 410) [comme les autres juridictions qui assurent un tel contentieux (cf. p. 465)], est chargé de veiller au caractère démocratique du suffrage. Il s'assure, par exemple, que les dispositions législatives soient

---

[1] Nous le tirons du rapport AN XIII n° 1949.

[2] Cette méthode est également dénommée « méthode de Adams » (John Quincy Adams, 6e président des Etats-Unis). Dans cette méthode, pour un diviseur fixé à 125 000 habitants, il faut et il suffit qu'un département compte 125 001 habitants pour obtenir deux sièges (car le quotient est ainsi supérieur à 1). Elle présente en l'espèce l'intérêt de limiter le nombre des départements qui n'auraient qu'un seul siège de député. Cette méthode se distingue de la méthode « Sainte-Laguë » (mathématicien français) qui attribue un nombre de sièges correspondant à la partie entière du quotient, arrondi au plus proche entier. Ainsi, pour un diviseur fixé à 125 000 habitants et dans l'hypothèse d'un total de quatre sièges à distribuer entre deux départements, l'un de 190 000 habitants, et l'autre de 300 000 habitants, le département de 190 000 habitants obtient deux sièges (car son quotient est de 1,52) tout comme celui de 300 000 habitants (dont le quotient est de 2,4). En revanche, un département comportant à peine plus de 125 000 habitants n'obtiendrait, en règle générale, qu'un seul siège.

[3] Le Conseil constitutionnel n'y voit pas de violation de la Constitution (Cons. const. 2010-602 DC §2 et s., 18 févr. 2010, Ratification de la répartition des sièges et délimitation des circonscriptions pour l'élection des députés).

suffisamment claires pour assurer la sincérité du scrutin et vérifie que les bulletins de vote ne risquent pas de créer la confusion dans l'esprit des électeurs (Cons. const. 2003-475 DC §§25 et 26, 24 juill. 2003, Election des Sénateurs). Il propose du reste parfois des suggestions pour garantir le respect de ce caractère démocratique dans les « observations » qu'il présente à la suite de chaque consultation législative, sénatoriale et même présidentielle (cf. p. 413).

B. Le caractère laïc de la République

La laïcité est sans conteste une des caractéristiques les plus particulières de notre système constitutionnel. Elle est la conséquence constitutionnelle de la loi du 9 déc. 1905 sur la séparation des églises et de l'Etat[1]. C'est donc logiquement que ce caractère ne trouve de traduction constitutionnelle qu'à partir de 1946. Simplement peut-on rappeler que, par la révision du 14 août 1884 avait été abrogé le paragraphe prévoyant que des prières publiques seraient dites le dimanche suivant la rentrée parlementaire (cf. p. 367)[2]. Née au début du XXe siècle, la laïcité reste néanmoins l'un des caractères les plus contestés de la République.

D'abord[3], il faut rappeler qu'une partie du territoire national (les départements d'Alsace et de Moselle) reste sous le régime concordataire. Les prêtres, les pasteurs et les rabbins y sont des fonctionnaires de l'Etat nommés par l'exécutif[4] et l'enseignement religieux y est obligatoire (loi du 1er juin 1924 et ord. du 15 sept. 1944) dans l'enseignement primaire et secondaire, sauf, pour les parents, à demander expressément que leurs enfants en soient dispensés. L'affirmation par le Conseil constitutionnel qu'un principe fondamental reconnu par les lois de la République garantit le maintien de la législation des départements d'Alsace et de Moselle tant qu'elle n'est pas remplacée (cf. p. 424) permet de penser que cette spécificité sera maintenue.

Ensuite, on notera que les dispositions constitutionnelles viennent préciser le sens de la laïcité républicaine. En effet, l'art. 1 C. ajoute que la République assure l'égalité devant la loi de tous les citoyens sans distinction d'origine, de race ou de religion et qu'elle respecte toutes les croyances. D'autres dispositions viennent encore protéger les citoyens contre toute discrimination religieuse comme l'art. 10 DDHC ainsi que les alinéas 1, 5 et 16 du préambule de 1946. On le voit, c'est plutôt sous l'angle de l'égalité qu'est appréhendée la laïcité républicaine. Il n'est donc pas impossible au Chef de l'Etat ou à des gouvernants de participer à des manifestations religieuses, d'adresser des messages à telle ou telle communauté religieuse à l'occasion de telle ou telle fête, etc. De même, la République peut rendre hommage, sous la forme d'une cérémonie religieuse, à des personnalités éminentes comme par exemple ses anciens Présidents. Enfin, on rappellera que le Président de la République est, comme successeur des Rois de France, chanoine honoraire de l'abbaye de Saint-Jean Latran[5]. Mais

---

[1] L'Etat conserve néanmoins un contrôle sur les congrégations, notamment en autorisant leur constitution (D. 16 août 1901).

[2] De plus, à la fin des offices une courte prière pour la République était dite : « Seigneur, protège la République et accorde lui tes bienfaits » ; cette prière continue d'être dite dans les départements concordataires.

[3] Conformément aux ordonnances du 8 mars 2000, le droit musulman s'est appliqué à Mayotte jusqu'à la départementalisation de l'île en 2011

[4] Ainsi l'archevêque de Strasbourg et l'évêque de Metz sont nommés par décret du Président de la République ; un second décret reçoit la bulle portant institution canonique donnée par le Saint-Siège (*JO 27 sept. 2013 p. 16106*).

[5] Cette tradition date de 1604 quand Henri IV décida de faire don au Latran de l'abbaye bénédictine de Clairac (Lot-et-Garonne). Pour le remercier, le chapitre du Latran décida d'élever une statue, présente dans la basilique, et d'attribuer au roi le titre de chanoine d'honneur. Une messe est dite chaque année « pour la France », le 13 décembre, date anniversaire de la naissance du Roi. Les présidents De Gaulle (en 1967), Giscard d'Estaing (en 1978) et Chirac (en 1996) sont allés prendre possession de leur stalle lors d'une discrète intronisation. En revanche, les présidents Pompidou et Mitterrand ont refusé de faire de même, tout en acceptant le titre de chanoine. L'intronisation de N. Sarkozy (20 déc. 2008), très médiatisée, est à l'origine d'une polémique sur la laïcité suite à un discours où il affirme les racines chrétiennes de la France et fait un éloge de la foi. F. Hollande a annoncé qu'il n'irait pas prendre possession se son titre.

c'est bien sûr dans le domaine de l'enseignement que la question de la laïcité est la plus prégnante.

En effet, si le principe de la laïcité de l'enseignement est un élément de la laïcité de l'Etat (CE 10 mars 1995, *Aoukili : AJDA 1995. 332*), l'affirmation contenue dans le préambule de 1946 (al. 13) selon laquelle « l'organisation de l'enseignement public gratuit et laïque à tous les degrés est un devoir de l'Etat » ne saurait exclure l'existence de l'enseignement privé, non plus que l'octroi d'une aide de l'Etat à cet enseignement dans des conditions définies par la loi (Cons. const. 77-87 DC §4, 23 nov. 1977, Liberté d'enseignement et de conscience). Le législateur a rappelé le sens du principe de laïcité dans l'enseignement en interdisant le port de signes ou tenues marquant une appartenance religieuse (art. L. 141-5-1 du code de l'éducation). La circulaire prise en application de cette loi n'est contraire ni à la Conv. EDH ni au Pacte sur les droits civils et politiques (CE sect., 8 oct. 2004. *Union française pour la cohésion nationale : Lebon 367*). La position du juge administratif rejoint du reste celle de la CEDH qui admet l'interdiction du port du voile comme un moyen de mise en œuvre du principe de laïcité, dès lors que sont en jeu les droits et libertés d'autrui, la paix civile, les impératifs de l'ordre public et le pluralisme (CEDH 29 juin 2004 *Leyla Sahin c/ Turquie*, aff. 44774/98 *; AJDA 2004. 1816, Chron. Flauss* - pour l'enseignement supérieur ; CEDH 4 déc. 2008, *Dogru c/ France*, aff. 27058-05 : *AJDA 2008. 2311* - pour l'enseignement primaire et secondaire). On indiquera que le principe de laïcité est de plus en plus au centre des débats politiques de ces dernières années et ce tant en ce qui concerne sa portée que son champ d'application.

C. Le caractère social de la République

Egalement issu de la Constitution de 1946, le caractère social de la République est sans doute à la fois le plus évanescent et le plus complexe. En fait, il renvoie pour l'essentiel aux différents droits sociaux garantis par le préambule de la Constitution de 1946, repris par l'actuelle Constitution (droit à la protection sociale, droit à la solidarité nationale, droit à l'emploi, ...). Rarement évoqué par le Conseil constitutionnel, en tant que tel, il doit cependant se combiner avec le principe d'égalité des citoyens (Cons. const. 96-387 DC §10, 21 janv. 1997, Prestation autonomie ; Cons. const. 2003-483 DC §9, 14 août 2003, Réforme des retraites).

CHAPITRE II

LA NOTION DE CONSTITUTION

BIBLIOGRAPHIE : - A. NEGRI, *Le pouvoir constituant. Essai sur les alternatives de la modernité* : PUF 1997. - D.-G. LAVROFF : « La constitution et le temps » in Mélanges Philippe Ardant, LGDJ 1999. - M. VERPEAUX : *La constitution*, Que-sais-je ? PUF.

Nous venons, au cours des deux parties qui ont précédé, d'étudier de nombreuses règles juridiques constitutionnelles. La plupart d'entre elles étaient issues de « Constitutions ». Ceci nous permet de donner de cet acte une définition générale et classique.

Une Constitution est l'acte qui, dans un Etat, fixe l'organisation des pouvoirs politiques, prévoit comment ils sont désignés, quelles sont leurs compétences et quels rapports s'organisent entre eux.

Il importe peu que l'acte en question soit qualifié de « Constitution », ce sont les dispositions qu'il contient qui font qu'un acte est de nature constitutionnelle ou non. Ainsi les "Chartes" de 1814 et 1830 et les "lois constitutionnelles" de 1875 étaient-elles en fait des constitutions. A l'inverse un acte intitulé « Constitution » n'en a pas forcément les qualités juridiques. Ainsi, malgré son intitulé, le traité établissant une Constitution pour l'Europe était un traité international[1].

Il est aussi possible d'envisager que les règles constitutionnelles ne soient pas contenues dans un acte juridique écrit mais soient issues, comme par exemple en Grande-Bretagne[2], de coutumes. Cela ne modifie pas fondamentalement le problème, simplement le droit constitutionnel plutôt que d'être écrit sera coutumier ; il n'en aura pas moins la force et l'autorité s'attachant aux règles constitutionnelles[3]. Du reste, et comme nous aurons l'occasion de le montrer, il est fréquent que, dans les pays où il existe une constitution écrite, des règles coutumières viennent en compléter les dispositions.

On ajoutera que les Constitutions des Etats fédéraux comprennent en plus de ces dispositions traditionnelles les règles relatives à la répartition des compétences entre l'Etat fédéral et les Etats fédérés.

Enfin, certaines Constitutions ajoutent encore des déclarations de droits ou de libertés fondamentales contenues dans le corps même du texte ou dans des préambules. C'est le cas en France avec le préambule de la Constitution de 1958 qui, renvoyant à la Déclaration des Droits de l'Homme et du Citoyen de 1789 et au préambule de 1946, contient lui-même l'affirmation d'un certain nombre de droits et de libertés publiques. La notion de Constitution a donc changé au fil du temps et l'on doit ajouter à la définition classique donnée plus haut que :

---

[1] Du reste, c'est en application des dispositions de l'art. 54 C. que le Conseil constitutionnel a été appelé à se prononcer sur sa « constitutionnalité » (cf. p. 438). Il a d'ailleurs précisé à cette occasion que cette dénomination « n'appelle pas de remarque de constitutionnalité » parce qu'elle est « sans incidence sur l'existence de la Constitution française et sa place au sommet de l'ordre juridique interne » (Cons. const. 2004-505 DC, 19 nov. 2004, Traité établissant une Constitution pour l'Europe).

[2] Il existe pourtant certains textes constitutionnels en Grande-Bretagne comme par exemple la "Grande Charte" de 1215, les Parliament Acts de 1911 et de 1949 ou le House of Lord Act de 1999 (cf. p. 25).

[3] La coutume est non écrite mais n'en constitue pas moins une règle de droit ; elle est dès lors obligatoire. C'est du reste ce sentiment subjectif d'être face à une règle obligatoire (*opinio juris sive necessitatis*) qui distingue la coutume du simple 'usage'.

La Constitution contient également la définition des droits et libertés essentiels des citoyens que les gouvernants doivent respecter.

Cet élément est important car, de ce fait, ces dispositions bénéficient de la valeur juridique des règles constitutionnelles. C'est qu'en effet les Constitutions sont en général placées au sommet de la hiérarchie des normes juridiques d'un Etat et, à ce titre, bénéficient d'une protection particulière qui se marque essentiellement par l'existence d'un mécanisme de contrôle de la constitutionnalité des actes juridiques de valeur inférieure et en particulier des lois (cf. p. 428).

Cette primauté de la Constitution sur les autres règles de droit s'explique le plus souvent par le fait qu'il appartient au "souverain" de déterminer les règles constitutionnelles, c'est-à-dire de se déterminer lui-même (§1). Une procédure particulière à suivre si l'on veut modifier les dispositions des Constitutions est donc généralement prévue pour qu'il ne puisse pas être porté atteinte trop facilement à cette expression de la souveraineté à moins que le souverain n'y consente (§2).

I. LA NAISSANCE DES CONSTITUTIONS

L'opération de rédaction complète d'une Constitution (qui ne se conçoit bien sûr que pour les Constitutions écrites) est relativement rare dans l'histoire des Etats. En effet, hormis l'hypothèse d'une rédaction au moment de la fondation de l'Etat comme ce fut le cas aux Etats-Unis d'Amérique en 1787 et lors de l'accession à l'indépendance des colonies des pays occidentaux, les changements de Constitution sont souvent le résultat de changements de régime politique, heureusement, là aussi, peu fréquents dans la plupart des pays. La France, avec ses dix-sept Constitutions[1], fait, de ce point de vue, figure de pays constitutionnellement instable.

Lorsque le cas se présente, lorsqu'il faut rédiger entièrement une Constitution, l'important sera de déterminer précisément à qui appartient le pouvoir constituant, dit en l'espèce "**pouvoir constituant originaire**". Selon les principes traditionnels, le pouvoir constituant appartient au souverain qui, selon le cas, peut être la Nation ou le Peuple (cf. p. 205 et s.). Lorsque le Peuple est souverain, il participe à l'opération constituante et l'on peut estimer que celle-ci sera démocratique. Lorsque c'est la Nation qui détient la souveraineté, l'élaboration pourra être démocratisée par l'élection des "constituants", c'est-à-dire des organes ou personnes chargés de rédiger la Constitution ou bien, ceux-ci intervenant au nom de la Nation sans être issus d'un mécanisme électif, l'élaboration résultera d'un phénomène autoritaire.

Il faut reconnaître que le mécanisme autoritaire d'élaboration des Constitutions est à ranger parmi les curiosités historiques. Relèvent, par exemple, de ce type les "Chartes", celle de 1814, "octroyée" par Louis XVIII, et celle de 1830, "consentie" par Louis-Philippe après une "négociation" avec les représentants de la bourgeoisie. Il en est de même des "actes constitutionnels" du Régime de Vichy.

Le mécanisme démocratique peut prendre deux aspects. Ou bien, le Peuple est appelé à élire une assemblée dite **constituante** qui aura pour mission d'élaborer une Constitution, ou bien il sera appelé à se prononcer lui-même sur le projet de Constitution par la voie du référendum, ces mécanismes n'étant pas exclusifs l'un de l'autre. Ainsi, deux Constitutions révolutionnaires (1791 et An III) furent élaborées par une assemblée, de même que celles des II° et III° Républiques. La Constitution de l'An I, élaborée par une assemblée, fut soumise au peuple, mais les conditions de cette consultation ne permettent pas de parler de

---

[1] V. liste en note p. 32.

référendum (cf. p. 74). En revanche, la Constitution de 1946, élaborée par une assemblée, fut adoptée par référendum. La Constitution actuelle fut également soumise au peuple par la voie référendaire, mais après élaboration par le Gouvernement. Cette dernière technique peut d'ailleurs être un simple masque de démocratie placé devant un mécanisme autoritaire : les Constitutions du Consulat et des I° et II° Empires furent approuvées par référendum (en fait un plébiscite) après avoir été élaborées par un homme ou un comité restreint.

Une fois élaborées, les Constitutions doivent pouvoir évoluer ; il convient donc d'examiner comment il est possible de les réviser. Parfois pourtant, la révision est impossible, soit que des raisons techniques s'y opposent du fait justement de la complexité de la procédure de révision, soit que des raisons politiques l'empêchent. Dans ces cas, on procédera parfois à des "révisions-abrogations". La technique consiste dans cette hypothèse à faire adopter, selon la procédure de révision prévue par la Constitution que l'on veut changer, un texte modifiant cette procédure et permettant que soit rédigée, *in extenso*, par une procédure simplifiée, une nouvelle Constitution. C'est cette technique qui fut utilisée en 1940, lorsque l'Assemblée nationale de la III° République délégua son pouvoir constituant au Gouvernement du Maréchal Pétain et, en 1958, lorsque le Parlement adopta la LC du 3 juin qui confiait, au Gouvernement du Général De Gaulle, le soin de proposer une nouvelle Constitution. On le voit, bien que faisant apparemment appel à la procédure de révision, ces techniques sont en fait le prélude à la rédaction d'un texte entièrement neuf, abrogeant de facto l'ancien texte.

II. LA REVISION DES CONSTITUTIONS

Nous nous attachons ici à examiner les révisions formelles des Constitutions. Il est, en effet, possible d'imaginer que la pratique puisse aussi apporter aux règles constitutionnelles des infléchissements notables ; nous réservons ces développements à plus tard. Dans l'étude présente, c'est le texte constitutionnel lui-même qui est modifié. S'agissant de la révision constitutionnelle, c'est-à-dire d'un acte fondamental dans la vie d'une Constitution, les théoriciens n'ont pas manqué d'étudier la question (A). La pratique de la révision dans l'histoire constitutionnelle française permet de voir comment furent mises en œuvre quelques-unes de ces théories (B).

§1. Les théories en présence

Il s'agit donc ici de savoir à qui appartient et comment s'exerce le pouvoir constituant qui, chargé uniquement de modifier la constitution et non de l'élaborer, est appelé **"pouvoir constituant dérivé"** (1). Il conviendra, en outre, de s'interroger sur l'existence d'une éventuelle limite à l'exercice du pouvoir de révision et donc d'une supraconstitutionnalité (2).

A. Les modalités d'exercice du pouvoir constituant dérivé

Deux hypothèses sont envisageables selon qu'il existe dans la Constitution une procédure de révision clairement définie ou que le constituant originaire n'a rien prévu de tel.

Lorsque la Constitution est muette sur le mécanisme qui permet de la réviser, il est possible d'envisager que le constituant originaire a manifesté par là l'une des trois volontés suivantes. Il peut avoir voulu faire de la Constitution une œuvre immuable et intangible et donc interdire la révision. Il peut avoir signifié que s'applique à la révision la même procédure que celle suivie lors de l'élaboration et imposé simplement par son silence le respect d'un "parallélisme des formes". Dans ce cas pouvoir constituant dérivé et pouvoir constituant originaire appartiennent aux mêmes organes. Il peut avoir entendu ne soumettre la révision à aucune forme particulière et donc permis que la Constitution puisse être modifiée selon la même procédure que celle utilisée pour le vote des lois. Dans ce cas, pouvoir constituant dérivé et pouvoir législatif se confondent. Compte tenu de l'ambiguïté de ce silence, il est heureux de noter que les Constitutions de ce type sont rares ; on peut cependant indiquer le cas des Chartes de 1814 et 1830 qui ne furent d'ailleurs pas amendées[1].

Dans la plupart des cas donc, les Constitutions prévoient un mécanisme particulier de révision par la détermination de règles procédurales précises et généralement plus complexes que la simple procédure législative ordinaire. Là encore, il est possible d'opérer une distinction selon que la procédure prévue confie le pouvoir constituant dérivé à des organes existant dans la Constitution, en général le Parlement ou une assemblée constituante (pouvoir constituant constitué), ou qu'elle impose la participation du souverain par un référendum. Ces différentes techniques peuvent du reste se cumuler et/ou se juxtaposer. Il est possible, en effet, que le peuple intervienne par référendum après que le Parlement ou une assemblée constituante se soit prononcé. Il est possible encore que, selon l'importance de la révision à mettre en œuvre, des procédures différentes soient prévues. Le pouvoir constituant constitué peut voir ses compétences limitées aux révisions mineures ou techniques, tandis que l'appel au peuple serait nécessaire pour les modifications plus importantes et en particulier pour les changements de régime ou de Constitution[2]. Certains auteurs distinguent alors les deux pouvoirs, réservant l'expression « pouvoir constituant » à la seconde technique tandis que la première serait un simple « pouvoir de révision ». Dans ces conditions, il faut s'interroger sur les éventuelles limites qui peuvent être fixées aux révisions constitutionnelles.

B. Les limites au pouvoir constituant dérivé

Il est traditionnel d'affirmer que le pouvoir constituant est souverain. Cette affirmation est une évidence pour le pouvoir constituant originaire ; la solution est moins nette pour le pouvoir constituant dérivé. Elle conduit à admettre qu'il lui serait possible d'abroger, de modifier ou de compléter n'importe quelle disposition constitutionnelle.

Pourtant, les Constitutions prévoient elles-mêmes des limites et des interdictions. Seraient-elles de simples incantations qu'une révision pourrait faire disparaître ? La question mérite d'être posée (1). Par ailleurs, selon certains auteurs, il existerait des normes supra-constitutionnelles intangibles (2).

1. De l'existence de limites au pouvoir constituant dérivé

On peut en effet admettre que le constituant originaire ait, au moment de la rédaction de la Constitution, interdit que certaines dispositions de celles-ci puissent être modifiées ou que la révision puisse avoir lieu à certaines périodes. On peut citer les dispositions de l'art. 8 de la loi du 25 févr. 1875, dans sa rédaction issue de la révision du 14 août 1884, ou de l'art. 95 de la Constitution de la IV° République qui interdisaient que l'on puisse proposer une révision supprimant la République. La violation de ces règles vicierait la révision.

Pourtant, il est difficile de croire que des limitations puissent s'imposer au souverain lui-même. En effet, on ne peut admettre qu'un pouvoir souverain soit limité par quelque règle

---

[1] En effet, si l'art. 23 initial de la Charte de 1830 a bien été modifié par la loi du 29 déc. 1831, c'est en vertu d'une disposition expresse de l'art. 68 de la même Charte qui prévoyait un nouvel examen de cet art. 23 en 1831.

[2] Cette analyse donne un nouvel éclairage à certaines notions traditionnelles. On a l'habitude de ranger sous l'appellation "Constitutions souples" les Constitutions qui se révisent facilement, c'est-à-dire en fait sans procédure spéciale ou encore par la procédure législative ordinaire. Les Constitutions qui prévoient une procédure spécifique de révision sont dites "Constitutions rigides". Dans l'hypothèse qui distingue entre pouvoir de révision et pouvoir constituant, les Constitutions pourraient présenter plusieurs degrés de rigidité. Pour certaines dispositions, la nécessité de l'intervention du peuple, considérée comme plus difficile à mettre en œuvre, rendrait la Constitution plus rigide alors que, le peuple étant souverain, il pourrait apporter des modifications plus profondes ce qui serait en quelque sorte plus souple. A l'inverse, une procédure parlementaire, même souple, ne pourrait pas modifier certaines dispositions et la Constitution présenterait donc un caractère plus rigide.

que ce soit, même s'il les a lui-même édictées. De toute façon, le souverain étant constituant, on doit considérer que, s'il viole les limites fixées au pouvoir constituant dérivé, il a en fait révisé la Constitution et supprimé les limites qui y étaient contenues explicitement ou implicitement. Ainsi le souverain peut-il, lui-même, violer la Constitution, cette violation devant être assimilée soit à une révision implicite, soit à l'exercice du pouvoir constituant originaire. La logique voudrait donc que ces limites ne s'appliquent qu'au pouvoir constituant constitué, c'est-à-dire aux révisions acquises selon la procédure parlementaire ou du moins à une procédure ne faisant pas intervenir le souverain[1]. Encore faudrait-il qu'un mécanisme de contrôle existe et puisse sanctionner cette violation, ce qui n'est pas le cas en droit positif français, le Conseil constitutionnel n'étant pas compétent dans ce domaine (cf. p. 376).

2. L'inexistence de normes supraconstitutionnelles

On a aussi considéré qu'il pouvait exister des règles constitutionnelles qui, par leur nature même, seraient immuables ou ne pourraient être modifiées que par un appel au pouvoir constituant souverain et non par le pouvoir constituant institué.

Il pourrait s'agir tout d'abord de certaines dispositions constitutionnelles qui, par leur importance, devraient être garanties contre des modifications intempestives. Les partisans de cette théorie considèrent par exemple que tout transfert de souveraineté ou toute révision de la procédure de révision (révision-abrogation) fait partie de ces normes fondamentales. Cela revient à admettre qu'il existerait dans les Constitutions des normes de valeur différente. Certes, ce n'est pas impossible, en particulier si la Constitution elle-même l'indique, prévoyant, par exemple, deux procédures de révision distinctes selon les normes que l'on souhaite modifier[2]. Mais si la Constitution ne prévoit rien, il est difficile d'admettre que cette distinction ait été voulue. En tout cas, force est de constater que le droit positif français et la jurisprudence constitutionnelle, là encore, ne retiennent pas cette limitation, bien au contraire.

Il pourrait s'agir encore de règles internationales telles que la Convention Européenne des Droits de l'Homme ou les traités communautaires. Certes, si la France procédait à une révision constitutionnelle mettant en œuvre des dispositions contraires à l'un de ces traités, elle serait obligée de le dénoncer par une procédure régulière, sauf à se voir condamnée par la juridiction internationale. Il semble donc que nous soyons tenus d'en respecter les termes et donc que notre Constitution elle-même y soit soumise. Mais notre système juridique ne donne à aucune juridiction le pouvoir de juger de la "conventionnalité" de la Constitution. Saisi d'un recours de ce type, le Conseil d'Etat a du reste expressément indiqué que si

> « l'article 55 de la Constitution dispose que "les traités ou accords régulièrement ratifiés ou approuvés ont, dès leur publication, une autorité supérieure à celle des lois sous réserve, pour chaque accord ou traité, de son application par l'autre partie", la suprématie ainsi conférée aux engagements internationaux ne s'applique pas, dans l'ordre interne, aux dispositions de nature constitutionnelle » (CE ass., 30 oct. 1998, *Sarran : AJDA 1998. 1039*).

La Cour de cassation a du reste jugé dans le même sens (Cass. plén. 2 juin 2000, *Mlle Fraisse : Bull. N° 4 p. 7*). En revanche, la Cour EDH semble, elle, retenir la position inverse. D'une part, elle a estimé contraire à la Conv. EDH une loi de validation (cf. p. 280) pourtant déclarée conforme à la Constitution par le Conseil constitutionnel (Cons. const. 93-332 DC §14, 13 janv. 1994, Validation des décisions des caisses de sécurité sociale ; CEDH

---

[1] Cette analyse part du présupposé que le souverain, en l'occurrence le peuple, est le seul apte à juger de l'opportunité des révisions essentielles. Elle part aussi de l'idée qu'il n'est pas admissible que la "souveraineté du peuple soit à la merci d'un simple vote de parlementaires réunis en congrès". On peut pourtant craindre que, mal informé, le peuple ne consente des modifications constitutionnelles dangereuses pour ses libertés alors que les représentants du peuple ne les auraient pas acceptées.

[2] On renverra, par exemple, à l'art. 168 de la Constitution du Royaume d'Espagne.

28 oct. 1999, *Zielinski c/ France*, aff. 24846/94 : *LPA 8 juin 2000. 21*), d'autre part, et de manière plus nette encore, elle admet de contrôler (CEDH, 11 janv. 2005, *Py c/ France* : *RFD adm. 2006. 139*), en tenant compte de la structure constitutionnelle de l'Etat, la conventionnalité des dispositions organiques et constitutionnelles au regard de la Conv. EDH. et plus particulièrement de l'art. 3 de son Protocole Additionnel n° 1 qui stipule :

« Les Hautes parties contractantes s'engagent à organiser, à des intervalles raisonnables, des élections libres au scrutin secret, dans des conditions qui assurent la libre expression de l'opinion du peuple sur le choix du corps législatif ».

S'agissant des dispositions des traités de Maastricht, d'Amsterdam et Lisbonne[1] et de la Convention relative à la Cour pénale internationale reprises aux art. 88-2 C., 88-3 C., 88-1 C. et 53-2 C., le Conseil constitutionnel a un temps admis dans ce cas de vérifier que le législateur a bien respecté les dispositions de ces traités. Cette jurisprudence est maintenant abandonnée (cf. p. 435).

Pour le reste, admettre l'existence, en dehors des dispositions constitutionnelles (ou de coutumes constitutionnelles) ou des traités internationaux, de principes d'une valeur supérieure aux règles contenues dans la Constitution, s'imposant au pouvoir constituant dérivé, c'est en fait admettre l'existence d'un "droit naturel", ce à quoi nous ne pouvons nous résoudre.

§2. Les applications dans l'histoire constitutionnelle française

H

Force est de constater que le mécanisme de la révision fonctionna assez peu en France. Pourtant, l'utilité de la révision constitutionnelle a été admise dès les premiers temps de la Révolution. Ainsi, la Constitution de 1791 disposait, dans son art. 1er du titre VII :

« L'Assemblée nationale constituante déclare que la Nation a le droit imprescriptible de changer sa Constitution ».

Les Constituants de l'époque donnaient du reste la préférence à des mécanismes « pris dans la Constitution elle-même » (même texte) et prévoyaient donc une procédure de révision. Mais le système retenu était en général trop complexe.

Ainsi notre première Constitution, en 1791, mettait-elle en place un mécanisme de révision s'étalant au minimum sur 6 ans à l'issue desquels, enfin, une assemblée de révision serait élue et pourrait entreprendre l'examen des articles à modifier. Il va de soi que ce mécanisme n'eut pas l'occasion de fonctionner et fut inapte à répondre à la situation provoquée par la déchéance du Roi en 1792. La Constitution du 24 juin 1793 (ou de l'An I) prévoyait un mécanisme de révision faisant appel à une assemblée réunie à la demande du peuple. Comme la Constitution elle-même ne fut jamais mise en vigueur, la révision n'eut pas l'occasion de jouer. Le même principe d'un recours à une assemblée de révision se trouve dans la Constitution de l'An III ; elle pouvait être élue après neuf années de préparatifs au minimum ! C'était encore vouer la Constitution tout entière à l'échec. Bref, les procédés de révision retenus par les révolutionnaires étaient tellement complexes et tellement lents qu'ils ne purent jamais être mis en œuvre, obligeant à changer de Constitution plutôt qu'à réviser. Aussi les premières révisions constitutionnelles n'eurent-elles lieu que sous la Constitution de l'An VIII qui ne prévoyait pourtant pas de mécanisme de révision. Les deux révisions qui furent acquises par plébiscite devaient pourtant entraîner la rédaction nouvelle de pans entiers de la Constitution originelle et former ce que l'on appelle les Constitutions de l'An X, créant le Consulat à vie, et de l'An XII, instituant l'Empire.

Il faut attendre la II° République pour trouver dans une Constitution un mécanisme de révision (encore une fois long et complexe[2]) faisant à nouveau appel à une assemblée de révision élue. Le coup d'Etat de 1851 ne permit pas son usage. Dans la nouvelle Constitution, le Sénat obtenait officiellement le pouvoir de proposer des modifications constitutionnelles. Elles devaient, avant d'entrer en vigueur, être acceptées par l'exécutif et, si elles étaient importantes, être soumises au peuple par référendum consti-

[1] Depuis que ce traité est en vigueur, la Constitution ne fait plus référence qu'à ce seul traité à l'art. 88-1 C.

[2] C'est là qu'il faut trouver la raison des révolutions et des coups d'état qui jalonnent la fin du XVIII° et le début du XIX° siècle.

tuant dont le caractère plébiscitaire était évident. Plusieurs modifications constitutionnelles par Sénatus-consultes intervinrent dont certaines furent soumises au peuple ; elles permirent peu à peu le passage vers un régime parlementaire issu du Sénatus-consulte du 21 mai 1870 qui ne survécut pas au désastre de Sedan en septembre de la même année.

Sous la **III° République**, les lois constitutionnelles de 1875 furent le premier acte constitutionnel en France qui put être révisé selon la procédure qu'il organisait sans qu'il y ait recours au plébiscite. La procédure retenue était relativement simple à mettre en œuvre et, bien que confiant le pouvoir constituant dérivé à une assemblée, elle ne supposait pas l'élection d'une chambre ad hoc. En effet, il appartenait soit au Président de la République, soit aux parlementaires de proposer une révision des lois constitutionnelles. Chaque chambre devait se prononcer séparément sur la résolution de révision qui, une fois adoptée, conduisait à la réunion des deux chambres en une Assemblée nationale chargée de procéder à la révision. Les décisions de l'Assemblée nationale étaient acquises à la majorité absolue. Trois révisions eurent lieu selon cette procédure. Ce fut, tout d'abord, le 21 juin 1879 la révision autorisant le retour à Paris des pouvoirs publics et des chambres par l'abrogation de l'art. 9 de la LC du 25 févr. 1875 qui fixait leur siège à Versailles. Ce fut, ensuite, la révision du 14 août 1884 qui « républicanisait » définitivement la III° République en supprimant les sénateurs inamovibles, en interdisant que la forme républicaine du Gouvernement pût être changée et que les membres des familles ayant régné sur la France puissent être éligibles à la Présidence de la République. Ce fut, enfin, la loi du 10 août 1926, sans véritable intérêt constitutionnel, qui ajouta à la LC du 25 févr. 1875 un article constitutionnalisant la "caisse d'amortissement" pour rassurer les petits porteurs de bons du trésor, effrayés par l'inflation qui naissait alors. La dernière révision utilisant la procédure prévue par les lois constitutionnelles de 1875 intervint le 10 juill. 1940 et marqua en fait la fin de la III° République (cf. p. 29) par la technique de la révision-abrogation.

Sous la **IV° République**, la procédure de révision était organisée au titre XI, en particulier à l'art. 90. Ne laissant plus la place qu'à l'initiative parlementaire, cette procédure complexe se terminait par l'adoption de la révision soit par référendum, soit par l'Assemblée nationale à la majorité des 2/3, soit par les deux assemblées à la majorité des 3/5. Une révision eut lieu selon cette procédure en 1954 ; pour l'essentiel, elle rendait au Conseil de la République certains des pouvoirs du Sénat de la III° République et rétablissait l'investiture du Gouvernement entier aux lieu et place de celle du seul Président du Conseil (cf. p. 97). Elle fut ensuite à nouveau utilisée pour l'adoption de la loi du 3 juin 1958 (cf. p. 30) qui, permettant la naissance de la V° République par dérogation à l'art. 90, doit s'analyser comme une révision-abrogation.

Titre II : L'évolution de la Constitution

Notre actuelle Constitution se trouve être dans l'histoire constitutionnelle française la seconde en longévité. En effet, hormis les lois constitutionnelles de 1875 qui tiennent encore la première place avec une durée de 65 ans, nulle autre Constitution n'a dépassé 20 années d'existence. Ainsi, avec plus de 55 ans d'application, la Constitution de 1958 apparaît comme stable et ce d'autant plus qu'il n'est plus guère de partis politiques ou même d'hommes politiques qui proposent sérieusement d'en changer. Il est vrai que les élections présidentielles et législatives de 2002 et 2007 ont conduit certains à s'interroger sur une réforme globale, une VI° République[1]. Il s'agit pourtant encore de réflexions individuelles qui ne constituent pas un programme politique d'un des partis institutionnels.

Il nous semble que cette longévité s'explique par la souplesse des institutions actuelles, par les possibilités qu'elles offrent de s'adapter à des situations différentes, voire opposées. Cette faculté d'adaptation qui permet selon nous de moduler la réponse institutionnelle sans être obligé d'abroger les institutions est la qualité essentielle qu'il faut attribuer au texte de 1958.

Cette adaptabilité prend deux formes : l'existence d'organes chargés d'interpréter les textes constitutionnels par leur jurisprudence (Chapitre II) et la possibilité de réviser la loi fondamentale quand l'interprétation s'avère insuffisante (Chapitre I). La révision et la jurisprudence constitutionnelles sont donc des éléments essentiels de la Constitution, sans doute même les éléments essentiels de son succès, permettant aux constituants de pouvoir prétendre réaliser le troisième et dernier des défis qu'ils devaient relever en 1958.

[1] On peut se référer par exemple à : O. Duhamel : *Vive la VI° République*, Seuil 2002 – D. Strauss-Kahn : *La flamme et la cendre*, Grasset 2002. On peut également voir les réflexions des principaux constitutionnalistes français des le n° 99 de la revue « Pouvoirs » et dans le numéro spécial de la RD publ. 2002 intitulé justement : La VI° République ? En 2007, S. Royal indiquait clairement dans la campagne vouloir réformer la Constitution et reprenait à son compte nombre des propositions faites par A. Montebourg et B. François : *La Constitution de la 6e République - réconcilier les Français avec la démocratie*, Odile Jacob, 2005. Ces reflexions se poursuivent dans la « Convention pour la 6e République » (C6R) : http://www.c6r.org/.

CHAPITRE I

L'EVOLUTION PAR LA REVISION

BIBLIOGRAPHIE : - P. AVRIL : *Les conventions de la Constitution*, PUF, coll. « Léviathan », 1997. - O. BEAUD : "La souveraineté de l'Etat, le pouvoir constituant et le traité de Maastricht", *RFD adm. 1993. 1047.* – C. BIGAUT : *Le réformisme constitutionnel en France (1789-2000)*, Doc. Fran. 2000. - B. BRANCHET : *La révision constitutionnelle sous la V° République*, LGDJ. C. EMERY et Ch. BIDEGARAY : *La constitution en France de 1789 à nos jours*, Colin 1997. - M. LASCOMBE : « Réviser la constitution », *Revue Recherche Juridique 1991. 653* – J WALINE : « Les révisions de la Constitution de 1958 » in *Mélanges Philippe Ardant, LGDJ 1999.* – XXX : *Une V° République plus démocratique, Rapport du Comité Balladur*, Doc. fran. 2007. - « La souveraineté », Pouvoirs n° 67. – « La V° République, évolutions et débats, *Cahiers français, n° 332, 2006.* – « Les projets de réformes institutionnelles », *Regard sur l'actualité, n° 339, 2008.* – « Après le comité Balladur, Réviser la Constitution de 1958 ? », *RFD const. 2008 Hors série.*

On doit remarquer que bien des Constitutions antérieures dans notre pays ont dû être remplacées parce qu'il était impossible de les réviser. Si l'on excepte les Constitutions napoléoniennes, les révisions sont en effet peu nombreuses ; là encore, la III° République, faisant exception, en a connu trois alors que la IV° République n'en connaissait qu'une.

L'actuelle Constitution a déjà subi vingt quatre modifications auxquelles il faut ajouter quelques échecs. Parmi ces révisions, six ont eu une importance capitale pour l'avenir du régime :

- 1962 donnait, par l'élection directe, au Président de la République, le charisme que le Général De Gaulle tenait de l'histoire, achevant l'œuvre constitutionnelle de 1958 et garantissant la survie du régime ;
- 1974 permettait à l'opposition parlementaire de jouer un rôle actif et canalisait la contestation politique dans une procédure institutionnelle assurant là encore l'avenir des institutions qui, offrant la parole à tous, n'obligeaient plus les opposants à demander leur disparition.
- 1992 confortait l'apport de la révision de 1974 en élargissant le pouvoir de saisine des parlementaires aux traités internationaux. Par ailleurs, elle renforçait quelque peu le pouvoir du Parlement en lui donnant un rôle nouveau et substantiel dans le cadre de l'élaboration du droit communautaire à laquelle il est maintenant associé. Enfin, c'est cette révision qui réalisait les aménagements constitutionnels rendus nécessaires par la ratification du traité de Maastricht et qui constituait donc sur ce point une étape importante dans le processus d'unification des pays d'Europe.
- 1995 élargissait le champ d'application du référendum et accordait au Parlement quelques droits nouveaux qu'il exerçait au cours d'une session parlementaire unique de 9 mois. Pourtant, cette révision limitait les immunités parlementaires, élément essentiel du statut des membres des assemblées législatives.
- 2000 réduisait le mandat présidentiel de sept à cinq ans ouvrant la voie à des adaptations futures du régime (cf. p. 315).
- 2008 réformait en profondeur la Constitution et en particulier l'institution parlementaire. Elle introduisait le contrôle de constitutionnalité des lois par voie d'exception. Tant par son fond que par son ampleur en nombre de dispositions modifiées, elle constitue une étape majeure dans l'évolution du régime.

Pourtant, ces révisions n'étaient pas réalisées selon la même procédure. C'est qu'en effet, à côté de l'art. 89 C. spécifiquement consacré à la révision (I), d'autres articles de la Constitution permettent de réviser celle-ci tandis que la pratique et la coutume ont été utilisées pour réaliser certaines modifications constitutionnelles (II).

I. LA REVISION PAR L'ARTICLE 89

La Constitution de 1958 organise sa procédure de révision à l'**art. 89 C.** La procédure qui y est établie (§1) a été mise en œuvre à plusieurs reprises (§2).

§1. La procédure de révision

Comme dans de nombreuses constitutions "rigides", la procédure de révision sous la V° République est plus exigeante que la procédure législative ordinaire (A) et fixe certaines limites à son usage (B).

A. La description de la procédure

L'initiative de la révision est partagée entre le Président de la République et chaque parlementaire individuellement. Lorsque c'est le Président qui intervient, on parle de **projet de révision**[1], lorsque ce sont les parlementaires, on parle de **proposition de révision**. On doit pourtant noter que le Président de la République ne peut agir de sa propre initiative ; il ne peut présenter un projet de révision que sur proposition du Premier ministre, ce qui rend difficile la révision en période de cohabitation. En effet, si le Président ne peut agir seul et donc proposer de réviser la Constitution sans que le Premier ministre soit d'accord, celui-ci ne peut non plus rien entreprendre sans l'accord du Président qui conserve la possibilité de ne pas présenter le projet que le Premier ministre lui propose[2] ; le Président dispose donc dans cette matière d'un pouvoir discrétionnaire. En cas de cohabitation, il peut empêcher toute révision, comme ce fut le cas s'agissant de la révision nécessaire pour pouvoir ratifier la Charte européenne des langues régionales (cf. p. 341 et 417).

On notera la situation curieuse résultant en 1974 des remarques faites par le Conseil constitutionnel lors de la proclamation des résultats de l'élection présidentielle, remarques par lesquelles il faisait connaître les risques que pouvait présenter, pour le bon déroulement de l'élection, le décès d'un candidat à la présidence. Il faisait savoir qu'il souhaitait que la Constitution fût amendée sur ce point et il proposa les dispositions à prendre. Le Premier ministre était pratiquement contraint de proposer au Président de la République une telle révision que ce dernier ne pouvait qu'accepter de déposer, ce qu'il fit en 1976 (cf. p. 45 et 377).

Les projets de révision ne sont pas soumis aux dispositions de l'art. 39 al 4 C. et n'ont pas à être accompagnés d'une étude d'impact au sens de l'art. 8 de la LO n° 2009-403 du 15 avr. 2009 (cf. p. 155). De plus l'examen en séance plénière se fait sur le projet tel qu'il a été déposé par le Gouvernement et non sur un texte amendé par la commission (art. 42 al. 2 C.).

Qu'il s'agisse d'un projet ou d'une proposition de révision, la procédure à suivre est, en principe, la même. Le projet ou la proposition sont examinés en séance plénière après avoir été étudiés en commission, les votes ayant lieu hors la présence du Gouvernement (art. 117-1 RAN et 18 al. 1 RS). La commission de la première assemblée saisie dispose, conformément aux dispositions de l'art. 42 al. 4 C. d'un délai de 6 semaines pour réaliser cet examen ; celle de la seconde assemblée de quatre semaines (Art. 89 al. 2 C.). Ces délais ne peuvent pas être réduits dès lors que la procédure accélérée n'est pas applicable en matière constitutionnelle. Il convient ensuite que les deux assemblées approuvent le texte en termes identiques. Aucune procédure de conciliation entre les deux assemblées n'étant prévue (l'art.

---

[1] C'est en fait le ministère de la Justice et plus précisément la direction des affaires civiles et du sceau qui prépare les projets de révision ; le ministre de la Justice les défend devant les assemblées : arrêté du 1er sept. 2005 (*JO 14 sept., p. 14910*).

[2] Ainsi, pour les deux révisions intervenues en 1993 et celles intervenues sous la 3e cohabitation, l'accord du chef de l'Etat et celui du Premier ministre avaient été nécessaires simultanément (cf. p. 378 et s.).

45 al. 2 C. ne s'applique pas ici), une conciliation informelle entre les rapporteurs ou d'autre procédés y pallient. Cette procédure dite de la « CMP informelle » intervient au besoin très en amont pour que les deux assemblées puissent rapidement parvenir à un texte unique (*Pouvoirs* n° 87 p. 186 ; n° 128 p. 180). Ensuite, le peuple doit marquer son accord en approuvant la révision par référendum, en l'espèce, un **référendum constituant**. Ainsi, l'intervention du peuple qui, usant de son pouvoir constituant originaire, a approuvé la Constitution en 1958, est-elle nécessaire dans le cadre de la révision, créant un parallélisme des formes entre les deux pouvoirs constituants.

Pourtant, la Constitution prévoit qu'on peut se dispenser du référendum pour les **projets de révision**. Il est en effet possible, après l'adoption en termes identiques du projet par les deux chambres, de soumettre celui-ci au Congrès, c'est-à-dire à une assemblée composée par la réunion des deux chambres, Assemblée nationale et Sénat. La révision est acquise si le Congrès adopte le projet à la majorité des 3/5 des suffrages exprimés[1], c'est-à-dire des seuls votants. Cette dernière précision n'est pas sans importance. Elle facilite en effet l'adoption des projets de révision puisque, selon cette règle, les abstentionnistes sont en fait réputés favorables au texte.

Le Congrès

Le Congrès est constitué par la réunion en une seule assemblée des députés et des sénateurs.

Le Congrès se tient au château de Versailles (art. 2 ord. 58-1100), dans la salle des séances, édifiée en 1875 au milieu d'une cour intérieure. Cette salle fut d'abord celle de la Chambre des députés de la III° République. Celle-ci y siégea pour la première fois le 8 mars 1876 et y tint séance trois ans et cinq mois.

C'est également dans cette salle que siégea l'Assemblée nationale, assemblée qui, sous la III° République, constituée de la réunion de la Chambre des députés et du Sénat, procédait à la révision constitutionnelle et à l'élection des Présidents de la République. Ainsi, elle fut réunie le 30 janv. 1879 pour élire le Président Grévy et, le 22 juill. de la même année, pour réviser la Constitution, permettant notamment le retour des chambres à Paris. La Chambre des députés y siégea pour la dernière fois le 2 août 1879, avant de regagner le Palais Bourbon. Depuis lors, seules les réunions de l'Assemblée nationale sous la III° République et du Congrès des IV° et V° Républiques s'y tinrent. Cette salle fut le cadre de l'élection de tous les Présidents des III° et IV° Républiques et, au total, de 26 révisions constitutionnelles (3 sous la III°, 1 sous la IV° et 22 sous la V° République). C'est l'Assemblée nationale qui détermine les locaux nécessaires à la réunion du Congrès ; ils sont mis gratuitement à la disposition du Parlement.

Comme toute les assemblées parlementaires, le Congrès élabore son règlement. Ainsi, lors de sa première session, le 20 déc. 1963, fut adopté son règlement, modifié par la suite à deux reprises. Dès lors qu'il convient d'adopter le règlement ou de le modifier, l'ordre du jour doit prévoir ce point. Curieusement, c'est donc le décret du Président de la République portant convocation du Congrès qui fixe l'ordre du jour de cette assemblée contrairement au principe d'autonomie des assemblées. Le règlement est, comme ceux des assemblées législatives, obligatoirement soumis au Conseil constitutionnel[1] (Cons. const. 63-24 DC, 20 déc. 1963, Règlement du Congrès I ; Cons. const. 99-415 DC, 28 juin 1999, Règlement du Congrès II ; Cons. const. 2009-583 DC, 22 juin 2009 Règlement du Congrès III). Pour prévenir l'éventualité d'avoir à statuer, le Conseil constitutionnel se réunit en même temps que la première séance du Congrès lorsqu'il est informé qu'une modification du règlement est envisagée.

Les parlementaires siègent au Congrès par ordre alphabétique et non par groupe politique. Ce choix, se justifie moins depuis que, à la suite de l'intervention du Président de la République, chaque groupe parlementaire dispose d'un temps de réplique et que, pour la révision ou l'adoption de la loi autorisant la ratification d'un traité d'adhésion d'un nouvel Etat membre à l'Union européenne, les explications de vote ont lieu par groupe. Le bureau du Congrès est celui de l'Assemblée nationale. Cependant, il est traditionnel que le bureau accueille des fonctionnaires du Sénat. On doit noter que, pendant l'allocution du Président de la République, seuls quelques membres du bureau siègent « pour favoriser la prise d'image ».

Sous la V° République, le rôle du Congrès est soit d'entendre le Président de la République lorsque celui-ci souhaite s'adresser directement au Parlement (art. 18 C. ; 1 application : cf. p. 89), soit de réviser la Constitution (art. 89 C.) soit encore d'autoriser la ratification d'un traité permettant l'adhésion d'un nouvel Etat à l'Union euro-

[1] Pour savoir si cette majorité qualifiée pouvait être atteinte, les députés socialistes ont déposé, le 10 déc. 2013, une proposition de révision dans le cadre du processus de ratification de la Charte des langues régionales dont on sait qu'elle n'est possible qu'après une révision constitutionnelle (cf. p. 417). Il s'agissait de savoir, dans une véritable démarche de *testing* si on parviendrait à une ratification par le Congrès en invitant le Gouvernement à reprendre la main si le vote allait dans ce sens.

péenne (art. 88-5 C. ; cf. p. 201). Encore n'intervient-il dans ces deux dernières matières qu'à titre subsidiaire. Si la révision envisagée trouve son origine dans un projet, le Président de la République peut, avec le contreseing du Premier ministre choisir de la faire ratifier par le Congrès ; si chaque assemblée a adopté, à la majorité des 3/5, une motion en ce sens, le projet de loi autorisant la ratification d'un traité relatif à l'entrée d'un nouvel Etat dans l'Union est également soumis au Congrès.

1. Le congrès et la révision constitutionnelle ou l'autorisation de ratifier.

Lorsque la voie normale du référendum (art. 89 C. et 88-5 C.) n'est pas retenue, le Congrès a à connaître des "petites lois" issues de projets de révision ou des projets de loi autorisant la ratification d'un traité d'adhésion à l'UE. C'est le Président de la République qui, par un décret contresigné par le Premier ministre, convoque le Parlement en Congrès, sur un ordre du jour nécessairement limité à l'approbation de la révision constitutionnelle ou du projet de loi de ratification. A l'issue des travaux, la session du Congrès est close par son Président (en l'espèce, le Président de l'Assemblée nationale).

La convocation du Congrès peut être rapportée par un décret pris dans les mêmes formes que le décret de convocation. Ce fut le cas le 19 janv. 2000 par J. Chirac. C'est la première fois que la convocation d'un Congrès est rapportée. En 1974, bien qu'il ait été adopté en terme identique par les assemblées, le projet de LC portant révision de l'article 25 C. (cf. p. 388), dont M. Giscard d'Estaing craignait qu'il n'obtînt pas la majorité des 3/5, n'avait pas alors été inscrit à l'ordre du jour du Congrès convoqué le 21 oct. Celui-ci se réunit donc seulement pour adopter le projet de LC portant révision de l'article 61 C. Cette fois, la probabilité que le projet relatif au Conseil Supérieur de la Magistrature ne recueille pas la majorité qualifiée a entraîné l'ajournement du projet relatif à la Polynésie française et à la Nouvelle-Calédonie (cf. p. 390).

A la différence des assemblées législatives, conformément à l'art. 19 du règlement du Congrès, les parlementaires ne peuvent exercer le droit d'amendement. Il s'agit donc d'un mécanisme de ratification. Tel le peuple appelé à se prononcer par référendum, ils approuvent ou rejettent le projet de révision ou autorisant la ratification à la majorité des 3/5 des suffrages exprimés (les abstentionnistes sont donc réputés être favorables à la révision ou à l'adoption), après en avoir délibéré et qu'un orateur par groupe politique ait expliqué leur vote [5 minutes chacun, en principe (art. 10 al. 2 RC), 10 minutes après les déclarations présidentielles (art. 23 al. 3 RC)]. Le Gouvernement peut prendre la parole. Par tradition, le Président du Congrès ne prend pas part au vote[2] éventuel. Cette tradition n'a pas été respectée par B. Accoyer en 2008 ; il s'en est fallu de deux voix que le texte soit rejeté. La révision a en effet été adoptée par 539 voix, la majorité des 3/5 étant fixée à 538 voix (http://www.assemblee-nationale.fr/13/scrutins/jo9001.asp).

2. L'intervention présidentielle devant le Congrès (art. 18 C.)

Pour entendre l'allocution présidentielle, le Congrès est convoqué par un décret du Président de la République mais cette fois, le décret n'est pas contresigné (art. 19 C.). Le Président est introduit dans l'hémicycle sur l'ordre du Président du Congrès ; il est accueilli par les parlementaires et les membres du Gouvernement présents debout, la majorité présidentielle applaudissant. Une fois son intervention terminée, il quitte immédiatement l'hémicycle. Un débat sans vote s'engage à la demande du bureau ou d'un président de groupe (cf. p. 89).

C'est au Président de la République qu'il appartient de choisir l'une ou l'autre procédure (cf. p. 390). C'est un pouvoir contresigné du Président de la République (cf. p. 63 et s.) mais la décision qu'il prend n'est pas un acte susceptible de recours devant le juge administratif (CE 11 févr. 2004, ord. de référé, *Hoffer : req. n° 264299*). Il opère ce choix quand il le souhaite selon la théorie du « choix du moment » (cf. p. 395 et s.), ce qui peut lui permettre de suspendre une procédure et donc de posséder en la matière un véritable droit de veto si, d'aventure, il sent que le projet serait rejeté[3] en toute hypothèse ou qu'il le trouve trop dénaturé par le vote des chambres.

Enfin, une fois adopté, le projet ou la proposition est promulgué par le Président de la République conformément aux dispositions de l'art. 10 al. 1 C. dans le délai de 15 jours. Les nouvelles dispositions, formant ce que l'on nomme une "loi constitutionnelle", sont alors incorporées à la Constitution qu'elles modifient et n'ont plus d'existence autonome[4].

---

[1] Cette obligation ne découlait pas réellement du texte constitutionnel. En effet, l'art 61 C. n'impose de soumettre au Conseil que les « règlements des assemblées parlementaires ». Or le Congrès est, jusqu'en 2008, une assemblée constituante. Depuis la révision de juill. 2008, ce contrôle trouve sa justification dans l'al. 3 de l'art. 18 Const. 58 qui place désormais le Congrès parmi les assemblées parlementaires.

[2] Notons pourtant que le Président Fabius a pris part au vote pour la révision relative à Amsterdam.

[3] Il est même possible que le Président ayant fait ce choix, il soit amené à revenir sur la convocation du Congrès dont l'issue lui paraît trop incertaine (cf. l'encadré relatif au Congrès).

[4] Assez curieusement une disposition prévoyant le champ d'application de l'art. 88-5 C. contenue à l'art. 4 de la loi constitutionnelle du 1er mars 2005 n'est pas intégrée à la Constitution (cf. p. 201).

On le voit, le mécanisme mis en place en 1958 est relativement souple surtout lorsque l'on recourt à la procédure du Congrès[1], plus en tout cas qu'il ne l'était sous la plupart des Constitutions précédentes. Il ne peut pourtant être utilisé dans toutes les circonstances et sur tous les objets.

B. Les limites à la révision constitutionnelle

Il existe en effet des limites aux possibilités de révision de la Constitution de la V° République, limites prévues aussi bien à l'art. 89 C. lui-même (1) que dans d'autres articles (2). Si l'on a pu un temps croire que ces limites prévues par le pouvoir constituant originel, inapplicables au peuple souverain (procédure du référendum), pouvaient s'appliquer au pouvoir constituant institué (procédure du Congrès), il n'en est rien en pratique (3).

1. Les limites fixées à l'art. 89 C.

L'art. 89 C. interdit dans son dernier alinéa, selon un principe classique depuis la révision de 1884 (cf. p. 367), qu'il soit proposé de modifier la forme républicaine du Gouvernement[2]. Il est donc, selon cette disposition, interdit de rétablir la Royauté ou l'Empire. En fait, il s'agit là d'une interdiction plus formelle que réellement efficace. Il suffit par exemple de proposer de réviser la Constitution en supprimant cette disposition (ce qui ne porte pas atteinte au caractère républicain du régime) pour ensuite pouvoir tout à loisir établir n'importe quel régime non républicain. De plus, on remarquera qu'une révision comme celle adoptée en l'an XII et confiant le "Gouvernement de la République à un Empereur" ne serait en rien contraire aux dispositions de l'art. 89 C. Dans ces conditions, il nous semble qu'il faille retenir ici, comme nous l'avons déjà fait (cf. p. 338), un sens plus large de la notion de République et considérer qu'une révision constitutionnelle qui porterait atteinte aux valeurs définies à l'art. 1 C. serait impossible.

L'autre limite fixée par l'art. 89 al. 4 C. interdit que l'on engage ou que l'on poursuive une procédure engagée auparavant alors qu'il serait porté atteinte à l'intégrité du territoire. Cette disposition vise essentiellement à éviter que, sous la pression des événements et surtout d'un envahisseur, on révise la Constitution comme cela se fit en juin 1940.

Ces interdictions contenues à l'art. 89 C. ne sont cependant pas les seules qui s'appliquent à la révision et il convient de rechercher dans d'autres articles d'autres limitations plus circonstanciées.

2. Les limites fixées dans d'autres dispositions constitutionnelles

- La principale des limites imposées au droit de réviser la Constitution est contenue à l'art. 7 al. 11 C. qui interdit qu'il soit fait usage de l'art. 89 C. durant la vacance de la Présidence de la République. Ceci prive le Président par intérim de la possibilité de réviser la Constitution et empêche donc que l'on puisse profiter de cette situation pour modifier le texte fondamental.
- Par ailleurs, il faut sans doute admettre qu'il est impossible de réviser la Const. durant l'application des pouvoirs exceptionnels de l'art. 16 C. En effet, les mesures prises sous l'empire de cet art. doivent être inspirées par la volonté d'assurer aux pouvoirs publics constitutionnels (sous entendus : tels qu'ils étaient avant sa mise en œuvre) les moyens

[1] C'est du reste ce que souhaitait le constituant de 1958. On peut lire dans les travaux préparatoires : « La révision sera relativement difficile sauf lorsqu'elle résultera d'un accord du Président de la République, du Gouvernement et d'une large fraction de chaque assemblée » (travaux préparatoires, vol. I. 527).

[2] Le code pénal prévoit du reste expressément que la forme républicaine des institutions constitue un « intérêt fondamental de la Nation ». Il ne contient cependant aucune précision sur les peines encourues par ceux qui portent atteinte à cet intérêt. Par ailleurs rappelons qu'un groupement ou une association qui attente par la force à la forme républicaine du Gouvernement peut être dissoute par décret en Conseil des ministres (L. 10 janv. 1936).

d'accomplir leurs mission (sous entendu : la même mission). Mais, d'une part, il peut paraître nécessaire pour que le fonctionnement régulier des pouvoirs publics puisse être rétabli dans les moindres délais, qu'une révision soit réalisée, ne serait-ce qu'à titre provisoire (prorogation du mandat présidentiel ou de l'intérim, par exemple ; or ceci ne pourrait se faire que par une LC). Et, d'autre part, on notera que le rapprochement des art. 16 et 89 C. conduit à penser que, ne couvrant pas tout à fait les mêmes situations, la révision ne serait pas totalement contraire à la volonté des constituants. En effet, si l'art. 16 C. peut être mis en œuvre alors qu'une menace grave et immédiate pèse sur l'intégrité du territoire, l'art. 89 C. n'interdit la révision qu'une fois l'intégrité du territoire atteinte. Ainsi, l'art. 16 C. peut être mis en œuvre avant même que l'interdiction prévue à l'art. 89 C. ne soit opérationnelle. Durant cette période, celle de la simple menace, n'est-il pas possible de réviser ? Le Conseil constitutionnel n'a pas expressément démenti cette interprétation. En effet, s'il mentionne l'art. 16 C. avec les autres articles de la Const. (art. 7 C. et 89 al. 4 C.) qui interdisent qu'une révision soit entreprise ou poursuivie (Cons. const. 92-312 DC, 2 sept. 1992, Maastricht II ; Cons. const. 2000-429 DC §6, 30 mai 2000, Egal accès des hommes et des femmes), il n'indique pas que cette interdiction vaille dans toutes les hypothèses de déclenchement de cet article. La doctrine reste cependant divisée et majoritairement favorable à l'interdiction de la révision pendant les pouvoirs spéciaux.

3. L'inexistence d'un mécanisme de contrôle

En tout état de cause, on doit noter que, les lois constitutionnelles n'étant pas soumises à un quelconque contrôle de leur constitutionnalité (Cons. const. 2003-469 DC, 26 mars 2003, Organisation décentralisée de la République), il n'y a pas de moyen garantissant qu'une révision violant ces limites ne puisse être adoptée et donc entrer en vigueur, même si elle émanait du pouvoir constituant institué. La Constitution ne donne en ce domaine aucune compétence au Conseil constitutionnel et l'on voit difficilement comment il pourrait, de lui-même, se l'attribuer. Dans l'état actuel du droit positif, on doit donc constater que la distinction opérée par la doctrine entre les révisions acquises par la voie parlementaire et celles faites par le référendum n'a pas de réalité ; les unes et les autres sont l'expression d'un pouvoir constituant souverain et permettent de réviser n'importe quel élément de la Constitution y compris lorsqu'il s'agit de porter atteinte à la souveraineté du pays. Rien ne s'oppose dès lors à ce que le pouvoir constituant institué (procédure du Congrès) introduise dans le texte de la Constitution des dispositions nouvelles qui, dans le cas qu'elles visent, dérogent de manière expresse ou implicite à une règle ou à un principe de valeur constitutionnelle (Cons. const. 92-312 DC, 2 sept. 1992, Maastricht II ; Cons. const. 99-410 DC §3, 15 mars 1999, LO relative à la Nouvelle-Calédonie ; Cons. const. 2000-429 DC §6, 30 mai 2000, Egal accès des hommes et des femmes ; Cons. const. 2003-478 DC §3, 30 juill. 2003, LO relative à l'expérimentation par les collectivités territoriales), même si elles devaient être adoptées en violation des dispositions limitant la compétence du pouvoir constituant dérivé.

Selon les différentes conditions et procédures que nous venons de décrire, diverses révisions ont été entreprises.

§2. Les révisions entreprises

La procédure mise en place à l'article 89 a permis d'entreprendre de nombreuses révisions. Pourtant seules quelques-unes ont abouti (A). Les autres soit furent abandonnées, soit sont encore en cours (B).

A. Les révisions menées à bien

Au début de la V° République, les révisions constitutionnelles étaient assez peu fréquentes et constituaient, chaque fois ou presque un événement important ; il s'agissait de toucher à la loi fondamentale fixée par Charles De Gaulle et l'on craignait toujours d'y porter une atteinte irréparable. Les constituants de l'époque avaient fait leur la formule attribuée à Montesquieu : « il ne faut toucher à la Constitution que d'une main tremblante »[1].

Certes, lui-même avait apporté à la Constitution une réforme fondamentale (élection du Président au suffrage universel direct en 1962 ; cf. p. 43 et s.) mais cet apport n'avait pas été réalisé suivant la procédure prévue à l'art. 89 C. mais par l'article 11 C. (ce qui devait sans doute contribuer à dramatiser cette révision comme celle qui échoua en 1969). L'art. 89 C. ne fut utilisé qu'une fois sous les septennats de Charles De Gaulle, pour une révision technique : LC du 30 déc. 1963 qui modifia une première fois les dates et la durée des sessions ordinaires du Parlement (cf. p. 133). Ensuite, G. Pompidou ne procéda à aucune révision ; ce fut donc à partir de la présidence de V. Giscard d'Estaing que le processus s'accéléra.

Pour l'essentiel, nous avons déjà parlé de ces révisions en étudiant, au fur et à mesure, les règles qui en étaient issues. Il nous suffira dans ces cas de les rappeler par ordre chronologique. Pour les autres, nous donnerons ici des éléments sur la portée de la révision réalisée. Notons qu'**à l'exception de la révision de 2000**, toutes ces révisions (y compris celle de 1963 mentionnée plus haut) ont été acquises par la procédure du Congrès.

1. Les révisions réalisées sous la présidence de V. Giscard d'Estaing

Le Président Giscard d'Estaing a engagé par deux fois la révision constitutionnelle. Ce fut d'abord la LC du 29 oct. 1974 qui permit à 60 députés ou 60 sénateurs de saisir le Conseil constitutionnel pour lui demander d'examiner la constitutionnalité d'une loi (cf. p. 430).

Ce fut ensuite la LC du 18 juin 1976 qui définit les différentes mesures que le Conseil constitutionnel peut être amené à prendre dans l'hypothèse où un candidat à l'élection présidentielle serait empêché (cf. p. 45).

2. Les révisions réalisées sous la présidence de F. Mitterrand

Alors que la révision de la Constitution faisait partie des 110 propositions du candidat en 1981, il fallut attendre la LC du 25 juin 1992 (et donc le second septennat) pour qu'une révision fût entreprise. Encore s'agissait-il de rendre possible la ratification du traité de Maastricht dont le Conseil constitutionnel avait estimé (Cons. const. 92-308 DC, 9 avr. 1992, Maastricht I)[2] que certaines dispositions étaient contraires à notre loi fondamentale dans sa rédaction ancienne. Les modifications apportées par ce texte avaient donc surtout pour but d'autoriser des transferts de souveraineté vers les institutions de l'Union Européenne (titre XV). Ainsi, par l'art. 88-2 C., dans sa rédaction de l'époque[3], la France consentait, sous réserve de réciprocité, à des transferts de compétence pour que soient établies l'union économique et monétaire et des règles communes au franchissement des frontières extérieures

[1] On attribue aussi parfois cette formule à Portalis, l'un des rédacteurs du code civil. Il semble en fait qu'il s'agisse d'un aphorisme.

[2] Il faut noter qu'à compter de cette date, cinq des dix révisions qui seront réalisées seront directement consécutives à des décisions du Conseil constitutionnel : 3 pour permettre la ratification de traités (cf. p. 417), 2 pour surmonter des décisions d'inconstitutionnalité par des « lits de justice » (cf. p. 379 et 381).

[3] L'art. 88-2 actuel n'est plus que le reliquat de ce qu'il fut dès lors que le traité de Lisbonne s'est substitué aux anciens traités.

de la Communauté. Cet article touche donc à l'évidence à notre souveraineté nationale et c'est en ce sens que certains auteurs ont regretté que la révision soit intervenue sans faire appel au référendum. Pourtant, le Conseil constitutionnel devait reconnaître que cette révision par le Congrès était satisfaisante pour permettre la ratification du traité qui, après elle, n'était plus en contradiction avec la Constitution (Cons. const. 92-312 DC, 2 sept. 1992, Maastricht II). Il admettait donc que le pouvoir constituant institué était souverain et que la "souveraineté nationale" ne constituait pas une notion d'une valeur supérieure à celles contenues dans d'autres dispositions constitutionnelles, niant ainsi sa supraconstitutionnalité. Pourtant, le choix consistant à faire référence expresse au traité dans un article ajouté plutôt que de réviser les dispositions de l'art. 3 C. présentait aussi l'inconvénient d'obliger à l'avenir à d'autres révisions (cf. infra la révision de janv. 1999).

La LC prévoyait également un mécanisme pour associer le Parlement français à l'élaboration du droit communautaire. C'est l'objet de l'art. 88-4 C. qui autorise l'adoption de résolutions sur ce sujet (cf. p. 195). Par ailleurs, elle a autorisé l'adoption, sous réserve de l'accord du Sénat, d'une loi organique (cf. p. 229) qui pourrait autoriser les citoyens de l'Union résidant en France à voter et à être éligible aux élections municipales (art. 88-3 C.). Enfin, elle a élargi le droit de saisine du Conseil constitutionnel (cf. p. 438) sur la constitutionnalité des traités à 60 députés ou 60 sénateurs (art. 54 C.) et précisé à l'art. 2 C. que la langue de la République est le français (cf. p. 341). D'autres modifications apportées à l'époque n'ont plus qu'un intérêt historique, dès lors que les articles modifiés l'ont été de nouveau par la suite.

C'est ensuite la LC du 29 juill. 1993. En fait, les origines de ce texte sont diverses. Le Président Mitterrand n'a jamais fait mystère de sa volonté de modifier la Constitution de 1958. Il avait, à l'époque, appelé à voter contre ce texte et a toujours indiqué, même lorsqu'il finit par s'y rallier, qu'il le trouvait imparfait sur de nombreux points. La révision faisait du reste partie des programmes qu'il avait développés lors des deux élections présidentielles qu'il remporta. Il lui fallait donc entreprendre une révision importante pour mettre en accord ses actes et ses idées. Souvent annoncée, cette réforme ne fut entreprise qu'en 1992. Pour éviter les critiques qu'une décision si tardive ne pouvait manquer de susciter, F. Mitterrand voulut qu'un comité d'experts étudie la question et il fit lui-même des propositions de réforme. Le comité, composé de juristes et présidé par le Doyen G. Vedel, fut mis en place et rendit son rapport le 15 févr. 1993. Presque tous les mécanismes de la Constitution y étaient étudiés, conduisant à proposer une vaste révision touchant 48 articles. A partir de ce rapport, mais sans en reprendre toutes les idées et ajoutant des suggestions écartées, deux projets de LC furent soumis au Parlement par le Président de la République, sur proposition de P. Bérégovoy en mars 1993, c'est-à-dire quelques jours avant le début de la seconde cohabitation. Le premier projet contenait les modifications les plus importantes, celles touchant aux équilibres principaux des pouvoirs[1] ; le second n'avait trait qu'au Conseil constitutionnel, au Conseil Supérieur de la Magistrature et à la Haute Cour de Justice (nom donné à l'époque à une juridiction remplacée depuis par la Haute Cour (cf. p. 56).

La nouvelle majorité ne devait retenir que le second projet. Celui-ci présentait l'avantage de concerner deux institutions qu'elle souhaitait modifier : la Haute Cour de Justice critiquée à la suite de l'affaire Nucci et de celle "du sang contaminé" et le Conseil Supérieur de la Magistrature qu'elle estimait inapte à assurer l'indépendance des magistrats[2]. Le Sénat et l'Assemblée nationale ayant adapté le projet gouvernemental aux souhaits de la nouvelle majorité (en particulier en retirant les modifications relatives au Conseil constitutionnel), le Congrès put adopter la révision, après que le Premier ministre eut aidé à la recherche

[1] Sur l'analyse de ce second projet, voir p. 389 l'examen des échecs.

[2] Cf. les encadrés sur ces deux institutions p. 58 et 150.

d'un compromis entre les chambres[1]. Le Conseil Supérieur de la Magistrature, dont la composition était revue, voyait ses compétences élargies pour les magistrats du siège et étendues aux magistrats du parquet[2] et une Cour de Justice de la République était créée et se substituait à la Haute Cour de Justice pour juger des fautes pénales des ministres. L'autre projet restait lettre morte.

Bien que le Premier ministre ait annoncé lors du Congrès aboutissant à la révision précédente qu'il n'y en aurait pas d'autre, une nouvelle LC du 25 nov. 1993 fut adoptée ; elle ajoutait à la Constitution un art. 53-1 C. Une loi précisant les conditions d'application des accords de Schengen était déclarée contraire à la Constitution par le Conseil constitutionnel (Cons. const. 93-325 DC, 13 août 1993, Maîtrise de l'immigration). Le Gouvernement souhaitant néanmoins que les dispositions contenues dans cette loi s'appliquent, le Premier ministre proposait au Président une nouvelle révision. Cet épisode est important à plus d'un titre, moins par le contenu de la révision elle-même que par le caractère exceptionnel de sa mise en œuvre. En effet, pour la première fois, toute la procédure de révision avait lieu durant une cohabitation. Lors de la révision précédente, seuls les votes parlementaires avaient eu lieu dans ce cadre. Il y eut donc négociation entre le Premier ministre et le Président sur le texte qui serait soumis au Parlement. Le Président n'accepta de présenter le projet que lorsqu'il fut amendé selon son souhait. Cela permettait de mettre en évidence que la proposition faite par le Premier ministre n'est pas abstraite mais se présente sous la forme d'un texte déjà élaboré par ses services, du moins lorsqu'il est réellement à l'origine du projet. Ensuite, pour la première fois également, la révision avait pour but de faire échec à une déclaration d'inconstitutionnalité. Elle parvint du reste au résultat souhaité puisque, après la révision, la loi précédemment déclarée inconstitutionnelle put être réadoptée et promulguée. Depuis, deux autres hypothèses de mise en œuvre de cette procédure, (que d'aucuns désignent par l'expression « lit de justice » faisant référence à cette procédure particulière d'ancien régime) sont intervenues (cf. p. 381). Cela fait apparaître très nettement la supériorité du pouvoir constituant sur tous les autres, y compris sur le Conseil constitutionnel qui doit nécessairement se soumettre à ses volontés. Le Conseil est là pour faire respecter la Constitution telle qu'elle est rédigée au moment où il examine le texte et non des principes intangibles de valeur supérieure. Le pouvoir constituant est bien souverain quel que soit son mode d'expression (cf. p. 457).

3. Les révisions réalisées sous la présidence de J. Chirac

Le septennat de J. Chirac est celui au cours duquel le plus grand nombre de révisons a été opéré alors même que le futur Président avait affirmé lors de la campagne électorale de 1995 que les questions institutionnelles ne présentaient pas un caractère d'urgence. Par ailleurs, de 1997 à 2002, les révisions sont menées en période de cohabitation. Il n'y eut guère de difficulté pour les révisions imposées par les faits (Situation de la Nouvelle-Calédonie) ou par la volonté commune de ratifier des traités contraires à la Constitution (Amsterdam, Cour Pénale Internationale). Il n'y eut guère de difficulté non plus s'agissant de la mise en place du principe de parité. Pour le reste, il faut noter le refus opposé par le Président à la révision qui aurait permis de ratifier la Charte européenne des langues régionales (cf. p. 341 et 417) et le report *sine die* du Congrès devant adopter la réforme du Conseil Supérieur de la Magistrature et celle relative à la Polynésie et à la Nouvelle Calédonie (cf. p. 374). C'est aussi durant cette période que, pour la première fois, une révision constitutionnel-

---

[1] Il n'est pas prévu en cas de désaccord persistant entre les chambres, de pouvoir réunir une CMP (cf. p. 123 et 372). Le Premier ministre a donc réuni à Matignon, dans un cadre informel, les représentants de la majorité des deux assemblées pour trouver avec eux un compromis.

[2] Ce Conseil fait l'objet d'un nouveau projet de révision ; cf. p. 390.

le a été menée par le référendum de l'art. 89 C. Ensuite, cette tendance à la révision constitutionnelle s'est encore développée sous le quinquennat qui suivit : de 2002 à 2007, 7 révisions ont eu lieu dont trois dans les derniers jours de ce mandat.

La première grande réforme du septennat de J. Chirac fut donc une révision constitutionnelle qui, par le nombre des articles modifiés ou abrogés, dépasse toutes les précédentes (29 articles modifiés ou abrogés). Nous avons déjà signalé les grandes lignes de cette LC du 4 août 1995 pour ce qui concerne le référendum, la durée de la session ordinaire et les immunités des parlementaires. Nous verrons que la révision a, en outre, abrogé les dispositions anciennes relatives à la "Communauté" (titre XIII[1], ancien art. 1 C., et mention à divers articles) et les dispositions transitoires (titre XVII). Elle a scindé l'art. 2 C. en deux articles, l'ancien alinéa premier, relatif à la définition de la République, constituant maintenant l'art. 1 C. En fait, cette révision présente plusieurs facettes. D'une part, le Président de la République voit ses pouvoirs renforcés par l'élargissement du référendum (cf. p. 78), d'autre part, le Parlement dispose de la possibilité de se réunir plus longuement (cf. p. 133). Du reste la réforme fut également présentée, de ce fait, comme renforçant les droits du Parlement. Pourtant, si le fonctionnement du Parlement s'en trouve amélioré, ses pouvoirs ne sont guère renforcés.

Une deuxième révision de la Constitution devait également être réalisée dans la 1ère partie du septennat de J. Chirac. Dans le cadre de la lutte contre le déficit de la Sécurité sociale, la LC du 22 févr. 1996 créait une nouvelle catégorie de loi (les lois de financement de la Sécurité Sociale : modification de l'art. 34 C.) et en fixait la procédure d'adoption (ajout d'un art. 47-1 C. et modification de l'art. 39 C. ; cf. p. 192).

La LC du 20 juill. 1998 a eu pour but de rendre compatibles avec notre loi fondamentale les dispositions relatives au statut de la Nouvelle Calédonie tel qu'il avait été conçu par l'accord de Nouméa signé au mois de mai de la même année. En effet, dix ans après le référendum qui fixait provisoirement le statut de ce territoire (cf. p. 80), le nouvel accord supposait en effet une modification de la Constitution.

Tout d'abord, il s'agissait de permettre l'organisation d'un référendum d'approbation dudit « accord ». Or un tel type de référendum n'existait pas dans la Constitution. En effet, il n'était pas possible de recourir au référendum de l'art. 53 C. puisqu'il ne s'agissait pas d'accorder l'indépendance ou de modifier le territoire. Il n'était pas possible non plus d'utiliser le référendum de l'art. 11 C. puisque seules les populations locales, spécialement définies, devaient y participer, ce qui heurte de surcroît les dispositions de l'art. 3 C. L'art. 76 C. prévoit donc expressément que les populations de Nouvelle-Calédonie, spécialement définies, pourront se prononcer sur l'accord de Nouméa ; l'application de la révision constitutionnelle étant subordonnée à une réponse positive.

Ensuite, il fallait autoriser des transferts définitifs de compétences de l'Etat aux nouvelles institutions Néo-Calédoniennes que seul le pouvoir constituant pouvait autoriser (art. 77 C.). La loi organique prévue par les nouvelles dispositions constitutionnelles devait donc mettre en place de nouveaux pouvoirs publics en Nouvelle-Calédonie (cf. p. 352). C'est à cet égard qu'une difficulté a surgi. Le Conseil constitutionnel (Cons. const. 99-410 DC, 15 mars 1999, LO relative à la Nouvelle-Calédonie) interprétait certaines dispositions de la loi organique fixant la composition du Corps électoral autorisé à élire ces nouveaux Conseils. Or, l'interprétation donnée par le Conseil, si elle était possible en vertu des dispositions constitutionnelles, n'était pas conforme à la volonté des parties aux accords de Nouméa. C'est la

---

[1] Le Titre XIII a été rétabli par la loi Constitutionnelle du 20 juill. 1998 mais contient désormais les dispositions relatives à la Nouvelle Calédonie (cf. p. 352 et 380).

raison pour laquelle une nouvelle révision de la Constitution est entreprise (cf. p. 390). Cette attitude est révélatrice de la prégnance des accords de Nouméa dans le système mis en place en 1998. Du reste, ils sont visés par le Conseil constitutionnel. Celui-ci ne pouvait cependant rien tirer de cet accord dans ce cas puisqu'il ne rendait pas clairement compte de l'intention des négociateurs. La révision rétablira cette « volonté ». Les dispositions ainsi ajoutées prévoyaient également que lesdites populations pourraient, à terme, se prononcer sur leur accession à l'indépendance (art. 77 C.) ; elles sont conçues comme transitoires.

La LC du 25 janv. 1999 (LC n° 99-49) devait adapter notre Constitution pour permettre la ratification du Traité d'Amsterdam. Rendue nécessaire du fait de la contrariété de certaines dispositions du Traité avec la Constitution (cf. p. 438), elle ajoutait la référence à ce traité dans le cadre de l'art. 88-2 et modifiait de surcroît le mécanisme de l'art. 88-4 en l'élargissant aux deuxième et troisième piliers (cf. p. 195). Elle marque en tout cas les limites de la révision de 1992 (cf. supra) qui, se contentant d'introduire dans la Constitution la référence au traité de Maastricht, oblige en fait à une révision constitutionnelle chaque fois qu'un nouveau traité vient élargir les compétences de la Communauté Européenne. D'autres révisions sont donc prévisibles tant que le constituant ne s'attaquera pas à la modification de l'art. 3 C. pour indiquer une fois pour toute que la souveraineté nationale s'exerce dans le cadre des transferts consentis à la Communauté.

Deux lois constitutionnelles ont été promulguées le 8 juill. 1999.

La première (LC n° 99-568) ajoute à la Constitution un article 53-2 C. permettant la ratification du traité relatif à la Cour Pénale Internationale. Ce traité, qui organise la première juridiction pénale internationale permanente chargée de juger les crimes internationaux (crime contre l'humanité par ex.) modifie sensiblement le statut du Président de la République et des autres responsables politiques en limitant leur irresponsabilité (cf. p. 52). Le choix a été fait d'une révision synthétique. En effet, en raison de la diversité des motifs de contrariété à la Constitution relevés par le Conseil constitutionnel dans sa décision 98-408 DC (Cons. const. 98-408 DC, 22 janv. 1999, Cour pénale internationale) il n'a pas semblé possible de « retoucher » toutes les dispositions constitutionnelles concernées (responsabilité pénale des titulaires de certaines qualités officielles, principes constitutionnels du droit pénal et de la procédure pénale, conditions essentielles de l'exercice de la souveraineté).

La seconde introduit aux articles 3 C. et 4 C. un principe selon lequel, la loi favorisant l'égal accès des hommes et des femmes aux mandats électoraux, il appartient aux partis politiques de contribuer à sa mise en œuvre (cf. p. 211 et s). Comme la révision de nov. 1993 (cf. p. 379), il s'est agit de contrecarrer une décision du Conseil constitutionnel (Cons. const. 82-146 DC, 18 nov. 1982, Quotas par sexes) et donc faire prévaloir à nouveau le pouvoir constituant sur le pouvoir du juge constitutionnel.

Une nouvelle révision fut réalisée par la LC du 2 oct. 2000. Cette révision se distingue des précédentes sur de nombreux points. Tout d'abord, et pour la première fois sous la V° République, le Président devait décider de faire ratifier la « petite loi » par le référendum et non par le Congrès. Le recours à cette procédure se voulait logique dans la mesure où il s'agissait de toucher au statut du Président de la République. Or, la précédente modification sur ce point avait fait l'objet d'un référendum en 1962 (cf. p. 43), il est vrai dans le cadre de l'art. 11 C. Cette initiative n'eut qu'un succès relatif. En effet, si la révision fut adoptée par une majorité de 73,15 % des suffrages, ce succès fut assombri par un niveau d'abstention sans précédent (69,68 %) auquel s'ajoutait un nombre important de bulletins nuls ou blancs (16,27 %). Ensuite, la campagne référendaire fut réduite à sa plus simple expression dans la mesure où, à l'exception de la droite conservatrice favorable au non et du Parti communiste partisan de l'abstention, les principales forces politiques du pays appelaient à voter « oui ». Enfin, l'importance et l'impact réel de la révision envisagée n'avaient pas été clairement débattus, les partisans du « oui » n'ayant pas sur ce point les mêmes analyses. Pour les uns, il s'agissait d'une simple accélération de la « respiration démocratique » en faisant en sorte que les Français se prononcent plus souvent ; pour les autres, le quinquennat n'était que le prélude à des changements plus profonds ; mais lesquels ? Là encore, il n'y avait pas nécessairement accord entre les partis. Bref, on laissait à croire qu'il s'agissait de remplacer un mot de quatre lettres par un autre, « sept » par « cinq », laissant le reste dans le flou le plus savamment entretenu.

Deux révisions d'inégale importance sont intervenues en 2003. La première, issue de la LC du 25 mars 2003, a ajouté à la Constitution un troisième alinéa à l'article 88-2 et prévoit que la loi fixe les règles relatives au mandat d'arrêt européen en application des actes pris sur le fondement du Traité sur l'Union européenne.

La seconde, issue de la LC du 28 mars 2003 donne à la République une organisation décentralisée. Cette révision présente plusieurs intérêts. D'abord, c'est l'une des plus importantes (avec celle de 1995) depuis 1958 quant au nombre des articles qu'elle modifie (9 articles) ou qu'elle ajoute (6 articles). Ensuite, elle débouche sur une activité organique importante. En effet, non seulement elle renvoie, pour la mise en œuvre de plusieurs articles à des lois organiques, comme cela est traditionnel (art. 72 C., 72-1 C., 72-2 C., 74 C), mais, de surcroît, elle prévoit que chaque COM sera dotée d'un statut organique particulier. Ensuite encore, elle élargit considérablement le domaine de la loi en donnant à la loi le soin de fixer les règles de nouveaux aspects de la libre administration des collectivités territoriales [par ex. : organisation du droit de pétition (art. 72-1 C) ; détermination des ressources dont les collectivités peuvent disposer librement et mise en place des dispositifs de péréquation destinés à favoriser l'égalité entre les collectivités (art. 72-2 C) ; fixation des modalités d'organisation particulière des COM ne relevant pas de la LO (art. 74 C) ...]. Ensuite encore, elle prévoit un développement du principe de consultation des populations, à titre consultatif s'agissant du statut de ces collectivités ou à titre décisionnel concernant les actes que celles-ci pourraient soumettre à leurs habitants. Enfin, elle met en place un mécanisme permanent de délégation du pouvoir législatif assez original. Mais cette révision est aussi remarquable en ce sens qu'elle a été la première à être soumise au Conseil constitutionnel. Celui-ci s'est logiquement déclaré incompétent pour en connaître. Mais cette déclaration d'incompétence a aussi permis de mettre un terme au débat sur les limites éventuelles dans lesquelles pouvait être enfermé le pouvoir constituant dérivé (cf. p. 376).

L'année 2005 devait connaître une révision constitutionnelle d'un caractère nouveau. En effet, pour la première fois depuis 1958, c'est le préambule de la Constitution qui devait être modifié. La LC du 1er mars 2005 (LC n° 2005-205) ajoute la phrase suivante à la fin du texte : «, ainsi qu'aux droits et devoirs définis dans la Charte de l'environnement de 2004 »[1]. Une charte de dix articles prévoyant notamment que « toute personne doit, dans les conditions définies par la loi, prévenir les atteintes qu'elle est susceptible de porter à l'environnement ou, à défaut, en limiter les conséquences », que « toute personne doit contribuer à la réparation des dommages qu'elle cause à l'environnement, dans les conditions définies par la loi » et que « lorsque la réalisation d'un dommage, bien qu'incertaine en l'état des connaissances scientifiques, pourrait affecter de manière grave et irréversible l'environnement, les autorités publiques veillent, par application du principe de précaution, à

[1] Alors même qu'elle a été définitivement approuvée par le Congrès en 2005, la « Charte » porte le millésime « 2004 », année d'adoption de la « petite loi » ..., le Congrès n'ayant pas la possibilité d'amender le texte adopté en termes identiques par les deux assemblées.

l'adoption de mesures ... afin d'éviter la réalisation du dommage ... » est ainsi ajoutée aux éléments composant traditionnellement le préambule : Déclaration des droits de l'homme et préambule de 1946.

Une autre LC du 1er mars 2005 (LC n° 2005-204) était également promulguée. Le Conseil constitutionnel avait en effet estimé (cf. p. 438) que l'éventuelle ratification du traité établissant une Constitution pour l'Europe supposait préalablement une révision de la Constitution (Cons. const. 2004-505 DC, 19 nov. 2004, Traité établissant une Constitution pour l'Europe). Pour l'essentiel, néanmoins, cette révision n'a eu qu'une incidence limitée sur le texte constitutionnel. En effet, l'entrée en vigueur de nombre des dispositions adoptées par le Congrès était subordonnée à la ratification du traité établissant une Constitution pour l'Europe. Or, le référendum du 29 mai n'ayant pas autorisé le Président à procéder à cette ratification, les dispositions en cause ne sont pas applicables.

Mais, cette même révision constitutionnelle ajoute encore à la Constitution un nouvel art. 88-5 C. prévoyant la mise en place d'un référendum préalable à toute adhésion d'un nouveau membre à l'Union européenne. J. Chirac avait annoncée cet ajout le 1er oct. 2004 pour couper court aux critiques relatives à l'ouverture des négociations d'adhésion avec la Turquie, question qui menaçait de perturber le débat sur le traité établissant une Constitution pour l'Europe. Certes, l'article 11 C. avait déjà été utilisé en 1972 pour interroger les Français sur l'entrée de la Grande-Bretagne dans l'Europe. Mais, outre les critiques dont ce référendum avait fait l'objet (cf. p. 80), l'organisation d'une telle consultation ne présentait pas un caractère obligatoire dès lors que le Président de la République dispose du pouvoir discrétionnaire (cf. p. 330) d'organiser ou non le référendum de l'art. 11 C., fut-il proposé par le Gouvernement ou les assemblées parlementaires (cf. p. 76). Le nouveau texte se distingue donc de celui de l'art. 11 C. par l'usage de « est soumis » et non de « peut soumettre », montrant ainsi le caractère obligatoire et non facultatif de cette procédure. Reste que, avant que ne soit organisé un référendum sur l'adhésion de la Turquie, d'autres Etats demanderont à entrer dans l'Union ... Il fallait donc organiser chaque fois un référendum dont le taux de participation risque d'être faible. Dans ce cas, qu'adviendra-t-il si la réponse est « non » à l'une de ces consultations, en dehors même de la candidature turque ? Devant ces difficultés, la révision du 23 juill. 2008 a rendu facultatif le recours à ce référendum, mais seulement si les assemblées le décident (cf. p. 201).

Le quinquennat de J. Chirac devait se clore sur une triple révision (Lois Constitutionnelles du 23 févr. 2007).

Le Président avait indiqué, au début de son quinquennat sa volonté de modifier le statut pénal du chef de l'Etat. La révision (LC n° 2007-238) ne fut pourtant menée à bien qu'à la toute fin du mandat. Elle conduit à la modification des articles 67 C. et 68 C. qui modifient le statut présidentiel et les conditions de son éventuelle responsabilité (cf. p. 53).

Dans le même temps (LC n° 2007-237), était enfin reprise la révision relative à la Nouvelle-Calédonie qui avait été abandonnée en 2000 (cf. p. 374). Il s'agit d'un nouveau « lit de justice » (cf. p. 458) suite à la décision du Conseil constitutionnel du 15 mars 1999 (Cons. const. 99-410 DC §29 et s., 15 mars 1999, LO relative à la Nouvelle-Calédonie). Elle permettra de limiter le corps électoral néocalédonien pour les élections des membres de l'assemblée délibérante de la Nouvelle-Calédonie (art. 77 C.).

Enfin, la troisième révision (LC 2007-539) a été rendue nécessaire par la décision du Conseil constitutionnel estimant (Cons. const. 2005-524/525 DC, 13 oct. 2005, Engagements internationaux relatifs à l'abolition de la peine de mort) que la ratification du 2e protocole facultatif du Pacte international relatif aux droits civils et politiques, visant à abolir la peine de mort n'était pas possible dans la mesure où il interdisait son éventuel rétablissement. En inscrivant dans la Constitution (art. 66-1 C.) l'abolition définitive de cette sanction, cet obstacle disparaît.

4. Les révisions réalisées sous la présidence de N. Sarkozy

Deux révisions ont été adoptées durant ce quinquennat.

D'une part, par la LC du 4 févr. 2008 (LC n° 2008-103), la possibilité pour la France de ratifier le traité de Lisbonne a été prévue (art. 88-1 C.). Cette modification était rendue nécessaire par la décision du Conseil constitutionnel estimant que l'éventuelle ratification de ce traité supposait préalablement une révision de la Constitution (Cons. const. 2007-560 DC, 20 déc. 2007, Traité de Lisbonne). Par ailleurs, la révision procède à la modification des dispositions constitutionnelles du titre XV de la Constitution (art. 88-1 C. à 88-5 C.) pour les adapter au contenu de ce traité et ajoute deux articles supplémentaires à ce titre (art. 88-6 C. et 88-7 C.), subordonnant leur entrée en vigueur à l'entrée en vigueur du traité lui-même.

D'autre part, par la LC du 23 juill. 2008, le constituant procédait à une révision d'ensemble de la Constitution. Pendant la campagne de l'élection présidentielle de 2007, N. Sarkozy avait évoqué quelques pistes de révisions constitutionnelles. En particulier, il souhaitait pouvoir s'adresser directement au Parlement (mais surtout à l'Assemblée nationale). On semblait donc s'acheminer vers une révision de faible ampleur, ce qui tranchait avec les volontés de modifications plus importantes affichées par S. Royal. Pourtant, à relire avec attention les discours présidentiels, il pouvait en aller autrement. La volonté de mettre en place une « République irréprochable » selon l'expression même du candidat indiquait que des adaptations plus larges seraient réalisées. Les grandes lignes des souhaits présidentiels furent données dans un discours prononcé à Epinal[1] le 12 juillet 2007. Trois éléments peuvent être mis en exergue.

Tout d'abord, sur la forme, la volonté qu'un large débat (si possible détaché de préoccupations partisanes) précède la révision et envisage tous les aspects que pourrait prendre la modernisation des institutions de la V° République après 50 années de pratique. Pour ce faire, un comité, dont la présidence fut confiée à l'ancien Premier ministre E. Balladur, a été mis en place. Il comportait, outre des personnalités politiques (J. Lang par ex.) des jurisconsultes professeurs d'université, un ancien président du Conseil constitutionnel, un conseiller d'Etat. Elle a procédé, dans une transparence exemplaire[2], à de nombreuses auditions tant de chefs de partis que de personnalités qualifiées concernées par la réforme.

Ensuite, sur le fond, le Président indiquait, tout en précisant que la discussion était ouverte (« Je souhaite que l'essentiel soit mis sur la table ; ... Je souhaite que l'on examine concrètement tous les moyens qui permettront à notre République et à notre démocratie de progresser »), quelques pistes de réflexions : d'une part que la future révision procède à une revalorisation de la fonction parlementaire ; d'autre part qu'elle conduise à mieux faire concorder le texte et la pratique telle qu'elle pouvait ressortir après 50 années.

Enfin, N. Sarkozy indiquait ne pas vouloir changer « les grands équilibres de nos institutions » et précisait : « *Je ne tournerai pas la page de la Ve République... Il ne s'agit pas de dénaturer les institutions qui sont les meilleures que la France ait eues depuis 200 ans* »[3].

Nous donnons ici, dans le corps de cet ouvrage, les nouvelles règles issues de cette révision. Il faut cependant apporter deux précisions complémentaires.

---

[1] Le choix d'Epinal ne doit rien au hasard. Le 26 sept. 1946, De Gaulle y prononça un discours portant également sur les institutions (de la future IV° République), pendant du discours de Bayeux (16 juin 1946).

[2] Un site internet fut ouvert pour la circonstance permettant, outre de disposer des éléments de réflexion sur lequel le comité travaillait, de prendre connaissance de toutes les opinions développées par les personnalités interrogées. Le rapport du Comité peut y être consulté (http://www.comite-constitutionnel.fr/accueil).

[3] Il ajoutait sans doute à l'intention de S. Royal : « Il ne s'agit pas de revenir à la IVe République en prétendant faire la VIe ».

D'une part, le Comité d'abord, le constituant ensuite, ont renoncé à mettre en accord le texte et la pratique. En fait, cela était impossible. La « pratique » visée est celle qui prédomine en période de concordance des majorités présidentielle et parlementaire : un régime parlementaire dualiste dans lequel le Président de la République détermine une politique que le Premier ministre conduit. Il fut d'ailleurs proposé de rédiger l'article 20 C. dans ce sens. Le « texte » est ce qui s'applique en période de cohabitation : « Le Gouvernement détermine et conduit la politique de la Nation ». La cohabitation n'étant pas impossible à l'avenir, il a été jugé préférable de maintenir le texte pour qu'il permette son fonctionnement, dès lors qu'il s'agit de périodes nécessairement plus conflictuelles. En revanche, les périodes de concordance étant plus sereines, il est possible que leur pratique s'éloigne de la lettre constitutionnelle puisque tous les acteurs y consentent.

D'autre part, le Comité d'abord, le constituant ensuite, ont voulu aussi donner de nouvelles garanties constitutionnelles directement aux citoyens. Nous décrirons plus bas ce qu'est l'une de ces garanties née de l'introduction d'un mécanisme de contrôle de la constitutionnalité des lois par voie d'exception (cf. p. 438).

Le constituant a encore créé une nouvelle institution « le Défenseur de droits » (art. 71-1 C.).

Le Défenseur des droits

Le Défenseur des droits est chargé de veiller au respect des droits et libertés par les administrations de l'Etat, les collectivités territoriales, les établissements publics ainsi que par tout organisme investi d'une mission de service public. L'institution n'est pas sans rappeler l'Ombudsman suédois ou le Défenseur du peuple espagnol sans cependant disposer de leur indépendance et de leurs pouvoirs. Il est nommé pour six ans non renouvelables par le Président de la République selon la procédure prévue à l'art. 13 C. (cf. p. 68). Les commissions chargées des lois constitutionnelles (art. 4 L n° 2010-838 du 23 juill. 2010) de chaque assemblée peuvent donc s'opposer au choix présidentiel si les votes négatifs dans chaque commission représentent au moins les trois cinquièmes des suffrages exprimés au sein des deux commissions[1]. C'est dire, en fait, qu'il n'est pas possible que le Parlement s'oppose à ce choix. Le Défenseur des droits est donc très largement lié au pouvoir exécutif. Ceci est du reste encore plus net s'agissant de la nomination de ses adjoints dans laquelle le Parlement n'intervient pas du tout et pour certaines de ses attributions qui en font le conseiller du Gouvernement.

I. Statut du Défenseur des droits

Le Défenseur des droits est nommé, dans les conditions que nous venons d'indiquer, sous la forme d'un décret en Conseil des ministres. Il ne peut être mis fin à ses fonctions avant l'expiration de son mandat qu'en cas d'empêchement constaté par un décret en Conseil d'Etat. Pour garantir son indépendance, la loi organique précise qu'il ne reçoit, dans l'exercice de ses attributions, aucune instruction après l'avoir qualifié d'« autorité constitutionnelle indépendante » (art. 2 LO préc.). Cette appellation est aussi curieuse qu'ambiguë et a conduit le Conseil constitutionnel à devoir la préciser : le Défenseur des droits est une autorité administrative (et non constitutionnelle) dont l'indépendance trouve son fondement dans la Constitution (Cons. const. 2011-626 DC §5, 29 mars 2011). Il n'est donc pas à ranger parmi les pouvoirs publics constitutionnels et, dès lors, son autonomie financière ne peut trouver son fondement dans le principe de séparation des pouvoirs. S'il dispose d'une autonomie financière (au même titre que le Conseil d'Etat, la Cour de Cassation, le CESE ou le CSM), c'est le législateur qui la lui attribue.

Les adjoints du Défenseur, qui sont vice-présidents des différents collèges assistant le Défenseur des droits, sont nommés par le Premier ministre sur sa proposition (art. 11 LO préc.). Leur mandat cesse en même temps que celui du Défenseur des droits et comme lui, ils ne sont pas renouvelables (art. 16 LO préc.)[2]. Le Conseil constitutionnel a précisé que l'indépendance du Défenseur des droits impliquait nécessairement que le Premier ministre devait également mettre fin à la fonction des adjoints sur proposition du Défenseur des droits (Cons. const. 2011-626 DC §11, 29 mars 2011).

Le Défenseur des droits et ses adjoints ne peuvent être poursuivis, recherchés, arrêtés, détenus ou jugés à l'occasion des opinions qu'ils émettent ou des actes qu'ils accomplissent dans l'exercice de leur fonction (art. 2 LO

[1] Si les commissions ne sont pas opposées à la nomination de J. Toubon en juill. 2014, elles ont néanmoins marqué leur peu d'enthousiasme à ce choix en donnant un avis positif par 32 contre 19 à l'Assemblée (7 blancs et nuls) et 16 contre 14 au Sénat (5 blancs et nuls).

[2] Lors de la nomination de J. Toubon suite au décès de D. Baudis, le Conseil d'Etat, saisi par le Premier ministre pour avis, a considéré que la reconduction des adjoints dans leurs fonctions en cas de disparition brutale du Défenseur, serait contraire aux termes mêmes de la loi et que ceux-ci interdisaient que les défenseures adjointes en place puissent être reconduites dans cette hypothèse.

préc.). Cette immunité juridictionnelle qui n'est pas absolue ne concerne que les opinions émises et les actes accomplis pour (et non « dans ») l'exercice de leurs fonctions. Elle ne peut exonérer le Défenseur des droits et ses adjoints des sanctions encourues en cas de méconnaissance des règles prévues par les art. 20 et 29 de la LO, sur les secrets protégés par la loi, et par son art. 22, sur la protection des lieux privés.

Outre les incompatibilités prévues par la Constitution s'agissant du Défenseur des droits lui-même (membre du Parlement ou du Gouvernement), la loi organique ajoute des incompatibilités frappant le Défenseur et fixe celles frappant ses adjoints (art. 3 LO préc.). Les fonctions de Défenseur des droits sont incompatibles avec celles de membre du Conseil constitutionnel, du CSM et du CESE. Ces fonctions sont également incompatibles avec tout mandat électif, toute autre fonction et emploi public et toute activité professionnelle ainsi que toute fonction de président et de membre de conseil d'administration, de directoire ou de conseil de surveillance ainsi que d'administrateur délégué dans toute société, entreprise ou établissement. Enfin, les membres du collège intervenant en matière de déontologie de la sécurité ne peuvent exercer, à titre principal, d'activités dans le domaine de la sécurité (art. 16 LO préc.).

II. Compétences et saisine du Défenseur de droits

A. Champ de compétences limité.

Si la Constitution utilise une formule très large pour définir le rôle de cette institution, elle renvoie pour la définition des attributions à la loi organique. Il en résulte que, contrairement là encore aux modèles généralement connus d'*human rights ombudsmen*, le Défenseur des droits n'a pas une compétence générale dans le domaine de la défense des droits et libertés mais une compétence limitée aux domaines couverts jusque là par le Médiateur de la République, la Haute Autorité de Lutte contre les Discriminations et pour l'Egalité (HALDE), la commission nationale de déontologie de la sécurité (CNDS) et le Défenseur des enfants. Il s'agit bien d'un véritable mécanisme fédératif. En effet, dans ces trois derniers cas, le Défenseur est assisté d'un adjoint, vice-président d'un « collège » spécifique par domaine de compétence précédemment exercé soit par le Défenseur des enfants (art. 14 LO préc.), soit par la HALDE (art. 15 LO préc.) ou par la CNDS (art. 13 LO préc.). Le fait que l'adjoint vice-président du collège chargé de la défense et de la promotion des droits de l'enfant porte du reste le titre ancien de « Défenseur des enfants », atteste encore plus de ce caractère fédératif.

B. Modalités de saisine.

La saisine du Défenseur des droits par les parlementaires est possible (art. 7 LO préc.). Par ailleurs, toute personne dont les droits ou libertés (dans les domaines considérés) sont en cause peut, ainsi que ses ayants droit, saisir directement le Défenseur des droits (art. 5 LO préc.). Pour les protections plus particulières, des possibilités sont également offertes à d'autres personnes ou organismes : pour les droits des enfants, par exemple, les membres de la famille ou les services médicaux sociaux ; pour les victimes de discrimination, les associations spécialisées dans ce domaine. Enfin, il est possible au médiateur européen ou à un homologue étranger de saisir le Défenseur des droits (art. 7 LO préc.).

La saisine, gratuite, peut intervenir sans démarches préalables auprès des autorités publiques ou des organismes mis en cause, sauf lorsqu'elle est présentée dans le cadre de la défense des droits et libertés dans le cadre des relations avec les administrations, les établissements publics ou les organismes investis d'une mission de service public. Elle n'interrompt ni ne suspend par elle-même les délais de prescription des actions civile, administrative ou pénale (art. 6 LO préc.).

Le Défenseur des droits ne peut être saisi ni des différends entre personnes publiques, ni des différends entre une personne publique et l'un de ses agents (art. 10 LO préc.).

III. Intervention du Défenseur des droits

A. Les collèges et les adjoints

Les collèges sont de composition pratiquement identique. Les présidents des assemblées parlementaires désignent chacun deux (enfants) ou trois membres (discrimination ; déontologie). S'y ajoutent, des magistrats (un de l'ordre administratif désigné par le vice-président du Conseil d'Etat (déontologie) et un de l'ordre judiciaire (déontologie ; enfants) désignés conjointement par le Premier président de la Cour de cassation et le procureur général près ladite Cour. Les chefs de ces deux juridictions suprêmes désignent également une personnalité qualifiée (discrimination) tandis que le Président du Conseil Economique, Social et Environnemental en désigne une lui aussi (enfants). Les membres du collège sont tous désignés en raison de leurs connaissances ou de leur expérience dans le domaine considéré.

Ces collèges sont présidés par le Défenseur des droits et l'assistent pour l'exercice de ses attributions dans les matières considérées. Les adjoints peuvent le suppléer à la présidence des réunions du collège dont il est le vice-président et le représenter, dans son domaine de compétence, auprès des organisations rassemblant les autorités indépendantes de pays tiers chargées de la protection des droits et libertés (art. 11 LO préc.). Ces adjoints peuvent recevoir délégation de compétence de la part du Défenseur des droits et suppléer le Défenseur des droits à la présidence des réunions du collège dont ils sont vice-présidents.

L'existence de ces collèges ne conduit cependant pas à autonomiser l'institution ; des principes en garantissent l'unité. Les adjoints sont placés auprès du Défenseur des droits et sous son autorité (art. 11 LO préc.) et les cas dans lesquels ils peuvent recevoir délégation sont limités. La liste des compétences que seul le Défenseur des droits peut exercer, sans qu'il lui soit possible de les déléguer, est fixée par la LO. Enfin, lorsque le Défenseur des droits préside lui-même l'un des collèges, son adjoint, vice-président de ce collège, perd son droit de vote et, en cas de partage des voix, celle du Défenseur des droits est prépondérante (art. 4 LO préc.).

B. Les modalités d'action

1) Le Défenseur des droits est avant tout un médiateur comme l'indique l'art. 26 de la LO préc. Pour ce faire, il peut proposer des transactions permettant de clore la réclamation dont il est saisi. Ces transactions, s'agissant de discrimination, peuvent, si l'action publique n'a pas été mise en œuvre, consister dans le versement d'une amende transactionnelle. Dans ce cas, son exécution constitue une cause d'extinction de l'action publique, mais ne fait pas échec au droit de la partie civile de délivrer une citation directe devant le tribunal correctionnel (art. 28 LO préc.).

2) Pour le reste, le Défenseur des droits peut faire des recommandations dans le cadre des dossiers dont il est saisi (art. 25 al. 1 à 3, LO préc.). Si celles-ci ne sont pas suivies d'effet, il peut alors enjoindre à la personne mise en cause de prendre les mesures nécessaires dans un délai qu'il fixe (art. 25 al. 4, LO préc.). Lorsqu'il n'a pas été donné suite à son injonction, le Défenseur des droits établit un rapport spécial, qui est communiqué à la personne mise en cause. Il rend public ce rapport et, le cas échéant, la réponse de la personne mise en cause (art. 25 al. 5, LO préc.). Il peut, après en avoir informé la personne mise en cause, décider de rendre publics ses avis, recommandations ou décisions avec, le cas échéant, la réponse faite par la personne mise en cause (art. 36, LO préc.).

3) Soucieux de maintenir cet aspect essentiel de médiation, le législateur organique n'a accordé au Défenseur des droits la possibilité de saisir le juge que dans des cas exceptionnels.

Tout d'abord, le Défenseur des droits ne peut saisir le Conseil constitutionnel.

Ensuite, les possibilités ouvertes de saisine du juge sont limitées. Il peut saisir le juge des référés lorsque qu'une personne mise en demeure de lui répondre dans un délai fixé n'obtempère pas (art. 21 LO préc.). Il peut encore saisir le Conseil d'Etat pour avis quant à l'interprétation d'une loi ou d'un règlement (art. 31 LO préc.). Enfin, la transaction qu'il peut proposer doit être homologuée par le procureur de la République. Il peut également saisir l'autorité investie du pouvoir d'engager des poursuites disciplinaires de faits dont il a la connaissance. Le Conseil constitutionnel a formulé dans ce cadre une réserve d'interprétation. S'agissant des magistrats, le Défenseur des droits ne peut donner suite aux réclamations des justiciables portant sur le comportement d'un magistrat dans l'exercice de ses fonctions ; il ne peut qu'aviser le ministre de la Justice des faits découverts et susceptibles de conduire à la mise en œuvre d'une procédure disciplinaire (Cons. const. 2011-626 DC §16, 29 mars 2011).

Enfin, et surtout, on doit regretter que les injonctions qu'il peut prendre dans le cas où ses recommandations ne sont pas suivies d'effet, puissent également rester lettre morte. En effet, le Défenseur n'a pas, s'il n'est pas donné suite à ses injonctions, la possibilité de saisir un juge pour qu'il les fasse exécuter. Il peut simplement établir un rapport spécial publié (art. 25 LO préc.).

Le Défenseur des droits peut présenter des observations devant les juridictions à l'appui d'un réclamant (art. 33 LO préc.). Ces observations peuvent être demandées au Défenseur par les juridictions civiles, administratives ou pénales elles-mêmes, mais il est également possible que le Défenseur demande à présenter des observations ou à être entendu. Dans ce cas, son audition est de droit. Il faut admettre par extension de la jurisprudence relative à la Halde, que le Défenseur des droits n'a pas la qualité d'intervenant aux litiges administratifs mais simplement d'observateur (CE, ass., 11 avr. 2012, *GISTI, req. n° 322326*).

Par ailleurs, le Défenseur des droits peut demander au vice-président du Conseil d'Etat ou au premier président de la Cour des comptes de faire procéder à toutes études (art. 19 de la LO préc.).

4) Dans les domaines relevant de sa compétence, le Défenseur des droits peut être consulté par le Premier ministre et les présidents des assemblées parlementaires et peut contribuer, à la demande du Premier ministre à la préparation et à la définition de la position de la France dans des négociations internationales (art. 32 LO préc.).

Il peut également recommander une modification législative ou règlementaire (art. 32 LO préc.) et rédige chaque année un rapport annuel rendant compte de son activité, qu'il présente au Président de la République et aux présidents des assemblées parlementaires. Il présente, également, aux mêmes personnes, à l'occasion de la journée internationale des droits de l'enfant (le 20 novembre), un rapport spécifiquement consacré à cette question. Il peut encore présenter à ces personnes tout autre rapport qu'il juge bon. Ces rapports sont publiés (art. 36 LO préc.).

2008 a donc apporté encore son lot de modifications constitutionnelles et il faut constater que, de notre Constitution originelle, il ne reste plus grand-chose (cf. p. 32). Reste que la dernière révision, par son ampleur, permet d'espérer qu'il ne soit plus nécessaire de recourir à cette procédure rapidement. Du reste, une réflexion a été menée à propos du préambule de la Constitution pour déterminer s'il était opportun d'y inscrire des droits et des principes fondamentaux nouveaux (Comité de réflexion sur le Préambule de la Constitution présidé par S. Veil : D. 2008-328, 9 avr. 2008). Après avoir recueilli l'avis de personnalités[1] venues d'horizons divers, le comité ne s'est pas prononcé pour une modification du Préambule de la

[1] Dans des conditions, hélas, nettement moins transparentes que celles du Comité Balladur.

Constitution[1]. Pourtant, un nouveau Comité Balladur a été chargé de réfléchir sur « la réforme des collectivités locales »[2]. Son rapport intitulé « Il est temps de décider » remis au Président de la République le 5 mars 2009 contient des propositions qui devraient, pour être mises en œuvre obliger à une nouvelle révision de la Constitution.

F. Hollande a déposé, sur le bureau de l'Assemblée nationale, quatre projets de LC le 14 mars 2013 : le premier relatif à la responsabilité juridictionnelle du Président de la République et des membres du Gouvernement (n° 816) ; le deuxième sur le CSM (n° 815) ; le troisième sur les incompatibilités applicables à l'exercice de fonctions gouvernementales et à la composition du Conseil constitutionnel (n° 814) ; le dernier portant sur la démocratie sociale (n° 813). Le dépôt de ces projets avait été précédé d'un rapport réalisé par une commission présidée par L. Jospin . Mais, faute de consensus et ne disposant pas d'une majorité absolue des 3/5 des parlementaires, ces projets n'ont, à l'exception de celui relatif au CSM[3], pas été mis en discussion. Un projet de révision devant permettre la ratification de la Charte européenne des langues régionales et minoritaires a été déposé le 31 juill. 2015 sur le bureau du Sénat et rejeté par lui le 27 oct. 2015.

B. Les échecs de la mise en œuvre de l'article 89

Il convient tout d'abord d'indiquer que très nombreuses ont été, depuis 1958, les propositions de révision constitutionnelle. Aucune d'entre elles, pourtant, n'a prospéré ; aucune « petite loi » issue de proposition n'a été adoptée. On peut cependant signaler deux propositions qui ont été adoptées par le Sénat, stade où la procédure s'est arrêtée. L'une (adoptée le 26 oct. 1967) proposait de revenir sur l'interdiction du cumul du mandat de parlementaire et des fonctions ministérielles, l'autre (adoptée le 30 oct. 1975) proposait un allongement des sessions ordinaires et limitait la priorité du Gouvernement en matière d'inscription à l'ordre du jour[4]. Aussi nous concentrerons-nous ici sur les seuls projets de révision qui ont échoué.

Si l'on reprend ici l'ordre chronologique, il faut tout d'abord signaler les deux tentatives de révision de **1974**. En effet, parallèlement au projet relatif à la saisine du Conseil constitutionnel qui fut adopté, deux autres modifications constitutionnelles avaient été proposées par le Chef de l'Etat. La première était également relative à la saisine du Conseil et devait l'autoriser à se saisir lui-même s'il estimait qu'une disposition législative était contraire à la Constitution. Or, le mécanisme même de l'autosaisine des juridictions n'étant pas classique dans le système juridique français et présentant le risque de conduire au "Gouvernement des juges", les parlementaires rejetèrent cet aspect de la réforme. Le Chef de l'Etat avait aussi proposé de modifier l'art. 25 C. relatif à la suppléance des parlementaires en cas de vacance du siège. Le projet autorisait les parlementaires devenus ministres à retrouver leur siège à l'issue de leurs fonctions gouvernementales. Mal accepté par les parlementaires (et en particulier par les suppléants), ce texte, qui avait en fait pour but de permettre au Président de la République et au Premier ministre de se séparer plus facilement de ministres gênants, en particulier s'ils avaient été parlementaires, devait être abandonné après trois lectures et ne fut donc pas soumis au Congrès. Des dispositions très voisines ont finalement été adoptées dans le cadre de la révision de juillet 2008 (cf. p. 129).

[1] http://lesrapports.ladocumentationfrancaise.fr/BRP/084000758/0000.pdf

[2] Là encore le souci de transparence a été total. On renvoie également au site : http://www.reformedescollectiviteslocales.fr/home/index.php.

[3] Le projet n° 815 a été adopté en première lecture par les deux assemblées ; le Gouvernement a annoncé la suspension de la procédure le 5 juill. 2013.

[4] Plus tard, des révisions sont venues modifier effectivement ces deux points.

En **1984**, un nouveau projet de révision était présenté. Destiné à élargir le champ d'application de la procédure référendaire, il envisageait de modifier l'art. 11 C. en autorisant le Président de la République à soumettre au référendum tout projet de loi "concernant les garanties fondamentales des libertés publiques". Le projet de révision, après avoir été rejeté à deux reprises par le Sénat, fut retiré alors même que d'aucuns s'accordaient à trouver que l'élargissement du domaine du référendum était une bonne réforme faisant partie de nombreux programmes électoraux.

Un sort très voisin fut réservé au projet discuté en **1990** et instituant un contrôle de constitutionnalité des lois par voie d'exception. Pourtant, là encore, on pouvait espérer un consensus ou du moins un compromis pour que la réforme vît le jour. Du reste, un certain nombre de députés de l'opposition votèrent en faveur du projet. Suite logique de la réforme de 1974 procédant à un premier élargissement des possibilités de saisine du Conseil constitutionnel, ce projet visait en effet à combler une lacune en introduisant en France un mécanisme connu dans la quasi-totalité des régimes démocratiques et en particulier aux Etats-Unis. En fait, il s'agissait de transposer dans notre droit la décision de la Cour Suprême américaine "Marbury v. Madison" de 1803, transposition heureusement faite ici en tenant compte du particularisme et des traditions du droit français. Retenant comme aux Etats-Unis un mécanisme d'exception, l'engorgement du Conseil constitutionnel, que d'aucuns craignaient, était évité par un examen préalable de la demande à la fois par la juridiction devant laquelle l'inconstitutionnalité était soulevée et par les juridictions suprêmes (Conseil d'Etat et Cour de Cassation). Ensuite, dans le même but, seules les atteintes aux droits fondamentaux peuvent faire l'objet de la demande d'exception. Enfin, la sécurité juridique était assurée par le caractère non rétroactif aux situations acquises des décisions d'inconstitutionnalité qui pourraient en résulter. Malgré ses qualités évidentes, le projet était tellement modifié par le Sénat lors de chaque lecture que l'adoption en termes identiques par les deux chambres s'avéra impossible, obligeant le Président à renoncer à son adoption. Là encore, des dispositions très voisines ont été mises en place par la révision de juillet 2008 (cf. p. 129).

II. LES AUTRES TECHNIQUES DE REVISION OU D'ADAPTATION

La Constitution de 1958 a été révisée par d'autres procédés que ceux que l'on vient de décrire. D'autres articles de la loi fondamentale, expressément conçus pour la révision ou non, ont été utilisés (§1.). Quant aux techniques permettant l'adaptation, elles sont aussi bien le fait de la pratique que du respect de certaines coutumes (§2.).

Ce mécanisme d'exception devait être repris, sans plus de succès, dans l'un des deux projets de révision déposés en **1993** par le Président de la République. Du reste, il est significatif de voir que, alors même que l'un des deux projets était étudié par le Parlement, celui-ci en retirait immédiatement les dispositions relatives au Conseil constitutionnel pour n'y plus laisser que la modification de la Haute Cour de Justice et du Conseil Supérieur de la Magistrature. Quant à l'autre projet, issu pour une bonne part des propositions du "**Comité Vedel**" (cf. p. 378) augmenté de la suppression de l'art. 16 C. et au contraire allégé de dispositions plus techniques[1], il devait purement et simplement rester lettre morte. Il s'agissait pourtant d'un projet ambitieux[2] destiné non seulement à améliorer certaines dispositions confuses de la Constitution mais également à en développer le caractère parlementaire, en particulier en rendant obligatoi-

---

[1] Comme celles, par exemple, relatives aux décrets en conseil des ministres : cf. p. 470.

[2] Compte tenu du nombre des dispositions pour lesquelles une modification était proposée, il n'est pas possible ici de les étudier toutes. Bien que le travail de ce "Comité" ne se soit pas traduit par une importante réforme de la Constitution, les travaux qu'il a réalisés restent une des plus importantes réflexions d'ensemble sur l'actuelle Constitution.

re l'engagement devant le Parlement de la responsabilité d'un Gouvernement nouvellement désigné. Nous ne pouvons souscrire ni à l'une, ni à l'autre de ces propositions.

Certes, l'art. 16 C. peut être dangereux pour la démocratie (cf. p. 87) s'il est mal utilisé. Mais, il peut aussi être précieux si les circonstances qu'il prévoit se concrétisent. Mieux valait dans ces conditions en modifier le contenu et augmenter le contrôle de son utilisation et de sa durée comme le proposait le "Comité Vedel" (cf. p. 378) et comme cela fut fait lors de la révision de juillet 2008 (cf. p. 87).

Quant à obliger les Gouvernements à utiliser l'art. 49 al. 1 C. après leur nomination par le Président de la République, c'est en fait rétablir, sans l'avouer vraiment, une forme d'investiture et donc rendre au Parlement un certain contrôle de la distribution des portefeuilles gouvernementaux. On sait les désastres auxquels un tel pouvoir avait conduit sous les Républiques antérieures. Qui plus est, cela revient à interdire qu'un Gouvernement minoritaire puisse gouverner. Or, on a vu qu'une telle situation n'était pas impossible. C'est parce qu'ils n'ont pas été obligés d'engager leur responsabilité devant l'Assemblée nationale que les Gouvernements Rocard, Cresson et Bérégovoy ont pu résister. La stabilité du régime nous paraît commander que l'on maintienne les dispositions actuelles comme elles sont et qu'on laisse donc au Gouvernement le choix de solliciter ou non la confiance. La démocratie n'en pâtit pas ; l'Assemblée nationale garde toujours le droit de renverser le Gouvernement par une motion de censure.

Enfin, une nouvelle révision fut envisagée en **2011**. En effet, il a un temps semblé nécessaire de réviser la Constitution pour introduire cette règle d'équilibre souvent encore appelée « règle d'or » non seulement pour limiter l'endettement chronique de la France mais aussi pour permettre la ratification du « Traité sur la stabilité, la coordination et la gouvernance au sein de l'Union économie et monétaire » (TSCG ; encore appelé souvent « Pacte budgétaire européen ») signé le 2 mars 2012. Pourtant, le Conseil constitutionnel ayant estimé que la ratification de ce traité n'imposait pas de révision de la Constitution et le nouveau Président de la République ayant toujours indiqué qu'il ne souhaitait pas inscrire la « règle d'or » dans la Constitution, il faut en conclure que cette révision est abandonnée.

Enfin, trois <u>projets de révision</u> avaient été « enterrés » et sont désormais abandonnés.

Le premier, en 1973, concernait l'introduction du quinquennat. Adopté en termes identiques par les assemblées, le projet ne fut jamais soumis ni au référendum, ni au Congrès[1]. La révision de 2000 introduisant le quinquennat règle la question.

Le deuxième, en 2000, concernait le Conseil Supérieur de la Magistrature. La « petite loi » a été adoptée et le Congrès finalement convoqué[2], mais le Président Chirac a rapporté cette convocation craignant que le projet ne soit pas adopté (cf. p. 374). La révision de juillet 2008 a procédé à une réorganisation du CSM (cf. p. 58) et l'ancien projet est donc obsolète. Un nouveau projet de LC portant sur le CSM a été déposé à l'Assemblée nationale le 14 mars 2013 (cf. p. 388).

Un troisième projet avait été également victime (collatérale cette fois) de l'ajournement du Congrès en 2000. Il était relatif au statut de la Polynésie et également à l'ajout d'une disposition modifiant l'art. 77 C. pour lui donner un sens plus conforme à l'intention des négociateurs des accords de Nouméa (cf. p. 353). Il a été repris par la révision du 23 février 2007 (cf. p. 383).

<u>§1. La révision par d'autres dispositions constitutionnelles</u>

En dehors de l'art. 89 C., une autre disposition constitutionnelle permettait de procéder à la révision de certaines dispositions particulières relatives à la "Communauté" (A). Par ailleurs, et sans qu'il soit expressément prévu que l'on puisse l'utiliser à cette fin, l'art. 11 C. a été également utilisé pour la révision (B).

---

[1] G. Pompidou, Président de la République, indiquait ne pas avoir fait de choix concernant la procédure à suivre pour ratifier la révision ; il le reportait à plus tard. En fait, il craignait que le projet ne soit rejeté tant par le Congrès que par le peuple.

[2] On sait que le Président en a longtemps retardé la convocation (cf. p. 395). *Pouvoirs n° 90 p. 193 et 210.*

A. La révision par l'ex article 85 C.

On ne fera ici que mentionner pour mémoire les dispositions de l'art. 85 C. qui ont été supprimées par la révision de 1995 avec toutes les dispositions constitutionnelles relatives à la Communauté. En toute hypothèse, elles étaient déjà obsolètes depuis 1960. Pourtant, par sa structure, l'art. 85 C. reste intéressant puisqu'il mettait en place un mécanisme dérogatoire à l'art. 89 C.

En effet, l'art. 85 C. indiquait clairement qu'il s'appliquait "par dérogation à la procédure prévue à l'art. 89 C.", pour permettre la révision des seules dispositions du Titre XIII de la Constitution, consacré à la Communauté (titre aujourd'hui supprimé). Cette révision intervenait par une loi votée dans les mêmes termes par le Parlement de la République et le Sénat de la Communauté.

Par Communauté, il fallait entendre une union de type fédéral entre la France et ses colonies encore nombreuses en 1958. Le Président de la République était le Président de la Communauté qui, par ailleurs, avait comme organe politique un Conseil exécutif, un Sénat de la Communauté et une Cour arbitrale prévus et institués aux art. 80 C. à 84 C. Ces organes, mis en place en 1959, devaient rapidement devenir inutiles du fait de l'accession à l'indépendance des différentes colonies françaises au cours des années 59 et 60. Aussi, et pour permettre de nouveaux rapports entre ces Etats nouvellement indépendants et la France, il fut décidé de modifier le caractère rigide de cette institution. On créa donc une procédure permettant de réviser les dispositions constitutionnelles relatives à la Communauté par de simples accords entre les Etats, accords qui entreraient en vigueur conformément aux dispositions relatives aux traités et accords internationaux. Cette disposition nouvelle tendait en fait à rendre inutile le titre XIII et constituait donc une révision-abrogation implicite des dispositions relatives à la Communauté. En effet, cette révision fut réalisée conformément aux dispositions de l'art. 85 C. et ajouta à cet article un alinéa permettant désormais de ne plus avoir à en suivre la procédure. Par ailleurs, l'art. 86 C. était également modifié. La révision a été adoptée par la LC du 4 juin 1960. La révision de 1995 ne fit donc que consacrer l'abrogation implicite antérieure, ne changeant rien au fonctionnement réel du régime.

B. La révision par l'article 11 C.

Nous avons déjà parlé du référendum de l'art. 11 C. Nous avons montré dans quel contexte il s'inscrivait et étudié les utilisations qui en avaient été faites. A cette occasion, nous avons pu constater que, par deux fois, l'art. 11 C. fut utilisé comme procédure de révision. Dans un cas, les "oui" l'ayant emporté, la réforme fut acquise : il s'agissait, en 1962, de l'élection au suffrage universel direct du Président de la République (cf. p. 43). Dans l'autre, les "non" furent majoritaires : le projet de régionalisation et de réforme du Sénat (cf. p. 225 et s.) de 1969 était rejeté.

Il nous semble que ces utilisations de l'art. 11 C. pour la révision sont contraires à la Constitution. Le référendum constituant est, nous l'avons vu, prévu à l'art. 89 C., seul article qui se trouve dans le titre consacré à la révision et l'art. 11 C. n'indique pas, à l'inverse de l'art. 85 C., que son utilisation par dérogation à l'art. 89 C. soit possible.

Une querelle est née à l'époque sur cette question. Retraçons ici les arguments des deux parties. Certains juristes ont soutenu que l'utilisation de l'art. 11 C. pour la révision constitutionnelle n'était pas contraire à la Constitution. Ils avançaient en ce sens plusieurs arguments. Tout d'abord, l'art. 11 C. utilisant l'expression "tout projet de loi", il ne fixe pas de limite dans ce cadre et peut s'étendre, non seulement aux projets de loi ordinaire, organique ou constitutionnelle. Qui plus est, l'indication que ces projets de loi doivent porter sur "l'organisation des pouvoirs publics" permet d'y inclure les pouvoirs publics constitutionnels, c'est-à-dire ceux définis par la Constitution permettant ainsi que leur organisation soit modifiée. Les adversaires de cette interprétation avaient beau jeu de répondre que l'expression "tout projet de loi" ne valait pas pour les révisions pour lesquelles était utilisée à l'art. 89 C. l'expression "projet de révision" et que les "pouvoirs publics" dont il était question à l'art. 11 C. n'étaient pas les pouvoirs publics constitutionnels puisque ce qualificatif était absent à l'art. 11 C. alors que, à l'art. 16 C. notamment, il était expressément utilisé.

On aurait pu penser que le Conseil constitutionnel puisse éventuellement sanctionner une telle violation de la lettre de la Constitution. Saisi en 1962 par le Président du Sénat au sujet du référendum sur l'élection directe du Président de la République, il devait, par une interprétation stricte mais incontestable de la loi fondamentale, se déclarer incompétent en cette matière (Cons. const. 62-20 DC, 6 nov. 1962, Loi référendaire). En tout état de cause, l'on voit mal comment le juge constitutionnel aurait pu contester la validité d'une révision adoptée par le peuple souverain qui couvrait, par son vote favorable, l'illégalité commise et donnait à la révision ainsi acquise l'onction du détenteur du pouvoir constituant originel. Le

Conseil a du reste réaffirmé son incompétence à l'occasion du Référendum de 1992 autorisant la ratification du traité de Maastricht (Cons. const. 92-313 DC, 23 sept. 1992, Maastricht III). Enfin, le Conseil constitutionnel (Cons. const. 92-312 DC, 2 sept. 1992, Maastricht II) ayant affirmé :

"le pouvoir constituant est souverain, il lui est loisible d'abroger, de modifier ou de compléter des dispositions de valeur constitutionnelle d'une manière qu'il estime appropriée",

d'aucuns ont vu dans cette formule l'admission d'un principe consacrant, non seulement la possibilité d'utiliser l'art. 11 C. pour la révision, mais plus largement autorisant l'utilisation de n'importe quelle procédure (par exemple commencer la révision par l'art. 89 C. et bifurquer ensuite vers le 11 au cas où une chambre s'opposerait à la révision[1]) ou la modification de n'importe quelle disposition de la Constitution. Il nous semble que cette interprétation est, pour l'instant encore, trop extensive. En effet, la formule du Conseil prise dans sa globalité est moins nette :

"Cons. que, sous réserve, d'une part des limites touchant aux périodes au cours desquelles une révision de la Constitution ne peut pas être engagée ou poursuivie, qui résultent des articles 7, 16 et 89 al. 4 du texte constitutionnel et, d'autre part, du respect des prescriptions du 5° al. de l'article 89 ..., le pouvoir constituant est souverain...".

La souveraineté du pouvoir constituant est donc conçue comme limitée, à tout le moins dans le temps et quant à l'objet. Nous avons déjà montré que, s'agissant de l'art. 16 C., l'interprétation de la décision du Conseil constitutionnel était difficile (cf. p. 375) ; il est, nous semble-t-il, encore plus difficile d'admettre que le Conseil, qui n'en parle pas, considère que le pouvoir constituant ne connaît pas de limite procédurale. Il n'était pas saisi de la question et n'envisage la révision que suite à une utilisation de l'art. 89 C., c'est-à-dire de la procédure normale de révision. Le Conseil ne fixe pas les limites générales du pouvoir de révision mais les limites à l'usage de l'art. 89 C. Il n'a pas indiqué que la révision puisse être faite par un autre article pas plus qu'il ne l'a interdit.

Depuis, une décision du Conseil d'Etat est venue s'ajouter au débat. Saisi pour avis en 1962, on sait (par des indiscrétions) qu'il avait estimé l'utilisation de l'art. 11 C. pour la révision contraire à la Constitution. En revanche, il a précisé que deux référendums permettent au peuple français d'exercer sa souveraineté :

« soit en matière législative dans les cas prévus par l'article 11 de la Constitution, soit en matière constitutionnelle comme le prévoit l'article 89 » (CE ass., 30 oct. 1998, *Sarran : AJDA 1998. 1039*).

Il laissa ainsi supposer qu'il n'est pas possible d'utiliser l'art. 11 C. en matière constitutionnelle. Le débat juridique reste donc ouvert même si au plan politique il ne l'est plus guère. En effet, même le Président Mitterrand, adversaire de l'utilisation faite en 1962 de l'art. 11 C. se rangeait finalement, avec prudence, à l'idée que :

« l'usage, établi et approuvé par le peuple français, peut désormais être considéré comme l'une des voies de la révision concurremment avec l'article 89 » (*Pouvoirs n° 45 p. 138*).

En fait, l'utilisation de l'art. 11 C. pour réviser en 1962 et 1969 répondait à des nécessités politiques qu'aucune interprétation même extensive de la Constitution ne permet de justifier juridiquement. L'utilisation de la procédure normale de révision oblige en effet à obtenir d'abord l'accord des deux assemblées avant de procéder au référendum. Or, dans le premier cas, le Parlement dans son entier était hostile au projet d'élection du Président de la République au suffrage universel direct comme en témoigne à l'évidence l'adoption de la motion de censure du 2 oct. 1962, et, dans le second cas, le Sénat ne pouvait qu'être opposé à

---

[1] Comme l'avait suggéré F. Mitterrand au cas où le Sénat se serait opposé à la révision liée à la ratification du traité de Maastricht.

un projet qui entraînait un abaissement considérable de ses pouvoirs voire, à terme, sa disparition. Il fallait donc pouvoir réviser la Constitution sans se heurter à l'obstacle des chambres, ce que seul le recours direct au référendum prévu à l'art. 11 C. permettait. En effet, il est possible, dans le cadre de l'art. 89 C., qu'une révision intervienne, même contre la volonté du Gouvernement, sur proposition d'un parlementaire, du moment que le législateur et le peuple en sont d'accord. En revanche, rien dans l'art. 89 C. ne permet au Gouvernement, même avec l'accord du peuple, de faire adopter une révision sans l'accord du Parlement. L'usage de l'art. 11 C. rétablit donc, en quelque sorte, un équilibre en faveur du Gouvernement lui permettant de réviser la Constitution grâce au consentement du peuple, mais sans l'aval des assemblées. Cette interprétation est dans le droit fil du renforcement de l'exécutif, voulu par les constituants de 1958, même si elle reste à l'évidence contraire à la lettre de la Constitution. Nécessité fait loi, en quelque sorte, et le "oui" populaire donne l'onction finale ! Ce n'est pas que la procédure soit constitutionnelle, c'est que personne n'a le droit de contredire le souverain. Même si celui-ci devait, par référendum, rétablir la monarchie, en violant l'art. 89 al. 5 C., personne ne pourrait y trouver à redire. L'utilisation de l'art. 11 C. est donc légitime[1], mais n'en reste pas moins inconstitutionnelle ; le peuple souverain peut violer la constitution sans être sanctionné. Le seul moyen d'éviter à l'avenir cette violation serait de faire contrôler la question avant qu'elle soit soumise au référendum, comme cela a été suggéré par le "Comité Vedel" (cf. p. 378).

Doit-on maintenant déduire de ces deux utilisations de l'art. 11 C. pour la révision qu'une coutume constitutionnelle serait née ? La thèse en a été défendue. Il est vrai que la révision adoptée ainsi en 1962 est entrée en vigueur et, mieux encore, est entrée dans les mœurs. D'aucuns ont déduit du "oui" que les Français donnèrent massivement au référendum qu'ils avaient, non seulement adopté la réforme qui leur était proposée, mais également donné leur accord à la méthode choisie. Outre le fait que l'argument peut évidemment se retourner pour le référendum de 1969 qui fut négatif, suivre une telle interprétation reviendrait en réalité à admettre la validité de coutumes expressément contraires à des dispositions constitutionnelles claires. Nous ne pouvons nous ranger à cette opinion car ce serait en fait nier la supériorité de la Constitution elle-même. Si des coutumes ou des pratiques peuvent jouer un rôle constitutionnel, c'est dans la mesure où elles viendraient combler certaines lacunes du texte ou interpréter des dispositions obscures. Elles doivent en tout cas être sinon conformes à la Constitution, du moins compatibles avec elle. Aussi plutôt que de parler de révision convient-il d'évoquer l'adaptation.

§2. L'adaptation par la pratique et la coutume

A côté des révisions formelles, on trouve donc des adaptations de la Constitution. Certaines pratiques sont tellement entrées dans les traditions que l'on peut croire qu'elles sont devenues des coutumes constitutionnelles faisant partie intégrante de notre loi fondamentale. D'autres, en revanche, n'ont pas encore atteint ce rang. C'est que "pratique" et "coutume constitutionnelle" se distinguent au moins sur un point. La coutume est considérée par tous comme présentant un caractère obligatoire consensuellement accepté, comme étant du droit non écrit. La transgresser équivaut à violer la <u>règle</u> constitutionnelle qu'elle contient (A). En revanche, la pratique n'est qu'une orientation temporaire, mise en œuvre pendant une période donnée et qui n'est pas élevée au rang de règle constitutionnelle obligatoire (B).

---

[1] On doit noter que le Président Mitterrand, qui fut un farouche opposant à l'utilisation de l'art. C.11 pour la révision constitutionnelle en 1962, n'a pourtant pas exclu qu'il puisse lui-même agir de la sorte et réviser par cet article (interview à *Pouvoirs* n° 45 p. 131).

A. Les coutumes constitutionnelles

Si la coutume n'est plus, depuis la Révolution, source essentielle du droit, elle conserve, en droit constitutionnel, une place éminente. Ceci était déjà vrai sous les Républiques antérieures.

Ainsi, sous la III° République, c'est par la coutume née à la suite de la crise de 1877, que l'on justifie que le Président du Conseil gouverne. Certes, comme nous l'avons montré, le moyen technique qui a permis le dessaisissement du Président de la République est le contreseing ministériel, mais sans une coutume consentie par les Présidents successifs, le contreseing n'eut point donné le résultat que l'on sait et transformé les pouvoirs présidentiels prévus par les lois de 1875 en pouvoirs nominaux. C'est aussi par la coutume que l'institution même du Président du Conseil s'est affirmée sous cette République qui ne connaissait, à lire les lois constitutionnelles de 1875, que des ministres. Dès lors, lorsque l'on dit que la Constitution de 1946 a constitutionnalisé la pratique antérieure en prévoyant un chef du Gouvernement effectivement doté de pouvoirs, on doit en fait analyser ce phénomène comme la rédaction d'une coutume constitutionnelle.

La coutume —et la coutume constitutionnelle en particulier— trouve en fait à s'appliquer dans trois hypothèses. Soit elle viendra compléter des dispositions constitutionnelles, comblant ainsi une lacune laissée par la Constitution ou apparue à l'usage, soit elle donnera d'une disposition constitutionnelle, susceptible d'en connaître plusieurs, une interprétation unique, soit, encore, elle va se substituer à des dispositions constitutionnelles inadaptées ou obsolètes[1]. Dans les trois cas, on peut dire que la coutume, en tant que règle de droit, révise la Constitution, soit qu'elle la complète soit qu'elle la change et abroge implicitement certaines de ses dispositions. Ainsi, comme l'écrivait R. Capitant, « la voie de révision coutumière reste toujours ouverte à côté de la voie de révision écrite ». L'étude de la coutume trouve donc bien sa place ici.

Parmi les coutumes constitutionnelles présentant donc un caractère obligatoire, on doit signaler les règles relatives à certaines hypothèses de démission du Gouvernement. Ainsi, et bien qu'aucun texte ne le prévoie expressément, tous les Premiers ministres remettent leur démission, entraînant celle du Gouvernement, au lendemain d'élections présidentielles ou législatives (cf. annexe). Ce caractère coutumier est du reste admis par le Commissaire du Gouvernement Massot (Concl. CE 20 janv. 1988, *Cne de Pomerol, RDP 1988. 1139*).

De même est-il admis sous la V° République que la fonction de Président de la République est incompatible avec tout autre mandat parlementaire. Il s'agit là d'une incompatibilité expressément prévue à l'art. 43 de la Constitution de 1946 mais qui n'a pas son équivalent dans le texte actuel et l'on aurait dès lors pu croire qu'elle était supprimée. Certes, il n'y a pas eu en cette matière difficulté d'application. G. Pompidou a fait savoir par lettre au Président de l'Assemblée nationale que son élection mettait, selon lui, “de plein droit” fin à son mandat de député (lettre du 24 juin 1969) et F. Mitterrand qu'il se “démettait” de son mandat (lettre du 20 mai 1981). Malgré les termes différents de ces deux lettres, on peut croire que les Présidents se sentaient liés ici par une obligation juridique. Du reste, J. Chirac a démissionné conformément à la tradition républicaine (Lettre du 15 mai 1995)[2].

---

[1] Il est fréquent de trouver maintenant sous la plume de nombreux auteurs (voir bibliographie du présent chapitre et F. Lemaire : « Les conventions de la Constitution » : *RFD const. 1998. 451* ; P. Avril, « Une survivance : le droit constitutionnel non écrit ? » *in Mélanges Philippe Ardant, LGDJ 1999*) l'expression « conventions de la Constitution » plutôt que le mot « coutume » que nous utilisons. Il semble que l'on peut estimer que les deux vocables recouvrent pratiquement les mêmes éléments.

[2] Le calendrier électoral depuis l'instauration du quinquennat aboutit à ce que ce genre de lettre de démission n'ait plus cours. Les législatives ayant lieu quelques semaines après l'élection présidentielle et le Parlement ne siégeant pas dans

Les coutumes constitutionnelles ont parfois une durée de vie relativement brève. Si la coutume répond aux nécessités, le constituant profite d'une révision constitutionnelle pour inclure dans le texte de la loi fondamentale des dispositions qui reprennent la coutume ainsi dégagée. Tel fut le cas en matière de « questions au gouvernement » (cf. p. 142). Organisées depuis 1974 par simple accord tacite avec le Gouvernement de l'époque, ce mécanisme était contraire aux dispositions constitutionnelles qui limitaient à une le nombre de séance hebdomadaire pouvant être consacrée aux questions (le Conseil constitutionnel avait interprété strictement cette disposition : Cons. const. 63-25 DC, 21 janv. 1963, Règlement de l'AN). Pourtant, tous les Gouvernements depuis cette date avaient ressenti une véritable obligation à venir répondre à ces questions. En permettant que plusieurs séances soient maintenant consacrées aux questions, le constituant de 1995 n'a donc fait qu'adapter la Constitution à une coutume jusque là contra-constitutionnelle.

B. Les pratiques constitutionnelles

Il est hors de doute que chaque Président de la République a fait de la Constitution une lecture personnelle qui a influencé le fonctionnement de celle-ci.

Mais par delà ces aspects tenant essentiellement au caractère des hommes et aux circonstances qu'ils vécurent, une pratique générale, commune à tous les Présidents de la V° République, a fait apparaître un véritable pouvoir présidentiel discrétionnaire. En effet, dans de nombreux cas, et bien que la Constitution n'ait pas expressément prévu cette possibilité, le Président de la République dispose d'un choix qui lui donne un pouvoir très proche d'un droit de veto. En effet, si les actes du Président, autres que ceux définis à l'art. 19 C., doivent être contresignés par le Premier ministre, les "non-actes", autrement dit les cas dans lesquels le Président refuse d'agir, ne sont pas contresignés. On est amené ici à faire à nouveau une distinction entre compétence liée et pouvoir discrétionnaire.

Lorsqu'il y a compétence liée, l'autorité qui dispose du pouvoir est obligée de faire ce que lui impose le texte ; lorsqu'elle dispose d'un pouvoir discrétionnaire, elle a un choix entre les diverses solutions qui lui sont proposées ; elle est même autorisée parfois à choisir d'elle-même la solution ; en tout cas elle agit selon sa volonté.

En droit constitutionnel, la compétence liée se marque par l'utilisation du présent de l'indicatif appliqué au verbe décrivant l'action : "nomme", "promulgue", "convoque". Le pouvoir discrétionnaire se marque par l'utilisation du verbe "pouvoir" avant le verbe décrivant l'action : "peut dissoudre", "peut soumettre".

Mais cette analyse simple ne suffit pas à traduire toutes les situations envisageables. En effet, même lorsque l'utilisation de l'indicatif présent impose à l'autorité telle action, elle peut encore disposer d'un choix : celui du moment auquel elle la réalisera. En fait, si l'autorité est obligée de faire, elle dispose en général d'un délai pour remplir son obligation : c'est le « **choix du moment** », dernière parcelle de pouvoir discrétionnaire dans une compétence liée[1]. Ce "choix du moment" peut pourtant soit être limité, soit être purement supprimé.

La Constitution actuelle connaît toutes ces variations. Ainsi, à l'art. 10 al. 1 C., le « choix du moment » laissé au Président pour promulguer la loi est limité à 15 jours. De même, le Premier ministre est-il obligé de remettre sa démission sans délai, extemporanément, lorsqu'il est renversé par l'Assemblée ; en effet, l'art. 50 C. utilise la formule "doit remettre la démission de son Gouvernement", ce qui oblige à le faire immédiatement après le vote de défiance. Dans les autres situations, pour tous les autres cas où l'indicatif présent est

---

leur attente, les Présidents N. Sarkozy et F. Hollande se sont conformés à cette coutume en ne présentant pas leur candidature aux élections législatives ayant suivi leur investiture à la présidence de la République.

[1] Nous avons déjà rencontré une telle hypothèse s'agissant du Premier ministre : cf. p. 98.

utilisé, le choix du moment est laissé au Président ou au Premier ministre, leur permettant, s'ils estiment que le moment n'est jamais opportun, de ne jamais remplir l'obligation que la Constitution leur fixe. Nous avons vu l'application de toutes ces variantes en ce qui concerne la responsabilité du Premier ministre devant le Parlement (cf. p. 97) ; est ainsi née une pratique selon laquelle les Gouvernements ne doivent pas obligatoirement solliciter la confiance du Parlement lors de leur entrée en fonction.

Le Président de la République, lui aussi, dispose de compétences liées qui lui laissent le « choix du moment ». En effet, à l'exception de l'obligation de promulguer, enfermée dans le délai de 15 jours, les autres pouvoirs contresignés du Président ne sont enfermés dans aucun délai. Comme son inaction n'est pas soumise à contreseing, il lui est donc loisible de retarder la mise en œuvre de ces obligations, au point de refuser de les exercer. Cela lui confère un véritable pouvoir discrétionnaire, qui s'ajoute à son statut de gardien de la Constitution.

C'est exactement pour cette raison que le Président a pu refuser de signer les ordonnances. Certes, il était aidé par l'interprétation neutralisante (cf. p. 455) du Conseil constitutionnel, mais en tout état de cause il le pouvait car la Constitution ne fixe aucun délai en cette matière. Le Président refusa donc de signer, refus qui, n'étant pas un acte, n'a pas à être contresigné. Simplement, il prit le soin ici d'indiquer par un communiqué que ce refus était définitif, étendant sa possibilité de choix du moment jusqu'à un véritable veto absolu.

De même, s'agissant de la révision constitutionnelle, le Président dispose de deux pouvoirs discrétionnaires. Tout d'abord, il peut ne pas proposer la révision malgré la volonté du Premier ministre. Ce fut le cas, par exemple, en 1999 s'agissant de la révision nécessaire pour ratifier la Charte européenne sur les langues régionales (cf. p. 379 et 417). Par ailleurs, si le Président doit soumettre le projet de loi adopté par les deux assemblées (petite loi) soit au référendum, soit au Congrès, par une décision contresignée, il dispose cependant, pour choisir entre ces deux voies, du "choix du moment" (cf. p. 374). Tant qu'il ne l'a pas fait la révision est suspendue ; il dispose donc, en fait, d'un véritable veto suspensif. Ce fut le cas, en 1973, lorsque le Président Pompidou indiquait reporter ce choix à plus tard (cf. p. 390). Le président a encore fait usage de ce pouvoir lorsqu'il a renoncé, en 2000, à la convocation du Congrès pour approuver la révision relative au Conseil Supérieur de la Magistrature (petite loi adoptée le 18 nov. 1998) (cf. p. 390 et 374).

De même, lorsqu'en 1962 G. Pompidou remet au Président la démission de son Gouvernement renversé, ce à quoi il est obligé sans délai par l'art. 50 C., le Président attend-il huit semaines pour enfin l'accepter. Et les exemples pourraient être multipliés.

Nous voudrions, enfin, en développer un cas qui fit en son temps couler beaucoup d'encre. L'art. 30 C. fait obligation au Président de la République de convoquer le Parlement en session extraordinaire lorsque la demande lui en est faite par le Premier ministre ou la majorité des députés. Si dans la plupart des cas cette demande est suivie d'effet, il y a eu trois occasions au cours desquelles le Président a fait savoir qu'il disposait néanmoins, dans ce domaine où la Constitution lui attribue une compétence liée, d'un minimum de pouvoir discrétionnaire. Ainsi, en 1960, le Général De Gaulle refusa-t-il de convoquer le Parlement en session extraordinaire alors que la majorité de l'Assemblée le lui demandait. Il indiquait estimer la demande contraire à la Constitution, à la fois parce qu'elle était le résultat de pressions faites sur les parlementaires contrairement au caractère non impératif du mandat, mais aussi parce que convoquer "le Parlement dans la hâte" ne lui paraissait pas opportun. De même, en 1979, le Président Giscard d'Estaing indiquait-il, après un délai de réflexion, qu'il consentait à une réunion extraordinaire du Parlement alors que "le moment choisi" (pendant les élections cantonales) ne lui paraissait pas le meilleur. Enfin, lorsque J. Chirac demande, en 1987, durant la cohabitation, une convocation extraordinaire du Parlement, F. Mitterrand y accède-t-il tout en précisant qu'il relève de la seule appréciation du Président de juger de l'opportunité d'une telle convocation. La même demande, présentée par E. Balladur en 1993, conduisit le Président de la République à n'accepter de convoquer le Parlement que sur un ordre du jour qu'il approuve. Ainsi fera-t-il retirer de l'ordre du jour le débat sur la modification de la "loi Falloux". L'étude de ce texte, entreprise durant la session de printemps, ne pourra être reprise qu'à la session d'automne. Le Président dispose donc à la fois d'un choix dans l'opportunité de convoquer ou non une session extraordinaire, mais également de la maîtrise de l'ordre du jour de la session qu'il accepte. De plus, le Conseil constitutionnel lui ayant reconnu le droit de modifier la détermination de l'ordre du jour à la demande du Premier ministre (Cons. const. 95-365 DC, 27 juill. 1995, Taxe à la Valeur Ajoutée), il faut admettre qu'il puisse aussi refuser cette modification. Pourtant, contrairement à cette analyse et contre tout parallélisme des formes, c'est une simple lettre du ministre chargé des relations avec le Parlement qui a informé (après annonce du Premier ministre) le Président de l'Assemblée nationale du retrait de l'ordre du jour de la session extraordinaire du projet de réforme du mode de scrutin européen (1er juill. 1998). Il est vrai que le Président de la République avait été informé.

En fait, le Président dispose dans la pratique de possibilités constitutionnelles qui, sans être contraires au texte, augmentent encore son influence, qu'on soit en période de cohabitation ou non.

On le voit, les adaptations apportées par la coutume et la pratique touchent en fait des domaines de portée relativement restreinte même s'ils ne sont pas sans importance. Ce sont les révisions qui ont apporté à la Constitution les inflexions essentielles, celles, en particulier, qui en ont démocratisé les dispositions. Reste qu'il n'est pas possible de déclencher la procédure de révision, nécessairement longue et complexe, chaque fois qu'une difficulté d'interprétation de la Constitution se fait sentir. Heureusement, l'apparition d'une nouvelle source de normes constitutionnelles, issue de la jurisprudence, permet de pallier ces difficultés.

CHAPITRE II

L'EVOLUTION PAR LA JURISPRUDENCE

BIBLIOGRAPHIE : – P. AVRIL et J. GICQUEL, Le Conseil constitutionnel, Clefs, LGDJ. - G. DRAGO : *Contentieux constitutionnel français*, Thémis, PUF - L. FAVOREU et L. PHILIP (et la collaboration de P. Gaïa, R. Ghevontian, F. Mélin-Soucramanien et A. Roux) : *Le Conseil constitutionnel*, Que sais-je ? PUF. - J. P. CAMBY : *Le Conseil constitutionnel, juge électoral*, Dalloz. – O. DESAULNAY : *L'application de la Constitution par la Cour de cassation*, LGDJ. - L. FAVOREU et L. PHILIP : *Les grandes décisions du Conseil constitutionnel*, Dalloz. - P. JAN : Le procès constitutionnel, Système, LGDJ. - J. MORANGE : *La déclaration des droits de l'homme et du citoyen*, Que-sais-je ? PUF. - D. ROUSSEAU : *Droit du contentieux constitutionnel*, Domat, LGDJ. - H. ROUSSILLON : *Le Conseil constitutionnel*, Connaissance du droit, Dalloz. – B. STIRN : *Les sources constitutionnelles du droit administratif*, Systèmes, LGDJ. - D. TURPIN : *Contentieux constitutionnel*, Droit fondamental, PUF. – M. VERPEAUX et M. BONNARD, *Le Conseil constitutionnel*, Doc. fran. – « Le Conseil constitutionnel », *Pouvoirs n° 105*. - « Le Conseil d'Etat », *Pouvoirs n° 123*. « La question prioritaire de constitutionnalité », *Pouvoirs n° 137*.

Web : http://www.conseil-constitutionnel.fr/ - http://www.conseil-etat.fr/cde/ - http://www.courdecassation.fr/

L'existence d'une importante jurisprudence constitutionnelle est un phénomène classique dans de nombreux régimes politiques. Ainsi, dès le XIX° siècle, la Cour suprême des Etats-Unis d'Amérique interprétait la Constitution de 1787 en particulier en déterminant si telle ou telle matière relevait de la compétence des Etats fédérés ou de celle de l'Etat fédéral. En fait, on peut dire qu'il y a jurisprudence constitutionnelle lorsque le soin d'interpréter la Constitution est confié à un organe indépendant agissant comme une juridiction. Pourtant, le phénomène de la jurisprudence constitutionnelle va plus loin que la simple interprétation des dispositions constitutionnelles peu claires, il permet aussi de trancher les différends qui surviendraient entre organes politiques selon des principes de droit. Bref, la jurisprudence constitutionnelle protège aussi la Constitution des violations que l'exécutif et le législatif pourraient être tentés de commettre.

La France est, dans cette matière, une nouvelle venue. Le contrôle de constitutionnalité par un organe constitutionnel ad hoc n'y existe réellement que depuis 1958, même si quelques expériences ont été tentées dans d'anciennes constitutions.

Ainsi, pendant longtemps, seules les cours suprêmes, Cour de Cassation et Conseil d'Etat, des deux ordres de juridictions étaient, de temps à autre, saisies de questions constitutionnelles.

Le prédécesseur révolutionnaire de la Cour de Cassation, le Tribunal de Cassation, prévu par la Constitution de 1791, peut justifier son intervention en la matière par les dispositions de la Constitution elle-même qui s'en remettait à la fidélité des juges. Il censurera les décisions de justice contraires à la Constitution et la Cour de cassation fera de même vis-à-vis des Constitutions successives. Référence était faite, par exemple, aux excès de pouvoir commis par les juges par rapport aux dispositions constitutionnelles, à la violation de certains principes contenus dans la Déclaration des Droits de l'Homme de 1789. Mais l'activité constitutionnelle de la Cour devait surtout se développer à la suite des incessants changements de Constitution. En effet, la Charte de 1814 prévoyait qu'étaient maintenues en vigueur les lois qui n'étaient pas contraires à la Charte (art. 68). On retrouve les mêmes dispositions aux art. 59 et 70 de la Charte de 1830 et à l'art. 112 de la Constitution de 1848[1]. C'est dans ce cadre, par exemple, qu'elle considérera comme maintenues en vigueur les dispositions de l'art. 75 de la Constitution de l'an VIII interdisant aux particuliers de poursuivre devant les juridictions

[1] Ce principe général continue-t-il à s'appliquer ? On peut s'interroger. Certes, on trouve quelques décision indiquant nettement que sont caduques les lois anciennes contraires à la Constitution en vigueur (TA Strasbourg, 14 oct. 1997, A. Maronèse : AJDA 1998. 501). Mais la mise en œuvre de la QPC permet maintenant d'arriver au même résultat. On peut donc estimer que cette jurispurdence n'est plus utile.

judiciaires des fonctionnaires sans y avoir été autorisés par le Conseil d'Etat. Cette activité de la Cour de Cassation cessera avec la Constitution de 1852 qui confie au Sénat le contrôle de la constitutionnalité. Elle ne pourra pas reprendre sous la III° République puisque les lois constitutionnelles comportent seulement des dispositions sur l'organisation des pouvoirs publics[1].

En revanche, le Conseil d'Etat, qui avait, depuis 1872, acquis une plus grande autonomie, put, à l'occasion du contrôle qu'il exerce sur les actes réglementaires pris par l'exécutif, jouer un rôle mineur de juge constitutionnel (II). S'il n'a pas perdu les compétences qu'il avait dans ce domaine, et vient même d'en gagner avec la révision de juillet 2008 (QPC), le Conseil d'Etat n'est plus le seul à pouvoir veiller au respect des principes constitutionnels essentiels. Un organe spécifique a été mis en place en 1958 : le Conseil constitutionnel (I).

I. LE CONSEIL CONSTITUTIONNEL[2]

L'institution du Conseil constitutionnel est une des créations les plus importantes et les plus novatrices de la Constitution de 1958. En effet, non seulement un tel organisme n'existait pas dans les régimes précédents mais, de plus, il rompt, par les pouvoirs qui lui sont attribués, avec nombre des principes qui, jusque-là, fondaient notre droit constitutionnel : primauté de la loi et souveraineté du Parlement (cf. p. 117).

Le Conseil constitutionnel apparaît, dans les premières années de la V° République, comme une institution importante mais dangereuse. Son caractère novateur ne lui rend pas la tâche facile ; il est en particulier critiqué par les parlementaires qui ne voient en lui qu'un moyen supplémentaire d'abaisser leurs pouvoirs. Pourtant, le constituant a fait en sorte qu'il puisse, par son statut et ses pouvoirs, gagner en indépendance et en crédibilité, lui permettant de devenir l'un des organes essentiels de la Constitution. Il faut pourtant attendre une décision de 2008 pour que l'indépendance du Conseil constitutionnel soit affirmée ... par lui-même. Selon lui donc, « il résulte de l'ensemble des dispositions du titre VII de la Constitution que le constituant a entendu garantir l'indépendance du Conseil constitutionnel (Cons. const. 2008-566 DC §6, 9 juill. 2008, Archives du Conseil constitutionnel). Il faut cependant noter que le Conseil fait porter sa vérification sur le respect du « principe de séparation des pouvoirs garanti par l'art. 16 DDHC » (§8), ce qui indique assez nettement qu'il fonde son indépendance sur le fait qu'il soit un pouvoir et non une juridiction. Du reste, il juge encore que lui-même figure au nombre des « pouvoirs publics constitutionnels » et, qu'à ce titre, il ne peut être soumis, par le législateur, au contrôle de la Cour des comptes (Cons. const. 2011-642 DC §7, 15 déc. 2011, LFSS pour 2012). Il faut évidemment s'interroger sur une éventuelle évolution de cette analyse avec la mise en place de la question prioritaire de constitutionnalité (cf. p. 438). Ainsi, dans le cadre de cette procédure, le Conseil constitutionnel a saisi la Cour de justice de l'UE d'une question préjudicielle (Cons. const. 2013-314P QPC, 4 avr. 2013, *Jeremy F.*). La CJUE a répondu à celle-ci dans une décision du 30 mai 2013 impliquant qu'elle accepte, implicitement, la nature juridictionnelle du Conseil constitutionnel.

Le Président de la République lui-même, lors du 55e anniversaire de l'actuelle Constitution a salué le Conseil comme « la plus haute juridiction chargée de protégée les libertés »

---

[1] La Cour de Cassation n'a pas perdu tout pouvoir de contrôle constitutionnel sous l'actuelle Constitution en particulier dans le cadre de l'art. 55 C. Plus marginal par rapport à celui du Conseil d'Etat et du Conseil constitutionnel, il a, néanmoins, été développé par l'institution de la question prioritaire de constitutionnalité.

[2] *Pour faciliter la présentation, la section relative au Conseil constitutionnel se déclinera en sous-sections.*

Du reste, depuis les origines les pouvoirs du Conseil n'ont cessé de s'accroître. Cet accroissement, voulu tant par le constituant que par le législateur organique, a donné à son activité juridictionnelle une extension considérable tant dans le domaine électoral que dans le rôle de contrôle de la constitutionnalité des lois, éclipsant largement son activité non juridictionnelle. On doit donc admettre que le Conseil est bien une juridiction (constitutionnelle) disposant de pouvoirs non juridictionnels (comme nombre de juridictions du reste). Ainsi conviendra-t-il, pour mener l'étude du Conseil constitutionnel, de s'intéresser, après un paragraphe préliminaire consacré à l'organisation du Conseil constitutionnel, à une étude du Conseil constitutionnel hors de son rôle de juge de la constitutionnalité des lois (sous-section IA). On se concentrera ensuite au contrôle que le Conseil constitutionnel exerce en tant que juge de la constitutionnalité des lois (IB) avant de terminer par l'étude des effets de ses décisions quelle qu'elles soient (IC).

§préliminaire. L'organisation du Conseil constitutionnel

L'organisation du Conseil constitutionnel, par sa composition (A), par le statut de ses membres (B) et par son fonctionnement (C), devait garantir l'indépendance de l'institution sans laquelle il n'aurait pu jouer le rôle important qui lui était dévolu.

A. La composition du Conseil constitutionnel

Le Conseil constitutionnel connaît deux catégories de membres.

Le Conseil est composé de neuf membres nommés pour neuf ans (art. 56 al. 1 C.).

Trois sont nommés par le Président de la République ; il s'agit là d'un pouvoir qu'il exerce sans contreseing. Les nominations (une tous les trois ans au mois de février) sont soumises, depuis la révision de juillet 2008, aux dispositions de l'art. 13 al. 5 C. autrement dit ce pouvoir s'exerce après avis public de la commission permanente compétente de chaque assemblée. Les commissions rendent cet avis après avoir éventuellement auditionné le candidat proposé. Si l'addition des votes négatifs au sein de chaque commission représente au moins les 3/5 des suffrages exprimés des deux commissions, le Président ne peut procéder à la nomination.

Trois sont nommés par le Président du Sénat et trois par le Président de l'Assemblée nationale ; dans ces cas également, il s'agit d'un pouvoir propre exercé personnellement par les Présidents des assemblées. La commission compétente de l'assemblée concernée, éventuellement après audition du candidat, rend un avis public. Si les 3/5 de la commission s'opposent à la nomination celle-ci ne peut avoir lieu. Ainsi, lors du dernier renouvellement triennal du Conseil constitutionnel, N. Maestracci, nommée par le Président de la République a-t-elle été auditionnée par les commissions des Lois des deux assemblées le 20 février 2013 (à l'Assemblée nationale, 32 suffrages favorables ; 16 défavorables. Au Sénat, 17 pour ; 6 contre). De la même façon, C. Bazy-Malaurie, nommée par le Président de l'Assemblée a été auditionnée le même jour par la seule commission des Lois de l'Assemblée (24 pour ; 13 contre) et N. Belloubet, nommée par le président du Sénat le fut par la seule commission des Lois du Sénat (13 pour ; 11 contre). De même encore, lors de la nomination, par le Président de l'Assemblée nationale, de L. Jospin en remplacement de J. Barrot, décédé, a-t-il été auditionné par la commission des lois de l'Assembée (40 pour ; 10 contre) tout comme J.-J. Hyest l'a été par celle du Sénat (34 pour ; 0 contre) pour remplacer H. Haenel, décédé.

Les décisions par lesquelles sont nommés les membres du Conseil sont insusceptibles de recours devant le juge administratif (CE 9 avr. 1999, *Mme Ba : Lebon 124*).

A ces membres nommés s'ajoutent, comme membres de droit et à vie, les anciens Présidents de la République (art. 56 al. 2 C.) dont on notera qu'ils ont « survécu » à la révision de 2008. A ce jour, ont été membres de droit du Conseil constitutionnel, les anciens Présidents de la IV° et de la V° République aujourd'hui disparus : V. Auriol et R. Coty ainsi que Ch. De Gaulle et F. Mitterrand[568]. Sont actuellement membres de droit V. Giscard d'Estaing, J. Chirac et N. Sarkozy ; on parle d'eux en utilisant la formule « les co-princes ». Si, ni Ch. De Gaulle, ni F. Mitterrand n'ont siégé à la fin de leurs mandats, V. Auriol cesse de siéger en 1960 pour protester contre l'attitude « désinvolte » de De Gaulle à l'égard de la Constitution, puis revient le 6 nov. 1962 pour la décision relative au référendum. V. Giscard d'Estaing siège depuis le 10 juin 2004 (cf. infra) ; J. Chirac et N. Sarkozy ont siégé dès la fin de leur mandat. Pourtant, on note que V. Giscard d'Estaing ne siège plus lors des QPC, que J. Chirac ne siège plus du tout depuis sa condamnation par le tribunal correctionnel de Paris le 15 déc. 2011 et que N. Sarkozy n'a pas siégé durant l'été 2012 puis s'est mis en congé du Conseil depuis le rejet de son compte de campagne par le Conseil constitutionnel le 4 juillet 2013[569].

Il appartient également au Président de la République de nommer, sans contreseing (art. 56 al. 3 C.), le Président du Conseil constitutionnel parmi les membres nommés ou de droit. Il va de soi qu'il portera son choix, par préférence, sur les membres qu'il a lui-même nommés. Cette tradition n'a pourtant pas été respectée lorsqu'il s'est agi de nommer, le 1er mars 2000, un Président en remplacement de R. Dumas, démissionnaire ; en effet, Y. Guéna, (2000-2004) avait été nommé par le Président du Sénat en 1997. La nomination comme président peut encore être faite parmi les membres déjà en poste (nomination de Y. Guéna, comme on vient de le voir, et nomination de P. Mazeaud, membre nommé par le Président de la République en 1998 et président en 2004 ; il n'assurera donc cette fonction que durant trois ans). On notera que, si le choix par le Président de la République du membre qu'il souhaite désigner est soumis à l'avis des commissions parlementaires, le choix du Président du Conseil constitutionnel en tant que tel, ne l'est pas.

Présidents du Conseil constitutionnel		
Membres	Nomination en tant que Président	Auteur de la nomination
Léon Noël	20 févr. 1959	C. De Gaulle
Gaston Palewski	23 févr. 1965	C. De Gaulle
Roger Frey	22 févr. 1974	G. Pompidou
Daniel Mayer	21 févr. 1983[570]	F. Mitterrand
Robert Badinter	20 févr. 1986	F. Mitterrand
Roland Dumas	24 févr. 1995[571]	F. Mitterrand
Yves Guéna[572]	1er mars 2000	J. Chirac
Pierre Mazeaud	28 févr. 2004	J. Chirac
Jean-Louis Debré	23 févr. 2007	J. Chirac

[568] G. Pompidou n'a pu siéger comme membre de droit du Conseil constitutionnel puisqu'il est décédé durant son mandat. Il a, en revanche, siégé comme membre nommé de mars 1959 à avril 1962.

[569] Ils n'en sont pas moins toujours membres du Conseil même s'ils n'apparaissent plus, en tant que tel, sur le site du Conseil.

[570] D. Mayer démissione de sa fonction de président mais non du Conseil.

[571] R. Dumas démissionne suite à sa mise en examen dans une affaire de financement politique.

[572] Y Guéna avait été nommé par le Président du Sénat en 1997.

Faire nommer les membres du Conseil par des hommes occupant ces hautes fonctions pouvait présenter un danger de politisation excessive de l'institution et surtout la soumettre en fait aux aléas des changements de majorité. La bienveillance du Conseil à l'égard du pouvoir en place est du reste parfois dénoncée[573]. Pourtant, grâce au statut dont sont dotés les membres du Conseil, ce mécanisme de nomination assure en fait leur indépendance ; d'ailleurs, il n'est plus guère contesté aujourd'hui et sert de modèle pour d'autres organes[574].

B. Le statut des membres du Conseil constitutionnel

Le statut des membres du Conseil constitutionnel est contenu dans la Constitution et dans l'ordonnance du 7 nov. 1958. Il y faut ajouter l'apport fait par le Conseil lui-même grâce à sa jurisprudence.

Les **membres nommés** du Conseil constitutionnel le sont, comme nous l'avons dit, pour neuf ans. Cette durée, la plus longue mise en place par la Constitution, leur permet d'acquérir, par la stabilité qu'elle leur procure, l'indépendance nécessaire à l'exercice de leur fonction. Qui plus est, le mandat n'étant pas renouvelable, les conseillers constitutionnels ne sont pas tentés de plaire à ceux qui les ont nommés pour obtenir à nouveau leur faveur[575]. Les conseillers sont renouvelés par tiers tous les trois ans[576], chacune des trois autorités nommant un membre lors de chaque renouvellement partiel. Enfin, ils doivent prêter serment à leur entrée en fonction, cette dernière garantie étant essentiellement symbolique.

Par ailleurs, les fonctions de conseiller constitutionnel sont incompatibles avec certaines autres fonctions dont la liste est contenue à l'art. 57 C. (ministres ou membres du Parlement) complétée par la loi organique (membre du Conseil économique, social et environnemental et tout mandat électif). Si un élu, un membre du Gouvernement ou un Conseiller Economique, Social et Environnemental est nommé au Conseil constitutionnel, il est réputé avoir choisi ces fonctions, à moins qu'il n'en décide autrement dans un délai de huit jours. A l'inverse, le membre du Conseil qui acquiert l'une des situations incompatibles sus-indiquées doit être remplacé. Son successeur achève le mandat du membre qu'il remplace. Il peut, cependant, être nommé pour un nouveau mandat de 9 ans si le mandat qui reste à courir est inférieur à trois ans[577]. Par ailleurs, après bien des variations dans le temps, l'exercice des fonctions de membre du Conseil constitutionnel est, depuis 2013[578], incompatible avec l'exercice de toute fonction publique et de toute autre activité professionnelle ou salariée, y compris la profession d'avocat, de professeur d'Université ; il en va de même d'une fonction d'arbitre. Ils ne peuvent se livrer qu'à des travaux scientifiques, littéraires ou artistiques. Les membres du Conseil constitutionnel sont dispensés de l'obligation d'une déclaration de situation patrimoniale auprès de la HATVP (art. 13, L. 2013-907, 11 oct. 2013).

Reste encore la question du statut des **membres de droit**. Selon l'art. 56 C., ils sont membres à vie du Conseil et, en toute logique, ne peuvent donc pas en démissionner et ne peuvent donc pas être remplacés (Cons. const. 94-354 DC §12, 11 janv. 1995, Déclaration

---

573 F. Mitterrand : « Pas servile, obéissant », *Le Monde* 25 juin 1978. J. Glavany : « Le Conseil apparaît comme l'allié politique de J. Chirac » : *Le Monde* 6 janv. 2001, p. 6 ; *Pouvoirs* n° 98. 172. R. Forni (à l'époque président de l'AN) : « les sages freinent l'évolution de la société … Je crois nécessaire de revoir le mode de nomination au Conseil et de les déconnecter des pouvoirs politiques » : *Libération* 25 juin 2001.

574 Par exemple les membres du Conseil Supérieur de l'Audiovisuel.

575 Toutefois, si le Conseiller n'assure que la fin d'un mandat inférieur à trois ans, il peut être nommé à nouveau pour un mandat de 9 ans.

576 Pour permettre le démarrage de ce mécanisme de renouvellement, un tirage au sort a désigné, en 1959, parmi les premiers Conseillers, ceux qui ne resteraient que trois ou que six ans.

577 Ainsi, C. Bazy-Malaurie a pu être nommée pour un mandat de 9 ans en févr. 2013 après avoir été nommé en août 2010 pour terminer le mandat de J.-L. Pezant alors que L. Jospin nommé en déc. 2014 suite au décès de J. Barrot ne pourra pas être renommé en févr. 2019

578 Art. 3 et 6 de la LO n° 2013-906 du 11 oct. 2013 modifiant l'art. 4 ord. n° 58-1067 du 7 nov. 1958.

de patrimoine des parlementaires)[579]. La question se posait donc de savoir si les membres de droit pouvaient briguer certains mandats électifs nationaux (député, sénateur, Président de la République) et, dans l'hypothèse de leur élection, de savoir quel statut serait le leur. Le Conseil devait avoir à se prononcer sur cette question lors de l'élection de V. Giscard d'Estaing à l'Assemblée nationale en 1984 (Cons. const. 84-983 AN, 7 nov. 1984). Il décidait que les membres de droit étaient éligibles mais, qu'une fois élus, ils tombaient sous le coup d'une incompatibilité les obligeant à se mettre en "congé" du Conseil ce qui leur interdit de prendre part pendant la durée de leur mandat à ses travaux. Le Conseil réitérait cette interprétation lors de l'examen d'une loi organique modifiant le statut des membres en estimant que lorsqu'un membre de droit acquiert une fonction incompatible, l'impossibilité qu'il y a à le remplacer conduit à analyser cette incompatibilité comme « faisant simplement obstacle à ce qu'il siège » (Cons. const. 94-354 DC §12, 11 janv. 1995, Déclaration de patrimoine des parlementaires). Une solution identique pour les élections au Parlement européen est appliquée par le Conseil d'Etat (CE 20 oct. 1989, *Sitbon : Lebon 206*). Le Président Giscard d'Estaing n'ayant plus de mandat électif, il a recommencé de siéger au Conseil constitutionnel (sa première participation eut lieu dans le cadre décision Cons. const. 10 juin 2004, n° 2004-197 L ; en revanche, il n'a pas participé à la décision du même jour 2004-496 DC (dont il a été question : cf. p. 288), puisqu'il avait quitté les débats au moment du délibéré.

De manière fort curieuse, cette position du « congé » a été appliquée à S. Veil qui a souhaité intervenir dans la campagne référendaire relative au traité établissant une Constitution pour l'Europe. Le Conseil d'Etat s'est déclaré incompétent sur ce sujet, le Conseil constitutionnel étant seul juge du respect par ses membres des obligations qui s'imposent à eux » (CE réf. 6 mai 2005, *Hoffer* : *Lebon 185*). Il nous semble que, déjà contestable s'agissant des membres de droit, le « congé » ne peut pas être appliqué aux membres nommés. Qu'adviendrait-il (voir, ci-dessous, le fonctionnement du Conseil) si tous les membres sollicitaient ainsi d'être en congés durant une campagne électorale ou référendaire ?

En effet, les membres nommés du Conseil constitutionnel sont, dès leur entrée en fonction, tenus à un devoir de réserve qui leur interdit de prendre "aucune position publique". Même, s'ils ne prêtent pas serment, on doit admettre que ce devoir de réserve s'applique également aux membres de droit. Il n'a pourtant pas été respecté par V. Giscard d'Estaing qui, avant même qu'il ne soit élu au Palais Bourbon (et donc en position de « congé »), était membre du bureau politique d'un parti (UDF) et ne ménageait pas ses prises de position publiques. Il est vrai que l'application de ces obligations aux anciens Présidents de la République est particulièrement illusoire, d'autant plus qu'il est pratiquement impossible d'en sanctionner les éventuels manquements. Depuis son « retour » au Conseil constitutionnel, V. Giscard d'Estaing[580] a clairement pris position en faveur du « oui » au référendum relatif au traité établissant une Constitution pour l'Europe (Le Monde 10 juill. 2004). Mais, lors même que son implication dans la préparation de ce traité pouvait justifier son intervention, il est également intervenu sur la question de l'entrée de la Turquie dans l'Union, du renouvellement du mandat présidentiel (cf. supra p. 49), d'éventuelles « primaires » au sein de l'UMP et s'est déclaré favorable à une candidature unique des Républicains et du Centre pour la présidentielle de 2017 afin d'éviter une « phase d'aventure ». Enfin, de manière encore plus choquante, il a ouvertement pris position en faveur de N. Sarkozy entre les deux tours de la présidentielle de 2012. Mais on sait aussi que J. Chirac, dans une boutade toute corrézienne, avait annoncé vouloir voter pour F. Hollande.

[579] Ainsi, l'annonce par N. Sarkozy de sa « démission définitive » du Conseil constitutionnel suite au rejet, par celui-ci, du compte de campagne de ce candidat à l'élection présidentielle de 2012 doit-elle s'analyser comme une simple mise en congé, révocable à tout moment par seul acte de volonté de l'intéressé.

[580] Qui par ailleurs a été élu à l'Académie française le 16 décembre 2004.

Toutes ces remarques plaident en faveur de la suppression des membres de droit du Conseil. Hélas, jusqu'à présent, même annoncée, aucune réforme n'a été entreprise.

C. Le fonctionnement du Conseil constitutionnel

L'Ordonnance n° 58-1067 du 7 nov. 1958 portant LO relative au Conseil constitutionnel précise un certain nombre de règles de fonctionnement de l'institution qui ne figurent pas dans la Constitution. Ainsi est-il prévu que le Conseil siège valablement en présence d'un quorum de 7 membres (art. 14)[1]. En cas de partage des voix, celle du Président est prépondérante (art. 56 C.). Cette situation peut se produire dès lors qu'un membre de droit siège au Conseil. Elle résulte également de l'absence d'un membre pour quelque cause que ce soit.

Ainsi l'habitude est-elle prise : si un membre du Conseil a eu à connaître de la question traitée alors qu'il exerçait une autre fonction ou a un intérêt dans l'affaire jugée (matière électorale : voir par ex. Cons. const. 97-2120/2164/2196/2215/2259 AN, 6 févr. 1998), il se déporte, c'est-à-dire ne siège pas dans le cadre du dossier en cause. Il en ira de même de S. Veil après son « retour » au Conseil s'agissant des décisions prises suite au référendum sur le traité établissant une Constitution pour l'Europe. Cette règle s'applique également aux membres de droit, V. Giscard d'Estaing s'étant déporté lors de la décision relative au même Traité (Cons. const. 2004-505 DC, 19 nov. 2004, Traité établissant une Constitution pour l'Europe). Il est curieux de noter que ce déport semble pouvoir être partiel et ne concerner que l'examen d'un seul article d'une loi alors que ce membre sera présent et votera lorsqu'il s'agira de statuer sur l'ensemble. Les membres qui se déportent ne sont pas remplacés (voir l'attitude de P. Mazeaud dans : Cons. const. 98-399 DC, 5 mai 1998, Entrée et séjour des étrangers). Il en va de même s'agissant des anciens présidents de la République dans le contentieux électoral (cf. p. 410) et dans le contentieux des incompatibilités parlementaires (cf. note n° 1 p. 416). Le déport en matière de QPC découle lui du règlement de procédure (cf. p. 449).

Le seul cas dans lequel soit prévu un remplacement est l'hypothèse de l'empêchement du Président. L'art. 13 de l'ord. n° 58-1067 du 7 nov. 1958 dispose que, dans ce cas, c'est au doyen d'âge qu'il appartient de convoquer le Conseil. La tradition s'est faite que les réunions tenues en l'absence du Président désigné (éventuellement pour cause de déport de celui-ci ou pour tout autre raison) se tenaient également sous la présidence du doyen (V. par ex. Cons. const. 2014-439 QPC, 23 janv. 2015, Ahmed S.). Ceci ne posait guère de difficultés dès lors que cette absence était limitée dans le temps. En revanche, l'empêchement prolongé du Président désigné n'est pas organisé, ce qui n'est pas sans poser certaines difficultés, comme ce fut le cas entre le moment où R. Dumas s'est mis en « congé de Conseil » (avr. 1999) et sa démission (mars 2000). L'intérim de la présidence est assuré par le doyen d'âge. Aucun texte ne précisant les modalités de cet intérim, c'est le Conseil lui-même qui les a fixées dans un communiqué précisant que le président par intérim possède la totalité des pouvoirs attachés à la fonction, « préside les séances du Conseil et a, naturellement, voix prépondérante en cas de partage ».

Le Conseil constitutionnel a également dû se pencher sur la question du statut applicable à ses archives. C'est sur la base de l'art. 63 C. qu'il a, le 27 juin 2001, établit un règlement intérieur sur ses archives. Ce texte a fait l'objet d'un recours devant le Conseil d'Etat. Celui-ci s'est déclaré incompétent pour en connaître (CE ass., 25 oct. 2002, Brouant : *Lebon 345*) estimant que ce règlement du Conseil constitutionnel n'étant pas un acte dissociable des conditions dans lesquelles le Cons. const. exerce les missions qui lui sont confiées par la Constitution, il ne revêt donc pas le caractère d'un acte administratif susceptible de recours pour excès de pouvoir. Depuis lors, ce règlement n'est plus applicable. En effet, c'est désormais la loi organique (LO n° 2008-695 du 15 juil. 2008) qui fixe le régime applicable aux archives du Cons. const. Celles-ci sont ouvertes depuis le 1er janvier 2009, date d'entrée en vigueur de la réforme, après un délai de vingt-cinq ans (art. 58 ord. n° 58-1067 du 7 nov. 1958). A l'occasion de l'examen de la LO sur les archives (Cons. const. 2008-566 DC, 9 juill. 2008, Archives du Conseil constitutionnel), le Cons. const., reprenant la même formulation que celle retenue par le Conseil d'Etat,

[1] On notera, par exemple, que pour la décision 2009-583 DC du 22 juin 2009, le quorum n'a été atteint que grâce à la présence des anciens Présidents de la République, ce qui peut poser problème en cas de « déport » de certains membres dans des audiences relatives à des questions prioritaires de constitutionnalité.

estime que leur régime n'étant pas dissociable des conditions dans lesquelles le Conseil exerce ses missions, relève du domaine de la loi organique, admettant ainsi implicitement l'inconstitutionnalité du règlement qu'il avait pris dans un premier temps. Le juge administratif a encore été saisi d'autres demandes à propos de décisions du Cons. const. Il s'est à nouveau déclaré incompétent, comme il l'avait fait à propos du règlement sur les archives et pour les mêmes raisons (CE 9 nov. 2005, *Moitry* : *Lebon 496*).

IA. Le rôle du Conseil constitutionnel hors de son contrôle de la constitutionnalité des lois.

Nous nous intéresserons d'abord aux compétences non juridictionnelles du Conseil constitutionnel (§1) puis à son rôle en tant que juge des votations (§2) et de juge de la constitutionnalité des traités (§3).

§1. Les compétences non juridictionnelles

Les compétences non juridictionnelles peuvent être distinguées en attributions consultatives (B) et notariales (A).

A. Les compétences notariales

Nous qualifions de compétences notariales les attributions du Conseil constitutionnel dans lesquelles celui-ci n'a en fait pour mission que de constater un événement pour en tirer un acte juridique. C'est le cas s'agissant de la vacance présidentielle et l'essentiel des actes relatifs à l'élection du Président de la République.

Il appartient, en effet, au Conseil constitutionnel de constater, conformément aux dispositions de l'art. 7 C., que le Président de la République ne peut plus, temporairement, exercer ses fonctions. Dans cette situation, le Conseil, saisi par le Gouvernement, se contente de constater un état de fait et en tire les conséquences en déclarant l'intérim provisoire (cf. p. 48) ; celui-ci s'achèvera dès lors que le Président sera en état de reprendre ses fonctions.

En cas de vacance de la présidence attestée par la volonté du Président ou par les médecins, le Conseil en tire également les conséquences en déclarant la vacance de la fonction présidentielle, ce qui a pour effet de déclencher l'intérim de transition (cf. p. 49), soit parce qu'il a démissionné, soit parce qu'il est décédé, soit encore parce que l'empêchement affectant le Président en exercice est devenu définitif.

Pour les élections présidentielles, le Conseil constitutionnel va établir en premier lieu la liste des candidats sans faire connaître les motifs éventuels de rejet[1]. Il vérifie à ce stade le respect des règles conditionnant la recevabilité des candidatures, en particulier l'existence, la répartition et la qualité des « parrains ». Pour le second tour, il établit la liste des candidats en tenant compte des désistements. On doit se réjouir que, dans ces hypothèses, le Conseil soit tenu d'inscrire sur la liste les candidats qui répondent aux conditions fixées ; il ne saurait être admis qu'il ait autre chose ici qu'un pouvoir de contrôle ; il n'a pas à “choisir” les candidats à l'élection.

Par ailleurs, le Conseil constitutionnel est chargé, depuis 1976, de prendre les dispositions qui s'imposent en cas de décès d'un candidat durant le déroulement des élections présidentielles. Il y est prévu que si l'une des personnes ayant fait connaître moins de 30 jours avant la date limite du dépôt des candidatures son intention de se présenter décède ou se trouve empêchée dans les 7 jours précédant cette date, le Conseil constitutionnel peut

[1] Sur l'application de ces dispositions et les contestations qui peuvent être présentées cf. p. 44.

reporter l'élection. En revanche, le report est obligatoire si pareille situation touche l'un des candidats au premier tour. Enfin, si c'est l'un des candidats arrivés en tête au premier tour ou l'un des candidats au second tour qui décède ou se trouve empêché, le Conseil doit alors déclarer qu'il convient de refaire l'intégralité des opérations électorales, premier tour compris. L'application de ces dispositions conduit éventuellement à prolonger d'autant le mandat du Président de la République en exercice ou l'intérim.

Dans tous ces cas, hormis l'hypothèse dans laquelle le Conseil a la possibilité de reporter ou non l'élection, il dispose en fait d'une compétence liée. Il ne peut, si les événements se présentent, prendre d'autres décisions que celles prévues par la Constitution. Le Conseil ne dispose pas dans cette hypothèse d'autre pouvoir que de constater ou de contrôler ; il tire alors les conséquences qui s'imposent.

B. Les compétences consultatives

La Constitution ne prévoit de compétence consultative pour le Conseil constitutionnel que dans le cadre de l'art. 16 C. (cf. p. 86) : il est consulté au moment de la mise en œuvre de cet art. Cette disposition constitue la principale garantie contre une mise en œuvre abusive de cette disposition et ce d'autant plus que l'avis donné par le Conseil à cette occasion est motivé et publié (art. 53 ord. 58-1067).

Le Conseil est encore appelé à donner son avis sur chacune des décisions que le Président de la République prend, une fois l'art. 16 C. mis en œuvre, pour rétablir le plus rapidement possible le fonctionnement régulier des pouvoirs publics. Cet avis n'étant ni publié, ni motivé, il va de soi que son importance est moindre que celle du précédent ; en particulier, il n'apporte pas les garanties minimales à une utilisation satisfaisante de cet article particulièrement dangereux[1].

Le Conseil peut, enfin, être appelé, depuis la révision de juill. 2008, à donner son avis sur la prolongation de l'art. 16 C. à la demande du président d'une des assemblées, de 60 députés ou de 60 sénateurs, après 30 jours d'exercice des pouvoirs exceptionnels. Au delà de 60 jours, il peut se saisir de la question de lui-même (cf. p. 87).

Par ailleurs, pour permettre au Conseil constitutionnel de veiller à la régularité des opérations référendaires, le Gouvernement consulte le Conseil sur l'organisation des opérations de référendum en vertu de l'art. 46 de l'ord. 58-1067 du 7 nov. 1958. Cette obligation ne vise pourtant que les référendums des art. 11 C. et 89 C. comme l'a précisé le Conseil d'Etat (CE ass., 30 oct. 1998, *Sarran : AJDA 1998. 1039*)

Pourtant, la principale activité du Conseil constitutionnel est sa compétence juridictionnelle qui s'applique dans deux domaines distincts. Il est, bien entendu, juge de la constitutionnalité de divers actes ; il est aussi juge électoral. Ces deux activités juridictionnelles, distinctes dans leur nature, conduisent le Conseil à développer deux jurisprudences très différentes et l'on doit insister sur le danger qu'il y aurait à tirer de la jurisprudence du juge électoral des principes applicables au contrôle de constitutionnalité : on ne peut faire entre les deux domaines aucun lien pertinent.

§2. Le Conseil constitutionnel, juge des votations

Nous employons le néologisme de "votation" pour étudier les compétences du Conseil en matière de référendum (A) et en matière purement électorale (B).

---

[1] Pour l'examen dans le détail des dispositions de cet article et les dangers qu'il présente, cf. p. 86 et s.

A. Le Conseil constitutionnel et le référendum

Il convient ici de distinguer selon qu'il s'agit d'un référendum organisé en vertu des art. 11 C., 89 C. et 88-5 C. (2) ou d'un référendum de libre détermination de l'art. 53 C. et de l'al. 2 du préambule (1).

1. Les référendums de libre détermination

Le Conseil constitutionnel a admis que le législateur puisse organiser des consultations tout aussi bien sur la volonté des populations de se maintenir dans la République (art. 53 C. ; cf. p. 351) que sur l'évolution statutaire de leur collectivité au sein de la République[1] (al. 2 du préambule) ; cependant, les résultats de ces consultations ne peuvent lier le pouvoir législatif.

Dans ces cas, le référendum étant prévu et organisé par une loi, le Conseil va pouvoir exercer sur son organisation et même sur la question posée, un contrôle maximum. C'est ainsi qu'il a, à propos du référendum organisé en 1987 en Nouvelle-Calédonie (art. 53 C.), estimé que la question posée ne devait pas l'être de manière équivoque. En l'espèce, il a conclu que la question présentait ce caractère et il en a déclaré un membre de phrase contraire à la Constitution (Cons. const. 87-226 DC §9, 2 juin 1987, Consultation des populations de Nouvelle-Calédonie). A l'inverse, il considérera que le référendum organisé en 2000 à Mayotte en vertu de l'al. 2 du préambule de 1958 (Cons. const. 2000-428 DC §§14 et s., 4 mai 2000, Consultation de la population de Mayotte) répondait à l'exigence de clarté et de loyauté. Si le Conseil vérifie la question posée, il n'a pas, en revanche, à exercer le contrôle prévu à l'art. 60 C., puisque ces référendums sont de simples consultations et n'ont pas de caractère décisionnel.

Ce contrôle de la constitutionnalité de la question posée ne se conçoit que pour les référendums organisés dans ce cadre ; il n'a pas à opérer un tel contrôle dans les autres cas (art. 11 C., 88-5 C. et 89 C.).

2. Dans le cadre des art. 11 C. 88-5 C. et 89

A l'inverse, les pouvoirs du Conseil constitutionnel en matière de référendum des **art. 11 C., 88-5 C.[2] et 89 C.** sont réduits. Il n'a pas, ici, un pouvoir juridictionnel complet. En effet, en vertu de l'art. 60 C. :

"Le Conseil constitutionnel veille à la régularité des opérations de référendum prévues aux articles 11 et 89 et au titre XV[3]. Il en proclame les résultats".

Il n'a donc pas ici à juger des contestations éventuelles ou de la constitutionnalité de la question posée ; il est pour tout cela incompétent comme il l'a affirmé le 6 nov. 1962 alors qu'il était saisi par le Président du Sénat, à propos du référendum d'oct. 1962 sur l'élection du Président de la République au suffrage direct (cf. p. 43 et 391).[Cons. const. 62-20 DC, 6 nov. 1962, Loi référendaire (élection du Président au suffrage direct)] et réaffirmé le 23 sept. 1992 (Cons. const. 92-313 DC, 23 sept. 1992, Maastricht III) ainsi que dans le cadre de la procédure QPC (Cons. const. 2014-392 QPC §6 et s., 25 avr. 2014, Province Sud de Nouvelle-Calédonie).

[1] Depuis l'entrée en vigueur des dispositions de l'art. 72-4 C. prévoyant ce type de référendum, la décision de l'organiser est prise par décret (par ex. D. 2009-67 20 janv. 2009) ; le Conseil constitutionnel n'a donc pas à connaître de la question posée.

[2] Le Conseil n'ayant pas encore dû se prononcer sur ces dispositions qui n'ont jamais reçu application.

[3] Titre qui comprend l'art. 88-5 C.

On peut tenter de justifier cette attitude. La loi référendaire, adoptée par le peuple, est l'expression directe du détenteur de la souveraineté et il ne paraît pas possible qu'un Conseil de neuf membres, aussi éminents soient-ils, puisse se permettre de contrecarrer les volontés du peuple. Pourtant, dans ce cas, comment justifier que le Parlement puisse, par la suite, modifier lui-même une loi référendaire ? En effet, ceci conduit à admettre que le Conseil puisse examiner la constitutionnalité de lois modifiant des lois référendaires (Cons. const. 89-265 DC §8, 9 janv. 1989, Amnistie en Nouvelle-Calédonie). Quelle pourrait donc être l'attitude du Conseil face à une loi parlementaire modifiant, élargissant ou restreignant le champ d'application d'une loi référendaire inconstitutionnelle ? Par ailleurs, lorsqu'on sait que le Conseil admet qu'il puisse, à l'occasion de la vérification de la constitutionnalité d'une loi, vérifier la constitutionnalité de la loi modifiée même si celle-ci est déjà promulguée (cf. p. 437), on peut se demander combien de temps encore le Conseil pourra maintenir son refus de contrôler les lois référendaires[1].

Le Conseil n'a donc, en matière référendaire, qu'un rôle de surveillance et de garant du bon déroulement des opérations qu'il atteste par la proclamation des résultats. Il vérifiera le respect des règles de libre expression du vote et éventuellement annulera les suffrages exprimés illégalement (absence d'isoloir ou de contrôle de l'identité des électeurs) (Cons. const. 92-19 REF, 23 sept. 1992, *Résultats du référendum relatif au traité sur l'Union Européenne*). Le Conseil pratique pourtant dans cette matière comme pour les élections en assortissant parfois la proclamation d'observations (Cons. const. 2000-30 REF, 28 sept. 2000, *Observations sur le référendum du 24 sept. 2000*).

C'est encore en prenant modèle sur son attitude en matière électorale (cf. p. 414) qu'il a également élargi son rôle de surveillance, jusqu'alors consultatif (art. 46 Ord. 7 nov. 1958). Ainsi, reprenant les éléments de sa décision « Delmas », il admet, en vertu de la mission générale de contrôle de la régularité des opérations référendaires conférée par l'art. 60 C., de statuer sur les requêtes mettant en cause la légalité du décret par lequel le Président de la République décide de soumettre un projet de loi au référendum, fixe la date de la consultation et son organisation dans la mesure où l'irrecevabilité qui serait opposée à ces requêtes risquerait de compromettre gravement l'efficacité de son contrôle des opérations référendaires, vicierait le déroulement général du vote ou porterait atteinte au fonctionnement normal des pouvoirs publics (Cons. const. 2000-21 REF, 25 juill. 2000, *Hauchemaille*. Cons. const. 2005-33 REF, 7 avr. 2005, *de Villiers et Peltier*). En revanche, le Conseil d'Etat reste compétent pour les autres actes préparatoires (Cons. const. 2005-36 REF, 3 mai 2005, *Rassemblement pour la France*).

Il est possible de rapprocher de cette analyse l'attitude du Conseil d'Etat dans le cadre des consultations prévues pour la modification du statut des collectivités territoriales (cf. p. 349). Si le Conseil d'Etat estime qu'il n'a pas à apprécier l'opportunité de la décision du Président de la République organisant une consultation afin de recueillir le consentement des électeurs, il affirme qu'il peut vérifier si le décret (cf. p. 349) décidant d'une telle consultation n'est pas entaché d'un vice pouvant affecter la régularité ou la sincérité de celle-ci (CE 4 déc. 2003, *Feler* : *Lebon 491*).

B. Le Conseil constitutionnel et les élections

En revanche, le rôle du Conseil constitutionnel en matière électorale est bien plus important. Ici, il est un véritable juge puisqu'il aura à connaître des éventuelles contestations. C'est là, en principe, le seul rôle que la Constitution lui reconnaît dans cette matière : juge des contestations électorales (1). Pourtant, par sa jurisprudence, le Conseil constitutionnel a largement

[1] C'est pour tenter de réduire ces contradictions que le rapport du « comité Vedel (cf. p. 371) proposait que les projets de loi référendaire fussent soumis au Conseil préalablement à l'organisation du référendum, ce qui évitait que le Conseil n'entre en contradiction avec la volonté populaire.

étendu son pouvoir en la matière en se déclarant compétent pour examiner la légalité des actes mettant en œuvre la consultation électorale (2). Enfin, il exerce, encore, une fonction juridictionnelle, une fois l'élection intervenue, en contrôlant les éventuelles incompatibilités (3).

1. Le Conseil constitutionnel, juge électoral

Nous avons déjà montré combien cette fonction du Conseil constitutionnel était nouvelle. Certes, s'agissant de l'élection présidentielle, celle-ci n'étant plus le fait du Parlement, il convenait de prévoir un mécanisme de contrôle et de surveillance garantissant, en particulier depuis l'élection au suffrage universel direct, sa régularité (cf. p. suivante). Mais cette innovation ne suffit pas, à elle seule, à justifier le rôle du Conseil dans cette matière. C'est parce qu'il est devenu le juge de l'élection législative que le Conseil a acquis dans cette matière une importance première sous la V° République. Et nous avons montré en quoi il participait, non seulement à la domestication politique du Parlement comme le souhaitait le constituant, mais aussi à la défense de la démocratie en assurant l'honnêteté du scrutin (cf. p. 354) et en évitant que les parlementaires ne profitent du "contrôle des mandats" pour remettre en cause l'élection de certains députés (cf. p. 125 et s.). Le rôle de juge électoral du Conseil constitutionnel est donc essentiel sous la V° République.

En effet, si l'on se réfère aux art. 58 C. et 59 C., le Conseil constitutionnel veille à la régularité de l'élection du Président de la République, des députés et des sénateurs et statue, en cas de contestation, sur leur régularité. Qui plus est, pour les élections présidentielles, il proclame les résultats. Par ailleurs, depuis la loi du 15 janv. 1990, le Conseil constitutionnel intervient également dans le contrôle des comptes de campagne.

a) Le contrôle de la régularité du scrutin

α) Les élections concernées

Les élections présidentielles ont donné lieu à un contentieux relativement restreint[1]. En fait, les résultats tels qu'ils se sont présentés jusqu'alors ne laissaient guère de possibilité de contestation.

Ce sont sans doute les élections sénatoriales qui ont également donné lieu à un contentieux limité, justifié par le type même de ces élections. En effet, s'agissant d'élections indirectes (cf. p. 229) les irrégularités envisageables sont peu nombreuses [Cons. const. 59-213 SEN, 9 juill. 1959, (tracts diffamatoires) ; Cons. const. 95-2071 SEN, 15 déc. 1995 (inéligibilité du suppléant) ; Cons. const. 2002-2809 S, 19 déc. 2002 (vote des suppléants sans justificatif attestant l'empêchement des titulaires) ; Cons. const. 2004-3381/3396 SEN, 25 nov. 2004 (désignation irrégulière de suppléants) ; Cons. const. 2014-4902 SEN, 12 févr. 2015 (déclaration d'un bulletin nul)].

Les élections législatives ont, en revanche, donné lieu à un contentieux plus fourni[2]. Il est vrai qu'ici l'étroitesse de certains résultats, les nombres importants des irrégularités possibles et la possibilité donnée à tout électeur de la circonscription de saisir le Conseil, ouvrent un large éventail de contestations.

β) La procédure suivie

Le Conseil constitutionnel suit, en tant que juge électoral, une procédure qui se rapproche beaucoup de celle d'un juge ordinaire [voir le « Règlement applicable à la procédure suivie devant le Conseil constitutionnel pour le contentieux de l'élection des députés et des

---

[1] On trouvera les autres éléments de ce contentieux p. 44.

[2] Selon une réponse à une question parlementaire (AN Q 24 févr. 2009) de 1958 à 2008 inclus, 2241 requêtes dont 592 en 2007 ; 50 annulations dont 7 en 1962. Pour des statistiques sur les décisions rendues dans ce cadre, cf. le tableau p. 419.

sénateurs » adopté par le Conseil en 1959 (59-3 ORGA)][1]. Cette procédure étant très différente de la procédure par laquelle il contrôle la constitutionnalité *a priori*[2] (cf. p. 432) ou de celle de la question prioritaire de constitutionnalité (cf. p. 449), il n'est pas possible d'inférer de la pratique retenue ici, des conséquences par ailleurs.

S'agissant de l'élection des parlementaires (législatives ou sénatoriales), peuvent saisir le Conseil aussi bien les candidats que les électeurs de la circonscription (art. 33 n° 58-1067 du Ord. 7 nov. 1958 ; Cons. const. 97-2224 AN, 18 nov. 1997). Le Conseil a interprété cette disposition comme ne limitant pas la saisine aux seuls membres du collège électoral des sénateurs ; tous les citoyens inscrits sur les listes électorales du département peuvent donc saisir le Conseil (Cons. const. 95-2071 S, 15 déc. 1995 ; Cons. const. 98-2559 S, 14 oct. 1998). La réclamation doit être posée dans le délai de 10 jours (art. 33 Ord. 7 nov. 1958 ; Cons. const. 97-2121/2166/2171/2192 AN, 16 déc. 1997) par le requérant lui-même, un avocat ne pouvant la signer seul (Cons. const. 97-2236 AN, 18 nov. 1997). En revanche, pour l'élection présidentielle, si les candidats peuvent saisir directement le Conseil dans les 48 heures suivant l'élection (Cons. const. 28 déc. 1965, Mitterrand : *Rec. Cons. const. 48*), les électeurs, ne peuvent contester les opérations de vote qu'en faisant porter au procès-verbal des opérations la mention de leur réclamation, à charge pour le Préfet de déférer sous 48 heures, au Conseil les opérations des circonscriptions où les règles n'auraient point été observées (Cons. const. 65-8 PDR, 14 déc. 1965, *Constant, Motel et Faure*). Les réclamations directement portées devant le Conseil constitutionnel par des électeurs sont donc irrecevables, en particulier si elles sont présentées entre les deux tours.

Le Conseil veille particulièrement au respect du contradictoire. Ainsi, dans une affaire sénatoriale, il a entendu outre le requérant et son conseil, les deux sénateurs dont l'élection était contestée et le conseil de l'un d'entre eux (Cons. const. 2008-4518 SEN, 8 janv. 2009). S'agissant des anciens présidents de la République, il leur revient d'apprécier s'ils participent ou non à ce contentieux. A l'image des Présidents Auriol et Coty, le Président Chirac a siégé. Le Président Giscard d'Estaing a longtemps refusé de siéger pour ce contentieux ; il a participé pour la première fois le 8 janv. 2009 (décision préc.). Cependant, pour éviter tout problème, les anciens présidents se déportent lorsque cela parait nécessaire. Ainsi, J. Chirac a-t-il procédé de la sorte pour le contentieux relatif à l'élection de G. Flosse [il est le parrain d'un des enfants de cet élu polynésien ; (Cons. const. 2008-4520/22 SEN, 6 nov. 2008)].

De même, l'oralité est admise dans ce contentieux pour le requérant ou la personne qui le représente ; il convient cependant qu'elle soit demandée. Il ne s'agit pourtant pas encore d'introduire un principe de publicité des audiences, même si l'on peut cependant penser qu'il s'agit là des prémices. En tout cas, il ne semble pas que les dispositions de la Conv. EDH soient applicables à la procédure électorale ; en effet, il s'agit là d'un droit « politique » qui ne présente pas un caractère civil au sens de l'art. 6 §1 de cette convention (CEDH 21 oct. 1997, *Pierre Bloch c/ France* : *RFD adm. 1998. 999*).

γ) Les fraudes constatées

Le Conseil contrôle les irrégularités qui peuvent atteindre l'honnêteté du scrutin et ce tant durant la campagne électorale que pendant les opérations de vote elles-mêmes.

Les irrégularités commises *durant la campagne électorale* peuvent l'être par les candidats eux-mêmes. Cela va de l'usage d'affiches tricolores (Cons. const. 88-1048 AN, 23 nov. 1988) à la diffusion de tracts électoraux le matin même du scrutin (Cons. const. 88-1057 AN, 21 oct. 1988) ou de lettres de propagande aux membres d'une association présidée par le

---

[1] Ce règlement a été modifié les 5 mars 1986, 24 nov. 1987, 9 juill. 1991, 28 juin 1995 et 22 févr. 2013.

[2] Il n'y a du reste pas, pour l'instant, de règlement de procédure pour ce contrôle de la constitutionnalité dans le cadre de l'art. 61 C. En revanche, il en existe un sur la procédure suivie devant le Conseil constitutionnel pour les questions prioritaires de constitutionnalité.

suppléant du candidat (CCP 58-68/126 AN, 5 janv. 1959, *Delval c/ Durand*) en passant par la diffusion de nouvelles fausses (Cons. const. 62-303 AN, 29 janv. 1963) ou diffamatoires (Cons. const. 88-1112/1125 AN, 23 nov. 1988). Elles peuvent aussi être le fait de non candidats qui utilisent leur titre ou leur fonction pour influencer l'électeur. Tel est le cas lorsque des lettres de soutien adressées au candidat par un membre du Gouvernement sont publiées (Cons. const. 67-365/375 AN, 12 juill. 1967). Il en est de même de la diffusion sur une chaîne de télévision, le jour du scrutin, d'une séquence présentant le caractère d'un message de propagande électorale (Cons. const. 98-2553 AN, 28 juill. 1998), de la diffusion, par un magasin, de tracts dénonçant l'un des deux candidats (Cons. const. 2008-4509, 26 juin 2008) ou de la parution d'un ouvrage dont 1000 exemplaires sont distribués gratuitement (Cons. const. 2007-3965, 29 nov. 2007). Pourtant, l'intervention radiotélévisée du Président de la République la veille des élections n'a pas été considérée comme une intervention abusive dans la campagne (Cons. const. 67-361 AN, 8 juin 1967), le Conseil constitutionnel s'étant déclaré incompétent pour en juger. Il ne semble pas que ce principe d'incompétence puisse longtemps se maintenir au regard du rôle effectif joué désormais par le Président de la République et du reste reconnu par le Conseil d'Etat (CE ass., 8 avr. 2009, *Hollande et Mathus*, req. n° 311136).

Par ailleurs, des irrégularités sur l'*organisation même du scrutin* peuvent intervenir. Cela peut aller de l'irrégularité de la composition des bureaux de vote dont la présidence revient de droit à un conseiller municipal (Cons. const. 88-1061 AN, 21 oct. 1988) à l'absence de bulletin au nom de certains candidats (Cons. const. 68-541 AN, 25 sept. 1968), la falsification de documents chiffrés et le traditionnel « bourrage d'urne » (Cons. const. 98-2562/68 AN, 3 févr. 1999).

δ) Les conséquences sur l'élection

Le Conseil tire ensuite les conséquences de ces éventuelles irrégularités sur le résultat électoral. Toutes ces irrégularités ne conduisent pas à l'annulation de l'élection ou à la modification du résultat électoral. En effet, même lorsqu'il constate qu'une irrégularité a été commise, le Conseil constitutionnel doit encore vérifier si elle a eu une influence déterminante sur le vote des électeurs au point d'altérer le résultat du scrutin. Ceci dépend en fait de deux facteurs : la gravité de l'irrégularité constatée et l'écart des voix séparant les adversaires.

Il faut en effet, pour qu'une irrégularité soit retenue par le Conseil, qu'elle ait été d'une gravité suffisante pour fausser le résultat du scrutin compte tenu du faible écart des voix (Cons. const. 97-2222 AN, 28 oct. 1997). Pour cela, le Conseil tiendra compte, par exemple, de l'ampleur d'un affichage (Cons. const. 2002-2697 AN, 21 nov. 2002 ; Cons. const. 30 janv. 2003, n° 2002-2651 AN), de la diffusion d'un tract (Cons. const. 97-2225/2241 AN, 18 nov. 1997) ; de l'heure de sa diffusion (Cons. const. 67-464 AN, 12 juill. 1967) ou de l'organisation de nombreuses cérémonies d'inauguration juste avant le scrutin (Cons. cons. 2007-3888 AN, 29 nov. 2007) ; il retiendra aussi les attaques personnelles ou injurieuses (Cons. const. 2002-2725 AN, 10 oct. 2002) et les informations mensongères au titre des irrégularités particulièrement graves.

Certes, dans certains de ces cas, et même si l'écart de voix séparant les candidats en lice est important, il prononcera l'annulation, créant ainsi une véritable catégorie de violations d'ordre public, méritant en toute hypothèse la réprobation (Cons. const. 58-113 AN, 6 févr. 1959). Tel est le cas, par exemple, lorsque la fraude constatée constitue une « atteinte au principe même de la démocratie » tant les infractions (falsification de feuilles de pointage, fausses signatures des assesseurs) démontrent « l'existence d'une fraude organisée » (Cons. const. 98-2562/68 AN, 3 févr. 1999). Mais ces hypothèses restent marginales.

Dans les autres cas, les irrégularités sont en quelque sorte banalisées voire absoutes. Si le Conseil les "condamne" moralement en assortissant de regrets sa décision de rejet, il ne les sanctionne pas dès lors que l'on est en présence d'un « écart substantiel de voix » (Cons. const. 97-2155/2157, 14 oct. 1997). En effet, il conviendra que les irrégularités non substantielles se combinent avec la faiblesse de l'écart des voix séparant les adversaires (Cons. const. 78-873 AN, 28 juin 1978) pour que le Conseil fasse droit à la requête : les deux conditions sont donc souvent cumulatives. Plus l'écart est faible, plus les chances d'annulation sont grandes. Par exemple, l'envoi d'une lettre personnalisée à des locataires les invitant à voter en faveur du président de l'office HLM permettra d'annuler l'élection du fait du faible écart de voix (Cons. const. 97-2169 AN, 23 oct. 1997). Mais la faiblesse de l'écart est elle-même inopérante si elle n'est pas accompagnée d'irrégularités suffisamment sérieuses à moins qu'il n'y ait une incertitude affectant les résultats du scrutin (différence entre le nombre des enveloppes et des émargements ; Cons. const. 97-2165 AN, 23 oct. 1997). En toute hypothèse, quelques irrégularités matérielles sont insuffisantes (Cons. const. 88-1060 AN, 25 nov. 1988).

Reste à déterminer le seuil à partir duquel l'écart des voix est considéré comme suffisamment faible : le Conseil a retenu jusqu'à 246 voix d'écart (CCP, 58-68 AN, 5 janv. 1959). Les juges disposent ici d'un large pouvoir discrétionnaire qui fait souvent l'objet de critique. Ainsi, des « irrégularités sciemment commises qui révèlent un comportement frauduleux » n'ont pu affecter le résultat puisque 2851 voix séparaient les candidats (Cons. const. 88-1116 AN, 23 nov. 1988). Les cas d'annulation restent donc relativement rares. Quant aux hypothèses dans lesquelles, ayant rectifié les chiffres, le Conseil réformerait le résultat en proclamant élu un candidat malheureux, elles sont quasi inexistantes, le Conseil s'estimant dans l'impossibilité de déterminer exactement le nombre des suffrages qui doivent être attribués à chaque candidat (Cons. const. 98-2562/2568 AN, 3 févr. 1999).

Dans toutes les hypothèses rencontrées, le Conseil constitutionnel s'était contenté d'annuler les élections et de renvoyer devant les électeurs. De manière exceptionnelle, ayant rectifié les chiffres il a proclamé élu un candidat en lieu et place d'un autre (Cons. const. 12 févr. 2015, 2014-4902 SEN). Même si le Conseil avait déjà clairement indiqué qu'il pouvait aller dans ce sens, dans le cadre d'une élection législative, il est souvent dans l'impossibilité de le faire en raison de « l'impossibilité de déterminer exactement le nombre des suffrages qui doivent être attribués à chacun de deux candidats présents au second tour » (Cons. const. 3 févr. 1999, n° 98-2562/2568 AN).

Reste à signaler que le Conseil constitutionnel, une fois examinés tous les recours relatifs à une élection législative, rédige des observations dans lesquelles il indique les manquements ou les anomalies « contraires aux exigences du suffrage démocratique » qu'il a recensés. Ces observations sont publiées au *Journal Officiel* ou sur le site du Conseil (V. pour les plus récentes : Cons. const. 2013-26 ELEC, 11 juillet 2013, observations du Conseil constitutionnel relatives aux élections législatives des 10 et 17 juin 2012 ; Cons. const. 2012-155 PDR, 21 juin 2012, *Observations sur l'élection présidentielle de 2012*), le Conseil souhaitant qu'il puisse y être mis fin rapidement. Il en profite pour proposer des modifications de la législation électorale. Le Conseil joue dans ce cadre un rôle important même si ses recommandations ne sont pas souvent suivies d'effet.

b) Le contrôle des comptes de campagne

C'est au Conseil constitutionnel, saisi par la Commission nationale des comptes de campagne (cf. p. 220), qu'il appartient de juger si le compte d'un candidat aux élections législatives dépasse effectivement le plafond des dépenses électorales autorisées. Dans l'hypothèse où il conclut à un dépassement, le Conseil peut déclarer ce candidat inéligible pour une durée maximale de trois ans à compter de la décision (art. L.O. 136-1 C. élect.). S'il s'agit du candidat élu, le Conseil peut de surcroît annuler son élection et le déclarer démissionnaire d'office (Cons. const. 2002-2981 AN, 30 janv. 2003). Ces dispositions ont donné lieu à une abondante jurisprudence qui a permis de préciser certains points. Le Conseil se reconnaît une certaine marge d'appréciation pour déterminer l'incidence qu'a pu avoir le dépassement du plafond sur la régularité de l'élection (Cons. const. 91-1141/1144 AN, 31 juill. 1991). Un faible dépassement (0,31 %) ne conduira pas à prononcer l'inéligibilité (Cons. const. 93-1504 AN, 25 nov. 1993) ; un dépassement plus élevé (17,96 %) entraîne l'inéligibilité (Cons. const. 93-1328/1487 AN, 9 déc. 1993). L'inéligibilité ne touche que le candidat et non son suppléant (Cons. const. 93-1316 AN, 16 nov. 1993) et elle est limitée au seul mandat brigué (CE 23 oct. 1992, *Panizolli* : *Lebon 376*).

Le conseil recherche également l'importance des sommes en jeu s'agissant de celles qui auraient été payées sans l'intervention d'un mandataire financier. Si ces paiements sont négligeables (1,2 % du plafond), il ne prononce pas l'inéligibilité (Cons. const. 2007-4033 AN, 17 avr., 2008). En revanche, si elles sont significatives (7,6 % du plafond), il déclare la personne inéligible (Cons. const. 2007-4359 AN, 27 mars 2008).

En revanche, doivent être déclarés inéligibles les candidats élus ou non qui n'auraient pas fourni de compte de campagne (Cons. const. 92-1147/1148 AN, 28 janv. 1992) ou qui ne l'auraient pas déposé dans le délai prévu (voir *a contrario* Cons. const. 99-2576 AN, 8 juill. 1999). Dans ces cas, le Conseil ne peut que constater l'inéligibilité. Lorsque le compte a été rejeté à bon droit, le Conseil constitutionnel prononce également l'inéligibilité du candidat en cas de volonté de fraude ou de manquement d'une particulière gravité aux règles relatives au financement des campagnes électorales (Cons. const. 2012-4603 AN, 29 nov. 2012).

S'agissant de l'élection présidentielle (cf. p. 44), la Commission nationale des comptes de campagne (C.N.C.C.F.P.) fixe, en cas de dépassement du plafond, la somme à reverser au-delà du plafond. Cette dernière décision peut faire l'objet d'un recours de plein contentieux devant le Conseil constitutionnel de la part du candidat sanctionné. C'est ce qu'a fait N. Sarkozy. Le Conseil constitutionnel a confirmé le dépassement du plafond de dépenses en le réformant toutefois. En revanche, le Conseil a considéré qu'il ne lui appartenait pas de réformer le montant de la somme à reverser au Trésor public qui avait été arrêté par la C.N.C.C.F.P. dans la mesure où, présentant « le caractère d'une sanction », il « ne saurait être augmenté à la suite du recours du candidat contre la décision de la commission » (Cons. const. 2013-156 PDR, 4 juill. 2013).

2. Le contrôle des actes préparatoires à l'élection

A ces fonctions de juge électoral, le Conseil devait ajouter, par un développement jurisprudentiel, les fonctions de juge de l'élection.

Le Conseil constitutionnel est juge d'appel des décisions rendues par les tribunaux administratifs en matière d'enregistrement des candidatures aux élections législatives. Pourtant, l'appel du jugement ne pourra intervenir qu'une fois le scrutin achevé, à titre de contestation de la régularité de l'élection du candidat élu. Ce pouvoir lui est expressément attribué par l'art. L. 159 C. élect. Pour le reste, c'est directement par sa jurisprudence que le Conseil s'est attribué des compétences complémentaires dans cette matière.

Le Conseil a d'abord admis qu'il était aussi le juge des opérations préalables aux scrutins eux-mêmes. S'il se déclare incompétent pour tout recours relatif à l'inscription sur les listes électorales, qui relève normalement de la juridiction des tribunaux d'instance, il a admis qu'il pouvait contrôler les irrégularités d'établissement de ces listes lorsqu'elles étaient consécutives à des pressions sur les électeurs pour les inciter à s'inscrire ou les dissuader de le faire (Cons. const. 67-481 AN, 22 juin 1967) ou consécutives à des manœuvres frauduleuses (Cons. const. 88-1118 AN, 25 nov., 1988). Le juge judiciaire est néanmoins compétent pour connaître des atteintes qu'un site internet peut causer à des droits privés (Cass. civ. 1e, 9 juill. 2008, *Schivardi*, n° 07-19.664 : *JCP Adm. 2008. 2246*).

Enfin, saisi en 1981 de la légalité du décret convoquant les électeurs pour les élections législatives anticipées, le Conseil constitutionnel se déclarait compétent pour en connaître (Cons. const. 81-1 ELEC, 11 juin 1981 *Delmas* ; Cons. const. 88-5 ELEC, 4 juin 1988, *Gallienne*) et s'autorisait donc, en vue de l'accomplissement de la mission qui lui est confiée par l'art. 59 C, à contrôler les actes administratifs dont l'éventuelle illégalité pourrait avoir des conséquences sur la régularité de l'élection. Pourtant, le Conseil constitutionnel fixait des limites à ce contrôle qu'il présentait lui-même comme exceptionnel, estimant qu'il devait l'exercer, si le recours n'était pas tardif (Cons. const. 2002-108 PDR, 9 mai 2002, *Féler, Hauchemaille et Bidalou*), dans la mesure seulement où l'irrecevabilité de la requête risquerait de compromettre gravement l'efficacité de son contrôle de l'élection, violerait le déroulement général des opérations électorales ou pourrait porter atteinte au fonctionnement normal des pouvoirs publics (Cons. const. 2001-18 ELEC, 20 sept. 2001, *Hauchemaille et Marini* ; Cons. const. 2002-19 ELEC, 22 mai 2002, *Hauchemaille et Assoc. Déclic* ; Cons. const. 2012-25 ELEC, 7 juin 2012, *Luciani*). Il admet dans ces conditions d'examiner des requêtes portant sur des décisions du CSA qui vicieraient le déroulement général des opérations électorales de l'élection considérée (Cons. const. 97-13 ELEC,16 mai 1997, *Meyet* ; Cons. const. 2007-138 PDR, 19 avr. 2007, *Galland*).

Si ces conditions ne sont pas remplies, il prononce l'irrecevabilité de la requête (Cons. const. 82-2 ELEC, 16 avr. 1982, *Bernard, Collin et autres* ; Cons. const. 2007-137 PDR, 5 avr. 2007, *Schivardi*).

L'intervention du Conseil reste donc circonscrite. Il estime que cette jurisprudence est inapplicable à des élections partielles (Cons. const. 95-10 ELEC, 8 juin 1995, *Bayeurte* ; Cons. const. 97-12 ELEC, 20 mars 1997, *Mme Richard* ; Cons. const. 2001-17 ELEC, 14 mars 2001, *Hauchemaille IV*) laissant cette compétence au Conseil d'Etat (cf. p. 465). Il estime, encore, qu'elle ne peut le conduire à contrôler des règles permanentes et de portée générale applicables à tous les scrutins du même type (Cons. const. 2001-95 PDR, 14 mars 2001, *Hauchemaille V* ; Cons. const. 2002-98 PDR, 15 avr. 2002, *Hauchemaille, Meyet et Cazaux*). De même, les recommandations du CSA ne portant que sur un aspect partiel des opérations électorales, le Conseil constitutionnel ne s'estime pas compétent (Cons. const. 2001-96 PDR, 13 déc. 2001, *Hauchemaille VI*).

La réparation des compétences entre les deux juridictions est donc maintenant relativement claire, le Conseil d'Etat se refusant d'intervenir, sur la base de l'exception de recours parallèle, lorsque la saisine du Conseil constitutionnel est possible (cf. p. 465).

3. Le contrôle des incompatibilités et inéligibilités parlementaires

Ne pouvant être saisi directement par le parlementaire (Cons. const. 76-3 I, 20 déc. 1976, *Dassault* I ; Cons. const. 2015-31 I, 13 oct. 2015, *Robert*) ou par un électeur (Cons. const. 87-6 I, 24 nov. 1987, *Faure* ; Cons. const. 89-10 I, 1er févr. 1990, *Tapie II* ; Cons. const. 2004-18 I, 4 nov. 2004, *Déprez*), le Conseil constitutionnel ne connaît des éventuels litiges relatifs aux incompatibilités (art. 25 C.) qu'après que la question a été examinée par le bureau de l'assemblée concernée. Le Conseil peut alors être saisi soit par le bureau, soit par le parlementaire (Cons. const. 77-4 I, 7 juin 1977, *Dassault II*), soit encore par le Garde des sceaux (art. LO 151 C. élect.). C'est en particulier pour l'application de l'art. LO 146 C. élect. que surgissent les difficultés essentielles. Le Conseil réalise ce contrôle en faisant une interprétation restrictive des dispositions en vigueur pour éviter de multiplier les incompatibilités et donc élargir le plus possible la participation des citoyens à la vie politique, tant qu'aucun risque de collusion n'est à craindre.

Ainsi le Conseil a-t-il jugé que la participation même majoritaire au capital d'une entreprise travaillant pour l'Etat n'est pas assimilable aux fonctions de chef d'une telle entreprise qui seules sont incompatibles avec le mandat parlementaire (Cons. const. 77-5 I, 18 oct. 1977 *Dassault III* ; Cons. const. 2004-19 I, 23 déc. 2004, *Serge Dassault I* ; Cons. const. 2009-27 I, 18 mars 2009, *Serge Dassault II*[1]). De même, lorsque la société ne présente pas exclusivement un objet financier, son Président Directeur Général peut exercer sans incompatibilité son mandat parlementaire (Cons. const. 89-9 I, 6 mars 1990, *Tapie I*). De même, encore, il n'y a pas incompatibilité des fonctions de parlementaire et de celles de membre du conseil de surveillance d'une société de prestation de service en matière de valeur immobilière qui exerce des responsabilités d'avis et de contrôle mais n'assure pas la direction et la gestion de cette société (Cons. const. 95-11 I, 14 sept. 1995, *Mariani*).

En revanche, sont incompatibles avec le mandat de parlementaire les fonctions de Président de l'assemblée des chambres françaises de commerce et d'industrie qui a la qualité d'établissement public national (art. LO 145 C. élect.) (Cons. const. 95-12 I, 14 sept. 1995, *Trémège*) retenant pour définir cette dernière catégorie un critère géographique. Il semble maintenant que le Conseil lui préfère le critère du contrôle, estimant que le législateur organique a ainsi entendu interdire à un parlementaire d'exercer des fonctions dirigeantes au sein d'établissements publics relevant de la tutelle de l'Etat (Cons. const. 98-17 I, 28 janv. 1999, *Natali*).

Sont encore incompatibles avec le mandat parlementaire les fonctions de membres du conseil d'administration d'une société bénéficiant d'avantages financiers assurés par l'Etat ou une collectivité publique (art. LO 146-1) (Cons. const. 95-15 I du 18 janv. 1996, *Beaumont*) ou d'une société dont l'activité principale consiste dans l'exécution de travaux, de prestation de fournitures ou de services pour le compte ou sous le contrôle de l'Etat (Cons. const. 88-7 I, 6 déc. 1988, *Garrec* ; Cons. const. 89-8 I, 7 nov. 1989, *Gatel*) ou d'une collectivité locale (art. LO 146-3°) (Cons. const. 95-13 I, 19 janv. 1996, *Braouezec* ; Cons. const. 95-14 I, 19 janv. 1996, *Josselin*). Il importe peu que cette société se présente sous la forme d'une association (Cons. const. 2006-20/21 I, 20 juill. 2006, *Pélissart et a.*).

En revanche, les fonctions de juge au tribunal de commerce ne sont pas incompatibles puisque seuls les magistrats relevant du statut de la magistrature sont visés par l'art. LO 140 C. Elect. (Cons. const. 96-16 I, 19 déc. 1996, *Gentien*).

Enfin, un parlementaire ne peut commencer à exercer, durant son mandat, des fonctions de conseil qu'il n'exerçait pas avant le début de son mandat (Cons. const. 2011-29 I, 12 juill. 2011, *Taugourdeau*).

Une fois la décision d'incompatibilité rendue, le parlementaire dispose de 15 jours pour se mettre en règle avec les dispositions en la matière et quitter les fonctions incompatibles. Dans le cas contraire, il est déclaré démissionnaire d'office sans qu'il soit besoin de saisir à nouveau le Conseil.

Mais, le Conseil a également en charge la gestion des inéligibilités qui peuvent frapper les parlementaires et qui apparaîtraient en cours de mandat, soit qu'elles auraient été cachées, soient qu'elles seraient nées après l'élection (art. LO 136 C. élect.). Il en va ainsi notamment lorsque le parlementaire est condamné à la privation de ses droits électoraux (art. LO 129 C. élect.), mis en faillite personnelle, placé sous tutelle ou lorsqu'il ne dépose pas sa déclaration patrimoniale ou son compte de campagne. Dans tous les cas, sauf si le parlementaire a préalablement démissionné, le Conseil prononce la déchéance du mandat du parlementaire à la demande du Bureau, du Garde des sceaux ou du ministère public de la juridiction ayant prononcé la condamnation. Obligatoirement saisi, le Conseil exerce ici une

[1] On notera que pour cette décision, les anciens présidents de la République se sont déportés.

compétence liée. Plus d'une vingtaine de décisions a été prononcée depuis 1959 dans ce cadre dont celle portant déchéance de B. Tapie en 1996 (Cons. const. 96-10 D, 5 sept. 1996, *Tapie*) et, plus récemment, de G. Flosse[1] (Cons. const. 2014-22 D, 16 sept. 2014, *G. Flosse)*. Fréquemment, les parlementaires visés par la requête démissionnent juste avant que le Conseil constitutionnel ne rende sa décision ; dans ce cas, le Conseil rend une décision de « non-lieu à statuer » (Cons. const. 2006-18 D, 29 juin 2006, Thien Ah Koon ; Cons. const. 2007-19 D, 22 mars 2007, Goldberg).

C. Le contrôle de la constitutionalité des traités

Le contrôle de la constitutionalité des traités est prévu à l'art. 54 C. Une particularité a longtemps distingué ce contrôle de celui des lois. En effet, la saisine du Conseil dans ce domaine était réservée jusqu'en 1992 aux quatre autorités originelles : Président de la République, Premier ministre, Président de l'Assemblée nationale ou du Sénat. Il n'était pas possible à 60 députés ou 60 sénateurs de saisir le Conseil sur cette matière ; la réforme de 1974 (cf p. 431) n'avait pas porté sur ce point. La seule extension notable des possibilités de saisine avait été introduite par la jurisprudence du Conseil lui-même[2]. Ce n'est que depuis la révision du 25 juin 1992 qu'il est possible à 60 députés ou 60 sénateurs de saisir le Conseil de la constitutionnalité des traités en vertu de l'art. 54 C.

Ce contrôle de constitutionnalité a également des effets originaux. Si le Conseil estime que le traité que le Président souhaite ratifier est contraire à la Constitution, la ratification n'est possible qu'après la révision de celle-ci.

Enfin, on doit faire remarquer que l'art. 54 C. ne permet pas de réaliser le contrôle d'un traité que l'on souhaite ratifier par rapport à un traité déjà ratifié. Il n'y a donc pas de moyen constitutionnel permettant d'éviter la ratification de traités contradictoires entre eux.

Le Conseil a été saisi jusqu'à présent 12 fois dans ce cadre.

- 1970 (Pm): Décisions européennes concernant les modifications budgétaires aux traités communautaires et prévoyant notamment la création d'un impôt communautaire (Cons. const. 70-39 DC, 19 juin 1970, Traité de Luxembourg) [pas de contrariété].
- 1976 (PdR) : Election du Parlement européen au suffrage universel direct (Cons. const. 76-71 DC, 30 déc. 1976, Assemblée des Communautés Européennes) [pas de contrariété].
- 1985 (PdR) : Protocole additionnel n° 6 à la Convention Européenne des Droits de l'Homme prévoyant l'abolition de la peine de mort (Cons. const. 85-188 DC, 22 mai 1985, Peine de mort) [pas de contrariété].
- 1992 (PdR) : Traité de Maastricht relatif à l'Union Européenne (Cons. const. 92-308 DC, 9 avr. 1992, Maastricht I) [contrariété → révision du 25 juin 1992 (cf. 377)].
- 1992 (60 S) : Traité de Maastricht relatif à l'Union Européenne (Cons. const. 92-312 DC, 2 sept. 1992, Maastricht II) [pas de contrariété à la Constitution telle que révisée le 25 juin].

[1] Le sénateur de Polynésie a usé de toutes les voies de droit possible pour éviter cette déchéance allant jusqu'à solliciter la grâce présidentielle qui lui a été refusée le 5 sept. 2014.

[2] Dans un certain nombre d'hypothèses en effet, le Président de la République ne peut décider de ratifier un traité qu'après y avoir été autorisé par une loi (art. 53 C.). Saisi par 60 députés, en vertu de l'art. 61 C., pour examiner la constitutionnalité d'une telle loi, le Conseil a requalifié la demande et estimé qu'en fait les parlementaires souhaitaient que le Conseil se prononce sur la constitutionnalité du traité lui-même (Cons. const. 80-116 DC, 17 juill. 1980, Conv. franco-allemande d'entraide judiciaire). Cette décision permettait donc aux parlementaires de faire contrôler la constitutionnalité d'un traité, dès avant la révision de 1992 (cf. p. 377), mais à la condition expresse que le traité soit l'un de ceux énumérés à l'art. 53 C. et qu'une loi ait donc autorisé le Président à le ratifier. Curieuse distinction entre les traités internationaux qu'a priori rien ne justifiait. On doit, nous semble-til, estimer que cette jurisprudence est abandonnée du fait même de l'existence de la voie de recours introduite par la révision de 1992. En tous les cas, il ne semble pas possible de tirer argument de cette ancienne jurisprudence pour considérer qu'une QPC puisse être mise en œuvre à l'encontre d'une loi autorisant la ratification d'un traité.

- 1997 (PdR et Pm) : Traité d'Amsterdam (Cons. const. 97-394 DC, 31 déc. 1997) [contrariété → révision du 25 janv. 1999 (cf. 381)].
- 1998 (PdR et Pm) : Statut de la Cour Pénale Internationale (Cons. const. 98-408 DC, 22 janv. 1999) [contrariété → révision du 8 juill. 1999 (cf. 381)].
- 1999 (PdR) : Charte européenne des langues régionales (Cons. const. 99-412 DC, 15 juin 1999) [contrariété → ratification impossible (cf. 341)].
- 2004 (PdR) : Traité établissant une Constitution pour l'Europe (Cons. const. 2004-505 DC, 19 nov. 2004) [contrariété → révision du 1er mars 2005 (cf. p. 383)].
- 2005 (PdR) : 2e protocole facultatif se rapportant au Pacte international relatif aux droits civils et politiques, visant à abolir la peine de mort et protocole n° 13 à la Conv. EDH (Cons. const. 2005-524/525 DC, 13 oct. 2005, Engagements internationaux relatifs à l'abolition de la peine de mort). [2e protocole : contrariété → révision du 19 févr. 2007 (cf. p. 383) ; protocole 13 : pas de contrariété].
- 2007 (PdR) : Traité de Lisbonne (Cons. const. 2007-560 DC, 20 déc. 2007, Traité de Lisbonne) [contrariété → révision du 4 févr 2008 (cf. p. 384)].
- 2012 (PdR) : Traité sur la stabilité, la coordination et la gouvernance au sein de l'Union économique et monétaire (Cons. const. 2012-653 DC, 9 août 2012, TSCG) [pas de contrariété].

IB. Le Conseil constitutionnel, juge de la constitutionnalité des lois[1]

C'est bien entendu là l'innovation essentielle apportée par la V° République, innovation qui rompt avec les principes traditionnels de notre droit constitutionnel, au point d'avoir été souvent l'objet de contestation de la part de certains et d'être parfois encore l'objet de craintes. On en veut pour preuve l'échec, en 1990, du projet de révision constitutionnelle relatif à l'élargissement de la saisine, échec répété en 1993 (cf. p. 389) et seulement obtenu en 2008. Pourtant, les rares expériences de contrôle de constitutionnalité tentées dans les constitutions précédentes avaient été fort décevantes.

H

Il n'est pas très surprenant que le droit constitutionnel français n'ait pas connu de contrôle de constitutionnalité aux origines. Les Constitutions révolutionnaires contenaient certes des déclarations de droits mais les idées n'étaient pas encore favorables à un tel contrôle. Par la suite, les Constitutions ne comportant que des dispositions relatives à l'organisation des pouvoirs publics et à leurs rapports, un tel contrôle n'était pas vraiment utile[2]. En effet, c'est surtout lorsque les Constitutions garantissent aux citoyens des droits et des libertés qu'il est intéressant de prévoir un mécanisme garantissant que ces droits et libertés ne seront pas bafoués par les pouvoirs publics. Pourtant, et de manière assez curieuse, les Constitutions de l'an VIII (art. 21) et de 1852 (art. 26), lors même qu'elles ne contenaient pas de déclarations des droits, ont confié au Sénat le soin de contrôler la constitutionnalité des lois. Si, dans le premier cas, cette assemblée, totalement asservie à Napoléon, n'exerça pas ce pouvoir, le Sénat du Second Empire devait exercer son contrôle. Pourtant, si souvent les sénateurs ont exprimé des doutes sur la constitutionnalité de certains projets de loi, ils ne prononcèrent qu'une seule fois, en 1856, une interdiction de promulguer. Dans les autres cas, l'exécutif n'a tenu aucun compte des critiques sénatoriales pourtant basées sur une analyse fine de la notion de Constitution, prise au sens large et de principes constitutionnels pour certains tirés de la déclaration de 1789. Devant cet échec, les lois constitutionnelles de 1875 devaient négliger la question du contrôle de constitutionnalité qui ne fut que timidement reprise sous la IV° République.

C'est, en effet, sous la Constitution de 1946 qu'est mis en place un “Comité Constitutionnel”. Composé de manière très politique du Président de la République, des présidents des assemblées (tous trois membres de droit) et de dix membres élus par le Parlement, le Comité ne pouvait être saisi que conjoin-

[1] La question des compétences du Conseil constitutionnel issues de l'art. 77 C., dans le cadre du statut de la Nouvelle-Calédonie a été étudiée plus haut : cf. p. 352.

[2] Voir cependant le rôle de la Cour de Cassation jusqu'en 1850 : p. 399.

tement par le Président de la République et le Président du Conseil de la République (Chambre haute) agissant au nom de cette assemblée, après qu'elle se fut prononcée par un vote. Par ailleurs, les pouvoirs confiés à ce Comité étaient particulièrement restreints, la Constitution évitant soigneusement d'employer l'expression de "contrôle de constitutionnalité". Ainsi, lorsqu'il était saisi, examinait-il la loi pour s'efforcer de trouver un compromis entre l'Assemblée nationale et le Conseil de la République, agissant ici presque comme la Commission Mixte Paritaire de la V° République. Ce n'est qu'en cas d'échec de ces efforts de conciliation qu'il rendait une décision. Au cas où il estimait que la loi supposait une révision de la Constitution, la loi était renvoyée à l'Assemblée nationale pour un nouvel examen. Si les dispositions litigieuses étaient expurgées, la loi était promulguée, si, au contraire elles étaient maintenues, il y avait lieu de réviser la Constitution avant de promulguer la loi qui, jusque-là, restait en suspens. Ainsi, et en toute hypothèse, la loi l'emportait sur la Constitution. En fait, la seule saisine du Comité eut lieu en 1948 ; encore fut-il interrogé non sur une loi mais à propos d'un conflit né entre les deux chambres relativement au règlement de l'Assemblée nationale. Le Comité, après avoir suggéré les recommandations qui lui paraissaient pouvoir régler le conflit, parvint à persuader l'Assemblée nationale de modifier son règlement.

On doit encore signaler, dans le cadre même de l'élaboration de la Constitution actuelle, le rôle confié au "Comité Consultatif Constitutionnel" (cf. p. 30) qui, en plus du forum d'idées qu'il fut, était chargé de veiller à ce que le constituant de la V° République ne s'écarte pas des principes constitutionnels fixés dans la LC du 3 juin 1958.

Enfin, on rappellera qu'avant que le Conseil constitutionnel ne soit constitué, une "Commission constitutionnelle provisoire" (CCP) assuma les fonctions du Conseil en matière électorale. Elle était constituée du Vice président du Conseil d'Etat et des Premiers présidents de la Cour de Cassation et de la Cour des Comptes. Elle commença de fixer la jurisprudence électorale (CCP, 58-34 AN, 12 déc. 1958, Reboeuf. CCP, 58-68/126 AN, 5 janv. 1959, Deval c/ Durand).

Méthode de citation des décisions du Conseil constitutionnel

Les décisions du Conseil constitutionnel sont le plus souvent citées par leur numéro. Il n'est que pour les décisions en matière électorale que ce principe n'est guère suivi. Le numéro, que l'on donne en général après la date de la décision, est composé de deux éléments.

Il s'agit tout d'abord d'un élément chiffré comportant le millésime, suivi, après un tiret, d'un numéro d'ordre (ex. 86-207 et maintenant 2000-). Le millésime est celui de l'année au cours de laquelle le Conseil a été saisi. Il n'est donc pas étonnant qu'une décision rendue en 1996 porte un millésime « 95 » ; simplement la saisine ayant été faite en fin d'année, le Conseil a statué au début de l'année suivante.

Il s'agit ensuite d'une lettre ou d'un groupe de lettres. Cet élément indique dans quel cadre et sur quel fondement constitutionnel la décision a été prise, selon le tableau suivant :

AN	Assemblée nationale	Art. 59 C.	2816e décision au 22 avr. 2015
D	Déchéance	Art. LO 136 C. élect.	23e décision le 16 sept. 2014
DC	Décision de Constitutionnalité	Art. 54 C.[1] ou 61 C.	716e décision le 13 août 2015
FNR	Fin de Non Recevoir	Art. 41 C. 39 al. 4 C[2]	12e décision le 1er juill. 2014
I	Incompatibilité	Art. 25 C.	28e décision le 13 oct. 2015
L	Législative	Art. 37 al. 2 C.	259e décision le 15 oct. 2015
LOM	Loi d'outre-mer	Art. 74 al. 9 C.	9e décisions le 21 oct. 2015
LP	Loi du Pays	Art. 77 C.	5e décision le 27 févr. 2015
QPC	Question Prioritaire de Constitutionnalité	Art. 61-1 C.	435e décision le 21 oct. 2015
SEN	Sénat	Art. 59 C.	174e décision au 25 juin 2015

NB. Les décisions de contentieux électoral AN et SEN sont comptabilisées ensemble ; ainsi, la 130e décision Sen port le n° 2012-4538. Les décisions portant sur d'autres domaines (par ex. contentieux électoral avant élection) sont inventoriées désormais avec la mention « ELEC », qui recouvre également les différentes « observations » que le Conseil constitutionnel rend après chaque élection. Le même principe s'applique aux décisions relatives au contentieux de l'élection présidentielle (« PDR ») qui comprend en outre les décisions relatives aux listes de candidats admis à se présenter et les proclamations de résultats et au contentieux référendaire (« REF ») qui comprend également les proclamations de résultats. On recense encore les décisions relatives à l'art. 16 C. (AR16), des décisions d'organisation du Conseil constitutionnel (ORGA) qui regroupent les différentes nominations intervenant

[1] 12 décisions dans ce cadre, comme indiqué ci-dessus.

[2] Le Cons. const. ne rend plus de décision « FNR » depuis 1979, dans le cadre de l'art. 41 C. Le même groupe de lettre désigne, depuis la révision de 2008, les saisines en cas de contestation du respect des règles de présentation des projets de loi (art. 39 al. 4 C. ; cf. p. 155) ; il n'a rendu à ce jour qu'une décision dans ce cadre.

ainsi que les « règlements » relatifs aux différentes procédures. Inclassable, la demande d'avis du Président de l'Assemblée nationale en date du 14 sept. 1961, est inventoriée (AUTR).

Le Conseil constitutionnel, disposant de plus de pouvoirs, pouvait donc réussir là où ses prédécesseurs avaient échoué. Après les débuts prudents d'une institution qui cherche sa place, il entreprit par des décisions audacieuses de gagner ses lettres de noblesse. Aujourd'hui, son action dans le contrôle de la constitutionnalité des lois n'est plus guère contestée. Pourtant, jusqu'en 2010, le Conseil constitutionnel ne pouvait exercer ce contrôle qu'avant la promulgation de la loi (§1). Ce contrôle a priori, qui plus est facultatif, permettait donc que des lois contraire à la Constitution s'appliquent néanmoins. La révision constitutionnelle du 23 juillet 2008 devait ouvrir la voie à une possibilité de contrôle de la constitutionnalité des lois par voie d'exception : la question prioritaire de constitutionnalité qui commençait à s'appliquer en mars 2010 (§2).

§1. Le contrôle de constitutionnalité avant la promulgation de la loi (contrôle *a priori* ou contrôle par voie d'action)

L'apparition du contrôle de constitutionnalité conduit logiquement à la naissance d'un ensemble de normes constitutionnelles de référence (un temps appelé aussi "bloc de constitutionnalité") regroupant tous les actes par rapport auxquels cette constitutionnalité s'apprécie (A). Il faudra ensuite déterminer quels actes sont contrôlés et selon quelles modalités (B) avant de rechercher les effets de ce contrôle, c'est-à-dire la portée de sa jurisprudence (C).

A. Les normes constitutionnelles de référence

Pour réaliser le contrôle de constitutionnalité, le Conseil constitutionnel a dû, dans un premier temps, déterminer quels étaient les actes qui contenaient les règles constitutionnelles à respecter. Pourtant, très vite, la recherche de sources écrites (1) s'est avérée insuffisante pour pouvoir réaliser pleinement ce contrôle. Le Conseil, comme les autres grandes juridictions françaises, a donc dû recourir alors à des principes non écrits (2).

1. Les règles constitutionnelles de référence écrites

S'il ne fait guère de doute que la Constitution constitue la source essentielle des règles écrites contenues dans l'ensemble des normes constitutionnelles de référence, il était possible de s'interroger pour savoir si toute la Constitution pouvait ainsi être utilisée ou si, éventuellement, d'autres règles écrites pouvaient se voir élevées à ce rang. S'ajoutent à la Constitution les dispositions des lois organiques, alors que les règlements des assemblées n'en font pas partie (cf. p. 127).

a) La Constitution

⇒ Dans les premiers temps de la V° République, il ne fait guère de doute que le juge constitutionnel limitait son investigation. Lorsqu'il avait à déterminer si une loi était ou non contraire à la Constitution, il vérifiait simplement si le domaine traité par cette loi relevait bien de la compétence accordée au Parlement par l'art. 34 C. (cf. p. 283). Dans l'hypothèse négative, si donc le texte relevait normalement des compétences attribuées au Gouvernement en vertu de l'art. 37 C., le Conseil déclarait la loi contraire à la Constitution. Simplement, le Conseil étendait son contrôle aux éventuelles délégations consenties par le Parlement au Gouvernement par application de l'art. 38 C. Si, donc, une loi était prise pendant la période durant laquelle le Gouvernement est autorisé à agir par ordonnances sur une des matières législatives transférées par la loi d'habilitation (cf. p. 272), la loi était aussi déclarée contraire à la Constitution. Seuls les art. 34 C., 37 C. et 38 C., augmentés naturellement de leur corollaire qu'est l'art. 41 C., servaient donc de base au contrôle de constitutionnalité. S'y ajoutait, mais dans une hypothèse particulière (cf. p. 163), l'art. 40 C.

⇒ Une modification importante dans l'attitude du Conseil constitutionnel intervint par la décision rendue le 16 juill. 1971 (Cons. const. 71-44 DC, 16 juill. 1971, Liberté d'association) à propos de la loi sur les associations. Pour la première fois depuis 1958, le Conseil acceptait de contrôler la constitutionnalité par rapport à une autre disposition de la Constitution, ici une disposition tirée du préambule. La situation était favorable à un tel changement de jurisprudence : saisi par le Président du Sénat, le Conseil n'était plus composé d'aucun des membres nommés en 1959. Un renouvellement venant d'avoir lieu en février 1971 favorisait dans la composition d'ensemble les juristes au détriment des politiques. Par ailleurs, les faits de l'espèce s'y prêtaient ; il s'agissait de défendre l'une des libertés les plus classiques du droit français : la liberté d'association. Il fut donc plus facile de franchir le pas pour que le Conseil passe du rôle de répartiteur des compétences en fonction des seuls art. 34 C. et 37 C. à un véritable contrôle au fond de la constitutionnalité.

α) Toutes les dispositions constitutionnelles

Depuis cette date, c'est par rapport à toutes les dispositions de la Constitution qu'il exerce son contrôle. C'est ainsi que, quelque temps plus tard, dans une décision contestée, le Conseil devait se référer à l'art. 66 C. (Cons. const. 73-80 L §11, 28 nov. 1973, Mesures privatives de liberté) pour autoriser le Gouvernement à prévoir par décret des contraventions à condition qu'elles ne soient pas assorties de peines privatives de liberté que seul le législateur peut décider. Il devait réitérer cette référence dans le cadre du contrôle de constitutionnalité dès 1980 (Cons. const. 79-109 DC, 9 janv. 1980, Prévention de l'immigration clandestine).

Cette extension le conduit à contrôler la constitutionnalité d'une loi par rapport aux dispositions de l'art. 1 C. qui pourtant ne contient que l'affirmation de grands principes généraux (Cons. const. 96-387 DC §10, 21 janv. 1997, Prestation autonomie) ; il dégage pourtant du caractère « social de la République » un principe constitutionnel de solidarité.

Mais, l'importance de la décision de 1971 est aussi de considérer le préambule de la Constitution comme faisant partie des normes constitutionnelles de référence[1]. Le préambule de 1958 renvoyant à celui de 1946 et à la Déclaration des Droits de l'Homme et du Citoyen de 1789, ces deux textes, dans la mesure où leurs dispositions sont suffisamment précises, sont eux-mêmes des éléments à partir desquels la constitutionnalité s'apprécie. Ainsi, le Conseil attribuera-t-il valeur constitutionnelle à la Déclaration dès 1973 (Cons. const. 73-51 DC, 27 déc. 1973, Taxation d'office). L'ajout, par la révision du 1er mars 2005, du renvoi à la « Charte de l'environnement » devait conduire le Conseil constitutionnel a étendre son contrôle au respect des dispositions de celle-ci (Cons. const. 2008-564 DC §18 et 49, 19 juin 2008, OGM ; V. déjà, Cons. const. 28 avr. 2005, Registre international français).

β) La déclaration de 1789

Le Conseil utilise du reste fréquemment les principes et droits contenus dans la Déclaration des droits comme par exemple :

- l'égalité des citoyens (art. 1 DDHC) (Cons. const. 73-51 DC §2, 27 déc. 1973, Taxation d'office ; Cons. const. 82-146 DC §6, 18 nov. 1982, Quotas par sexes) ;

[1] F. Hollande, à l'occasion du 55e anniversaire de la Constitution a pu affirmer que cette décision constituait une « révision qui n'a jamais dit son nom et qui a indirectement fait de la loi fondamentale un véritable levier pour les libertés ».

- le principe de liberté des citoyens (art. 2 DDHC) (Cons. const. 74-54 DC §8, 15 janv. 1975, IVG I) ;
- La liberté contractuelle (art. 4 DDHC) (Cons. const. 2000-437 DC §37, 19 déc. 2000, LFSS pour 2001) ;
- l'égal accès de tous les citoyens à tous les emplois publics (art. 6 DDHC) (Cons. const. 2001-445 DC §§4 et 58, 19 juin 2001, Statut de la magistrature XVIII) ;
- le principe de proportionnalité des peines (art. 8 DDCH) (Cons. const. 80-127 DC §7, 19 janv. 1981, Sécurité et liberté ; Cons. const. 93-321 DC §§11 et s., 20 juill. 1993, Code de la nationalité ; Cons. const. 98-399 DC, 5 mai 1998, Entrée et séjour des étrangers) ;
- le principe de non rétroactivité de la loi pénale (art. 8 DDHC) (Cons. const. 80-126 DC §8, 30 déc. 1980, LF pour 1981), sauf des lois pénales plus douces qui à l'inverse doivent nécessairement être rétroactives (Cons. const. 80-127 DC §75, 19 janv. 1981, Sécurité et liberté) ; le principe de non rétroactivité est étendu à toutes sanctions ayant le caractère d'une punition même si le législateur a cru devoir laisser le soin de la prononcer à une autorité de nature non judiciaire (Cons. const. 82-155 DC §32, 30 déc. 1982, LFR pour 1982). En revanche, il ne s'applique pas en dehors de la matière répressive (Cons. const. 97-391 DC §6, 7 nov. 1997, Principe de sécurité juridique) ;
- l'interdiction de la détention arbitraire (art. 9 DDHC) (Cons. const. 93-326 DC §§28 et s., 11 août 1993, Garde à vue) ;
- la liberté d'opinion (art. 10 DDHC) (Cons. const. 77-87 DC, 23 nov. 1977, Liberté d'enseignement et de conscience) ;
- la liberté de communication (art. 11 DDHC) (Cons. const. 84-181 DC §§35 et s., 10 oct. 1984, Entreprises de presse) ;
- le principe de la séparation des pouvoirs (art. 16 DDHC) (Cons. const. 98-403 DC §46, 29 juill. 1998, Lutte contre les exclusions) ;
- le droit à exercer un recours juridictionnel effectif, le droit à un procès équitable, ainsi que les droits de la défense. Cons. const. 2006-540 DC §11, 27 juill. 2006, Droits d'auteurs et droits voisins ;
- le droit de propriété (art. 17 DDHC) (Cons. const. 82-139 DC, 11 févr. 1982, Nationalisations II. Cons. const. 96-373 DC §22, 9 avr. 1996, Polynésie française).

γ) Le préambule de 1946 et les principes particulièrement nécessaires à notre temps

De même, le Conseil reconnaît dès 1975 (Cons. const. 74-54 DC, 15 janv. 1975, IVG I), la valeur constitutionnelle des "principes particulièrement nécessaires à notre temps" contenus dans le préambule de 1946 qui utilise cette expression. On y trouve, pêle-mêle, par exemple :

- le droit de grève (Cons. const. 79-105 DC, 25 juill. 1979, Grève à la radio et à la télévision ; Cons. const. 80-117 DC §4, 22 juill. 1980, Contrôle des matières nucléaires) ;
- la liberté syndicale (Cons. const. 83-162 DC §95, 19 juill. 1983, Démocratisation du secteur public) ;
- le principe du non-recours à la force contre la liberté d'un peuple (Cons. const. 75-59 DC §7, 30 déc. 1975, Autodétermination des Comores) ;
- l'organisation de l'enseignement public, gratuit et laïque (Cons. const. 77-87 DC §4, 23 nov. 1977, Liberté d'enseignement et de conscience) ;
- le principe de solidarité (Cons. const. 96-387 DC §9, 21 janv. 1997, Prestation autonomie) ;
- le droit de mener une vie familiale normale (Cons. const. 93-325 DC §70, 13 août 1993, Maîtrise de l'immigration) ;
- la dignité de la personne humaine (Cons. const. 94-343/344 DC §2, 27 juillet 1994, Respect du corps humain) ;

- le droit à obtenir un emploi (Cons. const. 98-401 DC §26, Réduction du temps de travail) ;
- le droit à la protection de la santé (Cons. const. 90-283 DC §11, 8 janvier 1991, Lutte contre le tabagisme et l'alcoolisme).

Ici, par simple référence aux dispositions vagues du préambule de 1946, le Conseil érige en règle constitutionnelle des principes dont il définit à la fois le contenu et la portée, faisant montre ici d'un certain pouvoir prétorien (cf. infra).

δ) La Charte de l'environnement de 2004

Enfin, le Conseil constitutionnel reconnaît valeur constitutionnelle aux différentes dispositions contenues dans la Charte de l'environnement de 2004 (Cons. const. 2008-564 DC §18 et 49, 19 juin 2008, OGM). Le Conseil d'Etat rejoint du reste rapidement la position du Conseil constitutionnel sur cette question (CE, ass., 3 oct. 2008, *Cne d'Annecy, req. n° 297931 : Lebon 322 ; GAJA 19e éd. n° 114*). Si la question de la valeur constitutionnelle des différents articles de la Charte ne semblait pas poser de problème majeur, on pouvait douter que le préambule qui la précède ait également cette valeur. Le Conseil constitutionnel a cependant admis que les différents alinéas constituant ce préambule avaient bien valeur constitutionnelle (Cons. const. 2014-394 QPC §5, 7 mai 2014, *Sté Casuca* ; V. cependant p. 440). On notera que, parmi les principes ainsi contenus dans ce préambule, est affirmé que « la préservation de l'environnement doit être recherchée au même titre que les autres intérêts fondamentaux de la Nation ». Il faut en déduire que l'affirmation selon laquelle « la préservation de l'environnement » constitue un « intérêt fondamental de la Nation » a valeur constitutionnelle.

b) Les lois organiques ou certaines lois organiques

Les lois organiques sont adoptées selon une procédure spéciale (cf. p. 193) qui découle essentiellement du fait qu'elles jouent un rôle constitutionnel éminent. Le trait dominant de cette procédure réside dans le fait que leur constitutionnalité est obligatoirement contrôlée conformément aux dispositions redondantes des art. 46 C. et 61 C. Ce contrôle permet aussi au Conseil de rechercher celles des dispositions contenues dans des lois organiques qui n'auraient pas ce caractère et donc de les rétablir dans leur valeur simplement législative (Cons. const. 97-390 DC §12, 19 nov. 1997, Fiscalité applicable en Polynésie française ; Cons. const. 99-410 DC §59, 15 mars 1999, LO relative à la Nouvelle-Calédonie).

La question de leur appartenance à l'ensemble des normes constitutionnelles de référence est alors posée. Il ne fait pas de doute que la constitutionnalité des lois organiques n'est pas examinée par rapport aux autres lois organiques. Dans le cadre de ce contrôle, **seule la Constitution**, dans le sens large que nous venons d'étudier, est prise comme référence. En revanche, le contrôle obligatoire des lois organiques permettant de s'assurer qu'elles sont conformes à la Constitution, elles disposent, en quelque sorte, d'un brevet de constitutionnalité permettant, selon nous[1], de les faire entrer dans les normes constitutionnelles de référence pour le contrôle de la constitutionnalité des lois.

Ceci est vrai quelle que soit l'origine de la loi organique considérée. Autrement dit, cela est vrai même si la loi organique trouve son origine dans une ordonnance prise dans le cadre des dispositions provisoires de l'art. 92 C., le Conseil constitutionnel ayant estimé que ces ordonnances bénéficiaient d'une présomption de constitutionnalité (Cons. const. 60-6 DC, 15 janv. 1960, Magistrats musulmans).

Ainsi, une loi ordinaire non conforme à certaines dispositions d'une loi organique pourra être déclarée contraire à la Constitution par le Conseil constitutionnel.

[1] Cette solution est parfois contestée (Jurisclasseur Adm. Fasc. 1418 n° 69). Elle ne fait pourtant pas de doute en matière financière comme nous le montrerons quelques lignes plus loin.

C'est le cas des lois de finances dont la constitutionnalité par rapport aux dispositions de la LO du 1er août 2001 peut servir de base pour déclarer contraires à la Constitution certaines dispositions budgétaires (Sous l'empire de l'ord. du 2 janv. 1959 : Cons. const. 79-110 DC, 24 déc. 1979, Vote du Budget I). Il en est de même des lois de financement de la sécurité sociale dont la constitutionnalité par rapport aux dispositions organiques les régissant est vérifiée (Cons. const. 96-384 DC, 19 déc. 1996, LFSS pour 1997).

Il faut faire une place particulière par ailleurs à l'ordonnance 58-1100 du 17 nov. 1958 relative au fonctionnement des assemblées parlementaires qui, bien que **n'ayant pas valeur de loi organique** mais de loi ordinaire, est régulièrement visée par le Conseil lorsqu'il a à connaître des règlements des assemblées. Dans le cadre de ce contrôle, cette ordonnance fait donc partie des normes constitutionnelles de référence (Cons. const. 92-314 DC §3, 17 déc. 1992, Règlement de l'AN et art. 88-4) lors même qu'elle ne peut pas, à l'inverse des ordonnances portant lois organiques prises dans le cadre du même l'art. 92 C., bénéficier de la présomption de constitutionnalité qui leur est accordée.

L'attitude du Conseil est moins nette s'agissant des modifications apportées à cette ordonnance depuis 1958. Si la loi modificative a été soumise au Conseil, elle est conforme à la Constitution et s'impose donc aux assemblées dans l'élaboration de leurs règlements. En revanche, si la loi modificative n'a pas été soumise, les dispositions en question ne s'imposent aux assemblées (Cons. const. 96-381 DC §2, 14 oct. 1996, Règlement du Sénat) que dans la mesure où elles ne sont pas jugées contraires à la Constitution par le Conseil lorsqu'il examine le règlement. Le Conseil agit par la voie de l'exception. On note que cette technique revient à admettre que le Conseil, dans ce cas, juge de la constitutionnalité d'une loi promulguée, ce qui est, en principe (cf. p. 437) impossible dans le cadre de l'art. 61 C.

2. Les normes constitutionnelles de référence non écrites

Les normes constitutionnelles de référence non écrites sont à la fois peu nombreuses et variées. Il s'agit en fait de "principes" que le juge constitutionnel tire de l'interprétation de textes constitutionnels ou dont il nous révèle l'existence. Dans ce dernier cas, ces principes feraient partie d'un patrimoine constitutionnel national acquis par la France de longue date au plus profond de ses traditions et de son histoire. Le Conseil nous ferait redécouvrir ces principes au fur et à mesure des besoins, en particulier lorsque le législateur, les ayant oubliés, les bafoue dans une loi nouvelle. Bref, il s'agit de créations pures et simples du Conseil constitutionnel, résultat de ce que l'on nomme souvent le "pouvoir prétorien" du juge qui agit ici comme un véritable législateur, créant les règles de droit de son propre chef comme les prêteurs romains. Le risque ici est bien sûr que le Conseil, par la multiplication de ces principes, ne se comporte systématiquement en législateur, ce qui pourrait à terme conduire au Gouvernement des juges. Il semble que ce risque soit relativement faible. En effet, le Conseil constitutionnel bénéficie de la longue expérience du Conseil d'Etat en la matière. Le juge administratif a, lui aussi, créé des principes qualifiés de "principes généraux du droit" dans des conditions similaires sans quitter son rôle de juridiction (cf. p. 467).

Reste que si la technique de création de ces principes relève toujours du même mécanisme, le Conseil a donné à ces principes différentes appellations correspondant à des principes qui n'ont ni la même source, ni la même valeur.

a) Les principes fondamentaux reconnus par les lois de la République

Notion utilisée pour la première fois dans la décision du 16 juill. 1971, la formule "principes fondamentaux reconnus par les lois de la République", est extraite du premier alinéa du préambule de la Constitution de 1946. Elle devait permettre au Conseil de masquer quelque peu le fait que ces principes n'étaient extraits de nulle part, qu'ils étaient créés *ex nihilo*. Depuis, le Conseil a ainsi révélé une dizaine de ces principes fondamentaux :

- liberté d'association (Cons. const. 71-44 DC §2, 16 juill. 1971, Liberté d'association. Cons. const. 2010-3 QPC §10, 28 mai 2010, *Union des familles en Europe*) ;
- liberté de l'enseignement (Cons. const. 77-87 DC §§2 et 3, 23 nov. 1977, Liberté d'enseignement et de conscience) ;
- indépendance de la justice administrative (Cons. const. 80-119 DC §6, 22 juill. 1980, Validation d'actes administratifs) ;

- indépendance des professeurs d'université (Cons. const. 83-165 DC §20, 20 janv. 1984, Libertés universitaires) étendue par la suite à tous les enseignants-chercheurs (Cons. const. 2010-20/21 QPC §6, 6 août 2010, M. Jean C.) ;
- compétence exclusive de la juridiction administrative pour l'annulation des actes de la puissance publique (Cons. const. 86-224 DC §15, 23 janv. 1987, Conseil de la concurrence ; Cons. const. 2001-451 DC §3, 27 nov. 2001Couverture des non-salariés agricoles) ;
- autorité judiciaire gardienne de la propriété immobilière privée (Cons. const. 89-256 DC §23, 25 juill. 1989, TGV nord) ;
- atténuation de la responsabilité pénale des mineurs et recherche du relèvement éducatif et moral des enfants délinquants par des mesures adaptées (Cons. const. 2002-461 DC §26, 29 août 2002, Loi d'orientation et de programmation pour la justice ; Cons. const. 2003-467 DC §36, 13 mars 2003, Sécurité intérieure II).

A cette liste de principes dégagés dans le cadre du contrôle de la constitutionnalité des lois avant promulgation, il convient d'ajouter un principe dégagé dans le cadre d'une procédure de question prioritaire de constitutionnalité :

- maintien en vigueur, tant qu'elles n'ont pas été remplacée par les dispositions de droit commun ou harmonisées avec elles, des dispositions législatives ou réglementaires particulières aux départements du Bas-Rhin, du Haut-Rhin et de la Moselle (droit asacien mosellan : Cons. const. 2011-157 QPC §4, 5 août 2011, *Sté SOMODIA*).

Il avait également révélé trois autres principes fondamentaux.

- liberté individuelle (Cons. const. 76-75 DC §1, 12 janv. 1977, Fouille des véhicules) ;
- liberté de conscience (Cons. const. 77-87 DC §5, 23 nov. 1977, Liberté d'enseignement et de conscience)
- respect des droits de la défense (Cons. const. 76-70 DC, 2 déc. 1976, Prévention des accidents du travail II ; 80-127 DC §52, 19 janv. 1981, Sécurité et liberté) ;

Mais depuis ces deux libertés et ce droit ont désormais des fondements textuels. La première trouve sa source dans l'art. 66 C. (Cons. const. 79-109 DC, 9 janv. 1980, Prévention de l'immigration clandestine) ; la seconde dans une conjonction des dispositions de l'art. 10 DDHC, de l'al. 5 préamb. 46 et de l'art. 1er C., les droits de la défense dans l'art. 16 DDHC (Cons. const. 2006-535 DC §24, 30 mars 2006, Loi pour l'égalité des chances).

Il fallut attendre 1988 pour que le Conseil donne quelques éléments permettant de mieux cerner cette notion. Il s'agit de principes prenant corps au sein d'un texte législatif républicain intervenu avant 1946 (Cons. const. 88-244 DC §12, 20 juill. 1988, Loi d'amnistie), c'est-à-dire à l'exclusion des textes édictés sous les régimes monarchiques et impériaux. Le rattachement des principes fondamentaux à des normes écrites ne supprime pas le pouvoir créateur du Conseil car c'est à lui qu'il appartient d'en faire la sélection. En effet, le Conseil n'indique jamais quel texte législatif contient le principe en cause pour la simple raison que c'est par la répétition d'un principe au travers de plusieurs textes législatifs que celui-ci acquiert son caractère fondamental. Malgré cette liberté que le Conseil se laisse, on comprend que cette catégorie de principes n'est pas indéfiniment extensible. Le Conseil a depuis précisé que les principes fondamentaux ne peuvent intéresser les « questions de société » mais seulement « un domaine essentiel de la vie de la Nation, à savoir les droits et libertés fondamentaux, la souveraineté nationale ou l'organisation des pouvoirs publics ». En ce sens, l'altérité sexuelle ne peut être considérée comme un principe fondamental (Cons. const. 2013-669 DC §21, 17 mai 2013, Mariage des couples de même sexe)

Le Conseil tend à avoir d'ores et déjà révélé la presque totalité de ceux-ci. Il est d'ailleurs dans cette matière de plus en plus prudent et a indiqué que ne peuvent devenir des principes fondamentaux que des règles n'ayant jamais connu d'exception (Cons. const. 88-244 DC §12, 20 juill. 1988, Loi d'amnistie) ayant un caractère suffisamment absolu (Cons. const. 93-321 DC §18, 20 juill. 1993, Code de la nationalité) et présentant une importance suffisante (Cons. const. 98-407 DC §9, 14 janv. 1999, Elections des conseillers régionaux).

On notera que le Conseil constitutionnel n'est plus le seul à « révéler » des principes fondamentaux reconnus par les lois de la République, le Conseil d'Etat s'y emploie également. Ainsi a-t-il admis que constitue un principe fondamental :

- le refus d'extrader un étranger lorsque l'extradition est demandée dans un but politique (CE 3 juill. 1996, *Koné : RFD adm. 1996. 880*).
- Le principe de laïcité (CE, 6 avril 2001, *SNES : Lebon* 171).

b) Les principes ou objectifs de valeur constitutionnelle

Dans certaines hypothèses, le Conseil se heurte à des difficultés d'analyse. Donner toute son ampleur à un droit garanti par la Constitution, son préambule ou les principes fondamentaux, peut, si l'on n'y prend garde, conduire à une législation portant atteinte à d'autres libertés. Pour régler cette question, le Conseil créera de toutes pièces des "principes ou dispositions ou exigences ayant valeur constitutionnelle" ou des "objectifs de valeur constitutionnelle" dont l'origine reste indéterminée. Ceux-ci lui offrent de nouveaux moyens de contrôle de la constitutionnalité des lois en particulier lorsque deux droits ou libertés sont en concurrence. Ces principes ou objectifs vont lui permettre de limiter la portée de certains droits constitutionnellement protégés. Ils ont, en quelque sorte, une portée minorante au caractère excessif de certains droits portés à leur paroxysme. On en trouve donc l'usage tout aussi bien dans le cadre du contrôle a priori que dans le cadre de la QPC (cf. p. 442).

Peuvent être rangés dans cette catégorie :

- la continuité du service public, limite le principe constitutionnel du droit de grève, (Cons. const. 79-105 DC, 25 juill. 1979, Grève à la radio et à la télévision ; Cons. const. 2005-513 DC §7, 14 avr. 2005, Loi relative aux aéroports ; Cons. const. 2007-556 DC §10, 16 août 2007, Dialogue social et continuité du service public dans les transports terrestres) ;
- la protection de la santé et de la sécurité des personnes et des biens permet aussi de limiter le principe constitutionnel du droit de grève, (Cons. const. 80-117 DC §4, 22 juill. 1980, Contrôle des matières nucléaires) et le droit de propriété détenu sur des marques par l'interdiction de la publicité et de la propagande en faveur du tabac, (Cons. const. 90-283 DC §§10 et 11, 8 janv. 1991, Lutte contre le tabagisme et l'alcoolisme) ou le droit à la connaissance de ses origines et donc le droit à la vie familiale (Cons. const. 2012-248 QPC §6, 16 mai 2012, *Mathieu E.*) ;
- la sauvegarde de l'ordre public limite la liberté de communication (Cons. const. 82-141 DC §5, 27 juill. 1982, Communication audiovisuelle *;* Cons. const. 2001-457 DC §6, 27 déc. 2001, LFR pour 2001) ;
- le pluralisme des quotidiens d'information limite la liberté du commerce et de l'industrie (Cons. const. 84-181 DC §§38, 43 et 52, 10 oct. 1984, Entreprises de presse) et justifie l'abandon par l'Etat de créance à l'égard du quotidien « l'Humanité » (Cons. const. 2000-441 DC §18, 28 déc. 2000, LFR pour 2000) ;
- le pluralisme des courants d'expression socioculturels justifie des limites à la liberté de communication (Cons. const. 86-217 DC §§8 et 9, 18 sept. 1986, Liberté de communication I ; Cons. const. 2001-450 DC §15, 11 juill. 2001, Loi portant diverses dispositions d'ordre social, éducatif et culturel) ;
- la liberté personnelle du salarié limitant la liberté syndicale des représentants des salariés (Cons. const. 89-257 DC §§23 et 24, 25 juill. 1989, Prévention des licenciements économiques) ;
- l'exécution de travaux d'intérêt national (Cons. const. 89-256 DC §§17 et s., 25 juill. 1989, TGV nord) ou le droit à un logement décent (Cons. const. 94-359 DC §7, 19 janv. 1995, Diversité de l'Habitat ; Cons. const. 98-403 DC §7, 29 juill. 1998, Lutte contre les exclusions ; Cons. const. 2001-455 DC §94, 12 janv. 2002, Loi de modernisation sociale) limitant le droit de propriété ;

- la recherche des auteurs d'infraction, nécessaire à la sauvegarde de droits ou de principes constitutionnels, doit être conciliée avec la protection de la propriété privée et l'exercice de la liberté individuelle (Cons. const. 97-389 DC §75, 22 avr. 1997, Certificats d'hébergement ; Cons. const. 2003-467 DC §20, 13 mars 2003, Sécurité intérieure II ; Cons. const. 2010-80 QPC §4, 17 déc. 2010, *Michel F.*) ;
- l'unicité de la République doit être, en matière linguistique, conciliée avec la liberté de communication (Cons. const. 99-412 DC §§6 à 9, 15 juin 1999, Charte européenne des langues régionales) ;
- l'accessibilité et l'intelligibilité de la loi[1] (Cons. const. 99-421 DC §13, 16 déc. 1999, Adoption de la partie législative de certains codes ; Cons. const. 2005-514 DC §14, 28 avr. 2005, Registre international français ; Cons. const. 2007-557 DC §19, 15 nov. 2007, Maîtrise de l'immigration, intégration et asile) peut conduire à justifier l'usage des ordonnances de l'art. 38 C. Il n'interdit pas au législateur de mettre en œuvre des dispositions complexes (Cons. const. 2001-447 DC §29, 18 juill. 2001, Perte d'autonomie ; Cons. const. 2001-451 DC §13, 27 nov. 2001, Couverture des non-salariés agricoles) en particulier pour répondre à des objectifs que le législateur a pu regarder comme d'intérêt général tels que la conciliation entre la représentation proportionnelle, dans le cadre d'un vote régional, la constitution d'une majorité politique (Cons. const. 2003-468 DC §17, 3 avr. 2003, Elections des conseillers régionaux et des parlementaires européens). En revanche, l'existence de dispositions contradictoires dans la même loi ne répond pas à cet objectif (Cons. const. 2008-567 DC §40, 24 juill. 2008, Contrats de partenariat)[2] ;
- l'équilibre financier de la sécurité sociale qui doit être concilié avec le respect de la vie privée, en particulier s'agissant des informations nominatives à caractère médical (Cons. const. 99-422 DC §51, 21 déc. 1999, LFSS pour 2000) ;
- la liberté d'autrui (Cons. const. 2000-433 DC §10, 27 juill. 2000, Liberté de communication) ;
- la lutte contre la fraude fiscale qui doit se concilier avec le principe, énoncé par à l'art. 8 DDH sur la nécessité des peines et le caractère non rétroactif des peines pénales plus sévères ainsi qu'avec les droits de la défense (Cons. const. 99-424 DC §52, 29 déc. 1999, LF pour 2000 ; Cons. const. 2001-457 DC §6, 27 déc. 2001, LFR pour 2001 ; Cons. const. 2012-236 QPC §7, 20 avr. 2012, *Marie-Christine J.*) ;
- la liberté de communication, qui découle de l'art. 11 DDHC, le pluralisme et l'indépendance des médias (Cons. const. 2009-577 DC §3, 3 mars 2009, Loi relative à la communication audiovisuelle et au nouveau service public de la télévision) ;
- le bon emploi des deniers publics qui découle des art. 14 et 15 DDHC (Cons. const. 2008-567 DC §40, 24 juill. 2008, Contrats de partenariat ; Cons. const. 2011-203 QPC §5, 2 déc. 2011, *Wathik M.*) ;
- la bonne administration de la justice doit être combinée, entre autre, avec le droit de poser une question prioritaire de constitutionnalité (Cons. const. 2009-595 DC §4 et 10, 3 déc. 2009, LO d'application de l'art. 61-1 C. ; Cons. const. 2010-62 QPC §6, 17 déc. 2010, *David. M.*).

Pourtant les limitations apportées par ces objectifs de valeur constitutionnelle ne doivent pas revêtir un caractère de gravité tel que le sens et la portée du droit minoré en soient dénaturés (Cons. const. 98-403 DC §7, 29 juill. 1998, Lutte contre les exclusions ; Cons. const. 2000-436 DC §19, 7 déc. 2000, SRU).

Ainsi augmenté des principes créés ou révélés par le Conseil constitutionnel, l'ensemble des normes constitutionnelles de référence offre une panoplie complète lui per-

---

[1] Il ne faut pas confondre ce principe avec l'exigence de clarté qui découle l'art. 34 C. (cf. p. 282).

[2] Cet objectif peut-être invoqué devant le juge administratif qui l'examine (CE, ass., 24 mars 2006, *Sté KPMG*, req. n° 288460 : *Rec. CE* 154 ; CE 21 janv. 2008, *CCI de Bordeaux*, req. n° 296162 : *RFD adm. 2008. 605*).

mettant de réaliser un contrôle approfondi de l'activité du législateur mais aussi de l'exécutif dans la part qu'il prend dans l'élaboration de la loi. Reste donc à opérer ce contrôle sur les textes qui y sont soumis.

B. Les actes dont la constitutionnalité est contrôlée : le contrôle de la constitutionnalité des lois

Hormis les lois organiques (art. 46 C.) et les règlements des assemblées (art. 61 al 1 C.) dont nous avons déjà parlé (cf. respectivement p. 194 et p. 126) et qui doivent obligatoirement être soumis au Conseil constitutionnel, il est deux catégories principales d'actes dont la constitutionnalité est contrôlée par le Conseil : les lois et les traités internationaux. Dans ces cas, le contrôle est facultatif.

Le contrôle de la constitutionnalité des lois est, en dehors du contentieux électoral, l'activité essentielle du Conseil constitutionnel tant du point de vue du nombre d'affaires qu'il engendre que de l'importance qu'il revêt. Encore convient-il de noter que seules les lois parlementaires peuvent ainsi être déférées au Conseil ; les lois référendaires ne sont pas constitutionnellement contrôlées (cf. p. 408). Cette restriction n'est pas sans conséquence. En effet, il est possible, surtout depuis l'élargissement du champ du référendum en 1995, de faire adopter par le peuple et entrer en vigueur des lois qui, si elles l'avaient été par le Parlement, n'auraient pu être promulguées faute d'être constitutionnelles. On se trouve dans une situation où deux systèmes coexistent, ou deux Constitutions cohabitent. Dans l'une, les dispositions protectrices des libertés, le préambule et les principes fondamentaux reconnus par les lois de la Républiques s'imposent aux lois (parlementaires) grâce à un Conseil constitutionnel actif ; dans l'autre, la loi (référendaire) est souveraine et peut, comme la loi parlementaire sous les Républiques antérieures, violer la Constitution, le Conseil constitutionnel étant réduit au simple rang de héraut des volontés présidentielles.

On voit immédiatement les possibilités ainsi offertes au chef de l'Etat. S'appuyant sur une majorité de Français, un Président de la République pourra défaire par une loi plébiscitaire toute la construction de l'ensemble des normes constitutionnelles de référence que le Conseil a menée à grand-peine depuis 1971 et plus encore depuis 1974. Le risque est grand de voir les effets bénéfiques de la réforme de 1974 s'évanouir dans le césarisme. La réforme renforce à un point tel le Président de la République qu'elle occulte les autres éléments de la même LC de 1995 qui voulaient pourtant revaloriser le Parlement. On peut même imaginer qu'une loi parlementaire ayant été déclarée contraire à la Constitution par le Conseil, le Président de la République la soumette, sans en changer le moindre terme, au référendum pour surmonter le verdict des neufs sages. Le moyen le plus sûr d'éviter cet inconvénient eût été de soumettre au Conseil constitutionnel le projet de loi, avant que le référendum ne soit organisé, proposition faite en son temps par le "Comité Vedel" (cf. p. 378) et reprise par quelques parlementaires lors de la révision de 1995, hélas sans succès.

Sans aboutir à de tels excès, il est à tout le moins fâcheux que des lois contraires à la Constitution puissent être appliquées. Pourtant, jusqu'à la révision de juillet 2008, le phénomène n'est pas spécifique aux lois référendaires. En effet, le contrôle de la constitutionnalité des lois parlementaires était conçu comme facultatif. Il est certain que certaines lois parlementaires, non soumises au Conseil, sont inconstitutionnelles et pourtant en vigueur. Si l'opposition et la majorité adoptaient, à la demande du Gouvernement, une loi contraire à la Constitution, et s'entendaient pour ne pas la soumettre au Conseil, cette loi était promulguée sans contrôle. Cette hypothèse n'est pas purement théorique.

On peut croire, en effet, que la loi du 13 juill. 1990 tendant à réprimer tout acte raciste, antisémite et xénophobe, adoptée de la sorte soit effectivement contraire à la Constitution. Un tel accord politique est également à signaler s'agissant de la loi du 15 nov. 2001 relative à la sécurité quotidienne, contenant des dispositions de lutte contre le terrorisme à la suite des attentats du 11 septembre. Or, on peut raisonnablement penser que la « déposition anonyme » prévue par ce texte soit contraire aux droits de la défense. La question reste aussi posée de la constitutionnalité de la loi du 4 mars 2002 remettant en cause une jurisprudence (dite jurisprudence « Perruche ») de la Cour de cassation. Pourtant, dans ce dernier cas, les rapporteurs du texte, tant à l'Assemblée qu'au Sénat, avaient souhaité (Le Monde 16 févr.

2002) que la loi fut déférée au Conseil. On peut encore s'interroger sur la constitutionnalité l'art. 21 de la loi n° 2004-1486 du 30 déc. 2004 qui, en accordant une protection particulière à un « groupe de personnes » caractérisé par le comportement ou une particularité de ses membres, semble s'opposer à la jurisprudence du Conseil constitutionnel (Cons. const. 2004-505 DC §16, 19 nov. 2004). Enfin, même si sa constitutionnalité semble moins contestable, il est sans doute regrettable que la loi du 15 mars 2004 relative à la laïcité à l'école, n'ait pas été contrôlée. En fait, il semble bien que, dès lors qu'une loi est adoptée par consensus entre majorité et opposition, ce consensus s'étende au fait que les parlementaires ne saisissent pas le Conseil.

Seule la forme de contrôle a posteriori connue jusqu'à présent (et dont nous parlerons plus loin) pouvait éventuellement permettre de pallier ces inconvénients ; il était pourtant limité à des cas exceptionnels. Avec la révision de juillet 2008, ce temps semble révolu. En effet, l'introduction d'un mécanisme de contrôle de la constitutionnalité des lois parlementaires par la voie de l'exception règle pour partie le problème, dès lors qu'il sera possible de soulever l'inconstitutionnalité après la promulgation. Mais, surtout, il est possible d'espérer que l'existence même de ce mécanisme incite les parlementaires non seulement à plus de prudence lors de l'adoption de la loi mais encore à saisir plus souvent le Conseil constitutionnel avant promulgation, même si la loi est adoptée avec un certain consensus politique.

Les lois parlementaires —nous utiliserons seulement le mot « loi » par la suite— peuvent être contrôlées à trois reprises : il y aura tout d'abord un contrôle opéré durant l'examen du texte par le Parlement, alors que la loi est encore au stade de projet ou de proposition ; il y aura ensuite un contrôle une fois le texte voté et avant qu'il soit promulgué ; enfin, la loi pourra encore être contrôlée après promulgation.

1. Le contrôle lors de l'examen du texte par le Parlement

A ce stade, ce n'est pas directement la loi qui est contrôlée puisqu'elle n'est pas encore adoptée. Le Conseil constitutionnel intervient pour s'assurer de la recevabilité des propositions de loi et amendements (art. 41 C.) . Il intervient également, sans qu'il s'agisse véritablement de recevabilité, pour s'assurer que c'est à bon droit qu'une conférence des présidents a refusé d'inscrire un projet de loi à l'ordre du jour (art. 39 C.).

a) Le contrôle de la recevabilité des projets de loi

On sait que, depuis la révision de 2008, la conférence des présidents de la première assemblée saisie peut refuser d'inscrire à l'ordre un jour un projet de loi qui ne serait pas accompagné d'une « étude d'impact ». La portée des dispositions constitutionnelles des al. 3 et 4 de l'art. 39 C. a été précisée par une loi organique ainsi que par la jurisprudence du Conseil constitutionnel (cf. p. 154). Reste qu'en cas de désaccord entre la conférence des présidents et le Gouvernement sur le respect par le projet de loi concerné de ces prescriptions, le Président de l'assemblée intéressée ou le Premier ministre peuvent saisir le Conseil constitutionnel pour qu'il se prononce (Cons. const. 2014-12 FNR, 1er juill. 2014, Délimitation des régions).

b) Le contrôle de la recevabilité des propositions de loi

En vertu de l'al. 1er de l'art. 41 C.,

> "s'il apparaît au cours de la procédure législative qu'une proposition ou un amendement n'est pas du domaine de la loi ou est contraire à une délégation accordée en vertu de l'article 38, le Gouvernement ou le Président de l'assemblée saisie peut opposer l'irrecevabilité".

Le Conseil constitutionnel est donc ici uniquement un juge de la répartition des compétences entre le législatif et l'exécutif. Il veille à ce que les parlementaires n'empiètent pas sur le domaine du règlement ou de l'éventuelle délégation de pouvoir consentie par le Parlement au Gouvernement et exerce donc son contrôle par rapport aux seuls art. 34 C., 37 C. et 38 C. Il s'agit là, comme nous l'avons montré, de limiter les pouvoirs des parlementaires et en particulier de réduire la souveraineté du Parlement (cf. p. 162).

Ce contrôle, le Conseil constitutionnel l'exerce a priori, c'est-à-dire dès que la difficulté naît. En effet, selon les dispositions de l'al. 2 de l'art. 41 C., en cas de désaccord entre le Gouvernement et le Président de l'assemblée à laquelle appartient l'auteur de la proposition de loi ou de l'amendement, le plus diligent des deux saisit le Conseil constitutionnel qui statue sous huit jours.

Il faut bien reconnaître que le Conseil est rarement saisi dans ce cadre. Il l'a été 11 fois depuis 1958 (7 des 11 applications concernent des propositions de loi) et aucune saisine n'a eu lieu depuis 1979 (décisions numérotées FNR) ; la dernière déclaration d'irrecevabilité prononcée par le Conseil date, elle, de 1966. En fait diverses raisons expliquent cette situation.

S'agissant des propositions de loi, la large maîtrise de l'ordre du jour par le Gouvernement joue le rôle essentiel de filtre. Le plus souvent, celles qui sont mises en discussion le sont avec l'accord du Gouvernement qui n'opposera donc que rarement l'irrecevabilité. Certes, il serait possible que le Président de l'Assemblée saisie la soulève comme il le peut désormais depuis la révision de juillet 2008. Cependant, cette éventualité restera rare dès lors que, à l'Assemblée nationale du moins[1], le Président fait partie de la majorité soutenant le Gouvernement. Ce n'est donc que dans le cadre de l'ordre du jour de la semaine parlementaire que la question se pose donc réellement. Même dans ce cadre, il sera difficile au Président de l'Assemblée nationale de s'opposer aux propositions de loi des députés de la majorité à laquelle il appartient. La mesure touchera donc presque uniquement des propositions de loi émanant de l'opposition, en particulier dans le cadre de la journée mensuelle qui lui est pour partie réservée. On le constate, l'effet de cette mesure devrait rester limité.

Ce sont donc surtout les amendements qui font l'objet d'oppositions. Là encore, les amendements retenus étant ceux de la majorité, ils sont soit suscités par le Gouvernement, soit acceptés par lui et le Président de l'assemblée aura des difficultés à soulever l'irrecevabilité pour les mêmes raisons que celles exposées ci-dessus. De plus, la jurisprudence du Conseil constitutionnel lui-même a incité le Gouvernement à ne pas utiliser la procédure de l'art. 41 C. En effet, s'il n'oppose pas l'irrecevabilité à ce stade, il n'est plus possible par la suite de contester la constitutionnalité de la loi sur le simple fait qu'elle interviendrait dans des matières n'appartenant pas à son domaine (cf. p. 284). Enfin, lorsque l'art. 41 C. est invoqué, la question est le plus souvent réglée au premier stade, c'est-à-dire par une décision du Président de l'assemblée concernée. Le recours au Conseil constitutionnel constitue donc une arme ultime dans le cadre de l'ordre du jour de la semaine parlementaire dont on peut penser qu'il restera rarissime.

2. Le contrôle avant promulgation

a) Moment d'exercice du contrôle

Une fois la loi votée par le Parlement, elle doit être promulguée par le Président de la République (cf. p. 65). Entre ces deux événements, il est possible de la soumettre au Conseil constitutionnel pour que celui-ci examine la conformité de la loi à la Constitution (art. 61 al. 2 C.).

Il faut bien que la loi soit définitivement votée mais non encore promulguée. Si la saisine intervient avant le vote définitif (Cons. const. 76-69 DC, 8 nov. 1976, Prévention des accidents du travail I) ou après la promulgation (Cons. const. 97-392 DC, 7 nov. 1997, Saisine tardive), le Conseil ne peut que la déclarer irrecevable dans le premier cas ou se déclarer incompétent dans le second.

Evidemment, un moyen pour éviter la saisine du Conseil serait, pour le Président de la République, de procéder à la promulgation dans les secondes qui suivent l'adoption définitive du texte. Afin d'éviter ce détournement, il est convenu, sans qu'un texte ne le

[1] Il est évidemment possible que le Président du Sénat soit dans l'opposition parlementaire. Il pourrait alors s'opposer aux propositions de loi des sénateurs de l'opposition sénatoriale (qui sont donc eux dans la majorité parlementaire).

prévoie que, si des parlementaires envisagent de saisir le Conseil, ils le font savoir. Dans ce cas, la promulgation est suffisamment retardée pour permettre de recueillir les 60 signatures nécessaires. Cela n'évite cependant pas les « ratés » comme le montre la décision 97-392 DC.

La conséquence logique de cette règle est que l'obligation faite au Président de la République de promulguer dans le délai de 15 jours (art. 10 al 1 C.) ne joue plus dès lors que le Conseil est régulièrement saisi ; le Président devra attendre la décision du Conseil (qui interviendra dans le délai maximum d'un mois : art. 61 al. 3 C.) avant de procéder à la promulgation (art. 61 al 4 C.). Une fois la décision du Conseil rendue, le Président procède à la promulgation ; Il n'est pas possible de saisir le Conseil à nouveau pour encore retarder celle-ci (Cons. const. 2001-449 DC, 4 juill. 2001, IVG III).

Cette précision sur le moment de l'exercice du contrôle, éclairée par les débats qui se sont tenus devant le Comité consultatif constitutionnel et devant le Conseil d'Etat, exclut qu'un contrôle de constitutionnalité de la loi soit réalisé par le Conseil d'Etat, au stade de son application, exception faites de la mise en œuvre des dispositions de l'art. 55 C. (CE 5 janv. 2005, *Deprez et Baillard : Lebon 1*) ou du règlement des conflits de normes dans le temps (CE ass., 16 déc. 2005, *Synd. nat. huissiers de justice : AJDA 2006. 357*). L'introduction par la révision de juillet 2008 de la question prioritaire de constitutionnalité devrait conduire à amender cette jurisprudence. Le Conseil d'Etat jouant désormais un rôle de filtre dans le cadre de la procédure, il devra au moins indiquer si l'inconstitutionnalité soulevée fait naître un doute chez lui.

b) Evolution du contrôle

C'est dans le cadre de ce contrôle qu'une importante révision de la Constitution est intervenue. A l'origine, seuls le Président de la République, le Premier ministre, ou le Président de l'Assemblée nationale ou du Sénat (ceux que l'on a dénommés les "quatre autorités") pouvaient saisir le Conseil constitutionnel. Le nombre de saisines était réduit et, en définitive, c'était essentiellement le Président du Sénat, dont l'assemblée était alors dans l'opposition, qui demandait au Conseil d'exercer son contrôle, ce qui le conduisit en particulier à déférer au Conseil la loi sur les associations, provoquant ainsi la décision du 16 juill. 1971. Ces saisines restents rares et, lorsqu'elles ont lieu, sont très souvent mises en œuvre conjointement avec une saisine faite par les parlementaires[1].

A partir de 1974, il est possible que 60 députés ou 60 sénateurs effectuent cette saisine. Depuis cette date, ce sont essentiellement eux qui ont saisi le Conseil même s'il arrive encore que l'une des « quatre autorités » y procède (par ex. le Président de l'AN en 1994 donnant lieu à la décision 94-343-344 DC et le Premier ministre en 1999 donnant lieu à la décision 99-409 DC ou encore les deux présidents des assemblées, conjointement, donnant lieu à la décision 2010-613 DC) éventuellement, conjointement avec des parlementaires (par ex. le Premier ministre a saisi, de même que 60 députés, le Conseil de la loi de finances pour 1977 donnant lieu à la décision 76-73 DC).

On comprend, bien sûr, que ce sont surtout les parlementaires de l'opposition qui réaliseront les saisines. Pourtant, c'est aussi parfois la minorité de la majorité parlementaire qui défère au Conseil une loi lui déplaisant. Ce fut le cas par ex. en 1975 à propos de la loi sur l'interruption volontaire de grossesse (Cons. const. 74-54 DC, 15 janv. 1975, IVG I). Mieux encore, des parlementaires de la majorité peuvent joindre leurs signatures à celles de parlementaires de l'opposition pour saisir conjointement avec eux, le Conseil. Ce fut le cas le 14 mars 2003, des députés UDF ayant signé une saisine avec des parlementaires socialistes et communistes (Cons. const. 2003-468 DC, 3 avr. 2003, Elections des conseillers régionaux et des parlementaires européens).

Dans ce cas, les parlementaires frondeurs sont parfois pris de remords. Le Conseil a cependant jugé qu'il ne leur était pas possible de se désister (Cons. const. 96-386 DC §§3 et s., 30 déc. 1996, LFR pour 1996 ; Cons. const. 99-421 DC §§1 à 4, 16 déc. 1999, Adoption de la partie législative de certains codes).

---

[1] Ce fut le cas de la seule saisine jamais effectuée par le Président de la République (Cons. const. 2015-713 DC, 23 juill. 2015, Loi relative au renseignement).

Enfin, avec la mise en place de la QPC, il peut aussi être envisagé que des parlementaires de la majorité souhaitent empêcher, dès l'entrée en vigueur de la loi, toute contestation ultérieure de celle-ci en saisissant le Conseil en vertu du présent art. C'est dans ce but qu'il fut saisi de la loi portant interdiction de se dissimuler le visage dans l'espace public (Cons. const. 2010-613 DC, 7 oct. 2010, Dissimulation du visage dans l'espace public) et d'une disposition pour laquelle, tant l'auteur de l'amendement que la Garde des Sceaux estimaient qu'il existait « un peitit espace d'incertitude juridique » (Cons. const. 2014-693 DC §24, 25 mars 2014, Géolocalisation)[1].

Il faut que les 60 députés ou les 60 sénateurs saisissent le Conseil sur les mêmes motifs. Même si le seuil de 60 est dépassé, il n'est pas possible que quelques députés ou sénateurs, par lettres individuelles mettent en cause devant le Conseil d'autres dispositions que celles ayant fait l'objet de la saisine (Cons. const. 77-89 DC, 30 déc. 1977, Prélèvement isoglucose ; Cons. const. 81-133 DC §3, 30 déc. 1981, LF pour 1982. Cons. const. 2001-450 DC §3, 11 juill. 2001, Loi portant diverses dispositions d'ordre social, éducatif et culturel ; Cons. const. 2002-459 DC §2 et 3, 22 août 2002, Emploi des jeunes en entreprise ; Cons. const. 2008-571 DC, 11 déc. 2008, LFSS pour 2009). Même si le parlementaire est par ailleurs auteur de la saisine principale et que, dès lors, son mémoire prend la forme d'un « mémoire ampliatif » (Cons. const. 2000-428 DC §2 et 3, 4 mai 2000, Consultation de la population de Mayotte ; Cons. const. 2004-509 DC §2 et s, 13 janv. 2005, Loi de programmation pour la cohésion sociale) le Conseil n'est pas valablement saisi. En revanche, il est désormais possible que les parlementaires déposent un mémoire contestant la constitutionnalité d'une loi organique lorsqu'ils n'ont pas pu saisir le Conseil de cette loi puisque seul le Premier minisre peut le faire (cf. p. 194).

En toute hypothèse, la décision de saisir ou non le Conseil constitutionnel constitue un acte de gouvernement insusceptible de recours devant le juge administratif (CE 7 nov. 2001, *Tabaka : RDP 2001. 1645*).

C'est aussi dans le domaine du contrôle de la constitutionnalité des lois que devait s'opérer l'important revirement de jurisprudence de 1971. Depuis cette date (cf. p. 421, 421 et 424), c'est par rapport à l'ensemble des dispositions constitutionnelles, y compris celles contenues dans le préambule (c'est-à-dire dans le préambule de la Constitution de 1946, la Déclaration des Droits de l'Homme et du Citoyen de 1789 puis, plus tard, la Charte de l'environnement de 2004) et aux principes fondamentaux reconnus par les lois de la République que la constitutionnalité des lois est appréciée.

Cela n'exclut pas, bien sûr, que le Conseil vérifie encore la compétence du législateur, mais cette vérification visera à garantir la répartition des compétences entre les différents types de lois et non plus à sanctionner les empiétements sur le domaine du règlement. En particulier va-t-il vérifier que le législateur « ordinaire » n'empiète pas sur les compétences du législateur organique (Cons. const. 2000-426 DC §24, 30 mars 2000, Incompatibilités entre mandats électoraux) ou financier (Cons. const. 2000-429 DC §14, 30 mai 2000, Egal accès des hommes et des femmes).

Les dispositions de l'art. 61 al. 2 C. permettent ainsi à l'opposition de faire contrôler toutes les lois qui lui paraissent contestables, qu'il s'agisse des lois ordinaires (art. 34 C.), des lois de finances (art. 47 C.), des lois de financement de la sécurité sociale (art. 47-1 C.) ou des lois d'habilitation autorisant le Gouvernement à agir par voie d'ordonnance (art. 38 C.). Il est même ouvert pour les lois autorisant la ratification d'un traité (cf. p. suivante) (art. 53 C.). Seules les lois référendaires sont exclues de ce contrôle (art. 11 C.).

c) Procédure suivie

Le contrôle exercé par le Conseil constitutionnel avant promulgation présente quelques caractéristiques particulières qui conduisent parfois à douter qu'il s'agisse d'un véritable contrôle juridictionnel.

---

[1] C'est peut-être encore la même préoccupation qui a conduit le Président de la République à saisir le Conseil constitutionnel de la loi relative au renseignement (Cons. const. 2015-713 DC, 23 juill. 2015, Loi relative au renseignement), conduisant ainsi à la première saisine présidentielle dans le cadre de l'art. 61 C.

On doit d'abord constater que ce contrôle n'est pas un véritable « procès fait à la loi ». En effet, lorsque le Conseil est saisi par des parlementaires, on ne peut qu'être surpris que ce soit le Gouvernement qui présente les arguments en faveur de la constitutionnalité du texte : le Gouvernement n'est pas l'auteur du texte (même lorsque celui-ci trouve son origine dans un projet), il n'a donc pas nécessairement à le « défendre ». De plus, on sait que c'est, le plus souvent, l'opposition qui conteste la constitutionnalité de la loi à promulguer. Dans ce cas, pourquoi les parlementaires de la majorité ne seraient-ils pas recevables à présenter un mémoire en réplique s'ils estiment le texte constitutionnel ? En fait, le dialogue (par échange de mémoire) se fait exclusivement entre l'opposition et le Gouvernement. Qu'en serait-il si le Premier ministre (ou mieux encore le Président de la République[1]) était à l'origine de la saisine ? Admettrait-on alors que des parlementaires puissent défendre le texte ? On semble s'orienter vers cette solution. En effet, dans le cadre du contrôle de la constitutionnalité des lois organiques, le Conseil est saisi par le Premier ministre ; or il est admis désormais (cf. p. 194) que des parlementaires puissent présenter des arguments et que le Premier ministre y réplique. De même, le Conseil a accueilli récemment les observations des Présidents des assemblées (Cons. const. 2014-709 DC, 14 janv. 2015, Délimitation des régions), observation qui se sont révélées décisives.

En fait, la procédure suivie par le Conseil dans le cadre de ce contrôle de la constitutionnalité des lois avant promulgation ne cesse d'évoluer. C'est, du reste, le mérite d'une procédure non formalisée ; il n'y a pas, en cette matière, contrairement à ce qui existe pour le contrôle des votations ou la QPC, de règlement de procédure (cf. p. 449). Le Conseil tente, par divers procédés, de se forger une opinion sur la loi. Ainsi, par exemple, s'agissant de la loi sur la réforme du temps de travail (Cons. const. 2008-568 DC, 7 août 2008, Rénovation de la démocratie sociale et réforme du temps de travail) a-t-il reçu les partenaires sociaux pour une audition de 30 minutes chacun[2].

Il reste pourtant que les décisions prises par le Conseil[3] le sont sans débat public même si les mémoires des saisissants et du Gouvernement sont désormais publiés. On peut se demander dans quelle mesure le développement de la QPC (cf. p. 438) pourrait à l'avenir conduire à modifier la procédure d'examen avant promulgation. En effet, l'ouverture des archives du Conseil (cf. p. 405) a permis de montrer l'intérêt des débats qui s'y déroulent pour mieux comprendre les décisions qu'il rend[4]. Il y aurait donc, dans ces débats, matières à développer oralement des arguments pertinents. En tous les cas, même si l'on souhaite conserver la sérénité des débats en maintenant leur caractère secret, il serait intéressant d'autoriser les membres du Conseil à présenter des opinions dissidentes ou séparées dans lesquelles ils pourraient développer les raisons pour lesquelles ils n'ont pas pu se rallier à la majorité ou celles qui, bien que différentes de celles de la majorité, les conduisaient à la même solution.

d) Nature du contrôle

On peut encore se demander si l'opposition n'a pas tendance à voir dans le Conseil une véritable troisième chambre, ce qui n'est pas le but du mécanisme mis en place ; on a pu le penser en particulier dans les premiers temps du premier septennat de François Mitterrand et plus spécialement à propos des recours sur la loi de nationalisation (Cons. const. 81-132 DC, 16 janv. 1982, Nationalisations I ; Cons. const. 82-139 DC, 11 févr. 1982, Nationalisations II).

---

[1] Ayant saisi le Conseil pour qu'il « examine, au regard du droit au respect de la vie privée, de la liberté de communication et du droit à un recours au juridictionnel effectif » certains articles de la loi relative au renseignement, c'est là encore le Gouvernement qui a défendu la constitutionnalité du texte. Il est vrai que le Conseil était saisi de la même loi par 60 députés et le Président du Sénat, ce qui rendait l'intervention gouvernementale moins « curieuse ».

[2] Le Figaro 8 août 2008. Aucune mention de ces auditions n'est faite dans les visas de la décision.

[3] On notera que l'on sait comment est composé le Conseil pour chacune des décisions qu'il rend.

[4] V. « Les grandes délibérations du Conseil constitutionnel : 1958-1983 » Dalloz, 2009.

Le Conseil affirme pourtant se contenter d'examiner les arguments qui sont avancés à l'appui des saisines sous un angle purement juridique et constitutionnel, rejetant comme il se doit toute considération d'opportunité.

Ainsi précise-t-il que « la Constitution ne (lui) confère pas un pouvoir général d'appréciation et de décision identique à celui du Parlement » (Cons. const. 74-54 DC §1, 15 janv. 1975, IVG I ; Cons. const. 2001-446 DC §4, 27 juin 2001, IVG II ; Cons. const. 2007-554 DC §7, 9 août 2007, Lutte contre la récidive des majeurs et des mineurs. Y compris dans le cadre de la QPC : Cons. const. 2010-2 QPC §4, 11 juin 2010, *Viviane L.*). Il indique encore qu'il ne lui appartient pas de « substituer sa propre appréciation à celle du législateur » (Cons. const. 80-127 DC §13, 19 janv. 1981, Sécurité et liberté ; Cons. const. 2005-529 DC §5, 15 déc. 2005, Dates des renouvellements du Sénat ; Cons. const. 2007-559 DC §14, 6 déc. 2007, LO relative à la stabilité des institutions et la transparence de la vie politique en Polynésie française). Dès lors, le Conseil affirme qu'une « critique qui porte en réalité sur l'opportunité de la loi ne saurait être retenue » (Cons. const. 84-179 DC §14, 12 sept. 1984, Limite d'âge des fonctionnaires) ou encore que « l'appréciation de l'intérêt général appartient au législateur » (Cons. const. 83-162 DC §80, 19 et 20 juill. 1983, Démocratisation du secteur public). Mais ces refus d'entrer dans le contrôle d'opportunité touchent seulement l'objet poursuivi.

En effet, le Conseil estime pouvoir « rechercher si les modalités retenues par la loi ne sont pas manifestement inappropriées à l'objectif poursuivi » (Cons. const. 90-280 DC §26, 6 déc. 1990, Concomitance des élections régionales et cantonales ; Cons. const. 96-372 DC §3, 6 févr. 1996, Renouvellement des membres de l'Ass. Terr. de la Polynésie française ; Cons. const. 2007-550 DC §5 27 févr. 2007, Télévision du futur), ce qui conduit en fait à s'approcher d'un contrôle d'opportunité.

En effet, cette recherche de la présence éventuelle d'une erreur manifeste d'appréciation (Cons. const. 81-132 DC §20, 16 janv. 1982, Nationalisations I ; Cons. const. 2004-511 DC §22, 29 déc. 2004, LF pour 2005) conduit le Conseil à ne plus se contenter de contrôler la constitutionnalité de l'objectif de la loi mais à s'attacher aux moyens retenus par le législateur pour atteindre cet objectif.

Ainsi, il ne manque pas de contrôler l'opportunité des moyens que le législateur met en œuvre pour la réalisation des objectifs et effectue un contrôle de la proportionnalité de ces moyens par rapport aux objectifs de la loi et aux atteintes aux libertés que ces objectifs supposent pour être atteints (Cons. const. 91-291 DC §13, 6 mai 1991, Fonds de solidarité des communes).

Il admet, par exemple, que la prolongation de onze semaines du mandat de l'Assemblée nationale élue en 1997 apparaît comme « strictement nécessaire à la réalisation de l'objectif de la loi organique » modifiant (inversant) le calendrier électoral de 2002 (Cons. const. 2001-444 DC §5, 9 mai 2001, Date d'expiration des pouvoirs de l'AN). De même estime-t-il que l'inclusion de la CSG, la CRDS et autres prélèvements dans les impôts directs pris en compte pour la détermination du « bouclier fiscal » n'est pas inappropriée à éviter que l'impôt présente un caractère confiscatoire (Cons. const. 2007-555 DC §§24 et 25, 16 août 2007, Loi en faveur du travail, de l'emploi et du pouvoir d'achat). En revanche, constitue une atteinte excessive à la liberté individuelle la possibilité d'élargissement à 40 km de la zone frontalière permettant de réaliser des contrôles d'identité (Cons. const. 93-323 DC §16, 5 août 1993, Contrôles d'identité). Il estime, encore, que n'était pas en adéquation avec l'objectif de la loi, le crédit d'impôt résultant de la construction ou de l'acquisition d'une habitation principale antérieurement à l'entrée en vigueur de la loi dès lors que cet avantage fiscal fait supporter à l'État des charges manifestement hors de proportion avec l'effet incitatif attendu (Cons. const. 2007-555 DC §20, 16 août 2007, Loi en faveur du travail, de l'emploi et du pouvoir d'achat).

Enfin, le Conseil vérifie que les dispositions contestées ne sont pas fondées sur des critères qui ne seraient ni objectifs et ni rationnels. (Cons. const. 99-414 DC §8, 8 juill. 1999, Loi d'orientation agricole). De même, par la technique de l'interprétation (cf. p. 455), réalise-t-il, dans le but de prévenir des atteintes à l'ordre public (Cons. const. 2004-494 DC, 2 mars 2004, Loi Perben II), des conciliations entre des libertés et/ou des droits qui s'opposent.

Mais le Conseil se refuse toujours à « rechercher si les objectifs que s'est assigné le législateur auraient pu être atteints par d'autres voies » (Cons. const. 98-407 DC §4, 14 janv. 1999, Elections des conseillers régionaux ; Cons. const. 99-416 DC, 23 juill. 1999, CMU) et c'est là, sans doute, la limite ultime qui ne doit en aucun cas être franchie.

Dans le même temps que se développe cette jurisprudence, les modalités de publication des décisions du Conseil s'approchent de plus en plus de celles des décisions d'une juridiction. Le texte des saisines est publié au *Journal Officiel* depuis 1983, la réplique du Gouvernement l'est depuis 1986 et les décisions comportent, depuis 1995, le nom des membres présents lorsqu'elles ont été rendues.

Avec l'apparition de la QPC (cf. p. 438), le rôle du Conseil constitutionnel dans le cadre du contrôle *a priori* se recentre sur les questions de forme (essentiellement respect de la procédure parlementaire et de recevabilité des d'amendements) qui ne pourront pas être examinées dans le cadre d'un recours QPC. Pour le reste, le Conseil n'examine pas toutes les dispositions des lois qui lui sont déférées dans le cadre du contrôle *a priori*. Il examine les points soulevés par les saisines et soulève d'office des violations des droits et libertés si elles sont flagrantes. Il ne donne donc pas, dans ce cadre, un brevet de constitutionnalité à la loi déférée. Si le Gouvernement ne manque pas de s'énorgeuillir du fait que le Conseil n'a censuré qu'un nombre réduit de dispositions et affirme que le Conseil a « validé » la loi, il n'en est rien. Il conviendrait en effet de préciser combien de dispositions le Conseil a réellement examiné sur toutes celles contenues dans la loi. Ainsi, s'il l'on fait des statistiques sur la loi « Macron », le Gouvernement a affirmé que seuls 2 ou 3 % de son contenu a été déclaré contraire à la Constitution. Certes, mais le Conseil n'a examiné que 10 % des dispositions de cette loi ; pour les 90 % restant, il n'a rien dit et il sera donc possible de le saisir de QPC sur ces points.

e) Etendue du contrôle : la question du contrôle de conventionalité

S'il contrôle la constitutionnalité des lois, le Conseil constitutionnel s'interdit de contrôler leur conventionalité. En effet, le Conseil constitutionnel estime que les dispositions de l'art. 55 C. qui prévoient que les traités ont une autorité supérieure à celle des lois n'implique pas que le respect de ce principe soit assuré dans le cadre du contrôle de la constitutionnalité des lois. Une loi contraire à un traité n'étant pas nécessairement contraire à la Constitution (Cons. const. 74-54 DC §§2 à 7, 15 janv. 1975, IVG I ; Cons. const. 77-92 DC §3, 18 janv. 1978, Contre-visite médicale), il appartient au juge administratif et au juge judiciaire d'assurer le respect de cette disposition (cf. p. 287). Le Conseil refuse donc, depuis lors, d'examiner la conformité d'une loi à un traité dans le cadre du contrôle prévu à l'article 61 al. 2 C. (Cons. const. 96-373 DC, 9 avr. 1996, Polynésie française. ; Cons. const ; 98-405 DC §34, 29 déc. 1998, LF pour 1999 ; Cons. const. 2014-709 DC, 14 janv. 2015, Délimitation des régions).

On a pu un temps penser que, dès lors que le traité était mentionné dans la Constitution [comme c'est le cas aux art. 53-3 (traité de Rome portant statut de la Cour pénale internationale), 88-1 (traité de Lisbonne) et 88-3 (Traité de Maastricht) C. et, jusqu'en 2009 à l'art. 88-2 (traités de Maastricht et d'Amsterdam)], le Conseil constitutionnel acceptait d'assurer la contrôle de la conventionnalité des lois à ces traités. Il avait en effet, dans un premier temps, indiqué que le traité de Maastricht mentionné, à l'époque, à l'art. 88-2 C. « n'étant pas encore en vigueur, il n'y a pas lieu de contrôler la constitutionnalité de la loi déférée au regard des dispositions de l'art. 88-2 » C. (Cons. const. 93-324 DC §§3, 4 et 10, 3 août 1993, Banque de France). Il était possible d'en déduire *a contrario* que si le traité avait été en vigueur, il aurait réalisé ce contrôle par rapport à l'art. 88-2 C. qui, renvoyant au traité, aurait en fait été un contrôle de conventionnalité. C'est du reste ce qu'il faisait plus tard en acceptant de contrôler la constitutionnalité de la LO accordant le droit de vote et d'éligibilité aux citoyens de l'Union par rapport au même traité de Maastricht mentionné cette fois à l'art. 88-3 C. :

« qu'en conséquence, il résulte de la volonté même du constituant qu'il revient au Conseil constitutionnel de s'assurer que la loi organique prévue par l'article 88-3 de la Constitution respecte (...) le paragraphe premier de l'article 8 B précité du traité instituant la Communauté européenne, relatif au droit de vote et d'éligibilité des citoyens de l'Union aux élections municipales » (Cons. const. 98-400 DC §4, 20 mai 1998, Droit de vote des citoyens de l'Union).

Le Conseil constitutionnel a remis en cause cette interprétation estimant qu'il n'a pas compétence pour s'assurer de la compatibilité des lois avec les traités même mentionnés par la Constitution (Cons. const. 2010-605 DC §16, 12 mai 2010, Régulation du secteur de jeux d'argent et de hasard en ligne).

Enfin, l'absence d'un contrôle de conventionalité avant l'entrée en vigueur de la loi pose à l'évidence un problème de cohérence. Il est, en effet, difficilement compréhensible par le commun des mortels que le Conseil constitutionnel puisse estimer une loi conforme à la Constitution et que, quelque temps plus tard, le Conseil d'Etat ou la Cour de cassation déclare les mêmes dispositions « inapplicables » (CE 3 déc. 1999, *Assoc. ornithologique et mammalogique de Saône et Loire : Lebon 380* ; CE 5 mai 1995, *SARL « Der » : Lebon 192* ; Cass. soc. 25 avr. 2001, *Assoc. « Etre enfant au Chesnay » : RFDA 2001. 1055*).

Reste que le juge constitutionnel estime que, lorsqu'il est autorisé par le législateur à agir par voie d'ordonnance pour réaliser la codification de texte, le Gouvernement doit respecter le principe de suprématie du traité sur la loi prévu à l'art. 55 C. Le Gouvernement est donc obligé de modifier les normes législatives pour les rendre conformes aux traités internationaux (Cons. const. 99-421 DC §14, 16 déc. 1999, Adoption de la partie législative de certains codes).

3. Le contrôle « a priori » de la constitutionnalité des lois promulguées (hors QPC)

Jusqu'à la révision constitutionnelle de juillet 2008, les lois promulguées ne pouvaient pas faire l'objet d'un contrôle de constitutionnalité (Cons. const. 78-96 DC §4, 27 juill. 1978, Monopole radio télévision). Il n'existait pas, en France de contrôle *a posteriori* des lois et les tentatives de révision constitutionnelle (1990 et 1993) pour mettre en place un contrôle de ce type s'étaient soldées par des échecs (cf. p. 389 et 389).

Malgré l'absence de principe de ce contrôle *a posteriori*, la Constitution a prévu, dès l'origine la possibilité pour le Conseil de procéder à la délégalisation de certaines dispositions à caractère législatif (1). En plus de cette compétence constitutionnelle, le Conseil, dans le cadre du contrôle avant promulgation, s'est attribué, par une jurisprudence audacieuse, un droit d'examen par évocation de lois qui ne lui avaient pas été soumises avant promulgation (2).

a) La délégalisation de disposition à caractère réglementaire ou relevant de la compétence d'une COM à statut autonome (déclassement ultramarin)

Nous avons déjà mentionné le contrôle particulier que le Conseil opère sur les lois déjà en vigueur pour garantir que, dans l'hypothèse même où le législateur aurait adopté une loi dans un domaine relevant en fait de la compétence du Gouvernement, celui-ci puisse modifier la loi par décret (cf. p. 285). Cela est possible si le Conseil constitutionnel, saisi par le Premier ministre[1] (art. 24 de l'ord. du 7 nov. 1958) selon les dispositions de l'art. 37 al. 2 C., déclare que certaines des dispositions de la loi (votée après 1958) ont en fait une nature réglementaire. Le Conseil constitutionnel pratique donc ici un véritable « déclassement » des dispositions législatives prises hors du domaine de la loi, en les rendant à leur véritable nature (voir par exemple Cons. const. 92-169 L, 6 oct. 1992, Code général des impôts). Il a également admis qu'il pouvait ainsi déclasser des dispositions contenues dans des ordonnances ratifiées, qu'elles aient été prises en vertu de l'art. 38 C. ou de l'ancien art. 92 C. (Cons. const. 59-1 L, 27 nov. 1959, RATP). Le contrôle opéré par le Conseil dans ce cadre prend comme référence les seuls art. 34 C. élargi (cf. p. 279) et 37 C.

---

[1] On notera que le Premier ministre peut retirer sa demande. Dans ce cas, le Conseil prononce un non-lieu à statuer sans que ce non-lieu soit publié au *Journal Officiel*. V. Cons. const. 2006-206 L, 26 oct. 2006 ; Cons. const. 2009-217 L, 14 mai 2009.

Reste que le Conseil d'Etat a curieusement jugé que la décision par laquelle le Premier ministre refuse d'engager la procédure prévue à l'art. 37 al. 2 C. est susceptible de recours pour excès de pouvoir (CE 3 déc. 1999, *Assoc. ornithologique et mammalogique de Saône et Loire : Lebon 379*) ; il ne s'agit donc pas d'un acte de gouvernement (cf. p. 473).

Ce mécanisme a été adapté (cf. p. 344) à l'hypothèse dans laquelle, après l'entrée en vigueur du statut d'une COM dotée de l'autonomie (V. pour l'application en Polynésie p. 344), une loi, comportant des dispositions relevant du domaine de compétence de cette collectivité, serait promulguée (déclassement ultramarin).

b) Le contrôle par évocation ou par « ricochet » (jurisprudence néo-calédonienne)

D'une part, le Conseil a admis que l'on puisse contester la constitutionnalité de dispositions législatives déjà promulguées lors de l'examen de la constitutionnalité d'une loi nouvelle modifiant, complétant, restreignant ou étendant le champ d'application des dispositions anciennes (Cons. const. 85-187 DC §10, 25 janv. 1985, Etat d'urgence en Nouvelle Calédonie ; Cons. const. 97-388 DC §11, 20 mars 1997, Plans d'épargne retraite)

C'est ainsi qu'à l'occasion de l'examen (obligatoire) de la constitutionnalité de la loi organique de 1999 relative à la Nouvelle-Calédonie, le Conseil constitutionnel a déclaré contraire à la Constitution deux dispositions de la loi du 25 janv. 1985 relative au redressement et à la liquidation judiciaires des entreprises (Cons. const. 99-410 DC §§39 et s., 15 mars 1999, LO relative à la Nouvelle-Calédonie II). Etendant son contrôle, le Conseil a admis de contrôler la constitutionnalité d'une loi promulguée quand la loi nouvelle la modifie « même sans en changer la portée » (Cons. const. 99-414 DC §2, 8 juill. 1999, Loi d'orientation agricole).

C'est à cette occasion que peuvent être contrôlées des lois qui n'ont pas été soumises au Conseil et, celui-ci admettant que le Parlement puisse modifier une loi adoptée par référendum, il est également envisageable que les lois référendaires puissent être contrôlées à l'occasion des modifications qui leur seraient apportées ultérieurement par le Parlement (cf. p. 408). Du reste, sans avoir encore jugé précisément dans ce sens, le Conseil a admis que, compte tenu des circonstances de droit (révision de la Constitution), il lui était possible de contrôler la constitutionnalité de dispositions :

> « figurant dans la loi n° 88-1028 du 9 novembre 1988 (*adoptée par référendum* : cf. p. 80) portant dispositions statutaires et préparatoires à l'autodétermination de la Nouvelle-Calédonie en 1998, adoptée par le peuple français à la suite d'un référendum » (Cons. const. 99-410 DC §4, 15 mars 1999, LO relative à la Nouvelle-Calédonie II).

Dans ce cadre, le Conseil a émis (d'office qui plus est) une réserve d'interprétation à propos de dispositions de la loi de modernisation sociale reprenant « la formulation retenue par la loi susvisée du 9 mai 2001 relative à l'égalité professionnelle » qui n'avait pas été soumise au contrôle du Conseil (Cons. const. 2001-455 DC §112 à 115, 12 janv. 2002, Loi de modernisation sociale). Ce faisant, même si l'autorité de la chose ainsi interprétée reste discutée (cf. p. 455), on doit estimer que le Conseil émet une réserve d'interprétation sur la loi qu'il examine mais également sur la loi dont les dispositions sont reprises, alors que celle-ci ne lui avait pas été soumise. La réserve sert de « grille de lecture » pour l'application de tous les articles ayant la même rédaction, y compris dans des lois antérieures[1]. On parle alors de contrôle « par ricochet ».

---

[1] On notera que c'est pratiquement la même technique que le Conseil utilise lors de l'examen de la constitutionnalité d'une modification du règlement de l'Assemblée nationale. La résolution qui lui était soumise retirant une interdiction qui n'existait pas dans le règlement du Sénat, le Conseil fait d'une pierre deux coups en déclarant que le retrait de cette interdiction et partant son absence dans le règlement du Sénat, ne sont constitutionnelles que sous de strictes réserves

Le Conseil a continué de mettre en pratique la jurisprudence « néo-calédonienne » dans le cadre de son contrôle *a priori* alors que la QPC permet désormais le contrôle d'une loi promulguée. On peut du reste noter que le recours à cette technique a été particulièrement important en 2012 et 2013. En fait, le Conseil constitutionnel agit de la sorte pour purger l'ordre juridique de dispositions inconstitutionnelles à l'occasion de l'examen de nouvelles lois. Il a aussi étendu cette jurisprudence à d'autres situations. D'une part, il a profité d'un tel contrôle pour émettre sur la loi ancienne une réserve d'interprétation qui peut porter soit sur la seule disposition en vigueur, soit aussi sur la disposition nouvelle qui en étend le champ d'application (Cons. const. 2012-656 DC §19, 24 oct. 2012. Cons. const. 2013-669 DC §53, 17 mai 2013, Mariage des couples de même sexe). D'autre part, il applique désormais cette jurisprudence à des dispositions législatives nouvelles qui affectent de manière indirecte le domaine d'application de dispositions législatives existantes (Cons. const. 2012-659 DC §14 et 15, 13 déc. 2012, LFSS pour 2013) ; dans ce cas, l'inconstitutionnalité réside exclusivement dans la loi déjà promulguée. Reste que l'autorité de la chose jugée dans cette matière ne manque pas de poser un problème, problème plus prégnant encore dès lors que le Conseil a modulé les effets dans le temps de l'inconstitutionnalité qu'il sanctionne ainsi (CE, 25 juill. 2013, *Stés Allianz I.A.R.D. et Allianz Vie, req. n° 366345*). Le Conseil estime que la disposition est « neutralisée » (Cons. const. 2013-349 QPC, 18 oct. 2013, *Sté Allianz IARD*).

Reste que le Conseil n'utilise pas toujours cette possibilité et laisse ainsi dans notre législation, alors qu'il pourrait les en retirer, des dispositions vraisemblablement contraires à la Constitution. C'est ainsi qu'il n'a pas soulevé la question de la constitutionnalité de la « déposition anonyme » sans doute contraire aux droits de la défense, alors qu'il était saisi de la loi portant extension de son application (Cons. const. 2002-461 DC, 29 août 2002, Loi d'orientation et de programmation pour la justice). Heureusement, la mise en place d'un contrôle de la constitutionnalité des lois par voie d'exception devrait permettre de régler ces questions.

§2. Le contrôle par voie d'exception : la question prioritaire de constitutionnalité (contrôle ex post)

Introduit[1] à l'art. 61-1 C. par la révision constitutionnelle de juillet 2008, le contrôle par voie d'exception est ouvert depuis le 1er mars 2010. Les modalités d'application de cette disposition sont fixées par la LO n° 2009-1523 qui introduit dans l'ord. n° 58-1067 du 7 nov. 1958 un chapitre II bis intitulé : " De la question prioritaire de constitutionnalité ". C'est donc l'appellation retenue pour cette procédure et qui donne l'acronyme QPC. Comme pour le contrôle a priori, il faut s'interroger sur les normes de références applicables en matière de QPC (A), les dispositions qui peuvent être contrôlées par cette technique (B) et la procédure de mise en œuvre (C).

Portée de la priorité de la Question prioritaire de constitutionnalité

Les libertés garanties par la Constitution étant très souvent les mêmes que celles protégées par des conventions internationales (Conv. EDH et Charte UE), il ne fait pas de doute que nombre des QPC seront « doublées » par des moyens d'inconventionnalité. Il convenait donc de savoir dans cette hypothèse dans quel ordre le juge devait examiner ces moyens. L'appellation retenue pour cette procédure indique clairement que le législateur organique a voulu que le problème de la constitutionnalité prime sur celui de la conventionnalité. Le juge doit donc d'abord s'interroger sur la pertinence de la QPC soulevée. S'il la rejette, il pourra alors s'interroger sur l'inconventionnalité. Si le juge transmet la QPC et qu'elle aboutit à une décision du Conseil constitutionnel constatant l'inconstitutionnalité

d'interprétation. Il a ainsi pu interpréter une disposition du règlement du Sénat, ce qu'il n'avait pas pu faire auparavant dès lors qu'il ne peut se prononcer que sur des dispositions écrites et non sur des dispositions absentes (Cons. const. 2003-470 DC §18, 9 avr. 2003, Règlement de l'AN XXX) !

[1] Après deux échecs (1990 et 1993 ; cf. p. 389 et 389)

de la disposition, il n'y a plus de raison de s'interroger sur l'inconventionnalité dès lors que (Cf. p. 451) la disposition est abrogée.

Mais qu'en est-il dans l'hypothèse où le Conseil constitutionnel conclut à la constitutionnalité de la disposition. Les décisions du Conseil constitutionnel étant revêtues de l'autorité de la chose jugée s'imposent, comme le prévoit l'art. 62 C. aux pouvoirs publics et à toutes les autorités administratives et juridictionnelles. Le juge est donc lié. Or, l'art. 55 C. dispose que les traités ont une autorité supérieure à celle des lois. Le Conseil constitutionnel en se prononçant sur la constitutionnalité de la disposition législative indiquait-il que celle-ci était aussi conforme à l'art. 55 C. ? Certes, dans le cadre du contrôle prévu à l'art. 61 C., le Conseil constitutionnel se refuse à opérer ce contrôle ; mais quid du contrôle opéré en vertu du présent art. ? La Cour de cassation (Cass. Premier président, 16 avr. 2010, *Aziz Malkl*, n° 10-40-001 : *AJDA 2010. 1023, note Manin*) s'est immédiatement inquiétée de cette situation qui lui semblait elle-même incompatible avec les stipulations de l'art. 267 TFUE. Elle profitait d'une QPC soulevant l'inconstitutionnalité d'une disposition législative prétendue contraire à l'art. 67 TFUE pour poser à la CJUE, par une décision « avant dire droit », une question préjudicielle sur l'inconventionnalité soulevée, mais aussi sur celle éventuelle de la procédure de la QPC telle qu'elle est organisée par l'art. 61-1 C. et par la LO n° 2009-1523 du 10 déc. 2009.

L'émoi provoqué par ce renvoi à la CJUE a été considérable. En dehors même de la question posée, est-il normal qu'une Cour internationale se prononce sur la conventionnalité d'une disposition constitutionnelle ? Toutes les juridictions ayant à voir avec la QPC et la CJUE ont été amenées à se prononcer.

Le Conseil constitutionnel d'abord. Ayant été saisi de la constitutionnalité d'une loi éventuellement non conforme au droit de l'Union, les parlementaires saisissants profitaient de l'occasion pour lui demander, par un complément à leur requête primitive, de se prononcer sur cette question. Par un raisonnement particulièrement argumenté, le Conseil constitutionnel (Cons. const. 2010-605 DC §9 à 21, 12 mai 2010, Régulation du secteur de jeux d'argent et de hasard en ligne) a estimé qu'il ne lui appartenait pas, qu'il soit saisi en application de l'art. 61 ou de l'art. 61-1 C., d'examiner la compatibilité d'une loi avec les engagements internationaux et européens de la France fussent-ils mentionnés dans la Constitution comme c'est le cas du traité signé à Lisbonne le 13 déc. 2007. Il a ensuite confirmé cette solution en précisant qu'un grief tiré du défaut de compatibilité d'une disposition législative aux engagements internationaux de la France ne saurait être regardé comme un grief d'inconstitutionnalité et ne peut donc être soulevé dans le cadre de la QPC (Cons. const. 2010-4/17 QPC §11, 22 juill. 2010, *Alain C.*)

Le Conseil d'Etat ensuite. Saisi de la demande de renvoi au Conseil constitutionnel de la question de la conformité aux droits et libertés garantis par la Constitution d'une convention, la haute juridiction (CE 14 mai 2010, Senad B., n° 312305) précisait que les dispositions du présent art ne pouvaient conduire à saisir le Conseil constitutionnel que d'une question portant sur une disposition législative et non de la conformité d'un traité à la Constitution.

La CJUE enfin. Par une analyse très fouillée, elle estime (CJUE 22 juin 2010, *Melki et Abdeli*, C-188/10 et C-189/10 : inédit) que l'article 267 TFUE ne s'oppose pas à une telle législation nationale pour autant que les autres juridictions nationales restent libres : a) de saisir, à tout moment de la procédure qu'elles jugent approprié, et même à l'issue de la procédure incidente de contrôle de constitutionnalité, la Cour de toute question préjudicielle qu'elles jugent nécessaire ; b) d'adopter toute mesure nécessaire afin d'assurer la protection juridictionnelle provisoire des droits conférés par l'ordre juridique de l'Union, et c) de laisser inappliquée, à l'issue d'une telle procédure incidente, la disposition législative nationale en cause si elles la jugent contraire au droit de l'Union. Or, les décisions du Conseil constitutionnel et du Conseil d'Etat présentées ci-dessus vont effectivement dans ce sens.

On doit donc déduire de ce qui précède que la procédure mise en place pour la QPC par les art. 61-1 et 62 al. 2 C. ainsi que les dispositions organiques permettant la mise en œuvre de ces art. de la Constitution sont conformes aux stipulations du TFUE et au principe de primauté du droit de l'Union sur le droit interne. En effet, si les juridictions du fond et les juridictions suprêmes des deux ordres de juridictions doivent transmettre prioritairement la QPC au Conseil constitutionnel avant de se prononcer sur la conventionnalité de la disposition législative contestée, elles peuvent, sans attendre la décision du Conseil constitutionnel si elles le jugent nécessaire, saisir la CJUE d'une question préjudicielle et prendre les mesures nécessaires afin d'assurer la protection juridictionnelle provisoire des droits conférés par l'ordre juridique de l'Union et, après la décision rendue par le Conseil constitutionnel, écarter la loi contraire au droit de l'Union, même si le Cons. Const. a estimé la disposition conforme à la Const. 58. Il va sans dire que les mêmes principes s'appliquent *mutatis mutandis* aux conventions internationales ratifiées par la France.

Il ne faudra donc pas être surpris (même si l'on peut s'en étonner) si, à l'avenir, par des décisions jurisprudentielles asymétriques mais non contradictoires, les juges du fond écartent, par application de l'art. 55 C., des dispositions législatives qui viennent d'être constitutionnellement validées par le Conseil constitutionnel. Cela a déjà été le cas dans le cadre de la procédure de l'art. 61 C. (cf. p. 436). Peut-être à fin de prévenir cette situation, le Conseil constitutionnel a pris l'initiative de saisir lui-même la CJUE d'une question préjudiciielle (Cons. const. 2013-314P QPC, 4 avr. 2013, *Jeremy F.*).

A. Les normes constitutionnelles de référence

Les normes de références au regard desquelles une QPC peut être soulevée sont en principe les mêmes que celles utilisées par le Conseil dans le cadre de son contrôle a priori.

Autrement dit, il s'agit des dispositions contenues dans la Constitution, y compris son préambule et les textes auxquels il renvoie et les principes non écrits dégagés par le Conseil dans sa jurisprudence (cf. p. 420). Pourtant, il n'est pas possible d'invoquer toutes les dispositions de ces normes. En effet, la QPC ne peut être soulevée que si la loi contestée « porte atteinte aux droits et libertés que la Constitution garantit ». Il faut donc, dans les différentes normes précitées, faire le tri entre les dispositions ou principes invocables et ceux qui ne le sont pas.

1. N'entrent pas dans les droits et libertés garantis par la Constitution

Il n'est pas possible, dans le cadre d'une QPC d'invoquer des normes constitutionnelles relatives aux compétences des différents pouvoirs et à la procédure législative (Cons. const. 2010-4/17 QPC §7, 22 juill. 2010, *Alain C.*). Ainsi, par exemple, il n'est pas possible d'invoquer l'irrecevabilité de l'amendement à l'origine de la disposition législative contestée (violation des art. 40 C. ou 45 C.). De même, il ne sera pas possible d'invoquer le fait que la disposition contestée se trouve dans une loi ordinaire alors qu'elle relève du domaine exclusif des lois de finances ou des lois de financement de la sécurité sociale ou encore de celui de la loi organique (Cons. const. 2012-241 QPC §20, 4 mai 2012, *EURL David Ramirez*).

De même, le Conseil constitutionnel estime que les règles constitutionnelles qui posent des habilitations du législateur ne définissent pas des droits et libertés garantis par la Constitution. C'est la solution qu'il a retenue pour l'art. 6 Charte (Cons. const. 2012-283 QPC §22, *Antoine de M.*, 23 nov. 2012), l'art. 14 DDH (Cons. const. 2010-5 QPC §4, 18 juin 2010, *SNC Kimberly Clark*, l'al. 9 du Préambule de 1946 (Cons. const. 2015-459 QPC §6, 26 mars 2015, *Frédéric P.*), l'al. 2 de l'art. 1er Const. (Cons. const. 2015-465 QPC §10, 24 avr. 2015, *Conf. présidents d'université*) et pour certaines dispositions des art. 72-1 et 72-2 Const. (Cons. const. 2010-29/37 QPC §5, 22 sept. 2010, *Cne de Besançon*).

Il en va de même encore de certains principes constitutionnels ne prévoyant ni un droit, ni une liberté. On peut ainsi penser que ne peuvent être invoqués à l'appui d'une QPC le principe de l'indivisibilité de la République ou le principe de laïcité (art. 1er C.). En effet, s'agissant de ce dernier, même si cela peut sembler curieux, la laïcité ne peut s'analyser comme un droit garanti par la Constitution ou comme une liberté qu'elle consacrerait. Il s'agit simplement d'une limite à la liberté religieuse qui interdit « à quiconque de se prévaloir de ses croyances religieuses pour s'affranchir des règles communes garantissant les relations entre les collectivités publiques et les particuliers » (Cons. const. 2004-505 DC §5, 19 nov. 2004, Traité établissant une Constitution pour l'Europe).

Ainsi, ne font pas partie des droits et libertés garantis par la Constitution et ne sont dès lors pas invocables par la procédure de la QPC :

- l'exigence constitutionnelle de transposition des directives découlant de l'art. 88-1 C. (Cons. const. 2010-605 DC §19, 12 mai 2010, Régulation du secteur de jeux d'argent et de hasard en ligne) ;
- Les différents alinéas du préambule de la Charte de l'environnement de 2004 (Cons. const. 2014-394 QPC §5, 7 mai 2014, *Sté Casuca*).

2. Entrent dans les droits et libertés garantis par la Constitution

En revanche, peuvent être invoquées à l'appui d'une QPC toutes les normes constitutionnelles de fond relatives aux droits et libertés. Dans le corps même de la Constitution de telles dispositions sont assez peu nombreuses. Il s'agit pour l'essentiel de certaines libertés comme la libre détermination des peuples (préamb.), la liberté accordée aux partis et groupements politiques de se créer et d'exercer leur activité librement (art. 4 C.), de la liberté d'administration des collectivités territoriales (art. 34 et 72 C.) ou encore de la protection de la liberté individuelle par l'autorité judiciaire découlant de l'art. 66 C.

En revanche, la DDHC, le Préambule de 1946 et la Charte de l'environnement contiennent de nombreux droits et libertés qui peuvent être invoqués. Pour l'essentiel, du reste, il s'agit des mêmes droits que ceux utilisés dans le cadre du contrôle avant promulgation (cf. p. 421 et s.). Sans prétendre ici être exhaustif, on mentionnera :

- dans le cadre de la DDHC, la liberté individuelle ou la liberté personnelle (Cons. const. 2010-13 QPC, 9 juill. 2010, *Orient O.*) qui, bien plus large qu'un simple droit à la sûreté, peut se décliner en une liberté d'aller de venir (Cons. const. *2011-174 QPC,* 6 oct. 2011, *Oriette P.*), une liberté d'entreprendre (Cons. const. 2010-45 QPC, 6 oct. 2010, *Mathieu Pitte*), une liberté contractuelle (Cons. const. 2012-242 QPC, 14 mai 2012, *Assoc. Temps de vie*), une liberté du mariage (Cons. const. 2010-92 QPC, 28 janv. 2011, *Corinne C. et a.*), une inviolabilité du domicile et de la correspondance, un droit au respect de la vie (art. 1er, 2 , 4 et 5 DDHC) ; le respect de la vie privée (art. 2 DDHC : Cons. const. 2012-227 QPC, 30 mars 2012, *Omar S.*) ; la liberté de religion découlant (art. 10 DDHC) ; la libre communication de pensées et des opinions (art. 11 DDHC) ; le droit à un recours juridictionnel effectif (art. 16 DDHC : Cons. const. 2011-150 QPC §5, 13 juill. 2011, *SAS VESTEL France et a.*) et le droit à un procès équitable, ainsi que les droits de la défense (art. 16 DDHC : Cons. const. 2010-38 QPC §3, 29 sept. 2010, *Jean-Yves G.*) ; le droit de propriété (art. 2 et 17 DDHC : Cons. const. 2010-5 QPC, 18 juin 2010, *SNC Kimberly Clark* ; Cons. const. 2011-208 QPC, 13 janv. 2012, *Cts B.*) ;
- dans le cadre du préambule de 1946, la liberté contractuelle en matière de conventions collectives (al. 8 préamb. 46) ; le droit d'asile (al. 4 Préamb. 46) ; le droit au travail (al. 5 préamb. 46) ; le droit et la liberté syndicale (al. 6 préamb. 46 : Cons. const. 2010-91 QPC, 28 janv. 2011, *Féd. nat. CGT des personnels des organismes sociaux*) ; le droit de grève (al. 7 préamb. 46) ; le droit à une vie familiale normale (al. 10 préamb. 46 : Cons. const. 2010-39 QPC, 6 oct. 2010, *Isabelle D et Isabelle B.*) ; le droit à la santé (al. 11 préamb. 46 : Cons. const. 2012-248 QPC, 16 mai 2012, *Mathieu E.*) ;
- dans le cadre de la Charte de l'environnement, le droit de vivre dans un environnement équilibré (art. 1er Charte envir. : Cons. const. 2011-116 QPC, 8 avr. 2011, *Michel Z et a.*) ; le droit d'accéder aux informations relatives à l'environnement et de participer à l'élaboration des décisions publiques en cette matière (art. 7 Charte envir. : Cons. const. 2011-183/184 QPC, 14 oct. 2011, *Assoc. France Nature Environnement*).

Mais c'est évidemment le principe d'égalité qui constituera la base essentielle des QPC (par ex. parmi de nombreux autres : Cons. const. 2010-13 QPC, 9 juill. 2010, *Orient O.* ; Cons. const. 2010-18 QPC, 23 juill. 2010, *Lahcène A.* ; Cons. const. 2011-186/187/188/189, 21 oct. 2011, *Fazia C. et a*). Ce principe, garanti tant dans Constitution elle-même (art. 1er C.) que par la DDHC (art. 1er, 6 et 13), est encore précisé dans certains domaines à d'autres art. de ces textes et du Préamb. Const. 46.

Enfin, et de toute évidence, les principes fondamentaux reconnus par les lois de la République (cf. p. 424) sont à classer parmi les normes constitutionnelles invocables à l'appui d'une QPC [V. par ex. la liberté d'association (Cons. const. 2010-3 QPC, 28 mai 2010, *Union des familles en Europe*), l'atténuation de la responsabilité pénale des mineurs (Cons. const. 2010-25 QPC, 16 sept. 2010, *Jean-Victor C.*) ou encore l'indépendance des professeurs d'université : Cons. const. 2010-20/21 QPC, 6 août 2010, *Jean C. et autres*)] sauf, peut-être, s'agissant de la réserve de compétence au profit de la juridiction administrative qui semble difficilement pouvoir être invoquée par un particulier, mais qui pourrait éventuellement l'être par une personne publique. La mise en œuvre de la QPC peut, du reste, permettre de dégager un principe fondamental nouveau tel que le maintien en vigueur, tant qu'elles n'ont pas été remplacée par les dispositions de droit commun ou harmonisées avec elles, des dispositions législatives ou réglementaires particulières aux départements du Bas-Rhin, du Haut-Rhin et de la Moselle (Cons. const. 2011-157 QPC §4, 5 août 2011, *Sté SOMODIA*).

3. Peuvent entrer dans les droits et libertés garantis par la Constitution

En plus de ces droits et libertés contenus dans des normes constitutionnelles de fond, il est possible d'invoquer des principes ou objectifs constitutionnels (cf. p. 426) dans certaines de leurs composantes, en prenant bien soin de les lier à l'un des droits ou à l'une des libertés garantis. En effet, même si ces objectifs ou principes constituent surtout des éléments permettant la conciliation[1] entre des droits et des libertés garantis par ailleurs et donc ne créent pas de droits directement envers les particuliers, un certain nombre d'entre eux a pour but de garantir des droits et libertés ou du moins concourent à ce que ces droits et libertés puissent être exercés et pourraient alors être utilisés à l'appui d'une QPC. Il convient de trancher au cas par cas et objectif par objectif.

Ainsi en est-il, par exemple, des corolaires du principe de séparation des pouvoirs qui peuvent être invoqués dans la mesure où ils concourent à la sauvegarde ou à l'exercice d'un droit ou d'une liberté garanti par la Constitution. C'est le cas de la séparation des autorités chargées de l'action publique et des autorités de jugement qui concourt à la sauvegarde de la liberté individuelle, du droit à un recours juridictionnel effectif, des droits de la défense ou encore du principe d'indépendance indissociable de l'exercice des fonctions juridictionnelles. Il en va de même de l'objectif de valeur constitutionnelle d'intelligibilité et d'accessibilité de la loi, qui découle des art. 4, 5, 6 et 16 DDHC. S'il ne peut, en lui-même, être invoquée à l'appui d'une QPC (Cons. const. 2010-4/17 QPC §9, 22 juill. 2010, *Alain C.*), il pourrait être invoqué s'il s'analysait comme une garantie des droits et libertés que la Constitution protège par ailleurs. Ainsi, une loi tellement peu claire qu'elle conduirait à ce qu'un droit ou une liberté ne puisse être exercé serait sans doute contraire à la Constitution.

Pour ce qui est de l'incompétence négative, on raisonne de manière voisine. Elle peut être invoquée (ou soulevée d'office par le Conseil : Cons. const. 2014-388 QPC, 11 avr. 2014, *CGT-FO et a.*) mais uniquement dans le cas où cette méconnaissance affecte par elle-même un droit ou une liberté que la Constitution garantit (Cons. const. 2012-254 QPC §3, 18 juin 2012, *Féd. De l'énergie et des mines – FO*), c'est-à-dire si la compétence du législateur s'analyse comme une garantie des droits et libertés que la Constitution protège. Il va de soi qu'il ne peut y avoir incompétence négative s'agissant de textes antérieurs à la Const. de 1958 (Cons. const. 2010-28 QPC §9, 17 sept. 2010, *Assoc. sportive Football Club de Metz*).

B. Les actes dont la constitutionnalité est contrôlée

La QPC peut être mise en œuvre à l'encontre de « toute disposition législative » sous réserve qu'elle porte atteinte à un droit ou une liberté garanti par la Constitution, qu'elle n'ait pas déjà été déclarée conforme à la Constitution par le Conseil constitutionnel et qu'elle soit applicable au litige ou constitue le fondement des poursuites.

---

[1] Le Conseil constitutionnel les utilisera donc dans le cadre de la QPC d'une manière relativement identique à celle retenue dans le cadre du contrôle *a priori* (cf. p. 426). Nous y renvoyons pour l'identification des principes ou objectifs les plus importants ; des exemples de décisions QPC les utilisants sont donnés. En revanche, la question qui nous intéresse ici est de savoir si le justiciable peut les invoquer dans le cadre d'une QPC.

1. Notion de « disposition législative »

Si la formule exclut de toute évidence les actes règlementaires (CE, 21 mai 2010, *Soresi : req. n° 315825*) et les conventions internationales[1] (CE 14 mai 2010, *Senad B.*, req. n° 312305), il ne fait pas de doute que le constituant a souhaité permettre que des QPC soient mises en œuvre à l'encontre de textes antérieurs à 1958 (Cons. const. 2010-52 QPC, 14 oct. 2010, *Cie agricole de la Crau*), y compris s'il s'agit d'actes d'Ancien Régime (Cons. const. 2011-201 QPC, 2 déc. 2011, *Cts D.*), de « décrets » adoptés par la Convention nationale en 1793 (Cons. const. 2014-430 QPC, 21 nov. 2014, *Barbara D. et a.*) ou des actes dits lois de Vichy (Cons. const. 2011-177 QPC, 7 oct. 2011, *Eric A.*).

De même, les dispositions législatives peuvent trouver leur origine aussi bien dans une loi adoptée par le Parlement que dans des ordonnances adoptées par l'exécutif dans le cadre d'une habilitation législative (art. 38 C.) ou constitutionnelle (art. 74-1 C.). Toutefois, dans ce dernier cas, il conviendra que l'ordonnance ait été ratifiée (Cons. const. 2011-183/184 QPC, 14 oct. 2011, *Assoc. France Nature Environnement*) faute de quoi ses dispositions conservant une valeur réglementaire, une QPC n'est pas possible. Seul un recours en excès de pouvoir est envisageable (cf. p. 469). Il peut encore s'agir de dispositions législatives codifiées par décret (Cons. const. 2014-432 QPC §6, 28 nov. 2014, *Dominique de L.*).

Il importe peu que la disposition ait été ultérieurement modifiée ou abrogée (Cons. const. 2010-16 QPC §2, 23 juill. 2010, *Philippe E.*). En effet, ces modifications ou abrogations ultérieures ne font pas disparaître l'atteinte éventuelle à ces droits et libertés et n'ôtent pas son effet utile à la procédure.

De même, s'il n'est pas possible de poser une QPC sur un arrêt en tant que tel, celui-ci n'étant pas une disposition législative (Cons. const. 2013-363 QPC §11, 31 janv. 2014, *Michel P.*), les interprétations données par le juge des dispositions législatives sont susceptibles d'une QPC. Le Conseil constitutionnel admet en effet qu'en posant une QPC, tout justiciable a le droit de contester la constitutionnalité de la portée effective qu'une interprétation jurisprudentielle constante confère à cette disposition (Cons. const. 2010-39 QPC §2, 6 oct. 2010, *Isabelle D et Isabelle B.*). C'est, en fait, ici la mise en œuvre, par le Conseil constitutionnel de la « théorie du droit vivant ». Cette théorie, conçue en Allemagne, a été véritablement concrétisée par la pratique italienne. Selon elle, le juge constitutionnel doit rechercher si un autre juge s'est déjà prononcé sur la question qu'il doit trancher. Si tel est le cas, le juge constitutionnel doit, pour prendre sa décision, tenir compte de l'interprétation retenue par les juridictions ordinaires, interprétation qui, le cas échéant, lui permettra de conclure à la constitutionnalité de la disposition contestée (Cons. const. 2011-210 QPC §5, 13 janv. 2012, *Ahmed S.*). Il faut cependant que l'interprétation jurisprudentielle n'émane pas du juge du fond. Dès lors que cette interprétation n'a pas été confirmée par la juridiction suprême, il n'y a pas lieu à transmission (Cons. const. 2011-120 QPC §9, 8 avr. 2011, *Ismaël A.*).

2. Notion de « disposition législative déjà déclarée conforme à la constitution »

La disposition législative contestée ne doit pas avoir été déclarée conforme à la Constitution par le juge constitutionnel. En effet, les décisions du Conseil constitutionnel ont l'autorité de la chose jugée et s'imposent, dès lors, à toutes les autorités qu'elles soient administratives ou juridictionnelles. Toutefois, il convient, d'une part, de préciser quand une disposition législative a effectivement déjà été déclarée conforme à la Constitution et, d'autre

[1] De même, le grief tiré de la méconnaissance de la procédure d'adoption d'une loi ne peut être invoqué à l'appui d'une QPC (Cons. const. 2010-4/17 QPC §7, 22 juill. 2010, *Alain C.*).

part, de faire la réserve du changement de circonstances expressément prévu au présent article.

Le Conseil vérifie pourtant que le juge qui l'a saisi a bien contrôlé que la constitutionnalité de la disposition contestée n'a pas déjà été vérifiée. Il estime que, dès lors qu'il s'est prononcé sur l'ensemble d'un article, il n'y plus lieu de statuer si la disposition contestée y est incluse, même s'il ne s'est pas formellement prononcé sur elle (Cons. const. 2010-9 QPC, 2 juill. 2010, *Section Française de l'observatoire international des prisons*). Si la disposition a vu sa constitutionnalité contrôlée, le Conseil prononce le non lieu à statuer (y compris si cette vérification a eu lieu lors d'une précédente QPC : Cons. const. 2010-51 QPC, 6 août 2010, *Pierre-Jospeh F.*) après s'être assuré que les modifications apportées à cette disposition par la suite ont, elles aussi, été vérifiées (Cons. const. 2010-19/27 QPC §5, 30 juill. 2010, *Epx P.*).

a) Disposition déclarée conforme dans le dispositif et les motifs de la décision ...

S'il importe peu que le Conseil constitutionnel ne se soit pas expressément prononcé sur le fondement invoqué par le requérant, il convient, selon l'art. 23-2 Ord. n° 58-1067 (repris par l'art. 23-4 du même texte), que la disposition faisant l'objet de la question ait été examinée dans les motifs de la décision et déclarée conforme dans le dispositif. Cette exigence vise à permettre la mise en œuvre de la QPC lors même que le Conseil constitutionnel a, dans sa décision, utilisé un considérant-balai tel que : « il n'y a lieu pour le Conseil de soulever d'office aucune autre question de conformité à la Constitution » (cf. p. 454). Elle permet aussi de mettre en œuvre une QPC à l'égard de dispositions dont la constitutionnalité n'a été affirmée que dans les seuls motifs de la décision.

C'est le cas, en particulier, si la disposition contestée a été déclarée conforme à la Constitution lors de l'examen d'une disposition législative ultérieure (examen par ricochet : cf. p. 437). Pourtant, dans ce cas, la solution que retiendra le Conseil constitutionnel est pratiquement certaine. En revanche, si ce contrôle a débouché sur une déclaration de conformité sous réserve s'appliquant par ricochet à la disposition ancienne (Cons. const. 2001-455 DC §112 à 115, 12 janv. 2002, Loi de modernisation sociale), il n'est pas possible de contester le caractère sérieux de la QPC, dès lors que cette réserve n'a pas, pour cette ancienne disposition, l'autorité de la chose jugée.

b) ... Sauf changement de circonstance de droit ou de fait

Il faut cependant, si une disposition législative a été déclarée conforme à la Constitution dans les motifs et le dispositif de la décision, tenir compte d'éventuels changements de circonstances de droit ou de fait comme le font d'autres juridictions (CE sect., 10 janv. 1930, *Despujol* : *GAJA n° 41*).

Selon le Conseil constitutionnel, cette notion s'entend des changements intervenus, depuis la précédente décision, dans les normes de constitutionnalité applicables ou dans les circonstances, de droit ou de fait, qui affectent la portée de la disposition législative critiquée (Cons. const. 2009-595 DC §13, 3 déc. 2009, LO d'application de l'art. 61-1 C.). Tel est le cas lorsque la QPC s'appuiera sur une disposition constitutionnelle qui a été ajoutée à la Constitution après la décision du Conseil constitutionnel validant la disposition contestée. Tel est le cas également des changements de jurisprudence (Cons. const. 2013-340 QPC §5, 20 sept. 2013, *Alain G.*). En effet, Le Conseil constitutionnel estime que l'autorité qui s'attache à ses décisions en vertu de l'art. 62 Const. 58 ne lui est pas opposable de la même manière qu'aux pouvoirs publics, aux administrations et aux juridictions ordinaires. Il reste maître de sa jurisprudence et sa lecture de la Constitution doit pouvoir évoluer au fil du temps. Il a d'ores et déjà admis (Cons. const. 99-410 DC §44, 15 mars 1999, LO relative à la Nouvelle-Calédonie) de déclarer contraire à la Constitution une disposition contenue dans une loi qu'il avait précédemment examinée et déclarée conforme dans ces conditions (en l'espèce par la décision Cons. const. 85-187 DC, 25 janv. 1985, Etat d'urgence en Nouvelle Calédonie).

Enfin, le changement de circonstance de fait permet au Conseil constitutionnel de tenir compte des évolutions de la pratique ou de la société. Ainsi, c'est du fait des évolutions qui ont contribué à banaliser le recours à la garde à vue, y compris pour des infractions mineures, qu'il justifie de pouvoir se pencher à nouveau sur la question (Cons. const. 2010-14/22 QPC §18, 30 juill. 2010, *Daniel W.*). Cependant, il faut noter que le Conseil constitutionnel a, de cette hypothèse, une interprétation relativement stricte le conduisant à la retenir moins souvent que les juges du fond. Il semble ne retenir le changement de circonstance de fait que si la disposition législative considérée est ancienne et n'a été que peu modifiée depuis son édiction.

3. Notion de disposition applicable au litige ou constituant le fondement des poursuites

Le constituant a exigé que la QPC ne puisse être posée qu'à l'occasion d'une instance en cours devant une juridiction. La loi organique a précisé ce point en indiquant que la disposition législative contestée doit être applicable au litige ou à la procédure, ou constituer le fondement des poursuites (art. 23-2 n° 58-1067 du 7 nov. 1958). L'appréciation en cette question appartient exclusivement au Conseil d'Etat ou à la Cour de cassation. Elle ne peut être remise en cause devant le Conseil constitutionnel que ce soit pour estimer que des dispositions ont été renvoyées alors qu'elles ne devaient pas l'être ou inversement (Cons. const. 2010-1 QPC § 6, 28 mai 2010, *Cts L.*). Le Conseil d'Etat a une approche très extensive de cette notion alors que la Cour de cassation exerce sur ce point un contrôle renforcé.

C. La procédure de contrôle dans le cadre de la QPC

1. Intervention du juge du fond ou d'appel.

La question prioritaire de constitutionnalité peut être soulevée au cours de toute instance[1], par tout justiciable, devant toute juridiction[2] qu'elle relève du Conseil d'État ou de la Cour de cassation. Elle doit être présentée dans un écrit distinct et motivé[3]. La question peut être soulevée pour la première fois en appel (mêmes règles qu'en première instance), voire en cassation (V. les règles relatives à l'intervention du Conseil d'Etat ou de la Cour de cassation ci-dessous) mais elle ne constitue pas un moyen d'office.

Afin d'écarter les questions qui seraient soulevées à des fins dilatoires, la juridiction saisie doit procéder (art. 23-2 Ord. n° 58-1067 du 7 nov. 1958), sans délai, à un examen portant sur trois points : **1.** la disposition contestée commande-t-elle l'issue du litige, la validité de la procédure ou constitue-t-elle le fondement des poursuites ; **2.** sauf changement de circonstances (cf. p. 444), la disposition n'a-t-elle pas déjà été déclarée conforme à la Const. par le Conseil constitutionnel dans les motifs et le dispositif de sa décision (cf. p. 444) ; **3.** Présente-t-elle un caractère sérieux ? Le juge statue par une décision motivée mais, qu'il décide de transmettre ou non, cette décision n'est pas susceptible de recours[4].

---

[1] Y compris dans le cadre d'un référé (CE 16 juin 2010, *Mme Diakité : req. n° 340250*).

[2] La question ne peut pas être soulevée devant la Cour d'assises mais pourra être soulevée au cours de l'instruction, puis lors de l'appel ou en cassation. De même, la procédure d'admission à l'aide juridictionnelle n'est pas, en tout état de cause, une instance en cours à l'occasion de laquelle une QPC peut être posée (Cons. const. 2014-440 QPC §9, *Jean-Louis M.*, 21 nov. 2014).

[3] L'écrit et l'enveloppe qui le contient doivent clairement indiquer « Question prioritaire de constitutionnalité ». Une QPC qui n'est pas présentée par un mémoire distinct est irrecevable (CE 9 avr. 2010. *Matelly*, n° 312251 : *AJDA 2010. 763*).

[4] Si la décision est de transmettre, la partie qui s'oppose à ce que la question soit posée pourra faire valoir son point de vue devant le Conseil d'État ou la Cour de cassation. Si la décision est de ne pas transmettre, elle pourra être contestée à l'occasion d'un recours portant sur la décision au fond.

S'il est satisfait aux conditions sus énoncées, la décision de transmettre la question est adressée au Conseil d'État (pour les juridictions administratives) ou à la Cour de cassation (pour les juridictions judiciaires) dans les huit jours de son prononcé avec les mémoires ou les conclusions des parties. Toutefois, le juge n'est pas tenu de transmettre une QPC mettant en cause, par les mêmes motifs, une disposition législative dont la juridiction suprême de son ordre ou le Conseil constitutionnel sont déjà saisis ; il diffère alors sa décision jusqu'à l'intervention de la décision du Conseil constitutionnel. Notons que c'est le juge lui-même qui, à partir de la question posée par le requérant, formule la question posée[1] sous la forme d'un conflit de normes ; il peut ne pas mentionner l'ensemble des normes de références invoquées par le requérant dans sa demande, même si elles sont reprises pourtant dans les visas de l'arrêt (CAA Paris, 28 mars 2010, *Lahcene Aoued*, n° 09PA00376 : *AJDA 2010. 1030, note Le Lièvre*).

La décision de transmettre impose que le juge sursoie à statuer jusqu'à la décision des juridictions suprêmes ou du Conseil constitutionnel. Toutefois, le juge ne sursoit pas à statuer lorsque la privation de liberté d'une personne est en cause et peut ne pas surseoir lorsqu'un texte lui impose de statuer dans un délai déterminé ou en urgence. Par ailleurs, il peut toujours prendre les mesures provisoires ou conservatoires nécessaires et, en matière pénale, l'instruction se poursuit. Il est possible, dans ces cas, qu'une décision définitive soit rendue dans une instance à l'occasion de laquelle le Conseil constitutionnel a été saisi d'une QPC, et ce sans attendre qu'il ait statué. Dans une réserve d'interprétation le Conseil constitutionnel (Cons. const. 2009-595 DC §18, 3 déc. 2009, LO d'application de l'art. 61-1 C.) indique que, dans une telle hypothèse, le justiciable ne saurait être privé de la faculté d'introduire une nouvelle instance pour qu'il puisse être tenu compte de la décision du Conseil constitutionnel.

La durée du sursis est limitée à trois ou six mois selon la suite donnée à la QPC.

2. Intervention du Conseil d'Etat et de la Cour de cassation.

En effet, le Conseil d'État ou la Cour de cassation dispose d'un délai de trois mois pour saisir ou non le Conseil constitutionnel. Si le Conseil d'État ou la Cour de cassation ne s'est pas prononcé dans un délai de trois mois, la question est de plein droit transmise au Conseil (V. par ex. Cons. const. 2011-206 QPC, *Noël C.*, 16 déc. 2011).

Dès lors que, selon le Conseil d'État ou la Cour de cassation, **1.** la disposition contestée commande l'issue du litige, la validité de la procédure ou constitue le fondement des poursuites ; **2.** sauf changement de circonstances, elle n'a pas déjà été déclarée conforme à la Constitution par le Conseil constitutionnel dans les motifs et le dispositif de sa décision ; **3.** la question est nouvelle ou présente un caractère sérieux, la QPC est transmise au Conseil constitutionnel (art. 23-4 Ord. n° 58-1067 du 7 nov. 1958)

Les deux premiers points sont les mêmes qu'en première instance et ne semblent guère poser de difficulté. En revanche, le troisième point mérite l'attention dans ses deux éléments.

a) Caractère sérieux de la question

Bien souvent, l'affirmation du caractère non sérieux de la question apparaît comme un moyen commode de rejeter la demande sans véritablement la motiver. On a vu par exemple la Cour de cassation affirmer que soulever une QPC à propos d'une disposition applicable au litige mais depuis lors abrogée ou modifiée ne présentait pas un caractère sérieux (Cass., 15 juin 2010 : pourvoi n° 09-17.283). Il en résulte que l'appréciation du juge peut varier dans le temps. Telle question, qui pouvait ne pas apparaître sérieuse un temps, peut,

---

[1] En rédigeant la question qu'il transmet au Conseil, le juge du fond ne se saisit pas d'office (CE 24 sept. 2010, *Decurey : req. n° 341685 : AJDA 2010. 1797*).

après que plusieurs QPC aient été posées sans succès (Civ. 3e, 26 mai 2011 : pourvoi n° 10-25.923 ; Civ. 3e, 15 déc. 2011 : pourvoi n° 11-400.75), être considérée *in fine* comme sérieuse (Civ. 3e, 15 mars 2012 : pourvoi n° 11-23.323)[1]. Eventuellement, le juge pourra aussi utiliser pour ce faire le caractère nouveau de la QPC [cf. b) suivant]. Ceci prouve combien l'insistance des requérants peut, à terme, être payante. Par ailleurs, le caractère sérieux de la QPC peut dépendre du grief invoqué. Ainsi a été considéré comme ne présentant pas un caractère sérieux une QPC relative à une disposition du C. commerce fondée sur l'art. 8 DDH., alors qu'a été renvoyée au Cons. const. une QPC portant sur la même disposition mais fondée sur l'art. 4 DDH. (Comp. *Com. 10 juill. 2012, n° 12-13.256 et Crim. 27 juin 2014, n° 13-27.317). Ceci montre combien il est nécessaire pour le justiciable de présenter les bons arguments.

L'attitude des deux juridictions suprêmes ici est particulièrement intéressante et les conduit à se comporter en fait en juge de la constitutionnalité. D'une part, le juge, lorsqu'il analyse le caractère sérieux de la QPC ne manque pas d'utiliser son pouvoir général d'interprétation de la loi pour éviter de renvoyer la question au Conseil constitutionnel. S'il lui paraît possible de donner à la loi un sens qui conduise à la faire regarder comme conforme à la Constitution, le juge donne cette interprétation (CE 19 mai 2010, *Théron* : req. n° 331025) ou se réfère à une interprétation antérieure (CE 25 juin 2010, *Mortagne* : req. n° 326363). Il n'hésite donc pas à déclarer la loi conforme à la Constitution sous réserve d'interprétation. Ces réserves seront, du reste, assez voisines de celles que le Conseil constitutionnel utilise lui-même dans le cadre de son contrôle (cf. p. 455) et pourront donc, éventuellement, être « constructives », c'est-à-dire suppléer en fait à un défaut de précision de la loi (CE 10 oct. 2011, *D.*, req. n° 350969). D'autre part, le juge ne manque pas de se livrer à une étude très semblable à celle réalisée traditionnellement par le Conseil constitutionnel avant de conclure que, le principe n'étant pas violé, la question n'est pas sérieuse dès lors que l'argument ne peut prospérer. Ainsi en est-il, par exemple, lorsqu'est soulevée la violation du principe d'égalité ; le juge s'assurera que la rupture d'égalité existe réellement (CE 22 sept. 2010, *Sté Manirys* : req. n° 341064)[2]. En fait, dans ce cadre, le juge *a quo* se contente d'appliquer la jurisprudence du Conseil constitutionnel, souvent du reste en y faisant référence (CE 29 sept. 2010, *Sté Snerr Théâtre de Paris* : req. n° 341065). Dès lors que la question est tranchée (même dans un cas voisin : CE 16 juill. 2010, *Beslay* : req. n° 321056) ou dès lors qu'en appliquant les critères dégagés par le Conseil il apparaît qu'il n'y a pas violation d'un droit ou d'une liberté garanti par la Constitution, le moyen ne présente pas un caractère sérieux.

b) Le caractère nouveau de la question

Mais c'est surtout l'ajout au troisième point du critère de la nouveauté qui mérite l'attention. En effet, le Conseil constitutionnel a interprété ce critère selon deux orientations distinctes.

D'une part, il considère que par l'édiction de ce critère, le législateur organique a entendu imposer que le Conseil constitutionnel soit saisi de l'interprétation de toute disposition constitutionnelle dont il n'a pas encore eu l'occasion de faire application. Le caractère « nouveau » de la question ne s'apprécie pas en fonction de la prescription législative contestée (car sinon toute disposition législative non examinée présenterait un caractère nouveau) mais en fonction de la disposition constitutionnelle invoquée que le Conseil n'aurait encore

---

[1] V. aussi, Crim. 7 mai 2010, Mme Maire-Luce X. et a., n° 09-80.774 (absence de caractère sérieux) ; Crim, 6 oct. 2015, n° 15-84.335, Vincent X. (transmission du fait d'un caractère sérieux) à propos de l'art. 24 bis de la loi du 29 juill. 1881, dans sa rédaction issue de la loi « Gayssot » tendant à réprimer tout acte raciste, antisémite ou xénophobe (13 juill. 1990).

[2] La question n'est pas non plus sérieuse dès lors que le moyen est tiré de ce que le législateur doit traiter différemment des personnes se trouvant dans des situations différentes (CE 5 févr. 2014, *Sté d'édition Canal Plus, req. n° 373258*) : *JCP adm. 2014. 145*

jamais interprétée (Cons. const. 2009-595 DC §21, 3 déc. 2009, LO d'application de l'article 61-1 C.). L'obligation de renvoi lorsque la question est nouvelle vise à faire en sorte que seul le Conseil constitutionnel puisse interpréter la Constitution, et donc à éviter les divergences de jurisprudence. L'absence d'application par le juge constitutionnel peut résulter, par exemple, du fait que la norme constitutionnelle est postérieure au texte dont la constitutionnalité est contestée (révision constitutionnelle : Cons. const. 2010-79 QPC, 17 déc. 2010, *Kamel D.*) ou encore de la reconnaissance par le Conseil constitutionnel d'un principe constitutionnel nouveau qu'il n'avait pas encore dégagé au moment de son contrôle du texte contesté.

D'autre part, selon le Conseil constitutionnel, le législateur organique a entendu permettre au Conseil d'État et à la Cour de cassation d'apprécier l'intérêt qu'il y a à saisir le Conseil constitutionnel (Cons. const. 2009-595 DC §21, 3 déc. 2009, LO d'application de l'article 61-1 C.), soit en fonction du caractère sérieux de la question, soit en fonction de sa nouveauté. Est ainsi reconnu le droit des juridictions suprêmes de renvoyer au Conseil constitutionnel des questions qui ne sont ni sérieuses ni nouvelles au sens où elles soulèveraient une question d'interprétation de la norme constitutionnelle non encore appliquée, mais qui, par leur intérêt, pourraient mériter d'être tranchées par le Conseil constitutionnel. C'est ainsi un véritable pouvoir d'une saisine en opportunité qui a été reconnu, même lorsque les critères légaux ne seraient pas remplis. Il peut s'agir de trancher une question qui, alors même que son caractère sérieux est douteux, est très souvent soulevée (par ex, la question de la publication des « parrainages » nécessaires à la candidature à l'élection présidentielle). Le juge peut trouver ici une sorte de « deuxième chance », s'il ne souhaite pas se fonder sur un revirement du « caractère sérieux », pour transmettre au Conseil une question qu'il estimait jusque-là dépourvue de caractère sérieux et donc inutile de renvoyer. Mais il peut s'agir aussi de faire trancher par le Conseil constitutionnel une question de société comme cela a été le cas s'agissant du mariage homosexuel ou encore de régler une question qui soulève un problème de conventionalité ou risque d'en poser un en particulier au regard de la Conv. EDH.

c) La procédure devant le Conseil d'Etat et la Cour de cassation

La question de constitutionnalité peut, dans les mêmes formes que précédemment, être soulevée pour la première fois devant le Conseil d'État ou devant la Cour de cassation qui se prononcent selon ces mêmes critères (art. 23-4 Ord. n° 58-1067 du 7 nov. 1958). Dans ce cas, le sursis à statuer est prononcé sous les mêmes réserves que précédemment et ne sera que de trois mois maximum.

La procédure suivie devant le Conseil d'Etat ou la Cour de cassation doit être conforme aux exigences du droit à un procès équitable. Elle est fixée par le décret n° 2010-148 du 16 févr. 2010.

- Devant le Conseil d'Etat, sauf s'il apparaît de façon certaine que les conditions prévues par l'art. 23-4 n° 58-1067 du 7 nov. 1958 ne sont pas remplies, le mémoire distinct par lequel une partie soulève un moyen tiré de ce qu'une disposition législative porte atteinte aux droits et libertés garantis par la Constitution est notifié aux autres parties, au ministre compétent et au Premier ministre. Il leur est imparti un bref délai pour présenter leurs observations. Si la QPC a été transmise au Conseil d'Etat par un juge du fond, les parties, le ministre compétent et le Premier ministre peuvent produire des observations dans le délai d'un mois courant à compter de la notification qui leur a été faite de la décision de transmission ou, le cas échéant, dans le délai qui leur est imparti par le président de la section du contentieux ou par le président de la sous-section chargée de l'instruction.

Sauf les cas dans lesquels la requête au fond est dispensée du ministère d'avocat et sauf lorsqu'elles émanent d'un ministre ou du Premier ministre, les observations doivent être présentées par un avocat au Conseil d'Etat et à la Cour de cassation. La décision qui se prononce sur le renvoi au Conseil constitutionnel d'une question prioritaire de constitutionnalité est notifiée aux parties, au ministre compétent et au Premier ministre et communiquées à la juridiction qui a transmis la question, dans les huit jours de son prononcé.

- A la Cour de cassation[1], les parties disposent d'un délai d'un mois à compter de la décision de transmission pour faire connaître leurs éventuelles observations. Celles-ci sont signées par un avocat au Conseil d'Etat et à la Cour de cassation, dans les matières où la représentation est obligatoire devant la Cour de cassation. Le procureur général est avisé et peut faire connaître son avis.

---

[1] On profitera de ce point pour signaler que la procédure mise en place par la LO n° 2009-1523 du 10 déc. 2009 introduisant un art. 23-6 dans l'Ord. 58-1067 du 7 nov. 1958 a été supprimée par l'art. 12 de la LO n° 2010-830 du 22 juill.

La décision de saisine du Conseil constitutionnel rendue par le Conseil d'Etat ou la Cour de cassation est motivée, notifiée aux parties dans les huit jours de son prononcé et, au besoin, communiquée à la juridiction qui a transmis la QPC.

La procédure de filtre ainsi mise en place a été jugée conforme à la Conv. EDH (CEDH, 17 sept. 2015, *Renard c/ France*). La Cour estime en effet que l'art. 6 §1 Conv. EDH ne garantit pas, en tant que tel, le droit d'accès à un tribunal pour contester la constitutionnalité d'une disposition légale, notamment lorsque le droit national prévoit que le contrôle de constitutionnalité n'est pas déclenché directement par un requérant, mais par un renvoi effectué par la juridiction devant laquelle l'inconstitutionnalité alléguée est soulevée.

3. L'intervention du Conseil constitutionnel.

La décision de saisine est accompagnée des mémoires ou des conclusions des parties propres à la QPC. Le Conseil constitutionnel reçoit une copie de la décision motivée par laquelle le Conseil d'État ou la Cour de cassation décide de ne pas le saisir.

Une fois saisi, le Conseil constitutionnel dispose à son tour d'un délai de trois mois pour statuer après la mise en œuvre d'une procédure contradictoire et publique. Il avise les parties, le Président de la République, le Premier ministre et les présidents de l'Assemblée nationale et du Sénat. La procédure est fixée par le « règlement intérieur pour les questions prioritaires de constitutionnalité » du 4 févr. 2010 (2010-117 ORGA).

Les parties ou les autorités précitées peuvent présenter, dans les délais fixés par l'avis, des observations écrites et, le cas échéant, produire des pièces au soutien de celles-ci. Une copie de ces premières observations et, le cas échéant, des pièces produites à leur soutien, est notifiée aux parties et autorités précitées qui peuvent, dans les mêmes conditions, présenter des observations avant la date qui leur est fixée. Ces secondes observations ne peuvent avoir d'autre objet que de répondre aux premières. Le Conseil peut également inviter le Gouvernement à présenter des observations complémentaires pour les besoins de l'instruction (Cons. const. 2013-366 QPC, 14 févr. 2014, *SELARL PJA, ès qualités de liquidateur de la société Maflow France*). Une copie de ces observations est également notifiée aux parties et autorités précitées. Les griefs susceptibles d'être relevés d'office sont communiqués aux parties et aux autorités qui répondent dans les mêmes conditions.

Lorsque, pour les besoins de l'instruction, le Conseil décide de recourir à une audition, les parties et les autorités précitées sont invitées à y assister. Il leur est ensuite imparti un délai pour présenter leurs observations. Le président inscrit l'affaire à l'ordre du jour du Conseil et fixe la date de l'audience. Il en informe les parties et autorités ; il désigne un rapporteur. Sauf exceptions limitativement énumérées, l'audience est publique. Ces audiences se tiennent désormais (avril 2012) dans une salle aménagée pour ce faire, en présence du public. En cas d'absence du Président pour quelque cause que ce soit, l'audience publique est présidée par le doyen d'âge (Cons. const. 2011-185 QPC, 21 oct. 2011, *Jean-Louis C.*). Les représentants des parties, s'ils sont avocats au Conseil d'État et à la Cour de cassation ou avocats et, le cas échéant, les agents désignés par les autorités précitées, sont ensuite invités à présenter leurs éventuelles observations orales. Le président donne toujours la parole en dernier (après le Gouvernement) aux parties. En général, les avocats n'ajoutent rien.

Tous les avis, actes, pièces de procédure, avertissements ou convocations sont adressés par voie électronique.

Tout membre du Conseil constitutionnel qui estime devoir s'abstenir de siéger en informe le Président. Une partie ou son représentant muni à cette fin d'un pouvoir spécial peut, avant la date fixée pour le dépôt des premières observations, demander la récusation d'un membre du Conseil constitutionnel par un écrit spécialement motivé accompagné des pièces propres à la justifier. La demande est communiquée au membre du Conseil constitutionnel qui en fait l'objet. Ce dernier fait connaître s'il acquiesce à la récusation. Dans le cas contraire, la demande est examinée sans la participation de celui des membres dont la récusation est demandée. Le seul fait qu'un membre du Conseil constitutionnel a participé à l'élaboration de la disposition législative faisant l'objet de la question de constitutionnalité ne constitue pas en lui-même une cause de récusation. Il conviendra de déterminer si cette solution est effectivement compatible avec les stipulations de l'art. 6 §1 Conv. EDH, dès lors qu'on sait l'importance que la « théorie des apparences »[1] revêt de plus en plus pour apprécier la qualité d'une décision juridictionnelle.

2010 relative au CSM … situé au beau milieu d'un chapitre intitulé : Dispositions modifiant la loi organique n° 94-100 du 5 fevr. 1994 sur le conseil superieur de la magistrature. Il faut vraiment avoir un œil d'expert pour ne pas passer à côté de ces variations permanentes (à peine 7 mois d'application) qui peuvent être glissées n'importe où !

[1] La théorie des apparences est issue de la pratique anglo-saxonne ; elle s'énonce en faisant en anglais un aphorisme « Justice must not only be done; it must be seen to be done » faisant référence à la formule du Lord Chief Justice Hewart qui était : « But while that is so, a long line of cases shows that it is not merely of some importance but is of fundamental importance that justice should not only be done, but should manifestly and undoubtedly be seen to be done » [Rex v. Sussex Justices, Ex parte McCarthy ([1924] 1 KB 256, [1923] All ER 233]. Elle est un des piliers de la jurisprudence de la Cour EDH et, par ce biais, est entrée dans notre droit interne.

La décision motivée du Conseil constitutionnel est notifiée aux parties et communiquée au Conseil d'État ou à la Cour de cassation ainsi qu'à la juridiction devant laquelle la question de constitutionnalité a été soulevée. Elle est également notifiée au Président de la République, au Premier ministre et aux présidents des assemblées et publiée au *Journal officiel*.

IC. Les effets des décisions du Conseil constitutionnel

Les effets des décisions du Conseil varient selon le type de décision qu'il rend. D'abord, il est impossible de promulguer ou de mettre en application une disposition déclarée contraire à la Constitution dans le cadre de la procédure précédant la promulgation (§1). Ensuite, une disposition déclarée contraire à la Constitution dans le cadre de la question prioritaire de constitutionnalité est abrogée (§2). Enfin, toutes les décisions s'imposent aux pouvoirs publics (§3). En effet, selon la formule utilisée par le Conseil lui-même, la « loi votée n'exprime la volonté générale que dans le respect de la Constitution » (Cons. const. 85-197 DC §27, 23 août 1985, Nouvelle Calédonie II).

§1. L'interdiction de promulgation et de mise en application

Selon les dispositions de l'**art. 62 al. 1 C.**, « une disposition déclarée inconstitutionnelle ne peut être promulguée ni mise en application ». Cette formule qui s'applique aux décisions du Conseil constitutionnel prises dans le seul cadre de l'art. 61 C. demande quelques éclaircissements. S'agissant de l'interdiction de mise en application, elle s'adresse aux règlements des assemblées. L'interdiction de promulgation vise, elle, les dispositions législatives.

Lorsque le Conseil est ainsi amené à déclarer inconstitutionnelles certaines dispositions d'une loi votée, il précise dans sa décision les conséquences qu'elle entraîne pour la loi dans son ensemble. Ou bien les articles déclarés non conformes sont essentiels dans la loi examinée au point que leur inconstitutionnalité interdit la promulgation de la loi dans son intégralité (art. 23 de l'Ord. du 7 nov. 1958). Ou bien, considérés comme séparables des autres dispositions de la loi, seuls les articles viciés ne peuvent pas être promulgués. Dans certaines hypothèses, d'ailleurs, c'est l'existence de cette séparabilité qui permet ainsi de « sauver » la loi. Ceci est particulièrement net dans la décision du 29 juill. 2004 (Cons. const. 2004-500 DC, 29 juill. 2004, Autonomie financière des collectivités territoriales), le Conseil ayant dénoncé plusieurs « irrégularités » commises par le législateur.

Le Conseil a ainsi pu déclarer contraire à la Constitution un ou plusieurs articles d'une loi (Cons. const. 80-127 DC, 19 janv. 1981, Sécurité et liberté), un alinéa (Cons. const. 2006-540 DC §57, 27 juill. 2006, Droit d'auteur et droits voisins), quelques mots (Cons. const. 2005-532 DC §6, 19 janv. 2006, Lutte contre le terrorisme), un mot (Cons. const. 2006-540 DC §61, 27 juill. 2006 : préc.), voire un chiffre (Cons. const. 87-230 DC §13, 28 juill. 1987, DDOS I).

S'il y a séparabilité, l'art. 23 de l' Ord. du 7 nov. 1958 laisse au Président de la République un choix. Soit il promulgue la loi ainsi amputée, soit il attend, pour promulguer la loi dans son entier, que le Parlement statue dans le cadre d'une "nouvelle lecture" qu'il demande. Le Conseil a admis que cette "nouvelle lecture" pouvait être demandée sous la forme d'une nouvelle délibération en vertu de l'art. 10 al. 2 C. (Cons. const. 85-197 DC §§15 et 16, 23 août 1985, Nouvelle Calédonie II).

Cette interdiction de promulgation n'empêche pas pourtant de surmonter l'obstacle. Même sans passer par l'adoption référendaire de la loi (insusceptible de contrôle de constitutionnalité), il est possible, lorsque la loi déclarée contraire à la Constitution apparaît indispensable, de procéder à une révision constitutionnelle, à un « lit de justice » (cf. p. 458).

§2. L'abrogation des dispositions déclarées inconstitutionnelles dans le cadre de la question prioritaire de constitutionnalité.

L'introduction de la QPC devait conduire le constituant à se pencher sur ses effets. En plus de la procédure mise en œuvre à l'art. 61-1 C., le constituant a donc modifié l'art. 62 C. en y introduisant un nouveau deuxième alinéa. A la lecture de ce texte, il ne fait aucun doute que la déclaration d'inconstitutionnalité d'une disposition législative a un effet « *erga omnes* » (A). En revanche, la rédaction de ce nouvel alinéa n'était pas très claire s'agissant de déterminer le moment à partir duquel la disposition législative inconstitutionnelle cessait de produire des effets (B).

A. L'effet *erga omnes* de la décision

Si le Conseil conclut à l'inconstitutionnalité de la disposition, elle est abrogée ; la décision a donc un effet *erga omnes*. C'est là l'avantage essentiel de la QPC sur le contrôle de conventionalité qui n'a pas cet effet : une décision concluant à l'inconstitutionnalité d'une disposition entraine sa disparition et cette disposition devient dès lors inapplicable ; en revanche, une disposition déclarée inconventionnelle par le juge est écartée dans le litige en cause mais reste applicable aux autres personnes. Si celles-ci ne saisissent pas le juge et ne soulèvent pas l'inconventionnalité auprès de l'autorité compétente, la loi même inconventionnelle leur sera appliquée.

On le voit, la QPC présente d'évidence une supériorité. Pourtant, il n'est pas sûr que cet avantage soit déterminant. En effet, le Conseil constitutionnel peut moduler sa décision et lui donner une date d'effet ultérieure à la publication de la décision.

B. L'effet dans le temps de la décision

En principe, l'abrogation vaut pour l'avenir et a un effet immédiat. Pourtant, le texte du nouvel al. 2 de l'art. 62 C. prévoit la possibilité pour le Conseil constitutionnel de donner à cette abrogation un effet partiellement rétroactif. Il peut, en effet, déterminer les conditions et limites dans lesquelles les effets que la disposition a produits sont susceptibles d'être remis en cause (1). En revanche, la question d'une éventuelle modulation pour l'avenir de l'abrogation (qui n'est pas traitée dans la disposition constitutionnelle) devait rapidement se faire sentir, obligeant le Conseil constitutionnel à combler les lacunes de la révision (2).

1. Le principe de l'abrogation immédiate

Si le Conseil conclut à l'inconstitutionnalité de la disposition, elle est, en principe, abrogée à compter de cette publication. Comme le précise le Conseil constitutionnel, la déclaration d'inconstitutionnalité doit bénéficier à l'auteur de la QPC et la disposition déclarée contraire à la Constitution ne peut être appliquée dans les instances en cours à la date de la publication de la décision (Cons. const. 2010-108 QPC §5, 25 mars 2011, *Marie-Christine D.* ; Cons. const. 2013-319 QPC §10, 7 juin 2013, *Philippe B.*).

Ce principe vaut tant lorsque le Conseil constitutionnel l'a expressément indiqué dans sa décision qu'en cas d'absence d'une telle mention. Ainsi la déclaration d'inconstitutionnalité produit ces effets même si la décision du Conseil constitutionnel ne le précise pas. Cette règle est d'ordre public pour le juge administratif ou judiciaire. Celui-ci ne peut, sauf mention expresse contraire dans la décision du Conseil constitutionnel, appliquer à une instance en cours une disposition législative déclarée inconstitutionnelle par le Conseil. La mention selon laquelle la déclaration d'inconstitutionnalité s'applique dans les instances en cours à la date de la décision du Conseil constitutionnel, ne fait qu'expliquer cet effet « de droit commun » de la déclaration d'inconstitutionnalité.

Mais le Conseil peut aussi circonscrire les effets de l'abrogation immédiate de façon à éviter les effets d'aubaine en prévoyant que la déclaration d'inconstitutionnalité peut être invoquée uniquement à l'encontre des impositions contestées avant la date de publication de la décision (Cons. const. 2013-362 QPC §9, 6 févr. 2014, Sté *TF1 SA*).

Le Conseil peut, par ailleurs, déterminer les conditions et limites dans lesquelles les effets que la disposition abrogée a produits sont susceptibles d'être remis en cause. En effet, si l'abrogation ne vaut en principe que pour l'avenir (à la différence de l'annulation) et si donc les effets que la disposition abrogée a produits restent, en principe, entiers, la seconde phrase du de l'art. 62 C. autorise le Conseil constitutionnel à décider (là, obligatoirement de manière expresse) que l'abrogation peut avoir un effet rétroactif. Cet effet rétroactif pourra lui aussi être modulé. Tel sera le cas lorsque des condamnations passées en force de chose jugée ont été prononcées sous l'empire de la législation abrogée et que leurs effets se font encore sentir et, par ex., estimer que les peines définitivement prononcées cessent de recevoir application (Cons. const. 2013-318 QPC §21, 7 juin 2013, *Mohamed T.*). De même dans certains cas, des décisions juridictionnelles, en particulier en matière procédurale, prises antérieurement à la décision du Conseil constitutionnel peuvent cesser de produire leur effet.

2. La possibilité de prononcer une abrogation différée

La fixation par le Conseil constitutionnel d'une date d'entrée en vigueur de l'abrogation ultérieure à celle de la publication de la décision n'est pas une nouveauté. Le Conseil constitutionnel a déjà statué dans ce sens dans le cadre de son contrôle *a priori*, et ce en estimant que « l'intérêt général de valeur constitutionnelle qui s'attache à la protection sanitaire de la population justifie que la participation de l'assurance maladie au fonds de concours, (...), se poursuive jusqu'à la fin de l'année 2006 » alors même que la disposition est inconstitutionnelle (Cons. const. 2005-528 DC §§20 à 24, 15 déc. 2005, LFSS pour 2006). Il s'agit ici de l'adaptation au domaine constitutionnel d'une jurisprudence développée par le Conseil d'Etat par laquelle celui-ci module dans le temps les effets d'une annulation contentieuse (CE, ass., 11 mai 2004, *Assoc. AC ! et autres*) dans le but d'éviter l'insécurité juridique qui résulte nécessairement de l'annulation d'une décision administrative illégale. Cette jurisprudence administrative s'imposait d'autant plus que le principe de sécurité juridique est garanti par les traités européens. Mais il faut ici rappeler une distinction majeure. Lorsque le juge administratif constate l'illégalité d'un acte administratif, il l'annule. L'annulation a un effet *erga omnes* mais aussi, et surtout, rétroactif. L'acte non seulement n'existe plus, mais il est censé n'avoir jamais existé.

L'abrogation, elle, ne vaut que pour l'avenir et il peut paraître anormal qu'une disposition déclarée contraire à la Constitution continue pendant un temps donné de produire des effets. Pourtant, là encore, la sécurité juridique et d'autres nécessités (l'ordre public par exemple) peuvent justifier une abrogation différée même si la chose est incongrue (la loi est contraire à la Constitution mais continue de s'appliquer pendant « x » temps). Pourtant, lorsque les mesures à prendre pour qu'il soit remédié à la situation issue de l'abrogation des dispositions contestées supposent des choix que seul le législateur peut faire, l'abrogation doit être différée, le Conseil constitutionnel ne disposant pas d'un pouvoir général d'appréciation et de décision identique à celui du Parlement.

Or le texte de l'art. 62 C. ne prévoyait pas expressément ce cas. Certes, on l'a dit, le constituant de 2008 a prévu que le Conseil peut, dans sa décision, déterminer les conditions et limites dans lesquelles les effets que la disposition abrogée a produits sont susceptibles d'être remis en cause, mais cette rédaction semblait devoir ne s'appliquer qu'aux effets passés de la disposition abrogée. Le Conseil y a cependant vu une base suffisante pour régler immédiatement les conséquences d'une abrogation qu'il reportait. C'est ainsi qu'il affirme que l'art. 62 C. lui réserve le pouvoir tant de fixer la date de l'abrogation et reporter dans le temps ses effets que de prévoir la remise en cause des effets que la disposition a produits avant l'intervention de cette déclaration (Cons. const. 2010-108 QPC §5, 25 mars 2011, *Marie-Christine D.* ; Cons. const. 2010-110 QPC §8, 25 mars 2011, *Jean-Pierre B.*).

Néanmoins, il convenait de préciser les conditions de mise en œuvre de ce report d'abrogation. Il ressort de la jurisprudence du Conseil tout d'abord que ce report dans le temps, qui fait obstacle à la prise en compte de l'inconstitutionnalité dans les instances en cours, doit résulter d'une mention expresse dans la décision du Conseil constitutionnel. Il en ressort, ensuite, que le Conseil peut seul préciser dans sa décision, d'une part, la solution qu'il convient d'adopter dans l'attente du changement de législation (Cons. const. 2010-110 QPC §8, 25 mars 2011, *Jean-Pierre B.*) au besoin, sous la forme d'une réserve d'interprétation transitoire (Cons. const. 2014-457 QPC §9, 20 mars 2015, *Valérie C., ép. D.*) et, d'autre part, quels sont les effets que la déclaration d'inconstitutionnalité qu'il prononce pourraient avoir sur les situations nées antérieurement (Cons. const. 2010-52 QPC §9, 14 oct. 2010, *Compagnie agricole de la Crau*). De même encore, le Conseil constitutionnel décide, parfois, pour préserver l'effet utile de sa décision, d'indiquer que le juge du fond devra surseoir à statuer jusqu'à l'intervention de la nouvelle loi dont il fixe la date limite d'entrée en vigueur ou que l'abrogation future doit bénéficier à la partie qui a présenté la QPC (Cons. const. 2010-1 QPC §12, 28 mai 2010, *Cts L.*).

Nonobstant, le report d'abrogation peut conduire à ce que les requérants ne tirent de la décision d'inconstitutionnalité aucune évolution (ou aucune évolution immédiate) de leur situation. C'est évidemment pour pallier ce risque que les justiciables ont intérêt à invoquer en même temps l'inconventionnalité de la disposition dont ils contestent la constitutionnalité. L'auteur de la QPC peut ainsi, à défaut de pouvoir bénéficier de celle-ci, espérer que la disposition législative ne s'appliquera pas à lui dans la mesure où elle serait également inconventionnelle. Or, on le sait, la Constitution et la Conv. EDH garantissant peu ou prou des droits et libertés largement identiques, il est très probable qu'il en soit ainsi.

§3. L'autorité des décisions du Conseil constitutionnel

Quant aux dispositions de l'**art. 62 al. 3 C.**, elles ont une portée plus générale et ne se limitent donc pas aux décisions prises dans le cadre de l'art. 61 C. Il y est en effet disposé que "les décisions du Conseil constitutionnel ne sont susceptibles d'aucun recours". C'est la raison pour laquelle le Conseil refuse d'examiner comme irrecevable une requête en révision (Cons. const. 93-1213 R2 AN, 21 juill. 1994, *Estrosi* ; Cons. const. 2000-2585 AN, 12 juill. 2000, *Cohen-Solal*) ; il admet simplement les recours en rectification d'erreur matérielle (Cons. const. 93-1321/1498/R AN, 17 déc. 1993, *Pierre-Bloch* ; Cons. const. 2013-156R PDR, 13 sept. 2013). Mais, surtout, l'article précise qu'elles « s'imposent aux pouvoirs publics et à toutes les autorités administratives et juridictionnelles ». Pourtant, si l'autorité de chose jugée dont bénéficient les décisions du Conseil constitutionnel ne pose guère de problème dans le cas d'une décision classique (A), il n'en est pas de même dès lors que le Conseil utilise les réserves d'interprétation (B).

A. L'autorité de chose jugée

De ces dispositions, on doit tout d'abord déduire que les décisions du Conseil bénéficient de « l'autorité de chose jugée », qu'il s'agisse des décisions qu'il rend comme juge électoral, ou comme juge de la constitutionnalité et, dans ce dernier cadre, qu'il s'agisse des décisions prises en vertu des art. 61 C., 61-1 C., 54 C. ou 37 C.

Le Conseil n'hésite d'ailleurs pas à rappeler dans certaines de ses décisions que, ayant déjà examiné la même question précédemment, la nouvelle saisine n'appelle pas un nouvel examen (Cons. const. 62-18 L, 16 janv. 1962, Loi d'orientation agricole) et ceci également lorsque la nouvelle loi, organique ou non, bien que rédigée sous une forme différente, a en substance un objet analogue à la loi précédemment déclarée contraire (Cons. const. 89-258 DC §13, 8 juill. 1989, Dix de Renault ; Cons. Const. 96-373 DC §5, 9 avr. 1996, Polynésie française). Il en va de même lorsque, dans une précédente décision, il avait précisé les conditions de constitutionnalité de la loi future (Cons. const. 2003-489 DC §21, 29 déc. 2003, LF pour 2004, appliquée dans Cons. const. 2004-500 DC §14, 29 juill. 2004, Autonomie financière des collectivités territoriales). Le Conseil n'hésite du reste pas à mentionner des décisions antérieures dans les visas de la décision qu'il rend (par ex. « Vu le code de la sécurité sociale, ensemble la décision du Cons. const. n° 2010-8 QPC du 18 juin 2010 » : Cons. const. 2011-127 QPC, 6 mai 2011, *Cts. C.*).

Cette attitude du Conseil ne conduit pas pourtant à figer sa jurisprudence. L'autorité de la chose jugée ne valant que s'il y a identité d'objet, de cause et de partie, il est loisible au Conseil, comme à toutes les juridictions, de procéder à des revirements de jurisprudence. Ainsi, la jurisprudence du Conseil relative au contrôle des compétences respectives de la loi et du règlement a-t-elle largement évolué au cours du temps (cf. p. 278 et s.).

De plus, la LO n° 2009-1523 du 10 déc. 2009 qui modifie les dispositions de l'ord. n° 58-1067 du 7 nov. 1958 pour y ajouter les dispositions relatives à la QPC envisage le cas où, bien que le Conseil se soit déjà prononcé en faveur de la constitutionnalité de la disposition, il peut encore être saisi par la voie de l'exception pour y statuer de nouveau. C'est l'hypothèse, bien connue en droit administratif, du changement de circonstances de droit ou de fait (cf. p. 444). En effet, le Conseil se prononce à un instant « T ». Ce qui est conforme à la Constitution à cette date peut très bien ne plus l'être plus tard. D'abord parce que les normes de références peuvent avoir changé (révision constitutionnelle)[1], mais aussi parce que les circonstances de fait ne sont plus les mêmes (évolution sociale conduisant à faire naître un nouvel objectif de valeur constitutionnelle).

De même, tirant les conséquences de cette autorité de la chose jugée dont sont revêtues les décisions du Conseil, la QPC ne peut pas prospérer s'il apparaît que l'inconstitutionnalité soulevée a déjà été tranchée par le Conseil (cf. p. 438). La constitutionnalité doit cependant non seulement résulter du dispositif de la décision mais également être l'objet d'une étude dans les motifs de celle-ci. Cette formule est destinée à régler la question de la portée de la « clause balai » souvent employée jusqu'à présent par le Conseil constitutionnel. En effet, le Conseil terminait parfois ses décisions par une formule générale indiquant : « il n'y a lieu pour le Conseil de soulever d'office aucune autre inconstitutionnalité » (Cons. const. 98-399 DC, 5 mai 1998, Entrée et séjour des étrangers) ou « les autres dispositions sont conformes à la Constitution »[2] (Cons. const. 99-425 DC, 29 déc. 1999, LFR pour 1999). Il faut considérer que ces formules n'instaurent pas une présomption irréfragable de constitutionnalité de la loi, dès lors qu'elles ne sont pas reprises dans le dispositif et qu'aucun motif ne les justifie Du reste, le Conseil a lui même admis, dans le cadre du contrôle avant promulgation, de déclarer contraire à la Constitution une disposition contenue dans une loi qu'il avait précédemment examinée et déclarée conforme après avoir indiqué qu'il n'y avait lieu pour lui de ne rien soulever d'office (Cons. const. 99-410 DC §44, 15 mars 1999, LO relative à la Nouvelle-Calédonie).

---

[1] Pour un exemple de l'effet d'une révision constitutionnelle sur la jurisprudence du Conseil constitutionnel, voir la note p. 143.

[2] Cette pratique est désormais moins fréquente et l'on peut penser que l'introduction de l'exception d'inconstitutionnalité conduira à son abandon.

Cette autorité de la chose jugée dont bénéficient les décisions du Conseil s'applique très largement. En particulier, le Conseil d'Etat (CE 29 oct. 2004, *Sueur et a. req. n° 269814*) et la Cour de Cassation doivent tenir compte dans leurs décisions des positions prises par le Conseil. On a pourtant pu noter des divergences de jurisprudence qui s'expliquent essentiellement par le fait que l'autorité de la chose jugée ne doit pas se confondre avec un pouvoir normateur. Le Conseil constitutionnel, comme les autres juridictions françaises, n'élabore pas de règles de droit. Les décisions n'ont que l'autorité de la chose jugée ; autrement dit, elles ne valent que dans les domaines qui ont été tranchés expressément et n'ont pas à être étendues à des situations voisines ou à des textes différents.

B. L'autorité de la chose interprétée : la constitutionalité sous réserve

Pourtant, l'autorité de la chose jugée connaît des difficultés d'application lorsque le Conseil se prononce, dans le cadre de l'art. 61 C., en faveur de la **constitutionnalité** d'un texte **"sous réserve"** qu'il soit interprété de telle ou telle manière ou sous de « strictes réserves d'interprétation ». Dans ce cas, comment les autres juridictions ou autorités administratives peuvent-elles respecter les décisions du Conseil constitutionnel ? Ne seraient-elles pas tentées de profiter de ce « flou » pour donner des textes en question leur interprétation personnelle ? En fait, l'utilisation par le Conseil constitutionnel de cette technique vise au contraire à encadrer la décision de constitutionnalité qu'il rend et à éviter de trop nombreuses décisions d'inconstitutionnalité. Oui, la loi[1] est constitutionnelle mais dans la mesure où elle est interprétée de la manière que le Conseil indique. Dès lors, les possibilités d'interprétation par d'autres sont limitées.

Le Conseil utilise souvent cette technique[2] (Cons. const. 77-83 DC §3, 20 juill. 1977, Retenue sur le traitement des fonctionnaires ; Cons. const. 2014-703 DC §41, 19 nov. 2014, LO portant application de l'art. 68 C.), parfois même pour plusieurs dispositions du même texte (Cons. const. 93-325 DC §§32, 80, 88 et 104, 13 août 1993, Maîtrise de l'immigration). Il l'utilise également dans le cadre de la QPC (Cons. const. 2010-8 QPC §18, 18 juin 2010, *Epx L.* ; Cons. const. 2012-242 QPC §10, 14 mai 2012, *Assoc. Temps de vie*).

L'interprétation peut être faite par rapport à tous les éléments composant l'ensemble des normes constitutionnelles de référence y compris le préambule et les éléments auxquels il renvoie (par ex. le préambule de 1946 : Cons. const. 2004-504 DC §13 et 20, 12 août 2004, Assurance maladie).

Il a porté cette technique à son optimum en précisant que « toute autre interprétation serait contraire à la Constitution » (Cons. const. 84-181 DC, 10 oct. 1984, Entreprises de presse ; Cons. const. 2008-573 DC §26, 8 janv. 2009, Commission prévue à l'art. 25 C. et élection des députés), coupant court à toute velléité.

1. Les différents types de réserves

La réserve ainsi faite peut être limitative, c'est-à-dire interdire celles des interprétations qui mettraient une disposition en contradiction avec la Constitution. Par exemple, le Conseil utilise des expressions telles que « ne saurait signifier » (Cons. const. 83-167 DC §26, 19 janv. 1984, Etablissements de crédit) ou « doivent s'entendre comme ne régissant 'tel élément' que ... » (Cons. const. 2007-547 DC §52, 15 févr. 2007, Dispositions statutaires et institutionnelles relatives à l'outre-mer) ou encore « ne sauraient permettre » (Cons. const. 2012-242 QPC §10, 14 mai 2012, *Assoc. Temps de vie*).

---

[1] Il ne peut s'agir que d'interprétation dans le cadre du contrôle de la constitutionnalité des actes législatifs (loi, loi de finances, loi organique, etc. voire des règlements des assemblées). En effet, le contrôle que le Conseil exerce sur les traités ne lui permet pas d'user de ce mécanisme. Il a cependant donné une interprétation à usage interne du traité établissant une Constitution pour l'Europe (Cons. const. 2004-505 DC, 19 nov. 2004).

[2] Nous avons déjà rencontré l'usage de cette technique : cf. p. 145.

La réserve ainsi faite peut conduire à « neutraliser » une (les) disposition(s) de la loi. Il en est ainsi dans le cas où le Conseil interprète la loi de manière tellement restrictive, qu'elle n'apporte, en fait, aucun élément nouveau par rapport au droit déjà en vigueur. Ainsi, lorsque le Conseil (Cons. const. 97-389 DC §4, 22 avr. 1997, Certificats d'hébergement) estime que le « détournement de procédure » permettant au Préfet de refuser la délivrance d'un acte doit être compris comme désignant les hypothèses « de fraude à la loi », il réduit à néant la portée du texte nouveau car il est traditionnellement admis que l'administration peut refuser de délivrer un acte dans ce cas (CE Avis du 9 oct. 1992, *Abihilali : Lebon 363*). On trouve encore des formules comme « ne sauraient avoir pour effet de permettre » (Cons. const. 2014-703 DC §25, 19 nov. 2014, LO portant application de l'art. 68 C.) ou « ne sauraient, sans priver de garanties légales les exigences qui résultent de (...), être interprétées ... » (Cons. const. 2014-431 QPC §11, 28 nov. 2014, *Sté ING Direct NV et ING Bank NV*).

La réserve peut également être « constructive ». Elle précise alors le sens des termes trop généraux de la loi ou en comblant certaines lacunes de la loi se substituant presque au législateur (Cons. const. 2004-507 DC §6, 9 déc. 2004, Sport professionnel). Dans certains cas, elle indique à quelles conditions d'intervention future du législateur, la constitutionnalité de la loi actuelle est subordonnée, en particulier lorsque l'entrée en vigueur d'une loi suppose que soient adoptées d'autres dispositions qui ne peuvent être que de nature législatives (Cons. const. 2002-461 DC §15, 29 août 2002, Loi d'orientation et de programmation pour la justice ; Cons. const. 2004-504 DC §33, Cons. const. 12 août 2004, Assurance maladie7). De même, elle précise qu'il incombera à chaque loi de finances de fixer le montant de la compensation financière par l'État de la perte de recettes publicitaires de France Télévision afin qu'elle soit à même d'exercer les missions de service public qui lui sont confiées (Cons. const. 2009-577 DC §18, 3 mars 2009, Loi relative à la communication audiovisuelle et au nouveau service public de la télévision) ou qu'en matière de privation de liberté, le droit à un recours juridictionnel effectif impose que le juge judiciaire soit tenu de statuer dans les plus brefs délais (Cons. const. 2014-446 QPC §8, 29 janv. 2015, *Maxime T.*).

La réserve peut encore conduire, en fait, à donner de véritables « injonctions ». Ainsi, pour ne pas déclarer contraire à la Constitution les dispositions complexes d'une loi électorale, le Conseil indique que les autorités compétentes devront informer les électeurs et les candidats et prescrit les mentions que doivent comporter les bulletins de vote (Cons. const. 2003-468 DC §18 et 19, 3 avr. 2003, Elections des conseillers régionaux et des parlementaires européens). De même, il précise qu'il appartiendra aux autorités compétentes de veiller au respect du pluralisme des courants de pensées et d'opinions compte tenu des ressources radioélectriques alors disponibles (Cons. const. 2007-550 DC §16, 27 févr. 2007, Télévision du futur) ou au pouvoir réglementaire de prendre les décrets d'application en respectant tel ou tel droit (Cons. const. 2015-460 DC §15, 26 mars 2015, *Cté de défense des travailleurs frontaliers du Haut-Rhin et a.*).

La réserve peut enfin être « protectrice » par les garanties que le Conseil ajoute à la loi et dont il confie aux autorités administrative ou juridictionnelles la garantie en précisant par ex. qu'il leur appartient de veiller au respect de cette exigence (Cons. const. 89-260 DC § 22, 28 juill. 1989, Sécurité et transparence du marché financier ; Cons. const. 2003-485 DC §62, 4 déc. 2003, Droit d'asile). Elle peut également indiquer que la loi ne peut « faire obstacle » à la mise en œuvre de certains droits (Cons. const. 2010-8 QPC §18, 18 juin 2010, *Epx L.*).

C'est encore par l'utilisation des réserves que le Conseil constitutionnel a donné au Président de la République un argument supplémentaire pour refuser de signer les ordonnances prises par le Gouvernement en vertu d'une loi d'habilitation (Cons. const. 86-207 DC, 25 juin 1986, Privatisations). La juridiction constitutionnelle, estimant que la loi d'habilitation est conforme à la Constitution sous réserve que les ordonnances qui en seront issues respectent elles-mêmes tel ou tel principe, permet au Chef de l'Etat d'exercer sur ces ordonnances un contrôle au moment de leur signature et d'user ainsi du pouvoir discrétionnaire qu'il a de ne pas les signer.

2. Réserves et *obiter dictum*[1]

Il est intéressant de noter que, dans ce cadre, le Conseil constitutionnel estime qu'il dispose d'un pouvoir d'interprétation des lois qui lui sont déférées aux fins de contrôle de leur constitutionnalité. Or, ni la Constitution ni l'ord. de 1958 ne confèrent un tel pouvoir au Conseil. Il s'agit donc là d'un œuvre totalement prétorienne comme en atteste la formule qu'il utilise lui-même lorsqu'il est saisi par les parlementaires d'une demande d'interprétation :

« Le Conseil constitutionnel a compétence pour se prononcer sur la conformité à la Constitution d'une loi soumise à son examen ; il ne lui appartient de procéder à l'interprétation du texte qui lui est déféré que dans la mesure où cette interprétation est nécessaire à l'appréciation de sa constitutionnalité » (Cons. const. 91-298 DC §33 , 24 juill. 1991, Dispositions fiscales rétroactives).

L'interprétation que donne le Conseil se trouve en général dans les considérants qui sous-tendent la décision. Mais il est admis que l'autorité de la chose jugée vaut aussi, par delà le seul dispositif, aux mentions qui constituent le soutien nécessaire du dispositif (Cons. const. 62-18 L, 16 janv. 1962, Loi d'orientation agricole ; Cons. const. 2000-429 DC §20, 30 mai 2000, Egal accès des hommes et des femmes). Il n'est donc pas indispensable que le dispositif reprenne l'interprétation que le Conseil a donnée pour que celle-ci s'impose dans l'application de la loi qui y a donné lieu. Pourtant, pour simplifier le respect de ces réserves, le Conseil indique désormais dans le dispositif les articles qui ont fait l'objet de réserve et à quel paragraphe de la décision celle-ci se trouve.

Dès lors qu'il n'en est pas ainsi, c'est-à-dire lorsque que l'interprétation est en réalité un *obiter dictum*, elle n'a pas l'autorité de la chose jugée et ne s'impose donc pas. C'est ce raisonnement qui a conduit la Cour de Cassation (Cass. plén. 10 oct. 2001, *Breisacher* : *Bull. n° 11*) à ne pas retenir l'interprétation donnée par le Conseil constitutionnel des dispositions de l'article 68 C. (Cons. const. 98-408 DC, 22 janv. 1999, Cour pénale internationale). En effet, la Cour de cassation a estimé que l'incise par laquelle le Conseil estimait que le Président disposait durant l'exercice de ses fonctions d'un privilège de juridiction ne s'imposait pas à elle, puisqu'elle n'était en rien utile à régler la question posée sur la constitutionnalité du traité relatif à la Cour pénale internationale.

La question pourrait être posée de savoir comment les dispositions déclarées constitutionnelles sous réserve seront appréciées au regard des exigences permettant l'ouverture d'un recours QPC. Doit-on considérer que le Conseil les a déclarées conforme à la Constitution et que le recours contre de telles dispositions est irrecevable ? Doit-on considérer qu'il est possible de s'interroger encore sur leur constitutionnalité et en particulier sur le respect de la réserve d'interprétation dans le cadre de l'application du texte au litige en cause ? Il nous semble qu'il faille considérer dans ce cas qu'il appartient au juge du fond de trancher luimême la question dans la mesure où ce n'est pas la constitutionnalité de la loi qui est mise en cause mais bien son application. C'est donc le juge du fond, à qui s'imposent les déci-

[1] Littéralement « dit en passant ». Cette locution latine désigne, dans une décision de justice, un passage indicatif, une opinion, qui ne justifie pas la décision.

sions du Conseil y compris leur interprétation, qui devra s'assurer du respect de ladite interprétation. Il n'y a pas dans ce cas place pour une question préjudicielle posée au Conseil constitutionnel.

C. Les « lits de justice »[1]

L'autorité des décisions du Conseil constitutionnel n'a de limite que la volonté du constituant. En effet, il est toujours loisible au pouvoir constituant de modifier la Constitution et d'introduire les dispositions nécessaires à rendre la loi conforme à la Constitution, aboutissant selon certains auteurs[2] à un « lit de justice ». Il suffira dans ce cas de procéder à une nouvelle adoption de la loi qui, une nouvelle fois soumise au Conseil, sera alors déclarée conforme à la Constitution. C'est ce qui se produisit en 1993, en 1999 et en 2007 (cf. p. 379, 381 et 383). Le Conseil, appréciant la constitutionnalité par rapport à la Constitution telle qu'elle est au jour du contrôle, ne pourra, lorsque la loi lui sera représentée après la révision, que la déclarer conforme (Cons. const. 92-312 DC, 2 sept. 1992, Maastricht II ; Cons. const. 2000-429 DC §6, 30 mai 2000, Egal accès des hommes et des femmes). Le troisième « lit de justice » à propos de la Nouvelle-Calédonie (Cons. const. 99-410 DC, 15 mars 1999, LO relative à la Nouvelle-Calédonie) présentait d'autant plus d'intérêt qu'il s'agissait cette fois de surmonter, non plus une déclaration d'inconstitutionnalité comme dans les deux cas précédents, mais une « réserve d'interprétation » (cf. p. 455) qui ne convenait pas au législateur (cf. p. 353).

Ainsi le Conseil constitutionnel, par une lente évolution de sa jurisprudence, est parvenu à s'imposer comme un des organes les plus importants de la nouvelle Constitution. Peu à peu, il se hisse au rang des cours constitutionnelles étrangères voire d'une Cour suprême. De lui, de sa jurisprudence et des réformes qui toucheront l'institution dépend pour beaucoup la pérennité de la Constitution. En tout cas, il donne pour l'instant les gages d'une longévité aussi grande que celle du Conseil d'Etat qui joue, encore maintenant, un certain rôle constitutionnel.

II. LE ROLE CONSTITUTIONNEL DU CONSEIL D'ETAT

Le Conseil d'Etat est l'une des plus vieilles institutions françaises. C'est dans la Constitution de l'an VIII (1799) qu'il apparaît pour la première fois. Il était à l'époque chargé (art. 52) de rédiger les projets de loi et les règlements. Il devait aussi résoudre les litiges qui s'élèvent en matière administrative. On voit, dès lors, se dessiner ses attributions définitives : il est à la fois conseiller du Gouvernement et juge du contentieux administratif, c'est-à-dire des litiges mettant en cause l'administration. En fait, quoique fort ancienne, l'organisation du Conseil d'Etat n'a que peu changé depuis les origines (§1). Bien que la Constitution qui l'a créé ait disparu, le Conseil d'Etat a subsisté jusqu'à nos jours. Pourtant, aucun texte de nature constitutionnelle, y compris l'actuelle Constitution, n'y a consacré de dispositions particulières. Les constituants de 1958 lui ont, cependant, attribué expressément des compétences qui ont consacré son importance de rouage essentiel du système juridique français (§2).

---

[1] Sous l'ancien régime, lorsque le Roi souhaitait imposer un texte au Parlement (qui est à l'époque une cour de justice) qui y était hostile et refusait de l'enregistrer, il imposait sa volonté en venant lui-même faire procéder à l'enregistrement pour marquer sa souveraineté (selon l'adage de l'époque : « *adveniente principe, cessat magistratus* » « Quand le Prince arrive, les magistrats se taisent »). Au sens moderne, il faut y voir la manifestation de la souveraineté du peuple face au juge constitutionnel.

[2] En particulier MM. Avril et Gicquel dans leur chronique trimestrielle à la revue « *Pouvoirs* ».

§1. L'organisation du Conseil d'Etat

Bien qu'il ne s'agisse pas ici de décrire dans le plus grand détail l'organisation interne de cette institution étudiée au cours de Droit Administratif de Licence 2, nous voudrions montrer comment celle-ci reflète parfaitement la dualité de son rôle. Nous donnerons quelques indications sur le personnel qui le compose avant de décrire les éléments essentiels de sa structure.

Il existe trois catégories de membres du Conseil d'Etat. Dans l'ordre hiérarchique croissant, on trouve les Auditeurs qui sont issus de l'ENA, les Maîtres des Requêtes, choisis pour l'essentiel[1] parmi les Auditeurs, enfin les Conseillers d'Etat proprement dits, nommés parmi les Maîtres des Requêtes par le Président de la République (art. 13 C.) avec le contreseing du Premier ministre. Les membres du Conseil d'Etat bénéficient d'une grande indépendance et sont, sur de nombreux points, assimilés à des magistrats. Leur statut, défini par le décret du 30 juill. 1963, est aussi complété par la pratique qui leur confère une inamovibilité de fait.

Le Conseil d'Etat est divisé en sept sections, présidées chacune par un président de section ; le Conseil d'Etat dans son ensemble est présidé par un vice-président. Cinq sections administratives, respectivement section de l'intérieur, section des finances, section des travaux publics, section sociale et section de l'administration (créée en 2008) remplissent auprès du Gouvernement la fonction consultative du Conseil. Chaque ministère est rattaché, par arrêté du Premier ministre pris dès l'entrée en fonction du Gouvernement, à l'une de ces sections et obtient donc des avis spécialisés. L'avis sollicité est rendu par des sections réunies ou par l'Assemblée générale, formation la plus complète et la plus solennelle, lorsque la question porte sur des textes d'une particulière importance. En cas d'urgence proclamée par le Gouvernement, c'est une "commission permanente", moins spécialisée, qui rendra l'avis.

La section du contentieux est en fait l'organe de jugement. Elle comprend plusieurs formations contentieuses, la structure de base étant la sous-section.

La section du rapport et des études, créée en 1985, a pour mission d'attirer l'attention du Gouvernement sur les réformes législatives, réglementaires ou administratives que lui paraît commander l'intérêt général. Elle rédige chaque année un rapport officiel sur l'activité du Conseil.

Ce sont essentiellement les sections administratives et la section du contentieux qui disposent de compétences en matière constitutionnelle.

§2. Les compétences constitutionnelles du Conseil d'Etat

Dans ses fonctions de juge, le Conseil d'Etat jouera un rôle particulièrement important dont l'essentiel sera étudié en droit administratif. Reste qu'il a parfois été amené à rendre des décisions qui, même si elles ont un caractère administratif, comportent également une interprétation de certaines règles constitutionnelles (B). De même, son rôle de conseiller du Gouvernement et du Parlement relève pour partie du droit constitutionnel (A).

A. Le Conseil d'Etat, conseiller du Gouvernement et du Parlement

En tant que conseiller du Gouvernement et du Parlement, le Conseil d'Etat intervient à la fois pour donner des avis sur des actes que ceux-ci prennent ou préparent (1) mais aussi pour procéder, à sa demande, au déclassement de dispositions à caractère législatif (2).

[1] Un système dit "du tour à l'extérieur" permet de nommer directement un quart des Maîtres des Requêtes ou un tiers des Conseillers d'Etat à la discrétion du pouvoir politique.

1. Les avis du Conseil d'Etat

Avant de voir le contenu des avis du Conseil (b), il convient de rechercher toutes les hypothèses dans lesquelles il est amené à donner un avis (a).

a) Les différentes catégories d'avis

La Constitution prévoit expressément l'intervention pour avis du Conseil d'Etat dans ses art. 38 C., 39 C., 74-1 C., 76 C et 92 C. (ancien) (α). Ensuite le législateur peut, lui-même, imposer l'intervention du Conseil d'Etat (β). Enfin, le Gouvernement, à titre facultatif, peut également le consulter (χ).

α. Les actes constitutionnellement soumis à l'avis du Conseil d'Etat.

Selon la Constitution, le Conseil d'Etat doit obligatoirement donner son avis sur les projets de loi, sur les ordonnances et sur certains décrets. Il peut également être amené à donner son avis sur les propositions de loi.

• Les **projets de loi** sont soumis au Conseil d'Etat avant d'être discutés en Conseil des ministres (art. 39 al. 2 C.). Le Gouvernement peut ainsi tenir compte des avis formulés et modifier les projets avant de les faire adopter.

H

Il s'agit d'une procédure existant déjà sous la IV° République mais introduite par l'ordonnance du 31 juill. 1945 et non par la Constitution. Le Conseil n'avait pas ce rôle sous la III° République[1]. En revanche, sous la II° République (art. 75), il était à la fois le conseiller du Gouvernement et du Parlement, tandis que sous le Consulat et les deux Empires, il était chargé, sous la direction du Chef de l'Etat, de rédiger les projets de loi.

L'avis que doit donner le Conseil d'Etat sous la V° République concerne tous les projets de loi soumis au Parlement (loi ordinaire, organique, de finances ou constitutionnelle) ou au peuple (loi référendaire). C'est le Secrétariat Général du Gouvernement qui transmet les projets au Conseil d'Etat pour que celui-ci les examine. Ils sont attribués, sauf urgence, à la section administrative qui a dans ses compétences la matière du projet. Celle-ci instruit le projet et rend l'avis à moins qu'elle ne le transmette à l'Assemblée générale.

En revanche, les amendements du Gouvernement —à l'inverse des lettres rectificatives— (cf. p. 161) ne lui sont pas soumis (Cons. const. 94-357 DC, 25 janv. 1995, DDOS). Même si, dans ces cas, rien n'interdit au Gouvernement de demander l'avis du Conseil d'Etat, on constate qu'il ne le fait pas. Il peut ainsi, par le dépôt d'amendements non soumis au Conseil d'Etat, éviter de lui présenter certains éléments qui, à coup sûr, ne lui conviendraient pas ou surmonter le contenu de l'avis qui va bien au-delà du simple « commentaire de texte » (cf. infra).

En effet, le rôle du Conseil d'Etat est de permettre au Conseil des ministres de délibérer en toute connaissance de cause. Dès lors, l'ensemble des questions posées par le texte adopté par le Conseil des ministres doivent avoir été soumises au Conseil d'Etat lors de sa consultation (Cons. const. 2003-468 DC §7, 3 avr. 2003, Elections des conseillers régionaux et des parlementaires européens).

• L'avis du Conseil d'Etat est également obligatoire pour les **ordonnances** que le Gouvernement est autorisé à prendre à la suite du vote d'une loi d'habilitation (art. 38 C.). En revanche, il n'est pas amené à donner son avis sur les autres ordonnances prises par l'exécutif (ordonnances de l'art. 47 C. et 47-1 C.). Enfin, l'art. 74-1 C. prévoit que les ordonnances relatives à l'actualisation du droit applicable dans les COM et en Nouvelle-Calédonie

[1] Le souvenir de l'intervention du Conseil d'Etat dans le domaine législatif sous les I° et Second Empires était sans doute encore trop présent.

sont prises en Conseil des ministres après avis des assemblées délibérantes intéressées et du Conseil d'Etat.

Notons encore, mais ceci n'a plus ici qu'un intérêt historique, que le Conseil d'Etat devait être obligatoirement consulté sur les ordonnances que le Gouvernement était autorisé à prendre en vertu des dispositions transitoires de l'ancien art. 92 C.

• La Constitution prévoit encore que le Conseil d'Etat soit obligatoirement consulté sur les décrets en Conseil des ministres prévus à l'art. 76 C. qui ont permis aux populations néo-calédoniennes de se prononcer sur les dispositions de l'accord signé à Nouméa le 5 mai 1998.

• Depuis la révision de juillet 2008, le Conseil d'Etat peut également être amené à donner son avis, à la demande du Président de l'assemblée concernée, sur les propositions de loi. Toutefois, le parlementaire auteur de la proposition de loi peut s'opposer à cette consultation (art. 39 al. 5 C.). Pour ce faire, il est informé de l'intention du Président de l'assemblée et dispose alors de 5 jours francs pour s'y opposer (art. 4 bis ord. 58-1100).

La demande d'avis doit intervenir avant l'examen de la proposition en commission. Une fois saisi, le vice-président du Conseil d'Etat attribue l'examen de la proposition de loi à une section ou réunit spécialement une commission composée de représentants de différentes sections. L'avis est, en principe, rendu par l'assemblée générale (art. L. 123-1 CJA). L'auteur de la proposition de loi peut produire devant le Conseil d'Etat toutes observations. Il est entendu à sa demande par le rapporteur et peut participer, avec voix consultative, aux séances au cours desquelles l'avis est délibéré (art. L. 123-2 CJA). L'avis est adressé au Président de l'assemblée qui a saisi le Conseil (art. L. 123-3 CJA). Il le communique à l'auteur de la proposition (art. 4 bis ord. 58-1100).

Dans ce cadre, le Conseil d'Etat a été saisi de 2 demandes d'avis en 2010 et de 5 en 2011.

β. Les avis obligatoires en vertu de la loi

Le Gouvernement doit consulter obligatoirement le Conseil sur les projets de décret d'application lorsque le législateur a imposé cette formalité. Ces décrets porteront la mention « décret en Conseil d'Etat » et peuvent avoir ou non un caractère réglementaire. Ces décrets en Conseil d'Etat peuvent également prévoir qu'ils seront eux-mêmes complétés par des décrets en Conseil d'Etat. Le non-respect de cette formalité obligatoire entraînera l'annulation du décret pour vice de procédure (CE 20 mai 1996, *Synd. Nal. des enseignants du second degré* : Lebon 677). En effet, un décret en Conseil d'Etat ne peut être modifié que par un décret en Conseil d'Etat (parallélisme des formes : CE ass. 9 nov. 1973, *Siestrunck : Lebon 625*).

Pourtant, dans tous ces cas, même obligatoire, l'avis reste consultatif et n'a pas à être suivi par le Gouvernement (CE sect. 1er juin 1962, *Union Gale synd. Mandataires des halles centrales : Lebon 362*).

χ) Les avis à la demande du Gouvernement

Le Gouvernement peut consulter facultativement le Conseil sur **tout projet de texte** (réglementaire ou non) qui ne lui aurait pas été soumis en vertu des dispositions constitutionnelles préalablement analysées. Les décrets qui ont ainsi fait l'objet d'une consultation facultative porteront la mention : « décret pris après avis du Conseil d'Etat ». Il faut noter que les projets de **décrets en Conseil des ministres** sont généralement soumis au Conseil d'Etat en vertu d'une circulaire du Premier ministre datée du 31 juill. 1974. L'avis étant facultatif, ces décrets peuvent dès lors être modifiés sans que cette formalité soit à nouveau remplie (CE 5 juill. 1989, *Saubot : Lebon 159*).

Enfin, en vertu de l'art. 23 de l'ord. du 31 juill. 1945, le Conseil d'Etat peut être consulté par les ministres et eux seuls sur tout sujet qui ne soit pas, en vertu du principe de séparation des pouvoirs, pendant devant une juridiction. Ces avis peuvent éclairer le Gouvernement sur des problèmes de société et d'actualité comme dans l'affaire dite du "foulard islamique" (avis du 27 nov. 1989 : *AJDA 1990. 39*) ou des « sans papier de l'église St Bernard » (avis n° 359.622 du 22 août 1996 : *EDCE 279*). Mais, le plus souvent, ils sont relatifs à des sujets juridiques. Le Gouvernement profite de ce mécanisme pour demander au Conseil d'Etat des consultations juridiques qui peuvent porter sur des questions de droit constitutionnel. C'est en particulier le cas lorsque le Gouvernement interroge la Haute Assemblée sur la constitutionnalité de telle ou telle convention internationale (CE Avis n° 358.597 du 29 févr. 1996 : *EDCE 277* ; Avis n° 359.213 du 4 juill. 1996 : *EDCE 289*).

b) Le contenu des avis du Conseil d'Etat

Le rôle du Conseil d'Etat, dans l'exercice de sa fonction consultative, est un rôle de conseil dans le sens le plus large de ce terme. Il doit donc, selon une pratique établie de longue date, se prononcer à la fois sur les qualités juridiques du projet gouvernemental ou de la proposition de loi mais aussi sur leurs qualités intrinsèques. Ainsi, l'avis est fondé en droit tout en contenant des éléments d'opportunité.

L'essentiel de l'examen en droit des **projets de loi** ou des **propositions de loi** porte sur leur constitutionnalité [voir par ex., sur un projet CE 13 nov. 1986, Avis sur le projet de loi relatif au fonctionnement des établissements pénitentiaires (*EDCE 1987. 138*) ; sur une proposition : CE 15 oct. 2015, Avis sur la proposition de loi relative aux mesures de surveillance des communications électroniques internationales, *n° 390578*]. Il s'agit là, pour le Conseil d'Etat, d'un exercice périlleux. En effet, il lui faut indiquer au Gouvernement ou au Président de l'assemblée qui l'a saisi les risques que courrait le texte si, une fois voté, il était déféré devant le Conseil constitutionnel. Il s'agit donc bien ici d'une consultation, au sens classique que connaît ce terme en droit, par laquelle le Conseil d'Etat doit, en partant de la jurisprudence du Conseil constitutionnel, supposer quelle pourrait être la solution du juge constitutionnel. Il y a bien sûr risque d'erreur ; il y a aussi pour le Conseil d'Etat un travail essentiel pour éviter les écueils que pourraient connaître les textes une fois adoptés par le Parlement, ce qui est bien son rôle de "conseiller". Les formations administratives du Conseil d'Etat sont donc les premières institutions à tenir compte de la jurisprudence du Conseil constitutionnel qui s'impose à toutes les autorités (art. 62 al. 2 C.).

Pour les **projets de décret**, le Conseil procédera de la même manière mais substituera une recherche de la légalité à la recherche de la constitutionnalité. L'intervention du Conseil d'Etat est, *a priori*, plus simple dans ce cas puisqu'il a à tenir compte de sa propre jurisprudence étant, par ailleurs (cf. infra), juge de la légalité des actes administratifs. Pourtant, un avis indiquant qu'il n'existe pas de problème quant à la légalité de l'acte administratif soumis aux formations administratives du Conseil d'Etat n'est pas un « brevet » de légalité. Il est, en effet, tout à fait possible que, saisi d'un recours en excès de pouvoir contre l'acte en question, la Section du contentieux le déclare illégal.

Pour le reste, le Conseil d'Etat s'intéressera à l'opportunité du projet ou de la proposition de loi ou du projet de décret. Il y a ici une certaine curiosité à voir un organe administratif s'immiscer dans une fonction éminemment politique ; on aurait pu croire que l'avis du Conseil d'Etat doive dès lors se limiter à des questions purement juridiques. Il n'en est rien. Le Conseil fait savoir ce qu'il pense du projet de loi ou de décret ou de la proposition loi. Il recherche si le futur texte est adapté à la situation à laquelle il doit s'appliquer, si les dispositions qu'il contient sont compatibles entre elles ou avec celles d'autres textes déjà en vigueur.

Il en vient tout naturellement à faire des propositions de rédaction alternatives pouvant déboucher sur un projet de texte presque entièrement revu dans lequel il substitue certaines options à celles proposées par le Gouvernement ou le parlementaire.

C'est qu'en effet la pratique du Conseil d'Etat l'a conduit à proposer parfois des solutions alternatives à celles qui lui sont soumises et donc à réécrire certains textes. Il procède de la sorte pour les actes réglementaires et a étendu ce principe aux projets de loi ; il devrait logiquement l'étendre aux propositions de loi. Dans le cas où le texte soumis à son examen lui paraît contraire à la Constitution, le Conseil d'Etat se contente de rendre un avis dans ce sens. En revanche, lorsque le texte lui semble contestable, soit dans sa rédaction, soit du point de vue de son opportunité, le Conseil présente une nouvelle rédaction partielle ou globale. Le Gouvernement devra déterminer lequel des deux textes il présentera ; le parlementaire pourra modifier sa proposition. Ils restent en effet libres de suivre ou non l'avis du Conseil d'Etat, qui est un avis consultatif et non un avis conforme. De toute façon, si le Gouvernement décide, dans un premier temps, de soumettre au Parlement le texte rédigé par le Conseil d'Etat, il pourra, par des amendements, revenir à l'ancienne mouture. Le parlementaire pourra faire de même.

Les avis ainsi rendus sont, en principe, secrets. Historiquement lié au secret des délibérations du Gouvernement et du conseil des ministres, pour la préparation desquelles ils sont rendusTraditionnellement admis, ce principe de confidentialité a été confirmé implicitement par l'art. 6 de la loi n° 78-753 du 17 juill. 1978 qui classe les avis du Conseil d'Etat parmi les documents non communicables. Les avis ne sont librement communicables qu'à l'expiration d'un délai de 25 ans, conformément aux dispositions de l'article L. 213-2 du code du patrimoine.

Pourtant s'agissant d'avis qui lui sont destinés, le Gouvernement en est le seul destinataire. Il est loisible au Gouvernement de les rendre publics. Dans la vague de modification des habitudes administratives qu'impose la volonté de transparence souhaitée par les citoyens, le Président de la République a annoncé : « J'ai décidé de rompre avec une tradition séculaire des secrets qui entourent les avis du Conseil d'Etat. Le Conseil d'Etat est le conseil juridique du gouvernement. Son avis est d'intérêt public et son expertise sera donc rendue publique. Le Conseil d'Etat, par ses avis, informera donc les citoyens, mais il éclairera aussi les débats parlementaires » (Vœux aux corps constitués, 20 janv. 2015). Ces avis sont donc désormais publiés sur légifrance et sur le site du Conseil (http://www.conseil-etat.fr/Decisions-Avis-Publications/Avis/ConsiliaWeb) immédiatement après l'examen du texte par le Conseil des ministres. Selon le Vice-président du Conseil d'Etat, avec l'avis public, le Conseil d'Etat parle désormais au Parlement, à la communauté juridique et à la société. Ainsi, alors que, pour des avis secrets, le Conseil pouvait alléger son commentaire (en particulier en cas d'accord accord entre la Haute assemblée et le gouvernement), il lui faut maintenant expliciter les points d'accord et de désaccord avec le Gouvernement ce qui conduit à un allongement des avis ainsi rendus (V. AJDA 2015. 1013).

2. Le déclassement de dispositions législatives

Le Conseil d'Etat est également amené à jouer un rôle dans le cadre de la répartition des compétences législatives et réglementaires issues des art. 34 C. élargi (cf. p. 279) et 37 C. S'il appartient au Conseil constitutionnel de "délégaliser" certains textes adoptés par le Parlement dans une matière relevant de la compétence du Gouvernement, ceci ne vaut que dans la mesure où la loi en cause a été votée **après 1958**. Le Conseil constitutionnel, gardien de la Constitution de 1958, veille ainsi à son respect et en sanctionne ici les violations intervenues *a posteriori*, c'est-à-dire après l'entrée en vigueur de la Constitution (cf. p. 436).

Reste que, avant 1958, une telle distinction entre domaine de la loi et domaine du règlement était inconnue. Certaines des règles de droit fixées par le législateur des Républiques antérieures relèvent donc, en fonction de la Constitution actuelle, de la compétence du Gouvernement qui doit pouvoir les modifier. Pourtant, le principe du parallélisme des formes interdit qu'un texte réglementaire puisse modifier un acte législatif. Le Constituant de 1958 a donc soumis l'intervention du Gouvernement à une formalité préalable aboutissant au déclassement de la norme législative. C'est au Conseil d'Etat que cette fonction a été confiée.

Ainsi, lorsque le Gouvernement veut modifier par décret une disposition législative **antérieure à 1958**, le décret modifiant le texte jusqu'alors législatif (décret de déclassement) interviendra obligatoirement après avis du Conseil d'Etat (sections administratives). Celui-ci vérifiera si la disposition en question est bien, en fonction de la distinction 34-37, du domaine réglementaire (art. 37 al. 2 C.). Dans le cas contraire, il lui faudra faire voter une loi. Ici, on le constate, l'avis du Conseil d'Etat doit être un avis conforme ; le Gouvernement ne peut passer outre. Si d'aventure il venait néanmoins à modifier par décret une disposition que le Conseil d'Etat dans ses sections administratives estime avoir un caractère législatif, il ne fait pas de doute que sa décision serait annulée par une décision du même Conseil d'Etat statuant au contentieux. En ce sens, le Conseil d'Etat joue déjà le rôle d'un juge constitutionnel. On ajoutera, même si cela peut surprendre, que le décret de déclassement peut, malgré l'avis du Conseil d'Etat, être annulé par le Conseil d'Etat statuant au contentieux pour avoir été pris dans une matière législative (CE 27 nov. 2006, *Crampon*, req. n° 296018 : *Lebon 495*).

B. Le Conseil d'Etat, juge constitutionnel

La jurisprudence du Conseil d'Etat revêtait une importance encore plus grande lorsqu'il n'existait pas de juge constitutionnel. Certains principes furent fixés alors et l'on se réfère encore à ces arrêts anciens. Pourtant, l'apparition d'une juridiction constitutionnelle n'a pas réduit à néant les possibilités d'intervention du Conseil d'Etat. Le Conseil constitutionnel a une **compétence d'attribution**, limitée aux seules questions pour lesquelles la Constitution lui a expressément attribué un pouvoir, alors que le Conseil d'Etat dispose d'une **compétence générale** forcément plus étendue, exclusion faite des domaines attribués au Conseil constitutionnel.

Il faut tout d'abord rappeler que le Conseil d'Etat (tout comme la Cour de cassation dans son champ de compétence) est chargé de l'application de l'art. 55 C. Dans ce cadre, il opère non seulement un contrôle de la conventionnalité des lois mais, à travers ce contrôle, une forme de contrôle de constitutionnalité puisqu'il assure ainsi le respect de cet article de la Constitution. De plus, dans ce cadre, il lui revient aussi de vérifier que le législateur n'a pas violé des dispositions internationales qui ne font « en vérité que rappeler les principes déjà connus au niveau constitutionnel par les Etats signataires » (Concl. Stirn sur CE 21 déc. 1990, *Confédération nat. des associations familiales catholiques : RFD adm. 1990. 1065*). On voit donc qu'il y a là, de manière détournée certes mais de manière certaine, un moyen pour le Conseil d'Etat d'assurer, « par la voie de l'exception d'inconventionnalité, le même contrôle que celui que le Conseil constitutionnel aurait exercé » (Concl. Bergeal sur CE 5 déc. 1997, *Mme Lambert : AJDA 1997. 149*).

A cette première hypothèse s'ajoute, depuis la révision du 28 mars 2003 (art. 74 C.), la possibilité donnée au Conseil d'Etat de contrôler certaines catégories d'actes pris par l'assemblée délibérante d'une COM dotée de l'autonomie, lorsque celle-ci intervient au titre des compétences qu'elle exerce dans le domaine de la loi.

Enfin, depuis la révision de 2008, introduisant la QPC, le Conseil d'Etat, comme la Cour de cassation, assure le filtre du mécanisme. A cette occasion, on l'a dit, les deux cours suprêmes ne manquent pas, en particulier pour déterminer le caractère sérieux ou nouveau de la QPC posée, de se comporter en véritable juge de la constitutionnalité (cf. p. 446).

L'un comme l'autre doivent s'interroger lorsqu'une QPC leur est posée ou transmise par les juridictions inférieures. En effet, les cours suprêmes des deux ordres s'assurent d'abord que la disposition contestée commande l'issue du litige, la validité de la procédure ou constitue le fondement des poursuites. Il leur appartient d'apprécier souverainement l'existence du lien entre la disposition contestée et le litige pendant. Cette appréciation ne peut pas faire l'objet d'une remise en cause devant le Conseil constitutionnel, qui doit, dès lors, se prononcer sur toutes les dispositions pour lesquelles une QPC lui a été posée. Elles s'assurent ensuite que, sauf changement de circonstances, la disposition législative dont la constitutionnalité est contestée n'a pas déjà été déclarée conforme à la Constitution par le Conseil constitutionnel dans les motifs et le dispositif de sa décision. Mais, surtout, et enfin, elles s'assurent que la question est nouvelle ou présente un caractère sérieux. S'agissant du caractère sérieux, le juge ne manque pas de se livrer à une étude très semblable à celle réalisée traditionnellement par le Conseil constitutionnel avant de conclure que, le principe n'étant pas violé, la question n'est pas sérieuse dès lors que l'argument ne peut prospérer. S'agissant du caractère nouveau, il invite, en premier lieu, à saisir le Conseil constitutionnel de l'interprétation de toute disposition constitutionnelle dont il n'a pas encore eu l'occasion de faire application. Car le caractère « nouveau » de la question ne s'apprécie cependant pas en fonction de la prescription législative contestée (car sinon toute disposition législative non examinée présenterait un caractère nouveau) mais en fonction de la disposition constitutionnelle invoquée que le Conseil n'aurait encore jamais interprétée. Il invite, en second lieu, à renvoyer au Conseil constitutionnel des questions qui, par leur intérêt, pourraient mériter d'être tranchées par le Conseil constitutionnel. C'est ainsi un véritable pouvoir d'une saisine en opportunité qui a été reconnu, même lorsque les critères de sérieux et de nouveauté ne seraient pas remplis.

Avant la mise en place de la QPC, le Conseil d'Etat avait toujours affirmé qu'il ne lui appartenait pas de contrôler la constitutionnalité des lois (CE 6 nov. 1936, *Arrighi* : D. 1938, 3, 1, concl. Latournerie). Pourtant, il admettait qu'il lui reviennait de constater l'abrogation implicite de dispositions législatives inconciliables avec une disposition constitutionnelle (ou législative) postérieure (CE, ass., 16 déc. 2005, *Synd. nat. huissiers de justice*, req. 259584 et 259753 : *Lebon 570* ; CE 12 janv. 2009, *Assoc. France Nature environnement*, req. n° 289080). On peut légitimement se demander si cette compétence est toujours la sienne du fait de la mise en œuvre de la QPC.

En tout état de cause, avant comme après la mise en œuvre de la QPC, deux matières essentielles restent de la compétence du Conseil d'Etat : la partie du contentieux électoral non soumise au Conseil constitutionnel (1), et le contrôle de la légalité des actes administratifs de l'exécutif (2).

1. Le contentieux électoral

Dans cette matière, les compétences des deux juridictions sont théoriquement complémentaires. La lecture stricte de la Constitution incitait à croire que le Conseil constitutionnel avait pour seule compétence les litiges liés à la proclamation des résultats[1] et au déroule-

[1] Y compris les contestations relatives au nombre de suffrages obtenus simplement en vue du remboursement des frais de campagne (Cons. const. 8 juill. 1986, AN Haute-Garonne).

ment des opérations électorales pour les élections nationales[1]. Les autres actes administratifs liés à l'élection et en particulier ses préliminaires tels que le décret de convocation des électeurs et les enregistrements de candidatures aux élections législatives semblaient devoir relever en bloc de la compétence du Conseil d'Etat. Or, telle n'est pas la solution qui s'est dégagée au fur et à mesure des évolutions jurisprudentielles.

Se référant à l'art. 59 C., le Conseil d'Etat s'était déclaré incompétent (CE 3 juin 1981, *Delmas : Lebon 244*) pour apprécier la légalité des actes qui sont les préliminaires des opérations électorales, estimant qu'il s'agissait là d'actes non détachables de l'élection elle-même dont le contrôle appartient au Conseil constitutionnel. Le Conseil constitutionnel s'est du reste déclaré compétent (cf. p. 415) (Cons. const. 81-1 ELEC, 11 juin 1981, *Delmas*) pour réaliser, avant même que l'élection ait lieu, le contrôle de tels actes, étendant ainsi très largement son domaine de compétence, et comblant le vide juridictionnel laissé par le Conseil d'Etat. On pouvait alors croire à la naissance d'un bloc de compétence en faveur du Conseil constitutionnel, seul habilité à juger des questions touchant à des élections nationales. En fait, tel n'est pas le cas. Le Conseil d'Etat n'est incompétent que s'il existe, devant le Conseil constitutionnel, avant la proclamation des résultats, une voie de recours exceptionnelle (exception de recours parallèle) (CE 1er sept. 2000, *Larrouturou, Meyet et autres, req. n° 223890 : RFD adm. 2000. 989* ; CE 14 sept. 2001, *Marini, req. n° 237208 : Lebon 423*; CE 13 mars 2002, *Meyet : inédit*). Il ne conserve donc de compétences dans ce domaine que lorsqu'il s'agit d'élections partielles (CE 18 mai 2001, *Meyet et Bouget, req. n° 233815 : AJDA 2001. 642* ; CE 16 sept. 2005, *Hoffer, req. n° 282171 : AJDA 2005. 2237*) ou ne mettant pas en cause la régularité de toute la procédure électorale (ou référendaire) à venir.

En effet, le Conseil d'Etat accepte de contrôler la légalité des actes par lesquels le Gouvernement (CE 24 nov. 1978, *Assoc. Front National : Lebon 470*) ou le Conseil Supérieur de l'Audiovisuel (CE 23 mai 1997, *Meyet : Lebon 197*) organisent la campagne électorale. Il s'est également reconnu compétent pour juger de la légalité d'un refus de convoquer les électeurs pour pourvoir au remplacement d'un député démissionnaire (CE 23 avr. 1997, *Mme Richard : Lebon 828*).

Mais, surtout, le Conseil d'Etat reste compétent pour connaître de la légalité des actes administratifs relatifs aux règles électorales générales et permanentes, c'est-à-dire celles visant toutes les élections et non l'élection intervenant à une date particulière. Certes, du fait des dispositions de l'art. 34 C., c'est essentiellement le législateur qui est compétent en cette matière, mais il existe une compétence réglementaire résiduelle (par ex. fixation des modalités du vote par procuration). Le Conseil d'Etat a toujours affirmé sa compétence (CE 27 mai 1960, *Lagaillarde : Lebon 369*) et le Conseil constitutionnel l'a confirmée (Cons. const. 82-2 ELEC, 16 avr. 1982, *Bernard*).

On peut rapprocher de ce contentieux le contrôle qu'exerce le Conseil d'Etat sur la nomination des membres du Conseil Economique, Social et Environnemental par les organisations professionnelles. Ainsi a-t-il jugé par exemple (CE 27 sept. 1985, *Favie : Lebon 700* ; CE 23 juill. 1993, *Fédération des synd. de Polynésie française : Lebon 900*) qu'un "attaché de direction" ne pouvait être considéré comme un "représentant de l'industrie" (Cf. aussi la juripsrudence citée dans l'encadré p. 226).

---

[1] C'est-à-dire les élections présidentielles, législatives et sénatoriales. Le Conseil d'Etat est compétent en premier ressort pour les élections régionales et européennes ainsi que pour l'élection des délégués à l'Assemblée des Français de l'étranger (CE 31 août 2007, *Chazot et Graf*, req. n° 296060 : *Lebon 404*) ; il est compétent comme juge d'appel des jugements rendus par les tribunaux administratifs en matière d'élections municipales et cantonales. A ce titre, ce sont le Conseil d'Etat ou les tribunaux administratifs qui contrôlent les comptes de campagnes et prononcent les sanctions pour ces élections.

On peut également rapprocher de ce contentieux le contrôle qu'exerce le Conseil d'Etat sur la répartition de l'aide publique aux Partis politiques. La Haute juridiction peut annuler les décrets procédant à cette répartition au motif qu'une formation qui devrait normalement y participer en a été exclue (CE 9 nov. 1994, *Mouvement des Démocrates : Lebon 495*).

Depuis la révision du 28 mars 2003 relative à la décentralisation, le Conseil d'Etat est également compétent dans le cadre des référendums locaux, qu'il s'agisse de référendums consultatifs ou décisionnels (cf. p. 349). Il est amené, bien sûr, à contrôler les résultats de la consultation et se prononce donc sur les recours qui sont présentés en cette matière (CE ass., 17 oct. 2003, *Consultation des électeurs en Corse : RFD adm. 2003. 1140*). Mais il peut également vérifier si le décret par lequel le Président de la République décide d'organiser un référendum consultatif n'est pas entaché d'un vice pouvant affecter la régularité ou la sincérité de la consultation (CE 4 déc. 2003, *Feler : RFD adm. 2004. 187*), sans qu'il lui appartienne d'apprécier son opportunité.

2. Le contrôle de la légalité des actes de l'exécutif

Il n'est certes pas dans notre intention de faire ici une étude exhaustive de la jurisprudence du Conseil d'Etat. Chargé du contrôle général de l'administration, aussi bien des actes juridiques qu'elle prend que des actions qu'elle mène, le Conseil d'Etat a une jurisprudence très variée qui n'a pas toujours de lien direct avec le droit constitutionnel et qui formera une matière à part entière : le droit administratif. Pourtant, dans la mesure où le Conseil d'Etat doit s'assurer que le Gouvernement et le Président de la République n'excèdent pas leurs pouvoirs en prenant sous forme de règlement des dispositions qui ne peuvent résulter que de la loi (V. par ex. CE ass., 7 mai 2013, *Fed. CFTC de l'agriculture* : Lebon 119, son activité jurisprudentielle est certainement une application des art. 34 C. élargi (cf. p. 279), 21 C., 37 C. et 13 C. Nous venons du reste de montrer qu'elle est pour partie complémentaire du rôle confié aux sections administratives du Conseil d'Etat à l'art. 37 al. 2 C.

Mais le Conseil d'Etat vérifiera aussi si les règlements (et plus généralement les actes administratifs) ne sont pas contraires aux lois ou à des principes de valeur constitutionnelle (principes fondamentaux reconnus par les lois de la République). Le Conseil d'Etat n'hésite pas à annuler (CE 29 avr. 1994, *Haut commissaire de la République en Nlle-Calédonie : Lebon 205* s'agissant de la liberté d'association ; CE 13 mars 1996, *Gohin : Lebon 73* et 9 juill. 1997, *Picard : Lebon 294* s'agissant de l'indépendance des professeurs d'université) des actes administratifs contraires aux principes fondamentaux dégagés par le Conseil constitutionnel (cf. p. 424) voire à les créer lui-même au besoin (CE 3 juill. 1996, *Koné : Lebon 255* ; CE, 6 avril 2001, *SNES : Lebon 171*). Il examine aussi la légalité des règlements et plus généralement des actes administratifs par rapport à des principes de valeur quasi législative : les principes généraux du droit.

Les principes généraux du droit sont des règles (par ex. égalité d'accès à l'administration ; quand l'administration perd ses dossiers, elle perd ses procès) que le juge administratif fait naître par l'interprétation extensive de certaines dispositions ou par création spontanée. Ils sont destinés à lui permettre d'exercer un contrôle sur les actes administratifs en dehors même de toute référence à un texte précis[1]. *Ces principes ont une valeur inférieure à la loi mais supérieure aux décrets.*

---

[1] C'est en s'inspirant de la pratique du Conseil d'Etat que le Conseil constitutionnel a mis au point les "principes fondamentaux" cf. p. 424.

Ce contrôle dit "contrôle de la légalité" ou "contrôle de légalité" s'opère par l'intermédiaire du recours pour excès de pouvoir. Le règlement illégal est annulé par le Conseil d'Etat avec effet rétroactif et *erga omnes*. Si le Gouvernement tient aux dispositions qui étaient contenues dans l'acte annulé, il peut déposer un projet de loi les reprenant. Il peut aussi, par la technique de la « loi de validation » (cf. p. 280) faire en sorte que l'annulation de l'acte réglementaire illégal n'ait pas d'effet ou ne puisse intervenir. Le Parlement dans ce cas est invité par le Gouvernement à valider tous les éléments illégaux (loi de validation), ce qui interdit au juge d'en connaître.

Pourtant, en dehors même de cet aspect général qui lie le droit constitutionnel au droit administratif, son prolongement naturel, il est nombre de décisions particulières de la Haute juridiction qui se rattachent plus encore aux mécanismes de la Constitution. En effet, à l'occasion du contrôle de certains actes de l'exécutif, le Conseil d'Etat sera amené à préciser certains éléments qui ne sont pas réglés par la Constitution elle-même. Nous ne signalerons ici que les décisions ayant effectivement apporté à la Constitution un éclairage particulier.

Ainsi, et nous l'avons déjà indiqué, le Conseil d'Etat a-t-il été amené à préciser la portée des dispositions de l'art. 16 C. lorsqu'il eut à se prononcer sur certaines des **décisions prises par le Président de la République** durant la mise en œuvre des pouvoirs exceptionnels. La Haute juridiction administrative a ainsi estimé que les décisions prises par le Chef de l'Etat dans ce cadre ne pouvaient être contrôlées que dans l'hypothèse où elles ne relèveraient pas en temps normal des compétences attribuées par l'art. 34 C. au pouvoir législatif (CE 2 mars 1962, *Rubin de Servens : Lebon 143*). Le Conseil d'Etat a donc introduit une distinction au sein d'une même catégorie d'actes que la Constitution semblait bien considérer comme unitaire. L'action du Président de la République, dans le cadre de l'art. 16 C., est donc partiellement soumise au contrôle du juge. Ainsi, les mesures individuelles d'application d'une décision prise en vertu de l'art. 16 C. dans le domaine réglementaire peuvent être soumises au contrôle du Conseil d'Etat (CE 23 oct. 1964, *d'Oriano : Lebon 486*).

Dans le même ordre d'idées, la Haute juridiction a estimé pouvoir contrôler les ordonnances prises par le Président de la République en application d'une habilitation que le peuple lui a accordée par référendum (CE 19 oct. 1962, *Canal, Robin et Godot : Lebon 552*). On aurait pu croire que par le seul fait que ce soit un référendum qui accorde ainsi un pouvoir au Chef de l'Etat, celui-ci pouvait l'exercer sans contrôle. Le juge administratif a estimé que tel ne pouvait être le cas dans un Etat de droit et qu'il convenait de laisser subsister un certain contrôle du juge. Ces deux décisions (Rubin de Servens et Canal), bien que s'appliquant à des domaines marginaux, montrent l'importance constitutionnelle que peut parfois avoir le Conseil d'Etat et le rôle éminent qu'il peut tenir comme garant de certains principes et des libertés.

C'est ainsi encore que la Haute juridiction administrative a, dès l'origine de la Constitution, fixé la nature des **décrets autonomes** de l'article 37 al. 1 C. Le Conseil d'Etat eut à connaître de décrets autonomes qui, pris sous la IV° République en vertu de l'art. 47 de la Constitution de 1946 dans le cadre des pouvoirs attribués au Président du Conseil agissant comme législateur colonial, ne découlaient pas de la loi. Il devait préciser que ces décrets n'en étaient pas moins soumis au principe de la légalité et devaient donc respecter les principes généraux du droit (CE 26 juin 1959, *Synd. gén. des ingénieurs conseils : Lebon 394* ; CE ass., 13 juill. 1962, *Conseil nat. Ordres des médecins* : *Lebon 479*).

Cette solution dégagée pour des actes pris sous la IV° République devait être transposée pour les règlements autonomes de l'art. 37 C. Le Gouvernement ne peut intervenir sans contrôle comme un législateur autonome dans les domaines qui ne relèvent pas de la loi comme la lecture initiale de la Constitution aurait pu le laisser croire. Le Conseil d'Etat vérifie la conformité des règlements autonomes aux principes généraux du droit, encadrant ainsi le pouvoir gouvernemental et limitant considérablement, avant que le Conseil constitutionnel ne lui porte les derniers coups, la portée de l'innovation introduite dans la Constitution et l'intérêt de ces décrets pour le Gouvernement qui, du reste, les utilise peu. Le contrôle du Conseil d'Etat sur les quelques règlements autonomes que le Gouvernement prendra sera du reste constant. Il vérifiera qu'il respecte bien les pouvoirs laissés au Parlement en vertu de l'art. 34 C. (CE 8 oct. 1971, *SA Librairie Maspero : Lebon 589*) ; il annulera une disposition particulière d'un décret qui, ne pouvant se rattacher à l'exécution de la loi, ne pouvait pas non plus être édictée en vertu de l'art. 37 C. (CE 9 juill. 1971, *Conseil nat. Ordre des pharmaciens : Lebon 522*), obligeant le législateur à intervenir comme il doit le faire lorsque les points traités par un décret relevant normalement de l'art. 37 C. sont importants et relèvent par exemple de la défense des libertés (CE 3 févr. 1967, *Confédération gén. vignerons du Midi : Lebon 55*).

Le Conseil d'Etat a encore fixé le régime juridique des **ordonnances**. Pour ce qui concerne celles prises en vertu de l'ancien art. 92 C., la Haute Assemblée estime que, bien que prises par le Gouvernement, elles ont une nature législative qui empêche qu'il puisse les contrôler (CE 12 févr. 1960, *Société Eky : Lebon 101*). En revanche, les ordonnances de l'art. 38 C. sont de nature administrative tant qu'elles n'ont pas été ratifiées (explicitement désormais) par le Parlement (CE 11 juin 1990, *Congrès du territoire de la Nouvelle-Calédonie : Lebon 156* ; TC 20 oct. 1997, *Albert : Lebon 536* ; CE 30 juin 2003, *Féd. ovine du Sud-Ouest*, req. n° 236571 : *Lebon 292*) et peuvent faire l'objet d'un recours pour excès de pouvoir[1] (CE 3 nov. 1961, *Damiani : Lebon 607* ; CE 17 nov. 1969, *Conseil national de l'ordre des pharmaciens : Lebon 584* ; CE 4 nov. 1996, *Assoc. de déf. des Sté de course des hippodromes de provinces : Lebon 427* ; CE 1er déc. 1997, *Union professions de santé libérales SOS Action santé : Lebon 449*) conduisant le juge à les annuler (CE 24 nov. 1961, *Féd. Nat. Synd. de police : Lebon 658*) même si cela reste rare.

Le Conseil constitutionnel a précisé que le recours à une loi d'habilitation ne saurait avoir ni pour objet ni pour effet de dispenser le Gouvernement du respect des principes constitutionnels et que la loi d'habilitation devait être interprétée et appliquée, sous le contrôle du Conseil d'Etat, dans le strict respect de ces principes (Cons. const. 99-421 DC §24, 16 déc. 1999, Adoption de la partie législative de certains codes). Le contrôle exercé par le Conseil d'Etat s'opère tant par rapport à des dispositions de valeur constitutionnelle (CE 28 mars 1997, *Sté Baxter : Lebon 114*) que de valeur législative. En particulier, le juge administratif s'assure que le pouvoir exécutif ne va pas au-delà de l'habilitation qui lui est accordée, faute de quoi il annule les dispositions considérées (CE 24 nov. 1961, *Féd. nat. Synd. de police : Lebon 658* ; CE 13 juill. 2006, *France Nature Environnement : Dr. adm. 2006. 161*).

Le Conseil d'Etat a également interprété la notion de **contreseing** définie aux art. 19 C. et 22 C. Le premier de ces articles prévoit que les actes du Président de la République sont contresignés par le Premier ministre et, le cas échéant, par les <u>ministres responsables</u> ; le second prévoit que les actes du Premier ministre sont contresignés par les <u>ministres chargés de leur exécution</u>. La Haute juridiction administrative devait préciser l'interprétation à donner de ces deux textes et distinguer entre les deux catégories de ministres.

Rappelant que le contreseing des ministres au bas d'un acte du Président de la République n'est pas obligatoire puisque l'art. 19 C. ne le prévoit que "le cas échéant" (CE 27 mai 1960, *Lagaillarde : Lebon 369*), le Conseil d'Etat ajoute que les ministres responsables qui sont donc amenés à contresigner les actes présidentiels sont ceux auxquels incombe à

[1] Il est même possible que le Conseil d'Etat censure une ordonnance par la voie de l'exception (CE 13 nov. 1974, *Leroy-Lardereau, Rec. 874*)

titre principal la préparation et l'application de ces actes (CE 10 juin 1966, *Pelon : Lebon 384, AJDA 1966 p. 497* ; confirmé[1] par Conseil constitutionnel : Cons. const. 2000-21 REF, 25 juill. 2000, *Hauchemaille* ; Cons. const. 2000-28 REF, 11 sept. 2000, *Meyet*), y compris lorsqu'il s'agit d'ordonnances (CE 26 févr. 2007, *Réunion organismes conventionnés assureurs*, req. n° 289743 : *Lebon T. 647*).

En revanche, dans le cadre de l'art. 22 C., le juge administratif a estimé qu'étaient chargés de l'exécution des décrets du Premier ministre ceux des ministres ayant compétence pour signer les actes d'exécution dudit décret. Ils sont donc nécessairement plus nombreux que les ministres responsables. De plus, l'absence du contreseing de l'un des ministres chargés de l'exécution entraîne l'annulation du décret (CE 27 avr. 1962, *Sicard : Lebon 280* ; CE 30 mai 2007, *Union nat. Laïque des anciens supplétifs*, req. n° 282553 : *Lebon 219*). Enfin, le Conseil d'Etat devait préciser que, si les secrétaires d'Etats autonomes peuvent contresigner les décrets qui concernent leur domaine d'attribution (CE 21 janv. 1977, *Peron-Magnan : Lebon 30*), le contreseing des secrétaires d'Etat qui ne sont pas placés à la tête d'un département ministériel n'est pas nécessaire (CE 3 déc. 1980, *Synd. nat. de l'enseignement supérieur : Lebon 454* ; CE 28 mai 1984, *Ordre des avocats de Saint-Denis-de-la-Réunion : Lebon 478*). Leurs signatures peuvent simplement s'ajouter, sur le décret à contresigner, à celle du ministre auprès de qui ils sont délégués (CE 21 juill. 1972, *Féd. nat. conseils de parents d'élèves des écoles publiques : Lebon 556*). Il en va de même pour les ministres délégués (CE 12 févr. 2007, Sté « *Les Laboratoires Jolly-Jatel* », req. n° 290164 : *Lebon T. 646*).

On doit encore rappeler ici la jurisprudence « Meyet » (CE ass., 10 sept. 1992, *Meyet, AJDA 1992 p. 643*) relative aux **décrets délibérés en Conseil des ministres** (art. 13 C.). Nous avons déjà étudié les conséquences de la décision rendue dans cette matière par la Haute Assemblée (cf. p. 323). La décision du Conseil d'Etat a des conséquences constitutionnelles incontestables même si elles restent mal définies. En soi, cette affirmation est déjà un apport. Ceci réduit à néant toutes les opinions qui défendaient l'argument selon lequel le Conseil d'Etat n'aurait plus d'activité comme juge constitutionnel, qu'il aurait perdu toute faculté d'interpréter la Constitution. Il est, et n'a jamais cessé d'être, le juge du pouvoir réglementaire et, celui-ci étant prévu par la Constitution, le Conseil d'Etat joue, en droit constitutionnel, un rôle qui ne peut être négligé. En effet, par l'interprétation qu'il donne en cette matière, le Conseil d'Etat intervient en fait dans la répartition des pouvoirs entre le Président de la République et le Premier ministre, marquant bien ici sa préférence en faveur d'un Président acteur essentiel dans l'exécutif. Ceci explique sans doute que le "Comité Vedel" (cf. p. 378) ait proposé, sans succès, une modification de l'art. 13 C., réduisant à néant la portée de la jurisprudence "Meyet". Notons pourtant que, si le Conseil d'Etat a confirmé sa jurisprudence (CE 23 mars 1994, *Cté d'ent. Régie nat. des usines Renault : Lebon 152* ; CE 27 avr. 1994, *Allamigeon et Pageaux : Lebon 191*), il a également accepté d'en atténuer les effets en admettant qu'un décret en conseil des ministres puisse prévoir qu'il sera modifié par un décret simple (CE 9 sept. 1996, *Collas* : *Lebon 347*).

Encore faut-il, pour que le Conseil d'Etat puisse en connaître, que l'activité du Conseil des ministres débouche bien sur un acte juridique exécutoire signé par le Président ou le Premier ministre. Une simple délibération en Conseil des ministres est, elle, insusceptible de recours pour excès de pouvoir (CE 25 nov. 1977, *Cie architectes en chef des bâtiments civils : Lebon 463*).

Les décrets pris en Conseil des ministres font l'objet d'un contrôle de légalité au même titre que les autres actes réglementaires. Ainsi peuvent-ils être annulés pour illégalité,

[1] Et par la circulaire (maintenant abrogée) du Premier ministre en date du 30 janv. 1997 : *JO 1er févr., p. 1720.*

détournement de pouvoir, etc. (CE 13 janv. 1995, *Synd. aut. inspecteurs généraux et inspecteurs de l'administration : Lebon 23*).

Le Conseil d'Etat a également défini le sens et la portée de la **promulgation** des lois réalisée par le Président de la République en vertu de l'art. 10 al. 1er C. Selon la Haute juridiction administrative, la promulgation est l'acte par lequel le Chef de l'Etat atteste l'existence de la loi et donne l'ordre aux autorités publiques d'observer et de faire observer cette loi. Le décret de promulgation est daté de sa signature mais ne prend effet qu'au moment ou la loi est publiée au *Journal Officiel* (CE 8 févr. 1974, *Cne de Montory et autres : Lebon 93*). Certes, il est possible que l'administration prenne, dès la promulgation de la loi, les mesures d'application de celle-ci. Mais ces mesures ne seront exécutoires qu'au lendemain de la publication de la loi (CE 27 juin 1913, *Cornu : Lebon 764* ; CE 19 juin 1959, *Cazes : Lebon 372*). Le Conseil d'Etat précise par ailleurs que le décret de promulgation constitue un "acte de Gouvernement" (cf. p. 473) (CE 3 nov. 1933, *Desreumeaux : Lebon 933*).

Le Conseil d'Etat s'est également prononcé sur la **publication** des lois et des règlements. C'est la publication d'un texte dans l'édition « Lois et décrets » du *Journal Officiel* qui a maintenant la force probante prévue par l'ord. 2004-164 du 20 févr. 2004. Ce texte a uniformisé l'entrée en vigueur des lois, ordonnances et décrets (ainsi que des actes administratifs dont la loi prévoit la publication au *Journal officiel*). Elle a lieu, sur l'ensemble du territoire, à la date fixée par le texte ou, à défaut, le lendemain de sa publication. Cette publication est assurée, le même jour, sur papier et sous forme électronique (cf. pour plus de précisions la fin de l'encadré ci-dessous).

Reste la question de savoir si c'est toujours la publication au *Journal officiel* (quelle que soit sa forme) qui est le fait générateur de l'entrée en vigueur des textes. Le Conseil d'Etat a appliqué ce principe (CE 22 mai 1957, *Philippon : Lebon 941*) dont on doit considérer qu'il est général sauf, peut-être, s'il s'agit d'opposer l'acte à l'administration qui en est l'auteur. Celle-ci, ne pouvant l'ignorer, serait obligée de le respecter dès avant sa publication (CE 16 avr. 1948, *Sté française d'entreprise et de travaux publics*). Cette solution reste cependant exceptionnelle et certains auteurs la contestent. Elle s'applique pourtant aux décrets de nomination des ministres qui entrent en vigueur immédiatement (CE 10 janv. 1958, *Deville : Lebon 27*). C'est ainsi que le Premier ministre peut, sans attendre la publication de sa nomination au *Journal Officiel*, contresigner la nomination des membres de son Gouvernement.

Il s'agit là de la procédure normale de publication. Obligatoire pour les lois (CE 26 juill. 1947, *Masteau : Lebon 355*), la publication au *Journal Officiel* peut être remplacée, en cas d'urgence, pour les actes réglementaires, par un affichage. Le Conseil d'Etat a, par ailleurs, précisé que la publication n'avait de valeur que si elle était faite au *Journal Officiel*, à l'exclusion de toute autre revue (CE 6 mars 1935, *Saint-Loup : Lebon 282*).

On signalera encore que le Conseil d'Etat a dû trancher la question des rectificatifs insérés au *Journal Officiel* suite à des erreurs d'impression. Il a été jugé que l'erratum n'avait de valeur que dans la mesure où il corrigeait une véritable erreur matérielle et non s'il était utilisé pour modifier le texte réellement adopté (CE 21 mars 1951, *Serrure : Lebon 127* ; CE 16 mars 1966, *Cartel d'action morale et sociale : Lebon 211*). En tout état de cause, il est toujours possible d'exiger la minute des textes, c'est-à-dire l'original pour opérer une vérification (CE 17 nov. 1971, *Isman et Dubuis : Lebon 682*).

Le *Journal Officiel*[1]

Le premier numéro du *Journal Officiel* date "officiellement" du 1er janv. 1868 : il s'agissait alors du *Journal Officiel* de l'Empire Français. Cependant, avant cette date, les lois et autres textes officiels étaient déjà publiés par des organes de presse particuliers. Il s'agissait, d'une part, du *Moniteur Universel* et d'autre part du *Bulletin des lois*. C'est donc, pour ces périodes anciennes, à ces publications qu'il convient de se référer. Si le *Moniteur* cessa, à cette date, d'être un organe officiel, le *Bulletin* survécut encore plusieurs années (loi du 19 avr. 1930) à la création du *Journal Officiel*. Pourtant, le décret du 5 nov. 1870 devait en fait consacrer la primauté définitive de ce dernier. En effet, ce texte prévoyait pour la première fois que la publication au *Journal Officiel* donne seule valeur exécutoire aux textes.

Le *Journal Officiel*, reprenant la présentation du *Moniteur*, se composait à l'époque de deux parties : l'une comprenait les textes officiels (lois et décrets), l'autre, en quatre fascicules, les documents et les débats de chacune des chambres. Cette présentation devait disparaître en 1944 pour laisser place à plusieurs éditions distinctes selon l'objet.

Tel qu'il se présente aujourd'hui, le *Journal Officiel* est composé de plusieurs éditions vendues par abonnements séparés. La plus connue, celle qui du reste est appelée par extension *Journal Officiel* sans autre précision, est l'édition des « Lois et Décrets ». C'est la publication d'un texte dans cette édition qui a la force probante en vertu de l'ordonnance du 20 févr. 2004.

Jusqu'en 2004 et la mise en place du *Journal officiel* électronique (cf. infra), le volume de cette édition ne cesse de s'accroître. Ainsi, alors qu'elle ne comptait que 1065 pages en 1867, elle en compte 16.044 en 1986 et 22850 en 2003. Cette édition des « Lois et décrets » est complétée par une édition des « Tables » qui en constitue le sommaire mensuel et annuel. S'y ajoute une édition uniquement consacrée aux « Associations » où sont insérées les créations, modifications de ces personnes morales. On trouve, ensuite, six éditions relatives aux travaux des assemblées parlementaires, soit, pour chacune d'elles, une édition des « Débats » [divisée en deux cahiers (l'un avec les débats proprement dits et l'autre, de couleur bleue, avec les articles, amendements et annexes) s'agissant de l'Assemblée nationale depuis 2004], des « Questions » et des « Documents ». Ensuite, une édition est consacrée au « Conseil Economique, Social et Environnemental ». Enfin, le service des « Monnaies et Médailles » dispose lui aussi d'une édition, tandis que différents rapports ou travaux d'organismes administratifs ou juridictionnels sont publiés dans une édition des « Documents Administratifs ». Toutes ces éditions sont disponibles sur papier ou sur CDRom. En plus des journaux, des brochures, regroupant des codes ou des ensembles de textes relatifs à une même matière, sont publiées.

L'ensemble de ces publications est réalisé par une administration appelée « Direction des Journaux Officiels », service rattaché directement au Premier ministre. Une convention lie cette direction à une « société coopérative » de service regroupant le personnel imprimeur qui assure l'entretien et le fonctionnement du matériel d'imprimerie qui reste propriété de l'Etat. Le siège de cette administration est situé 26 rue Desaix à Paris. C'est là que l'on peut s'abonner ou acheter certaines publications.

Même si le *Journal officiel* du jour est accessible sur Internet depuis plusieurs années, il est désormais possible de télécharger de manière permanente et gratuite tous les exemplaires du *Journal Officiel* « Lois et décrets » parus depuis le 2 juin 2004 sur le Web : http//:www.journal-officiel.gouv.fr. Depuis cette même date, le *Journal officiel* est publié le même jour sur papier et sous forme électronique authentifiée ayant la même valeur. Cependant, les actes individuels relatifs à l'état et à la nationalité des personnes (D. n° 2004-459 du 28 mai 2004) ne peuvent faire l'objet que d'une version « papier » tandis qu'à l'inverse, certains textes, énumérés par le décret 2004-617 du 29 juin 2004, entrent en vigueur suite à la seule publication sous forme électronique.

La Haute assemblée a également contribué à définir la portée du **pouvoir réglementaire** dont dispose le Premier ministre dans l'exécution des lois (art. 21 C.). Cette question a déjà été largement étudiée (cf. p. 111).

Le Conseil d'Etat devait encore définir la notion d'**affaires courantes**, c'est-à-dire les affaires que peuvent expédier les Gouvernements démissionnaires avant leur remplacement par le Président de la République. En fait, le Gouvernement démissionnaire peut régler les affaires quotidiennes, mais aussi les affaires urgentes ou imposées par les circonstances (CE 19 oct. 1962, *Brocas : Lebon 553*) ; seules les questions relevant de choix politiques fondamentaux lui sont interdites. Reste à déterminer à partir de quand, précisément, un Gouvernement expédie les affaires courantes. On doit tenir compte, selon le Conseil d'Etat, du moment où la démission est acceptée. Si cette acceptation intervient en fin de journée,

[1] L'usage de l'italique est traditionnel pour désigner le *Journal Officiel*.

l'ancien Gouvernement exerce, durant toute cette journée, la plénitude de ses compétences (CE 20 janv. 1988, *Cne de Pomerol : Lebon 16*). Il n'y a donc pas lieu d'attendre la publication du décret au *Journal Officiel*, celui-ci prenant effet immédiatement comme l'a du reste confirmé le Conseil constitutionnel (Cons. const. 2000-26 REF, 6 sept. 2000, *Hauchemaille*).

Les ministres cessent **définitivement** d'exercer leurs fonctions à la date à laquelle est publié au *Journal Officiel* le décret portant nomination des membres du nouveau Gouvernement (CE 21 déc. 1994, *Sté grands magasins « Galeries Lafayette » : Lebon 745*).

Enfin, le Conseil d'Etat devait créer la catégorie des "actes de Gouvernement", c'est-à-dire d'actes qui, bien qu'émanant de l'exécutif, ne peuvent être contestés devant le juge.

Parmi ces **actes** figurent, d'une part, ceux **relatifs aux rapports des pouvoirs constitutionnels** entre eux ou avec le peuple « tels qu'ils sont organisés par la Constitution » selon la formule restrictive utilisée par le juge lui-même (CE 25 sept. 1998, *Mégret : Lebon 340*). Ainsi, ne peuvent faire l'objet d'un recours devant la Haute juridiction administrative, certains décrets, actes ou décisions du Président de la République. C'est le cas, par exemple, du décret, pris sur proposition du Premier ministre, modifiant la composition du Gouvernement (CE 29 déc. 1999, *Lemaire : req. 196858*), la décision qu'il prend de soumettre un projet de révision constitutionnelle à la procédure du Congrès ou au référendum (CE 11 févr. 2004, ord. de référé, *Hoffer : req. n° 264299*) ou du choix qu'il opère en nommant un membre du Conseil constitutionnel (CE 9 avr. 1999, *Mme Ba : Lebon 124*), du décret de promulgation des lois (CE 3 nov. 1933, *Desreumeaux : Lebon 993*), du décret soumettant un projet de loi au référendum (CE 19 oct. 1962, *Brocas : Lebon 553*), du décret de dissolution de l'Assemblée nationale (CE 20 févr. 1989, *Allain : Lebon 60*), de la décision de mettre en œuvre l'art. 16 C. (CE 2 mars 1962, *Rubin de Servens : Lebon 143*).

De même, sont insusceptibles de recours les projets de loi (CE 9 mai 1959, *MNEF : Lebon 253*), le refus de présenter un projet de loi (CE 18 juill. 1930, *Rouché : Lebon 771*. 29 nov. 1968, *Tallagrand : Lebon 607*. 14 janv. 1987, *Assoc. ingénieurs des télécom : Lebon T. 867*), de le retirer (CE 19 janv. 1934, *Cie Marseillaise de navigation à vapeur Fraissinet : Lebon 98*), ou de prendre les mesures nécessaires à ce qu'il soit adopté rapidement (CE 25 juill. 1947, *Sté Alfa : Lebon 344*), la décision de saisir ou non le Conseil constitutionnel pour faire contrôler la constitutionnalité d'une loi (CE 7 nov. 2001, *Tabaka : Lebon 789*) ou pour faire constater l'empêchement du Président de la République (CE 8 sept. 2005, *Hoffer : Lebon T. 792*). Sont encore insusceptibles de recours le refus de proposer la création d'emplois budgétaires (CE 14 janv. 1987, *Assoc. ingénieurs des télécom : Lebon T. 777* ; CE 2 avr. 2004, *Chaunet : AJDA 2004. 1494*), le refus du Premier ministre de prendre, auprès du Président de la République, l'initiative d'une révision constitutionnelle (CE 26 févr. 1992, *Allain : Lebon T. 659*) ou encore la lettre par laquelle le ministre de l'Intérieur fait connaître au Président d'une assemblée que tel suppléant remplace le parlementaire élu en même temps que lui (CE 25 mars 1987, *Goujon : RFD adm. 1987. 541*).

Le juge considère, d'autre part, que sont des actes de gouvernement les **actes relatifs aux relations internationales de la France** comme, par exemple, les actes faits par les représentants officiels de la France lors de la négociation d'un traité international (CE sect., 13 juill. 1979, *SA COPAREX : Lebon 320*), le vote émis par le représentant de la France dans le cadre d'un organisme international (CE ass., 23 nov. 1984, *Assoc. Les verts : Lebon 382*), la proposition ou le refus de proposer une candidature à l'élection des juges à la Cour permannente d'arbitrage (CE sect. 28 mars 2014, *de Baynast : Lebon 58*), la décision de suspendre l'application d'un traité (CE ass. 18 déc. 1992, *Mahmedi : Lebon 446*), le refus de saisir la CIJ (CE 25 mars 1988, *Sapvin : Lebon 133*), le brouillage d'une station de radio d'un état étranger (TC 2 févr. 1950, *RTF c/ Sté gérance du poste de Radio-Andorre : Lebon 652*), les mesures réglementaires prises en exécution d'une résolution du Conseil de sécurité de l'ONU instituant un embargo (CE 29 déc. 1997, *Sté Heli-Union : Lebon 501*), le décret par lequel est interdite la navigation dans une zone de sécurité mise en place pour permettre le déroulement d'explosions nucléaires (CE ass., 11 juill. 1975, *Paris de la Bolladière : Lebon 423*), la décision de reprendre les essais nucléaires (CE 27 sept. 1995, *Assoc. Greenpeace France : Rec.CE 347*) ou encore la décision d'autoriser les avions américains et britanniques assurant des missions en Irak à emprunter l'espace aérien français (CE 30 déc. 2003, *Comité contre la guerre en Irak : Lebon 707*). Entrent, encore, dans cette catégorie les actes pris par le Gouvernement en matière de relations diplomatiques et consulaires tels que le refus de donner une suite favorable à la demande d'un Etat qui sollicite le consentement à la nomination d'un consul (CAA Nantes, 2 déc. 2005, *Colibert* : *AJDA 2006. 509*) ou la décision par larquelle le Gouvernement s'oppose à la tenue, sur le territoire français, d'opération permettant aux ressortissants d'un Etat étranger qui résident en France de voter à un scrutin politique organisé par les autorités de ce pays (CE ref., 23 mai 2014, *Daoud : Lebon T. 486*)

Pourtant, la notion même d'acte de gouvernement tend à être de moins en moins utilisée par le juge administratif qui élargit ainsi le champ de son contrôle. Ainsi, le juge a, un temps, fondé sur la théorie des actes de gouvernement le caractère insusceptible de recours pour excès de pouvoir des actes par lesquels le Président de la République accorde ou refuse la grâce (CE 30 juin 1893, *Gugel : S. 1895. 41*). Il justifie maintenant sa décision par le fait que ces actes ne sont pas détachables du fonctionnement du service public judiciaire (CE ass. 28 mars 1947, *Gombert : Lebon 138* ; CE 8 nov. 1961, *Sté d'édition du Centre : Lebon T. 936*). Il en résulte que le juge considère que la décision par laquelle le Président de la République refuse une grâce, n'émane pas d'une autorité administrative et ne constitue donc pas un acte administratif dont il est possible d'obtenir la communication (CE 3 sept. 1997, *François : Lebon 685*).

De même, le juge estime-t-il que le décret relatif aux forces aériennes stratégiques du 14 janv. 1964 (et dès lors le décret du 12 juin 1996 qui s'y substitue : cf. p. 325) est un acte administratif susceptible de recours (CE 8 déc. 1995, *Lavaurs : Lebon 433*). Peuvent également être contestés devant le juge, la suppression d'un poste diplomatique, simple mesure d'organisation du service (CE 19 oct. 2005, *Castyella*, n° 269334 et 269335 : *RFD adm. 2006. 372*) ou un décret qui ne tire pas directement les conséquences d'une résolution du Conseil de sécurité de l'ONU (CE 3 nov. 2004, *Assoc. Secours mondiale de France* : *Lebon T. 548*).

Enfin, le Conseil d'Etat a jugé que le décret par lequel le Premier ministre charge un parlementaire d'une mission (cf. p.245) est un acte détachable des rapports entre l'exécutif et le législatif et, dès lors, susceptible de faire l'objet d'un recours pour excès de pouvoir (CE 25 sept. 1998, *Mégret : Lebon 340*). Il a de même estimé que la décision par laquelle le Premier ministre refuse d'engager la procédure prévue à l'art. 37 al. 2 C. est susceptible de recours pour excès de pouvoir (CE 3 déc. 1999, *Assoc. ornithologique et mammalogique de Saône et Loire : Lebon 379*). Le Conseil d'Etat utilise la même logique de détachabilité pour estimer qu'un refus d'extradition, détachable des relations internationales (CE ass. 15 oct. 1993, *Colonie Royale de Hong Kong : Rec. 267*) et que le retrait de la confiance du ministre au représentant de la France à la BERD (CE 20 oct. 2000, *Bukspan : RDP 2001. 311*) sont susceptibles de recours. Il ne s'agit donc pas d'actes de gouvernement.

Loin de se séparer, les jurisprudences du Conseil d'Etat et du Conseil constitutionnel tendent à s'unifier, aussi bien dans leurs méthodes que dans les solutions qu'elles dégagent, ce dont on ne peut que se réjouir. L'un et l'autre juges ont un rôle éminent dans l'évolution de notre Constitution et ils contribuent à en assurer l'évolution lente. C'est exactement le rôle qu'ils doivent jouer pour permettre l'adaptation de la loi fondamentale aux changements de la société, sans qu'il soit constamment nécessaire de recourir à la révision.

CONCLUSION

"Grosse de tous les régimes", disait-on en 1958 de la nouvelle Constitution. L'étude que nous venons de faire le montre incontestablement. Parvenue à assurer la stabilité gouvernementale, un certain équilibre des pouvoirs et une stabilité constitutionnelle jusqu'alors inconnus, la Constitution de la V° République apparaît comme atypique aussi bien dans notre histoire constitutionnelle que comparée aux autres régimes existant dans les démocraties pluralistes.

Constitution à "géométrie variable", indubitablement parlementaire, conçue pour fonctionner selon les principes monistes avec un Parlement sans véritable majorité, mais aussi applicable lorsqu'un parti domine tout à la fois l'Assemblée nationale et l'exécutif, telle est notre loi fondamentale après plus de cinquante ans d'application.

Parle-t-on encore de la réviser ? Comme l'on sait qu'aucune construction humaine n'est éternelle, il est indubitable qu'elle le sera. Du reste, si aucune réforme ne venait régulièrement l'adapter aux nécessités du moment, il y a fort à parier qu'elle en périrait comme ont péri ses devancières. Pourtant, il nous semble qu'il faille en cette matière rester circonspect et ne pas toucher aux équilibres fondamentaux qu'elle a su faire naître. On peut souhaiter qu'au Parlement l'opposition puisse mieux s'exprimer, ce que n'a pas permis la révision de 1995, ni celle de 2008 entravée par la suite par les dispositions restrictives des Règlements des assemblées. On peut encore souhaiter que le Parlement assure une meilleure représentation des tendances politiques, que le Conseil constitutionnel garantisse encore mieux le respect de la Constitution et des libertés fondamentales. C'est en ce sens que certaines des propositions du "Comité Vedel" (cf. p. 378) et du Comité « Balladur » (cf. p. 384) présentaient un indubitable intérêt. On peut encore apporter des modifications de détail, corriger certaines lacunes, clarifier certaines ambiguïtés, améliorer certains mécanismes. Mais obtenir cela n'oblige en rien à modifier les fondements du régime comme le font craindre des projets qui, sous des aspects anodins, conduisent tout droit au régime présidentiel. Qu'en sera-t-il lorsque, élu pour cinq ans, le Président disposera quoi qu'il arrive d'une Assemblée toujours fidèle puisque élue quelques jours après lui ? Qu'adviendrait-il si l'on rendait au Sénat ses pouvoirs anciens ? Qu'en serait-il si l'on supprimait le Premier ministre ? Nul ne le sait vraiment. Qu'en serait-il si on supprimait le Sénat ? Il faut donc rester prudent et mesurer avec rigueur les dangers d'une modification constitutionnelle, même si elle semble un bienfait en apparence, pour éviter d'avoir à remettre sur le métier tout le travail accumulé depuis plus de cinquante ans.

Résultat de plus de 220 ans d'évolution et d'un grand nombre d'esquisses qui ne purent parfois même pas s'appliquer, la Constitution actuelle a tiré les leçons des erreurs du passé, elle en a compilé l'héritage. Elle correspond à notre mentalité et à nos mœurs politiques. Serions-nous capables de reprendre l'effort ? Accepterions-nous une VI° République à rebâtir entièrement sans garantie qu'elle soit plus stable demain qu'hier, qu'elle soit plus efficace et plus démocratique ?

"Des Grecs jadis demandaient au sage Solon : «Quelle est la meilleure Constitution ?». Il répondait «Dites-moi d'abord pour quel peuple et à quelle époque»", rappelait Charles De Gaulle dans le discours de Bayeux. Ne faut-il pas encore méditer ces paroles ?

CONCLUSION

ANNEXES

LISTE DES GOUVERNEMENTS DE LA FRANCE DEPUIS 1876

NOM DU CHEF DU GOUVERNEMENT	DATE DE NOMINA -TION	MINISTERE OCCUPE PAR LE CHEF DU GOUVERNEMENT	MAJORITE A LA CHAMBRE BASSE	ATTITUDE DE LA CHAMBRE HAUTE	RAISON DE LA CHUTE	DATE DE DEMIS-SION.	A	M	J
III° REPUBLIQUE									
DUFAURE 1	09/03/76	JUSTICE	CENTRE	OPPOSITION	QUESTION DE CONFIANCE SENAT	03/12/76		12	23
SIMON	12/12/76	INTERIEUR	CENTRE	OPPOSITION	DEMANDE PRES. REP.	16/05/77		5	4
DE BROGLIE	17/05/77	JUSTICE	MINORITAIRE	REFUS SOUT.	LEGISLATIVES	19/11/77		6	2
ROCHEBOET	23/11/77	GUERRE	MINORITAIRE	REFUS SOUT.	REFUS CONTACT	13/12/77			20
DUFAURE 2	13/12/77	JUSTICE	CENTRE	SOUTIEN	PRESIDENTIELLE	30/01/79	1	1	17
WADDINGTON	04/02/79	AFF. ETRANGERES	CENTRE	SOUTIEN	ORDRE JOUR SANS MINORITE	26/12/79		10	22
FREYCINET 1	28/12/79	AFF. ETRANGERES	CONCENTRATION	SOUTIEN	DEMISSION DE 3 MINISTRES	19/09/80		8	21
FERRY 1	23/09/80	INSTR. PUBLIQUE	CONCENTRATION	SOUTIEN	INTERPELLATION	10/11/81	1	1	18
GAMBETTA	14/11/81	AFF. ETRANGERES	CONCENTRATION	SOUTIEN	QUESTION DE CONFIANCE	26/01/82		2	12
FREYCINET 2	30/01/82	AFF. ETRANGERES	CONCENTRATION	SOUTIEN	QUESTION DE CONFIANCE	29/07/82		6	
DUCLERC	7/08/82	AFF. ETRANGERES	CONCENTRATION	OPPOSITION	RUPTURE SOLIDARITE MINISTERIELLE	29/01/83		5	22
FALLIERES	29/01/83	INTERIEUR	CONCENTRATION	OPPOSITION	QUESTION DE CONFIANCE SENAT	17/02/83			20
FERRY 2	21/02/83	INSTR. PUBL. (1)	CONCENTRATION	SOUTIEN	INTERPELLATION	30/03/85	2	1	9
BRISSON 1	06/04/85	JUSTICE	DEFENSE REP.	OPPOSITION	PRESIDENTIELLE	29/12/85		8	21
FREYCINET 3	07/01/86	AFF. ETRANGERES	DEFENSE REP.	NEUTRALITE	QUESTION DE CONFIANCE	03/12/86		10	27
GOBLET	11/12/86	INTERIEUR	DEFENSE REP.	NEUTRALITE	QUESTION DE CONFIANCE	17/05/87		5	6
ROUVIER 1	30/05/87	FINANCES	CONCENTRATION	SOUTIEN	INTERPEL. + PRESIDENTIELLE	04/12/87		6	4
TIRARD 1	12/12/87	FINANCES	CONCENTRATION	SOUTIEN	QUESTION DE CONFIANCE	30/03/88		3	18
FLOQUET	03/04/88	INTERIEUR	DEFENSE REP.	OPPOSITION	LEGISLATIVES	14/02/89		10	11
TIRARD 2	22/02/89	COM. ET INDUS.	CONCENTRATION	SOUT. OPP (2)	INTERPELLATION SENAT	14/03/90	1		20
FREYCINET 4	17/03/90	GUERRE	CONCENTRATION	SOUTIEN	VOTES SANS MAJORITE	18/02/92	1	11	
LOUBET	27/02/92	INTERIEUR	CONCENTRATION	SOUTIEN	DIFFERENTS SCANDALES	28/11/92		8	
RIBOT 1	06/12/92	AFF. ETRANGERES	CONCENTRATION	SOUTIEN	REMANIEMENT	10/01/93		1	4
RIBOT 2	11/01/93	INTERIEUR	CONCENTRATION	SOUTIEN	QUESTION DE CONFIANCE	30/03/93		2	19
DUPUY 1	04/04/93	INTERIEUR	CONCENTRATION	SOUTIEN	DEMISSION DE TROIS MINISTRES	25/11/93		7	21

CASIMIR-PERIER	03/12/93	AFF. ETRANGERES	CONCENTRATION	SOUTIEN	QUESTION DE CONFIANCE	22/05/94		5	19
DUPUY 2	30/05/94	INTERIEUR	CONCENTRATION	SOUTIEN	DEMISSION D'UN MINISTRE	27/06/94			28
DUPUY 3	01/07/94	INTERIEUR	CONCENTRATION	SOUTIEN	DEMISSION D'UN MINISTRE	17/01/95		6	16
RIBOT 3	26/01/95	FINANCES	CONCENTRATION	SOUTIEN	INTERPELLATION	28/10/95		9	2
BOURGEOIS	01/11/95	INTERIEUR (3)	DEFENSE REP.	OPPOSITION	QUESTION DE CONFIANCE SENAT	23/04/96		5	27
MELINE	29/04/96	AGRICULTURE	CONCENTRATION	SOUTIEN	INTERPELLATION	15/06/96		1	16
BRISSON 2	25/06/98	INTERIEUR	DEFENSE REP.	OPPOSITION	INTERPELLATION	25/10/98		4	
DUPUY 4	01/11/98	INTERIEUR	CONCENTRATION	SOUTIEN	PRESIDENTIELLES	18/02/99		3	17
DUPUY 5	18/02/99	INTERIEUR	CONCENTRATION	SOUTIEN	ORDRE DU JOUR	12/06/99		3	21
WALDECK-R.	22/06/99	INTERIEUR	DEFENSE REP.	SOUTIEN	LEGISLATIVES	03/06/02	2	11	11
COMBES	07/06/02	INTERIEUR	BLOC GAUCHES	SOUTIEN	VOTE FAVORABLE MAIS FAIBLE	18/01/05	2	7	11
ROUVIER 2	24/01/05	FINANCES (4)	CONCENTRATION	SOUTIEN	PRESIDENTIELLE	07/03/06	1		24
ROUVIER 3	18/02/06	AFF. ETRANGERES	CONCENTRATION	SOUTIEN	ORDRE DU JOUR	07/03/06			17
SARIEN	14/03/06	JUSTICE	BLOC GAUCHES	SOUTIEN	LEGISLATIVES	21/06/06			
SARIEN (5)	21/05/06	JUSTICE	BLOC GAUCHES	SOUTIEN	RAISON DE SANTE	19/10/06		7	5
CLEMENCEAU 1	25/10/06	INTERIEUR	BLOC GAUCHES	SOUTIEN	QUESTION DE CONFIANCE	20/07/09	2	8	25
BRIAND 1	24/07/09	INTERIEUR	CONCENTRATION	SOUTIEN	VOTE FAVORABLE MAIS DEMISSION	02/11/10	1	3	8
BRIAND 2	03/11/10	INTERIEUR	CONCENTRATION	SOUTIEN	VOTE FAVORABLE MAIS FAIBLE	27/02/11		3	24
MONIS	02/03/11	INTERIEUR	BLOC GAUCHES	OPPOSITION	QUESTION DE CONFIANCE	23/06/11		3	21
CAILLAUX	27/06/11	INTERIEUR	BLOC GAUCHES	OPPOSITION	COMMISSION D'ENQUETE (6)	11/01/12		6	14
POINCARE 1	14/01/12	AFF. ETRANGERES	UNION NAT.	SOUTIEN/ OPPOSITION	Président du Conseil candidat à la Présidence de la République (7)	18/01/13	1		4
BRIAND 3	21/01/13	INTERIEUR	UNION NAT.	OPPOSITION	PRESIDENTIELLE	18/02/13			28
BRIAND 4	18/02/13	INTERIEUR	UNION NAT.	OPPOSITION	QUESTION DE CONFIANCE SENAT	18/03/13		1	
BARTHOU	22/03/13	INSTR. PUBLIQUE	UNION NAT.	SOUTIEN	QUESTION DE CONFIANCE	02/12/13		8	10
DOUMERGUE 1	09/12/13	AFF. ETRANGERES	BLOC GAUCHES	SOUTIEN	DEMISSION VOLONTAIRE LEGISLATIVES	02/06/14		5	23
RIBOT 4	09/06/14	JUSTICES	UNION NAT.	NEUTRALITE	NON INVESTI	12/06/14			3
VIVIANI 1	13/06/14	AFF. ET puis S.P.	BLOC GAUCHES	SOUTIEN	Favoriser l'Union Sacrée	26/08/14		2	13
VIVIANI 2	26/08/14	S.P.	UNION SACREE	SOUTIEN	RAISON DE SANTE	29/10/15	1	2	3
BRIAND 5	29/10/15	AFF. ETRANGERES	UNION SACREE	SOUTIEN	VOTE FAVORABLE MAIS DEMISSION	12/12/16	1	1	13
BRIAND 6	12/12/16	AFF. ETRANGERES	UNION SACREE	SOUTIEN	DEMISSION MINISTRE DE LA GUERRE	20/03/17		3	8
RIBOT 5	20/03/17	AFF. ETRANGERES	UNION SACREE	SOUTIEN	DEMISSION D'UN MISNISTRE	07/09/17		5	18
PAINLEVE 1	12/09/17	GUERRE	UNION SACREE	SOUTIEN	QUESTION DE CONFIANCE	13/11/17		2	1
CLEMENCEAU 2	16/11/17	GUERRE	UNION SACREE	SOUTIEN	LEGISLATIVES	23/12/19			

CLEMENCEAU 2 (5)	23/12/19	GUERRE	UNION SACREE	SOUTIEN	Président du Conseil non élu Président de la République	18/01/20	2	2	2
MILLERAND 1	20/01/20	AFF. ETRANGERES	BLOC NATIONAL	SOUTIEN	PRESIDENTIELLE	18/02/20			29
MILLERAND 2	18/02/20	AFF. ETRANGERES	BLOC NATIONAL	SOUTIEN	PRESIDENTIELLE	23/09/20		7	5
LEYGUES	24/09/20	AFF. ETRANGERES	BLOC NATIONAL	SOUTIEN	QUESTION DE CONFIANCE	12/01/21		3	19
BRIAND 7	16/01/21	AFF. ETRANGERES	BLOC NATIONAL	SOUTIEN	DESACCORD AVEC PRESIDENT	12/01/22		11	27
POINCARE 2	15/01/22	AFF. ETRANGERES	BLOC NATIONAL	SOUTIEN	QUESTION DE CONFIANCE (8)	26/03/24	2	2	11
POINCARE 3	29/03/24	AFF. ETRANGERES	BLOC NATIONAL	SOUTIEN	LEGISLATIVES	01/06/24		2	2
F-MARSAL	09/06/24	FINANCES	MINORITAIRE	NEUTRALITE	AFFAIRE MILLERAND	13/06/24			4
HERRIOT 1	14/06/24	AFF. ETRANGERES	CARTEL GAUCHES	OPPOSITION	QUESTION DE CONFIANCE SENAT	10/04/25		9	27
PAINLEVE 2	17/04/25	GUERRE	CARTEL GAUCHES	NEUTRALITE	VOLONTAIRE PREVENTIVE	27/10/25		5	10
PAINLEVE 3	29/10/25	FINANCES	CARTEL GAUCHES	NEUTRALITE	QUESTION DE CONFIANCE	22/11/25			24
BRIAND 8	28/11/25	AFF. ETRANGERES	CONCENTRATION	SOUTIEN	VOTE FAVORABLE MAIS DEMISSION	0603/26		3	6
BRIAND 9	0903/26	AFF. ETRANGERES	CONCENTRATION	SOUTIEN	VOTE FAVORABLE MAIS DEMISSION	15/06/26		3	6
BRIAND 10	23/06/26	AFF. ETRANGERES	CONCENTRATION	SOUTIEN	QUESTION DE CONFIANCE	17/07/26			24
HERRIOT 2	19/07/26	AFF. ETRANGERES	CARTEL GAUCHES	SOUTIEN	NON INVESTI	21/07/26			2
POINCARE 4	23/07/26	FINANCES	UNION NAT.	SOUTIEN	LEGISLATIVES	07/06/28			
POINCARE 4 (5)	**07/06/28**	FINANCES	UNION NAT.	SOUTIEN	DEMISSION MINISTRES RADICAUX	06/11/28	2	4	29
POINCARE 5	11/11/28	S.P.	DROITE MODEREE	SOUTIEN	RAISON DE SANTE	27/07/29		8	16
BRIAND 11	29/07/29	AFF. ETRANGERES	DROITE MODEREE	SOUTIEN	INTERPELLATION	29/10/29		3	
TARDIEU 1	03/11/29	INTERIEUR	DROITE MODEREE	NEUTRALITE	QUESTION DE CONFIANCE (9)	17/02/30		3	14
CHAUTEMPS 1	21/02/30	INTERIEUR	RADICAL	OPPOSITION	NON INVESTI	25/02/30			4
TARDIEU 2	02/03/30	INTERIEUR	DROITE MODEREE	OPPOSITION	INTERPELLATION SENAT	04/12/30		8	2
STEEG	13/12/30	COLONIES	RADICAL	NEUTRALITE	ORDRE DU JOUR	22/01/31		1	9
LAVAL 1	27/01/31	INTERIEUR	DROITE MODEREE	OPPOSITION	PRESIDENTIELLE	13/06/31		4	17
LAVAL 2	13/06/31	INTERIEUR	DROITE MODEREE	OPPOSITION	ECHEC D'ELARGISSEMENT DE LA MAJ.	12/01/32		7	30
LAVAL 3	14/01/32	AFF. ETRANGERES	DROITE MODEREE	OPPOSITION	INTERPELLATION	16/02/32		1	2
TARDIEU 3	20/02/32	AFF. ETRANGERES	DROITE MODEREE	OPPOSITION	LEGISLATIVES	01/06/32		3	12
HERRIOT 3	03/06/32	AFF. ETRANGERES	CARTEL GAUCHES	NEUTRALITE	QUESTION DE CONFIANCE	14/12/32		6	11
PAUL BONCOUR	18/12/32	AFF. ETRANGERES	CARTEL GAUCHES	NEUTRALITE	QUESTION DE CONFIANCE	28/01/33		1	10
DALADIER 1	21/01/33	GUERRE	CARTEL GAUCHES	NEUTRALITE	QUESTION DE CONFIANCE	24/10/33		8	24
SARRAUT 1	26/10/33	MARINE	CARTEL GAUCHES	NEUTRALITE	QUESTION DE CONFIANCE	24/11/33			28
CHAUTEMPS 2	26/11/33	INTERIEUR	CARTEL GAUCHES	NEUTRALITE	SCANDALES	27/01/34		2	1
DALADIER 2	30/01/34	AFF. ETRANGERES	CARTEL GAUCHES	NEUTRALITE	EMEUTES 6 FEVRIER 64	07/02/34			8
DOUMERGUE 2	09/02/34	S.P.	UNION NAT.	SOUTIEN	DEMISSION MINISTRES RADICAUX	03/11/34		9	

FLANDIN	08/11/34	S.P.	UNION NAT.	SOUTIEN	QUESTION DE CONFIANCE	30/0535		6	22
BOUISSON	01/06/35	INTERIEUR	CONCENTRATION	NEUTRALITE	NON INVESTI	04/06/35			4
LAVAL 4	07/06/35	AFF. ETRANGERES	CONCENTRATION	NEUTRALITE	DEMISSION MINISTRES RADICAUX	23/01/36		7	16
SARRAUT 2	24/01/36	INTERIEUR	CARTEL GAUCHES	NEUTRALITE	LEGISLATIVES	03/06/36		4	10
BLUM 1	04/06/36	S.P.	FRONT POPULAIRE	OPPOSITION	QUESTION DE CONFIANCE SENAT	21/06/37	1		17
CHAUTEMPS 3	22/06/37	S.P.	FRONT POPULAIRE	NEUTRALITE	RUPTURE SOLIDARITE MINISTERIELLE	14/01/38		6	23
CHAUTEMPS 4	18/01/38	S.P.	FRONT POPULAIRE	NEUTRALITE	VOLONTAIRE MAIS PREVENTIVE	10/03/38		1	20
BLUM 2	13/03/38	TRESOR	FRONT POPULAIRE	OPPOSITION	ORDRE DU JOUR SENAT	08/04/38			26
DALADIER 3	10/04/38	DEF. NAT. (10)	UNION NAT.	SOUTIEN	VOTE FAVORABLE mais 300 ABST.	20/03/40	1	11	10
REYNAUD	21/03/40	AFF. ETRANG. (11)	UNION NAT.	SOUTIEN	RUPTURE SOLIDARITE MINISTERIELLE	16/06/40		2	24
PETAIN	16/06/40	S.P.	UNION NAT.	SOUTIEN	ABROGATION DE LA CONSTITUTION	10/07/40			24
"REGIME DE VICHY"									
LAVAL	12/07/40	S.P.			COUP D'ETAT	13/12/40		5	
FLANDIN	14/12/40	AFF. ETRANGERES			DEMISSION OBTENUE PAR OCCUPANT	9/02/41		1	24
DARLAN	25/02/41	AFF. ETRANGERES			DEMISSION OBTENUE PAR OCCUPANT	19/04/42	1	1	25
LAVAL	19/04/42	AFF. ETRANGERES INTERIEUR			DEMISSION POUR PLUS DE COLLABORATION	29/12/43	1	8	10
LAVAL	29/12/43	AFF. ETRANGERES INTERIEUR			CHUTE DU REGIME	(?)			
REGIME PROVISOIRE : PREMIERE CONSTITUANTE									
DE GAULLE	21/11/45	S.P.			DEMISSION SUITE AU REFUS DE L'ASS. DE VOTER LES CREDITS MILITAIRES	20/01/46		3	
GOUIN	26/01/46	S.P.			ELECTION D'UNE ASSEMBLEE	12/06/46		4	17
REGIME PROVISOIRE : DEUXIEME CONSTITUANTE									
BIDAULT (1)	23/06/46	S.P.			ELECTION D'UNE ASSEMBLEE	28/11/46		5	5
IV° REPUBLIQUE									
BLUM (a)	16/12/46	S.P.	SFIO	-	PRESIDENTIELLE	16/01/47		1	
RAMADIER	21/01/47	S.P.	TRIPARTISME (12)	-	RUPTURE SOLIDARITE MINISTERIELLE	19/11/47		9	28
SCHUMAN 1	22/11/47	S.P.	SFIO-CENTRE Gche	-	DEMISSION VOLONTAIRE (13)	19/07/48		7	27
MARIE	24/07/48	S.P.	SFIO-CENTRE Gche	-	RUPTURE SOLIDARITE MINISTERIELLE	27/08/48		1	3
SCHUMAN 2	05/09/48	S.P.	SFIO-CENTRE Gche	-	SEUL le Président du Conseil est investi	07/09/48			2

QUEUILLE 1	11/09/48	FINANCES		SFIO-CENTRE Gche	-	RUPTURE SOLIDARITE MINISTERIELE	06/10/49	1		26
MOCH	13/10/49	S.P.		SFIO-CENTRE Gche	-	SEUL le Président du Conseil est investi	19/10/49			6
MAYER 1	20/10/49	S.P.		SFIO-CENTRE Gche	-	SEUL le Président du Conseil est investi	22/10/49			2
BIDAULT (2)	27/10/49	S.P.		CENTRE	-	QUESTION DE CONFIANCE	24/06/50		7	28
QUEUILLE 2 (b)	02/07/50	INTERIEUR		CENTRE	-	SEUL Le Président du Conseil est investi	04/07/50			2
PLEVEN 1 (c)	11/07/50	S.P.		CENTRE	-	RUPTURE SOLIDARITE MINISTERIELLE	28/02/51		7	17
QUEUILLE 3 (d)	09/03/51	INTERIEUR		CENTRE	-	LEGISLATIVES	10/07/51		4	1
PLEVEN 2 (e)	08/08/51	S.P.		CENTRE	-	QUESTION DE CONFIANCE	07/01/52		5	
FAURE 1	17/01/52	FINANCES		CENTRE	-	DEMISSION VOLONTAIRE	29/02/52		1	12
PINAY (f)	06/03/52	FINANCES		CENTRE DROIT	-	DEMISSION VOLONT. PREVENTIVE (14)	23/12/52		9	17
MAYER 2 (g)	07/01/53	S.P.		CENTRE DROIT	-	QUESTION DE CONFIANCE	21/05/53		4	14
LANIEL 1 (h)	26/06/53	S.P.		CENTRE DROIT (15)	-	PRESIDENTIELLE	02/01/54		6	7
LANIEL 2	04/01/54	S.P.		CENTRE DROIT (15)	-	DEMISSION MINISTRES RADICAUX (17)	12/06/54		5	8
MENDES-FRANCE	17/06/54	AFF. ETRANGERES		CENTRE (18)	-	QUESTION DE CONFIANCE (16)	05/02/55		7	18
PINEAU (i) (j)	17/02/55					Le gouvernement n'obtient pas la confiance	18/02/55			1
FAURE 2	23/02/55	S.P.		CENTRE (18)	-	QUESTION DE CONFIANCE (18)	23/01/56		11	
MOLLET	01/02/56	S.P.		REGROUPEMENT (20)	-	DEMISSION VOLONTAIRE	02/05/57	1	3	1
BOURGES-MAUOURY (k)	13/06/57	S.P.		REGROUPEMENT (20)	-	DEMISSION VOLONTAIRE	30/09/57		2	17
PINAY (l)	17/10/57					Le gouvernement n'obtient pas la confiance	18/10/57			1
MOLLET	22/10/57					Le gouvernement n'obtient pas la confiance	26/10/57			6
GAILLARD	05/11/57	S.P.		REGROUPEMENT (20)	-	DEMISSION VOLONTAIRE (17)	15/04/58		5	10
PFLIMLIN (m)	13/05/58	S.P.		REGROUPEMENT (20)	-	DEMISSION VOLONTAIRE (21)	31/05/28			17
DE GAULLE	01/06/58	S.P.		UNION sauf PCF (22)	-	NOUVELLE CONSTITUTION	08/01/59		7	8
V° REPUBLIQUE										
		49 al. 1	(23)							
DEBRE	08/01/59	PROG.	S.P.	COALITION	OPPOSITION	DEMANDE DU PRESIDENT	14/04/62	3	2	7
POMPIDOU 1	14/04/62	PROG.	S.P.	COALITION	OPPOSITION	CENSURE (24)	28/11/62		7	14
POMPIDOU 2	23/11/62	POLIT. Gale.	S.P.	UNR	OPPOSITION	PRESIDENTIELLE	08/0166	1	2	16
POMPIDOU 3	08/01/66	-	S.P.	UNR	OPPOSITION	LEGISLATIVES	01/04/67	1	2	24
POMPIDOU 4	06/04/67	-	S.P.	UNR + RI	OPPOSITION	LEGISLATIVES	10/07/68	1	3	4
COUVE DE MURVILLE	11/07/68	-	S.P.	UDR	OPPOSITION	PRESIDENTIELLE	20/06/69		11	9

CHABAN-DELMAS	20/06/69	POL. Gale.(25)	S.P.	UDR	NEUTRALITE	DEMANDE DU PRESIDENT	05/07/72	3		15
MESSMER 1	05/07/72	-	S.P.	UDR	NEUTRALITE	LEGISLATIVES	28/03/73		8	23
MESSMER 2	03/04/73	POL. Gale.	S.P.	UDR+RI	NEUTRALITE	REMANIEMENT	17/02/74		10	14
MESSMER 3	17/02/74	-	S.P.	UDR+RI	NEUTRALITE	PRESIDENTIELLE	27/05/74		3	10
CHIRAC 1	27/05/74	POL. Gale.	S.P.	UDR+RI+CDP	SOUTIEN	DEMISSION VOLONTAIRE	25/08/76	2	4	
BARRE 1	26/08/76	49/3	S.P.	RPR+UDF	SOUTIEN	REMANIEMENT	29/03/77		7	3
BARRE 2	29/03/77	POL. Gale.	(26)	RPR+UDF	SOUTIEN	LEGISLATIVES	31/03/78	1		2
BARRE 3	03/04/78	POL. Gale.	S.P.	RPR+UDF	SOUTIEN	PRESIDENTIELLE	15/05/81	3	1	12
MAUROY 1	21/05/81	(27)	S.P.	MINORITAIRE	OPPOSITION	LEGISLATIVES	22/06/81		1	1
MAUROY 2	22/06/81	POL. Gale.	S.P.	PS+PCF	OPPOSITION	REMANIEMENT	22/03/83	1	9	
MAUROY 3	22/03/83	POL. Gale.	S.P.	PS+PCF	OPPOSITION	DEMANDE DU PRESIDENT	17/07/84	1	3	25
FABIUS	17/04/84	POL. Gale.	S.P.	PS	OPPOSITION	LEGISLATIVES	20/03/86	1	8	3
CHIRAC 2	20/03/86	POL. Gale.	S.P.	RPR+UDF	SOUTIEN	PRESIDENTIELLE	10/05/88	2	1	20
ROCARD 1	10/05/88	(27)	S.P.	MINORITAIRE	OPPOSITION	LEGISLATIVES	23/06/88		1	13
ROCARD 2	23/06/88	POL. Gale.(28)	S.P.	PS relative	OPPOSITION	DEMANDE DU PRESIDENT	15/05/91	2	10	22
CRESSON	15/05/90	-	S.P.	PS relative	OPPOSITION	DEMANDE DU PRESIDENT	2/04/92		10	17
BEREGOVOY	2/04/92	-	S.P.	PS relative	OPPOSITION	LEGISLATIVES	29/03/93		11	27
BALLADUR	29/03/93	POL. Gale.	S.P.	RPR+UDF	SOUTIEN	PRESIDENTIELLE	11/05/95	2	1	12
JUPPE 1	17/05/95	POL. Gale.	S.P.	RPR+UDF	SOUTIEN	REMANIEMENT (29)	07/11/95		6	21
JUPPE 2	07/11/95	POL. Gale.	S.P.	RPR+UDF	SOUTIEN	LEGISLATIVES (30)	01/06/97	1	6	25
JOSPIN	01/07/97	POL. Gale.	S.P.	PS+PC+Rad+MC+Verts	OPPOSITION	PRESIDENTIELLE	06/05/02	4	11	6
RAFFARIN 1	06/05/02	(31)	S.P.		SOUTIEN	LEGISLATIVES	17/06/02	0	1	11
RAFFARIN 2	17/06/02	POL. Gale.	S.P.	UMP+UDF	SOUTIEN	REMANIEMENT (32)	29/03/04	1	9	12
RAFFARIN 3	31/03/04	POL. Gale.	S.P.	UMP+(UDF) (33)	SOUTIEN	DEMANDE DU PRESIDENT (34)	31/05/05	1	2	
De VILLEPIN	31/05/05	POL. Gale.	S.P.	UMP+(UDF)	SOUTIEN	PRESIDENTIELLE	15/05/07	1	11	15
FILLON 1	17/05/07	(31)	S.P.		SOUTIEN	LEGISLATIVES	18/06/07		1	1
FILLON 2 (35)	18/06/07	POL. Gale.	S.P.	UMP+NC	SOUTIEN	DEMANDE DU PRESIDENT (36)	13/11/10	3	4	26
FILLON 3 (37)	14/11/10	POL. Gale.	S.P.	UMP+NC	SOUTIEN puis OPPOSITION (38)	PRESIDENTIELLE	10/05/12	1	5	26
AYRAULT 1	15/05/12	(31)	S.P.		SOUTIEN	LEGISLATIVES	18/06/12		1	3
AYRAULT 2	18/06/12	POL. Gale	S.P.	PS	SOUTIEN	DEMANDE DU PRESIDENT (39)	31/03/14	1	9	13
VALLS 1	31/03/14	POL. Gale	S.P.	PS	SOUTIEN	REMANIEMENT (40)	25/08/14		4	25

VALLS 2	25/08/14	POL. Gale	S.P.	PS	SOUTIEN puis OPPOSITION (41)					

Légende du tableau :

1. Renvois généraux (chiffres)

S.P. Sans portefeuille
(1) Instruction publique puis Affaires étrangères
(2) Soutien puis opposition
(3) Intérieur puis Affaires étrangères
(4) Finances puis Affaires étrangères
(5) Les gouvernements Sarrien, Clemenceau 2 et Poincaré 4 ne démissionnent pas à la suite des élections législatives. Ils demandent à la Chambre des députés une nouvelle investiture
(6) Démission du ministre des Affaires étrangères à la suite d'une enquête sénatoriale
(7) R. Poincaré est actuellement le seul homme politique à avoir été Président du Conseil, Président de la République et à nouveau Président du Conseil
(8) Question de confiance posée par un ministre
(9) Question de confiance posée par un ministre en l'absence du Président du Conseil
(10) Défense nationale puis Affaires étrangères
(11) Affaires étrangères puis Défense nationale.
(12) Alliance du PCF, de la SFIO et du MRP rompue par la révocation des ministres communistes.
(13) A la suite d'une question de confiance implicite
(14) Avant le vote sur une question de confiance dont il prévoyait l'issue défavorable compte tenu des explications de vote
(15) La coalition participant au gouvernement comprenait le MRP, les radicaux, les indépendants et une partie du RPF.
(16) P. Mendès-France avait fait savoir que, quoiqu'il arrive, il ne démissionnerait que s'il y était constitutionnellement obligé.
(17) Bien que la confiance ait été accordée au gouvernement
(18) Seuls les Radicaux, quelques Indépendants et quelques membres du RPF participaient au gouvernement ; le PCF et la SFIO soutenaient sans participer.
(19) Le renversement du gouvernement est suivi d'une dissolution et de nouvelles législatives
(20) Participaient au gouvernement des membres de la SFIO, les Radicaux et quelques membres du RPF.
(21) En fait le Président Pflimlin est contraint à la démission sous la pression des événements d'Algérie et l'agitation gaulliste
(22) Le Président de la République menace de démissionner si le gouvernement n'est pas investi.
(23) Même objet que la colonne "3" pour les Républiques antérieures
(24) Le renversement du gouvernement est suivi d'une dissolution et de nouvelles législatives
(25) 88 jours séparent l'entrée en fonction du gouvernement de sa déclaration de politique générale
(26) Le Premier ministre est également ministre de l'Economie et des Finances.
(27) L'Assemblée nationale est dissoute.
(28) En janvier 1991 et sur la seule politique étrangère du gouvernement, compte tenu des événements du "Golfe"
(29) Le Premier ministre souhaitait un gouvernement plus "ramassé" et le Président avait annoncé un changement d'orientation politique quelques jours auparavant. L'opinion retiendra surtout que le remaniement conduit au départ d'une majorité de femmes, ministres ou secrétaires d'Etat et symboles du gouvernement sortant : les « jupettes ».
(30) Dissolution tactique du Président de la République
(31) Le Parlement n'est pas en session du fait de la fin de la législature
(32) Après un échec de la majorité parlementaire aux régionales et aux cantonales
(33) L'UDF quoique toujours dans la majorité est de plus en plus critique vis-à-vis du gouvernement ; elle refuse d'y participer malgré les propositions faites. Seul un ministre accepte à titre individuel.
(34) Suite à l'échec du référendum du 29 mai 2005.
(35) Remanié 11 fois et en particulier les 18 mars 2008 et 23 juin 2009, il s'agit toujours du Gouvernement Fillon 2 dès lors que le Premier ministre n'a pas présenté sa démission.
(36) Souhaité par le Président qui l'annonce en juin 2010, le changement de Gouvernement permet un large remaniement.

(37) Remanié 5 fois en particulier le 29 juin 2011.

(38) Les élections sénatoriales de septembre 2011 ont conduit une majorité de gauche au Sénat pour la première fois sous la V° République.

(39) Après un échec de la majorité parlementaire aux municipales

2. Présidents du Conseil pressentis sous la IV° République (lettres)

(a) Avaient été pressentis au préalable : M. Thorez et G. Bidault

(b) G. Bidault avait été pressenti pour se succéder à lui même

(c) G. Mollet avait été pressenti

(d) Avaient été pressentis au préalable : G. Bidault, H. Queuille lui-même et G Mollet

(e) Avaient été pressentis au préalable : M. Petsche et R. Mayer

(f) P. Reynaud avait été pressenti

(g) G. Bidault avait été pressenti

(h) Il s'agit de la plus longue crise de la IV° République (si l'on exclu la crise de mai 1958 qui l'emportera). P. Reynaud, P. Mendes-France, G. Bidault, et A. Pinay avaient été pressentis après que G. Mollet et M. Diethelm aient été approchés mais sans donner suite.

(40) Après des critiques publiques de la part de plusieurs ministres et en particulier du ministre de l'Economie à l'encontre de la politique du Gouvernement, le Président souhaite constituer un gouvernement« en cohérence avec les orientations qu'il a lui-même définies pour (notre) pays ».

(41) Les élections sénatoriales de septembre 2014 ont ramené une majorité de droite au Sénat.

(i) A partir de la révision de 1954 il n'y a plus de double investiture

(j) MM. Pinay et Pflimlin, pressentis, n'ont pas réussi à constituer un gouvernement et se sont récusés

(k) P. Pflimlin, pressenti, n'a pas réussi à constituer un gouvernement et s'est récusé

(l) MM. Mollet et Pleven, pressentis, n'ont pas réussi à constituer un gouvernement et se sont récusés

(m) MM. Bidault et Pleven, pressentis, n'ont pas réussi à constituer un gouvernement et se sont récusés

Tableau des hypothèses de fonctionnement de la V° République avec indication des périodes et des gouvernements

Hypothèses et variantes	Prés. de la Rép.	Premier ministre	Assemblée nationale	Sénat	Périodes ([1])	Gouvernements ([1])	Articles mis en œuvre
A1	+	+	+	+	[*1974/1976] ; [*1995/1997≠] ; [=2002/2007*2007/2011 (s)] ; [=2012/2014 (s)]	[*Chirac I ([2])] ; [**Juppé I** et Juppé II≠] ; [=*Raffarin II*, **Raffarin III** et de Villepin**Fillon II* et Fillon III (s)] [=**Ayrault II**, *Valls I*, Valls II (s)]	
A2	+	+	+	-	[≠1962/1965*1965/1967=] ; [≠1968/1969*1969/1973=1973/1974*] ; [≠1981/1986=] [(s) 2011/2012*] ; [(s) 2014/]	[≠Pompidou II*Pompidou III=] ; [≠Couve de Murville***Chaban-Delmas** et Messmer I=*Messmer II* et Messmer III*] ; [≠*Mauroy II*, **Mauroy III** et Fabius=] ; [(s) Fillon III*] ; [(s) Valls II…]	Art. 45 al. 4 C.
B1	+	+	+0	+	[1976/1978=1978/1981*]	[Barre I et II=Barre III*]	Art. 49 al. 3 C.
B2	+	+	+0	-	[1958/1962≠] ; [=1967/1968≠] ; [≠1988/1993=]	[**Debré**, Pompidou I ([3]) ≠] ; [=Pompidou IV≠] ; [≠**Rocard II, Cresson** et Bérégovoy=]	Art. 49 al. 3 C. et Art. 45 al. 4 C.
C1	+	-	-	+	[≠1997/2002*]	[≠Jospin*]	Art. 45 al. 4 C.
C2	+	-	-	-	[=1986/1988*] ; [=1993/1995*]	[=Chirac II*] ; [=Balladur*]	
D1	+	+	(-)	+			
D2	+	+	(-)	-	[*mai/juin 1981≠] ; [*mai/juin 1988≠]	[*Mauroy I≠] ; [*Rocard I≠]	Art. 12 C.
E1	+	+	(+)	+	[*mai/juin 2007=]	[*Fillon I=]	
E2	+	+	(+)	-			
F1	+	+	(-)	+	[*mai/juin 2002=] ; [*mai/juin 2012=]	[*Raffarin I=] ; [*Ayrault I=]	
F2	+	+	(-)	-			

Légende du tableau : page suivante

([1]) Dans ces colonnes, le « * » symbolise une présidentielle ; le « = » des législatives ; le « ≠ » des législatives consécutives à une dissolution ; le (s) des sénatoriales.

([2]) Démission volontaire du Premier ministre

([3]) Gouvernement renversé par une motion de censure (art. 49 al. 2 C.)

On part d'un principe de bipolarisation entre deux blocs (coalition) ou deux grands partis : les « plus » (+) et les « moins » (-)

Hypothèse A : Concordance des majorités présidentielle et parlementaire avec majorité absolue

Hypothèse B : Concordance des majorités présidentielle et parlementaire avec majorité faible, frondeuse ou relative (indiquée par le « 0 »)

Hypothèse C : Cohabitation

Hypothèse D : Divergence des majorités présidentielle et parlementaire avec dissolution (couleur de l'AN dissoute)

Hypothèse E : Gouvernement nommé entre la présidentielle et les législatives sans dissolution (AN sortante dans la majorité prés.)

Hypothèse F : Gouvernement nommé entre la présidentielle et les législatives sans dissolution (AN sortante dans l'opposition prés.)

Variante 1 : Sénat soutenant la majorité présidentielle

Variante 2 : Sénat opposé à la majorité présidentielle

Les Gouvernements en **gras** démissionnent à la demande du Président ; en *italique* il s'agit des remaniements.

INDEX

(l'*italique* renvoie aux encadrés ; le **gras** aux passages les plus importants)

INDEX DES ARTICLES DE LA CONSTITUTION

INDEX DES REGIMES FRANCAIS DE 1789 A 1958
(ordre chronologique)

A - B

C

D

E

G

H

I

J

L

Q

R

Questions juridiques aux éditions L'Harmattan

Dernières parutions

LA FINANCE ISLAMIQUE FACE AU DROIT FRANÇAIS
Himeur Chihab Mohammed, Abdelmoumen Nedra
Cet ouvrage aborde deux systèmes juridiques - musulman et français -, de manière parallèle. Chaque type de contrat de la finance islamique est traité dans un chapitre à part, à la fois d'un point de vue juridique et pratique. Contrairement à toutes les idées reçues, le droit français n'est pas en contrariété totale avec la pratique de la finance islamique, matière dont les auteurs interrogent le fondement. À l'heure actuelle, l'application de celle-ci est possible.
(26.00 euros, 254 p.)
ISBN : 978-2-343-05160-4, ISBN EBOOK : 978-2-336-37184-9

LE JURISTE TERRITORIAL, UN ACTEUR ESSENTIEL DES COLLECTIVITÉS TERRITORIALES
Michel Emilie - Préface de Nelly Ferreira
Cette étude a pour ambition de démontrer la manière dont le juriste territorial, passant d'un simple gestionnaire de contentieux à un véritable gestionnaire des risques, s'est imposé progressivement au sein des entités décentralisées au point de devenir un acteur indispensable à leur bon fonctionnement.
(Coédition Université de Cergy-Pontoise, Coll. Master Collectivités territoriales et politiques publiques, 15.50 euros, 152 p.) ISBN : 978-2-343-05763-7, ISBN EBOOK : 978-2-336-37242-6

LA PARTICIPATION DES USAGERS AUX POLITIQUES PUBLIQUES LOCALES
Une volonté affichée... pour quelle réalité ?
Roquefort-Cook Katline - Préface de Nelly Ferreira
Les processus participatifs ne sont-ils qu'une comédie, mis à la disposition des élus locaux ? Ou peuvent-ils être la clé d'un nouvel acte de l'action publique, plus en adéquation avec les attentes des habitants ? Néanmoins, les collectivités doivent appréhender les différents écueils de cette participation ; car, à travers l'analyse de différentes expériences participatives, c'est la démocratie locale que la participation citoyenne vient interroger. L'usager aura-t-il demain un rôle plus efficient dans la conduite des politiques publiques locales ?
(Coédition Université de Cergy-Pontoise, Coll. Master Collectivités territoriales et politiques publiques, 14.00 euros, 134 p.) ISBN : 978-2-343-05691-3, ISBN EBOOK : 978-2-336-37240-2

L'E-ADMINISTRATION ET LA GESTION DE LA RELATION AUX CITOYENS
L'exemple des services scolaires
Hattab Amélie - Préface de Laeticia Janicot
L'e-administration ou la dématérialisation des différentes procédures est devenue une étape incontournable dans la réussite des projets de modernisation de la gestion des collectivités territoriales. L'étude de cette dématérialisation des services scolaires permet d'identifier les avantages et les difficultés engendrés par un passage au numérique dans une collectivité. Elle met aussi en évidence les effets sur le fonctionnement interne de l'administration territoriale et sur les relations et démarches de l'usager avec cette dernière.
(Coédition Université de Cergy-Pontoise, Coll. Master Collectivités territoriales et politiques publiques, 15.50 euros, 148 p.) ISBN : 978-2-343-05591-6, ISBN EBOOK : 978-2-336-37241-9

LA GOUVERNANCE : ENTRE LE CITOYEN ET LE POLITIQUE
M'Rad Hatem
Chaque époque a sa propre conception de la politique. Celle d'hier se fondait sur le pouvoir régalien, puis sur la seule participation électorale. Celle d'aujourd'hui traduit l'émergence du pouvoir citoyen et ses multiples manifestations dans toutes les sphères de l'action politique, économique et sociale. La gouvernance est la conciliation entre la sphère du citoyen et celle du pouvoir politique. Elle condamne le citoyen et le politique à cohabiter pacifiquement et démocratiquement pour que l'État puisse gagner en efficience.
(Coll. Logiques Juridiques, 23.00 euros, 222 p., Broché)
ISBN : 978-2-343-05493-3, ISBN EBOOK : 978-2-336-37303-4

L'INTERRÉGULATION
Sous la direction de Gabriel Eckert et Jean-Philippe Kovar
L'interrégulation est un ensemble de procédés juridiques permettant d'organiser les relations entre des autorités publiques en charge de la réglementation, du contrôle ou de la surveillance des secteurs d'activités économiques. Cet ouvrage collectif l'étudie dans ses dimensions transdisciplinaire, transectorielle et transnationale. Sont ainsi envisagés les rapports entre les autorités de concurrence et les autorités de régulation sectorielle, ainsi que les interactions entre les autorités de régulation de secteurs ou pays différents.
(Coll. Logiques Juridiques, 25.50 euros, 250 p.)
ISBN : 978-2-343-05672-2, ISBN EBOOK : 978-2-336-37132-0

NOUVELLES RECHERCHES SUR LES FONCTIONS DE L'INTÉRÊT GÉNÉRAL DANS LA JURISPRUDENCE ADMINISTRATIVE
Coq Véronique - Préface de Benoît Plessix
Dans la jurisprudence administrative, l'intérêt général s'exprime en plusieurs sens. L'approche choisie consiste à le penser au-delà du phénomène de dilution de la notion. Dans cette perspective, l'intérêt général est examiné sous l'angle du droit administratif, mais aussi sous le prisme de la théorie et de la philosophie du droit. Ces recherches sont ainsi nouvelles en raison de l'évolution du contentieux administratif et par le regard pluridiscipinaire porté sur le sujet qui fait appel à la pure analyse du droit positif et à la théorie du droit.
(Coll. Logiques Juridiques, 56.00 euros, 666 p.)
ISBN : 978-2-343-05089-8, ISBN EBOOK : 978-2-336-37218-1

FAIRE L'ÉCONOMIE DE LA DÉNONCIATION
Sous la direction de Sonny Perseil et Yvon Pesqueux
Auditeurs, comptables, consultants et experts, journalistes, juges, policiers, mais aussi chercheurs en sciences sociales gagnent souvent leur vie en dénonçant des pratiques considérées comme déviantes, transgressives ou tout simplement mauvaises, pratiques en général dissimulées par les agents politiques ou économiques. Faire l'économie de la dénonciation dans une approche sans doute plus psychologique, c'est essayer de comprendre ce qui pousse des individus à la délation. Ces contributions se proposent de saisir les fondamentaux de cette économie, mais aussi de questionner une thématique connexe, la transparence.
(Coll. Perspectives organisationnelles, 20.00 euros, 206 p.)
ISBN : 978-2-343-05767-5, ISBN EBOOK : 978-2-336-37243-3

LA RESPONSABILITÉ PÉNALE DE LA PERSONNE MORALE
Enjeux et avenir
Sous la direction de Delphine Brach-Thiel et Ann Jacobs
Le principe et la mise en œuvre de la responsabilité pénale de la personne morale se trouvent aujourd'hui à la croisée des chemins. Comparer et confronter les systèmes français et belge ne peut qu'être source d'enrichissements à l'heure où les débats ne sont pas clos et où il reste encore pour la jurisprudence, de grandes questions en attente.
(Coll. Comité international des pénalistes francophones, 22.00 euros, 222 p.)
ISBN : 978-2-343-05690-6, ISBN EBOOK : 978-2-336-37230-3

JUSTE VICTIME DANS LE PROCÈS PÉNAL
Sous la direction de Sylvie Humbert et Franck Ludwiczak
La vision classique du procès pénal qui oppose la société à l'auteur d'un fait délictuel est révolue. La victime n'est plus simplement perçue comme simple témoin ou instrument fondant la preuve de l'infraction, mais représente désormais un acteur incontournable du processus répressif. Ce colloque a permis d'apporter des regards complémentaires sur l'évolution de la justice pénale et sur la place à accorder à la victime dans le processus répressif.
(Coll. Droit, Société et Risque, 26.50 euros, 266 p.)
ISBN : 978-2-343-02595-7, ISBN EBOOK : 978-2-336-37213-6

LE DROIT À LA VILLE
Justifications, apports, manifestations et portées
Lamare Marine - Préface de Fabien Girard
Le droit à la ville a été créé par le philosophe et sociologue français Henri Lefebvre, en 1968, afin de répondre aux maux des sociétés urbaines, notamment marquées par l'exclusion, des logements indignes, l'absence de lieux conviviaux et d'espaces verts et par un défaut de participation. Inspirée des travaux d'Henri Lefebvre et des apports de la société civile et des chercheurs sur le sujet, la présente analyse met en lumière la dimension sociale des droits humains ainsi que l'exigence de participation des habitants dans le façonnement de leur ville.
(Coll. Logiques sociales, série Questions urbaines, 30.00 euros, 306 p.)
ISBN : 978-2-343-05548-0, ISBN EBOOK : 978-2-336-37090-3

LA RÉPUBLIQUE FACE AUX DROITS DES MINORITÉS
Lire l'ordre juridique français à partir de la théorie libérale de Will Kymlicka
Médard Robin
Le pari de cet ouvrage consiste à utiliser le lexique de «La citoyenneté multiculturelle» (Kymlicka, 1995) comme grille de lecture du droit français. Or, loin de confirmer leur incompatibilité, cette analyse met en relief une corrélation certaine entre l'ordre juridique français et le droit des minorités tel que conceptualisé par la théorie libérale de Kymlicka. Cette tolérance du droit français invite l'auteur à douter de la pertinence des interprétations communautariennes des principes républicains.
(Coll. Questions contemporaines, 23.00 euros, 234 p.)
ISBN : 978-2-343-05537-4, ISBN EBOOK : 978-2-336-37082-8

IRRESPONSABILITÉS RÉCURRENTES DES ÉLITES
Accidents fortuits et crimes en col blanc
Fines Louise
En scrutant trois catastrophes récentes : la marée noire et British Petroleum (2010), le désastre de la centrale Fukushima et Tepco (2011) et l'explosion des wagons de pétrole à Lac-Mégantic (province de Québec) et la compagnie Montréal, Maine et Atlantic Railway (2013), cet ouvrage réfléchit à la pertinence de qualifier d'accidents des conduites qui s'apparentent à des crimes. L'auteur soupèse les notions d'accidents et de sacrifice nécessaire lorsque vient le temps d'évaluer la sécurité du public et les risques pour les populations locales.
(Coll. Questions contemporaines, 16.50 euros, 160 p.)
ISBN : 978-2-343-04704-1, ISBN EBOOK : 978-2-336-37194-8

TERRES, TERRITOIRES, RESSOURCES
Politiques, pratiques et droits des peuples autochtones
Sous la direction d'Irène Bellier
Cette étude aborde la problématique des droits fonciers et territoriaux, le besoin d'une sécurité juridique et de la relation à la terre ; elle questionne la place de l'homme dans les projets de développement ou de protection de l'environnement, elle se penche enfin sur les enjeux miniers. Anthropologues, géographes, juristes, leaders autochtones et politistes offrent ici un tour d'horizon.
(Coll. Horizons autochtones, 30.00 euros, 394 p.)
ISBN : 978-2-343-05543-5, ISBN EBOOK : 978-2-336-37181-8

ANNALES DE LA FACULTÉ DE DROIT ET SCIENCE POLITIQUE DE NICE (Année 2014)

Textes réunis par Yves Strickler

Ces annales se veulent être une photographie, à période régulière, des activités de la faculté de Nice. Cet ouvrage contient les résultats des travaux doctoraux soutenus en 2014 ainsi que la liste des écrits publiés la même année par les chercheurs confirmés de l'université. Il accueille également des contributions et conférences prononcées à la faculté de Nice ou communiquées par leurs auteurs au comité de lecture, dans tous les domaines de la recherche en droit et science politique, tout en ouvrant sur les autres domaines des sciences de la société.

(Coédition Université de Nice-Sophia Antipolis, 32.00 euros, 322 p.)

ISBN : 978-2-343-05852-8, ISBN EBOOK : 978-2-336-37238-9

LA COUR PÉNALE INTERNATIONALE À L'ÉPREUVE DE LA RÉPRESSION EN AFRIQUE

Des préjugés aux réalités

Dangnossi Issaka

Quelles analyses peut-on faire de la fréquence des interventions de la CPI en Afrique ? Pourquoi tous les suspects sont-ils des ressortissants du continent africain, même si cet état de fait repose sur des bases juridiques conformes au droit international. La politique du bureau du procureur de la CPI est-elle dictée par les rapports de force politico-militaires qui se présentent sur le terrain ? Quelles alternatives s'offrent à la CPI et aux Etats africains ? Le châtiment judiciaire est-il la seule voie de lutte contre l'impunité ?

(Coll. Études africaines, série Droit, 21.00 euros, 208 p.)

ISBN : 978-2-343-05421-6, ISBN EBOOK : 978-2-336-37039-2

REVUE AFRICAINE DES SCIENCES JURIDIQUES RASJ

African journal of law (Numéro spécial)

Ce numéro s'articule autour de deux grandes parties : Droit privé : - L'ordonnance camerounaise du 6 juillet 1974 fixant le régime foncier - La question de la double nationalité sous le prisme du droit international privé - La répression pénale du blanchiment des capitaux en zone CEMAC, etc. Droit public : - Recherches sur les contrats publics d'affaires au Cameroun - Le principe de l'unité de trésorerie en droit public camerounais - La mise en place du Sénat au Cameroun, etc.

(Coédition Université de Yaoundé (fac. des sc. juridique et politique), 31.00 euros, 300 p.)

ISBN : 978-2-343-05675-3, ISBN EBOOK : 978-2-336-37046-0

LE DROIT DES MARCHÉS FINANCIERS DANS L'ESPACE OHADA

Amboulou Hygin Didace

Ce livre est une analyse approfondie des marchés financiers du Bénin, du Burkina Faso, du Cameroun, du Congo, de la Côte-d'Ivoire, du Gabon, de la Guinée Bissau, de la Guinée Équatoriale, du Mali, du Niger et du Sénégal. Il propose des pistes adéquates pour la construction d'un système juridique cohérent et adapté à leur environnement afin de faciliter leur intégration économique.

(Coll. Études africaines, 18.00 euros, 186 p.)

ISBN : 978-2-343-04487-3, ISBN EBOOK : 978-2-336-37065-1

CONTRIBUTION À L'ÉTUDE JURIDIQUE DES CONCESSIONS PORTUAIRES

Seka Aba Clément - Avant-propos du professeur Martin Ndendé

Préface de Maître Robert Rézenthel

Les concessions portuaires apparaissent comme les outils juridiques offrant un cadre d'accueil, en termes de performance et de rentabilité, aux activités économiques dans les ports maritimes. Aujourd'hui le problème de la qualification juridique de ces concessions portuaires semble se poser. Les contrats de concession dans les ports peuvent-ils être classés dans une famille juridique préétablie et être rattachés à une catégorie juridique préexistante ?

(Coll. Affaires maritimes et Transports, 59.00 euros, 700 p.)

ISBN : 978-2-343-04834-5, ISBN EBOOK : 978-2-336-36839-9

L'HARMATTAN ITALIA
Via Degli Artisti 15; 10124 Torino

L'HARMATTAN HONGRIE
Könyvesbolt ; Kossuth L. u. 14-16
1053 Budapest

L'HARMATTAN KINSHASA
185, avenue Nyangwe
Commune de Lingwala
Kinshasa, R.D. Congo
(00243) 998697603 ou (00243) 999229662

L'HARMATTAN CONGO
67, av. E. P. Lumumba
Bât. – Congo Pharmacie (Bib. Nat.)
BP2874 Brazzaville
harmattan.congo@yahoo.fr

L'HARMATTAN GUINÉE
Almamya Rue KA 028, en face
du restaurant Le Cèdre
OKB agency BP 3470 Conakry
(00224) 657 20 85 08 / 664 28 91 96
harmattanguinee@yahoo.fr

L'HARMATTAN MALI
Rue 73, Porte 536, Niamakoro,
Cité Unicef, Bamako
Tél. 00 (223) 20205724 / +(223) 76378082
poudiougopaul@yahoo.fr
pp.harmattan@gmail.com

L'HARMATTAN CAMEROUN
BP 11486
Face à la SNI, immeuble Don Bosco
Yaoundé
(00237) 99 76 61 66
harmattancam@yahoo.fr

L'HARMATTAN CÔTE D'IVOIRE
Résidence Karl / cité des arts
Abidjan-Cocody 03 BP 1588 Abidjan 03
(00225) 05 77 87 31
etien_nda@yahoo.fr

L'HARMATTAN BURKINA
Penou Achille Some
Ouagadougou
(+226) 70 26 88 27

L'HARMATTAN SÉNÉGAL
10 VDN en face Mermoz, après le pont de Fann
BP 45034 Dakar Fann
33 825 98 58 / 33 860 9858
senharmattan@gmail.com / senlibraire@gmail.com
www.harmattansenegal.com

L'HARMATTAN BÉNIN
ISOR-BENIN
01 BP 359 COTONOU-RP
Quartier Gbèdjromèdé,
Rue Agbélenco, Lot 1247 I
Tél : 00 229 21 32 53 79
christian_dablaka123@yahoo.fr

Achevé d'imprimer par Corlet Numérique - 14110 Condé-sur-Noireau
N° d'Imprimeur : 124027 - Dépôt légal : décembre 2015 - *Imprimé en France*

www.ingramcontent.com/pod-product-compliance
Lightning Source LLC
LaVergne TN
LVHW021134061026
849535LV00002B/240